中国哲学社会科学学科年鉴
CHINESE ACADEMIC ALMANAC

CONTEMPORARY CHINA HISTORY STUDIES ALMANAC

中国社会科学院当代中国研究所 编

当代中国史研究年鉴

2023

中国社会科学出版社

图书在版编目（CIP）数据

当代中国史研究年鉴 . 2023 / 中国社会科学院当代中国研究所编 . -- 北京：中国社会科学出版社，2024.9. -- ISBN 978 - 7 - 5227 - 4060 - 7

Ⅰ . K270.7 - 54

中国国家版本馆 CIP 数据核字第 2024BY2768 号

出 版 人	赵剑英
责任编辑	姜阿平
责任校对	刘晓婧
责任印制	张雪娇

出　　版	中国社会科学出版社
社　　址	北京鼓楼西大街甲 158 号
邮　　编	100720
网　　址	http：//www.csspw.cn
发 行 部	010 - 84083685
门 市 部	010 - 84029450
经　　销	新华书店及其他书店

印刷装订	三河市东方印刷有限公司
版　　次	2024 年 9 月第 1 版
印　　次	2024 年 9 月第 1 次印刷

开　　本	787×1092　1/16
印　　张	67.25
插　　页	2
字　　数	1421 千字
定　　价	588.00 元

凡购买中国社会科学出版社图书，如有质量问题请与本社营销中心联系调换
电话：010 - 84083683
版权所有　侵权必究

《当代中国史研究年鉴》机构设置

《当代中国史研究年鉴》编委会

主　　任：李正华
副 主 任：宋月红　寇　伟
委　　员：（以姓氏笔画为序）
　　　　　王巧荣　王爱云　李　文　李海潮　张金才　欧阳雪梅　郑有贵　谭扬芳
主　　编：李正华

《当代中国史研究年鉴》编辑部
主　　任：谭扬芳　王　宇（执行）
编　　辑：（以姓氏笔画为序）
　　　　　石善涛　叶张瑜　刘鑫鑫　孙　辉　吴秀云　狄　飞　宋爱平　张　新　易海涛
　　　　　郑　珺　祝　佳　徐小宁　雷　枫

特约编辑：（以姓氏笔画为序）
　　　　　王　毅　尤丽娟　冯　维　邢　军　毕研永　刘　洁　李二苓　李　夏　吴文红
　　　　　张沐春　张　莉　张　静　陈　强　郑丽梅　贾子尧　潘　娜

编辑说明

为积极推进当代中国史学科"三大体系"（学科体系、学术体系、话语体系）建设，中国社会科学院当代中国研究所（文中统一称为当代中国研究所）于2022年初启动《当代中国史研究年鉴》编纂工作。计划每年编纂出版一本，力求全面反映当代中国史研究的年度发展状况，成为具有综合性、权威性、文献性特征的学科年鉴。

在栏目设置上，本卷年鉴在《中国哲学社会科学学科年鉴编纂出版规定（试行）》要求的基础上，根据本学科特点设置了重要文献、研究综述、学科建设、学术成果、学术动态、学科大事记、附录等栏目。

一、重要文献

主要收录本学科具有重大意义、指导价值或反映本学科的重大理论问题的重要文献。本卷收录了4篇中国共产党中央机构、国家部委2022年度发布的与本学科相关的重要法规、通知，分别是《中办印发〈关于推动党史学习教育常态化长效化的意见〉》《中办印发〈国家"十四五"时期哲学社会科学发展规划〉》《中共中央关于认真学习宣传贯彻党的二十大精神的决定》和《教育部关于进一步加强新时代中小学思政课建设的意见》。

二、研究综述

综合反映本学科的发展情况与研究热点。本卷年鉴按当代中国史总学科和政治史、经济史、文化史、社会史、外交史、国史理论与方法等分学科撰写了2022年度学科发展研究综述，为学界了解本学科年度发展全貌提供了一个重要视窗。

三、学科建设

国史宣传教育，本卷系统梳理了当代中国研究所国史研究的使命职责，记述当代中国研究所在学科发展中具有权威性和影响力的学术研究成果，推动本学科建设，加强国内外交流互鉴，把握国内国际研究前沿，放眼国际视野，加强学术交流，体现了当代中国研究所国史研究国家队的作用。

科研项目，择选出与本学科相关的549项课题，其中，国家社科基金重大项目79项、研究阐释党的十九届六中全会精神国家社科基金重大项目126项、国家社科基金年度项目267项、青年项目43项、西部项目22项以及教育部重大项目12项，供当代中国史学者了解本学科2022年度的项目情况，有针对性地开展相关研究与项目申报。

— 1 —

四、学术成果

重点遴选出2022年度各个分学科比较有影响力的著作和论文加以介绍，基本展示本学科的研究重点、热点，以及重要学者的关注点。限于篇幅，部分内容以摘编或者目录的形式呈现。

五、学术动态

学术活动简讯，收录2022年度在《中国社会科学报》《人民日报》《光明日报》，中华人民共和国国史网、当代中国研究所官网等权威报刊、网站发布的当代中国史研究重要学术活动简讯。

会议综述，收录2022年度在《党的文献》《中共党史研究》《当代中国史研究》，高校期刊等刊登的当代中国史研究重要学术会议综述。

六、学科大事记

主要搜集、整理与本学科相关的年度大事记，包括习近平总书记围绕党史、国史作出的一系列重要论述，习近平总书记专题论述摘编的出版发行，中共中央发布的关于推动党史学习教育常态化长效化的文件，当代中国研究所开展的重要学术活动和学术会议的报道、纪要、综述，以及党史、国史学界的重要成果、重要学术会议等，力求全面、客观地记录2022年度当代中国史研究领域的重大活动、重大成果，以展示本学科的发展脉络。在编写过程中，依据和参考的资料来源主要为《人民日报》《光明日报》、中央人民政府网、中国共产党新闻网、学习强国网、党史学习教育网、中共中央党校（国家行政学院）网、中央党史和文献研究院网、求是网、中国社会科学网、中华人民共和国国史网、全国各省区市社科院网站、教育部直属的各高校网站等官方权威信息源。

七、附录

研究机构和学会，重点介绍了7家当代中国史研究机构和学会的基本情况与年度主要工作。希望在以后的年鉴编纂工作中，与更多专门从事当代中国史研究的机构进行合作。

期刊，介绍2022年度中国人文社会科学期刊评价结果（历史学与马克思主义理论）及2021—2022年度中文社会科学引文索引（CSSCI）来源期刊目录（历史学与马克思主义理论）。

高校"中国史"学科建设，介绍了第二轮"双一流"建设高校及学科名单（中国史）。

海外当代中国学研究，通过学者的3篇文章，综述2021年海外中国学研究情况、回顾海外中国学期刊研究进展、介绍百年来中国学人的美国中国学研究进路及其反思。

目　录

序言　为中国特色哲学社会科学事业立传 …………………………………… 高培勇（1）

重要文献

中办印发《关于推动党史学习教育常态化长效化的意见》 ………………………（3）
中办印发《国家"十四五"时期哲学社会科学发展规划》 …………………………（8）
中共中央关于认真学习宣传贯彻党的二十大精神的决定 …………………………（10）
教育部关于进一步加强新时代中小学思政课建设的意见 …………………………（19）

研究综述

2022年度当代中国史研究综述 ……………………………………………… 刘　洁（27）
2022年度当代中国政治史研究综述 ………………………………………… 李　夏（51）
2022年度当代中国经济史研究综述 ………………………………………… 贾子尧（70）
2022年度当代中国文化史研究综述 ………………………………………… 潘　娜（91）
2022年度当代中国社会史研究综述 ………………………………………… 李二苓（115）
2022年度当代中国外交史研究综述 ………………………………………… 张沐春（131）
2022年度当代中国史理论与方法研究综述 ………………………………… 冯　维（153）

学科建设

国史宣传教育 ……………………………………………………………………（173）
　一、研究、编纂和出版国史 …………………………………………………（173）
　二、培养国史研究人才 ………………………………………………………（183）
科研项目 …………………………………………………………………………（185）

— 1 —

国家社科基金重大项目 ……………………………………………………… (186)
　　研究阐释党的十九届六中全会精神国家社科基金重大项目 ………………… (190)
　　国家社科基金年度项目 ……………………………………………………… (196)
　　国家社科基金青年项目 ……………………………………………………… (210)
　　国家社科基金西部项目 ……………………………………………………… (213)
　　教育部重大项目 ……………………………………………………………… (215)

学术成果

著作选介 …………………………………………………………………………… (219)
　　一、总论 ……………………………………………………………………… (219)
　　二、史学理论 ………………………………………………………………… (228)
　　三、政治史 …………………………………………………………………… (231)
　　四、经济史 …………………………………………………………………… (235)
　　五、文化与科技史 …………………………………………………………… (250)
　　六、社会史 …………………………………………………………………… (255)
　　七、国防与军事史 …………………………………………………………… (258)
　　八、外交史 …………………………………………………………………… (260)
　　九、地方史 …………………………………………………………………… (262)
　　十、人物研究 ………………………………………………………………… (263)
　　十一、海外当代中国研究 …………………………………………………… (263)

重点文章 …………………………………………………………………………… (265)
　　总论 …………………………………………………………………………… (265)
　　　　深入研究中国特色社会主义新时代的世界意义 ………………… 姜　辉 (265)
　　　　中国共产党与中国式现代化的四次历史性跨越 ………………… 黄一兵 (273)
　　　　深刻认识党的第三个历史决议的时代特色 ……………………… 朱佳木 (289)
　　　　党的第三个历史决议的正确党史观和理论品质 ………………… 宋月红 (307)
　　政治史 ………………………………………………………………………… (314)
　　　　党的十八大以来党的领导制度体系建设的重要成就和主要经验 … 李正华 (314)
　　　　新时代人民代表大会制度和人大工作创新发展的重大成果 …… 万其刚 (325)
　　　　中国共产党成功启动改革开放原因再分析 ……………………… 关海庭 (344)
　　　　监督法从酝酿到出台的历程考察 ………………………………… 刘维芳 (359)

经济史 ……………………………………………………………………………………… (375)
 财政：国家治理的基础和重要支柱
  ——党的十八大以来我国财政改革的十大进展 ……………… 丛树海（375）
 新中国经济结构调整的历程、特点及启示 …………………………… 石建国（391）
 中国式现代化演进中破解不平衡不充分发展问题的路径 …………… 郑有贵（401）
 新中国保障产业链供应链安全的探索 …………………… 李天健 赵学军（417）

文化史 ……………………………………………………………………………………… (433)
 中国共产党对文化发展道路的百年理论探索 ………………………… 杨凤城（433）
 "变"与"不变"：百年中国文化制度建构历程及启示 ……………… 祁述裕（447）
 从文化自觉、文化自信到文明创新 …………………………………… 李凤亮（461）
 新时代我国意识形态领域发生的全局性根本性转变 ……………… 欧阳雪梅（472）

社会史 ……………………………………………………………………………………… (487)
 政策与民生：新中国成立以来人民生活之变化 ……………………… 张太原（487）
 新时代十年健康中国战略的部署、推进与成就 ……………………… 姚　力（502）
 当代中国大中城市副食品供应与郊区行政区划的调整（1949—1966） …… 訾夏威（518）
 当代中国医疗卫生防疫研究国际学者笔谈主持语及笔谈选载 …… 董国强 方小平（541）

外交史 ……………………………………………………………………………………… (556)
 关于改革开放起步时期国际环境的考察 ……………………………… 萧冬连（556）
 战后中日关系的原点及其延长线
  ——重温四个政治文件 ……………………………………… 胡令远 王天然（572）
 中国与《不扩散核武器条约》（1968—1992） ………………………… 詹　欣（589）
 英国对南海诸岛主权问题的立场考论
  ——以"克洛马事件"为中心 ……………………………………… 王巧荣（601）

国史研究理论与方法 ……………………………………………………………………… (619)
 范本、范式、范例：第三个历史决议对新中国史研究的方法示范 ……… 朱汉国（619）
 新中国史研究三题 ……………………………………………………… 金光耀（629）
 中共党史党建学科建设的基本问题探析 ……………………………… 王炳林（637）
 思想史场域：中共概念史的政治因应 ………………………………… 郭若平（651）

重要论文摘编 ……………………………………………………………………………… (675)
国史图书目录 ……………………………………………………………………………… (694)
 一、总论 ………………………………………………………………………………… (694)
 二、史学理论 …………………………………………………………………………… (694)

三、政治史 ………………………………………………………………（694）
　　四、经济史 ………………………………………………………………（695）
　　五、文化与科技史 ………………………………………………………（695）
　　六、社会史 ………………………………………………………………（696）
　　七、国防与军事史 ………………………………………………………（696）
　　八、外交史 ………………………………………………………………（697）
　　九、地方史 ………………………………………………………………（697）
　　十、人物研究 ……………………………………………………………（697）
　　十一、口述史及史料 ……………………………………………………（698）
　　十二、海外观察 …………………………………………………………（698）
国史期刊论文目录 …………………………………………………………（699）
　　一、史学理论 ……………………………………………………………（699）
　　二、政治史 ………………………………………………………………（700）
　　三、经济史 ………………………………………………………………（703）
　　四、文化与科技史 ………………………………………………………（706）
　　五、社会史 ………………………………………………………………（709）
　　六、国防与军事史 ………………………………………………………（712）
　　七、外交史 ………………………………………………………………（713）

学术动态

学术活动简讯 ……………………………………………………………（719）
　当代中国研究所、中华人民共和国国史学会联合举办学习党的十九届六中全会
　　精神座谈会 ……………………………………………………………（719）
　《当代中国史研究》七届三次编委会召开 ………………………………（721）
　《当代中国史研究》召开期刊评价座谈会 ………………………………（723）
　续写马克思主义中国化新篇章 …………………………………………（724）
　《百年"三农"：中国共产党解决"三农"问题的战略维度和实现路径》
　　出版座谈会在京召开 …………………………………………………（727）
　《当代中国史研究》召开述评写作座谈会 ………………………………（729）
　学习贯彻习近平主席在庆祝香港回归祖国25周年大会暨香港特别行政区第六届
　　政府就职典礼上重要讲话精神学术座谈会在京召开 ………………（730）

"习近平新时代中国特色社会主义思想的重大原创性贡献"学术研讨会
　　在中国浦东干部学院成功举办 …………………………………………………（732）
第八届马克思主义当代中国史理论论坛举办 ……………………………………（734）
"志史鉴今　砥砺前行：从改革开放到大湾区建设"研讨会在港举办 …………（736）
《新时代的经济建设》《新时代的中国外交》发布 ………………………………（737）
做好国史研究工作　推动国史知识普及
　　——《中华人民共和国史小丛书》编委会第三次工作会议召开 ……………（739）
准确把握当代中国政治发展的主题主线 …………………………………………（741）
全国毛泽东文艺思想研究会2022年学术年会暨"中国化马克思主义文艺
　　理论与批评实践的发展——学习党的二十大精神、纪念毛泽东
　　《在延安文艺座谈会上的讲话》发表80周年"学术研讨会召开 ……………（743）
习近平致信祝贺国史学会成立30周年
　　强调坚定历史自信增强历史主动　更好凝聚团结奋斗的精神力量 ………（745）
国史学会召开常务理事会学习习近平总书记致国史学会成立30周年贺信精神 …（746）
"中国共产党统一战线百年历史与经验"学术会议召开 …………………………（748）
推进党史党建研究有机融合 ………………………………………………………（749）

会议综述 ………………………………………………………………………（751）

2021年毛泽东等老一辈革命家思想生平研究系列学术会议综述 ……………（751）
"百年回眸与未来展望：历史学科视野下的中共党史研究"学术座谈会综述 …（760）
"价值与文明：中国共产党100年"学术研讨会会议综述 ………………………（767）
毛泽东对实现中华民族复兴的伟大贡献
　　——"毛泽东与民族复兴"国际学术会议综述 ………………………………（775）
"第三届全国三线建设学术研讨会"会议综述 ……………………………………（777）
中国共产党政治建设的历程与经验学术研讨会综述 ……………………………（788）
"中国共产党百年奋斗与科学社会主义在中国的实践"理论研讨会暨中国科学
　　社会主义学会2021年年会会议综述 …………………………………………（797）
农村改革、乡村振兴与共同富裕
　　——"中国农村改革四十年研究丛书"发布会暨全面推进乡村振兴
　　理论研讨会综述 …………………………………………………………………（804）
当代中国研究所举办第一届新中国史研究青年论坛 ……………………………（809）
"新时代这十年"丛书出版座谈会暨首发式在京举办 ……………………………（812）
《中国共产党的一百年》出版座谈会综述 …………………………………………（815）

中国式现代化道路与新时代国史研究
　　——第二十二届国史学术年会述评 ……………………………………（818）
理解党的二十大后的中国与世界新图景
　　——"深入学习党的二十大精神专家学者座谈会"综述 ………………（824）
"中国式现代化与中华民族共同体意识教育"学术报告会综述 …………（831）
中国共产党意识形态建设的时代解读
　　——国家治理现代化与社会主义意识形态建设高峰论坛会议综述 …（837）
邓小平思想生平研究会第二届理事会第一次会议暨"中国式现代化新道路"
　　理论研讨会综述 ………………………………………………………（844）
智库外宣权威解读　国际人士反响热烈
　　——"红厅论坛：读懂中国共产党二十大"主题研讨会综述 ………（848）
中国式现代化与社会主义文化强国建设
　　——学习贯彻党的二十大精神学术研讨会综述 ………………………（852）
十年大变革　"三农"谱新篇 ………………………………………………（856）

学科大事记

………………………………………………………………………………（861）

附　录

一、研究机构和学会 …………………………………………………………（939）
当代中国研究所 ……………………………………………………………（939）
《当代中国史研究》杂志 …………………………………………………（943）
当代中国出版社 ……………………………………………………………（944）
中华人民共和国国史系 ……………………………………………………（947）
中共党史系 …………………………………………………………………（947）
非实体研究中心 ……………………………………………………………（948）
北京大学中华人民共和国史研究中心 ……………………………………（951）
上海市地方志办公室当代上海研究所 ……………………………………（954）
当代安徽研究所 ……………………………………………………………（955）
西藏社会科学院当代西藏研究所 …………………………………………（958）

中华人民共和国国史学会 …………………………………………………………（961）
　　中国现代史学会 ……………………………………………………………………（964）
二、期刊 …………………………………………………………………………………（967）
　　2022年中国人文社会科学期刊评价结果（历史学与马克思主义理论）…………（967）
　　2021—2022中文社会科学引文索引（CSSCI）来源期刊目录
　　　（历史学与马克思主义理论）…………………………………………………（969）
三、高校"中国史"学科建设 …………………………………………………………（972）
　　第二轮"双一流"建设高校及学科名单（中国史）………………………………（972）
四、海外当代中国学研究 ………………………………………………………………（973）
　　2021年海外中国学研究综述 ………………………………………………………（973）
　　海外中国学期刊研究的回顾、反思与展望 ………………………………………（989）
　　百年来中国学人的美国中国学研究进路及其反思 ………………………………（1006）

索　引

………………………………………………………………………………………（1023）

Contents

Preface: Establishing a Biography for the Undertaking of Philosophy and Social Sciences
  with Chinese Characteristics .... Gao Peiyong (1)

Important Literature

The General Office of the Communist Party of China has issued plans on promoting the
  normalization and long-term effectiveness study of Party's history .... (3)
The General Office of the Communist Party of China has issued the Development Plan
  for Philosophy and Social Sciences during the 14th Five-Year Plan period .... (8)
Decision of the Central Committee of the Communist Party of China on Seriously Studying,
  Propaganda, and Implementing the Spirit of the 20th National Congress of the
  Communist Party of China .... (10)
Opinions of the Ministry of Education on Further Strengthening the Construction
  of Ideological and Political Courses in Primary and Secondary Schools in the
  New Era .... (19)

Research Overview

Research Overview of New China History Studies in 2022 .... Liu Jie (27)
Research Overview of New China Political History in 2022 .... Li Xia (51)
Research Overview of New China Economic History in 2022 .... Jia Ziyao (70)
Research Overview of New China Cultural History in 2022 .... Pan Na (91)
Research Overview of New China Social History in 2022 .... Li Erling (115)
Research Overview of New China Diplomatic History in 2022 .... Zhang Muchun (131)
Research Overview of New China History Theory in 2022 .... Feng Wei (153)

Discipline Construction

The Publicity and Education of New China History ......（173）
  1. Research, Compilation and Publication of New China History Studies ......（173）
  2. Cultivating Qualified Personnel in New China History Studies ......（183）
Research Programs ......（185）
  Major Programs of National Social Science Fund of China ......（186）
  Major Programs of National Social Science Fund of China on Study and Interpret the
    Spirit of the Sixth Plenary Session of the 19th Central Committee of the CPC ......（190）
  Annual Programs of the National Social Science Fund of China ......（196）
  Youth Programs of National Social Science Fund of China ......（210）
  Western Programs of National Social Science Fund of China ......（213）
  Key Projects of Ministry of Education of China ......（215）

Academic Achievements

Selected Works ......（219）
  1. General Introduction ......（219）
  2. Historiography ......（228）
  3. Political History ......（231）
  4. Economic History ......（235）
  5. Cultural and Technological History ......（250）
  6. Social History ......（255）
  7. National Defense and Military History ......（258）
  8. Diplomatic History ......（260）
  9. Local history ......（262）
  10. Character Studies ......（263）
  11. Overseas Contemporary China Studies ......（263）
Feature Articles ......（265）
  Pandect ......（265）
    Further Studying the World Significance of Socialism with Chinese Characteristics in the

  New Era ·· Jiang Hui（265）
 Four Historic Leaps in the History of the CPC and Chinese
  Modernization ·· Huang Yibing（273）
 Deeply Understanding the Times Characteristics of the Third Historical Resolution
  of the CPC ·· Zhu Jiamu（289）
 The Correct View of Party History and Theoretical Quality of the CPC's Third
  Historical Resolution ··· Song Yuehong（307）
PoliticalHistory ·· （314）
 Great Achievements and Major Experience on the Institutional Construction of the
  Party's Leadership Since the 18th CPC National Congress ············· Li Zhenghua（314）
 Major Achievements in the Innovation and Development of the People's Congress
  System and the Work of the People's Congress in the New Era ········ Wan Qigang（325）
 Reanalysis of the Reasons Why the CPC Successfully Launched Reform and
  Opening – up ··· Guan Haiting（344）
 An Investigation of the Process From Gestation to Promulgation of the *Supervision*
  Law ·· Liu Weifang（359）
Economic History ·· （375）
 Finance: The Foundation and Important Support of National Governance——Ten
  Progresses on Fiscal Reform Since the 18th National Congress
  of the CPC ·· Cong Shuhai（375）
 The Process, Characteristics, and Inspiration of Economic Structural Adjustment in
  New China ·· Shi Jianguo（391）
 The Path to Solve the Problem of Unbalanced and Inadequate Development in the
  Evolution of Chinese Modernization ··· Zheng Yougui（401）
 The Exploration on Ensuring Industrial Chain and Supply Chain Security in New
  China ···································· Li Tianjian Zhao Xuejun（417）
Cultural History ·· （433）
 A Centennial Theoretical Exploration of Cultural Development Road by
  the CPC ··· Yang Fengcheng（433）
 The "Change" and "Unchanged": The Construction Process and Enlightenment
  of Chinese Cultural Institution in the Past Hundred Years ·················· Qi Shuyu（447）
 From Cultural Self – consciousness, Cultural Self – confidence to Civilization

  Innovation ……………………………………………………… Li Fengliang（461）
  The Overall Fundamental Changes in the Field of Our Ideology in the
    New Era ……………………………………………………… Ouyang Xuemei（472）
 Social History ……………………………………………………………………（487）
  Policy and People's Livelihood: Changes in People's Lives Since the Founding of
    New China ……………………………………………………… Zhang Taiyuan（487）
  The Deployment, Promotion and Achievements of the Ten – year "Healthy China"
    Strategy in the New Era. …………………………………………… Yao Li（502）
  The Non – staple Food Supply and the Adjustment of Suburban Administrative
    Division in Contemporary Chinese Large and Medium – sized Cities
    （1949 – 1966） ……………………………………………………… Zi Xiawei（518）
  International Scholars on Contemporary Chinese Medical and Health Epidemic
    Prevention Research ……………………… Dong Guoqiang Fang Xiaoping（541）
 Diplomatic History ……………………………………………………………………（556）
  A Study on International Circumstances During the Beginning Period of the Reform
    and Opening – up ……………………………………………… Xiao Donglian（556）
  The Origin and Extension of China – Japan Relations in the Post – war Era: Revisiting the
    Four Political Documents of China – Japan Relations …… Hu Lingyuan Wang Tianran（572）
  China and the Nuclear Non – Proliferation Treaty（1968 – 1992） ………… Zhan Xin（589）
  On Britain's Position on the Issue of Sovereignty Over South China Sea
    Islands——Centered on the Cloma Incident ……………… Wang Qiaorong（601）
 Theoryand Method of New China History Studies ……………………………………（619）
  Model, Paradigm, Example: The Party's Third Historical Resolution Demonstrates
    the Methodology of New China History Research ………………… Zhu Hanguo（619）
  Three Topics in the Study of the History of New China ……………… Jin Guangyao（629）
  Basic Issues on the Discipline Construction of the History and Building of the
    Communist Party of China ……………………………………… Wang Binglin（637）
  The Field of Ideological History: The Political Response to a Conceptual History
    of the CPC ……………………………………………………… Guo Ruoping（651）
Excerpts FromImportant Papers ……………………………………………………（675）
Catalogue of Books in New China History …………………………………………（694）
 1. General Introduction ……………………………………………………………（694）

Contents

  2. Historical Theory and Materials ………………………………………………… (694)
  3. Political History ………………………………………………………………… (694)
  4. Economic History ……………………………………………………………… (695)
  5. Cultural and Technological History …………………………………………… (695)
  6. Social History …………………………………………………………………… (696)
  7. National Defense and Military History ………………………………………… (696)
  8. Diplomatic History ……………………………………………………………… (697)
  9. Local History …………………………………………………………………… (697)
  10. Character Studies ……………………………………………………………… (697)
  11. Oral History and Historical Materials ………………………………………… (698)
  12. Overseas Contemporary China Studies ……………………………………… (698)

Catalogue of Papers in Journals of New China History …………………………… (699)
  1. Historical Theory and Materials ………………………………………………… (699)
  2. Political History ………………………………………………………………… (700)
  3. Economic History ……………………………………………………………… (703)
  4. Cultural and Technological History …………………………………………… (706)
  5. Social History …………………………………………………………………… (709)
  6. National Defense and Military History ………………………………………… (712)
  7. Diplomatic History ……………………………………………………………… (713)

Academic Trend

Academic Activity Newsletter ……………………………………………………… (719)
  The Institute of Contemporary Chinese Studies and the ANHPRC jointly held a symposium in Beijing to study the spirit of the Sixth Plenary Session Of the 19th Central Committee of the Communist Party of China ……………………………………………… (719)
  The Third Editorial Committee of the Seventh Session of *Contemporary China History Studies* was held ……………………………………………………………… (721)
  Contemporary China History Studies held symposium on journal evaluation ………… (723)
  Writing a New Chapter of the Sinicization of Marxism ……………………………… (724)
  The symposium on the publication of *A Hundred Years of "Issues Relating to Agriculture, Rural Areas and Farmers": The Strategic Dimension and Path of the*

Communist Party of China to Solve the Issues was held in Beijing ……………… (727)

Contemporary China History Studies held review writing symposium ……………… (729)

A symposium on studying the spirit of the address at the meeting celebrating the 25th anniversary of Hong Kong's return to the motherland and the inaugural ceremony of the sixth–term government of the Hong Kong Special Administrative Region was held in Beijing ……………………………………………………………………… (730)

The academic symposium on "The Major Original Contribution of Xi Jinping Thought of Socialism with Chinese Characteristics in the New Era" was successfully held in China Executive Leadership Academy Pudong ………………………………… (732)

The 8th Forum on Marxist Contemporary China History Theory was held ……………… (734)

"LearningFrom History and Forging Ahead: From Reform and Opening–up to the Construction of the Greater Bay Area" seminar was held in Hong Kong ……………… (736)

Economic Construction in the New Era and *China's Diplomacy in the New Era* released ……………………………………………………………………… (737)

Perfecting the Research of National History and Promoting the Popularization of National History Knowledge ………………………………………………… (739)

Accurately grasping the main theme and mainstream of contemporary China political development ……………………………………………………………… (741)

The 2022 Academic Annual Conference of the Mao Zedong Literary and Art Thought Research Association and the Academic Seminar on "The Development of Marxist Literary and Art Theory and Critical Practice with Chinese Characteristics – Learning the Spirit of the 20th National Congress of the Communist Party of China and Commemorating the 80th Anniversary of *Talks at the Yenan Forum on Literature and Art* were held ……………………………………………………………………… (743)

Xi Jinping sent letter to congratulate 30th anniversary of ANHPRC founding and inspired the people to strengthen their confidence in history and their initiative in history and better pool the spiritual strength of striving in unity ……………………… (745)

The executive council of ANHPRC studied the spirit of Xi Jinping't letter to congratulate 30th anniversary of ANHPRC founding ………………………………… (746)

The academic conference on "The Centennial History and Experience of the CPC's United Front" was held ……………………………………………………… (748)

Promoting the Integration of Party History and Party Building Research …………… (749)

Conference Overview ······ (751)

  Overview of Seminars on the Lives and Thoughts of Mao Zedong and Other Veteran
    Revolutionaries ······ (751)

  A Review of the Academic Symposium on "A Centennial Review and Future
    Prospects: The Study of CPC History From the Perspective of History" ······ (760)

  A Summary of the Symposium on "Value and Civilization: The Centenary of the
    Communist Party of China" ······ (767)

  Mao Zedong's Great Contribution to Realizing the Rejuvenation of the Chinese
    Nation: A Review of the International Academic Conference on "Mao Zedong and
    Rejuvenation of the Chinese Nation" ······ (775)

  An Overview of "The Third National Symposium on the Third–line Construction" ······ (777)

  A Summary of the Academic Seminar on the Course and Experience of the
    CPC's Political Building ······ (788)

  A Summary of the Theoretical Seminar on "Century–long Struggle of the CPC
    and the Practice of Scientific Socialism in China" and the 2021 Annual Meeting of
    the Chinese Society for Scientific Socialism ······ (797)

  Rural Reform, Rural Revitalization, and Common Prosperity——Launch of
    Research *Series on China's Rural Reform for* 40 *Years* and Summary of the
    Seminar on Comprehensive Promotion of Rural Revitalization ······ (804)

  The Institute of Contemporary China Studies Held the First Youth Forum on
    New China History ······ (809)

  The Decade of the New Era Series Publishing Symposium and First
    Launch Ceremony Held in Beijing ······ (812)

  The Review of Seminar on the Publication of *One Hundred Years of the*
    Communist Party of China ······ (815)

  Chinese Path to Modernization and the Study of Contemporary China
    History in the New Era——Commentary on the 22nd Annual Conference on
    Contemporary China History ······ (818)

  Understanding the New Landscape of China and the World after the 20th National
    Congress of the Communist Party of China——Summary of the Expert and Scholar
    Symposium on Deepening the Study of the Spirit of the 20th National Congress of
    the Communist Party of China ······ (824)

Summary of the Conference on Chinese path to modernization and Education of the Sense of Community for Chinese Nation ……………………………………………… (831)

The Interpretation of the Ideological Construction of the CPC——Summary of the Summit Forum on Modernization of National Governance and Construction of Socialist Ideology …………………………………………………………………… (837)

Summary of the First Meeting of the Second Council of the Research Association on the Life and Though of Deng Xiaoping and the Seminar on the Theory of "New Road to Chinese path to modernization" ………………………………………………… (844)

The Authoritative Interpretationof Think Tank and Heated Response From International Personages——Summary of "Hongting Forum: Understanding the 20th National Congress of CPC" ……………………………………………………… (848)

Chinese Pathto Modernization and Building a Leading Country in Culture——Summary of the Academic Seminar on Learning and Implementing the Spirit of the 20th National Congress of the Communist Party of China ………………………………… (852)

Ten Years of Great Changes, A New Chapter in the Work Regarding Agriculture, Rural Areas, and Farmers …………………………………………………………… (856)

Discipline Chronicles

……………………………………………………………………………………………… (861)

Appendix

1. Research Institutions And Societies ……………………………………………… (939)

Institute of Contemporary China Studies, Chinese Academy of Social Sciences ………… (939)

Contemporary China History Studies ………………………………………………… (943)

Contemporary China Publishing House ………………………………………………… (944)

Department of the History of the People's Republic of China ……………………… (947)

Department of the History of the Communist Party of China ……………………… (947)

Non – entity Research Center ………………………………………………………… (948)

Peking University Center for the Study of the History of the People's Republic of China …………………………………………………………………………………… (951)

Shanghai Local Chronicles Office Contemporary Shanghai Research Institute .... (954)

Contemporary Anhui Research Institute .... (955)

Contemporary Tibet Research Institute of the Academy of Social Sciences of
the Tibet Autonomous Region .... (958)

The Association of National History of the People's Republic of China .... (961)

Chinese Society of Modern History .... (964)

2. Periodical .... (967)

Evaluation Results of 2022 Chinese Journal of Humanities and Social Sciences
(History and Marxist Theory) .... (967)

2021-2022 Chinese Social Sciences Citation Index (CSSCI) List of Source
Journals (History and Marxist Theory) .... (969)

3. The Construction of the Discipline of "Chinese History" in Universities .... (972)

The Second Version of List of "Double World-class Project" Construction
Universities and Disciplines (Chinese History) .... (972)

4. Overseas Contemporary Chinese Studies Research .... (973)

A Review of New Developments in Overseas Chinese Studies in 2021 .... (973)

Retrospect, Reflection and Prospect of Researches on Overseas Chinese Study
Journals .... (989)

Reflections on Chinese Scholar's Research Approaches to Hundred Years'
American Chinese Studies .... (1006)

Index

.... (1023)

序 言

为中国特色哲学社会科学事业立传

——写在《中国哲学社会科学学科年鉴》系列出版之际

（一）

2016年5月17日，习近平总书记《在哲学社会科学工作座谈会上的讲话》中正式作出了加快构建中国特色哲学社会科学的重大战略部署。自此，中国特色哲学社会科学学科体系、学术体系、话语体系的构建进入攻坚期。

2022年4月25日，习近平总书记在中国人民大学考察时强调指出，"加快构建中国特色哲学社会科学，归根结底是建构中国自主的知识体系"。这为我们加快构建中国特色哲学社会科学进一步指明了方向。

2022年4月，中共中央办公厅正式印发《国家哲学社会科学"十四五"规划》。作为第一部国家层面的哲学社会科学发展规划，其中的一项重要内容，就是以加快中国特色哲学社会科学为主题，将"中国哲学社会科学学科年鉴编纂"定位为"哲学社会科学学科基础建设"，从而赋予了哲学社会科学学科年鉴编纂工作新的内涵、新的要求。

从加快构建中国特色哲学社会科学到归根结底是建构中国自主的知识体系，再到制定第一部国家层面的哲学社会科学发展规划，至少向我们清晰揭示了这样一个基本事实：中国特色社会主义事业离不开中国特色哲学社会科学的支撑，必须加快构建中国特色哲学社会科学、建构中国自主的知识体系。加快构建中国特色哲学社会科学、建构中国自主的知识体系是一个长期的历史任务，必须持之以恒，实打实地把一件件事情办好。

作为其间的一项十分重要且异常关键的基础建设，就是编纂好哲学社会科学学科年鉴，将中国特色哲学社会科学事业的发展动态、变化历程记录下来，呈现出来。以接续奋斗的精神，年复一年，一茬接着一茬干，一棒接着一棒跑。就此而论，编纂哲学社会科学学科年鉴，其最基本、最核心、最重要的意义，就在于为中国特色哲学社会科学事业立传。

呈现在读者面前的这一《中国哲学社会科学学科年鉴》系列，就是在这样的背景之下，由中国社会科学院集全院之力、组织精锐力量编纂而成的。

（二）

作为年鉴的一个重要类型，学科年鉴是以全面、系统、准确地记述上一年度特定学科或学科分支发展变化为主要内容的资料性工具书。编纂学科年鉴，是哲学社会科学发展到一定阶段的产物。

追溯起来，我国最早的哲学社会科学年鉴——《中国文艺年鉴》，诞生于上个世纪30年代。党的十一届三中全会之后，伴随着改革开放的进程，我国哲学社会科学年鉴不断发展壮大。40多年来，哲学社会科学年鉴在展示研究成果、积累学术资料、加强学科建设、开展学术评价、凝聚学术共同体等方面，发挥着不可替代的作用，为繁荣发展中国特色哲学社会科学作出了重要贡献。

1. 为学科和学者立传的重要载体

学科年鉴汇集某一学科领域的专业学科信息，是服务于学术研究的资料性工具书。不论是学科建设、学术研究，还是学术评价、对外交流等，都离不开学科知识的积累、学术方向的辨析、学术共同体的凝聚。

要回答学术往何处去的问题，首先要了解学术从哪里来，以及学科领域的现状，这就离不开学科年鉴提供的信息。学科年鉴记录与反映年度内哲学社会科学某个学科领域的研究进展、学术成果、重大事件等，既为学科和学者立传，也为学术共同体的研究提供知识基础和方向指引，为学术创新、学派形成、学科巩固创造条件、奠定基础。学科年鉴编纂的历史越悠久，学术积淀就越厚重，其学术价值就越突出。

通过编纂学科年鉴，将中国哲学社会科学界推进学科体系、学术体系、话语体系建设以及建构中国自主知识体系的历史进程准确、生动地记录下来，并且，立此存照，是一件非常有意义的事情。可以说，学科年鉴如同学术研究的白皮书，承载着记录、反映学术研究进程的历史任务。

2. 掌握学术评价权的有力抓手

为学界提供一个学科领域的专业信息、权威信息，这是学科年鉴的基本功能。一个学科领域年度的信息十分庞杂，浩如烟海，不可能全部收入学科年鉴。学科年鉴所收录的，只能是重要的、有价值的学术信息。这就要经历一个提炼和总结的过程。学科年鉴的栏目，如重要文献（特载）、学科述评、学术成果、学术动态、统计资料与数据、人物、大事记等，所收录的信息和资料都是进行筛选和加工的基础上形成的。

进一步说，什么样的学术信息是重要的、有价值的，是由学科年鉴的编纂机构来决定。

这就赋予了学科年鉴学术评价的功能，所谓"入鉴即评价"，指的就是这个逻辑。特别是学科综述，要对年度研究进展、重要成果、学术观点等作出评析，是学科年鉴学术评价功能的集中体现。

学科年鉴蕴含的学术评价权，既是一种权力，更是一种责任。只有将学科、学术的评价权用好，把有代表性的优秀成果和学术观点评选出来，分析各学科发展面临的形势和任务、成绩和短板、重点和难点，才能更好引导中国特色哲学社会科学的健康发展。

3. 提升学术影响力的交流平台

学科年鉴按照学科领域编纂，既是该领域所有学者共同的精神家园，也是该学科领域最权威的交流平台。目前公认的世界上首部学术年鉴，是由吕西安·费弗尔和马克·布洛赫在1929年初创办的《经济社会史年鉴》。由一群有着共同学术信仰和学术观点的历史学家主持编纂的这部年鉴，把年鉴作为宣传新理念和新方法的学术阵地，在年鉴中刊发多篇重要的理论成果，催发了史学研究范式的演化，形成了法国"年鉴学派"，对整个西方现代史学的创新发展产生了深远影响。

随着学科年鉴的发展和演化，其功能也在不断深化。除了记载学术共同体的研究进展，还提供了学术研究的基本参考、学术成果发表的重要渠道，充当了链接学术网络的重要载体。特别是学科年鉴刊载的综述性、评论性和展望性的文章，除了为同一范式下的学者提供知识积累或索引外，还能够对学科发展趋势动向作出总结，乃至为学科未来发展指明方向。

4. 中国学术走向世界的重要舞台

在世界范围内，学科年鉴都是作为权威学术出版物而被广泛接受的。高质量的学科年鉴，不仅能够成为国内学界重要的学术资源、引领学术方向的标识，而且也会产生十分显著的国际影响。

中国每年产出的哲学社会科学研究成果数量极其庞大，如何向国际学术界系统介绍中国哲学社会科学研究成果，做到既全面准确，又重点突出？这几乎是不可能完成的任务。学科年鉴的出现，则使不可能变成了可能。高质量的学科年鉴，汇总一个学科全年最重要、最有代表性的研究成果、资料和信息，既是展示中国哲学社会科学研究成果与现状的最佳舞台，也为中外学术交流搭建了最好平台。

事实上，国内编纂的学科年鉴一直受到国外学术机构的重视，也是各类学术图书馆收藏的重点。如果能够站在通观学术界全貌之高度，编纂好哲学社会科学各学科年鉴，以学科年鉴为载体向世界讲好中国学术故事，当然有助于让世界知道"学术中的中国"、"理论中的中国"、"哲学社会科学中的中国"，也就能够相应提升中国哲学社会科学的国际影响力和话语权。

（三）

作为中国哲学社会科学研究的"国家队"，早在上世纪70年代末，中国社会科学院就启动了学科年鉴编纂工作。诸如《世界经济年鉴》《中国历史学年鉴》《中国哲学年鉴》《中国文学年鉴》等读者广为传阅的学科年鉴，迄今已有40多年的历史。

2013年，以国家哲学社会科学创新工程为依托，中国社会科学院实施了"中国社会科学年鉴工程"，学科年鉴编纂工作由此驶入快车道。至2021下半年，全院组织编纂的学科年鉴达到26部。

进入2022年以来，在加快构建中国特色哲学社会科学、贯彻落实《国家哲学社会科学"十四五"规划》的背景下，立足于更高站位、更广视野、更大格局，中国社会科学院进一步加大了学科年鉴编纂的工作力度，学科年鉴编纂工作迈上了一个大台阶，呈现出一幅全新的学科年鉴事业发展格局。

1. 哲学社会科学学科年鉴群

截至2023年5月，中国社会科学院组织编纂的哲学社会科学学科年鉴系列已有36部之多，覆盖了15个一级学科、13个二三级学科以及4个有重要影响力的学术领域，形成了国内规模最大、覆盖学科最多、也是唯一成体系的哲学社会科学学科年鉴群。

其中，《中国语言学年鉴》《中国金融学年鉴》《当代中国史研究年鉴》等10部，系2022年新启动编纂。目前还有将近10部学科年鉴在编纂或酝酿之中。到"十四五"末期，中国社会科学院组织编纂的学科年鉴总规模，有望超越50部。

2. 学科年鉴的高质量编纂

从总体上看，在坚持正确的政治方向、学术导向和价值取向方面，各部学科年鉴都有明显提高，体现了立场坚定、内容客观、思想厚重的导向作用。围绕学科建设、话语权建设等设置栏目，各部学科年鉴都较好地反映了本学科领域的发展建设情况，发挥了学术存史、服务科研的独特作用。文字质量较好，文风端正，装帧精美，体现了学科年鉴的严肃性和权威性。

与此同时，为提高年鉴编纂质量，围绕学科年鉴编纂的规范性，印发了《中国哲学社会科学学科年鉴编纂出版规定》，专门举办了年鉴编纂人员培训班。

3. 学科年鉴品牌

经过多年努力，无论在学术界还是年鉴出版界，中国社会科学院组织编纂的哲学社会科学学科年鉴系列得到了广泛认可，学术年鉴品牌已经形成。不仅成功主办了学术年鉴主编论坛和多场年鉴出版发布会，许多年鉴也在各类评奖中获得重要奖项。在数字化方面，学科年鉴数据库已经建成并投入使用，目前试用单位二百多家，学科年鉴编纂平台在继续推进中。

4. 学科年鉴工作机制

中国社会科学院科研局负责学科年鉴管理，制定发展规划，提供经费资助；院属研究单位负责年鉴编纂；中国社会科学出版社负责出版。通过调整创新工程科研评价考核指标体系，赋予年鉴编纂及优秀学科综述相应的分值，调动院属单位参与年鉴编纂的积极性。

学科年鉴是哲学社会科学界的学术公共产品。作为哲学社会科学研究的"国家队"，编纂、提供学科年鉴这一学术公共产品，无疑是中国社会科学院的职责所在、使命所系。中国社会科学院具备编纂好学科年鉴的有利条件：一是学科较为齐全；二是研究力量较为雄厚；三是具有"国家队"的权威性；四是与学界联系广泛，主管120家全国学会，便于组织全国学界力量共同参与年鉴编纂。

（四）

当然，在肯定成绩的同时，还要看到，当前哲学社会科学学科年鉴编纂工作仍有较大的提升空间，我们还有很长的路要走。

1. 逐步扩大学科年鉴编纂规模

经过40多年的发展，特别是"中国社会科学年鉴工程"实施10年来的努力，哲学社会科学系列学科年鉴已经形成了一定的规模，覆盖了90%的一级学科和部分重点的二三级学科。但是，也不容忽视，目前还存在一些学科年鉴空白之地。如法学、政治学、国际政治、区域国别研究等重要的一级学科，目前还没有学科年鉴。

中国自主知识体系的基础是学科体系，完整的学科年鉴体系有助于完善的学科体系和知识体系的形成。尽快启动相关领域的学科年鉴编纂，抓紧填补相关领域的学科年鉴空白，使哲学社会科学年鉴覆盖所有一级学科以及重要的二三级学科，显然是当下哲学社会科学界应当着力推进的一项重要工作。

2. 持续提高学科年鉴编纂质量

在扩张规模、填补空白的同时，还应当以加快构建中国特色哲学社会科学、建构中国自主的知识体系为目标，下大力气提高学科年鉴编纂质量，实现高质量发展。

一是统一学科年鉴的体例规范。学科年鉴必须是成体系的，而不是凌乱的；是规范的，而不是随意的。大型丛书的编纂靠的是组织严密，条例清楚，文字谨严。学科年鉴的体例要更加侧重于存史内容的发掘，对关乎学术成果、学术人物、重要数据、学术机构评价的内容，要通过体例加以强调和规范。哲学社会科学所有学科年鉴，应当做到"四个基本统一"：名称基本统一，体例基本统一，篇幅基本统一，出版时间、发布时间基本统一。

二是增强学科年鉴的权威性。年鉴的权威性，说到底取决于内容的权威性。学科年鉴是在对大量原始信息、文献进行筛选、整理、分析、加工的基础上，以高密度的方式将各类学术信息、情报传递给读者的权威工具书。权威的内容需要权威的机构来编纂，来撰写，来审定。学科综述是学科年鉴的灵魂，也是年鉴学术评价功能的集中体现，必须由权威学者来撰写学科综述。

三是要提高学科年鉴的时效性。学科年鉴虽然有存史功能，但更多学者希望将其作为学术工具书，从中获取对当下研究有价值的资料。这就需要增强年鉴的时效性，前一年的年鉴内容，第二年上半年要完成编纂，下半年完成出版。除了加快编纂和出版进度，年鉴的时效性还体现在编写的频度上。一级学科的年鉴，原则上都应当一年一鉴。

3. 不断扩大学科年鉴影响力

学科年鉴的价值在于应用，应用的前提是具有影响力。要通过各种途径，让学界了解学科年鉴，接受学科年鉴，使用学科年鉴，使学科年鉴真正成为学术研究的好帮手。

一是加强对学科年鉴的宣传。"酒香也怕巷子深"。每部学科年鉴出版之后，要及时举行发布会，正式向学界介绍和推出，提高学科年鉴的知名度。编纂单位也要加大对学科年鉴的宣传，结合学会年会、学术会议、年度优秀成果评选等活动，既加强对学科年鉴的宣传，又发挥学科年鉴的学术评价作用。

二要在使用中提高学科年鉴的影响力。要让学界使用学科年鉴，必须让学科年鉴贴近学界的需求，真正做到有用、能用、管用。因此，不能关起门来编学科年鉴，而是要根据学界的需求来编纂，为他们了解学术动态、掌握学科前沿、开展学术研究提供便利。要确保学科年鉴内容的原创性、独特性，提供其他渠道提供不了的学术信息。实现这个目标，就需要在学科年鉴内容创新上下功夫，不仅是筛选和转载，更多的内容需要用心策划、加工和提炼。实际上，编纂学科年鉴不仅是整理、汇编资料，更是一项学术研究工作。

三是提高学科年鉴使用的便捷性。当今网络时代，要让学科年鉴走进千万学者中间，必须重视学科年鉴的网络传播，提高学科年鉴阅读与获取的便捷性。出版社要重视学科年鉴数据库产品的开发。同时，要注重同知识资源平台的合作，利用一切途径扩大学科年鉴的传播力、影响力。在做好国内出版的同时，还要做好学科年鉴的海外发行，向国际学术界推广我国的学科年鉴。

4. 注重完善学科年鉴编纂工作机制

实现学科年鉴的高质量发展，是一项系统工程，需要哲学社会科学界的集思广益，共同努力，形成推动学科年鉴工作高质量发展的工作机制。哲学社会科学学科年鉴编纂，中国社会科学院当然要当主力军，但并不能包打天下，应当充分调动哲学社会科学界的力量，开展协调创新，与广大同仁一道，共同编纂好学科年鉴。

学科年鉴管理部门和编纂单位不仅要逐渐加大对学科年鉴的经费投入，而且要创新学科年鉴出版形式，探索纸本与网络相结合的新型出版模式，适当压缩纸本内容，增加网络传播内容。这样做，一方面可提高经费使用效益，另一方面，也有利于提升学科年鉴的传播力，进一步调动相关单位、科研人员参与学科年鉴编纂的积极性。

　　随着学科年鉴规模的扩大和质量的提升，可适时启动优秀学科年鉴的评奖活动，加强对优秀年鉴和优秀年鉴编辑人员的激励，形成学科年鉴工作良性发展的机制。要加强年鉴工作机制和编辑队伍建设，有条件的要成立专门的学科年鉴编辑部，或者由相对固定人员负责学科年鉴编纂，确保学科年鉴工作的连续性和编纂质量。

　　出版社要做好学科年鉴出版的服务工作，协调好学科年鉴编纂中的技术问题，提高学科年鉴质量和工作效率。除此之外，还要下大力气做好学科年鉴的市场推广和数字产品发行。

　　说到这里，可将本文的结论做如下归结：学科年鉴在加快构建中国特色哲学社会科学、建构中国自主知识体系中的地位和作用既十分重要，又异常关键，我们必须高度重视学科年鉴的编纂出版工作，奋力谱写哲学社会科学学科年鉴编纂工作新篇章。

重要文献

中办印发《关于推动党史学习教育常态化长效化的意见》

新华社北京3月21日电 近日，中共中央办公厅印发了《关于推动党史学习教育常态化长效化的意见》，并发出通知，要求各地区各部门结合实际认真贯彻落实。

《关于推动党史学习教育常态化长效化的意见》全文如下。

在全党开展党史学习教育，是以习近平同志为核心的党中央立足百年党史新起点、着眼开创事业发展新局面作出的一项重大战略决策。这次学习教育认真贯彻学史明理、学史增信、学史崇德、学史力行的要求，取得重要政治成果、理论成果、实践成果、制度成果，广大党员、干部受到一次全面深刻的政治教育、思想淬炼、精神洗礼，全党历史自觉、历史自信大大增强，党的创造力、凝聚力、战斗力大大提升，达到了学党史、悟思想、办实事、开新局的目的。为进一步推动全党深入学习贯彻习近平新时代中国特色社会主义思想和党的十九届六中全会精神，巩固拓展党史学习教育成果，更好用党的百年奋斗重大成就和历史经验增长智慧、增进团结、增加信心、增强斗志，更加坚定自觉地牢记初心使命、开创发展新局，在新的赶考之路上考出好成绩，现就推动党史学习教育常态化长效化，提出如下意见。

一、着眼坚定历史自信，坚持不懈把党史作为必修课、常修课。深入学习习近平总书记关于党的历史的重要论述，从中深刻领悟党百年奋斗的历史价值和学习党史的根本目的、基本要求、科学态度，进一步增强学党史用党史的思想自觉和行动自觉。以学习贯彻党的十九届六中全会精神为重点，持之以恒推进党史总结、学习、教育、宣传，进一步做到学史明理、学史增信、学史崇德、学史力行。原原本本学习党的第三个历史决议，学懂弄通党百年奋斗的光辉历程，学懂弄通党坚守初心使命的执着奋斗，学懂弄通党百年奋斗的历史意义和历史经验，学懂弄通以史为鉴、开创未来的重要要求，特别是深入领会党的十八大以来党和国家事业取得的历史性成就、发生的历史性变革，深入领会新时代原创性思想、变革性实践、突破性进展、标志性成果，不断深化对历史进程的认识、历史规律的把握、历史智慧的运用。坚持把党的历史经验作为正确判断形势、科学预见未来、把握历史主动的重要思想武器，作为想问题、作决策、办事情的重要遵循，作为判断重大政治是非的重要依据，作为加强党性修养的重要指引。强化历史认知，推动正确党史观更深入、更广泛地树立起来，让正史成为全党全社会的共识，教育广大党员、干部和全体人民特别是广大青年从党的百年奋斗中看清楚过去我们为什么能够成功、弄明白未来我们怎样才能继续成功，更好把握党的历史发展的主题主线、主流本质，坚定历史自信、筑牢历史记忆，满怀信心地向前进。发挥党委（党组）理论学习中心组龙头作用，把党史学习作为常态化内容纳入其中，经常性地开展专题学习、专题研讨，推动领导班子、领导干部带头学党史、经常学党史。发挥干部教育培训机制作用，特别是结合年轻干部的成长经历和思想实际，进一步充实党史教育课程，丰富党史教育形式，提高党史教学质量。用好学校思政课这个渠道，推动党史更好地进教材、进课堂、进头脑，发挥好党史立德树人的重要作用。继续抓好党史、新中国史、改革开放史、社会主义发展史宣传教育，融入群众性文化活动和精神文明创建，用好新时代文明实践中心、县级融媒体中心等平台，开展切合基层实际的学习教育活动，引导全社会更好知史爱党、知史爱国。把党史宣传融入重大主题宣传，持续推出导向正确、质量过硬、形式鲜活的党史题材作品，创新创作吸引力感染力强的融媒体产品。深化党史研究，加强党史学科建设，发挥专业研究机构、研究力量作用，不断推出高质量研究成果，为推动党史学习教育常态化长效化提供有力学理支撑。

二、着眼增强理论自觉，坚持不懈用习近平新时代中国特色社会主义思想武装头脑。深入贯彻学党史悟思想的基本要求，从马克思主义中国化的百年历程中深刻感悟思想伟力，充分认识中国共产党为什么能、中国特色社会主义为什么好，归根到底是因为马克思主义行；马克思主义之所以行，就在于党不断推进马克思主义中国化时代化并用以指导实践。坚持把学习习近平新时代中国特色社会主义思想作为重中之重，引导广大党员、干部更加深刻认识这一重要思想坚持把马克思主义基本原理同中国具体实际相结合、同中华优秀传统文化相结合，是当代中国马克思主义、二十一世纪马克思主义，是中华文化和中国精神的时代精华，实现了马克思主义中国化新的飞跃；深刻认识这一重要思想科学回答了中国之问、世界之问、人民之问、时代之问；深刻感悟这一重要思想对实现中华民族伟大复兴的统领作用，对走好中国式现代化道路的引领作用，对建设长期执政的马克思主义政党的指引作用。坚持读原著学原文、悟原理知原义，坚持在学懂弄通做实上下功夫，坚持联系思想实际、工作实际，深入学习习近平总书记重要著作，跟进学习习近平总书记最新重要讲话精神，既注重从总体上系统把握，又分专题分领域深入领会，做到至信而深厚、融通而致用、执着而笃行。坚持解放思想、实事求是、守正创新，深入研究阐释关系党和国家事业发展全局的战略问题，不断回答深层次思想认识问题、重大现实问题、社会热点难点问题，形成更多有分量的研究成果，以扎实的理论研究支撑理论武装。加强对象化、分众化理论宣传，用好新媒体新平台，推出更多通俗易懂的理论读物，讲好新时代党的创新理论的学理哲理、道理情理。推动领导干部带头学、广大党员跟进学、全社会广泛学，不断提高全党马克思主义理论素养，提高广大干部群众思想觉悟，更好用党的创新理论把全党武装起来、把人民凝聚起来，把党中央决策部署的各项任务落实下去。

三、着眼提高政治能力，坚持不懈领悟"两个确立"决定性意义、坚定做到"两个维护"的高度自觉。把常态化长效化学习党史的过程作为增强政治意识、强化党性锻炼，不断提高政治判断力、政治领悟力、政治执行力的过程，引导广大党员、干部深刻认识旗帜鲜明讲政治是我们党作为马克思主义政党的根本要求，保证党的团结统一是党的生命；深刻认识党的十八大以来党和国家事业取得历史性成就、发生历史性变革，根本在于有习近平总书记作为党中央的核心、全党的核心掌舵领航，在于有习近平新时代中国特色社会主义思想科学指引。推动各级党组织不断提高党内政治生活质量，通过民主生活会、组织生活会、"三会一课"、主题党日、重温入党誓词、过"政治生日"等，引导广大党员、干部强化党的意识、党员意识，深刻认识坚持党的全面领导特别是党中央集中统一领导是我们的根本政治优势，进一步领悟"两个确立"的决定性意义，始终在政治立场、政治方向、政治原则、政治道路上同以习近平同志为核心的党中央保持高度一致。强化对党忠诚教育，把对党忠诚、做到"两个维护"体现在坚决贯彻党中央决策部署的行动上，体现在履职尽责、做好本职工作的实效上，体现在党员、干部的日常言行上，自觉同党的理论和路线方针政策对标对表、及时校准偏差，党中央作出的战略决策必须坚决执行，确保不偏向、不变通、不走样。强化政治能力训练和政治实践历练，善于从政治上研判形势、分析问题，牢记"国之大者"，一切在大局下思考、一切在大局下行动，以干工作、办实事的实际行动提高贯彻党中央决策部署的本领和水平。

四、着眼强化宗旨意识，坚持不懈为群众办实事办好事。深入践行以人民为中心的发展思想，巩固"我为群众办实事"实践活动成果，走好新时代党的群众路线。发挥基层党组织战斗堡垒作用和党员先锋模范作用，用心用情用力解决群众的操心事、揪心事、烦心事，增强人民获得感、幸福感、安全感。在落实民生项目清单、做实政策措施的基础上，推动工作流程规范化、创新做法制度化、成熟经验机制化，完善解决民生问题的体制机制。省、市、县党政领导班子要立足实际，围绕巩固拓展脱贫攻坚成果、全面推进乡村振兴，围绕加强城乡公共服务、解决人民群众急难愁盼问题，围绕解决困难群体实际问题，制定年度民生实事计划并跟进抓好落实。县处级以上党政领导班子成员要建立基层联系点，定期深入基层了解社情民意、解决实际困难。各级党组织要积极组织开展志愿服务，鼓励和引导党员、干部到工作地或居住地，满腔热忱地为群众办实事、解难事，在为民造福中让群众看到党员、干部作风的新改进、面貌的新变化。坚决反对形式主义、官僚主义，不开空头支票，不增加基层负担，防止"作秀"、"造盆景"，多做为民利民惠民的实绩。

五、着眼激发昂扬斗志，坚持不懈弘扬伟大建党精神。坚持把弘扬伟大建党精神作为推进党史学习教育常态化长效化的重要任务，作为培育党内政治文化的重要内容，作为践行社会主义核心价值观的重要抓手，融入党员、干部学习教育的日常，体现在干事创业的平常，做到见人见事见精神。加强革命传统教育，用好中国共产党历史展览馆这个精神殿堂，用好革命遗址遗迹、纪念馆、博物馆等红色资源，发挥革命英烈、时代楷模示范引领作用，以重大节日和纪念日为契机开展主题活动，引导广大党员、干部深刻领悟中国共产党人精神谱系的丰富内涵和时代意义，传承红色基因，赓续红色血脉。加强党的光荣传统和优良作风教育，完善作风建设长效机制，把好传统带进新征程，将好作风弘扬在新时代。加强形势政策教育，利用专题培训、集中宣讲、媒体传播等多种形式，及时深入解读国际国内形势，解读党和政府的政策措施，引导广大党员、干部准确认识和把握我国社会主要矛盾和中心任务，把思想统一到党中央科学判断上来，增强继续前行的信心。加强斗争精神教育，注重从党的历史中汲取战胜风险挑战的智慧和力量，在新时代的伟大实践中不断锤炼斗争精神和斗争本领，激励广大党员、干部发扬历史主动精神，敢于直面矛盾问题和困难挑战，积极履职尽责、勇于担当作为，保持踔厉奋发、笃行不息的坚定意志，为党和人民事业赤诚奉献。

六、着眼永葆初心使命，坚持不懈推进自我革命。把常态化长效化学习党史作为不断砥砺初心使命的重要途径，作为推进党的自我革命的重要要求，引导广大党员、干部深刻认识勇于自我革命是我们党区别于其他政党的显著标志，是我们党对如何跳出历史周期率的时代回答。全面贯彻新时代党的建设总要求，以党的政治建设为统领，全面推进党的政治建设、思想建设、组织建设、作风建设、纪律建设，把制度建设贯穿其中，深入推进反腐败斗争，不断增强党自我净化、自我完善、自我革新、自我提高能力。用好党推进自我革命的宝贵经验，认真践行永葆马克思主义政党本色的实践要求，在为谁执政、为谁用权、为谁谋利这个根本问题上头脑要特别清醒、立场要特别坚定。经常性开展政治体检，自觉打扫思想政治灰尘，积极开展批评和自我批评，不断增强政治免疫力。各级领导班子和领导干部要经常对照党章党规，对照党中央决策部署，对照人民群众新期待，对照先进典型、身边榜样，查找自身在政治、思想、组织、作风、能力、廉洁等方面存在的差距和不足，深刻检视剖析，认真抓好整改落实。督促党员领导干部严守党的政治纪律和政治规矩，严格执行廉洁自律准则、党内政治生活若干准则，严格落实中央八项规定及其实施细则精神，认真贯彻新时代党的组织路线，知敬畏、存戒惧、守底线，崇尚对党忠诚的大德、造福人民的公德、严于律己的品德，驰而不息抓作风改作风。

推动党史学习教育常态化长效化是建设马克思主义学习型政党的一项长期重要任务。各级党委（党组）要提高政治站位，落实主体责任，加强组织领导，完善制度机制，进一步巩固拓展党史学习教育成果。领导干部要学在前、作表率，带着对党的深厚感情学党史，带着对事业的强烈责任用党史，形成一级带一级、全党一起学的良好局面。积极探索适合不同行业、不同领域、不同群体深入学党史的方法途径，既要精准有效覆盖，又要生动鲜活开展，使学党史、知党史、用党史在全社会蔚然成风。要把推动党史学习教育常态化长效化同做好中心工作结合起来，把党史学习教育成效转化为干事创业的动力、举措和成效，满怀信心奋进新征程、建功新时代，以实际行动迎接党的二十大胜利召开，不断开创党和国家事业发展新局面。

——《中办印发〈关于推动党史学习教育常态化长效化的意见〉》，《人民日报》2022年3月22日第1版。

中办印发《国家"十四五"时期哲学社会科学发展规划》

新华社北京 4 月 27 日电　近日，中共中央办公厅印发了《国家"十四五"时期哲学社会科学发展规划》（以下简称《规划》），围绕贯彻落实党中央提出的加快构建中国特色哲学社会科学的战略任务，对"十四五"时期哲学社会科学发展作出总体性规划。

《规划》要求，哲学社会科学工作要坚持以习近平新时代中国特色社会主义思想为指导，增强"四个意识"、坚定"四个自信"、做到"两个维护"，坚持立足中国、借鉴国外，挖掘历史、把握当代，关怀人类、面向未来，以加快构建中国特色哲学社会科学为主题，以提升学术原创能力为主线，以加强学科体系、学术体系、话语体系建设为支撑，以重大项目、重点工程、重要平台为牵引，以体制机制改革创新为动力，努力建设学科布局优、学术根基牢、科研水平高、服务能力强、国际影响大的中国特色哲学社会科学，为全面建设社会主义现代化国家提供有力思想和智力支持。

《规划》明确，哲学社会科学工作必须坚持党的全面领导，把党的领导落实到工作的方方面面；坚持"二为"方向、"双百"方针，树立以人民为中心的研究导向；坚持内涵式发展，增强哲学社会科学持续发展能力；坚持守正创新，增强哲学社会科学的主体性、原创性；坚持统筹协调，形成统一领导、分工合作、科学高效的哲学社会科学工作格局。

《规划》强调，要切实发挥马克思主义对哲学社会科学的引领作用，深入实施马克思主义理论研究和建设工程，深化拓展习近平新时代中国特色社会主义思想研究阐释，形成党的创新理论学术支撑体系。要坚持把马克思主义基本原理同中国具体实际相结合、同中华优秀传统文化相结合，继续推进马克思主义中国化时代化，发展当代中国马克思主义、21 世纪马克思主义。

《规划》指出，要加快中国特色哲学社会科学学科体系、学术体系、话语体系建设。按照突出优势、拓展领域、补齐短板、完善体系的要求，促进基础学科健全扎实、重点学科优势突出、新兴学科和交叉学科创新发展、冷门学科代有传承，打造具有中国特色和普遍意义的学科体系；创新学术理论体系、学术研究组织体系、学术平台支撑体系、学术评价考核体系，增强我国哲学社会科学的主体性、原创性、本土化和竞争力；坚持以中国传统、中国实践、中国问题作为学术话语建构的出发点和落脚点，提炼出具有中国特色、世界影响的标识性学术概念，加快中国学术走出去步伐，深化人文交流，在博采众长中形成中国学术的大视野、大格局。

《规划》提出，要加强中国特色新型智库建设，着力打造一批具有重要决策影响力、社会影响力、国际影响力的新型智库，为推动科学民主依法决策、推进国家治理体系和治理能力现代化、推动经济社会高质量发展、提升国家软实力提供支撑。

《规划》提出，要加强新时代哲学社会科学人才队伍建设，坚持党管人才原则，实施以育人育才为中心的哲学社会科学整体发展战略，建设种类齐全、梯队衔接、结构合理、专业突出的哲学社会科学人才体系。

——《中办印发〈国家"十四五"时期哲学社会科学发展规划〉》，《人民日报》2022年4月28日第1版。

中共中央关于认真学习宣传贯彻党的二十大精神的决定

（2022年10月29日）

为深入学习宣传贯彻党的二十大精神，把全党全国各族人民的思想统一到党的二十大精神上来，把力量凝聚到党的二十大确定的各项任务上来，作出如下决定。

一、充分认识学习宣传贯彻党的二十大精神的重大意义

中国共产党第二十次全国代表大会于10月16日至22日在北京举行。这是在全党全国各族人民迈上全面建设社会主义现代化国家新征程、向第二个百年奋斗目标进军的关键时刻召开的一次十分重要的大会，是一次高举旗帜、凝聚力量、团结奋进的大会。大会高举中国特色社会主义伟大旗帜，坚持马克思列宁主义、毛泽东思想、邓小平理论、"三个代表"重要思想、科学发展观，全面贯彻习近平新时代中国特色社会主义思想，分析了国际国内形势，提出了党的二十大主题，回顾总结了过去5年的工作和新时代10年的伟大变革，阐述了开辟马克思主义中国化时代化新境界、中国式现代化的中国特色和本质要求等重大问题，对全面建设社会主义现代化国家、全面推进中华民族伟大复兴进行了战略谋划，对统筹推进"五位一体"总体布局、协调推进"四个全面"战略布局作出了全面部署。大会批准了习近平同志代表十九届中央委员会所作的《高举中国特色社会主义伟大旗帜，为全面建设社会主义现代化国家而团结奋斗》的报告，批准了十九届中央纪律检查委员会的工作报告，审议通过了《中国共产党章程（修正案）》，选举产生了新一届中央委员会和中央纪律检查委员会。

习近平同志的报告，深刻阐释了新时代坚持和发展中国特色社会主义的一系列重大理论和实践问题，描绘了全面建设社会主义现代化国家、全面推进中华民族伟大复兴的宏伟蓝图，为新时代新征程党和国家事业发展、实现第二个百年奋斗目标指明了前进方向、确立了行动指南，是党和人民智慧的结晶，是党团结带领全国各族人民夺取中国特色社会主义新胜利的政治宣言和行动纲领，是马克思主义的纲领性文献。《中国共产党章程（修正案）》体现了党的十九大以来党的理论创新、实践创新、制度创新成果，体现了党的二十大报告确定的重要思想、重要观点、重大战略、重大举措，对坚持和加强党的全面领导、坚定不移推进

全面从严治党、坚持和完善党的建设、推进党的自我革命提出了明确要求。

党的二十届一中全会选举产生了以习近平同志为核心的新一届中央领导集体，一批经验丰富、德才兼备、奋发有为的同志进入中央领导机构，充分显示出中国特色社会主义事业蓬勃兴旺、充满活力。

学习宣传贯彻党的二十大精神是当前和今后一个时期全党全国的首要政治任务，事关党和国家事业继往开来，事关中国特色社会主义前途命运，事关中华民族伟大复兴，对于动员全党全国各族人民更加紧密地团结在以习近平同志为核心的党中央周围，高举中国特色社会主义伟大旗帜，坚定道路自信、理论自信、制度自信、文化自信，为全面建设社会主义现代化国家、全面推进中华民族伟大复兴而团结奋斗，具有重大现实意义和深远历史意义。

二、全面准确学习领会党的二十大精神

学习领会党的二十大精神，必须坚持全面准确，深入理解内涵，精准把握外延。要原原本本、逐字逐句学习党的二十大报告和党章，学习习近平总书记在党的二十届一中全会上的重要讲话精神，着重把握以下几个方面。

1. 深刻领会党的二十大的主题。高举中国特色社会主义伟大旗帜，全面贯彻习近平新时代中国特色社会主义思想，弘扬伟大建党精神，自信自强、守正创新，踔厉奋发、勇毅前行，为全面建设社会主义现代化国家、全面推进中华民族伟大复兴而团结奋斗。这是党的二十大的主题，明确宣示了我们党在新征程上举什么旗、走什么路、以什么样的精神状态、朝着什么样的目标继续前进的重大问题。高举中国特色社会主义伟大旗帜、全面贯彻习近平新时代中国特色社会主义思想，是要郑重宣示，全党必须坚持以马克思主义中国化时代化最新成果为指导，坚定中国特色社会主义道路自信、理论自信、制度自信、文化自信，坚持道不变、志不改，确保党和国家事业始终沿着正确方向胜利前进。弘扬伟大建党精神，是要郑重宣示，全党必须恪守伟大建党精神，保持党同人民群众的血肉联系，保持谦虚谨慎、艰苦奋斗的政治本色和敢于斗争、敢于胜利的意志品质，确保党始终成为中国特色社会主义事业的坚强领导核心。自信自强、守正创新，踔厉奋发、勇毅前行，是要郑重宣示，全党必须保持自信果敢、自强不息的精神风貌，保持定力、勇于变革的工作态度，永不懈怠、锐意进取的奋斗姿态，使各项工作更好体现时代性、把握规律性、富于创造性。全面建设社会主义现代化国家、全面推进中华民族伟大复兴，是要郑重宣示，全党必须紧紧扭住新时代新征程党的中心任务，集中一切力量，排除一切干扰，坚持以中国式现代化全面推进中华民族伟大复兴。团结奋斗，是要郑重宣示，我们必须不断巩固全党全国各族人民大团结，加强海内外中华儿女大团结，形成同心共圆中国梦的强大合力。

2. 深刻领会过去5年的工作和新时代10年的伟大变革。党的十九大以来的5年，是极

不寻常、极不平凡的 5 年。5 年来，以习近平同志为核心的党中央，高举中国特色社会主义伟大旗帜，全面贯彻党的十九大和十九届历次全会精神，团结带领全党全军全国各族人民，统揽伟大斗争、伟大工程、伟大事业、伟大梦想，有效应对严峻复杂的国际形势和接踵而至的巨大风险挑战，以奋发有为的精神把新时代中国特色社会主义不断推向前进，攻克了许多长期没有解决的难题，办成了许多事关长远的大事要事，推动党和国家事业取得举世瞩目的重大成就。党的十八大召开 10 年来，我们经历了对党和人民事业具有重大现实意义和深远历史意义的三件大事：一是迎来中国共产党成立一百周年，二是中国特色社会主义进入新时代，三是完成脱贫攻坚、全面建成小康社会的历史任务，实现第一个百年奋斗目标。这是中国共产党和中国人民团结奋斗赢得的历史性胜利，是彪炳中华民族发展史册的历史性胜利，也是对世界具有深远影响的历史性胜利。10 年来，我们全面贯彻党的基本理论、基本路线、基本方略，采取一系列战略性举措，推进一系列变革性实践，实现一系列突破性进展，取得一系列标志性成果，经受住了来自政治、经济、意识形态、自然界等方面的风险挑战考验，党和国家事业取得历史性成就、发生历史性变革，推动我国迈上全面建设社会主义现代化国家新征程。新时代 10 年的伟大变革，在党史、新中国史、改革开放史、社会主义发展史、中华民族发展史上具有里程碑意义。

新时代 10 年的伟大变革，是在以习近平同志为核心的党中央坚强领导下、在习近平新时代中国特色社会主义思想指引下全党全国各族人民团结奋斗取得的。党确立习近平同志党中央的核心、全党的核心地位，确立习近平新时代中国特色社会主义思想的指导地位，反映了全党全军全国各族人民共同心愿，对新时代党和国家事业发展、对推进中华民族伟大复兴历史进程具有决定性意义。"两个确立"是党在新时代取得的重大政治成果，是推动党和国家事业取得历史性成就、发生历史性变革的决定性因素。全党必须深刻领悟"两个确立"的决定性意义，更加自觉地维护习近平总书记党中央的核心、全党的核心地位，更加自觉地维护以习近平同志为核心的党中央权威和集中统一领导，全面贯彻习近平新时代中国特色社会主义思想，坚定不移在思想上政治上行动上同以习近平同志为核心的党中央保持高度一致。

3. 深刻领会开辟马克思主义中国化时代化新境界。马克思主义是我们立党立国、兴党兴国的根本指导思想。实践告诉我们，中国共产党为什么能，中国特色社会主义为什么好，归根到底是马克思主义行，是中国化时代化的马克思主义行。党的十八大以来，国内外形势新变化和实践新要求，迫切需要我们从理论和实践的结合上深入回答关系党和国家事业发展、党治国理政的一系列重大时代课题。我们党勇于进行理论探索和创新，以全新的视野深化对共产党执政规律、社会主义建设规律、人类社会发展规律的认识，取得重大理论创新成果，集中体现为习近平新时代中国特色社会主义思想。党的十九大、十九届六中全会提出的

"十个明确"、"十四个坚持"、"十三个方面成就"概括了这一思想的主要内容,必须长期坚持并不断丰富发展。只有把马克思主义基本原理同中国具体实际相结合、同中华优秀传统文化相结合,坚持运用辩证唯物主义和历史唯物主义,才能正确回答时代和实践提出的重大问题,才能始终保持马克思主义的蓬勃生机和旺盛活力。不断谱写马克思主义中国化时代化新篇章,是当代中国共产党人的庄严历史责任。继续推进实践基础上的理论创新,首先要把握好习近平新时代中国特色社会主义思想的世界观和方法论,坚持好、运用好贯穿其中的立场观点方法,切实做到坚持人民至上、坚持自信自立、坚持守正创新、坚持问题导向、坚持系统观念、坚持胸怀天下,在新时代伟大实践中不断开辟马克思主义中国化时代化新境界。

4. 深刻领会新时代新征程中国共产党的使命任务。从现在起,中国共产党的中心任务就是团结带领全国各族人民全面建成社会主义现代化强国、实现第二个百年奋斗目标,以中国式现代化全面推进中华民族伟大复兴。党的二十大对全面建成社会主义现代化强国两步走战略安排进行了宏观展望,重点部署了未来5年的战略任务和重大举措。这是一项伟大而艰巨的事业,前途光明,任重道远。当前,我国发展进入战略机遇和风险挑战并存、不确定难预料因素增多的时期,各种"黑天鹅"、"灰犀牛"事件随时可能发生。我们必须增强忧患意识,坚持底线思维,做到居安思危、未雨绸缪,准备经受风高浪急甚至惊涛骇浪的重大考验。前进道路上,必须坚持和加强党的全面领导,坚持中国特色社会主义道路,坚持以人民为中心的发展思想,坚持深化改革开放,坚持发扬斗争精神,既不走封闭僵化的老路,也不走改旗易帜的邪路,坚持把国家和民族发展放在自己力量的基点上,坚持把中国发展进步的命运牢牢掌握在自己手中,不断夺取全面建设社会主义现代化国家新胜利。全党必须牢记,坚持党的全面领导是坚持和发展中国特色社会主义的必由之路,中国特色社会主义是实现中华民族伟大复兴的必由之路,团结奋斗是中国人民创造历史伟业的必由之路,贯彻新发展理念是新时代我国发展壮大的必由之路,全面从严治党是党永葆生机活力、走好新的赶考之路的必由之路。这是我们在长期实践中得出的至关紧要的规律性认识,必须倍加珍惜、始终坚持,咬定青山不放松,引领和保障中国特色社会主义巍巍巨轮乘风破浪、行稳致远。

5. 深刻领会中国式现代化的中国特色和本质要求。在新中国成立特别是改革开放以来长期探索和实践基础上,经过党的十八大以来在理论和实践上的创新突破,我们党成功推进和拓展了中国式现代化。中国式现代化,是中国共产党领导的社会主义现代化,既有各国现代化的共同特征,更有基于自己国情的中国特色。党的二十大概括了中国式现代化的中国特色,即中国式现代化是人口规模巨大的现代化,是全体人民共同富裕的现代化,是物质文明和精神文明相协调的现代化,是人与自然和谐共生的现代化,是走和平发展道路的现代化。党的二十大对中国式现代化的本质要求作出科学概括:坚持中国共产党领导,坚持中国特色社会主义,实现高质量发展,发展全过程人民民主,丰富人民精神世界,实现全体人民共同富裕，促进人与自然和谐共生，推动构建人类命运共同体，创造人类文明新形态。这个概括是党深刻总结我国和世界其他国家现代化建设的历史经验，对我国这样一个东方大国如何加快实现现代化在认识上不断深入、战略上不断成熟、实践上不断丰富而形成的思想理论结晶，我们要深刻领会、系统把握，特别是要把这个本质要求落实到各项工作之中。

6. 深刻领会社会主义经济建设、政治建设、文化建设、社会建设、生态文明建设等方面的重大部署。在经济建设上，要完整、准确、全面贯彻新发展理念，加快构建新发展格局，着力推动高质量发展，构建高水平社会主义市场经济体制，建设现代化产业体系，全面推进乡村振兴，促进区域协调发展，推进高水平对外开放，推动经济实现质的有效提升和量的合理增长。在政治建设上，要发展全过程人民民主，加强人民当家作主制度保障，全面发展协商民主，积极发展基层民主，巩固和发展最广泛的爱国统一战线。在文化建设上，要推进文化自信自强，建设社会主义文化强国，建设具有强大凝聚力和引领力的社会主义意识形态，广泛践行社会主义核心价值观，提高全社会文明程度，繁荣发展文化事业和文化产业，增强中华文明传播力影响力，铸就社会主义文化新辉煌。在社会建设上，要坚持在发展中保障和改善民生，扎实推进共同富裕，完善分配制度，实施就业优先战略，健全社会保障体系，推进健康中国建设，不断实现人民对美好生活的向往。在生态文明建设上，要推进美丽中国建设，加快发展方式绿色转型，深入推进环境污染防治，提升生态系统多样性、稳定性、持续性，积极稳妥推进碳达峰碳中和，促进人与自然和谐共生。

7. 深刻领会教育科技人才、法治建设、国家安全等方面的重大部署。党的二十大把握国内外发展大势，在党和国家事业发展布局中突出教育科技人才支撑、法治保障、国家安全工作。在教育科技人才上，要坚持教育优先发展、科技自立自强、人才引领驱动，加快建设教育强国、科技强国、人才强国，办好人民满意的教育，完善科技创新体系，加快实施创新驱动发展战略，深入实施人才强国战略，不断塑造发展新动能新优势。在法治建设上，要坚持全面依法治国，坚持走中国特色社会主义法治道路，建设中国特色社会主义法治体系、建设社会主义法治国家，完善以宪法为核心的中国特色社会主义法律体系，扎实推进依法行政，严格公正司法，加快建设法治社会，推进法治中国建设。在国家安全上，要坚定不移贯彻总体国家安全观，健全国家安全体系，增强维护国家安全能力，提高公共安全治理水平，完善社会治理体系，坚决维护国家安全和社会稳定。

8. 深刻领会国防和军队建设、港澳台工作、外交工作等方面的重大部署。在国防和军队建设上，要贯彻习近平强军思想，贯彻新时代军事战略方针，坚持党对人民军队的绝对领导，全面加强人民军队党的建设，全面加强练兵备战，全面加强军事治理，巩固提高一体化国家战略体系和能力，如期实现建军一百年奋斗目标，加快把人民军队建成世界一流军队。在港澳台工作上，要坚持和完善"一国两制"制度体系，落实中央全面管治权，落实"爱国者治港"、"爱国者治澳"原则，落实特别行政区维护国家安全的法律制度和执行机制，支持香港、澳门发展经济、改善民生、破解经济社会发展中的深层次矛盾和问题，发展壮大爱国爱港爱澳力量；坚持贯彻新时代党解决台湾问题的总体方略，牢牢把握两岸关系主导权和主动权，坚持一个中国原则和"九二共识"，团结广大台湾同胞共同推动两岸关系和平发展、推进祖国和平统一进程，坚定反"独"促统。在外交工作上，要始终坚持维护世界和平、促进共同发展的外交政策宗旨，致力于推动构建人类命运共同体，坚定奉行独立自主的和平外交政策，坚持在和平共处五项原则基础上同各国发展友好合作，坚持对外开放的基本国策，积极参与全球治理体系改革和建设，弘扬全人类共同价值。

9. 深刻领会坚持党的全面领导和全面从严治党的重大部署。全面建设社会主义现代化国家、全面推进中华民族伟大复兴，关键在党。我们党作为世界上最大的马克思主义执政党，要始终赢得人民拥护、巩固长期执政地位，必须时刻保持解决大党独有难题的清醒和坚定。经过党的十八大以来全面从严治党，我们解决了党内许多突出问题，但党面临的执政考验、改革开放考验、市场经济考验、外部环境考验将长期存在，精神懈怠危险、能力不足危险、脱离群众危险、消极腐败危险将长期存在。全党必须牢记，全面从严治党永远在路上，党的自我革命永远在路上，决不能有松劲歇脚、疲劳厌战的情绪，必须持之以恒推进全面从严治党，深入推进新时代党的建设新的伟大工程，以党的自我革命引领社会革命。要落实新时代党的建设总要求，健全全面从严治党体系，坚持和加强党中央集中统一领导，坚持不懈用习近平新时代中国特色社会主义思想凝心铸魂，完善党的自我革命制度规范体系，建设堪当民族复兴重任的高素质干部队伍，增强党组织政治功能和组织功能，坚持以严的基调强化正风肃纪，坚决打赢反腐败斗争攻坚战持久战，全面推进党的自我净化、自我完善、自我革新、自我提高，使我们党坚守初心使命，始终成为中国特色社会主义事业的坚强领导核心。

三、认真做好党的二十大精神的学习宣传

学习宣传党的二十大精神，既要整体把握、全面系统，又要突出重点、抓住关键。要把着力点聚焦到习近平总书记是党中央的核心、全党的核心，习近平新时代中国特色社会主义思想是党必须长期坚持的指导思想上；聚焦到党的十九大以来的重大成就和新时代10年的伟大变革上；聚焦到把握好马克思主义中国化时代化最新成果的世界观和方法论，坚持好、运用好贯穿其中的立场观点方法上；聚焦到中国式现代化在理论和实践的创新突破上；聚焦到贯彻落实党的二十大作出的重大决策部署上；聚焦到以习近平同志为核心的新一届中央领导集体是深受全党全国各族人民拥护和信赖的领导集体上；聚焦到习近平总书记是全党拥护、人民爱戴、当之无愧的党的领袖上。

1. 切实抓好学习培训。紧密结合党中央即将在全党开展的主题教育，面向全体党员开

展多形式、分层次、全覆盖的全员培训,组织广大党员干部认真学习党的二十大精神。党中央将举办新进中央委员会的委员、候补委员学习贯彻党的二十大精神研讨班。各级党委(党组)理论学习中心组要把学习党的二十大精神作为重点内容,制定系统学习计划,列出专题进行研讨。各地区各部门要举办培训班、学习班,集中一段时间对全国县处级以上党员领导干部进行集中轮训,分期分批对党员干部进行系统培训。基层党组织要采取多种形式,组织广大党员干部认真学习党的二十大精神。要把学习党的二十大精神作为党校(行政学院)、干部学院教育培训的必修课,作为学校思想政治教育和课堂教学的重要内容,组织开展对相关教材修订工作,推动党的二十大精神进教材、进课堂、进头脑。在学习培训中,要运用好《党的二十大报告辅导读本》、《党的二十大报告学习辅导百问》等辅导材料。

2. 集中开展宣讲活动。从现在起到明年年初,在全国范围内集中开展党的二十大精神宣讲活动。党中央将组织学习贯彻党的二十大精神中央宣讲团,赴各省区市开展宣讲。各地要参照这一做法,抽调骨干力量组成宣讲团,深入企业、农村、机关、校园、社区进行宣讲。坚持领导带头,中央政治局同志和各省区市、中央各部门主要负责同志在所在地方、分管领域亲自宣讲,各级党政军群主要负责同志带头宣讲,以实际行动带动广大党员干部群众的学习。开展面向党外人士的宣讲工作,增进党外人士对党的二十大精神的认知认同。要着力增强宣讲的说服力、亲和力和针对性、有效性,紧密联系广大党员干部群众思想和工作实际,把党的二十大精神讲清楚、讲明白,让老百姓听得懂、能领会、可落实。

3. 精心组织新闻宣传。各级党报、党刊、电台、电视台要精心策划、集中报道,大力宣传党的二十大精神,宣传全党全社会对党的二十大的热烈反响和积极评价,宣传各地区各部门学习贯彻党的二十大精神的具体举措和实际行动。要充分利用各种宣传形式和手段,采取人民群众喜闻乐见的形式,使宣传报道更接地气、更动人心,引导广大党员干部群众坚定信心、同心同德,埋头苦干、奋勇前进。要积极开展网络宣传,把网络传播平台作为党的二十大精神宣传的重要阵地,坚持分众化、差异化、精准化,开设网上专题专栏,制作推出新媒体产品,开展网上访谈互动,在网络宣传上展现新面貌、新作为,推动形成网上正面舆论强势。要精心组织对外宣传,多渠道宣介党的二十大精神,宣介我国推动经济社会发展的重大举措,充分反映国际社会的积极评价,生动展示我们党和国家的良好形象。

4. 深入开展研究阐释。围绕党的二十大精神,确定一批重大研究选题,组织专家学者深入研究,撰写刊发一批有分量的理论文章。组织召开系列理论研讨会,交流研究成果,深化思想认识。中央主要媒体要通过推出权威访谈、开设专栏等形式,从不同角度撰写推出相关文章,分析背景、提取要点,进一步延伸阐释深度和广度,各省区市主要报刊理论专版、专刊同步开设相关专栏。针对广大党员干部群众关注的热点问题,各媒体要主动邀请有关部门负责同志,进行深入解读,加强正面引导,回应关切。针对思想理论领域可能出现的模糊认识和错误观点，要组织专家学者撰写重点理论文章和短文短评，及时进行辨析澄清。

四、坚持知行合一，贯彻落实好党的二十大作出的重大决策部署

学习宣传贯彻党的二十大精神，要立足我国改革发展、党的建设实际，坚持学思用贯通、知信行统一，把党的二十大精神落实到经济社会发展各方面，体现到做好今年各项工作和安排好今后工作之中。

1. 坚决做到"两个维护"。学习宣传贯彻党的二十大精神，要推动全党深刻领悟"两个确立"的决定性意义，增强"四个意识"、坚定"四个自信"、做到"两个维护"，以实际行动践行对党忠诚。要健全总揽全局、协调各方的党的领导制度体系，完善党中央重大决策部署落实机制，确保全党在政治立场、政治方向、政治原则、政治道路上同党中央保持高度一致，确保党的团结统一。要加强党的政治建设，严明政治纪律和政治规矩，落实各级党委（党组）主体责任，提高各级党组织和党员干部政治判断力、政治领悟力、政治执行力。

2. 切实推动改革发展稳定。要把党的二十大精神转化为指导实践、推动工作的强大力量，统筹推进"五位一体"总体布局、协调推进"四个全面"战略布局，紧紧抓住解决不平衡不充分的发展问题，着力在补短板、强弱项、固底板、扬优势上下功夫，推动经济社会持续健康发展。要坚持在发展中保障和改善民生，着力解决好人民群众急难愁盼问题，完善社会治理体系，畅通和规范群众诉求表达、利益协调、权益保障通道，及时把矛盾纠纷化解在基层、化解在萌芽状态。要切实做好新冠肺炎疫情防控工作，落实党中央"疫情要防住、经济要稳住、发展要安全"的明确要求，坚决筑牢疫情防控屏障，最大限度保护人民生命安全和身体健康。

3. 防范化解风险挑战。当前，世界百年未有之大变局加速演进，世界之变、时代之变、历史之变正以前所未有的方式展开，这是改革开放以来从未遇到过的，给我国的现代化建设提出了一系列新课题新挑战，直接考验我们的斗争勇气、战略能力、应对水平。要保持时时放心不下的精神状态和责任担当，始终做好应对最坏情况的准备，不信邪、不怕鬼、不怕压，知难而进、迎难而上，统筹发展和安全，全力战胜前进道路上各种困难和挑战。要加强斗争精神和斗争本领养成，着力增强防风险、迎挑战、抗打压能力，主动识变应变求变，主动防范化解风险，依靠顽强斗争打开事业发展新天地。

4. 坚定不移全面从严治党。要推动全面从严治党向纵深发展，保持战略定力，始终绷紧从严从紧这根弦，不断解决党内存在的突出矛盾和深层次问题。要全面加强党的思想建设，坚持用习近平新时代中国特色社会主义思想统一思想、统一意志、统一行动，组织实施党的创新理论学习教育计划，建设马克思主义学习型政党。要坚持全心全意为人民服务的根本宗旨，树牢群众观点，贯彻群众路线，尊重人民首创精神，坚持一切为了人民、一切依靠人民，始终保持同人民群众的血肉联系，始终接受人民批评和监督，始终同人民同呼吸、共命运、心连心。要加强实践锻炼、专业训练，注重在重大斗争中磨砺干部，增强干部推动高质量发展本领、服务群众本领、防范化解风险本领，牢牢把握工作主动权。

五、切实加强组织领导

学习宣传贯彻党的二十大精神，是当前和今后一个时期全党全国的首要政治任务。各级党委（党组）要把学习宣传贯彻党的二十大精神摆上重要议事日程，切实加强组织领导。

1. 切实负起领导责任。各级党委（党组）要提高政治站位，按照党中央部署，结合本地区本部门实际，作出专题部署，提出具体要求，着力抓好落实，迅速兴起学习宣传贯彻党的二十大精神的热潮。各级组织、宣传部门和其他有关部门，要在党委（党组）统一领导下，密切配合。组织部门要把学习宣传贯彻党的二十大精神与干部教育培训工作、加强领导班子建设和基层党组织建设结合起来。宣传部门要扎实做好党的二十大精神宣传工作，营造学习贯彻党的二十大精神的浓厚氛围。工会、共青团、妇联等群团组织要充分发挥自身优势，开展各具特色的学习教育活动。要加强工作指导，加强督促检查，及时发现解决存在的问题。

2. 牢牢把握正确导向。要坚持团结稳定鼓劲、正面宣传为主，弘扬主旋律、传播正能量，巩固壮大主流思想舆论，着力用党的二十大精神统一思想、凝聚力量。要严格按照党中央精神全面准确开展宣传，把准方向、把牢导向，牢牢把握宣传引导的主导权、话语权。要加强对热点敏感问题的阐释引导，全面客观、严谨稳妥、解疑释惑、疏导情绪，最大限度凝聚社会共识。要落实意识形态工作责任制，按照谁主管谁负责和属地管理原则，切实加强对各类宣传文化阵地的管理，防止错误思想言论和有害信息传播。

3. 着力提升实际效果。要坚持贴近实际、尊重规律，紧密联系广大党员干部群众的新期待，努力增强学习宣传贯彻党的二十大精神的吸引力感染力和针对性实效性。要创新形式载体，丰富方法手段，善于运用群众乐于参与、便于参与的方式，采取富有时代特色、体现实践要求的方法，在拓展广度深度上下功夫，使学习宣传既有章法、见力度，更重质量、强效果。要充分运用新技术新应用，强化互动化传播、沉浸式体验，努力扩大工作的覆盖面和影响力，让正能量产生大流量。

各地区各部门要及时将学习宣传贯彻党的二十大精神的情况报告党中央。

（新华社北京10月30日电）

——《中共中央关于认真学习宣传贯彻党的二十大精神的决定（2022年10月29日）》，《人民日报》2022年10月31日第1版。

教育部关于进一步加强新时代中小学思政课建设的意见

(2022年11月8日　发文字号：教基〔2022〕5号)

各省、自治区、直辖市教育厅（教委），新疆生产建设兵团教育局：

思政课是落实立德树人根本任务的关键课程，事关社会主义办学方向，事关亿万学生健康成长。近年来，各地各校认真推进中小学思政课改革创新，思政课质量不断提高，广大中小学生精神面貌积极向上，育人作用得到有效发挥。但是，当前中小学思政课建设还存在一些亟待解决的问题，有的地方和学校对思政课重要性认识还不够到位，中小学思政课教学资源还不够丰富鲜活，教师队伍整体素质需要进一步提升，课堂教学和实践育人效果有待增强。为认真贯彻落实党的二十大精神，按照党中央、国务院关于新时代加强和改进思想政治工作的重要部署，现就进一步加强新时代中小学思政课建设，提出如下意见。

一、总体要求

1. 指导思想。以习近平新时代中国特色社会主义思想为指导，深入贯彻落实习近平总书记在学校思想政治理论课教师座谈会上的重要讲话精神和关于思政课建设的重要指示批示精神，加强党对中小学思政课建设的全面领导，全面贯彻党的教育方针，落实立德树人根本任务，积极培育和践行社会主义核心价值观，推进大中小学思想政治教育一体化建设，充分发挥思政课关键课程作用。紧密联系中小学实际，深化中小学思政课改革创新，切实加强思政课教师队伍建设，统筹用好各类教育资源，大力提升思政课育人质量，教育引导广大中小学生扣好人生第一粒扣子，从小听党话、永远跟党走，着力培养担当民族复兴大任的时代新人。

2. 工作原则

——突出关键地位。育人的根本在于立德，坚定不移用新时代党的创新理论铸魂育人，把思政课建设作为构建高质量教育体系和学校意识形态工作重要内容，融入学校人才培养全过程、各方面，充分彰显思政课政治引领和价值引领功能。

——强化统筹实施。注重学段衔接，完善大中小学思想政治教育体系；注重相互配合，充分发挥思政课和各类课程的育人功能；注重内外协调，推进学校"小课堂"、社会"大课堂"和网络"云课堂"协同育人。

——坚持问题导向。加强思政课教学管理与教研工作，完善教学内容，丰富教学资源，强化实践育人，着力提高思政课教师专职化专业化水平，深入推进思政课内涵发展，持续提升思政课吸引力感染力。

——深化改革创新。遵循思想政治工作规律、教育教学规律和学生成长规律，坚持守正创新，完善体制机制，创新方法途径，切实增强思政课时代性、针对性、实效性，大力促进思政课改革发展。

3. 工作目标。到2025年，中小学思政课关键地位进一步强化、建设水平全面提高。课堂活力充分激发，优质课程资源更加丰富，实践教学深入开展。思政课教师队伍专职化专业化水平明显提升，小学专职教师配备比例达到70%以上，初高中配齐专职教师，绝大多数教师具有比较扎实的思政教育相关专业知识。"大思政课"体系更加完善，评价机制基本健全。思政课整体质量显著提高，有效发挥沟通心灵、启智润心、激扬斗志的重要育人作用。

二、深化教学管理创新

4. 开齐开足课时。严格落实《义务教育课程方案（2022年版）》和道德与法治课程标准，各地按照确保课时占比达到6%—8%的要求，明确思政课周课时量；在地方课程、校本课程中思政类课程应占一定比例课时。严格落实普通高中思想政治课程标准必修课程学分要求，积极创造条件开好思政课选择性必修、选修课程。要把开齐开足思政课作为严肃的政治纪律、教学纪律，在省级课程实施办法中明确要求，在学校课程实施方案中优先保障，班级课表中明确标示，教学实施中严格执行，不得占用、挪用或者变相压减课时。

5. 落实课程内容。扎实推进习近平新时代中国特色社会主义思想进教材进课堂进学生头脑，依据道德与法治（思想政治）课程标准，统筹编好用好国家中小学思政课统编教材、《习近平新时代中国特色社会主义思想学生读本》等，切实增强思政课教材教辅和读本对不同学段学生的适应性，有针对性地进行中国特色社会主义和中国梦教育、社会主义核心价值观教育、法治教育、铸牢中华民族共同体意识教育、劳动教育、生态文明教育、心理健康教育等；常态化制度化开展理想信念教育，持续抓好党史学习教育，加强爱国主义、集体主义、社会主义教育，持续深化党的领导、社会主义先进文化、革命文化、中华优秀传统文化等各类主题教育；充分利用新时代的伟大实践成就和时政要闻、重大活动、乡村振兴、抗击疫情、奥运精神等方面形成的教育资源，丰富思政课教育内容，有机融入课堂教学。

6. 创新教学方法。思政课要把讲好道理作为本质要求，坚持主导性和主体性相统一，注重针对不同学段学生认知规律，创新教师教与学生学的方式方法。要充分运用案例式、议题式、体验式、项目式等多种教学方法，融合应用现代信息技术，推进基于真实情境的教学；积极采用小组学习、问题解析、学生讲述等课堂形式，注重用好学生身边可知可感的生动事例和典型人物，充分调动学生参与思政课的积极性主动性。教师要以鲜活的语言、真挚的感情，善于用讲故事的方式，把道理讲深、讲透、讲活，着力增强课堂教学实效，打动心灵、感动学生、入脑入心，让思政课真正成为一门教师用心教、学生用心悟的课程。

三、丰富课程教学资源

7. 汇聚优质课程资源。实施国家中小学思政课精品课程建设计划，通过国家级基础教育优秀教学成果评审、全国中小学思政课教师教学基本功展示交流、全国中小学思政课优秀教学案例征集等途径，针对不同学段特点遴选推出一批导向鲜明、思想深刻、内容丰富、形式活泼的思政"精品课"，引导带动各地各校和广大思政课教师不断提高思政课质量水平。加强优质教学辅助资源包建设，围绕课程内容分单元、分专题开发建设丰富多样、分门别类的教学案例库、教学素材库等，通过活页、专册、讲义等多种方式及时充实富有中国特色、时代特征的鲜活教育资源，为思政课教师备好课、上好课提供资源支撑。

8. 丰富社会实践资源。完善思政课实践教学机制，中小学校要制定社会实践大课堂教学计划，安排一定课时用于学生社会实践体验教学活动，推动思政课教学与学生社会实践、志愿服务等活动有机结合，增强学生直接体验和切身感悟。各地各校要统筹爱国主义教育基地、红色教育基地、研学教育基地、综合实践基地、法治教育实践基地、文化场馆、科技场馆、博物馆等校外教育资源，以及地方特色教育资源，建立一批思政课实践教学基地，共同开发建设各具特色的教学资源。

9. 用好数字化资源平台。不断拓展国家中小学智慧教育平台及地方教育资源平台服务功能，广泛汇聚各类优质思政课数字化教学资源，促进优质资源共建共享，并健全资源迭代更新与应用激励机制。建立若干思政课名师网络工作室，开发思政课教师网络集体备课系统，强化专家引领、名师带动、示范培训、在线交流研学。积极推进社会实践大课堂活动实现线上预约、自主选择、过程记录。支持各地通过同步课堂、专递课堂、双师课堂等模式，帮助农村地区薄弱学校开齐开好思政课。

四、加强教师队伍建设

10. 强化专职教师配备。各地要统筹使用中小学教职工编制，有效保障思政课专职教师配备，并制定具体补充计划。各地要研究制定中小学思政课教师周标准工作量课时，原则上按所需的相应思政课教师数配齐思政课专职教师，对于跨年级任教的思政课教师可适当减少课时。小学不满一个标准工作量的可由班主任或语文教师兼任；小学党组织书记、校长、德育主任、少先队大队辅导员等可在培训合格后兼任小学思政课教师。乡村小规模学校确实难以配备专职思政课教师的，可由所属乡镇中心校通过思政课教师"走教""送教"等方式上好思政课。积极落实中小学思政课特聘教师制度，鼓励支持地方优秀党政干部、专家学者、先进模范、英雄人物、法治副校长、校外辅导员等，定期到中小学讲课或作专题报告。

11. 提升教师专业水平。师范院校和其他高校要加强思政教育相关专业建设，大力培养符合新时代中小学思政课教学要求的高素质专业化师资。严格新任思政课教师招聘条件，必须具备国家规定的相应教师资格。建立中小学思政课教师轮训制度，聚焦教育教学能力提升和教学方式方法创新，有针对性开展培训，每3年至少进行一次不少于5日的集中脱产培训；对目前不适应思政课教学要求的教师，应通过开展专门培训等方式，帮助他们提高教学能力，或进行必要的工作岗位调整。健全中小学思政课教师校外实践教育制度，确保每位教师每年参加校外实践教育活动不少于2次。支持思政课教师进修思政教育专业第二学历，在职攻读思政教育相关专业硕士、博士学位。鼓励中小学思政课教师积极申报有关专项研究课题，深入开展中小学思政课教学重点难点问题和教学方法改革创新等研究。

12. 优化教师激励机制。在全国模范教师、优秀教师、教学名师、国家级教学成果奖等评选工作中向中小学思政课教师适当倾斜，大力选树中小学思政课教师年度影响力人物等先进典型，培育遴选一大批国家级中小学思政课名师、骨干教师和优秀青年教师，增强教师职业认同感、光荣感、责任感。在教师专业技术岗位等级设置、职称评聘等方面向思政课教师倾斜，中、高级岗位比例不低于教师队伍平均水平，并实行思政课教师职称评审单列，突出专业水平、教学质量和育人实效导向。各地要认真落实中央有关文件要求，因地制宜设立中小学思政课教师岗位津贴。各地各校要密切关心中小学思政课教师思想和生活状况，努力帮助解决实际困难，不断增强思政课教师的幸福感、获得感。

五、完善教研工作机制

13. 强化教研队伍建设。分学段配齐配强专职思政课教研员，并加大从中小学优秀思政课教师中遴选的力度。要将思政课教研员培训纳入教师"国培计划"，教育部组织实施骨干思政课教研员示范培训，各地制定并实施全员培训计划，每位教研员每年接受不少于72课时的专项培训。中小学校要设置思政课教研组，教研组长应由思政课骨干教师担任。

14. 创新教研方式方法。充分发挥教育部基础教育思政课教学专家指导委员会作用，强化专业指导与引领。各地各校要建立思政课教师教研共同体、集体备课制度等，指导思政课教师认真备课教研。健全思政课教研员到中小学校定期任教、示范授课、巡回评课制度，广泛开展网络教研、远程教研和跨区域教研。鼓励有条件的教研机构、中小学校与各级党校、高校马克思主义学院、干部培训学院建立思政课教研共同体，深入开展中小学思政课教研工作。逐步遴选建设一批国家级中小学思政课研修基地和区域研修中心，发挥示范引领作用。

六、构建大思政课体系

15. 提高课程思政水平。省级教育行政部门要研究制定中小学学科德育指南，充分发挥道德与法治（思想政治）课主阵地作用，深入挖掘语文、历史和其他学科蕴含的思政资源，强化体育、美育、劳动教育的德育功能，准确把握各门学科育人目标，将课程思政有机融入各类课程教学，深入实施跨学科综合育人。要结合地方自然地理特点、民族特色、传统文化以及重大历史事件、历史名人等，因地制宜开发富有教育意义的地方和校本思政课程。

16. 创新德育工作途径。各地各校要深入落实《中小学德育工作指南》，"一校一案"研究制定德育工作实施方案，扎实推进全员、全过程、全方位育人。认真开展"学习新思想 做好接班人""从小学党史 永远跟党走""学雷锋学模范""开学第一课"等主题教育活动，促进学生牢记教导、崇尚英雄、争做先锋；要充分利用重大节庆日、重要纪念日等开展主题鲜明、内容丰富、形式多样、感染力强的教育活动，加强升旗、入团、入队等仪式教育，不断创新德育活动载体。健全学校家庭社会育人机制，引导家长弘扬中华传统美德，更加重视学生品德教育和良好习惯养成，培养亲密和谐亲子关系；统筹利用社会资源，强化实践育人；深入开展学生心理健康教育，培养学生健全人格和积极向上的心理品质。

17. 加强校园文化建设。学校要努力创建积极向上、格调高雅、团结友爱、严肃活泼的校园文化，加强校风教风学风建设，严格校规校纪管理，引导教师关爱学生，构建和谐的师生关系。统筹推动文明培育、文明实践、文明创建，大力培育时代新风新貌，努力提高学校精神文明建设水平；深入挖掘、有效彰显校史校训校歌中思政教育内涵，充分发挥校园广播、校刊、板报等阵地宣传引导作用，突出学校党组织、共青团、少先队标识标志。优化校园环境，要使校园内秩序良好、温馨舒适，"一草一木、一砖一石"都体现教育引导和熏陶。积极创建富有特色的班级育人文化，将思政课教学与班级管理、班（团、队）会、社团活动等有机结合。打造清朗文明的校园网络文化，高度重视做好网络环境下学生德育工作，引导学生正确识网用网，提升网络素养，规范网络言行；不盲目"追星"，自觉抵御"饭圈"、极端"粉圈"等不良网络文化影响。

七、组织实施

18. 加强党的全面领导。各地各校要把提高中小学思政课质量作为重大政治任务，主动谋划、大力推进，切实把好思政课建设政治方向，及时解决突出问题，优先保障思政课建设所需经费，进一步加强教师队伍、教学资源、场所设备等条件建设，认真落实将中小学思政课建设情况纳入各级党委领导班子考核和政治巡视巡察的规定要求。要深入实施中小学校党组织领导的校长负责制，建立健全学校党组织抓思政课工作机制，每学期至少专题研究1次思政课教育教学工作；学校党组织书记、校长作为思政课建设第一责任人，每学期都要走进课堂听课讲课；优先发展中小学思政课骨干教师入党，不断提升中小学思政课教师党员比例；完善党建带团建、队建机制，充分发挥共青团、少先队组织优势和独特作用。

19. 强化督导考核评价。认真落实《义务教育质量评价指南》《普通高中学校办学质量评价指南》等要求，把思政课建设情况作为区域教育质量、学校办学质量和学生发展质量评价的重要内容。教育督导部门和责任督学要定期对中小学思政课建设情况和教学质量进行督导评估，对发现的问题要督促整改到位。深化考试评价改革，强化中考、高考对中小学生学习思政课的指挥棒作用；重视教学过程评价，把教学效果作为重要标准；注重表现性评价，将思政课学习实践情况纳入学生综合素质评价。在教学成果奖的评选上，坚持鲜明导向，注重思政教育内涵，充分发挥思政教育专家和优秀思政课教师在评选中的重要作用。

20. 营造良好工作氛围。各地各校要积极探索、不断总结中小学思政课建设的有效模式，大力推广一批典型经验做法、优秀教学案例和优秀思政课教师先进事迹。各地教育部门要积极会同有关部门切实加强社会环境、网络空间等治理，有效净化中小学生成长环境，与学校思政教育形成合力。充分利用主流媒体和新媒体，加大中小学思政课正面宣传和舆论引导力度，努力形成全社会各方面关心支持办好思政课、教师认真讲好思政课、学生积极学好思政课的良好氛围。

教育部
2022年11月4日

——《教育部关于进一步加强新时代中小学思政课建设的意见》，中华人民共和国教育部：http：//www.moe.gov.cn/srcsite/A06/s3325/202211/t20221110_983146.html。

（供稿：王　宇）

研究综述

2022 年度当代中国史研究综述

2022 年是党的二十大胜利召开之年，广大国史工作者围绕党和国家工作大局开展多种形式的学术研究和宣传教育活动，当代中国史研究延续了近年来的持续繁荣，呈现出以下几个特点：第一，2022 年 12 月 8 日，在中华人民共和国国史学会成立 30 周年之际，习近平总书记专门发来贺信，这是党的十八大以来以习近平同志为核心的党中央对当代中国史研究给予前所未有重视的集中体现，代表了党中央对广大国史工作者的高度信任和巨大关怀。第二，《新时代这十年》丛书、《中国学手册·新时代中国卷》等一大批新时代著作的出版问世，标志着新时代研究取得重大进展。第三，全面建成小康社会、祖国统一相关历史问题等映照当下的历史研究成为新的学术热点。第四，关于当代中国的政治、经济、文化、社会等各个层面的研究均稳步推进，多种史料相继问世，研究方法不断创新，当代中国史"三大体系"建设成效显著。

一、关于党的二十大精神和习近平致国史学会成立 30 周年贺信的研究阐释

2022 年 10 月，党的二十大在北京隆重举行。习近平总书记在大会报告中庄严宣示，"从现在起，中国共产党的中心任务就是团结带领全国各族人民全面建成社会主义现代化强国、实现第二个百年奋斗目标，以中国式现代化全面推进中华民族伟大复兴"[①]，为党和国家事业发展指明了前进方向和行动指南。

当代中国史学界围绕"以中国式现代化全面推进中华民族伟大复兴"这一重大任务进行了研究阐释。谢伏瞻认为，全面建设社会主义现代化国家，必须深入分析国际国内大势，科学把握我们面临的战略机遇和风险挑战。他强调，当前我国一方面面临物质基础更加坚实、制度保证更加完善、科技革命和产业变革带来新机遇、国际地位和国际影响力显著提升等新的战略机遇，同时也面临充满风险挑战的新的战略阶段和战略环境。学习贯彻党的二十大精神，必须深刻把握当前国内外形势。[②] 朱佳木围绕党的二十大报告提出的"中国式现代化，是中国共产党领导的社会主义现代化"进行了历史分析。他分析了毛泽东、周恩来、

[①] 《中国共产党第二十次全国代表大会文件汇编》，人民出版社 2022 年版，第 18 页。
[②] 谢伏瞻：《深刻把握全面建设社会主义现代化国家面临的形势》，《求是》2022 年第 22 期。

邓小平等党和国家领导人关于现代化建设的论述,结合相关史实指出,中国式现代化不是别的什么现代化,而是中国共产党领导的社会主义制度基础上的现代化,自新中国成立后,我国就逐步走上了社会主义制度基础上的现代化道路。历史证明,社会主义制度对于在中国这样的发展中大国进行现代化建设,是必须坚持的唯一正确的拥有光明未来的根本制度。只要我国14亿多人口整体迈进现代化社会,世界的现代化版图必将彻底改写,我国对人类历史必将再次作出意义重大而深远的贡献。①

李正华撰文指出,推进中国式现代化的根本保证是坚持党的领导,其原因就在于中国共产党是拥有马克思主义科学理论指导、坚持以人民为中心、勇于自我革命的政党。②张荣军认为,中国式现代化克服西方现代化"资本至上"的逻辑,以人民群众为实践主体与根本动力,在人民群众的生动实践中开创和拓展,以实现人民群众的美好生活为价值旨归。因此,"人民性"是中国式现代化最为显著的特征之一。③

宋月红阐述了中国共产党推动实现中华民族伟大复兴的历史进程。他指出,在新民主主义革命时期,党团结带领人民建立了新中国,实现了民族独立、人民解放,中华民族从此走上了实现伟大复兴的壮阔道路;在社会主义革命和建设中,党团结带领人民实现新中国从新民主主义到社会主义的转变,实现中华民族有史以来最为广泛而深刻的社会变革,为实现中华民族伟大复兴奠定根本政治前提和制度基础;改革开放新时期,人民生活从温饱不足到总体小康、奔向全面小康的历史性跨越,为实现中华民族伟大复兴提供充满新的活力的体制保证和快速发展的物质条件,推进了中华民族从站起来到富起来的伟大飞跃;开创中国特色社会主义新时代,为实现中华民族伟大复兴提供了更为完善的制度保证、更为坚实的物质基础、更为主动的精神力量,使中华民族迎来了从站起来、富起来到强起来的伟大飞跃。没有中国共产党,就没有新中国,就没有中华民族伟大复兴。④

党的二十大报告指出,实现全体人民共同富裕是中国式现代化的本质要求,并将"逐步实现全体人民共同富裕"写入了新修改的《中国共产党章程》。李文认为,共同富裕直接对应着党的第二个百年奋斗目标,是中国共产党对全体人民作出的庄严承诺,新时代十年为促进共同富裕创造了良好条件,但在余下不足30年的时间里(距离21世纪中叶)实现共同富裕,任务极为艰巨,必须脚踏实地,久久为功。⑤

2022年12月8日,习近平总书记向成立30周年的中华人民共和国国史学会发来贺信。

---

① 朱佳木:《深刻把握中国式现代化的本质特征》,《经济日报》2022年11月30日,第10版。
② 李正华:《中国式现代化的本质特征和根本保证》,《经济日报》2022年12月14日,第10版。
③ 张荣军:《中国式现代化的人民性特质》,《光明日报》2022年12月26日,第15版。
④ 宋月红:《坚定不移推进中华民族伟大复兴历史进程》,《光明日报》2022年10月14日,第10版。
⑤ 李文:《扎实推进全体人民共同富裕的中国式现代化建设》,《当代中国史研究》2022年第6期。

贺信充分肯定国史学会30年来取得的成绩，希望"国史学会深入学习贯彻党的二十大精神，坚持正确政治方向，坚持历史唯物主义，以马克思主义中国化时代化最新成果为指导，进一步团结全国广大国史研究工作者，牢牢把握国史的主题主线、主流本质，不断提高研究水平，创新宣传方式，加强教育引导，激励人们坚定历史自信、增强历史主动，更好凝聚团结奋斗的精神力量，为全面建设社会主义现代化国家、全面推进中华民族伟大复兴作出新贡献。"① 学界围绕学习贯彻贺信精神展开研讨。

李正华表示，要以学习贯彻总书记贺信精神为契机，努力开创国史研究新局面，努力把当代中国研究所建设成为全国国史研究中心、国际学术交流中心，世界上最权威、最具影响力的新中国历史研究机构。② 宋月红认为，贺信不仅要求对国史的各方面各领域各环节进行广泛深入的研究编纂，更要求从历史发展的总体上、全局上和大势上对国史的整体与全貌进行系统性、贯通性的研究编纂。学习贯彻贺信精神，必须深入推进新中国通史研究编纂。③ 有学者指出，为落实习近平总书记贺信精神和中宣部领导的要求，建议国家层面启动国史研究和建设专项工程，推动国史研究上一大台阶，这一工程应包括国史资料的收集、重大国史问题的研究、国史学科建设（将国史学科设立为中国史下的二级学科）、国史成果的宣传普及和对外传播等分工程。④ 总之，当代中国史工作者一致认为，以学习贯彻习近平总书记贺信精神为契机，新时代新征程国史研究与宣传事业必将更加繁荣。

二、关于中国特色社会主义新时代的研究

党的十八大以来，中国特色社会主义进入新时代。党的二十大报告指出：新时代十年的伟大变革，在党史、新中国史、改革开放史、社会主义发展史、中华民族发展史上具有里程碑意义。本年度国史学界对新时代的研究取得重大进展，代表性的成果如姜辉主编、当代中国研究所编著的《新时代这十年》丛书（10卷）。⑤

《新时代这十年》丛书是中宣部2022年主题出版重点出版物。该丛书以习近平中国特色社会主义思想为指导，共10卷，各分卷主题分别为开创中国特色社会主义新时代、新时

---

① 《习近平致国史学会成立30周年的贺信》，《中国社会科学报》2022年12月9日，第A01版。
② 《李正华：以习近平总书记贺信精神为指引，奋力开创国史研究事业新局面》，中国社会科学网 http://www.cssn.cn/mxh/mxh_gsxh/mxh_lw/202212/t20221219_5571288.shtml，2022年12月19日。
③ 《宋月红：深入推进新中国通史研究编纂》，中国社会科学网 http://www.cssn.cn/mxh/mxh_gsxh/mxh_lw/202212/t20221219_5571285.shtml，2022年12月19日。
④ 《国史学会召开常务理事会学习习近平总书记致国史学会成立30周年贺信精神》，《中国社会科学报》2022年12月12日，第A01版。
⑤ 姜辉主编、当代中国研究所编著：《新时代这十年》丛书，当代中国出版社、重庆出版集团2022年版。

代的党的建设、新时代的经济建设、新时代的全面深化改革开放、新时代的政治建设、新时代的全面依法治国、新时代的文化建设、新时代的社会建设、新时代的生态文明建设、新时代的中国外交。丛书坚持史论结合、论从史出，记述了新时代十年党和国家事业取得的历史性成就、发生的历史性变革，用学术话语和历史视野展示真实、立体、全面的中国。

关于《新时代这十年》丛书的出版，甄占民指出，国史工作者把组织编写好《新时代这十年》丛书作为贯彻落实党的十九届六中全会精神、以实际行动迎接党的二十大胜利召开的大事，在精心谋篇布局、重大课题研究、重要问题编写、出版装帧设计等方面进行了富有成效的努力。丛书有助于人们从历史逻辑、政治逻辑、理论逻辑、实践逻辑深刻领悟新时代"两个确立"的决定性意义，进一步增强"四个意识"、坚定"四个自信"、做到"两个维护"；有助于人们从新时代十年的伟大变革、伟大创造中启迪思想智慧、砥砺前行品德；有助于人们在新时代新征程上更加坚定、更加自觉地牢记初心使命、开创美好未来。李毅认为，丛书坚持用理论分析现实、以实践说明理论，坚持寓事于论、寓深于浅、寓情于理，深刻研究阐释马克思主义中国化时代化、中国式现代化道路、人类文明新形态等重大理论和实践问题，全面彰显了新时代十年的里程碑意义，深入论述了马克思主义中国化新的飞跃，是为新时代述学立论、走近干部群众的好教材。王均伟指出，丛书用准确、生动的笔触记述和讴歌新时代，选材精当、布局合理、主题鲜明、内涵丰富，在总结经验、以史为鉴方面取得了新的可喜成绩。丛书坚持史论结合，融政治性与思想性、通俗性与可读性为一体，为我们看清楚过去为什么能够成功、弄明白未来怎样才能继续成功提供了宝贵镜鉴。[1] 还有书评指出，丛书具有三大特点，一是彰显"两个确立"的决定性意义，二是突出党的全面领导的极端重要性，三是把坚持以人民为中心贯穿始终。[2] 总之，丛书对于广大读者全方位了解当代中国、认识新时代，对于对外传播中国理论、中国思想，让世界更好地读懂中国，对于加快构建当代中国史研究的"三大体系"具有重要意义。

《中国学手册·新时代中国卷》[3] 是一部以百科词条形式帮助国际社会读懂新时代中国的工具书。该书是《中国学手册》系列著作的首卷，在中国社会科学院领导悉心指导部署下，由当代中国研究所副所长宋月红、国际合作局局长王镭共同主持编写，设置综合、专题、文献编纂、研究、交流传播等五大类，共计590余条、73.3万余字。《中国学手册·新时代中国卷》是新时代中国学建设研究创新基地规划项目之一，是综合运用党史、新中国史、中国学理论与方法的重要系列研究编纂成果之一，入选中国社会科学院创新工程2022

---

[1] 周进：《"新时代这十年"丛书出版座谈会暨首发式在京举行》，《当代中国史研究》2022年第6期。
[2] 何祚：《全面展现新时代十年历史性成就——"新时代这十年"丛书简评》，《人民日报》2022年11月7日，第11版。
[3] 宋月红、王镭主编：《中国学手册·新时代中国卷》，中国社会科学出版社2022年版。

年度重大科研成果。该书注重对新时代中国研究的整体性把握和系统性梳理，充分吸收新时代中国研究的最新成果，注重在构建对外传播话语体系上下功夫、在乐于接受和易于理解上下功夫，为国内外读者深入了解、研究新时代中国提供参考，是本年度新时代研究的重要成果。

除《新时代这十年》丛书、《中国学手册·新时代中国卷》等关于新时代的整体性著作之外，相关学者从不同角度对新时代重大问题展开了专门研究。党的二十大报告高度评价了新时代十年的里程碑意义，多位学者围绕这一问题进行了探讨。李正华认为，里程碑意义主要体现在：马克思主义中国化时代化实现了新的飞跃，中国共产党在革命性锻造中更加坚强；中国综合国力实现历史性跃升，开启了从"富国"到"强国"的新征程；改革开放全面深化，实现历史性变革、系统性重塑、整体性重构；中国特色社会主义不断成功，科学社会主义在中国焕发出新的蓬勃生机；中华民族迎来了从站起来、富起来到强起来的伟大飞跃，中华民族伟大复兴进入不可逆转的历史进程。[①] 宋月红在总结十年成就的同时，强调了历史的镜鉴作用，指出在新时代新征程上，尤其要用历史映照现实、远观未来。他认为，要从中国共产党100多年的奋斗史、中华人民共和国70多年的发展史、改革开放40多年的实践史特别是在新时代十年的伟大变革中，看清楚过去我们为什么能够成功、弄明白未来我们怎样才能继续成功，从而在新征程上奋力谱写全面建设社会主义现代化国家的崭新篇章，坚定不移在中国特色社会主义道路上实现中华民族伟大复兴。[②] 陈金龙则考察了党的二十大报告与第三个历史决议对新时代十年党和国家事业总结的变化和调整，认为党的二十大报告关于新时代十年的里程碑意义的论断标注了新时代的历史地位，诠释了评价新时代历史地位的维度和视野。[③] "两个确立"是创造新时代中国特色社会主义伟大成就的根本原因。曲青山对此进行了分析，他认为，进入新时代以来，党和国家在习近平总书记的领导下坚持拨乱反正，严明党的各项纪律特别是政治纪律；积极总结经验，从历史中汲取智慧和力量；坚持守正创新，在实践的基础上不断提出新理念新思想新要求；着力完善制度，建立健全相互衔接、系统完备的国家法律法规和党内法规体系；加强宣传教育，强化贯彻落实和督促检查。在这一过程中，习近平总书记成为众望所归、当之无愧的党的核心、人民领袖、军队统帅，习近平新时代中国特色社会主义思想应运而生、顺势而成，坚强的核心、科学的思想、伟大的事业相互辉映，推动实现中华民族伟大复兴进入不可逆转的历史进程。[④] 中国式现代化道

[①] 李正华：《具有里程碑意义的新时代十年》，《当代中国史研究》2022年第6期。
[②] 宋月红：《新时代十年的伟大变革具有里程碑意义》，《人民日报》2022年10月10日，第13版。
[③] 陈金龙：《中国特色社会主义新时代的历史定位》，《理论与改革》2022年第6期。
[④] 曲青山：《创造新时代中国特色社会主义伟大成就的根本原因——"两个确立"的确立过程及决定性意义》，《当代中国史研究》2022年第3期。

路、人类文明新形态是新时代的重大理论和实践成果，王立胜的《中国式现代化道路与人类文明新形态》一书对此进行了分析，他从哲学和政治经济学角度对中国式现代化道路、人类文明新形态、"两个结合"、社会主义生产目的、新发展阶段、新发展理念、共同富裕、全面建成小康社会等重大论断和重大战略进行理论研究和阐释，并在此基础上提出了建构中华新文化的设想。全书坚持大历史观，站在历史高度深入挖掘和准确揭示这些重大论断内在的理论和历史逻辑，深化了这些问题的学理研究。①

2022年是中国特色社会主义进入新时代整十年，国家有关部门梳理总结了十年来中国社会各方面的变化，出版了一系列资料性丛书。如国家统计局组织编辑的《奋进新时代 谱写新篇章——从十八大到二十大》一书，是全面展示党的十八大以来我国经济社会发展取得辉煌成就的一部综合性统计资料书籍。该书包括发展成就和统计资料两个部分。其中，发展成就由系列报告组成，统计数据则来自人力资源和社会保障部、财政部、国家外汇管理局、水利部、生态环境部、世界银行等多家权威部门和国际组织，是开展新时代研究的重要参考。② 经中央军委批准，在中央军委党史军史工作领导小组指导下，军事科学院组织编写的《强军十年大事记》，集中记述了新时代十年国防和军队建设的原创性思想、变革性实践、突破性进展、标志性成果。大事记按照时序脉络编辑，记述时限为2012年11月8日至2022年8月底，共518条，6万余字。该大事记是开展习近平强军思想和国史军史研究的权威参考。③ 国务院发展研究中心组织编写的《十年伟大飞跃》一书，紧紧围绕创新、协调、绿色、开放、共享的新发展理念这一主线，紧扣中央精神和改革发展要求，用大量统计数据和图表，历史、全面、客观地反映了近十年来我国经济社会发展整体状况，对开展新时代研究具有较强的参考意义。④ 中国网络空间研究院网络安全研究所总结了新时代我国网络安全的发展成就与变革，认为党的十八大以来，国家网络安全顶层设计不断优化，网络安全政策法规和制度标准体系不断健全，网络安全工作体制机制日益完善，网络安全教育、技术、产业融合发展稳步推进，全社会网络安全意识和能力显著提高，广大人民群众在网络空间的获得感、幸福感、安全感不断提升，网络安全保障体系和能力建设全面加强，为维护国家网络空间主权、安全和发展利益提供坚实保障。这是互联网时代到来后，权威部门发表的少见的关于国家网络安全的权威报告，是开展国家安全观和新时代互联网相关研究的重要参考。⑤

---

① 王立胜：《中国式现代化道路与人类文明新形态》，江西高校出版社2022年版。
② 本书编写组：《奋进新时代 谱写新篇章——从十八大到二十大》，中国统计出版社2022年版。
③ 《〈强军十年大事记〉出版发行》，《解放军报》2022年10月10日，第1版。
④ 国务院发展研究中心组织编写：《十年伟大飞跃》，人民出版社2022年版。
⑤ 中国网络空间研究院网络安全研究所：《筑牢国家网络安全屏障——我国网络安全工作发展成就与变革》，《中国网信》2022年第10期。

此外，围绕新时代党的建设、经济、政治、文化、社会、外交等各方面的成就及经验，涌现出许多具体研究成果。关于党的建设，有学者从党的政治建设的角度进行了研究，指出党的政治建设的理论成果是形成习近平总书记关于加强党的政治建设的重要论述，对马克思主义党建学说作出原创性贡献；制度成果是构建起系统完备、有效管用的政治规范体系，为做到"两个维护"提供坚强有力的制度保障；实践成果是推动党的团结统一达到新高度，党的生机活力充分彰显。① 党的十八大以来，以习近平同志为核心的党中央全面推进党的思想建设，储著武从实践的角度对这一问题进行了分析，指出以习近平同志为核心的党中央通过继续坚持和巩固马克思主义的指导地位、坚持用习近平新时代中国特色社会主义思想武装全党、不断坚定理想信念、深入开展党内集中教育等一系列党的思想建设的生动实践，有力地夯实了中国共产党治国理政的思想理论基础，并为全面建设社会主义现代化国家、实现中华民族伟大复兴的中国梦提供了强大精神动力。② 监督是治理的内在要素，在管党治党、治国理政中居于重要地位。党的十八大以来，以习近平同志为核心的党中央坚持全面从严治党，不断推进党和国家自我监督体系建设。有学者认为，党的自我监督的基本经验是：坚持"有形"与"有效"相统一，提升监督体系的效能；坚持纪法衔接贯通，提高监督全覆盖的质量；强化追责问责，构建自我监督的闭环系统；坚持自我监督与外部监督相结合，不断增强监督合力。③

在新时代经济建设方面，中国社会科学院、中国人民大学、中央财经大学等单位学者联合编写了《中国经济这十年（2012—2022）》，运用极为丰富的一手权威资料对新时代这十年经济政策、变革进行梳理分析，在此基础上运用统计学、数学方法制作了数字表格、图形，对新时代这十年经济各领域发展情况进行数量分析，客观记录了新发展阶段、新发展理念、新发展格局、高质量发展、经济治理现代化等重大理论和战略部署在全国各地区各部门的生动实践、成功经验。④ 关于新时代经济建设的具体成就，黄群慧认为体现为五个层面：深入实施创新驱动战略，创新发展取得新成效；推进供给侧结构性改革，经济发展协调性进一步提升；深入贯彻绿色发展理念，经济绿色转型效果显著；加快完善社会主义市场经济体制，全面扩大开放形成新局面；消除绝对贫困现象，共同富裕取得实质性进展。⑤

在新时代政治建设方面，有学者就"全过程人民民主"进行了研究。中共中央党校（国家行政学院）相关学者编写的《全过程人民民主的理论与实践》一书，从全过程人民民

---

① 穆兆勇：《十八大以来党的政治建设的重大成就》，《中共党史研究》2022年第2期。
② 储著武：《新时代党的思想建设的生动实践》，《北京党史》2022年第5期。
③ 乔贵平、吕建明：《新时代推进党和国家监督体系建设的实践及经验》，《党的文献》2022年第5期。
④ 本书编写组：《中国经济这十年（2012—2022）》，经济科学出版社2022年版。
⑤ 黄群慧：《新时代中国经济发展的历史性成就与规律性认识》，《当代中国史研究》2022年第5期。

主的提出过程、理论意涵入手，对当代中国的国体政体、人民代表大会制度、新型政党制度、人民政协制度、协商民主制度、基层群众自治制度的制度优势和治理效果进行分析，通过西方之乱与中国之治的对比，阐释了全过程人民民主的实践价值、理论价值、时代意义。① 还有学者研究了新时代人民代表大会制度，认为取得的历史性成就表现为：习近平总书记关于坚持和完善人民代表大会制度的重要思想，标志着党关于社会主义民主法治的认识达到了新的高度；人民代表大会制度、社会主义民主政治、中国特色社会主义法治体系等制度建设不断健全完善；各级人大及其常委会依法履职、立法、监督、代表、对外交往、自身建设等各方面工作都取得新进展新成效。②

在新时代文化建设方面，科技史、意识形态工作等方面研究较多。党的十八大以来，科技强国建设取得了举世瞩目的伟大成就。周德进、陈朴主编的《新时代科技创新突破》，遴选党的十八大以来40项重大科技创新突破成果进行介绍，较为系统地回顾党领导科技事业发展历程和新中国科技发展的不同阶段，尤其聚焦新时代我国科技创新的具体问题，分析了新时代党和国家建设世界科技强国的方略、我国科技创新取得的主要优势和其中的原因。③ 吴天江总结了取得这些成就的经验，其中主要包括：坚持党的领导，为科技强国建设提供根本政治保证；坚持创新引领，为科技强国建设提供不竭动力源泉；坚持人才为本，为科技强国建设提供持久智力支持；坚持处理好坚持问题导向和目标导向相统一等几对重要关系，为科技强国建设提供正确方法指引。④ 关于新时代意识形态工作，曾令辉认为主要成就有：一是在习近平新时代中国特色社会主义思想旗帜下，全党全社会更加团结统一，成为不可撼动的万里长城；二是推动马克思主义在意识形态领域指导地位制度化；三是意识形态阵地建设全面加强；四是意识形态定位和任务更加明确；五是文化自信进一步坚定，文化自觉进一步强化；六是极大压缩了错误思潮影响的空间。⑤

关于新时代社会建设方面，姚力对健康中国战略的部署、推进与成就进行了考察。她认为通过全面深化医疗卫生体制改革、不断提升医疗卫生服务质量、完善医疗保障制度体系、加强中医药事业发展以及开展全民健康行动等举措，健康中国建设取得显著成效。⑥ 在生态

---

① 中共中央党校（国家行政学院）政治和法律教研部、中共中央党校（国家行政学院）人民民主研究中心编著：《全过程人民民主的理论与实践》，人民出版社2022年版。
② 万其刚：《新时代人民代表大会制度和人大工作创新发展的重大成果》，《当代中国史研究》2022年第5期。
③ 周德进、陈朴主编：《新时代科技创新突破》，山东科学技术出版社2022年版。
④ 吴天江：《新时代科技强国建设的伟大成就与宝贵经验》，《党的文献》2022年第2期。
⑤ 曾令辉：《论党的十八大以来我国意识形态建设的伟大成就与根本性转变》，《马克思主义研究》2022年第10期。
⑥ 姚力：《新时代十年健康中国战略的部署、推进与成就》，《当代中国史研究》2022年第5期。

文明建设问题上，段娟对新时代中国以绿色发展优化区域经济布局的实践探索进行了总结。她认为，新时代我国牢固树立和践行绿水青山就是金山银山的理念，坚定不移走生态优先、绿色发展的现代化道路，以绿色发展为导向推进区域重大战略、区域协调发展战略的实施取得显著成效，促进了优势互补、高质量发展的区域经济布局和国土空间体系的构建。①

在习近平外交思想指导下，中国特色大国外交全面推进，取得重大成就，中国国际影响力、感召力、塑造力显著提升。王巧荣对自20世纪90年代起步的中国伙伴关系外交在新时代的发展进行了研究，她认为，新时代中国的伙伴关系外交在构建人类命运共同体理念的引领下得到快速发展，已逐渐形成全球伙伴关系网络，对维护国家主权、安全和发展利益发挥了积极作用。在国际国内新形势的推动下，新时代中国伙伴关系外交具有战略性、全局性、平等性等特点，成为中国特色大国外交的一个显著特色。②周进则对新时代中国特色大国外交的重大成就进行了总结，认为主要有以下内容：提出并推动构建人类命运共同体理念，发挥负责任大国作用；积极发展全球伙伴关系，不断完善全方位外交布局；积极参与全球治理体系改革和建设，推动国际秩序朝着更加公正合理的方向发展。基本经验是坚持以习近平外交思想为指导、坚持和加强党对对外工作的集中统一领导、坚持大国外交的中国特色、坚持推动构建人类命运共同体的根本方向、坚持统筹国内国际两个大局的科学思维。③

海外专家对新时代十年也颇为关注。意大利学者马可·里佐就新时代中国特色社会主义的建设成就及对意大利的借鉴作用进行了考察，认为中国共产党在加强自身建设的同时，领导了中国人民维护国家主权、推进中华民族伟大复兴的历史进程，并在建设高水平社会主义市场经济体制、构建人类命运共同体、推动世界可持续发展等方面取得了重大成就和进展，值得世界人民学习和借鉴。他认为对意大利来说，只有摆脱对"大西洋联盟"的依赖，加强与中国的友好合作和经贸往来，积极参与构建中国所倡导的人类命运共同体，才能获得长远的发展。④意大利学者弗拉迪米洛·贾凯从21世纪马克思主义事业发展的角度对新时代进行了评价，认为中国特色社会主义的理论创新、实践探索与制度发展在良性互动与辩证统一中共同发展、巩固了社会主义中国与资本主义国家在合作竞争中的比较优势。⑤葡萄牙学

---

① 段娟：《新时代中国以绿色发展优化区域经济布局的实践探索与展望》，《中国井冈山干部学院学报》2022年第6期。
② 王巧荣：《新时代中国伙伴关系外交的特点及发展方向》，《中国井冈山干部学院学报》2022年第3期。
③ 周进：《新时代中国特色大国外交的重大成就及其基本经验》，《当代中国史研究》2022年第4期。
④ ［意大利］马可·里佐：《对新时代中国特色社会主义成就与贡献的几点思考》，李惟译，《世界社会主义研究》2022年第11期。
⑤ ［意大利］弗拉迪米洛·贾凯：《新时代的中国马克思主义与21世纪马克思主义》，李凯旋译，《世界社会主义研究》2022年第11期。

者鲁伊·洛里多从应对21世纪全球性挑战的角度分析了新时代的中国作出的重要贡献：第一，主动积极应对人类社会所面临的前所未有的新挑战，成为抗击新冠肺炎疫情的世界典范以及应对全球气候变化的引领者；第二，为全人类减贫和实现联合国2030年可持续发展目标作出了榜样，推动实现社会共同富裕目标；第三，积极参与全球治理体系建设和维护公平公正国际秩序，主张践行真正的多边主义，反对美国的霸权行径。① 倪春纳则评述分析了这十年海外学者关于中国共产党研究的状况，认为进入新时代，海外学者对中国共产党的研究迅速升温，他们热衷于讨论党在执政过程中面临的各种复杂挑战及其应对措施，同时也对党的发展前景作出了各种预测。他认为，多数海外学者肯定了中国共产党加强意识形态工作、自身建设取得长足进展以及执政能力得到显著提升等，对中国共产党的发展前景充满信心。②

总的来看，近年来关于新时代的研究进展很快。与此同时，新时代研究也由于其"当代性"而呈现出多学科交叉的特点，即既有史学的纵向研究，也有政治学、经济学、社会学等学科范式的横向研究。多学科参与性推动新时代研究继续丰富、深化。

三、全面建成小康社会研究

全面建成小康社会是中华民族发展史上前所未有的伟大壮举，相关研究成为近年来的研究热点。

首先，一系列关于全面建成小康社会的资料纷纷问世。由宣传思想文化战线精心组织实施的"纪录小康工程"是关于小康社会的大型数据库，按照"分层分级、总体联通"原则，建设国家、省、市和县四级数据库。其中，国家数据库（www.jiluxiaokang.com）收录近114万条数据，主要包括有关小康社会的中央领导同志重要讲话和中央重要会议资料、大事记、系列志书年鉴、白皮书、理论文章和理论著作、新闻报道、典型人物资料、课题报告、专题片、出版物、各类文艺作品和电影、重大工程项目资料、经济社会发展统计数据、个人作品以及重要实物的数字化资料等16类内容。"纪录小康工程"还出版发行一套丛书，分为中央和地方两个系列，中央丛书包括《习近平的小康情怀》《习近平的扶贫足迹》《全面建成小康社会重要文献选编》等，以及各省区市和新疆生产建设兵团关于全面建成小康社会的"全景录"，共计44册，忠实记录习近平总书记亲自谋划、亲自指挥、亲自推动，带领全党全国各族人民在中华大地上全面建成了小康社会，历史性地解决了绝对贫困问题的丰

---

① ［葡萄牙］鲁伊·洛里多：《新时代的中国为应对21世纪全球性挑战作出了重要贡献》，张敏编译，《世界社会主义研究》2022年第11期。
② 倪春纳：《2012—2022年海外学者关于中国共产党研究的现状评析》，《当代中国史研究》2022年第6期。

功伟绩。① 小康工程文献数据的电子化，为深化相关研究提供了便利。此外，韩长赋主编的《走向振兴的中国村庄》收录了 30 多个具有普遍性、历史性、当代性的普通中国村庄，立足扎实的调研和详实的数据，记录了这些村庄在产业发展、生态改善、乡村建设、文化传承、农民生活等方面的演变过程和基本现状，为全面推进乡村振兴战略下快速发展、日益变迁的中国乡村留下一份珍贵存照。②

除资料建设之外，本年度多位学者分别从总体设计、思想创新、地方视角等不同角度对全面小康展开研究。从小康到总体小康，从全面建设小康社会到全面建成小康社会，是改革开放以来几代中国共产党人把马克思主义基本原理同中国具体实际相结合、同中华优秀传统文化相结合的基础上的重大创新。王灵桂结合中国式现代化道路考察了这一实践过程。他认为，从小康到全面小康，从全面建设小康到全面建成小康，再到共同富裕，反映了中国式现代化目标的不断拓展、提升。全面建设小康社会是中国现代化建设的阶段性目标，正是在从小康到全面建成小康社会的不断探索中，党领导人民创造了中国式现代化新道路，创造了人类文明新形态。③ 黄蓉生则聚焦中国共产党小康社会建设思想，梳理其发展进路、标识范畴及拓新价值，认为百年来党根据人民意愿和事业发展的需要，吸收中华优秀传统文化，总结社会主义建设经验，创造性地提出小康社会建设思想，阐明了小康社会建设的理念、本质、重点、方向、关键等标识范畴，拓展党的理论创新最新成果，很好地回答了"怎样建设""如何建成"小康社会等根本问题。④

马凤强、毕天良从地方视角分析了新疆全面建成小康社会的伟大成就，认为其历史价值有以下几点：彰显中国共产党的初心和使命、厚植中国特色社会主义的制度优势、展现新时代党的治疆方略的智慧和力量、铸牢新疆各族人民的中华民族共同体意识、树立新疆繁荣稳定的良好国际形象。⑤

农村贫困人口全部脱贫，造就了人类脱贫史上的伟大奇迹，为实现全面建成小康社会目标任务作出了关键性贡献。王爱云著的《中国共产党百年扶贫的理论与实践》一书梳理分析了党的百年扶贫的理论与实践。该书分为三个部分，其中第一部分是梳理中国共产党扶贫思想的形成、发展与成熟，把中国共产党的扶贫思想分成民主革命时期、社会主义革命和建设时期、改革开放新时期。第二部分考察党的十八大以来习近平精准扶贫精准脱贫思想、新

---

① 《纪录小康工程》（中央丛书），人民出版社 2022 年版。
② 韩长赋主编：《走向振兴的中国村庄》，人民出版社 2022 年版。
③ 王灵桂：《全面建成小康社会与中国式现代化新道路》，《中国社会科学》2022 年第 3 期。
④ 黄蓉生：《中国共产党小康社会建设思想的发展进路、标识范畴及拓新价值》，《马克思主义研究》2022 年第 6 期。
⑤ 马凤强、毕天良：《新疆全面建成小康社会的伟大成就和历史价值》，《新疆社科论坛》2022 年第 4 期。

时代脱贫攻坚取得决定性进展和显著成绩等。第三部分在梳理中国共产党扶贫思想史的基础上，从理论上总结分析中国共产党扶贫思想的特点等。①郑有贵著的《百年"三农"：中国共产党解决"三农"问题的战略维度和实现路径》一书基于大历史观和政治经济学视角，突破发展经济学二元结构理论体系分析框架，并非就"三农"论"三农"，而是从战略上统筹把握相关联的农民维度、中华民族复兴维度、现代化维度、生产力维度、国际维度，对中国共产党解决"三农"问题百年历程进行了考察分析。②此外，中共中央党史和文献研究院第七研究部编的《脱贫攻坚的伟大历程》一书，以专题形式记述改革开放以来特别是党的十八大以来，全国各省、自治区、直辖市和新疆生产建设兵团贯彻落实党中央、国务院扶贫脱贫重大决策部署的重大实践、取得的主要成就、积累的宝贵经验以及涌现出的先进模范典型。③

海外学界对中国小康社会的研究也渐多。孙健认为，这些成果在研究方法、研究视角、研究内容等方面值得我们关注，但仍存在基于"西方中心论"的片面认知等问题，需要加以解释与辩驳，以更好地讲好中国全面建成小康社会的故事。④

四、祖国统一相关历史问题研究

解决历史遗留问题、推进祖国统一大业是民族复兴的题中之义，是新中国成立以来党和国家的重要工作，对这一问题的研究成为近年来当代中国史的热点问题。

（一）关于台湾问题的研究

近年来，随着中美关系的不确定性因素增多，台湾问题更趋复杂严峻。相关机构、学者围绕中国共产党推进祖国统一的决策与实践、中美关系、学术话语权的争夺等展开研讨。中共中央台湾工作办公室组织编写的《中国共产党与祖国统一》一书，充分展示了中共百年来为解决台湾问题、实现祖国统一而不懈奋斗的光辉历程、重大成就和宝贵经验。该书首次公开使用了一些具有珍贵历史和研究价值的史料，填补了中国共产党关于推进祖国完全统一相关研究的空白，是研究该问题的总括性论著。⑤刘贵军从对台决策入手撰写《两岸七十年——中国共产党对台决策与事件述实》一书，该书从中央决策层面书写了1949—2019年间对台工作的重大决策和事件，分析时代背景，记述来龙去脉，揭秘决策背后的故事，全面

---

① 王爱云：《中国共产党百年扶贫的理论与实践》，人民出版社2022年版。
② 郑有贵：《百年"三农"：中国共产党解决"三农"问题的战略维度和实现路径》，东方出版社2022年版。
③ 中共中央党史和文献研究院第七研究部：《脱贫攻坚的伟大历程》，中共党史出版社2022年版。
④ 孙健：《海外学界对中国小康社会建设的认知与评价》，《当代中国史研究》2022年第6期。
⑤ 本书编写组：《中国共产党与祖国统一》，人民出版社、九州出版社2022年版。

系统揭示台湾问题的缘由、过程、发展和走向。① 综合性的著作还有王鸿志的《台海观潮：从峰回路转到僵局危机 2008—2020》，该书结合台湾政局及其分化演变介绍有关人物关系，描述了十几年来台湾社会和两岸关系发展过程中的代表性事件。② 还有学者以 1979 年大陆编纂《中华民国史》及 1982 年美国芝加哥辛亥革命讨论会上两岸学者的争论与交锋为切口，对两岸学术史进行了实证研究。③ 关于一个中国原则，陶文钊结合中美三个联合公报进行考察，认为它们是一个整体，完整地体现了一个中国的原则，美国关于一个中国原则的承诺不断明确、不断补充和不断加强。④ 代兵考察了 1971—1972 年在中美两国领导人的最初接触中，周恩来总理与基辛格、尼克松围绕"台独"问题的谈判情况，认为在"台湾独立运动"问题上，基辛格与尼克松对周恩来的承诺不断深化。最终，中美高层会谈的共识，加上台湾蒋介石集团对"台独"势力的一贯强力打压立场，形成了一个包括美国、中国大陆和台湾地区在内的抵制"台湾独立运动"发展的严密体系。⑤ 台湾问题涉及中国主权，不仅是中美建交的关键议题，也是中英建交、中日建交谈判博弈的关键所在。英国是第一个承认新中国的西方国家，但建立中英大使级外交关系的谈判直到 1970 年才取得显著进展。连晨超认为英国政府对美国态度的顾虑、在谈判中采取的刻意拖延和文本设陷策略、在台湾问题上的长期两面政策，导致了中英建交谈判的曲折多变。在 1970—1972 年中英建交谈判中，中国最终使英国接受台湾是中华人民共和国一个省的立场，两国于 1972 年 3 月实现了外交关系的正常化，所谓的"台湾地位未定论"也最终宣告破产。⑥ 1971 年的日本佐藤内阁视日美关系为其对外关系的核心，公开与美国政府在联合国图谋"两个中国"并存局面。丁志远对日本对联合国中国代表权问题的政策选择进行了考察，认为佐藤内阁亲台反华，一意孤行选择跟随美国，未能顺应国际上要求恢复中国在联合国合法席位的形势，错过了在其任内调整对华关系的历史契机。⑦ 杨伯江对稍后的 1972 年中日邦交正常化处理台湾问题的过程进行了分析，认为在复杂严峻的国际环境及日本国内政治形势下，中日邦交正常化并没有解决两国之间的所有问题。由于《中日联合声明》没有触及日美安保体制、"台湾条款"

---

① 刘贵军：《两岸七十年——中国共产党对台决策与事件述实》，商务印书馆 2022 年版。
② 王鸿志：《台海观潮：从峰回路转到僵局危机 2008—2020》，九州出版社 2022 年版。
③ 武晓兵：《改革开放初期海峡两岸学界围绕民国史编纂的对话》，《中共党史研究》2022 年第 1 期。
④ 陶文钊：《坚持一个中国的原则——纪念中美〈上海公报〉发表 50 周年》，《国际关系研究》2022 年第 1 期。
⑤ 代兵：《1971—1972 年中美领导人关于处理"台独"问题的谈判与共识》，《史学月刊》2022 年第 8 期。
⑥ 连晨超：《1970—1972 年中英建交谈判与"台湾地位未定论"的破产》，《当代中国史研究》2022 年第 6 期。
⑦ 丁志远：《分歧与协调：佐藤内阁对联合国中国代表权问题的政策选择》，《当代中国史研究》2022 年第 1 期。

等，这就为日本借由强化日美军事合作介入台海局势留下了空间。[1]

（二）关于香港、澳门有关问题的研究

新中国成立后，香港成为中英两国博弈的重要场域。胡荣荣就1956—1958年英国对中国政府提出在香港设立官方代表问题的反应进行了考察，认为其从拖延到拒绝，是在英美中三边关系下对英中关系进行风险评估的结果，反映了香港在西方阵营中战略价值的提升，折射出英国既想遏制共产主义又试图维系与中国关系的心态，最根本的原因是其想争夺人心以维护在香港的殖民利益。[2] 聂励分析了1949—1958年中英两国关于新华社香港分社的交涉情况，认为中英两国的较量导致新华社香港分社多次调整职能定位，直至1958年成为中国政府在香港的最高代表机构。[3] 东江—深圳供水工程（简称"东深供水工程"）是党中央为解决香港同胞饮水困难而兴建的跨流域大型调水工程，可谓供港生命水线。程强强、夏泉考察了东深供水工程的建成、扩建与改造与粤港关系的发展演变，认为工程促进了香港经济社会的发展，同时也密切了粤港两地人员往来与经济联系，促进了香港同胞中华民族共同体意识的提升。[4] 陈启文编写的《血脉：东深供水工程建设实录》通过对该跨世纪工程建设实施过程进行纪实性回顾与梳理，还原了东深供水工程各个建设时期的艰辛历程。[5]

20世纪80年代，在澳门问题被提上中葡两国外交议事日程至最终通过谈判解决的过程中，中葡两国存在巨大的认知冲突和利益分歧。陈杰梳理分析了两国的交涉和博弈过程，认为中方照顾到葡方所谓的"面子"，放弃了1997年港澳同时回归的初衷和设想；葡方认识到中国政府和中国人民在20世纪内彻底洗刷殖民主义耻辱的坚定立场和强烈愿望，放弃了2000年后再交还澳门的主张。中葡双方通过多次谈判和磋商，最终就实现澳门回归的时间节点达成一致。[6]

党的二十大指出："解决台湾问题、实现祖国完全统一，是党矢志不渝的历史任务，是全体中华儿女的共同愿望，是实现中华民族伟大复兴的必然要求。"香港、澳门、台湾问题作为实现祖国统一大业进程中已经解决和正待的问题，未来还需进一步深化研究。

---

[1] 杨伯江：《中日邦交正常化与台湾问题处理再考》，《东北亚学刊》2022年第1期。
[2] 胡荣荣：《英国对中国政府提出在香港设立官方代表问题的反应（1956—1958）》，《安徽史学》2022年第3期。
[3] 聂励：《中英两国关于新华社香港分社的交涉（1949—1958）》，《中共党史研究》2022年第5期。
[4] 程强强、夏泉：《东深供水工程与粤港关系的发展演变》，《当代中国史研究》2022年第4期。
[5] 陈启文：《血脉：东深供水工程建设实录》，广东人民出版社2022年版。
[6] 陈杰：《中葡两国关于澳门回归时间问题的外交博弈及其历史经验》，《统一战线学研究》2022年第1期。

五、改革开放史研究

改革开放是党的一次伟大觉醒，是中国人民和中华民族发展史上一次伟大革命，正是这个伟大革命推动了中国特色社会主义事业的伟大飞跃。近年来，越来越多的学者投入到改革开放史的研究中。其中，尤以改革开放头十年的研究成果最为丰富。

关海庭研究了中国共产党成功启动改革开放的原因，认为党对宗旨的坚持和人民群众的认可是基本的政治前提，党优良传统的继承和发扬使其具备了强大领导能力，通过总结和反思找到了实现工业化的道路是重要一环，发挥原有制度和体制的优势是重要保证，高度重视农业基础设施建设为农村改革创造了基本条件。[1] 萧冬连则着重分析了改革开放前后中国所处的国际环境，认为改革开放之初中国面临的优越的国际环境不仅为中国利用外部资源推进规模宏大的现代化规划提供了好的条件，而且影响着中国人对外部世界的认知，强化了高层的改革共识。他还认为，中国不只是一个"应变量"，还是重要的"自变量"，在国际格局演变中扮演着重要角色。[2] 此外，关于中国改革开放的学习借鉴对象，有学者注意到中国改革的学习对象除美、日、西欧之外，还有东欧。东欧改革经验在中国改革的动议、设计和发展中起到了重要的启蒙作用，从最初大量引介东欧改革资料、形成赴东欧考察和邀请东欧经济学家访华热潮，到计划经济理论回潮背景下质疑东欧改革经验的适用性，再到因实现对商品经济的理论突破而超越东欧改革经验，中国对东欧改革经验的态度转变既体现了自身改革思路的不断深化，又是一个双方在认识上互相塑造的过程，并为二者改革截然不同的历史结局埋下了种子。[3] 在党和国家领导人推动改革开放的贡献方面，牛建立深入研究了陈云在改革开放初期为国民经济的农业和工业、轻工业和重工业、积累和消费的比例平衡所做的大量指导性工作。[4]

在改革开放的具体实施层面，学界从不同领域、不同角度进行了考察。"外汇券"是中国政府在改革开放之初，为保证改革开放战略的实施与推进，稳定社会主义金融秩序，并最大限度地确保非贸易外汇收入由国家掌握而实行的一种特殊的"权宜"措施。张玲蔚研究了改革开放初期的"外汇券"与中国的外汇管理工作，认为"外汇券"因具有"钞证合一"的特殊属性，发挥了"屏障"与"媒介"作用，从而完成了"创汇"与"收汇"这两个主要任务。[5] 改革开放之初，面对党的工作重心的转移，中共高层提出了"科技与经济相

---

[1] 关海庭：《中国共产党成功启动改革开放原因再分析》，《中共党史研究》2022年第3期。
[2] 萧冬连：《关于改革开放起步时期国际环境的考察》，《中共党史研究》2022年第4期。
[3] 李永康：《改革开放初期中国对东欧改革经验的借鉴》，《中共党史研究》2022年第6期。
[4] 牛建立：《陈云与改革开放初期的国民经济调整》，《党的文献》2022年第5期。
[5] 张玲蔚：《"外汇券"与中国的外汇管理工作》，《当代中国史研究》2022年第2期。

结合"的战略方针，但并没有设计出实施这一战略方针的具体路径。杜磊以中关村经验为例，探讨了海淀区扶植民营科技企业的试错型探索历程，认为这一案例为理解中国市场化发育过程中的地方政府提供了很好的个体案例。① 毕亚娜、邓美薇对改革开放初期中日经济知识交流会的创立及其影响进行了考察，认为该会是中国在改革开放时期对外智力引进的重要尝试，为中日间经济对话与合作发挥了重要作用，与会代表所提出的建言对中国引进日本经济建设经验、推进改革开放进程产生了积极影响。② 陈弢考察了1985—1991年间中德有关桑塔纳轿车国产化问题的协商过程及其影响，认为1985年正式开始的上海大众桑塔纳轿车国产化项目，是改革开放初期中国利用外资最重要的举措之一。借此机会，中国经济进一步加入到全球性的生产和交换网络之中。③

六、当代中国史学科定位问题

习近平总书记多次就加强"四史"学习研究与宣传教育作出重要论述，在党的二十大报告中，他又一次强调要"推动理想信念教育常态化制度化，持续抓好党史、新中国史、改革开放史、社会主义发展史宣传教育，引导人民知史爱党、知史爱国，不断坚定中国特色社会主义共同理想"。新时代新征程如何切实加强"四史"研究与宣传，尤其是在中共党史党建新增为一级学科的形势下，与党史紧密相连的国史该如何确定学科定位，成为当前国史学科建设的一大要题。

国史学科兼具政治性和学术性，属性向来存有争议。在2013年国务院学位委员会第六届学科评议组编写的《学科授予和人才培养一级学科简介》中，国史属于中国史一级学科下面的"中国现代史"，即国史属史。但也有学者认为国史属于马克思主义理论学科、或者认为国史属于政治学，还有学者认为国史是一门交叉学科。随着2021年12月国务院学位委员会就法学门类下新增"中共党史党建一级学科"征求意见，并在2022年9月正式增设中共党史党建一级学科，学界围绕下一步如何设置二级学科问题，进行了广泛讨论。由于国史与党史相互关联，这一问题自然就牵涉到国史学科的归属。

一种观点认为，应当把国史设为中共党史党建一级学科下的二级学科。杨凤城早在2021年初就撰文建议在中共党史党建一级学科下设立中共党史、党的建设、马克思主义中

---

① 杜磊：《地方党和政府与民营科技企业的发展（1978—1992）——以中关村经验为例》，《党史研究与教学》2022年第5期。
② 毕亚娜、邓美薇：《改革开放初期中日经济知识交流会的创立及其影响》，《当代中国史研究》2022年第3期。
③ 陈弢：《中德有关桑塔纳轿车国产化问题的协商及其影响（1985—1991）》，《中共党史研究》2022年第2期。

国化、中华人民共和国史等四个二级学科，理由是党史和国史同具有鲜明的意识形态属性，在研究时段和研究对象上高度重合，同处一个一级学科内更有利于形成合力和优势，从而促进学科发展。① 李金铮呼吁"大党史"的研究理念，即党史的研究对象和内容应是与党史相关的所有方面，因此，新中国史应成为"大党史"的研究对象之一。② 罗平汉、石瑶亦持此论，认为以往党史、国史的差别被过分强调，呼吁打破党史与国史的学术边界，扩大党史研究的范围。③ 王炳林对此提出更为细化的方案，建议中共党史党建一级学科可细分为六个方向：（一）马克思主义政党理论；（二）中国化马克思主义党建理论体系；（三）中国共产党历史；（四）新中国史和改革开放史；（五）党的领导的理论和实践；（六）党的建设的理论和实践。按照该方案，新中国史和改革开放史一并被设为二级学科。④

还有一种观点并不特别强调党史与国史的融合。李飞龙认为，中共党史党建一级学科应当下设中共党史党建基础理论、中共党史、党的领导和党的建设、中外政党比较等四个二级学科。⑤ 肖贵清指出，目前关于二级学科问题的探讨正在进行，在这个问题上需要理论联系实际，并为现实服务，建议设立中共党史、党的建设、中共党史党建的理论与方法、党的建设实务等多个二级学科。⑥ 宋俭认为，二级学科设置要有整体思路，要符合学科建设的规律，决不能是"拼盘式"的，建议分为必设和自选两个层次，形成"4 + X"的二级学科目录，"4"指必设的基础性二级学科，即马克思主义党的学说研究、中国共产党历史研究、中国共产党建设研究、中国共产党领导研究，此外各单位还可根据自身特色选设若干二级学科。⑦ 这一提议无疑更便于各单位根据自身情况灵活设置二级学科。

在党的二十大报告强调要持续加强"四史"宣传教育、在习近平总书记为国史学会成立30周年发来贺信中明确提出不断提高国史研究水平之际，国史如何在中共党史党建成为一级学科的既有背景下明确自身的学科属性，成为国史学界亟待解决的问题。一旦学科属性明朗化，那么国史学科现有的学术建制也将面临较大调整。

---

① 杨凤城：《关于中共党史学科定位与建设的若干思考》，《中共党史研究》2021年第1期。
② 李金铮：《什么是"大党史"》，《中共党史研究》2022年第3期。
③ 罗平汉、石瑶：《一级学科视阈下的中共党史学科建设》，《中共党史研究》2022年第3期。
④ 王炳林：《中共党史党建学科建设的基本问题探析》，《北京师范大学学报（社会科学版）》2022年第4期。
⑤ 李飞龙：《中共党史党建一级学科理论体系构建刍议》，《思想理论教育》2022年第2期。
⑥ 肖贵清：《关于中共党史党建学一级学科建设的几个问题》，《中国浦东干部学院学报》2022年第4期。
⑦ 宋俭：《中共党史党建一级学科建设需要特别关注的几个问题》，《高校马克思主义理论研究》2022年第2期。

七、其他热点问题

本年度除以上重大热点问题之外，当代中国史研究领域中一些传统的重要问题及切合时政的新问题受到学界关注，不断有新的成果问世。限于篇幅原因，仅以几个重点问题举例。

三线建设、"156项工程"等工业史研究一直是学界关注较多的问题。三线建设是20世纪60年代以毛泽东同志为核心的党的第一代中央领导集体作出的重大战略决策。几十年来，三线建设取得了巨大成就，积累了宝贵经验。朱佳木认为，系统研究三线建设的成就和经验，对于深入推进党史学习教育和"四史"宣传教育，丰富、弘扬、传承党的精神谱系，深入总结党和国家的历史经验，保护和利用三线工业遗产，都具有十分重要的意义。① 黄华平则采取个案研究的方式，以西南铁路大会战为例，分析了三线铁路建设的模式。他认为主要模式如下：党和政府设立专门的铁路建设管理机构统一指挥工程建设、发动数十万筑路工人协同修筑铁路、组织沿线地方政府开展支援铁路建设工作、运用思想武器鼓舞筑路队伍士气、为攻克铁路建设中的技术难题开展设计与工程技术革命。② 王鑫等在第二次全国工业普查（1985年）等数据基础上，就三线建设对地区长期的经济绩效影响进行了研究，认为有正向效应，不过该效应随着时间的推移逐渐减弱。③ 胡洁对贵州三线建设者的口述史进行了分析，认为三线建设初期，族群认同、地域认同和文化认同共同构成了三线建设者社会认同的主要形态，而到了三线建设中后期直至现在，主观阶层认同和情感认同的重要性逐渐凸显。④

"一五"计划时期，中国在苏联帮助下建设了以"156项工程"为核心的近千个工业项目，使中国史无前例地形成了独立自主的工业体系雏形。易棉阳、曾鹃以湖南为例，从项目选址，项目的设计、施工与验收，项目的投产及投产后的经济效益，对"156项工程"进行了考察，认为湖南4项"156项工程"项目都如期落地，顺利投产，取得了良好的经济效益和社会效益。⑤ 李天健考察了"156项工程"对中国工业集聚的长期影响，认为通过持续提升所在城市的工业集聚水平，"156项工程"能够长期塑造中国工业集聚的空间格局。该研究还指出，"156项工程"作为一种历史遗产在远离港口的内陆地区被更好地继承下来，对

---

① 朱佳木：《进一步认识三线建设史研究的意义与任务》，《当代中国史研究》2022年第3期。
② 黄华平：《三线铁路建设模式探析——以西南铁路大会战为例》，《当代中国史研究》2022年第2期。
③ 王鑫、李阳、庞浩、文传浩：《三线建设的地区经济效应：历史逻辑与实证检验》，《中国经济史研究》2022年第5期。
④ 胡洁：《社会认同：多维呈现与社会建构——基于贵州三线建设者的口述史研究》，《宁夏社会科学》2022年第1期。
⑤ 易棉阳、曾鹃：《"156项工程"项目是怎样落地的？——以湖南为例》，《当代中国史研究》2022年第1期。

于内陆地区所在城市工业集聚水平的提升效应更强。"156 项工程"不仅在新中国成立初期平衡了沿海与内地的发展差距，对于新时代区域协调发展依然具有重要意义。① 此外，"新中国工业建设口述史"丛书的出版为工业史和"新四史"研究挖掘了新的史料，2022 年该系列编辑出版《工人阶级劳动传统的形成——洛阳矿山机器厂口述实录（1953—2019）》《农业机械化的中国想象——第一拖拉机厂口述实录（1953—2019）》两本口述资料。②

本年度外交史也出现若干新成果。南海诸岛是中国的固有领土，近现代西方列强对南海诸岛及其附近海域的侵略侵害了中国对这些岛礁的领土主权，也为当代南海问题留下隐患。王巧荣以 1956 年"克洛马事件"为中心，考察了英国对南海诸岛主权问题的立场，认为尽管英国不希望南海诸岛由中国政府掌控，但在自己国家实力和影响力大为削弱的情形下，只能把控制南海诸岛的希望寄托在美国及东南亚条约组织的身上。③ 周天羽利用最新解密档案，驳斥了学界关于 1949 年前后美国与中共曾有和解机会但最终失去的观点，认为当时中共的地缘政治环境决定中共无法与美国和解，美国根本没有所谓失去的"机会"。④ 孙君健、李军军认为中法两国为反对美苏核垄断利益的一致性是推动 1964 年中法建交的直接因素。⑤ 张皓认为，1947 年至 1954 年，印度利用中国内战爆发和朝鲜战争爆发之机大举侵占中国领土。印度企图侵占中国领土扩充版图，是中印关系紧张的根本症结。⑥

随着国家对打赢关键核心技术攻坚战的高度重视，科技史成为近几年研究较多的领域。在领导人对科技发展的指导方面，侯波分析了邓小平南方谈话对我国科技事业发展的重要意义，认为南方谈话为在社会主义市场经济条件下解放和发展科技生产力、深化科技体制改革、促进高新技术产业发展和实施科教兴国战略提供了理论遵循和行动指南。⑦ 在科技体制政策方面，储著武以《1957 年中国科学研究体制之"争"》为题，对当年中国科学院与高等学校究竟谁才是科学研究中心的争论进行了探讨，认为这场"争论"并非个人意气或部门利益之争，而是关系新中国科学研究发展方向之"争"。⑧ 苏熹梳理分析了 1949—1978 年间中国基础研究与应用研究政策的演进情况，将其分为基础理论研究政策的制定与实施阶

---

① 李天健：《历史冲击下的工业集聚：来自 156 项工程的经验证据》，《中国经济史研究》2022 年第 1 期。
② 陆远、黄菡、周晓虹主编：《工人阶级劳动传统的形成——洛阳矿山机器厂口述实录（1953—2019）》，商务印书馆 2022 年版；周晓虹、周海燕、朱义明主编：《农业机械化的中国想象——第一拖拉机厂口述实录（1953—2019）》，商务印书馆 2022 年版。
③ 王巧荣：《英国对南海诸岛主权问题的立场考论——以"克洛马事件"为中心》，《清华大学学报（哲学社会科学版）》2022 年第 3 期。
④ 周天羽：《"一边倒"与美国"机会丧失论"再探讨（1949—1950）》，《史学月刊》2022 年第 10 期。
⑤ 孙君健、李军军：《1963 年〈部分禁止核试验条约〉与中法建交》，《史学月刊》2022 年第 1 期。
⑥ 张皓：《1947—1954 年印度对中国领土的侵占》，《史林》2022 年第 5 期。
⑦ 侯波：《邓小平南方谈话对我国科技事业发展的重要意义》，《当代中国史研究》2022 年第 2 期。
⑧ 储著武：《1957 年中国科学研究体制之"争"》，《当代中国史研究》2022 年第 3 期。

段、基础研究与应用研究政策的调整阶段、基础理论研究政策发展的新阶段等几个阶段。①在科技产业化方面，杜磊对20世纪80年代中国科学院科技与经济相结合的改革探索进行了研究，分析了当时中国科学院基于外在改革压力与自身困境走上了学习硅谷模式、探索中国特色社会主义高新科技产业发展道路的历程。②还有学者从精神的角度来研究阐释一些科技成果。例如，杨沐深入北京、湖南、海南等多地采访，记述了袁隆平等科技人员在海南从事繁育制种工作的历程，阐释了"艰苦卓绝、拼搏进取、创新创业、求真务实"的南繁精神。③高仲泰记述了我国深海战略性高技术发展之路和"严谨求实、团结协作、拼搏奉献、勇攀高峰"的中国载人深潜精神。④

自新型冠状病毒疫情发生以来，医疗卫生史研究受到学界广泛关注。马金生对1959年全国急性传染病学术会议进行了历史考察，认为会议交流并总结了新中国成立以来医学界在防治急性传染病方面取得的成功经验，制定了八种急性传染病防治方案，对此后的传染病防治和研究起到了重要的推动作用，是当代中国防疫史上浓墨重彩的一笔。⑤还有期刊以此为专题组织了学者笔谈。白玛丽考察了20世纪50年代中国疫苗接种的大众宣传策略和组织动员方式，这期间多种传染病得到有效控制，充分彰显了国家对疫病防治的承诺。她认为，中国在群众性免疫接种方面的成功经验，以及农村地区实行的合作医疗和赤脚医生制度，自20世纪70年代起就在国际卫生领域产生了重要影响。⑥卜丽萍认为，中国的防疫治病和公共卫生建设有别于西方的公共卫生改良运动，因为国情不同，其目的、动力、方法都不相同。中国之所以能够及时有效地控制新冠疫情，是因为国家对人民生命安全负责，重视防疫治病，建立了有效的公共卫生系统，更是因为全体民众具有对社会负责的公共卫生行为意识。中国的防疫运动及公共卫生发展是国家现代化历程中不可分割的重要部分，其中现代公共卫生行为意识的形成，对防疫抗疾、保护人民生命安全具有深远的社会意义。⑦郭瑞琪梳理分析了20世纪50年代初至改革开放前中国通过发现病例和隔离治疗来控制肺结核病传播的经验，认为这些经验也适用于包括新冠肺炎在内的其他疾病的防治。⑧方小平的文章概述

---

① 苏熹：《中国基础研究与应用研究政策的演进（1949—1978年）》，《当代中国史研究》2022年第4期。
② 杜磊：《二十世纪八十年代中国科学院科技与经济相结合的改革探索》，《中共党史研究》2022年第1期。
③ 杨沐：《南繁：筑牢中国饭碗的底座》，海南出版社2022年版。
④ 高仲泰：《深潜：中国深海载人潜水器研发纪实》，译林出版社2022年版。
⑤ 马金生：《1959年全国急性传染病学术会议的历史考察》，《当代中国史研究》2022年第1期。
⑥ 白玛丽：《群众性免疫接种：从全民健康到全球健康》，《中共党史研究》2022年第1期。
⑦ 卜丽萍：《公共卫生的行为意识与国家的现代发展》，《中共党史研究》2022年第1期。
⑧ 郭瑞琪：《来自防治肺结核病的经验：发现和隔离病例以控制传染病传播》，《中共党史研究》2022年第1期。

了中国政府采取有力措施控制 1961 年至 1965 年东南沿海霍乱疫情的情况，并考察了在此期间形成的应急反应机制如何固化为治理体制的重要组成部分。①

八、当代中国史研究"三大体系"建设成就及展望

总体而言，2022 年当代中国史学科整体发展态势良好，"三大体系"建设稳步推进。关于话语体系建设，相关学者提出新见。杨凤城认为，国史研究必须以大历史观为指导：要在中华文明长程中深化新中国历史研究，在历史长时段中深化对重大事件、重要人物的研究，在国际宽视野中深化新中国史研究。只有坚持大历史观，国史研究才能讲好中国故事，推进话语体系建设。② 宋学勤认为，新时代新中国史话语体系面临着新的重大使命，需要面向历史，站在历史正确的一边；需要面向现实，立足中国，回答中国问题，提出中国性命题；还需要面向未来，坚持学科融合和国际视野的基本原则。做到"三个面向"，才能用新中国史的话语体系讲好中国故事。③

此外，本年度对当代中国史研究方法的探讨也有所深化。研究者撰文探讨口述史学，李二苓认为，口述历史具有跨学科以及连接学术界与大众的媒介特点，以口述历史作为构建未来历史研究共享平台的切入点，不仅丰富了资料获取方式，还可借此打造公共文化交流平台，可使史学从基础学科向应用延伸，强化知识普及、文化引领等社会服务功能。④ 王慧斌集中探讨了中国科学家的口述定位与功能，认为科学家口述具有史实、记忆、事迹等相互联系的定位与功能。作为史实的科学家口述是当代科技史研究的重要资料来源，但史实准确度存疑；作为记忆的科学家口述则随社会框架不断调整；作为模范事迹的科学家口述，则发挥着科学共同体乃至全社会的价值规范与身份认同的功用。⑤

本年度，多种当代中国史史料出版。除上文提到的资料外，《中国共产党第二十次全国代表大会文件汇编》汇集了党的二十大的重要文件。⑥ 国务院扶贫办组织编写的《新时代中国县域脱贫攻坚研究丛书》汇集多个脱贫摘帽县的调研资料，系统总结了我国脱贫攻坚过程中探索出的一系列先进经验与做法。⑦ 姜辉等主编的《再看中国新时代：原苏东地区领导

---

① 方小平：《中国的霍乱流行：防疫应急机制与"紧急规训国家"（1961—1965）》，《中共党史研究》2022 年第 1 期。
② 杨凤城：《大历史观与中华人民共和国史研究》，《当代中国史研究》2022 年第 4 期。
③ 宋学勤：《构建新中国史叙事体系的"三个面向"》，《当代中国史研究》2022 年第 4 期。
④ 李二苓：《搭建历史研究共享平台的探讨——以口述历史为切入点》，《上海交通大学学报（哲学社会科学版）》2022 年第 5 期。
⑤ 王慧斌：《史实·记忆·事迹：中国科学家口述的定位与功能》，《自然辩证法研究》2022 年第 10 期。
⑥ 《中国共产党第二十次全国代表大会文件汇编》，人民出版社 2022 年版。
⑦ 国务院扶贫办组织编写：《新时代中国县域脱贫攻坚研究丛书》（全 21 册），研究出版社 2022 年版。

人及知名人士谈中国新时代》，汇集了多位原苏东地区知名人士对新时代伟大成就的见解与思考。① 此外，多部口述史料出版，如《三使漫记》、《新中国工业建设口述史丛书》（全2册）、《我为什么上大学：30位院士高考回忆录》、《文化遗产保护访谈录》、《北京人艺演员谈表演》等。②

在学术体系建设上，多部当代中国史通史和专著相继问世，关于新中国的政治、经济、文化、社会等各层面的研究持续深化。新近出版的通史著作有中共中央党史和文献研究院编著的《中国共产党的一百年》（全4册）③，该书在《中国共产党的九十年》一书基础上，新增新时代十年的内容，是一部关于百年党史的权威通史著作。其他新近出版的通史著作还有马工程教材《中华人民共和国史》（第二版）。④ 此外，多部当代中国史专著出版，包括欧阳雪梅、刘仓编写的《中国特色社会主义文化制度建设》，贺耀敏著《谱写发展奇迹：新中国重大经济成就精讲》，王可园等著《中国式现代化新道路》，张青红著《新中国成立初期协商民主探索与实践》，李光伟等著《改革开放新转折》，朱孝清等著《新时代检察制度发展研究》，杨美丽著《新中国成立初期党对青年学生的思想引领研究》，陈丹著《20世纪50年代归国留美学人：困境、组织与贡献》，于运全主编的《时代治国理政对外传播研究》⑤ 等。

这些新著新论提示着当代中国史研究的若干特点和趋势。在研究时段的侧重上，关于社会主义革命与建设时期的研究因起步较早而较为成熟，关于新时代的研究亦迅速推进，相较而言，关于改革开放史的研究虽成为热点，但专著很少，整体仍比较薄弱。在专题史方面，

---

① 姜辉、辛向阳主编：《再看中国新时代：原苏东地区领导人及知名人士谈中国新时代》，当代中国出版社2022年版。

② 张九桓：《三使漫记》，大有书局2022年版；陆远等：《新中国工业建设口述史丛书》（全2册），商务印书馆2022年版；新京报社：《我为什么上大学：30位院士高考回忆录》，人民日报出版社2022年版；白庚胜等：《文化遗产保护访谈录》，贵州民族出版社2022年版；北京人民艺术剧院、中国艺术研究院话剧研究所编：《北京人艺演员谈表演》，中国文联出版社2022年版。

③ 中共中央党史和文献研究院编：《中国共产党的一百年》（全4册），中共党史出版社2022年版。

④ 《中华人民共和国史》编写组：《中华人民共和国史》（第二版），高等教育出版社、人民出版社2022年版。

⑤ 欧阳雪梅、刘仓：《中国特色社会主义文化制度建设》，河北人民出版社2022年版；贺耀敏：《谱写发展奇迹：新中国重大经济成就精讲》，安徽人民出版社2022年版；王可园、张学娟、王子蕲：《中国式现代化新道路》，上海人民出版社2022年版；张青红：《新中国成立初期协商民主探索与实践》，华南理工大学出版社2022年版；李光伟、刘本森编：《改革开放新转折》，中国人民大学出版社2022年版；朱孝清、谢鹏程、邓思清：《新时代检察制度发展研究》，中国检察出版社2022年版；杨美丽：《新中国成立初期党对青年学生的思想引领研究》，光明日报出版社2022年版；陈丹：《20世纪50年代归国留美学人：困境、组织与贡献》，中央编译出版社2022年版；于运全主编：《新时代治国理政对外传播研究》，外文出版社、朝华出版社2022年版。

当代中国经济史、当代中国社会史研究持续深化。例如，三线建设作为经济史研究的热点领域，其研究对象逐渐从"三线建设"扩展至"小三线建设"，有学者进而提出"后小三线"的概念[①]，将三线建设的研究时段拓展至改革开放时期，从而推进了这一研究。再如，在社会史研究领域，行业史日益盛行，以行业变迁为切入点来研究共和国的社会变迁正成为社会史研究的新趋势。话语方式与研究方法的创新，大量研究著作和史料的出版，共同推进2022年当代中国史"三大体系"建设向前发展。

在取得上述学科建设成就的同时，必须正视当代中国史学科起步较晚，距离党和国家对国史事业的期望还有一定距离这一现状。为切实贯彻习近平总书记致国史学会成立30周年贺信精神，当代中国史学科应从以下几个方面努力。

第一，加强当代中国史通史的研究与编撰。历史研究编纂的形式多种多样，但一般只有通史能反映出历史的整体、全貌、全局和大势，因而比较能够代表该领域的总体研究水准。当代中国史研究紧贴现实，具有较强的意识形态性，在研究之外还有较强的宣传教育功能，这都要求当代中国史学界进一步加强通史的研究与编撰，这样既及时反映学界最新研究进展，也为理论界和广大人民群众研究、学习当代中国史提供权威参考。

第二，创新当代中国史研究的话语体系。当代中国史研究工作者应在学术、政策、实践的联通中思考新中国史话语体系建构，用中国理论解读中国实践，着力提炼具有中国特色的新概念、新范畴、新表述，讲好中华人民共和国的故事，让越来越多的人认识到中国特色社会主义道路是符合中国实际、反映中国人民意愿、适应时代发展要求的，不仅走得对、走得通，而且走得稳、走得好。

第三，加强国史资料收集与整理。史料是史学研究的基础，是学术创新的重要条件。与古代史、近代史相比，当代中国史料不仅存量大，而且载体丰富，既有传统的文献资料，即档案、日记、报刊等，又有新型载体的史料，如影像史料、互联网史料等。深化当代中国史研究，必须加强史料的征集和整理。目前，多个国史研究机构均在努力从事史料整理工作。例如，作为专门从事国史研究的国家级学术机构，当代中国研究所不仅收集了大量国史资料，且部分地完成了数据化，为研究国史打下很好的基础。2022年，北京大学中华人民共和国史研究中心也启动了"共和国时期地方史及企业史资料调研项目"，与数个企业、基层档案馆达成合作，复制整理相关史料，并向社会广泛征集民间史料。然而，这些工作仍处于初步阶段，未来加强国史资料建设，一要加强史料的收集力度，二要加强对史料的整理，使之数据化，这样才能方便学者利用。

第四，加快建设当代中国史学术共同体。近年来，一些高校新设或整合成立了当代中国

---

① 徐有威：《开拓后小三线建设的国史研究新领域》，《浙江学刊》2022年第2期。

史研究机构，但这些机构大多编制少、力量弱，加上互不统属，难以形成合力。深化国史研究，应加强中国社会科学院、高校、中央及地方各级党校等各个系统的国史研究工作者的沟通、交流、对话，共同确立当代中国史研究的学术规范与评价标准，努力建设当代中国史学术共同体，推动当代中国史研究事业进一步繁荣发展。

（执笔：当代中国研究所　刘　洁）

2022 年度当代中国政治史研究综述

本文通过梳理 2022 年度当代中国政治史的研究重点热点、学术会议、资料建设、发展方向，力图展现学科发展的整体面貌与趋势。2022 年度当代中国政治史研究的特点，一是主题突出，准确把握当代中国政治发展的主题主线、主流本质，从政治史视角对中国式现代化、党的建设、改革开放等综合性的重要学术议题进行分析，体现了政治史研究视角的独特优势。二是新意明显，政治概念史研究、中国共产党历史叙事研究等前沿视角逐渐兴起，兼具创新性与影响力，为政治史研究带来了活力。

一、2022 年度当代中国政治史研究概述

2022 年度当代中国政治史研究在学科体系、学术体系与话语体系方面的进展，主要体现在以下几方面。

一是采取政治史视角切入综合性学术议题的研究成果突出。对于中国式现代化、党的建设、改革开放等综合性的重要学术议题，有一批学者从政治史的角度切入，展现了政治史研究路径的优势，也为今后从政治史视角切入综合性学术议题的研究方式提供了较好的示范与参考。

二是政治史研究的几个重点领域与热点主题的研究稳步推进。政治史研究的重点研究领域包括政治制度史研究、政治人物研究、国防与军事史研究等，热点研究主题包括新中国成立初期的城市接管与政权建设、土地改革、中国共产党的宣传教育与政治动员等。研究成果既体现了对传统研究范式的延续发展，也有反思与创新。

三是政治史研究的一些前沿研究思路兴起，展现了较强的影响力。这些前沿思路包括：政治概念史研究、中国共产党历史叙事研究、毛泽东著作的流传与影响研究、妇女解放与家国关系研究等。这些研究视角既有创新性，也有较强的生命力。

2022 年度在当代中国政治史领域有影响力的著作，主要集中于对当代中国的根本政治制度与基本政治制度的研究。在人民代表大会制度方面，刘松山《人大组织与行使职权若干问题研究》围绕人民代表大会的组织制度与职权进行了研究，也对党的领导、依法治国等主题进行了论述。[①] 对人民政协制度进行研究的著作较多，中共中央统战部《伟大的政治

[①] 刘松山：《人大组织与行使职权若干问题研究》，光明日报出版社 2022 年版。

创造——中国新型政党制度》梳理了中国新型政党制度发展建设的历史过程①，寇鸿顺《中国协商民主的实践与创新》对中国共产党协商民主的历史演进、理论创新、制度创新等方面进行了研究②，张青红《新中国成立初期协商民主探索与实践》对中国共产党协商民主的理论体系、制度建设、实践运作进行了分析。③ 在基层群众自治制度方面，王中华《村民理事会的组织变革与治理创新研究》梳理了农村基层自治组织的历史回顾与演变逻辑，并对村民理事会进行了专门研究。④ 这些著作体现了多学科的研究视角，在历史梳理与学理阐释等方面，对当代政治制度史的研究具有参考价值。

对当代中国政治史进行综合研究的著作，主要包括当代中国研究所组织编写的《新时代的政治建设》与《中国当代政治史研究撷英》。《新时代的政治建设》从多个方面对新时代的政治建设进行了系统研究，总结了新时代政治建设的成就、特征与经验。⑤《中国当代政治史研究撷英》是系列论文集的第一辑，收入了当代中国研究所的部分研究成果，以及首届和第二届中国当代政治史研究述评会的部分论文，反映了近年来的学科研究动态。⑥ 上述著作对政治制度、全过程人民民主、依法治国等方面的研究起到了推进作用，也反映了对新时代的研究是当代政治史研究的一项重点。

2022年度政治史学科有代表性的学术会议，是当代中国研究所与沈阳药科大学主办的"党的第三个历史决议与当代中国政治发展"学术研讨会暨第三届中国当代政治史研究述评会，与会学者围绕中国式现代化、中国共产党领导的多党合作和政治协商制度、统一战线等政治史的重点热点研究问题进行了讨论，一致认为党的第三个历史决议为深化中国当代政治史研究提供了广阔空间。在以"中国式现代化道路与新时代国史研究"为主题的第二十二届国史学术年会上，政治史研究也是会议的重要内容，与会论文既展现了对政治制度的研究，也涉及了党的政治建设、中共中央全会、新中国行政监察体制、邓小平的南方谈话等主题。

社科基金对学界研究具有示范引导作用，社科基金的年度立项情况也反映了政治史研究的热点。在政治史方面，民族区域自治制度、党的政治建设、军队与国防建设是立项的热点

---

① 中共中央统战部：《伟大的政治创造——中国新型政党制度》，华文出版社2022年版。
② 寇鸿顺：《中国协商民主的实践与创新》，中国社会科学出版社2022年版。
③ 张青红：《新中国成立初期协商民主探索与实践》，华南理工大学出版社2022年版。
④ 王中华：《村民理事会的组织变革与治理创新研究》，中国社会科学出版社2022年版。
⑤ 张金才：《新时代的政治建设》，当代中国出版社、重庆出版集团2022年版。
⑥ 李正华、张金才主编：《中国当代政治史研究撷英　第一辑》，当代中国出版社2022年版。

主题，各有数个项目获得立项。① 此外，针对干部教育史、真理标题问题讨论等主题也有立项。②

在研究资料建设上，金冲及总主编的《复兴文库》由中华书局于2022年出版，其中的第三编收入1949—1978年的重要文献，共16卷92册，包括《人民代表大会制度的建立和实施》《人民政协和统一战线的理论与实践》《民族区域自治的理论与实践》等以政治制度为主题的卷目，拓展了政治史研究的资料。

党的第三个历史决议总结了中国共产党百年奋斗的历史经验，党的二十大报告总结了新时代十年的伟大变革，这些重要文献在政治建设、全过程人民民主等方面提出了系统的论断，是当代政治史研究的基本遵循。学界围绕这些重要文献的研究，也对政治史研究具有引导与启发作用。有学者梳理分析了党的第三个历史决议对新时代研究的具体指导作用③，有学者强调全过程人民民主体现了对我国政治制度和政治发展道路认识的升华，使社会主义协商民主成为践行全过程人民民主的重要形式。④ 学界对中国共产党理论创新的提炼与研究，加深了政治史研究的理论基础，也引领了政治史研究的发展趋势。

二、2022年度当代中国政治史研究主要内容

前文概括了政治史研究领域的主要著作成果，下文以期刊论文为基础，择要进行述评，首先总结从政治史视角研究综合性重要议题的进展，其次梳理重点领域、热点问题的研究进展，最后重点论述几个具有创新性与影响力的前沿研究视角。

（一）重要学术议题

中国式现代化、党的建设、改革开放等，是学界关注的重要学术议题，这些学术议题具有综合性、整体性，本文则对政治史视角下的研究进行梳理，展现政治史视角下的主要研究路径，以期为今后的政治史研究提供参考。

---

① 在民族区域自治制度方面，获得立项的有龙小峰的"新中国成立初期广西行政区划调整与民族区域自治的实现路径研究"项目，孟亚伟的"中国共产党人民观在西藏地方70年的实践与发展研究"项目，周玉琴的"中国共产党在民族地区推进全过程人民民主的历程和经验研究"西部项目等。在党的建设方面，获得立项的有胡云生的"中国共产党巡视工作历程与经验研究"项目，陈巧燕的"中国共产党百年制度反腐的演变与经验研究"项目等。在军队与国防建设方面，获得立项的有李俊奎的"人民兵工史文献整理与研究"重大项目，范晓春的"党的全国代表大会与人民军队建设发展研究"项目等。
② 有蒋元涛的"中国共产党百年干部教育史研究"项目、肖建平的"真理标准问题讨论'补课'史料的收集、整理与研究"项目等。
③ 王爱云：《第三个历史决议对于新时代研究的指导意义》，《当代中国史研究》2022年第1期。
④ 石仲泉：《当代中国化时代化马克思主义理论的伟大创新》，《中共党史研究》2022年第6期。

1. 从政治史视角研究中国式现代化

分析与研究中国式现代化，是政治史学科的研究重点与研究热点。党的二十大报告指出，中国共产党成功推进和拓展了中国式现代化。中国式现代化，是中国共产党领导的社会主义现代化，既有各国现代化的共同特征，更有基于自己国情的中国特色。这些重要论断对学界的研究具有指导意义。

在政治史视角下开展对中国式现代化的研究，应首先明确中国式现代化的政治内涵。针对中国式现代化的政治内涵，学界的讨论逐渐丰富，为政治史研究的继续深入指明了方向。中国式现代化的政治内涵包括在领导力量方面坚持中国共产党的全面领导，在政治道路方面坚持中国特色的社会主义道路，在政治价值方面强调以人民为中心的发展思想，还包括政治民主、依法治国等方面。① 庞金友、李应瑞等学者论述了中国式现代化的政治意蕴。庞金友强调了以执政党为主导的驱动机制、以高质量为目标的发展理念、以全过程为标准的民主制度、以人民为中心的价值选择、以胸怀天下为方向的全球视野。② 李应瑞指出中国新型国家制度的特征为：坚持以社会主义公有制为主体的经济基础，以中国共产党为领导核心和政治核心，秉持人民至上政治价值观，实行民主集中制，发展全过程人民民主，内嵌着统一战线底色。③

上述对中国式现代化的政治内涵的讨论，意味着从政治史视角对中国式现代化进行的研究，可以从中国共产党的领导、中国特色社会主义道路、民主集中制、政治民主、依法治国、统一战线等方面进行。

从中国共产党的领导、全过程人民民主、统一战线等视角探讨中国式现代化的研究，有一些代表性成果。王建华从中国共产党政治领导力的视角，总结了中国式现代化道路的历史经验，指出中国共产党以开放的执政理念推进现代化建设，以目标接力把握现代化事业的主动权，以党的代表大会进行现代化战略部署，以自我革命加强与完善党对现代化建设的全面领导。④ 王衡指出，发展全过程人民民主是中国式现代化的政治维度，全过程人民民主是全面建成社会主义现代化强国奋斗目标在政治领域的集中体现。⑤ 徐理响、胡文婷从统一战线的视角考察了中国式现代化中的团结政治，梳理了统一战线在各个历史时期如何助推中国式现

---

① 朱仁显：《政治发展视野下的中国式现代化》，《闽江学刊》2023年第1期。
② 庞金友：《中国式现代化的政治意蕴与实现路径》，《人民论坛·学术前沿》2022年第24期。
③ 李应瑞：《中国式现代化道路的政治文明意蕴探析——以新型国家制度为中心》，《社会主义研究》2022年第6期。
④ 王建华：《中国式现代化道路的历史经验——基于中国共产党政治领导力的观察视角》，《东南学术》2022年第6期。
⑤ 王衡：《全过程人民民主：中国式现代化的政治之维》，《前线》2022年第11期。

代化。①

这些研究成果，发挥了政治史研究在把握当代中国政治发展的主题主线、主流本质上的优势，也体现了政治史研究从历史视野进行梳理考察的优势。政治史视角下的研究，应尤其注重中国式现代化的政治内涵，并在新中国历史发展进程的视野下考察，通过政治内涵与历史视野的结合，深入研究中国共产党推进和拓展中国式现代化的历史经验。

2. 从政治史视角研究党的建设

进入新时代，党中央将政治建设置于党的建设的统领与首要地位，因此关于新时代党的政治建设成就与经验有丰富的研究成果。穆兆勇、李正华等学者围绕新时代党的政治建设进行了梳理与分析②，丰富了对党的政治建设的理论阐释，对政治史学科从长时段大历史视野研究党的建设史也具有参考价值。

从政治史视角对党的建设展开的研究，还集中于党的自我革命这一议题，主要的研究角度包括党内监督、纪律建设、反对官僚主义等。张桂林对百年以来中国共产党的公权力监督思想进行了研究，总结了各个历史时期形成的公权力监督思想主题，指出公权力监督思想的原则包括人本主义的原则、以史为鉴的原则、系统治理的原则，并总结了公权力监督思想的演进逻辑。③ 向杨从人事制度的视角研究了中国共产党纪律检查体制，分析了纪律检查机关领导体制的演变与纪委书记职位的特点。④ 周思睿梳理和分析了1949—1953年中共对官僚主义成因的认知，并指出中共对官僚主义成因认知的演变是从党外注意到党内、从思想影响注意到制度问题。⑤ 这些研究从历史视角出发，围绕政治思想与人事制度等方面进行了深入研究，展现了政治史的研究路径。

党的整风运动也是党的自我革命的一种形式。常利兵从群众路线的角度，对整风运动中党的建设进行了研究，指出中共在整风运动中不断动员各级领导干部参加体力劳动，重申群众路线对于克服官僚主义、宗派主义和主观主义问题的重要性，重新构造了群众路线的工作

---

① 徐理响、胡文婷：《中国式现代化中的团结政治探析：统一战线视角》，《统一战线学研究》2022年第6期。

② 穆兆勇：《十八大以来党的政治建设的重大成就》，《中共党史研究》2022年第2期；李正华：《党的政治建设是一个永恒课题——党的十八大以来政治建设主要成就》，《中国党政干部论坛》2022年第5期；李正华、顾训宝：《新时代党的政治建设历程及经验》，《毛泽东邓小平理论研究》2022年第10期。

③ 张桂林：《百年来中国共产党公权力监督思想研究》，《政治学研究》2022年第5期。

④ 向杨：《新中国成立以来中国共产党纪律检查体制的变迁——基于1949—2020年省级纪委书记群体的考察》，《江汉论坛》2022年第2期。

⑤ 周思睿：《从"党外影响"到分散主义：一九四九至一九五三年中共对官僚主义成因的认知》，《党史研究与教学》2022年第2期。

方法。① 这一研究推进了学界对群众路线的认知，也体现了党的群众路线是政治史研究的一项重点。

总的来说，在以政治史视角对党的建设的研究中，学者们往往强调党在当代中国的领导核心地位，从党治国理政、加强党的全面领导这一视野对党的建设进行分析。例如，有学者强调，应当从中国共产党管党治党、治国理政的角度来理解党的公权力监督思想②，有学者强调，党的纪律检查机关设立的主要目的是为实施、巩固和加强党的领导服务。③ 有学者强调，在整风运动研究中要探析中共如何从执政党的角度来进行自身建设。④ 总之，在党的建设研究中注重党在中国政治中的领导核心作用，是政治史学者的共识。这一认识，既体现了对当代中国政治发展的主流本质的准确把握，也使党的建设研究更为立体和深入。

3. 从政治史视角研究改革开放史

对改革开放的研究，一直是政治史学科的研究重点与热点。政治史视角下对改革开放的研究重点，包括改革开放与中国特色社会主义、改革开放的主题与本质、改革开放时期党的重要会议等。

中国特色社会主义制度是在改革开放的过程中确立、完善和发展的。围绕中国特色社会主义制度与中国特色社会主义理论体系，学界取得了一系列研究成果。姜淑萍、吕春阳指出，邓小平为中国特色社会主义制度的形成确立了基本的思路和原则，一是明确制度和方法的区别，二是明确制度改革的社会主义性质，三是明确制度改革的艰巨性和长期性。⑤ 齐卫平研究了邓小平在改革开放中推进马克思主义中国化实践的过程，论述了邓小平与中国特色社会主义理论体系的形成。⑥ 这些研究成果既深化了对中国特色社会主义的学理阐释，也为学界对邓小平的研究提供了重要参考。

对改革开放原因、主题与本质等方面的研究也得到了推进。关海庭对中国共产党成功启动改革开放的原因进行了分析，在政治方面，他指出中国共产党对宗旨的坚持和人民群众的认可是基本的政治前提，中国共产党优良传统的继承和发扬使其具备了强大领导能力，统一

---

① 常利兵：《作为方法的群众路线——1957年中共关于干部参加体力劳动的实践及影响》，《上海大学学报（社会科学版）》2022年第4期。
② 张桂林：《百年来中国共产党公权力监督思想研究》，《政治学研究》2022年第5期。
③ 向杨：《新中国成立以来中国共产党纪律检查体制的变迁——基于1949—2020年省级纪委书记群体的考察》，《江汉论坛》2022年第2期。
④ 常利兵：《作为方法的群众路线——1957年中共关于干部参加体力劳动的实践及影响》，《上海大学学报（社会科学版）》2022年第4期。
⑤ 姜淑萍、吕春阳：《在改革中完善和发展中国特色社会主义制度》，《当代世界与社会主义》2022年第1期。
⑥ 齐卫平：《邓小平与马克思主义中国化的"第二次结合"》，《当代世界与社会主义》2022年第1期。

战线和政治协商制度则对改革启动产生了直接影响。① 谢迪斌指出改革开放的历史书写必须坚持大历史观原则下的贯通性叙事、主题性叙事和本质性叙事，他强调，改革开放的历史主题就是中国特色社会主义，改革开放的本质就是社会主义现代化。② 这些研究为大历史观视野下的改革开放史研究提供了示范。

改革开放时期党的重要会议，包括党的十一届三中全会、党的理论工作务虚会等，也是改革开放史的研究重点。张金才强调了邓小平在党的十一届三中全会及此前中央工作会议上发挥的关键作用，梳理了邓小平在提出会议主题、引导会议进程、发表主题讲话等方面发挥的作用。③ 肖建平指出，1979年党的理论工作务虚会是党史上对毛泽东和毛泽东思想最重要的一次评价工作的理论逻辑起点，开启了理论界与决策层围绕历史评价问题开展良性互动的序幕。④ 这些研究通过对会议内容的细致梳理，进一步增进了学界对会议历史意义的认知。

总的来说，政治史视角下的改革开放史研究，紧密围绕了中国特色社会主义这个历史主题，反映了学界对改革开放的主题主线、主流本质的关注。改革开放初期的真理标准问题讨论⑤、党的十一届三中全会、党的理论工作务虚会等内容，长期以来是学界的研究重点，反映了对改革开放的历史转折的深入探究。在今后的改革开放史研究中，通过改革开放初期的重要事件对历史转折进行透视，仍然是主要的研究取向。

（二）主要研究领域

政治制度史研究、政治人物研究、国防与军事史研究，是政治史研究中的几个主要领域，均取得了丰富的研究成果。

1. 政治制度史研究

从研究成果的分布来看，学界研究主题主要集中于人民代表大会制度、中国共产党领导的多党合作和政治协商制度、民族区域自治制度。在研究时间段上，学界更为关注新中国成立初期各项政治制度的建设及其在新时代的发展。

对于人民代表大会制度，研究热点包括人民代表大会制度的建立过程、人民代表大会的职能、人民代表大会制度在新时代的发展等。第一次全国普选是人民代表大会制度建立的重

---

① 关海庭：《中国共产党成功启动改革开放原因再分析》，《中共党史研究》2022年第3期。
② 谢迪斌：《论大历史观下的改革开放叙事》，《广东党史与文献研究》2022年第1期。
③ 张金才：《邓小平对党的十一届三中全会实现历史转折所起的关键作用》，《邓小平研究》2022年第2期。
④ 肖建平：《理论工作务虚会与毛泽东思想的评价》，《广东党史与文献研究》2022年第4期。
⑤ 关于真理标准问题讨论，代表性的研究成果有周元刚《浙江真理标准问题讨论始末》，《浙江档案》2022年第3期。

要前提,韩同友、金子求对江苏基层普选中选举权审查的偏向与纠正进行了研究。① 赵连稳、马伟宣围绕新中国成立前后的地方民主政权建设,梳理了从各界代表会议到人民代表大会的演进过程。② 对于人民代表大会的职能,刘维芳通过考察监督法从酝酿到出台的历程,分析了人民代表大会的监督职能。③ 关于人民代表大会制度在新时代的发展,万其刚总结了新时代人大制度和人大工作的重大创新成果,④ 钟金燕围绕人大制度在新时代的坚持和完善进行了论述。⑤ 这些研究成果既有对人民代表大会制度的整体研究,又有对具体职能与特定历史实践的研究,深入体现了人民代表大会制度的历史演进与运行机制。

在中国共产党领导的多党合作和政治协商制度方面,学界重点关注新中国成立初期的政协制度。朱世海指出政协第一届全体会议兼有统一战线组织和制宪会议的双重性质,发挥了统一战线组织、制宪会议和国家最高政权机关三种机构的功能。⑥ 马岭指出1949—1954年的宪法形式是由《共同纲领》《中央人民政府组织法》《政协组织法》和一系列宪法性文件构成的多文本成文宪法。⑦ 对政协第一届全体会议的研究,长期以来是学界的热点,学界围绕政协全体会议代行全国人大职权、政协全体会议的性质与功能等问题的认识还有分歧,这使政协制度史研究一直有较强的生命力。

在民族区域自治制度方面,"铸牢中华民族共同体意识"是学界研究的热点与重点,沈雁昕、李正华对习近平总书记关于铸牢中华民族共同体意识的重要论述进行了系统分析。⑧ 对于中国共产党的民族政策,一批研究以新中国建立初期为焦点,进行了历史考察。段世雄研究了新中国成立初期如何解决"旗县并存、蒙汉分治"的问题,指出中国共产党在制度设计、建制设立和人事安排上,尽量平衡各方利益,做到"尊重历史、照顾现实"。⑨ 刘鹤指出,在新中国成立初期的西南民族民间武装改造中,中国共产党的做法既坚持了马克思主

---

① 韩同友、金子求:《1953—1954年江苏基层普选中选举权审查的偏向与纠正》,《当代中国史研究》2022年第1期。
② 赵连稳、马伟宣:《从各界代表会议到人民代表大会——中共地方民主建政的成功探索》,《北京联合大学学报(人文社会科学版)》2022年第3期。
③ 刘维芳:《监督法从酝酿到出台的历程考察》,《当代中国史研究》2022年第3期。
④ 万其刚:《新时代人民代表大会制度和人大工作创新发展的重大成果》,《当代中国史研究》2022年第5期。
⑤ 钟金燕:《新时代坚持和完善人大制度:逻辑、价值和路径》,《人大研究》2022年第1期。
⑥ 朱世海:《政协第一届全体会议的性质、功能和议程新论》,《甘肃社会科学》2022年第3期。
⑦ 马岭:《我国1949—1954年的政体、宪法形式及其反思》,《甘肃社会科学》2022年第3期。
⑧ 沈雁昕、李正华:《习近平总书记关于铸牢中华民族共同体意识的重要论述探析》,《中国井冈山干部学院学报》2022年第4期。
⑨ 段世雄:《新中国成立初期"旗县并存、蒙汉分治"问题的解决》,《中共党史研究》2022年第1期。

义民族平等、民族团结原则，又有"因地制宜""因时制宜"的特点。① 谭世圆指出，新中国成立初期组织少数民族参观活动是少数民族代表人士归属中华人民共和国的政治象征，其中体现了边疆施政的着力点，即依靠少数民族代表人士重建地方政治秩序。② 这些研究通过聚焦于民族地区进行历史考察，总结了中国共产党进行民族工作的历史经验。

总的来说，在以政治制度为中心的政治史研究中，研究热点主要是对人大制度与政协制度初创时期的历史考察，以及对中国共产党民族工作历史经验的总结。在各项政治制度中，对基层群众自治制度的历史研究一直是相对较为薄弱的。党的二十大关于"基层民主是全过程人民民主的重要体现"的论断，也将促进学界对基层群众自治制度的研究。

2. 政治人物研究

在政治人物研究中，社会主义革命和建设时期是学界关注的重点。学界梳理了毛泽东、刘少奇等领导人对社会主义建设的分析。聂文婷以毛泽东在 1957 年的讲话《关于正确处理人民内部矛盾的问题》为中心，梳理分析了毛泽东关于社会主义社会中存在的矛盾的论述，总结了毛泽东归纳的正确处理人民内部矛盾的方法。③ 马慧怡以刘少奇 1959 年在苏联《政治经济学教科书》学习讨论会上的发言为中心，梳理了刘少奇关于社会主义社会的基本特点、社会主义建设的实质和目的、自主探索社会主义建设道路的方法论原则等问题的观点。④ 这些成果通过对政治人物思想的研究，深化了学界对社会主义建设的认知。

以毛泽东为中心，对新中国的实践探索进行梳理和总结，是近年来常见的研究取向。这方面的研究成果包括对毛泽东领导新中国军事实践的思想内涵和理论贡献的总结⑤，以及对新中国成立初期毛泽东批转地方经验、构建举国体制、探索国家治理等方面的梳理与总结。⑥

在以邓小平为中心的研究中，学界常见的研究取向是以《邓小平西南工作文集》为基

---

① 刘鹤：《中华人民共和国成立初期中共对西南民族民间武装的改造》，《党史研究与教学》2022 年第 2 期。

② 谭世圆：《连通心灵之旅：1950 年云南少数民族国庆参观团考论》，《云南民族大学学报（哲学社会科学版）》2022 年第 1 期。

③ 聂文婷：《正确处理人民内部矛盾，团结一致建设社会主义——重温毛泽东〈关于正确处理人民内部矛盾的问题〉》，《党的文献》2022 年第 4 期。

④ 马慧怡：《刘少奇对我国社会主义建设的思考——以〈在苏联《政治经济学教科书》学习讨论会上的发言〉为中心》，《党的文献》2022 年第 4 期。

⑤ 张树德、张超颖：《毛泽东领导新中国军事实践的思想内涵和理论贡献——〈建国以来毛泽东军事文稿〉编辑札记》，《毛泽东思想研究》2022 年第 3 期。

⑥ 郭志东：《批转地方经验：毛泽东关于新中国制度创设的探索》，《毛泽东思想研究》2022 年第 2 期；郑士鹏：《新中国成立初期毛泽东对举国体制构建的探索》，《毛泽东邓小平理论研究》2022 年第 11 期；季春芳：《中华人民共和国成立初期毛泽东国家治理的实施路径探析》，《湖南科技大学学报（社会科学版）》2022 年第 5 期。

础对邓小平主政西南时期的考察，其中较有代表性的研究有，史会景梳理了邓小平主政西南时期对群众工作的认识和思考①，王义平通过总结邓小平主政西南时期的农村治理实践经验，挖掘出其对新时代乡村振兴背景下推进农村治理现代化的现实启示。② 另外，2022年是邓小平南方谈话发表30周年，一些学者通过分析邓小平南方谈话的内容与背景，论述了南方谈话的重要意义。③

3. 国防与军事史研究

在国防与军事史研究中，学界研究主要围绕着军兵种的建设、国防建设，以及军队的整顿改革这几个重点。

在军兵种建设方面，研究成果集中于对军兵种建设的历史梳理与对军队领导体制的研究。贺雪娇、贺怀锴围绕1949—1960年苏联援助中国陆军建设进行了研究，指出中国陆军始终坚持立足自主发展为主、寻求外援为辅的方针。④ 贺怀锴对1949—1956年炮兵的建设进行了梳理，并论述了炮兵在抗美援朝战争中的作用。⑤ 姬文波从体制和编制方面对武警（公安）部队进行了研究，梳理了1959—1966年公安部队的领导体制和名称的变动，指出公安部队的各项建设必须既要服从公安保卫任务的需要，又要按照军事部队的要求进行建设。⑥

在国防建设方面，围绕边防与海防均有研究成果。新疆生产建设兵团一直是学界的研究重点，姚勇对新疆生产建设兵团边境团场创建的背景与过程进行了梳理，论述了边境团场的作用。⑦ 在海防研究方面，唐明胜对浙东前线的海防斗争进行了历史梳理，指出1949—1955年间浙东的海防斗争在当代中国海防建设史上具有重要地位。⑧

军队改革对军队建设具有重要意义，因此军队的整顿与改革历程也是学界的研究重点。于化民对邓小平主持的1975年军队整顿进行了梳理，总结了军队整顿取得的成果，

---

① 史会景：《邓小平主政西南时期对群众工作的认识和思考》，《党的文献》2022年第6期。
② 王义平：《城乡共荣：邓小平主政西南时期农村治理实践与启示》，《邓小平研究》2022年第3期。
③ 刘贵军、张云珊：《从"四史"角度看邓小平南方谈话的重大意义》，《世界社会主义研究》2022年第2期；张爱茹：《邓小平南方谈话的深远意义》，《世界社会主义研究》2022年第2期。
④ 贺雪娇、贺怀锴：《苏联援助中国陆军建设述论（1949—1960）》，《安徽史学》2022年第4期。
⑤ 贺怀锴：《人民炮兵的创建与奠基（1949—1956）》，《东岳论丛》2022年第9期。
⑥ 姬文波：《1959—1966年武警（公安）部队体制变更和编制变化》，《当代中国史研究》2022年第2期。
⑦ 姚勇：《"伊塔事件"与新疆兵团边境团场的创建》，《新疆大学学报（哲学社会科学版）》2022年第6期。
⑧ 唐明胜：《从被动防守到主动进攻：20世纪50年代初期浙东前线的海防斗争》，《军事历史研究》2022年第1期。

指出这次整顿开启了新时期军队全面改革的先河。① 聂文婷从军队领导指挥体制、组织形态、政策制度体系等方面，论述了中共十八大以来深化国防和军队改革的成就与启示。② 在对军队整顿与改革的研究中，往往注重对改革成果与经验的总结，提升了研究的现实价值。

（三）热点问题

政治史研究的热点问题包括新中国成立初期的城市接管与政权建设、土地改革、中国共产党的宣传教育与政治动员等。

1. 新中国成立初期的城市接管与政权建设研究

新中国成立初期的城市接管，与政权建设、干部南下等历史过程密切相关，一直是学界的热点研究问题。关于城市接管与政权建设的研究已有丰富的成果，连文妹在此基础上进行了学术述评，通过梳理城市接管、群众运动、干部队伍、基层社会组织等角度的研究，展现了新中国成立初期城市政权建设与社会改造研究的总体情况。③ 何志明通过考察20世纪50年代晋绥南下干部对成都的接管与改造，指出南下干部将七届二中全会关于工作重心从"乡村"到"城市"的转移在具体工作中落地生根。④

值得注意的是，由于干部南下准备接管政权自1948年下半年开始，所以一部分以南下干部为中心的研究，在分类上被划分为解放战争史研究，但内容则与新中国的城市接管密切相关，是当代政治史研究中不应忽视的内容。在南下干部研究中，干部南下前的动员过程是研究的一项重点，学界围绕南下干部动员中的方式与技术⑤、困难与解决等方面⑥进行了广泛的研究。干部南下之后的分配任用与政权接管也是另一项研究重点，左方敏、姚宏志以皖南为中心考察了1949年南下干部接管政权的情况。⑦ 总之，围绕新中国成立初期的城市接管、政权建设、南下干部的研究，是较为成熟的研究领域，其研究成果往往具有较清晰的问题意识，也展现了地域史等研究取向。

2. 土地改革研究

在土地改革研究的成果中，既体现了历史社会学、经济史等研究视角的广泛参与，也有

---

① 于化民：《军队全面改革的前奏曲——论邓小平与1975年军队整顿》，《东岳论丛》2022年第1期。
② 聂文婷：《中共十八大以来深化国防和军队改革的成就与启示》，《当代中国史研究》2022年第5期。
③ 连文妹：《新中国成立初期城市政权建设与社会改造研究述评》，《中共党史研究》2022年第2期。
④ 何志明：《从乡村到城市：1950年代晋绥南下干部对成都的接管与改造》，《成都大学学报》2022年第1期。
⑤ 代雅洁：《"组织"的力量：1949年华北解放区南下干部的政治动员实践研究》，《民国档案》2022年第1期；杨建崇、李建权：《太行到福建：南下干部动员方式研究》，《长治学院学报》2022年第3期。
⑥ 焦帅帅、张侃：《解放战争时期太行太岳区南下干部的抉择与调适》，《党史研究与教学》2022年第1期。
⑦ 左方敏、姚宏志：《挺进皖南：1949年干部南下与政权接管》，《安徽史学》2022年第2期。

学者对研究方法进行专门论述，促进了土地改革研究进一步走向深化。李灏哲、李里峰从历史社会学视角关注了农民流动与土地改革之间的关系，指出土地改革使众多农民从流动转向定居，国家也得以重建与农民的政治联系，并通过各类新型组织强化了乡村社会治理。①《中国经济史研究》在博士论文简介栏目刊发了熊双凤对1949—1950年天津郊区土地改革的研究，强调土地改革具有经济和政治双重意义，经济目的可通过平均分配土地使农民实现"翻身"，而政治目的则要使农民实现"翻心"。②何志明从干部的角度考察了土地改革，指出1950年代初期的土改工作队起到了培养乡村干部的作用，农民不仅在经济上"翻身"，还在政治上"翻身"，"形成了自己的领导核心"。③满永针对土地改革研究的拓展方向提出观点，指出学界在关注土地改革的经济影响、政治影响时，应关注土改在社会文化层面造成的影响，拓宽土改史研究的视野。④

总的来说，土地改革研究的成果虽然各有不同视角，但均对土地改革的深层意义和影响进行了深入分析，以土地改革的经济意义与政治意义作为研究的出发点。满永提出的"从经济政治到社会文化"的拓展方向，将进一步促进学界对土地改革的社会文化意义的认识。

3. 中国共产党的宣传教育与政治动员研究

有关中国共产党的宣传教育，学界的关注点主要在于党史宣传与爱国主义教育等。在《党史研究与教学》组织的笔谈中，周龙燕论述了中华人民共和国成立初期宣传党史的紧迫性，梳理了全国的党史学习宣传情况⑤；钱崇君总结了宣讲中共党史的多种措施。⑥ 此外，对新中国成立初期上海市的党史学习运动⑦，以及北京市在抗美援朝运动中的爱国主义教育⑧，也有学者进行了考察。

在对政治动员的研究中，对国庆纪念的研究是一个热点主题。王倩从政治仪式的角度，考察了新中国成立初期少数民族代表赴京参加国庆活动的过程，强调国庆仪式实现了政治动员、达成了政治共识。⑨周游总结了国庆纪念中体现的国家认同，并梳理了国庆纪念中进行

---

① 李灏哲、李里峰：《流动与现代化：一项关于土改的历史社会学分析》，《学海》2022年第2期。
② 熊双凤：《追求稳定与发展：1949—1950年天津郊区的土地改革研究》，《中国经济史研究》2022年第4期。
③ 何志明：《1950年代初期新区乡村干部的生成逻辑——以土改工作队为中心的考察》，《史林》2022年第5期。
④ 满永：《土地改革研究的再思考：从经济政治到社会文化》，《广东党史与文献研究》2022年第2期。
⑤ 周龙燕：《中华人民共和国成立初期宣传党史的紧迫性》，《党史研究与教学》2022年第3期。
⑥ 钱崇君：《宣讲中共党史的多种措施》，《党史研究与教学》2022年第3期。
⑦ 王龙：《新中国成立初期上海党史学习运动的历史考察》，《当代中国史研究》2022年第2期。
⑧ 刘肖委：《抗美援朝运动中的爱国主义教育——以北京市为例》，《党的文献》2022年第3期。
⑨ 王倩：《新中国成立初期少数民族代表赴京参加国庆活动探析》，《云南民族大学学报（哲学社会科学版）》2022年第1期。

民众动员的方式。① 此外，新中国成立初期的爱国卫生运动中的动员也受到学界的重点关注，有3篇论文均对爱国卫生运动中的社会动员开展了研究。②

在对中国共产党的宣传教育与政治动员的研究中，许多研究的模式较为相似，即介绍背景、梳理举措、总结成效。这一研究领域，在研究对象与研究方式较为相似的情况下，如何在研究角度与材料使用上体现新意，应是今后的研究关注的重点。

（四）研究前沿

在政治史研究中，近年来兴起的一些研究思路具有创新性，例如，政治概念史研究、中国共产党历史叙事研究、毛泽东著作的流传与影响研究、妇女解放与家国关系研究等。采取这些研究视角的成果日益增多，影响力逐渐增强，反映了政治史研究的前沿。

1. 政治概念史研究

概念史研究是史学界较流行的研究范式，但以往的概念史研究主要集中于近现代史范畴。近年来，概念史研究方法对当代政治史研究的影响逐渐增强，2022年的学界研究涵盖了中国共产党话语体系中的一系列重要政治概念。

"中华民族"概念受到学界的重点关注。周竞红研究了"中国民族""中华民族"两个词汇在党的重要历史文献中使用频度的变迁，指出起初两词并用，但"中华民族"一词影响力日益提升。在新中国成立后"中华民族"逐步取代"中国民族"成为核心词，百年来"中华民族"词语演进的历史进程就是中国共产党不断推进马克思主义民族理论中国化并取得丰富成果的进程。③ 励轩围绕"中华民族"相关概念的翻译及其内涵进行了研究，指出中国共产党在对概念的翻译中体现了对现代国家建设的看法，中国共产党要建设一个统一的多民族国家，所以在翻译上既要突出中华民族代表中国全体国民，也要强调各民族具有民族地位。④

---

① 周游：《节庆、认同与动员：新中国建立初期的国庆纪念研究（1949—1956）》，《社会科学论坛》2022年第4期。

② 崔丹：《新中国成立初期爱国卫生运动中的社会动员——以上海为考察中心》，《毛泽东邓小平理论研究》2022年第3期；王野汀、段文健：《健康的重塑：新中国成立初期中国共产党对爱国卫生运动的社会动员》，《兰州学刊》2022年第8期；胡靖：《新中国初期爱国卫生运动中的宣传动员》，《湖南社会科学》2022年第3期。

③ 周竞红：《"中国民族""中华民族"在党的百年文献中使用频度变迁管窥——以党的重要文献选编为主要考察文本》，《中国边疆史地研究》2022年第1期。

④ 励轩：《中国共产党对"中华民族"相关概念的翻译——基于汉文、藏文、维吾尔文版〈毛泽东选集〉的研究》，《中央民族大学学报》2022年第2期；励轩：《近代以来"中华民族"相关概念的英译及其内涵演变》，《学术月刊》2022年第2期。

针对中国共产党话语体系中的关键概念，一批研究围绕"中华民族伟大复兴"概念[1]、中国共产党的"人民"概念[2]、"中国特色社会主义"概念[3]、中国共产党的"马克思主义政党"概念[4]进行了考察，对这些政治概念的来源、历史演变与特征等方面进行了分析。

中共十八大以来强调的一些政治概念，成为学界关注的重点。柳宝军指出，党的十九大报告提出的"以组织力为重点，突出政治功能"，是在党代会报告中首次出现"组织力"的概念，因此他围绕"组织力"概念的历史变迁进行了考察。[5] 冷兆松指出"政治站位"是近年来重要的政治话语概念之一，他进而强调，通过对关键政治话语概念的探讨，能够从微观视角拓展新时代政治史研究。[6]

围绕政治概念的研究方法，郭若平论述了中共政治概念史研究与中共政治思想史研究之间的关系，指出可以在中共思想史问题域中观察政治概念的生成、定型、变迁及其语义更新。[7] 这一论述强调了思想史视角在政治概念史研究中发挥的作用，也对当代政治史研究具有较强的启发性。

总的来说，学界对政治概念史的研究有几项共同特点：一是以概念研究为切入点，从不同侧面透视马克思主义中国化的过程；二是在研究中注重概念的政治性，有学者强调政治概念反映了政治理念[8]，有学者强调政治概念具有历史与政治的双重特性，要注重理解概念的政治内涵；[9] 三是新时代中国共产党的理论创新，对政治概念史研究起到了引领作用。

2. 中国共产党的历史叙事研究

在中国共产党的历史叙事研究中，有学者从《中共中央关于党的百年奋斗重大成就和历史经验的决议》的角度对中国共产党的历史叙事进行分析。朱佳木指出，党的第三个历

---

[1] 肖贵清、张鉴洲：《"中华民族伟大复兴"概念的历史演进》，《四川师范大学学报（社会科学版）》2022年第3期。

[2] 张飞岸、李海林：《中国共产党"人民"概念的历史政治学考察》，《教学与研究》2022年第11期。

[3] 胡国胜、黄晓娟：《"中国特色社会主义"概念的源流考释与话语演变》，《当代世界社会主义问题》2022年第1期。

[4] 黄晓娟、胡国胜：《中国共产党"马克思主义政党"概念的源流考释与语义演变》，《科学社会主义》2022年第1期。

[5] 柳宝军：《百年党史视野中"组织力"概念的历史嬗变与时代意蕴》，《人文杂志》2022年第9期。

[6] 冷兆松：《拓展新时代政治史研究的微观视角刍议——以政治站位相关概念为例》，《当代中国史研究》2022年第6期。

[7] 郭若平：《思想史场域：中共概念史的政治因应》，《中共党史研究》2022年第4期。

[8] 励轩：《中国共产党对"中华民族"相关概念的翻译——基于汉文、藏文、维吾尔文版〈毛泽东选集〉的研究》，《中央民族大学学报》2022年第2期；励轩：《近代以来"中华民族"相关概念的英译及其内涵演变》，《学术月刊》2022年第2期。

[9] 张飞岸、李海林：《中国共产党"人民"概念的历史政治学考察》，《教学与研究》2022年第11期。

史决议叙述历史的过程更加突出主线主流,对待存在的问题更多地采用正面表述的方式。①齐卫平指出,党的第一个历史决议的叙事方式是对党犯各种错误的经过、特征、原因做深入的论述,以期分辨是非;党的第二个历史决议既坚持了邓小平提出的"宜粗不宜细"的历史叙事原则,又体现了粗中见细的重点叙事特点;党的第三个历史决议是对中国共产党百年奋斗历程的全景式叙事。②陈金龙对党的第三个历史决议的叙史方法做了概括,并建议拓展对党的第三个历史决议叙史方法的研究。③

由中共中央党史和文献研究院编写的《中国共产党的一百年》于 2022 年出版,是一部权威党史著作。有学者指出,中共党史有革命史叙事、现代化叙事等多种方式,近年来,民族复兴叙事方式逐渐兴起,《中国共产党的一百年》是运用民族复兴叙事方式的权威著作,为学界建立民族复兴新叙事奠定了基础。④

黄江军通过分析《毛泽东选集》的著作编排体例,指出《毛泽东选集》的内容是以毛泽东为中心的新民主主义革命的历史叙事。他强调,在新中国成立初期重塑民众历史思想的诉求下,此种历史叙事经《毛泽东选集》和《中国共产党的三十年》两种权威著述吸纳、完善,权威的革命史叙事成为新政权形塑新人、巩固执政正当性的基础思想资源。⑤

党史上的一些重要历史事件在新中国成立前发生,但新中国成立后对这些历史事件的叙事,同样也属于当代政治史的研究内容。钟小武对党内在不同时期对南昌起义的认识进行了梳理,指出在社会主义建设时期,由于现实需要,突出强调南昌起义作为两次国内革命战争"分界线"的重要历史地位和打响了武装反抗国民党反动派"第一枪"的重大历史意义;在改革开放新时期,关于南昌起义的综合性历史叙事框架基本构建完成。⑥

总之,学者强调的"历史叙事成为中共政治文化中的一个重要元素"⑦体现了历史叙事研究的意义,《中国共产党的一百年》将促进历史叙事研究的进一步深化,党的第三个历史决议也为历史叙事研究的深化提供了重要的指导。

3. 毛泽东著作的流传与影响研究

在以毛泽东为中心的研究中,学界传统的研究视角是对毛泽东思想或毛泽东著作文本进

---

① 朱佳木:《深刻认识党的第三个历史决议的时代特色》,《马克思主义研究》2022 年第 1 期。
② 齐卫平:《中国共产党百年奋斗历程的全景式叙事——学习〈中共中央关于党的百年奋斗重大成就和历史经验的决议〉》,《思想理论教育》2022 年第 1 期;齐卫平:《百年大党历史叙事的大检阅——以中国共产党的历史决议为文本》,《教学与研究》2022 年第 6 期。
③ 陈金龙:《第三个历史决议与中共党史研究的视域拓展》,《求索》2022 年第 2 期。
④ 陈海平、刘志新:《〈中国共产党的一百年〉出版座谈会综述》,《中共党史研究》2022 年第 5 期。
⑤ 黄江军:《〈毛泽东选集〉著作编排与革命史叙事的经典化》,《党史研究与教学》2022 年第 2 期。
⑥ 钟小武:《历史叙事与历史评价:党内对南昌起义认识的历史考察》,《江西社会科学》2022 年第 7 期。
⑦ 黄江军:《〈毛泽东选集〉著作编排与革命史叙事的经典化》,《党史研究与教学》2022 年第 2 期。

行研究，而近年来兴起的对毛泽东著作的流传与影响的研究，研究视野更为广阔，不再局限于毛泽东本人的思想与文本，而是通过考察毛泽东著作的流传与影响，对新中国政治史进行透视。

其中较有代表性的是邬国义、赵诺等学者对毛泽东讲话的研究。邬国义通过分析毛泽东《斯大林是中国人民的朋友》与《在延安各界庆祝斯大林六十寿辰大会上的讲话》两文在1939年最初发表、1949年重新发表、1950年代收入《毛泽东选集》等数次修改的情况，梳理分析了毛泽东著作经典化的过程。① 赵诺、高红兵研究了毛泽东《关于正确处理人民内部矛盾的问题》讲话的传播过程与"正确处理人民内部矛盾"理论在不同时期的运用情况。②

4. 妇女解放与家国关系的研究视角

在政治史研究中，立足于新中国的妇女解放、家庭与国家关系的研究视角也具有启发性。《婚姻法》是这一视角下的研究重点，张华指出1950年《婚姻法》通过确立"民主和睦""团结生产"的家庭建设原则，理顺了家庭在新社会中的位置，新家庭建设不仅理顺了个人、家庭、国家之间的关系，完成了近代个人—家—国连续体的重构任务，而且对于重新理解妇女解放有重要启示。③

对于妇女解放与国家建构之间的联系，学者进行了创新性解读。尹红群、张敏在对基层社会治理的研究中强调，妇女解放是在国家建构的语境中展开的，当厂矿和政府部门成为男性化的组织机构时，家庭、街道成为妇女的主场，管理家庭的妇女延伸为街道的管理者，凝结在"治街如治家"的表述中。④ 丛小平指出，妇女在婚姻上的自主和国家在国际社会反抗殖民主义和帝国主义霸权的斗争是同步的，因此妇女的自主和国家的自主形成了一种同构关系，带动了妇女与家庭和国家关系的联动性变革。⑤

总的来说，这种研究取向的优势在于，在对法律与基层治理等问题的研究中引入妇女解放与家国关系的视角，是一种"全景式的研究"，采用更广阔的总体史的视域对政治史、社会史、文化史进行了超越与吸纳。⑥ 这也是政治史研究的一种有前景的发展方向。

---

① 邬国义:《毛泽东〈斯大林是中国人民的朋友〉及〈讲话〉两文本的历史考察》，《史林》2022年第6期。
② 赵诺、高红兵:《〈关于正确处理人民内部矛盾的问题〉的传播与运用历程》，《毛泽东研究》2022年第6期。
③ 张华:《"团结生产":1950年〈婚姻法〉实施与新家庭建设研究》，《开放时代》2022年第6期。
④ 尹红群、张敏:《"戴红袖章的街道大妈"与新中国初期城市街道治理》，《安徽史学》2022年第5期。
⑤ 丛小平:《中国革命的实践与概念形成:婚姻、法律与女性观念》，《妇女研究论丛》2022年第5期。
⑥ 宋少鹏:《把"党的妇女工作"带回来:以总体史视域推进"妇女与革命"的研究》，《妇女研究论丛》2022年第5期。

三、2022 年度当代中国政治史研究总结与展望

（一）运用大历史观，把握当代中国政治发展的主题主线、主流本质

习近平在致国史学会成立 30 周年的贺信中强调，"牢牢把握国史的主题主线、主流本质，不断提高研究水平"。这一要求，是政治史研究必须遵循的原则，也指明了政治史研究继续发展的方向。2022 年度的政治史研究，反映了学界从政治史角度对国史主题主线、主流本质的把握。

具体来说，学界对中国式现代化的政治内涵的剖析，以及从政治史角度对中国式现代化的历史透视，深化了对当代中国政治发展主题主线、主流本质的认知。在从政治史视角进行的党的建设研究中，学界从政治思想与制度等方面围绕党的自我革命与党的政治建设进行了考察，其共同的特点是在党的建设研究中贯穿了党治国理政的视角，强调党在中国政治中的领导核心作用，凸显了"中国共产党领导是中国特色社会主义最本质的特征"。在从政治史视角对改革开放史的研究中，学界既从大历史观的视野论述了改革开放的原因、主题、本质，又通过细致的史实梳理，深入研究了改革开放的历史转折。这些研究成果，体现了政治史学科视角对综合性重要学术议题的贡献，也体现了政治史学科在准确把握当代中国政治发展主题主线、主流本质的前提下进行历史研究的学科优势。

今后推进政治史研究，要不断深化对大历史观的认识和运用。大历史观是唯物史观的重要体现，与政治史关系密切。有学者指出，大历史观的"核心议题是党和国家，出发点和落脚点是政党和国家这一最重要的政治范畴，首要的指向恰恰是政治史"。[1] 大历史观对政治史研究的启示，主要有三个方面：一是从古代史到当代史的延续性，即中国政治传统对当代政治发展的影响。汪仕凯认为，当代中国国家的形成史，内在地包含了五千年中国文明史、三千年中国政治传统以及现代政治文明的核心要素和基本线索。[2] 二是从近代史到当代史的延续性。杨凤城强调，要从近代史的视野来看新中国单一制国家下民族区域自治制度的建构和行稳致远。[3] 李里峰认为，百年党史具有一以贯之的历史逻辑，中国共产党"以具有高度凝聚力的党组织为一体，以行之有效的动员和治理为两翼，形成了相对稳定的政治风格"。[4] 丛小平通过在研究中贯通近代史与当代史，探索了"中国革命的延续性"。[5] 三是政治制度在改革开放前后的延续性。杨凤城指出，改革开放前奠定的党的领导制度、人民代表

---

[1] 杨凤城：《大历史观与中华人民共和国史研究》，《当代中国史研究》2022 年第 4 期。
[2] 汪仕凯：《走向历史深处的政治学》，《党史研究与教学》2023 年第 2 期。
[3] 杨凤城：《大历史观与中华人民共和国史研究》，《当代中国史研究》2022 年第 4 期。
[4] 李里峰：《中国政治的变与常：长时段的历史透视》，《江苏社会科学》2023 年第 1 期。
[5] 丛小平：《中国革命的实践与概念形成：婚姻、法律与女性观念》，《妇女研究论丛》2022 年第 5 期。

大会制度、多党合作与政治协商制度、民族区域自治制度等，既有延续性继承性，也是改革的对象和内容之一，是在基本架构内基本原则下的自我健全和完善。①

（二）明确政治史的学科定位与研究优势，推进学科建设

政治制度、政治思想、政治事件等是政治史研究的重点。这些内容也是政治学、社会学等学科的关注对象，近年来的历史政治学、历史社会学等研究取向的兴起，也为学界提供了更多研究理论与方法的资源。在这一趋势下，如何保持政治史学科的特色，并发挥政治史学科研究方法的优势，是学科建设的关键问题。政治史学科的特点与优势，应该体现在研究视野、研究的理论基础、史学研究方法这三者的结合中。大历史观的研究视野、对当代中国政治发展的理论与历史过程的整体把握，以及对史料的细致梳理，是政治史研究的基础。

回顾2022年度的政治史研究成果，能够看到高质量的政治史研究往往具备"以小见大"的特点，既对史料进行了详细爬梳，又通过研究回答了理论问题，例如在对改革开放史的研究中，学者通过历史梳理深化了对改革开放的理论认识；在对土地改革史的研究中，学界对土地改革意义的认知不断深入；在对政治概念使用与演变的研究中，进一步揭示了马克思主义中国化的过程；在对中国共产党历史叙事的研究中，透视了中国共产党的政治文化。

在政治史学科建设上，还有几个方向需要继续努力。

一是加强对政治史学科研究方法的总结与反思。目前，与当代政治史研究成果丰富的情况不相称的是，学界围绕当代政治史学科研究方法的论述还很少，在这方面，既需要学习国史中的其他分支学科对研究方法的论述，也需要学习中国古代政治史对研究方法的论述与反思，例如侯旭东对古代政治史的反思与邓小南对古代制度史的论述②对当代政治史也有启发性。

二是加强对政治史学科中各个研究领域与研究专题的学术述评。连文妹对新中国成立初期城市政权建设与社会改造研究的述评③与满永针对土地改革研究的总结分析④，是有代表性的高质量学术述评，既反映了相关研究领域的成熟，也起到了对学界研究的促进作用。

三是提高当代政治史研究的学术规范性。辛逸等在《2021年党史国史研究新进展》中指出，学界的一些研究存在学术史梳理不规范的情况。⑤这一缺点在当前的一些政治史研究

---

① 杨凤城：《大历史观与中华人民共和国史研究》，《当代中国史研究》2022年第4期。
② 侯旭东：《政治史与事件史在中国：一个初步反思》，《清华社会科学》2020年第2卷第2辑；邓小南：《再谈走向"活"的制度史》，《史学月刊》2022年第1期。
③ 连文妹：《新中国成立初期城市政权建设与社会改造研究述评》，《中共党史研究》2022年第2期。
④ 满永：《土地改革研究的再思考：从经济政治到社会文化》，《广东党史与文献研究》2022年第2期。
⑤ 辛逸、董龙、赵懿：《2021年党史国史研究新进展》，《党史研究与教学》2022年第6期。

中也有较明显的体现，需要注重在研究中加强学术对话，以促进政治史研究学术体系的建设。

（三）政治史研究热点的总结与展望

一是在研究时间段上，政治史研究的成果主要集中在三个时期，即新中国成立初期、改革开放初期，以及党的十八大以来。这三个时期的政治史研究成为研究热点，是由政治史研究的问题意识决定的。在对新中国成立初期的研究中，学者的研究目的往往是对各项政治制度的制度建设过程进行考察，以及对新中国成立初期建设政权、接管城市、在农村进行土地改革等重要历史过程进行考察。在对改革开放初期的研究中，学者的研究目的主要是深入透视改革开放的历史转折。当然，对于新中国成立与改革开放这两个时间节点，学界的共识是强调历史延续性，即在研究中贯通新中国成立前后、贯通改革开放前后的历史时期。

二是在研究主题上，对中国共产党民族工作与民族区域自治制度的研究受到学界的重点关注。在2022年度的政治史研究中，对"中华民族"的概念史研究成为热点，在年度社科基金的立项中，有关民族地区的政治史研究获得较多立项。在整个社会科学学界中，以"铸牢中华民族共同体意识"为主题的研究成果也有明显的增长趋势，成为多个学科的研究热点。[①] 由国家民委主管、中央民族大学主办的《中华民族共同体研究》于2022年创刊，进一步助推了学界对中华民族共同体的研究。学界的这一研究趋势，也将促进政治史研究中相关主题的发展。

三是在研究视角上，一系列前沿视角值得关注。本文梳理了政治史研究中的几个前沿视角，包括政治概念史研究、中国共产党历史叙事研究、毛泽东著作的流传与影响研究、妇女解放与家国关系研究等。此外，还有学者提出了"教科书政治""肖像政治"等新视角。[②] 这些前沿视角兼具创新性与影响力，将持续成为政治史研究中的热点，为政治史研究带来活力。

（执笔：中国社会科学院当代中国研究所政治史研究室　李　夏）

[①] 刘浩铮：《2022年政治学研究发展报告》，《中国社会科学报》2023年1月9日；墨达：《2022年社会学研究发展报告》，《中国社会科学报》2023年1月9日。

[②] 许冲：《试析中国共产党的教科书政治——以〈联共（布）党史简明教程〉为中心的考察》，《广东党史与文献研究》2022年第3期；许冲：《苏联领袖像与中国共产党的肖像政治——以新中国初期重大纪念活动为中心》，《广东党史与文献研究》2022年第6期。

2022 年度当代中国经济史研究综述

2022 年，当代中国经济史学科坚持以马克思主义为指导，坚持问题导向，紧紧围绕党和国家事业需要，推动当代中国经济史研究取得新突破新进展。

一、概述

当代中国经济史是当代中国史研究的分支领域，是历史学、经济学、马克思主义中国化等学科共同关注的研究领域。经过改革开放以来 40 多年的发展，已形成稳定的研究队伍，积累了丰富的研究成果。近年来，党中央高度重视"四史"学习教育，又恰逢改革开放 40 周年、新中国成立 70 周年、中国共产党成立 100 周年等重大历史节点，当代中国经济史研究出现了繁荣发展的局面，学界对当代中国经济史相关问题的关注度持续提高，研究成果量质齐升。

2022 年是党和国家历史上极为重要的一年。在迈上全面建设社会主义现代化国家新征程、向第二个百年奋斗目标进军的关键时刻，党的二十大胜利召开，大会全面总结了新时代十年的伟大变革，描绘了以中国式现代化全面推进中华民族伟大复兴的宏伟蓝图。站在新的历史高度回顾历史，总结新时代十年中国经济发展成就，梳理新中国成立以来党领导人民在探索中国式现代化道路的历史进程中推进经济建设的思想与实践，对激励人们坚定历史自信、增强历史主动，更好凝聚团结奋斗的精神力量具有重要意义。当代中国经济史研究从党和国家事业需要出发，围绕新时代经济史、中国式现代化的经济史研究、中国共产党百年经济思想与实践形成研究热点，运用大历史观考察当代中国经济发展历程，更好总结了新中国经济发展的成就和经验，揭示了新中国经济发展的重大意义和历史趋势。党史国史重大发展和党的重大理论创新，不仅对学术研究提出了新问题，也为老问题的研究提供了新视角。再加上新史料的挖掘、整理和利用，以及研究方法的多元融合，新中国工业史、新中国"三农"史、新中国金融史、新中国生态环境经济史、20 世纪 50 年代经济史、三线建设等传统重点研究课题不断推陈出新，持续拓展深化。

2022 年，在取得丰硕研究成果的同时，当代中国经济史"三大体系"建设稳步向前推进。学科体系建设上，党和国家事业发展为学术界提出了共同的问题，为促进当代中国经济史研究领域内不同学科的交流与融合创造了有利条件。新时代经济发展历程与成就是本年度各学科共同关注的重大课题。2022年9月,以《新时代的经济建设》出版研讨会为契机,来自经济学、历史学、马克思主义理论等学科的学者,共同围绕深入学习贯彻习近平经济思想,研究总结新时代十年经济建设取得的历史性成就、发生的历史性变革和积累的新鲜经验进行了深入交流,在诸多问题上达成了共识。学术体系建设上,史料整理和出版不断推进,理论与方法研究有所进展。大型历史文献丛书《复兴文库》中,董志凯编第三编第九卷《建立独立的比较完整的国民经济体系》(8册)出版;"156项"重点建设项目相关史料、湖北省浠水县十月村经济史料等的整理研究工作持续推进。学界围绕中国经济史研究的理论与方法进行了研讨:李伯重提出,经济史学研究的基本范型包括历史唯物论、历史进步论、历史分期论和社会变迁论;曹树基提出,中国经济史研究要注重做内史化的经济史和中国史。[①] 话语体系建设上,党的二十大深刻阐述了"两个结合"、中国式现代化等重大理论与实践问题,对当代中国经济史话语体系建设提出了新的要求,学者们更加注重中国传统史学话语的创造性转化和创新性发展,以及将中国式现代化的叙事框架运用于当代中国经济史研究中。

二、主要内容

本年度,新时代经济史、中国式现代化的经济史研究、中国共产党百年经济思想与实践成为研究热点,传统重点研究课题持续推进,取得丰硕的研究成果。

(一) 新时代经济史研究取得突出进展

新时代是当代中国经济史研究的重点领域。这是由新时代的历史地位决定的。新时代十年,中国经济实现重大发展转型,由高速增长阶段转向高质量发展阶段,中国经济发展取得历史性成就,书写了经济快速发展奇迹新篇章。推进新时代经济史研究,梳理好新时代中国经济发展的历程和取得的成就,总结好新时代党领导经济工作的宝贵经验,对于深刻领悟"两个确立"的决定性意义,走好实现第二个百年奋斗目标新的赶考之路具有重要意义。党的十九届六中全会审议通过的《中共中央关于党的百年奋斗重大成就和历史经验的决议》系统阐述了党的十八大以来的原创性思想、变革性实践、突破性进展和标志性成果,为新时代经济史研究提供了根本遵循。2022年,为迎接党的二十大召开,学界掀起了研究新时代十年伟大变革的热潮,推动新时代经济史研究取得突出进展。

1. 多部全景式呈现新时代十年经济发展历程与成就的著作出版

武力、贺耀敏组织编写组编写的《中国经济这十年(2012—2022)》[②] 以50万字的篇

---

① 李一苇、沈博:《首届"中国经济史研究:前沿与趋势"国际学术研讨会综述》,《中国经济史研究》2023年第2期。

② 本书编写组:《中国经济这十年(2012—2022)》,经济科学出版社2022年版。

幅，秉持历史唯物主义的立场和方法，全面而客观地呈现了新时代中国经济发展的历程和成就。该书第一章首先阐述习近平经济思想，突出了习近平经济思想对新时代中国经济发展的引领作用。之后各章分领域叙述了深化经济体制改革、完善宏观经济治理、"三农"、工业、交通、商贸物流、金融、财政、区域城乡协调发展、生态文明建设、社会建设、对外开放的发展历程。全书以准确精炼的文字、翔实的数据、直观的图表和生动的图片，立体展现了党领导下以人民为中心的发展奇迹，新时代改革开放的壮阔图景，和中国经济向高质量发展的伟大转型。

国务院发展研究中心组织编写、马建堂主编的《十年伟大飞跃》①以较为精炼的篇幅，集中展现了新时代中国高质量发展的伟大成就。该书以新发展理念为主线谋篇布局，从巨变、创新、协调、绿色、开放、共享、安全、改革、小康、展望十个方面展开叙述，突出展现了新时代经济社会发展取得的突破性进展和标志性成果。该书注重用统计数据和图表直观地展现发展成就；注重史论结合，着重论述了全面深化改革、全面建成小康社会的历史意义；书中最后一章满怀信心地展望了中华民族伟大复兴的光明前景。

当代中国研究所编著、郑有贵主编的《新时代的经济建设》②紧扣党的第三个历史决议，梳理了新时代党和国家事业在经济建设上发生的历史性变革、取得的历史性成就和积累的宝贵经验。该书第一章阐述了习近平经济思想对新时代经济建设的引领作用，之后叙述了新时代十年来坚持和完善社会主义基本经济制度、全面实施供给侧结构性改革、完善宏观经济治理、实施创新驱动发展战略、推进区域协调发展和新型城镇化、促进乡村振兴的历程，最后对新时代经济建设的成就和经验进行了总结。该书是"新时代这十年"丛书（10卷本）中的一本，丛书中其他分卷如《开创中国特色社会主义新时代》《新时代的全面深化改革开放》等也包含新时代经济史的相关内容。

这些著作呈现了新时代中国经济发展历程的全貌，全面展现了新时代十年经济发展取得的历史性成就，对于认识和把握新时代在中国经济发展史上的地位，以及深入理解习近平经济思想，都发挥了重要作用。这些著作对新时代经济史的叙述框架进行了多方面探索，著作的内容涉及经济发展的各个领域，为新时代经济史研究进一步拓展深化奠定了重要基础。

2. 相关专题研究迅速展开

研究新时代经济史，不仅要注重宏观性、整体性的呈现和总结，也要注重专题性、分领域的梳理和分析。本年度，新时代经济史相关专题研究迅速展开，聚焦全面深化经济体制改革、构建开放型经济新体制、完善宏观经济治理、乡村振兴、财政改革与发展等问题的研究

---

① 国务院发展研究中心组织编写、马建堂主编：《十年伟大飞跃》，人民出版社2022年版。
② 当代中国研究所编著、郑有贵主编：《新时代的经济建设》，当代中国出版社、重庆出版集团2022年版。

成果纷纷涌现。

关于新时代中国经济发展成就，一些学者突出呈现了其中的重点和亮点。黄群慧认为，新时代十年在经济发展实践上取得的历史性成就具体体现在：深入实施创新驱动战略，创新发展取得新成效；推进供给侧结构性改革，经济发展协调性进一步提升；深入贯彻绿色发展理念，经济绿色转型效果显著；加快完善社会主义市场经济体制，全面扩大开放形成新局面；消除绝对贫困现象，共同富裕取得实质性进展。而在经济发展理论上取得的历史性成就，就是形成了习近平经济思想。① 李正华等认为，新时代经济重点领域和关键环节改革发展的实践和成就，集中体现在党中央对新时代经济改革发展新阶段新任务的战略谋划、健全党领导经济改革发展的体制、坚持和完善社会主义基本经济制度、创新宏观经济治理目标与方式等方面。② 钟瑛认为，供给侧结构性改革是以习近平同志为核心的党中央对中国经济发展思路和工作着力点的重大调整，是适应和引领经济发展新常态的重大创新，全面实施以来取得显著成效，得到国际国内广泛认同和积极评价，为中国后续改革提供了坚实基础和宝贵经验，也为发展中国家提供了有益借鉴。③

关于构建开放型经济新体制，王德蓉聚焦以习近平同志为核心的党中央对新时代构建开放型经济新体制、建设更高水平开放型经济新体制作出整体谋划和决策部署，分党的十九大前后两个阶段梳理了构建和发展开放型经济新体制的过程。④

关于创新和完善宏观调控，董莹认为，党的十八大以来，党和政府先后提出并采用区间调控、定向调控、相机调控等新方式，实施供给侧结构性改革，着力突破结构调整的关键环节，并坚持以改革的精神、思路、办法完善宏观调控。在实践发展的基础上，宏观调控概念也扩展演变为宏观经济治理体系。⑤

关于乡村振兴，郑有贵阐述了新时代"三农"发展战略目标历史性升级为乡村全面振兴的历史意义，梳理了党的十八大以来以"四有"之治厚植"三农"发展优势和"三农"全面发展取得重大突破的历程，并分析了新时代农业农村发生历史性变革的历史逻辑。⑥

关于财政改革与发展的研究颇为丰富。本年度，《财政研究》《财政科学》等杂志开辟专栏，发表了一批总结新时代财政改革与发展成就和经验的文章，从历史的角度出发，聚焦

---

① 黄群慧：《新时代中国经济发展的历史性成就与规律性认识》，《当代中国史研究》2022 年第 5 期。
② 李正华、常旭：《新时代经济重点领域和关键环节改革发展的实践与成就》，《经济研究参考》2022 年第 10 期。
③ 钟瑛：《全面实施供给侧结构性改革的中国方案与经验》，《毛泽东邓小平理论研究》2022 年第 9 期。
④ 王德蓉：《党的十八大以来我国开放型经济新体制的构建与发展》，《中共党史研究》2022 年第 4 期。
⑤ 董莹：《新时代中国创新和完善宏观调控的历史考察》，《当代中国史研究》2022 年第 4 期。
⑥ 郑有贵：《新时代"三农"战略目标的历史性升级和发展优势提升》，《中国井冈山干部学院学报》2022 年第 3 期。

财政体制改革、税制改革、预算管理体制改革等方面进行了研究。其中,丛树海从完成预算法修订、改革预算体系和预算管理制度、优化税制结构、实施"营改增"、调整个人所得税制、明确央地支出责任和规范转移支付、探索地方政府发债机制、改革税收征管体制、推行绩效管理、改进和强化财政监督等十个方面,较为全面地梳理了党的十八大以来财政改革的主要进展。①

积极推进相关专题研究有助于新时代经济史研究的深化。下一步,应拓展研究范围,梳理总结新时代制造强国建设、交通强国建设、数字中国建设、商贸物流创新发展、金融改革发展等方面的历程与经验。

(二) 中国式现代化的经济史研究方兴未艾

党的二十大报告明确指出:"在新中国成立特别是改革开放以来长期探索和实践基础上,经过十八大以来在理论和实践上的创新突破,我们党成功推进和拓展了中国式现代化。"中国式现代化是党领导全国各族人民在长期探索和实践中取得的重大成果。回顾这一艰辛而伟大的历程,有助于加深对于中国式现代化的中国特色、本质要求和重大原则从何而来,以及中国式现代化重大历史意义的理解。而中国式现代化理论,又为研究和总结新中国经济发展历程赋予了新的视角。2022年,学者们立足新中国经济发展历程,大力推进中国式现代化的经济史研究,取得丰硕成果。

1. 从土地制度变迁看中国式现代化道路的独特性

土地要素的特殊性,在某种程度上决定了现代化进程中土地制度变迁的多样性,而这种多样性又在一定程度上决定了不同国家的现代化路径。② 这一理论观点得到了历史的印证。一些学者从中国土地制度变迁的角度,对中国式现代化道路的独特性进行了研究。

姚树荣等认为,从党领导人民进行社会主义现代化建设的百年历程来看,土地制度改革是推进中国式现代化的重要动力,独特的土地制度变革展现出中国革命、工业化、城镇化和农业现代化的独特性,可以说是中国式现代化的一大独特之处。具体而言,农民问题是中国革命的基本问题,解决农民最关心的土地问题成为实现中国革命胜利的关键;中国式工业化道路中的独特性体现在"内部积累、自我循环""乡村工业化""地方政府主导下以地融资"等方面;中国式城镇化道路的独特性体现在"人口城镇化"和"土地城镇化"两种模式上;中国式农业现代化道路的独特性体现在"大国小农""复合多元"的经营模式上。③

---

① 丛树海:《财政:国家治理的基础和重要支柱——党的十八大以来我国财政改革的十大进展》,《财政研究》2022年第8期。
② 胡怀国:《中国现代化进程中的土地制度:百年变革的理论逻辑》,《当代经济研究》2021年第6期。
③ 姚树荣、李菲:《百年视野下的土地制度与中国式现代化》,《河北师范大学学报(哲学社会科学版)》2022年第5期。

何二龙等以土地为视角，从城乡关系分析了中国式工业化。不同于西方早期工业化的殖民掠夺和海外贸易进行资本的原始积累，中国式工业化通过土地调整城乡关系，满足了工业化发展需要的资本积累和劳动力需求。土地改革的完成，为将农村经济剩余转移到国家工业化建设做了准备。土地集体化结合城乡剪刀差，提取了农村经济剩余，服务了国家工业化建设。土地家庭联产承包责任制改革促进了乡镇企业崛起和农村工业化的发展。以土地为核心的信用创造解决了大规模城市工业化发展的融资约束难题，促进了城市工业化发展。新时代，通过土地流转促进农村再工业化进一步促进城乡融合，是中国式工业化面临的重要方面。①

程漱兰等认为，中国农村集体土地制度适应于、服务于中国现代化的起步和起飞，支撑中国人民"站起来"和"富起来"：计划经济时期以合作社—人民公社体制运行的农村集体土地制度，为中国现代化起步确保了资本原始积累的农业剩余来源；市场经济时期以家庭承包经营体制运行的农村集体土地制度，为中国现代化起飞提供了可靠的"三农"保障；进入新时代，农村集体土地制度以其内在规定性弥补"三农"短板，助推中国人民"强起来"。②

2. 中国式现代化视域下党推进共同富裕的历程与经验

共同富裕是社会主义的本质要求，也是中国式现代化的重要特征。以实现全体人民共同富裕为关键目标和本质要求，成为中国式现代化超越西方式现代化，创造人类文明新形态的重要标志。党在领导推进中国式现代化的历史进程中，始终致力于推进共同富裕，为实现全体人民共同富裕奠定了理论基础、制度基础和物质基础。可以说，党探索推进中国式现代化的历史，也是扎实推进共同富裕的历史。在中国式现代化视域下考察党推进共同富裕的历程和经验，有助于拓宽共同富裕研究的视野和思路。

赵学军等从制度基础、生产力发展、区域发展、城乡关系等宏观方面着眼，梳理了新中国成立以来党的共同富裕思想与实践，并将其中的历史经验总结为：党的领导是实现共同富裕的根本保障，社会主义基本经济制度是实现共同富裕的有效保证，以人民为中心是推动共同富裕的价值遵循，解放和发展生产力才能为实现共同富裕奠定物质基础，效率与公平相统一是实现共同富裕的必然要求，在富裕的基础上共富是实现共同富裕的有效路径，全面推进乡村振兴战略是实现共同富裕的必由之路，融入全球价值链是实现共同富裕的外在条件。③

李文认为，新中国成立后，经过初期的计划经济实践及其后的经济体制改革，中国共产

---

① 何二龙、孙蚌珠：《土地、城乡关系及中国式工业化》，《上海经济研究》2022年第8期。
② 程漱兰、李爽：《新中国农村集体土地制度形成和演进的历史逻辑以及若干热点问题探究》，《中国农村观察》2022年第3期。
③ 赵学军、钟李隽仁：《中国共产党的共同富裕思想与实践》，《经济思想史学刊》2022年第3期。

党探索出了一条让一部分地区一部分人先富起来、先富带后富、逐步实现共同富裕的正确路径。党的十八大以来，以习近平同志为核心的党中央坚持以人民为中心的发展思想，维护社会公平正义，深化收入分配制度改革，领导人民全面建成小康社会，提高公共服务均等化水平，为推进全体人民共同富裕打下了良好的制度基础和物质基础。走进"十四五"，共同富裕已被规划为第二个百年奋斗目标的重要内容，正在按照顶层设计有条不紊地全力向前推进。①

董慧等认为，从党的百年奋斗历程来看，中国共产党带领中国人民探索社会主义现代化建设的历程，也是走共同富裕的中国式现代化道路的历程，这一历程经历了"革命求富""建设谋富""改革致富""脱贫共富"四个阶段。②

周绍东等认为，共同富裕是中国共产党有关社会主义生产目的的政策表达，且在不同的历史阶段呈现出具体样态。社会经济发展的现实状况与"目的样态"之间的差距构成了社会主要矛盾，正是在深刻把握社会主要矛盾的基础上，党带领全体人民朝着具体化的共同富裕目标不断趋近，这构成了百年来中国共产党人推动共同富裕实践的逻辑主线。与循序渐进的社会经济现实状况相适应，共同富裕概念本身也经历着逐渐生成并走向丰满的过程，这构成了中国共产党共同富裕思想演进的基本线索。③

3. 中国式现代化进程中促进协调发展的历史经验

推进中国式现代化是一个系统工程，需要处理好一系列重大关系。在社会主义现代化建设的历程中，党始终坚持系统观念，在正确处理经济发展中的各种重大关系、促进协调发展方面积累了许多宝贵经验，非常值得研究和总结。

郑有贵认为，党在推进中国式现代化的进程中，把全面性与重点性统一起来，探索形成了解决现代化进程中发展不平衡不充分问题的路径：从人的现代化发展出发促进经济社会协调发展，在产业体系现代化演进中促进产业协调发展，在构建独立的完整的工业体系和国民经济体系进程中夯实农业基础，在发展虚拟经济时发挥其服务作用夯实实体经济根基，在城镇化进程中促进城乡协调发展，在循环累积因果效应固化区域发展不平衡下促进区域协调发展。④

---

① 李文：《扎实推进全体人民共同富裕的中国式现代化建设》，《当代中国史研究》2022年第6期；李文：《党的十八大以来关于推进共同富裕的伟大实践》，《毛泽东研究》2022年第4期。
② 董慧、杜晓依：《走共同富裕的中国式现代化道路：历史进程及经验启示》，《海南大学学报（人文社会科学版）》2022年第6期。
③ 周绍东、陈艺丹：《中国共产党推动共同富裕实践的百年道路与经验总结》，《齐鲁学刊》2022年第3期。
④ 郑有贵：《中国式现代化演进中破解不平衡不充分发展问题的路径》，《中南财经政法大学学报》2022年第6期。

郭旭红等认为，党在推进中国式现代化的进程中，结合不同发展阶段的实际情况调整政策，成功走出了一条从城乡二元到城乡发展一体化的道路，大致分为以下几个阶段：1949—1978 年为优先发展重工业背景下的乡村支持城市阶段；1978—2002 年为改革开放背景下的乡村支持城市、三次产业均衡发展阶段；2002—2012 年为全面建设小康社会背景下的城市支持乡村、城镇化加速推进阶段；2012 年以来为新时代背景下的城乡发展一体化和经济高质量发展阶段。①

石建国梳理了新中国成立以来的六次经济结构重大调整的过程，认为其中呈现出从计划手段逐渐向"两只手"转变、从应急的被动调整逐步转向防范化解风险的主动调整、从思想认识有分歧到行动"全国一盘棋"等特征。这一历史过程带来的启示是，经济结构调整要服从服务于国家经济发展战略的需要，要充分考虑国际经济环境带来的深刻影响，同时要把市场经济优势和社会主义制度优势都发挥好。②

（三）中国共产党百年经济思想与实践研究仍是热点

在中国共产党的领导下，中国仅用几十年时间就走完发达国家几百年走过的工业化历程，创造了经济快速发展和社会长期稳定两大奇迹。全面而深入地研究中国共产党百年经济思想与实践，总结历史经验，对于全党全国人民坚定历史自信、增强历史主动，提高广大党员干部领导经济工作、应对复杂多变的国内外经济形势挑战的能力，具有重要意义。2021 年，为庆祝中国共产党成立 100 周年，学界掀起了研究中国共产党百年奋斗历程的热潮，中国共产党百年经济思想与实践成为研究热点。在学习贯彻党的十九届六中全会精神的推动下，这一研究热潮延续到了 2022 年，中国共产党百年经济思想与实践研究得到丰富和拓展。

1. 中国共产党百年经济思想

中国共产党百年经济思想的研究进展主要体现在党的工业化思想和党对资本的认识两个方面。

关于党的工业化思想，李宗圆等分开端、发展、转变、提升四个阶段梳理了中国共产党百年工业化思想的演变历程，发现其中可以找到一条清晰的战略逻辑：在百年奋斗历程中，党不断开拓工业化思想新境界，确立具有阶段性特征的战略目标，从发展与安全两大维度作出符合时代要求的选择。③郭熙宝聚焦中国共产党的工业化道路理论，从思想脉络和生产力发展规律的角度，梳理和归纳了农轻重协调发展理论（包括工农业关系论与农轻重次序论）和工业化发展战略理论（包括重工业优先发展论、农村工业化论、新型工业化论、"四化"

---

① 郭旭红、武力：《新中国城乡关系的理论与实践》，《当代中国史研究》2022 年第 3 期。
② 石建国：《新中国经济结构调整的历程、特点及启示》，《北京党史》2022 年第 6 期。
③ 李宗圆、伍山林：《中国共产党工业化思想百年演进》，《上海经济研究》2022 年第 3 期。

同步发展论）的主要观点和历史演进，认为中国共产党工业化道路理论的演进过程是一个内涵不断丰富和深化的过程，是一个把马克思主义基本原理同中国伟大实践密切结合的过程，也是一个工业化驱动理论引领工业化道路理论的过程。[1] 徐坤考察了毛泽东工业化思想形成和发展的过程，认为毛泽东的工业化思想经历了救亡图存的忧患意识与毛泽东工业化思想的历史性出场，从"以苏为师"到"以苏为鉴"的主体自觉，以及从社会主义工业化向社会主义现代化的整体性转变三个阶段。科学把握中国式现代化道路的理论渊源与丰富内涵，必须回溯到毛泽东时代关于中国工业化道路的原初探索。[2]

关于党对资本的认识，李正图等认为，党对资本认知的理论逻辑是基于不同时期的社会主要矛盾、党的主要任务和历史使命而形成的。在新民主主义革命时期，从社会革命层面，提出"消灭资本（重点是官僚资本）"的主张，但也依据当时根据地建设对物资的需要而"利用和发展资本"；进入社会主义革命与推进社会主义建设时期，按照马克思、恩格斯设想"和平改造民族资本"，最终实现在社会革命层面上"彻底消灭资本，建立社会主义公有制"，然而同时也消灭了作为生产要素的资本，使得中国进入社会主义计划经济时代；改革开放以来，随着中国从计划经济转型为有计划的商品经济、再转型为社会主义市场经济，党开始侧重从生产要素角度逐步深化资本认知，最终形成了新时代中国特色社会主义市场经济理论，成为习近平经济思想的有机内容。[3] 陈清等认为，百年来，党对资本的认识由模糊、片面到清晰、全面、深刻，对资本的利用由批判、排斥到吸纳、改造、驾驭。在这个过程中，党始终以初心使命为认识利用资本的逻辑起点，以推进中国特色社会主义为认识利用资本的逻辑主线，以实现共产主义为认识利用资本的逻辑归宿，形成了坚持马克思主义指导、导控资本发展方向，坚持认识把握资本特性与行为规律、不断释放资本活力，坚持以人民为中心、超越资本逻辑的基本经验。[4]

2. 中国共产党百年经济实践

中国共产党百年经济实践的研究进展主要体现在党对社会主义基本经济制度的探索、党的"三农"政策和党领导经济工作的历史经验三个方面。

关于党对社会主义基本经济制度的探索，易棉阳等认为，百年来，党对社会主义基本经济制度的探索历经四个阶段，形成三种制度模式，即革命时期的新民主主义基本经济制度，建设时期的传统社会主义基本经济制度，形成于改革开放时期、完善于新时代的中国特色社会主义基本经济制度，三种制度模式之间是传承与创新的关系。党探索基本经济制度的主题

---

[1] 郭熙宝：《中国共产党工业化道路理论的学理性探析》，《中国工业经济》2022 年第 1 期。
[2] 徐坤：《毛泽东工业化思想的历史逻辑与范式转化》，《现代哲学》2022 年第 5 期。
[3] 李正图、葛文君、米晋宏：《中国共产党资本认知的逻辑演进》，《人文杂志》2022 年第 11 期。
[4] 陈清、陈林：《中国共产党认识利用资本的历程、逻辑和经验》，《当代经济研究》2022 年第 3 期。

是为中华民族伟大复兴提供制度保证,探索的道路并非一帆风顺,走过了一条有波折的"之"字形道路。① 在梳理历史过程的基础上,王东京阐述了改革开放前后生产资料所有制、经济体制和分配制度变迁的逻辑。新中国成立后亟待建立独立完整的工业体系,推进工业化需采用"国家所有制"和"集体所有制";而要调动一切积极因素参与社会主义现代化建设,必须调整生产关系,坚持公有制为主体、多种所有制经济共同发展。在工业化初期,迅速推进工业化需采用计划经济体制;而进入工业化中后期,需调整产业结构,必须让市场起决定作用和更好发挥政府作用。消费资料分配是生产条件本身分配的结果:单一公有制与计划经济体制决定了单一的按劳分配制度;而以公有制为主体、多种所有制经济共同发展与市场经济体制,则决定应以按劳分配为主体、多种生产要素共同参与分配。②

关于党的"三农"政策,郑有贵的专著《百年"三农":中国共产党解决"三农"问题的战略维度和实现路径》③ 系统梳理了党的"三农"政策百年演变历程。该书在历史分期上,突出了党与"三农"关系史的主题特色;在分析框架上,建立了由农民维度、中华民族复兴维度、现代化维度、生产力维度、国际维度五个维度构成的分析框架,体现了大历史观。董志凯评价该书为中国共产党与"三农"的百年信史。④ 顾海英等对党的"三农"政策百年演进作出精炼的概括,认为党的"三农"政策经历了新民主主义革命时期的土地改革、人民公社下的城乡分治、家庭承包经营后的政策放活以及党的十八大后的全面深化改革;同时,党的"三农"思想不断发展,从参照马列经典,到结合中国实际形成中国特色。⑤ 曹立等则通过梳理中国共产党历次党代会报告中关于"三农"问题的表述,在系统阐述党的"三农"政策思路及其对城乡关系的动态调整过程基础上,从三个方面总结出党的"三农"政策演进逻辑:从农业与工业的关系上看,是从支持工业到农业现代化;从农村与城市的关系上看,是从城乡二元到城乡融合;从农业人口转移规律上看,是从产业吸纳到新型城镇化。⑥

---

① 易棉阳、冯兵兵:《为实现中华民族伟大复兴提供制度保证——中国共产党对基本经济制度的百年探索》,《财经研究》2022年第12期。
② 王东京:《新中国成立以来基本经济制度形成发展的理论逻辑与实践逻辑》,《管理世界》2022年第3期。
③ 郑有贵:《百年"三农":中国共产党解决"三农"问题的战略维度和实现路径》,东方出版社2022年版。
④ 董志凯:《中国共产党与"三农"的百年信史——〈百年"三农":中国共产党解决"三农"问题的战略维度和实现路径〉评介》,《当代中国史研究》2022年第5期。
⑤ 顾海英、王常伟:《中国共产党百年"三农"政策实践、思想演进与展望》,《农业经济与管理》2022年第1期。
⑥ 曹立、向乔玉:《中国共产党以"共同富裕"为初心的"三农"政策演进——基于新中国成立以来历次党代会报告的文本考察》,《科学社会主义》2022年第6期。

关于党领导经济工作的历史经验，武力认为，从目标和规划、体制变革、政策执行能力等角度来看，党领导经济工作的历史经验主要可以概括为：坚持在党的领导下调动各种积极因素，处理好政府与市场关系，坚持做到统筹兼顾，独立自主与对外开放并行不悖、相得益彰，通过不断学习提高领导经济工作的能力。① 赵昌文等认为，从党为什么要领导发展、怎样领导发展、为了谁而发展、实现什么样的发展、怎样锻造善于领导发展的政党等问题来看，党领导经济社会发展的基本经验可以概括为六条。一是坚持党对发展的全面领导：党通过加强政治、战略、政策、制度、组织等方面的领导，让党的领导和党的建设成为经济社会发展的强大动力。二是坚持以人民为中心的发展：党坚持以人民为中心，把满足人民最根本、最现实的需要作为发展的不竭动力，以人民利益为中心协调各种不同利益关系，通过社会动员增强发展动能，依靠群众路线作出和优化发展决策。三是坚持遵循客观规律制定和实施发展蓝图：党坚持遵循客观规律设计发展蓝图，在制定和实施目标与规划的过程中统一思想、凝聚共识、汇聚民意、优化决策。四是坚持科学的发展理念和工作方法：党不断创新发展理念，坚持系统思维、底线思维、协调平衡、独立自主等工作方法。五是坚持以制度建设保障发展：党善于用制度推动发展，建立完善了民主集中制、干部制度等多方面保障经济社会发展的基本制度。六是锻造善于领导发展的先进政党：党具有历史主动性、灵活务实性、理论自觉性、自我革命性，锻造了不断自我净化、自我完善、自我革新、自我提高的能力，成为善于领导经济社会发展的政党。②

（四）其他研究课题的新进展

新中国工业史、新中国"三农"史、新中国金融史、新中国生态环境经济史、20世纪50年代经济史、三线建设等，是当代中国经济史领域中长期持续推进的研究课题。2022年，这些课题的研究取得了值得关注的新进展。

1. 新中国工业史

近年来，新中国工业史研究形成了"156项"重点建设项目研究、乡镇企业研究等学术增长点。2022年，相关研究继续推进，同时也出现了新的研究方向。

"156项"重点建设项目研究在多个方面取得进展。关于"156项"重点建设项目的确立与实施，易棉阳等梳理了"156项"落地湖南的4项从项目选址到建设再到投产的过程。③ 关于"156项"重点建设项目与区域经济发展的研究，李天健运用量化分析方法

---

① 武力：《中国共产党领导经济工作的历史经验》，《中国党政干部论坛》2022年第6期。
② 赵昌文、蒋希蘅、江宇、余璐：《中国共产党为什么能够成功？——百年大党领导经济社会发展的基本经验》，《经济社会体制比较》2022年第3期。
③ 易棉阳、曾鹏：《"156项工程"项目是怎样落地的？——以湖南为例》，《当代中国史研究》2022年第1期。

研究了"156项"重点建设项目对工业集聚的长期影响，发现通过持续提升所在城市的工业集聚水平，"156项"工程能够长期塑造中国工业集聚的空间格局，而"156项"工程作为一种历史遗产在远离港口的内陆地区被更好地继承下来，对于内陆地区所在城市工业集聚水平的提升效应更强，表明"156项"工程不仅在新中国成立初期平衡了沿海与内地的发展差距，对于新时代区域协调发展依然具有重要意义。① 易棉阳等运用量化分析方法考察了"一五"和"二五"时期株洲工业发展质量，发现株洲工业发展质量在"一五"时期呈缓慢上升趋势，在"二五"时期则呈显著下降趋势，株洲工业发展本质上是以资本和劳动力推动的粗放型增长，全要素生产率的推动作用较弱，工业发展质量整体较低；"一五"和"二五"时期，株洲工业发展质量是在工业发展政策、基础设施投资强度和人力资本供给的共同作用下取得的，财政支持力度的作用并不显著，其中工业发展政策和基础设施投资强度的推动作用最为突出。②

乡镇企业研究方面，郑有贵认为，中国农村工业、乡镇企业在夹缝中生存发展乃至异军突起，走出城乡"两条腿"工业化之路，这一巨大成功有独特的实现机制，即基于工业化初期发展阶段中国共产党明确在农村发展工业的战略主张，依靠特定农村治理和发展机制——农村社区集体经济组织及其统筹和积累机制获得"第一桶金"孕育兴起，受益于特定经济体制转型进程中发展有计划的商品经济的搞活政策而异军突起，基于市场经济体制拓展发展空间而超越农村社区。"四千四万精神"是农村工业、乡镇企业发展的强劲动力；低成本经营发展是农村工业、乡镇企业的优势；建立和完善市场经济体制是农村工业、乡镇企业发展的制度保障；农工商综合经营、产业融合发展是农村工业、乡镇企业聚集力强的内在因素。践行共享发展理念、全面推进乡村振兴，要借鉴农民主体性参与成就社队企业兴起、乡镇企业异军突起的智慧和经验，形成以股权联结尤其是股份合作制激励农民主体性参与一二三产业融合发展的机制。③

保障产业链供应链安全是党领导推进新中国工业化的重要方面。李天健等认为，新中国成立以来对保障产业链供应链安全的探索可以划分为三个阶段：1949—1978年在重工业优先和向内陆布局中构建独立自主的完整工业体系，1979—2011年在改革开放中深度融入全球竞争和分工体系，党的十八大以来在高质量发展中增强核心竞争力。④

---

① 李天健：《历史冲击下的工业集聚：来自156项工程的经验证据》，《中国经济史研究》2022年第1期。
② 易棉阳、马永军：《"一五"和"二五"时期的株洲工业发展质量——基于全要素生产率视角的研究》，《中国经济史研究》2022年第3期。
③ 郑有贵：《农村工业、乡镇企业在夹缝中发展的实现机制——着眼于促进农村产业融合发展启示的研究》，《毛泽东邓小平理论研究》2022年第1期；郑有贵：《农民参与视角的乡镇企业组织制度变迁》，《宁夏社会科学》2022年第2期。
④ 李天健、赵学军：《新中国保障产业链供应链安全的探索》，《管理世界》2022年第9期。

产业园区是中国推进工业化进程的重要载体。王曙光等认为，改革开放以来，中国产业园区经历了出口导向型阶段、重视高科技引进和技术创新阶段、重视产业链构建和系统性制度创新阶段。第一阶段的大连模式，第二阶段的苏州工业园区模式，第三阶段的粤港澳大湾区模式、中关村"飞地"模式、企业和政府优势互补模式，在不同历史阶段对中国工业化和市场经济体制创新产生了深远影响。①

2. 新中国"三农"史

整理、研究新史料，是推动学术创新的重要途径。湖北省浠水县十月村，从20世纪50年代开始，大力发展集体经济，取得了良好成绩，一直是蜚声海内外的集体经济名村。十月村连续完整地保存了1952年以来60多年集体经济史料，具有重要的学术价值。② 2015年以来，中南财经政法大学经济史研究团队系统收集整理十月村经济史料，研究十月村集体经济发展史，持续有学术成果推出。2022年，瞿商等利用十月村的经济史料，剖析了20世纪70年代十月大队的农户超支户现象，探究了这一集体化时期全国普遍存在的现象的根源：集中劳动的工分制度量化了农户对集体的劳动投入，而主要按人口数量进行的分配制度，一方面反映了集体为农户的日常生活提供基本保障的功能；另一方面，它又导致人口数量多而劳动力少的农户分配所得大于劳动投入，出现了大量账面欠款的超支户，从而形成超支现象。国家实行重工业优先发展战略需要从农村汲取剩余，导致社队集体可供分配的实物更少。平均主义的分配趋势和分配兑现难也促使农户产生超支"竞争"。这些因素叠加在一起，使集体化时期农户超支现象呈现广化和深化的特征。③

华侨引种史研究是横跨华侨华人史与中国农业史的新课题，目前学界已对中国古代、近代的华侨引种史进行了初步研究，而关于新中国华侨引种史的研究尚付阙如。张行等以厦门华侨亚热带植物引种园为中心，梳理了新中国华侨引种网络的建立、发展以及退出历史舞台的过程，弥补了这一空白。新中国成立之初，为打破西方国家的封锁禁运，厦门华侨亚热带植物引种园应运而生，之后逐步建立了东南亚—香港—鼓浪屿的华侨引种网络，由此开创了通过华侨引进境外作物的一段特殊历史。改革开放后，华侨引种网络重建并进一步升级为华侨引种联络组织，华侨引种网络发展呈现出新的特点。华侨引种机构的建立、华侨引种联络网的运作以及改革开放后华侨引种网络的历史变迁勾勒了新中国华侨引种史的基本脉络。④

---

① 王曙光、郑鸾、梁爽：《中国工业化进程中的产业园区制度演进与模式创新》，《改革》2022年第5期。
② 易棉阳、张连辉：《湖北浠水十月村经济史料及其研究价值》，《光明日报》2018年6月6日。
③ 瞿商、王丽：《集体化时期农户超支现象简析——以1970年湖北省浠水县十月大队为例》，《中国经济史研究》2022年第3期。
④ 张行、明艳林：《新中国华侨植物引种历史的考察》，《当代中国史研究》2022年第6期。

3. 新中国金融史

金融是现代经济的核心，回顾历史有利于坚定中国金融高质量发展的信念，发掘金融创新的源泉和动力，加快构建现代金融体系的步伐。王国刚等梳理了党领导金融发展的百年历程，认为从新民主主义革命时期的国家银行实践到社会主义革命和建设时期的单一银行体制探索，从改革开放和社会主义现代化建设新时期的多元化金融体系构建到中国特色社会主义新时代的现代金融体系建设，中国共产党闯出了一条中国特色金融发展之道，积累了五个方面的历史经验，即坚持以服务党的中心工作为第一要务、坚持符合国情的金融发展模式、坚持对金融系统的严格管控、坚持有序推进金融创新和坚持依法严格监管。① 张玲蔚具体考察了改革开放后发行"外汇券"的经过，认为在中国急需大量外汇建设资金的情况下，发行"外汇券"是中国政府为稳定金融秩序，确保非贸易外汇收入由国家掌握而实行的一种特殊的"权宜"措施。"外汇券"凭借其"钞证合一"的特殊属性，在"创汇"和"收汇"中发挥了"屏障"与"媒介"的作用。②

金融安全是国家安全的重要组成部分，是经济平稳健康发展的重要基础。回顾历史，可以为维护国家金融安全提供借鉴。董志凯认为，货币的主权直接关系国家主权。陈云在人民币诞生与发行的关键时刻所坚持的原则与做法，具有强调国家独立发行、人民币独占国内市场等鲜明特点，起着维护国家统一与金融安全的核心作用。③ 庄泽虹考察了冷战时期中国现汇贸易的支付结算情况，指出当时在处理与资本主义国家（地区）及亚非拉国家的非官方贸易的现汇支付结算过程中，中国银行在代理行的发展与运用、支付货币和支付方式的选择等方面总体上是灵活且务实的。新中国现汇贸易支付结算的历史经验证明，只有推动人民币国际化，完善跨境人民币支付基础设施建设，才能从根本上保障国家金融安全。④

4. 新中国生态环境经济史

在新发展理念的引领下，生态环境问题进入当代中国经济史研究的视野，近年来不断有相关研究成果推出，本年度在治水史等方面取得进展。

关于黄河治理，黄承梁等梳理了党保护和发展黄河流域的百年历程，得出宝贵的经验启示：中国共产党是百年治理黄河历程的核心领导力量，黄河流域发展和保护事关中华民族文化认同和心理认同，黄河流域生态保护和高质量发展是系统性、历史性、长期性国家战略工

---

① 王国刚、罗煜：《中国共产党百年历程中的金融发展》，《学术研究》2022 年第 1 期。
② 张玲蔚：《"外汇券"与中国的外汇管理工作》，《当代中国史研究》2022 年第 2 期。
③ 董志凯：《陈云如何维护人民币主权完整》，《中共宁波市委党校学报》2022 年第 2 期。
④ 庄泽虹：《新中国现汇贸易支付结算的经验与局限（1956—1965）》，《中国经济史研究》2022 年第 6 期。

程,新时代黄河国家战略事关中华民族永续发展和中华民族伟大复兴。① 陈方舟等从治黄方略入手,梳理了20世纪以来黄河管理体系从传统到现代的演变过程:黄河治理经历了从以工程措施为主,到将黄河水沙视为资源,在全河和流域的层级进行用水量的强制性调配,最终走向以维持黄河健康生命为终极目标的流域综合治理之路的发展过程。② 王瑞芳梳理了改革开放以来黄河上中游地区的水土保持工作,认为改革开放后,流域各地政府抓住西部大开发、重视生态环境建设的良好机遇,围绕防治水土流失、减少入黄泥沙、改善生态环境和农业基础条件的目标,启动了全流域的水土保持生态工程,水土保持工作取得了突出的新成效和成功的新经验。进入21世纪后,尤其是党的十八大以来,黄河上中游地区水土保持工作进入"人水和谐"的生态文明建设新时代。③

关于长江治理,王瑞芳等考察了新中国成立初期长江治理方略的形成过程,认为新中国成立后,在"防止水患,兴修水利,以达到大量发展生产的目的"水利建设方针指导下,以荆江分洪工程为中心的治江工作迅速开展,减轻了荆江大堤防洪压力,为根治长江争取了宝贵时间。1954年长江流域发生特大洪水后,国家重新审视长江流域治理问题,把根治长江提到工作日程,积极编制长江流域规划。1959年《长江流域综合利用规划要点报告》的编制完成,标志着以三峡工程为主体的防洪治本方略的初步形成,由此开始了有计划、有步骤根治长江的伟大壮举。④

另外,张连辉等梳理了20世纪50年代到70年代中国农业病虫害"综合防治"理念的演进过程,认为这一过程的演进逻辑具有一般性特征:从世界范围来看,"IPM是为应对滥用农药造成的环境危机而构建的治理体系"。中国"综合防治"理念内涵的演进也基本遵循了这一逻辑,即对化学防治及其生态环境效应认知的不断深化,有力推动了"综合防治"理念的演进,使得"综合防治"的取向从更多为了应对农药的短缺向主要应对化学防治的不良影响转变。⑤

任铃梳理了1949年到1966年新中国林业建设的实践探索:在林业建设中明确党的领导地位,确立各级党委负责林业工作的管理体制,广泛发动社会各界参与造林,并大力培养林

---

① 黄承梁、马军远、魏东、张连辉、张彦丽、杜焱强:《中国共产党百年黄河流域保护和发展的历程、经验与启示》,《中国人口·资源与环境》2022年第8期。
② 陈方舟、王瑞芳:《20世纪以来治黄方略与流域管理体系演变关系研究》,《人民黄河》2022年第5期。
③ 王瑞芳:《从水土流失治理到生态文明建设——改革开放以来黄河上中游地区的水土保持》,《当代中国史研究》2022年第6期。
④ 王瑞芳、范刻心:《从防洪减灾到防洪治本:新中国成立初期长江治理方略的形成》,《河北学刊》2022年第2期。
⑤ 张连辉、李053纬:《20世纪50—70年代中国农业病虫害"综合防治"理念的演进历程》,《当代中国史研究》2022年第5期。

业人才；坚持护林造林育林，有计划地发展林业，并对木材资源进行更加合理的利用，同时不断提高我国林业科学技术水平；制定林业工作管理规章制度，明确山权林权归属，建立育林基金制度。1966年全国林业工作会议的召开，标志着新中国成功探索出一条自己的发展林业道路，在基本满足国民经济社会发展需要的同时，较好保障了人民生产生活，有效改善了自然生态环境。①

5. 20世纪50年代经济史

长期以来，20世纪50年代经济史一直是本学科的研究重点，2022年有关这一时期的经济史研究仍然成果丰硕。

李文梳理了新中国成立初期党在涉外经济领域的主要思想和政策主张，认为以毛泽东同志为核心的中央领导集体基于摆脱旧中国半殖民地地位、实现中华民族独立自主的基本立场，在涉外经济领域提出了一系列重要思想和政策主张，包括收回帝国主义经济特权，改革海关制度，正确对待在华外资企业，统制对外贸易，反封锁、反禁运，暂时不动香港、澳门，等等。这些思想、主张和重要举措，体现了原则性和灵活性相统一，对应对复杂国际局势、实现主权独立、推动国内经济恢复、在落后的经济条件下开展工业化建设，以及配合和落实当时的外交政策，发挥了重要的作用。②

刘晓泉等梳理了1949年到1959年央地财政关系的探索过程，认为1949—1959年是新中国中央与地方财政关系探索的奠基时期，大致可以分为四个阶段：1949—1950年为统一中央财权的奠基阶段；1951—1957年为统一领导下分级负责阶段；1958年下放财权；1959年适度收回财权。这一时期中央与地方财政关系的探索历程以集中统一为主要特征，随着国内政治经济形势的变化，是围绕寻求"中央统一领导"与发挥中央和地方"两个积极性"之间的平衡点而不断进行适应性调整的过程，总体呈现"集中—放权—集中"的基本轨迹。③

常明明考察了新中国成立初期农村土特产品购销活动，认为由于经历长期战争和剧烈的通货膨胀，道路交通不畅，流通环节梗阻，加上帝国主义的封锁，新中国成立初期农村土特产品流通滞塞，影响了农村经济的恢复和农民收入水平的提高。各级人民政府组织多方力量，从疏通交通入手，通过土产展览会、土产交流会等贸易形式，恢复和拓展商业路线，沟

---

① 任铃：《1949—1966年我国林业建设的实践探索》，《党的文献》2022年第3期。
② 李文：《新中国成立初期涉外经济领域的主要思想和政策主张》，《中国井冈山干部学院学报》2022年第4期。
③ 刘晓泉、吴焱军：《新中国中央和地方财政关系探析（1949—1959年）》，《当代中国史研究》2022年第4期。

通产销情况，扩大了土特产品销路，增加了农民收入，提高了农民购买力，活跃了城乡经济。①

舒磊考察了城市人民公社的财务工作，认为按照中央财政政策的"放""收"变化，城市人民公社财务工作大体上经历了三个阶段：1958年12月到1960年2月，是中央宽松财政政策下获得大量财权的探索期；1960年2月到1962年初，是中央收紧财政政策下财务工作系统的完善期；1962年初到城市人民公社取消，是中央财政政策调整下的财务工作消亡期。②

葛玲考察了1953年统购统销政策在广东落地的过程：党中央决定实行统购统销时，华南分局在充分考虑广东粮情与粮市的基础上，提出暂缓执行的请求，但随后又很快作出与全国同步实行的决定。华南分局的态度转变并非基于对粮情与粮市的重新思考，而是对统购统销政策目标及中央决策背景再理解的结果。统购统销有着应对粮食紧张和服务过渡时期总路线的多重目标，这为地方的政策执行留下了调整空间，使华南分局能够在没有完成任务的情况下结束购粮，因为统购过程的政治动员比完成购粮数字更加重要。③

郭志炜从整肃赋税征收秩序切入，以山东省东平县刘所村为例，分析了新中国成立初期农业税征收对乡村社会的影响。土地改革完成后，中国共产党通过清查地亩、评定土地产量、确定农业税征收办法掌握了全国土地资源。这不仅有利于市场要素的流通和对乡村社会的管理，还为政权的稳固和持续提供了基础。新的乡村政权成立后，中共用运动式治理模式消解了征税过程中的"经纪模式"，克服了政权的"内卷化"。与此同时，政府对乡村资源的汲取能力大大加强。20世纪50年代初期"走向传统"的农业税政策是一个阶段性产物，它为合作化的全面推进奠定了基础，是农村向集体化转化不可或缺的环节。④

林超超考察了20世纪50年代的职工储蓄动员，认为1949年以后，为了早日向工业国转变，国家选择了高投入、高积累的工业化发展战略，并通过计划经济体制调整国民收入中积累和消费部分的比重，个体消费者的经济活动也因此被纳入国家计划的范畴。储蓄作为一种延期消费，具有调节货币流通、推迟社会购买力、增加生产建设资金的作用。为此，国家加大了对城市居民特别是职工储蓄的推广力度。对银行储蓄的大力提倡和动员，成为国家调整积累与消费关系的重要手段，同时它也在无形中改造了民众传统的经济生活方式和消费习

---

① 常明明：《新中国成立初期农村土特产品购销探析》，《当代中国史研究》2022年第3期。
② 舒磊：《中央"放""收"财政政策与城市人民公社财务工作研究》，《党史研究与教学》2022年第4期。
③ 葛玲：《一九五三年统购统销政策在广东的落地及影响》，《中共党史研究》2022年第5期。
④ 郭志炜：《二十世纪五十年代初期的农业税征收与乡村社会——以山东省东平县刘所村为例》，《中共党史研究》2022年第1期。

惯。根植于传统"熟人社会"的民间借贷具有强大的生命力，成为现代国家推广银行储蓄的一大阻力。在这种情况下，互助储金会等新型的互助互济组织应运而生，承担着将职工从民间信贷导向银行储蓄的历史功能。①

如何评判计划经济史是经济史的一个重要课题。2022 年 3 月 13 日，当代中国研究所经济史研究室、南开大学和富研究中心、天津市和富文化发展基金会联合举办了中国计划经济史再认识学术研讨会。与会 30 余位专家学者围绕计划经济的概念及历史逻辑、李富春与中国的计划经济管理、新时期如何审视计划经济、举国体制等四个方面的问题展开讨论，并讨论了需要继续深化研究的方向和问题。

6. 三线建设研究

近年来，三线建设研究成为学界的研究热点，逐渐形成了三个重点研究方向。一是工业方向，研究三线建设中的工业建设、工业布局等问题；二是地区经济发展方向，研究三线建设对三线地区、三线城市经济发展的影响；三是小三线建设方向。② 2022 年，三线建设研究在三个方向上均取得新的进展。

在工业方向上，探讨了三线工业企业建设和三线铁路建设的相关问题。郑有贵以攀枝花钢铁生产基地为例梳理了嵌入式开展三线建设的历史逻辑，探讨了为什么要在没有工业基础、地处西部大山深处的攀枝花嵌入式建设大型钢铁生产基地；如何嵌入式建设攀枝花钢铁生产基地；为什么能够建成、为什么改革开放后攀枝花钢铁生产基地能够持续发展等问题。攀枝花钢铁生产基地建设及转型发展的实践表明，落后而又交通不便的攀枝花之所以能够突破循环累积因果逻辑，根本在于充分发挥了国家制度和国家治理体系具有的"坚持全国一盘棋，调动各方面积极性，集中力量办大事"的显著优势；脱离中国通过 70 多年建设改变弱势地位的事实，只是基于某一理论抽象地讨论政府和市场的关系，就难以解释改革开放前后两个时期在处理政府和市场关系上发生重大变化的历史现象，还有可能陷入用改革开放以来的历史否定改革开放之前历史的认识逻辑，对新中国实现跨越发展的成功经验也就难以形成共识。③ 崔一楠梳理了第一家内迁重庆的三线建设企业浦陵机器厂迁建的实施过程，并对其利弊得失进行了分析。为了迅速建成投产，中央部委、地方党委、政府和企业构建起统一联动的作战体系，开展设计革命，建筑施工中坚持破旧立新，在物资供给上做到了多部门同

---

① 林超超：《20 世纪 50 年代的职工储蓄动员与现代国家建设》，《中国经济史研究》2022 年第 1 期。
② 陆婷：《三线建设研究三十年变迁：现状、热点与趋势——基于文献计量与定性分析方法》，《江苏大学学报（社会科学版）》2022 年第 6 期。
③ 郑有贵：《嵌入式开展三线建设的历史逻辑和转型发展——以攀枝花钢铁生产基地为例》，《当代经济研究》2022 年第 8 期。

频共振，处理工农关系时注重互惠互利，实现了内迁企业与当地经济发展的良性互动。① 黄华平以西南铁路大会战为例，探讨了三线铁路建设中的大会战模式，并考察了三线建设中党和政府发展铁路桥隧工程技术的路径，取得的主要成就，及其产生的影响。在此次大会战中，党和政府设立了专门的铁路建设管理机构统一指挥工程建设，发动了数十万筑路工人协同修筑铁路，组织了沿线地方政府开展支援铁路建设工作，并运用思想武器鼓舞筑路队伍士气。同时，为攻克铁路建设中的技术难题，还开展了设计与工程技术革命。党和政府通过大会战的模式，快速推进了西南铁路建设，成功修建了成昆、襄渝、阳安、焦枝和枝柳等一批三线铁路，不仅在新中国铁路建设史上具有重要意义，而且为21世纪中西部开发奠定了交通基础，是特定历史条件下党和政府建设铁路的成功实践。②

在地区经济发展方向上，王鑫等运用量化分析方法研究了三线建设对地区经济发展的长期影响。研究发现，三线建设对地区长期经济绩效有正向影响，不过该效应随着时间的推移逐渐减弱。③ 周明长分析了东北对四川三线建设城市嵌入式支援的成效，指出在三线建设时期，东北先后向四川省内迁或援建企事业单位70余个、人员30余万。在东北工业化核心资源嵌入之际，国家在宏观上以重庆、成都、自贡、渡口为中心采取"大分散"布局，在微观上以10个小城市和20余个城镇为依托进行"小集中"布点，使四川数十个受援的城市、城镇获得了新的发展资源。一部分老的城市和城镇借此资源得到了长足发展，同时还建成了新的渡口市和一批新的工矿城镇。这种嵌入式运作，在强力推动四川城市布局和经济地图巨变之际，对四川和东北的后续发展带来了重要影响。④ 周明长研究了四川省江油县三线建设的成效及意义。江油县先有"694项目"布点兴建，后有国家三线建设投资近15亿元，成为全国三线建设最重要的县域之一，跃入全国三线建设所"形成45个以重大产品为主的专业生产科研基地和30余个各具特色的新兴工业城市"之列，为改革开放后持续发展壮大奠定了坚实基础。⑤

在小三线建设方向上，徐有威等对后小三线建设时代的安徽企业发展情况进行了梳理，并以池州为例考察了后小三线建设时代的成功转型。在人才、资金、技术等短缺的情况下，安徽按照"调整、改造、发挥作用"的方针，从地方资源、市场和技术、生产条件出发，

---

① 崔一楠：《三线建设时期沪厂迁渝个案研究——以浦陵机器厂为例》，《学术界》2022年第1期。
② 黄华平：《三线铁路建设模式探析——以西南铁路大会战为例》，《当代中国史研究》2022年第2期；黄华平：《三线建设与铁路桥隧工程技术发展》，《学术界》2022年第1期。
③ 王鑫、李阳、庞浩、文传浩：《三线建设的地区经济效应：历史逻辑与实证检验》，《中国经济史研究》2022年第5期。
④ 周明长：《嵌入式运作：东北对四川三线建设城市的支援》，《江淮论坛》2022年第1期。
⑤ 周明长：《三线建设时期中国内陆农业县域现代化研究——以四川省江油县为例》，《宁夏社会科学》2022年第5期。

采取对口接收、横向联营和资产重组等方式，对原上海小三线企业的国有资产和机器设备进行了合理的配置与利用，使之在推动地方经济发展上发挥了重要作用，成为后小三线建设时代成功转型的范例。①

三、总结

2022 年，当代中国经济史研究成果丰硕，对新中国经济发展历程、成就与经验的研究总结不断走向深入。宏观层面，学者们将当代中国经济史放到中国共产党领导人民探索现代化道路的进程中进行考察，积极推动叙事框架的创新发展，从大历史观出发阐释新中国经济发展成就以及重大事件的历史意义。微观层面上，学者们持续挖掘整理新史料，产出丰富的案例研究成果，并注重阐述其与宏观历史进程的关系。学术成果影响力逐步提升，《中国经济这十年（2012—2022）》入选中宣部2022年主题出版重点出版物选题、2022年经典中国国际出版工程和丝路书香工程，《谱写发展奇迹：新中国重大经济成就精讲》②和《百年"三农"：中国共产党解决"三农"问题的战略维度和实现路径》分别入选、入围2022年度"中国好书"，受到广泛好评。

可以看到，中国式现代化理论的提出，已经对当代中国经济史研究产生了重要影响。未来，学界应从多方面入手，推进中国式现代化视域下的当代中国经济史研究，以促进当代中国经济史学科体系、学术体系、话语体系建设。

第一，促进不同学科理论与方法的融合。当代中国经济史研究已成为历史学、经济学和马克思主义中国化时代化等研究的交汇点，但目前在某种程度上还存在着不同学科的学者在理论和方法上的各自为政。这对于学科发展和学术创新是不利的。中国式现代化是历史、理论和实践的有机统一，为当代中国经济史提供了一个整体性的叙事框架。一方面，推进中国式现代化视域下的当代中国经济史研究，要求不同学科在理论和方法上进行有机融合。另一方面，中国式现代化理论的提出，也为学界提供了共同的问题意识，能够成为不同学科融合的"融点"。要加强当代中国经济史的理论与方法研究，以及增加以中国式现代化为主题的学术交流和协同研究，为多学科融合发展创造有利条件。

第二，加强重点课题研究。比如，加强中国式现代化视域下的新中国工业化道路研究。工业化是各国现代化的共同特征，而各国实现工业化的道路又因经济、政治、文化、社会、自然条件等方面的差异而体现出各自的特色。新中国工业化道路体现了中国式现代化道路共

---

① 张胜、徐有威：《后小三线建设时代的安徽企业发展研究》，《江淮论坛》2022年第1期；李云、徐有威：《后小三线建设时代的企业与地方经济——以安徽池州为例》，《学术界》2022年第1期。
② 贺耀敏：《谱写发展奇迹：新中国重大经济成就精讲》，安徽人民出版社2022年版。

性与特性的有机统一，应当成为中国式现代化研究中的重要课题。推进这项课题的研究，是当代中国经济史学者的责任。新中国工业化道路研究已经积累了丰富的研究成果，新中国工业史研究近年来也在不断推进。下一步，要从中国式现代化道路的高度对新中国工业化道路进行审视和考察，而且要注重与西方各国工业化道路进行比较。再比如，加强中国式现代化视域下的五年规划（计划）研究。制定和实施五年规划（计划）是中国推进社会主义现代化建设的基本方式，是中国共产党治国理政的重要方式，也是解码中国式现代化的重要因素。制定和实施五年规划（计划）几乎贯穿新中国的历史，是研究当代中国经济史的重要维度。目前，五年规划（计划）研究积累了丰富的研究成果，亟待在中国式现代化视域下进行整合。

第三，推动学界在话语体系建设方面形成更多共识。目前，中国经济史学界在构建中国特色的经济史话语体系方面已取得积极进展，学者们普遍认为现代化是当今世界不可逆转的发展潮流，是经济史研究的题中应有之义。[①] 可见，在中国式现代化视域下推进中国经济史研究，特别是当代中国经济史研究，有望促进学界在中国特色的经济史话语体系构建方面形成更多共识。要加强中国式现代化视域下新中国经济史的整体性研究，在此基础上注重概念体系的提炼和构建，并积极促进与国内外学者的交流研讨，推动形成更多共识。

（执笔：当代中国研究所　贾子尧）

[①] 魏明孔：《坚持改革开放主旋律：近年来中国经济史研究的成就与展望》，《中国经济史研究》2022年第4期。

2022 年度当代中国文化史研究综述

习近平新时代中国特色社会主义思想是当代中国文化史研究的指导思想和研究重点,党的第三个历史决议和党的二十大报告,为文化史研究提供基本遵循和主攻方向。习近平新时代中国特色社会主义思想,新时代文化建设的历史性成就和变革,"两个结合"尤其是"第二个结合"的历史经验,中国式现代化的文化底蕴及特征,中国特色社会主义文化制度建设,文化治理体系和文化治理现代化历程等重点热点议题,以及文化史各领域研究都取得积极进展。

一、2022 年度当代中国文化史研究总体概况

习近平总书记在《复兴文库》序言中指出,"修史立典,存史启智,以文化人,这是中华民族延续几千年的一个传统。"[①] 当代中国文化史研究始终坚持正确政治方向,坚持历史唯物主义,以马克思主义中国化时代化最新成果为指导,贯通历史与现实、理论与实践,牢牢把握文化建设与改革发展史的主题主线、主流本质。

习近平关于文化建设重要论述不断丰富,为当代中国文化史研究提供理论指导和思想指南。《习近平谈治国理政》已出版 4 卷、37 个语种版本,发行覆盖全球 170 多个国家和地区,成为国际社会了解中国、读懂中国的重要思想窗口。中共中央党史和文献研究院编辑出版的《习近平关于社会主义精神文明建设论述摘编》,深刻揭示了社会主义精神文明建设的特点规律,丰富和发展了党关于社会主义精神文明建设的科学理论,是指导当代中国文化史研究的强大思想武器。以中华民族伟大复兴为主题、以思想史为基本线索的《复兴文库》出版发行,对坚定历史自信、把握时代大势、走好中国道路,以中国式现代化推进中华民族伟大复兴具有十分重要的意义。中共中央宣传部组织编写的《中国共产党宣传工作简史》,记录了一百年来党的宣传思想工作服务党和人民事业发展的伟大历程和重大成就,充分反映党的十八大以来以习近平同志为核心的党中央领导宣传工作取得的历史性成就和发生的历史性变革,为学习研究党的宣传史提供了丰富材料。

一年来,以党的文化创新理论指导总结新时代社会主义文化强国建设的系列成果呈现。

---

① 习近平:《在复兴之路上坚定前行——〈复兴文库〉序言》,《人民日报》2022 年 9 月 27 日。

北京展览馆"奋进新时代"主题成就展，中央和地方层面举办的"中国这十年"系列主题新闻发布会，电视剧《我们这十年》、纪录片《这十年·幸福中国》、综艺《这十年·追光者》等，生动演绎了新时代十年文化建设的伟大变革。以中国国家版本馆开馆、中华文明探源工程和"考古中国"重大项目发布、首届全民阅读大会召开等为契机，全面梳理总结了文脉传承、书香中国活动所取得的丰硕成果。2022年世界互联网大会乌镇峰会、第五届中非媒体合作论坛、第五届"阿拉伯艺术节"、"一带一路"新闻合作联盟第二届理事会等活动，既密切了人文交流，也总结了文明交流互鉴的成就与经验，为增强国家文化软实力助力。

学术界以习近平新时代中国特色社会主义思想为指导，紧扣文化建设实践发展，阐释党的创新理论历史演进，拓展研究视角，挖掘新鲜史料，推动当代中国文化史研究取得新进展。在习近平新时代中国特色社会主义思想的文化内涵研究方面，学术界集中阐述"中华文化和中国精神的时代精华"这个重大论断，阐述习近平新时代中国特色社会主义思想和"两个结合"的关系，"第二个结合"的丰富内涵，"两个结合"与谱写马克思主义中国化时代化新篇章的关系；在中国式现代化研究方面，重点阐述中国式现代化是精神生活共同富裕的现代化，中国式现代化是物质文明和精神文明相协调的现代化；在深化习近平关于新时代社会主义文化建设思想研究方面，重点在推进文化自信自强研究，确立和坚持马克思主义在意识形态领域指导地位的根本制度研究；在中国共产党人精神谱系研究等方面，推进了新时代党的文化理论和建设的整体研究；在新时代十年文化建设若干领域的历史性成就和变革研究方面，系统回顾意识形态领域形势发生全局性根本性转变，社会主义核心价值观引领文化建设成就与经验，国家文化软实力和中华文化影响力明显提升的经验等，这些前沿热点议题不断增强当代中国文化史学科的主体性和学术思想性。同时，中国文化发展道路专题研究稳步推进，出版史学科得到加强，新闻传播史趋于深入，哲学社会科学史聚焦"三大体系"建设和建构中国自主知识体系，文艺史研究注重加强史观建设，文化事业和文化产业史的跨学科特点凸显，教育史、科技史、人才史、体育史等相关领域都取得新进展。此外，国家文化数字化建设史、国家文化工程史、国家文化治理史等新兴领域的研究成果，拓展了文化史研究的新场域。

代表性学者如下。欧阳雪梅，当代中国研究所文化史研究室主任，研究员、博士生导师。2022年著有《中国特色社会主义文化制度建设》（第一作者），由河北人民出版社出版，并入选2022年度国家出版基金资助项目、"十四五"时期国家重点出版物出版专项规划项目成果。主编《新时代的文化建设》，由当代中国出版社、重庆出版社出版，为2022年主题出版重点出版物《新时代这十年》丛书之一。著作《当代中国文化》（法文版、西班牙文版、阿拉伯文版），入选国家出版基金项目成果。在《人民日报》《当代中国史研究》

《红旗文稿》等报刊发表论文多篇。其中在《人民日报》发表的《用根本制度保障文化建设》，被人民网、光明网、中国经济网、中国网等主流网站转载。

沈壮海，武汉大学党委副书记，马克思主义学院教授、博士生导师。著有《新编思想政治教育学原理》，由中国人民大学出版社出版。著有《学习习近平总书记关于思想政治理论课建设的重要论述》《"中华文化时代精华论"的三维解读》《铸就社会主义文化新辉煌——学习习近平关于文化创新重要论述》等，其中在《人民日报》发表的《推进文化自信自强》，被求是网、人民网、光明网等主流网站转载。

郝立新，中国人民大学明德书院院长，教授、博士生导师。著有《中国现代化进程中的价值选择》，由中国人民大学出版社出版。著有《物质文明和精神文明协调发展的中国式现代化》《当代中国马克思主义的文化意涵》《共同富裕与人的发展的关系之辨》等等。

二、2022年度当代中国文化史研究理论热点与前沿动态

本年度，以习近平新时代中国特色社会主义思想为指导，以党的第三个历史决议和党的二十大报告为遵循，文化史学科在习近平新时代中国特色社会主义思想的文化内涵、中国式现代化的文化底蕴及特征、新时代党的文化建设理论和实践的整体研究、新时代十年文化建设重点领域的历史性成就和变革等方面取得积极进展。

（一）习近平新时代中国特色社会主义思想的文化内涵

党的十九届六中全会提出习近平新时代中国特色社会主义思想是"中华文化和中国精神的时代精华"。这一重大论断成为文化史研究的重点。

集中阐述"中华文化和中国精神的时代精华"这一重大论断。学界一致认为，这一重大论断具有多重维度的深远意义，并主要从哲学[1]、历史[2]、中华优秀传统文化[3]和创立者所处的"红色文化场域"[4]等视角探讨这一重大论断的生成逻辑、立论依据、理论定位、实践基础和时代价值。石泰峰认为，习近平新时代中国特色社会主义思想，推动中国特色社会主义与中华文明在制度文化、精神理念层面深度融合，使马克思主义焕发出中华文化和中国精神的时代光彩。[5] 沈壮海指出，习近平新时代中国特色社会主义思想之所以是中华文化的时

---

[1] 王立胜：《"两创""两个结合""时代精华"：构建中华新文化的基本原则、基本路径、指导思想》，《马克思主义哲学》2022年第3期；杨增崇：《中华文化和中国精神的时代精华的科学蕴意》，《北京师范大学学报（社会科学版）》2022年第1期。
[2] 管宁：《中华文化沃土孕育的时代精华——当代中国马克思主义的文化境界》，《福建论坛（人文社会科学版）》2022年第2期。
[3] 刘仓、岳骁：《中华文化和中国精神的时代精华》，《高校马克思主义理论研究》2022年第1期。
[4] 贺新元：《中华文化和中国精神的时代精华》，《新湘评论》2022年第15期。
[5] 石泰峰：《中华文化和中国精神的时代精华》，《人民日报》2022年6月13日。

代精华，在于其是中华文化精神在当今时代的最新发展、集中体现，是当今时代中华文化的精髓所在、灵魂所在、核心所在；之所以成为中华文化的时代精华，在于以习近平同志为主要代表的中国共产党人坚持高度的文化自觉、文化自信与文化使命意识，坚持在马克思主义与中华优秀传统文化相结合中推进中华优秀传统文化创造性转化、创新性发展，推动新时代中华文化向新而行、创造了中华文明的新气象、创造了人类文明新形态。① 郝立新强调，其丰富的文化意涵主要体现在始终坚持文化自信，深刻揭示中华民族伟大复兴的文化基础和精神支撑，生动体现马克思主义基本原理同中华优秀传统文化的深度结合，充分彰显中国精神在新时代的重要价值，从而在马克思主义发展史特别是马克思主义中国化进程中作出了原创性贡献。② 持续深化对"中华文化和中国精神的时代精华"重大议题的研究，是基于中华文明发展史的大历史观推进学科拓宽理论视角、提升历史高度的必由之路，对于学科的未来发展和定位具有重大意义。

阐述习近平新时代中国特色社会主义思想和"两个结合"的关系方面。习近平新时代中国特色社会主义思想是在推进"两个结合"中形成的，是坚持"两个结合"的光辉典范。③ 学界着重从原创性贡献和方法论基础等角度把握习近平新时代中国特色社会主义思想与"两个结合"的关系。黄凯锋认为，"两个结合"是习近平新时代中国特色社会主义思想的原创性论断，也是这一思想继续发展创新的内在根据，更是新时代坚持和发展中国特色社会主义、建设社会主义现代化强国、建设长期执政的马克思主义政党的方法论基础。④ 田心铭强调，习近平提出把马克思主义基本原理同中华优秀传统文化相结合，是在总结百年来"结合"探索丰富经验基础上实现的又一次飞跃，使党的"结合"理论、"结合"原则发展成为"两个结合"。坚持"两个结合"是创立习近平新时代中国特色社会主义思想的根本途径；习近平新时代中国特色社会主义思想是坚持"两个结合"的根本成就。⑤ 孙业礼指出，党的二十大报告展开论述了"两个结合"，深化了我们党对坚持和发展马克思主义的规律性认识，是我们理解和把握习近平新时代中国特色社会主义思想的关键。⑥ 刘仓认为，拓展"两个结合"的实践路径，要以习近平新时代中国特色社会主义思想为指导，坚持以"四个

---

① 沈壮海：《"中华文化时代精华论"的三维解读》，《马克思主义理论学科研究》2022年第8期。
② 郝立新：《当代中国马克思主义的文化意涵》，《中国高校社会科学》2022年第4期。
③ 中共中央党史和文献研究院院务会理论学习中心组：《开辟马克思主义中国化时代化新境界》，《求是》2022年第22期。
④ 黄凯锋：《"两个结合"与习近平新时代中国特色社会主义思想的原创性贡献》，《社会科学》2022年第4期。
⑤ 田心铭：《从"结合"的探索到"两个结合"原则的确立》，《政治学研究》2022年第6期。
⑥ 张研、董博婷：《"夺取新时代中国特色社会主义新胜利的政治宣言和行动纲领"——中共中央举行新闻发布会解读党的二十大报告》，《人民日报》2022年10月25日。

之问"为导向,以未来五年发展目标为抓手,推进"两创"进程,推动理论创造的与时俱进和中华文明的升级换代。①

探析"第二个结合"的丰富内涵方面。马克思主义思想精髓同中华文化思想精华相贯通,中华文化中的宇宙观、社会观、道德观等同科学社会主义的价值观主张高度契合。黄坤明②、欧阳淞③认为,习近平新时代中国特色社会主义思想把马克思主义的思想精髓与中华优秀传统文化的精神特质融会贯通起来,成为中华优秀传统文化创造性转化、创新性发展的生动典范。曲青山认为,马克思主义激活了中华优秀传统文化的生命力,中华优秀传统文化为马克思主义在中国生根发芽、开花结果提供了文化沃土。④ 杨增崒等认为,这一新论断既在静态上找准了中华优秀传统文化的基本属性与当代价值,实现了中国共产党传统文化观重大创新,又在动态上明确了马克思主义中国化时代化的必要前提条件,指明了开辟马克思主义中国化时代化新境界的历史基础和文化资源。⑤

阐释"两个结合"与谱写马克思主义中国化时代化新篇章方面。习近平在河南安阳考察殷墟时指出:"中华优秀传统文化是我们党创新理论的'根',我们推进马克思主义中国化时代化的根本途径是'两个结合'。"⑥ 李毅指出,从"一个结合"到"两个结合",是中国共产党发展历程的反映,更是其思想丰富发展的标志。强调"两个结合",这是新时代中国特色社会主义的原创性贡献,开辟了马克思主义中国化时代化的新境界。⑦ 李宏伟认为,"两个结合"作为新时代推进马克思主义中国化时代化的原创性方法论,既具有极强的宏观性、示范性和保障性,是习近平新时代中国特色社会主义思想的有机组成部分,又在具体运用中丰富发展了习近平新时代中国特色社会主义思想,为马克思主义在当代中国的发展创新、21 世纪的东方传播与创新提供强大支撑。⑧ 田培炎认为,"两个结合"是回答时代和实

---

① 刘仓:《"两个结合"的丰富内涵、时代价值和实践路径》,《高校马克思主义理论研究》2022 年第 4 期。
② 黄坤明:《习近平新时代中国特色社会主义思想实现了马克思主义中国化新的飞跃》,《党建研究》2022 年第 1 期。
③ 欧阳淞:《习近平新时代中国特色社会主义思想是中华文化和中国精神的时代精华》,《百年潮》2022 年第 7 期。
④ 曲青山:《开辟马克思主义中国化时代化新境界》,《人民日报》2022 年 11 月 28 日。
⑤ 杨增崒、范嘉祥:《中华优秀传统文化同科学社会主义价值观主张的高度契合析论》,《北华大学学报(社会科学版)》2022 年第 6 期。
⑥ 鞠鹏:《习近平在陕西延安和河南安阳考察时强调 全面推进乡村振兴 为实现农业农村现代化而不懈奋斗》,《人民日报》2022 年 10 月 29 日。
⑦ 李毅:《从"一个结合"到"两个结合"不断开辟马克思主义中国化时代化新境界》,《马克思主义研究》2022 年第 12 期。
⑧ 李宏伟:《论"两个结合"对推动马克思主义中国化时代化的方法论创新》,《马克思主义研究》2022 年第 12 期。

践问题,是推进马克思主义中国化时代化的根本途径。①

(二)中国式现代化的文化底蕴及特征研究

在"中国式现代化是全体人民共同富裕的现代化"基础上,阐述中国式现代化是精神生活共同富裕的现代化方面。郝立新等以中国现代化进程中的价值问题和价值选择为研究对象,阐释中国现代化的价值目标、价值理念、价值基础以及实现价值目标的路径。② 中国式现代化包含全体人民的、全面的、共建共享共创的、渐进式的精神生活共同富裕。③ 学者阐释精神生活共同富裕的生成逻辑、内涵特征和实现路径④,阐释精神生活共同富裕的发轫逻辑、认知结构和实践进路。⑤ 欧阳雪梅强调,人民精神世界需要通过文化建设来构造。在新的历史起点上,文化建设必须高扬思想旗帜、强化价值引领、激发奋斗精神,建设中华民族共有精神家园,推进文化铸魂,增强中华民族的凝聚力、向心力、创造力,以中华文化繁荣兴盛为全面建成社会主义现代化强国、推进中华民族伟大复兴提供更为主动、更为强大的精神力量。⑥ 颜晓峰认为,精神生活共同富裕与物质生活共同富裕,既有共性的内容,也有特殊的内涵。要建设两个文明协调的现代化,完善人民群众物质生活和精神生活都富裕的制度保障。⑦ 王友建指出,丰富人民精神世界是推进精神生活共同富裕的基本向度、"人的现代化"中国式建构的题中之义,也是实现中华民族伟大复兴的内在要求。⑧ 傅才武等提出了精神生活共同富裕的基本内涵与指标体系。⑨ 刘影提出,推进精神生活共同富裕的文化建设路径,应强化社会主义核心价值观的引领,提高思想道德教育水平,加强精神文明宣传,完善公共文化服务体系等,以满足人的精神需要、丰富人的精神生活、提升人的精神境界。⑩

集中阐释中国式现代化是物质文明和精神文明相协调的现代化方面。物质贫困不是社会主义,精神贫乏也不是社会主义。党历来重视"两个文明"协同推进。李正华强调"改革

---

① 田培炎:《推进马克思主义中国化时代化 必须坚持"两个结合"》,《光明日报》2022年11月2日。
② 郝立新等:《中国现代化进程中的价值选择》,中国人民大学出版社2022年版。
③ 燕连福:《习近平关于精神生活共同富裕重要论述的生成逻辑、核心要义和实践路径》,《思想战线》2022年第5期。
④ 马振清、毛玉娟:《促进人民精神生活共同富裕:时代背景、目标要求与实践路径》,《毛泽东研究》2022年第5期;孙海燕:《精神生活共同富裕的生成逻辑、内涵特征及实现路径》,《甘肃理论学刊》2022年第5期。
⑤ 刘旭雯:《精神生活共同富裕:发轫逻辑、认知结构和实践进路》,《南昌大学学报(人文社会科学版)》2022年第6期。
⑥ 欧阳雪梅:《大力发展社会主义先进文化 丰富人民精神世界》,《当代中国史研究》2022年第6期。
⑦ 颜晓峰:《促进人民精神生活共同富裕》,《人民论坛》2022年第22期。
⑧ 王友建:《丰富人民精神世界的时代内涵与实践进路》,《南京社会科学》2022年第12期。
⑨ 傅才武、高为:《精神生活共同富裕的基本内涵与指标体系》,《山东大学学报(哲学社会科学版)》2022年第3期。
⑩ 刘影:《论精神生活共同富裕与人的全面发展》,《世界社会主义研究》2022年第10期。

开放后，党坚持物质文明和精神文明两手抓、两手硬，推动社会主义文化繁荣发展，振奋了民族精神，凝聚了民族力量。"① 学界注重从中国式现代化进程中物质文明和精神文明相协调的特征，阐释丰富人民精神世界的内涵。郝立新指出，丰富人民精神世界和实现人的全面发展是科学社会主义理论与实践的价值目标，是新时代中国式现代化的本质要求。② 就"两个文明"在现代化进程中的辩证关系而言，陈金龙指出，物质文明是国家现代化的物质基础，精神文明是国家现代化的文化支撑，对于国家现代化而言，二者缺一不可。③ 欧阳雪梅强调，"两个文明"协调发展不是自发的，而需要自觉。④ 燕连福指出，与西方"串联式"现代化进程不同的是，中国式现代化是一个"并联式"的发展过程，不仅要求物质生活水平提高、家家仓廪实衣食足，而且要求同步发展精神文明，使得精神文化生活丰富、人人知礼节明荣辱，实现高质量、高水平的社会主义现代化发展。这就要求发展好中国式现代化，必须处理好物质文明和精神文明的关系问题。⑤ 学界普遍认为中国式现代化建立了与传统文化的协调适应关系。沈湘平指出，中国式现代化的重要"他者"是西方现代化的历史及其理论，其弊端是现代性与前现代性的断裂被夸大了，党开创的中国式现代化自觉传承和弘扬中华优秀传统文化，对现代化起到濡化、矫正、加魅的作用，在价值观上超越西方。⑥ 还有学者论述"两个文明"协调发展的本质要求、特征表现和主要路径⑦，物质文明与精神文明协调发展的理论根源⑧等问题。

中国式现代化与社会主义文化强国建设方面。范周认为，新时代新征程，以中国式现代化领航社会主义文化强国建设，既是中国共产党文化建设理论和实践探索的历史必然，也是实现中华民族伟大复兴的时代要求。系统总结文化强国建设的成功经验，深刻领会文化强国建设的使命任务和道路方向，对于完善中国特色社会主义事业总体布局，推进中国式现代化具有重要意义。⑨ 范玉刚强调，建设文化强国必须坚持中国共产党的领导，用好用足党领导

---

① 李正华：《中国式现代化的本质特征和根本保证》，《经济日报》2022年12月14日。
② 郝立新：《物质文明和精神文明协调发展的中国式现代化》，《中国人民大学学报》2022年第6期。
③ 陈金龙：《中国式现代化的探索历程、鲜明特征及重要意义——基于习近平相关重要论述的思考》，《党的文献》2022年第2期。
④ 佟欣雨：《让中华民族精神的大厦巍然耸立——对话中国社会科学院当代中国文化建设与发展史研究中心主任欧阳雪梅》，《解放军报》2022年12月1日。
⑤ 燕连福：《中国式现代化的历史演进、内涵扩展和未来指向》，《西北师大学报（社会科学版）》2022年第3期。
⑥ 沈湘平：《中国式现代化道路的传统文化根基》，《中国社会科学》2022年第8期。
⑦ 毛婷婷：《物质文明和精神文明相协调的中国式现代化论析》，《河北青年管理干部学院学报》2022年第6期。
⑧ 王淑芹：《中国式现代化：物质文明与精神文明协调发展的理论根源》，《道德与文明》2022年第6期。
⑨ 范周：《在文化强国建设中彰显中国式现代化的特色》，《人民论坛》2022年第22期。

人民创造的丰富革命文化资源和社会主义先进文化资源，使之深深融入社会主义新人的精神世界，不断汇聚新的精神力量。① 学界积极就此议题展开交流研讨。2022 年 10 月 30 日，中国行政体制改革研究会行政文化委员会等主办"推进中国式现代化 丰富人民精神世界——学习贯彻党的二十大精神研讨会"，专家学者一致认为，党的二十大报告将"丰富人民精神世界"作为中国式现代化的本质要求之一，把"人民精神文化生活更加丰富"作为未来五年全面建设社会主义现代化国家开局起步的关键时期的主要目标任务之一，为文化发展指明了方向。② 2022 年 12 月 9 日，中国社会科学院当代中国文化建设与发展史研究中心组织线上研讨会，就"中国式现代化与社会主义文化强国建设"的基本理论和前沿议题组织专家学者交流研讨。

国外专家学者高度肯定中国式现代化的文化内涵方面。英国学者基思·贝内特（Keith Bennett）认为，中国式现代化既注重物质文明，也注重人们的情感和精神福祉，在本质上区别于西方现代化模式。③ 美国学者菲利普·克莱顿（Philip Clayton）指出，一个有效的马克思主义"能把一个民族的历史传统、文化习俗和更深层次的道德观念作为这个民族的传统智慧，并加以接受。"④

（三）新时代党的文化建设理论和实践的研究

党的十八大以来，习近平围绕社会主义文化建设提出了一系列新思想新论断新战略，有力引领了新时代中国特色社会主义文化建设的生动实践，进一步丰富和发展了马克思主义文化理论。

习近平关于新时代社会主义文化建设思想研究方面。林建华指出，在中国化时代化的马克思主义发展的链条上，习近平新时代中国特色社会主义思想增添了全新的东西，对新时代党和国家事业发展、对推进中华民族伟大复兴历史进程具有决定性意义。⑤ 习近平新时代中国特色社会主义思想中关于文化建设的创新成果，在其整个科学体系中占有重要地位，凸显了创立者的文化情怀，对党的文化建设理论的创新发展作出了原创性贡献。胡和平指出："习近平总书记所作的党的二十大报告从国家发展、民族复兴高度，提出'推进文化自信自强，铸就社会主义文化新辉煌'的重大任务，就'繁荣发展文化事业和文化产业'作出部

---

① 范玉刚：《建设文化强国的底气》，《红旗文稿》2022 年第 4 期。
② 《"推进中国式现代化 丰富人民精神世界——学习贯彻党的二十大精神研讨会"举办》，人民网 2022 年 11 月 2 日，http://theory.people.com.cn/n1/2022/1102/c40531-32557513.html。
③ 杜鹃、许凤：《中国式现代化与西方现代化有"本质区别"——访英国 48 家集团俱乐部副主席基思·贝内特》，《新华每日电讯》2022 年 11 月 7 日。
④ 李世雁、王治河：《中国式现代化道路研究——克莱顿教授访谈》，《世界哲学》2022 年第 6 期。
⑤ 林建华：《马克思主义中国化时代化新境界》，《学习探索》2022 年第 12 期。

署安排，为做好新时代文化工作提供了根本遵循、指明了前进方向。"[1] 习近平新时代中国特色社会主义思想中关于文化建设的创新成果不断丰富和发展，学界研究也持续跟进，呈现出系统性、体系化的特征。欧阳雪梅主编的《新时代的文化建设》，从文化自信自强，建设具有强大凝聚力和引领力的社会主义意识形态、以核心价值观引领文化建设、推动文化事业和文化产业高质量发展、繁荣发展社会主义文艺、文化遗产保护、提高国家文化软实力和中华文化影响力等方面，全面系统地论述了新时代文化建设的理论、实践和成就。[2] 石云霞从形势论、定位论、本质论、内容论、文明论、方法论、领导论等七个方面，系统阐释了习近平关于新时代意识形态重要论述。[3] 广州市委宣传部、广州市社科联等组织编写《新时代精神文明建设研究丛书》，包含基础论、机制论、价值论、主体论、过程论、方法论等，全面研究阐释习近平关于精神文明建设的重要论述。[4]

推进文化自信自强研究方面。一个国家的现代化需要强大的物质力量，也需要强大的精神力量。党的二十大报告在以往强调的"增强文化自信"的基础上进一步提出"推进文化自信自强"的新取向、新理路，是我们党一以贯之运用意识的"反作用"的生动体现。李书磊强调，文化自信自强是实现中华民族伟大复兴的强大精神力量。[5] 秦宣指出，推进文化强国建设在全面建设社会主义现代化国家中的地位和作用举足轻重、不可替代，"文化贯穿于现代化建设全过程、各方面，融入经济、政治、社会、生态之中，为其他领域的现代化提供精神动力、智力支持和人才保障。"[6] 学界密切关注从"文化自信"到"文化自信自强"表述变化的历史递进。王一川认为，这是一次重要的话语调整，将文化自信与文化自强相并提，表明二者已经到了需要密切结合起来予以统筹规划的时候了。[7] 对于其内涵，张晶指出："自信，是对中华民族伟大的文化传统和灿烂成就的自信；自强，是基于自信基础上使新时代的中华文化成为民族复兴的强大力量，这也是新的百年奋斗目标的重要组成部分。"[8] 赵义良则强调推进文化自信自强有其前提，即理性思考文化的继承、借鉴、发展和弘扬，决不能切割或忽略中华文化立场来谈文化自信自强。[9] 还有学者论述了文化自信自强的战略意

---

[1] 胡和平：《繁荣发展文化事业和文化产业》，《人民日报》2022年12月28日。
[2] 欧阳雪梅主编：《新时代的文化建设》，当代中国出版社、重庆出版集团2022年版。
[3] 石云霞：《习近平关于新时代意识形态重要论述研究》，《马克思主义研究》2022年第8期。
[4] 罗明星、吴阳松等：《新时代精神文明建设研究丛书》，社会科学文献出版社2022年版。
[5] 李书磊：《增强实现中华民族伟大复兴的精神力量》，《人民日报》2022年11月10日。
[6] 秦宣：《推进社会主义文化强国建设的行动纲领》，《红旗文稿》2022年第22期。
[7] 王一川：《在文化自信自强中推动文艺发展》，《文艺报》2022年10月19日。
[8] 张晶：《以文艺评论推动文化自信自强》，《文艺报》2022年11月11日。
[9] 赵义良：《坚守中华文化立场 推进文化自信自强》，《前线》2022年第11期。

义、主要体现和发展路径。① 从"文化自信"到"文化自信自强",是中国共产党社会主义文化理论的重要发展,是对文化在中国式现代化进程中重要价值认识的深化和拓展,反映了中国共产党人高度的文化自觉和文化担当。

在确立和坚持马克思主义在意识形态领域指导地位的根本制度研究方面。意识形态是为国家立心、为民族立魂的工作。任何一个国家在推进现代化进程中,都需要一个占统摄地位、发挥引领功能的主导意识形态。这种主导意识形态,犹如旗帜和灵魂,发挥思想航向的价值。马克思主义是我们立党立国、兴党强国的根本指导思想,是社会主义意识形态的旗帜和灵魂,决定中国式现代化的思想方向。一些国家发生"颜色革命"的历史教训深刻警示我们,背离或放弃马克思主义,现代化成长就会陷入盲从、迷失方向,甚至走到亡党亡国的悲惨境地。因此,习近平总书记反复强调:"在坚持马克思主义指导地位这一根本问题上,我们必须坚定不移,任何时候任何情况下都不能有丝毫动摇。"② 李书磊指出:"坚持马克思主义在意识形态领域指导地位的根本制度,是中国特色社会主义制度的重要支撑,是坚持和加强党的全面领导的本质要求,是发展社会主义先进文化的有力保障。要把这一根本制度贯穿到文化建设各方面,体现到坚持正确的政治方向、舆论导向、价值取向上。"③ 张志丹等认为,马克思主义在意识形态领域指导地位作为一项根本制度确立,表明党对社会主义意识形态和文化建设的规律认识达到了新高度,彰显了中国特色社会主义的"制度自信"和"制度优势",并呈现出强大治理效能。④ 吴学琴认为,这一根本制度的首要任务是马克思主义中国化时代化、核心要求是马克思主义的宣传教育、重要资源是借鉴吸收各种优秀文化成果、关键举措是完善党领导下的文化教育体制、根本保障是夺取意识形态领域的主导权和话语权。⑤ 党的二十大报告深刻总结意识形态工作取得的成功经验,清醒判断意识形态领域存在的风险挑战,牢固坚持马克思主义在意识形态领域指导地位的根本制度,突出强调建设具有强大凝聚力和引领力的社会主义意识形态,牢牢掌握党对意识形态工作领导权,全面落实意识形态工作责任制,巩固壮大奋进新时代的主流思想舆论。

在中国共产党人精神谱系研究方面。2022年,学界关于伟大建党精神和中国共产党人精神谱系研究的热度继续上升,研究主题主要集中在伟大建党精神和中国共产党人精神谱系两个概念各自的生成逻辑、精髓要义、基本特征、价值地位和实践路径等方面,并深入到伟

---

① 付秀荣:《新时代着力推进社会主义文化自信自强》,《现代交际》2022年第11期。
② 习近平:《论中国共产党历史》,中央文献出版社2021年版,第122页。
③ 李书磊:《增强实现中华民族伟大复兴的精神力量》,《人民日报》2022年11月10日。
④ 张志丹、张尹:《定位与优势:坚持马克思主义在意识形态领域指导地位根本制度的哲学思考》,《思想理论教育导刊》2022年第1期。
⑤ 吴学琴:《坚持马克思主义在意识形态领域指导地位根本制度的发展与创新》,《马克思主义理论学科研究》2022年第8期。

大建党精神与中国共产党人精神谱系及其中的各种精神之间的逻辑关联研究。例如，有学者对中国共产党人精神谱系的形成原因、特征表现及现实价值进行了系统分析。① 还有学者指出，这一重大议题的形成，是党独立自主构建话语体系、掌握话语权的重要体现。② 就其精髓要义而言，王炳林等指出，纵观中国共产党人的精神谱系，理想信念、人民至上、爱国奉献、艰苦奋斗、求实创新是贯穿其中的精髓要义。③ 就中国共产党人精神谱系与伟大建党精神的关系而言，杨义芹认为，中国共产党人精神谱系是一个庞大的系统，伟大建党精神是中国共产党人精神谱系的源头和主线。④

总体而言，本年度文化史学科继续深化习近平新时代中国特色社会主义思想研究，对重点问题和具体论述的理解和阐释更加系统化、学理化，研究成果颇丰。但是，从整体上把握习近平新时代中国特色社会主义思想中关于文化建设创新成果的思想特质、内容结构、灵魂主线等方面的研究还不够充分和深入，学术体系建设仍需继续推进。

（四）新时代十年文化建设重点领域的历史性成就和变革

新时代十年，在以习近平同志为核心的党中央坚强领导下，宣传思想文化战线正本清源、守正创新，坚持以人民为中心的工作导向，扎实推进社会主义文化强国建设，精神文化产品供给质量明显提升，全党全国各族人民文化自信明显增强，全社会凝聚力向心力极大提升，我国意识形态领域形势发生全局性、根本性转变，为新时代开创党和国家事业新局面提供了思想保证、舆论支持、精神动力和文化条件。

意识形态领域形势发生全局性根本性转变研究方面。学界主要从基本依据、力量来源、基本维度等方面把握新时代十年我国意识形态领域形势发生的全局性、根本性转变。欧阳雪梅认为，党的十八大以来，党中央对意识形态工作的重要地位、根本任务、重点领域、领导权与管理权等重大问题作出系统阐述，增强了社会主义意识形态的凝聚力和引领力。⑤ 吴学琴认为，新时代意识形态话语强大凝聚力和引领力的力量来源是"两个确立"，其具有马克思主义的科学基础，符合国家治理体系和治理能力现代化的实践要求，因而得以实现制度性安排和法理性建构。⑥ 寇清杰等认为，党在战略创新、视野创新、理论创新和实践创新等基

---

① 刘海飞：《中国共产党人的精神谱系的形成原因、特征表现及现实价值》，《马克思主义研究》2022年第2期。
② 丁俊萍、梁杰皓：《伟大建党精神研究述论》，《思想政治工作研究》2022年第12期。
③ 王炳林、马雪梅：《弘扬以伟大建党精神为源头的中国共产党人精神谱系》，《中国青年社会科学》2022年第6期。
④ 杨义芹：《中国共产党人精神谱系的内在逻辑》，《道德与文明》2022年第6期。
⑤ 欧阳雪梅：《新时代我国意识形态领域发生的全局性根本性转变》，《毛泽东研究》2022年第4期。
⑥ 吴学琴：《"两个确立"是新时代意识形态话语强大凝聚力和引领力的力量之源》，《马克思主义研究》2022年第7期。

本维度，推动意识形态领域形势发生全局性、根本性转变。① 值得关注的是，青年学者对新时代十年意识形态工作的研究论著，从理论视角到语言风格都有新的变化，展现出社会主义意识形态研究的蓬勃生机。例如，张博认为新时代意识形态工作呈现出认识观念更新、思想理路创新、实践方略出新等鲜明特点。② 李晓阳从马克思主义感性实践论的视角，提出意识形态建设必须有效扎根以网络空间为载体的大众感性生活。③ 2022年12月3日，由中国社会科学院国家文化安全与意识形态建设研究中心等主办的"第四届习近平总书记关于意识形态重要论述论坛暨第二个百年新征程中国共产党意识形态建设研讨会"，深入总结中国共产党意识形态建设的历史经验，深入研究新时代党的意识形态建设理论问题。辛向阳强调，要从意识形态的角度认识中国式现代化，要坚持现代化建设动力和活力的社会主义意识形态属性，坚持新发展理念的社会主义意识形态属性，坚持现代化法治轨道的社会主义意识形态属性与要求，推进中国式现代化。④

社会主义核心价值观引领文化建设成就与经验研究方面。党的十八大以来，党中央坚持以社会主义核心价值观引领文化建设，把社会主义核心价值体系纳入新时代坚持和发展中国特色社会主义基本方略，注重把社会主义核心价值观融入社会发展各方面培根铸魂、凝心聚力。党的二十大报告进一步提出"广泛践行社会主义核心价值观"的新要求，围绕铸魂育人的根本任务作出一系列战略安排，各项部署更加全面和深入。可以看到，社会主义核心价值观从正式提出、培育践行到广泛践行，在理论和实践上回答了我们要建设什么样的国家、建设什么样的社会、培育什么样的公民的重大问题，积极引导人们追求高尚的道德理想，不断夯实中国式现代化的思想基础。学界从理论和实践的角度，回顾了新时代十年社会主义核心价值观引领文化建设各方面的成就与经验。在思想政治教育方面，沈壮海主编的《新编思想政治教育学原理》，在系统阐述了思想政治教育的科学内涵、本质特征、多维价值、存在形态等系列基本问题的同时，又阐述了思想政治教育的历史演进及实践展开。⑤ 王树荫等认为，党的十八大以来思想政治工作的制度安排日臻完善、实践活动丰富多彩，推动各行各业面貌焕然一新。⑥ 还有学者从制度优势教育⑦、

---

① 寇清杰、肖颖慧：《新时代中国共产党创新意识形态建设的基本维度》，《北方民族大学学报》2022年第6期。
② 张博：《新时代意识形态工作的理论创新研究》，中国社会科学出版社2022年版。
③ 李晓阳：《新时代中国主流意识形态的感性传播研究》，上海人民出版社2022年版。
④ 孙秀玲：《中国共产党意识形态建设基本经验与实践推进——"第四届习近平总书记关于意识形态重要论述论坛暨第二个百年新征程中国共产党意识形态建设研讨会"综述》，《马克思主义研究》2022年第12期。
⑤ 沈壮海主编：《新编思想政治教育学原理》，中国人民大学出版社2022年版。
⑥ 王树荫、王君：《党的十八大以来思想政治工作的历史性成就》，《思想理论教育》2022年第9期。
⑦ 李辉、林丹萍：《新时代中国特色社会主义制度优势教育的经验》，《北京工业大学学报（社会科学版）》2022年第5期。

高校思想政治教育①等具体领域进行回顾总结。在理想信念教育常态化制度化方面，学界主要对党员干部②、青年③等重要群体理想信念教育常态化制度化的成就与经验作以考察；在"四史"学习教育方面，学界主要将新时代十年的成功经验，放到党史④、新中国史⑤的大历史进程中去探寻其来源、比较其创新；在建立健全党和国家功勋荣誉表彰制度方面，刘拥锋等系统梳理了党的十八大以来的党内表彰制度体系，认为新时代党的表彰制度呈现出"系统性构建、体系化型塑"⑥的特点；在深化群众性精神文明创建与建设新时代文明实践中心方面，吴少进认为，新时代文明实践中心对加强思想政治引领、满足人民精神文化需求、密切党群干群关系、培育社会文明风尚具有独特作用，应充分认识其历史传承、现实境况、未来取向和战略定位。⑦ 总的来看，本年度研究有一定推进，但是与新时代十年社会主义核心价值观广泛传播的生动实践相比，学界对这一问题的关注和跟进还不够密切。

  国家文化软实力和中华文化影响力明显提升的经验研究方面。新时代十年，我国不断加强对外文化交流和多层次文明对话，积极构建多主体、立体化大外宣格局，推动文化交流互鉴，促进民心相通相融，推动国际话语权和影响力显著提升。积极推动中华优秀传统文化走出去。怎样对待本国传统文化，这是任何国家在实现现代化过程中都必须解决好的问题。传统文化与现代化既有对立性的面向，也有统一性的面向。创造性转化、创新性发展是新时代党的传统文化观的集中凝结，实践地推动传统文化与现代化达成协调适应的关系，扎深中国在世界文化激荡中站稳脚跟的根基。李新潮认为，"两创"以其独特的运行机理推动"中华优秀传统文化从原初状态转化发展到现代形态"⑧。石书臣等指出，我们党积极探索建立更大格局的弘扬中华优秀传统文化的方式方法，更加生动形象地讲述中华优秀传统文化和中国故事。⑨ 从推进国际传播能力建设到加强人文交流合作，习近平总书记积极推

---

  ① 朱国栋：《新时代十年高校思想政治工作的历史性成就与主要经验》，《学校党建与思想教育》2022年第21期。

  ② 李发立、王玉平：《党员干部理想信念教育制度化探索的历程与经验》，《学校党建与思想教育》2022年第3期。

  ③ 周宏军：《新时代青年理想信念教育常态化的伦理逻辑及其实践路径》，《伦理学研究》2022年第4期。

  ④ 王越芬、金英存：《中国共产党党史学习教育百年回望与经验启示》，《北京航空航天大学学报（社会科学版）》2022年第6期。

  ⑤ 刘杰、刘锦玉、杨昕：《新中国成立以来党史学习教育的历史考察》，《当代中国史研究》2021年第6期。

  ⑥ 刘拥锋、罗永宽：《中国共产党表彰制度的发展历程与逻辑演进》，《东北大学学报（社会科学版）》2022年第6期。

  ⑦ 吴少进：《新时代文明实践中心建设：历史传承、现实境况和未来取向》，《党政研究》2022年第5期。

  ⑧ 李新潮：《中华优秀传统文化创造性转化创新性发展的运行机理》，《理论学刊》2022年第2期。

  ⑨ 石书臣、韩笑：《中国共产党弘扬中华优秀传统文化的实践经验》，《郑州大学学报（哲学社会科学版）》2022年第3期。

动不同文明交流对话。赵可金认为，与西方国家强行推进"普世价值观"的路线不同，我国坚持文明交流互鉴，初步形成了"元首外交引领、高访带动、高级别机制示范、双多边结合、国内外统筹、中央地方联动、官方民间并举"的中外人文交流格局。① 达巍等认为，中国是世界少有的从国家战略高度谋划、由中央政府搭建全面人文交流机制的国家。特别是党的十八大以来，在顶层战略谋划的推动下，与我国建立人文交流机制的国家数量持续扩大，活动频率大幅增加，尤其是高级别人文交流的示范带动作用成效显著。② 其中，中非人文交流与合作取得的积极成效引人注目，已经成为夯实中非关系社会民意基础的重要支柱。③ 还有成果围绕习近平新时代中国特色社会主义思想的国际传播，全面、系统、有针对性地展示国际传播领域专家、学者的研究与思考。④ 李诗芹等认为，新征程上应当从四个方面不断增强中华文化传播力影响力：一是坚守中华文化立场，着力提炼展示中华文化的精神标识和文化精髓；二是加快构建中国话语体系，讲好中国故事、传播好中国声音；三是加强国际传播能力建设，全面提升国际传播效能；四是深化文明交流互鉴，推动中华文化更好走向世界。⑤

（五）中国文化发展道路专题研究稳步推进

百年来中国共产党领导文化建设的历史演展与理论品格方面。李凤亮从文化自觉、文化自信、文明创新三个方面，对中国共产党在不同时期建构文化认知、探索文化建设、推动文化繁荣的现象、原因及规律进行了探究，强调文化的自我觉醒、自我反思和自我创建是一个艰苦的探索过程和复杂的发展过程，指出百年党史为坚持文化自信赋予了价值底色、提供了精神支撑、注入了实践力量。⑥ 张国祚等认为，百年来党的文化建设思想既有形式变化，也有内涵变化。但这些与时俱进的发展变化始终在根本方向、根本保障、根本宗旨、根本方法上坚守着不变的原则。⑦ 邢红梅指出，党百年文化观的演进在历史、理论和实践三重逻辑上内在统一，形成了意识形态性、人民性、开放性和创新性的鲜明特质和理论品格。⑧

---

① 赵可金：《新文明观视域下的世界文明交流互鉴》，《当代世界》2022年第8期。
② 达巍、周武华：《人文交流：开创中国与世界关系的全新空间》，《神州学人》2022年第5期。
③ 中国非洲研究院：《大力促进中非人文交流和文明互鉴》，《红旗文稿》2022年第18期。
④ 于运全：《新时代治国理政对外传播研究》，外文出版社2022年版。
⑤ 李诗芹、张可荣、陈浩凯：《从软实力到影响力：社会主义文化强国建设机遇、挑战与战略举措》，《长沙理工大学学报（社会科学版）》2022年第6期。
⑥ 李凤亮：《从文化自觉、文化自信到文明创新——中国共产党百年征程的文化贡献探赜》，《中国高校社会科学》2022年第4期。
⑦ 张国祚、李哲：《中国共产党文化建设思想的"变"与"不变"》，《湖南大学学报（社会科学版）》2022年第6期。
⑧ 邢红梅：《中国共产党百年文化观的演进逻辑与理论品格》，《马克思主义研究》2022年第3期。

中国文化发展道路的百年探索方面。学界注重考查中国文化发展道路的核心问题。杨凤城对党百年来探索文化发展道路的演进逻辑进行了总结，指出党在延安时期形成对文化发展道路的自觉，新中国成立后坚持不懈探索，到 21 世纪明确提出"中国特色社会主义文化发展道路"的命题并进行系统阐释，对一元与多元，传统与现代，中国与外国，党和政府、市场与社会关系等核心问题的认识逐渐发展成熟。① 从党史、新中国史的大历史进程中总结文化制度建设的基本经验和规律性认识。欧阳雪梅、刘仓全面系统梳理了新中国成立以来我们党探索中国特色社会主义文化制度的主要脉络，分析了中国特色社会主义文化制度的基本结构，归纳总结其历史成就和经验教训。② 祁述裕对党领导中国文化制度建构的历程进行了系统回顾，总结了我国社会主义文化制度的四个突出特点，强调文化制度是影响文化发展的决定性因素之一，要把握好百年来形成的历史经验和启示。③ 2022 年第十九届北京大学文化产业新年论坛，紧扣"百年征程"与"当代使命"，以"文化基因与中国道路"为主题，从不同角度透视中华文化基因与中国现代化道路的深刻联系、演变轨迹、价值逻辑和融合模式。④

（六）文化史各领域研究的新进展

2022 年文化史学科研究对象不断丰富，学科布局不断完善，出版、新闻传播、哲学社会科学、文艺、文化事业与文化产业等领域的研究不断拓展。

出版学科得到加强。在新一轮全国学科目录调整中，中宣部、教育部和有关高校、出版界，深入研究新形势下出版学科建设的新方向、新路径，确定以共建方式加强出版学科。⑤ 2022 年 7 月 24 日，首届全国出版学科共建工作会在北京大学召开，会议强调要贯通政产学研用，加大支持力度，深化试点探索。首批参与共建的单位包括：北京大学和中国出版集团、北京师范大学和广东省委宣传部、华东师范大学和上海市委宣传部、四川大学和四川省委宣传部、北京印刷学院和中国出版协会。⑥ 学术成果方面，出版通史研究取得新成果。万安伦系统梳理了新中国出版 70 年走过的辉煌旅程和不凡经历，全面总结了其取得的伟大成

---

① 杨凤城：《中国共产党对文化发展道路的百年理论探索》，《河北师范大学学报（哲学社会科学版）》2022 年第 5 期。
② 欧阳雪梅、刘仓：《中国特色社会主义文化制度建设》，河北人民出版社 2022 年版。
③ 祁述裕：《"变"与"不变"：百年中国文化制度建构历程及启示》，《山东大学学报（哲学社会科学版）》2022 年第 1 期。
④ 朱㐱、郑雨琦：《新发展格局：文化基因、中国道路与文化强国》，《福建论坛（人文社会科学版）》2022 年第 6 期。
⑤ 张建春：《锚定目标 汇聚合力 共创中国特色出版学科新局面》，《中国出版》2022 年第 23 期。
⑥ 《首届全国出版学科共建工作会召开》，《人民日报》2022 年 7 月 27 日。

就和经验启示。① 古籍整理出版通史研究取得新进展。王育红对新中国成立70多年来古籍整理出版的历史进程作以学术总结，划分为两个时期、五个阶段。该成果的亮点是对1949年以来中国古籍出版的数量进行了数据统计。② 此外，学界还对新中国古籍出版规划和"古籍小组"进行了历史考察③，为贯彻落实中办国办《关于推进新时代古籍工作的意见》积极提供学术支撑。

  在新闻传播史研究领域，学界拓展量化研究方法。学界重点对百年党报党刊建设的历史进程和基本经验作以系统回顾和考察④，对新中国70多年来各个历史时期的新闻业发展形态、新闻史研究特点和学科走向作以总结和评价⑤，而且对新闻史研究中尚未细致考察乃至尚未触及的问题进行较为深入的史料挖掘和描述。例如，聂励利用中外档案文献对1949—1958年中英两国关于新华社香港分社的交涉进行了细致的历史考察。⑥ 新闻史研究还在方法上积极寻求探索与创新。例如，韩景怡等采用文献计量法系统呈现了科技新闻的学术发展史。⑦ 齐辉等利用NetDraw等软件进行数据挖掘，建构了《向导》45篇通信文本文件的高频词频次表及共现关系图谱。⑧ 在传播史方面，学界重点关注研究视角变迁的问题。例如，赵雪波认为，传统的以媒介技术为衡量标准的传播史分期法，已难以适应全媒体和融媒体时代的要求，应从传播本体功能的角度实验性地提出一种新的分期法。⑨ 以定量研究方法建构知识图谱。例如，毛倩倩等基于CiteSpace软件的文献计量功能，通过关键词共现网络图、关键词聚类图以及突现词图，揭示中国文化走出去研究的发展趋势和理论动态。⑩

---

  ① 万安伦：《新中国出版研究》，高等教育出版社2022年版。
  ② 王育红：《中国古籍整理出版研究：1949—2021》，中国社会科学出版社2022年版。
  ③ 姜小青：《引领与推进：新中国古籍整理出版规划概览》，《中国出版史研究》2022年第1期。周杨、王琪：《新中国古籍工作体制机制的初步建立与第一届古籍小组成立始末》，《中国出版》2022年第9期；等等。
  ④ 黄春平、李萌：《报刊史中共产党报刊的百年书写历程、基本经验与当代启示》，《新闻与传播研究》2022年第9期。
  ⑤ 龙伟：《成为人民报纸：新中国上海报业的历史变革（1949—1953）》，社会科学文献出版社2022年版；等等；赵战花、赵泽鹏：《记忆重建：十七年时期的中国新闻史书写》，《国际新闻界》2022年第3期；黄春平、柏朝阳：《"十三五"以来的新闻传播史研究：成就、不足与展望》，《新闻春秋》2022年第1期；张涛甫、陈佳怡：《危机与转机：党的十九大以来中国新闻学研究的流变和走向》，《编辑之友》2022年第4期；等等。
  ⑥ 聂励：《中英两国关于新华社香港分社的交涉（1949—1958）》，《中共党史研究》2022年第5期。
  ⑦ 韩景怡、王国燕、程曦、王伶妃：《多元与反思：科技新闻学术史的图谱研究》，《科普研究》2022年第5期。
  ⑧ 齐辉、陈康：《〈向导〉通信栏与中共早期党报党性、人民性特征的建构》，《新闻大学》2022年第8期。
  ⑨ 赵雪波：《传播史分期法的技术否思与功能导向》，《现代传播（中国传媒大学学报）》2022年第4期。
  ⑩ 毛倩倩、李源：《中国文化走出去研究的知识图谱分析（2001—2020）》，《国际传播》2022年第1期。

在哲学社会科学建设史研究领域，学界聚焦"三大体系"建设和建构中国自主知识体系。田心铭基于百年来党的理论创新的丰富经验，指出构建"三大体系"要深入研究坚持指导思想和融通学术资源的关系。① 韩喜平强调，中国哲学社会科学建构自主知识体系是历史必然，在实践路径上要"摆脱学徒思维和照搬模仿，推动中华优秀传统文化学理化发展，寻求解决中国乃至世界问题的理论创建，构建新的理论解释范式"。② 还有学者关注哲学社会科学学科建设与人才培养问题。例如，荆林波等系统梳理了党的十八大以来哲学社会科学学科建设与人才培养显著成绩，有针对性地提出回归知识逻辑、遵循学科规律、调整学科布局、优化评价体系等经验教训的总结。③

在文艺史研究领域，学界加强史观建设。在电影史方面，学界对新时代电影史④、红色电影史、电影交流史、纪录电影史和学术流派⑤、史学理论⑥等都有新考察。对于电影史研究领域尝试以"新主流"替换"主旋律"，有学者认为概念建构的背后是史观重建。⑦ 有学者还紧密结合党的创新理论，拓展影视史的研究主题。例如，彭涛对中国共产党人精神谱系的影像史作出历史分析，认为《南征北战》《红日》《新儿女英雄传》《野火春风斗古城》等红色经典和《战狼》《红海行动》《长津湖》等新时代作品，充分利用影像书写的优势构建集体记忆、增进历史认同，激发了巨大的爱国主义精神力量⑧。在文学史方面，以纪念毛泽东《在延安文艺座谈会上的讲话》（以下简称《讲话》）发表80周年为契机，学界聚焦文艺为什么人的根本问题，对《讲话》人民性立场的历史价值和当代意义高度共识。张炯指出，《讲话》指明了人民文艺的历史发展方向，对习近平有关文艺的重要论述和实现中

---

① 田心铭：《马克思主义和当代中国哲学社会科学"三大体系"建设》，《政治学研究》2021年第6期。
② 韩喜平：《中国哲学社会科学自主知识体系建构的历史必然与路径探索》，《马克思主义研究》2022年第9期。
③ 荆林波、杨佳乐：《哲学社会科学学科建设与人才培养：成绩、问题及建议》，《北京大学学报（哲学社会科学版）》2022年第5期。
④ 贾磊磊、石凯璐：《中国新时代电影"重启"的五个历史时段》，《电影艺术》2022年第6期；周星：《价值与意义：21世纪中国电影史述与发展新论》，《青岛科技大学学报（社会科学版）》2022年第3期；等等。
⑤ 冀心蕾：《传统、重构与发展：中国艺术研究院电影通史学派研究》，《电影文学》2022年第7期；符晓：《长春电影学院与早期长春电影制片厂的电影教育研究（1960—1962）》，《当代电影》2022年第5期；等等。
⑥ 万传法：《中国电影的历史重述与理论建构思考》，《电影艺术》2022年第6期。
⑦ 陶庆梅：《史观重建：从"主旋律"到"新主流"》，《文化纵横》2022年第3期。
⑧ 彭涛：《中国共产党人精神谱系的影像书写》，《华中师范大学学报（人文社会科学版）》2022年第2期。

华民族伟大复兴的理论创造具有重大影响，对新时代文艺建设具有重要启示意义。① 张福贵强调，《讲话》是一种历史事实和现实精神的互动存在，我们应对其历史价值和当代意义进行历时性和现实性的客观评价。② 就《讲话》对文艺实践产生的影响而言，祝鹏程指出，新中国前一个历史时期，文艺界在《讲话》等经典文献的感召下，通过采风的实践方式创作生产出了属于劳动人民的新文艺。③ 还有学者从现代化的视角，指出"《讲话》展示出反对现代社会彻底分化的趋向，强调'政治'以及相应的'人心'的中心地位与统合作用"。④ 在海外中国文学史研究方面，王德威主编的《哈佛新编中国现代文学史》简体中文版在国内出版发行⑤，将"重写中国文学史"的风潮引入国内。

文化事业和文化产业史跨学科特点凸显。学界普遍站在总结历史经验服务现实发展的角度开展研究，问题意识和对策意识较强，研究视角和研究内容比较全面。公共文化服务建设史研究体现出学科交叉融合的新特点，经济学、财政学等学科进入公共文化服务史研究领域带来了研究方法的更新。例如，张红凤等根据中国2014—2019年31个省份的面板数据，构建公共文化服务与经济高质量发展的耦合协调度模型。⑥ 骆永民等利用中国劳动力动态调查（CLDS）2012年以来的三年调研数据，基于农家书屋的研究视角对乡村振兴背景下文化建设与农民增收的关系进行实证研究⑦等。在文化产业史方面，学界重点关注新时代十年文化产业从高速发展转向高质量发展的历史变革。例如，顾江把党的十八大以来文化产业改革发展历程细分为巩固改革成果阶段、探索转型阶段、协同发展阶段及高质量发展阶段，指出产业规模、产业结构、市场主体、对外贸易、乡村振兴和"走出去"等方面成就斐然。⑧ 此外，文化产业新兴业态发展取得的成就和经验也得到关注。例如，侯顺对中国网络影视文化产业发展史进行了比较系统的研究。⑨ 近年来，文化产业研究者的共同体意识明显增强，学术社团的引领带动作用凸显，学科建设和人才培养得到

---

① 张炯：《马克思主义文论中国化的光辉里程碑——纪念〈在延安文艺座谈会上的讲话〉发表80周年》，《文学评论》2022年第3期。
② 张福贵：《"人民性"文艺思想生成的逻辑基础与理论建构》，《文学评论》2022年第3期。
③ 祝鹏程：《作为社会主义文艺生产机制的采风》，《文学评论》2022年第5期。
④ 肖文明：《文艺与政治——现代性视野下的〈在延安文艺座谈会上的讲话〉精神再阐释》，《开放时代》2022年第2期。
⑤ 王德威主编：《哈佛新编中国现代文学史》，四川人民出版社2022年版。
⑥ 张红凤、杨方腾、井钦磊：《公共文化服务与经济高质量发展——基于耦合协调度模型的政策启示》，《经济与管理评论》2022年第2期。
⑦ 骆永民、项福正：《乡村振兴背景下文化建设与农民增收——以农家书屋工程为例》，《财贸研究》2022年第8期。
⑧ 顾江：《党的十八大以来我国文化产业发展的成就、经验与展望》，《管理世界》2022年第7期。
⑨ 侯顺：《中国网络影视文化产业发展史》，中国社会科学出版社2022年版。

高度重视。例如，李向民梳理分析中国文化产业各个阶段的发展情况，建构文化产业学科的基础知识框架体系。①

（七）相关领域专题研究丰富学科发展

党的十八大以来，我国教育、科技、人才、体育等事业得到全面加强，整体实力跃上新台阶。实践发展积累的新成就和新经验为学界提供了鲜活资料，使历史考察的时空和视角更加广阔。

教育史研究重点关注教育现代化、城乡义务教育一体化发展、教育教学改革创新、国家通用语言文字教育教学等方面取得的成就与经验。张志勇等对中国式教育现代化的具体提出和内在逻辑等进行深入分析，指出其是促进人的全面发展、人民共同富裕、人与自然和谐发展、人类命运与共的教育现代化之路。② 陈丽湘等认为新中国成立 70 余年来，我国坚持依法推广普及国家通用语言文字，消除各民族各地区交流交往的语言障碍，提升国民语言能力，成功探索出一条中国特色的语言生活依法治理道路。特别是党的十八大以来，全国普通话普及率提高超过 10 个百分点，到 2020 年提高到 80.72%，文盲率下降至 2.67%，为促进社会经济发展贡献了重要力量。③ 也有学者指出教育史研究的不足之处。谭天美等就城乡教育一体化发展问题指出现有研究存在"理论关注有余而实践经验总结不足"④ 等暂时性问题。

科技史研究聚焦加快建设创新型国家、科技自立自强、新型举国体制、关键核心技术攻关和自主创新、深化科技体制改革和科技人才政策等一系列重大问题。从我国科技创新的历史发展来看，张新宁认为新中国成立以来的科技创新可划分为自力更生、自主创新、创新驱动、自立自强四个阶段，以人与自然和谐共生为价值旨归、科技创新主导经济发展为基本内容、以运用科技发展不平衡规律和自立自强为实践路径。⑤ 陈凯华等还就党的十八大以来的科技人才政策作出总结评价，认为已形成多层纵横联动的政策体系，但仍存在系统性不足、精准性不高、联动性不强、支持不够等问题，无法充分满足高水平科技自立自强的人才需要。⑥ 苏

---

① 李向民：《中国文化产业发展史》，清华大学出版社 2022 年版。
② 张志勇、袁语聪：《中国式教育现代化道路刍议》，《教育研究》2022 年第 10 期。
③ 陈丽湘、张振达：《中国语言生活依法治理的历程与经验》，《天津师范大学学报（社会科学版）》2022 年第 6 期。
④ 谭天美、欧阳修俊：《我国城乡教育一体化发展研究的回顾与省思》，《现代远程教育研究》2022 年第 2 期。
⑤ 张新宁：《马克思主义中国化与马克思主义科技经济理论新境界》，《复旦学报（社会科学版）》2022 年第 3 期。
⑥ 陈凯华、郭锐、裴瑞敏：《我国科技人才政策十年发展与面向高水平科技自立自强的优化思路》，《中国科学院院刊》2022 年第 5 期。

熹把1949—1978年中国基础研究与应用研究政策的演进划分为三个历史阶段。[1] 就"新型举国体制"战略，吴飞等认为其具有深厚的理论逻辑、历史源流和崭新特点，就其实质而言是"举国体制"在新时代下展现出的独有特质。[2] 樊春良等从科学史和国际发展的视野，研究国家科研机构形成和发展的逻辑及在国家战略科技力量中的定位和作用，探讨新中国成立以来国家科研机构所起的作用，中国科技实力正在从量的积累迈向质的飞跃、从点的突破迈向系统能力提升，指出近10年来科技创新取得新的历史性成就，中国科学院和其他国家科研机构在面向国家重大需求、面向世界科技前沿、面向经济主战场和面向人民生命健康方面发挥了重要的作用。[3]

人才史研究重点关注人才强国战略、党管人才原则和人才政策演进等重大问题。燕连福等系统梳理我国人才建设的发展历程、取得的成就，并借鉴世界各国人才建设的经验得失，阐述新时代我国实施人才强国战略的重大意义。[4] 徐明指出党自成立之初就有党管干部、党管人才的历史，强调要"坚持从党管干部到党管人才，再到人才治理的发展路径，在国家治理体系中将人才治理作为重要的发展方向"。[5] 欧阳雪梅回溯我国人才培养体系改革的历史演进，指出1952年全国范围的高等学校全面院系调整具有重大意义，是我国人才培养体系和机制应国家之需而作出的一项重大改革。[6]

体育史研究注重总结冬奥精神的文化遗产。北京冬奥会、冬残奥会的成功举办，让各国人民看到了一个可信、可爱、可敬的中国，创造了"胸怀大局、自信开放、迎难而上、追求卓越、共创未来"的北京冬奥精神，成为加快推进体育强国建设的生动实践。习近平总书记回顾7年来不平凡的筹办举办历程，深刻总结了坚持党的集中统一领导，坚持集中力量办大事，坚持主动防范应对各种风险挑战，坚持办赛和服务人民、促进发展相结合等弥足珍贵的经验。[7] 学界从国家认同机制、国家形象建构、体育外交、跨文化传播等方面多角度总结北京冬奥会的文化遗产和实践经验。钟秉枢等指出，"冬奥外交"是新中国体育外交的赓续与发展，传承了体育外交在维护国家主权、展示国家形象、构建命运共同体中的卓越贡献。[8] 还有学者

---

[1] 苏熹：《中国基础研究与应用研究政策的演进（1949—1978年）》，《当代中国史研究》2022年第4期。
[2] 吴飞、王涛：《新型举国体制：理论逻辑、历史源流与崭新特点》，《经济学家》2022年第11期。
[3] 樊春良、李哲：《国家科研机构在国家战略科技力量中的定位和作用》，《中国科学院院刊》2022年第5期。
[4] 燕连福、李晓利：《建设人才强国》，中国青年出版社2022年版。
[5] 徐明：《中国共产党百年人才思想的理论进路与实践向度》，《北京社会科学》2022年第2期。
[6] 欧阳雪梅：《1952年院系调整：培养国家建设需要的专门人才》，《中国人才》2022年第7期。
[7] 习近平：《在北京冬奥会、冬残奥会总结表彰大会上的讲话》，《人民日报》2022年4月9日。
[8] 钟秉枢、张建会、刘兰：《冬奥外交：新中国体育外交的赓续与发展》，《武汉体育学院学报》2022年第9期。

回顾新中国历史上开展的冬季体育运动。例如，李兆旭对1950年全国冬季体育运动作出历史考察，指出其作为群众体育制度建设的成功实践，推动了体育运动日常化、规范化，提高了群众体育参与度和运动员竞技水平，对我国体育事业发展产生深远影响，具有重要历史意义。①

党的二十大报告将教育、科技、人才形成专章并摆在优先地位，这在历次党代会报告中还是第一次，体现了其在全面建设社会主义现代化国家新征程上的基础性、战略性支撑作用。教育、科技、人才统筹部署，必然要求学界对其如何形成协同性力量提供史实和经验支撑，这方面的研究有深入推进的广阔空间。

（八）新兴领域专题研究拓展学科新场域

当代中国文化史的新兴领域，并非是从无到有的研究领域，而是随着文化建设实践的创新发展，某一细分文化领域或具体文化议题在党和国家事业全局中的地位和作用显著提升，学界关注度明显增强，在学科中逐渐占据重要分量的研究领域。本年度，国家文化数字化建设史、国家文化工程史、国家文化治理史等显现出这样的特点，拓展了学科发展的新场域。

在国家文化数字化建设史方面，党的二十大第一次提出"实施国家文化数字化战略"的决策部署，把文化数字化从工程项目提升为国家战略。这一决策部署意义重大，影响深远，成为推进我国文化数字化高质量发展的新起点。新的实践要求也引领学界系统总结我国文化数字化建设的历史进程、经验和困境。高书生回顾文化数字化从建设工程上升到国家战略的十年进程，深入剖析以国家文化专网为中心的国家文化大数据体系建设的各个战略支点，指出其在维护国家文化安全上的重大意义。② 此外，学界还对文化遗产、公共文化机构、文化企业等的数字化变迁和政策演变进行梳理。应当指出，国家文化数字化战略全面覆盖文化事业和文化产业各类建设主体，内在地蕴含着重塑公共文化服务和文化产业共生体系的历史递进逻辑。目前，已有成果的分析框架大多基于传统"二分法"的思路，与国家文化数字化战略"整合""跨""通"的建设取向有一定落差。

在国家文化工程史方面，"考古中国"重大项目和中华文明探源工程、国家文化科技创新工程、中华优秀传统文化传承发展工程、国家文化公园工程等取得的一系列新成果，引发学界对其推动历史文化保护传承重大作用的高度关注。例如，王巍等对"中华文明探源工程"及其启动20年来取得的主要成果和现实意义作出全面系统的概括。③《探索与争鸣》编

---

① 李兆旭：《1949—1954年群众体育制度建设述论——以冬季体育运动为中心》，《当代中国史研究》2022年第3期。
② 高书生：《文化数字化：关键词与路线图》，北京联合出版有限公司2022年版。
③ 王巍、赵辉：《"中华文明探源工程"及其主要收获》，《中国史研究》2022年第4期。

辑部组织圆桌论坛探讨国家文化公园工程①等。目前研究主要面向具体文化工程,从整体上梳理和评价国家重大文化工程组织实施的历史经验和实践成效的成果尚付阙如。

在国家文化治理史方面,学界重点关注国家文化安全治理问题,研究视野比较开阔,注重国际经验比较。例如,中国现代国际关系研究院通过介绍世界各民族的文化传承和发展经验,从文化角度解析如何把握总体国家安全观。② 还有学者聚焦维护国家文化安全的理论和实践问题,强调必须准确把握文化安全在国家安全总体布局中的定位。③ 此外,学界还关注文化管理转型文化治理、公共文化治理、现代文化产业体系治理和乡村文化治理等问题。例如,傅才武等通过对四十年来中国文化体制演进过程的分析,论证中国作为转型国家文化治理体系形成的独特性,否定中西文化治理逻辑接轨的流行说法。④

三、2022年度当代中国文化史研究评价与瞻望

2022年,当代中国文化史学科稳步推进,研究取得了较大进展,涌现出一些高质量学术成果,并在研究视角、史料运用、研究方法等方面有所突破。从学科发展总体态势来看,主要有以下三个鲜明特点。一是学界对文化建设的根本性、原则性问题有明确共识,对新时代党的文化创新理论高度认同,这一思想共识贯穿于丰富多样的研究主题和研究内容之中。二是跨学科交叉融合趋势日益明显。随着文化建设的地位和作用不断提升,学术研究的理论高度也随之相应提升,研究视角更加开阔,理论性逐步增强。特别是"第二个结合"的丰富内涵、中国式现代化的文化底蕴等热点议题,吸引各学科力量进入当代中国文化史研究领域,跨学科交叉融合的特点愈加凸显。三是研究方法有新拓展。新闻传播史、文化事业和文化产业史的实证研究愈加成熟和丰硕,政策计量的研究结果引入更有新意的研究主题,对传统考据法形成了有效补充。

与此同时,我们也要看到学科发展尚存短板和弱项。在研究质量上,虽然成果数量丰硕,但是,具有相当学理深度和史料价值的高质量研究成果比例较低,重复性同质化研究、追逐热点的扎堆研究较多,求新求快的外在形式化评价标准制约学科高质量发展。尤其是对党的文化建设创新理论笼统阐释过多,系统化、体系化的深度研究较少。在研究力量上,学科人才队伍比较分散,特别是各专题研究之间力量不平衡、进展不稳定,对带有一定研究难度和深度的问题联合攻关、系统阐释不足。当代中国文化建设史上的丰富实践和遗留下来的

---

① 《国家文化公园建设热中的冷思考:现状、问题及对策》,《探索与争鸣》2022年第6期。
② 中国现代国际关系研究院:《文化与国家安全(修订版)》,时事出版社2022年版。
③ 肖凌:《新时代维护国家文化安全的理论逻辑与路径选择》,《学习与探索》2022年第9期。
④ 傅才武、秦然然:《中国文化治理:历史进程与演进逻辑》,《兰州大学学报(社会科学版)》2022年第3期。

宝贵经验，主要依靠某个时间节点、某个学术平台或学人自身研究兴趣挖掘史料和推进理论研究，学科发展缺乏较高层次的总体规划。从提高研究能力出发，学科发展应重点关注以下三个方面的问题。

一是重视学科归属和学科定位的问题。当代中国文化史研究学科归属模糊和学科定位层次较低的问题，在一定程度上制约学科高质量发展。与文化建设在党和国家事业全局中的重要地位相比，当代中国文化史学科在国家学科分类标准和教育部学科分类目录中均未得到应有体现和明确定位。目前，仅作为一个研究方向分布于马克思主义理论、中共党史党建学、中国史、艺术学、新闻传播学、出版等一级学科之下，学科发展缺乏足够的现实支撑和基础条件，研究、教学和研究生培养空间较小，人才队伍分散、力量不强，与2035年建成文化强国战略任务的实践需要不相适应。基于此，当代中国文化史研究的进一步创新发展，有必要重新思考学科归属和定位的问题，在适宜的学科位置和学术空间下高质量发展。

二是运用大历史观深化学科研究视野。习近平总书记指出："要教育引导全党胸怀中华民族伟大复兴战略全局和世界百年未有之大变局，树立大历史观，从历史长河、时代大潮、全球风云中分析演变机理、探究历史规律，提出因应的战略策略，增强工作的系统性、预见性、创造性。"① 运用大历史观深化国史研究，不仅要在中华文明长程中深化研究，在历史长时段中深化重大事件、重要人物研究，而且内在地要求在国际宽视野中深化研究。② 树立和运用大历史观是各专门史高质量发展的共同努力方向，对当代中国文化史学科而言显得更为重要和紧迫，应着力发挥文化史研究的独特优势，更有历史深度和厚度地讲好中国故事。同时，应注重当代中国文化通史的研究编纂。宋月红指出，通史在一定意义上说是"国史研究编纂的重要学术出发点和落脚点"。③ 加强当代中国文化通史研究，重在深刻认识和把握其延续发展的主题主线、主流本质，既要形成全面系统的史实研究，更要提炼归纳当代中国文化发展的本质和规律，提升历史经验总结的理论高度。

三是增强史料运用和研究方法的科学性。朱佳木指出："一门学科是否是科学研究，不取决于这门学科是否具有阶级性、政治性、意识形态性，而在于它追求的是否是客观真理，反映的是否是客观规律，具有的知识体系是否完整系统，遵守的学术规范是否被公认为科学。"④ 与时俱进地推动史料运用和研究方法拓展更新，是增强当代中国文化史研究科学性

---

① 习近平：《在党史学习教育动员大会上的讲话》，《求是》2021年第7期。
② 杨凤城：《大历史观与中华人民共和国史研究》，《当代中国史研究》2022年第4期。
③ 宋月红：《深入推进新中国通史研究编纂》，中国社会科学网，2022年12月20日，https://www.cssn.cn/ztzl/zt_gsxh/gsxh_lw/202301/t20230118_5583743.shtml。
④ 朱佳木：《当代中国史理论研究的学科建设及当前任务》，《思想理论教育导刊》2021年第5期。

的根本要求。历史地看，我国历史研究方法在理念上十分超前，早在20世纪20年代梁启超就提出了"历史统计学"的概念，并设想将统计学应用到全部史学研究当中。时至今日，这一史学理想已经逐步具备了时代条件，易见史料浩如烟海、数字档案日益增多，量化研究和质性研究成果初步涌现。当代中国文化史学科应在文化数字化的时代大势下，有计划、有步骤地加快史料运用和研究方法的更新和拓展。

（执笔：当代中国研究所文化史研究室　潘　娜）

2022年度当代中国社会史研究综述

2022年，在当代中国史上发生了一系列具有标志性意义的大事要事。在这些大事要事的影响下，当代中国社会史在学科体系、学术体系和话语体系的建设上都有了较大进展。

本文力求全面搜集国内外2022年当代中国社会史研究成果，同时也关注政治学、经济学、社会学、人类学等学科关照当代中国社会历史的具有代表性的研究成果。同时，本文参考了"中国知网"的统计数据，对当代中国社会史相关关键词的搜索结果作了共现矩阵分析、学科分析、文献来源分析和机构分析等。

一、概述：当代中国社会史"三大体系"建设成绩

2022年，社会史研究发展与整个当代中国史的发展趋势同步，主要受到四件大事的影响，更加注重对主题主线、主流本质的把握，更加注重服务于党和国家的工作大局。

2021年11月，中共十九届六中全会审议通过《中共中央关于党的百年奋斗重大成就和历史经验的决议》（以下简称"第三个历史决议"）。第三个历史决议就如何对百年党史进行历史分期，如何书写"新时代"，如何坚持马克思主义历史观等关键问题提供了权威指导。[①]学界对第三个历史决议精神进行了及时学习，并推出了一批高质量研究成果。例如，《当代中国史研究》曾在2022年第1期、第4期先后两次刊发系列笔谈文章，宋月红等学者认为要从第三个历史决议中学习、把握正确的党史观，以政治史为出发点和落脚点，以民族复兴为历史主题，从长时段、远距离、宽视野探寻历史规律，突出总结新时代的成就和经验。[②]

2021年底，国务院学位委员会发布了《关于对〈博士、硕士学位授予和人才培养学科专业目录〉及其管理办法征求意见的函》。2022年9月，中共党史党建学被设为法学专业下的一级学科。针对新学科设置，学界积极探讨新设学科的建设蓝图。《高校马克思主义理论研究》在2022年第2期发表了系列笔谈文章，学者们普遍认为需要党史、党建融合发展，在"大党史""大党建"下将党的奋斗史、理论创新史、建设史"三史合一"，加强"四

---

① 《中共中央关于党的百年奋斗重大成就和历史经验的决议》，人民出版社2021年版。
② 宋月红、张金才、王巧荣、王爱云：《学习贯彻中共十九届六中全会精神笔谈》，《当代中国史研究》2022年第1期；杨凤城、朱汉国、宋学勤、金光耀：《第三个历史决议与新中国史研究笔谈》，《当代中国史研究》2022年第4期。

史"结合。①

中国共产党第二十次全国代表大会召开。大会报告对新时代作出全新定位，并提出"以中国式现代化全面推进中华民族伟大复兴"。《当代中国史研究》2022年第6期推出《学习贯彻党的二十大精神笔谈》，李正华等通过深入解读党的二十大精神和回顾新时代十年的成就，强调新时代这十年在党史、国史、改革开放史、社会主义发展史、中华民族发展史上具有里程碑意义。新时代、中国式现代化成为党史、国史研究的新的重点领域时期，新时代社会史成为社会史研究新的重点领域。②

2022年12月8日，习近平总书记致信祝贺国史学会成立30周年。在贺信中，习近平总书记强调坚持以马克思主义中国化时代化最新成果为指导，牢牢把握国史的主题主线、主流本质，不断提高研究水平，创新宣传方式加强教育引导，激励人们"坚定历史自信、增强历史主动，更好凝聚团结奋斗的精神力量，为全面建设社会主义现代化国家、全面推进中华民族伟大复兴作出新贡献"。

在上述四件大事的影响下，以新时代为研究对象的史学研究开始增加，且产出了标志性的成果；当代中国社会史以史为鉴的路径更为清晰，以社会治理为重点的中国式现代化研究成果极为丰富。

从整个学术界来看，按研究的时间段来分，"新时代"的研究成果最多，大多是深入阐释习近平总书记的重要论述。该主题的高产作者是华东师范大学的齐卫平，主要围绕中国共产党执政话语展开研究，阐释党的重大决议和重要会议的精神和意义，同时他也关注到国家治理现代化，从理论、实践、经验三个方面分析了这十年中的变革和成就。③ 往年，新时代虽然是研究的热点，但是以马克思主义理论研究为主，从社会历史角度开展的研究较少。2022年，新时代成为国史研究新的重点领域，中国社会科学院当代中国研究所成为新时代历史研究的主要阵地。当代中国研究所举全所之力完成了"新时代这十年"丛书，系统总结了党的十八大以来，党和国家事业取得的历史性成就、发生的历史性变革。④ 社会史领域则总结了这十年来民生建设的发展。李文主编的《新时代的社会建设》一书是"新时代这十年"丛书之一。该书围绕保障和改善民生这个核心问题，系统梳理了新时代社会建设领域取得的重大成就。该书弥补了新时代社会史研究的不足，进一步丰富和完善了国史知识体系。⑤

---

① 冯俊、王炳林、仝华、杨凤城、丁俊萍、陈金龙、刘红凛、杨德山、宋俭、欧阳军喜：《新时代党史党建学科体系建设笔谈》，《高校马克思主义理论研究》2022年第2期。
② 李正华、郑有贵、李文、欧阳雪梅：《学习贯彻党的二十大精神笔谈》，《当代中国史研究》2022年第6期。
③ 齐卫平：《新时代十年国家治理现代化的重大理论与实践成果》，《国家治理》2022年第19期。
④ 当代中国研究所、姜辉主编：《新时代这十年》丛书，当代中国出版社、重庆出版集团2022年版。
⑤ 李文主编：《新时代的社会建设》，当代中国出版社2022年版。

2013年11月，中共十八届三中全会通过《中共中央关于全面深化改革若干重大问题的决定》，改变了以往"社会管理"的提法，首次提出"社会治理"。从此，社会治理的相关研究更加丰富。主要关注基层社会，探讨社会治理现代化问题，行政学、政治学、法学关注较多，同时也是社会史研究关注的焦点之一，突出政府在促进社会系统协调运转过程中的作用。近年来，社会史日益强调要自下而上和自上而下相结合，以社会史为方法，即将其作为一种研究路径去看待整体史，从而达到以史为鉴的目的。例如，中国社会科学院当代中国研究所李文等提倡"国史中的社会史"①，南开大学社会史研究中心常建华等提倡日常生活史与制度史、观念史相结合②，中国人民大学马克思主义学院宋学勤提倡将社会史与思想史相结合③，中国人民大学法学院讲座教授黄宗智提倡"实践社会学"④，山西大学行龙等强调区域史要回归"整体史"⑤。这些提法有个共同点，即强调将社会史放到政治、经济、文化等大框架中，通过社会史研究来回答历史之问、时代之问，以中国实践为基础参与国际理论对话。这在社会治理问题研究方面有突出表现，即无论其切入点是社会结构、衣食住行、生老病死、文教观念等，大多都会落到总结社会治理现代化的经验和成就的问题意识之中，为当今党和国家领导人民开展民生建设献计献策。

近年来，社会史研究的团队建设、科研项目立项、人才队伍培养等不断推进，社会史形成了几大各具特色的研究中心。例如中国社会科学院当代中国研究所长于通史编纂，《当代中国社会》一书被翻译成4国文字出版。中共中央党校（国家行政学院）长于理论研究，如该校关于新时代、共同富裕、小康社会、中国式现代化的理论研究等。山西大学长于集体化时代农村社会研究，2022年是山西大学中国社会史研究中心成立30周年，该中心出版了2本纪念文集⑥，并在文集中设置了集体化时代的山西农村社会专题。南开大学的集体化时代华北乡村研究；上海大学的小三线建设研究、三线工业遗产研究；四川大学的当代中国城市史研究、三线建设研究等也取得了较好的成绩。很多研究中心还在田野调查、访谈口述、地方档案、企业档案等史料的搜集、整理、数字化等方面做出成绩。此外，2022年也有一

---

① 李文：《国史中的社会史》，当代中国出版社2020年版；李文：《国史中的社会史：学科定位与基本框架》，《中共历史与理论研究》第3辑，社会科学文献出版社2016年版。
② 冯尔康：《社会史从"社会生活"到"日常生活"研究的学术意义——读常建华教授"日常生活"论文感想》，《河北师范大学学报（哲学社会科学版）》2022年第1期。
③ 宋学勤、李晋珩：《新中国成立17年间农村医疗卫生事业研究》，《中国高校社会科学》2021年第1期。
④ 黄宗智：《"实践社会科学系列"总序》，载《国家与社会的二元合一：中国历史回顾与前瞻》，广西师范大学出版社2022年版。
⑤ 行龙：《促进区域史研究回归整体史学理逻辑》，载山西大学中国社会史研究中心；山西大学中国社会史研究中心：《三十而立：中国社会史研究中心成立30年》，山西人民出版社2022年版。
⑥ 行龙：《从山西出发的区域社会史》，商务印书馆2022年版；山西大学中国社会史研究中心：《三十而立：中国社会史研究中心成立30年》，山西人民出版社2022年版。

批有关社会史的国家社会科学基金项目立项，较好地保障了该领域研究的持续深入推进。其中，中国人民大学何虎生的《中国共产党宗教工作史料整理与研究》、四川大学何一民的《黄河城市文明史》和范瑛的《新中国工业移民与西南城市社会变迁研究（1953—2000）》成功立项。这些项目既体现了国家对上述研究领域的高度重视，也反映了各研究机构在该领域的优势地位。

就社会史研究而言，当代中国史研究京师论坛（以下简称"京师论坛"）和国史学术年会是具有代表性的年度会议。2022年7月，以"当代中国民生建设的历史与经验"为主题的京师论坛成功召开，参会论文均关注当代中国社会史领域，其中31篇的研究时间段为新中国成立初期，2篇关注改革开放后，1篇为史学理论文章，较为全面地梳理了当代中国民生建设的历程，系统总结了其成功经验。9月，以"中国式现代化建设与新时代国史研究"为主题的第二十二届国史学术年会成功召开，入选论文85篇，会议围绕中国式现代化这一重大时代课题进行了历史向度的探讨。就社会史而言，这两次会议体现出研究对象不断丰富、研究角度日趋多元的发展趋势。一是关于社会政策的研究增多，例如甘晓成用共同富裕的视角审视社会政策的目标与挑战，刘维芳梳理了中国人权保障政策法规变迁。这些研究有助于弥补改革开放以来我国社会政策实践长足发展，但社会政策研究相对薄弱的缺憾；二是医疗史研究向"大健康"扩展，例如李兆旭关注到了群众体育工作；三是水利社会史研究体现了跨区域的特点，例如焦雨楠研究了京津冀区域水资源的协同利用问题，有利于深化对区域史的认识。

其他高校举办的社会史论坛也有一定比例的当代中国社会史研究论文。例如北京大学第七届"历史与社会"工作坊于10月召开，共遴选了43篇论文，其中有不少涉及社会史，内容包括社会主义改造、统购统销等。徐有威在评议中指出，国史研究要注意史料的丰富性，要加强对口述史料和机构史料的挖掘，并注意个体研究对象在现实图景中的"位置"。山西大学的"中国社会史研究学术论坛"于11月召开，李文、贺照田、郭心钢等学者围绕当代研究的主题、史料和解读史料的方法等问题发表了主旨演讲。这两次会议不仅强调了社会史的问题意识、本土化实践，还尝试运用个体生命史时空分析、GIS等研究方法，探讨了知识史、社会生活史等在社会史研究中的应用问题。

不少高校的马克思主义学院和历史学院也开设了当代中国史的课程，培养了多批国史专门人才，其中不少学生的学位论文便以社会史为题。2022年，研究生论文中涉及当代中国社会史选题较多的有：长春理工大学、吉林大学等东北地区院校的学位论文主要围绕新中国成立初期的医疗卫生事业展开研究；华东师范大学、上海师范大学的研究生围绕上海的基层社会展开研究；广西师范大学也有不少当代中国社会史的硕士论文，选题包括医疗卫生、体育教育、劳模宣传、城市社会管理等方面。

总之，2022年当代中国社会史研究热度不减。新时代社会史研究逐渐增多，并产生了代表性著作，对于构建更加完备的国史知识体系、完善当代中国社会史学科体系具有标志性的意义，为当代中国社会史的"三大体系"建设加固了基础。同时，学界进一步明确了以马克思主义为指导原则和方法，以社会治理现代化的经验和成就为问题导向，强化了为党和国家工作大局服务为功能定位，以中国实践研究为基础，形成了当代中国社会史的一系列新概念、新提法；与国际学术界展开理论互动与探讨，逐渐形成了各具特色的研究中心和学术培养机制，当代中国社会史的学术体系、话语体系日臻成熟。

二、主要内容：择要介绍重点专题研究情况

本部分选取较具代表性的研究成果择要论述2022年当代中国社会史的专题研究情况，并将2022年的最新动态与近年的研究情况作比较，分析相关专题的研究发展趋势。

（一）社会结构：从人口流动中反思城乡社会发展

党的二十大报告明确指出，"优化人口发展战略"，为我国解决人口问题指明了方向。对此，学界对当代中国人口及相关问题做了比较深入的探讨，以期为新时代新征程应对人口问题提供历史借鉴。例如，张学兵关注了1958年1月《中华人民共和国户口登记条例》颁行后至1978年的城镇无户籍人口问题，认为"黑人黑户"主要与人口社会流动管制有关。[①] 这种限制社会流动的二元户籍制度是当时国家治理的重要手段，唐琼等认为这是特定时期的制度建设，其目的是支持一条特殊的工业化道路。[②] 王庆歌等以户籍制度改革为出发点，讨论了户籍身份不正义问题，认为户籍身份不正义的原因在于只依据现有的城市成员资格来判断应得，忽略了需要、贡献和公民身份等应得基础，户籍政策的渐进改革正是户籍身份的逐渐修正。[③]

21世纪以来的人口迁移产生了新的社会影响和新的问题。王丽莉等认为由于外出务工回报率高，家庭成员也希望青少年更多参与家庭生产，因此城乡迁移机会的增加对农村人口高中入学率有显著的负面影响，乡村振兴战略的相关政策需要提升预期教育回报率[④]；张红霞等认为新生代农民进城务工仍认为家乡是自己的归属地，并通过成本与收益的对比，不愿

---

① 张学兵：《计划经济时期城镇无户籍人口问题探析》，《中共党史研究》2022年第1期。
② 唐琼、吴静：《新中国成立以来户籍制度的变迁改革及经验启示》，《老区建设》2022年第3期。
③ 王庆歌、孔繁斌：《政策目标群体的身份建构逻辑——以户籍政策及其改革为例》，《公共管理与政策评论》2022年第2期。
④ 王丽莉、吴京燕：《迁移政策对农村人力资本投资的影响——来自中国户籍改革的证据》，《劳动经济研究》2022年第5期。

落户城市①；黄凡等分析指出在人口流动增加、城镇化、受教育程度提高等因素的影响下，族际通婚普遍化，族际通婚圈进一步扩大。②曹晖等认为特大城市收紧户籍政策则阻碍了低技能人口流入，致使低技能劳动力工资上升，增加了高技能女性参加市场工作的机会成本，科技企业中从事研发工作的女性就业占比下降了0.9个百分点。③

改革开放以来，在我国经济快速发展的同时，也带来了城乡差距、贫富差距拉大的问题。城乡关系、贫富差距的变化情况和对缩小差距的经验总结是学界比较关心的议题。国内外社会学、经济学等领域的学者广泛参与进来，希图通过定量分析和定性案例研究的方法，对城乡地区差异变化的情况给出规律性的总结。例如，Kerry E. Ratigan 根据 21 世纪前十年省级社会政策支出的定量分析，以及对社会政策方法不同的省份的定性案例研究，认为地方政府在社会政策实施过程中发挥着重要作用：沿海省份将卫生和教育放在优先地位，内陆省份则倾向于优先考虑精准扶贫和经济适用住房。④刘丽娟基于对东莞市 Q 村的实地考察，认为珠三角核心农村地区在集体土地开发过程中，土地权的授予使当地农民在价值观和行为上表现出市场竞争薄弱和去劳动化的"去城市化"。⑤钟苏娟采用面板分位数回归法研究了2006—2014年我国城市扩张与城乡收入差距的关系，认为城市土地面积每扩大 1%，城乡收入差距就会缩小 0.005% 至 0.011%，这种缩小效应在东部和中部地区以及总体城市化程度较低的地区尤为突出。⑥Martin Ravallion 从 1981 年以来的时间序列数据中寻找与总体社会福利、减贫、经济增长和减少不平等权衡的迹象，认为中国国家两极分化指数的上升和下降在很大程度上与城乡平均收入差距的演变有关。⑦

在宏观层面上，有学者从马克思主义城乡关系理论总结了我国城乡关系实践的进程和经验，认为新中国成立以来城乡关系从对立到融合，进而实现城乡发展一体化，是马克思主义城乡关系理论的科学概括，也是党和政府的探索历程和努力方向，体现了以人民为中心，与

---

① 张红霞、张学东、曹玮丽：《户籍放开与行动悖论：主体性视角的新生代农民工户籍选择》，《齐齐哈尔大学学报（哲学社会科学版）》2022 年第 9 期。

② 黄凡、段成荣、毕忠鹏：《改革开放以来中国族际通婚变动的十大趋势》，《人口研究》2022 年第 2 期。

③ 曹晖、罗楚亮：《户籍限制、技能互补与高技能女性就业》，《劳动经济研究》2022 年第 6 期。

④ Kerry E. Ratigan：*Local Politics and Social Policy in China*，Cambridge：Cambridge University Press，4 August 2022.

⑤ Lijuan Liu："Study On The Formation Mechanism Of Land Rent Economy And Farmers' De Urbanization' Based On The Change Of Emotional Behavior"，*International Journal of Neuropsychopharmacology*，Volume 25.

⑥ Sujuan Zhong："Urban expansion and the urban-rural income gap：Empirical evidence from China"，*Cities*，Volume 129.

⑦ Martin Ravallion："Fleshing out the olive? Observations on income polarization in China since 1981"，*China Economic Review*，Volume 76.

时俱进，处理好政府与市场、生产力与生产关系等方面的治理经验。①

总体而言，随着"城乡一体化"思想逐渐被重视，城乡、区域的社会结构问题也逐渐成为研究热点。2022年学界有关当代中国社会结构发展历史的研究更加关注城乡之间人口流动的历史演进，并对其具体问题展开深入探讨。

（二）衣食住行：保障和改善日常生活供应

日常生活不仅需要吃饱穿暖住好，还需要维持生产生活的自然环境和经济环境。中国共产党作为马克思主义政党，"始终把为中国人民谋幸福、为中华民族谋复兴作为自己的初心使命"。②通过优化社会治理、扩大社会保障范围、发展社会事业等不断满足人民需求，取得了突出成就并积累了大量的成功经验。这些都受到了学界高度关注，主要体现在对人民群众日常生活相关问题的研究上。

吃穿用度是人民生活的基础，保证民生直接关系到党执政的群众基础。保证民生不仅需要合理布局供需区划，也需要治理农产区社会，这为社会史与政治史研究融合发展打开了一条可行的路径。訾夏威以1949—1966年中国大中城市副食品供应为切入点，探讨了郊区行政区划的调整与中共的副食品供应政策之间的张力。③尹红群从地方视角和民众视角对新中国成立初期湖南外调商品粮的历史进行了研究，认为粮食大调运是新中国探索"解决全国人民吃饭问题"的一项重要的历史经验。④徐岚等考察了福建省龙溪地区为了贯彻国家计划经济政策，解决农民因缺粮而不愿种植甘蔗的矛盾问题，实施蔗粮挂钩的地方治理经验，即农民交售甘蔗换取粮食、肥料、返销糖等，该经验最终上升为国家政策，对推动制糖工业发展、区域经济发展和人民生活水平提升具有一定意义。⑤

生态环境是人类赖以生存的基本条件，是党和政府社会建设和社会治理的重要部分，也是很多学者持续关注的研究领域。李伟以太湖公社渔民流出与水域政区重设的过程为研究对象，通过具体水域政区设置来讨论水域社会治理，认为地理环境是社会治理的重要参考因素之一，"中共对各地水域地理环境的真正了解是水域社会治理成熟的基础。"⑥金大陆持续关

---

① 郭旭红、武力：《新中国城乡关系的理论与实践》，《当代中国史研究》2022年第3期；张桂文、王子凤：《马克思城乡关系理论中国化的历史演进及实践经验》，《经济政治学评论》2022年第6期。
② 《中共中央关于党的百年奋斗重大成就和历史经验的决议》，人民出版社2021年版，第1页。
③ 訾夏威：《当代中国大中城市副食品供应与郊区行政区域的调整（1949—1966）》，《中国历史地理论丛》2022年第37卷第1辑。
④ 尹红群：《1949—1952年湖南粮食大调运》，《当代中国史研究》2022年第5期。
⑤ 徐岚、赵国壮：《从地方经验到国家政策：福建省龙溪地区蔗粮挂钩政策的历史考察》，《当代中国史研究》2022年第2期。
⑥ 李伟：《二十世纪五六十年代中共水域社会治理研究——以太湖水域政区调整为例》，《中共党史研究》2022年第2期。

注20世纪六七十年代上海的环境治理问题，2022年新出的成果探讨了城市绿化问题，认为由于上海被定型为"典型的工业城市"，工业占用绿地的情况屡屡发生，造成了"边改善边减损"的对冲结构，直到改革开放后理念转变，上海绿化业才得到大发展。①

物价波动直接影响到人民对日常需求物资的购买和家庭财富的积累。2022年学界从民生和民心的角度系统研究了新中国的财政金融政策。财经工作是新中国较早认识到要实现中央集中管理的制度，首先着重解决的就是物价波动问题。丁芮梳理了物价不稳定时期的过渡性储蓄方式——折实储蓄的试办、推广、改进过程。② 孔祥成等从社会动员的角度分析了上海市发行人民胜利折实国债的情况。③ 林超超分析了职工储蓄动员与传统社会之间的碰撞、磨合。④ 总的来看，党创造性地实现了经济治理、社会动员、政治认同建构的三位一体，当时的财经工作在稳定物价、确立人民币信用、减少游资、节制消费、发展生产、稳定政权等方面起到重要作用。

从长时段来看，如柯艺伟等所言，新中国成立初期的民生建设是以保障民众基本所需为导向的"温饱型"民生建设；新时期是以大力发展经济为导向的"提高型"民生建设；新时代是以满足民众多样化需求为导向的"共享型"民生建设。其经验在于坚守党对民生事业的全面领导、持守以人民为中心的民生建设立场、恪守以马克思主义民生思想为理论指导和遵守以发展生产力为核心保障并改善民生的基本理念。⑤ 我国民生保障范围不断扩展。例如，我国住房保障覆盖面已从本地居民扩展到包括流动人口在内的新市民群体。⑥ 我国的农村五保制度从农村集体供养到国家财政供养，发展成为农村特困人员救助供养制度。王爱云认为这一过程充分展现了中共在社会主义现代化建设过程中始终以人民为中心的价值追求和对社会主义社会的构建设想，以及工业化进程中国家在农村社会保障中的作用。⑦ 总之，党的治国理政政策给人民生活带来了历史性巨变，张太原认为人民生活的历史性巨变大致经历了从生存条件的改善及生活样态的变化到温饱、小康和逐渐实现全面小康三个阶段。⑧

党的二十大报告明确指出："共同富裕是中国特色社会主义的本质要求。"社会史研究

---

① 金大陆：《二十世纪六七十年代上海城市绿化问题研究》，《中共党史研究》2022年第2期。
② 丁芮：《新中国成立前后的折实储蓄论述》，《中共党史研究》2022年第4期；丁芮：《新中国成立前后的折实储蓄》，北京出版集团、北京人民出版社2022年版。
③ 孔祥成、牛茹琪：《从首笔国债发行看新中国初期中共的城市社会动员能力——以上海为中心的考察》，《上海党史与党建》2022年第2期。
④ 林超超：《20世纪50年代的职工储蓄动员与现代国家建设》，《中国经济史研究》2022年第1期。
⑤ 柯艺伟、张振：《中国共产党领导民生建设的百年历程及基本经验》，《学术探索》2022年第10期。
⑥ 李国庆、钟庭军：《中国住房制度的历史演进与社会效应》，《社会学研究》2022年第4期。
⑦ 王爱云：《新中国农村五保制度》，北京出版集团、北京人民出版社2022年版。
⑧ 张太原：《政策与民生：新中国成立以来人民生活之变化》，《河北学刊》2022年第5期。

对共同富裕给予了高度关注。其成果以阐释党和国家领导人关于共同富裕和美好生活的重要论述，梳理党和国家共同富裕政策和成就为主，更加注重民生与政治、经济之间的密切联系。例如，萧东连从改革开放史的角度，重温邓小平的南方谈话，认为实现共同富裕的路径是"构建合理的分配制度，改革过时的二元社会体制，同时推进经济发展模式成功转型，实现高质量发展"。①张占斌等分析了习近平总书记关于共同富裕重要论述的形成逻辑、丰富内涵，认为全面落实共同富裕重要论述需要全面加强党的领导，坚持和完善中国特色社会主义基本经济制度，坚持以人民为中心的发展思想，在推动高质量发展中强化就业优先导向，调整国民收入分配格局，提高发展的平衡性协调性包容性，促进人民群众精神生活富裕。②李文则集中回顾了党的十八大以来，在维护社会公平正义，深化收入分配制度改革，领导人民全面建成小康社会，提高公共服务均等化水平等方面所取得的成就，并分析了"十四五"规划中推动实现共同富裕的目标和重要举措，证明实现共同富裕是"看得见、摸得着、真实可感的事实。"③

（三）生老病死：医疗社会史研究范围继续拓展

医疗社会史是当代中国社会史中最为热门的研究领域之一。2022年，学界重点关注公共卫生防疫，这也是新中国社会改造的重要内容，研究向微观、多元的方向发展。学者们既关注民众的公共卫生意识的形成，也试图分析医学的进步与医疗工作者的思想状况。同时，医疗社会史的研究拓展到"大健康"的范畴，体育、健康等被纳入研究视野，还翻译出版了死亡社会史的论著。党的十八大以来，我国医疗卫生服务建设取得显著成就，学界对此还有较多总结和梳理。

《中共党史研究》于2022年第1期组织刊发了一组"当代中国医疗卫生防疫研究国际学者笔谈"，收录了6篇来自英国、美国、澳大利亚、新西兰等国学者的研究成果，对"具有中国特色的疾病防治道路"做了较好的梳理，彰显了当代中国医疗卫生防疫工作的世界意义。④从国内的研究来看，有多位研究者从社会动员的角度研究血防运动，总结了在短时间内实现了群众的广泛动员的经验，也同样反映了我国政治在医疗卫生工作中的重要作用，认为血防运动不仅保障了人民健康，还塑造了农民新的日常生活行为习惯，并在合作化的生

---

① 萧东连：《目标与路径——重温邓小平共同富裕构想的思考》，《中共党史研究》2022年第2期。
② 张占斌、毕照卿：《习近平关于共同富裕重要论述的理论逻辑与实践要求》，《中共党史研究》2022年第2期。
③ 李文：《党的十八大以来关于推进共同富裕的伟大实践》，《毛泽东研究》2022年第4期。
④ 董国强等：《当代中国医疗卫生防疫研究国际学者笔谈》，《中共党史研究》2022年第1期。

产方式中培养了新的集体主义的观念。① 贾吉庆等主要利用报刊报道和医院的整院工作总结,梳理了新中国成立初期全国的医院整顿在思想、技术、组织等方面取得的成就。② 马金生考察了1959年全国急性传染病学术会议,认为这次会议统一了传染病防治的奋斗目标和防治路径,对此后传染病的防治和研究起到了指导和推动作用。③

党的十八大以来,我国体育事业发展成就显著。党和政府提倡"大卫生、大健康"理念,坚持预防为主、防治结合的原则,加快体育强国建设的政策,激发了学术界对当代中国体育历史的研究。王蕾梳理了1949年10月22日开幕的北京市人民体育大会的筹备、举行过程,认为该大会的成功举办,掀开了中国体育史上新的一页。④ 李兆旭以1950年启动的全国冬季体育运动为研究对象,认为这次运动是改造"过去的体育",让体育"到人民中去"的重要尝试,反映了生命健康权利与锻炼义务的辩证统一。⑤ 2022年国家社科基金立项的重点项目《以百名世界冠军口述史为基础的中华体育精神构建研究》成功立项,虽然是体育学的项目,但也不失为是当代中国社会史、文化史的选题,这对当代体育事业发展史研究无疑具有重要的推动作用。

2022年翻译出版了法国汉学家安克强的一本关于死亡社会史的学术著作。该书研究的时间段从上海开埠的19世纪直到上海档案馆开放年限的1966年。该书认为上海对死亡的管理的演化过程主要是自发应对社会各阶层不同档次的服务,直到1949年,人民政府完成了对这套维持旧式殡葬活动的基础体系的彻底变革:推行火葬政策,废除了公会和同乡会,将商业殡仪公司纳入政府管理并裁撤到较小的数量,殡葬公司从市中心赶走,停灵等在城市空间内的死亡展示也被禁止。上海对死亡的管理的现代化,使人民生活水准和预期寿命都有所提高。⑥

关于新时代的健康中国战略实践有了一些总结性的研究成果。姚力深入研究了新时代这十年健康中国战略的部署和推进过程,总结了"全民健康与全面小康齐头并进"的成就。⑦

---

① 余成普、罗惠:《新中国初期血吸虫病防治运动及其社会政治动员机制》,《华东师范大学学报(哲学社会科学版)》2022年第6期;乔夏阳、朱冉:《血吸虫病防治运动中的宣传动员研究(1955—1958年)》,《北京党史》2022年第1期。
② 贾吉庆、李洪河:《新中国成立初期的医院整顿》,《当代中国史研究》2022年第5期。
③ 马金生:《1959年全国急性传染病学术会议的历史考察》,《当代中国史研究》2022年第1期。
④ 王蕾:《"标志着人民体育的新方向"——北京市人民体育大会的筹备与举办》,《北京党史》2022年第1期。
⑤ 李兆旭:《1949—1954年群众体育制度建设述论——以冬季体育运动为中心》,《当代中国史研究》2022年第2期。
⑥ [法]安克强:《镰刀与城市:以上海为例的死亡社会史研究》,刘喆译,上海社会科学院出版社2022年版,第268—294页。
⑦ 姚力:《新时代十年健康中国战略的部署、推进与成就》,《当代中国史研究》2022年第5期。

中国医学科学院北京协和医学院卫生健康管理政策学院通过函调收集了31个省（自治区、直辖市）基本公共卫生服务项目各项监测数据（2009—2016），分析了国家基本公共卫生服务管理平台检测数据（2017—2019），以及《中国卫生健康统计年鉴》（2010—2020）相关指标，从供方和需方两个角度，系统梳理了国家基本公共卫生服务项目实施十年来的意义、经验、进展、成效，并对未来发展提出了建议，认为我国基本公共卫生服务项目的全面实施是向"全民健康覆盖"目标迈进的重要举措。[1] 该项目主要实施的时间在新时代，其取得的成就影响了小康社会的建设过程。总之，学界对新时代十年来健康中国建设成就的总结，有助于进一步完善人民健康促进政策。

（四）其他：跨领域的专题研究

史学界围绕当代中国历史的某些核心议题，从政治、经济、社会、文化多方面展开研究，逐渐形成了颇具特色的研究专题，且近些年这些专题的社会史研究路径愈发明显，例如土地改革、城市接管、三线建设研究等。

土地改革贯穿新中国成立前后，是党史、新中国史的传统研究主题。2022年学界在延续以往研究的基础上，拓展了新的研究视角。胡英泽通过揭示外来户以及土地、果树、牲畜、房屋分配等山西乡村的"地方知识"，体现了社会传统的持续影响，以及土地改革内容的丰富性、政策的复杂性和适应能力。[2] 中共在农村地区打破旧秩序的同时，经济层面延续了过去的农业税政策。郭志炜将赋税征收秩序的整肃作为切入点，利用基层档案，分析农业税征收对乡村社会的影响，认为税赋和新中国成立前相比明显减轻，通过土地改革，农民成为乡村干部的主体，消解了赋税征收中的"经纪模式"，成功将权力的触角深入每一户家庭。进而查实农村土地，通过评定常年产量为农业税征收奠定基础。[3] 宋学勤等认为中国农业机械化的进程，不仅是以农业机械为主的"技术下乡"的过程，也是改造农民传统思想、形塑与农业机械化相适应的新农民，进而完成"思想下乡"的意识形态社会化的过程。[4] 张保军从社会动员的角度分析了《人民日报》的土地改革宣传模式，即采用通俗易懂、生动活泼的报道风格，以阶级动员、树立典型、宣传法令为主要内容。[5] 文学界则试图

---

[1] 尤莉莉、刘远立：《国家基本公共卫生服务项目十年评价（2009—2019年）：实施国家基本公共卫生服务项目的意义和经验》，《中国全科医学》2022年第26期。

[2] 胡英泽：《传统与变革：20世纪五六十年代的山西乡村社会研究》，浙江古籍出版社2022年版。

[3] 郭志炜：《二十世纪五十年代初期的农业税征收与乡村社会——以山东省东平县六所村为例》，《中共党史研究》2022年第1期。

[4] 宋学勤、杨越：《技术与思想：20世纪50年代中国农业机械化与社会主义新农民塑造》，《史学集刊》2022年第1期。

[5] 张保军：《阶级叙述与农民动员：新中国初期〈人民日报〉的土改宣传策略》，《北京党史》2022年第2期。

从文学艺术作品中解读农村变革背景下人的改造，特别是当时女性的变化。李娜2022年在《妇女研究论丛》中发表两篇文章，采用从影视戏剧中了解社会生活的方法，认为了解新中国成立初期这个年代的农村妇女群体，需要把中国革命中的妇女问题和从妇女视角探问革命如何深远地改变了中国社会风土的经验有机结合。① 程明社通过对《创业史》《狠透铁》的解读，剖析了当时社会生活的另一面，例如"农村权力结构的深度调整，农民两种积极性的冲突与论争，女性价值向男性的皈依以及知识分子改造中的两难处境等。"②

新中国成立前后，中共在短时间内实现了工作中心向城市的转移，并在城市政权建设与城市社会改造方面取得了显著的成果，实现了社会管理水平的实质性提升，因而学界对这一过程高度关注，每年均有相关研究成果问世。2022年，连文妹对这一主题的国内外成果作了较为全面的研究述评，认为相关研究主要集中于城市接管、群众运动、干部队伍、基层组织、社会改造的具体实践等方面，呈现出了宏观与微观结合、国家社会双向互动、学科交叉等特点。③ 2022年围绕南下干部对城市的接管工作又有新的研究成果，以延续性的研究较多，丰富了研究区域，深化了研究内容。何志铭延续"地方性适应"的研究思路，研究了南下干部对成都的接管与改造。④ 左方敏等考察了南下干部接管皖南政权的历史背景、干部组建和南下的过程以及南下后的任职和接管工作等。⑤ 持续关注华北解放区南下干部研究的代雅洁，2022年的成果主要关注政治动员，力图以"人"为中心还原运作实态。⑥ 党对城市的接管和改造，也深刻改变了劳动者的工作环境，并实现了对劳动者的思想塑造。付清海发文剖析了上海铁路管理局对铁路职工所作的思想政治教育、扫盲文化教育、职工技能培训以及参与民主管理等工作，从微观层面展示了以身份、制度、觉悟等为要素的新型社会主义劳动者的塑造模式。⑦

由于西部大开发战略的出台，史料搜集的突破性进展，以及学者们的大力提倡，三线建

---

① 李娜、李双双：《从更深的土里"泼辣"出来——试探20世纪五六十年代"新型妇女"的一种生成史》，《妇女研究论丛》2022年第2期；李娜：《实态与生机：重访20世纪四五十年代乡村妇女生活》，《妇女研究论丛》2022年第5期。

② 程明社：《叙述的隐语与权力的同构——柳青〈创业史〉与〈狠透铁〉对一个时代的思考与文学呈现》，《榆林学院学报》2022年第1期。

③ 连文妹：《新中国成立初期城市政权建设与社会改造研究述评》，《中共党史研究》2022年第2期。

④ 何志铭：《从乡村到城市：1950年代晋绥南下干部对成都的接管与改造》，《成都大学学报（社会科学版）》2022年第1期。

⑤ 左方敏、姚宏志：《挺进皖南：1949年干部南下与政权接管》，《安徽史学》2022年第2期。

⑥ 代雅洁：《"组织"的力量：1949年华北解放区南下干部的政治动员实践研究》，《民国档案》2022年第1期。

⑦ 付清海：《新中国成立初期新型社会主义劳动者的塑造——以上海铁路管理局为个案的研究》，《河北学刊》2022年第3期。

设研究成为近年来史学研究的热门领域，研究重心持续下移，研究成果越来越具有社会史的特点。2022年，陆婷运用数据分析软件，较全面地总结分析了1992年至2022年5月1日期间三线建设研究的变化，认为我国三线建设研究已经进入了全面发展期，未来要在宏观、中观、微观三方面发力，"以点引线、以线带面、以面构体"。[①] 张扬则认为应加强三线企业资料的搜集、整理、出版和解读，挖掘三线建设的内部差异性，打通大三线与小三线的研究壁垒。[②] 由于三线建设涉及多个省份、地区，近年来三线建设研究突出体现为因地制宜的特点。一些地方高校纷纷找到了与自身特点相结合的研究点，相关学报也发表了较多的三线建设研究成果。例如西南科技大学作为清华大学在三线建设时期的分校，近两年《西南科技大学学报（哲学社会科学版）》发表有关三线建设研究的文章年均有8篇之多。2022年，该校教授张勇抓住该校特色，研究了清华大学三线分校的历史文化。[③] 从2022年的研究成果来看，三线建设研究主要体现出四个趋势。一是服务党和国家工作大局意识不断增强，主要体现为：保护三线遗产，讲好三线故事，丰富、弘扬、传承三线精神，为当前的国有企业改革和发展提供历史经验。例如，朱佳木认为，三线建设史贯穿改革开放前后两个历史时期，对于理解两个历史时期的关系继而深刻地理解"四史"有直接帮助。[④] 二是研究的对象不断丰富，正在向基层和微观领域拓展，社会史的成果越来越丰富，例如，研究上海小三线建设职工生活的第一篇博士论文于2022年出版。[⑤] 三是口述历史、集体记忆等研究方法运用得越来越成熟。例如南京大学当代中国研究院的"新中国工业建设口述史"研究项目，在《宁夏社会科学》等杂志推出"口述史、集体记忆与新中国工业建设"专题[⑥]；徐有威主编的上海小三线口述史著作在美国出版。[⑦] 四是研究对象从"三线建设"时期拓展到"小三线建设"时期，再到2022年徐有威提出"后小三线"时期的概念[⑧]，研究时间段向改革开放史拓展，开始关注三线企业的转型发展问题。总体来看，三线建设研究热度较高，发展迅

[①] 陆婷：《三线建设研究三十年变迁：现状、热点与趋势——基于文献计量与定性分析方法》，《江苏大学学报（社会科学版）》2022年第6期。

[②] 张扬：《一幅时代变革的历史图景——〈新中国小三线建设档案文献整理汇编（第一辑）〉述评》，《当代中国史研究》2022年第2期。

[③] 张勇、吴传文、陈丽娜：《清华大学三线分校的历史文化研究》，《西南科技大学学报（哲学社会科学版）》2022年第2期。

[④] 朱佳木：《进一步认识三线建设史研究的意义与任务》，《当代中国史研究》2022年第3期。

[⑤] 崔海霞：《上海小三线社会研究》，上海大学出版社2022年版。

[⑥] 周晓虹：《口述史、集体记忆与新中国工业建设》，《宁夏社会科学》2022年第1期。该文为研究专辑，收录了胡洁和王东美关于三线建设（贵州）口述史的研究成果。

[⑦] Youwei Xu：*Everyday Lives in China's Cold War Military-Industrial Complex: Voices from the Shanghai Small Third Front, 1964–1988*, Palgrave Macmillan, 2022.

[⑧] 徐有威：《开拓后小三线建设的国史研究新领域》，《浙江学刊》2022年第2期。

速，且趋于系统化。

三、反思与展望

2022年，社会史研究取得了巨大成绩，有许多突破性进展，呈现了其年度特点，但也存在一些薄弱环节，仍有很大的上升空间。

（一）研究的特点

社会史作为多学科关注、发展迅速的专门史，2022年的研究呈现出两个持续性的热点和四个新的趋势。

1. 两个持续性的热点

史料是史学研究的基础，国史研究自不例外。因此，社会史研究呈现出两个持续性的热点。

一是受到档案开放时限的影响，历史学的专题研究仍然围绕新中国成立初期展开，在厘清历史事件发展来龙去脉的基础上总结历史规律。学界也在不断挖掘地方、企业档案并配合口述历史，研究时间段向改革开放后延伸。

二是采用已出版的政策文件和官方公布的各类资料，并结合社会学等学科的调查研究成果，展开通史研究，发挥国史资政育人的功能。通史研究系统性较强，对社会结构、社会管理、社会事业、社会生活、社会心态等有全面的论述，有利于学科建设。

2. 四个新的趋势

一是对新时代社会史的研究日益增加。这不仅仅是学术发展的要求，更离不开第三个历史决议和党的二十大精神的指导作用。2022年学界关于新时代的社会建设、共同富裕、全民健康等主题的研究成果，有利于建构更加完备、自主的国史知识体系。

二是对服务党和国家工作大局的研究意识不断增强。这种意识并不是回到宏大叙事的老框架，而是采用务实的研究方法，充分考虑历史复杂性，体现了"整体史"的问题意识。史学研究近年来多注重细节、过程、地方特点，但容易陷入"碎片化"的陷阱；单纯的理论研究则又容易产生宏大叙事的老问题。如何使二者有机结合？第三个历史决议明确提出，应"坚持唯物史观和正确党史观"。[①] 以此为指导，2022年的社会史研究已经有了新时代站位，研究的核心问题是从社会史的视角考察政治、经济、文化的变迁以及国家治理与社会发展之间的紧密关系。

三是跨学科研究不断深入。跨学科研究集中表现在：许多专业领域的历史融入历史学研究，从社会史的视角来研究专业领域发展的成果不断涌现，专业性也在加强，跨学科融合的

---

① 《中共中央关于党的百年奋斗重大成就和历史经验的决议》，人民出版社2021年版，第2页。

迹象显现。例如，医疗社会史研究不断突破原有的革命史、政治史的框架，兼顾参与历史的个人、社会与行业发展；性别史的研究虽然从文艺作品出发，但又能跳出文艺，探讨文艺作品背后的政治、社会、文化环境；体育史的研究从体育学向国史中的体育史发展；水利社会史的研究则从水利工程、水利政策、水利技术发展到水域社会治理。

四是跨区域研究成果丰硕。跨区域研究往往以问题意识为抓手，打破地理区域限制，聚焦城乡一体化、共同富裕等一系列重大问题，探讨了促进工农、城乡、区域协调发展的经验教训，实现基本公共服务均等化的历史成就，推动人的全面发展的本土经验。这体现了新时代背景下，系统性的学术思维模式、为人民做学问的责任担当已深入人心。

以上特点反映出社会史研究日渐深入发展的趋势，在跨学科、跨区域、跨历史时间段等方面取得了一系列突破，但社会史研究仍存在一些薄弱环节，一些处于初始阶段的研究领域还存在很多共性问题。

（二） 不足及展望

作为新兴学科，社会史还有一些研究的薄弱环节，社会史的很多领域还处于初始阶段，存在一些不足。以城市史研究为例，2022 年出版的《城市史研究》第 45 辑刊发了一篇关于2011—2020 年城市史研究综述。据该文统计，新中国城市史的论文约占城市史论文总数的9%，且 73% 发表在《当代中国史研究》，研究明显不足，研究目标城市多为沿海和经济发达地区大城市，研究时间段密集分布在 1949—1957 年，研究内容以城市经济、城市建设规划为主。[①] 2022 年，新中国城市史的研究对象也基本是新中国成立初期的大城市，研究时间段的连贯性、研究视野的多样性、研究的系统性等问题仍未得到解决。如前述华东师范大学、上海师范大学围绕上海史的学位论文；王静以天津为例总结党和政府的城市社会治理经验[②]；李浩对 1953 年北京市畅观楼规划小组的成立的考察[③]等等，这些都是在原先的关注点上不断丰富历史细节。其他领域也存在类似问题，如体育史研究以体育学参与较多，史学研究尚较薄弱；性别史的研究还集中在改革开放前，需要向改革开放后不断拓展。

总之，社会史研究还有很大的发展空间。一些处于初始阶段的领域或可以借鉴三线建设研究、乡村社会研究等发展相对全面领域的经验，从搜集史料开始做起，因地制宜地开展学术研究；注重学术综述工作，理论探讨与实践研究相结合；服务党和国家工作大局，不断丰

[①] 何一民、余爱青、任吉东、廖羽含：《十年来中国城市史研究回顾与展望》，载任吉东《城市史研究》第 45 辑，社会科学文献出版社 2022 年版，第 1—17 页。

[②] 王静：《天津解放初期城市社会治理的探索与实践（1949—1956）》，载任吉东《城市史研究》第 45 辑，社会科学文献出版社 2022 年版，第 185—196 页。

[③] 李浩：《中共北京市委直接领导城市规划的历史考察——以 1953 年畅观楼规划小组的成立为中心》，《城市发展研究》2022 年第 7 期。

富、创新研究视角；搭建交流平台，扩大相关领域的学术影响力等。

综上所述，2022年，社会史研究抓住了党和国家大力发展国史研究事业的机遇，研究视角有所创新，研究方法有所突破，研究领域日益丰富，史料来源趋于多元，学科体系、学术体系、话语体系建设日臻成熟，知识体系更加完备、更加自主。在党和国家大政方针的引领下，学术界通过广泛讨论，基本明确了社会史的发展方向：深入总结中国社会建设经验，阐释社会治理现代化的中国道路，讲好中国民生发展的动人故事，更好地服务于党和国家工作大局。

（执笔：当代中国研究所　李二苓）

2022 年度当代中国外交史研究综述

当代中国外交史是中华人民共和国史的重要组成部分，以新中国的外交思想、外交政策、中国与世界各国和国际组织的关系为研究对象，旨在探索新中国开展对外活动的历史进程、规律与经验，从而达到以史明鉴的目的。2022 年，学界对当代中国外交史展开了较为的充分探讨，其中包括了外交思想、大国外交、周边外交、发展中国家外交、多边外交、公共外交、港澳台史等众多领域，并涌现出一批高质量的研究成果，但也存在一些不足值得注意。

一、概述

2022 年，当代中国外交史研究领域在之前研究成果的基础上更进一步，既有宏观层面的整体性把握，也有微观层面的深入分析，其研究视角更加多元、档案资料运用更加丰富，有力推动了新中国外交史和港澳台史学科体系、学术体系与话语体系的建设。

（一）著作

本年度与当代中国外交史相关的著作大致可分为两类：一是从宏观层面探讨中国外交历史进程的通史类著作；二是针对某一具体领域或重要事件的专题性著作。

就前者而言，《新时代的中国外交》是目前学界仅有的探讨新时代中国特色大国外交历史成就与经验的专门性论著。[①] 该书以历史唯物主义为指导，按照中国总体外交布局来谋篇设计，结构合理、重点突出，既有对习近平外交思想内涵的深度阐释，也有对新时代中国外交实践的系统梳理，还有对新时代中国外交经验的高度总结，思想性、学术性俱强。该书坚持历史与逻辑相统一，坚持"史论结合、论从史出"，在对权威性政策文件进行解读和重大外交历史事件进行梳理的基础上，提出了诸多独到的见解与观点，使读者能够清晰准确地理解和把握新时代中国外交的本质和发展趋势。《上海合作组织 20 年发展报告（2021）》一书，总结分析上合组织 20 年合作的经验，揭示面临的困难和挑战，指明未来发展的基本路径，有助于推动构建上合组织命运共同体行稳致远，也将对建立公正合理的地区和国际新秩

---

① 王巧荣主编：《新时代的中国外交》，当代中国出版社 2022 年版。

序产生积极作用。①

就后者而言,《当代中国军事外交:历史与现实》一书,以军事外交历史发展为主线,系统梳理了近代以来中国军事外交的发展历程,其将新中国成立以来的军事外交分为建国初期 30 年间的生存外交、改革开放后 30 年的发展外交、新世纪第二个十年开始的国际体系转型期里作为大国的中国军事外交,具有一定的创新性。②《新中国外交战略与实践研究》作为"中华人民共和国史研究文库"丛书之一,收录了作者多年来关于中国外交战略与实践,尤其是中美关系、中国海洋权益方面的研究成果,进一步丰富和发展了当代中国外交史研究。③《中美关系战略报告(2020 年版)》梳理了 2020 年度中美两国总体关系震荡下行的轨迹,总结了中美关系发展的主要特点,剖析了特朗普政府对华政策的遗毒与教训,并具体探讨了两国关系在经贸、军事安全和人文交流领域所经历的挑战。④《中俄关系历久弥坚》一书,收录了作者任驻俄大使 10 年间在中俄主流媒体发表的署名文章、出席各类重大外事活动发表的讲话和致辞、接受中俄主流媒体采访的文章,具有重要的史料价值。该书突出介绍了中俄高水平、高频率、高质量的元首外交和以"守望相助、深度融通、开拓创新、普惠共赢"为目标的新时代中俄全面战略协作伙伴关系的重要内涵,详细呈现了 10 年间中俄关系一步一个脚印地扎实向前推进和两国"世代友好"理念逐步深入人心的全过程,充分彰显了两国人民深厚的传统友谊和中俄关系在维护世界和平稳定与发展方面所发挥的重要作用,生动诠释了"以人为本""外交为民"、推动构建新型国际关系和推动构建人类命运共同体的新时代中国特色大国外交。⑤《新世界:亚非团结的中国实践与渊源》一书,着重梳理了 20 世纪万隆会议之后 10 余年间,在以亚非合作为主轴的第三世界去殖民化与解放运动高潮时期里,中国对"亚非团结"的认识与实践,特别突出了文化交流与协作在这个进程中的重要作用,并将之视为一种在亚非合作框架下的文化去殖民化运动。⑥

此外,针对中外关系与公共外交的研究也取得一定进展,推动了当代中国外交史研究领域全面发展。《耿昇先生与中国中外关系史研究(纪念文集)》一书,收录了纪念中国中外关系史学会原名誉会长耿昇先生的文稿与他的学术论文,为中外关系史研究提供了重要的参考资料。⑦《华侨华人与中国发展》一书,以历史为主线,讲述华侨华人社会的形成与发展,

---

① 王海燕:《上海合作组织 20 年发展报告(2021)》,时事出版社 2022 年版。
② 张芳:《当代中国军事外交:历史与现实》,时事出版社 2022 年版。
③ 王巧荣:《新中国外交战略与实践研究》,当代中国出版社 2022 年版。
④ 吴心伯:《中美关系战略报告(2020 年版)》,世界知识出版社 2022 年版。
⑤ 李辉:《中俄关系历久弥坚》,人民出版社 2022 年版。
⑥ 殷之光:《新世界:亚非团结的中国实践与渊源》,当代世界出版社 2022 年版。
⑦ 万明、李雪涛、戴冬梅主编:《耿昇先生与中国中外关系史研究(纪念文集)》上中下,中国社会科学出版社 2022 年版。

较为全面地介绍海外华侨华人在促进中外人文交流以及助力中国近代以来社会进步、民族独立、国家建设等方面的重要作用和卓越贡献，其中包括了新中国建设、改革开放等重要历史阶段和关键节点，并展现了华侨华人在海外拼搏奋斗的历史成就和民族情怀。①

（二）学术论文

本年度，围绕当代中国外交史研究发表的论文较多，主要涉及外交思想、中美关系、中日关系等研究内容。就论文类型而言，这些论文绝大多数是期刊论文，学位论文特别是博士学位论文很少。其中，较具代表性的博士学位论文有：《从"冷战对峙"到"睦邻友好"：中印关系正常化进程研究（1968—1993）》②《新中国政党外交维护国家利益研究——以处理意识形态与国家利益相互关系为视角》③《京剧在欧洲的传播研究（1949—2000）——基于典型事件的考察》④ 等。

就论文期刊来源而言，与此相关的研究成果主要刊发在《当代中国史研究》《史学月刊》《中共党史研究》《清华大学学报（哲学社会科学版）》《安徽史学》等期刊上。从作者隶属单位来看，作者分别来自北京大学、南开大学、厦门大学、中国社会科学院、中共中央党校（国家行政学院）等高校和科研机构。

（三）国家社科基金资助项目

2022年，国家社科基金立项的涉及当代中国外交史的重点项目较少，最具代表性的是李明欢的《侨联组织在国家公共外交中的作用研究》（22&ZD175）。然而，一般项目和青年项目较为丰富。其中，较具代表性的一般项目有：刘艳的《中共党员干部出国考察与改革开放的起步研究（1978—1987）》（22BDJ076）、张民军的《英国驻华代办处解密档案整理与研究（1950—1972）》（22BZS146）、张勇的《日本中学地理教科书中的新中国（1949—2021）形象变迁研究》（22BGJ011）、张选中的《冷战时期美国在香港的影视文化宣传活动研究（1951—1991）》（22BXW041）、丁志远的《国民党当局"一个中国"立场研究（1950—1971）》（22BZS144）等。青年项目有：熊晨曦的《改革开放初期中美科技合作的模式与经验研究》（22CZS080）、严祥海的《中不边界历史、现状及对策研究》（22CZS082）、何鑫的《中苏友谊农场史资料整理与研究（1954—1984）》（22CZS078）等。

---

① 代帆：《华侨华人与中国发展》，暨南大学出版社2022年版。
② 段彬：《从"冷战对峙"到"睦邻友好"：中印关系正常化进程研究（1968—1993）》，博士学位论文，华东师范大学，2022年。
③ 杨胜刚：《新中国政党外交维护国家利益研究——以处理意识形态与国家利益相互关系为视角》，博士学位论文，外交学院，2022年。
④ 吴雨航：《京剧在欧洲的传播研究（1949—2000）——基于典型事件的考察》，博士学位论文，北京外国语大学，2022年。

二、主要内容

2022年，当代中国外交史研究成果主要围绕外交思想史、大国外交史、周边外交史等研究领域展开，在发展中国家外交史、多边外交史等研究领域的科研成果较少。

（一）外交思想史研究

外交思想既是一国外交政策的理论基础，也由其外交实践活动展现出来，具有重要意义。因此，外交思想史是当代中国外交史的重要组成部分。本年度的外交思想史研究成果聚焦于习近平外交思想、新时代中国特色大国外交与中国共产党国际战略思想研究等领域。

1. 习近平外交思想研究

习近平外交思想是新时代中国外交工作的根本遵循和行动指南。王巧荣从宏观视角出发，对习近平外交思想的产生背景、立足点及其丰富内涵进行了详细的阐释，着重强调了习近平外交思想对加强外交工作顶层设计、对中国特色大国外交的战略规划，对维护国家主权、安全与发展利益和世界和平的重要意义。[1] 就习近平外交思想理论内涵的丰富发展而言，郭树勇等认为，近年来习近平外交思想的理论内涵随着中国特色大国外交实践的发展而不断丰富，主要包括对世界进入动荡变革期的判断、人类命运共同体理念更加丰富完善、提出推动中国式现代化和创造人类文明新形态、强调弘扬全人类共同价值、继续推进高质量共建"一带一路"以及提出全球发展倡议和全球安全倡议等。此外还有四个方面的因素推动了习近平外交思想理论内涵的丰富创新：一是国际形势复杂动荡的变化对习近平关于时代内涵新判断的影响，二是习近平新时代中国特色社会主义思想的系统发展对外交思想的塑造，三是新冠肺炎疫情防控的国际合作对人类命运共同体理论的促进，四是大国外交理论话语权较量对外交理论的梳理和完善的推动。[2] 还有学者研究了习近平外交思想的哲学问题。童成帅等详细论析了习近平外交思想的本体论、方法论、认识论与历史观的基础，并强调习近平外交思想坚持马克思主义世界观和方法论，深刻揭示了中国特色大国外交的本质特征与基本规律，具有深厚的哲学底蕴与理论根基，是当代中国马克思主义哲学创新发展的典范。深入研究习近平外交思想的哲学基础，对准确研判当前国际形势和我国外交工作的发展目标与逻辑走向具有十分重要的理论价值与现实意义。[3] 还有学者探讨了习近平外交思想中的新型国际关系观。吴志成等认为，新型国际关系观以相互尊重为前提，以公平正义为准则，以合作

---

[1] 王巧荣主编：《新时代的中国外交》，当代中国出版社2022年版。
[2] 郭树勇、舒伟超：《论习近平外交思想理论内涵的丰富发展》，《世界经济与政治》2022年第11期。
[3] 童成帅、周向军：《习近平外交思想的哲学基础析论》，《新疆社会科学》2022年第4期。

共赢为目标，具有鲜明的逻辑性、时代性、创新性、实践性和中国特色。构建新型国际关系必须秉持联合国宪章宗旨和原则、和平共处五项原则、共商共建共享原则、正确义利观、新安全观、新文明观等理念原则，坚持"大国是关键、周边是首要、发展中国家是基础、多边是重要舞台"的外交工作布局，不断贡献中国智慧和力量。新型国际关系观对发展马克思主义国际关系理论、创新当代国际关系理论、为实现中华民族伟大复兴营造和平发展环境、开辟人类命运共同体实践路径、推动全球治理体系变革都具有重要的理论和实践意义。① 此外，杨洁篪从习近平外交思想的实践基础和内外环境、理论内涵和体系建设与新时代中国特色大国外交的经验启示这三个方面论述了习近平外交思想与新时代中国特色大国外交的关系，并强调习近平外交思想是习近平新时代中国特色社会主义思想的重要组成部分，而中国特色社会主义道路的成功则是中国特色大国外交的坚实基础。因此，认真学懂、弄通、悟透、落实习近平新时代中国特色社会主义思想和习近平外交思想，对全面建成社会主义现代化强国、实现第二个百年奋斗目标，以中国式现代化全面推进中华民族伟大复兴有着重要的意义。②

2. 新时代中国特色大国外交研究

2017年，习近平总书记在党的十九大报告中明确提出"全面推进中国特色大国外交"，并将其纳入新时代坚持和发展中国特色社会主义的指导思想和战略部署。③

本年度，有些学者以新时代中国特色大国外交为主题进行了研究。王巧荣考察了新时代中国伙伴关系外交的特点及发展方向。作者认为，新时代中国的伙伴关系外交在构建人类命运共同体理念的引领下得到快速发展，已逐渐形成全球伙伴关系网络，对维护国家主权、安全和发展利益发挥了积极作用，呈现出战略性、全局性、平等性等特点，成为中国特色大国外交的一个显著特色。④ 周进全面考察了新时代中国特色大国外交的重大成就与基本经验。他认为，进入新时代以来，中国提出并推动构建人类命运共同体，推进和完善全球伙伴关系，形成了全方位、多层次、立体化的外交布局，积极参与全球治理体系改革和建设，为解决复杂严峻的全球性问题贡献了中国智慧、中国方案和中国力量。新时代十年中国特色大国外交的实践，为全面建设社会主义现代化强国、实现中华民族伟大复兴、推动构建人类命运共同体积累了宝贵经验。⑤

---

① 吴志成、刘培东：《习近平外交思想中的新型国际关系观》，《东北亚论坛》2022年第2期。
② 杨洁篪：《习近平外交思想与新时代中国特色大国外交的经验启示》，《当代世界》2022年第11期。
③ 王毅：《全面推进中国特色大国外交》，《人民日报》2022年11月8日。
④ 王巧荣：《新时代中国伙伴关系外交的特点及发展方向》，《中国井冈山干部学院学报》2022年第3期。
⑤ 周进：《新时代中国特色大国外交的重大成就及其基本经验》，《当代中国史研究》2022年第4期。

3. 中国共产党国际战略思想研究

中国共产党作为中华人民共和国的执政党，其政党外交也属于中国外交事业的一部分，因此对中共国际战略思想的研究有着重要的意义。一方面，有学者对百年来中国共产党的国际形象与国际话语权进行了较为系统的研究。饶武元等认为，百年来中共国际形象的建设蕴含着主体自塑与客体他塑的统一、国家利益与全球利益的平衡和国家实力与国际权利的协调三重内在逻辑，积淀了无私为民的执政者、胸怀天下的奋斗者和全球治理的引领者等大党国际形象建设经验。该文还指出了在新时代对中共国际形象建设的三种路向选择，并强调了中共国际形象建设对中国外交的重要意义。① 单鑫等对百年来中国共产党国际话语权进行了研究，从人民为中心的价值取向、党自我革命精神的延续、独立自主的方法论原则与国际视野下的大国担当这四个方面对中共话语权的建构进行了论述，并指出新时代的中国话语要获得国际社会的理解，关键在于寻找或者创造知识的重合地带，从而创造平等对话交流的可能性。② 另一方面，也有学者对百年来中国共产党的国际时代观进行了研究。杨洁勉把百年来中共对时代的认识和把握划分为"观察时代"、"把握时代"和"引领时代"三个阶段进行论析，并强调中共对时代的观察、把握和引领，是相互关联和不断递进的认识和实践进程，具有整体性和统一性的特点。该文章还指出，中国在未来将通过与国际社会的积极互动，在时代主题、时代命题和时代愿景等方面塑造和引领新的国际时代。③

4. 其他外交思想史研究

有学者对毛泽东外交思想进行了较为具体的研究。钮维敢论析了毛泽东的"中间地带"理论经历了三个历史发展阶段及其特征、学理与现实价值，并指出中间地带实际是中间（游移）力量，是世界格局变化的重要参照指标，还强调中间（游移）力量不仅对冷战时期的中国外交起到了积极有效的指导作用，也为人们认识冷战结束以来世界格局演化，提供了有效的理论工具。④ 王新影等认为，毛泽东提出的"三个世界划分"理论是基于当时国际格局深刻变化所作出的科学论断，有力推动了国际格局的演变和中国国际战略理念与实践的发展，而"百年未有之大变局"重大论断继承并创新发展了"三个世界划分"理论。这对当前准确把握国际格局发展演变，科学判断时代大势，深化国际合作，携手构建人类命运共同

---

① 饶武元、刘贺：《百年来中国共产党国际形象建设的逻辑、经验与路向》，《江西财经大学学报》2022年第1期。

② 单鑫、张放：《融贯中外：中国共产党国际话语权建构四维探析》，《云南民族大学学报（哲学社会科学版）》2022年第2期。

③ 杨洁勉：《中国共产党国际时代观的百年发展和深远意义》，《俄罗斯研究》2022年第3期。

④ 钮维敢：《论中间游移力量——毛泽东思想"中间地带"理论及其当代意义》，《宁夏社会科学》2022年第2期。

体有着重要的意义。① 洪共福认为，毛泽东关于中印关系的外交思想既体现了他在外交领域的统一战线思想、国家利益观和独立自主原则，以及战争与和平问题上的辩证法思想，还体现在以和平共处五项原则为基础，通过和平谈判解决历史遗留问题，用辩证法思想看待中印分歧与争端上。这不仅对推动中印关系行稳致远，而且对中国处理其他双边关系有重要意义。② 此外，还有学者以新的视角对当代中国外交思想史进行研究。周桂银提出将概念史作为研究当代中国外交思想发展的一种新方法、新路径并指出，新中国成立以来，中国领导人在对外关系上提出了许多政策，这些政策形成的一些概念既是观念的，又是实践的。为此，他梳理和考察了中国外交所倡导的"独立自主的和平外交""和平共处五项原则""中间地带"等概念产生的背景、特征以及内在联系等，以概念史的研究视角勾勒出当代中国外交史的思想维度，具有一定的创新性和启发性。③ 刘普认为，科学、先进、正确的外交价值观史是新中国外交工作取得重大成就的基础。他强调，以和平为基石，以独立为原则，以正义为本位，以负责为品质，以为民为宗旨，构成了当代中国外交价值观的基本内涵；确保合理的外交愿景、正确的外交决策、科学的外交方略、有力的外交执行、广泛的外交支持，是当代中国外交价值观的主要功能，而中国共产党提供了科学的指导思想、先进的社会制度、优秀的文化滋养以及卓越的领导艺术，从而在当代中国外交价值观构建过程中发挥了决定性作用。④

总而言之，2022年的外交思想史研究既聚焦习近平外交思想，又关注新时代中国特色大国外交理念与中共国际战略思想；既有对外交思想的宏观理论体系和哲学思想的探析，也有对某一理论思想的论述，在2021年研究成果的基础上，对相关议题的研究进行了拓展和深化。

（二）大国外交史研究

大国外交史是当代中国外交史研究的重点领域，本年度学界围绕着新时代中国特色大国外交实践、当代中美关系史、中苏（俄）关系史、中欧关系史等议题进行了研究。

1. 对美外交史研究

2022年是中美关系正常化50周年。50年前，中国和美国结束长期隔绝状态、开启两国关系正常化进程，对两国关系发展以及国际格局产生了重大影响。因此，本年度出现了一批探讨中美关系正常化历史进程的高质量论文。

---

① 王新影、李雪梅：《百年未有之大变局下"三个世界划分"理论的继承发展和现实启示》，《教学与研究》2022年第11期。
② 洪共福：《毛泽东关于中印关系的外交思想》，《阜阳师范大学学报（社会科学版）》2022年第4期。
③ 周桂银：《当代中国外交史的思想维度——概念史研究的视角》，《中共党史研究》2022年第3期。
④ 刘普：《当代中国外交价值观：内涵、功能与构建》，《教学与研究》2022年第3期。

章百家的《记忆与研究：尼克松访华与中美关系正常化》一文考察了中美关系正常化的历史进程和经验启示，认为中美必须以现实主义态度处理彼此间的矛盾，避免意识形态化；塑造适合新时代需要的中美关系，必须有远见、耐心、智慧，以及打破成见和常规的勇气。① 牛军认为，"上海公报"的重要性不仅在于打开了中美和解之门，而且在于开启了战后东亚地区秩序变革的进程。中美领导人能打破坚冰的重要原因之一，是他们就东亚地区秩序的主要规则达成共识并作出承诺，并着重探讨了中美和解对于东亚秩序变革所产生的影响。② 与侧重于探讨中美建交的总体过程不同，代兵聚焦于中美建交过程中的"台独"问题，系统分析了中美双方围绕"台独"问题的谈判过程及其所达成的共识，具有较强的创新性。③

此外，还有学者对中国对美外交的其他历史问题进行了研究。周天羽探讨了"一边倒"与美国"机会丧失论"，指出，中国宣布"一边倒"政策之前，中美接触并不"秘密"，而在多是斯大林和毛泽东的周密安排下进行；而在中国宣布"一边倒"政策之后，美国仍试图放弃台湾来阻止中苏结盟，但中国为了国家安全与国内政权稳定，决定先与苏联重订新约并结盟。事实上，当时中国的地缘政治局面决定中国无法与美国和解，美国根本没有所谓失去的"机会"。④ 张皓考察了美国阻挠和破坏西藏和平解放的历史，他详细论述了1949—1951年期间，美国政府从反对达赖喇嘛离藏并支持噶厦武装抗拒解放西藏，向支持达赖喇嘛流亡海外以阻止西藏的和平解放的政策转变的过程，并得出在西藏地方政治宗教势力与中央人民政府的双重努力下西藏和平解放是历史发展必然的结论。⑤ 达巍等以美国国家安全战略为视角探讨了1972年以来的中美关系，距今50多年的时间，美国对华战略的逻辑核心可以分为"借重以制衡""接触以塑造""竞争以制胜"三个阶段，并强调虽然现在中美之间竞争明显超过合作，如果中美两国均以提高自身竞争力而非打压对方为发展方向的话，中美关系的前景也就未必是悲观的。⑥ 刁大明等讨论了中美的城市外交，认为中美城市外交是两国之间长期存在的地方与民间互动的集中体现之一。他从中美城市外交的背景、发展与现状、内在逻辑与其对中美关系的塑造四个方面来详细阐述了该议题，并强调在当前中美关系处于低谷的背景下，应该充分发挥城市外交的独特作用，为中美关系的稳定与发展注入新

---

① 章百家：《记忆与研究：尼克松访华与中美关系正常化》，《中共党史研究》2022年第4期。
② 牛军：《中美和解与东亚地区秩序变革的开端》，《中共党史研究》2022年第4期。
③ 代兵：《1971—1972年中美领导人关于处理"台独"问题的谈判与共识》，《史学月刊》2022年第8期。
④ 周天羽：《"一边倒"与美国"机会丧失论"再探讨（1949—1950）》，《史学月刊》2022年第10期。
⑤ 张皓：《1949—1951年美国如何阻挠和破坏西藏和平解放》，《史学集刊》2022年第2期。
⑥ 达巍、蔡弘宇：《美国国家安全战略视阈下的中美关系50年》，《国际安全研究》2022年第2期。

动力。①

2. 对苏（俄）外交史研究

中苏（俄）关系史是当代中国大国外交史的重要组成部分，具有重要的意义。本年度对苏（俄）外交史的研究成果主要集中在中苏关系时期。唐仕春充分发掘俄文档案，考察了建国初期中国共产党组织工作者访苏参观团的派出经过和考察实践，并强调参观团在苏联的多重探索，既夯实了新中国成立初期党和国家建设的基础，也为中苏各领域合作提供了宝贵的经验。另外，他在史料使用方面具有一定的创新性，丰富了学界对这一问题的认识。②许浩对毛泽东处理中苏关系的历史进行了研究。他从建国后毛泽东处理中苏建交与边界问题，处理中苏两党关系这两个方面，证明了毛泽东始终坚决捍卫国家主权和领土完整，始终坚持追求平等的党际关系，始终坚持从党的立场、人民的立场、国家和民族的立场出发开展外交活动。③贺雪娇等考察了苏联援助中国陆军建设情况。文章从苏联对华的陆军武器装备与技术援助、军事顾问援助以及中国在苏联援助的情况下自主研发这三个层面较为详细地论述了1949年至1960年期间苏联援助中国陆军建设这一历史议题，并强调在自主发展和寻求援助的关系上，中国陆军始终坚持立足自主发展为主、寻求外援为辅的方针，为中国陆军独立发展奠定了基础。④姚勇以苏联煽动策划的"伊塔事件"为切入点探究了新中国的边防建设。他认为，"伊塔事件"导致的中苏边境问题正是新疆兵团边境团场创建的直接原因，而边境团场不仅在捍卫国家主权安全方面发挥着特殊而重要的作用，同时在促进经济文化发展，巩固各民族团结方面也作出重要贡献，集中体现了中国共产党人高超的政治智慧。⑤

此外，还有学者对新时代的中俄经贸合作进行了研究。李双双认为，美国和欧盟因俄罗斯向乌克兰发动"特别军事行动"而对俄罗斯实施包括金融限制、贸易禁运、资产冻结、技术脱钩在内的数轮经济制裁，在客观上催化了中俄经贸关系朝着加强合作的方向加速调整，两国在能源、金融、贸易、科技、基础设施等领域的合作出现新突破。她还强调，中俄经贸合作在未来将进一步加强，但因愈发复杂的国际经济政治变局受到多方不协调因素干扰，也难免遭遇波折。⑥封安全对中国在"双循环"新发展格局背景下的中俄经贸合作进行了研究。他从构建新发展格局对深化中俄经贸合作的现实基础、新要求与新动向这三个方面

---

① 刁大明、邵静怡：《中美城市外交的历史发展与内在逻辑》，《当代美国评论》2022年第3期。
② 唐仕春：《中国共产党组织工作者访苏参观团的多重探索》，《当代中国外交史研究》2022年第3期。
③ 许浩：《毛泽东处理中苏关系的考量及其当代价值》，《湖南科技大学学报（社会科学版）》2022年第6期。
④ 贺雪娇、贺怀锴：《苏联援助中国陆军建设述论（1949—1960）》，《安徽史学》2022年第4期。
⑤ 姚勇：《"伊塔事件"与新疆兵团边境团场的创建》，《新疆大学学报（哲学社会科学版）》2022年第6期。
⑥ 李双双：《美欧对俄经济制裁影响下的中俄经贸关系》，《俄罗斯东欧中亚研究》2022年第5期。

较为详细地阐述了中俄经贸合作的新内涵,并强调在深化中俄经贸合作的过程中,将进一步释放中俄能源合作潜能,扩大中俄跨境电商贸易规模,全面发展中俄科技合作,而中俄农业合作也将成为两国经贸合作新的增长点。①

3. 对欧外交史研究

中欧关系史是当代中国外交史的重要研究领域。从改革开放以来,中国与欧洲各国之间的经贸合作日益紧密,中欧关系得到了迅速发展,但是,近年来,受到中美竞争加剧的影响,中欧之间的经贸合作受到了挑战。这也成为本年度学界研究中欧关系的主要议题。宋晓敏从历史视角阐述了当代中欧关系从摆脱派生性关系走向独立性关系的发展过程,并指出在百年未有之大变局和世纪疫情的影响下,国际体系进入深度变革时期,导致欧盟对华认知发生重要变化。作者认为,欧盟在美国"联欧制华"政策的影响下,将中国定位为"谈判伙伴、经济竞争者和制度性对手",中欧关系的发展面临竞争与冲突加剧的挑战,因此中国应深入认识和把握双方关系的内在动力和发展逻辑,保持战略自信和定力,积极开展对欧外交工作,进一步加强中欧关系的韧性,为未来中欧关系的友好合作打下基础。②

有些学者重点研究了在国际环境变化影响下的中欧经贸关系。寇蔻从全球价值链视角出发,指出中欧之间单向的非对称性依赖关系有所降低,中国价值链的独立性不断提高,双方在制造业领域价值链高度融合且相互依赖,中东欧国家相比于西欧国家更加依赖中国。尽管欧盟对中国的依赖性上升,但仍占据全球贸易和价值链的优势地位。随着中美竞争加剧以及欧盟对华态度转变,后疫情时代中欧价值链面临短平化、就近化重塑,中欧企业的全球化策略将面临越来越高的政治风险。因此,继续发展双赢的经贸关系成为了中欧持续合作的关键。③ 赵柯等认为,欧盟对华经济外交已发生重大转变,正在从"以商促变"的旧框架进入"负责任共存"的新框架,以便通过重塑多元化、本地化的经贸网络,推出更具针对性的贸易投资工具,并加强西方国家的对外经济政策协调,应对中国的所谓"系统性竞争"。新框架明显增加对抗性,但也展现出不愿与中国经济脱钩的意愿,因此中国应该持续扩大中欧在双边和全球层面的共同利益,既要坚持中欧经贸合作,又要推动中欧绿色发展战略的对接,并扩展全球经济治理层面的合作,推进中欧关系的持续发展。④ 胡子南研究了欧盟加强对华经贸防御机制这一议题,认为其战略考量在于以下三点:欧盟意图维护欧洲主权并确保在对

---

① 封安全:《"双循环"新发展格局下深化中俄经贸合作的新内涵》,《社会科学战线》2022年第8期。
② 宋晓敏:《从派生性关系到独立性关系?——解析中欧关系的基本特征与发展逻辑》,《国际政治研究》2022年第2期。
③ 寇蔻:《中欧经贸依赖关系的变化及未来走向》,《欧洲研究》2022年第1期。
④ 赵柯、毕阳:《转变中的欧盟对华经济外交——从"以商促变"到"负责任共存"》,《国际展望》2022年第5期。

华关系上拥有独立决策权，欧盟对华战略受到了德法两国提防制衡中国理念的影响，欧盟在产业政策上视中国为主要竞争对手。作者指出，欧盟正在构建一个全方位对华经贸防御工具箱，使欧洲强化对中国"竞争对手"的定位而更加防范中资企业，还可能导致欧美对华政策趋同进而采用统一监管机制，但欧盟盲目使用对华经贸防御工具也可能会损害自身利益。作者强调，中国应提前准备，通过切实可行的反制措施给欧盟以警告，同时应深化中欧双边合作来阻止欧美对华经贸政策一致化的倾向。① 殷晓鹏等考察了欧洲对华投资新动向，分析了欧盟对华直接投资的现状、最新动向与影响因素，结合"一带一路"倡议、RCEP、《中欧全面投资协定》等内容，探讨了欧盟对华直接投资与中欧经贸合作之间的关系，并在此基础上提出优化中欧投资路径的策略，以期实现中欧经贸关系长期稳定发展和扩大我国对外贸易战略空间。②

此外，还有学者聚焦于中国与欧洲国家之间的外交事件。在中英关系史领域，王巧荣考察了1956年"克洛马事件"发生后，英国对南海诸岛主权的立场态度。作者认为，二战后由于国家实力锐减，英国应对国际事务能力和意愿大幅下降，遇事更希望与美国保持一致步调，鉴于美国在南沙群岛问题上相对超脱的立场，英国遂采取了不卷入（远离争端）的立场和策略。③ 李继高研究了20世纪60年代中国向英国求购中远程飞机的历史。作者大量使用英国政府的档案文献，详细论证了英国政府面对中国求购中远程飞机时的谨慎态度、决策过程与政策转变，并指出虽然此次求购最终失败，但也为70年代中国从英国购买三叉戟飞机与引进军用斯贝发动机生产制造技术，打下了坚实的基础，同时也在客观上促进了冷战时期中英贸易关系的艰难发展。④ 连晨超考察了20世纪70年代初期的中英建交谈判与台湾法律地位问题。作者利用了大量英国政府的档案与文献，详细论述了1970—1972年中英两国围绕建交议题的政策制定及谈判的具体过程，尤其是双方在解决台湾地位问题上的博弈，讨论了两国建交谈判的漫长曲折过程以及英国逐步做出让步的原因，在一定程度上弥补了以往中英建交问题研究中的不足。⑤ 聂励对新中国建立后中英两国关于新华社香港分社的交涉问题进行了研究。作者从中国与英国两个视角，详细分析了两国政府对新华社香港分社的不同

---

① 胡子南：《欧盟强化对华经贸防御工具的动因、举措、影响及中国应对》，《太平洋学报》2022年第3期。
② 殷晓鹏、王锋锋、肖艺璇：《欧盟对华直接投资新动向及中国应对研究》，《国际贸易》2022年第4期。
③ 王巧荣：《英国对南海诸岛主权问题的立场考论——以"克洛马事件"为中心》，《清华大学学报（哲学社会科学版）》2022年第3期。
④ 李继高：《20世纪60年代英国对中国求购中远程飞机的反应与对策》，《历史教学问题》2022年第4期。
⑤ 连晨超：《1970—1972年中英建交谈判与"台湾地位未定论"的破产》，《当代中国史研究》2022年第6期。

定位与历史实践，强调中英两国的较量导致新华社香港分社多次调整职能定位，双方的博弈过程折射并透视了两国在香港问题上的互动过程与关系实质。①

胡荣荣考察了20世纪50年代英国对中国政府提出在香港设立官方代表问题的反应。研究发现，英国外交部、殖民部、英国驻华代办处、港英政府等均参与了对该问题的讨论，虽然其考量不同，但最终在这一问题上采取了拖延、拒绝的立场与策略，究其原因在于，这是英国在英美中三边关系下对英中关系进行风险评估的结果，反映了香港在西方阵营中战略价值的提升，折射出英国遏制共产主义又试图维系与中国关系的心态，最根本的原因是英国争夺人心以维护在香港的殖民利益。②

有些学者对中德关系史的相关问题进行了研究。熊炜对德国对华政策进行了系统性研究，以"经济地缘—政治地缘"的分析框架来分析中德建交50年以来的德国对华政策，论证了其从经济维度逐渐向政治安全维度倾斜的历史进程，并最终得出中国应更为积极地寻求与德国在政治地缘上的共同利益，主动引导和塑造中德关系向符合中国利益的方向发展的结论。③ 陈弢从两个不同的主题考察了中德贸易和投资历史。一方面，作者考察了迈力克默号事件与冷战初期联邦德国对新中国的贸易政策。作者利用了大量德国政府档案为主的多边政府档案文献，以迈力克默号事件作为切入点，论证了冷战初期联邦德国政府对华贸易上的严格禁运措施，不仅受美国单方面施压的影响，也与其政府复杂的战略思考有关。然而，由于受中国大陆庞大市场潜力的吸引，联邦德国在企业界的帮助下于香港创立了领事馆，从而为日后与中国大陆的经贸发展保留了一扇门户。④ 另一方面，该作者使用了上海市和大众集团的档案文献，对1985年上海大众桑塔纳轿车国产化项目的历史进程进行了详细研究。他认为，桑塔纳国产化既是20世纪80年代中后期改革开放过程中最具代表性的技术引进工程之一，也是中国政府打造本土汽车产业供应链体系的重要尝试。借此机会，中国经济进一步加入到全球性的生产和交换网络之中。⑤

此外，关于中国与其他欧洲国家关系史的研究成果较少。在中法关系史领域，孙君健等从中法两国对《部分禁止核试验条约》出台后的反应与应对视角出发，探讨了核因素在中法建交过程中的作用。作者认为，《部分禁止核试验条约》是美苏为了共谋核垄断，竭力促

---

① 聂励：《中英两国关于新华社香港分社的交涉（1949—1958）》，《中共党史研究》2022年第5期。
② 胡荣荣：《英国对中国政府提出在香港设立官方代表问题的反应（1956—1958）》，《安徽史学》2022年第3期。
③ 熊炜：《从"超脱"到"碰撞"：德国对华政策50年》，《欧洲研究》2022年第6期。
④ 陈弢：《迈力克默号事件与冷战初期联邦德国对新中国的贸易政策（1949—1952）》，《德国研究》2022年第2期。
⑤ 陈弢：《中德有关桑塔纳轿车国产化问题的协商及其影响（1985—1991）》，《中共党史研究》2022年第2期。

使出台的一个骗局,目的在于对中、法两国实行核打压、核歧视、核排挤。基于此,以反对《部分禁止核试验条约》为契机,两国进行外交接触、洽谈并得以迅速建交。①

在中葡关系史领域,20世纪80年代,在澳门问题被提上中葡两国外交议事日程并至最终通过谈判解决的过程中,中葡两国在巨大的认知冲突和利益分歧下,围绕澳门回归时间这一焦点问题展开了旷日持久的交涉和博弈。对此,陈杰对中葡双方关于澳门回归问题的外交博弈及其背后的深层次原因作了较为深入的研究,并在此基础上分析和总结了我国妥善处理澳门回归时间问题的历史经验,丰富了学界对这一问题的认识。②

总体而言,本年度的大国外交史研究成果较为丰硕,从研究角度来看,既有对历史上双边关系的系统性宏观研究,也有以重要历史事件与专题为切入点的微观研究;从研究领域来划分,则包括了政治、经济、外交等不同研究方向的研究成果。这对当代中国外交史中大国外交史研究的持续推进奠定了基础。

(三) 周边外交史研究

周边外交史一直是当代中国外交史的研究热点领域。本年度,学界出现了大量对于中国与周边国家关系史研究成果,但研究重点集中于中国与东亚国家关系史领域,中国与南亚、中亚、西亚和南太平洋国家的关系史研究成果较少。

1. 中国与东亚国家关系史研究

2022年是中日邦交正常化50周年。彼时,中日两国领导人作出了邦交正常化的重大决断,对两国关系发展与国际形势产生了重要影响。因此,本年度中国与东亚国家关系史领域专注于中日关系正常化历史进程的研究。

徐显芬从领导人决定论、国际环境决定论、两国间政策决定论、人民外交决定论、原则问题决定论五个方面梳理了中日两国学界关于中日邦交正常化决策的研究成果。③ 与此相类似,李明楠从更宏大的视野探讨了两国学界关于建交50年来中日关系的研究现状,梳理了中日两国学界的代表性论著,初步勾勒出50年来相关研究的演进脉络,并总结了相关研究的成就与遗留问题。他认为,战后中日两国先后兴起了以"友好史观""战略史观""国际史观"来研究和叙述两国关系史的范式,并分析各种史观兴起的原因与主要内容,有助于学界更加清晰地把握中日关系史研究的演进脉络。④ 与探讨中日邦交正常化历史进程与友好关系的文章不同,刘建平的《五十年来中日关系研究的问题意识、史料开拓和知识生产》

---

① 孙君健、李军军:《1963年〈部分禁止核试验条约〉与中法建交》,《史学月刊》2022年第1期。
② 陈杰:《中葡两国关于澳门回归时间问题的外交博弈及其历史经验》,《统一战线学研究》2022年第1期。
③ 徐显芬:《中日邦交正常化决策研究述要》,《中共党史研究》2022年第4期。
④ 李明楠:《战后中日关系史研究50年:脉络、现状与趋向》,《当代中国史研究》2022年第3期。

着重探讨了中日复交谈判时期所刻意回避的战争责任等问题以及中日学界对此的看法，认为对这些问题的回避为日后两国关系曲折发展埋下了伏笔，该文视角新颖，对认识当前复杂的中日关系以及预判中日关系发展趋势提供了有益启发。① 胡令远等探讨了中日两国之间的四个政治文件，认为，自中日邦交正常化以来，中日关系的持续稳定发展的政治基础和保证就在于两国之间的四个政治文件。当今，中日关系又处于历史发展的十字路口，通过重温四个政治文件确立的战后中日关系的原点及其赓续，对于思考如何构建契合新时代要求的中日关系，具有重要的启鉴意义。② 李明楠等考察了20世纪60年代日本池田内阁的对华贸易中的"两个中国"政策，指出池田内阁预谋实施"两个中国"新政策以恢复对华贸易，设想既维持同台湾当局的"外交"关系，又承认中国政府为"事实上"的国家政权，并在否认中方所述"政治三原则"的前提下对华订立政府间贸易协定。中国政府看出了日本政府的企图，为中日新贸易"降级"，规定双方政府代表谈判的贸易仍为民间属性，使池田内阁制造"两个中国"的阴谋破产。作者强调，日本政府刻意制造"两个中国"的企图，对反思日本其他内阁乃至整个无邦交时代日本对华政策的本质提供了重要思路。③ 丁志远回顾了日本佐藤内阁对联合国中国代表权问题的政策，认为亲台亲美反华的佐藤内阁在1971年联合国中国代表权问题上紧随美国的"两个中国"政策，既未能顺应国际上要求恢复中国在联合国合法席位的形势，也导致自民党内部在对华政策上出现了分歧和矛盾，最终错过了在其任内调整对华关系的历史契机。④

除中日关系史外，也有学者研究了中国与东亚其他国家关系史。祁怀高探讨了中韩海洋管辖权主张与海域划界谈判的问题，认为中韩两国在未来要顺利完成海域划界谈判，需要综合考虑法律、政治和经济因素。他强调中韩两国未来能够达成双方均满意的公平划界结果，并将产生多方面的积极意义，特别是中韩黄海划界协定将消减两国关系中的潜在不稳定因素，推动中韩关系行稳致远。⑤ 谷继坤以中、蒙、俄三国档案为依据，探讨了从1949年至1952年间中蒙外交关系建立与初步发展的过程。他认为，虽然蒙古国是首批承认新中国的国家之一，但双方建交后却整体上处于冷淡疏离的状态，以1952年中国代表团赴蒙参加乔

---

① 刘建平：《五十年来中日关系研究的问题意识、史料开拓和知识生产》，《中共党史研究》2022年第4期。
② 胡令远、王天然：《战后中日关系的原点及其延长线——重温四个政治文件》，《日本学刊》2022年第4期。
③ 李明楠、宋志勇：《池田内阁对华贸易中的"两个中国"政策以及中国的应对》，《安徽史学》2022年第3期。
④ 丁志远：《分歧与协调：佐藤内阁对联合国中国代表权问题的政策选择》，《当代中国史研究》2022年第1期。
⑤ 祁怀高：《中韩海洋管辖权主张与海域划界谈判》，《亚太安全与海洋研究》2022年第5期。

巴山葬礼和蒙新任领导人泽登巴尔访华为契机，双方关系得以明显改善，其后取得初步发展。中蒙外交关系建立与发展的历史过程表明，旧有彼此认知等因素对两国关系的影响是复杂的，政治互信才是推动中蒙两国关系发展的重要基石。① 该文是为数不多的探讨中蒙外交关系建立与发展及其影响因素的成果，在一定程度上丰富和推进了相关研究。

2. 中国与东南亚国家关系史研究

本年度，学界关于中国与东南亚国家关系史的研究重点放在了中国—东盟关系的议题上。雷小华探讨了中国—东盟建立对话关系30年的发展成就、历史经验及前景展望。作者认为，中国—东盟关系已成为亚太区域合作中最为成功和最具活力的典范，成为推动构建人类命运共同体的生动例证。中国—东盟建立对话关系30年的发展成就可以总结为四大历史经验。在世界百年未有之大变局背景下，双方将提升为更紧密的七大伙伴关系。中国与东盟国家已经建成全面战略伙伴关系，并朝着建立更为紧密的中国—东盟命运共同体的方向继续发展。② 翟崑探讨了中国—东盟的合作模式，认为中国与东盟在过去30年的合作克服了各种地区合作的知行难题，形成知行共同体，在促进双方关系的基础上，优化了以东盟为中心的东亚地区秩序。然而，如今中美在东南亚的战略博弈加剧，各方"印太战略"兴起，中国与东盟合作既面临新的知行难题，也蕴含了双方进一步升级合作并优化地区秩序的新机遇。作者强调，中国在未来可以通过接纳和推动"东盟印太展望"，实现与东盟合作的升级，共同推进包容性地区秩序的构建。③ 温尧考察了中国—东盟关系的政党路径，指出，中国共产党以政党名义与东南亚的政党、政要建立了有别于传统外交联系的交往关系，这一跨国交往的政党路径构成了中国—东盟关系的重要部分。中国共产党对东南亚交往产生了建构正面认知、促进政策沟通、传播治理知识等政治效应，其正面作用的彰显有赖于交往对象能动性的发挥。中国共产党对东南亚交往呈现出议题拓展、制度化和多边化等三种互动而有张力的趋势，以政党为基础的新型跨国治理网络也许正在浮现。④ 此外，也有学者研究了新中国成立初期东南亚华侨复员问题。路阳利用中国外交部档案、地方档案与相关文献资料，对新中国成立初期的东南亚待返华侨概况、中国政府有关华侨复员的政策立场以及国际难民组织在华机构的变迁与华侨复员工作实践加以深入考察。作者认为，新中国政府与国际难民组织在华机构的交涉与合作不仅对解决华侨复员问题意义重大，也是当时的国际背景下中国对

---

① 谷继坤：《试论中蒙外交关系的建立与初步发展（1949—1952）》，《历史教学问题》2022年第4期。
② 雷小华：《中国—东盟建立对话关系30年：发展成就、历史经验及前景展望》，《亚太安全与海洋研究》2022年第1期。
③ 翟崑：《克服知行矛盾：中国—东盟合作与地区秩序优化》，《太平洋学报》2022年第2期。
④ 温尧：《中国—东盟关系的政党路径：基于十八大以来中国共产党对东南亚交往的考察》，《复旦学报（社会科学版）》2022年第4期。

外关系的一项重要实践，为中国处理与其他国际组织的关系提供了经验借鉴。①

3. 中国与南亚国家关系史研究

本年度，中国与南亚国家关系史的研究成果不多，主要关注中国与印度关系以及中国与巴基斯坦关系。高志平等考察了不结盟国家对1962年中印边界冲突的调解，认为虽然调解的结果不如预期，但其彰显了不结盟运动追求世界和平与安全的宗旨与原则，也凸显出早期不结盟运动机制化建设的紧迫性，同时折射出中印双方与不结盟运动关系的未来走向。② 陈景彪等对英国国家档案馆馆藏的中印关系档案进行了评析，认为英国国家档案馆为各国学者提供了数量庞大、富有特色、价值突出、使用便捷的现代中印关系史档案。这对中印关系史研究而言，具有重要的档案文献价值，将进一步推动中印关系史研究的发展。③

在中巴关系史研究方面，李潜虞利用中方资料并结合美国国家档案馆所藏的外交档案，考察了1956年中国与巴基斯坦两国总理互访的历史。他认为，在巴基斯坦加入由西方国家主导的反华军事同盟的背景下，中巴两国总理的互访不但成为中巴关系逐渐改善的开端，也成为新中国外交史上的重要实践，并对其后及当今中巴战略伙伴关系的发展具有重要的启示意义。④

4. 中国与中亚、西亚国家关系史研究

本年度，研究中国与中亚、西亚国家关系史的成果较少。许涛考察了30年来中国与中亚国家的安全合作。作者认为，在中国与中亚各国建交30年以来，随着世界和地区形势的发展，中国与中亚国家之间的政治互信水平在应对共同的安全威胁因素挑战的过程中不断提高，安全合作成为发展新型国家关系的重要组成部分。随着全球政治经济格局的变化和地区安全形势的演进，中国与中亚各国在维护自身稳定时，也把促进区域安全视为共同职责，同时逐渐形成了有效的协作模式。当世界进入百年未有之大变局之际，中国与中亚各国均遇到各种新挑战。在安全领域加强务实合作，形成彼此可以倚重的安全共同体，这种理念正在成为得到高度认同的地区共识。⑤

此外，佘纲正利用以色列的档案文献，考察了本－古里安的中国观变迁与冷战时期的中以关系。他认为，以色列是第一个宣布承认新中国的中东地区国家，但中以两国在冷战中却经历了积极接触、激烈对抗再到最终和解的复杂历程。作为现代以色列"国父"的本－古

---

① 路阳：《新中国成立初期东南亚华侨复员的中外交涉与国际合作》，《东南亚研究》2022年第1期。
② 高志平、赵振宇：《不结盟国家对1962年中印边界冲突的调解》，《太平洋学报》2022年第6期。
③ 陈景彪、孟庆龙：《英国国家档案馆馆藏中印关系档案评析》，《中共党史研究》2022年第4期。
④ 李潜虞：《20世纪50年代中国与巴基斯坦关系的实践与启示——以1956年中巴两国总理互访为例》，《南亚研究季刊》2022年第4期。
⑤ 许涛：《从维护睦邻安邻关系到构建安全共同体——中国与中亚国家安全合作30年》，《俄罗斯研究》2022年第5期。

里安，从以色列建国至其去世前，对中国的态度与认知也经历了巨大转变。本-古里安对中国的态度变化从多个方面影响了冷战时期以色列的对华政策，为理解曲折的中以关系以及复杂的全球冷战局势提供了新的角度。同时，本-古里安后期的中国观兼具哲学历史高度和现实政治维度，也为世界对中国的观察增添了一种独特的犹太—以色列视角。[①]

5. 中国与南太平洋国家关系史研究

本年度，中国与南太平洋国家关系史的研究成果多集中于中澳关系史领域。宋静等探讨了澳大利亚对华政策走向。作者认为，影响澳大利亚对华政策的三大因素分别是联盟管理、政党政治和经贸合作，它们相互交织、共同作用，决定了中澳关系的走向。在两党轮流执政的环境下，自由党强调意识形态，注重澳美联盟，追随美国战略来定位对华关系；工党在"中等强国"理念下表现出外交自主的诉求和联盟离心倾向，注重澳中经贸合作。在联盟管理框架内，美国分别对澳大利亚的政党体系、外交决策体系和对外战略逐步同化。近年来，在中美战略竞争加剧的环境下，自由党政府放弃平衡外交路线，实施重大战略转型，对"一带一路"倡议从最初的政策辩论到以"印太战略"进行替代性对抗，造成中澳关系的动荡与经贸合作的重挫。中澳两国关系重置已不可避免，中国应高度关注澳美联盟的战略转型，坚持对其进行经济反制，保持与在野工党的政策沟通，推进海外能源、资源来源地的多元化，积极展开海外市场替代，在区域安全议题上有所作为。[②] 谢晓啸考察了1971年澳工党代表团访华与澳中民间交往。作者指出，1971年7月，时任澳大利亚反对党工党领袖的高夫·惠特拉姆应邀率团访华并与周恩来总理等中国领导人就两国关系和贸易等问题举行了多次会谈，双方达成了一定的共识，为一年之后澳中建交奠定了基础。此前澳中两国之间延续多年的民间贸易联系和人员往来是澳工党代表团访华得以成功的重要前提条件之一。两名促成了澳工党代表团访华的关键性人物迈克·杨和罗斯·特里尔早年都有过到访中国的经历。这一共同点的存在绝非偶然，而是表明民间因素是1972年中澳两国关系实现历史性突破的一个重要助力。[③]

另外，有学者对中国与南太平洋岛国的关系进行了研究。孙璐对中国与南太地区在合作问题上进行了研究，在对太平洋岛国的历史、国情以及新中国与南太岛国开展40年友好合作的历史、现状等进行简介的基础上，梳理并分析了当前中国与南太地区在合作过程中面临的机遇与挑战，并对未来双方如何更好地拓展与深化合作提出了一些政策建议。她强调，面对机遇与挑战，中国应该从地区和国际两个层面着手，促进双边关系发展，改善国际发展环

---

① 余纲正：《从怀疑到正视：本-古里安的中国观变迁与冷战时期的中以关系》，《学海》2022年第3期。
② 宋静、王颖嵘：《多重因素影响下的澳大利亚对华政策走向》，《印度洋经济体研究》2022年第2期。
③ 谢晓啸：《1971年澳工党代表团访华与澳中民间交往》，《外国问题研究》2022年第2期。

境，不断巩固和加强中国与南太岛国的友好合作。①

总而言之，2022年周边外交史的研究还是出现了百花齐放的局面，推动了该领域研究的进一步发展，但研究成果集中于中国与周边国家关系史领域，既缺少宏观层面的选题，也出现了各领域研究成果不均衡的现象。这与我国周边外交环境的不断变化不无关系。

（四）发展中国家外交史、多边外交史与其他外交专题史研究

本年度，在发展中国家外交史、多边外交史与以公共外交为主的其他外交专题史研究等领域的科研成果较少。

在发展中国家外交史研究方面，高志平等就不结盟运动与新中国恢复在联合国合法席位的关系问题进行了研究。作者指出，不结盟运动是由发展中国家组成的最大的国际组织，为新中国恢复在联合国合法席位做了不懈努力。不结盟运动组织和动员了广大不结盟国家支持新中国恢复在联合国合法席位，为新中国恢复在联合国合法席位凝聚了支撑力量，在联合国大会表决通过第2758号决议中发挥了关键作用。新中国在这一过程中的积极作为，是新中国主动外交的典型例证，具有现实借鉴意义。② 张春宇聚焦中国对非洲直接投资，较为系统地梳理了中国对非洲直接投资的四个发展阶段，总结了其基本经验，为继续深化中国对非洲直接投资提供了有益参考。③ 加法尔·卡拉尔·艾哈迈德考察了中国与苏丹卫生合作的发展历程及主要成就，指出，自20世纪70年代初至今，中国按照两国议定书内容持续向苏丹派遣医疗队、派送药品和医疗设备、器械等物资，在苏丹建立了多家友谊医院，赢得了苏丹政府和人民的高度赞赏，也为苏丹卫生事业的发展作出了重大贡献。过去50年，尽管国际局势急剧变化，中苏双方始终互相尊重，通过真诚的交流与务实的合作奠定了两国在卫生领域友好合作的坚实基础。展望未来，中苏两国将在落实中非合作有关会议成果的基础上继续加强卫生合作，深化经验交流，共同推动两国卫生合作再上新台阶。④

在多边外交史研究方面，学界聚焦于两个领域。其一，中国与WTO的外交关系研究。王琛探讨了中国参与WTO的三个阶段，认为中国过去20年参与WTO经历了融入跟随、建设倡导和贡献引领三个阶段。展望未来，中国应从思想上、态度上、行动上、议题上、舆论上加强对WTO工作的参与。⑤ 张丽娟等考察了贸易制度融入全球贸易体系这一历史过程，

---

① 孙璐：《中国深化与太平洋岛国合作的机遇与挑战——以中国与所罗门群岛签署安全合作协议为例》，《和平与发展》2022年第6期。
② 高志平、郭温玉：《不结盟运动与新中国恢复在联合国合法席位》，《社会科学战线》2022年第9期。
③ 张春宇：《中国对非洲直接投资的实践、经验及挑战》，《当代中国史研究》2022年第5期。
④ [苏丹] 加法尔·卡拉尔·艾哈迈德、王广大：《中国与苏丹卫生合作的发展历程及主要成就》，《阿拉伯世界研究》2022年第2期。
⑤ 王琛：《中国参与WTO二十年：从融入跟随、建设倡导到贡献引领》，《亚太经济》2022年第3期。

认为中国加入 WTO 对全球增长有显著推动效应,对降低全球经济不确定性亦有贡献。"入世"后中国更注重贸易制度国际化,重视协调贸易政策与环境保护,加快转变外贸发展方式以促进经济可持续发展。随着中国贸易制度与全球贸易体系的融合演进,中国在全球贸易治理变革中的角色作用更加突出但也更具挑战性。面向未来,中国应加快推进贸易投资便利化,提升营商环境竞争力,通过签署高水平贸易投资协定提高贸易制度国际化水平,建设性参与 WTO 新议题谈判,以高标准的贸易规则深度融入全球贸易体系。[1] 其二,中国与国际条约的关系研究。詹欣考察了中国与《不扩散核武器条约》的历史,指出冷战时期,中国一直站在第三世界国家一边,反对美苏两个核大国进行核垄断,对《不扩散核武器条约》持抵制、批评的态度。冷战结束后,随着中国国际地位和作用日益增强,裁军与军控已成为中国与其他大国互动的重要平台。中国全面、深入地参与国际裁军与军控进程,高度重视防止核扩散、推动核裁军以及促进和平利用核能的国际合作,最终加入了《不扩散核武器条约》。[2] 杨泽伟对中国与《联合国海洋法公约》的关系进行了系统研究,认为中国与《联合国海洋法公约》40 年的互动历程可以分为三个阶段。《联合国海洋法公约》虽然促进了中国对全球海洋治理的参与、推动了中国涉海法律制度的完善,但是使中国与海上相邻或相向国家间的海域划界争端更加复杂、中国海洋权益的拓展受到更多限制。中国发展中国家身份的转型决定了中国与《联合国海洋法公约》的未来关系将更加密切,中国"加快建设海洋强国"战略的实施也需要对一些与《联合国海洋法公约》有关的国内海洋法律政策作出调整。[3]

在其他外交专题史研究方面,学界主要聚焦公共外交领域。杨荣国等从宏观视角对新时代中国周边公共外交的战略诉求、现实挑战与推进思路进行了研究,认为新时代中国周边公共外交承担着增进周边国家公众对中国认知、理解和信任的重要任务,肩负着消除周边国家公众对华认知赤字、信任赤字和认同赤字的重要使命,并取得了一系列的新进展。然而,周边国家政治社会环境的多变与民粹主义的抬头、亚洲地区治理的滞后与内部分化倾向的强化、大国地缘政治博弈和价值观博弈的加剧、西方媒体对中国内政外交的歪曲抹黑也制约着新时代中国周边公共外交的效果。因此,推进新时代中国周边公共外交需要构建政治支撑与资源保障体系、深化人文交流合作与地区人文治理、加强国际传播能力建设

---

[1] 张丽娟、冯卓:《加入 WTO 20 年:中国贸易制度融入全球贸易体系的回顾与思考》,《太平洋学报》2022 年第 8 期。

[2] 詹欣:《中国与〈不扩散核武器条约〉(1968—1992)》,《华东师范大学学报(哲学社会科学版)》2022 年第 3 期。

[3] 杨泽伟:《中国与〈联合国海洋法公约〉40 年:历程、影响与未来展望》,《当代法学》2022 年第 4 期。

与周边话语体系建设、强化公众间交流交往与沟通互动、建立舆论危机预警与控制机制。①邢伟讨论了中国的水外交,认为从澜湄合作的角度观察,新时代中国的水外交在理念、政治、经济、安全等层面的发展,对于推动"一带一路"建设、提升中国的国际形象、提供地区公共产品都有着积极效应,体现了中国与周边国家的合作共赢的理念与实践。因此,澜湄水资源合作是中国开展水外交工作的重点领域,也是推进中国周边地区和平与发展的关键举措之一。②

总之,本年度的发展中国家外交史、多边外交史与其他外交专题史研究的成果较少并呈现出研究领域不均衡的态势。发展中国家外交史领域缺少中国与拉美地区国家关系史的研究成果。多边外交史领域缺少中国与联合国等其他多边组织关系史的研究成果。其他外交专题史领域缺少公共外交史以外的专题研究成果。这一点值得学界注意。

三、总结

2022年,当代中国外交史学科发展整体向好,在继承了以往良好学术传统的情况下,展现出一些新的特点,但也暴露出一些问题,期待在学科未来的发展中可以将其改正。

第一,当代中国外交史学科发展的条件出现了新的特点。其一,随着哲学社会科学的不断发展,注重不同学科之间交流的跨学科研究已经为外交史研究提供了新的发展条件。当今已经有越来越多的学者使用国际政治与经济的视角和理论来分析论述外交史问题。这为外交史研究发展提供了新的路径,客观上推动了该学科朝着更全面的方向进一步发展。其二,外文档案资料的广泛利用,为当代中国外交史学科提供了新的发展条件。随着各国学术交流活动日益密切与外国档案文献的数字化,当今获取外文档案资料的难度相比以往已经大大降低了。在中国各级档案文献开放有限的情况下,加强利用外文档案资料将为当代中国外交史学科提供更好的发展路径。

第二,当代中国外交史学科出现了新的成就。本学科各热门研究领域依然保持热度,涌现出了一大批高质量研究成果。其一,新时代中国特色大国外交研究开始被学界关注。在以往的基础上,该主题得到了更多学者的思考,并发表了一些高质量的论文。其二,大国外交史研究依然是当代中国外交史学科的重点。由于俄乌冲突的爆发,中俄之间的经贸合作开始受到学界关注,出现了一些研究成果。此外,本年度中欧关系史研究也出现了一批高质量的成果,无论从广度还是深度来看,都比往年更进一步。其三,周边外交史研究取得了新进

---

① 杨荣国、代家玮:《新时代中国周边公共外交的战略诉求、现实挑战与推进思路》,《新疆社会科学》2022年第5期。

② 邢伟:《新时代中国的水外交:以澜湄合作为例》,《学术探索》2022年第9期。

展。2022年是中日邦交正常化50周年，受到学界关注，中日关系史研究产生了一大批优秀的成果。

  第三，当代中国外交史学科在持续发展的同时，也显现出一些问题，值得学界注意。其一，各领域研究不均衡。学界往往聚焦于外交史的热门领域和热点问题，而忽略了对其他领域的探索。本年度，习近平外交思想研究、大国外交史研究依然是学界关注的重点，也呈现出许多高质量的成果。然而，发展中国家外交史研究的成果相比于热点领域一直产量较少，而多边外交史研究在2021年取得了长足的进展，但在2022年又成了外交史学科的冷门领域。学科研究不均衡还体现在各研究领域内部。周边外交史研究的成果多集中在中国与东亚、东南亚国家关系史领域，而中国与南亚、中亚、西亚和南太平洋国家关系史的研究成果较少。在中国与东亚国家关系史领域之中，又以中日关系史的成果最多，中韩、中朝、中蒙关系史的科研成果较少。此外，中外双边关系史研究较少关注中外政党关系，在很大程度上会造成研究的片面性。这都体现了学科各领域研究不均衡的问题。其二，外国档案资料利用还有待提高。虽然，本年度的外交史研究成果中已经有越来越多的学者使用外文资料来论述相关问题，但大多数中外关系史的成果中还是缺少对象国的档案文献资料的利用。这也从一定程度上限制了外交史学科的进步。其三，外交史研究缺少辩证思维。本年度的外交史研究成果中大多数仍是从正面来阐述中国政府的外交方针和决策，缺乏辩证思维，缺少对中国外交的历史经验教训的总结。这将导致外交史研究趋向片面化，不利于学科的持续稳定发展。

  第四，当代中国外交史学科的发展趋势可以从以下四点进行展望。其一，全面发展当代中国外交史学科各领域研究。当今，外交史研究不均衡导致出现了许多研究的空白领域。中国与发展中国家外交史研究领域之中就很少被学界关注。其中，中国与拉美加勒比海地区国家关系史、与阿拉伯国家关系史以及与南太平洋岛国关系史的研究领域中存在许多选题空白点。学者可以对此进行开拓性研究，不仅能够提高研究质量，还能够弥补学术空白，促进学科全面发展。其二，发掘利用外国档案文献材料。研究中国对外关系，如果只收集中国一方的档案文献，不仅会造成观点片面化，也会在中文档案未开放时陷入学术瓶颈，使外交史学科发展受阻。因此，外交史领域学者应该多发掘利用外国档案资料，不仅可以在研究过程中与国内资料相互佐证以提高学术水平，还能够在研究外文资料时发现新的选题以推动外交史学科的持续发展。其三，加强对外交史研究的辩证思维。外交史领域学者在做研究时，应从正反两面辩证思考问题。学习历史经验教训比展现成就对中国外交的发展更有益处。同时，辩证思考也可以有效避免片面看待问题，对外交史学科发展有所裨益。其四，加强跨学科研究。针对中国对外关系史领域的特定选题，外交史领域学者可以使用国际政治学、国际经济学、外交学、传播学等不同学科领域的概念或理论来进行研究。这可以丰富外交史研究的视角与理论资源，有力推动外交史学科全面发展。

（执笔：当代中国研究所　张沐春）

2022年度当代中国史理论与方法研究综述

一、概述

当代中国史理论，或称中华人民共和国史理论（简称"国史理论"）是"关于国史上社会矛盾关系及其变化发展的带有规律性的思想认识成果，包括国史发展的主题与主线、动力与条件、内涵与本质等的基本立场、观点和方法。"[1] 2022年12月8日，习近平总书记在致国史学会成立30周年的贺信中，勉励全国国史工作者要"牢牢把握国史的主题主线、主流本质，不断提高研究水平，创新宣传方式，加强教育引导，激励人们坚定历史自信、增强历史主动，更好凝聚团结奋斗的精神力量，为全面建设社会主义现代化国家、全面推进中华民族伟大复兴作出新贡献。"[2] 可见，当代中国史理论与方法研究是推进当代中国史编研不断深入，充分发挥当代中国史宣传教育作用的基石。

2022年，为迎接党的二十大胜利召开，在党的第三个历史决议精神和习近平总书记贺信精神指引下，当代中国史理论与方法研究取得显著进展。在学术活动方面，2022年8月，由山西长治学院和中国社会科学院当代中国研究所主办的第八届马克思主义当代中国史理论论坛在山西召开，主题为"新时代十年国史理论的创新与发展"，参会学者围绕近年来国史理论重要议题和新时代国史理论发展成就进行发言和展开讨论。2022年9月，新疆大学和中国社会科学院当代中国研究所、中华人民共和国国史学会主办的第二十二届国史学术年会在乌鲁木齐和北京两个会场线上举办，主题为"中国式现代化道路与新时代国史研究"，会议形成大量优秀的围绕"中国式现代化道路"主题展开的史实研究和理论研究文章。2022年10月，中国社会科学院当代中国研究所主办的"党的第三个历史决议与当代中国政治发展"学术研讨会暨第三届中国当代政治史研究述评会以线上线下相结合的方式举行，专家学者围绕学习阐释第三个历史决议进行了深入交流。2022年11月，由北京大学中华人民共和国史研究中心主办的"共和国史跨学科论坛"召开，会上优秀青年学者围绕跨学科方法在当代中国史中的应用进行了研究汇报和学术交流。2022年12月，推动新中国史研究事业

---

[1] 宋月红、王爱云：《中华人民共和国史研究的理论与方法》，当代中国出版社2016年版，第17页。
[2] 《习近平致国史学会成立30周年的贺信》，新华网，http：//www.news.cn/politics/leaders/2022-12/08/c_1129191903.htm。

繁荣发展暨庆祝中华人民共和国国史学会成立30周年大会在北京举行。中共中央政治局委员、中宣部部长李书磊在会上宣读习近平总书记的贺信并讲话。会上强调国史工作者要充分认识新中国史研究的重要意义，牢牢把握新中国史研究的正确方向，不断开创新中国史研究事业繁荣发展的新局面，包括更好地发挥新中国史资政、育人、护国的功能，加快构建新中国史三大体系，在出成果、出人才上作出更大贡献。以上高质量学术活动对阐释正确国史观，阐明国史主题主线、主流本质，推进国史编研方法创新等起到了重要推进作用。

在学术研究和科研成果方面。一是加强对正确历史观的阐释和研究。如《当代中国史研究》2022年第1期围绕十九届六中全会、特别是党的第三个历史决议开设笔谈，宋月红等四位学者围绕正确党史观、第三个历史决议对新时代研究的指导意义等理论问题发表文章；第4期《当代中国史研究》再次围绕第三个历史决议开设笔谈，杨凤城等四位学者对第三个历史决议对新中国史研究的指导意义进行了思考和总结。二是为迎接党的二十大，学界对新时代十年国家建设政治、经济、文化、社会、国防、外交等各个方面的历史性成就与经验进行了总结。如万其刚对新时代人民代表大会制度和人大工作创新发展的重大成果进行了系统总结。[①] 三是坚持深入研究和阐明主题主线等当代中国史重大理论问题。新时代十年伟大历史成就之一是成功推进中国式现代化，中国式现代化也成为中国近现代史、新中国史的一条重要主线。朱佳木、于沛等学者围绕中国式现代化的本质、历程、特征、伟大成就、成功经验等问题展开深入研究。[②] 四是深入探讨当代中国史三大体系建设问题。在设立中共党史党建学一级学科背景下，当代中国史学科建设迎来了新的机遇和挑战。"如何明确学科定位""与党史党建等其他学科是什么关系"等一系列问题亟待给出明确答案。学者对此展开深入讨论，如王炳林认为中共党史党建学科建设要实现大党史和大党建的有机结合，其中大党史指的是把党史、新中国史、改革开放史和社会主义发展史有机结合。[③] 此外，学者通过视角和方法创新推进当代中国史话语体系和学术体系建设，如宋学勤总结出构建新中国史叙事体系的"三个面向"，为构建话语体系提供了指导和借鉴。[④]

总体来看，2022年度当代中国史理论与方法研究发展有三方面特点。一是坚持学术性与政治性的统一，深入学习和掌握马克思主义基本原理、马克思主义唯物史观，尤其是要学习和掌握习近平新时代中国特色社会主义思想这一科学理论体系的世界观和方法论，在当代

[①] 万其刚：《新时代人民代表大会制度和人大工作创新发展的重大成果》，《当代中国史研究》2022年第5期。

[②] 朱佳木：《中国式现代化的本质及其发展历程》，《百年潮》2022年第11期；于沛：《中国式现代化道路的时代价值与世界历史意义》，《当代中国史研究》2022年第5期。

[③] 王炳林：《中共党史党建学科的研究方向》，《高校马克思主义理论研究》2022年第2期；王炳林：《中共党史党建学科建设的基本问题探析》，《北京师范大学学报（社会科学版）》2022年第4期。

[④] 宋学勤：《构建新中国史叙事体系的"三个面向"》，《当代中国史研究》2022年第4期。

中国史理论研究中坚持和贯彻其中蕴含的立场观点，阐明新中国史主题主线，坚持正确的学术导向和政治导向。二是深入总结历史经验和阐释中国道路，尤其对新时代十年国家建设各方面的历史性变革和历史性成就作出系统总结，并从大历史观出发，阐释中国式现代化的本质、特征、历程与成就。三是在当代中国史研究日益丰富的趋势下，深入探讨学科建设问题，积极推进编研方法创新，挖掘新史料，采用跨学科方法，有效推进当代中国史三大体系建设，为当代中国史学术精进、学科建制和话语传播提供有力支撑。

二、主要内容

（一）不断加强对正确国史观的阐释和研究

树立正确史观是历史编研的基础和前提，当代中国史研究必须以马克思主义唯物史观为指导。这就要求学者在当代中国史编研工作中自觉运用并善于运用马克思主义唯物史观的立场、观点和方法来分析和认识当代中国史中的重要历史问题和理论问题。近年来，学界始终强调，要读懂新中国史，必须坚持马克思主义唯物史观和科学方法论的指导，牢牢把握新中国史的主题主线、主流本质，正确认识改革开放前后两个历史时期及其关系，正确对待新中国探索的曲折失误，科学评价新中国史中的历史人物，注重总结宝贵经验教训，以古知今、资政育人。[①] 习近平总书记关于党史、新中国史重要论述为中华人民共和国史研究提供重要指导，应该反复学习、深刻领悟。有学者强调，学习习近平重要论述能够准确把握学习新中国史的重要性、深刻认识新中国史的重要意义、掌握正确的历史观和科学的方法论。[②]

2022年，学者进一步围绕马克思主义史观与史学展开深入研究。如《史学月刊》2022年第7期刊出"当代马克思主义史学"笔谈，于沛等学者对当代中国及其他国家的马克思主义史学发展状况进行了总结和分析。其中于沛指出，中国马克思主义史学从其萌生时起，就直面现实，与中国共产党的初心和使命联系在一起，即为中国人民谋幸福、为中华民族谋复兴，给予历史的支持、历史的智慧。它自觉坚持唯物史观在历史研究中的指导地位，尊重历史事实、尊重历史客观规律、尊重历史辩证法。在其发展的每一阶段，都与人民同心、与革命同行，迎着时代的风雨砥砺奋进。[③] 张越认为，中国马克思主义史学的发展经历了从边缘到主流、从封闭到开放、从反思到继续探索的曲折发展过程。经过20世纪前半期的发展，中国马克思主义史学已经形成了初步研究体系和基本学科规模，新中国建立后居主流地位的

---

① 朱佳木：《当代中国史理论研究的学科建设及当前任务》，《思想理论教育导刊》2021年第5期；李安增、马付杨：《如何读懂新中国史》，《当代中国史研究》2021年第4期；李捷：《新中国史的叙事方式、问题把握与精神铸就》，《华南理工大学学报（社会科学版）》2021年第6期。
② 赵淑杰：《习近平关于新中国史的重要论述探析》，《探求》2022年第2期。
③ 于沛：《凯歌行进的中国马克思主义史学》，《史学月刊》2022年第7期。

中国马克思主义获得了新的发展机遇，马克思主义史学研究理念融入了中国史学的各个研究领域，当代中国史学与中国马克思主义史学浑然一体。中国马克思主义史学为中国革命和建设提供了丰富的思想资源，有着鲜明的实践特征和突出的学术创造力，事实证明其有能力在新的时代条件下承担中国史学继续发展创新的历史责任。① 此外，陈峰撰文对20世纪90年代以来的中国马克思主义史学进路展开研究，认为这一时期中国马克思主义史学进入了一个深度调整时期，表现为逐步走上科学求真之路，着手建构本土化的历史体系。面对实证史学的复兴，马克思主义史学以包容态度认可其合理性与有效性。但同时，马克思主义史学还与"告别革命论"和所谓"历史虚无主义"思潮展开针锋相对的论争，在新的语境中其地位得到突出和强化。②

正确党史观也是国史编研的遵循和借鉴。沈路涛回顾了正确党史观提出的背景和过程，他从四个方面阐释了树立正确党史观的必要性，即关系到党和国家前途命运的重大政治问题，关系马克思主义中国化时代化的重大理论问题，关系中华民族复兴伟业的重大实践问题，关系国家安全执政安全的重大意识形态问题。而正确党史包括七个方面，即正确认识党的历史的必要前提是"必须坚持以唯物史观为基础"，根本立场是"必须坚持人民创造历史"，政治要求是"必须坚持鲜明党性原则"，主旨要义是"必须把握主题主线主流本质"，基本原则是"必须坚持实事求是尊重客观规律"，科学方法是"必须坚持以大历史观审视党的历史"，功能意义是"必须坚持以史为鉴开创未来"。③ 宋月红等指出党的三个历史决议确立并不断丰富和发展了正确党史观，表现为用具体历史的、客观全面的、联系发展的观点来看待党的历史，准确把握党的历史发展的主题主线、主流本质，正确对待党在前进道路上的曲折；加强思想引导和理论辨析，澄清对党史中一些重大历史问题的模糊认识和片面理解；守正创新、正本清源、固本培元，系统总结党的历史经验。④

中国共产党的历史决议是党史国史编研的经典文献。中国共产党历来高度重视总结历史经验，党的历史决议就是这一传统的集中体现，体现出高度的历史自觉与历史自信。⑤ 学习和阐释党的历史决议，是加强正确历史观研究的应有之义。朱佳木总结了第三个历史决议的时代特色：一是分析历史的问题站位更高、视野更广，表现为对正确的历史观和大历史观的成功运用；二是叙述历史的过程更突出主线主流，所谓主线，就是由历史主体——人民群

---

① 张越：《当代中国马克思主义史学的研究特点与发展趋势》，《史学月刊》2022年第7期。
② 陈峰：《挑战与新生：20世纪90年代以来中国马克思主义史学的进路》，《史学月刊》2022年第5期。
③ 沈路涛：《牢固树立和运用正确党史观 让正史成为全党全社会的共识》，《中共党史研究》2022年第4期。
④ 宋月红、周进：《中国共产党的三个历史决议与正确党史观的确立和发展》，《北京行政学院学报》2022年第1期。
⑤ 宋学勤、卫玮岑：《三个历史决议的时代价值与未来导向》，《中国高校社会科学》2022年第1期。

众——在既定历史条件下的主要动机和行动相互作用形成的,而所谓主流,是马克思主义历史观对特定历史时期主要方面的评价用语,是相对历史支流而言的;三是对待存在的问题更多地采用正面分析的方式,党的第三个历史决议不像前两个历史决议那样,主要针对重大是非问题,着重评价重大事件、重要人物,集中总结失败的教训,而是聚焦总结党的重大成就和历史经验。但这并不意味着改革开放以来党的工作没有问题,没出现过失误;更不等于说决议对改革开放以来历史经验的总结缺少针对性,是无的放矢的。① 宋月红认为,第三个历史决议对正确党史观的运用体现在它科学揭示、全面展现了党各个历史时期的主要任务、鲜明主题、伟大实践和光明前景,并深刻阐明、集中彰显了党百年奋斗的壮阔道路、伟大成就、历史意义和宝贵经验。② 在党的第三个历史决议同前两个历史决议的关系方面,张金才认为,首先,第三个历史决议正确处理了总结成就和分析失误,既坚持前两个历史决议对党的若干历史问题的基本论述和结论,同时又聚焦总结党的百年奋斗重大成就和历史经验,充分体现了党实事求是、尊重历史的鲜明品格以及注重总结、运用历史经验的高瞻远瞩和深谋远虑。其次,正确处理全面总结和突出重点的关系,对党的十八大之前的历史时期在前两个历史决议和相关重要文献所作总结与结论的基础上进行概述,突出中国特色社会主义新时代这个重点,充分体现了党立足当下、着眼未来的政治自觉和使命担当。最后,正确处理已有结论和最新认识的关系,既坚持前两个历史决议及党的一系列重要文献对十八大之前党的历史上重大事件、重要会议、重要人物的论述和评价,同时又注重反映十八大以来党中央对党的百年奋斗的新认识,充分体现了第三个历史决议同前两个历史决议既一脉相承又与时俱进的辩证关系。③ 第三个历史决议对当代中国史编研,特别是新时代十年的历史研究有重要指导意义。王爱云认为,近年来,新时代已经成为党史、新中国史研究新的重点领域,第三个历史决议阐明了新时代的主要任务和我国发展新的历史方位;对习近平新时代中国特色社会主义思想的核心内容、所回答的时代课题、理论内涵、重大意义及其在马克思主义发展史、中华文化发展史上的重要地位等作出新的阐述;提出"两个确立"的重大政治论断,明确习近平的历史地位和贡献,明确习近平新时代中国特色社会主义思想的指导地位;从13个方面分领域总结新时代党和国家事业取得的历史性成就、发生的历史性变革;阐述新时代所取得重大成就的历史意义。通过这五个方面,第三个历史决议初步构建了认识新时代的科学体系。不仅如此,第三个历史决议还彰显了认识新时代的基本原则,即实事求是的原则。④

---

① 朱佳木:《深刻认识党的第三个历史决议的时代特色》,《马克思主义研究》2022年第1期。
② 宋月红:《党的第三个历史决议的正确党史观和理论品质》,《当代中国史研究》2022年第1期。
③ 张金才:《既一脉相承又与时俱进——党的第三个历史决议同前两个历史决议的辩证关系》,《当代中国史研究》2022年第1期。
④ 王爱云:《第三个历史决议对于新时代研究的指导意义》,《当代中国史研究》2022年第1期。

朱汉国也认为第三个历史决议对正确党史观的运用提供了可资新中国史研究借鉴的方法范例，包括用具体历史的、客观全面的、联系发展的观点看待历史，准确把握历史发展的主题主线，要正确对待历史前进道路上经历的失误和曲折。① 培养正确历史观、提升爱国主义情怀是国史宣传与教育的应有之义。朱佳木指出，党的第三个历史决议融合了改革开放前后两个时期的经验，吸纳、发扬了这两个时期的长处，对改革开放后的历史作出了迄今为止最完整、最系统、最全面的总结，应以第三个历史决议精神来推动新中国史的学习研究与宣传教育。②

第三个历史决议是运用大历史观的典范，大历史观也成为2022年当代中国史理论研究的一个热点。杨凤城认为大历史观的启发意义包括：首先，在中华文明长程中深化新中国历史研究，将之置于近代180余年来的历史长时段中，看其对中华民族命运与中国历史发展带来的根本性转变，同时也要将之置于5000余年中华文明史的长程中，看其与中国自古以来历史的接续、延续，看到其在给中华民族带来翻天覆地的全方位变化的同时，也在不断光大中华文明，是继续发展，而非断裂和告别；其次，在历史长时段中，放宽历史视野，拉长历史时段，运用大历史观，结合民族复兴的历史主题，深化对重大历史事件、重要历史人物的认识和评价；最后，中国共产党作为新中国的执政者，立足本国，放眼世界，在为民族谋复兴的同时，为人类谋大同也是其特质和鲜明追求，新中国成立70余年来，不但给中国人民带来了翻天覆地的变化，而且深刻影响了世界历史进程，因此要在国际宽视野中深化新中国史研究。③ 朱汉国则指出，第三个历史决议中的大历史观为我们多维度审视新中国史提供了范本，从大历史观出发，新中国史是5000多年中国历史的延续，是中国共产党百年奋斗史中重要的组成部分，是世界社会主义运动史中重要组成部分，也是当代世界史中不可或缺的重要内容。他还认为，第三个历史决议以"实现中华民族伟大复兴"为主题，创建的"中华民族复兴史范式"，对我们准确把握新中国史的主题，构建新中国史的主线，进一步深化新中国史研究，无疑具有重要的方法论上的指导意义。④ 金光耀则指出研究新中国史要在时间和空间两个维度上把眼界放宽，这样新中国的历史可以展现其更完整立体的面相，研究者也得以更全面地认识和理解这一段历史，既可以更好地深化对相关问题的研究，也能为相关学科的发展提供历史知识和历史智慧。此外，新中国史研究需要使用丰富的史料记录和研究

---

① 朱汉国：《范本、范式、范例：第三个历史决议对新中国史研究的方法示范》，《当代中国史研究》2022年第4期。

② 朱佳木：《以党的第三个历史决议精神推动新中国史的学习研究与宣传教育》，《中国井冈山干部学院学报》2022年第2期。

③ 杨凤城：《大历史观与中华人民共和国史研究》，《当代中国史研究》2022年第4期。

④ 朱汉国：《范本、范式、范例：第三个历史决议对新中国史研究的方法示范》，《当代中国史研究》2022年第4期。

关注广大人民群众参与国家建设、创造中国奇迹的历史。① 陈金龙认为，将党的百年奋斗重大成就、历史意义和历史经验的叙事和评价，置于中华民族发展史、马克思主义发展史、人类文明发展史的高度来评价，既充分体现了中国共产党的大历史观，也彰显了大历史观作为历史叙事和评价方法的魅力。②

学界不仅对大历史观本身进行了方法论层面的理论探讨，也有学者运用大历史观开展当代中国史研究。如龚云就从社会主义发展史视域出发，对当代中国的成就与经验进行了总结。他认为，新中国成立70多年来，在中国共产党领导下，创造性地解决了中国这样一个落后农业大国走上社会主义道路的问题，创造性地走出了一条建设社会主义的现实道路，创造了人类社会发展的伟大奇迹，极大地展现了社会主义制度的优越性，有力地推动了世界社会主义的发展，形成了坚持发展生产力、坚持四项基本原则、坚持改革开放、坚持正确对待资本等社会主义发展经验。当代中国社会主义发展史是500多年世界社会主义历史最光彩夺目的篇章，系统总结其成就和经验，有利于更好地推动党和国家事业的发展，更好地推动世界社会主义的前进。③

此外，近年来，三线建设史研究在当代中国史研究中兴起，但要做好三线建设史研究还需要正确的理论指导。朱佳木就指出三线建设史研究具有重大意义，研究者应在翔实的资料集基础上，切实推进三线建设史研究，用三线建设史研究为党史学习教育和"四史"宣传教育服务，为丰富、弘扬、传承党的精神谱系服务，为深入总结党和国家的历史经验服务，为三线工业遗产的保护和利用服务。④

（二）深入总结新时代十年的建设成就与经验

2022年10月，党的二十大胜利召开，党的二十大报告对新时代十年的历史性成就与历史性变革进行了科学总结。为迎接党的二十大胜利召开，并贯彻好党的二十大报告精神，评价新时代十年历史成就、总结新时代十年历史经验成为当代中国史理论研究的一个热点。李正华从五个方面对新时代伟大变革的里程碑意义进行了总结：一是马克思主义中国化时代化实现了新的飞跃，中国共产党在革命性锻造中更加坚强；二是中国综合国力实现历史性跃升，开启了从"富国"到"强国"的新征程；三是改革开放全面深化，实现历史性变革、系统性重塑、整体性重构；四是中国特色社会主义不断成功，科学社会主义在中国焕发出新的蓬勃生机；五是中华民族迎来了从站起来、富起来到强起来的伟大飞跃，中华民族伟大复

---

① 金光耀：《新中国史研究三题》，《当代中国史研究》2022年第4期。
② 陈金龙：《从第三个历史决议看中国共产党的大历史观》，《四川大学学报（哲学社会科学版）》2022年第1期。
③ 龚云：《社会主义发展史视域下当代中国的成就与经验》，《当代中国史研究》2022年第5期。
④ 朱佳木：《进一步认识三线建设史研究的意义与任务》，《当代中国史研究》2022年第3期。

兴进入不可逆转的历史进程。① 宋月红则概括了六个方面的里程碑意义，包括创立了习近平新时代中国特色社会主义思想，实现了马克思主义中国化新的飞跃；党和国家事业取得历史性成就、发生历史性变革，实现中华民族伟大复兴进入了不可逆转的历史进程；成功推进和拓展了中国式现代化，创造了人类文明新形态；全面深化改革开放，推进国家治理体系和治理能力现代化；历史性地解决了绝对贫困问题，走出了一条中国特色减贫道路；探索出依靠党的自我革命跳出历史周期率的成功路径，以伟大自我革命引领伟大社会革命。② 在另一篇论文中，宋月红总结了包括创立习近平新时代中国特色社会主义思想，全面加强党的领导，以中国式现代化推进中华民族伟大复兴，打赢人类历史上规模最大的脱贫攻坚战等十六个方面影响深远的历史性成就。并将新时代十年厚重宝贵的历史经验概括为坚持和加强党的全面领导，全面深入贯彻习近平新时代中国特色社会主义思想，坚持中国特色社会主义道路，坚持以人民为中心的发展思想，坚持深化改革开放，坚持发扬斗争精神，坚持全面从严治党。③

在解析新时代十年取得伟大历史成就的原因与保障时，学者特别强调"两个确立"的重大意义。曲青山认为，"两个确立"是创造新时代中国特色社会主义伟大成就的根本原因，并从"拨乱反正，严明党的各项纪律特别是政治纪律"、"总结经验，从历史中汲取智慧和力量"、"守正创新，在实践的基础上不断提出新理念新思想新要求"、"完善制度，建立健全相互衔接、系统完备的国家法律法规和党内法规体系"、"加强宣传教育，强化贯彻落实和督促检查"等不同方面总结了"两个确立"的确立过程及决定性意义。④ 张树军则指出，深化中共党史人物研究，要认真学习贯彻党的二十大精神，深刻领会"两个确立"的决定性意义，把"两个确立"的政治共识转化为做到"两个维护"的自觉行动，确保党在新时代坚持和发展中国特色社会主义的历史进程中始终成为坚强领导核心，具有重要意义。⑤

学者们还对新时代十年不同方面的建设成就和建设经验进行深入总结。在政治建设方面。李正华对十八大以来党的领导制度体系建设的重要成就和主要经验进行了总结。他认为，党的十八大以来，以习近平同志为核心的党中央坚持并完善党的领导制度体系，取得了历史性的伟大成就。包括将党的领导确定为我国的根本领导制度，将坚持和完善党的领导制

---

① 李正华：《具有里程碑意义的新时代十年》，《当代中国史研究》2022年第6期。
② 宋月红：《新时代10年伟大变革的里程碑意义》，《新湘评论》2022年第17期。
③ 宋月红：《新时代十年伟大变革的历史性成就与宝贵经验》，《新湘评论》2022年第21期。
④ 曲青山：《创造新时代中国特色社会主义伟大成就的根本原因——"两个确立"的确立过程及决定性意义》，《当代中国史研究》2022年第3期。
⑤ 张树军：《学习贯彻党的二十大精神，深刻领会"两个确立"的决定性意义，深化中共党史人物研究》，《党的文献》2022年第6期。

度体系设定为推进国家治理现代化的第一要务,构建了横向到边、纵向到底的党的全面领导体系,强化了党的集中统一领导制度,优化了党的规范高效领导运行机制。这一成就的经验是,坚持以习近平新时代中国特色社会主义思想为指导,充分发挥党的领导制度体系对国家治理体系的统领作用,围绕中心、服务大局,坚持"守正"与"创新"的有机统一、制度完善和制度遵行的一体推进。这些成就和经验,对于进一步提升党的领导制度的水平、推进社会主义现代化强国和中国特色社会主义事业的建设,必将发挥重要的作用。[1] 万其刚则对新时代人民代表大会制度和人大工作创新发展的重大成果进行了系统总结。他认为,新时代以来的十年,在人民代表大会制度理论和实践创新方面,是彪炳史册的十年,人大工作取得历史性成就。从理论维度来说,习近平总书记关于坚持和完善人民代表大会制度的重要思想,标志着我们党关于社会主义民主法治的认识达到了新的高度,开拓了新的境界,实现了新的飞跃;从制度维度来说,全国人大及其常委会紧紧围绕党和国家工作大局依法履职尽责,新时代人民代表大会制度更加成熟、更加定型,我国社会主义民主政治制度化、规范化、程序化全面推进,全面、广泛、有机衔接的人民当家作主制度体系不断完善,中国特色社会主义法治体系不断健全,法治中国建设迈出坚实步伐;从实践维度来说,在中共中央坚强领导下,各级人大及其常委会依法履职,立法、监督、代表、对外交往、自身建设等各方面工作都取得新进展新成效。[2] 穆兆勇则总结了新时代政治建设所取得的重大理论成果、制度成果、实践成果。他认为,党的十八大以来,以习近平同志为核心的党中央在治国理政的伟大实践中,创造性地提出加强党的政治建设的重大命题,作出把党的政治建设摆在首位、统领新时代党的建设的战略部署,以原创性思想、变革性实践推动党的政治建设取得突破性进展和标志性成果,引领和推动新时代党的建设新的伟大工程新境界。

在经济建设方面。黄群慧则总结了新时代十年经济建设成就,并总结了规律性认识。他总结了创新发展、协调发展、绿色发展、开放发展和共享发展五个层面,即深入实施创新驱动战略,创新发展取得新成效;推进供给侧结构性改革,经济发展协调性进一步提升;深入贯彻绿色发展理念,经济绿色转型效果显著;加快完善社会主义市场经济体制,全面扩大开放形成新局面;消除绝对贫困现象,共同富裕取得实质性进展。作者认为,习近平经济思想对经济规律特别是社会主义经济建设规律的深刻洞见,全面深化了党对经济规律的系统性认识。[3] 王德蓉则从建立市场配置资源新机制、形成经济运行管理新模式、形成全方位开放新

---

[1] 李正华:《十八大以来党的领导制度体系建设的重要成就和主要经验》,《国家现代化建设研究》2022年第3期。

[2] 万其刚:《新时代人民代表大会制度和人大工作创新发展的重大成果》,《当代中国史研究》2022年第5期。

[3] 黄群慧:《新时代中国经济发展的历史性成就与规律性认识》,《当代中国史研究》2022年第5期。

格局、形成国际合作竞争新优势的不同层面考察了党的十八大以来我国开放型经济新体制的构建与发展历程。①

在文化建设方面。欧阳雪梅结合党的二十大报告，从三个方面回顾了新时代发展社会主义先进文化、建设文化强国的历史成就，即新时代积极发展社会主义先进文化，建设文化强国，不断丰富人民精神世界。②

在社会建设方面。姚力回顾了新时代十年健康中国战略的部署、推进与成就。她认为，十年来，健康被置于优先发展的战略位置，融入国家经济社会发展的各项政策中，卫生与健康工作的重点从以治病为中心转变为以人民健康为中心。通过全面深化医疗卫生体制改革、不断提升医疗卫生服务质量、完善医疗保障制度体系、加强中医药事业发展以及开展全民健康行动等举措，健康中国建设取得显著成效，不仅为全面建成小康社会作出了巨大贡献，也为开启全面建设社会主义现代化国家新征程打下了坚实的基础。③

在国防建设方面。聂文婷对党的十八大以来深化国防和军队改革的成就与启示进行了总结。她认为，党的十八大以来，党中央、中央军委提出改革强军战略，领导开展了新中国成立以来最为广泛、最为深刻的国防和军队改革。通过着力解决国防和军队现代化建设体制性障碍、结构性矛盾、政策性问题，人民军队领导指挥体制完成革命性重塑，规模结构和力量编成得到整体性优化，中国特色社会主义军事政策制度体系逐步建立健全，军民融合深度发展格局正在加快形成。这些成就启示我们：坚定不移继续全面实施改革强军战略，必须坚定党的集中统一领导，始终以习近平强军思想为指导，强化改革创新精神，坚持扭住战斗力标准，持续凝聚改革的强大合力。④

在外交建设方面。周进对新时代中国特色大国外交的重要成就及其基本经验进行了总结。他认为，中国特色社会主义进入新时代，在习近平外交思想指导下，中国统筹两个大局，紧扣服务民族复兴、促进人类进步这条主线，加强党对对外工作的集中统一领导，高举和平、发展、合作、共赢的旗帜，为人类谋进步、为世界谋大同，全面推进中国特色大国外交，取得重大成就，中国国际影响力、感召力、塑造力显著提升。中国提出并推动构建人类命运共同体，推进和完善全球伙伴关系，形成了全方位、多层次、立体化的外交布局，积极参与全球治理体系改革和建设，为解决复杂严峻的全球性问题贡献了中国智慧、中国方案和中国力量。新时代十年中国特色大国外交的实践，为全面建设社会主义现代化强国、实现中

---

① 王德蓉：《党的十八大以来我国开放型经济新体制的构建与发展》，《中共党史研究》2022 年第 4 期。
② 欧阳雪梅：《大力发展社会主义先进文化 丰富人民精神世界》，《当代中国史研究》2022 年第 6 期。
③ 姚力：《新时代十年健康中国战略的部署、推进与成就》，《当代中国史研究》2022 年第 5 期。
④ 聂文婷：《中共十八大以来深化国防和军队改革的成就与启示》，《当代中国史研究》2022 年第 5 期。

华民族伟大复兴、推动构建人类命运共同体积累了宝贵经验。①

（三）坚持阐明国史主题主线等重大理论问题

主题主线、主流本质是当代中国史理论与方法研究的核心议题。在上一年度，为迎接中国共产党成立百年大庆，出现了大量以"新中国史主题主线、主流本质"为主题的优秀研究，如有学者指出，从党史观照新中国史，新中国史发展的主题同样是实现中华民族伟大复兴。②还有学者总结了新中国史的三条主线，即建设和探索中国的社会主义，争取早日实现中国的工业化和现代化，维护中国的国家主权、安全和领土完整。③相比之下，2022年度当代中国史理论研究更关注具体时段的主题主线、主流本质问题。如沈传亮以改革开放史各个方面的发展历程为基础，总结了改革开放的不同主题与历史贡献，包括为实现中华民族伟大复兴锻造了核心领导力量、为实现中华民族伟大复兴开辟了正确道路、为实现中华民族伟大复兴夯实了物质基础、为实现中华民族伟大复兴提供了制度保证、为实现中华民族伟大复兴注入了不竭精神动力。④

2022年，中国式现代化道路是当代中国史主题主线研究的一个成果丰硕的议题。2022年7月，习近平总书记在省部级主要领导干部"学习习近平总书记重要讲话精神，迎接党的二十大"专题研讨班上发表重要讲话，指出"在新中国成立特别是改革开放以来的长期探索和实践基础上，经过党的十八大以来在理论和实践上的创新突破，我们成功推进和拓展了中国式现代化"，并强调"我们推进的现代化，是中国共产党领导的社会主义现代化，必须坚持以中国式现代化推进中华民族伟大复兴，既不走封闭僵化的老路，也不走改旗易帜的邪路，坚持把国家和民族发展放在自己力量的基点上、把中国发展进步的命运牢牢掌握在自己手中"。⑤党的二十大报告对中国式现代化的基本特征、本质要求、步骤安排、重大原则、战略重点进行了系统阐释，建构了中国式现代化话语体系，集中体现了习近平新时代中国特色社会主义思想的世界观和方法论。⑥2022年9月，当代中国研究所、新疆大学和中华人民共和国国史学会主办的第二十二届国史学术年会以"中国式现代化道路与新时代国史研究"为主题，会上学者从多学科、多角度深入探讨了中国式现代化道路的奠基、开创和发展，以

---

① 周进：《新时代中国特色大国外交的重大成就及其基本经验》，《当代中国史研究》2022年第4期。
② 宋月红：《科学认识新中国史及其主题主线》，《新湘评论》2021年第19期。
③ 朱佳木：《当代中国史理论研究的学科建设及当前任务》，《思想理论教育导刊》2021年第5期。
④ 沈传亮：《改革开放是决定实现中华民族伟大复兴的关键一招》，《理论视野》2022年第8期。
⑤ 《高举中国特色社会主义伟大旗帜 奋力谱写全面建设社会主义现代化国家崭新篇章》，《人民日报》2022年7月28日。
⑥ 陈金龙、李越瀚：《中国式现代化叙事的世界观和方法论》，《广东社会科学》2022年第6期。

及在国史上的战略地位、意义与作用，推动了国史研究创新发展。①

关于中国式现代化道路。黄一兵梳理了中国共产党自成立以来推动中国式现代化的四次历史性跨越，即新民主主义革命时期，向着中国式现代化探索正确方向的跨越；社会主义革命和建设时期，向着为实现"四个现代化"而奋斗的跨越；改革开放和社会主义现代化建设新时期，向着"中国式的四个现代化"的跨越；中国特色社会主义新时代，向着全面建设社会主义现代化的跨越。中国式现代化的开创、推进和拓展，不仅对中华民族和中国社会的发展具有深远历史意义，而且对世界社会主义和人类文明的发展具有重大现实意义。② 秦宣将中国式现代化的历程分为四个阶段，即1840年鸦片战争到1921年中国共产党成立81年间的三次现代化运动为第一阶段"艰难起步"；从中国共产党成立到新中国成立，再到改革开放前的新民主主义革命和社会主义建设时期为第二阶段"初步探索"；从十一届三中全会到党的十八大前中国共产党人把实现现代化当作中国最大的政治，强调从中国实际出发，走中国特色的现代化道路，并对如何实现中国现代化进行了顶层设计和具体部署，从而开辟了中国式现代化道路的第三阶段"正式开辟"；党的十八大以来，中国特色社会主义进入新时代，以习近平同志为核心的党中央把中国式现代化推向了新的发展阶段，这是第四个阶段"深化拓展"。作者指出，"中国共产党百年史不仅是为中华民族伟大复兴而奋斗的历史，也是为实现中国现代化而奋斗的历史。"③

关于中国式现代化内涵。辛向阳强调党的二十大报告阐明了中国式现代化所包含的五大建设要求，既阐明了中国式现代化与人类命运共同体的关系，又阐明了中国式现代化塑造人类文明新形态的历史作用。历史也证明，中国共产党的党代会一以贯之地推进着现代化的历史进程，中国化时代化的马克思主义一以贯之地丰富和发展着中国式现代化的理论宝库，中国共产党一以贯之地确保着中国式现代化建设的正确方向。④ 郑有贵则梳理了中国式现代化目标提出、目标转换、目标扩展和目标提升的历史过程，即最初提出四个现代化，而后由四个现代化丰富为富强民主文明的社会主义现代化国家，再由富强民主文明的社会主义现代化国家拓展为富强民主文明和谐的社会主义现代化国家，最终由富强民主文明和谐的社会主义国家提升为全面建成富强民主文明和谐美丽的社会主义现代化强国。⑤ 陈金龙分析了中国式现代化的规律叙事，他认为，首先，中国式现代化体现了社会主义建设规律。一方面，中国式现代化的过程

---

① 宋月红：《中国式现代化道路与新时代国史研究——第二十二届国史学术年会述评》，《当代中国史研究》2022年第6期。
② 黄一兵：《中国共产党与中国式现代化的四次历史性跨越》，《党的文献》2022年第6期。
③ 秦宣：《中国式现代化的历史逻辑探析》，《当代中国史研究》2022年第2期。
④ 辛向阳：《中国共产党的领导与中国式现代化》，《马克思主义研究》2022年第10期。
⑤ 郑有贵：《国家现代化目标的丰富提升》，《当代中国史研究》2022年第6期。

也是社会主义建设的过程，社会主义建设的目的在于推进中国式现代化。另一方面，中国式现代化是从现代化维度进行的叙事，社会主义建设是从国家性质维度进行的叙事。中国式现代化涵盖的时间较社会主义建设要长，可上溯至新民主主义革命时期；中国式现代化涉及的内容较社会主义建设要广，除经济、政治、文化、社会、生态领域的现代化之外，人的现代化也包含其中。中国式现代化是透视社会主义建设规律的窗口和门径，其蕴含的社会主义建设规律，可从坚持社会主义方向、坚持以人民为中心、独立自主选择现代化道路、协调推进现代化等方面概括。其次，中国式现代化诠释了人类社会发展规律，中国式现代化是世界现代化谱系的重要组成部分，创造了人类文明新形态，诠释了人类社会发展道路的多样性、文明的多样性促进人类社会发展、社会主义超越资本主义等人类社会发展规律。最后，中国式现代化揭示了共产党执政规律，中国共产党是中国式现代化的顶层设计者和具体实施者。中国式现代化的过程和结果，从坚持党的全面领导、将建设社会主义现代化国家作为执政使命、以党的自我革命引领中国式现代化、世界第一大执政党的国际主义担当等方面，诠释了共产党执政规律。①

关于中国式现代化的意义。于沛认为，百余年来，中国的现代化经历了"效法欧美""走俄国人的路""中国特色"的道路选择和转换。在中国共产党的领导下，中国人民创造性地开辟了中国式现代化新道路。中国式现代化既克服了资本主义现代化的天生弊端，也破除了阻碍国家和民族发展的一切思想与体制障碍，是独具特色的社会主义现代化，是发展中国家的现代化，是彻底改变世界面貌的超大规模的现代化，创造了人类文明新形态，为发展中国家实现现代化提供了全新选择，具有深刻的时代价值和世界历史意义。②李正华在论述中国式现代化历史来路和时代创新的基础上，阐明了中国式现代化的世界意义，即中国式现代化超越西方现代化观念的窠臼和束缚，开创了一种现代化的崭新路径，对广大发展中国家产生了重要的示范效应。中国式现代化立足中国国情，历经艰辛探索，实现了理论创新和实践突破，具有自主性、全面性、协调性、和平性、包容性等重要特点。中国式现代化归根到底是一条现代化新路。③陈金龙则以习近平相关重要论述为中心，梳理了中国式现代化的探索历程、鲜明特征及重要意义，指出中国式现代化不仅对中国的发展进步，而且对整个人类社会的发展进步都具有重要意义。④

（四）积极推进当代中国史三大体系建设

当代中国史三大体系建设是国史理论与方法研究的重要议题。2022年，当代中国史

---

① 陈金龙：《中国式现代化的规律叙事》，《中国高校社会科学》2022年第3期。
② 于沛：《中国式现代化道路的时代价值与世界历史意义》，《当代中国史研究》2022年第5期。
③ 李正华：《中国式现代化的历史来路、时代创新与世界意义》，《北京党史》2022年第6期。
④ 陈金龙：《中国式现代化的探索历程、鲜明特征及重要意义——基于习近平相关重要论述的思考》，《党的文献》2022年第2期。

学科属性的讨论进一步深入，编研方法进一步创新，为学术精进、学科建制和话语传播提供有力支撑。在学科建设方面。当代中国史研究是一门综合性学科，既属于马克思主义理论学科，又属于历史学和政治学，是这三种学科的集成和融合。[1] 因此，当代中国史学科建设与相关学科，尤其是党史学科建设关系密切。此前就有学者提出，"党史学科需要理顺与马克思主义理论、政治学、历史学三个一级学科的边界，论证自身独有的研究对象、研究内容和理论方法，把党的建设、新中国史、改革开放史、党内法规等相关学科纳入其中，构建一个富有特色、逻辑自成的一级学科体系。"[2] 2022 年，中共党史党建学成为一级学科，王炳林在论述中共党史党建学科研究方向问题时指出，中共党史党建学科建设要实现大党史和大党建的有机结合。所谓大党史，就是把党史、新中国史、改革开放史和社会主义发展史有机结合。新中国史、改革开放史与党的历史有交叉，但各自的侧重点不同，都是以党史为主体。[3] 梳理学科发展历史是学科建设的重要方面。李文详细梳理了自 20 世纪 50 年代以来，新中国史研究事业的兴起和繁荣过程，并认为新中国史研究事业在进入新时代后正面临前所未有的发展机遇，呈现出前所未有的发展盛景。在当今世界正经历百年未有之大变局的背景下，新中国史研究理应为世界作出更大的贡献。[4] 周进则分别梳理总结了胡乔木起草党的第二个历史决议、倡议修新中国史、推动成立当代中国研究所、统筹全国新中国史研究工作、努力形成中国学派的史实与贡献。作者认为，胡乔木的一生把为党服务、为国家服务、为人民服务作为最大光荣，勤勤恳恳、尽心尽力、饱含深情，为坚持和发展中国特色社会主义、全面建设社会主义现代化强国、实现中华民族伟大复兴留下了弥足珍贵的精神财富。[5]

史学理论学科建设对当代中国史理论发展也有深刻影响。学者对此也展开研究，吴英认为中国特色的史学理论学科体系和话语体系建设是当前历史学面临的重大课题。为此，首先，必须重塑唯物史观对历史学的指导地位，从基本概念、基本原理和历史叙事等方面来重建唯物史观的解释体系，构建适应新时代需要的、对重大历史和现实问题具有解释力和说服力的唯物史观解释体系；其次，需要力戒运用唯物史观的教条主义倾向。教条化地运用经典作家的论述，曾迟滞了我们运用唯物史观的基本理论和方法对中国历史和现实做出科学概括的进程，由此造成的后果是严重的，因此必须祛除教条主义这一大顽疾；最后，需要理顺史

---

[1] 宋月红：《重视国史研究学科属性》，《中国社会科学报·专刊》2018 年 1 月 4 日。
[2] 耿化敏：《党史研究前沿及未来着力点》，《中国社会科学报》2021 年 1 月 26 日。
[3] 王炳林：《中共党史党建学科的研究方向》，《高校马克思主义理论研究》2022 年第 2 期；王炳林：《中共党史党建学科建设的基本问题探析》，《北京师范大学学报（社会科学版）》2022 年第 4 期。
[4] 李文：《新中国史研究事业的兴起和繁荣》，《思想政治工作研究》2022 年第 10 期。
[5] 周进：《胡乔木与新中国史研究事业》，《百年潮》2022 年第 6 期。

学理论与史学史学科内部的两种关系，需要在史学理论学科建设过程中纠正各分支学科之间发展的不平衡，加强史学理论尤其是历史理论研究，为构建适应新时代需要的唯物史观解释体系提供助力。① 韩东育则认为，"欧洲中心论"、大历史观和新世界观三个维度可以勾勒出中国从站起来、富起来到强起来的压力、动力、演进过程及其内在逻辑。建立中西合璧、优势互补的新的学科体系、学术体系和话语体系是创造人类命运共同体的学理前提。②

在当代中国史的叙事方法与话语体系建设方面。宋学勤讨论了构建新中国史叙事体系的"三个面向"，即构建"面向历史"、具有中国特色、科学化的新中国史叙事体系，"坚持大历史观"是基本经验；构建"面向现实"、具有中国气派、系统化的新中国史叙事体系，正视并尊重"中国案例"和"中国经验"是基本要求；构建"面向未来"、具有中国风格、规范化的新中国史叙事体系，坚持"学科融合"和"国际视野"是基本原则。只有这样，才能真正做到以中国为观照、以时代为观照，立足中国实际，解决中国问题，发挥新中国史叙事在融通中外文化、增进文明交流中的独特作用，用中国的话语体系和叙事逻辑，讲好中国故事，更好地传播中国声音、中国理论、中国思想，让世界更好读懂中国，为构建中国自主知识体系的哲学社会科学做出积极贡献，为推动构建人类命运共同体做出积极贡献。③ 陈金龙等则总结了中国式现代化叙事方式的特征，包括在与西方现代化的比较中阐释中国式现代化的基本特征，基于"十个明确"厘定中国式现代化的本质要求，基于党的百年奋斗历史经验诠释中国式现代化的重大原则，基于现代化内在规律确立中国式现代化的战略重点四个方面。中国式现代化叙事方式说明，党的百年奋斗的历史经验是建构中国特色哲学社会科学话语体系的历史支撑，要从中华优秀传统文化、历史经验中汲取建构中国特色哲学社会科学话语体系的资源。④

在史料搜集和方法创新方面。2022 年 8 月出版的《中国共产党重要文献汇编》是党史、新中国史编研的最新权威文献史料。杨明伟等对《中国共产党重要文献汇编》首批文献集的内容与特点进行了介绍，指出该文献集呈现中国共产党的理论探索和推进马克思主义中国化的艰辛历程，呈现中国共产党确立初心、肩负使命并迎难而上、不怕牺牲的奋斗历程，呈现中国共产党的忠诚担当和始终不渝的人民情怀，呈现中国共产党不断推进自我革命的勇气和特质。⑤ 刘建平则在对五十年来中日关系研究的回顾和总结中对中日关系的相关史料也进

---

① 吴英：《构建具有中国特色的史学理论学科体系和话语体系思考》，《江海学刊》2022 年第 1 期。
② 韩东育：《新时代"三大体系"建设与历史唯物主义新知》，《史学理论研究》2022 年第 2 期。
③ 宋学勤：《构建新中国史叙事体系的"三个面向"》，《当代中国史研究》2022 年第 4 期。
④ 陈金龙、李丹：《中国式现代化的叙事方式》，《学术研究》2022 年第 11 期。
⑤ 杨明伟、樊宪雷、詹珩、董文墨：《党的早期探索奋斗历程的全面呈现——〈中国共产党重要文献汇编〉首批文献集的内容与特点》，《中共党史研究》2022 年第 5 期。

行了分析。① 方法与视角创新是史学研究的大趋势。2022 年，学界也出现一些为当代中国史研究提供方法与理论创新点的研究。如周桂银从概念史研究的视角分析了当代中国外交史的思想维度。作者认为，当代中国对外政策概念有着特定的时代背景和政策关切，它们在生成和变迁过程中，经历了特定的政治—社会语境和传播渠道，有着不同的政治—社会功能和效应。概念史研究有助于增强中国外交史考察的思想深度。② 此外，陈其泰围绕历史编纂学研究方法论的思考对当代中国史编研亦有启发，他指出，历史编纂应该"贯彻发展观点，将创始阶段的特征与对后世产生的影响紧密联系起来，恰当评价最早史学经典的重要价值"，"确立整体观念，提升理论层次，深入总结史学经典所蕴藏的深邃哲理和高度审美价值"，"观察历史主义的原则，克服片面之见，彰显史学名著的独特光彩"，"运用比较研究方法，阐释传统史学精华在历史变局面前所具有的应变力"。③ 以上思考也适用于当代中国史的编纂研究，包括运用发展的观点、整体观念、历史主义原则和比较方法。

三、总结

2022 年度，当代中国史研究成果丰硕，当代中国史理论与方法研究也取得显著进展。主要成就包括，高水平研究平台的建设和高质量学术活动的举办有效扩大了当代中国史研究的影响，在中共党史党建学建立一级学科背景下，学界对国史学科建设问题展开了广泛讨论，进一步推动当代中国史理论学科体系建设；围绕党的十九届六中全会报告和党的二十大报告、第三个历史决议和习近平致国史学会成立 30 周年贺信，学界进一步释析正确党史观、国史观，阐明主题主线、主流本质等重大理论问题，坚持抵制和反对历史虚无主义，牢牢把握国史研究的正确方向，更好地发挥资政、育人、护国的作用；学界对新时代十年历史性变革和历史性成就展开研究，从经济、政治、文化、社会、军事、外交的不同方面总结成就与经验，并高度评价"两个确立"的决定性意义。这为进一步开展新时代史编研工作提供了基础和原则。大历史观和中国式现代化是理论界 2022 年的研究热点，学者们从起源、内含、特征、意义等不同维度对它们进行归纳和阐释，为当代中国史研究提供了更为科学、系统的历史观和方法论，中国式现代化也成为国史编研的一条重要主线，指引学界在更宽阔的视野中考察新中国史发展的光辉历程和伟大建设成就。此外，国史理论学界积极推进国史编研方法创新和史料搜集整理工作，并提出构建国史叙事体系的新见解，有效推进国史三大体系建设，为中国特色哲学社会科学话语体系建设提供历史支撑。

---

① 刘建平：《五十年来中日关系研究的问题意识、史料开拓与知识生产》，《中共党史研究》2022 年第 4 期。
② 周桂银：《当代中国外交史的思想维度——概念史研究的视角》，《中共党史研究》2022 年第 3 期。
③ 陈其泰：《拓展历史编纂学研究之方法论思考》，《北京行政学院学报》2022 年第 1 期。

2022年度，当代中国史理论与方法研究能够取得以上成就，与党中央的关注、倡议与支持，相关科研机构建制的丰富和发展，既有成果和多种史料的扎实积累，研究范式和研究方法日渐成熟等因素分不开。首先，鉴古知今、以史明鉴是中国共产党的优良传统之一，党的十八大以来，党中央高度重视研究历史和学习历史，习近平总书记关于党史国史重要论述为当代中国史编研工作、当代中国史理论研究工作提供了指引。2022年12月8日，习近平总书记在致国史学会成立30周年的贺信中，对国史研究工作提出肯定和勉励，是推动国史编研工作和国史理论研究的强劲动力。其次，2022年，党史研究和近现代史研究向当代史延伸的趋势愈加明显，高校等科研机构相关平台建设显著加强，关注当代中国史理论问题的学者逐渐增多，使学术研究与讨论更加丰富和活跃。最后，官方档案的公开、口述史料的积累、民间史料的搜集都使当代中国史研究进一步推进有了坚实基础，而对这些史料的综合运用也需要理论指导和方法创新，这就激发了当代中国史理论研究的扩展和深入。以上条件和动力，也是当代中国史理论研究得以发展的重要经验。

当代中国史理论与方法研究取得非凡成就，但也呈现出学科理论亟须创新、理论与史实研究联系不够紧密，史料整理分析有待加强等问题。同时，当代中国史研究40多年的积累，党中央对历史学习和历史研究的高度重视，"四史"宣传教育的长效开展，都为国史理论研究提供了进一步发展的机遇。面对研究不足与发展机遇，未来的国史理论研究应从以下三个方面取得突破。首先，运用大历史观，阐明中华人民共和国史在"四史"中的地位与影响。将"四史"作为一个整体进行研究和学习，就是要在世界社会主义发展和中华民族伟大复兴的宏大历史叙事中，将党史、新中国史、改革开放史、社会主义发展史紧密联系起来，阐明社会主义发展的历史逻辑。那么，新中国史在"四史"中居于什么地位？它与其他历史进程的关系是什么？都是国史理论研究必须回答的问题。只有回答好这些问题，才能为国史编撰研究和宣传教育提供理论支持。其次，进一步明确国史学科属性及定位，推进三大体系建设。学科定位关系到学科设置与分类、学科发展目标与要求、教学科研团队组建、教材编写等多方面内容。虽然学界对国史研究如何在中共党史党建一级学科建设背景下谋求定位与发展提出了设想，但国史学科的属性及定位仍然没有定论，还需要国史理论研究者进一步深化认识、开展讨论，推动国史学科理论创新，尽快找到国史学科的合适定位，为国史学科体系、学术体系和话语体系建设提供方向。最后，为"坚定历史自信""增强历史主动"提供思想支撑。党的二十大报告中号召全党同志务必"坚定历史自信，增强历史主动，谱写新时代中国特色社会主义更加绚丽的华章"。① 当前，中国正处于"两个一百年"的历史交汇

---

① 习近平：《高举中国特色社会主义伟大旗帜 为全面建设社会主义现代化国家而团结奋斗——在中国共产党第二十次全国代表大会上的报告》（2022年10月16日），人民出版社2022年版，第1—2页。

期，只有深入总结党史、新中国史正反两方面经验，才能在对历史智慧的学习运用中认识历史规律，提升历史自觉，把握历史主动，不断把中华民族伟大复兴的历史伟业推向前进。国史理论研究应进一步挖掘国史中正反两方面经验，为正确判断形势、科学预见未来、把握历史主动提供思想武器。

（执笔：中国社会科学院当代中国研究所　冯　维）

学科建设

国史宣传教育

习近平总书记在中国共产党第二十次全国代表大会上的报告中指出，要推动理想信念教育常态化制度化，持续抓好党史、新中国史、改革开放史、社会主义发展史宣传教育，引导人民知史爱党、知史爱国，不断坚定中国特色社会主义共同理想。同时，习近平总书记在给国史学会的贺信中，要求国史学会进一步团结全国广大国史研究工作者，创新宣传方式，加强教育引导，激励人们坚定历史自信、增强历史主动，更好凝聚团结奋斗的精神力量，为全面建设社会主义现代化国家、全面推进中华民族伟大复兴作出新贡献。因此，当代中国研究所作为国史研究与宣传教育的国家队，更要做好国史宣传教育工作。

一、研究、编纂和出版国史

中华人民共和国史是中国共产党团结带领全国各族人民探索、开拓、发展中国特色社会主义事业，实现中华民族从站起来、富起来到强起来伟大飞跃的光辉历程。国史研究就是要真实记录、全面反映这一光辉历程，科学总结各个历史阶段各个方面建设的宝贵经验，为不断开辟中国特色社会主义事业新境界、实现中华民族伟大复兴提供强大精神动力和智力支持。

党和国家一贯高度重视国史编研事业，邓小平、江泽民、胡锦涛、习近平等党和国家领导人，都对国史和国史研究作出过重要论述或批示。邓小平同志曾多次为《当代中国人物传记》丛书题写书名。1993年初，陈云同志为当代中国研究所题写所名。1999年6月30日，江泽民同志在《当代中国》丛书暨电子版完成总结大会上指出："总结历史，说明现在，探索规律，启示未来，是从事历史研究和其他研究工作的同志们的光荣而艰巨的使命。"2001年12月10日，胡锦涛同志亲自审定《当代中国研究所2001—2004年科研规划（送审稿）》。党的十八大以来，习近平总书记多次强调历史是最好的教科书，"要继续加强对党史、国史的学习，在对历史的深入思考中做好现实工作、更好走向未来，不断交出坚持和发展中国特色社会主义的合格答卷。"

2022年12月8日，在中华人民共和国国史学会成立30周年之际，习近平总书记向国史学会发来贺信，向学会全体同志、向全国广大国史研究工作者致以热烈祝贺和诚挚问候，希望国史学会，进一步团结全国广大国史研究工作者，牢牢把握国史的主题主线、主流本

图 1　当代中国研究所正门

质，不断提高研究水平，创新宣传方式，加强教育引导，激励人们坚定历史自信、增强历史主动，更好凝聚团结奋斗的精神力量，为全面建设社会主义现代化国家、全面推进中华民族伟大复兴作出新贡献。

1990年6月28日当代中国研究所成立后，先后由中共中央党史领导小组、中共中央书记处指导，中国社会科学院行政代管。2011年5月12日，变更隶属关系，由中国社会科学院直接管理。

历经30多年的不懈努力，当代中国研究所已成为以马克思主义为指导、具有一流学术水平、汇聚一流科研人才的国史研究基地。

学科建设

```
「三大体系」创新工程
└─ 中华人民共和国史研究（中国社会科学院"登峰战略"优势学科）
   └─ 学科建设
      ├─ 中华人民共和国政治史研究（中国社会科学院"登峰战略"重点学科）
      │  ├─ 重要人物研究
      │  ├─ 重要事件研究
      │  ├─ 政治思想研究
      │  ├─ 国防史研究
      │  └─ ……
      ├─ 中华人民共和国经济史研究
      │  ├─ 经济思想史研究
      │  ├─ 宏观经济史研究
      │  ├─ 金融史研究
      │  └─ ……
      ├─ 中华人民共和国文化史研究
      │  ├─ 思想史研究
      │  ├─ 教育史研究
      │  ├─ 科技史研究
      │  ├─ 学术史研究
      │  └─ ……
      ├─ 中华人民共和国社会史研究（中国社会科学院"登峰战略"重点学科）
      │  ├─ 社会治理史研究
      │  ├─ 社会结构史研究
      │  ├─ 社会生活史研究
      │  └─ ……
      ├─ 中华人民共和国外交史与港澳台史研究
      │  ├─ 外交思想史研究
      │  ├─ 对外关系史研究
      │  ├─ 港澳台史及两岸三地关系史研究
      │  └─ ……
      └─ 中华人民共和国史理论研究
         ├─ 历史经验研究
         ├─ 马克思主义史学研究
         ├─ 方法论研究
         └─ ……
```

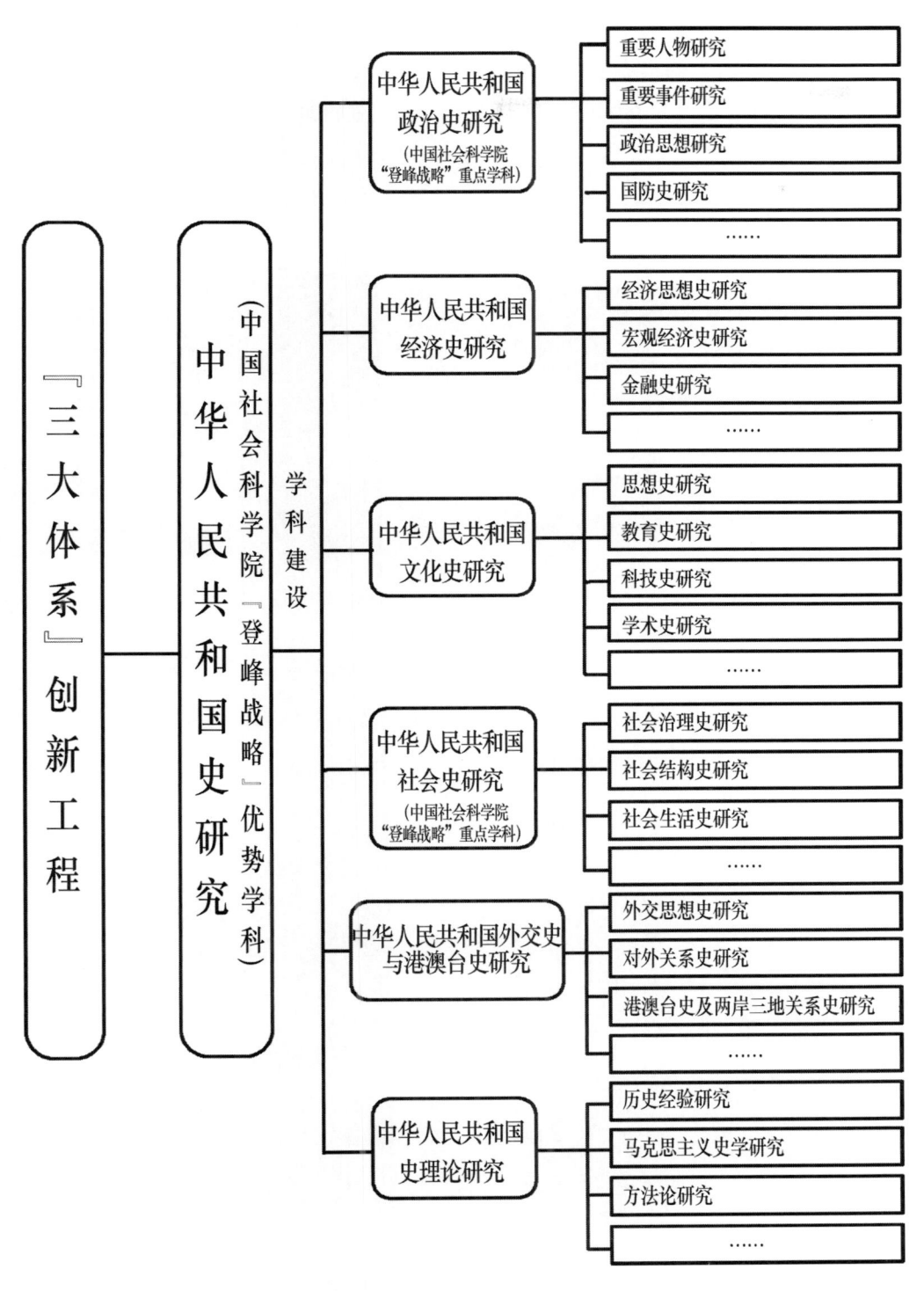

图 2　中华人民共和国史研究"三大体系"创新工程表

研究、编纂和出版中华人民共和国史，搜集和编辑国史资料，是当代中国研究所的主要职责之一，也是当代所人的崇高使命。

《当代中国》丛书是由胡乔木倡议，中共中央书记处批准，中共中央宣传部向全国部署编写出版的大型图书，分24大类，共计152卷210册，堪称当代中国最权威、最具影响力及最有代表性的国史丛书。

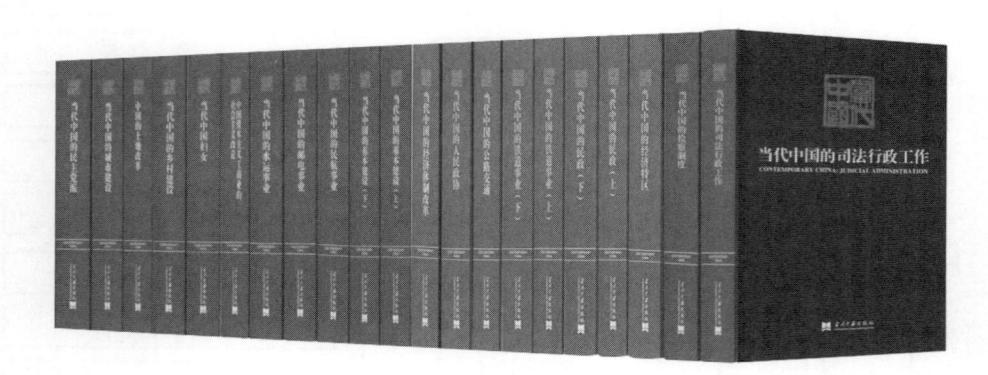

图3　《当代中国》丛书

《中华人民共和国史稿》是中央赋予当代中国研究所的重要任务，历时近20年，由中央和国家数十个部委先后三次审读并提出修改意见，已经中央审定批准于2012年出版前5卷本（1949—1984）。续编工作正在有条不紊地进行中。

图4　《中华人民共和国史稿》

《中华人民共和国史编年》是一项中华人民共和国史编纂的基础性工程，集资料性、研究性和学术性为一体，为中华人民共和国史研究和教育提供权威性资料。

中国版本图书馆第一批重点收藏图书

《中华人民共和国史编年》系列，由当代中国研究所与中央档案馆联合编撰，当代中国出版社于2019年8月出版新编各卷。该系列以编年体形式全面反映新中国各个领域重大史实，旨在为研究中华人民共和国历史提供翔实的资料，同时也为广大读者查阅有关中华人民共和国的历史资料提供便利。本系列为多卷本，自1949年起，每年独立成卷，已出版1949—1965年卷、2011—2018年卷合计25卷，将陆续编纂出版其他年份各卷。2022年2月，《中华人民共和国史编年（2011年卷）》出版发行。

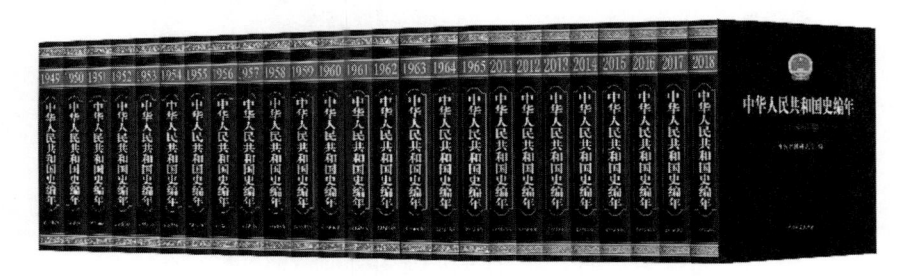

图5 《中华人民共和国史编年》

"中华人民共和国史研究"丛书（第二版）6卷，是"十二五"国家重点图书出版规划项目、中国社会科学院创新工程项目，由当代中国研究所主持编撰。

图6 "中华人民共和国史研究"丛书（第二版）

当代中国研究所加强国史资料的积累，收藏有各类国史研究图书资料约10万余册，已建成具有较强专业性和学科特色的图书资料室，为中华人民共和国史研究提供了重要的资料保障。

图7　我们走在大路上

当代中国研究所撰写了大型文献纪录片——《敢教日月换新天》的脚本,该纪录片全景展现了中国共产党以"敢教日月换新天"的志气,团结带领全国各族人民实现从站起来到富起来、再到强起来的历史伟业。纪录片在中央电视台一经播放,就产生了广泛的社会影响,获得中央领导同志的高度肯定。

图8　敢教日月换新天

"灭人之国,必先去其史"。国史编研不仅是一项严肃的学术研究,而且是党的意识形态工作的一部分,具有重要的护国功能。当代中国研究所本着强烈的使命意识和责任担当,牢牢把握中华人民共和国史编研工作的正确方向,"总结历史,说明现在,探索规律,启示未来"。

当代中国研究所科研人员每年在国家级重要媒体（"三报一刊"）发表多篇关于中华人民共和国历史成就与经验、改革开放成就与经验、中国特色社会主义、马克思主义中国化、科学社会主义等方面的理论文章。

表1　　　　　　　　2022年度当代中国研究所发表"三报一刊"理论成果

序号	文章题目	作者	发表刊物	发表时间
1	深刻认识和把握党百年奋斗的初心使命	宋月红、周进	《求是》	2022年第8期
2	指引中国发展繁荣的正确道路	宋月红	《光明日报》	2022年1月26日
3	毫不动摇地坚持和完善社会主义基本经济制度	李文	《光明日报》	2022年1月28日
4	马克思主义中国化新的飞跃（深入学习贯彻党的十九届六中全会精神）	姜辉	《人民日报》	2022年3月24日
5	以国际循环提升国内循环效率水平	王璐	《经济日报》	2022年9月7日
6	书写实现国家富强、人民幸福的精彩答卷	宋月红	《人民日报》	2022年9月9日
7	新时代十年的伟大变革具有里程碑意义	宋月红	《人民日报》	2022年10月10日
8	坚定不移推进中华民族伟大复兴历史进程	宋月红	《光明日报》	2022年10月14日

当代中国研究所主办的关于新中国史的全国唯一的专业学术期刊——《当代中国史研究》，密切关注新中国史研究学术前沿，积极服务党和国家工作大局，深入探讨治国理政历史规律，科学总结当代中国成功经验，努力将刊物建设成为聚焦学科发展、反映研究动态、引领研究趋势的重要马克思主义理论研究、宣传阵地。2022年，为了宣传阐释中国共产党二十大精神，《当代中国史研究》开设了"迎接党的二十大"专栏，刊登了《具有里程碑意义的新时代十年》《新时代中国经济发展的历史性成就与规律性认识》等学习贯彻党的二十大精神笔谈文章，围绕深入领会党的第三个历史决议精神刊发《党的第三个历史决议的正确党史观和理论品质》等理论文章。其中，《奋斗与辉煌：从站起来、富起来到强起来》一文入选中共中央宣传部出版局主办的"第六届期刊主题宣传好文章"。17篇（次）文章被《新华文摘》《中国社会科学文摘》等转载。此外，刊物还荣获国家哲学社会科学文献中心2016—2021年最受欢迎期刊、2021年度最受欢迎期刊等荣誉。

表2　　　　　　　　《当代中国史研究》2022年度发表有重要影响的文章及大事记

序号	时间	重要影响的文章及大事记
1	2022年1月25日	《当代中国史研究》2022年第1期发表宋月红的《党的第三个历史决议的正确党史观和理论品质》等"学习贯彻党的十九届六中全会精神笔谈"组文

续表

序号	时间	重要影响的文章及大事记
2	2022年3月25日	《当代中国史研究》第2期发表张玲蔚的《"外汇券"与中国的外汇管理工作》一文，被评为"2022年全国马克思主义理论学科研究生优秀论文奖"二等奖
3	2022年5月25日	《当代中国史研究》第3期发表曲青山的《创造新时代中国特色社会主义伟大成就的根本原因——"两个确立"的确立过程及决定性意义》一文
4	2022年7月25日	《当代中国史研究》第4期发表杨凤城的《大历史观与中华人民共和国史研究》、朱汉国的《范本、范式、范例：第三个历史决议对新中国史研究的方法示范》等"第三个历史决议与新中国史研究笔谈"组文，分别被《中国社会科学文摘》《人大复印报刊资料·中国现代史》《社会科学文摘》等转载
5	2022年9月25日	《当代中国史研究》第5期发表于沛的《中国式现代化道路的时代价值与世界历史意义》一文，被《高等学校文科学术文摘》转载
6	2022年11月25日	《当代中国史研究》第6期发表李正华的《具有里程碑意义的新时代十年》等"学习贯彻党的二十大精神笔谈"组文
7	2022年11月25日	《当代中国史研究》第6期发表冷兆松的《拓展新时代政治史研究的微观视角刍议——以政治站位相关概念为例》一文，被《新华文摘》全文转载

积极开展新中国史宣讲，讲好中国故事，传播好中国声音。专家接受媒体采访；举办展览或赴各地巡展；摄制电视文献片和网络视频；中华人民共和国国史网自2009年开通后屡获殊荣；"当代中国研究"公众号每日推送重要讯息等；联合国史学会制作短片《为增强新中国历史自信努力奋斗》、宣传册《为国为民立心立魂》、365集系列视频节目《共和国日记》。

当代中国出版社是1991年成立的中央级综合出版社，是全国唯一新中国史专业出版机构。主要出版中华人民共和国史研究系列成果，以及反映当代中国政治、经济、法治、文化、社会和生态文明建设等领域建设成就的图书，构建起以新中国史研究、社会主义理论研究、当代中国研究、当代中国法学家文库等为主体框架的出版格局，为推动新中国史研究、编纂和建设马克思主义理论阵地发挥了重要作用。当代中国研究所领导完成当代中国出版社公司化改革，积极发挥国史成果出版、宣传、推广平台作用。出版国家"十四五"项目《全球化时代的新帝国主义批判》、中国社会科学院马克思主义理论研究和建设工程项目资助项目《从五条脉络看百年党史》等著作。《中华人民共和国简史》被列为国家出版基金2022年专项主题出版项目，《新中国70年》《改革开放40年：历程与经验》入选2022年度国家社会科学基金中华学术外译推荐书目。经济效益取得快速增长，实现利润总额1230万元，同比增长 103.28%；营业收入 6930 万元，同比增长 42.2%。

姜辉 主编 李正华 宋月红 副主编 出版时间：2022 年 10 月

党的十八大以来，中国特色社会主义进入新时代，党和国家事业取得历史性成就、发生历史性变革。新时代十年的伟大变革，在党史、新中国史、改革开放史、社会主义发展史、中华民族发展史上具有里程碑意义。当代中国研究所是从事新中国史研究和编纂工作的专门机构。该所学习贯彻党的第三个历史决议精神，坚持唯物史观和正确党史观，以开创中国特色社会主义新时代和新时代的党的建设、经济建设、全面深化改革开放、政治建设、全面依法治国、文化建设、社会建设、生态文明建设和外交工作为题，编写完成十卷本"新时代这十年"丛书（中国社会科学院原副院长、现中国共产党重庆市委常委姜辉主编）。

图 9　"新时代这十年"丛书

"中国式现代化发展史大事记"丛书，由当代中国研究所编著，是系统认识中华人民共和国史、改革开放史、中国式现代化发展史、社会主义发展史的重要读物。目前已出版《社会主义发展史简明大事记》《改革开放史简明大事记》两本。

《社会主义发展史简明大事记》
当代中国研究所 编著
林建华 主编
出版年月：2022 年 12 月

《改革开放史简明大事记》
当代中国研究所 编著
宋月红 主编
出版年月：2023 年 2 月

图 10　"中国式现代化发展史大事记"丛书

《居安思危·世界社会主义小丛书》自 2012 年问世以来，已陆续出版七辑共 70 种。这是一套以马克思主义基本原理和习近平新时代中国特色社会主义思想为指导，着重介绍世界社会主义，包括中国特色社会主义的理论与实践，历史与现实问题的研究性普及读物。

《列宁对伯恩施坦主义批判的政治学思考》
孙守 著　出版时间：2022 年 5 月

《从五条脉络看百年党史（上下册）》
李捷 著　出版时间：2022 年 9 月

《美帝国主义是资本主义的没落阶段》
张文木 著　出版时间：2022 年 9 月

《共产党人的信仰坚守和顽强斗争》
王传利 著　出版时间：2022 年 9 月

图 11　《居安思危·世界社会主义小丛书》（第七辑）

冀祥德 著　出版时间：2022 年 8 月

新时代以来，以习近平同志为核心的党中央高度重视历史文化在实现"两个一百年"奋斗目标和中华民族伟大复兴中国梦的伟大征程中的重要作用，中国地方志指导小组及其办公室高举习近平新时代中国特色社会主义思想伟大旗帜，凝心聚力、开拓创新，不仅推动国务院办公厅印发地方志历史上的第一个《规划纲要》，实施全国地方志"十大工程"，而且实现我国历史上第一次省市县志书和综合年鉴全覆盖，使"新时代十年"成为地方志发展史上成就最辉煌、成果最丰硕、影响力最大的时期。作者在本书中回顾了其在2013 年至 2021 年，先后任方志出版社社长、总编辑，中国地方志指导小组秘书长，中国地方志指导小组办公室党组书记、主任期间的方志情怀、顶层设计，以及调研中总结出的山东、黑龙江、吉林、新疆、河北、重庆、浙江、广东、甘肃、四川、广西、安徽、陕西、湖南、湖北、河南、江苏等地方经验，对进一步推进全国地方志事业发展具有较大理论和实践价值。

图 12　《新时代的地方志》

冀祥德 著　出版时间：2022 年 10 月

党的十八大以来，习近平总书记强调要高度重视修史修志，中国地方志指导小组及其办公室始终坚持以习近平新时代中国特色社会主义思想为指导，抓住地方志干事难逢的发展机遇，围绕党和国家利益、经济社会发展和以人民为中心三大主题开拓创新，以依法治志为总抓手，完成"两全目标"，实施"十大工程"，凝练新时代方志人精神，树立方志文化自信，在全国范围内全面推动地方志从一项工作向一项事业转型升级，创造出历史上第一次省市县三级志鉴全覆盖的世界文化盛举，向新时代交出了一份厚重提气的靓丽成绩单。作者以其 8 年全国地方志工作机构主要负责人的经历，回顾"依法治志""两全目标""十大工程""转型升级"等顶层设计的心路历程和经验体会，倾情泼墨，挥就本书。

图 13　《依法治志与地方志转型升级》

冀祥德 著　出版时间：2022 年 10 月

本书系国内外系统研究控辩平等理论的开拓性、奠基性学术专著，不仅突破了长期以来法学界关于控辩平等原则主要是"平等武装"的传统观点，提出了"平等保护"和"平等合作"的新学说，在控辩平等基础理论研究领域取得了突破性的进展；而且，在构建人类命运共同体的大背景下，在划分世界刑事诉讼四次革命的新理论语境下，提出了刑事诉讼发展中关于控辩平等的新时代内涵，指出平等武装、平等保护、平等对抗、平等合作之间，相辅相成，共生共长，密切联系，缺一不可，共同构成了控辩平等理论的现代内涵——以消解国家和个人的纠纷为总目标，以控制犯罪和保障人权为基本目的，控辩双方在平等武装与平等保护的前提之下，在平等的对抗与合作之中，和谐相处，协调发展。

图 14　《控辩平等论（第三版）》

中华人民共和国史既是历史，也是现实。30 多年来，当代中国研究所紧紧围绕党和国家中心工作，以重大理论和现实问题为主攻方向，加强战略性、全局性、综合性重大课题研究，积极建言献策，在发挥党中央和国务院"思想库""智囊团"作用方面作出了重要贡献。

资政是中央赋予当代中国研究所的重要职能。加强中国特色新型智库建设，是习近平总书记提出的明确要求，已成为推动国家治理体系和治理能力现代化、增强国家软实力的重要战略。

当代中国研究所紧紧围绕党和国家中心工作，服务大局，以新时代重大理论和现实问题为主攻方向，加强战略性、全局性、综合性重大课题研究，建立"中国共产党治国理政经验智库"，成功申请并完成一批国家社会科学基金项目、马克思主义理论研究和建设工程项目，推动中华人民共和国史研究更密切地服务于党和国家工作大局。

2022年由当代中国研究所研究人员撰写的一批"要报"等资政研究成果为解决现实问题献计献策，荣获中国社会科学院2021年度优秀对策信息组织奖和28项个人奖，其中特等奖2项、二等奖2项、三等奖24项。此外，当代中国研究所还开展国情调研等项目，形成一批高质量的调研报告，为领导决策提供重要参考。

当代中国研究所积极参与全国人大、全国政协等国家立法、政治协商机关的政治活动，撰写议（提）案，建言献策。一些议（提）案和调研报告获得中央、地方机关的表彰。

二、培养国史研究人才

育人是新中国史工作的重要内容，这既包括对新中国史科研人才的培养，也包括针对高校和中小学学生的新中国史教育。

当代中国研究所爱才、引才、育才、用才，形成了在全国具有一定影响力、结构合理的科研人才队伍。加强国史学科博士、硕士研究生学历教育和博士后流动站工作，为国史事业培养了大批高层次人才队伍。参与国史教材、读本编写，为加强国史教育和培育社会主义核心价值观作出了积极贡献。

当代中国研究所积极参与新中国史教材和新中国史读本的编撰与审定，培育青少年的理想信念和爱国主义核心价值观，塑造时代新人。参与编撰高校中国特色社会主义理论教材、新中国史教材；参与审定教育部组织编写的中小学历史教材；参与编撰出版面向广大干部群众和海外人士的新中国史读本，面向港澳台地区的《中华人民共和国国史十讲》《中华人民共和国国情十讲》，面向广大干部群众的《中华人民共和国史小丛书》等。

为了培养国史研究人才，国史学会每年举办中华人民共和国史高级研讨班，邀请国史学会和中央党史和文献研究院、中共中央党校（国家行政学院）、中国社会科学院、军事科学院、中央档案馆等单位的专家讲授国史研究相关课程，并组织学术对话和信息交流。面向全国大专院校、科研院所、各级党校及相关单位从事党史国史和地方志研究、教学和宣传工作的同志进行国史人才的培养。目前已成功举办9期，培养了大量的国史研究人才。

联系与协调各地区、各部门的新中国史研究工作，加强国内外新中国史交流互鉴是中央赋予当代中国研究所的另一项重要任务。

编写出版《中国学手册·新时代中国卷》，并设立研究创新基地。按照中国社会科学院院领导指示和有关批复工作方案，组织筹建新时代中国学建设研究创新基地，制定基地工作规划。撰写《中国学手册》系列丛书，出版《中国学手册·新时代中国卷》，以百科词条形式向国际社会传播中国声音，努力让国际社会能够真实、立体、全面地了解中国、认识中国、读懂中国。该卷作为唯一一部工具书入选中国社会科学院创新工程2022年度重大科研成果。

完成120万字《当代中国史研究年鉴》2022年卷编撰。完成106万字的大百科全书国史词条撰写。开展国史数据库的平台整改和数据梳理检查，稳步推进新中国史资料库、数据库建设。与上海大学签约共建当代中国研究所上海大学研究基地，确定领导和办事机构，建立联络机制，为开展项目合作、建设高水平研究基地奠定基础。

当代中国研究所着力打造中华人民共和国史学术年会和国际高级论坛学术交流品牌，发挥中华人民共和国国史学会和非实体研究中心的作用，积极搭建国内国际交流平台，增进学术交流、加强学术互鉴，共同推进国史研究、宣传和教育的深入开展。

成功举办庆祝国史学会成立30周年大会。在中共中央宣传部指导和中国社会科学院党组坚强领导下，当代中国研究所克服新冠肺炎疫情高发等不确定性因素，成功举办推动新中国史研究事业繁荣发展暨庆祝中华人民共和国国史学会成立30周年大会。新华社播发通稿《习近平致信祝贺国史学会成立30周年强调 坚定历史自信 增强历史主动 更好凝聚团结奋斗的精神力量》，央视《新闻联播》作了详细报道。会议的成功举办获得中国社会科学院党组的充分肯定和国史学界好评。

指导中华人民共和国国史学会开展国史宣传教育和大众传播。在央视网开办"影像国史"专题；与新华社中国图片社等合作，举办以"我们这十年·奋进新征程"为主题的第六届中国图片大赛；与人民日报社华闻影视制作中心合作，启动国史影像数字工程，完成并推出融媒体文创产品《共和国日志》；与中共中央宣传部五洲传播中心合作，编辑审定并推出"百度百科"国史类词条；在广东卫视推出百集国史微纪录片《为人民谋幸福》；完成六集文献纪录片《广交天下》的摄制。

当代中国研究所始终高度重视与国际学术界的交流与合作，利用一切可能的机会，讲好中国故事、传播好中国声音，让世界了解中国、让中国走向世界。为了推动中华人民共和国史研究及国际学术交流，作为一个高端学术交流制度，"当代中国史国际高级论坛"每5年举行一次。经过十几年的摸索，该论坛在国际上影响力重大，已逐渐成为中国学者与国际学者交流中国史研究成果的重要平台，大力推动了海外中国史研究的发展。

（供稿：张　新）

科研项目

根据 2022 年度国家社科基金重大项目（338 项）、研究阐释党的十九届六中全会精神国家社科基金重大项目（130 项）、国家社科基金年度项目（3548 项）、国家社科基金青年项目（1127 项）、国家社科基金西部项目（500 项）、教育部重大项目（51 项），择选出与国史学科相关的科研项目 549 项（其中：国家社科基金重大项目 79 项，研究阐释党的十九届六中全会精神国家社科基金重大项目 126 项，国家社科基金年度项目 267 项，国家社科基金青年项目 43 项，国家社科基金西部项目 22 项以及教育部重大项目 12 项）。

国家社科基金重大项目

序号	课题名称	批准号	首席专家	责任单位
1	习近平新时代中国特色社会主义思想对马克思主义的原创性贡献研究	22&ZD001	梅荣政	武汉大学
2		22&ZD002	王刚	南京师范大学
3	习近平总书记关于科技创新的重要论述研究	22&ZD003	吴朝晖	浙江大学
4	习近平总书记关于尊重和保障人权的重要论述研究	22&ZD004	赵树坤	西南政法大学
5	马克思主义国家治理理论研究	22&ZD005	许耀桐	福建师范大学
6	马克思主义文明观研究	22&ZD006	李艳艳	北京科技大学
7	新时代马克思主义意识形态话语权建设研究	22&ZD007	钟君	湖南省社会科学院
8		22&ZD008	骆郁廷	武汉大学
9	"全人类共同价值"的马克思主义理论基础研究	22&ZD009	林伯海	西南交通大学
10		22&ZD010	王公龙	中共上海市委党校
11	以党的自我革命引领社会革命研究	22&ZD011	杨俊	中共上海市委党校
12	中国式现代化的理论内涵与实现路径研究	22&ZD012	侯衍社	中国人民大学
13	中国式现代化道路对人类文明发展的创新贡献研究	22&ZD013	项久雨	武汉大学
14	中国式现代化道路的文明底蕴与人类文明新形态的实践创造研究	22&ZD014	臧峰宇	中国人民大学
15	中华文明的演进道路与内在机制研究	22&ZD015	龚培河	南京信息工程大学
16	人的全面发展的理论内涵与实现路径研究	22&ZD016	邱耕田	中共中央党校（国家行政学院）
17	社会主义本质与新时代共同富裕问题研究	22&ZD017	曾国安	武汉大学
18	"两个确立"决定性意义的总体逻辑及实现机制研究	22&ZD020	张振	南京师范大学
19	中国共产党土地政策法规资料收集整理与数据库建设	22&ZD021	丁文	华中师范大学
20	中国共产党信用票据史资料整理与研究	22&ZD023	刘晓泉	江西财经大学
21	人民兵工史文献整理与研究	22&ZD026	李俊奎	南京理工大学

续表1

序号	课题名称	批准号	首席专家	责任单位
22	互联网发展与国家治理体系和治理能力现代化研究	22&ZD028	臧雷振	中国农业大学
23	习近平经济思想的政治经济学研究	22&ZD050	刘凤义	南开大学
24	中国式创新的综合优势、模式演进及体制机制的经济学研究	22&ZD052	欧阳峣	湖南师范大学
25	基于中国实践的经济增长理论创新研究	22&ZD053	张平	中国社会科学院经济研究所
26	劳动力要素市场化配置中的效率增进与协同推进共同富裕路径研究	22&ZD055	乔晓楠	南开大学
27		22&ZD056	邢春冰	中国人民大学
28	全面建成小康社会背景下相对贫困治理的实现路径研究	22&ZD059	吴国宝	中国社会科学院农村发展研究所
29		22&ZD060	林闽钢	南京大学
30	西部农村和民族地区人力资本培育的方式和路径选择研究	22&ZD065	张学敏	西南大学
31	新发展格局下长三角一体化大市场研究	22&ZD066	刘修岩	东南大学
32	东北工业经济史（1860—2020）	22&ZD075	梁启东	辽宁社会科学院
33	中国审计通史	22&ZD076	方宝璋	莆田学院
34	新形势下我国粮食安全战略问题研究	22&ZD079	青平	华中农业大学
35	推动农业机械化智能化保障粮食安全的路径和机制创新研究	22&ZD084	王晓兵	北京大学
36	新形势下我国农业食物系统转型研究	22&ZD085	樊胜根	中国农业大学
37	南南农业合作促进我国粮食安全的政策与机制研究	22&ZD086	林发勤	中国农业大学
38	新时代财政政策效能提升的测度理论、方法与中国实践研究	22&ZD089	何文盛	兰州大学
39	新时代我国财税再分配的精准调节机制研究	22&ZD090	岳希明	中国人民大学
40	推进共同富裕的金融理论逻辑与有效机制研究	22&ZD115	张金林	中南财经政法大学
41	深化金融体制改革推进国家创新能力建设研究	22&ZD116	周铭山	中南财经政法大学
42		22&ZD123	何婧	中国农业大学
43	数字普惠金融支持乡村振兴的政策与实践研究	22&ZD124	丁志国	吉林大学
44	我国海洋战略科技力量体系化建设研究	22&ZD152	崔旺来	浙江海洋大学
45	国民福利核算理论、方法与中国实践研究	22&ZD165	金钰	东北财经大学
46	习近平生态文明思想的科学体系研究	22&ZD167	林智钦	对外经济贸易大学
47	全过程人民民主重大理论与实践问题研究	22&ZD168	张明军	上海交通大学
48	国家空域安全治理体系建设研究	22&ZD169	张洪海	南京航空航天大学
49	侨联组织在国家公共外交中的作用研究	22&ZD175	李明欢	暨南大学

续表2

序号	课题名称	批准号	首席专家	责任单位
50	从发展型社会政策到共同富裕型社会政策研究	22&ZD182	贾玉娇	吉林大学
51	乡村振兴战略下县域城乡融合发展的理论与实践研究	22&ZD189	周飞舟	北京大学
52		22&ZD190	孙九霞	中山大学
53	新时代促进劳动力返乡创业的高质量发展研究	22&ZD191	何晓斌	清华大学
54	中国现代化实践与中国特色哲学社会科学自主知识体系建构研究	22&ZD193	郭台辉	云南大学
55	习近平法治思想的原创性贡献及其理论阐释研究	22&ZD198	冯玉军	中国人民大学
56	习近平法治思想的实践伟力及其创新机制研究	22&ZD199	陈柏峰	中南财经政法大学
57	中华文化认同与中华民族共同体建设研究	22&ZD208	向柏松	武汉科技大学
58		22&ZD209	索端智	青海省社会科学院
59	坚持正确的中华民族历史观研究	22&ZD210	杨须爱	中央民族大学
60	铸牢中华民族共同体意识的理论逻辑和实践路径研究	22&ZD211	段超	中南民族大学
61		22&ZD212	马忠才	西北民族大学
62	新时代党的治疆方略研究	22&ZD214	王小平	中共新疆生产建设兵团委员会党校
63		22&ZD215	张爱萍	塔里木大学
64	全国支援西藏建设的重要文献资料收集、整理与研究	22&ZD239	杨明洪	云南大学
65	海外黄河文献的搜集整理与数据库建设研究	22&ZD241	闵祥鹏	河南大学
66	二战后全球马克思主义史学理论文献的整理与研究	22&ZD250	梁民愫	上海师范大学
67	中国共产党宗教工作史料整理与研究	22&ZD253	何虎生	中国人民大学
68	中国近现代话剧文献补遗与集成研究	22&ZD270	胡志毅	浙江大学
69	中国百年文学大系整理、编纂与研究（1900—2020）	22&ZD271	丁帆	南京大学
70	中国当代作家写作发生与社会主义文学生产关系研究	22&ZD273	张学昕	辽宁师范大学
71	中国现代文学意义生产与俄苏文学关系研究	22&ZD279	于文秀	黑龙江大学
72	百年来中外戏剧交流史文献整理与研究	22&ZD285	刘茂生	广东外语外贸大学
73	中国方志语言资料数据平台建设及词典编纂	22&ZD296	李蓝	南方科技大学
74	国家治理现代化进程中的数字沟通与共识构建的中国路径研究	22&ZD312	朱春阳	复旦大学
75	铸牢中华民族共同体意识的传播策略研究	22&ZD313	谢清果	厦门大学

续表3

序号	课题名称	批准号	首席专家	责任单位
76	新时代媒体融合推进北京冬奥精神传播研究	22&ZD314	魏伟	北京外国语大学
77	"一带一路"背景下中资企业社会责任形象构建与推进机制研究	22&ZD319	包国强	上海大学
78	西方国家主要政党涉华传播话语体系研究	22&ZD320	任孟山	中国传媒大学
79	百年中国新闻传播史著作整理及书写创新研究	22&ZD321	赵战花	西安外国语大学

研究阐释党的十九届六中全会精神国家社科基金重大项目

序号	课题名称	首席专家	责任单位
1	习近平新时代中国特色社会主义思想的科学内涵、历史地位和重大意义	陈曙光	中共中央党校（国家行政学院）
2	习近平新时代中国特色社会主义思想对历史唯物主义发展的原创性贡献研究	涂成林	广州大学
3	习近平经济思想对马克思主义政治经济学发展的原创性贡献研究	邱海平	中国人民大学
4	习近平关于中国共产党历史重要论述及理论创新研究	任贵祥	华南师范大学
5	马克思主义中国化"两个结合"研究	唐正东	南京大学
6	坚持把马克思主义基本原理同中华优秀传统文化相结合研究	左亚文	武汉大学
7	中国共产党百年奋斗中坚持党的领导经验研究	张世飞	对外经济贸易大学
8	中国共产党百年奋斗中坚持人民至上经验研究	万光侠	山东师范大学
9		邵彦敏	吉林大学
10	中国共产党百年奋斗中坚持理论创新经验研究	高正礼	北京交通大学
11	中国共产党百年奋斗中坚持独立自主经验研究	胡宗山	华中师范大学
12	中国共产党百年奋斗中坚持中国道路经验的哲学研究	马拥军	复旦大学
13	中国共产党百年奋斗中坚持中国道路经验研究	丁堡骏	浙江大学
14	中国共产党百年奋斗中坚持胸怀天下经验研究	徐艳玲	山东大学
15	中国共产党百年奋斗中坚持敢于斗争经验研究	张浩	中山大学
16	中国共产党百年奋斗中坚持统一战线经验研究	蒋锐	山东大学
17	中国共产党百年奋斗中坚持自我革命经验研究	段妍	东北师范大学
18	中国共产党的百年奋斗对世界历史进程的深刻影响研究	陈明凡	清华大学
19	中国共产党领导人民创造的人类文明新形态研究	谭培文	广西师范大学
20		陈志刚	中国社会科学院马克思主义研究院
21	伟大建党精神与党的精神建设规律研究	曾峻	中共上海市委党校
22	以中国式现代化推进中华民族伟大复兴研究	刘军	北京大学

续表1

序号	课题名称	首席专家	责任单位
23	中国共产党领导妇女运动百年重大成就研究	姜秀花	中华全国妇女联合会妇女研究所
24	新民主主义革命时期中国共产党宣传动员工作史研究	俞凡	山东大学
25	抗美援朝精神及其实践主体研究	仲华	国防大学
26	毛泽东思想对马克思主义中国化的历史性贡献研究	黄显中	湘潭大学
27	推进中华民族伟大复兴进程中的中国式现代化理论与实践重大创新研究	戴木才	清华大学
28	新阶段、新理念、新格局下我国金融结构优化与高质量发展研究	王永钦	复旦大学
29	立足新发展阶段、贯彻新发展理念、构建新发展格局、推动高质量发展研究——基于超大经济体供需高水平动态平衡的视角	刘培林	浙江大学
30	以深化改革促进全体人民共同富裕研究	左学金	南通大学
31	促进全体人民共同富裕研究	杨灿明	中南财经政法大学
32	党的十八大以来坚持和加强党的全面领导的实践和经验研究	刘靖北	中国浦东干部学院
33	百年来党加强基层政治建设的实践与经验研究	方雷	山东大学
34	发展积极健康的党内政治文化研究	陈义平	安徽大学
35	新时代地方推进全面从严治党的实践探索、成效评价与经验总结研究	杜治洲	燕山大学
36	新时代推进马克思主义学习型政党建设研究	欧阳恩良	贵州师范大学
37	实施新时代人才强国战略关键问题研究	孙锐	中国人事科学研究院
38	以建设世界重要人才中心为目标的新时代人才强国战略研究	周文斌	中国社会科学院工业经济研究所
39	新时代党和国家监督体系的理论建设与制度完善研究	陈国权	浙江大学
40	新时代完善党和国家监督体系研究	秦前红	武汉大学
41	党的十八大以来推动数字经济高质量发展的实践和经验研究	戎珂	清华大学
42	推动经济发展质量、效率、动力持续增强的机制研究	陈昆亭	云南财经大学
43	数字经济推动经济发展质量变革、效率变革、动力变革研究	孙宝文	中央财经大学
44	增强国有经济竞争力、创新力、控制力、影响力、抗风险能力研究	毛新述	北京工商大学
45	新时代构建亲清政商关系研究	罗进辉	厦门大学
46	数字政府与亲清政商关系的影响机制和构建路径研究	陈涛	华中科技大学

续表 2

序号	课题名称	首席专家	责任单位
47	科技自立自强作为国家发展的战略支撑研究	吴超鹏	厦门大学
48	科技自立自强作为国家经济发展的战略支撑研究	魏泽龙	西安交通大学
49	全面实施供给侧结构性改革研究	汪伟	上海财经大学
50	防范化解经济金融领域风险的宏观调控治理体系研究	陈创练	暨南大学
51	防范化解经济金融领域风险研究	方颖	厦门大学
52	数字经济时代防止资本无序扩张研究	吕守军	上海交通大学
53	防止资本无序扩张风险研究	沈悦	西安交通大学
54	新时代实施区域协调发展战略研究	成长春	南通大学
55	面向现代化的城乡区域发展战略研究	高国力	国家发展和改革委员会国土开发与地区经济所
56	系统观视角下推进以人为核心的新型城镇化战略突破研究	欧阳慧	国家发展和改革委员会市场与价格研究所
57	推进以人为核心的新型城镇化关键问题研究	靳小怡	西安交通大学
58	推进中国特色农业农村现代化的理念、动力与路径研究	顾海英	上海交通大学
59	增强改革的系统性整体性协同性研究	郭强	中共中央党校（国家行政学院）
60	产业链供应链合作共建"一带一路"高质量发展研究	陈爱贞	厦门大学
61	推动共建"一带一路"高质量发展机制研究	董雪兵	浙江大学
62	构建面向全球的高标准自由贸易区网络研究	黄建忠	上海对外经贸大学
63	新发展格局下构建开放型经济体系研究	倪红福	中国社会科学院经济研究所
64	党的十八大以来推进社会主义基层民主政治建设的实践和经验研究	陈荣卓	华中师范大学
65	坚定对中国特色社会主义政治制度的自信研究	柴宝勇	中国社会科学院大学
66	发展社会主义政治文明研究	虞崇胜	华中科技大学
67	全过程人民民主的理论基础和发展路径研究	王宗礼	西北师范大学
68	发挥人民代表大会制度的根本政治制度作用研究	胡弘弘	中南财经政法大学
69	中国特色协商民主体系研究	韩志明	上海交通大学
70	完善大统战工作格局研究	李艳霞	厦门大学
71	党的十八大以来党领导全面依法治国的实践和经验研究	夏锦文	江苏省社会科学院
72	弘扬社会主义法治精神研究	张恒山	天津大学
73	完善以宪法为核心的中国特色社会主义法律体系研究	苗连营	郑州大学
74	智能技术赋能政法领域全面深化改革研究	王禄生	东南大学

续表3

序号	课题名称	首席专家	责任单位
75	党的十八大以来党领导文化建设的实践与经验研究	梁建新	广西大学
76	构建具有强大凝聚力和引领力的社会主义意识形态话语体系研究	吴学琴	安徽大学
77	建设具有强大凝聚力和引领力的社会主义意识形态研究	朱继东	中国社会科学院马克思主义研究院
78	健全互联网领导和管理体制研究	李卫东	华中科技大学
79		吕本富	浙江清华长三角研究院
80	新时代完善思想政治工作体系研究	万美容	华中师范大学
81	中华优秀传统文化创造性转化与创新性发展的社会实现路径与机制研究	胡安宁	复旦大学
82	创造性转化与创新性发展视野下的中华生命智慧研究	詹石窗	四川大学
83	视听艺术精品推动中华优秀传统文化创造性转化、创新性发展研究	司若	清华大学
84	文化润疆与推动各民族优秀传统文化创造性转化、创新性发展	木拉提·黑尼亚提	新疆维吾尔自治区社会科学院
85	扩大社会力量参与文化遗产保护问题研究	吕舟	清华大学
86	加大文化遗产保护力度研究	贾旭东	中国传媒大学
87	中国特色国际传播战略体系构建研究	陈虹	华东师范大学
88	加快国际传播能力建设的战略、流程、效果研究	胡正荣	中国社会科学院新闻与传播研究所
89	党的十八大以来党领导社会建设的实践和经验研究	吴新叶	同济大学
90		褚松燕	中共中央党校（国家行政学院）
91	伟大脱贫攻坚精神研究	张琦	北京师范大学
92	伟大抗疫精神研究	张伯礼	天津中医药大学
93	伟大抗疫精神及其弘扬机制研究	王冠中	首都师范大学
94	实现更加充分、更高质量就业研究	赖德胜	北京师范大学
95	推进义务教育均衡发展和城乡一体化研究	雷万鹏	华中师范大学
96	新时代健康观指导下的健康中国建设实施路径研究	王虎峰	中国人民大学
97	全面推进健康中国建设的作用机制、实施效应及优化路径研究	汪泓	上海工程技术大学
98	人口负增长时代的国家人口发展战略研究	原新	南开大学
99	加快建立多主体供给、多渠道保障、租购并举的住房制度研究	吴宇哲	浙江大学
100	大数据赋能共建共治共享的社会治理制度建设研究	刘鲁宁	哈尔滨工业大学
101	建设共建共治共享的社会治理制度研究	赵晓峰	西北农林科技大学

续表4

序号	课题名称	首席专家	责任单位
102	加强国家应急管理体系和能力建设研究	李燕凌	湖南农业大学
103		马宝成	中共中央党校（国家行政学院）
104	完善重大疫情防控救治体系研究	王冬	南方医科大学
105	党的十八大以来我国生态文明建设对人类文明发展的贡献研究	曹孟勤	南京师范大学
106	党的十八大以来党领导生态文明建设实践和经验研究	李宏伟	中共中央党校（国家行政学院）
107	数字经济推动社会主义生产、生活以及生态和谐共生研究	郝宇	北京理工大学
108	新发展阶段生产发展、生活富裕、生态良好的中国特色文明发展道路研究	邹红	西南财经大学
109	建立健全自然资源资产产权制度研究	周珂	湖南大学
110	提升话语权与制度性权力，积极参与全球环境与气候治理	滕飞	清华大学
111	碳中和新形势下我国参与国际气候治理总体战略和阶段性策略研究	王谋	中国社会科学院生态文明研究所
112	实现碳达峰碳中和目标的金融支持研究	丁忠明	安徽财经大学
113	碳中和目标下我国能源转型的风险与管控体系研究	周德群	南京航空航天大学
114	区域协同推进碳达峰碳中和路径与政策研究	张友国	中国社会科学院数量经济与技术经济研究所
115	中国共产党百年强军重大成就和历史经验研究	张树德	军事科学院
116	党的十八大以来党领导维护国家粮食安全的实践和经验研究	赵霞	南京财经大学
117	统筹西部边疆地区发展和安全的理论与实践研究	丁忠毅	四川大学
118	基于系统韧性的统筹发展和安全研究：技术赋能、制度保障与指标引领	詹承豫	北京航空航天大学
119	数字时代总体国家安全观的理论深化与实践逻辑研究	董少平	中南财经政法大学
120	党的十八大以来党领导贯彻"一国两制"和推进祖国统一的实践与经验研究	盛九元	上海社会科学院
121	落实中央对特别行政区全面管治权研究	邹平学	深圳大学
122	弘扬和平、发展、公平、正义、民主、自由的全人类共同价值研究	陈培永	北京大学
123	中国人权实践弘扬和丰富全人类共同价值研究	常健	南开大学
124	地区秩序转型背景下打造周边命运共同体研究	周方银	广东外语外贸大学

续表 5

序号	课题名称	首席专家	责任单位
125	构建更加紧密的上海合作组织命运共同体的法治保障研究	刘晓红	上海政法学院
126	中国参与全球治理中的软权力建设研究	秦亚青	山东大学

国家社科基金年度项目

序号	课题名称	姓名	工作单位	项目类别	所在学科
1	习近平新时代中国特色社会主义思想对唯物史观发展的原创性贡献研究	夏巍	复旦大学	重点项目	马列·科社
2	马克思主义关于社会主义发展阶段思想的中国化研究	唐莉	合肥工业大学	重点项目	马列·科社
3	唯物史观的生成逻辑及其当代启示研究	于春玲	东北大学	重点项目	马列·科社
4	大历史观视域下社会主义意识形态理论话语创新研究	王海威	东北财经大学	重点项目	马列·科社
5	新时代中国共产党人的马克思主义话语创新研究	李双套	中共中央党校（国家行政学院）	重点项目	马列·科社
6	中国共产党探索和发展协商民主的历史进程及经验启示研究	郭红军	贵州大学	重点项目	马列·科社
7	中国共产党集体主义思想百年发展历程及其经验启示研究	邵士庆	中央民族大学	重点项目	马列·科社
8	大数据背景下的集体记忆与政治认同研究	谷佳媚	郑州大学	重点项目	马列·科社
9	人工智能发展对我国工人阶级的影响研究	刘海军	天津师范大学	重点项目	马列·科社
10	新时代共同富裕思想在西藏地区的实践研究	刘权政	西藏民族大学	重点项目	马列·科社
11	新时代促进人民精神生活共同富裕的内在逻辑和实践路径研究	汪青松	郑州航空工业管理学院	重点项目	马列·科社
12	新中国成立以来生态环境治理思想演进逻辑研究	罗顺元	广西师范大学	重点项目	马列·科社
13	新时代推进生态文明建设制度化的经验研究	施志源	福建师范大学	重点项目	马列·科社
14	新时代国家政治安全风险预警与防控机制研究	蓝汉林	浙江工业大学	重点项目	马列·科社
15	习近平新时代中国特色社会主义思想是中华文化和中国精神的时代精华研究	刘仓	中国社会科学院当代中国研究所	一般项目	马列·科社
16	习近平总书记对马克思主义社会发展阶段论原创性贡献研究	张云阁	海南大学	一般项目	马列·科社
17	习近平新时代中国特色社会主义思想数字化国际传播研究	王爱玲	大连理工大学	一般项目	马列·科社

续表1

序号	课题名称	姓名	工作单位	项目类别	所在学科
18	历史唯物主义视域下的"历史终结论"批判研究	肖迎春	巢湖学院	一般项目	马列·科社
19	技术化时代条件下的社会主义研究	林青	复旦大学	一般项目	马列·科社
20	新时代中国特色社会主义对世界社会主义的新贡献研究	官进胜	中共上海市委党校	一般项目	马列·科社
21	疫情大考下中西国家治理比较研究	姜正君	中共湖南省委党校	一般项目	马列·科社
22	新时代数字文明建设重要理论和实践研究	马希	广西师范大学	一般项目	马列·科社
23	马克思主义中国化历史中的辩证法研究	陈加飞	四川大学	一般项目	马列·科社
24	马克思主义中国化"两个结合"的内涵及规律研究	丁恒星	中国矿业大学（徐州）	一般项目	马列·科社
25	马克思主义中国化"两个结合"的文化机理研究	李睿	兰州大学	一般项目	马列·科社
26	马克思主义基本原理同中华优秀传统文化相结合的方法论研究	戴逢国	海南师范大学	一般项目	马列·科社
27	中国共产党人精神谱系对中华优秀传统文化的传承与发展研究	欧阳斐	湖南第一师范学院	一般项目	马列·科社
28	中国共产党政党外交的百年历程与基本经验研究	杨扬	西南大学	一般项目	马列·科社
29	人类命运共同体视域下中国共产党的国际形象研究	常培育	国防大学	一般项目	马列·科社
30	中国共产党大党形象的传播机制研究	饶武元	南昌大学	一般项目	马列·科社
31	"世界历史性"视域下的中国共产党世界观研究	洪波	绍兴文理学院	一般项目	马列·科社
32	新时代中国共产党国际形象的价值取向及传播策略研究	罗俊丽	中共上海市委党校	一般项目	马列·科社
33	新时代国家形象对外阐释的可接受性研究	王玉婷	武汉科技大学	一般项目	马列·科社
34	中国化马克思主义海外影响力提升的历史演进与经验研究（1978—2021）	莫凡	扬州大学	一般项目	马列·科社
35	新时代党的历史观研究	张丽霞	江苏师范大学	一般项目	马列·科社
36	唯物史观重建中国现代学术话语体系的历程、经验及当代价值研究	薛其林	长沙学院	一般项目	马列·科社
37	中国共产党坚持独立自主百年历程与经验启示研究	李明斌	新余学院	一般项目	马列·科社

续表 2

序号	课题名称	姓名	工作单位	项目类别	所在学科
38	新时代保护传承红色资源的理论和实践研究	王娜	中国农业大学	一般项目	马列·科社
39	新时代中国共产党现代化战略思想创新发展研究	李卓琦	湖南工商大学	一般项目	马列·科社
40	中国现代化思想演变逻辑和发展形态研究	刘占虎	西安交通大学	一般项目	马列·科社
41	唯物史观视阈下中国式现代化道路的文明逻辑研究	张三元	武汉工程大学	一般项目	马列·科社
42	以中国式现代化道路为实证的唯物史观史学解释力研究	侯冬梅	中共黑龙江省委党校	一般项目	马列·科社
43	新发展理念下中国式现代化道路的时代图景及实践方略研究	朱宗友	阜阳师范大学	一般项目	马列·科社
44	中国式现代化道路的发展伦理研究	卢俞成	广西师范大学	一般项目	马列·科社
45	文明论视域下的中国式现代化道路及其普遍历史意蕴研究	陈晓斌	华南师范大学	一般项目	马列·科社
46	改革开放与中国式现代化道路探索研究	于波	南昌工程学院	一般项目	马列·科社
47	世界历史视域下的中国式现代化道路研究	李军星	遵义师范学院	一般项目	马列·科社
48	全过程人民民主理念对社会主义民主理论的原创性贡献研究	刘俊杰	江南大学	一般项目	马列·科社
49	全过程人民民主中的民主监督理论研究	吴永生	淮阴师范学院	一般项目	马列·科社
50	全过程人民民主对西式民主的超越研究	国虹	山东科技大学	一般项目	马列·科社
51	全过程人民民主的生成机理与实践路径研究	郭璐璐	中原工学院	一般项目	马列·科社
52	坚持人民至上的发展理念研究	姜昱子	哈尔滨工业大学	一般项目	马列·科社
53	习近平总书记关于社会治理现代化重要论述的理论体系和原创性贡献研究	张李斌	中国人民公安大学	一般项目	马列·科社
54	新时代中国特色社会主义公平正义理论体系构建研究	郑立新	湖南理工学院	一般项目	马列·科社
55	新时代中国特色社会主义公平正义理论体系研究	王晓青	北京交通大学	一般项目	马列·科社
56	新时代重大社会风险的系统治理研究	周文翠	鲁东大学	一般项目	马列·科社
57	以人民为中心与人类文明新形态研究	李艳艳	北京科技大学	一般项目	马列·科社
58	百年未有之大变局下提升中国特色社会主义国际话语权研究	郭彩霞	中共福建省委党校	一般项目	马列·科社
59	新时代主流意识形态话语体系的建构与优化研究	李宗建	中共上海市委党校	一般项目	马列·科社
60	国家文化安全治理法治化研究	齐崇文	华东政法大学	一般项目	马列·科社

续表3

序号	课题名称	姓名	工作单位	项目类别	所在学科
61	习近平总书记关于思想政治教育的重要论述研究	宋伟	山东理工大学	一般项目	马列·科社
62	新时代加强高校思想政治工作的理论和实践研究	薛玉琴	青岛大学	一般项目	马列·科社
63	新时代青少年国家版图意识培育机制研究	刘学梅	安徽师范大学	一般项目	马列·科社
64	国家认同视域下内地高校港澳台青年国情教育研究	鄢晓	华侨大学	一般项目	马列·科社
65	中国共产党百年美育实践历程与经验研究	李瑞奇	上海交通大学	一般项目	马列·科社
66	新疆青少年正确中华民族历史观培育研究	张勇	石河子大学	一般项目	马列·科社
67	习近平总书记关于推进新时代高水平对外开放重要论述研究	张兴祥	厦门大学	一般项目	马列·科社
68	中国式城镇化新道路研究	孙江	苏州科技大学	一般项目	马列·科社
69	"美好生活"理念对历史唯物主义的原创性贡献研究	周海荣	西南财经大学	一般项目	马列·科社
70	习近平总书记关于双循环重要论述对马克思再生产理论的新贡献研究	蓝春娣	江西师范大学	一般项目	马列·科社
71	西部乡村从摆脱贫困走向共同富裕的实现机制研究	莫炳坤	广州大学	一般项目	马列·科社
72	革命老区"数智化"赋能促进共同富裕研究	吴韬	中共云南省委党校	一般项目	马列·科社
73	中国式现代化城乡融合发展道路的生成逻辑与创新路径研究	翟坤周	西南科技大学	一般项目	马列·科社
74	习近平生态文明思想的原创性贡献研究	彭曼丽	湖南科技大学	一般项目	马列·科社
75	习近平总书记关于黄河流域生态保护的重要论述研究	宫长瑞	兰州大学	一般项目	马列·科社
76	新时代我国生态文明建设制度化的经验研究	陈军	中国地质大学（武汉）	一般项目	马列·科社
77	新时代生态文明建设的制度化经验研究	邱高会	四川农业大学	一般项目	马列·科社
78	新时代构建海洋命运共同体理念的原创性贡献研究	陈娜	云南大学	一般项目	马列·科社
79	新时代中国共产党推动关键核心技术攻关的体制及其实践路径研究	张鹏	山东建筑大学	一般项目	马列·科社
80	新时代推进科技自立自强与开放创新有机协同的理论和路径研究	雷小苗	北京航空航天大学	一般项目	马列·科社

续表4

序号	课题名称	姓名	工作单位	项目类别	所在学科
81	习近平总书记关于共同富裕的重要论述研究	文小勇	中共广东省委党校	一般项目	马列·科社
82	共同富裕视域下推动高质量发展的分配制度改革研究	曹永栋	对外经济贸易大学	一般项目	马列·科社
83	共同富裕背景下农村集体经济高质量发展路径研究	袁明宝	西南大学	一般项目	马列·科社
84	公有制经济促进共同富裕重要作用研究	杨志远	中共四川省委党校	一般项目	马列·科社
85	新时代中国农村养老保障制度发展研究	王章华	江西师范大学	一般项目	马列·科社
86	西藏红色文化传承与发展研究	胡敏	西藏民族大学	一般项目	马列·科社
87	习近平总书记关于铸牢中华民族共同体意识重要论述的原创性贡献研究	王新红	云南大学	一般项目	马列·科社
88	对外讲好中国脱贫故事的话语体系建构研究	李畅	四川师范大学	一般项目	马列·科社
89	习近平总书记关于中医药事业发展重要论述研究	马其南	辽宁中医药大学	一般项目	马列·科社
90	习近平总书记地方工作时期调研方法研究	邱然	中共四川省委党校	重点项目	党史·党建
91	中国共产党百年来解决民族问题的理论探索与实践成就研究	暨爱民	吉首大学	重点项目	党史·党建
92	中国共产党维护国家文化安全的历史经验研究	程伟	河南理工大学	重点项目	党史·党建
93	马克思主义妇女理论中国化的百年历程与基本经验研究	陈文联	中南大学	重点项目	党史·党建
94	中国共产党推进权力监督体系建设的百年历程和基本经验研究	董石桃	广州大学	重点项目	党史·党建
95	中国共产党引领当代新疆社会变迁研究	王汐牟	新疆师范大学	重点项目	党史·党建
96	中国共产党解决南海争端的话语构建及基本经验研究	杨娜	海南大学	重点项目	党史·党建
97	习近平总书记关于党史重要论述的科学内涵与原创性贡献研究	董振平	山东师范大学	一般项目	党史·党建
98	习近平法治思想核心概念的基本意涵及理论创新研究	郑继汤	中共福建省委党校	一般项目	党史·党建
99	习近平总书记关于海洋强国的重要论述研究	王善	海南大学	一般项目	党史·党建
100	习近平总书记关于国家水安全工作重要论述研究	饶明奇	华北水利水电大学	一般项目	党史·党建

续表5

序号	课题名称	姓名	工作单位	项目类别	所在学科
101	马克思主义中国化飞跃的基本规律研究	张海燕	湘潭大学	一般项目	党史·党建
102	马克思主义基本原理同中华优秀传统文化相结合的百年历程和基本经验研究	张志建	江苏师范大学	一般项目	党史·党建
103	中国共产党人历史主动精神研究	蒋晓俊	桂林理工大学	一般项目	党史·党建
104	中国共产党开创人类文明新形态的历史进路与基本经验研究	吴琳	中共吉林省委党校	一般项目	党史·党建
105	中共党史学话语体系研究	吴汉全	杭州师范大学	一般项目	党史·党建
106	中国共产党开创中国式现代化道路的历程和经验研究	于安龙	天津大学	一般项目	党史·党建
107	三个历史决议与马克思主义中国化的内在关系研究	谭彩霞	湖南第一师范学院	一般项目	党史·党建
108	中国共产党三个历史决议对毛泽东思想的阐释及启示研究	李泽泉	杭州师范大学	一般项目	党史·党建
109	基于三个历史决议的中国共产党历史自觉研究	曲洪波	沈阳航空航天大学	一般项目	党史·党建
110	中国共产党三个历史决议塑造政党认同的比较研究	王涛	中共浙江省委党校	一般项目	党史·党建
111	中国共产党开创中国式现代化道路的历程和经验研究	李安增	曲阜师范大学	一般项目	党史·党建
112	中国共产党百年宣传思想工作重要历史影像文献整理与研究	张军锋	中共中央党史和文献研究院	一般项目	党史·党建
113	中国共产党领导文艺工作的基本经验研究	邓小琴	中共福建省委党校	一般项目	党史·党建
114	中国共产党领导科技发展的历程及经验启示研究	任文华	贵州商学院	一般项目	党史·党建
115	中国共产党法治宣传教育的历史进程、重大成就与历史经验研究	饶世权	西南交通大学	一般项目	党史·党建
116	中国共产党领导发展中医药事业的历程及经验研究	胡永干	湖北中医药大学	一般项目	党史·党建
117	中国共产党农村基层组织建设的百年历程与经验研究	李桂华	中国农业大学	一般项目	党史·党建
118	党的群众路线与全过程人民民主的关系研究	徐学通	中共上海市委党校	一般项目	党史·党建

续表6

序号	课题名称	姓名	工作单位	项目类别	所在学科
119	中国特色社会主义大党大国典礼制度研究	徐沐熙	中国社会科学院马克思主义研究院	一般项目	党史·党建
120	中国共产党创造全过程人民民主的历程和经验研究	刘秀玲	吉林省社会科学院	一般项目	党史·党建
121	中国共产党防范化解意识形态安全风险的历史经验研究	赵欢春	南京审计大学	一般项目	党史·党建
122	海外华人科学家助推新中国科技创新的历史与经验研究（1949—2021）	邓玉柱	广东财经大学	一般项目	党史·党建
123	解放初期东南沿海地区剿匪档案抢救性整理与研究	陈玲	浙江海洋大学	一般项目	党史·党建
124	中国共产党改造私塾的资料整理与研究（1949—1966年）	吴修申	阜阳师范大学	一般项目	党史·党建
125	中国共产党运用五年规划治国理政研究	鄢一龙	清华大学	一般项目	党史·党建
126	社会主义革命和建设时期商业管理制度研究	严宇鸣	华东政法大学	一般项目	党史·党建
127	新中国海河流域水利建设的重大成就与历史经验研究	吕志茹	河北大学	一般项目	党史·党建
128	新中国成立初期淮河流域大中型水库移民安置的史料整理与研究（1950—1958）	张亮	安徽建筑大学	一般项目	党史·党建
129	中共党员干部出国考察与改革开放的起步研究（1978—1987）	刘艳	浙江工商大学	一般项目	党史·党建
130	中央领导层关于包产到户的论争及决策研究（1956—1982）	贾艳敏	安徽大学	一般项目	党史·党建
131	中国共产党人民观在西藏地方70年的实践与发展研究	孟亚伟	西藏民族大学	一般项目	党史·党建
132	中国共产党百年干部教育史研究	蒋元涛	中共山东省委党校	一般项目	党史·党建
133	中国共产党侨务工作的历程与基本经验研究	陈云云	南京信息工程大学	一般项目	党史·党建
134	中国共产党农地产权政策调适的重大成就与历史经验研究	徐文	西南科技大学	一般项目	党史·党建
135	新时代党的建设新的伟大工程与国家治理现代化协同推进研究	郑士鹏	北京交通大学	一般项目	党史·党建
136	新时代中国共产党国际传播话语建构与优化研究	庞宇	中共北京市委党校	一般项目	党史·党建

续表7

序号	课题名称	姓名	工作单位	项目类别	所在学科
137	党的全国代表大会与人民军队建设发展研究	范晓春	国防大学	一般项目	党史·党建
138	中国共产党建构生态文明制度的历史演进与基本经验研究	刘涵	海南大学	一般项目	党史·党建
139	新时代边疆民族地区年轻干部政治能力建设研究	蒋成会	中共重庆市委党校	一般项目	党史·党建
140	西部农村党建引领发展的嵌入机制研究	穆军全	西北农林科技大学	一般项目	党史·党建
141	党建引领强边固防的机制与路径研究	张戈	云南省社会科学院	一般项目	党史·党建
142	新时代农村党组织创新发展经济造福农民的经验研究	冯治	中共江苏省委党校	一般项目	党史·党建
143	网上群众路线制度化发展的推进路径研究	时影	南昌大学	一般项目	党史·党建
144	红旗渠精神的县域治理价值及其传承弘扬研究	陈东辉	河南省社会科学院	一般项目	党史·党建
145	全过程人民民主的哲学基础研究	郑来春	三峡大学	重点项目	哲学
146	中国式现代化道路的哲学研究	周丹	中国社会科学院哲学研究所	重点项目	哲学
147	在新疆各族群众中铸牢中华民族共同体意识路径研究	张锐	新疆师范大学	一般项目	哲学
148	大国效应、内生能力与新发展阶段经济转型机制研究	欧阳峣	湖南师范大学	重点项目	理论经济
149	数字经济推动农村地区共同富裕的机制与路径研究	王轶	北京工商大学	重点项目	理论经济
150	百年未有之大变局下美国对华贸易政策新变化与中国对策研究	刘建江	长沙理工大学	重点项目	理论经济
151	习近平总书记关于城市工作重要论述的理论逻辑与实践价值研究	赵培红	河北经贸大学	一般项目	理论经济
152	基于共同富裕目标的中国特色社会主义分配经济学研究	冒佩华	上海财经大学	一般项目	理论经济
153	中国增强产业链自主性的探索研究（1949—1978年）	李天健	中国社会科学院经济研究所	一般项目	理论经济
154	中国工业污染治理微观资料整理与研究（1949—1983）	张连辉	中南财经政法大学	一般项目	理论经济

续表 8

序号	课题名称	姓名	工作单位	项目类别	所在学科
155	新时代经济稳态增长与共同富裕同步实现的路径研究	周建锋	福州大学	一般项目	理论经济
156	数字金融提升脱贫户生计恢复力的机制和政策研究	张全红	湖北经济学院	一般项目	理论经济
157	新发展阶段中国特色城乡融合发展的实现机制研究	孙涛	山东大学	一般项目	理论经济
158	新发展阶段下以人为本推进城乡融合发展研究	王志锋	中央财经大学	一般项目	理论经济
159	新时代民营经济参与促进共同富裕的路径研究	林昌华	福建社会科学院	一般项目	理论经济
160	我国科技治理与社会治理融合创新研究	孙蕊	中国政法大学	一般项目	理论经济
161	农户视角下农村宅基地"三权分置"改革试点效果评估研究	李中	湖南财政经济学院	重点项目	应用经济
162	数字经济发展、企业组织结构变革与劳动就业研究	李力行	北京大学	重点项目	应用经济
163	数字乡村建设驱动城乡共同富裕的机制、效应与路径研究	田祥宇	山西财经大学	重点项目	应用经济
164	农村宅基地"三权分置"改革试点工作成效评估研究	刘俊杰	农业农村部农村经济研究中心	一般项目	应用经济
165	财政金融政策协同支持乡村振兴研究	汪崇金	山东财经大学	一般项目	应用经济
166	促进共同富裕的税收政策体系研究	万莹	江西财经大学	一般项目	应用经济
167	我国农业现代化政策的演进机制、理论解析与改革取向研究	王兴国	山东社会科学院	一般项目	应用经济
168	国民经济核算分类体系现代化的理论、方法与中国实践研究	贾小爱	山东工商学院	重点项目	统计学
169	海外中国政治研究的学术史研究（1978—2020年）	叶娟丽	武汉大学	重点项目	政治学
170	中国国家形象国际传播的受众心理机制比较研究	马得勇	中国人民大学	重点项目	政治学
171	中国共产党领导防灾减灾救灾政策变迁研究	杨志军	中国海洋大学	重点项目	政治学
172	中国五年规划制度研究	许晓龙	延安大学	一般项目	政治学
173	中国共产党百年边疆地区政治文化建设的理论与实践研究	张涛华	中南民族大学	一般项目	政治学
174	全过程人民民主制度保障研究	厉有国	信阳师范学院	一般项目	政治学
175	发展全过程人民民主背景下基层政府决策流程优化研究	钱玉英	苏州大学	一般项目	政治学

续表9

序号	课题名称	姓名	工作单位	项目类别	所在学科
176	全过程人民民主视角下的人大协商民主建设研究	陈刚	武汉大学	一般项目	政治学
177	全过程人民民主基层实践形态研究	郑少东	中共上海市委党校	一般项目	政治学
178	新中国基层政府（县乡）治理体系现代化建构研究	周庆智	南昌大学	一般项目	政治学
179	党领导立法的历史经验研究	李店标	黑龙江省社会科学院	一般项目	法学
180	股份化改革后农村集体经济组织治理机制的法律构造研究	赵新龙	安徽财经大学	一般项目	法学
181	中国粮食节约法律制度研究	曾晓昀	广东技术师范大学	一般项目	法学
182	中国居民家庭财富变迁的代际关联机制研究	范晓光	浙江大学	重点项目	社会学
183	乡村振兴中的新乡贤组织参与研究	姜亦炜	湖州师范学院	一般项目	社会学
184	我国突发公共卫生事件的风险沟通体系研究	薛亚利	上海社会科学院	一般项目	社会学
185	中国共产党环境治理实践历程与经验启示研究	董海军	中南大学	一般项目	社会学
186	太行山曲艺宣传七十年的国家话语与文艺实践研究	卫才华	山西大学	一般项目	社会学
187	新乡贤助力乡村振兴的机制研究	龚晓洁	济南大学	一般项目	社会学
188	中国社会工作发展的乡村转向及城乡协同演进机制研究	卫小将	中国人民大学	一般项目	社会学
189	四十年来中国人生产－生活观念变迁及政策启示研究	吴玉玲	北京科技大学	一般项目	社会学
190	新中国工业建设亲历者的社会记忆与集体表达研究	谢景慧	贵阳学院	一般项目	社会学
191	中国艺术市场发展与变迁的社会学研究	闻翔	中国人民大学	一般项目	社会学
192	当今中国农业食物体系变迁与新发展的动力机制研究	李静松	浙江大学	一般项目	社会学
193	小农理念更新与返乡创业进程关系研究	陈文超	华中科技大学	一般项目	社会学
194	中国人口迁移转变趋势与特征研究	刘金菊	北京城市学院	一般项目	人口学
195	新时代在华国际移民的社会融入与治理研究	白萌	西安交通大学	一般项目	人口学
196	中国共产党人口思想史研究（1921—2021）	王钦池	中国人口与发展研究中心	一般项目	人口学
197	中国共产党百年改善少数民族民生的实践历程与成功经验研究	蒋彬	西南民族大学	重点项目	民族学

续表 10

序号	课题名称	姓名	工作单位	项目类别	所在学科
198	新时代党的治疆方略推动我国新疆地区人权事业全面发展进步研究	秦海波	新疆大学	重点项目	民族学
199	新时代中国国际移民社会治理模式与机制创新研究	方明	温州大学	重点项目	民族学
200	中国共产党牧区工作伟大成就与宝贵经验研究（1949—2021）	仁钦	内蒙古大学	重点项目	民族学
201	习近平总书记关于铸牢中华民族共同体意识重要论述研究	杨鹍飞	四川大学	一般项目	民族学
202	新时代中国共产党领导中华民族共同体建设的经验及实践探索研究	袁琳	湖北民族大学	一般项目	民族学
203	建党百年中华民族形象建构的历史演进与当代价值研究	马惠兰	北方民族大学	一般项目	民族学
204	20世纪50年代以来内地移民与西南边疆各民族交流交往交融研究	欧阳洁	云南民族大学	一般项目	民族学
205	"三线建设"与西南地区各民族交往交流交融研究	袁理	吉首大学	一般项目	民族学
206	西南民主改革中的中华民族共同体建设研究	张曙晖	云南师范大学	一般项目	民族学
207	中国共产党与西南少数民族历史情感的口述史研究	宋红娟	云南大学	一般项目	民族学
208	富民兴疆视角下南疆兵团迁入移民融合发展的调查研究	张建军	塔里木大学	一般项目	民族学
209	新中国藏族题材电影史与中华民族共同体意识影像建构研究	朱丽娟	西藏民族大学	一般项目	民族学
210	美国政治生态变化和两党对华政策比较研究	张文宗	中国现代国际关系研究院	重点项目	国际问题研究
211	日本中学地理教科书中的新中国（1949—2021）形象变迁研究	张勇	扬州大学	一般项目	国际问题研究
212	全球经济治理体制改革的中国贡献研究	李杰豪	湖南工商大学	一般项目	国际问题研究
213	新时代中俄合作对世界变局的影响研究	邱海燕	上海大学	一般项目	国际问题研究
214	全球治理中的中俄合作研究	刘莹	外交学院	一般项目	国际问题研究
215	印度政府关于中印边界争端的历史叙事与我国的应对研究	王召东	中国人民大学	一般项目	国际问题研究
216	新中国工业移民与西南城市社会变迁研究（1953—2000）	范瑛	四川大学	重点项目	中国历史

续表 11

序号	课题名称	姓名	工作单位	项目类别	所在学科
217	台湾地理文献数据库建设与研究（1895—2022）	韩国圣	山东大学	一般项目	中国历史
218	内蒙古防沙治沙史研究（1947—2017）	王静	内蒙古财经大学	一般项目	中国历史
219	新中国成立以来黄河下游地区的引黄灌溉、社会经济与生态环境研究	张岩	南开大学	一般项目	中国历史
220	新中国成立初期广西行政区划调整与民族区域自治的实现路径研究	龙小峰	广西民族大学	一般项目	中国历史
221	新中国工业化启动中的"三农"再造研究（1949—1957）	房小捷	西北工业大学	一般项目	中国历史
222	新中国初期博物馆中国历史陈列与马克思主义史学社会教育的关系研究（1949—1966）	叶建	温州医科大学	一般项目	中国历史
223	火柴业视角下新中国轻工业体制的形成和确立研究（1949—1957）	赵晋	华东师范大学	一般项目	中国历史
224	新中国初期城市公共卫生治理研究（1949—1966）	李自典	北京联合大学	一般项目	中国历史
225	宁夏黄河流域水利建设口述史资料搜集、整理与研究（1949—1978）	常志永	宁夏师范学院	一般项目	中国历史
226	文化冷战格局下蒋介石在台湾推动中华民族认同的理念及其缺失研究	施纯纯	华中师范大学	一般项目	中国历史
226	国民党当局"一个中国"立场研究（1950—1971）	丁志远	宁波大学	一般项目	中国历史
228	英国驻华代办处解密档案整理与研究（1950—1972）	张民军	东北师范大学	一般项目	中国历史
229	集体化时期农业技术与农村社会变迁相关资料收集、整理与研究	苏泽龙	山西大学	一般项目	中国历史
230	中国自然保护区史研究（1956—2016）	王凛然	南开大学	一般项目	中国历史
231	蔡畅、全国妇联与新中国妇女运动专题资料整理与研究	姬丽萍	南开大学	一般项目	中国历史
232	缅北国民党军问题多国档案文献整理与研究（1950—1961）	陈洪运	厦门大学	一般项目	世界历史
233	香港基督教中国化档案整理与研究（1840—1997）	吴青	暨南大学	重点项目	宗教学
234	新时代坚持我国宗教中国化方向的基层实践研究	于飞	山东社会科学院	一般项目	宗教学

续表 12

序号	课题名称	姓名	工作单位	项目类别	所在学科
235	党的宗教政策在西藏的实践与经验研究	刘欣荣	西藏民族大学	一般项目	宗教学
236	新中国70年文学语言观念研究	郝敬波	江苏师范大学	重点项目	中国文学
237	现代汉语规范问题学术会议与中国当代文学语言建构研究（1949—1966）	杨洁	贵州师范大学	一般项目	中国文学
238	中国当代文学理论口述资料的发掘、整理与研究	李世涛	北京外国语大学	一般项目	中国文学
239	古典文学资源对新中国文学生产的影响研究（1949—1966）	唐蕾	南京师范大学	一般项目	中国文学
240	新中国马克思主义文艺理论学科教材建设研究	兰善兴	北京第二外国语学院	一般项目	中国文学
241	新时期文学海外译介与接受中的中国形象建构研究	杨四平	上海外国语大学	一般项目	中国文学
242	第一次文代会与当代文学发生研究	王秀涛	中国人民大学	一般项目	中国文学
243	当代劳模文学书写研究	刘传霞	济南大学	一般项目	中国文学
244	新编历史剧本事资料整理与意义生成研究（1942—1966）	黄亚清	浙江工业大学	一般项目	中国文学
245	社会史视野下文学中的"农村新人"形象重释研究（1942—2021）	雷鸣	西北大学	一般项目	中国文学
246	新农村建设与文艺生产研究（1956—1977）	闫作雷	中央民族大学	一般项目	中国文学
247	百年中国科技典籍英译史料辑录与研究（1921—2021）	许明武	华中科技大学	重点项目	语言学
248	新时期中国翻译教育体系的建设与发展研究	穆雷	广东外语外贸大学	重点项目	语言学
249	马克思主义在中国传播的少数民族文献资料搜集、整理与研究	帕哈尔丁·伊沙米丁	新疆大学	重点项目	语言学
250	改革开放以来中国政治核心术语外译在东亚国家的传播与接受研究	金菊花	上海外国语大学	一般项目	语言学
251	西南边疆民族地区铸牢中华民族共同意识的语言规划研究	郝兴跃	昆明理工大学	一般项目	语言学
252	建国以来西南民族地区国家通用语言文字推广史研究	石琳	西南民族大学	一般项目	语言学
253	习近平新时代中国特色社会主义思想海外传播图谱研究	张冬梅	湖南工业大学	一般项目	新闻学与传播学
254	百年来中国共产党新闻文风的历史演进与新时代重建研究	黄晓军	南昌大学	一般项目	新闻学与传播学

续表 13

序号	课题名称	姓名	工作单位	项目类别	所在学科
255	北京奥运档案开发利用体系研究	徐拥军	中国人民大学	重点项目	图书馆、情报与文献学
256	数字时代档案记忆理论创新研究	王玉珏	武汉大学	重点项目	图书馆、情报与文献学
257	百年中国图书馆界国际交流史研究	王阿陶	四川大学	一般项目	图书馆、情报与文献学
258	数字人文视域下口述历史档案资源知识图谱构建及应用研究	孙翌	上海交通大学	一般项目	图书馆、情报与文献学
259	中共云南地方组织沿革档案资料整理及专题数据库建设（1926—1950）	陈海玉	云南大学	一般项目	图书馆、情报与文献学
260	习近平总书记关于建设体育强国重要论述研究	刘欣然	集美大学	一般项目	体育学
261	中国共产党体育理念的生成逻辑、实践成就与时代指向研究	刘敏	曲阜师范大学	一般项目	体育学
262	新中国农村体育治理历史变迁及启示研究	宋杰	山东理工大学	一般项目	体育学
263	中国体育法学学术史研究（1984—2024）	韩勇	首都体育学院	一般项目	体育学
264	中国特色新型竞技体育举国体制研究	陈洪	天津体育学院	一般项目	体育学
265	我国当代体育学术的历史演进研究	李凤梅	郑州大学体育学院	一般项目	体育学
266	百年中国体育史学术史研究	崔莉	成都体育学院	一般项目	体育学
267	新中国企业管理文明建设史研究	李翔宇	广西师范大学	一般项目	管理学

国家社科基金青年项目

序号	课题名称	姓名	工作单位	项目类别	所在学科
1	习近平总书记关于共同富裕重要论述的内在逻辑与原创性贡献研究	邱联鸿	中共广东省委党校	青年项目	马列·科社
2	习近平总书记关于人类命运共同体理念的方法论研究	李雪	中央民族大学	青年项目	马列·科社
3	习近平总书记关于促进文明交流互鉴的重要论述研究	张楠楠	中共中央党校（国家行政学院）	青年项目	马列·科社
4	中国共产党三个历史决议对唯物史观的运用与发展研究	李云峰	清华大学	青年项目	马列·科社
5	新时代党的历史决议凝聚思想共识研究	陈娜	重庆大学	青年项目	马列·科社
6	中国式现代化道路的生成逻辑与时代意蕴研究	严文波	江西师范大学	青年项目	马列·科社
7	中国式现代化道路的生态文明意蕴及其世界意义研究	张涛	复旦大学	青年项目	马列·科社
8	中国式现代化道路对西方现代性的超越研究	支继超	吉林大学	青年项目	马列·科社
9	全过程人民民主对人类政治文明的创造性贡献研究	李盼强	中南大学	青年项目	马列·科社
10	新时代提升中国特色社会主义民主的国际话语权研究	倪春纳	南京大学	青年项目	马列·科社
11	新时代中国特色社会主义公平正义观研究	邬巧飞	中国矿业大学（北京）	青年项目	马列·科社
12	中国政党协商制度优势转化为治理效能的实现机制及优化路径研究	徐凤月	中国矿业大学（徐州）	青年项目	马列·科社
13	新时代中国对外话语体系建设研究	王霞	华东师范大学	青年项目	马列·科社
14	习近平总书记党史观及其当代价值研究	熊文景	北京航空航天大学	青年项目	党史·党建
15	党史领域历史虚无主义批判研究	刘亚男	南京师范大学	青年项目	党史·党建
16	中国共产党创造全过程人民民主的历程和经验研究	张霞	中共江苏省委党校	青年项目	党史·党建

续表1

序号	课题名称	姓名	工作单位	项目类别	所在学科
17	党的宣传工作机制建设及历史经验研究（1949—1957）	史泽源	中共中央党校（国家行政学院）	青年项目	党史·党建
18	中国共产党解决城市住房问题的实践与经验研究（1949—1956）	王星晨	内蒙古大学	青年项目	党史·党建
19	新中国成立初期法制宣传教育历史经验研究	沈伟	中共上海市委党校	青年项目	党史·党建
20	中国共产党与非洲政党交往机制构建与完善研究	于文龙	湖南财政经济学院	青年项目	党史·党建
21	中国铁路红色基因的历史演进与传承弘扬研究	邱铁鑫	电子科技大学	青年项目	党史·党建
22	中国共产党领导传染病防治法治建设的重大成就和历史经验研究	胡伟力	厦门大学	青年项目	党史·党建
23	新中国成立以来党领导长江生态治理的历史进程与基本经验研究	刘静	重庆工商大学	青年项目	党史·党建
24	真理标准问题讨论"补课"史料的收集、整理与研究	肖建平	湖南师范大学	青年项目	党史·党建
25	新时代中国共产党对欧政党外交实践研究	张程	大连理工大学	青年项目	党史·党建
26	新时代中国共产党构建新型大国关系的实践与经验研究	张尔葭	北京理工大学	青年项目	党史·党建
27	我国城乡关系演进下农户代际分工和阶层分化问题研究	靳少泽	农业农村部农村经济研究中心	青年项目	理论经济
28	公有制经济高质量发展促进共同富裕的实践途径研究	刘谦	山西财经大学	青年项目	理论经济
29	海外中国政治研究的学术史考察（1978—2020）	刘晓玉	中国社会科学院中国社会科学评价研究院	青年项目	政治学
30	我国撤县设区改革的过程、典型问题和政策优化研究	杨宇泽	中南大学	青年项目	政治学
31	兵团与南疆各民族互嵌发展研究	刘姝	中共新疆生产建设兵团委员会党校	青年项目	社会学
32	学科制度视角下的新时期中国特色社会学建构过程研究	张龙	南开大学	青年项目	社会学
33	中国共产党百年奋斗历程中的中华民族观研究	代宏丽	内蒙古民族大学	青年项目	民族学

续表2

序号	课题名称	姓名	工作单位	项目类别	所在学科
34	中国共产党城市民族工作百年历程研究	乔国存	中国社会科学院民族学与人类学研究所	青年项目	民族学
35	固边兴边视域下西藏边境地区特色城镇化发展案例调查研究	王林梅	四川大学	青年项目	民族学
36	新中国西南民族贸易工作资料整理与研究（1950—1965）	谭世圆	云南师范大学	青年项目	中国历史
37	新中国铁路技术自主化进程研究	曲成举	西南交通大学	青年项目	中国历史
38	新中国成立初期国家治理烟毒问题的史料整理与研究	张楠	江南大学	青年项目	中国历史
39	中苏友谊农场史资料整理与研究（1954—1984）	何鑫	南京大学	青年项目	中国历史
40	郭廷以与"中研院"近代史研究所早期发展研究（1955—1975）	杨金华	商丘师范学院	青年项目	中国历史
41	改革开放初期中美科技合作的模式与经验研究	熊晨曦	中共福建省委党校	青年项目	中国历史
42	冷战时期美国对华留学政策研究	任慈	厦门大学	青年项目	世界历史
43	1940—1950年代"人民文艺"丛书编纂研究	于慧芬	江西师范大学	青年项目	中国文学

国家社科基金西部项目

序号	课题名称	负责人	责任单位	所在学科
1	共同富裕视域下西部地区脱贫农户自我发展能力提升研究	吴映雪	中共重庆市委党校	马列·科社
2	以文化润疆铸牢中华民族共同体意识的兵团实践与作用研究	朱思聪	中共新疆生产建设兵团委员会党校	马列·科社
3	集体化时期农村集市贸易变迁研究	袁芳	延安大学	党史·党建
4	中国共产党在民族地区推进全过程人民民主的历程和经验研究	周玉琴	长安大学	党史·党建
5	中国共产党坚持独立自主原则的百年历程和经验研究	马春玲	龙岩学院	党史·党建
6	当代中国科学家群体学术创新模式研究	张宏志	玉林师范学院	哲学
7	中国市场化改革与经济高质量增长研究	吕朝凤	西南财经大学	理论经济
8	乡村伦理治理的中国经验研究	廖炼忠	云南大学	政治学
9	中国共产党百年维护和促进民族团结的内蒙古实践与经验研究	海霞	呼和浩特民族学院	民族学
10	依法治理民族事务的理论与实践研究	张磊	中共内蒙古自治区委员会党校	民族学
11	新时代西南地区中小学铸牢中华民族共同体意识的实践模式及典型案例研究	罗银新	贵州师范大学	民族学
12	新中国少数民族歌唱家口述史	赵兴元	天水师范学院	民族学
13	历次中央民族工作会议与甘青地区社会发展研究	韩喜玉	青海民族大学	民族学
14	中国共产党教育治边的百年历史经验研究	桂还官尚	青海师范大学	民族学
15	新疆易地扶贫搬迁安置点（区）高质量发展调查研究	哈丽云	中共新疆维吾尔自治区委员会党校	民族学
16	新型城镇化进程中南疆地区引导、构建全方位嵌入式社区调查研究	姑扎丽努尔·托乎提	喀什大学	民族学
17	新疆南疆四地州巩固脱贫攻坚成果与乡村振兴有效衔接的现状调查研究	王太祥	石河子大学	民族学

续表 1

序号	课题名称	负责人	责任单位	所在学科
18	共生理论下中国国际观的历史演进、内在逻辑和实践路径研究	谢桂娟	延边大学	国际问题研究
19	新疆去极端化斗争经验总结与长效机制建设研究	艾孜合尔江·艾乃吐拉	新疆维吾尔自治区社会科学院	宗教学
20	中国当代翻译批评史研究（1949—1966）	李金树	四川外国语大学	语言学
21	新中国成立以来新疆图书出版史研究	方堃	新疆大学	新闻学与传播学
22	新中国成立后（1950—1964）云南边疆民族交往交流交融史料挖掘整理	田青	云南省社会科学院	图书馆、情报与文献学

教育部重大项目

序号	课题名称	单位	首席专家
1	习近平总书记党的自我革命战略思想研究	中国人民大学	赵淑梅
2	习近平总书记关于尊重和保障人权重要论述研究	中南大学	毛俊响
3	习近平总书记关于边疆治理重要论述研究	云南大学	廖林燕
4	百年中国政法体制演进的经验与模式研究	中国人民大学	侯猛
5	全过程人民民主的法治保障体系建设研究	广东财经大学	戴激涛
6	中国近现代中华民族共同体文献整理与数据库建设研究	中南民族大学	哈正利
7	中国社会工作通史研究	河北大学	林顺利
8	中国图像传播通史研究	复旦大学	顾铮
9	黄河文明图像史料整理与研究	内蒙古师范大学	乌力吉
10	中华治水历史脉络梳理与国家文化形象构建研究	复旦大学	段伟
11	新时代中国高校内部治理能力提升研究	北京师范大学	周作宇
12	中国哲学社会科学自主知识体系建构研究	中国人民大学	刘伟

（供稿：狄　飞）

学术成果

· 著作选介 ·

一、总论

【《新时代这十年》丛书】

当代中国研究所编著，姜辉主编，李正华、宋月红副主编，当代中国出版社2022年版

党的十八大以来，以习近平同志为核心的党中央高举中国特色社会主义伟大旗帜，自信自强、守正创新，统筹把握中华民族伟大复兴战略全局和世界百年未有之大变局，统揽伟大斗争、伟大工程、伟大事业、伟大梦想，统筹推进"五位一体"总体布局，协调推进"四个全面"战略布局，创立了习近平新时代中国特色社会主义思想，党和国家事业取得历史性成就、发生历史性变革。新时代十年的伟大变革，在党史、新中国史、改革开放史、社会主义发展史、中华民族发展史上具有里程碑意义。

为深入研究总结新时代十年党和国家事业取得的历史性成就、发生的历史性变革和积累的新鲜经验，中国社会科学院当代中国研究所聚焦新时代十年的伟大变革，组织编写了《新时代这十年》丛书。丛书由《开创中国特色社会主义新时代》总卷和新时代的党的建设、经济建设、全面深化改革开放、政治建设、全面依法治国、文化建设、社会建设、生态文明建设、中国外交等九部专题卷组成。丛书编委会主任、主编由中国共产党重庆市委员会常务委员、宣传部部长姜辉担任。丛书以习近平新时代中国特色社会主义思想为统领，努力立体、全面地记述和彰显新时代中国特色社会主义物质文明、政治文明、精神文明、社会文明、生态文明的建设成就，以及中国式现代化道路、人类文明新形态的创新创造。通过新时代十年历史的研究编纂，在加快构建国史研究的学科体系、学术体系和话语体系中推动国史研究创新发展。

【书评：全面展现新时代十年历史性成就——《新时代这十年》丛书简评】

何祚

习近平总书记指出："新时代十年的伟大变革，在党史、新中国史、改革开放史、社会主义发展史、中华民族发展史上具有里程碑意义。"姜辉主编、当代中国研究所编著的《新时代这十年》丛书（当代中国出版社、重庆出版社联合出版），坚持史论结合、论从史出，记述了新时代十年党和国家事业取得的历史性成就、发生的历史性变革，努力用学术话语和历史视野展示真实、立体、全面的中国。

彰显"两个确立"的决定性意义。该丛书在首卷开篇确定了"新思想引领新时代"的立意，并在各卷首章深刻论述了习近平新时代中国特色社会主义思想的指导地位，论证了"两个确立"对新时代党和国家事业发展、对推进中华民族伟大复兴历史进程具有决定性意义。

突出党的全面领导的极端重要性。该丛书以严谨的理论逻辑和铁一般的事实，深刻阐明"办好中国的事情，关键在党"，深刻

阐明中国共产党领导是中国特色社会主义最本质的特征，是中国特色社会主义制度的最大优势。展望未来，必须毫不动摇坚持和完善党的领导，毫不动摇把党建设得更加坚强有力，确保中国特色社会主义巨轮在新时代新征程乘风破浪、扬帆远航。

把坚持以人民为中心贯穿始终。该丛书把坚持以人民为中心体现在各卷各章中，全景式展现了中国人民在党的领导下以奋发有为的精神状态把新时代中国特色社会主义推向前进的伟大力量；强调走好新的赶考之路，必须永远保持同人民群众的血肉联系，站稳人民立场，坚持人民主体地位，尊重人民首创精神，坚持以人民为中心的发展思想。

原文载于《人民日报》2022年11月7日

【书评：新时代中国外交研究的创新之作——评《新时代这十年》丛书之《新时代的中国外交》】

荣鹰

讴歌新时代，奋进新征程。党的十八大以来，中国特色社会主义进入新时代。以习近平同志为核心的党中央，以伟大的历史主动精神、巨大的政治勇气、强烈的责任担当，统筹国内国际两个大局，推动党和国家事业取得历史性成就、发生历史性变革，中华民族伟大复兴进入不可逆转的历史进程。在党的二十大即将召开之际，全面系统总结新时代十年来取得的成就与经验显得尤为重要。

十年来，中国特色大国外交作为新时代中国特色社会主义事业的重要组成部分，在元首外交引领下取得了一系列突破性、创新性成就。由当代中国研究所编著的《新时代这十年》丛书之一的《新时代的中国外交》，依托丰富权威的档案文献资料，充分借鉴既有研究成果，科学准确谋篇布局，全面系统地梳理和总结了党的十八大以来中国特色大国外交发展的实践成就和历史经验，是新时代中国外交研究的一部创新之作，具有重要的理论和学术价值。

总体而言，该书具有以下几个鲜明特点。

第一，选题新颖，内容丰富。关于新时代十年的中国外交，学术界此前尚无专著。该书全面系统总结了新时代以来中国特色大国外交的实践成就与历史经验，是迄今为止唯一一部全面论述新时代中国外交的专著，具有重要开创性意义。新时代以来，中国外交牢牢把握服务民族复兴、促进人类进步这条主线，高举和平、发展、合作、共赢的旗帜，积极构建新型大国关系，增进大国协调与合作，推动大国关系均衡稳定发展；突出"亲、诚、惠、容"理念，坚持"与邻为善、以邻为伴"方针，坚持"睦邻、安邻、富邻"政策，不断增进与周边国家的相互信任与友好合作，努力推动构建周边命运共同体；秉持正确义利观和"真、实、亲、诚"理念，加强同广大发展中国家团结合作，推动中国与发展中国家间各领域务实合作深入发展；积极参与全球治理体系改革和建设，维护以联合国为核心的国际体系、以国际法为基础的国际秩序、以联合国宪章宗旨和原则为基础的国际关系基本准则,维护和践行真正的多边主义,坚决反对单边主义、保护主义、霸权主义、强权政治,积极推动经济全球化朝着更加开放、包容、普惠、平衡、共赢的方向发展;建设性地参与国际和地区热点问题政治解决,在气候变化、减贫、反恐、网络安全和维护地区安全等领域发挥积极作用;开展抗击新冠肺炎疫情国际合作,发起新中国成立以来最大规模的全球紧急人道主义行动,向众多国家特别是发展中国家提供物资援助、医疗支持、疫苗援助和合作,展现了负责任的大国担当。上述内容都在该书中有全面涉及和深入细致的阐述。

第二,资料翔实,权威可靠。完整、准确地记述新时代党和国家事业取得的历史性成就、发生的历史性变革,需要以准确翔实、权威可靠的史料作为支撑,只有这样才能经得起历史的检验。作为一部全景式展现新时代中国外交伟大成就的著作,该书坚持以辩证唯物主义和历史唯物主义为指导,采用大量最新官方权威资料。通读全书可以看到,该书参考文献资料主要来自《习近平谈治国理政》《十八大以来重要文献选编》《十九大以来重要文献选编》等党和国家出版机构出版的权威文献资料,权威报刊,国内权威学术机构发表的皮书、年鉴,外交部、国务院新闻办公室等政府网站及国际组织、相关国家政府网站。资料可靠,结论可信,学术性、政策性兼具。

第三,条理清晰,体系完整。该书全景式展现了新时代中国外交取得的伟大成就,章节设置完整,内在逻辑合理,具有很强的政策性和宏观性。全书共分六章,生动具体地展现了新时代十年中国外交不平凡的历程。第一章全面梳理和介绍习近平外交思想,彰显其理论价值与实践意义。第二、三、四、五章分别以专题形式具体阐述新时代中国的大国外交、新时代中国与周边国家的睦邻友好合作关系、新时代中国与发展中国家的友好合作关系、新时代中国的多边外交,呼应了"大国是关键,周边是首要,发展中国家是基础,多边是重要舞台"的中国外交总体布局。最后一章为新时代中国外交的成就与经验,对相关主题进行了较为系统的归纳与总结,并对相关领域外交动向进行了前瞻。

第四,语言流畅,可读性强。该书充分吸收学术界最新研究成果,开展扎实严谨的学术研究,通过真实准确的史料、严谨翔实的数据、鲜活生动的细节、平实顺畅的语言,全面准确地展现了新时代中国特色大国外交的壮阔征程。该书既权威准确又鲜活生动,学术性与大众性兼备,知识覆盖面广,内容可读性强,为国内外相关领域和广大读者提供了一部能准确精要了解新时代中国外交的基本著作,可以作为学者研读、干部培训、学生教材等广泛使用。

总之,《新时代的中国外交》一书以习近平外交思想为指导,将历史和现实、理论与实践紧密结合,全面系统地描绘了新时代我国对外工作取得的历史性成就,为广大党员干部和普通群众学习、把握新时代中国外交提供了重要参考，有利于正确认识新时代中国对外工作的各项基本方针、政策措施和取得的成就，深刻体会以习近平同志为核心的党中央为推动国家发展、世界和平和全球共同发展所作出的巨大努力与贡献，有利于讲好新时代中国故事，向世界塑造和传播可亲可敬可爱的中国形象。

（作者系中国国际问题研究院副院长、研究员）

原文载于《中国社会科学报》2022年10月14日

【书评：深刻认识砥砺奋进的新时代这十年——读《新时代这十年》丛书】

李毅

党的十八大以来，中国特色社会主义进入新时代。十年来，面对百年未有之大变局和世纪疫情相互叠加、世界进入新的动荡变革期的复杂局面，面对世所罕见、史所罕见的世纪疫情等风险挑战，以习近平同志为核心的党中央团结带领全党全国各族人民迎难而上，党和国家事业取得历史性成就、发生历史性变革，如期实现第一个百年奋斗目标，开启全面建设社会主义现代化国家、向第二个百年奋斗目标进军新征程。

《新时代这十年》丛书（10卷本，当代中国出版社、重庆出版社2022年版），结合历史与现实、理论与实践、国内与国际，生动记录、深入阐述了新时代十年的原创性思想、变革性实践、突破性进展、标志性成果，深刻总结阐释了新时代十年的"中国经验"与"中国故事"，是我们深刻认识新时代十年伟大变革的重大意义和历史地位，深刻领悟"两个确立"决定性意义，做到"两个维护"的重要理论教材。

全面阐释了新时代十年的里程碑意义

党的二十大报告从十六个方面对新时代十年的伟大变革做了集中概括，包括党的理论创新、全面加强党的领导、战略部署、打赢脱贫攻坚战、经济建设、全面深化改革、对外开放、政治建设、文化建设、社会建设、生态建设、国家安全、国防和军队、"一国两制"和祖国统一、外交、全面从严治党等。新时代十年的伟大变革，在党史、新中国史、改革开放史、社会主义发展史、中华民族发展史上具有里程碑意义。这样的意义，不仅是历史性的，更是世界性的，深刻改变着国家、民族和人民的面貌，也影响着人类发展的方向。

这套丛书读起来犹如身临其境，字里行间闪现出生动的画面和场景。我们不觉跟随书中文字置身踔厉奋发、笃行不怠的新时代，以见证者和参与者的身份感受着时代的脉搏与荣光。丛书全景呈现了我们从"富国"走向"强国"这一变革的过程和成就。新时代十年，我们迎来了中国共产党成立一百周年，总结了党的百年奋斗重大成就和历史经验，完成了脱贫攻坚、全面建成小康社会的历史任务，实现了第一个百年奋斗目标；坚持人民至上、生命至上，统筹经济发展和疫情防控取得世界上最好的成果。在党的建设方面，坚持党的全面领导、全面从严治党，管党治党宽松软状况得到根本扭转，反腐败斗争取得压倒性胜利并全面巩固；在经济建设方面，我国的经济实力、科技实力、综合国力跃上新台阶；在政治建设方面，积极发展全过程人民民主，中国特色社会主义政治制度优越性得到充分发挥；在文化建设方面，全党全国各族人民文化自信明显增强，意识形态领域形势发生全局性、根本性转变，全社会凝聚力和向心力极大提升；在社会建设方面，人民生活全方位改善，社会治理法治化、智能化、专业化水平大幅度提升；在生态文明建设方面，生态环境保护发生历史性、转折性、全局性变化，美丽中国建设迈出新步伐；在国防和军队建设方面，人民军队实现整体性革命性重塑，国防实力和经济实力同步提升；在维护国家安全方面，我们贯彻总体国家安全观，经受住了来自政治、经济、意识形态、自然界等方面的风险挑战考验；在坚持"一国两制"和推进祖国统一方面，推动香港进入由乱到治走向由治及兴的新阶段，牢牢把握住了两岸关系主导权和主动权；在外交工作方面，中国特色大国外交全面推进，在世界大变局中开创新局、在世界乱局中化危为机，我国国际影响力、感召力、塑造力显著提升。

道路走得怎么样，最终要用事实来说话、由人民来评判。十年来，我们实现了小康这个中华民族的千年梦想，打赢了人类历史上规模最大的脱贫攻坚战，全国832个贫困县全部摘帽，近1亿农村贫困人口实现脱贫，960多万贫困人口实现易地搬迁，历史性地解决了绝对贫困问题，为全球减贫事业作出了重大贡献。我国经济实力实现历史性跃升，国内生产总值从54万亿元增长到114万亿元，我国经济总量占世界经济的比重达18.5%，提高7.2个百分点，稳居世界第二位。这些都充分彰显了新时代的勃勃生机。

新时代十年我们取得的历史性成就、发生的历史性变革，创造的中国式现代化新道路、人类文明新形态，构成了中华民族继往开来、奋勇前进的现实基础，"为实现中华民族伟大复兴提供了更为完善的制度保证、更为坚实的物质基础、更为主动的精神力量"。丛书涉及的十个方面，既有总体概况，又有分门别类对新时代十年伟大变革的总结，对我们立体地认识这一过程，更加深刻体会认识"中国共产党在世界形势深刻变化的历史进程中始终走在时代前列，在应对国内外各种风险和考验的历史进程中始终成为全国人民的主心骨，在坚持和发展中国特色社会主义的历史进程中始终成为坚强领导核心"的意义，不断强化拥护"两个确立"、做到"两个维护"的思想自觉，具有重要意义和作用。

深入论说了新时代马克思主义中国化新的飞跃

推进马克思主义中国化时代化是一个追求真理、揭示真理、笃行真理的过程。党的十八大以来，以习近平同志为核心的党中央坚持把马克思主义基本原理同中国具体实际相结合、同中华优秀传统文化相结合，创立了习近平新时代中国特色社会主义思想。这一科学理论体系是当代中国马克思主义、21世纪马克思主义，是中华文化和中国精神的时代精华，实现了马克思主义中国化新的飞跃，开辟了马克思主义中国化时代化新境界。当从中华文明5000多年的历史赓续中、从中华民族伟大复兴一个多世纪的奋斗进程中、从近代以来中国与世界180多年的关系互动中、从社会主义与资本主义两种制度100多年的力量消长中，去观察、去审视新时代之丰富内涵和重大意义，我们不难解读为什么说习近平新时代中国特色社会主义思想实现了马克思主义中国化新的飞跃。

"实践告诉我们，中国共产党为什么能，中国特色社会主义为什么好，归根到底是马克思主义行，是中国化时代化的马克思主义行"。这是思想的结论，也是规律的总结。学习阅读丛书的过程，也是我们深入感悟习近平新时代中国特色社会主义思想真理力量和实践伟力的过程。丛书坚持用理论分析现实，以实践说明理论，深刻回答了马克思主义中国化时代化、中国式现代化新道路、人类文明新形态等重大理论和实践问题，为我们进一步学懂弄通做实习近平新时代中国特色社会主义思想提供了系统的指引。在全面建设社会主义现代化国家、向第二个百年奋斗目标进军的新征程上，我们必须坚持人民至上、自信自立、守正创新、问题导向、系统观念、胸怀天下，把握好习近平新时代中国特色社会主义思想的世界观和方法论，坚持好、运用好贯穿其中的立场、观点、方法。这也是丛书的立意和主旨价值所在。

丛书是为新时代述学立论走进干部群众的好教材

新时代这十年，我国政治稳定、经济发展、社会和谐、民族团结，同世界上一些地区和国家不断出现乱局形成了鲜明对照。我国成为世界第二大经济体、制造业第一大国、货物贸易第一大国，拥有全世界最完整的现代工业体系，多年来对世界经济增长的贡献率超过30%，无不体现新时代十年党领导人民创造的历史伟业。

"理论只要说服人，就能掌握群众"。丛书紧密结合干部群众思想实际，坚持寓事于论、寓深于浅、寓情于理，全面系统、深入浅出地向读者讲述了新时代故事，讲清了我们党团结带领人民取得的新鲜经验，不仅信息量大，而且可读性强。通览全书使我们看到，续写经济快速发展和社会长期稳定奇迹、脱贫攻坚战取得全面胜利、碧水蓝天保卫战取得重大战略成果等一幕幕场景仿佛就凝固在眼前，更加真切地让我们体会到新时代的波澜壮阔和光明前景。

比如，丛书把坚持"以人民为中心的发展思想"作为一条思想红线贯穿各卷各章之中，集中阐明了习近平新时代中国特色社会主义思想是来自人民、为了人民、造福人民的理论，深刻揭示了人民的创造性实践是理论创新不竭的动力源泉。比如，《新时代的党的建设》一书，全面系统地总结了党的政治建设、思想建设、组织建设、作风建设、纪律建设、制度建设和反腐败斗争领域等取得的成就和经验，深入论述了新时代以自我革命精神推进党的建设伟大工程的理论与实践。前进路上，时刻保持解决大党独有难题的清醒和坚定，就要自觉在思想上政治上行动上同以习近平同志为核心的党中央保持高度一致，不断提高政治判断力、政治领悟力、政治执行力，毫不动摇地坚持党中央权威和集中统一领导，使我们这个马克思主义政党更加团结统一。这是丛书阐述的思想逻辑，也是我们必须坚持的重大政治原则。

列宁曾经指出："革命的历史，总是比最优秀的政党、最先进阶级的最觉悟的先锋队所想象的更富有内容，更形式多样，更范围广阔，更生动活泼，'更难以捉摸'。"读罢丛书，更加深刻地体会了这一点，也激发起我们团结奋斗的强大动力。"今天，我们比历史上任何时期都更接近、更有信心和能力实现中华民族伟大复兴的目标，同时必须准备付出更为艰巨、更为艰苦的努力。"新时代新征程上，我们要全面贯彻习近平新时代中国特色社会主义思想，深刻领悟"两个确立"的决定性意义，坚决做到"两个维护"，自信自强、守正创新，踔厉奋发、勇毅前行，不断夺取中国特色社会主义新时代新的更大胜利。

[作者系中共中央党校（国家行政学院）副校长]

原文载于《当代中国史研究》2023年第1期

【书评：凝聚时代共识　书写时代华章——《新时代这十年》丛书评介】

王均伟

在全党全社会喜迎党的二十大胜利召开之际，《新时代这十年》丛书（10卷本，当代中国出版社、重庆出版社2022年版）是当代中国研究所学思践悟习近平新时代中国特色社会主义思想的重要成果，更是为党的二十大献上的一份厚重礼物。研究编纂、宣传出版新时代这十年党的奋斗史、国家建设史、中华民族发展史和世界社会主义发展史，讲好中国共产党的故事、中华人民共和国的故事、中国特色社会主义的故事、改革开放的故事，特别是讲好新时代的故事，是时代赋予我们的使命和责任。党的十八大以来，作为专门从事新中国史研究、编纂和出版的科研机构，当代中国研究所坚持以马克思主义唯物史观为指导，切实履行修史、资政、育人、护国的责任，推出了《新中国70年》《中华人民共和国史研究丛书（第二版）》《中华人民共和国简史》等权威著作，充分体现了当代中国研究所服务党的中心工作的政治责任感使命感，也体现了当代中国研究所雄厚的研究实力与研究基础。这一次，当代中国研究所组织所内外精干力量，与当代中国出版社、重庆出版社共同为我们提供了一场关于新时代发展历程的精神盛宴。新时代这十年，是极不寻常、极不平凡的十年，是值得深刻记录、畅意书写的十年。丛书内容，厚重深实；丛书出版，恰逢其时。这对于推进社会各界深入学习贯彻习近平新时代中国特色社会主义思想，学习贯彻党的十九届六中全会精神，凝聚奋斗共识、激发民族自豪感与自信心，汇聚起实现中华民族伟大复兴中国梦的磅礴力量具有极为重要的现实意义，也给人多方面的感悟与启迪。

丛书用准确、生动的笔触记述和讴歌了新时代

党的十八大以来，中国特色社会主义进入新时代。新时代是承前启后、继往开来、在新的历史条件下继续夺取中国特色社会主义伟大胜利的时代，是决胜全面建成小康社会、进而全面建设社会主义现代化强国的时代，是全国各族人民团结奋斗、不断创造美好生活、逐步实现全体人民共同富裕的时代，是全体中华儿女勠力同心、奋力实现中华民族伟大复兴中国梦的时代，是不断为人类作出更大贡献的时代。新时代这十年，党和国家事业取得历史性成就、发生历史性变革，在党史、新中国史、社会主义发展史和中华民族发展史上都具有极其重要的意义。从新中国史的视角看，新时代这十年是国史发展的新篇章，是完成第一个百年奋斗目标的新史诗，是全面建成社会主义现代化强国、实现中华民族伟大复兴征程中的新画卷。丛书以习近平新时代中国特色社会主义思想为指导，立足新时代，聚焦新时代，围绕我国社会主要矛盾发生新变化、党的理论创新实现新飞跃、党和国家事业确立新目标、中国和世界关系开创新局面、中国共产党展现新面貌等主要线索，运用大量翔实的资料与数据，全领域刻画中国特色社会主义新时代的壮丽篇章，全方位勾勒出新时代中国发展的崭新画卷，全过程展现新时代党领导人民坚持和发展中国特色社会主义的伟大实践和重大成果，用生动的笔触记录了时代进步的脉搏，用鲜活的文字留下了弥足珍贵的时代记忆。

丛书选材精当，布局合理，主题鲜明，内涵丰富

这是目前国内第一部以新时代这十年发展历程为主要研究对象的大型系列丛书，丛书结构为"1+9"。首卷为《开创中国特色社会主义新时代》，高度凝练记述了习近平新时代中国特色社会主义思想、"两个确立"、"两个大局"、"五位一体"总体布局、"四个全面"战略布局、新发展理念、共同富裕、全过程人民民主、中国式现代化道路、人类文明新形态、国家安全、中国特色强军之路、"一国两制"和祖国统一、人类命运共同体、自我革命等方面的发展史，并系统总结了新时代的历史性成就和宝贵经验。其他9卷则分别对新时代党的建设、全面深化改革开放、经济建设、政治建设、全面依法治国、文化建设、社会建设、生态文明建设、外交等专门领域进行了研究与总结。"1"和"9"相辅相成、相得益彰，共同记载了新时代这十年的辉煌历程，也为今后继续总结、研究、宣传新时代提供了基本框架，奠定了良好基础。在内容上，丛书坚持史论结合，观点鲜明，善用数据，融政治性与思想性、理论性与可读性为一体。一方面，各卷均以习近平总书记的相关重要论述作为总结新时代成就的权威定性，通过引用这些重要论述起到提纲挈领的作用，使阐述更具权威性，也使读者能够以最快的速度抓住关键要点，厘清发展脉络。同时，丛书对习近平总书记重要论述的引用不是简单地堆砌，而是将其有机融入具体的叙述中，使论与述融会贯通，具有极强的说服力。另一方面，丛书十分重视权威数据的运用，做到了事事评价有依据，件件成就有数据。每一个数字记录的都是令世人瞩目的骄人成绩，催人奋进；而且每一个数字的背后都凝结着无数人为之付出的心血与努力，给人以力量。

丛书在总结经验、以史为鉴方面取得了新的可喜成绩

习近平总书记强调，回顾历史"不是为了从成功中寻求慰藉，更不是为了躺在功劳簿上、为回避今天面临的困难和问题寻找借口，而是为了总结历史经验、把握历史规律，增强开拓前进的勇气和力量"。新时代这十年，党和国家事业积累了许多新鲜经验，对这些新鲜经验进行及时总结，对于我们更好地走向未来意义重大。丛书不仅记述了新时代十年间中国在各领域各方面取得的历史性成就、发生的历史性变革，还对这些新鲜经验进行了比较系统的初步总结。可以说，丛书不仅记录了过去十年我们为什么能够成功，而且为新征程上我们怎样才能继续成功提供了宝贵镜鉴。回头看是为了更好地向前进，总结经验是为了更好地应对风险挑战。我们必须清醒认识到，中华民族伟大复兴绝不是轻轻松松、敲锣打鼓就能实现的。我们面临着难得的机遇，也面临着严峻的挑战。以史为镜、以史明志、以史鉴今，可以增强政治定力和历史自信，增强我们迎接挑战、战胜困难的底气和信心，可以更好地激励广大干部群众在新征程上不断披荆斩棘，乘风破浪，书写新的历史华章。

（作者系中共中央党史和文献研究院学术和编审委员会主任）

原文载于《当代中国史研究》2023 年第 1 期

【中国共产党的一百年】

中共中央党史和文献研究院，中共党史出版社 2022 年版

在中国共产党成立 101 周年之际，经党中央批准，中央党史和文献研究院编写的《中国共产党的一百年》一书，由中共党史出版社出版，在全国发行。

编写《中国共产党的一百年》，是党中央交给中央党史和文献研究院的一项重要任务。习近平总书记对编写工作高度重视，作出重要指示给予指导，为编写工作指明正确方向，提供基本遵循。

全书分为"新民主主义革命时期""社会主义革命和建设时期""改革开放和社会主义现代化建设新时期""中国特色社会主义新时代"四卷，共 86 万字，图片 455 幅。

历史认知是历史自信的重要基础。党的十八大以来，以习近平同志为核心的党中央坚持唯物史观、正确党史观，高度重视对中国共产党历史的学习和运用。党的十九届六中全会站在新的时代高度，郑重、全面、权威地对党的历史作出科学总结，推动全党更好认识和把握党的百年奋斗重大成就和历史经验，更好增长智慧、增进团结、增加信心、增强斗志。实践证明，持之以恒推进党

史总结、学习、教育、宣传，让正确党史观更深入、更广泛地树立起来，让正史成为全党全社会的共识，是教育广大党员、干部和全体人民特别是广大青年坚定历史自信、筑牢历史记忆，满怀信心向前进的重要基础。

《中国共产党的一百年》坚持以习近平新时代中国特色社会主义思想为指导，深入贯彻落实习近平总书记关于中国共产党历史的重要论述以及关于党史和文献工作的重要讲话和指示批示精神，坚持唯物史观和正确党史观，坚持解放思想、实事求是，坚持党性原则和科学精神相统一，集政治性、思想性、权威性、学术性、可读性于一体，是全国迄今为止公开出版的读物中，全面系统反映中国共产党历史时间跨度最长、内容最系统最完整的一部党史正史著作。《中国共产党的一百年》的出版发行，为全党全社会学习党的历史提供了权威教材，为建立党史学习教育常态化长效化制度机制提供了重要基础，也为全党全国各族人民奋进新征程、建功新时代，以实际行动迎接党的二十大胜利召开，营造了良好氛围。

【从五条脉络看百年党史（上下册）】

李捷著，当代中国出版社2022年版

从1921年到2021年，中国共产党走过了整整100年。回顾百年历程，中国共产党带领中国人民不断开辟伟大道路、创造伟大事业、取得伟大成就，极大地改变了中国与世界，也极大地改变了自身。该书从道路探索史、思想发展史、自身建设史、民族复兴史、走向世界史五条脉络出发，来研究中国共产党的成功经验，为读者更好地学习党史提供了途径和方法。

【中华人民共和国史（第二版）】

《中华人民共和国史》编写组，高等教育出版社2022年版

该书是中央马克思主义理论研究和建设工程重点教材。

该书坚持以马克思主义理论为指导，全面科学地反映了中华人民共和国成立70年来所走过的曲折历程和辉煌成就，材料丰富、叙事清楚、论证准确，合理吸收了共和国史研究的新成果，对新中国成立70年来的重大事件、国家的重大方针政策都作了清楚的叙述和公正的评价；对70年来社会主义建设的成就和正反两方面的经验教训也作了正确的概括和较为全面的总结。2022年版增写了新的内容，使全书更加丰富和充实。

该书可作为高等院校历史学专业的基础课教材，也可供思想政治教育、中共党史等相关专业学生学习中华人民共和国史使用。

二、史学理论

【中国共产党全国代表大会档案文献丛书（全13册）】

中共中央党史研究室、中央档案馆编，中共党史出版社2022年版

中国共产党的全国代表大会，是党的历史的一个个重大节点、一个个关键环节、一个个集中标志、一个个准确缩影。

为准确存史，给深化党的全国代表大会研究提供必要基础，从而进一步推动对整个新民主主义革命时期党的历史的研究，原中共中央党史研究室、中央档案馆耗时多年，筛选整理、合作编纂了中国共产党全国代表大会档案文献丛书。

丛书根据新民主主义革命时期中国共产党历次全国代表大会的情况，分设大会的筹备，大会报告、发言，代表团发言和书面报告，大会决议，共产国际有关文献，大会精神的贯彻，相关人物回忆等不同版块，分七卷收录了中国共产党第一至第七次全国代表大会的有关文件、资料，以及历史亲历者的回忆文章，真实、准确地反映了这七次全国代表大会召开的历史背景、筹备过程、会议日程、主要决策等。

【中共党史党建学科建设论稿】

中国人民大学中共党史党建研究院组编，杨凤城、耿化敏主编，中共党史出版社2022年版

《中共党史党建学科建设论稿》由中国人民大学中共党史党建研究院组编，中国人民大学教授杨凤城、耿化敏主编，论稿作者来自全国高校、党校、社科院和中央有关研究部门。该书围绕一级学科建设基本问题，采用总论和专题探讨相结合的方式，贡献智慧，特别对于学科建设的定位、体系、建设路径等基本问题，以及涉及党史、党建、国史、党内法规学、科学社会主义与国际共运史、历史政治学、海外中共学等交叉学科的讨论等，建言献策，助力学科发展。

【中共党史党建研究年度报告（2021）】

北京师范大学中共党史党建研究院编，王炳林主编，冯留建副主编，中共党史出版社2022年版

《中共党史党建研究年度报告（2021）》一书分中共党史党建学科发展回顾、中共党史党建研究的重要学术活动、中共党史党建的前沿问题和重要学术观点、中共党史党建学科人才培养共四章，在认真和深入研究习近平总书记关于党史党建重要论述的基础上，对中共党史党建学科的发展历程做了科学回顾，系统总结了2021年中共党史党建研究的重要学术活动、重要前沿问题、重要学术观点和人才培养等系列重大问题，附录中收录了中共党史党建学科重要学术成果目录，是一本系统了解2021年中共党史党建学科前沿的资料性读本。

【史学理论核心观念研究】

邓京力主编，中国社会科学出版社2022年版

该书旨在反映新世纪以来国内史学理论界对于学科核心观念的主要研究成果，形成对该领域研究状况较为全面的认识和把握，并在其中一些重大史学理论问题上作出系统而深入的思考。以此推进当下中国史学理论的创造性发展，激发进行国际性学术对话的学科能力。该书从史学理论核心观念的整体性阐释到基于国别、史家和理论家的个案理解分析。这些内容既在总体上呈现出21世纪史学理论学科建设的突破性发展，又能够有力而具体地说明中

国史学理论学科体系、学术体系和话语体系构建的基础。

【历史理性批判论集】

何兆武著，清华大学出版社2022年版

何兆武（1921—2021），中国历史学家、思想文化史学家、翻译家，清华大学教授。何兆武先生一生从事历史理论与思想史研究，对于历史知识的理论反思形成了独有的理解和风格，其作品融合中西文化不同的思维特性，于历史知识的本质有极富洞见的省察与深思。

该书编选了何兆武先生最具系统性、最能代表其学术观点、最有影响力的作品，分为"思想与历史"和"书前与书后"两编。"思想与历史"选编文章体现他对历史经验的深刻理解，别具只眼。"书前与书后"选编文章则以其丰富的人生阅历、思想者的理性反思，给读者留下了他关于何谓自由、何谓幸福、何谓文明的感悟与理解。

【中国史学史举要】

瞿林东著，商务印书馆2022年版

该书是一本面向社会公众尤其是史学爱好者的介绍中国古代史学发展历程的普及读物。凡九章，从史学的兴起、"正史"的创建、史学的多途发展、史学发展的新转折、通史撰述和历史文献学的发展、多民族史学演进的深入、史学走向社会深层、史学的总结与嬗变、史学在社会大变动中的分化九个方面阐述了自先秦至20世纪初中国史学发展的过程及其在各发展阶段上的面貌与特征，内容翔实、丰赡，尤其对中国史学之理论成就的发掘与阐释，用力甚多，特色鲜明。全书结构严谨、新颖，于横向上把握历史发展与史学发展的关系，于纵向上揭示在社会历史进程中史学产生和发展的规律性表现，二者紧密结合，风格卓尔不群，脉络井然有序，凸显出各相关历史时段之史学的独特风貌与发展趋势。该书新意颇多，文风平实，叙述流畅，高屋建瓴，深入浅出，便于读者阅读和理解，对全面认识中国史学面貌与继续探索这个领域多有启迪和参考价值。

【中国口述历史理论】

左玉河主编，人民出版社2022年版

目前中国口述史研究方兴未艾，是非常活跃的研究领域。为了展示改革开放40多年来中国（大陆）学界口述历史理论研究方面的成果，该书选取全国口述史学界的知名学者有代表性的口述史理论研究文章。这些文章代表着中国口述史学界的最高水平，并多已在刊物上公开发表，有很大的社会影响。这些文章内容涉及：中国口述史的本土化之路、口述史的理论方法、口述史学科的建设、口述访谈基本方法、口述史学的内涵和学科界定、口述史学的基本特征、口述史学的主体性与客观性关系及其科学性问题、口述史学的功能和价值等问题，对深入推动中国的口述史研究有重要指导作用。

【中国学手册·新时代中国卷】

宋月红、王镭主编，中国社会科学出版社2022年版

《中国学手册·新时代中国卷》是新时

代中国学建设研究创新基地规划项目之一，是综合运用党史、新中国史、中国学理论与方法的重要系列研究编纂成果之一，入选中国社会科学院创新工程2022年度重大科研成果。

在中国社会科学院领导悉心指导和部署下，当代中国研究所副所长宋月红研究员、国际合作局局长王镭同志共同主持编写《中国学手册》。在编写过程中，以习近平新时代中国特色社会主义思想为指导，注重词条设置的全面性、条目内容的科学性、阐释表述的精当性、文献资料的权威性、传播话语的融通性。《中国学手册·新时代中国卷》系《中国学手册》系列著作的首卷，是以百科词条形式帮助国际社会了解中国、认识中国、读懂中国的工具书，设置综合、专题、文献编纂、研究、交流传播等五大类，共计580余条，73万余字。在学理研究方面，加强对新时代中国研究的整体性把握和系统性梳理，既全面展现新时代中国的战略性举措、变革性实践、突破性进展、标志性成果，深刻揭示新时代十年伟大变革在党史、新中国史、改革开放史、社会主义发展史、中华民族发展史上具有的里程碑意义，又充分反映新时代中国研究的最新成果，积极推动新时代中国学学科体系、学术体系、话语体系建设。在对外传播方面，注重在构建对外传播话语体系上下功夫，宣介好中国道路、中国理念、中国主张，讲好中国共产党的故事，讲好新时代中国的故事，为国内外读者深入了解中国、研究中国提供参考。

【比较历史分析方法的进展】

［美］詹姆斯·马汉尼（James Mahoney）凯瑟琳·瑟伦（Kathleen Thelen）编，秦传安译，上海财经大学出版社2022年版

该书把比较历史分析方法置于当前政治学的争论中，由探索比较历史分析方法的实质性贡献、理论成就和方法论策略三重结构组成。该书是比较历史领域一些重要学者的论文集，论文涵盖了一些全新的主题和工具，涉及这个领域最近的、正在发生的争论和问题。第一部分导论中，作者通过凸显比较历史分析方法与生俱来的比较优势，解释了这一方法在当代政治学中的持久影响力，还考量了那些缺少比较历史分析方法的核心特征的研究计划中缺失的是什么。正文中，该书的核心论文分为三个部分：第二部分"议程设置工作"；第三部分"时间分析工具"；第四部分"方法问题"。后记回到了一些更宽泛的主题，审视了比较历史分析方法如何依赖社会世界的特定本体论。

三、政治史

【中国特色社会主义发展道路研究】

侯衍社等著，人民出版社2022年版

该书在认真学习吸收已有研究成果基础上，针对原有研究成果的不足，对于中国道路的历史渊源和内在逻辑、中国道路的基本内容和基本特征、中国道路的价值取向、中国道路的基本经验和重要意义、中国道路的机遇和挑战，以及中国道路的世界意义等重要问题进行了更为深入系统的研究并作出解答。卓有成效地推进了对于中国模式与中国

发展道路问题的深层次研究，提出了一系列具有创新性的观点。该研究成果能够比较系统地从深层次上说明"中国共产党为什么能，马克思主义为什么行，中国特色社会主义为什么好"。

【中国式现代化新道路】

王可园、张学娟、王子蕲著，上海人民出版社 2022 年版

2021 年 7 月 1 日，在庆祝中国共产党成立 100 周年大会上，习近平总书记指出："我们坚持和发展中国特色社会主义，推动物质文明、政治文明、精神文明、社会文明、生态文明协调发展，创造了中国式现代化新道路，创造了人类文明新形态。"该书对中国式现代化新道路进行剖析，对传统所谓"西方化"现代化道路进行祛魅，有助于读者更加理解现代化的内核，即应根据本国国情来进行现代化道路的探索，立足本土、博采众长，并了解"现代化不等于西方化"这一论断，从而坚定对中国特色社会主义的道路自信、理论自信、制度自信和文化自信。

该书在简要回顾西方国家的现代化实践历程及相关理论基础上，着重对中国式现代化道路的形成历程、实践机制进行了深入分析。从指明政治方向、提供精神动力、提供价值遵循和科学思维方法四个方面，厘清了习近平新时代中国特色社会主义思想对中国式现代化道路的科学指导。相比西方的现代化道路，中国式现代化道路的贡献在于：现代化的内涵不断拓展、现代化的布局更加科学、现代化的动力不断升级、现代化的价值取向更加明确。未来我们需要提高党对中国式现代化道路的领导能力，构建中国式现代化新道路的话语体系，为实现中华民族伟大复兴的中国梦贡献力量。

【大变局：从"中国之制"到"中国之治"】

强世功、张佳俊主编，中信出版集团 2022 年版

"十三五"时期，中国实现了第一个百年奋斗目标全面建成小康社会。该书系统阐释了党的十八大以来我国新的历史方位，以及在经济建设、政治建设、全面依法治国、文化建设、社会建设、生态文明建设、外交工作七个方面的重大变化。该书以党的建设为主线，基于构建现代化经济体系和发展战略，系统展示了"中国之制"，提出大力推进我国在治党、治国、治军各个方面的制度建设；指出我国已进入制度建设、制度创新的新阶段，并向"中国之治"迅速迈进，为此必须推进国家治理体系和治理能力现代化。

【治理能力现代化：中国政府改革发展 40 年】

王伟主编，中国经济出版社 2022 年版

中国改革开放 40 年的发展历程，实际上是在中国共产党领导下以政府改革发展为主导的现代化过程，是走向国家治理体系和治理能力现代化的过程。该书以 1978 年以

来政府改革的生动实践为基础，以政府改革理论的基本内容为主线，从治理体制、治理机制、治理工具、治理制度等范畴入手，分别从政府职能、政府机构、政府人力资源管理制度、政府权力配置与运行、政府责任、政府间关系、政府能力、政府行为、政府绩效评估、政府理论、政府法治、政府文化十二个方面梳理了中国政府治理能力走向现代化的历程，总结其发展的动因和经验，厘清其在发展过程中的成就和问题，将中国政府的改革与发展置于世界发展的大背景下，探寻中国政府治理能力现代化的制约因素和发展趋势，并为提升中国政府治理体系和治理能力现代化提出理论思考和实践建议。

【基层社会治理理论与实践研究】

张文刚著，线装书局 2022 年版

该书从社会治理基本理论入手，对基层社会治理的结构和体系，城市基层社会治理模式，农村基层社会治理基础内容，以及农村社区化与基层社会治理创新思考路径展开详细的叙述。在编写上有以下特点：第一，内容丰富、详尽，时代性强。不仅涵盖治理基础知识，而且对我国城市基层治理的结构转型也有系统的分析；第二，理论与实践结合紧密，结构严谨，条理清晰，重点突出，具有较强的科学性、系统性和指导性；第三，结构编排新颖，表现形式多样，便于读者理解掌握。这是一本为基层社会治理工作者和社会治理关注者量身定做的参考用书。

【村民理事会的组织变革与治理创新研究】

王中华著，中国社会科学出版社 2022 年版

该书通过文献梳理、实地调查、试点实验、政策解读和理论分析，运用微自治和组织社会学等理论，构建了独具特色的"微组织结构组成、微组织制度建设、微组织运作管理、微组织功能发挥"分析框架，对村民理事会的产生背景、演变脉络、组织结构、性质特征、治理效能、发展障碍及其完善策略展开了全面系统深入的研究，并创新地把村民理事会分为名实型理事会、纵向型理事会、交叉型理事会、职能型理事会等不同类型。

该书认为，村民理事会作为基层性、群众性、协商性、沟通性、服务性、内生性、自治性微观组织，在很大程度上弥补了村民委员会自治空间的不足，从而充分发挥了社会治理重心下移背景下微自治模式的优势。但是应该以开放的、系统的思维看待村民理事会在村民自治体系中的角色与功能，正确认识村民理事会与自治单元、治理成效和其他组织之间的关系，全面科学辩证地评价村民理事会的组织特点、自治优势和治理限度及其发展前景。

【新中国成立初期协商民主探索与实践】

张青红著，华南理工大学出版社 2022 年版

该书以唯物史观为指导，以协商民主思想的构建、协商民主制度的创建和协商民主的实践为主线，运用文献研究、微观分析与

宏观研究相结合、历史研究与逻辑研究相统一等方法，在梳理中国共产党协商民主历史进程的过程中，着重探讨建国初期中国共产党协商民主理论体系（协商民主的地位、协商的必要性、协商主客体、协商原则、协商形式和场域等）、制度建设（实体性规范、组织载体和运作机制等）和实践运作（择取土地改革、资本主义工商业改造、第一部宪法的制定和文字改革四个案例考察），并对其进行价值审判，揭示其成败得失。

【改革开放新转折】

李光伟、刘本森编著，中国人民大学出版社2022年版

改革开放是新中国成立以来党的历史上具有深远意义的伟大转折，是党和人民大踏步赶上时代的重要法宝，是坚持和发展中国特色社会主义的必由之路，是决定当代中国命运的关键一招。

该书在系统梳理有关改革开放的党的重要文献并吸收学界研究成果的基础上，重点围绕开启伟大转折、确立社会主义初级阶段基本路线、建立社会主义市场经济体制、中国特色社会主义进入新时代等主题展开论述。展示了40多年来中国共产党团结带领全国人民不断推进改革开放事业的历史进程，以及党和国家事业发生的历史性变革、取得的历史性成就。指出在实现第二个百年奋斗目标、接续推进中华民族伟大复兴的进程中，改革开放必将行稳致远。

【总体国家安全观系列丛书（第二辑）】

总体国家安全观研究中心、中国现代国际关系研究院著，时事出版社2022年版

该丛书聚焦《人口与国家安全》《气候变化与国家安全》《网络与国家安全》《金融与国家安全》《资源能源与国家安全》《新疆域与国家安全》六个主题，试图站在中华民族伟大复兴战略全局和世界百年未有之大变局这"两个大局"，以及新发展格局和大安全格局这"两个格局"的高度，立足"两个一百年"历史交汇期的特殊时间节点，从不同角度和维度，全景式、大视野认识国家安全。

【华侨华人与中国发展】

代帆主编，暨南大学出版社2022年版

全书以历史为主线，讲述华侨华人社会的形成与发展，较为全面地介绍海外华侨华人在促进中外人文交流以及助力中国近代以来社会进步、民族独立、国家建设等方面的重要作用和卓越贡献，涉及辛亥革命、国共合作、抗日战争、新中国建设、改革开放等重要历史阶段和关键节点。全书颂扬华侨华人在海外拼搏奋斗的历史成就和民族情怀，有助于年轻一代了解先辈们与祖（籍）国同呼吸、共命运的历程。

【两岸七十年：中国共产党对台决策与事件述实】

刘贵军著，商务印书馆2022年版

中国共产党始终把解决台湾问题、实现祖国完全统一作为矢志不渝的历史任务。在

海峡两岸分隔的七十多年中，几代中国共产党人团结台湾同胞，推动台海形势从紧张对峙走向缓和改善，进而走上和平发展道路，海峡两岸关系不断取得突破性进展。该书从中央决策层面书写1949年到2019年间对台工作的重大决策和事件，分析时代背景，记述来龙去脉，揭秘背后的故事，全面系统揭示台湾问题的缘由、过程、发展和走向。

全书分为五个主体章节，按照海峡两岸关系发展进程展开：第一章，由军事对峙转向和平解放；第二章，"和平统一、一国两制"构想；第三章，两岸交流的扩大；第四章，推动两岸关系和平发展；第五章，推进祖国和平统一进程。书中讲述了许多决策和事件鲜为人知的细节，如："炮击金门"背后的故事，围绕台湾问题与美国的外交斗争，国共两党高层间的书信往来，"千岛湖事件"始末，"两岸三通"的曲折进程，"胡连会""习马会"的历史性时刻，等等。该书最终揭示了一个重要命题：台湾问题因民族弱乱而产生，必将随着民族复兴而解决。

【台海观潮：从峰回路转到僵局危机（2008—2020）】

王鸿志著，九州出版社2022年版

该书图文并茂，以简洁明快的笔调描述了2008年至2020年台湾政局和两岸关系发展过程中的代表性事件，结合台湾政局及其社会变化介绍有关人物关系背景；行文简洁，融视角的独特性、事件的真实性、故事的趣味性、评点的客观性为一体，

既有别于学术著作的繁密学术考证，也不同于文学作品的天马行空；在内容表述上，既增强了时政内容的新鲜感，也赋予了历史事件以纵深感，对帮助广大读者了解台湾有关问题和海峡两岸关系发展情况有直观、正面、积极的影响。

【新时代检察制度发展研究】

朱孝清、谢鹏程、邓思清著，中国检察出版社2022年版

该书为《四大检察文库》系列丛书之一。《四大检察文库》旨在深入研究四大检察中丰富的实践和理论问题，特别是其中的新思想、新理念、新问题、新举措、新成效。

随着国家检察体制的改革，检察机关发生了重大的职权调整，工作任务和工作方式也迎来新的挑战。该书以此为背景，分析了新时代检察制度发展面临的主要问题，明确了检察制度发展的目标和任务，围绕引领检察工作创新发展剖析了检察新理念，并结合实践中存在的问题，就新时代如何增强检察机关法律监督的刚性，如何拓展检察职能范围和检察权的行使方式，如何加强检察保障措施等，作了较为全面的讨论，给出了相应的建议。

四、经济史

【谱写发展奇迹：新中国重大经济成就精讲】

贺耀敏著，安徽人民出版社2022年版

该书以习近平新时代中国特色社会主义思想为指导，根据党的十九届六中全会通过的《中共中央关于党的百年奋斗重大成就和

历史经验的决议》基本精神，对新中国成立以来我国经济建设和发展十个方面的重大成就进行系统阐释，是一部讴歌经济社会发展取得重大成就的通识性读物。全书紧紧围绕新中国重大经济成就的事实本源、发展脉络、制度贡献、理论创新和广泛影响，力求将这些重大成就讲深讲透，使广大读者对其产生深刻认识，从而更加坚定对中国特色社会主义的道路自信、理论自信、制度自信、文化自信。

【书评：以科学方法讲好中国故事】

郑有贵

新中国创造了举世瞩目的经济发展奇迹，由一穷二白的半殖民地半封建社会经济走向欣欣向荣的社会主义现代化经济，改变了世界格局，这是现当代世界历史上最重大的事件。中国人民大学教授贺耀敏新著的《谱写发展奇迹：新中国重大经济成就精讲》，对新中国70多年来10件影响深远的重要成就进行精要解读，揭示了发展奇迹背后的制度优势，解读了中国发展奇迹的密码，是一部在深厚学术研究积累基础上的优秀通俗读物，具有以下四个方面的特点。

第一，主题重大。新中国成立70多年来的重大经济成就，体现在很多方面。该书从新中国70多年不胜枚举的重大经济成就中，撷取10件影响深远的重要成就，既有纵向的历史进程又有横向的重大发展，从新中国成立之初发生的新民主主义到社会主义的翻天覆地的转变，讲到进入新时代以来促进全球发展的中国方案的提出和实施，很好地把握住了新中国70多年经济发展的主题主线、主流本质。对10件重大成就的精要讲解，既反映了中国人民奋斗圆梦的精神和追梦的路径，也构建起世界理解中国的坐标。

第二，观点鲜明。该书问题意识强烈，论从史出，以史立论，有针对性地回应了学界和社会关注的重大问题。对于要不要实行社会主义改造，鲜明地论述了"新民主主义不是终点"。针对市场问题，鲜明地论述了"市场经济不是'洪水猛兽'"。针对中国与世界的发展关系，鲜明地论述了"中国的发展离不开世界"。针对有关"一带一路"的错误认识，鲜明地论述了"'一带一路'不是'新殖民主义'"。

第三，贯通历史。书中讲述了社会主义市场经济建设的第一个里程碑、第二个里程碑、第三个里程碑，把社会主义市场经济建设的历程清晰地呈现出来。在讲述对外开放历程时，阐述了五次大突破，分别是试办经济特区、浦东开发开放、加入世界贸易组织、自由贸易试验区、建设贸易强国。书中把70多年的突破与阶段性突破贯通起来，条分缕析，娓娓道来，有利于读者深刻地了解各个历史阶段重大问题突破的不易、历史性飞跃和创新发展的意义，也有利于我们对未来发展方向的把握。

第四，以科学的精神讲好中国故事。列举了四点：一是选用"共和国经济建设的高级工程师"袁宝华的重要回忆文献，以及其中的感悟写史。二是基于中华优秀传统文化等探索思想渊源。书中指出，中国并没有称雄世界、称霸一方的愿望。人类命运共同体理念，源于深厚的中华优秀传统文化，是中华优秀传统文化创造性转化、创新性发展的时代结晶；源于中国当代蓬勃发展的社会主义先进文化，是当代中国人民奋斗发展的价值追求；源于世界优秀文化成果（包括西方文明成果），是世界优秀文化崇高价值的思想精华；源于人类社会进步和发展规律认识成果，是人类社会历史经验与教训的科学总结。三是善于用国际人士的认识判断讲好中国故事。书中引用了大量国际人士对共建"一带一路"倡议的评价、中国发展奇迹原因的分析。书中指出，美国经济学家托克看到了"一带一路"倡议的世界意义和世界影响，他认为"从长远来看，'一带一路'倡议有助于增加低风险资产的供应，从而带来可观的正收益"。四是，不仅讲清楚发展成就是什么，还讲清楚为什么能取得发展奇迹，这就把历史立体地呈现出来，也与读者形成互动，读有所获，从中获得有意义的启示。该书以科学的方法讲好了中国故事，值得学习借鉴。

（作者系中国社会科学院当代中国研究所研究员）

原文载于《出版人》2023年第3期

【脱贫攻坚的伟大历程】

中共中央党史和文献研究院第七研究部编，中共党史出版社2022年版

该书由32篇文章组成，各篇文章以时间为轴，以专题形式记述改革开放以来特别是党的十八大以来，全国各省、自治区、直辖市和新疆生产建设兵团贯彻落实党中央、国务院扶贫脱贫重大决策部署的重大实践、取得的主要成就、积累的宝贵经验以及涌现出的先进模范典型。该书对广大读者了解我国如何能够创造人类反贫困历史的中国奇迹有重要帮助。

【百年"三农"：中国共产党解决"三农"问题的战略维度和实现路径】

郑有贵著，东方出版社2022年版

该书基于大历史观和政治经济学的视角书写中国共产党解决"三农"问题的百年历程，呈现百年历程的主题与主线、主流与本质，记述百年"三农"发生的历史性变革和取得的历史性成就；全面梳理了中国共产党开创"三农"发展道路的"各个阶段及其成就"，集中阐述了中国共产党解决"三农"问题的"五个战略维度"和"四个实现路径"，充分论证了"农民选择中国共产党领导"的"六个必然"，深刻总结百年"三农"历史性变革和历史性成就来之不易及其宝贵经验。

该书勾勒了中国共产党带领中国农民摆脱绝对贫困、建成小康社会、迈向共同富裕的百年历程，深刻解读中国共产党百年解决"三农"问题的历史逻辑、理论逻辑与实践逻辑，系统总结中国共产党解决"三农"问题的百年成就和百年经验，有针对性地回应了学界和社会关注的重大"三农"政策演变中的"疑点"问题。该书将整体史研究与鲜活基层实践细节呈现有机结合，图文并茂，真实和生动地呈现了中国共产党百年

解决"三农"问题路径，兼具思想性、知识性、可读性，具有较强的历史价值、学术价值和政策研究参考价值。

【书评：中国共产党与"三农"的百年信史——《百年"三农"：中国共产党解决"三农"问题的战略维度和实现路径》评介】

董志凯

一百年来，中国作为世界上农民数量多、农业规模大、农村问题复杂的大国，发生了有目共睹的沧桑巨变：农民摆脱贫困，农业发展迅速，农村社会改变得最深入。以"三农"巨变为基础，中国实现了工业化、现代化跨越发展，逐渐走出了一条独具特色的中国式现代化道路。为什么世界上现代化后发国家中只有中国发生了这么大的变化？这一切是怎样发生的？许多关注历史与现实的中外人士都在不断寻找答案。

当代中国研究所郑有贵研究员长期关注并深入研究"三农"问题，近日出版了一部分析和记述中国共产党百年解决"三农"问题路径的著作《百年"三农"：中国共产党解决"三农"问题的战略维度和实现路径》（北京：东方出版社2022年版），对上述问题做了较好的回答。该书对中国"三农"百年变迁历史既做了提纲挈领的整体研究，又与鲜活的实践细节有机结合，凝练深刻，兼具思想性、知识性、可读性。该书不仅史料丰富、内容充实，而且经过作者和出版社的共同努力，图文并茂，雅俗共赏，便于更多读者学习和借鉴，是了解中国共产党与"三农"百年关系史难得的好书。

中国共产党百年来创造性地发展马克思主义，从调查研究、创立农民运动讲习所开始，依靠农民开展土地革命，走"农村包围城市"的道路取得革命胜利；农民选择了中国共产党的领导，在党的领导下建立人民政权，改革和发展农村经济，奠定了中国工业化、现代化的基础。农民的选择是在中国共产党唤醒农民并参加到农民运动过程中形成的。其中的波澜壮阔、艰辛曲折，成为党史、新中国史的重要内容。为了突出中国共产党与"三农"关系史的主题特色，该书与一般党史、新中国史、经济史等著作的历史分期划分方法不同，没有沿用以1949年为时间标界分期的惯习，而是将中国共产党百年解决"三农"问题的战略策略与实践行动划分为六个时间段：

第一个时期为"解放农民和让农民立起来（1921—1952）"，将包括农民运动、土地革命、农村政权与社会建设、发展生产、改善民生等内容的31年惊心动魄、跌宕起伏的历史娓娓道来。

第二个时期为"农业社会主义改造和'三农'现代化建设的展开（1953—1978）"，将农业生产合作化、农业纳入计划经济、人民公社的建立与变迁等同工业化联系起来进行阐述和分析，既突出"三农"发展的主流，也不回避挫折、困境及其产生的渊源，25年的历史写得有理有据。

第三个时期为"放活赋权改革拓展'三农'发展空间（1978—1992）"，论述了从实行农业双层经营、放活农产品流通、农业综合开发，到走农业现代化、农村工业化、城镇化共同发展之路，乡镇企业异军突起和城镇化加速，将改革开放初期14年"三农"改革发展的丰富历史内容体现得清楚明晰。

第四个时期为"市场经济体制下促进'三农'发展（1992—2002）"，反映了中国共产党在明确建立社会主义市场经济体制后，农村基层组织如何通过改革促进小农户生产与市场对接，实行粮棉市场化改革，推进农业科技革命，分地区促进现代化建设，打破城乡二元结构，推进农村税费改革试点，促进农民生活总体达到小康水平，取得"三农"改革的跨世纪进展。

第五个时期为"统筹城乡发展和建设社会主义新农村（2002—2012）"，对在开启城乡一体化发展和工业反哺农业的进程中，如何探索和实施建设社会主义新农村、建立农村社会保障体系、农业再组织化的历程进行了比较深入的阐述。这个阶段看似波澜不惊，却成为2004—2012年农民收入实现"九连快"的快速增长期，其间后三年农民收入增速超过了城镇居民。

第六个时期为"促进乡村振兴（2012—2021）"，党和政府明确农业农村优先发展方针，提出和实施乡村振兴战略，坚决打赢脱贫攻坚战，实行农村集体土地"三权分置"，创新农村经营主体，促进产业融合、城乡融合，加速新型工农城乡关系形成，促进了农业农村发展的许多难题和障碍的破解，中国人把饭碗牢牢端在自己手里，历史性解决绝对贫困，农村同步迈进全面小康社会。这一时期还在延续，目标是实现乡村全面振兴。

该书将这六个时期的百年历程浓缩贯通起来考察，其中的共性一以贯之：即中国共产党以人民为中心，是解放农民、帮助农民更好发展的历史；是促进农业农村现代化发展，进而促进整个国家现代化发展的历史；是朝着中华民族伟大复兴目标不懈奋斗历史的重要组成部分。从大历史观和政治经济学视角分析，中国共产党之所以能够在探索中走出中国特色社会主义"三农"发展道路，是因为坚守为农民谋幸福的初心，从战略上统筹把握好相关联的农民维度、中华民族复兴维度、现代化维度、生产力维度、国际维度。贯穿百年的主线是解放农民和促进共同富裕、在工业化进程中工农互促、在城镇化进程中城乡互促、以党的坚强领导和强化政策支持破解受弱质性困扰的"三农"问题，将亿万农民充分发动和组织起来，使中国的"三农"取得了决定性进步。

共性的成功建筑在个性完善的基础之上。对于具有不同历史背景、面临需要破解不同课题的六个时期，每一个时期中国共产党都不失时机地推出并不断改进、深化多种重大战略战术的制定与实施。书中内容体现了各个历史阶段中国共产党对于解决"三农"问题表现出高度的重视，尊重客观发展规律和因势利导。中国共产党在解决"三农"问题道路的百年探索中，政策演变过程极为复杂。解决"三农"问题进程中政策的"变"与"不变"，有其历史逻辑，需要历史地、辩证地认识；有针对性地转变具体实现方式和政策工具的运用。这种变化又是基于不同发展阶段生产力水平及历史场景等因素的选择和调整。该书系统地梳理了不同发展阶段面临的"三农"问题及其破解之策，历史地、辩证地解析了中国共产党百年"三农"政策的演变过程，有针对性地回应了学界和社会关注的重大政策演变中的"疑点"。譬如，中国革命为什么只能走"农村包围城市"的道路？土地改革为什么能够重建农村基层政权，将族权、神权、夫权等阻碍生产力发展的障碍移除？农民如何能组织起来，从农业支援国家工业化的主力转变到工业反哺农业的政策支持对象，其间经历了什么？中国从苏联和西方资本主义国家的土地、农业政策吸取了哪些经验教训？该书对于百年"三农"历程中的这些重大问题的分析多有创见。

中国共产党从解决各阶段主要问题出发制定实施"三农"战略和政策，主要有土地制度变革、农业生产合作化、农产品统派购、农村人民公社、家庭承包经营、政社分开、村民自治、市场取向改革、国家支持、乡镇企业、工农关系、城乡关系、社会主义新农村建设；党的十八大以来，中央系统谋划、统筹部署精准脱贫、美丽乡村建设、全面建成小康社会、乡村振兴，加快构建新型农业经营体系，促进一、二、三产业融合发展、城乡融合发展。书中对这些重大"三农"发展战略和政策演变进行了系统梳理与深入研究，并予以科学、准确、清晰呈现，从中可以使读者深刻地感悟到中国共产党解决"三农"问题之路及其与时俱进的理论创新。此外，书中还选配了大量富含乡土气息的历史照片，有助于读者更真切感知百年"三农"变迁，以及中国共产党百年解决"三农"问题的艰辛。可以说，该书具有较强的历史价值、学术价值和政策研究参考价值。

（作者系中国社会科学院经济研究所研究员）

原文载于《当代中国史研究》2022年第5期

【书评：百年新起点——评《百年"三农"：中国共产党解决"三农"问题的战略维度和实现路径》】

孔祥智

中国是一个农业大国，中国共产党百年奋斗的历程，就是依靠农民、解放农民并实现农业国向工业国、农业大国向农业强国转变的过程。因此，总结中国共产党百年奋斗的历史经验，其中的一个重点应该在"三农"领域。中国社会科学院当代中国研究所郑有贵研究员的著作《百年"三农"：中国共产党解决"三农"问题的战略维度和实现路径》聚焦中国百年"三农"发展，是从"三农"角度理解《中共中央关于党的百年奋斗重大成就和历史经验的决议》（以下简称《决议》）的重要参考资料。

除了绪论外，该书共分为七个部分，分别是：解放农民和让农民立起来（1921—1952）、农业社会主义改造和"三农"现代化建设的展开（1953—1978）、放活赋权改革拓展"三农"发展空间（1978—1992）、市场经济体制下促进"三农"发展（1992—2002）、统筹城乡发展和建设社会主义新农村（2002—2012）、促进乡村振兴（2012—2021）、农村同步迈进全面小康社会与全面推进乡村振兴。全书条理清晰、内容全面、重点突出。全书重点内容包括党的十八大以来城乡融合发展体制机制的建立健全和乡村振兴战略的实施，以及在上述"元政策"之下具体"三农"政策的实施，包括脱贫攻坚和同步迈向小康社会等。全书高度概括了百年来尤其是党的十八大以来党在"三农"领域奋斗的伟大成就。这是本书的第一个特点。

自始至终以党的十九届六中全会精神为指导，是该书的第二个显著特点。《决议》第六部分高度概括了中国共产党百年奋斗的十大历史经验，其中最突出的是坚持人民至上，也是该书的主题所在。党在"三农"领域百年奋斗的最大历史经验，就是坚持为农民着想，把农民利益放在首位。党在成立初期，就明确提出要把农民组织起来。该书认为"农民选择中国共产党领导，是在中国共产党坚定解决农民的土地问题过程中的选择"。早在第一次国内革命战争时期，党就组织农民协会，实行一切权力归农会，开展减租减息运动；到了土地革命时期，随着根据地政权的建立，有条件满足农民拥有一份属于自己的土地的期盼，没收地主土地分配给农民；抗日战争时期，为了团结一切可以团结的力量一致抗日，实行了制度化的减租减息运动；解放战争时期，开展了轰轰烈烈的土地改革，实行"耕者有其田"。正是由于党抓住了土地这个"三农"问题的"牛鼻子"，获得了广大农民衷心拥护和支持，取得了新民主主义革命的伟大胜利。事实上，20世纪80年代初期的改革，也就是简单到把土地承包经营权给农民，就带来了农业形势、农村面貌翻天覆地的变化。党的十八大以来实施的"三权分置"改革，必将带来新变化。习近平总书记在安徽省凤阳县小岗村座谈时讲到，"我国农村改革是从调整农民和土地的关系开启的。新形势下深化农村改革，主线仍然是处理好农民和土地的关系"。这个判断放在百年的大历史中依然适用。

该书作者对当代现实"三农"问题有深刻的理解，做了大量调查研究工作。书中对新型农业经营体系、脱贫攻坚、乡村振兴等有独到见解。这本专著不仅仅着眼于党的百年"三农"奋斗史，更是立足现实，从百年历史中汲取能量，目的在于解决现实问题，为实现党的下一个百年奋斗目标寻找行动方案。本书的最后一部分从学理上看不仅仅属于当代史范畴，而是对党在两个百年交替时期所遇到问题的一种解答。这样的视野，只有集历史和现实知识于一身的学者才有可能具备。也正是由于这个原因，作者在30多年的研究生涯中几乎跑遍了全国各地。本书除了一些史料需要查阅相关文献外，大部分都来自作者亲自调研的结果，书中的照片三分之一以上也都是作者在各地调研时亲手拍的。这是本书的第三个特点。也可以说，本书是经济史学、农业经济学、农村发展学等多门学科交叉、融合的成果。

以史为鉴，可以知兴替。百年不是终点，更是一个新的起点。为此，期待作者推出重要成果后，在构建具有中国特色、中国气派的"三农"理论体系和政策体系方面作出新的学术贡献。

（作者系中国人民大学农业与农村发展学院教授）

原文载于《农民日报》2022年6月18日

【书评：以大历史观阐析"三农"百年史——评《百年"三农"：中国共产党解决"三农"问题的战略维度和实现路径》】

冯开文

"三农"问题至关重要。为什么中国共产党能够领导人民解决"三农"问题？中国社科院当代中国研究所郑有贵研究员撰写的《百年"三农"：中国共产党解决"三农"问题的战略维度和实现路径》对这个问题作出了较好的回答，是一部上乘之作。

该书最显著的特点是求新。"周虽旧邦，其命维新"，主动求新是学者的使命，但求新之路困难重重。本书可贵的地方就在于呈现出整体性的主动求新态势，不仅表现在分析框架上，也表现在具体观点和素材方面。

五个维度构成比较完整的分析框架

中国共产党解决"三农"问题的百年历史，是以人民为中心的历史；是促进农业农村现代化发展，进而促进整个国家现代化发展的历史；是中华民族伟大复兴进程的重要组成部分。因此，必须从大历史观的角度审视这段历史，把握好相互关联的农民维度、中华民族复兴维度、现代化维度、生产力维度、国际维度等战略维度。本书从这些维度进行了深入、具体的分析论证。

农民维度。本书指出，分析这段百年历史首先要有农民维度。农业问题、农村问题、农民问题紧密相连，而"三农"问题的核心就是农民问题。中国共产党在其百年奋斗进程中，始终从为人民谋幸福出发。在新民主主义革命进程中，中国共产党发展和巩固工农联盟，把农民作为革命的主力军，也作为革命成果的最先受益者，通过"打土豪，分田地"等手段保障农民生存发展。在社会主义改造进程中，中国共产党想农民之所想，坚持工业和农业、城市和乡村都要发展，毅然决定在农村领导农民建立土地等生产资料集体所有制，避免了农民再度陷入贫困。改革开放后，中国共产党把激发农民首创精神与顶层设计结合起来，实行联产承包责任制，实施取消农业税等重要惠农措施，实施一个都不少的脱贫攻坚战略。

中华民族复兴维度。中国共产党人的初心和使命，就是为中国人民谋幸福，为中华民族谋复兴。中国共产党就是在为农民谋幸福的同时，推进了中华民族的伟大复兴。在1921—1949年间，中国共产党通过建立革命根据地、开展土地革命、工农武装割据，以农村包围城市，进而解放全中国的中国特色的革命道路，既保护了农民、巩固了工农联盟，又最终实现了中华民族站起来的宏伟目标。改革开放后，中国共产党通过提高农村科技文化水平、支农惠农等措施，使农村发展起来、农民富裕起来、实现全面小康目标。农民富起来是中国富起来的基础。

现代化维度。本书指出，我国的"三农"问题，不同于传统农业社会纯粹的"三农"问题，也不同于西方工业化国家的"三农"问题，是与以工业化推进为特征的现代化联系在一起的。因此，中国共产党势必要从整个国家现代化发展视角进行总体把握，统筹全局与局部、长远与当期，促使工业与农业、城镇与农村相互促进。这可以说是"中国特色维度"，是本书的亮点之一。

生产力维度。本书认为，我国的"三农"问题是动态变化的，不同发展阶段面临的问题不同，"三农"政策也随之进行了调整和完善。针对农业养育工业和工业反哺农业两个阶段，中国共产党也"因时制宜"作出了政策调整，形成了不同的政策体系。比如，前期的农业生产合作化政策、农产品统派购政策、城乡二元户籍政策，后期的一系列支农惠农政策。

国际维度。本书认为从这个维度可以看到1921—1949年间资本主义列强对中国经济包括"三农"的直接和间接干预，以及中国共产党采取的对策和作出的努力，可以看到中国加入WTO后国际农产品贸易中的绿箱政策、黄箱政策等国际因素对中国的影响，也可以看到中国将学习到的国际经验进行本土化的应用和创新。

这五个维度构成了一个比较完整的分析框架，维度之间呈现出了一定的层次感，比如中国层次和国际层次，最终目标层次和发展过程层次，局部层次和整体层次。这些层次设计，使研究更加立体，从而增加了研究深度。

这五个维度正是大历史观的体现。虽然学术界对于大历史观还存在一些争议，但至少这些思考是值得借鉴的：不能囿于、陷于短期的历史中，而要从长期的历史变革中探明轨迹、找到规律，和现在、未来相联系相对照形成观点；不局限于一个角度，而要强调事物之间存在的普遍联系，注重人物与时势的交互作用；重视比较分析，包括古今中外的比较、理论与实际的比较等。史学界关于很多重要问题的研究都呈现出运用大历史观的趋势。据笔者所知，关于世界经济大分流的研究进展，就是一个不断靠近大历史观的过程。显然，该书的选题很适合采用大历史观进行分析——时间段足够长，历史事件、变革过程等都足够复杂，对今天的影响举足轻重。基于多维度大历史观开展分析，正是该书最重要的新意之一。

同时，作者还探究了历史事件之间的关联性，比如"三农"问题与现代化、农业与工业、城市与农村之间的联系。本书也进行了很多比较研究，比如指出百年"三农"与传统社会的"三农"不同，也与发达国家完成工业化之后的"三农"问题有差异。在对历史经验进行总结后作者指出："从生产力维度考察'三农'政策的制定和调整完善，是梳理中国共产党百年'三农'政策复杂演变的钥匙。"这种概括性总结，当然也是大历史观的重要体现。

但分析维度也有可商榷处。其一，现代化维度和生产力维度可以合并，统称为经济发展。生产力与经济发展相伴随，是经济发展的结果，又是下一轮经济发展的动因。现代化或者工业化，在中国虽然有其特殊性，也仅代表着经济发展的不同阶段。两个维度存在很明显的交叉，合二为一更为严谨。其二，缺乏了制度维度。例如，中国共产党制定的《井冈山土地法》《兴国土地法》《中国土地法大纲》《中国土地改革法》等都是制度，户籍制度、统购统销制度、农业合作社制度也是制度。可以说，中国共产党是通过制度安排解决"三农"问题的。当然书中只是没有明确提出这个维度，并未忽略相关内容，比如提到了户籍政策、农产品统派购政策、农业生产合作化政策。

力求在分析中形成新的看法

如今，学界对中国共产党史和中国近现代史的研究如火如荼。要想在这个领域中进行研究创新，就像千军万马过独木桥。

基于对本领域的持续深耕，作者在观点上的创新很多，仅举几例。本书指出，在新民主主义革命时期，中国共产党把解放农民和赢得农民依赖统一起来，这是取得新民主主义革命胜利的重要原因。这个观点比较新颖，揭示了二者之间的辩证关系：中国共产党的目标是解放农民、为人民获得政治地位和经济利益。不是通过利用农民来达到这一目的，而是通过满足农民拥有一份田地的夙愿等方式真正赢得农民。农民的拥护又进一步巩固了工农联盟、壮大了革命力量，为新民主主义革命的胜利提供了重要保障。

本书指出，中国共产党在解决"三农"问题的过程中，充满着灵活机动性和"因时制宜"特性：在工业化初期，实行农业养育工业，进入工业化中期发展阶段后调整为工业反哺农业，实现了"大仁政"前后周期的顺利转换。这个观点不仅在"大小仁政"的争论中，旗帜鲜明地认定中国共产党的以农助工政策是"大仁政"，而且指出，中国共产党会因为农民的不同需要，结合经济社会发展实际，有针对性地选择不同的"大仁政"政策，从而将支农惠农的一致性和灵活多样性统一起来。

本书对一些研究误区和"疑点"进行了辨析。例如，百年间，中国共产党先给予农民土地后又实行集体化，先实行集体经营又回到家庭经营，后来再度推进合作制和集体产权制度改革，这些变化都需要从历史唯物主义出发，对生产力的不同水平进行分析，才能得到辩证的、客观的观点，才是符合历史唯物主义和辩证唯物主义的，从而避免了因为没有对不同生产力水平等因素进行充分的分析考察而步入"早知如此，何必当初"的逻辑推导误区。

本书系统地总结了中国借鉴国际经验的重要成果，指出在农业社会主义改造过程中，借鉴但又不照搬苏联集体农庄的做法——没有照搬苏联实行土地国有，而是实行农村土地等生产资料集体所有，实现了由土地等生产资料的私有制向公有制的重大制度变革。20世纪70年代末，借鉴南斯拉夫农工商综合经营经验，在小范围内试行农业向产前、产后延伸,这是后来产加销、贸工农一体化经营的先期实践。

此外,本书对百年"三农"历史进行了多视域研究,其中特别强调了政治经济学视野。如前文所述,本书强调的五个维度不仅是经济史、经济学维度,也是政治经济学维度,是战略维度。作者对一些具体问题的分析也始终不忘考虑政治因素。百年"三农"史涉及很多问题,不能单从某一学科进行分析,也不能仅用经济学理论来分析。这些分析很有见地,切合命题本身,也利于追求历史真相、正确揭示历史。比如"大小仁政"之争、农产品的统派购等,都不能仅从民生角度或成本收益角度简单地下结论。单一视角下做出的结论,会是粗暴的,甚至是错误的。

最后需要特别强调的是,本书不仅有历史研究价值,也有实践价值。书中选配了很多反映实践细节的图片,呈现了众多生动形象的历史场景,体现了作者进行了扎实的社会调研活动。这也使历史研究结论得到了实践的检验。作者通过将历史研究拓展到实践领域,使研究更加丰富,是一种值得提倡的创新做法。

(作者系中国农业大学经济管理学院教授)

原文载于《中国财经报》2022年4月6日

【十年伟大飞跃】

国务院发展研究中心组织编写,马建堂主编,人民出版社2022年版

作为献礼党的二十大的重点著作,由中国著名智库国务院发展研究中心组织编写的《十年伟大飞跃》,紧紧围绕创新、协调、绿色、开放、共享的新发展理念这一主线,从十个方面全方位展现了党的十八大以来我国经济社会所取得的历史性成就、所发生的历史性变革,系统阐述了过去十年来我国经济社会各个领域发生的巨大跃迁,并满怀信心地展望了中华民族伟大复兴进入不可逆转的历史进程的美好前景。全书紧扣中央精神和改革发展要求,用大量统计数据和图表,历史、全面、客观地反映了近十年来我国经济社会发展整体状况,有助于进一步激发广大读者爱党爱国爱社会主义的热情,对政策决策部门、各级领导干部和社会各界人士都具有较强的参考意义。

【中国共产党百年扶贫的理论与实践】

王爱云著,人民出版社2022年版

中国共产党自成立之日起,就关注农民贫困问题。在中国共产党成立100周年之际,我们实现了第一个百年奋斗目标,在中华大地上全面建成了小康社会,历史性地解决了绝对贫困问题。该书系统全面地阐述了中国共产党从成立初期关注农民贫困问题至2020年脱贫攻坚战取得全面胜利的理论、实践、成就和经验,总结了中国共产党脱贫攻坚理论与实践的精髓,对巩固脱贫攻坚成果,推进乡村振兴,以及世界反贫困提供重要参考借鉴。该书也有助于广大党员干部和国际社会了解中国共产党扶贫的伟大成就和宝贵经验。

【中国脱贫之路：从兰考到凉山的精准脱贫实践】

张青、郭雅媛著，河北人民出版社2022年版

该书从分析新中国成立以来不同阶段扶贫开发工作特征、政策取向与脱贫成效入手，由新中国成立后的扶贫探索时期到改革开放后的脱贫开发时期再到党的十八大后的精准脱贫时期，概括性地回顾了中国脱贫之路；对河南兰考县和四川凉山彝族自治州脱贫攻坚进行了深入分析；总结提炼了中国式脱贫的基本经验：中国社会主义制度因素、持续改革与开放的市场因素和脱贫动力被激发的人的因素。该书对巩固中国脱贫成果具有重要参考价值，对其他国家治理贫困具有重要借鉴意义。

【新时代中国县域脱贫攻坚研究丛书】

国务院扶贫办组织编写，研究出版社2022年版

为落实巩固拓展中央关于脱贫攻坚成果、全面推进乡村振兴的要求，挺拔主业、助力定点帮扶工作，研究出版社推出入选国家出版基金项目的《新时代中国县域脱贫攻坚研究丛书》，该丛书通过对脱贫摘帽县的调研，系统总结了我国脱贫攻坚过程中所探索出的优选经验与做法。丛书编写组开展了大量的调查，搜集了丰富的资料，对不同地区在脱贫攻坚过程中所探索的优选经验从理论和实践层面进行了多方面的梳理和总结，是对中国以县一级为单位的贫困治理的良好宣传和推介。所呈现的内容既有对于不同县区脱贫攻坚思路、做法与成效的梳理，也有对于经验和启示的总结与学理思考。这套丛书的出版对总结中国脱贫攻坚的基本经验和宣传中国脱贫攻坚的成效具有很好的指导作用。

【中国经济这十年（2012—2022）】

《中国经济这十年（2012—2022）》编写组，经济科学出版社2022年版

喜迎党的二十大召开之际，由中共中央宣传部指导，国内知名经济史学者武力、贺耀敏主编，十多位长期从事中华人民共和国经济史研究的专家协力合作撰写的《中国经济这十年（2012—2022）》正式出版发行。

该书以习近平经济思想"七个坚持"为纲，客观记录了新发展阶段、新发展理念、新发展格局、高质量发展、经济治理现代化等重大理论和战略部署在全国各地区各部门的生动实践、成功经验；系统梳理了在习近平经济思想指导下，社会主义市场经济体制、农业农村现代化、工业、交通、商贸物流、金融、财税、城乡区域协调发展、生态绿色发展、消除贫困和民生保障、对外开放等重要领域的深刻变革和亮眼成就；生动描述了中国经济迈上了更高质量、更有效率、更加公平、更可持续、更为安全的发展之路；充分展现了国家的新变化新面貌新气象，展示了百姓在经济发展中的获得感幸福感；深刻阐述了新时代这十年经济发展在国内外的深远影响，就国内来看，新时代这十年经济快速发展的奇迹和大幅跃升的经济实

力,为中国实现第二个百年奋斗目标奠定了雄厚的物质基础,就世界来看,新时代这十年中国经济发展所取得的历史性成就和历史性变革,深刻影响了世界经济发展的趋势和格局。

该书系统回顾党的十八大以来经济社会发展的光辉历程,全面展现中国经济重要领域的历史性变革和辉煌成就,对于鼓舞全党全社会在全面建设社会主义现代化国家、向第二个百年奋斗目标进军的新征程上奋勇前进,具有重要的现实意义。该书学术规范严谨,既运用极为丰富的一手权威资料对新时代这十年经济政策、变革进行梳理分析,又在此基础上运用统计学、数学方法制作了数字表格、图形,对新时代这十年经济各领域发展情况进行数量分析。定性分析与定量分析相结合,使新时代这十年经济各领域的深刻变化一目了然。作为中宣部2022年主题出版重点出版物,该书是一部全面反映新时代这十年经济发展的权威著作,可作为党员、干部、群众学习党史、新中国史、改革开放史、社会主义发展史、中华民族发展史的辅助读物。

【辉煌十年:2012—2021 中国经济脚步】

夏斌、傅烨珉编著,东方出版社2022年版

从党的十八大开始,中国特色社会主义进入新时代。十年来的伟大变革,在党史、新中国史、改革开放史、社会主义发展史、中华民族发展史上具有里程碑意义。在中国经济转型当口,面对世界性经济衰退、西方的持续遏制、新冠肺炎疫情的影响,以习近平同志为核心的党中央,带领全党全国各族人民用一个又一个看似不可能的经济建设成就,回击了外界的质疑,坚定了人民的信心。

该书用十章顺次回顾中国经济在2012年至2021年间取得的辉煌成就,以"预判""首席说""大事记""回望"等版块为主体层次框架,系统科学地展示每一年的经济发展重点;从官方报道、官方统计数字、国内顶尖经济学家等多个层面出发,综合分析过往资本、金融等领域的重大改革,突出展示充满变化的过往十年中,全国人民如何紧密围绕习近平经济思想,在新发展阶段坚持新发展理念,科学构建新发展格局,推动高质量发展,坚持创新驱动发展;并以事实证明全国人民拥有为全面建设社会主义现代化国家的坚定信心。

【创新格局——新时代西部大开发】

车文辉等著,重庆大学出版社2022年版

该书内容包括新时代西部大开发的背景、西部地区的资源环境与人文历史、西部大开发战略二十年、新时代西部大开发战略启幕、建设西部地区现代化经济体系、优化西部地区空间新格局、营造西部生态环境秩序、畅达西部大开发血管、拓展西部大开发新空间。该书为推动西部地区高质量发展提供了建设性意见。

【现代化视阈下新中国农村分配制度研究（1949—1966）】

尤国珍著，人民出版社2022年版

收入分配是关乎社会公平的重要环节，社会主义社会的公平性分配体现出马克思主义的优越性。该书立足于现代化视角，从马克思社会发展理论、经济分配理论和新中国分配政策确立背景出发，以新中国成立后国家现代化战略模式的转变和农村分配制度的多次变动为主线，通过查阅华北区、华东区和中南区几个省市典型地方的档案资料并作比较统计分析，充分展现新中国成立后十七年中央农村分配政策制定情况、各地政策执行过程和效果情况，分析其中理论逻辑和实践结果的错位，揭示当时历史条件下按劳分配制度趋向平均主义的实际情况，总结新中国成立后分配制度变动的特点、原因、基本经验。最后通过分析改革开放以来尤其是中国特色社会主义进入新时代以来我国居民收入分配制度面临的挑战，探寻实现居民收入分配公平公正的路径选择，揭示蕴含的社会主义经济现代化建设规律。

【新时代中国农村发展与政策研究】

宋洪远等著，中国农业出版社2022年版

该书是中国农村发展与政策分析研究报告系列的第7本，收录了作者和其同事在最近几年撰写的有关分析研究报告47篇。这些分析研究报告主要围绕农村改革、产业发展、农业经营主体、农产品质量安全、粮食安全、脱贫攻坚、乡村振兴、新冠肺炎疫情影响等方面的内容，对中国农村发展与政策在"十三五"时期的运行情况和在"十四五"时期的发展趋势进行了分析和展望。

【重大工程建设中的新中国】

周凯、吴原元编著，上海交通大学出版社2022年版

该书通过回顾典型重大工程的建设，让读者看到了中国共产党带领全国人民从一穷二白的窘困境地逐步走向国家富强、民族振兴、人民幸福的美好未来，淋漓尽致地再现了新中国的大发展。全书描写了工程建设者们用行动和汗水书写了中国人民永不言败、勇往直前的坚毅品质和伟大民族精神。中国共产党领导工程建设者们向国家和人民交出了一份满意的历史答卷，并且诠释了"撸起袖子加油干"是时代赋予我们这一代人的使命。

【工人阶级劳动传统的形成：洛阳矿山机器厂口述实录（1953—2019）】

陆远、黄菡、周晓虹主编，商务印书馆2022年版

1953年是中华人民共和国第一个五年计划的开局之年，在苏联援建的156项大型项目基础上，新中国的工业化拉开了波澜壮阔的历史帷幕。洛阳涧西区成为新中国重点建设的大型工业基地之一，包括拖拉机厂在内的7项重点工程落户这里。一时间来自上海、北京、河南以及东北三省等全国各地的数万名工程技术人员、干部和工人，挈妇将雏，义无反顾地奔赴涧西，

参加热火朝天的社会主义建设。从 1958 年制造首台 Φ2×4 米多绳卷扬机，到 2011 年制造 18500 吨油压机，24 位洛矿人讲述的这一段将近 70 年的历史，不仅呈现了从洛阳矿山机器厂到中信重工的华丽转身，也讲述了以焦裕禄为代表的新中国工人阶级劳动传统的形成叙事。

【农业机械化的中国想象：第一拖拉机厂口述实录（1953—2019）】

周晓虹、周海燕、朱义明主编，商务印书馆 2022 年版

1953 年是中华人民共和国第一个五年计划的开局之年，在苏联援建的 156 项大型项目基础上，新中国的工业化拉开了波澜壮阔的历史帷幕。洛阳涧西区成为新中国重点建设的大型工业基地之一，包括拖拉机厂在内的 7 项重点工程落户这里。一时间来自上海、北京、河南，以及东北三省等全国各地的数万名工程技术人员、干部和工人，挈妇将雏，义无反顾地奔赴涧西，参加热火朝天的社会主义建设。从 1958 年第一台国产拖拉机东方红－54 下线，到现在成为中国乃至世界先进的拖拉机制造企业集团，30 位一拖人讲述的这一段将近 70 年的历史，演绎并呈现出中国人"耕地不用牛"的农业机械化想象。

【新中国财政史】

刘尚希等著，人民出版社 2022 年版

2021 年是中国共产党成立一百周年，也是全面建设社会主义现代化国家新征程、向第二个百年奋斗目标进军的开局之年。该书以中国共产党成立以来的百年财政工作为研究对象，分四篇进行详细论述，内容包括：为新中国奠基（1921—1949），财政统一和集中（1949—1978），财政改革与重构（1978—2012），现代财政与国家治理（2012 年至今）。全书坚持以史为主、史论结合的原则，旨在总结一百年来中国共产党领导财政工作的基本经验和历史规律，为全面建设社会主义现代化国家提供重要的历史启示。

【国家治理视角下我国中央与地方财政关系改革研究】

丁菊红著，经济科学出版社 2022 年版

财政是国家治理的基础和重要支柱，中央与地方财政关系是多级政府的核心关系。合理而稳定的中央与地方财政关系，有利于调动各级政府积极性，并通过激励和约束机制影响经济社会发展、资源配置效率及政治民主等。

该书从政府治理的全新视域探讨中央与地方财政关系，将政府治理量化后融入我国财政体制改革全进程中，进而在一个完整的体系内，对中央与地方财政关系作出合理而准确的判断。该书从改革动力源泉着手，通过建立多级政府间动态博弈模型，分析相关动力变化机制及其可持续性；再从政府治理视域剖析我国中央与地方财政关系的历史演进；深入分析国际上其他一些国家中央与地方财政关系特点，并从中找到可借鉴之处。

同时，该书还进一步细化中央与地方财政关系的各方面，尤其对事权与财权划分这一关键点深入研究，借助问卷调查和实证研究等方法，揭示目前还存在的一些问题及深层次原因。并对与此密切相关的转移支付等问题深入研究。选取一些有代表性的政府治理变量，如腐败、新型城镇化、公共服务供给等，对其和中央与地方财政关系的互动性进行实证研究。此外，还分析了中央与地方财政关系中较为引人关注的政府债务问题等。由此，明确中央与地方财政关系改革的定位和基本思路，提出进一步优化的机制设计方案和具有可操作性的政策建议，及其他一些领域采取相关配套改革措施的政策建议。

【侨批】

陈嘉顺、黄超著，广东人民出版社2022年版

侨批，是海外侨胞通过民间渠道寄回国内、连带家书及简单附言的汇款凭证。2013年6月19日侨批档案申遗成功，入选世界记忆名录，侨批档案能够成功入选世界记忆名录，与其真实性、专享性、不可替代性、罕见性和完整性等息息相关。侨批文物遗存是今人了解华人华侨史、中外交通史、金融邮政史的好文本，也是对青少年进行爱国主义教育的好教材。该书对侨批的方方面面进行简明扼要的介绍，并以图文并茂的形式为读者呈现150余年来的海外华人奋斗历程的点滴与沧桑。内容真实可信，具有较高的可读性，中英文对照，适合对外宣传。

【新中国成立前后的折实储蓄】

丁芮著，北京人民出版社2022年版

该书是"中华人民共和国史小丛书"的一种。该书通过对新中国成立前后折实储蓄的详细梳理，分析其对确立人民币信用、稳定物价、减少游资、发展生产等方面所起的重要作用，以此来认识共产党政权如何落实政治、经济政策，从而探讨和展现了新政权在经济管理方面所进行的努力，以及中国共产党在短时间内稳定政权的执政能力。

【改革开放初期的价格改革】

刘伟著，北京人民出版社2022年版

该书是"中华人民共和国史小丛书"的一种。20世纪80年代，改革开放拉开序幕后，中国的价格体制和机制改革也随之启动，价格改革思路由"调放结合，以调为主"到"放调结合，以放为主"，再到"双轨制"政策正式实施。1988年，中国决定放开价格管制，实行"物价闯关"，以完成价格并轨，但在实践中遭遇挫折。为此，中共中央领导开展"治理整顿"，"有步骤的、稳妥的"价格改革重启。通过这次涉及价格等多个领域的整体性改革，经济结构得到调整，过度投资得到控制，金融秩序逐步好转，物价涨幅明显回落。

五、文化与科技史

【中国共产党宣传工作简史】

中共中央宣传部编著，人民出版社2022年版

在全党全国人民深入学习宣传贯彻党的

十九届六中全会精神、喜迎党的二十大之际，经党中央批准，由中共中央宣传部组织编写的《中国共产党宣传工作简史》一书，由人民出版社出版发行。

在书稿编写过程中，习近平总书记给予亲切关怀、作出重要批示，中央领导同志多次就起草和修改工作提出明确要求。中央组织部、中央党史和文献研究院、中央档案馆（国家档案局）等中央有关部门和单位提供了大力支持和帮助。

该书坚持以习近平新时代中国特色社会主义思想为指导，坚持唯物史观和正确党史观，坚持解放思想、实事求是、守正创新，严格遵守党的三个历史决议。突出举旗帜、聚民心、育新人、兴文化、展形象使命任务，忠实记录一百年来党的宣传工作服务党和人民事业发展的伟大历程和重大成就，充分反映党的十八大以来以习近平同志为核心的党中央领导宣传工作取得的历史性成就和发生的历史性变革。翔实记述党的宣传史上的重要思想、重要方针、重要事件、重要活动，系统总结党的宣传工作优良传统和宝贵经验，集中彰显了伟大建党精神和中国共产党独特的思想政治优势，是推进党史学习教育常态化长效化的重要读物，是学习研究党的宣传史的基本教材。

该书分上下两卷，共11章、83节，约49万字，史料丰富、凝练生动，对于推动全党全社会特别是宣传思想文化战线深入学习贯彻习近平新时代中国特色社会主义思想，深刻认识"两个确立"的决定性意义，进一步增强"四个意识"、坚定"四个自信"、做到"两个维护"；对于持之以恒推进党史总结、学习、教育、宣传，从党的百年奋斗史中汲取智慧和力量，深刻理解中国共产党为什么能、马克思主义为什么行、中国特色社会主义为什么好；对于深入把握党的宣传工作历史发展规律，增强历史主动，满怀信心向前进，为实现第二个百年奋斗目标、全面建设社会主义现代化强国提供坚强思想保证和强大精神力量，具有十分重要的意义。

【中国特色社会主义文化制度建设】

欧阳雪梅、刘仓著，河北人民出版社2022年版

中国特色社会主义文化制度，是中国共产党把马克思主义基本原理同当代中国文化建设实际和时代特征相结合的成果，是社会主义国家制度和人类制度文明的重大创新。新时代，党中央高度重视中国特色社会主义文化制度建设，党的十九届四中全会指出："坚持和完善繁荣发展社会主义先进文化的制度，巩固全体人民团结奋斗的共同思想基础。"《中国特色社会主义文化制度建设》选题紧扣党的十九届四中全会精神，是一部较为系统地研究中国特色社会主义文化制度的著作。该书紧扣"坚持马克思主义在意识形态领域指导地位的根本制度"这一主题，分阶段梳理了1949—2021年中国特色社会主义文化制度起源、建立和发展。该书从国家制度结构中分析、研究、阐释文化制度，从社会发展全局中思考文化建设，分析了国家文化制度的结构和逻辑，叙述了社会

主义先进文化制度下文化治理体系和治理效能，总结了文化建设与发展的历史性成就，揭示了新时代的文化制度的路径，是一部政治性与学理性相统一、理论和实践相结合的前沿性著作，有助于读者了解新中国文化发展史的主流与本质，对于拓展中共党史、新中国史研究具有学术价值，对于探讨国家制度和文化制度的关系具有参考价值，对于文化强国建设具有实践意义。

该书思路清晰，结构合理，逻辑严密；以第一手文献和史料为根据，运用中央档案、部门文件、专题史料，把观点建立在翔实资料基础上；是一部持之有据、内容丰富、观点鲜明的信史。该书也存在个别史料引述不够准确、表述不当等问题，但瑕不掩瑜，仍是一部研究当代中国文化制度的较好的著作。

【中国乡村文明的百年变迁：从"乡土中国"到"城乡融合中国"】

李河著，国家行政学院出版社2022年版

该书以历史哲学视角切入，按照"乡土中国""城乡二元中国""城乡两栖中国"和"城乡融合中国"四阶段叙事体系，全景式回顾了我国乡村文明的百年巨变，总结提炼了传统乡村与现代乡村的不同发展逻辑。试图在城乡一体化加速推进、乡村民众物质生活水平不断改善的时代背景下，深度探讨如何在乡村基层治理中注入内生的人际情感、内在的为善驱力及自律的道德素养。构建一种符合当代社会要求、符合人的"内在自然"心灵秩序的乡村治理政策和机制，从而为世界提供一种"不言而善应，不召而自来"的中国式乡村文明新形态。

【新时代治国理政对外传播研究】

于运全主编，朝华出版社2022年版

该书选取《对外传播》杂志30余篇优秀文章，围绕做好习近平新时代中国特色社会主义思想的国际传播工作，全面、系统、有针对性地展示国际传播领域专家、学者的研究与思考。全书内容丰富，共分为传播中国思想、宣介中国主张、剖析宣传理念、阐释治国方略、把握国际舆情、构建话语体系、讲好中国故事七大章节，对新时代有效开展国际传播工作具有较高的借鉴意义和学术价值。

【新中国出版研究】

万安伦著，高等教育出版社2022年版

新中国出版历经70年发展，取得的成就超越了历史上任何一个时期。该书将新中国出版70年来的发展以党的十一届三中全会为界分为前后两个时段，系统梳理了新中国出版70年走过的辉煌旅程和不凡经历，全面总结了其取得的成就和经验启示，这既是对新中国出版事业阶段成果之回望，也是对新中国出版事业继往开来之前瞻。该书适合出版学界、业界及其他对出版感兴趣的读者阅读。

【新中国科普期刊研究（1949—2019）】

郑秀娟编著，光明日报出版社2022年版

该书针对科普期刊的研究有如下几方

面：首先，用历史的眼光，简单分析了科普期刊的特性；介绍了科普期刊的主要社会功能。其次，从文献分析的角度，统计与分析了大量的期刊发展数据，总结了新中国科普期刊的发展历程。再次，试图讨论分析中国科普期刊办刊过程中存在的问题，从前人的研究与思考中得到启迪，并总结出了作者自己认为有必要提出来的问题；给出了一些解决思路与方法，指出了未来科普期刊的发展方向。最后，分析研究典型期刊案例，总结其成功经验，为今后创办科普期刊的期刊工作者提供一些参考。最后该书选择了多种科普期刊，给读者进行了简单的情况介绍。

【中国农大校报史略】

赵竹村主编，何志勇执行主编，金城出版社2022年版

中国农业大学校报编辑依据丰富的校史党史资料推出了《中国农大校报史略》这本专门史书。

该书首先概述了从民国初年到新中国成立前的农大刊物。其次介绍了新中国成立后至改革开放前的校刊概貌与史迹；分别详细梳理展示了从复刊的《北京农业大学》校刊到《北京农大报》、从复刊的《北京农机学院》到《北京农业工程大学》等发展历史。最后回顾《北京农大报》与《北京农业工程大学》合并更名为《中国农大报》，以及其变更为《中国农大校报》以来的新发展。该书图文并茂，内容或有不尽完善之处，但其作为校史党史编研的有益成果，对新时代办好校报有重要的现实意义。

【中国劳动教育回顾与体系建构研究】

黄燕、叶林娟编著，东方出版中心2022年版

该书在厘清劳动教育内涵外延的基础上，进一步梳理我国劳动教育的发展沿革，对劳动教育思想理论追根溯源，阐述了劳动教育的时代价值和德育价值，并围绕劳动教育的课程、教育资源、教育模式、教育机制等方面开展深入的调查，剖析当前劳动教育的实际效果及存在问题，提出了新时代劳动教育体系构建的整体思路和路径选择。

【我为什么上大学：30位院士高考回忆录】

新京报社编著，人民日报出版社2022年版

《我为什么上大学：30位院士高考回忆录》以时间线为轴，聚焦1947—1983年间参加高考的30名中国两院院士的个体经历，独家披露受访者的励志追梦人生。该书涉及人物有"七一勋章"获得者吴天一，"香料院士"孙宝国，"首届中国存储终身成就奖"获得者郑纬民，"何梁何利基金科学与技术进步奖"获得者陈国强，生态环境部环境规划院院长王金南等，内容叙述采用"小传+讲述+手记"模式。当事人通过讲述自己的求学故事、对青春岁月的回顾，展现了那一代青年迎难而上、奋勇拼搏的成长历程和丰富的内心世界，对今天的青年特别是高考学子有一定的启迪和正向激励作用。

【新中国职业教育发展变迁】

孙诚、王敬杰主编，四川大学出版社2022年版

《新中国职业教育发展变迁》作为一本以中国职业教育发展史为题材的图书，在尊重我国职业教育发展史实和遵循发展历史时间脉络的基础上，竭力寻求新的研究视角，尝试着以"时间脉络和独立专题"嵌套融合的方式对新中国成立以来我国职业教育发展轨迹和探索历程等加以呈现和诠释，尽最大努力给读者呈现一幅主线清晰、内容全面、专题具化、动态演绎的新中国职业教育发展的历史图景。

【新中国成立初期党对青年学生的思想引领研究】

杨美丽著，光明日报出版社2022年版

该书首先以马克思主义经典作家的青年思想理论为指导，总结了新民主主义革命时期党对青年学生思想引领的经验和苏联的经验。其次，以新中国成立初期社会的时代环境为出发点，论证了党对青年学生开展思想引领的必要性，在此基础上，坚持党对青年学生思想的方针原则，从课程设置、政治动员、社会实践、其他形式四个维度，系统梳理了这一时期党对青年学生思想的实践路径。再次，科学总结了新中国初期党对青年学生思想的基本经验，合理评判了这一时期党对青年学生思想工作的成效与不足。最后，分析新时代背景下青年学生思想工作所面临的新挑战，从历史经验中，探讨党对青年学生思想工作的对策。

【20世纪50年代归国留美学人：困境、组织与贡献】

陈丹著，中央编译出版社2022年版

《20世纪50年代归国留美学人：困境、组织与贡献》一书围绕20世纪50年代归国的留美学人这一群体展开研究，系统梳理了这一时期国民政府派遣留学生的政策及美方接收中国留学生的政策，详细介绍了中国学子赴美留学情况和留美学人在美建立和发展的留学生组织的情况。在此基础上，作者阐述了留美学人在新中国成立前后归国过程中所面临的复杂困境和重重险阻，以及他们在爱国之情驱动下突破困难归国的努力，并概要介绍了留美学人归国后为新中国各项事业发展作出的突出贡献。

【中国航天简史】

陈积芳主编，吴沅编著，上海科学技术文献出版社2022年版

该书通过介绍百多项航天技术，生动展现了我国航天事业的发展脉络，使读者感受科技发展速度，领略航空航天前沿。中国航天的发展历程，是中国科技发展的缩影，该书对我国航天事业发挥现有的优势，缩小与先进国家的差距，走出自己独特的航天技术之路有一定的参考价值。

【中国非物质文化遗产保护大事记】

中国非物质文化遗产保护协会编，文化艺术出版社2022年版

该书汇编了2021年度全国非遗领域的各项重大事件和重点工作，内容涵盖党中

央、国务院有关非遗工作的重要会议和资料、非遗工作的相关政策法规，文化和旅游部、全国各地各级主管部门以及行业相关企事业单位与非遗相关的重点工作和重大事件，共计320篇，力争全面、客观地记录年度非遗工作概貌。

六、社会史

【中国共产党社会思想史】

宋学勤著，中共党史出版社2022年版

中国共产党社会思想史研究就是依据中国共产党历史分期，以一定的历史发展阶段作为分析框架，通过考察每一个时期社会政策的发布与执行成效，去发掘中国共产党社会思想与中国社会变迁的内在逻辑关系，尤其是着力探讨各种社会思想发生、发展及变迁的历程和原因，进而从宏观上把握中国共产党社会思想与中国社会发展、变迁之间的联系。书写中国共产党社会思想史，坚持的是学术逻辑与历史演绎的内在统一。因此，中国共产党社会思想史是一部思想史，更是一部社会实践史。

该书遵循问题导向—顶层设计—政策应对—社会反响"四位一体"逻辑结构，以翔实的文献史料为基础，以独特的研究视角和分析框架为叙述逻辑，梳理、解析了中国共产党社会思想一百年的发展历程和主要内涵，将一幅丰富多彩的中国共产党社会思想史发展图卷呈现在读者面前。该书为《中国共产党思想史丛书》之一，作为中国共产党社会思想史研究的重要科研成果，深化和拓展了对中国共产党思想史谱系的研究。

【北京社会建设之路：新中国70年的发展实践与理论分析】

江树革等著，人民出版社2022年版

该书根据北京市宣传文化引导基金的要求和项目确定的目标，立足于新中国70年来北京的发展变迁，以"新中国 新时代 新发展"为主题，以党关于社会建设的论述和思想为指引，特别是以中国共产党第十九次全国代表大会精神为统领，以社会学关于社会建设的理论和学术研究为学理支撑，通过社会保障、教育、住房、人民生活、消费文化等多个章节，生动形象地展示和反映首都北京社会建设领域所取得的伟大成就和历史巨变，着力反映党的十八大以来北京市社会建设的新成就、新发展和新气象，讲好北京社会建设的故事，分析展示中华人民共和国成立70年来特别是改革开放以来北京社会建设的实践经验，力求体现思想性、理论性、资料性和宣传性，进一步激发广大人民群众深厚的家国情怀和建设首都北京的自豪感、使命感和责任感，推动北京在新时代实现新发展。

【中国社会保障管理体制研究】

鲁全著，人民出版社2022年版

该书是作者近十年来对中国社会保障管理体制全面思考与研究的结晶，在对我国主要社会保障制度的管理体制变革进行历史回顾与特征总结的基础上，将府际关系的视角引入到社会保障管理体制研究中。全书结合中国行政管理体制的特点，从横向部门间关系和纵向政府间关系出发，对我国社会保障管理体制改革中的若干重大问题进行了深入分析。在此基础上,该书基于本土性和主体性意识,将管理体制纳入福利国家类型的研究框架中,提出了中国特色社会保障是政府主导的科层式合作主义模式的鲜明观点。

【中国社会救助制度】

龙时著,社会科学文献出版社 2022 年版

社会救助作为社会保障中的最后一道"安全网",对于缓解贫困、化解社会矛盾,促进社会公平、社会和谐,维护和巩固脱贫攻坚战的伟大成就,让低收入人口和欠发达地区共享发展成果有着重要的意义。该书通过对我国社会救助制度进行研究,梳理和总结了社会救助制度建立所取得的成就及存在的问题,并提出相应对策,希望对我国社会救助建设有所帮助。

【新中国农村五保制度】

王爱云著,北京人民出版社 2022 年版

该书是"中华人民共和国史小丛书"的一种。该书以 6 章 10 万字的篇幅讲述了农村五保制度从 1956 年建立、发展、演变的全过程。农村五保制度的贯彻执行使人民群众尤其是农村的鳏寡老人以及孤儿得到照顾,让群众感受到社会主义大家庭的关怀和温暖。

该书以通俗的语言、生动的文字展示了农村五保制度的持续运行的全景,农村五保制度保障了五保对象的生活权益,成为救助农村特困人员的基础性措施,对于农村改变养儿防老的传统观念、推进计划生育政策的顺利实施等发挥了积极作用。

【让历史照亮未来:党史中的民政事业】

闫晓英编著,中国社会出版社 2022 年版

历史是最生动、最有说服力的教科书,也是优选的营养剂。在党的百年奋斗伟大历史发展过程中,民政事业在党的领导下,始终服务于党和国家工作全局,履行党和国家赋予的职责使命,坚决贯彻中共中央、国务院关于民政工作的决策部署,不断改革创新,在党的历史发展的各个不同时期都发挥了重要作用,取得了不平凡的改革发展成就,积累了宝贵经验,为奋进新征程积淀了强大的精神动力。该书梳理民政事业发展的历史脉络,提炼历史经验,总结推进新时代民政事业高质量发展的路径措施,为在新时代新征程中不断开创民政事业发展新局面提供参考。

【民声四十年:中国政府热线的理论探讨与实践创新】

张新生、叶静著,社会科学文献出版社 2022 年版

该书系统回顾了我国从 1983 年到 2022 年政府热线的发展历程,从概念、功能、技术、全球政府热线经验借鉴方面介绍了多元视角下的政府热线。阐述了热线应用的实践创新和对政府热线未来发展的愿景展望,详尽汇总了世界各地政府热线发展的优秀案例,为当下我国政府热线的整合发展提供参考。

学术成果

【试点视角下养老保险制度变迁的历程与经验】

冯维著，中国纺织出版社有限公司2022年版

该书以改革开放以来养老保险制度变迁为研究对象，从政策试验的视角出发解释制度变迁的过程和特征。养老保险制度是我国社会保障体系中的重要组成，其平稳运行关系到政治和社会安定，该书立足于养老保险制度变迁的历史过程，总结经验规律，对未来改革具有启示作用，因而具有现实意义。同时，政策试验是我国当代政策实施过程中的主要特征，是政治学、行政管理学，以及国家治理能力和体系现代化研究的重要研究对象，该书的理论结构和理论解释既是对现有学术成果的运用，也是对现有理论的发展，因而具有学术意义。

【中国环境史（现代卷）】

张同乐等著，高等教育出版社2022年版

该书研究新中国成立后60多年来中国大陆地区人与自然生态环境的变迁。颠覆以单一经济发展指标评价历史的"GDP史观"，秉持"认识与正确运用自然规律"的自然辩证法。新中国环境问题的产生与国家工业化进程密切相关，中国人民在改造自然过程中生产力获得巨大发展，物质和精神生活水平显著提高，但是人对自然的作用愈强烈，自然对人的反作用愈显著。中国特色社会主义建设新时代，必须践行"两山"理念，坚持经济建设、政治建设、文化建设、社会建设、生态文明建设"五位一体"现代化建设总体布局。

【中国城市更新的演进历程与协同治理体系研究】

何建宁著，中国财政经济出版社2022年版

该书以新中国成立后我国城市更新的历史演进为主线，根据我国城镇化进程和城市建设宏观政策变化，借鉴已有参考文献，将中国城市更新划分为三个重要发展阶段。研究不同发展阶段城市更新的政策背景、更新思想和制度建设，分析城市更新治理的政治经济社会环境，以及政府、市场、社会和以城市发展要素为代表的空间资源之间的博弈关系，阐释各阶段城市更新治理的显著特征与治理效应。最后，在历史演化和经验总结的基础上，依托协同治理理论，构建适合中国国情的，满足多元价值观、多元目标、多元手段、多元主体参与的城市更新协同治理体系。

【新城新生：新疆北部牧区城镇化进程中牧民生活转型研究】

罗意、王炜、张文聪著，科学出版社2022年版

该书回顾了新疆北部牧区的发展状况，介绍了牧民从牧村或定居点进入城镇，从农牧业转向非农牧业过程中，遇到的语言不通、缺少职业技能、缺少社会资本和行为方式不适应等各种困难。面对不断变化的生存环境，牧民们没有退缩，在政府的引导和支持下，他们勇敢面对、积极调整。这一过程，推动了牧区社会生计与生活形态、社会

结构与社会关系、行为模式与文化观念的重塑。

该书是对城镇化进程中牧民积极适应社会巨变之努力的肯定。可供面向牧区社会的民族学、人类学、社会学专业的本科生和研究生，以及从事牧区社会和城镇化研究的学者参阅。

【乡村社区治理与可持续发展研究】

何红玲著，企业管理出版社2022年版

该书基于社会学、政治学和经济学等学科视角，阐发乡村社区治理和乡村可持续发展的相关理论，梳理我国乡村治理的政策演变及其逻辑，论证乡村治理对于乡村振兴的重要价值。基于实践视角，通过对两个首批全国农村社区治理实验区——广西壮族自治区钟山县和富川瑶族自治县的实地调研，总结了两地乡村治理助推乡村可持续发展的主要经验。同时，介绍了全国其他地方若干农村社区治理实验区的典型经验。通过典型样本的研究发现我国乡村治理过程中存在的主要问题和制约因素，探寻乡村治理助推乡村可持续发展的新路径。该书为进一步改善农村社区治理提供了理论借鉴和实践指南，可以作为从事乡村治理、乡村发展、乡村建设工作者的参考用书。

【国际比较视域下中国特色现代学徒制创新发展研究】

张炳烛著，化学工业出版社2022年版

该书运用文献研究、历史研究和国际比较的研究方法，以中外学徒制作为研究对象，从现代学徒制的政策背景和重要意义谈起，在讨论学徒制相关概念和理论构建之后，对美国、德国、英国、日本、澳大利亚等五个国家的现代学徒制进行探索分析，对中国从传统学徒制到现代学徒制的发展演变及突破创新予以研究阐述，进而在对中外学徒制加以比较分析的基础上，提出中国特色学徒制高质量发展的逻辑必然和实施路径，以期为相关政策的制定提供参考依据。

七、国防与军事史

【建设中国特色的海洋强国】

刘德喜主编，广东经济出版社、山西经济出版社2022年版

建设海洋强国是中国特色社会主义事业的重要组成部分，是推进中华民族伟大复兴的新方略。该书从政治、经济、军事和文化等维度研究中国特色海洋强国建设的理论路径，从管理体制改革、经济发展、文化发展、海洋安全和海洋权益等角度研究中国特色海洋强国建设的战略实践，研究海洋强国建设与"一带一路"建设的关系，研究如何依托海洋实现不同文明之间的交流互鉴、融合发展等课题，全面系统地分析海洋强国建设的思想内涵和实践意义，为中国特色海洋强国建设提供决策参考和学理依据。

【中国走向蓝水】

张炜著，世界知识出版社2022年版

该书选录了作者公开发表的近50篇论文和文章。全书以海洋、海军、海权为主

线，集中研究探讨了国家和军队在新的历史时期更新海洋观念、创新海权理论，以及发展海洋事业、建设强大海军的探索与实践。这是冷战结束、世界新军事变革兴起，以及中国军队走向开放、转型和加速现代化建设特定时代的真实记录；其研究领域跨历史、安全、法律和国际关系多个学科，是中国学者对海洋、海军和海权问题特点规律的理论思考，值得一读。

【海权！中华海权！】

杨德昌著，生活·读书·新知三联书店2022年版

该书以翔实的史料和宏大的叙事手法，站在民族安全和国家发展的高度审视中华海权，文字激扬，厚重庄严，可读性强，是一部兼具通史性、文学性、可读性的作品，可以成为国防观、海洋观和爱国主义教育的普及读本。

【建设航天强国】

马杰主编，中国青年出版社2022年版

该书以习近平新时代中国特色社会主义思想、习近平总书记关于建设航天强国的重要论述为指导，聚焦为什么建设航天强国、怎样建设航天强国等问题。从理论维度、历史维度、实践维度科学阐述航天强国建设的内涵，展现我国航天建设取得的杰出成就、作出的重大贡献，描绘未来发展的宏伟蓝图，以此激发全民族的自豪感、荣誉感、自信心，激励广大青年投身航天事业与国防科技工业，努力实现航天梦、中国梦。

【中国步枪：从仿制到自行研制】

马式曾编著，国防工业出版社2022年版

该书以通俗易懂的语言、图文并茂的方式，首次全面、系统地介绍中国步枪从无到有、从仿制到自行研制艰辛而辉煌的发展历程。从浩瀚的史料中精心选择我国步枪发展与运用的精彩故事，揭示各种步枪的技术原理及造型设计理念，旨在向广大读者普及步枪知识，弘扬科学探索精神。该书适合广大青少年、步枪爱好者，以及关心我国轻武器事业的读者阅读和收藏。

【中日军事防务关系史】

张世斌等著，解放军出版社2022年版

该书系统研究了2300多年中日军事防务关系演进的历史，总体上分为三部分：古代部分，记述了中日军事关系缓慢发展，中国兵学东渐及对日本的深远影响，中国在明代奋勇抗击倭寇的特殊军事斗争，以及白村江作战、忽必烈征日、明朝抗日援朝战争；近代部分，记述了自日本明治维新到中国抗战胜利日中在侵略反侵略中殊死博弈的历史，剖析日本侵略扩张政策和战略的根脉，深揭日本发动甲午战争等侵略行径以及14年侵华战争对中国犯下的滔天罪行，着力讴歌中国共产党领导抗日武装和全国人民浴血奋战、最终取得主要依靠自己的力量战胜日本侵略军的伟大意义；现代部分，记述了中国抗战胜利至今中日军事防务关系曲折演进历程并预测未来的发展前景。附录为中日军事防务关系大事年表。该书史海纵横，格局宏阔，史料翔实，立意

明确，不为延续仇恨，只为以史为鉴，开拓未来。

八、外交史

【中国与周边国家关系发展报告】

谢伏瞻主编，邢广程副主编，社会科学文献出版社2022年版

党的十八大以来，党中央提出了"亲、诚、惠、容"的周边外交理念，周边外交在中国外交战略中的重要性也进一步凸显。目前，关于中国与周边外交的研究成果也纷纷涌现，但多就某个地区或议题展开，该书则旨在跟踪中国与周边国家、周边区域的年度动态发展以及热点和重点问题，一是有助于了解中国与周边国家的关系发展状况，二是从长远来看，有助于总结中国与周边国家关系发展的一些规律。该书分总报告、区域篇、国别篇和专题篇四个部分，对2021—2022年度中国与周边区域及国家在政治、经济、外交、文化等领域的发展合作情况做了介绍和分析。

【中国周边外交研究报告（2019—2020）】

杨健主编，世界知识出版社2022年版

《中国周边外交研究报告（2019—2020）》（简称《报告》）由复旦大学中国与周边国家关系研究中心编撰，国内20余名知名学者撰稿。《报告》的内容涉及"2019年中国周边外交评估与展望""2019年中国周边大国外交""2019年中国周边次区域外交""2019年中国周边热点议题"等，能为研究周边外交的专家提供参考。

【新世界：亚非团结的中国实践与渊源】

殷之光著，当代世界出版社2022年版

该书着重梳理了20世纪万隆会议之后十余年间，在以亚非合作为主轴的第三世界去殖民化与解放运动高潮时期，中国对"亚非团结"的认识与实践。这种实践通过亚非国家间互助与合作的形式，谋求政治、经济、文化等全面地去殖民化，同时，特别突出了文化交流与协作在这个进程中的重要作用，并将之视为一种在亚非合作框架下的文化去殖民化运动。这种文化去殖民化的理想与实践，有望将广大的前殖民地与半殖民地国家塑造为世界新秩序中的一股重要力量。

【上海合作组织20年发展报告（2021）】

王海燕主编，时事出版社2022年版

2021年是上海合作组织成立20周年华诞。该书总结分析上合组织20年合作的经验，揭示面临的困难和挑战，指明未来发展的基本路径，有助于推动构建上合组织命运共同体行稳致远，也将对建立公正合理的地区和国际新秩序产生积极作用。该书共分三个部分，分别为总论、上海合作组织合作领域研究以及国际关系视角下的上合组织。该书深入解读了地区热点问题和重大事件对上海合作组织发展的影响，对成员国、观察员和对话伙伴国发展现状及其与上海合作组织的关系进行了系统客观的陈述。

【上海合作组织民间友好 20 年】

孙壮志主编、肖斌执行主编，社会科学文献出版社 2022 年版

该报告由参与"上海合作组织民间友好 20 年：经验与展望"论坛的专家组撰写。作者均是中国和中亚国家上合组织研究机构的专家和学者，也是 20 年来上合组织民间友好的亲历者、见证者和推动者。该书将历史与现实交织、实践与理念融合，重点突出、前沿性鲜明；书中的见解和理论具有较高的权威性和可靠性，是读者了解和研究上海合作组织民间友好的重要参考资料。

【中国东北地区与俄罗斯东部地区经济合作研究】

李艳著，经济科学出版社 2022 年版

中国东北地区与俄罗斯东部地区地理位置相邻，经济充分互补，实现战略对接、相互融合，既符合区域经济发展的客观规律，也符合两国共同利益，同时可促进新时代中俄全面战略协作伙伴关系的巩固。基于此，该书以区域经济合作理论为基础，对中国东北地区与俄罗斯东部地区经济合作发展现状进行全面分析，提出中国东北地区与俄罗斯东部地区经济合作的基础和制约因素，并构建随机前沿引力模型和贸易非效率模型对两地区经济合作的影响因素进行实证分析。最后，借鉴世界主要次区域经济合作的经验提出中国东北地区与俄罗斯东部地区开展经济合作的对策建议，以期为两国开展次区域经济合作提供理论借鉴和实践参考。

【中国与湄公河五国民心相通研究】

许庆红等著，中国社会科学出版社 2022 年版

如何在澜湄合作良好的民众基础之上更好地增强六国民众的"澜湄认同感"，是打造澜湄流域经济发展带、建设澜湄国家命运共同体的重要课题。该书根据 2018—2019 年"海外中资企业与员工调查（OCESS）"结果，从中资企业东道国员工视角，对中国与湄公河五国的民心相通状况进行系统分析。首先，依据 ABC 态度理论模型构建民心相通指标体系，包括湄公河五国中资企业东道国员工对中国及中国人的认知、情感及行为倾向三个维度。其次，从三个维度出发，依次考察缅甸、老挝、柬埔寨、泰国、越南不同类型的中资企业员工对中国新闻、中国产品及品牌的认知程度，对自身与中国人社会距离和中国影响力的评价，以及在与中国人交友和中国文化产品消费方面的行为倾向。最后，对推进中国与湄公河各国民心相通的重点领域和合作方向提出政策建议。

【三使漫记】

张九桓著，大有书局 2022 年版

该书是一本回忆录。张九桓以亲历者的身份，讲述了他在尼泊尔、新加坡、泰国出任大使的一些重要经历。其中记录了他与各国领导人会面"高光时刻"背后的故事，如尼泊尔国王比兰德拉、首相德乌帕，新加坡资政李光耀、总理吴作栋，泰国国王普密蓬、公主诗琳通等；也记述了作为大使经历和处理的重大突发事变，如尼泊尔沙阿王朝的灭亡、在新加坡

为1100多名工人追回诈骗损失等。

该书集思想性、真实性、趣味性于一体，本着存史、资政、育人的初心，给读者带来启迪。

九、地方史

【转型与跨越：新中国成立以来上海发展战略的历史演进】

张励、郭继、贾彦著，上海书店出版社2022年版

该书聚焦上海城市的发展演进，主要章节有"建设生产性城市目标的确立""生产功能的逐步强化""释放老工业基地潜力""建设先进的工业和科学技术基地""上海城市形态的演进""向多功能中心城市转型的起步""从'一个龙头、三个中心'到'一个龙头、四个中心'""科学发展观指导下的'创新驱动、转型发展'新思路"。

该书深度观照和解码新中国成立以来上海发展战略的演变过程，在维度、资料和思路上都有新的开拓和创建，对于深入研究中国共产党在上海的执政史、新中国成立以来上海的发展史，进一步总结历史经验，继续推动上海的人民城市建设，具有参考价值和认识意义。

【上海中西医结合发展70年】

施建蓉、王毅敏主编，上海科学技术出版社2022年版

该书从上海中西医结合的历史溯源、政策保障、医疗机构建设、科学研究的发展、教育的发展、学会的发展、学术期刊的出版等八个方面全面梳理了新中国上海中西医结合的形成、发展及取得的成果。

【后陈经验的新发展：从治村之计到治国之策】

侣传振、董敬畏著，浙江工商大学出版社2022年版

该书为浙江省"十四五"出版规划项目，是"全面从严治党与浙江实践"研究文丛之一。

该书以浙江省武义县后陈村村务监督委员会为例，以村民自治制度的兴起、发展与困境为背景，重点分析武义县后陈村村务监督委员会的实践，提炼"后陈经验"的价值，剖析村务监督制度从地方实践走向国家制度的创新扩散过程，并在分析村务监督制度局限的基础上提出今后村务监督制度的未来发展方向，以此促进乡村治理有效。

【传统与变革：20世纪五六十年代山西乡村社会研究】

胡英泽著，浙江古籍出版社2022年版

20世纪五六十年代，中国乡村社会经历了从土地改革到农业合作化的巨大变迁，变革是在地方社会的传统上展开的。区别于宏大叙事和已有研究，该书利用记录历史细节与过程的新材料，揭示了外来户以及土地、果树、牲畜、房屋分配等"地方知识"；充分体现土地改革内容的丰富性、政策的复杂性和适应能力；揭示人群关系、经济结构、村社传统在变革过程中仍然发挥着作用。

【贵州人口迁移研究1949—2015】

郑姝霞著，中国社会科学出版社2022年版

该书第二至五章分别阐述1949—1978年、20世纪80年代、20世纪90年代、21世纪以来贵州的人口迁移概况，分析迁移原因，并对各阶段人口迁移做总结；第六章分析了改革开放以来贵州省人口迁移的特征变迁及原因。以社会历史的变迁为背景、以政策变迁为视角、以特殊迁移规律的探讨为路径、以人口与社会经济的协调发展为落脚点，挖掘和揭示新中国成立以来，贵州社会历史发展的进程中，政策因素如何影响人口迁移活动。该书比较全面地展示了新中国成立以来贵州人口迁移的全貌，也较好地梳理了其间贵州人口迁移的脉络，对于研究贵州人口迁移，甚至是研究当代中国历史都有很好的参考价值。

十、人物研究

【邓小平在1992】

刘金田著，江苏人民出版社2022年版

1992年邓小平视察南方，发表一系列谈话，使中国的改革开放进入新的发展阶段。以邓小平南方谈话为理论指导，社会主义现代化建设如火如荼。该书以邓小平视察南方为主线，依托丰富的一手文献和当事人的回忆资料，全景式地展现邓小平南方谈话的历史背景、主要内容及深远影响，深刻刻画邓小平作为中国社会主义改革开放和现代化建设总设计师的鲜活形象。

【两个身份 一个信仰：钱学森的选择与成长】

陆敏洁著，上海交通大学出版社2022年版

"科学家"和"共产党员"，是钱学森最看重的两个身份。一次次的选择串联起钱学森的人生历程，也展开了他对这两个身份的理解与构建历程，并由此展现了他对马克思主义崇高信仰、对共产主义坚定信念的形成与表现。该书将钱学森一生自少年到晚年划分为四个阶段，并捕捉他在各个成长阶段的思想认识与价值追求。该书运用历史资料，引用相关人物的言行记录，从个体成长史的视角对钱学森生平与精神作出阐释。

十一、海外当代中国研究

【无声的变化：中国重新成为世界大国的战略选择】

[瑞士] 保罗·乌里奥著，左晓园译，五洲传播出版社2022年版

该书采用中西方理论方法，分析中国为恢复国际权力而实施的战略及其影响。在考察中国为确保国内经济和社会发展的措施时，该书还分析了其主要国际对手——美国的优劣势，并分析了中美两国在开发权力资源和领导优势方面的竞争方式。该书研究了中美两国的外交政策，首先，追溯了中美意识形态基础的历史渊源，随后分析了19世纪以来两国的权力构建。最后，该书聚焦探讨"一带一路"倡议，认为中国以这一倡议回应"美国塑造的世界格局"。该书不仅

— 263 —

给出了分析中美关系及国际问题的新视角，而且提供了客观的理论框架和事实依据。该书适合研究中国政治和国际关系的学生和学者们阅读。

【再看中国新时代：原苏东地区领导人及知名人士谈中国新时代】

姜辉、辛向阳主编，当代中国出版社2022年版

2019年新中国成立70年，东欧剧变已然30年。该书收录了对数十位原苏东地区领导人及知名人士的访谈，一些前苏东地区领导人在反思东欧剧变时，也长期关注并见证了中国改革开放的历史性飞跃，由此引发对中国特色社会主义的高度关注和对未来世界社会主义前途命运的思考。他们反思剧变原因，探究中国新时代新思想核心要义，认为理解"中国现象"必须理解中国共产党的作用；数亿人脱贫是人类历史上中国道路的"历史丰碑"；中国道路塑造"中国奇迹"是21世纪最具优越性的社会发展模式；构建"人类命运共同体"和"一带一路"倡议是中国对构建更加科学合理的国际新秩序的新贡献；中国思想将对世界发挥越来越重要的作用。前苏东地区领导人以亲历者与见证者的身份得出发人深省的结论，对于中国特色社会主义与当代中国的发展均有特别重要的现实意义。

（供稿：祝　佳）

・重点文章・

总　论

深入研究中国特色社会主义新时代的世界意义

姜　辉

中国社会科学院

　　进入 21 世纪第三个十年的时候，人们越来越认同的一个标志性的重要事实和发展趋势是：世界处于百年未有之大变局，而中国则成为世界大变局的主要推动力量。走近世界舞台中央的新时代中国，在中国共产党这个百年大党的领导和治理下，取得了世界瞩目的巨大成就，使近代 100 多年饱受奴役和欺凌的中国人民真正站立起来，使具有 5000 多年文明历史的中华民族全面迈向现代化，使具有 500 多年历史的社会主义思想在世界上人口最多的国家开辟出成功道路，使新中国大踏步赶上时代，中华民族伟大复兴展现出光明前景。中国特色社会主义新时代的发展奇迹和巨大贡献，是中国历史进程中的精彩篇章，也是人类社会发展史上的伟大创造。新时代科学理论的创立，形成当代中国马克思主义、21 世纪马克思主义；新时代中国特色社会主义，是世界社会主义的引领旗帜和中流砥柱；新时代中国式现代化道路的开辟，为广大发展中国家走向现代化提供了典范样本和全新选择；新时代中国成为全球发展贡献者和时代引领者，为解决世界难题贡献了中国智慧，为人类对更好社会制度的探索贡献了中国方案；新时代中国推动中华文明创造性转化和创新性发展，使中华文明焕发出蓬勃生机，创造了人类文明新形态，为人类文明进步作出巨大贡献。这些前无古人的伟大创举，破解了人类社会发展的诸多难题，为人类对更好社会制度的探索提供了中国方案。中国特色社会主义新时代是全体中华儿女勠力同心、奋力实现中华民族伟大复兴中国梦的时代，是我国不断为人类作出更大贡献的时代。新时代中国取得的巨大成功，不仅在中华人民共和国发展史上、中华民族发展史上具有重大意义，而且在世界社会主义发展史上、人类社会发展史上也具有重大意义。

一、需要深入研究的重大时代课题

基于新时代中国取得的历史性成就、发生的历史性变革，我们可以充分自信也充分肯定地说，走近世界舞台中央的新时代中国与21世纪的世界融为一体，中国的发展在造福本国人民的同时，也为世界发展进步作出越来越大的贡献。习近平总书记深刻指出："中国共产党坚持一切从实际出发，带领中国人民探索出中国特色社会主义道路。历史和实践已经并将进一步证明，这条道路，不仅走得对、走得通，而且也一定能够走得稳、走得好。我们将坚定不移沿着这条光明大道走下去，既发展自身又造福世界。"① 新时代中国取得的世人瞩目的成就，不仅为我国全面建成社会主义现代化强国打下了坚实基础，而且为拓展发展中国家的现代化路径提供了中国经验，为变革优化全球治理体系贡献了中国方案，为绘制包容共生的世界文明图景作出了中国贡献，为振兴世界社会主义提供了坚实依托和巨大动力，为改写"国强必霸"的西方逻辑提供了中国样本，为世界经济发展和人类文明进步作出了重大贡献。大道之行，天下为公。中国共产党始终以世界眼光关注人类前途命运，从人类发展大潮流、世界发展大变局、中国发展大历史的高度正确认识和处理同外部世界的关系。通过维护世界和平发展自己，又通过自身发展维护世界和平，不依附别人，不掠夺别人，永远不称霸，不断为人类文明进步贡献智慧和力量，同世界各国一道，推动历史车轮向着光明的方向前进。

中国特色社会主义新时代是我们党100年发展历史上的精彩华章，是中华民族5000多年文明历史上绚丽灿烂的精彩乐章，也是人类社会发展历史上具有典范意义的历史篇章，占有重要历史地位，作出巨大历史贡献。从2012年党的十八大到现在有九年多时间，到2022年党的二十大召开整整十年时间。我们评价一个历史时期的重大意义和地位，绝不能单纯看自然时间的长短，而必须依据其所取得的成就、推动历史进步的变革和作出的实际贡献。马克思指出："我们判断一个人不能以他对自己的看法为根据，同样，我们判断这样一个变革时代也不能以它的意识为根据；相反，这个意识必须从物质生活的矛盾中，从社会生产力和生产关系之间的现存冲突中去解释。"② 在《卡尔·马克思》一书中，列宁论述了马克思在给恩格斯的信中谈到的人类历史发展的辩证法。列宁指出，历史总是曲折的、跳跃式前进的，有时候是"二十年等于一天"的"龟行"发展时期、政治消沉时期，有时候是"一天等于二十年"的突飞猛进时代、风起云涌的时代，并称这即是"人类历史的客观必然的辩

---

① 习近平：《加强政党合作 共谋人民幸福——在中国共产党与世界政党领导人峰会上的主旨讲话》，《人民日报》2021年7月7日。

② 《马克思恩格斯选集》第2卷，人民出版社2012年版，第3页。

证法"①。依据这样的历史辩证法，中国特色社会主义新时代就是伟大变革时期，是风起云涌、突飞猛进的伟大时代，具有伟大历史创造意义的不平凡时代。新时代理论与实践的发展，就是列宁所讲的伟大革命时期那样"一天等于二十年"。到今天，新时代还不到十年的时间，不算长，但却极不平凡，在我们党和国家发展史上具有里程碑意义，在世界社会主义发展历史和人类社会发展历史上也具有标志性意义。在这近十年中，以习近平同志为核心的党中央，以伟大的历史主动精神、巨大的政治勇气、强烈的责任担当，统筹国内国际两个大局，贯彻党的基本理论、基本路线、基本方略，统揽伟大斗争、伟大工程、伟大事业、伟大梦想，出台一系列重大方针政策，推出一系列重大举措，推进一系列重大工作，战胜一系列重大风险挑战。解决了许多长期想解决而没有解决的难题，办成了许多过去想办而没有办成的大事，推动党和国家事业取得历史性成就、发生历史性变革。我们要遵循历史发展的唯物辩证法，坚持大历史观，深刻把握中国特色社会主义新时代的重大历史意义和重要历史地位。在我们的历史视野中，要有5000多年中华文明史，要有500多年世界社会主义史，要有中国人民近代以来180多年斗争史，要有中国共产党100多年的奋斗史，要有中华人民共和国70多年的发展史，要有改革开放40多年的实践史，要有新时代中国特色社会主义取得的历史性成就、发生的历史性变革。只有树立世界眼光和历史视野，才能读懂新时代、跟上新时代、建功新时代。

　　越是民族的，就越是世界的。透过新时代中国的卓越成就和巨大贡献，我们要深刻认识和探究新时代中国的重大全球影响力和日益彰显的世界意义，探究新时代中国发展及其贡献的时代意义和国际意义，中国道路、中国理论的普遍意义和世界意义。中国是世界最大的社会主义国家和最大的发展中国家，实现了从"赶上时代"到"引领时代"的伟大跨越；中国共产党是拥有9500多万党员、领导着14亿多人口大国、具有重大全球影响力的世界第一大执政党。这样伟大的时代，这样伟大的国家，这样伟大的马克思主义政党，其创造的历史伟业和作出的伟大贡献，必将是中华民族历史上最壮丽的史诗，必将是彪炳人类发展史册的人间奇迹。

　　一个世纪前，英国哲学家伯特兰·罗素（Bertrand Russell）在其著作《中国问题》中预言："中国物产丰富，人口众多，完全能一跃而成为仅次于美国的世界强国。"② 他认为，中国将在全球发挥应有作用，将在人类急需之时带去崭新的希望。近半个世纪前，历史学名著《历史研究》的作者、英国历史学家阿诺德·汤因比（Arnold Toynbee），在同日本社会活动家池田大作（Daisaku Ikeda）围绕主题为"人类在21世纪的未来"的对话中提出，人类的

---

① 《列宁选集》第2卷，人民出版社2012年版，第443、444页。
② ［英］伯特兰·罗素：《中国问题》，秦悦译，经济科学出版社2013年版，第193页。

希望在东方,而中华文明将为未来世界转型和21世纪人类社会提供无尽的文化宝藏和思想资源。汤因比明确预言:未来最有资格和最有可能为人类社会开创新文明的是中国,中华文明将一统世界。在21世纪进入第三个十年的时候,我们观察当代中国和当今世界,不能不佩服两位西方哲人的历史远见。今天,世界上越来越多的有识之士洞察到:是时候正视中国了。在世界其他地区和国家的生活中,中国已经成了重要的一部分。中国正在担起符合其地位的国际责任,正在书写自己命运的篇章,也在协同书写世界命运的篇章。我们在社会主义现代化建设实践中,也在形成一套与西方不同的价值观。我们今天越来越认识到,中国的发展道路和价值观,具有鲜明的中国特色和独特性,同时又具有广泛的世界意义和普遍性。新时代中国的伟大创造和伟大奇迹,具有深远的时代意义和世界意义,中国特色社会主义新时代的巨大成功和世界意义,必将在马克思主义发展史、世界社会主义发展史、人类社会发展史、人类文明进步史上,越来越充分展现,越来越得到证明。深入研究中国特色社会主义新时代的世界意义,恰逢其时,正顺其势,必有其效。

二、深刻总结新时代的历史性成就和原创性贡献

要坚持理论与实际、历史与现实、国内与国际相结合,全面系统总结提炼新时代中国特色社会主义的宝贵经验,深刻揭示新时代中国特色社会主义发展的内在逻辑和基本规律,全面阐释新时代历史性成就和历史性变革所蕴含的理论意义、实践意义、时代意义和世界意义。坚持统筹中华民族伟大复兴战略全局和世界百年未有之大变局,即从历史时代、世界大势和国际格局中审视把握新时代中国,深入分析"中国新时代与世界大变局""中国新时代与'大的历史时代'"等具有时代观照和全球视野的重大问题,以大历史观考量中国新时代与世界大变局的相互交织激荡。在统筹两个大局中正确把握新时代中国发展环境的"变"与"不变",正确认识新时代中国面临的历史机遇和重大挑战,科学判断新时代中国在当今世界中的地位和作用,阐释新时代中国共产党人立足时代、引领时代。在"东升西降"的历史趋势中,在两种社会制度竞争的历史演进中,在经济全球化、世界多极化和国际格局都发生转折性重大变化的国际环境中,带领中国人民创造新的历史伟业,中华民族迎来了从站起来、富起来到强起来的伟大飞跃,实现中华民族伟大复兴进入了不可逆转的历史进程。在世界百年未有之大变局中,新时代中国是世界和平的建设者、全球发展的贡献者、国际秩序的维护者,同时也是时代进步的主要引领力量、世界大变局的主要推动力量、人类和平发展的主导力量、新型国际秩序的塑造力量、人类文明的重大贡献力量。新时代中国的世界意义,必将随着人类历史发展进程的推进而不断加深、日益厚重、充分彰显。

深入研究中国特色社会主义新时代的世界意义,可以从理论和实践的不同维度入手,例如,研究新时代中国特色社会主义为发展21世纪马克思主义作出原创性贡献、推动世界社

会主义发展进入新阶段、开辟人类走向现代化新道路、为解决世界问题提供新方案，等等。在这些巨大贡献及其世界意义中，新时代中国也深刻诠释和充分证明了"三个为什么"：中国共产党为什么能、马克思主义为什么行、中国特色社会主义为什么好。

从理论发展贡献看，中国共产党坚持马克思主义基本原理同中国具体实际相结合、同中华优秀传统文化相结合，不断推进马克思主义中国化进程，形成了既一脉相承又与时俱进的中国化的马克思主义，不断丰富和发展科学社会主义。党的十九届六中全会通过的《中共中央关于党的百年奋斗重大成就和历史经验的决议》指出："习近平新时代中国特色社会主义思想是当代中国马克思主义、二十一世纪马克思主义，是中华文化和中国精神的时代精华，实现了马克思主义中国化新的飞跃。"[1] 这是具有历史性意义的重大论断，高度诠释了习近平新时代中国特色社会主义思想的精髓要义、丰富内涵、理论贡献、重大意义和历史地位，深刻回答了这一伟大思想"为什么实现马克思主义中国化新的飞跃、怎样实现马克思主义中国化新的飞跃"，在马克思主义发展史上具有标志性、引领性的里程碑意义，引领21世纪马克思主义的发展方向。"任何真正的哲学都是自己时代的精神上的精华"。[2] 习近平新时代中国特色社会主义思想是我们这个时代的真正哲学，是引领中国、影响世界的科学理论，创造性运用科学社会主义基本原则，科学总结世界社会主义运动经验教训，以崭新的思想内容丰富和发展了科学社会主义。这一伟大思想，既是实现马克思主义中国化新飞跃的理论成果，指引中华民族实现伟大复兴的行动指南，也是21世纪马克思主义最新理论形态，为发展马克思主义作出了原创性贡献。

从制度实践贡献看，新时代中国特色社会主义充分体现了社会主义制度的优越性。当前，资本主义发展的一个突出问题就是其各种制度弊端凸显。与之形成鲜明对比的是，中国共产党推进全面深化改革，不断发展和完善中国特色社会主义制度，形成了独特的治理优势和制度优势。中国特色社会主义使具有500多年历史的社会主义主张在世界上人口最多的国家成功开辟出具有高度现实性和可行性的正确道路，让科学社会主义在21世纪焕发出新的蓬勃生机。中国特色社会主义在发展中显示出旺盛生命力和巨大优势，为世界社会主义发展积累宝贵经验，提供重要借鉴。中国特色社会主义取得的巨大发展成就，使苏联解体、东欧剧变后所谓的"历史终结论""社会主义失败论""共产主义虚无论"不攻自破。由于中国特色社会主义不断成功，冷战结束后世界社会主义万马齐喑的局面得到很大程度的扭转，社会主义同资本主义竞争的被动局面得到很大程度的扭转，党的十九届六中全会通过的我们党的第三个历史决议明确写入了一个让马克思主义研究者振奋鼓舞的重要结论："马克思主义

---

[1] 《中共中央关于党的百年奋斗重大成就和历史经验的决议》，人民出版社2021年版，第26页。
[2] 《马克思恩格斯全集》第1卷，人民出版社1995年版，第220页。

中国化时代化不断取得成功，使马克思主义以崭新形象展现在世界上，使世界范围内社会主义和资本主义两种意识形态、两种社会制度的历史演进及其较量发生了有利于社会主义的重大转变。"① 这是马克思主义创新发展的大好时期，也是我们大有作为的最好时期。中国特色社会主义制度更加成熟更加定型，以独特的制度成果对科学社会主义作出新贡献，也为广大发展中国家在制度建设上提供全新选择，不断丰富创新人类制度文明。随着中国特色社会主义的不断发展，我们的制度必将越来越成熟，我国社会主义制度的优越性必将进一步显现，我们的道路必将越走越宽广。

从对人类发展贡献看，新时代中国走出一条人类历史上前所未有的现代化道路。中国式现代化既具有独特内涵和显著特征，又具有世界意义和示范作用，为发展中国家走向现代化提供了全新选择。推动构建人类命运共同体，是中国共产党人面对世界百年未有之大变局，对"建设一个什么样的世界，如何建设这个世界"的时代课题的正确回答，为解决人类问题贡献中国方案，是科学社会主义理论和实践的重大创新成果。在推进马克思主义与中华优秀传统文化相结合的过程中，习近平新时代中国特色社会主义思想坚持守正创新，以现代视野接续中华文脉，既实现了马克思主义同中华优秀传统文化在制度、文化、价值观等方面的深度结合，又推动了中华优秀传统文化的创造性转化与创新性发展，成为中华文化和时代精神的精华，以中华文明之光照亮民族复兴之路。在这一伟大思想指引下，实现中华民族伟大复兴进入了不可逆转的历史进程，中国式现代化道路越走越宽广，创造了人类文明新形态，在世界百年未有之大变局中继续引领时代发展和人类文明进步方向。

三、坚持民族性和世界性的统一

任何推动人类社会发展进步的重大历史活动和历史事件，其重大意义都是国际性和世界性的。列宁曾经论述过俄国十月革命在何种程度上具有国际意义的问题。他明确地讲，十月革命后的俄国已经积累了"相当丰富的国际经验，它十分明确地说明，我国革命的某些基本特点所具有的意义，不是局部地区的、一国特有的、仅限于俄国的意义，而是国际的意义"。② 列宁还非常清楚地阐述了俄国革命之国际意义的主要内容和特点："所谓国际意义是指我国所发生过的事情在国际上具有重要性，或者说，具有在国际范围内重演的历史必然性。"③ 这是列宁在1920年4—5月撰写的《共产主义运动中的"左派"幼稚病》一书中明确提出的问题，距十月革命发生仅两年半的时间。自然时间的长短并不影响伟大历史事件之

---

① 《中共中央关于党的百年奋斗重大成就和历史经验的决议》，人民出版社2021年版，第63—64页。
② 列宁：《共产主义运动中的"左派"幼稚病》，人民出版社2016年版，第3页。
③ 列宁：《共产主义运动中的"左派"幼稚病》，人民出版社2016年版，第3页。

重大意义的存在，当时落后俄国发生的十月革命是人类历史上最为进步的革命，即无产阶级革命或社会主义革命。当时有人认为，先进的西欧发生的革命要比俄国革命更具典型性，俄国是特殊的例外。列宁批驳了这种错误观点，充分肯定了十月革命这场人类历史上前所未有的最进步的革命必然具有超出俄国的特有的国际意义，即具有"在国际范围内重演的历史必然性"。十月革命后社会主义从一国到多国蓬勃发展的历史和实践，充分证明了伟大革命家、思想家列宁的历史远见。从这样的历史意义上看，新时代中国特色社会主义取得的历史性成就、发生的历史性变革及其对于人类社会发展的重大世界意义，正是在中国新时代和世界大变局交织的历史背景下，日益走近世界舞台中央的中国在"历史必然性"作用下进行伟大历史创造的必然结果。

习近平总书记指出："当代中国正经历着我国历史上最为广泛而深刻的社会变革，也正在进行着人类历史上最为宏大而独特的实践创新。"① 新时代中国的伟大实践创新和历史创造，既是中国的，也是世界的；既有鲜明的中国特色，又有普遍的世界意义。中国共产党一经成立，就把为中国人民谋幸福、为中华民族谋复兴作为自己的使命，同时也把为人类谋进步、为世界谋大同作为自己的使命。早在1921年，毛泽东同志在中国共产党成立前夕谈"改造中国与世界"时，就以远大的世界眼光洞察中国革命事业的世界意义："中国问题本来是世界的问题，然从事中国改造不着眼及于世界改造，则所改造必为狭义，必妨碍世界。"② 邓小平在20世纪80年代就满怀信心地预言："到下世纪中叶，能够接近世界发达国家的水平，那才是大变化。到那时，社会主义中国的分量和作用就不同了，我们就可以对人类有较大的贡献。"③ 习近平总书记反复强调："中国共产党始终把为人类作出新的更大的贡献作为自己的使命。"④ 中国特色社会主义新时代是不断为人类作出更大贡献的时代。以习近平同志为核心的党中央团结带领中国人民创造了"中国之治"的伟大奇迹，也创造了人类历史上引领时代、改变世界的伟大奇迹。

只有民族的才是世界的，只有引领时代才能走向世界。新时代中国发挥世界作用，践行世界责任，彰显中国方案的世界意义，是坚持和贯彻历史必然性与历史主动性的统一。历史发展有其规律，但人在其中不是完全消极被动的。只要把握住历史发展规律和大势，抓住历史变革机遇，顺势而为，奋发有为，就能够更好前进、作出更大贡献。在建设社会主义现代化强国的新征程上，中国共产党团结带领中国人民高举和平、发展、合作、共赢的旗帜，推动建设新型国际关系，推动构建人类命运共同体，推动共建"一带一路"高质量发展，以

---

① 习近平：《在哲学社会科学工作座谈会上的讲话》，人民出版社2016年版，第8页。
② 《毛泽东文集》第1卷，人民出版社1993年版，第1页。
③ 《邓小平文选》第3卷，人民出版社1993年版，第143页。
④ 《中国共产党第十九次全国代表大会文件汇编》，人民出版社2017年版，第46页。

中国的新发展为世界提供新机遇。中国特色社会主义不断发展，开辟了中国式现代化道路，创造了人类文明新形态，拓展了发展中国家走向现代化的途径，为广大发展中国家走向现代化提供全新选择，为人类文明发展提供全新样本。中国特色社会主义新时代的世界意义，也就是列宁所讲的"在国际范围内重演的历史必然性"。新时代中国孕育并体现的"历史必然性"，是不以人的意志为转移的自然历史进程和客观历史规律作用的结果。其在"国际范围内重演"的意义，指的是对世界的重大影响和对人类社会发展的宏大历史意义。中国特色社会主义新时代的世界意义，打破了所谓"普世价值"的神话，中国智慧和中国方案为人类社会发展和对更好社会制度的探索提供一个崭新的方向，一种全新的选择，一个光明的前途。

（原载于《世界社会主义研究》2022年第1期）

中国共产党与中国式现代化的四次历史性跨越

黄一兵

中共中央党史和文献研究院

习近平总书记在党的二十大报告中指出:"在新中国成立特别是改革开放以来长期探索和实践基础上,经过十八大以来在理论和实践上的创新突破,我们党成功推进和拓展了中国式现代化。"[①] 中国式现代化,是中国共产党领导的社会主义现代化。在为中国现代化事业进行的长期探索和奋斗中,党团结带领人民坚持以中国式现代化推进中华民族伟大复兴,既不走封闭僵化的老路,也不走改旗易帜的邪路,坚持把国家和民族发展放在自己力量的基点上、把中国发展进步的命运牢牢掌握在自己手中。党的二十大报告郑重宣告:"从现在起,中国共产党的中心任务就是团结带领全国各族人民全面建成社会主义现代化强国、实现第二个百年奋斗目标,以中国式现代化全面推进中华民族伟大复兴。"[②]

一、向着中国式现代化探索正确方向的跨越

任何一种国家和社会的发展模式,都不是凭空产生的,都是本国社会历史运动的产物。现代化始于资本主义的诞生、工业革命的兴起,而中国现代化则是在亡国灭种危急关头被迫开启的历史进程,半殖民地半封建的社会性质从一开始就决定了中国的现代化走什么路是成败兴衰的关键抉择。

现代化方向的选择决定现代化事业的成败。对历史发展规律的认识总是在经历磨难后才更加深刻。1840 年鸦片战争后,为了挽救民族危亡,中国被迫开启了现代化进程,但是中国现代化的起步就走了照搬照抄、食洋不化的弯路。洋务运动主张"中学为体,西学为用",企图以吸取西方近代生产技术为手段,来达到维护和巩固中国封建统治的目的,这就决定了它必然失败的命运。以康有为、梁启超为代表的资产阶级维新派,认识到"世界已进入工业之世界",在推动政治改良的同时,提出"兴实业"、"尚工"甚至"以工立国"

[①] 习近平:《高举中国特色社会主义伟大旗帜 为全面建设社会主义现代化国家而团结奋斗——在中国共产党第二十次全国代表大会上的报告》,《人民日报》2022 年 10 月 26 日。

[②] 习近平:《高举中国特色社会主义伟大旗帜 为全面建设社会主义现代化国家而团结奋斗——在中国共产党第二十次全国代表大会上的报告》,《人民日报》2022 年 10 月 26 日。

的主张。这些主张已经蕴含了中国工业化、现代化思想要素，但他们试图通过确立君主立宪制为发展工业化扫清道路，结果被封建顽固派所镇压。以孙中山为代表的资产阶级革命派，主张大规模发展工商业，并作出了具体计划和规划，提出了以"实业计划"为核心的"建国方略"，其三民主义政纲更是包含了现代化的基本诉求。但是，资产阶级革命派试图依靠封建军阀的支持通过发展私人资本主义和国家资本主义实现国家现代化，最终实际上仍陷入了实业救国的空想。

所有的努力、探索和尝试都失败了，企图在半殖民地半封建社会的基础上走出一条中国现代化的道路来，实践证明只能是一枕黄粱梦。毛泽东曾经说过："中国人向西方学得很不少，但是行不通，理想总是不能实现。"①"一切别的东西都试过了，都失败了。"②"国家的情况一天一天坏，环境迫使人们活不下去。怀疑产生了，增长了，发展了。"③ 近代以来，中国现代化探索的失败，深刻地说明了一个道理，这就是：在半殖民地半封建的中国走资本主义道路行不通、走西方化的现代化道路同样行不通。

"行不通"有很多种原因，其中最关键的一条就是，现代化所代表的新的生产力同封建主义的生产关系及其上层建筑是不相容的，是不可能在封建主义的桎梏下发展起来的。毛泽东指出："从世界的历史来看，资产阶级工业革命，不是在资产阶级建立自己的国家以前，而是在这以后；资本主义的生产关系的大发展，也不是在上层建筑革命以前，而是在这以后。都是先把上层建筑改变了，生产关系搞好了，上了轨道了，才为生产力的大发展开辟了道路，为物质基础的增强准备了条件。当然，生产关系的革命，是生产力的一定发展所引起的。但是，生产力的大发展，总是在生产关系改变以后。"④ 也就是说，新的生产力是不可能建立在帝国主义、封建主义和官僚资本主义基础上的，中国式现代化首先需要一场伟大的社会革命。

毛泽东指出：必须"用革命的方法，坚决彻底干净全部地消灭一切反动势力，不动摇地坚持打倒帝国主义，打倒封建主义，打倒官僚资本主义，在全国范围内推翻国民党的反动统治，在全国范围内建立无产阶级领导的以工农联盟为主体的人民民主专政的共和国"。"使中华民族来一个大翻身，由半殖民地变为真正的独立国，使中国人民来一个大解放，将自己头上的封建的压迫和官僚资本（即中国的垄断资本）的压迫一起掀掉，并由此造成统一的民主的和平局面，造成由农业国变为工业国的先决条件。"⑤ 在这里，毛泽东清楚地指

---

① 《毛泽东选集》第4卷，人民出版社1991年版，第1470页。
② 《毛泽东选集》第4卷，第1471页。
③ 《毛泽东选集》第4卷，第1470页。
④ 《毛泽东文集》第8卷，人民出版社1999年版，第131—132页。
⑤ 《毛泽东选集》第4卷，第1375页。

明了中国式现代化的前进方向,这就是:中国的现代化必须以争取民族独立和人民解放为根本前提和基础。

正是在中国人民和中华民族的伟大觉醒中,在马克思列宁主义同中国工人运动的紧密结合中,中国共产党应运而生。近代以来的历史发展表明,中国共产党的诞生是中国现代化事业前进发展的重大历史转折点。从此,中国现代化事业有了正确的前进方向,中国人民为现代化事业而奋斗有了强大精神力量,中国现代化命运有了光明发展前景。习近平总书记指出:"建设社会主义现代化国家、实现中华民族伟大复兴,是我们党孜孜以求的宏伟目标。自成立以来,我们党就团结带领人民为此进行了不懈奋斗。"①

新民主主义革命是具有明确现代化目标的革命。早在新民主主义革命时期,全党就认识到社会主义和现代化不是靠小生产就可以建立起来的,必须实行社会化大生产,而社会化大生产首先就是工业化。

工业化既是新民主主义革命的目的,也是中国赶上世界先进国家的手段。在新民主主义革命实践中,毛泽东明确指出:"要打倒日本帝国主义,必需有工业;要中国的民族独立有巩固的保障,就必需工业化。我们共产党是要努力于中国的工业化的。"② 在 1944 年给秦邦宪③的信中,毛泽东强调:"民主革命的中心目的就是从侵略者、地主、买办手下解放农民,建立近代工业社会。"④ "新民主主义社会的基础是机器,不是手工","现在的农村是暂时的根据地,不是也不能是整个中国民主社会的主要基础。由农业基础到工业基础,正是我们革命的任务"。⑤ 在中国,要达到这样的目标、完成这样的任务,没有一场反对封建土地制度的革命是不可能的。"为了发展工业,必须首先解决土地问题"⑥,"农民——这是中国工业市场的主体。只有他们能够供给最丰富的粮食和原料,并吸收最大量的工业品。"⑦ 土地改革为发展生产力和国家工业化的必要条件。⑧ 1948 年,毛泽东在晋绥干部会议上明确指出:"消灭封建制度,发展农业生产,就给发展工业生产,变农业国为工业国的任务奠定了基础,这就是新民主主义革命的最后目的。"⑨ 在新中国成立前夕,毛泽东更以长远的战略眼光指出:"在革命胜利以后,迅速地恢复和发展生产,对付国外的帝国主义,使中国稳步

---

① 《十九大以来重要文献选编》(中),中央文献出版社 2021 年版,第 262 页。
② 《毛泽东文集》第 3 卷,人民出版社 1996 年版,第 146 页。
③ 秦邦宪:又名博古。当时任解放日报社社长。
④ 《毛泽东文集》第 3 卷,第 206 页。
⑤ 《毛泽东文集》第 3 卷,第 207 页。
⑥ 《毛泽东文集》第 3 卷,第 184 页。
⑦ 《毛泽东选集》第 3 卷,人民出版社 1991 年版,第 1077 页。
⑧ 参见《建党以来重要文献选编》第 26 册,中央文献出版社 2011 年版,第 763 页。
⑨ 《毛泽东选集》第 4 卷,第 1316 页。

地由农业国转变为工业国,把中国建设成一个伟大的社会主义国家。"①

新民主主义革命的胜利为中国式现代化奠定了根本的社会条件和基础。新民主主义革命的胜利,破除了阻碍现代化的旧制度并奠定了中国式现代化的根本社会条件和基础。新民主主义革命的胜利,实现了民族独立和人民解放。这场伟大革命在辽阔的中国大地上结束了极少数剥削者统治广大劳动人民的历史,结束了帝国主义、殖民主义势力奴役中国各族人民的历史。中国人民从此站立起来,当家作主,真正成为新国家、新社会的主人。这是中国人民社会政治地位的根本变化。中国由此实现了从几千年的封建专制政治向人民民主的伟大飞跃。这场伟大革命,彻底结束了旧中国一盘散沙的局面,中国各族人民从此生活在团结友爱、和睦相处、共同进步的大家庭之中。这场伟大革命,使中华民族一洗百年来所蒙受的奇耻大辱而光荣地自立于世界民族之林,使中国人民结束奴隶般的悲惨生活而走向光明幸福的未来。这场伟大革命,从根本上改变了中国社会的发展方向,从而为实现由新民主主义到社会主义的转变,建立社会主义制度,为中国摆脱贫穷落后的面貌,走向现代化,实现国家繁荣富强和人民共同富裕,扫清了障碍,创造了必要的前提。

二、向着为实现"四个现代化"而奋斗的跨越

新中国成立后,党团结带领人民迅速医治战争创伤,恢复和发展国民经济,开展各项社会改革,进行社会主义改造,确立了社会主义制度,中国式现代化在新的社会制度基础上迎来了实践探索的新阶段。

"不走老路",为中国式现代化探索和实践确立了基本原则。在新中国的建设实践中,毛泽东指出:"我们不能走世界各国技术发展的老路,跟在别人后面一步一步地爬行。我们必须打破常规,尽量采用先进技术,在一个不太长的历史时期内,把我国建设成为一个社会主义的现代化的强国。"②

中国工业化道路的核心就是如何处理发展工业和发展农业的关系问题。苏联和其他东欧国家走的是片面强调重工业发展的道路,在一定程度上牺牲了轻工业和农业,导致了严重的后果。1956年4月25日,在中共中央政治局扩大会议上,毛泽东指出:"最近苏联方面暴露了他们在建设社会主义过程中的一些缺点和错误,他们走过的弯路,你还想走?过去我们就是鉴于他们的经验教训,少走了一些弯路,现在当然更要引以为戒。"③ 在1957年2月27日最高国务会议第十一次(扩大)会议上,毛泽东发表《关于正确处理人民内部矛盾的问

---

① 《毛泽东选集》第4卷,第1437页。
② 《毛泽东文集》第8卷,第341页。
③ 《毛泽东文集》第7卷,人民出版社1999年版,第23页。

题》的讲话，明确地提出了中国工业化道路的问题，指出："工业化道路的问题，主要是指重工业、轻工业和农业的发展关系问题。我国的经济建设是以重工业为中心，这一点必须肯定。但是同时必须充分注意发展农业和轻工业。"① 毛泽东关于社会主义工业化思想最鲜明的特点就是"中国化"。"中国化"是伟大艰辛的事业，其间会经历种种艰难困苦，但是，立足中国国情，解决中国问题，走出中国道路的根本原则和方法始终是正确的，这是中国工业化道路取得辉煌成就的根本原因，也是开创中国式现代化崭新局面的光辉启示。

"四个现代化"发展目标和战略的提出，是中国式现代化探索取得的重大成就。中国工业化思想不只局限在工业领域。毛泽东鲜明地指出，"完成工业化当然不只是重工业和国防工业。"②

为了更为全面、更为系统地认识中国工业化发展，1953年12月，在修改审定的《关于党在过渡时期总路线的学习和宣传提纲》中，毛泽东初步提出了实现"四个现代化"的思想。这是一个重大的思想突破。1954年9月，周恩来在第一届全国人民代表大会第一次会议上所作的《政府工作报告》中，代表党中央第一次明确提出了建设现代化的工业、现代化的农业、现代化的交通运输业和现代化的国防的要求。③ 1957年2月，毛泽东在《关于正确处理人民内部矛盾的问题》中指出，"将我国建设成为一个具有现代工业、现代农业和现代科学文化的社会主义国家。"④ 1959年底到1960年初，在读苏联《政治经济学教科书》时，毛泽东明确提出："建设社会主义，原来要求是工业现代化，农业现代化，科学文化现代化，现在要加上国防现代化。"⑤ 在1964年底至1965年初召开的第三届全国人民代表大会第一次会议上，周恩来正式向全国人民公布了实现农业、工业、国防和科学技术四个现代化的战略目标。⑥

"四个现代化"的提出，首次清晰地勾画了中国现代化建设的宏伟蓝图，为全国人民指明了奋斗方向。从现代化的视野来认识和把握工业化发展方向，极大拓展了工业化的内涵，为在更高水平上、更广泛领域推动社会主义事业的发展开辟了道路。

"四个现代化"第一步发展战略的实现，为中国现代化事业奠定了物质基础和前进阵地。为了实现"四个现代化"战略目标，1963年9月，中央工作会议在讨论国民经济发展的长远规划时，提出了两步走的发展步骤：第一步，建立一个独立的比较完整的工业体系和

---

① 《毛泽东文集》第7卷，第240—241页。
② 《毛泽东文集》第6卷，人民出版社1999年版，第207页。
③ 参见《周恩来选集》下卷，人民出版社1984年版，第132页。
④ 《毛泽东文集》第7卷，第207页。
⑤ 《毛泽东文集》第8卷，第116页。
⑥ 参见《周恩来选集》下卷，第439页。

国民经济体系；第二步，全面实现农业、工业、国防和科学技术的现代化，使我国经济走在世界前列。

经过不懈努力，到 20 世纪 70 年代末，在旧中国遗留下来的"一穷二白"的基础上，我国建立起了独立的比较完整的工业体系和国民经济体系。我国的水利设施、化肥农药、农村用电、农业机械等大大增加，农业的生产条件有了显著改善，耕作制度和耕作方法有了很大改进。全国粮食产量 1978 年比 1949 年增长 1.7 倍，棉花产量增长 3.9 倍。我国钢铁、电力、石油、煤炭、化工、机械、轻纺等工业部门大大加强，许多新的工业部门从无到有、从小到大地发展起来，建起了一大批新的工业基地，在新中国成立前，几乎没有什么工业的辽阔内地和少数民族地区。全国工业企业达到 35 万个，全民所有制企业的固定资产达到 3200 亿元，相当于旧中国近百年积累起来的工业固定资产的 25 倍。从我们完成国民经济恢复任务的 1952 年算起，到 1978 年，我国工业发展尽管有过几次起落，平均每年的增长速度仍然达到 11.2%。我国交通运输和邮电事业也都有了新的发展，改变了许多地方原来交通闭塞的落后局面。随着生产的发展，我国国内贸易和对外贸易不断扩大。在工业农业商业发展的基础上，我国人民的生活比解放前有了根本性的改善。"四个现代化"第一步发展战略的实现，为中国现代化事业奠定了比较雄厚的物质基础，创立了可以依靠的前进阵地。

三、向着"中国式的四个现代化"的跨越

进入改革开放和社会主义现代化建设新时期，邓小平在总结社会主义现代化建设经验教训的基础上，从中国国情和发展实际出发，鲜明提出了"中国式的四个现代化"和"中国式的现代化"概念。在改革开放和社会主义现代化建设的历史进程中，在邓小平理论、"三个代表"重要思想、科学发展观的指引下，中国式现代化的探索和实践不断得到丰富和发展。

"中国式的四个现代化"是对"四个现代化"战略的重大调整。"文化大革命"十年内乱导致我国经济濒临崩溃的边缘，人民温饱都成问题，国家建设百业待兴，科学技术与世界先进水平的差距也愈拉愈大。在这样的基础和条件下，要想通过几十年的努力，在 20 世纪末实现"四个现代化"目标是不容易的。邓小平指出："现在我们要实现四个现代化，同样要靠实事求是。"①

正是在进行改革开放和社会主义现代化建设的伟大实践中，邓小平创造性地提出了"中国式的四个现代化"的概念。早在 1979 年 1 月，邓小平就提出要"搞出中国式的更好

---

① 《邓小平文选》第 2 卷，人民出版社 1994 年版，第 143 页。

更新的东西"。① 3月，在会见英中文化协会执行委员会代表团时，邓小平首次提出"中国式的四个现代化"的全新概念，指出："我们定的目标是在本世纪末实现四个现代化。我们的概念与西方不同，我姑且用个新说法，叫做中国式的四个现代化。"② 同月，在党的理论工作务虚会上，邓小平进一步指出："过去搞民主革命，要适合中国情况，走毛泽东同志开辟的农村包围城市的道路。现在搞建设，也要适合中国情况，走出一条中国式的现代化道路。"③ 同年12月，邓小平在会见时任日本首相大平正芳时第一次用"小康"来描述中国式的现代化，明确指出："我们要实现的四个现代化，是中国式的四个现代化。我们的四个现代化的概念，不是像你们那样的现代化的概念，而是'小康之家'。"④ 此后，在不同场合，邓小平多次使用并阐发"中国式的四个现代化"和"小康"的概念。作为对"四个现代化"理论和实践的继承、发展和创造，"中国式的四个现代化"成为改革开放新时期社会主义现代化建设的指导思想，"小康"成为奋斗目标。

以"三步走"战略推进中国式现代化。根据邓小平的战略设想，党的十二大制定了分"两步走"，到20世纪末达到小康水平的奋斗目标和战略部署。特别是提出了从1981年到20世纪末，使全国工农业总产值翻两番，整个国民经济的现代化过程取得重大进展，城乡人民的收入成倍增长，人民的物质文化生活达到小康水平。1987年4月，经过深思熟虑，邓小平第一次提出了分"三步走"基本实现现代化的战略。此后召开的党的十三大将"三步走"发展战略正式表达为："第一步，实现国民生产总值比一九八〇年翻一番，解决人民的温饱问题。这个任务已经基本实现。第二步，到本世纪末，使国民生产总值再增长一倍，人民生活达到小康水平。第三步，到下个世纪中叶，人均国民生产总值达到中等发达国家水平，人民生活比较富裕，基本实现现代化。然后，在这个基础上继续前进。"⑤ "三步走"发展战略，把我国社会主义现代化的目标具体化为切实可行的步骤，展现了美好的前景，统一了全党和全国人民的意志，是激励全国人民为一个共同理想而努力奋斗的行动纲领，具有十分重要的意义。

改革开放的过程是深化对中国式现代化规律认识的过程。"三步走"战略是在改革开放和社会主义现代化建设的全新实践中提出和实践的。在解放思想、实事求是思想指引下，"三步走"战略既是尊重规律的成果，也是揭示规律的成果，代表了这一时期党对现代化认识的新高度。

---

① 《邓小平军事文集》第3卷，军事科学出版社、中央文献出版社2004年版，第153页。
② 《邓小平年谱（1975—1997）》（上），中央文献出版社2004年版，第496页。
③ 《邓小平文选》第2卷，第163页。
④ 《邓小平文选》第2卷，第237页。
⑤ 《十三大以来重要文献选编》（上），中央文献出版社2011年版，第14页。

实现我国现代化的主张由来已久，但究竟什么是现代化，在以前缺乏一个明确的标准，更缺乏一个与人民生活水平提高相联系的定性定量标准。党提出，20世纪末实现小康和21世纪中叶人均国民生产总值达到中等发达国家水平，并合理地加以量化，使我国的社会主义现代化有了明确的具体的目标，从而转化为亿万人民实现现代化的实实在在的行动。

"三步走"战略，首次把实现经济发展战略目标同社会全面发展统一起来。这一战略不单是经济指标，同时也是社会发展综合指标，特别是小康社会目标，包含了发展的全面内容。在实践发展过程中，党始终把经济发展和社会发展、物质文明建设和精神文明建设通盘考虑，并据此来规划我国社会主义社会的发展战略。这样的战略是全面的、综合的战略，是指导全党和全国人民建设中国特色社会主义的具体的行动纲领。

"三步走"战略还是与社会主义制度优越性紧密联系起来的战略。社会主义制度之所以优越于资本主义制度，最终要体现在生产力的发展上。邓小平指出，如果实现"三步走"战略，"就更加能够体现社会主义制度的优越性。我们实行的是社会主义的分配制度，我们的人均四千美元不同于资本主义国家的人均四千美元。特别是中国人口多，如果那时十五亿人口，人均达到四千美元，年国民生产总值就达到六万亿美元，属于世界前列。这不但是给占世界总人口四分之三的第三世界走出了一条路，更重要的是向人类表明，社会主义是必由之路，社会主义优于资本主义。"①

从总体上达到小康水平到为全面建设小康社会而奋斗，中国式现代化深入发展。经过全党全国人民的艰苦奋斗，1997年，我国提前实现了"三步走"战略的前两步战略目标。第三步战略目标跨度较长，大约50年左右的时间。为了把第二步战略和第三步战略很好地衔接起来，党在第一步战略目标实现之后即着手研究跨世纪发展问题，逐步形成了具有重要实践意义的21世纪发展战略。鉴于我国实施现代化发展战略的新进展，党的十五大又将第三个阶段的奋斗目标和步骤进一步具体化，分成了三个具体阶段和步骤，即：展望21世纪，我们的目标是，第一个十年实现国民生产总值比2000年翻一番，使人民的小康生活更加宽裕，形成比较完善的社会主义市场经济体制；再经过十年的努力，到建党100年时，使国民经济更加发展，各项制度更加完善；到21世纪中叶建国100年时，基本实现现代化，建成富强民主文明的社会主义国家。② 这实际上是一个新的"三步走"发展战略。2002年，党的十六大正式宣告人民生活总体上达到小康水平，提出在20世纪头20年全面建设惠及十几亿人口的更高水平的小康社会的奋斗目标，为加快推进社会主义现代化指明了方向。2007年，党的十七大对实现全面建设小康社会奋斗目标提出了新要求。经过不懈努力，全面建设

---

① 《邓小平文选》第3卷，人民出版社1993年版，第224—225页。
② 参见《江泽民文选》第2卷，人民出版社2006年版，第4页。

小康社会取得了一系列新的历史性成就，为全面建成小康社会打下了坚实基础。2012年，党的十八大把"全面建设小康社会"调整为"全面建成小康社会"，并提出确保到2020年实现全面建成小康社会的宏伟目标。① 中国式现代化迎来一个大跨越的崭新发展时期。

四、向着全面建设社会主义现代化的跨越

党的十八大以来，中国特色社会主义进入新时代，以习近平同志为核心的党中央科学总结我国社会主义现代化建设的实践经验，不断创造性推进中国式现代化的实践发展，不断创造性拓展中国式现代化的丰富内涵，开辟了以中国式现代化全面推进中华民族伟大复兴的新境界。

新时代中国特色社会主义伟大实践成功推进和拓展了中国式现代化。党的二十大报告指出：新时代十年，"我们经历了对党和人民事业具有重大现实意义和深远历史意义的三件大事：一是迎来中国共产党成立一百周年，二是中国特色社会主义进入新时代，三是完成脱贫攻坚、全面建成小康社会的历史任务，实现第一个百年奋斗目标。这是中国共产党和中国人民团结奋斗赢得的历史性胜利，是彪炳中华民族发展史册的历史性胜利，也是对世界具有深远影响的历史性胜利。"②

"迎来中国共产党成立一百周年"，通过隆重热烈的庆祝活动，统一思想、凝聚力量、振奋人心、鼓舞士气，激发了全党全社会奋进新时代的磅礴力量；通过深刻总结党的百年奋斗重大成就和历史经验，使全党看清楚了过去我们为什么能够成功、弄明白了未来怎样才能继续成功，更加明确了中国共产党是什么、要干什么这个根本问题，坚定了历史自信，把握了历史规律，掌握了历史主动。

"中国特色社会主义进入新时代"，党和国家事业取得历史性成就、发生历史性变革，彰显了中国特色社会主义的强大生机活力，党心军心民心空前凝聚振奋，为实现中华民族伟大复兴提供了更为完善的制度保证、更为坚实的物质基础、更为主动的精神力量。中华民族迎来了从站起来、富起来到强起来的伟大飞跃，实现中华民族伟大复兴进入了不可逆转的历史进程。今天，我们比历史上任何时期都更接近、更有信心和能力实现中华民族伟大复兴的宏伟目标。

"完成脱贫攻坚、全面建成小康社会的历史任务，实现第一个百年奋斗目标"，成为中华民族伟大复兴征程上一座光辉的里程碑，迈出了我国社会主义现代化建设的关键一步。这

---

① 参见《十八大以来重要文献选编》（上），中央文献出版社2014年版，第13页。
② 习近平：《高举中国特色社会主义伟大旗帜 为全面建设社会主义现代化国家而团结奋斗——在中国共产党第二十次全国代表大会上的报告》，《人民日报》2022年10月26日。

是中华民族的伟大光荣,中华民族无比自豪地站立在世界民族之林,极大增强了民族自信心自豪感,极大增强了中华民族实现伟大复兴的能力和力量;这是中国人民的伟大光荣,中国人民生活水平显著提升,道路自信、理论自信、制度自信、文化自信极大增强;这是中国共产党的伟大光荣,兑现了党向人民、向历史作出的庄严承诺,彰显了党为中国人民谋幸福、为中华民族谋复兴的初心使命,彰显了中国共产党是中国人民攻坚克难、开拓前进的领导者和主心骨,党用实际行动赢得了人民的信赖和拥护;这是中国对世界的伟大贡献,中国全面建成小康社会,既发展自己,也造福世界,不断富裕起来的中国人民,不断发展进步的中国,为维护世界和平、促进共同发展注入了正能量,彰显了构建人类命运共同体、建设美好世界的中国力量。

历史性胜利是与党和国家事业取得的历史性成就和发生的历史性变革紧密联系的。在以习近平同志为核心的党中央坚强领导下,全党全军全国各族人民以奋发有为的精神把新时代中国特色社会主义不断推向前进。新时代十年,创立了习近平新时代中国特色社会主义思想,明确坚持和发展中国特色社会主义的基本方略,为新时代党和国家事业发展提供了根本遵循;全面加强党的领导,明确中国特色社会主义最本质的特征是中国共产党领导,中国特色社会主义制度的最大优势是中国共产党领导,中国共产党是最高政治领导力量,党更加团结统一;对新时代党和国家事业发展作出科学完整的战略部署,提出实现中华民族伟大复兴的中国梦,以中国式现代化推进中华民族伟大复兴;实现了小康这个中华民族的千年梦想,我国发展站在了更高历史起点上。

新时代十年来,以习近平同志为核心的党中央团结带领人民采取一系列战略性举措,推进一系列变革性实践,实现一系列突破性进展,取得一系列标志性成果:提出并贯彻新发展理念,着力推进高质量发展,推动构建新发展格局,实施供给侧结构性改革,制定一系列具有全局性意义的区域重大战略,我国经济实力实现历史性跃升;以巨大的政治勇气全面深化改革,各领域基础性制度框架基本建立,国家治理体系和治理能力现代化水平明显提高;实行更加积极主动的开放战略,形成更大范围、更宽领域、更深层次对外开放格局;坚持走中国特色社会主义政治发展道路,全面发展全过程人民民主,社会主义法治国家建设深入推进;确立和坚持马克思主义在意识形态领域指导地位的根本制度,社会主义核心价值观广泛传播,意识形态领域形势发生全局性、根本性转变;深入贯彻以人民为中心的发展思想,人民生活全方位改善;坚持绿水青山就是金山银山的理念,生态环境保护发生历史性、转折性、全局性变化;贯彻总体国家安全观,国家安全得到全面加强,共建共治共享的社会治理制度进一步健全;确立党在新时代的强军目标,贯彻新时代党的强军思想,大刀阔斧深化国防和军队改革,中国特色强军之路越走越宽广;全面准确推进"一国两制"实践,推动香港进入由乱到治走向由治及兴的新阶段,坚决反对"台独"分裂行径,坚决反对外部势力干涉，牢牢把握两岸关系主导权和主动权；全面推进中国特色大国外交，推动构建人类命运共同体，完善外交总体布局，积极参与全球治理体系改革和建设；深入推进全面从严治党，找到了自我革命这一跳出治乱兴衰历史周期率的第二个答案，管党治党宽松软状况得到根本扭转，风清气正的党内政治生态不断形成和发展，确保党永远不变质、不变色、不变味。

新时代十年的伟大变革，在党史、新中国史、改革开放史、社会主义发展史、中华民族发展史上具有里程碑意义。十年顽强奋斗，推动我国迈上全面建设社会主义现代化国家新征程。

以中国式现代化全面推进中华民族伟大复兴的根本遵循。在新时代的伟大实践中，习近平总书记对中国式现代化的重大理论和实践问题进行了深邃思考和科学判断，提出了一系列原创性新理念新思想新战略，形成了习近平总书记关于中国式现代化的系列重要论述。

一是阐明中国式现代化的中国特色，这就是：中国式现代化是人口规模巨大的现代化；中国式现代化是全体人民共同富裕的现代化；中国式现代化是物质文明和精神文明相协调的现代化；中国式现代化是人与自然和谐共生的现代化；中国式现代化是走和平发展道路的现代化。[①] 世界上既不存在定于一尊的现代化模式，也不存在放之四海而皆准的现代化标准。中国式现代化，是中国共产党领导的社会主义现代化，既有各国现代化的共同特征，更有基于自己国情的中国特色。习近平总书记指出："我们党领导人民不仅创造了世所罕见的经济快速发展和社会长期稳定两大奇迹，而且成功走出了中国式现代化道路，创造了人类文明新形态。这些前无古人的创举，破解了人类社会发展的诸多难题，摒弃了西方以资本为中心的现代化、两极分化的现代化、物质主义膨胀的现代化、对外扩张掠夺的现代化老路，拓展了发展中国家走向现代化的途径，为人类对更好社会制度的探索提供了中国方案。"[②] "我国是世界上最大的社会主义国家，当我国建成社会主义现代化强国、成为世界上第一个不是走资本主义道路而是走社会主义道路成功建成现代化强国时，我们党领导人民在中国进行的伟大社会革命将更加充分地展示出其历史意义。"[③]

二是明确中国式现代化的本质要求，这就是："坚持中国共产党领导，坚持中国特色社会主义，实现高质量发展，发展全过程人民民主，丰富人民精神世界，实现全体人民共同富裕，促进人与自然和谐共生，推动构建人类命运共同体，创造人类文明新形态。"[④] 这个概

[①] 参见习近平《高举中国特色社会主义伟大旗帜 为全面建设社会主义现代化国家而团结奋斗——在中国共产党第二十次全国代表大会上的报告》，《人民日报》2022年10月26日。

[②] 习近平：《以史为鉴、开创未来，埋头苦干、勇毅前行》，《求是》2022年第1期。

[③] 《习近平关于"不忘初心、牢记使命"重要论述选编》，中央文献出版社、党建读物出版社2019年版，第39页。

[④] 习近平：《高举中国特色社会主义伟大旗帜 为全面建设社会主义现代化国家而团结奋斗——在中国共产党第二十次全国代表大会上的报告》，《人民日报》2022年10月26日。

括简洁凝练、内涵丰富，强调了坚持党的领导和中国特色社会主义制度的根本要求，涵盖了富强、民主、文明、和谐、美丽的奋斗目标，也彰显了中国式现代化的世界意义和世界贡献。

三是提出推进中国式现代化必须牢牢把握的重大原则，这就是：坚持和加强党的全面领导，坚持中国特色社会主义道路，坚持以人民为中心的发展思想，坚持深化改革开放，坚持发扬斗争精神。① 五个重大原则分别概括总结了中国式现代化的领导力量、方向道路、价值立场、根本动力、精神状态。确保现代化建设的社会主义方向，最根本、最关键的就是坚持和加强党的全面领导；推进中国式现代化，就是要坚持道不变、志不改，既不走封闭僵化的老路，也不走改旗易帜的邪路，始终沿着中国特色社会主义道路走下去；现代化的本质是人的现代化，人民是推进现代化的主体，为民造福是实现现代化的出发点和落脚点；从解决温饱到总体小康再到全面小康，我们靠改革开放一步步走到今天，未来我们要基本实现社会主义现代化、全面建成社会主义现代化强国，依然要靠改革开放一步步变为现实；敢于斗争、敢于胜利，是中国共产党不可战胜的强大精神力量。党的十八大以来，党中央治国理政的一个鲜明特征就是勇于进行具有许多新的历史特点的伟大斗争。推进中国式现代化，不是一片坦途，不会一帆风顺，这就要求我们必须发扬斗争精神，增强斗争本领，凝聚起全党全国人民的意志和力量，战胜一切可以预见和难以预见的风险挑战。五个重大原则，凝结着党和人民长期奋斗的宝贵经验，体现了党的基本理论、基本路线、基本方略，是关系现代化建设全局的重大问题，必须牢牢把握、始终坚持。

习近平总书记以宏阔的国际视野、高远的战略眼光、坚定的使命担当，进一步深刻回答了"建设什么样的社会主义现代化强国、怎样建设社会主义现代化强国"这一时代课题；习近平总书记关于中国式现代化的系列重要论述，是对我国社会主义现代化建设长期探索和实践的科学总结，是对世界现代化理论的重大丰富和发展，把我们党对中国式现代化的认识提升到一个新的高度，成为习近平新时代中国特色社会主义思想的重要组成部分。

擘画全面建设社会主义现代化国家的宏伟蓝图。在习近平新时代中国特色社会主义思想指引下，党的二十大在十九大作出的全面建设社会主义现代化国家两步走战略安排的基础上，进一步对2035年和本世纪中叶的发展目标作出宏观展望，对未来5年全面建设社会主义现代化国家开局起步关键时期的战略任务和重大举措作出重点部署，清晰勾画了新时代继续推进中国式现代化的时间表和路线图。

在经济建设方面，明确提出高质量发展是全面建设社会主义现代化国家的首要任务，强

---

① 参见习近平《高举中国特色社会主义伟大旗帜 为全面建设社会主义现代化国家而团结奋斗——在中国共产党第二十次全国代表大会上的报告》，《人民日报》2022年10月26日。

调必须完整、准确、全面贯彻新发展理念，加快构建以国内大循环为主体、国内国际双循环相互促进的新发展格局，提出坚持社会主义市场经济改革方向，构建高水平社会主义市场经济体制、建设现代化产业体系、全面推进乡村振兴、促进区域协调发展、推进高水平对外开放等重大举措。

在政治建设方面，明确提出人民民主是全面建设社会主义现代化国家的应有之义，全过程人民民主是社会主义民主政治的本质属性，强调必须坚定不移走中国特色社会主义政治发展道路，坚持党的领导、人民当家作主、依法治国有机统一，巩固和发展生动活泼、安定团结的政治局面，提出加强人民当家作主制度保障、全面发展协商民主、积极发展基层民主、巩固和发展最广泛的爱国统一战线等重大举措。

在文化建设方面，明确提出全面建设社会主义现代化国家，必须坚持中国特色社会主义文化发展道路，增强实现中华民族伟大复兴的精神力量，强调推进文化自信自强、铸就社会主义文化新辉煌，提出建设具有强大凝聚力和引领力的社会主义意识形态、广泛践行社会主义核心价值观、提高全社会文明程度、繁荣发展文化事业和文化产业、增强中华文明传播力影响力等重大举措。

在社会建设方面，明确提出为民造福是立党为公、执政为民的本质要求，强调坚持在发展中保障和改善民生，鼓励共同奋斗创造美好生活，不断实现人民对美好生活的向往，提出完善分配制度、实施就业优先战略、健全社会保障体系、推进健康中国建设等重大举措。

在生态文明建设方面，明确提出尊重自然、顺应自然、保护自然是全面建设社会主义现代化国家的内在要求，强调牢固树立和践行绿水青山就是金山银山的理念，推进生态优先、节约集约、绿色低碳发展，提出加快发展方式绿色转型、深入推进环境污染防治、提升生态系统多样性稳定性持续性、积极稳妥推进碳达峰碳中和等重大举措。

这些部署充分体现了整体推进中国特色社会主义事业、系统谋划全面建设社会主义现代化国家的战略考量，具有很强的前瞻性、指导性和可操作性。

党的二十大报告还突出了教育科技人才、全面依法治国、国家安全这三个重要方面，单列部分作出部署。在科教人才方面，明确提出教育、科技、人才是全面建设社会主义现代化国家的基础性、战略性支撑，强调必须坚持科技是第一生产力、人才是第一资源、创新是第一动力，坚持教育优先发展、科技自立自强、人才引领驱动，加快建设教育强国、科技强国、人才强国。在全面依法治国方面，明确提出在法治轨道上全面建设社会主义现代化国家，强调必须坚持走中国特色社会主义法治道路，建设中国特色社会主义法治体系、建设社会主义法治国家，围绕保障和促进社会公平正义，全面推进国家各方面工作法治化。在国家安全方面，明确提出国家安全是民族复兴的根基，社会稳定是国家强盛的前提，强调必须坚定不移贯彻总体国家安全观，建设更高水平的平安中国，以新安全格局保障新发展格局。这些重大部署，充分体现了抓关键、补短板、防风险的战略考量，体现了对中国式现代化规律性认识的深化。此外，党的二十大报告还对国防和军队建设、港澳台工作、外交工作这三个方面作出全面部署、提出明确要求。

习近平总书记关于中国式现代化的系列重要论述极大深化和拓展了中国式现代化理论，是全面建设社会主义现代化国家战略布局的理论支撑，全面建设社会主义现代化国家的战略布局是这一重要论述的实践展开。在理论和实践相统一的壮阔历史进程中，全面建设社会主义现代化国家必将写下新的光辉篇章。

新时代中国式现代化创新突破的重大意义。中国有绵延5000多年的中华文明，有广袤的国土面积和超大的人口规模，有自身独特的文化传统、历史命运、现实国情，在这样一个世界上最大的发展中国家建设社会主义现代化，是一次人类历史上前无古人的伟大创造。在迈向现代化的历史进程中，在一代又一代中国共产党人接续探索中，在中国人民的团结奋斗中，我们走出了一条既契合中国实际、体现社会主义发展规律，又体现人类社会发展规律的现代化道路，书写了属于自己的现代文明，取得了举世瞩目的重大成就。这一人类历史上的伟大创举，不仅对中华民族和中国社会的发展具有深远历史意义，而且对世界社会主义和人类文明的发展具有重大现实意义。

中国式现代化坚持和完善中国特色社会主义制度、推进国家治理体系和治理能力现代化，为社会主义国家治理开辟了崭新道路，使科学社会主义在21世纪的中国焕发出强大生机活力。习近平总书记指出："实际上，怎样治理社会主义社会这样全新的社会，在以往的世界社会主义中没有解决得很好。马克思、恩格斯没有遇到全面治理一个社会主义国家的实践，他们关于未来社会的原理很多是预测性的；列宁在俄国十月革命后不久就过世了，没来得及深入探索这个问题；苏联在这个问题上进行了探索，取得了一些实践经验，但也犯下了严重错误，没有解决这个问题。""我们党在全国执政以后，不断探索这个问题，虽然也发生了严重曲折，但在国家治理体系和治理能力上积累了丰富经验、取得了重大成果，改革开放以来的进展尤为显著。"[①] 新时代十年间，以习近平同志为核心的党中央推进全面深化改革开放，使中国特色社会主义制度日趋成熟定型，在推进国家治理体系和治理能力现代化上取得前所未有的理论成果、实践成果、制度成果，形成了兼具中国特色和时代特点的原创性、独创性的现代治理思想，走出了一条破解国家治理这一世界社会主义难题的新路。坚持以这一体现时代性、把握规律性、富于创造性的现代治理思想为指导，不断探索、不断实践，把中国特色社会主义制度坚持和巩固好、完善和发展好，使其更加成熟更加定型，必将为当代中国进一步发展进步提供根本遵循和根本制度保障，必将为深刻认识和把握共产党执

---

① 习近平：《论坚持人民当家作主》，中央文献出版社2021年版，第46页。

政规律、社会主义建设规律、人类社会发展规律增添崭新内容，也必将以无可辩驳的事实彰显科学社会主义的鲜活生命力，使科学社会主义在21世纪焕发出新的蓬勃生机。

中国式现代化拓展了发展中国家走向现代化的途径，给世界上那些既希望加快发展又希望保持自身独立性的国家和民族提供了全新选择。习近平总书记指出："治理一个国家，推动一个国家实现现代化，并不只有西方制度模式这一条道，各国完全可以走出自己的道路来。"[①] 历史条件和现实国情的多样性，决定了各国选择发展道路的多样性。在人类现代化进程中，已经实现现代化的国家不超过30个、人口不超过10亿，而这些国家的现代化大多是建立在对外殖民血腥掠夺、对内残酷剥削人民的原始积累基础上的，并且经历了一个"串联式"的发展过程，工业化、城镇化、农业现代化、信息化顺序发展，发展到目前水平用了200多年时间。中国式现代化是后发国家的现代化，在一个经济文化落后的发展中国家建设现代化、追赶时代的步伐，就注定了我们不可能沿着西方发达国家现代化发展过程亦步亦趋，也决定了我国现代化必然是一个工业化、信息化、城镇化、农业现代化叠加发展的"并联式"过程。在以习近平同志为核心的党中央坚强领导下，我国发挥后发优势，立足本国实际，坚持独立自主，注重兼收并蓄，走出了中国式现代化道路，取得了举世瞩目的重大成就。中国式现代化道路，打破了只有遵循西方资本主义现代化模式才能实现现代化的神话，将彻底改写现代化的世界版图，使现代化的发展路径从一元走向多元，提供了现代化的全新选择，展现了实现现代化的全新可能，必将创造人类社会现代化的光明前景。中国式现代化的成功实践，让想发展、要发展的国家看到坚持走符合自身国情的发展道路是可行的，只要找准正确方向、驰而不息，走好自己的路，就一定能够实现现代化。

中国式现代化关注人类前途命运，推动构建人类命运共同体，弘扬全人类共同价值，为解决人类问题贡献了中国智慧和中国方案。中国共产党领导的中国式现代化道路，是一条关注人类前途命运，同世界上一切进步力量携手前进，既发展自身、又造福世界的和平发展之路。中国成功开辟了一条"强而不霸"的现代化之路，以实际行动向世人证明，一个强大的中国不是对世界和平的威胁，而是维护世界和平、促进世界发展的中坚力量。在长期实践中，中国共产党领导的现代化建设事业得到了世界上正义力量的支持和帮助，在发展自身的同时，也积极主动履行国际义务，以中国的新发展为世界提供新机遇。中国始终高举和平、发展、合作、共赢旗帜，奉行独立自主的和平外交政策，坚持走和平发展道路，坚定维护广大发展中国家的利益，坚持国家不分大小、强弱、贫富一律平等，坚决反对殖民主义、霸权主义和强权政治。在发展中，中国为广大发展中国家提供了大量无偿援助、优惠贷款，提供了大量技术支持、人员支持、智力支持，为广大发展中国家建成了大批经济社会发展和民生

[①]《习近平关于社会主义政治建设论述摘编》，中央文献出版社2017年版，第7页。

改善项目，在全球减贫、反腐、维和、反恐、气候变化、解决地区热点问题、环境治理、有效应对疫情和自然灾害等方面作出了突出贡献。中国共产党团结带领全国各族人民以中国式现代化全面推进中华民族伟大复兴，同时，积极推动建设新型国际关系，推动构建人类命运共同体，推动共建"一带一路"高质量发展，弘扬和平、发展、公平、正义、民主、自由的全人类共同价值，为解决人类问题贡献中国力量、中国经验、中国智慧和中国方案，为人类开创美好未来不断作出新的更大贡献。

习近平总书记在二十届中共中央政治局常委同中外记者见面时强调："全面建设社会主义现代化国家寄托着中华民族的夙愿和期盼，凝结着中国人民的奋斗和汗水。中国式现代化是中国共产党和中国人民长期实践探索的成果，是一项伟大而艰巨的事业。惟其艰巨，所以伟大；惟其艰巨，更显荣光。"[①] 为了这一事业，无数先辈筚路蓝缕、披荆斩棘，进行了艰苦卓绝的奋斗。现在，我们已经实现了第一个百年奋斗目标，正意气风发向第二个百年奋斗目标进军。党的二十大就新时代新征程党和国家事业发展制定了大政方针和战略部署，蓝图已经绘就，号角已经吹响。在以习近平同志为核心的党中央坚强领导下，全面贯彻习近平新时代中国特色社会主义思想，坚定志不改、道不变的决心，坚持中国特色社会主义道路、以中国式现代化全面推进中华民族伟大复兴，踔厉奋发、勇毅前行，我们一定能实现全面建成社会主义现代化强国的历史宏愿，创造无愧于党、无愧于人民、无愧于时代的新业绩，赢得更加伟大的胜利和荣光。

（原载于《党的文献》2022 年第 6 期）

[①]《人民日报社论：激扬奋进力量 创造新的伟业》，《人民日报》2023 年 3 月 5 日。

深刻认识党的第三个历史决议的时代特色

朱佳木

中华人民共和国国史学会

相对于1945年党的六届七中全会和1981年党的十一届六中全会上通过的两个历史决议，党的十九届六中全会通过的《中共中央关于党的百年奋斗重大成就和历史经验的决议》，可以说是我们党的第三个历史决议。

新中国史研究和宣传教育，过去一直是以1981年党的第二个历史决议作为重要指导原则和对重大事件、重要人物评价依据的。然而，那个决议的重点，是解决党的十一届六中全会前30多年的历史是非问题，未能涉及之后的改革开放历史。现在，改革开放已经实行了40多年，客观上确有总结经验的需要。党的第三个历史决议虽然总结的是党的百年奋斗重大成就和历史经验，但主要篇幅是放在改革开放后的，而且重点又在中国特色社会主义进入新时代的9年。所以，这一决议对新中国史研究和宣传教育的指导，要比党的第二个历史决议更有现实意义，也更完整、更系统、更全面。

党的第三个历史决议与前两个历史决议相比，可以说既一脉相承又与时俱进。说它一脉相承，主要指它对党的十八大之前历史的概述，是在前两个决议对历史问题已有总结和结论的基础上作出的；说它与时俱进，主要指第三个历史决议是站在新的历史起点上作出的，具有许多与前两个决议不同的时代特色。这种特色与时代本身的演进，尤其是与中国特色社会主义进入新时代有着密切关联。所以，从一定意义上说，党的第三个历史决议的时代特色，就是中国特色社会主义新时代的特色。

中国特色社会主义新时代，最早是由党的十九大作出的论断和给出的定义。党的第三个历史决议重申了这一定义，指出新时代"是承前启后、继往开来、在新的历史条件下继续夺取中国特色社会主义伟大胜利的时代，是决胜全面建成小康社会、进而全面建设社会主义现代化强国的时代，是全国各族人民团结奋斗、不断创造美好生活、逐步实现全体人民共同富裕的时代，是全体中华儿女勠力同心、奋力实现中华民族伟大复兴中国梦的时代，是我国不断为人类作出更大贡献的时代。"[1] 同时，决议进一步指出：新时代是党的十八大以来进

---

[1]《中共中央关于党的百年奋斗重大成就和历史经验的决议》，人民出版社2021年版，第23页。

入的，是我国发展新的历史方位。这就意味着，从历史研究的角度看，自党的十八大后，新中国史也相应进入了一个新的时期。这个时期不完全同于改革开放前，也不完全同于改革开放和社会主义现代化建设新时期，而是总结、融合了两个历史时期的经验，吸纳、发扬了两个时期的长处，促使改革开放螺旋式地上升到了一个新的境界。

我们既然要以党的第三个历史决议作为新中国史研究和宣传教育的指导原则，那就需要弄清楚，为什么说决议的时代特色主要是由中国特色社会主义新时代决定的，这一特色具体都表现在哪些方面。

一、分析历史的问题站位更高、视野更广

世界物质运动的存在形式是时间和空间，人类历史上某个事物的发展时间越长、活动空间越大，就越有利于人们对它进行观察和认识。不过，这只是为人们更全面深入地观察和认识事物提供了可能性，而要使这种可能性转化为现实性，还要具备相应的主观条件。其中最重要的是，正确的历史观和大历史观。2013年1月5日，习近平总书记在新进中央委员会的委员、候补委员学习贯彻党的十八大精神研讨班开班式上的重要讲话（以下简称"一五"讲话）中阐释中国特色社会主义本质时，就是把社会主义运动放在世界范围内和它的全部历史过程中来分析的。这一历史过程包括欧洲出现空想社会主义理论，马克思恩格斯创立科学社会主义理论体系，列宁领导十月革命胜利并实践社会主义，苏联模式逐步形成，新中国成立后中国共产党对社会主义的探索和实践，中国共产党开创和发展中国特色社会主义，前后六个时间段，上下跨度500年，范围覆盖全世界。

我们党在制定第一个历史决议时，建党仅24年，并且处在抗日战争末期。那时，党虽然已建有18个抗日根据地（抗战胜利后变为解放区），总面积约95万平方公里，人口接近1亿人，但毕竟没有取得全国政权；党中央虽然与共产国际乃至美国等资本主义国家的一些在华代表有不同程度的联系和来往，但毕竟缺少开展外交活动的国际舞台。党制定第二个历史决议时，在时间上比第一个历史决议多了36年；而且，新中国已有了32年的历史，同世界上大多数国家建立了外交关系，还恢复了在联合国的合法席位。而党制定第三个历史决议时，无论是在发展时间的长度上，还是在活动空间的宽度上，都要比前两个历史决议长得多、广得多。这时党已成立整整百年，不仅经历了新民主主义革命、社会主义革命和建设，而且进行了相当长时间的改革开放和社会主义现代化建设；不仅对国家的管理深入到了社会的各个领域、各个层次，而且我国还参加了联合国维和行动等许多国际活动，加入或发起成立了上百个政府间国际组织，深入开展并形成了全方位、多层次、立体化的外交布局，在国

际舞台上空前活跃,"日益走近世界舞台中央。"① 正是这些时空上的变化,为我们党制定第三个历史决议做到站位更高、视野更广提供了良好的客观条件。这些条件在前两个历史决议制定时都是不具备的。

然而,党的第三个历史决议的制定,所以能站位更高、视野更广,主要原因还在于它所拥有的主观条件,也就是决议所说的:"以习近平同志为主要代表的中国共产党人,坚持把马克思主义基本原理同中国具体实际相结合、同中华优秀传统文化相结合,坚持毛泽东思想、邓小平理论、'三个代表'重要思想、科学发展观,深刻总结并充分运用党成立以来的历史经验,从新的实际出发,创立了习近平新时代中国特色社会主义思想。"② 正是因为有了这一思想的指导,我们党制定第三个历史决议,才可能继续"坚持辩证唯物主义和历史唯物主义的方法论,用具体历史的、客观全面的、联系发展的观点来看待党的历史","坚持正确党史观、树立大历史观,准确把握党的历史发展的主题主线、主流本质,正确对待党在前进道路上经历的失误和曲折","旗帜鲜明反对历史虚无主义"③;才可能在坚持党的前两个历史决议基本论述和结论的基础上,把着力点放在总结党的百年奋斗重大成就和历史经验上;才可能在聚焦总结党的百年重大成就、历史经验时,增加对百年奋斗历史意义的概括,涵盖对各个历史时期的总体评述;才可能在总结中国特色社会主义新时代取得历史性成就、发生历史性变化时,不仅涉及坚持党的全面领导、全面从严治党和经济、政治、文化、社会、生态文明建设,也涉及全面深化改革、全面依法治国、国防和军队建设、维护国家安全、坚持"一国两制"和推进祖国统一,以及外交工作和构建人类命运共同体。所以,正是上述主客观条件,使党的第三个历史决议表现出了站位更高、视野更广的时代特色,从而使我们在以第三个历史决议的精神指导新中国史的研究和宣传教育时,也能具有更高的站位和更广的视野。

二、叙述历史的过程更突出主线主流

所谓历史主线,是指贯穿历史始终的主要脉络。在马克思主义历史观的语义下,历史主线是由历史主体——人民群众——在既定历史条件下的主要动机和行动相互作用形成的。所谓历史主流,是马克思主义历史观对特定历史时期主要方面的评价用语,是相对历史支流而言的。

党的第一个历史决议,即《关于若干历史问题的决议》,重点在于总结建党以后特别是

---

① 习近平:《在庆祝改革开放40周年大会上的讲话》,人民出版社2018年版,第18页。
② 《中共中央关于党的百年奋斗重大成就和历史经验的决议》,人民出版社2021年版,第23—24页。
③ 习近平:《关于〈中共中央关于党的百年奋斗重大成就和历史经验的决议〉的说明》,《人民日报》2021年11月17日。

党的六届四中全会至遵义会议前党的历史及其基本经验教训，论述历次"左"倾错误在政治、军事、组织、思想方面的表现和危害，分析产生这些错误的社会根源、思想根源，阐明毛泽东运用马克思列宁主义基本原理解决中国问题的杰出贡献，及确立毛泽东在全党领导地位的重大意义。党的第二个历史决议，即《关于建国以来党的若干历史问题的决议》，出发点是彻底进行党在指导思想上的拨乱反正，重点是正确评价毛泽东的事业和思想，在确立毛泽东的历史地位、坚持和发展毛泽东思想的前提下，从根本上否定"文化大革命"和"无产阶级专政下继续革命"的错误理论，总结新中国成立以来社会主义革命和建设的经验教训。因此，它们都没有能把主要篇幅用在梳理历史主线、评论历史主流上。

　　制定第三个历史决议时，党中央对新民主主义革命的历史、新中国改革开放之前的历史，都已作过总结，对其中的重大是非问题也都有了结论。而改革开放后的时期，正如习近平总书记所指出的："尽管党的工作中也出现过一些问题，但总体上讲党和国家事业发展是顺利的，前进方向是正确的，取得的成就是举世瞩目的。"因此，从这个实际出发，党中央决定在制定新的历史决议时，"把着力点放在总结党的百年奋斗重大成就和历史经验上，以推动全党增长智慧、增进团结、增加信心、增强斗志。"[1] 正是出于这个目的，决议在总结革命、建设、改革的宝贵经验时，虽然也提到了党在历史上犯过的严重错误，但对这些错误只是依据过去两个决议已有的结论，作了原则性概述，并未过多展开。同时，注意把错误与犯错误的时期加以严格区分，把犯错误的主要代表人物与广大党员、干部的奋斗与牺牲加以严格区分；即使对犯错误时期的成就和经验，也作出了比前两个决议更加充分的论述。

　　例如，党的第三个历史决议的第一部分，既指出了党内以陈独秀为代表的右倾机会主义错误，也指出了王明"左"倾教条主义在党内的错误领导及其造成的损失，并从正面批评了大革命失败后试图像十月革命那样通过首先占领中心城市来取得革命胜利的错误做法。但这部分的绝大多数篇幅，是论述我们党自诞生起，如何正确认识近代中国社会的主要矛盾和任务，如何领导全国反帝反封建的伟大斗争，如何确立以毛泽东同志为主要代表的马克思主义正确路线在党中央的领导地位并形成以毛泽东同志为核心的党的第一代中央领导集体，如何经过28年浴血奋战建立了新中国、结束了旧中国半殖民地半封建社会的历史、为实现中华民族伟大复兴创造了根本社会条件。

　　再如，决议第二部分，虽然按照第二个历史决议的基调，指出了"大跃进"运动、人民公社化运动的错误，反右派斗争被严重扩大化的问题，"文化大革命"酿成的十年内乱，

---

[1] 习近平：《关于〈中共中央关于党的百年奋斗重大成就和历史经验的决议〉的说明》，《人民日报》2021年11月17日。

给党、国家、人民造成的严重挫折和损失，但绝大部分篇幅是论述我们党自新中国成立后，领导人民战胜政治、经济、军事等方面的一系列严峻挑战，建立和巩固工人阶级领导的、以工农联盟为基础的人民民主专政国家政权。完成对生产资料私有制的社会主义改造，确立社会主义的根本和基本政治制度，提出全国人民的主要任务是集中力量发展社会生产力，领导人民开展了大规模社会主义建设，建立起独立的比较完整的工业体系和国民经济体系。显著改变农业生产条件，发展教科文卫体事业，取得国防尖端科技的突破，壮大和提高人民解放军的整体力量。坚持独立自主的和平外交政策，坚定维护国家独立、主权、尊严，为实现中华民族伟大复兴奠定了根本政治前提和制度基础，也为新的历史时期开创中国特色社会主义提供了宝贵经验、理论准备、物质基础。可见，决议对改革开放前历史时期所犯的错误，虽然也实事求是地指出了，但都是当成历史支流来写的；作为历史主流、用浓墨重彩书写的，依然是那段历史所取得的伟大成就和宝贵经验。

决议第二部分在涉及对毛泽东的评价问题上，坚持了党的第二个历史决议总的原则和指导思想，即确立毛泽东同志的历史地位、坚持和发展毛泽东思想，明确新中国成立后最初30年里的大事哪些是正确的、哪些是错误的，通过总结过去引导大家团结一致向前看，并用较多篇幅阐述了毛泽东在社会主义革命和建设时期的贡献。决议指出，毛泽东把马列主义基本原理同中国具体实际进行了"第二次结合"，强调这些独创性理论成果至今仍具有重要指导意义；重申毛泽东思想是马列主义在中国的创造性运用和发展，是被实践证明了的关于中国革命和建设的正确的理论原则和经验，是马克思主义中国化的第一次历史性飞跃。关于毛泽东在这一时期所犯错误，决议一方面指出"毛泽东同志在关于社会主义社会阶级斗争的理论和实践上的错误发展得越来越严重"，另一方面，也指出了"面对当时严峻复杂的外部环境，党极为关注社会主义政权巩固，为此进行了多方面努力"的历史背景，以及"党中央未能及时纠正这些错误"的责任；一方面指出"毛泽东同志对当时我国阶级形势以及党和国家政治状况作出完全错误的估计"，另一方面，也指出了"林彪、江青两个反革命集团利用毛泽东同志的错误，进行了大量祸国殃民的罪恶活动"的事实，并且强调，从新中国成立到改革开放前夕，进行的是中华民族有史以来最为广泛而深刻的社会变革，其间虽然经历了严重曲折，但都是"在探索过程中"① 的曲折。

党的十八大以来，习近平总书记对党的历史发表过许多重要讲话，作出过许多重要论述，提出过许多重要观点。学习党的第三个历史决议，应当同学习这些讲话、论述和观点结合起来。例如，在如何看待改革开放前后两个历史时期的问题上，党的十八大闭幕不久，习近平总书记就在"一五"讲话中指出："这是两个相互联系又有重大区别的时期，但本质

---

① 《中共中央关于党的百年奋斗重大成就和历史经验的决议》，人民出版社2021年版，第13—14页。

上都是我们党领导人民进行社会主义建设的实践探索""两者决不是彼此割裂的,更不是根本对立的""不能用改革开放后的历史时期否定改革开放前的历史时期,也不能用改革开放前的历史时期否定改革开放后的历史时期""正确处理改革开放前后的社会主义实践探索的关系,不只是一个历史问题,更主要的是一个政治问题"。"文化大革命"持续了十年之久,占改革开放前历史时期的三分之一强。说改革开放前的时期是党领导人民进行社会主义建设的实践探索,当然包括"文化大革命"时期在内。由于"文化大革命"演变成了一场内乱,因此,它是不成功的乃至失败的探索。但不能因为探索失败了,就否定它是探索。在纪念毛泽东同志诞辰120周年座谈会上,习近平总书记更加明确地指出,毛泽东晚年特别是"文化大革命"中所犯的严重错误,是他"在社会主义建设道路的探索中"走过的弯路,并强调:"他的错误在于违反了他自己正确的东西,是一个伟大的革命家、伟大的马克思主义者所犯的错误";他的错误"有其主观因素和个人责任,还在于复杂的国内国际的社会历史原因";"不能把历史顺境中的成功简单归功于个人,也不能把历史逆境中的挫折简单归咎于个人。"[①] 我们应当把这些论述,都作为学习领会决议精神的重要依据。

三、对待存在的问题更多地采用正面分析的方式

前面说过,改革开放以来,党和国家事业的发展在总体上是顺利的,就是说,没发生过全局性、长时间的错误。因此,党的第三个历史决议不像前两个历史决议那样,主要针对重大是非问题,着重评价重大事件、重要人物,集中总结失败的教训,而是聚焦总结党的重大成就和历史经验。但这并不意味改革开放以来党的工作没有问题,没出现过失误;更不等于说决议对改革开放以来历史经验的总结缺少针对性,是无的放矢的。

历史表明,改革开放后虽然没发生过全局性、长时间的错误,但在一些具体领域、具体政策、具体做法上,也有过失误,走过弯路,受过挫折。1987年初,邓小平谈到资产阶级自由化思潮泛滥的问题时就说过:"我们思想战线上出现了一些混乱,对青年学生引导不力。这是一个重大失误。"1989年的严重政治风波过后,他又指出:"十年最大的失误是教育,这里我主要是讲思想政治教育,不单纯是对学校、青年学生,是泛指对人民的教育……今天回头来看,出现了明显的不足,一手比较硬,一手比较软。"[②] 党的十八大以来,习近平总书记指出,要"推动全党把坚持正确政治方向贯彻到谋划重大战略、制定重大政策、部署重大任务、推进重大工作的实践中去,经常对表对标,及时校准偏差,坚决纠正偏

[①] 《十八大以来重要文献选编》(上),中央文献出版社2014年版,第111—112、112、113—114、693页。

[②] 《邓小平文选》第3卷,人民出版社1993年版,第198、306页。

离和违背党的政治方向的行为。"[1] 这些论述都说明，我们党在改革开放以来的工作中，确实存在这样那样的问题，需要用坚持正确政治方向的"表"和"标"，去校准重大战略、政策、任务、工作的谋划、制定、部署和推进中的偏差。

决议第四部分指出，以习近平同志为核心的党中央，"解决了许多长期想解决而没有解决的难题，办成了许多过去想办而没有办成的大事，推动党和国家事业取得历史性成就、发生历史性变革。"[2] 只要认真分析一下随后列举的13个方面的历史性成就和变革，就不难看出，这里说的难题和大事，很多正是改革开放以来工作失误和不足而造成的；这里说的成就和变革，很多正是解决失误和不足采取的对策和积累的经验而形成的。只不过，决议对于这些问题更多地采用了正面表述的方式。这种表述方式大体有以下三种类型。

1. 通过主要总结成就的方式表明需要解决的问题

例如，决议在肯定改革开放后党和国家事业取得重大成就的同时指出："管党治党一度宽松软带来党内消极腐败现象蔓延、政治生态出现严重问题，党群干群关系受到损害，党的创造力、凝聚力、战斗力受到削弱"；党内"存在不少对坚持党的领导认识模糊、行动乏力问题，存在不少落实党的领导弱化、虚化、淡化、边缘化问题，特别是对党中央重大决策部署执行不力，有的搞上有政策、下有对策，甚至口是心非、擅自行事"；"一度出现管党不力、治党不严问题，有些党员、干部政治信仰出现严重危机，一些地方和部门选人用人风气不正，形式主义、官僚主义、享乐主义和奢靡之风盛行，特权思想和特权现象较为普遍存在。特别是搞任人唯亲、排斥异己的有之，搞团团伙伙、拉帮结派的有之，搞匿名诬告、制造谣言的有之，搞收买人心、拉动选票的有之，搞封官许愿、弹冠相庆的有之，搞自行其是、阳奉阴违的有之，搞尾大不掉、妄议中央的也有之，政治问题和经济问题相互交织，贪腐程度触目惊心。"[3]

以上罗列的问题，不可谓不开门见山、尖锐痛彻。正是针对这些问题，决议指出，在党的十八大后，党明确提出，要加强和维护党中央的集中统一领导，"旗帜鲜明讲政治"，提高领导干部政治判断力、政治领悟力、政治执行力，确保党在各级组织中发挥领导作用，完善推动党中央重大决策落实机制，严格执行向党中央请示报告制度，强化政治监督，深化政治巡视；要全面从严治党，"以永远在路上的清醒和坚定，坚持严的主基调，突出抓住'关键少数'""把全面从严治党贯穿于党的建设各方面"；要"坚持从中央政治局做起、从领导干部抓起，以上率下改进工作作风""中央政治局每年召开民主生活会，听取贯彻执行八项规定情况汇报，开展批评和自我批评"；要"坚持无禁区、全覆盖、零容忍，坚持重遏制、

---

[1] 《习近平谈治国理政》第3卷，外文出版社2020年版，第93页。
[2] 《中共中央关于党的百年奋斗重大成就和历史经验的决议》，人民出版社2021年版，第27页。
[3] 《中共中央关于党的百年奋斗重大成就和历史经验的决议》，人民出版社2021年版，第26、27、29页。

强高压、长震慑，坚持受贿行贿一起查，坚持有案必查、有腐必惩……坚定不移'打虎'、'拍蝇'、'猎狐'""坚决整治群众身边腐败问题，深入开展国际追逃追赃""查处拉票贿选案。"① 所有这些对策，显然都有极强的针对性。

又如，决议在肯定改革开放后党扭住经济建设这个中心，领导人民埋头苦干，创造出经济快速发展的奇迹，国家经济实力大幅提升的同时，指出"一些地方和部门存在片面追求速度规模、发展方式粗放等问题"。对此，决议首先指出，党中央在十八大后分析了我国经济已由高速增长阶段转向高质量发展阶段的客观情况，以及面临增长速度换挡期、结构调整阵痛期、前期刺激政策消化期"三期叠加"的复杂局面；然后指出，党中央一方面根据经济发展进入新常态的实际，提出"稳中求进"的工作总基调，另一方面，要求贯彻新发展理念，提出"不能简单以生产总值增长率论英雄"②；并在论述新时代干部标准时，把"不唯生产总值"与"不唯票、不唯分、不唯年龄"放在一起加以强调。③ 以上这些对改革开放后出现的问题及其对策，也都是摆在明面上，表述得十分清晰。

再如，决议指出："改革开放以后，党坚持依法治国，不断推进社会主义法治建设。同时，有法不依、执法不严、司法不公、违法不究等问题严重存在，司法腐败时有发生，一些执法司法人员徇私枉法，甚至充当犯罪分子的保护伞，严重损害法治权威，严重影响社会公平正义。"对此，决议指出，党中央在十八大后一方面强调，"权力是一把'双刃剑'，依法依规行使可以造福人民，违法违规行使必然祸害国家和人民。"④ 另一方面提出，要坚持依宪治国，依宪执政；坚持依法治国、依法执政、依法行政共同推进，法治国家、法治政府、法治社会一体建设；努力让人民群众在每一项法律制度、每一个执法决定、每一宗司法案件中都感受到公平正义；加快完善以宪法为核心的中国特色社会主义法律体系，深化以司法责任制为重点的司法体制改革，加强对执法司法活动的监督制约，开展政法队伍教育整顿，依法纠正冤错案件，严厉惩治司法腐败；等等。这里对改革开放后出现的问题和解决问题的对策，也是讲得十分明白的。

还如，决议指出："改革开放以后，党坚持物质文明和精神文明两手抓、两手硬，推动社会主义文化繁荣发展，振奋了民族精神，凝聚了民族力量。同时，拜金主义、享乐主义、极端个人主义和历史虚无主义等错误思潮不时出现，网络舆论乱象丛生，一些领导干部政治立场模糊、缺乏斗争精神，严重影响人们思想和社会舆论环境。"决议指出，针对这些新问

---

① 《中共中央关于党的百年奋斗重大成就和历史经验的决议》，人民出版社2021年版，第28、28、33、40页。
② 《中共中央关于党的百年奋斗重大成就和历史经验的决议》，人民出版社2021年版，第34、27、34页。
③ 参见《中共中央关于党的百年奋斗重大成就和历史经验的决议》，人民出版社2021年版，第32页。
④ 《中共中央关于党的百年奋斗重大成就和历史经验的决议》，人民出版社2021年版，第41、41—42页。

题，十八大后的党中央强调，要"准确把握世界范围内思想文化相互激荡、我国社会思想观念深刻变化的趋势"，明确"意识形态工作是为国家立心、为民族立魂的工作"，文化自信"是一个国家、一个民族发展中最基本、最深沉、最持久的力量"，要求各级党组织要"牢牢掌握意识形态工作领导权""更好构筑中国精神、中国价值、中国力量，巩固全党全国各族人民团结奋斗的共同思想基础。"[①] 显而易见，这里对改革开放后出现的问题及解决问题的经验，都给予了充分揭示和深刻总结。

在总结新时代国防和军队建设的成就和经验时，决议尖锐指出："有一个时期，人民军队党的领导弱化问题突出，如果不彻底解决，不仅影响战斗力，而且事关党指挥枪这一重大政治原则。"这里说的党的领导弱化的问题，包括鼓吹"军队国家化"的舆论喧嚣。对此，决议指出：党中央和中央军委自党的十八大以来，狠抓全面从严治军，果断决策整肃人民军队政治纲纪，在古田召开全军政治工作会议，全面加强军队党的领导和党的建设，实现了人民军队整体性革命性的重塑。决议在总结这一经验时还强调："建设强大人民军队，首要的是毫不动摇坚持党对人民军队绝对领导的根本原则和制度，坚持人民军队最高领导权和指挥权属于党中央和中央军委，全面深入贯彻军委主席负责制。"[②]

上述例子说明，党的第三个历史决议对改革开放后出现的问题完全是正视的，没有回避，提出的对策和总结的经验也都是有的放矢的。

2. 通过反对错误观点和言行的方式表明需要解决的问题

决议指出，要"防止和反对个人主义、分散主义、自由主义、本位主义、好人主义等"。[③] 为什么强调这一点呢？就是因为改革开放之后，不同程度地存在这样的问题。

改革开放前，由于一度提出"以阶级斗争为纲"，过分强调斗争哲学，导致极左思潮泛滥，对各种问题小题大做、无限上纲，严重抑制人们的积极性。党的十一届三中全会停止使用这个不适用于社会主义社会的口号，但"又出现了另一种倾向，即怕矛盾，怕斗争，怕得罪人"。[④] 甚至有些人面对走私猖獗、腐败成风、资产阶级自由化思潮泛滥、宗教极端势力和各种分裂势力的挑衅，也不敢理直气壮采取处置措施。针对这种情况，党的十八大以来，习近平总书记反复强调要提倡我们党一贯的坚持原则、敢于斗争的精神。他在党的十九大报告中指出："社会是在矛盾运动中前进的，有矛盾就会有斗争……必须进行具有许多新

[①] 《中共中央关于党的百年奋斗重大成就和历史经验的决议》，人民出版社2021年版，第43、43—44、44页。

[②] 《中共中央关于党的百年奋斗重大成就和历史经验的决议》，人民出版社2021年版，第53页。

[③] 《中共中央关于党的百年奋斗重大成就和历史经验的决议》，人民出版社2021年版，第28页。

[④] 《陈云文选》第3卷，人民出版社1995年版，第274页。

的历史特点的伟大斗争,任何贪图享受、消极懈怠、回避矛盾的思想和行为都是错误的。"①正因为如此,决议把"坚持敢于斗争"作为党的历史经验中"十个坚持"之一,并在结尾处突出强调,"必须保持越是艰险越向前的英雄气概,敢于斗争、善于斗争。"②

决议又指出,要"持之以恒纠治'四风',反对特权思想和特权现象,狠刹公款送礼、公款吃喝、公款旅游、奢侈浪费等不正之风,解决群众反映强烈、损害群众利益的突出问题。"③ 之所以强调这一点,也是因为改革开放后上述问题曾一度成风。

早在新中国成立前夕党的七届二中全会上,毛泽东就提醒全党,"因为胜利,党内的骄傲情绪,以功臣自居的情绪,停顿起来不求进步的情绪,贪图享乐不愿再过艰苦生活的情绪,可能生长",我们队伍中的意志薄弱者可能"经不起人们用糖衣裹着的炮弹的攻击"。④因此,务必继续保持谦虚、谨慎、不骄、不躁和艰苦奋斗的作风。为此,新中国成立后,党着重提出了执政条件下党的建设的重大课题,并接连开展整党整风,高度警惕并着力防范党员干部腐化变质,坚决惩治腐败,从而密切了党同人民群众的关系。但改革开放后,有人曲解思想解放的方针和对外开放、对内搞活的政策,提出"要在纪律上给干部松绑"等错误口号,致使一些人在思想上放松了拒腐防变的弦。正如陈云在1985年所指出的,"一说对外开放,对内搞活,有些党政军机关、党政军干部和干部子女,就蜂拥经商……其中相当一部分,同一些违法分子、不法外商互相勾结,互相利用。钻改革的空子,买空卖空,倒买倒卖,行贿受贿,走私贩私……等等丑事坏事,都出现了。'一切向钱看'的资本主义腐朽思想,正在严重地腐蚀我们的党风和社会风气。"⑤ 党在十八大前,虽然也不断采取措施整顿党风,但问题总是时起时伏,有的甚至愈演愈烈,由请客送礼发展到贪污巨款、买官卖官、批发官帽、明码标价。

正是针对这种现象,党中央在十八大后提出全面从严治党的方针,并采取雷霆手段,终于"刹住了一些过去被认为不可能刹住的歪风,纠治了一些多年未除的顽瘴痼疾,党风政风和社会风气为之一新"。决议总结的"十个坚持"的重要经验中,就有两个涉及党风问题:一曰"坚持人民至上",二曰"坚持自我革命"。决议强调,"党的最大政治优势是密切联系群众,党执政后的最大危险是脱离群众。党代表中国最广大人民根本利益,没有任何自己特殊的利益,从来不代表任何利益集团、任何权势团体、任何特权阶层的利益,这是党立

---

① 习近平:《决胜全面建成小康社会 夺取新时代中国特色社会主义伟大胜利——在中国共产党第十九次全国代表大会上的报告》(2017年10月18日),人民出版社2017年版,第15页。
② 《中共中央关于党的百年奋斗重大成就和历史经验的决议》,人民出版社2021年版,第74页。
③ 《中共中央关于党的百年奋斗重大成就和历史经验的决议》,人民出版社2021年版,第30页。
④ 《毛泽东选集》第4卷,人民出版社1991年版,第1438页。
⑤ 《陈云文选》第3卷,人民出版社1995年版,第355—356页。

于不败之地的根本所在";"党的伟大不在于不犯错误,而在于从不讳疾忌医……勇于自我革命。只要我们不断清除一切损害党的先进性和纯洁性的因素,不断清除一切侵蚀党的健康肌体的病毒,就一定能够确保党不变质、不变色、不变味。"① 以上论述,显然也是针对改革开放以来问题而作出的总结。

决议还指出,要"着力解决意识形态领域党的领导弱化问题,立破并举、激浊扬清";要"敢抓敢管、敢于斗争,旗帜鲜明反对和抵制各种错误观点"。② 之所以强调这个问题,是因为"中国在粉碎'四人帮'以后出现一种思潮,叫资产阶级自由化,崇拜西方资本主义国家的'民主'、'自由',否定社会主义"。自由化的思想"不仅社会上有,我们共产党内也有"。③ 后来,从这股思潮又引出历史虚无主义、新自由主义、民主社会主义、西方宪政、"普世价值"等错误思潮。在我们党与这些错误思潮的斗争中,有人歪曲邓小平提出的"不争论",把它说成在改革开放的方向等重大政治问题上也不要问"姓资姓社",并把同这些错误思潮进行的斗争扣上"搞争论""炒热"等帽子,使错误思潮在某些报刊尤其是在网络上一度畅行无阻、甚嚣尘上。

针对上述现象,习近平总书记在党的十八大后一再强调,不能用"不争论""不炒热""让说话"等理由替不作为开脱,更不能在有人同错误思潮斗争时袖手旁观,甚至"拉偏架",而要敢抓敢管,敢于亮剑。他指出,"坚持正面宣传为主,决不意味着放弃舆论斗争";对错误言论"不能默不作声,要及时反驳,让正确声音盖过它们。这与韬光养晦或不争论是两码事"。他说,"宣传思想阵地,我们不去占领,人家就会去占领。"各种敌对势力颠覆中国共产党领导和社会主义制度,"选中的一个突破口就是意识形态领域……历史和现实都警示我们,思想舆论阵地一旦被突破,其他防线就很难守得住。在意识形态领域斗争上,我们没有任何妥协、退让的余地,必须取得全胜",但"一些单位和党政干部政治敏感性、责任感不强,在重大意识形态问题上含含糊糊、遮遮掩掩,助长了错误思潮的扩散"。他要求:"各级党委和宣传思想部门、组织部门、教育部门要加强领导和管理,党报党刊党网、党政干部院校、大专院校要强化政治意识、责任意识,在重大问题上与党中央保持高度一致,绝不允许与中央唱反调,绝不允许吃共产党的饭、砸共产党的锅。""宣传思想战线的同志要当战士、不当绅士,不做'骑墙派'和'看风派',不能搞爱惜羽毛那一套。宣传思想战线的同志要履行好自己的神圣职责和光荣使命,以战斗的姿态、战士的担当,积极投

---

① 《中共中央关于党的百年奋斗重大成就和历史经验的决议》,人民出版社2021年版,第31、66、70、66、70页。
② 《中共中央关于党的百年奋斗重大成就和历史经验的决议》,人民出版社2021年版,第44页。
③ 《邓小平文选》第3卷,人民出版社1993年版,第123、124页。

身宣传思想领域斗争一线。"① 他还说，对政治性、原则性、导向性问题，不仅必须旗帜鲜明、敢抓敢管，对出现偏差和错误的不仅要严肃批评、严肃处理，而且，"对发出正义声音而受到围攻的媒体和新闻舆论工作者要坚决力挺"。针对网上斗争的问题，他明确指出："互联网已经成为舆论斗争的主战场……在互联网这个战场上，我们能否顶得住、打得赢，直接关系我国意识形态安全和政权安全"，"过不了互联网这一关，就过不了长期执政这一关。党管媒体，不能说只管党直接掌握的媒体。"②

为贯彻习近平总书记有关意识形态工作的一系列指示精神，党中央先后召开了全国宣传思想工作会议和文艺工作、党的新闻舆论工作、网络安全和信息化工作、哲学社会科学工作座谈会以及全国高校思想政治工作会议，就一系列根本性问题阐明了原则立场，廓清了理论是非，校正了工作导向。同时，推动理想信念教育常态化，完善思想政治工作体系，建立健全党和国家功勋荣誉表彰制度，建立烈士纪念日，推动学习"四史"等。可见，决议有关党的十八大后意识形态领域工作的经验总结，同样是有的放矢的。

3. 通过肯定正确做法的方式表明需要解决的问题

决议反复强调，必须坚定理想信念。决议指出："马克思主义信仰、共产主义远大理想、中国特色社会主义共同理想，是中国共产党人的精神支柱和政治灵魂，也是保持党的团结统一的思想基础。"又指出："共产党人如果没有理想信念，精神上就会'缺钙'，就会得'软骨病'，必然导致政治上变质、经济上贪婪、道德上堕落、生活上腐化。"③ 为什么强调这些呢？就是因为改革开放以来，有些人认为"共产主义遥遥无期"，主张今后要"少讲甚至不讲共产主义"，只讲中国特色社会主义就行了。有人甚至提出，为了使资本家放心，最好把共产党的名字改一下，比如叫人民党、劳动党、社会党等。受此影响，舆论界出现了一种怪现象，似乎谁讲共产主义谁就是"左"，就是反对改革，以至在报刊、广播、电视等宣传媒体中，"共产主义"几个字几乎绝迹。

针对怕讲共产主义的问题，习近平总书记在党的十八大后旗帜鲜明地指出："在我们党员、干部队伍中，信仰缺失是一个需要引起高度重视的问题。在一些人那里，有的以批评和嘲讽马克思主义为'时尚'、为噱头；有的精神空虚，认为共产主义是虚无缥缈的幻想，'不问苍生问鬼神'，热衷于算命看相、求神拜佛，迷信'气功大师'；有的信念动摇，把配偶子女移民到国外、钱存在国外，给自己'留后路'，随时准备'跳船'；有的心为物役，信奉金钱至上、名利至上、享乐至上，心里没有任何敬畏，行为没有任何底线。"他强调：

---

① 《习近平关于社会主义文化建设论述摘编》，中央文献出版社 2017 年版，第 27、209、30、37、35、36、45 页。

② 《习近平关于社会主义文化建设论述摘编》，中央文献出版社 2017 年版，第 49—50、28—29、42 页。

③ 《中共中央关于党的百年奋斗重大成就和历史经验的决议》，人民出版社 2021 年版，第 31 页。

"社会主义是共产主义初级阶段，共产主义是我们的最高理想。我们现在做的是社会主义初级阶段的事情，但不能忘记初衷，不能忘了我们的最高奋斗目标。在这个问题上，不要含糊其辞、语焉不详。含糊其辞、语焉不详是理想信念模糊甚至动摇的一种表现，好像这个东西太遥远，我们也拿不准，所以就不愿提及了。眼前的事情，我们看得到，所以敢提，社会主义初级阶段敢提，'两个一百年'敢提，全面建成小康社会2020年就能实现了，看得挺准，更敢提。我觉得，作为党章明确规定的内容，作为我们党一贯明确坚持的理想，我们要坚定信念，坚信它是具有科学性的。如果觉得心里不踏实，就去钻研经典著作，《共产党宣言》多看几遍。"①

针对"共产主义遥遥无期"的观点，习近平总书记在纪念陈云同志诞辰110周年座谈会上的讲话中，特别引用陈云的话说："共产主义遥遥有期，社会主义就是共产主义的第一阶段。"② 习近平总书记指出："我们党以马克思主义为立党之本，以实现共产主义为最高理想，以全心全意为人民服务为根本宗旨。这就是共产党人的本。没有了这些，就是无本之木。我们整个道路、理论、制度的逻辑关系就在这里……改革开放以来，我们党带领全国各族人民开创和发展中国特色社会主义道路、中国特色社会主义理论体系、中国特色社会主义制度，都源于这个理想信念。立忠诚笃信之志，就是要坚定这个理想信念。"③

针对"既然实现共产主义是很漫长的过程，为什么共产党员还要为之奋斗"的问题，习近平总书记说："实现共产主义是我们共产党人的最高理想，而这个最高理想是需要一代又一代人接力奋斗的。如果大家都觉得这是看不见摸不着的东西，没有必要为之奋斗和牺牲，那共产主义就真的永远实现不了了。我们现在坚持和发展中国特色社会主义，就是向着最高理想所进行的实实在在努力。"④ 他还说：在党的历史中，"一代又一代共产党人为了追求民族独立和人民解放，不惜流血牺牲，靠的就是一种信仰，为的就是一个理想。尽管他们也知道，自己追求的理想并不会在自己手中实现，但他们坚信，只要一代又一代人为之持续努力，一代又一代人为此作出牺牲，崇高的理想就一定能实现。"⑤

针对"要给共产党改名"的鼓噪，习近平总书记指出："国内外各种敌对势力，总是企图让我们党改旗易帜、改名换姓，其要害就是企图让我们丢掉对马克思主义的信仰，丢掉对社会主义、共产主义的信念。而我们有些人甚至党内有的同志却没有看清这里面暗藏的玄机，认为西方'普世价值'经过了几百年，为什么不能认同？西方一些政治话语为什么不

---

① 《习近平关于全面从严治党论述摘编》，中央文献出版社2021年版，第162、168页。
② 习近平：《在纪念陈云同志诞辰110周年座谈会上的讲话》，人民出版社2015年版，第6页。
③ 《习近平关于全面从严治党论述摘编》，中央文献出版社2021年版，第163—164页。
④ 《十八大以来重要文献选编》（中），中央文献出版社2016年版，第321页。
⑤ 《十八大以来重要文献选编》（上），中央文献出版社2014年版，第116页。

能借用？接受了我们也不会有什么大的损失，为什么非要拧着来？"① 他说："中国共产党之所以叫共产党，就是因为从成立之日起我们党就把共产主义确立为远大理想。我们党之所以能够经受一次次挫折而又一次次奋起，归根到底是因为我们党有远大理想和崇高追求。"②

正是由于总结了过去在对待理想信念方面的经验教训，党的十八大以来，全党连续开展了党的群众路线教育实践活动、"三严三实"专题教育、"两学一做"学习教育、"不忘初心、牢记使命"主题教育，以及党史学习教育等集中教育活动。这些教育活动虽然各有侧重，但中心都是为了增进广大党员的理想信念。为此，决议鲜明指出，"世界范围内社会主义和资本主义两种意识形态、两种社会制度的历史演进及其较量发生了有利于社会主义的重大转变"；我们要"站在历史正确的一边，站在人类进步的一边"；领导干部要"解决好世界观、人生观、价值观这个'总开关'问题"，"全党要牢记中国共产党是什么、要干什么这个根本问题，把握历史发展大势，坚定理想信念，牢记初心使命。"③

决议还强调，必须端正改革的正确方向。决议指出，要"坚持改革正确方向，以促进社会公平正义、增进人民福祉为出发点和落脚点"，"必须使中国特色社会主义政治制度深深扎根于中国社会土壤，照抄照搬他国政治制度行不通，甚至会把国家前途命运葬送掉"，"必须警惕和防范西方所谓'宪政'、多党轮流执政、'三权鼎立'等政治思潮的侵蚀影响。"重申要"毫不动摇坚持四项基本原则，坚决排除各种干扰，从容应对关系我国改革发展稳定全局的一系列风险考验"；强调"实践发展永无止境，解放思想永无止境，改革开放也永无止境，改革只有进行时、没有完成时，停顿和倒退没有出路，必须以更大的政治勇气和智慧推进全面深化改革。"④ 为什么强调这些呢？也是因为，改革开放以来，一些人在体制改革问题上宣扬所谓"改革开放无方向论""政治体制滞后论"等错误观点。

针对"改革无所谓这个方向那个方向"的谬论，习近平总书记在党的十八大后多次指出，"我们的改革开放是有方向、有立场、有原则的。我们当然要高举改革旗帜，但我们的改革是在中国特色社会主义道路上不断前进的改革。"他强调："不能笼统地说中国改革在某个方面滞后。在某些方面、某个时期，快一点、慢一点是有的，但总体上不存在中国改革哪些方面改了，哪些方面没有改。问题的实质是改什么、不改什么，有些不能改的，再过多长时间也是不改。我们不能邯郸学步。世界在发展，社会在进步，不实行改革开放死路一

---

① 习近平：《在全国党校工作会议上的讲话》，人民出版社2016年版，第8页。
② 习近平：《在庆祝中国共产党成立95周年大会上的讲话》，人民出版社2016年版，第10页。
③ 《中共中央关于党的百年奋斗重大成就和历史经验的决议》，人民出版社2021年版，第63—64、68、32、72页。
④ 《中共中央关于党的百年奋斗重大成就和历史经验的决议》，人民出版社2021年版，第37、39、39、20、37页。

条，搞否定社会主义方向的'改革开放'也是死路一条。"① 在庆祝改革开放40周年大会上的讲话中，他更加掷地有声地讲道："牢牢把握改革开放的前进方向。改什么、怎么改必须以是否符合完善和发展中国特色社会主义制度、推进国家治理体系和治理能力现代化的总目标为根本尺度，该改的、能改的我们坚决改，不该改的、不能改的坚决不改。我们要坚持党的基本路线，把以经济建设为中心同坚持四项基本原则、坚持改革开放这两个基本点统一于新时代中国特色社会主义伟大实践，长期坚持，决不动摇。"②

针对有人散布"'市场经济'前面不必加'社会主义'"的谬论，习近平总书记指出："我们是在中国共产党领导和社会主义制度的大前提下发展市场经济，什么时候都不能忘了'社会主义'这个定语。之所以说是社会主义市场经济，就是要坚持我们的制度优越性，有效防范资本主义市场经济的弊端"③；"如果不能给老百姓带来实实在在的利益，如果不能创造更加公平的社会环境，甚至导致更多不公平，改革就失去意义，也不可能持续。"④

关于市场与政府、民营与国有、资本与劳动、效率与公平的关系问题，决议也作出了一系列论断，指出要"使市场在资源配置中起决定性作用，更好发挥政府作用"；要"支持国有资本和国有企业做强做优做大"；要"构建亲清政商关系，促进非公有制经济健康发展和非公有制经济人士健康成长"；要"强化市场监管和反垄断规制，防止资本无序扩张"；要"保护广大劳动者和消费者权益"；要"努力建设体现效率、促进公平的收入分配体系，调节过高收入，取缔非法收入，增加低收入者收入，稳步扩大中等收入群体。"⑤ 之所以强调这些，同样都是有针对性的。

改革开放以来，受新自由主义思潮影响，有人提出"宏观调控仍然残留计划经济的痕迹"，"今后政府只要做好市场服务就行了"，主张所谓"大市场、小政府"；还有人说"公有制效率低""公有制与市场经济不相容""应当以民营经济为主体"，鼓吹"国有企业早晚要卖，晚卖不如早卖"，要"把国有资产量化到个人"；甚至主张"分配差距要进一步拉大"，反对在社会主义初级阶段提"共同富裕"的口号。针对上述错误观点，习近平总书记斩钉截铁地提出："市场起决定性作用，是从总体上讲的，不能盲目绝对讲市场起决定性作用，而是既要使市场在配置资源中起决定性作用，又要更好发挥政府作用"⑥；"市场在资源

---

① 《习近平关于全面深化改革论述摘编》，中央文献出版社2014年版，第14、15页。
② 《习近平谈治国理政》第3卷，外文出版社2020年版，第184页。
③ 《习近平关于社会主义经济建设论述摘编》，中央文献出版社2017年版，第64页。
④ 《十八大以来重要文献选编》（上），中央文献出版社2014年版，第552—553页。
⑤ 《中共中央关于党的百年奋斗重大成就和历史经验的决议》，人民出版社2021年版，第25、35、35、35、36、48—49页。
⑥ 《习近平关于社会主义经济建设论述摘编》，中央文献出版社2017年版，第57—58页。

配置中起决定性作用，并不是起全部作用"①；"使市场在资源配置中起决定性作用和更好发挥政府作用，二者是有机统一的，不是相互否定的，不能把二者割裂开来、对立起来"；"在市场作用和政府作用的问题上，要讲辩证法、两点论，'看不见的手'和'看得见的手'都要用好，努力形成市场作用和政府作用有机统一、相互补充、相互协调、相互促进的格局，推动经济社会持续健康发展。"② 针对政府对市场要少管甚至不管的主张，他指出："政府要切实履行好服务职能，这是毫无疑义的，但同时也不要忘了政府管理职能也很重要，也要履行好，只讲服务不讲管理也不行，寓管理于服务之中是讲管理的，管理和服务不能偏废，政府该管的不仅要管，而且要切实管好。"③

对于还要不要坚持"以公有制为主体、国有经济为主导"的问题，习近平总书记明确回答："国有企业是壮大国家综合实力、保障人民共同利益的重要力量，必须理直气壮做强做优做大，不断增强活力、影响力、抗风险能力，实现国有资产保值增值……坚决防止国有资产流失。"④ "不能在一片改革声浪中把国有资产变成谋取暴利的机会"⑤ "深化国企改革是篇大文章" "国有企业不仅不能削弱，还要加强。"⑥ 在全国国有企业党的建设工作会议上，他再次强调："国有企业是中国特色社会主义的重要物质基础和政治基础，是我们党执政兴国的重要支柱和依靠力量。"⑦

对于分配问题，习近平总书记说，当前"分配不公问题比较突出，收入差距、城乡区域公共服务水平差距较大。在共享改革发展成果上，无论是实际情况还是制度设计，都还有不完善的地方"，必须"使全体人民朝着共同富裕方向稳步前进，绝不能出现'富者累巨万，而贫者食糟糠'的现象"。⑧ 针对有人反对在社会主义初级阶段强调共同富裕的言论，他明确回答："我国正处于并将长期处于社会主义初级阶段，我们不能做超越阶段的事情；但也不是说在逐步实现共同富裕方面就无所作为，而是要根据现有条件把能做的事情尽量做起来，积小胜为大胜，不断朝着全体人民共同富裕的目标前进。"⑨ 他告诫人们，人心向背

---

① 《习近平关于全面深化改革论述摘编》，中央文献出版社2014年版，第57页。
② 《习近平谈治国理政》，外文出版社2014年版，第117、116页。
③ 《习近平关于全面深化改革论述摘编》，中央文献出版社2014年版，第54页。
④ 《理直气壮做强做优做大国有企业 尽快在国企改革重要领域和关键环节取得新成效》，《人民日报》2016年7月5日。
⑤ 《习近平：不能在一片改革声浪中把国有资产变成谋取暴利的机会》，http://www.xinhuanet.com/politics/2014-03/09/c_119679886.htm。
⑥ 缪毅容、谈燕：《"三年多没去上海了，看到大家，很亲切"——习近平总书记参加上海代表团审议侧记》，《解放日报》2014年3月6日。
⑦ 《习近平谈治国理政》第2卷，外文出版社2017年版，第175页。
⑧ 《十八大以来重要文献选编》（中），中央文献出版社2016年版，第827页。
⑨ 《十八大以来重要文献选编》（下），中央文献出版社2018年版，第169页。

并不仅仅决定于经济发展。"发展了，还有共同富裕问题。物质丰富了，但发展极不平衡，贫富悬殊很大，社会不公平，两极分化了，能得人心吗？"①

显而易见，决议强调"毫不动摇巩固和发展公有制经济，毫不动摇鼓励、支持、引导非公有制经济发展"，要推动"全体人民共同富裕取得更为明显的实质性进展"②，都是从上述经验总结中得出的重要结论。

总之，我们要弄清党的第三个历史决议的时代特色，固然要从历史研究的角度分析决议文本。然而，仅仅这样还不够，还应当从哲学的视角、在理论的高度，进行思考和理解。

唯物辩证法中有一个重要规律叫否定之否定，意思是任何事物都包含有肯定和否定两个方面，由于双方的矛盾作用，当否定一方占据支配地位时，事物便会由肯定方面转化为对自身的否定，然后又会有新的否定对前一个否定进行否定。但是，每次否定都不是简单的抛弃，而是扬弃，即只否定原有肯定部分中的消极因素，而保留其积极因素，以实现事物的自我更新和发展。恩格斯说，否定之否定"是自然界、历史和思维的一个极其普遍的、因而极其广泛地起作用的、重要的发展规律"。③ 根据这一规律，任何事物的前进都不可能是直线式的，而只能是螺旋式的上升。马克思曾借用黑格尔的术语，把历史的前进概括为正题、反题、合题的过程，称这"是否定的否定，是对立面的统一"。④ 因此，从哲学视角思考并用哲学语言表达，可以把改革开放前的29年看成一个"肯定"或"正题"，把改革开放后到党的十八大召开前的34年看成一个"否定"或"反题"，把党的十八大以来看成"否定"后的"否定"，即新的"肯定"，或"正题"和"反题"之后的"合题"。就是说，从哲学上理解，无论是中国特色社会主义进入新时代，还是新中国史开始了新时期，都表明历史的螺旋式上升运动，达到了在继承中发展的新高度。从这个视角看待党的第三个历史决议的时代特色，就会更加深刻地理解习近平总书记关于决议"体现了党中央对党的百年奋斗的新认识"⑤ 的论述。用这种新认识作指导，新中国史的研究和宣传教育就会向深度和广度继续进军，进而反过来，为中国特色社会主义事业提供更多有价值的历史启迪和经验，使广大群众特别是青年进一步增强新中国的历史自信和中国特色社会主义的"四个自信"。

参考文献

[1]《马克思恩格斯选集》第3卷，人民出版社2012年版。

---

① 习近平：《做焦裕禄式的县委书记》，中央文献出版社2015年版，第35页。
② 《中共中央关于党的百年奋斗重大成就和历史经验的决议》，人民出版社2021年版，第35、24页。
③ 《马克思恩格斯选集》第3卷，人民出版社2012年版，第519—520页。
④ 《马克思恩格斯选集》第1卷，人民出版社2012年版，第255—256页。
⑤ 习近平：《关于〈中共中央关于党的百年奋斗重大成就和历史经验的决议〉的说明》，《人民日报》2021年11月17日。

[2]《邓小平文选》第3卷,人民出版社1993年版。

[3]《陈云文选》第3卷,人民出版社1995年版。

[4]《习近平谈治国理政》,外文出版社2014年版。

[5]《中共中央关于党的百年奋斗重大成就和历史经验的决议》,人民出版社2021年版。

（原载于《马克思主义研究》2022年第1期）

党的第三个历史决议的正确党史观和理论品质

宋月红

当代中国研究所　中国社会科学院大学

中国共产党矢志践行初心使命，在百年奋斗中不断推进马克思主义中国化，团结带领人民艰辛探索、不懈奋斗，以伟大自我革命引领伟大社会革命，在奋斗中发展壮大、在奋斗中赢得胜利，书写了中国人民、中华民族发展史上最恢宏、最壮丽的奋斗史诗。一切伟大成就都是接续奋斗的结果，一切伟大事业都需要在继往开来中推进。在踏上向第二个百年奋斗目标迈进的新征程之际，党的十九届六中全会通过了《中共中央关于党的百年奋斗重大成就和历史经验的决议》，这是党的百年历史上的第三个历史决议。决议坚持唯物史观和正确党史观，全面总结党从胜利走向胜利的伟大历史进程、为国家和人民建立的伟大历史功绩，系统总结党的百年奋斗的历史意义和历史经验。科学回答"过去我们为什么能够成功""未来我们怎样才能继续成功"[1]，深刻阐明"两个确立"对新时代党和国家事业发展、对推进中华民族伟大复兴历史进程具有决定性意义。在历史与现实、理论与实践的结合上推动全党进一步统一思想、统一意志、统一行动，始终牢记中国共产党是什么、要干什么这个根本问题，在新时代更加坚定、更加自觉地坚持和发展中国特色社会主义。

正确党史观对第三个历史决议的思想理论指导

历史是最好的教科书。欲知大道，必先为史。欲有一个正确的世界观和人生观，必先有一个正确的历史观，进而才能更好地以史为鉴、开创未来。马克思主义以辩证唯物主义和历史唯物主义的世界观与方法论认识世界、改造世界，科学揭示人类社会发展规律。中国共产党自诞生之日起，就高举起马克思主义的伟大旗帜，把马克思主义作为立党立国、兴党强国的根本指导思想，认识中国和世界，认识历史、总结经验和把握规律。对于党的历史发展，1942年3月，毛泽东在中央学习组的讲话中指出："如果不把党的历史搞清楚，不把党在历

---

[1] 《中共中央关于党的百年奋斗重大成就和历史经验的决议》，《人民日报》2021年11月17日。本文以下引文除特殊说明外，均引自此处，不再一一注明。

史上所走的路搞清楚，便不能把事情办得更好。"① 在党的历史认识论和方法论的基础上，党的六届七中全会通过了《关于若干历史问题的决议》，有力地推进了马克思主义中国化和中国革命事业的发展。历史越向前发展，总结历史经验就越重要。党的十一届三中全会开启改革开放，是在党的历史上具有深远意义的伟大转折。改革开放新时期，1987年5月，邓小平会见荷兰首相吕德·吕贝尔斯，在介绍中国共产党的历史后说："历史上成功的经验是宝贵财富，错误的经验、失败的经验也是宝贵财富。这样来制定方针政策，就能统一全党思想，达到新的团结。这样的基础是最可靠的。"② 在党的历史认识论和方法论不断丰富发展的推动下，党的十一届六中全会通过了《关于建国以来党的若干历史问题的决议》，总结社会主义革命和建设的历史经验，正确评价毛泽东的历史地位，坚持和发展毛泽东思想，指导和推进改革开放与社会主义现代化建设向前发展。

开创、坚持和发展中国特色社会主义，特别是中国特色社会主义进入新时代，在习近平新时代中国特色社会主义思想的指导下，中国共产党深入总结在中国革命、建设和改革中创造的理论成果、取得的伟大历史性成就、积累的丰富历史经验、铸就的伟大精神。深刻阐明党的百年奋斗为中国人民、中华民族作出的伟大贡献，充分彰显马克思主义中国化的科学伟力，坚定历史自觉、增强历史自信，为全面建成社会主义现代化强国、实现中华民族伟大复兴而勇毅前行、砥砺奋进。

党的历史是最生动、最有说服力的教科书。习近平总书记反复强调学习党的历史的重要性和必要性，对党史学习提出了一系列明确要求。党的百年历史，就是一部践行党的初心使命的历史，就是一部党与人民心连心、同呼吸、共命运的历史。学习党的历史，是坚持和发展中国特色社会主义、把党和国家各项事业继续推向前进的必修课，这门功课不仅必修，而且必须修好。我们要坚持用唯物史观来认识历史，坚持实事求是的思想路线，分清主流和支流，坚持真理，修正错误，发扬经验，吸取教训。

2021年2月，习近平总书记在党史学习教育动员大会上的重要讲话中明确提出："要树立正确党史观"，"坚持以我们党关于历史问题的两个决议和党中央有关精神为依据，准确把握党的历史发展的主题主线、主流本质，正确认识和科学评价党史上的重大事件、重要会议、重要人物。要实事求是看待党史上的一些重大问题，既不能因为成就而回避失误和曲折，也不能因为探索中的失误和曲折而否定成就。要旗帜鲜明反对历史虚无主义，加强思想引导和理论辨析，澄清对党史上一些重大历史问题的模糊认识和片面理解，更好正本清源、固本培元。"③ 实现中华民族伟大复兴，是中华民族近代以来最伟大的梦想。7月，习近平总

---

① 《毛泽东文集》第2卷，人民出版社1993年版，第399页。
② 《邓小平年谱（1975—1997）》下卷，中央文献出版社2004年版，第1188页。
③ 习近平：《在党史学习教育动员大会上的讲话》，《求是》2021年第7期。

书记在庆祝中国共产党成立100周年大会上的重要讲话中指出:"一百年来,中国共产党团结带领中国人民进行的一切奋斗、一切牺牲、一切创造,归结起来就是一个主题:实现中华民族伟大复兴。"①历史的发展表明,一百年来,党团结带领人民接续奋斗,创造了彪炳中华民族发展史、世界社会主义发展史、人类社会发展史的奇迹,为实现中华民族伟大复兴建立了不朽功业。围绕这一鲜明历史发展主题,党将十九届六中全会的中心议题确定为全面总结党的百年奋斗重大成就和历史经验。

总结历史、把握规律、坚定信心、走向未来。为总结好党走过的光辉历程、党团结带领人民取得的辉煌成就、党推进革命建设改革的宝贵经验、党的十八大以来党和国家事业砥砺奋进的理论与实践,以习近平同志为核心的党中央提出了"三要"的基本原则。这就是:一要坚持辩证唯物主义和历史唯物主义的方法论,用具体历史的、客观全面的、联系发展的观点来看待党的历史;二要坚持正确党史观、树立大历史观,准确把握党的历史发展的主题主线、主流本质,正确对待党在前进道路上经历的失误和曲折,从成功中吸取经验,从失误中吸取教训,不断开辟走向胜利的道路;三要旗帜鲜明反对历史虚无主义,加强思想引导和理论辨析,澄清对党史上一些重大历史问题的模糊认识和片面理解,更好正本清源。②

第三个历史决议是新时代中国共产党人牢记初心使命、坚持和发展中国特色社会主义的政治宣言,是以史为鉴、开创未来、实现中华民族伟大复兴的行动指南。第三个历史决议同党的前两个历史决议既一脉相承又与时俱进,其鲜明特点是实事求是、尊重历史,贯通历史、现在、未来,全面反映党的百年奋斗的初心使命和党对中国、对人类作出的历史性贡献,深刻体现党的十八大以来党中央关于党的历史的新认识,具有重大的历史意义和现实指导意义。

第三个历史决议科学揭示、全面展现党的各个历史时期的主要任务、鲜明主题、伟大实践和光明前景

历史在人民的探索和奋斗中造就了中国共产党,中国共产党领导人民又铸就了新的历史辉煌。党从成立之日起,就把为共产主义、社会主义而奋斗确定为自己的纲领,矢志践行为中国人民谋幸福、为中华民族谋复兴的初心使命。党的百年奋斗从根本上改变了中国人民的前途命运,开辟了实现中华民族伟大复兴的正确道路,中华民族伟大复兴展现出前所未有的光明前景。

---

① 习近平:《在庆祝中国共产党成立100周年大会上的讲话》,《人民日报》2021年7月2日。
② 习近平:《关于〈中共中央关于党的百年奋斗重大成就和历史经验的决议〉的说明》,《求是》2021年第23期。

历史是在社会矛盾运动中生成和发展的，党的百年奋斗历程是在近代以来中国社会基本矛盾和主要矛盾的深刻变动中接续推进的。党历经艰辛探索、顽强奋斗，为了什么，干了什么，创造了什么，成就了什么，生动反映在中国革命、建设和改革的伟大实践之中，深刻蕴含在以自我革命推动伟大社会革命之中。第三个历史决议以实现中华民族伟大复兴为总主题，坚持历史发展的阶段性与连续性的统一，将党的百年奋斗进一步明确为新民主主义革命时期、社会主义革命和建设时期、改革开放和社会主义现代化建设新时期与中国特色社会主义新时代。根据每个历史时期的社会矛盾运动和党面临的主要任务，从党的历史发展的主题与主线、主流与本质，鲜明指出党团结带领全国各族人民为争取民族独立、人民解放和实现国家富强、人民幸福而不懈奋斗，一切都是为了实现中华民族伟大复兴：反对帝国主义、封建主义、官僚资本主义，争取民族独立、人民解放，为实现中华民族伟大复兴创造根本社会条件；实现从新民主主义到社会主义的转变，进行社会主义革命，推进社会主义建设，为实现中华民族伟大复兴奠定根本政治前提和制度基础；继续探索中国建设社会主义的正确道路，解放和发展社会生产力，使人民摆脱贫困、尽快富裕起来，为实现中华民族伟大复兴提供充满新的活力的体制保证和快速发展的物质条件；实现第一个百年奋斗目标，开启实现第二个百年奋斗目标新征程，朝着实现中华民族伟大复兴的宏伟目标继续前进。

第三个历史决议聚焦于总结党的百年奋斗重大成就和历史经验，基于党的前两个历史决议系统总结了党在新民主主义革命时期、社会主义革命和建设时期、党的十一届三中全会到十一届六中全会期间的历史，基本解决了建党到改革开放之初党的历史上的重大是非问题，而且其基本论述和结论至今仍然适用；基于改革开放以来党和国家事业发展总体上是顺利的，前进方向是正确的，取得的成就是举世瞩目的。党中央在十一届三中全会召开20周年、30周年、40周年时，总结了改革开放和社会主义现代化建设新时期的成就和经验。习近平总书记在庆祝中国共产党成立95周年大会、庆祝中国人民解放军建军90周年大会、庆祝中华人民共和国成立70周年大会特别是庆祝中国共产党成立100周年大会等重要会议上，对党的历史做了系统总结和论述。第三个历史决议把中国特色社会主义新时代作为重点加以突出，并充分体现对党的百年奋斗的新认识。为此，第三个历史决议深入阐述中国特色社会主义新时代这一我国发展新的历史方位。从坚持党的全面领导、全面从严治党、经济建设、全面深化改革开放、政治建设、全面依法治国、文化建设、社会建设、生态文明建设、国防和军队建设、维护国家安全、坚持"一国两制"和推进祖国统一、外交工作13个方面，分领域总结新时代党和国家事业取得的历史性成就、发生的历史性变革，特别是重点总结了中国特色社会主义新时代的原创性思想、变革性实践、突破性进展、标志性成果，为实现中华民族伟大复兴提供了更为完善的制度保证、更为坚实的物质基础、更为主动的精神力量。

第三个历史决议深刻阐述了党的百年奋斗与实现中华民族伟大复兴的历史逻辑、理论逻辑和实践逻辑，深刻彰显党在各个时期为实现中华民族伟大复兴进行的顽强奋斗、作出的重大成就和历史性贡献，是在继承与发展的基础上波浪式前进、螺旋式上升的，实现中华民族伟大复兴进入了不可逆转的历史进程。

第三个历史决议深刻阐明、集中彰显党百年奋斗的壮阔道路、伟大成就、历史意义和宝贵经验

在人类社会发展中，道路决定命运。一个国家、一个政党进行什么样的社会革命，实行什么样的社会制度，推动什么样的社会发展，无不决定于走什么样的道路。第三个历史决议指出："党在百年奋斗中始终坚持从我国国情出发，探索并形成符合中国实际的正确道路。"一百年来，党与人民心心相印、同甘共苦、团结奋斗，不断从胜利走向胜利，推动中国特色社会主义道路越走越宽广。历史发展的真谛就在于不断推进马克思主义中国化时代化，从中国国情出发，胸怀天下，结合历史与现实、理论与实践、国内与国际，坚定不移走自己的路。走自己的路，是党的全部理论和实践立足点，更是党百年奋斗得出的历史结论。

马克思主义政党在自我革命推动社会革命中之所以要走自己的路，是由其性质、宗旨和使命所决定的，是由其以辩证唯物主义和历史唯物主义的基本立场、观点和方法认识世界与改造世界所作出的必然选择。马克思、恩格斯在《给奥·倍倍尔、威·李卜克内西、威·白拉克等人的通告信》中指出："1848 年以资产阶级民主派面目出现的人，现在同样可以自命为社会民主党人。正如民主共和国对前者来说是遥遥无期的一样，资本主义制度的垮台对后者来说也是遥遥无期的，因此对当前的政治实践是毫无意义的；人们可以尽情地和解、妥协和大谈其博爱。""正是这些人在 1848 年和 1849 年由于自己害怕任何行动而每一步都阻碍了运动，终于使运动遭到失败；正是这些人从来看不到反动派，而后来又十分惊奇地发现他们自己终于陷入既无法抵抗又无法逃脱的绝境；正是这些人想把历史禁锢在他们的狭隘的庸人眼界之内，但是历史每一次都毫不理睬他们而走自己的路。"① 1918 年 4 月，列宁在《苏维埃政权的当前任务》中说："只有毫不动摇地走自己的路，在最困难、最艰苦、最危险的转变时刻也不灰心失望的阶级，才能领导被剥削劳动群众。我们不需要狂热。我们需要的是无产阶级铁军的匀整的步伐。"② 中国共产党在中国人民和中华民族的伟大觉醒中，在马克思列宁主义同中国工人运动的紧密结合中应运而生，在进行中国革命、建设和改革的伟大事业中不断推进马克思主义中国化。

1938 年 10 月，毛泽东在扩大的中共六届六中全会上的政治报告《论新阶段》中指出：

---

① 《马克思恩格斯选集》第 3 卷，人民出版社 1995 年版，第 683—684 页。
② 《列宁全集》第 34 卷，人民出版社 2017 年版，第 188 页。

"马克思列宁主义的伟大力量,就在于它是和各个国家具体的革命实践相联系的。对于中国共产党说来,就是要学会把马克思列宁主义的理论应用于中国的具体的环境。成为伟大中华民族的一部分而和这个民族血肉相联的共产党员,离开中国特点来谈马克思主义,只是抽象的空洞的马克思主义。因此,使马克思主义在中国具体化,使之在其每一表现中带着必须有的中国的特性,即是说,按照中国的特点去应用它"。[①] 党充分尊重中国的实际,一切从实际出发,取得了新民主主义革命的胜利,成立中华人民共和国。实践充分说明,历史和人民选择了中国共产党,没有中国共产党的领导,民族独立、人民解放是不可能实现的。党团结带领全国各族人民进行社会主义革命和建设,在探索中尽管出现了失误、曲折乃至"文化大革命"的严重错误,但党结合新的实际丰富和发展毛泽东思想,提出了社会主义社会是一个很长的历史阶段,严格区分与正确处理敌我矛盾和人民内部矛盾,正确处理我国社会主义建设的十大关系,走出一条适合我国国情的工业化道路,尊重价值规律等关于社会主义建设的一系列重要思想。党在社会主义革命和建设中取得的独创性理论成果和巨大成就,为在新的历史时期开创中国特色社会主义提供了宝贵经验、理论准备、物质基础。改革开放和社会主义现代化建设新时期,党围绕什么是社会主义、怎样建设社会主义,建设什么样的党、怎样建设党,新形势下实现什么样的发展、怎样发展,继续探索中国建设社会主义的正确道路,深刻揭示社会主义本质,确立和坚持社会主义初级阶段的基本路线。明确提出走自己的路、建设中国特色社会主义,开创了中国特色社会主义,把中国特色社会主义推向了 21 世纪,并在新形势下坚持和发展了中国特色社会主义。中国特色社会主义道路是指引中国发展繁荣的正确道路,中国大踏步赶上了时代。

中国特色社会主义新时代,以习近平同志为核心的党中央统筹把握中华民族伟大复兴战略全局和世界百年未有之大变局,明确坚持和发展中国特色社会主义,总任务是实现社会主义现代化和中华民族伟大复兴。在全面建成小康社会的基础上,分两步走,在 21 世纪中叶建成富强民主文明和谐美丽的社会主义现代化强国,以中国式现代化推进中华民族伟大复兴。目前,全面建成小康社会目标已如期实现,党和国家事业取得历史性成就、发生历史性变革,中华民族迎来了从站起来、富起来到强起来的伟大飞跃。

党在中国革命、建设和改革事业中,探索并形成符合中国实际的新民主主义革命道路、社会主义革命和建设道路、中国特色社会主义道路。第三个历史决议根据中国国情变化和不断进行的新的伟大实践,深刻阐明这些道路根植于中国大地、反映人民意愿,适应中国和时代发展进步要求,具有深厚历史根基、现实基础和历史必然性,是党经过艰苦探索、付出巨大牺牲走出来、在奋斗中拓展开来的。党在新民主主义时期开辟了农村包围城市、武装夺取

---

① 《毛泽东选集》第 2 卷,人民出版社 1991 年版,第 534 页。

政权的正确革命道路，创造了新民主主义革命的伟大成就；在社会主义革命和建设时期，自力更生、发愤图强，探索中国建设社会主义的正确道路，创造了社会主义革命和建设的伟大成就，实现了中华民族有史以来最为广泛而深刻的社会变革，实现了一穷二白、人口众多的东方大国大步迈进社会主义社会的伟大飞跃；在改革开放和社会主义现代化建设新时期，解放思想、锐意进取，创造了改革开放和社会主义现代化建设的伟大成就；在中国特色社会主义新时代，自信自强、守正创新，创造了新时代中国特色社会主义的伟大成就。中国特色社会主义道路是指引中国发展繁荣的正确道路。

党的百年奋斗是在马克思主义中国化理论指导下沿着正确道路开展的。第三个历史决议继承和发展马克思主义中国化的理论成果，科学阐述马克思主义中国化的发展史，指出毛泽东思想是马克思主义中国化的第一次历史性飞跃；在改革开放和社会主义现代化建设新时期，党从新的实践与时代特征出发坚持和发展马克思主义，科学回答了建设中国特色社会主义的发展道路、发展阶段、根本任务、发展动力、发展战略、政治保证、祖国统一、外交和国际战略、领导力量和依靠力量等一系列基本问题，形成中国特色社会主义理论体系，实现了马克思主义中国化新的飞跃；习近平新时代中国特色社会主义思想是当代中国马克思主义、21世纪马克思主义，是中华文化和中国精神的时代精华，实现了马克思主义中国化新的飞跃。第三个历史决议指出，党确立习近平同志党中央的核心、全党的核心地位，确立习近平新时代中国特色社会主义思想的指导地位，反映了全党全军全国各族人民的共同心愿，对新时代党和国家事业发展、对推进中华民族伟大复兴历史进程具有决定性意义。

党的百年奋斗历程展示了马克思主义的强大生命力，使马克思主义的科学性和真理性在中国得到充分检验，马克思主义的人民性和实践性在中国得到充分贯彻，马克思主义的开放性和时代性在中国得到充分彰显。由此，第三个历史决议从党的百年奋斗的历史意义阐述了中国共产党为什么能，中国特色社会主义为什么好，归根到底是因为马克思主义行这一理论真谛。

党的百年奋斗，从根本上改变了中国人民的前途命运，开辟了实现中华民族伟大复兴的正确道路，展示了马克思主义的强大生命力，深刻影响了世界历史进程，锻造了走在时代前列的中国共产党。党的百年奋斗，积累了坚持党的领导、坚持人民至上、坚持理论创新、坚持独立自主、坚持中国道路、坚持胸怀天下、坚持开拓创新、坚持敢于斗争、坚持统一战线、坚持自我革命的宝贵历史经验。这是党和人民共同创造的精神财富。在新征程上，必须倍加珍惜、长期坚持，并在新时代实践中不断丰富和发展，为实现第二个百年奋斗目标、实现中华民族伟大复兴而不懈奋斗。

（原载于《当代中国史研究》2022 年第 1 期）

政治史

党的十八大以来党的领导制度体系建设的重要成就和主要经验

李正华

中国社会科学院

党的领导制度是我国的根本领导制度。党的十八大以来,以习近平同志为核心的党中央着眼于党长期执政和国家长治久安,着眼于全党在思想上政治上行动上同党中央保持高度一致,着眼于推进国家治理体系现代化,围绕党的领导制度体系建设作出一系列重要论述、重大决策和部署举措,取得了重要成就。深入学习习近平总书记关于坚持和完善党的领导制度体系的重要论述,科学总结党的十八大以来党的领导制度体系建设取得的历史性成就和主要经验,对于深刻把握习近平新时代中国特色社会主义思想,提升党的领导制度化、规范化、科学化水平,具有重要意义。

一、党的领导制度体系建设的重大举措

党的领导制度,是指由党内领导制度与党领导国家、社会和人民群众等的各项制度有机组成的制度体系,党的十九届四中全会通过的《中共中央关于坚持和完善中国特色社会主义制度、推进国家治理体系和治理能力现代化若干重大问题的决定》(以下简称《决定》)将其概括为六个方面的制度。[①] 党的十八大以来,以习近平同志为核心的党中央以空前的力度,着力于党的领导制度体系建设的顶层设计、统筹规划和部署实施,出台了一系列重大举措。

[①] 六个方面的制度是:建立不忘初心、牢记使命的制度;完善坚定维护党中央权威和集中统一领导的各项制度;健全党的全面领导制度;健全为人民执政、靠人民执政各项制度;健全提高党的执政能力和领导水平制度;完善全面从严治党制度。参见《十九大以来重要文献选编》(中),中央文献出版社2021年版,第272—275页。

（一）将党的领导制度体系建设置于根本制度建设地位

党的领导制度是中国共产党经过革命、建设、改革长期实践探索形成的重要制度成果，是坚持和加强党对一切工作领导的根本制度保障。坚持和完善党的领导制度体系，关乎党对一切工作的领导，关乎党和国家的长治久安。党的十八大以来，以习近平同志为核心的党中央坚持和完善党的领导制度体系，将党的领导制度体系建设置于推进国家治理体系现代化的突出位置积极深入展开。

1. 将党的领导制度确定为我国的根本领导制度

习近平总书记明确指出："中国特色社会主义最本质的特征是中国共产党领导，中国特色社会主义制度的最大优势是中国共产党领导。"[1] 在党的十九届四中全会上，习近平总书记从推进国家治理现代化的战略高度，阐述了党的领导制度作为我国根本领导制度的统领地位。他指出：《决定》"准确把握我国国家制度和国家治理体系的演进方向和规律，突出坚持和完善党的领导制度，抓住了国家治理的关键和根本。"[2] 在我国国家制度体系中，"具有统领地位的是党的领导制度。党的领导制度是我国的根本领导制度。"[3] 党的领导制度是我国的根本领导制度，这是由党的领导在我国政治生活中的地位和作用决定的。在中国特色社会主义制度体系中，根本制度、基本制度、重要制度起着四梁八柱的作用，其中具有统领地位的是党的领导制度。

2. 将坚持和完善党的领导制度体系设定为推进国家治理现代化的第一要务

习近平总书记强调指出，在推进国家治理现代化进程中，坚持和完善党的领导制度体系具有决定性的重要意义，"党是最高政治领导力量。必须坚持党政军民学、东西南北中，党是领导一切的，坚决维护党中央权威，健全总揽全局、协调各方的党的领导制度体系，把党的领导落实到国家治理各领域各方面各环节。"[4] 因此，坚持和完善党的领导制度体系是推进国家治理现代化的第一要务，"要坚持以实践基础上的理论创新推动制度创新，坚持和完善现有制度，从实际出发，及时制定一些新的制度，构建系统完备、科学规范、运行有效的制度体系，使各方面制度更加成熟更加定型"[5]，"要继续推进党的领导制度化、法治化，不断完善党的领导体制和工作机制，把党的领导贯彻到全面依法治国全过程和各方面。"[6]

---

[1] 《十八大以来重要文献选编》（下），中央文献出版社2018年版，第355页。
[2] 《十九大以来重要文献选编》（中），第266页。
[3] 《十九大以来重要文献选编》（中），第305页。
[4] 《十九大以来重要文献选编》（中），第272页。
[5] 《十八大以来重要文献选编》（上），中央文献出版社2014年版，第76页。
[6] 习近平：《加强党对全面依法治国的领导》，《求是》2019年第4期。

3. 将推进党的领导制度建设与完善党内法规制度有机结合起来

习近平总书记高度重视党团结带领人民进行社会革命与党的自我革命有机结合。为此，他多次强调，把党的领导制度建设与党内法规制度建设有机结合起来，要"增强依法执政本领，加快形成覆盖党的领导和党的建设各方面的党内法规制度体系，加强和改善对国家政权机关的领导"。① 2021年12月，习近平总书记对全国党内法规工作会议专门作出重要指示，强调要紧紧围绕党和国家工作大局继续推进党内法规制度建设，发挥好党内法规在维护党中央集中统一领导、保障党长期执政和国家长治久安方面的重大作用，在推进新时代党的建设新的伟大工程、落实全面从严治党方面的重大作用。

（二）全面规划和周密部署党的领导制度体系建设

2013年11月，党的十八届三中全会把完善和发展中国特色社会主义制度，推进国家治理体系和治理能力现代化确立为全面深化改革的总目标，明确国家治理体系是在党领导下管理国家的制度体系。这一国家制度体系的核心是坚持党的领导，要紧紧围绕提高科学执政、民主执政、依法执政水平来深化党的建设制度改革，完善党的领导体制和执政方式。

2014年10月，党的十八届四中全会把形成完善的党内法规体系纳入全面推进依法治国总目标，确立为建设中国特色社会主义法治体系的重要内容，对加强党内法规制度建设作出明确部署。

2015年10月，党的十八届五中全会强调，要运用法治思维和法治方式推动发展，全面提高党依据宪法法律治国理政、依据党内法规管党治党的能力和水平。

2017年10月，党的十九大将"坚持依法治国与依规治党有机统一"纳入"新时代坚持和发展中国特色社会主义的基本方略"，明确提出要加快形成覆盖党的领导和党的建设各方面的党内法规制度体系，突出强调"坚持和加强党的全面领导"的内容要求。党的十九大把"中国共产党的领导是中国特色社会主义最本质的特征，是中国特色社会主义制度的最大优势。党政军民学，东西南北中，党是领导一切的"② 这一重大政治原则写入党章总纲，充实了党章关于党的领导的相关规定。

2018年2月，依据党的十九大报告"完善坚持党的领导的体制机制"的新要求，党的十九届三中全会作出深化党和国家机构改革的决定，通过了《深化党和国家机构改革方案》，提出"完善坚持党的全面领导的制度"，"建立健全党对重大工作的领导体制机制"。为此，党中央采取了一系列重要举措，积极完善党的全面领导的制度安排，努力构建党总揽全局、协调各方的党和国家机构职能体系。

---

① 《十九大以来重要文献选编》（上），中央文献出版社2019年版，第48页。
② 《十九大以来重要文献选编》（上），第55页。

2019年10月，党的十九届四中全会就新时代坚持和完善党的领导制度体系专门作出重要部署。全会通过的《决定》，创造性地提出了"党的领导制度体系"概念，明确党的领导制度体系的基本框架和六方面制度的具体内容[①]。《决定》把"坚持和完善党的领导制度体系"作为坚持和完善中国特色社会主义制度、推进国家治理体系和治理能力现代化重大战略任务的第一条，突出强调"坚持和完善党的领导制度体系，提高党科学执政、民主执政、依法执政水平"；把坚持党的集中统一领导、确保国家始终沿着社会主义方向前进的显著优势放在我国国家制度和国家治理体系的显著优势的首位。《决定》对落实党的全面领导提出明晰的制度建构取向和更高的制度建设标准，强调"必须坚持党政军民学、东西南北中，党是领导一切的，坚决维护党中央权威，健全总揽全局、协调各方的党的领导制度体系，把党的领导落实到国家治理各领域各方面各环节"[②]。《决定》将党的领导制度拓展为党的全面领导制度体系，强调坚持和完善党的领导制度的突出特点是领导制度的全面性、系统性、整体性，对党的领导制度体系的认识达到了新的高度。

（三）统筹推进和深入实施党的领导制度建设

为了贯彻落实相关决策部署，以习近平同志为核心的党中央先后制定了两个党内法规制定工作五年规划、召开专门的工作会议，推进以"规范党的领导和党的建设活动""坚持和加强党的全面领导，坚持党要管党、全面从严治党"为重点的党内法规建设。

2013年11月，党中央发布《中央党内法规制定工作五年规划纲要（2013—2017年）》，这在党的历史上是第一次。《纲要》强调，要抓紧建立健全党的领导制度的具体制度，着力构建党的领导制度体系，切实推动民主集中制具体化、程序化。同年，党中央发布《中国共产党党内法规制定条例》和《中国共产党党内法规和规范性文件备案规定》，党首次拥有了党内法规建设意义上的"立法法"。

2016年12月，党中央召开全国党内法规工作会议，这在党的历史上也是第一次。会议出台了《中共中央关于加强党内法规制度建设的意见》，确定了党内法规制度体系"1+4"基本框架，即党章加党的组织法规制度、党的领导法规制度、党的自身建设法规制度、党的监督保障法规制度四大板块。《意见》还明确提出到建党100周年时所要实现的目标，即形成比较完善的党内法规制度体系、高效的党内法规制度实施体系、有力的党内法规制度建设保障体系，党依据党内法规管党治党的能力和水平显著提高。

2018年2月，党中央发布《中央党内法规制定工作第二个五年规划（2018—2022年）》，进一步明确了健全完善党内法规制度体系的任务书、路线图和时间表。

[①] 《十九大以来重要文献选编》（中），第272—275页。
[②] 《十九大以来重要文献选编》（中），第272页。

为了统筹推进党内法规制度建设各项工作，2015年8月，中央层面首次建立了党内法规工作联席会议机制。各省、自治区、直辖市也普遍建立联席会议机制，各省、自治区、直辖市和中央部门普遍设立党内法规工作机构，市、县两级党委均组织专门机构或力量承担党内法规工作。

党内法规制度立破并举，建构日益规范。2012年，中共中央印发了《中共中央办公厅关于开展党内法规和规范性文件清理工作的意见》，在中央办公厅牵头组织下，中央纪委等50多个中央和国家机关共同参与，集中开展清理工作。党内法规制度的清理工作有力地推动了既有制度的"瘦身"和"健身"。根据2019年修订的《中国共产党党内法规制定条例》规定，党内法规的名称完善规范为党章、准则、条例、规定、办法、规则、细则。

二、党的领导制度体系建设的历史性成就

党的十八大以来，党中央严格贯彻民主集中制、完善"两个维护"保障机制、健全党的全面领导和集中统一，推动党的领导制度体系建设取得了历史性成就。"党中央权威和集中统一领导得到有力保证，党的领导制度体系不断完善，党的领导方式更加科学，全党思想上更加统一、政治上更加团结、行动上更加一致，党的政治领导力、思想引领力、群众组织力、社会号召力显著增强。"[①]

（一）党的领导制度的根本制度地位得以确立

党的领导制度在国家宪法上被确认为国家根本领导制度。2018年3月11日，第十三届全国人民代表大会第一次会议通过《中华人民共和国宪法修正案》，在宪法总纲第一条第二款"社会主义制度是中华人民共和国的根本制度"后增写"中国共产党领导是中国特色社会主义最本质的特征"。在我国国家根本制度的条款中明确载入党的领导的相关内容，这就在宪法意义上确立了党的领导在中国特色社会主义制度体系中的核心地位，确认了党在国家政权结构中总揽全局、协调各方的领导地位，实现了党的领导制度与国家根本制度的有机衔接。这一举措是党依宪执政的重要体现，具有深远而重大的意义。

2019年10月，党的十九届四中全会明确提出，坚持和完善党的领导制度体系，将党的领导制度作为国家根本领导制度，强调其统领地位，深刻揭示其科学含义、基本要求，全面论述了所包含的党的领导的六项具体制度，在党的领导制度化建设上具有重大历史意义。

（二）党的全面领导制度体系得以形成

1. 拓展构建了横向到边的党的领导制度体系

党的十八大以来，以加强党的全面领导为统领，党完善了党领导人大、政府、政协、监

[①]《中共中央关于党的百年奋斗重大成就和历史经验的决议》，人民出版社2021年版，第29页。

察机关、审判机关、检察机关、武装力量、人民团体、企事业单位、基层群众自治组织、社会组织等制度，健全了各级党委（党组）工作制度，确保了党在各种组织中发挥领导作用；完善党和国家机构职能体系；坚持把党的领导贯彻到党和国家所有机构履行职责的全过程，推动各方面协调行动、增强合力；坚持以国家治理体系和治理能力现代化为导向，以推进党和国家机构职能优化协同高效为着力点，改革机构设置，优化职能配置，深化转职能、转方式、转作风，提高效率效能，逐步构建系统完备、科学规范、运行高效的党和国家机构职能体系；完善了党领导各项事业的具体制度，形成了涵盖党的领导各个方面的党内法规制度体系，确保党的领导真正落实到统筹推进"五位一体"总体布局、协调推进"四个全面"战略布局各方面。

2. 健全完善了纵向到底的党的领导制度体系

党的十八大以来，党深入贯彻党的民主集中制，健全了党中央集中统一领导的体制机制，通过对中央书记处和中央纪律检查委员会以及全国人民代表大会常委会党组、国务院党组、全国政协党组、最高人民法院党组、最高人民检察院党组每年向中央政治局常委会、中央政治局报告工作，对中央政治局全体同志每年向党中央和习近平总书记书面述职等作出明确规定，构建起党的最高领导层领导制度和工作制度；通过修订地方党委工作条例、党组工作条例等，完善地方党委、党组的领导制度和工作制度；通过修订和完善企业、农村、高校、社区等领域基层党组织的工作法规，完善各类基层党组织的领导制度和工作制度。这一系列重大制度性安排，建立健全了从中央到基层的党的领导制度体系，有力地保证了党在各级各类组织中领导作用的发挥。

（三）强化发展了党的集中统一领导的结构体制

党的十八大以来，党中央制定、修订了《关于新形势下党内政治生活的若干准则》《中共中央政治局关于加强和维护党中央集中统一领导的若干规定》等制度规定，为坚持和加强党中央权威和集中统一领导提供了体制保证。一是健全了党中央对重大工作的领导体制，强化党中央决策议事协调机构职能作用，完善推动党中央重大决策落实机制，严格执行向党中央请示报告制度，确保令行禁止。二是健全维护党的集中统一的组织制度，形成了党的中央组织、地方组织、基层组织上下贯通、执行有力的严密体系，实现了党的组织和党的工作全覆盖。三是制定出台了《中国共产党组织工作条例》《中国共产党宣传工作条例》《中国共产党统一战线工作条例》《中国共产党政法工作条例》《中国共产党领导国家安全工作条例》《中国共产党军队党的建设条例》《中央生态环境保护督察工作规定》《中国共产党机关工作条例（试行）》《中国共产党高等学校基层组织工作条例》等条例、规定，深化党和国家职能机构改革，完善了党领导经济、政治、文化、社会、生态文明建设和军队建设等方面的领导体制，使得党的集中统一领导更加具体、更加深入、更加全面覆盖党和国家运行的各个领域、各个方面和各项事业。

（四）创新优化了党的规范高效领导的运行机制

党的十八大以来，党中央基于治党治国的实践，从党的指导思想、组织运行、干部选拔、领导班子建设、议事决策、重大决策落实、严格执行请示报告制度、强化政治监督、深化政治巡视等方面入手，持续开拓创新发展，深化、细化、实化、优化党的领导制度的运行机制。一是建立党的不忘初心、牢记使命的制度；二是通过筑牢党的全面领导的坚实组织基础，实现党的组织和党的工作全覆盖，形成了在党中央集中统一领导下，遵循党章要求，按照民主集中制原则，由党的中央组织、党的地方组织、党的基层组织、党组、党的纪律检查机关、党的工作机关等分别履职的，层级分明、职责明确、统一完备、科学有效的领导运行机制；三是通过制定、修订《中国共产党重大事项请示报告条例》《中国共产党党组工作条例》《中国共产党中央委员会工作条例》《中国共产党地方委员会工作条例》《中国共产党巡视工作条例》《中国共产党廉洁自律准则》《中国共产党纪律处分条例》《中国共产党问责条例》《中国共产党党内监督条例》等制度法规，通过制定中央政治局、中央政治局常委会的工作规则，建立完善巡视制度，将维护党中央权威、贯彻执行党的路线方针政策情况作为党内监督的首要任务，完善了党中央重大决策落实机制与督查问责机制。

（五）构建了以党章为根本的党内法规制度体系

党的十八大以来，以党章为根本、以准则条例为主干，覆盖党的领导和党的建设各方面，内容科学、程序严密、配套完备、运行有效的党内法规制度体系得以形成。据不完全统计，截至2021年7月1日，"全党现行有效党内法规共3615部。其中，党中央制定的中央党内法规211部，中央纪律检查委员会以及党中央工作机关制定的部委党内法规163部，省、自治区、直辖市党委制定的地方党内法规3241部。党内法规使用党章、准则、条例、规定、办法、规则、细则7类名称，现行有效党内法规中，党章1部，准则3部，条例43部，规定850部，办法2034部，规则75部，细则609部。"[1]

2021年7月1日，习近平总书记在庆祝中国共产党成立100周年大会上郑重宣布，我们党已经形成比较完善的党内法规体系。"这一制度建设重大成果来之不易，是我们党100年来持续推进建章立制特别是党的十八大以来全面深化党的建设制度改革的结果；这一党的建设重要成就彪炳史册，是党的建设史特别是党内法规制度建设史上的一个重要里程碑，标志着党内法规制度建设由此迈入高质量发展新阶段，全面从严治党、依规治党站在新的历史起点上；这一基础性制度支撑事关根本，为保证全党团结统一、行动一致，为党统揽'四个伟大'提供了坚强有力制度保障，对于党以史为鉴、开创未来，团结带领全国人民实现

---

[1] 《中国共产党党内法规体系》，《人民日报》2021年8月4日。

中华民族伟大复兴具有重要意义。"①

三、党的领导制度体系建设的主要经验

坚持和完善党的领导制度体系是中国共产党长期执政的一条重要经验，是中国共产党不断从胜利走向胜利的根本制度保障。党的十八大以来，党直面重大风险考验和治党治国的突出问题，坚持全面深化改革、全面依法治国、全面从严治党，在推进党的领导制度体系建设实践中积累了新的重要经验。

（一）必须坚持以习近平新时代中国特色社会主义思想为指导

马克思主义是党领导人民进行革命、建设、改革和治理，推进社会主义现代化建设，实现中华民族伟大复兴的指南。习近平新时代中国特色社会主义思想是对马克思列宁主义、毛泽东思想、邓小平理论、"三个代表"重要思想、科学发展观的继承和发展，是马克思主义中国化的最新理论成果，是党和人民实践经验和集体智慧的结晶，"是当代中国马克思主义、二十一世纪马克思主义，是中华文化和中国精神的时代精华"②，是全党全国人民为实现中华民族伟大复兴而奋斗的行动指南，必须长期坚持并不断发展。

思想引领制度建设，制度推动思想落实。习近平总书记着眼党和国家事业全局，立足于坚持和发展中国特色社会主义的战略高度形成的关于依法治国、制度治党、依规治党的深邃思想，是健全党的领导制度体系的重大战略创新。因此，坚持和完善党的领导制度体系，必须坚持以习近平新时代中国特色社会主义思想为指导，把党的创新理论贯彻到党的领导制度体系建设中，充分发挥党的指导思想对坚持和完善党的领导制度体系的根本指导作用。

（二）必须坚持和贯彻党的领导的政治原则

党的领导是党和国家的根本所在、命脉所在。习近平总书记深刻阐述了党的领导的历史依据、理论依据和现实依据，强调"中国共产党是最高政治领导力量，党的领导是我们的最大制度优势"③，"要顺利推进新时代中国特色社会主义各项事业，必须完善坚持党的领导的体制机制，更好发挥党的领导这一最大优势，担负好进行伟大斗争、建设伟大工程、推进伟大事业、实现伟大梦想的重大职责。"④ 他在总结改革开放40周年和中国共产党成立100周年经验时，都将坚持党的领导放在首位，阐述了坚持党的领导的极端重要性。因此，健全党的领导制度体系，必须把党的领导这个中国特色社会主义最本质的特征坚持住、坚守好，

---

① 《中国共产党党内法规体系》，《人民日报》2021年8月4日。
② 《中共中央关于党的百年奋斗重大成就和历史经验的决议》，第26页。
③ 习近平：《中国共产党领导是中国特色社会主义最本质的特征》，《求是》2020年第14期。
④ 《十九大以来重要文献选编》（上），第240页。

把党的领导这个中国特色社会主义制度的最大优势凸显好、发挥好。

"坚持党的领导，最根本的是坚持党中央权威和集中统一领导。"① 要在充分发扬民主的基础上进行集中，坚持党中央权威和集中统一领导。民主集中制是党重要的领导制度和根本的组织原则，党的领导制度体系是在民主集中制的基础上建构起来的。健全党的领导制度体系，必须以党章为根本、以民主集中制为基础。坚持把党章作为管党治党总依据，把党的领导制度体系的研究、规划、部署、实施，都建立在坚持民主集中制的基础之上，在实践中完善和落实民主集中制的各项制度，不断推进党的领导科学化、民主化和法治化。

（三）必须充分发挥党的领导制度体系对国家治理体系的统领作用

国家治理体系是党领导人民依法有效治理国家的制度体系，推进国家治理体系现代化的根本前提和核心任务是坚持和完善党的全面领导。党的十八大以来，党的领导制度建设立足实际、着眼长远，逐步构建了系统完备、科学规范、运行高效的党和国家机构职能体系，形成总揽全局、协调各方的党的领导体系，职责明确、依法行政的政府治理体系，中国特色、世界一流的武装力量体系，联系广泛、服务群众的群团工作体系，推动人大、政府、政协、人民团体、企事业单位、社会组织等在党的统一领导下协调行动、增强合力，全面提高国家治理能力和治理水平。党的领导制度在国家治理体系中的统领地位，是党的核心地位的必然反映和内在要求。健全党的领导制度体系，必须不断健全党对国家各方面各环节全面有效的领导的工作制度，不断健全为人民执政、靠人民执政的各项制度，不断健全提高党的执政能力和领导水平制度，不断健全推进党的自我革命、提高解决自身问题能力的制度，发挥党的领导制度体系对国家治理体系的"统领性作用"，使党的领导贯彻到党和国家机关全面正确履职尽责各领域各环节，遍布经济社会发展的各领域各方面各环节，体现到国家政权的机构、体制、制度等的设计、安排和运行之中，有效转化为国家治理优势，做到党的事业推进到哪里，党的领导制度建设就跟进到哪里。

在推进国家治理现代化的历史进程中，必须坚持依法治国和制度治党、依规治党统筹推进、一体建设，推进党的领导入法入规，实现党管党治党和治国理政相贯通，努力形成国家法律和党内法规相辅相成、相互促进、相互保障的格局，确保党既依据宪法法律治国理政，又依据党内法规管党治党、从严治党。必须紧紧围绕提高科学执政、民主执政、依法执政水平推进党的领导制度建设，完善党的领导体制和执政方式。

（四）必须围绕中心、服务大局，坚持"守正"与"创新"的有机统一

党的十八大以来，党的领导制度建设紧紧围绕统筹推进"五位一体"总体布局和协调推进"四个全面"战略布局，坚持从新时代管党治党和治国理政实际出发，在创新中逐渐成熟

---

① 《十九大以来重要文献选编》（中），第597页。

定型,形成了由党的领导根本制度、党的领导体制、党的领导运行机制和具体制度等不同层次的制度组成的党的领导制度体系。严密的党的领导制度体系带来制度合力,使党的领导的制度优势能够转化为治党治国治军的显著效能。健全党的领导制度体系,只有围绕中心、服务大局,坚持"守正"与"创新"的有机统一,充分发挥制度体系的合力作用,才能不断提高党把方向、谋大局、定政策、促改革的能力和水平。

健全党的领导制度体系是一项庞大、艰巨、长期的系统工程,必须从共产党执政规律、社会主义建设规律和人类社会发展规律的有机结合出发,从深刻把握百年未有之大变局的本质内涵出发,从党和国家工作的总体布局和战略布局出发,全面、系统、科学、合理地制定各项制度,使这些制度方向正确、目标一致、相互支撑、规范统一、结构合理、共同发力,成为一个科学的制度体系。必须坚持不懈固根基、扬优势、补短板、强弱项,着力解决实践中存在的深层次矛盾和问题,不断增强党的领导制度建设的系统性、战略性和前瞻性,充分彰显其独特的优势,推动党的领导得到全面加强,全面从严治党取得重大成果,党的执政能力和领导水平显著提高。必须强化战略思维、创新思维、辩证思维、法治思维、底线思维,引导广大干部提升运用制度坚持党的领导的能力水平,确保党的领导更加坚强有力。

(五)必须将坚持完善制度和遵守执行制度一体推进

制度的生命力在于执行。习近平总书记指出:"制定制度很重要,更重要的是抓落实,九分气力要花在这上面"①,"加强党对一切工作的领导,这一要求不是空洞的、抽象的,要在各方面各环节落实和体现。"②

健全党的领导制度体系,必须坚持一手抓制度完善,一手抓制度执行,大力推动各级党组织和党员领导干部严格执行党的领导制度的各项规定,严格按照制度履行职责、行使权力、开展工作。必须注意配套衔接,将制度执行到人到事,做到用制度管权、管事、管人。坚持制度面前人人平等、制度执行没有例外,杜绝"破窗效应",防止"制度虚化",通过监督检查、问责追责倒逼法规制度的执行落实,真正把制度刚性立起来,让铁规发力,让禁令生威。坚持有规必依、执规必严、违规必究,牢牢抓住领导机关和领导干部这个"关键少数",解决党内法规制度执行不力问题。

党的十八大以来,以习近平同志为核心的党中央健全党的领导制度体系推进力度之大、建章立制之多,在党的制度建设史上前所未有,充分彰显了党中央对党的建设规律的深刻洞见,对全面推进制度治党和依规治党的坚定决心。党的十八大以来,中国特色社会主义事业取得的

---

① 《习近平关于党风廉政建设和反腐败斗争论述摘编》,中央文献出版社、中国方正出版社2015年版,第129页。
② 《十九大以来重要文献选编》(上),第270页。

伟大成就和党的领导制度体系建设取得的重要成就，充分证明了党的领导制度体系建设对于中国特色社会主义事业发展和加强党的领导的重要意义。在全面建设社会主义现代化强国的征程中，中国共产党要坚强有力地团结带领人民达成理想目标，必须始终坚持和不断完善党的领导制度体系。

（原载于《国家现代化建设研究》2022年第3期）

新时代人民代表大会制度和人大工作创新发展的重大成果

万其刚

全国人大常委会办公厅研究室

新时代十年来,以习近平同志为核心的党中央统筹中华民族伟大复兴战略全局和世界百年未有之大变局,从坚持和完善中国特色社会主义制度、推进国家治理体系和治理能力现代化的战略高度出发,积极回应人民群众对民主法治的新要求新期盼,健全人民当家作主的制度体系,"人大工作取得历史性成就,人民代表大会制度更加成熟、更加定型。"[①]

在以习近平同志为核心的党中央坚强领导下,全国人民代表大会(以下简称"全国人大")及其常务委员会以习近平新时代中国特色社会主义思想为指导,全面贯彻习近平法治思想、习近平总书记关于坚持和完善人民代表大会制度的重要思想,坚持党的领导、人民当家作主、依法治国有机统一,依法行使职权,创造性地开展工作,这本身是人民代表大会制度和理论的运行与实践,其结果又是人民代表大会制度和理论的发展与完善。本文从理论、制度、实践三个维度对新时代人民代表大会制度和人大工作的重大创新成果做一简要梳理与分析。

新时代中国特色社会主义民主法治建设的行动指南和根本遵循

习近平新时代中国特色社会主义思想在我国社会主义民主法治建设领域,集中体现为习近平法治思想、习近平总书记关于坚持和完善人民代表大会制度的重要思想。正如全国人民代表大会常务委员会(以下简称"全国人大常委会")委员长栗战书指出的:"习近平法治思想,本质上是坚持和发展中国特色社会主义在法治领域的理论体现",其中"十一个坚持"的部署要求"都与人大工作密切相关",都需要"逐条逐项对照落实,贯彻到人大各项工作之中。"[②] 也就是说,新时代中国特色社会主义民主法治建设,人民代表大会制度和人大工作都是以习近平新时代中国特色社会主义思想为指导的,全面贯彻习近平法治思想、

[①] 习近平:《在中央人大工作会议上的讲话》,《求是》2022年第5期。
[②] 栗战书:《习近平法治思想是全面依法治国的根本遵循和行动指南》,《求是》2021年第2期。

习近平总书记关于坚持和完善人民代表大会制度的重要思想，并以此为统领，行使职权，开展工作。事实上，新时代人民代表大会制度和人大工作取得的历史性成就、发生的历史性变革，根本在于以习近平同志为核心的党中央的坚强领导，根本在于习近平法治思想、习近平总书记关于坚持和完善人民代表大会制度的重要思想的科学指引。

习近平总书记在重要会议、重大活动等多个重要场合发表讲话，作出指示，深刻阐明新时代中国特色社会主义民主法治建设的重大原则、核心内容、实践要求。2021年10月13日，习近平在中央人大工作会议上发表重要讲话，深刻阐述人民代表大会制度的性质地位、显著优势和独特功效，明确提出了新时代加强和改进人大工作的指导思想、重大原则与主要工作，系统回答了新时代发展社会主义民主、坚持和完善人民代表大会制度的一系列重大理论和实践问题。① 这是我们党关于坚持和完善人民代表大会制度、发展社会主义民主政治的集大成和纲领性文献。

（一）用"全过程人民民主"这一重大理念概括我国社会主义民主理论和实践创新成果

习近平总书记把马克思主义民主政治理论与中国当代实际相结合，不断深化对民主政治发展规律的认识，集中阐发了我们党关于民主的根本立场、重大理念、重要观点和成功做法，全面系统论述了全过程人民民主。2021年11月，党的十九届六中全会通过的《中共中央关于党的百年奋斗重大成就和历史经验的决议》，把"发展全过程人民民主"增列为习近平新时代中国特色社会主义思想的重要内容，② 对十八大以来党和国家事业取得的历史性成就进行总结的同时，又从面向未来发展的战略高度做出部署。

第一，"民主是全人类的共同价值，是中国共产党和中国人民始终不渝坚持的重要理念。"③ 这是民主理论和制度的逻辑前提、价值基础。实现民主是全人类共同的价值追求，享有人权是人类社会的伟大梦想。这需要将价值和理念转化为科学有效的制度安排，转化为具体现实的实践。由于不同国家的历史传统、现实国情等的不同，实现民主和享有人权的形式是多种多样的、丰富多彩的，而没有定于一尊、刻板单一的形式或者模式。中国特色社会主义民主是个新事物，也是个好事物。习近平在中央人大工作会议上的讲话中高度概括了我们党坚持和发展人民民主的"五个基本观点"，即"一是人民民主是社会主义的生命，没有民主就没有社会主义，就没有社会主义的现代化，就没有中华民族伟大复兴。二是人民当家作主是社会主义民主政治的本质和核心，发展社会主义民主政治就是要体现人民意志、保障

---

① 《坚持和完善人民代表大会制度 不断发展全过程人民民主》，《人民日报》2021年10月15日。
② 《中共中央关于党的百年奋斗重大成就和历史经验的决议》，人民出版社2021年版，第24页。
③ 习近平：《论坚持人民当家作主》，中央文献出版社2021年版，第335页。

人民权益、激发人民创造活力，用制度体系保证人民当家作主。三是中国特色社会主义政治发展道路是符合中国国情、保证人民当家作主的正确道路，是近代以来中国人民长期奋斗历史逻辑、理论逻辑、实践逻辑的必然结果，是坚持党的本质属性、践行党的根本宗旨的必然要求。四是人民通过选举、投票行使权利和人民内部各方面在重大决策之前进行充分协商，尽可能就共同性问题取得一致意见，是中国社会主义民主的两种重要形式，共同构成了中国社会主义民主政治的制度特点和优势。五是发展社会主义民主政治关键是要把我国社会主义民主政治的特点和优势充分发挥出来，不断推进社会主义民主政治制度化、规范化、程序化，为党和国家兴旺发达、长治久安提供更加完善的制度保障。"① 这是全过程人民民主的实体（或实质）内容，也是我们理解和把握全过程人民民主的金钥匙。

第二，明确提出一个国家政治制度是不是民主的、有效的评价标准。2014年9月5日，习近平在庆祝全国人民代表大会成立60周年大会上的重要讲话中提出了评价一个国家政治制度是不是民主的、有效的"八个能否"的评价标准，即"主要看国家领导层能否依法有序更替，全体人民能否依法管理国家事务和社会事务、管理经济和文化事业，人民群众能否畅通表达利益要求，社会各方面能否有效参与国家政治生活，国家决策能否实现科学化、民主化，各方面人才能否通过公平竞争进入国家领导和管理体系，执政党能否依照宪法法律规定实现对国家事务的领导，权力运用能否得到有效制约和监督。"② 这"八个能否"是对民主政治制度发展规律的深刻总结，是对马克思主义国家学说的重要发展。

习近平在中央人大工作会议上的重要讲话中重申了"八个能否"评价标准，并创造性地提出一个国家民主不民主"四个要看、四个更要看"的标准，即要看人民有没有投票权，更要看人民有没有广泛参与权；要看人民在选举过程中得到了什么口头许诺，更要看选举后这些承诺实现了多少；要看制度和法律规定了什么样的政治程序和政治规则，更要看这些制度和法律是不是真正得到了执行；要看权力运行规则和程序是否民主，更要看权力是否真正受到人民监督和制约。③ 总之，政治制度不能脱离特定社会政治条件和历史文化传统来抽象评判。

第三，首次集中阐述"全过程人民民主"这一重大理念。2019年11月，习近平总书记在上海市长宁区虹桥街道古北市民中心考察时提出："我们走的是一条中国特色社会主义政治发展道路，人民民主是一种全过程的民主。"④ 这就明确提出了"全过程人民民主"的概念。

---

① 习近平：《在中央人大工作会议上的讲话》，《求是》2022年第5期。
② 习近平：《论坚持人民当家作主》，中央文献出版社2021年版，第82页。
③ 习近平：《在中央人大工作会议上的讲话》，《求是》2022年第5期。
④ 习近平：《论坚持人民当家作主》，中央文献出版社2021年版，第303页。

2021年7月1日，在庆祝中国共产党成立100周年大会上，习近平强调："新的征程上，我们必须紧紧依靠人民创造历史，坚持全心全意为人民服务的根本宗旨，站稳人民立场，贯彻党的群众路线，尊重人民首创精神，践行以人民为中心的发展思想，发展全过程人民民主，维护社会公平正义。"① 10月，在中央人大工作会议上的重要讲话中，习近平首次全面阐述"全过程人民民主"这一重大理念，在深刻阐明中国共产党的民主观的基础上着重指出："我国全过程人民民主实现了过程民主和成果民主、程序民主和实质民主、直接民主和间接民主、人民民主和国家意志相统一，是全链条、全方位、全覆盖的民主，是最广泛、最真实、最管用的社会主义民主。""全过程人民民主"重大理念是对中国式民主的一个重大论断和全新概括，明确要求"要继续推进全过程人民民主建设，把人民当家作主具体地、现实地体现到党治国理政的政策措施上来，具体地、现实地体现到党和国家机关各个方面各个层级工作上来，具体地、现实地体现到实现人民对美好生活向往的工作上来。"②

第四，"人民代表大会制度是实现我国全过程人民民主的重要制度载体。"③ 这是一个全新的重大论断，进一步阐明了人民代表大会制度在发展全过程人民民主中的重要地位和作用。习近平在党的十九大报告中首次提出的"人民当家作主制度体系"范畴④，包括人民代表大会制度、中国共产党领导的多党合作和政治协商制度、最广泛的爱国统一战线、民族区域自治制度、基层群众自治制度等。这当中，人民代表大会制度是我国的根本政治制度，是人民当家作主的根本途径和最高实现形式。人民代表大会是主要民主渠道。坚持和完善人民代表大会制度，发挥这一根本政治制度的职能作用，有利于实现和发展全过程人民民主。

（二）用"六个必须坚持"的重大论断概括人民代表大会制度理论和实践创新的重大成果

2014年，习近平在庆祝全国人民代表大会成立60周年大会上的重要讲话中提出"四个必须"的重大论断，即坚持和完善人民代表大会制度，"必须毫不动摇坚持中国共产党的领导""必须保证和发展人民当家作主""必须全面推进依法治国""必须坚持民主集中制"。⑤ 时隔7年，他在中央人大工作会议上的重要讲话中，用"六个必须坚持"高度凝练、系统概括了十八大以来党中央推进人民代表大会制度理论和实践创新的新理念新思想新要求，实现了理论上的创新发展、与时俱进。

第一，必须坚持中国共产党领导。中国共产党领导是中国特色社会主义最本质的特征，

---

① 习近平：《在庆祝中国共产党成立100周年大会上的讲话》，《人民日报》2021年7月2日。
② 习近平：《在中央人大工作会议上的讲话》，《求是》2022年第5期。
③ 习近平：《论坚持人民当家作主》，中央文献出版社2021年版，第337页。
④ 《习近平谈治国理政》第3卷，外文出版社2020年版，第28—32页。
⑤ 习近平：《论坚持人民当家作主》，中央文献出版社2021年版，第74—75页。

是中国特色社会主义制度的最大优势。党的领导就是支持和保证人民当家作主。习近平指出："人民代表大会制度是党领导国家政权机关的重要制度载体，也是党在国家政权中充分发扬民主、贯彻群众路线的重要实现形式。"① 坚持党总揽全局、协调各方的领导核心作用，坚决维护党中央权威和集中统一领导，保证党的理论、路线、方针政策和决策部署在国家工作中得到全面贯彻与有效执行，支持和保证国家政权机关依照宪法法律积极主动、独立负责、协调一致开展工作，要加强和改善党的领导。2020年11月，习近平在中央全面依法治国工作会议上讲话指出："坚持宪法确定的中国共产党领导地位不动摇，坚持宪法确定的人民民主专政的国体和人民代表大会制度的政体不动摇。"② 坚持党的领导，就要保证党的长期执政地位和国家长治久安，维护党和国家权威、维护全党全国团结统一。

第二，必须坚持用制度体系保障人民当家作主。人民是我们国家和社会的主人。人民民主是社会主义的生命，人民当家作主是社会主义民主政治的本质和核心。习近平强调："坚持以人民为中心，坚持国家一切权力属于人民，支持和保证人民通过人民代表大会行使国家权力，健全民主制度，丰富民主形式，拓宽民主渠道，保证人民平等参与、平等发展权利，发展更加广泛、更加充分、更加健全的全过程人民民主。"③ 发展社会主义民主政治，就是要体现人民意志、保障人民权益、激发人民创造活力，发挥人民代表大会主要民主渠道作用，用制度体系保证人民当家作主，保证人民当家作主落实到国家政治生活和社会生活之中。

第三，必须坚持全面依法治国。法治是党领导人民治理国家的基本方式，全面依法治国是我们党的基本方略，是坚持和发展中国特色社会主义的本质要求和重要保障。习近平强调："坚持走中国特色社会主义法治道路，建设中国特色社会主义法治体系，建设社会主义法治国家，弘扬社会主义法治精神，依照宪法法律推进国家各项事业和各项工作，维护社会公平正义，尊重和保障人权，实现国家各项工作法治化。"④ 全面依法治国最广泛、最深厚的基础是人民，"推进全面依法治国，根本目的是依法保障人民权益。"⑤

第四，必须坚持民主集中制。民主集中制首先是我们党的根本组织原则和领导制度，也是我们国家组织形式和活动方式的基本原则。从时间维度来说，是先在党章中规定了民主集中制，后在国家层面（包括宪法）对此作出规定。新中国成立前，毛泽东就一再主张建立

---

① 习近平：《在中央人大工作会议上的讲话》，《求是》2022年第5期。
② 习近平：《论坚持全面依法治国》，中央文献出版社2020年版，第3页。
③ 习近平：《在中央人大工作会议上的讲话》，《求是》2022年第5期。
④ 习近平：《在中央人大工作会议上的讲话》，《求是》2022年第5期。
⑤ 习近平：《论坚持全面依法治国》，中央文献出版社2020年版，第2页。

民主集中制的人民代表会议制度（人民代表大会制度）。① 习近平强调："坚持人民通过人民代表大会统一行使国家权力，各级人民代表大会由民主选举产生，对人民负责，受人民监督；各级国家行政机关、监察机关、审判机关、检察机关都由人民代表大会产生，对人大负责，受人大监督；实行决策权、执行权、监督权既合理分工又相互协调，保证国家机关依照法定权限和程序行使职权、履行职责；坚持在党中央统一领导下，充分发挥地方主动性和积极性，保证国家统一高效组织推进各项事业。"② 其实，这也是民主集中制的人民代表大会制度的精髓要义。

第五，必须坚持中国特色社会主义政治发展道路。坚持正确的政治发展道路是关系根本、关系大局的重大问题。在中国，走什么样的政治发展道路，建立什么样的政治制度，是近代以后中国人民面临的一个历史性课题。"设计和发展国家政治制度，必须注重历史和现实、理论和实践、形式和内容有机统一"，而"不能想象突然就搬来一座政治制度上的'飞来峰'。"③ 中国特色社会主义政治发展道路，是符合中国国情、保证人民当家作主的正确道路，"这一政治发展道路的核心思想、主体内容、基本要求，都在宪法中得到了确认和体现。"④ 走中国特色社会主义政治发展道路，关键是要坚持三者有机统一，既统一于"我国社会主义民主政治伟大实践"，又统一于人民代表大会制度。"人民代表大会制度是坚持党的领导、人民当家作主、依法治国有机统一的根本政治制度安排。"⑤ 这是对我国根本政治制度做出的全新重大论断。坚持三者有机统一，"核心是坚持党的领导"；"可以借鉴人类政治文明的有益成果，但绝不照搬西方政治制度模式。"⑥

第六，必须坚持推进国家治理体系和治理能力现代化。党的十八届三中全会通过的《中共中央关于全面深化改革若干重大问题的决定》指出："全面深化改革的总目标是完善和发展中国特色社会主义制度，推进国家治理体系和治理能力现代化。"⑦ 2014年9月5日，习近平在庆祝全国人民代表大会成立60周年大会上的讲话中指出："人民代表大会制度是

---

① 参见《毛泽东选集》第3卷，人民出版社1991年版，第1057页；《毛泽东文集》第5卷，人民出版社1996年版，第136页。
② 习近平：《在中央人大工作会议上的讲话》，《求是》2022年第5期。
③ 习近平：《论坚持人民当家作主》，中央文献出版社2021年版，第80页。
④ 习近平：《论坚持全面依法治国》，中央文献出版社2020年版，第11页。
⑤ 《习近平谈治国理政》第3卷，外文出版社2020年版，第29页。2014年9月5日，习近平在庆祝全国人民代表大会成立60周年大会上指出："人民代表大会制度是坚持党的领导、人民当家作主、依法治国有机统一的根本制度安排。"参见习近平《论坚持人民当家作主》，中央文献出版社2021年版，第74页。这就首次把三者有机统一于根本政治制度这一重要平台（或者制度载体），是一个全新的、具有开创性的重大论断。
⑥ 习近平：《在中央人大工作会议上的讲话》，《求是》2022年第5期。
⑦ 《十八大以来重要文献选编》（上），中央文献出版社2014年版，第513页。

中国特色社会主义制度的重要组成部分，也是支撑中国国家治理体系和治理能力的根本政治制度。"① 这是首次把人民代表大会制度同"国家治理体系和国家治理能力"联系起来，同全面深化改革总目标联系起来。这是又一个全新的、具有开创性的重大论断。2021年10月，习近平在中央人大工作会议上的讲话中强调："要坚持和完善人民当家作主制度体系，不断推进社会主义民主政治制度化、规范化、程序化，更好把制度优势转化为治理效能。"②

（三）明确提出新时代人大工作六个方面的重点任务

习近平在中央人大工作会议上的讲话中强调："在全面建设社会主义现代化国家新征程上，我们要毫不动摇坚持、与时俱进完善人民代表大会制度，加强和改进新时代人大工作。"并从六个方面作出部署、提出要求。这就是："全面贯彻实施宪法，维护宪法权威和尊严"；"加快完善中国特色社会主义法律体系，以良法促进发展、保障善治"；"用好宪法赋予人大的监督权，实行正确监督、有效监督、依法监督"；"充分发挥人大代表作用，做到民有所呼、我有所应"；"强化政治机关意识，加强人大自身建设"；"加强党对人大工作的全面领导"。③ 这也是习近平总书记关于坚持和完善人民代表大会制度重要思想的内容。

特别需要指出的是，党的十九大报告提出，"支持和保证人民通过人民代表大会行使国家权力"，在此基础上，使各级人大及其常委会成为"全面担负起宪法法律赋予的各项职责的工作机关"和"成为同人民群众保持密切联系的代表机关"。④ 习近平在中央人大工作会议上的讲话中强调："各级人大及其常委会要增强'四个意识'、坚定'四个自信'、做到'两个维护'，不断提高政治判断力、政治领悟力、政治执行力，全面加强自身建设。"首次提出各级人大及其常委会要成为"四机关"，即"成为自觉坚持中国共产党领导的政治机关、保证人民当家作主的国家权力机关、全面担负宪法法律赋予的各项职责的工作机关、始终同人民群众保持密切联系的代表机关"。⑤ 这进一步明确了各级人大及其常委会的性质定位和职责使命，为各级人大加强自身建设指明了方向、提供了遵循。

新时代完善发展宪法，维护宪法权威和尊严

2018年1月19日，习近平在十九届二中全会第二次全体会议上指出："宪法集中体现了党和人民的统一意志和共同愿望，是国家意志的最高表现形式"，"宪法是全面依法治国的根本依据，具有最高的法律地位、法律权威、法律效力。"2月24日，习近平在主持中共

---

① 习近平：《论坚持人民当家作主》，中央文献出版社2021年版，第76页。
② 习近平：《在中央人大工作会议上的讲话》，《求是》2022年第5期。
③ 习近平：《在中央人大工作会议上的讲话》，《求是》2022年第5期。
④ 《习近平谈治国理政》第3卷，外文出版社2020年版，第29页。
⑤ 习近平：《在中央人大工作会议上的讲话》，《求是》2022年第5期。

十九届中央政治局第四次集体学习时指出："宪法是国家根本法，是国家各种制度和法律法规的总依据"，"是治国理政的总章程。"他反复强调，"坚持依法治国首先要坚持依宪治国，坚持依法执政首先要坚持依宪执政。"①

（一）中共中央全会专题研究修宪问题

习近平总书记高度重视，亲自部署和领导修宪工作，主持召开座谈会，发表重要讲话，确保修宪工作圆满完成。2018年1月，党的十九届二中全会专题研究修宪，这在我们党的中央全会历史上是第一次，足见以习近平同志为核心的党中央对修宪工作的高度重视。

第一，修改宪法是党和国家政治生活中的一件大事。这是"中共中央从新时代坚持和发展中国特色社会主义的全局和战略高度作出的重大政治决策，也是推进全面依法治国、推进国家治理体系和治理能力现代化的重大举措。"修宪的"目的是在保持宪法连续性、稳定性、权威性前提下，通过修改使我国宪法更好体现人民意志，更好体现中国特色社会主义制度的优势，更好适应提高中国共产党长期执政能力、推进全面依法治国、推进国家治理体系和治理能力现代化的要求，为新时代坚持和发展中国特色社会主义提供宪法保障。"②

第二，宪法是党和人民意志的集中体现，是通过科学民主程序形成的国家根本法。"修改宪法，是事关全局的重大政治活动和重大立法活动，必须在中共中央集中统一领导下进行"，③ 确保修宪工作正确政治方向。这次宪法修改工作的一项重要原则，就是"严格依法按程序推进宪法修改"。④

第三，修宪工作必须坚持民主、科学态度。2018年1月19日，习近平在中共十九届二中全会第二次全体会议上发表讲话，强调"宪法修改要广察民情、广纳民意、广聚民智，充分体现人民的意志。""立宪和修宪在任何一个国家都是最为重要的政治活动和立法活动，必须以极其严肃认真的科学态度来对待。"他引用毛泽东关于"搞宪法是搞科学"和"宪法的起草是慎重的"论断之后，指出这一次宪法修改也同样如此。⑤

（二）用国家根本法的形式确认创新发展重大成果

1982年宪法（现行宪法）公布施行至今，全国人大先后做了5次修改，前4次通过的宪法修正案，共作出31条修改。2018年3月，十三届全国人大一次会议通过的《中华人民

---

① 习近平：《论坚持全面依法治国》，中央文献出版社2020年版，第198、201、215、213、126页。
② 习近平：《论坚持全面依法治国》，中央文献出版社2020年版，第187—188、199页。
③ 习近平：《论坚持全面依法治国》，中央文献出版社2020年版，第188页。
④ 有关程序和具体过程，参见王晨《关于〈中华人民共和国宪法修正案（草案）〉的说明》，《全国人民代表大会常务委员会公报》2018年特刊。
⑤ 习近平：《论坚持全面依法治国》，中央文献出版社2020年版，第194、188、199页。

共和国宪法修正案》，共作出 21 条修改①，这次修宪不仅从修正案数量上来说是比较多的，而且从内容上来说及时确认了党和人民创造的伟大成就与宝贵经验，全面体现了党和人民在实践中取得的重大理论、制度和实践创新成果。这实际上是对人民代表大会制度的最新宪法表达，使我国宪法更加符合国情和实际，能够更好发挥宪法的规范、引领、推动、保障作用。

第一，将科学发展观、习近平新时代中国特色社会主义思想载入宪法，确立其在国家政治和社会生活中的指导地位，使宪法关于国家指导思想的表述更为完整准确。同时，增写"贯彻新发展理念"。②

第二，增写"中国共产党领导是中国特色社会主义最本质的特征"。③ 这就用宪法条文予以明确规定，进一步强化了中国共产党总揽全局、协调各方的核心地位，有利于坚持和加强党的全面领导。

第三，增加"国家倡导社会主义核心价值观"的内容。④ 社会主义核心价值观是当代中国精神的集中体现，凝结着全体人民共同的价值追求。

第四，完善依法治国和宪法实施举措。一是把"健全社会主义法制"改为"健全社会主义法治"，确认了我们党依法治国理念和方式的新飞跃。二是确认宪法宣誓制度，明确"国家工作人员就职时应当依照法律规定公开进行宪法宣誓"。⑤ 2018 年 3 月 17 日，在十三届全国人大一次会议上习近平当选国家主席、中央军委主席后，面对近 3000 名全国人大代表、13 亿多全国人民，庄严进行宪法宣誓。⑥ 这是国家主席首次在全国人大会议上做宪法宣誓，为国家工作人员做出了示范和表率。

第五，修改国家主席任职方面的有关规定。《中国共产党章程》对党的中央委员会总书记和中央军事委员会主席，宪法对中华人民共和国中央军事委员会主席，都没有作出"连续任职不得超过两届"的规定。⑦ 宪法修正案对国家主席任职的相关规定与上述规定相一致，有利于加强和完善国家领导体制。

第六，增加设区的市制定地方性法规的规定。宪法修正案对 2015 年修改后的《中华人民共和国立法法》的有关规定予以确认，完善了立法体制，即"设区的市的人民代表大会

---

① 《中华人民共和国宪法修正案》，《全国人民代表大会常务委员会公报》2018 年特刊。
② 《中华人民共和国宪法修正案》，《全国人民代表大会常务委员会公报》2018 年特刊。
③ 《中华人民共和国宪法修正案》，《全国人民代表大会常务委员会公报》2018 年特刊。
④ 《中华人民共和国宪法修正案》，《全国人民代表大会常务委员会公报》2018 年特刊。
⑤ 《中华人民共和国宪法修正案》，《全国人民代表大会常务委员会公报》2018 年特刊。
⑥ 《习近平全票当选国家主席中央军委主席 栗战书当选全国人大常委会委员长》，《人民日报》2018 年 3 月 18 日。
⑦ 《中华人民共和国宪法修正案》，《全国人民代表大会常务委员会公报》2018 年特刊。

和它们的常务委员会，在不同宪法、法律、行政法规和本省、自治区的地方性法规相抵触的前提下，可以依照法律规定制定地方性法规，报本省、自治区人民代表大会常务委员会批准后施行。"①

第七，增加"监察委员会"一节，明确国家监察委员会和地方各级监察委员会的性质、地位、名称、人员组成、任期任届、领导体制、工作机制等。② 这是我国重大政治体制改革，是国家政权组织形式的一个重大变化，从"一府两院"变成了"一府一委两院"。众所周知，深化国家监察体制改革本身，就是"党中央考虑启动这次宪法修改的一个重要因素"。③ 这次宪法修改是人民代表大会制度创新发展的重要体现。

此外，宪法修正案将法律委员会更名为"宪法和法律委员会"，完善全国人大专门委员会制度。④

（三）切实尊崇宪法，全面实施宪法

党的十八大以来，习近平高度重视宪法实施，强调"宪法的生命在于实施，宪法的权威也在于实施。我们要坚持不懈抓好宪法实施工作，把全面贯彻实施宪法提高到一个新水平"。⑤ 同时，党和国家把全面贯彻实施宪法作为全面依法治国、建设社会主义法治国家的首要任务和基础性工作来抓，开展了一系列具有开创性的工作，采取有力措施加强宪法宣传教育和全面贯彻实施工作，不断完善中国特色社会主义法律体系，维护宪法法律权威。

第一，提出通过立法来实施宪法的重大论断。我国宪法实施的一个重要特点，就是通过完备的法律来细化宪法规定的原则和精神，进而推动和实现宪法全面有效实施。2012年12月4日，习近平在首都各界纪念现行宪法公布施行30周年大会上发表讲话，首次明确提出："通过完备的法律推动宪法实施，保证宪法确立的制度和原则得到落实。""要以宪法为最高法律规范，继续完善以宪法为统帅的中国特色社会主义法律体系，把国家各项事业和各项工作纳入法制轨道"，"实现国家和社会生活制度化、法制化"。2018年1月19日，习近平在十九届二中全会第二次全体会议上强调："用科学有效、系统完备的制度体系保证宪法实施。"⑥ 这既是理论上的一大贡献，也为实践指明了方向和路径。

第二，设立国家宪法日制度并依法开展活动。2014年11月，十二届全国人大常委会十一次会议通过了关于设立国家宪法日的决定，将12月4日设立为国家宪法日。⑦ 习近平对

---

① 《中华人民共和国宪法修正案》，《全国人民代表大会常务委员会公报》2018年特刊。
② 《中华人民共和国宪法修正案》，《全国人民代表大会常务委员会公报》2018年特刊。
③ 习近平：《论坚持全面依法治国》，中央文献出版社2020年版，第198页。
④ 《中华人民共和国宪法修正案》，《全国人民代表大会常务委员会公报》2018年特刊。
⑤ 习近平：《论坚持全面依法治国》，中央文献出版社2020年版，第11页。
⑥ 习近平：《论坚持全面依法治国》，中央文献出版社2020年版，第12—13、201页。
⑦ 《全国人大常委会关于设立国家宪法日的决定》，《人民日报》2014年11月2日。

这项制度的建立和实施极为重视，在 2014 年、2016 年和 2018 年国家宪法日到来之际都分别做出重要指示。截至 2021 年底，全国人大常委会办公厅会同有关方面连续 8 年开展国家宪法日活动，加强宪法宣传教育，在全社会弘扬宪法精神、增强宪法自信。

第三，及时妥善处理辽宁拉票贿选案有关问题。该案件在新中国历史上是前所未有的，对此如何处置没有明确规定。根据宪法精神和有关法律原则，2016 年，十二届全国人大常委会通过全国人大常委会代表资格审查委员会关于辽宁省人大选举产生的部分十二届全国人大代表当选无效的报告、关于成立辽宁省十二届人大七次会议筹备组的决定。这是采取创制性办法，"坚决维护人民代表大会制度的权威和尊严"。①

第四，行使《中华人民共和国宪法》和《中华人民共和国香港特别行政区基本法》赋予的权力，全国人大及其常委会开展一系列工作。一是作出关于建立健全香港特别行政区维护国家安全的法律制度和执行机制的决定；制定《中华人民共和国香港特别行政区维护国家安全法》②，为确保"一国两制"事业行稳致远提供法律支撑。二是作出关于香港特别行政区行政长官普选问题的决定，明确香港特别行政区循序渐进发展民主的方向和基本制度安排。三是修订《中华人民共和国香港特别行政区基本法》附件一和附件二，完善香港特别行政区行政长官的产生办法、香港特别行政区立法会的产生办法和表决程序③，形成一套符合香港法律地位和实际情况的民主选举制度。四是"全国人大常委会批准了内地与香港特别行政区关于在广深港高铁西九龙站设立口岸实施'一地两检'的合作安排"，为推动香港与全国高铁网络实现互联互通，支持香港融入国家发展大局提供了法律保障。此外，全国人大常委会主动释法，"作出关于香港基本法第一百零四条的解释，一锤定音，充分表明中央贯彻'一国两制'方针的坚定决心和反对'港独'的坚定立场"④，捍卫宪法和香港基本法权威。

第五，制定、修改有关国家象征和标志的法律。一是制定《中华人民共和国国歌法》，与《中华人民共和国国旗法》《中华人民共和国国徽法》一道，构成和落实了宪法关于国家象征和标志的重要制度规定。同时，决定"在《中华人民共和国香港特别行政区基本法》附件三中增加全国性法律《中华人民共和国国歌法》"⑤、"在《中华人民共和国澳门特别行

---

① 习近平：《论坚持全面依法治国》，中央文献出版社 2020 年版，第 197 页。
② 《中华人民共和国香港特别行政区维护国家安全法》，《人民日报》2020 年 7 月 1 日。
③ 《全国人民代表大会常务委员会关于香港特别行政区行政长官普选问题和 2016 年立法会产生办法的决定》，《人民日报》2014 年 9 月 1 日。
④ 习近平：《论坚持全面依法治国》，中央文献出版社 2020 年版，第 197—198 页。
⑤ 《全国人大常委会关于增加〈中华人民共和国香港特别行政区基本法〉附件三所列全国性法律的决定》，《人民日报》2017 年 11 月 5 日。

政区基本法》附件三中增加全国性法律《中华人民共和国国歌法》"①，确保国歌法在香港、澳门得到一体遵循。二是修改《中华人民共和国国旗法》《中华人民共和国国徽法》，完善关于国家象征和标志的法律制度。

第六，实施宪法关于全国人大常委会有权"规定和决定授予国家的勋章和荣誉称号"②这一规定，制定《中华人民共和国国家勋章和国家荣誉称号法》，并依法分别于2019年、2020年作出两个决定：一是"作出授予国家勋章和国家荣誉称号的决定，习近平主席签署主席令，首次授予为新中国建设和发展作出杰出贡献的功勋模范人物国家勋章和国家荣誉称号。"③二是"作出关于授予在抗击新冠肺炎疫情斗争中作出杰出贡献的人士国家勋章和国家荣誉称号的决定"，习近平主席签署主席令。④

第七，制定《中华人民共和国英雄烈士保护法》。根据宪法规定，为贯彻社会主义核心价值观，全国人大常委会制定《中华人民共和国英雄烈士保护法》。⑤这对于维护英雄烈士尊严和合法权益，惩治歪曲丑化、侮辱诽谤英雄烈士的行为，传承弘扬英雄烈士事迹和爱国主义精神，抵制历史虚无主义有重要的历史意义，有利于实现"两个一百年"奋斗目标、实现中华民族伟大复兴的中国梦。

第八，认真落实中共中央关于"加强宪法实施和监督，推进合宪性审查工作，维护宪法权威"⑥的部署要求，全国人大常委会开展了相关工作。一是在"审议关于推迟召开十三届全国人大三次会议的决定草案""关于香港特别行政区第六届立法会继续履行职责的决定草案"时⑦，分别就涉宪性、合宪性问题进行研究并作出判断。二是在《中华人民共和国人口与计划生育法》《中华人民共和国审计法》等法律修改过程中进行合宪性审查研究，阐释宪法制度的内涵和精神，回应社会关切。

新时代人民代表大会制度更加成熟、更加定型

新时代十年，在党的集中统一领导下，全国人大依法行使职权，创造性开展工作，人民

---

① 《全国人大常委会关于增加〈中华人民共和国澳门特别行政区基本法〉附件三所列全国性法律的决定》，《人民日报》2017年11月5日。
② 《中华人民共和国宪法》，《人民日报》2018年3月22日。
③ 《中华人民共和国国家勋章和国家荣誉称号法》，《人民日报》2015年12月28日；《人大常委会第十三次会议在京闭幕》，《人民日报》2019年9月18日。
④ 《授予在抗击新冠肺炎疫情斗争中作出杰出贡献的人士国家勋章和国家荣誉称号》，《人民日报》2020年8月12日。
⑤ 《习近平谈治国理政》第3卷，外文出版社2020年版，第30页。
⑥ 《全国人大常委会会议将审议关于推迟召开十三届全国人大三次会议的决定草案》，《人民日报》2020年2月18日；《栗战书主持召开第七十一次委员长会议》，《人民日报》2020年8月12日。
⑦ 栗战书：《在中央人大工作会议上的总结讲话》，《中国人大》2021年第23期。

代表大会制度和理论有效运行、实践，不断发展完善。除了上述宪法修改、宪法实施与监督方面之外，还主要表现在以下几个方面。

（一）健全党全面领导人大的制度和机制

第一，健全坚持党的领导的制度安排。自 2015 年开始，习近平总书记连续 8 年主持召开中共中央政治局常委会会议，听取全国人大常委会党组的工作汇报，并已经成为一项重要制度。党的十八大、十九大报告和中央全会文件等部署了加强人民代表大会制度建设和人大工作的任务举措，中共中央多次研究关于人大工作的重要事项，特别是首次召开中央人大工作会议，先后出台有关人大建设和工作的重要指导性文件 30 余件。

第二，坚持党的全面领导这一最高政治原则。一是用习近平新时代中国特色社会主义思想统揽人大工作。二是充分体现到"两个维护"上来。"人大的一切工作，各级人大的工作，都要同党的基本理论、基本路线、基本方略和党中央决策部署、习近平总书记重要指示对标对表，自觉维护党总揽全局、协调各方的领导核心作用。"[①] "全国人大及其常委会坚持党中央集中统一领导，坚决贯彻党中央重大决策部署，形成了人大工作坚持党的领导的一整套制度体系。"[②] 三是认真执行请示报告制度。全国人大常委会党组及时将人大工作中的重大问题、重要事项、重要情况向党中央请示报告。地方各级人大及其常委会接受同级党委领导，"按照党中央关于人大工作的要求，围绕地方党委贯彻落实党中央大政方针的决策部署，结合地方实际，创造性地做好立法、监督等工作。"[③] 四是全国人大常委会党组和机关党组履行职责，发挥把方向、管大局、保落实的领导作用。

第三，新修改的《中华人民共和国全国人民代表大会组织法》《中华人民共和国全国人民代表大会和地方各级人民代表大会选举法》《中华人民共和国地方各级人民代表大会和地方各级人民政府组织法》等法律都增加了规定，坚持中国共产党的领导，充分体现了中国共产党领导的根本性、全面性和时代性，这为进一步坚持党的领导提供了法律制度保障。

（二）依法推进机构设置和改革，加强政权建设

第一，全国人大行使职权的有关情况。一是先后就国务院机构改革作出两个决定，推动构建系统完备、科学规范、运行高效的党和国家机构职能体系。二是制定《中华人民共和国监察法》，为建立集中统一、权威高效的中国特色社会主义监察体系提供法律保障。三是全面修改完善《中华人民共和国全国人民代表大会组织法》。增设"总则"一章，明确全国人大及其常委会的性质、地位、组织和活动原则，增加规定坚持党和国家指导思想、坚持全

---

① 信春鹰：《中国共产党与我国的根本政治制度》，《求是》2021 年第 23 期。
② 《习近平谈治国理政》第 3 卷，外文出版社 2020 年版，第 290 页。
③ 《全国人大常委会关于在北京市、山西省、浙江省开展国家监察体制改革试点工作的决定》，《人民日报》2016 年 12 月 26 日。

过程人民民主、全国人大及其常委会开展对外交往。完善全国人大主席团、全国人大常委会委员长会议、全国人大专门委员会相关规定，健全全国人大常委会人事任免权。适应监察体制改革需要，增加相关内容。四是作出关于设立专门委员会的决定，设立10个专门委员会，其中增设社会建设委员会，健全了专门委员会设置。完善全国人大专门委员会设置和制度规定，对于全国人大及其常委会行使职权、开展工作具有重要作用。五是全面修改《中华人民共和国地方各级人民代表大会和地方各级人民政府组织法》，进一步健全地方人大和地方政府的组织和工作制度。

第二，全国人大常委会行使职权的有关情况。一是先后作出在北京市、山西省、浙江省开展国家监察体制改革试点工作的决定①和在全国各地推开国家监察体制改革试点工作的决定②，制定《中华人民共和国监察官法》，为深化国家监察体制改革提供法治保障。二是与全国人大有关决定相衔接，作出多个涉及机构改革、职责调整的决定，推动国家机构改革。三是作出关于全国人大宪法和法律委员会职责问题的决定，增加推动宪法实施、开展宪法解释、推进合宪性审查、加强宪法监督、配合宪法宣传等工作职责。四是统筹修改《中华人民共和国地方各级人民代表大会和地方各级人民政府组织法》《中华人民共和国全国人民代表大会和地方各级人民代表大会选举法》《中华人民共和国代表法》，健全县乡人大会议、工作、组织等方面制度。这是改革开放以来推动地方人大工作和建设的一次重大改革，有利于加强基层政权建设。

（三）完善立法体制机制，立法工作成效显著

2018年1月19日，习近平在党的十九届二中全会第二次全体会议上发表讲话指出："全国人大及其常委会要适应新时代坚持和发展中国特色社会主义的新要求，加强和改进立法工作，继续完善以宪法为核心的中国特色社会主义法律体系"，"保证宪法确立的制度、原则和规则得到全面实施"。③ 在新时代，全国人大及其常委会不断完善立法体制机制，坚持科学立法、民主立法、依法立法，加快立法步伐，提高立法质量和效率，为全面建设社会主义现代化国家提供法律保障。

第一，完善立法体制。这主要包括：一是明确立法和改革决策相衔接；二是落实税收法定原则；三是规范部门规章和地方政府规章权限；四是作出关于国家监察委员会制定监察法规的决定；五是作出关于授权上海市人大及其常委会制定浦东新区法规的决定。

第二，完善立法机制和程序。全国人大及其常委会落实中共中央有关部署要求和新修改

---

① 《全国人大常委会关于在全国各地推开国家监察体制改革试点工作的决定》，《人民日报》2017年11月5日。
② 习近平：《论坚持全面依法治国》，中央文献出版社2020年版，第202页。
③ 《基层立法联系点是新时代中国发展全过程人民民主的生动实践》，《求是》2022年第5期。

的《中华人民共和国立法法》，出台并执行有关立法制度机制和程序的工作文件。一是发挥人大在立法工作中的主导作用，包括通过立法规划、年度立法计划等形式加强对立法工作的统筹安排；加强和改进法律起草机制，特别是建立全国人大专委会、常委会工作机构组织起草重要法律草案制度；更多发挥人大代表在立法中的作用，每年将重要法律草案提请代表大会审议通过，广泛听取代表意见建议。二是完善科学立法、民主立法、依法立法的程序机制。包括：拓宽公民有序参与立法的途径，开展立法协商，完善立法论证、听证、法律草案公开征求意见等制度，制定立法项目征集和论证工作规范、向社会公布法律草案征求意见工作规范及工作规程、关于加强和改进法律草案征求部门和地方意见工作的意见、立法中涉及的重大利益调整论证咨询的工作规范、争议较大的重要立法事项引入第三方评估的工作规范等。三是完善法律草案表决程序，建立重要条款单独表决制度。四是建立法律通过前评估工作制度、立法后评估工作制度，依法建立健全专门委员会、工作委员会立法专家顾问制度等。

  第三，提高立法质量和效率。一是在坚持党领导立法工作的前提下，全国人大及其常委会深入推进科学立法、民主立法、依法立法，做好计划（规划）、立项、起草、评估、论证、协调、征求意见等各环节工作，既通过深化改革完善法治，又通过完善的法治保障改革创新，确保国家发展、重大改革于法有据，注重发挥审议的把关作用，更好发挥人大在立法工作中的主导作用。二是建立并实行基层立法联系点制度。2015年7月，全国人大常委会法制工作委员会报经批准，将上海市虹桥街道办事处、甘肃省临洮县人大常委会、江西省景德镇市人大常委会、湖北省襄阳市人大常委会设为首批基层立法联系点试点单位。2019年11月2日，习近平总书记到上海市虹桥街道考察，充分肯定了全国人大常委会基层立法联系点在接地气、聚民智方面所做的有益探索，指出"我们走的是一条中国特色社会主义政治发展道路，人民民主是一种全过程的民主"，强调"人民代表大会制度是我国的根本政治制度，要坚持好，巩固好，发展好，畅通民意反映渠道，丰富民主形式"。习近平总书记的重要指示精神，为基层立法联系点工作持续稳步深入发展注入了强大动力。"全国人大常委会法工委分别在2020年7月和2021年7月建立了第二批、第三批基层立法联系点。至此，全国人大常委会法工委建立的基层立法联系点数量增至22个，覆盖全国2/3的省份，辐射带动全国设立了427个省级立法联系点、4350个设区的市级立法联系点，极大拓展了基层群众参与国家立法的深度和广度，丰富了全过程人民民主的实践和内涵。"[①] 实践证明，基层立法联系点已成为民主民意表达的重要平台和载体，在发展全过程人民民主、增强国家治理效能方面发挥了独特作用和优势。三是丰富立法形式。既注重"大块头"，推进法典编纂

[①] 栗战书：《在中央人大工作会议上的总结讲话》，《中国人大》2021年第23期。

工作，又注重"小快灵"，通过"小切口"立法增强立法的针对性、适用性、可操作性。①四是加强重点领域立法。紧紧围绕完善国家制度和法律制度、推进国家治理体系现代化，加快国家政治、经济、文化、社会、生态文明建设等领域立法步伐，通过《中华人民共和国宪法修正案》，制定《中华人民共和国监察法》《中华人民共和国民法典》《中华人民共和国外商投资法》《中华人民共和国国家安全法》等法律，修改《中华人民共和国立法法》《中华人民共和国全国人民代表大会组织法》《中华人民共和国地方各级人民代表大会和地方各级人民政府组织法》《中华人民共和国全国人民代表大会和地方各级人民代表大会选举法》《中华人民共和国国防法》《中华人民共和国环境保护法》《中华人民共和国预算法》等法律。

截至2022年6月底，制定修改法律行政法规730余件次，现行有效法律292件，行政法规598件，中国特色社会主义法律体系日趋科学完善。②

（四）人大监督制度和监督工作取得新进展

习近平总书记多次强调，要支持人大及其常委会担负起宪法法律赋予的监督职责，"用好宪法赋予人大的监督权，实行正确监督、有效监督、依法监督"。③ 人大监督工作的思路、机制、方式方法等都有创新和发展。

第一，认真履行党中央赋予人大新的监督职责。包括国有资产管理情况监督、预算审查监督重点拓展改革、地方政府债务审查监督等。制定《关于加强国有资产管理情况监督的决定》，制定五年工作规划，已连续4年审议关于国有资产管理情况的年度综合报告和专项报告，加快推进国资联网监督工作。

第二，健全监督制度和工作机制。修改《中华人民共和国预算法》《中华人民共和国审计法》《全国人民代表大会常务委员会关于加强经济工作监督的决定》等，出台《关于贯彻〈关于人大预算审查监督重点向支出预算和政策拓展的指导意见〉的实施意见》。在预算决算审查监督方面，对政府全口径预算决算进行审查监督，推进人大预算审查监督重点向支出预算和政策拓展，建立审计查出突出问题整改情况向全国人大常委会报告机制，加强人大预算联网监督。

第三，完善执法检查制度机制。一是紧扣法律规定开展检查，对照法律条文查找问题，督促有关方面把法定责任落到实处；二是创新组织方式和工作方法，形成"全链条"工作流程，引入第三方评估，对检查中发现的典型问题点名曝光，让法律制度的"牙齿"真正

---

① 《开辟全面依法治国新境界》，《人民日报》2022年7月29日。
② 习近平：《在中央人大工作会议上的讲话》，《求是》2022年第5期。
③ 栗战书：《在中央人大工作会议上的总结讲话》，《中国人大》2021年第23期。

咬合，形成监督压力；三是持续跟踪监督。聚焦大气、水、土壤、固体废物污染等方面的突出问题，连续4年开展执法检查，助力打好污染防治攻坚战。①

第四，依法拓展监督领域和范围。一是全国人大常委会首次听取国家监察委员会专项工作报告②；二是注重围绕大局、贴近民生确定监督项目，听取审议工作报告，加强前期调研和后续督促落实，切实推动改进工作、解决问题。

第五，加强和改进专题询问工作。一是首次结合听取审议"两高"（指最高人民法院和最高人民检察院）专项工作报告，开展专题询问；二是"一府两院"负责同志到会报告工作并应询，已经实现制度化机制化，专题询问更有针对性、更具力度和权威性。

第六，加强备案审查制度和能力建设。这在地方立法主体大幅度扩围之后，维护社会主义法治统一和权威尤为重要。"健全规范性文件备案审查制度，把各类法规、规章、司法解释和各类规范性文件纳入备案审查范围，建立健全党委、人大、政府、军队间备案审查衔接联动机制，加强备案审查制度和能力建设，实行有件必备、有备必审、有错必纠。"③ 全国人大常委会制定法规、司法解释备案审查工作办法及工作规程，建立全国统一的备案审查信息平台，将所有规范性文件纳入备案审查范围。建立全国人大常委会听取和审议备案审查工作情况报告制度。2017年12月首次听取审议备案审查工作情况报告，向社会公开，并已成为制度性安排。④

（五）人大代表作用得到进一步发挥

习近平强调："人民代表大会制度之所以具有强大生命力和显著优越性，关键在于它深深植根于人民之中"⑤，并要求"充分发挥人大代表作用，做到民有所呼、我有所应"。⑥ 全国人大常委会加强和改进代表工作，召开会议专题研究部署，健全代表工作机制，加强代表履职能力建设，不断提高代表服务保障工作水平，"人大代表的作用得到彰显，在国家政治生活和社会生活中发挥着越来越重要的作用。"⑦

第一，制定并实施关于加强和改进全国人大代表工作的35条具体措施，对做好代表工作提出全面、具体要求。⑧

---

① 《十三届全国人大常委会第二十一次会议审议多部报告》，《人民日报》2020年8月11日。
② 习近平：《论坚持全面依法治国》，中央文献出版社2020年版，第198页。
③ 参见万其刚《新时代人民代表大会制度发展完善的重大创新成果》，《北京党史》2019年第6期；《坚持和完善人民代表大会制度实现和发展全过程人民民主》，《行政管理改革》2021年第12期。
④ 习近平：《论坚持人民当家作主》，中央文献出版社2021年版，第79页。
⑤ 习近平：《在中央人大工作会议上的讲话》，《求是》2022年第5期。
⑥ 栗战书：《在中央人大工作会议上的总结讲话》，《中国人大》2021年第23期。
⑦ 于浩等：《"35条具体措施"为代表履职添活力》，《中国人大》2020年第5期。
⑧ 王晨：《贯彻以人民为中心的发展思想 高质量做好代表建议办理工作》，《求是》2020年第13期。

第二，完善办理人大代表建议的工作制度和机制，强调"内容高质量、办理高质量"，"既要出结果、也要重过程"①，与各承办单位共同努力，采取一系列新举措，不断提升代表建议办理水平。

第三，健全常委会组成人员直接联系人大代表的制度，联系的方式和内容进一步拓展。

第四，建立健全与列席常委会会议代表座谈机制，人大代表对常委会和专门委员会工作的参与进一步扩大，增加每次列席常委会会议的代表人数，根据会议议程，注重邀请提出相关议案或有关专业背景的代表列席。

第五，人大代表联系人民群众的机制更加健全，各级人大建立起包括代表集中视察、专题调研、代表小组和代表联络站活动、接待群众、向选民或原选举单位述职等在内的一整套人大代表联系群众的制度机制，社情民意反映和表达渠道更加畅通。

结　语

新时代以来的十年是极不平凡的十年。不论是理论、制度，还是实践，我国的根本政治制度都有许多创新发展，人大工作取得历史性成就，呈现新的气象、新的风貌。

从理论维度来说，"习近平新时代中国特色社会主义思想是当代中国马克思主义、二十一世纪马克思主义，是中华文化和中国精神的时代精华，实现了马克思主义中国化新的飞跃。"② 相应地，作为这一思想重要组成部分的习近平法治思想、习近平总书记关于坚持和完善人民代表大会制度的重要思想，标志着我们党关于社会主义民主法治的认识达到了新的高度，开拓了新的境界，实现了新的飞跃。

从制度维度来说，以习近平同志为核心的党中央团结带领全国各族人民，坚定不移走中国特色社会主义政治发展道路和法治道路，坚持党的领导、人民当家作主、依法治国有机统一，对发展社会主义民主政治、加强人民代表大会制度建设做出一系列部署安排。全国人大及其常委会紧紧围绕党和国家工作大局依法履职尽责，新时代人民代表大会制度更加成熟、更加定型，我国社会主义民主政治制度化、规范化、程序化全面推进，全面、广泛、有机衔接的人民当家作主制度体系不断完善，中国特色社会主义法治体系不断健全，法治中国建设迈出坚实步伐。③

从实践维度来说，在中共中央坚强领导下，各级人大及其常委会依法履职，立法、监督、代表、对外交往、自身建设等各方面工作都取得新进展新成效，人大工作取得历史性成

---

① 《中共中央关于党的百年奋斗重大成就和历史经验的决议》，人民出版社2021年版，第26页。
② 《中共中央关于党的百年奋斗重大成就和历史经验的决议》，人民出版社2021年版，第39—43页。
③ 《中华人民共和国英雄烈士保护法》，《人民日报》2018年5月9日。

就。通过人民代表大会制度把坚持党的领导、人民当家作主、依法治国三者真正打通、有机统一起来，充分发挥法治固根本、稳预期、利长远的保障作用，有力保障了全过程人民民主建设，有力保障了党领导人民创造经济快速发展奇迹和社会长期稳定奇迹，有力促进了改革开放和社会主义现代化建设，有力维护了国家统一、民族团结、社会稳定。

总之，这些新的气象、新的风貌对于在新的征程上深刻理解"两个确立"的决定性意义，自觉做到"两个维护"，坚持和完善人民代表大会制度，发展全过程人民民主，保证人民当家作主，坚持全面依法治国，建设社会主义法治国家，实现第二个百年奋斗目标、实现中华民族伟大复兴的中国梦都具有重要意义。

（原载于《当代中国史研究》2022年第5期）

中国共产党成功启动改革开放原因再分析

关海庭

当历史进入20世纪70年代末期,"世界经济快速发展,科技进步日新月异,而十年内乱导致我国经济濒临崩溃的边缘,人民温饱都成问题,国家建设百业待兴。"[1] 中国开始了改革开放的进程。中国的改革开放是由执政的中国共产党启动的,党的正确领导至关重要。这是一个共识。其中比较有代表性的论断包括:以邓小平同志为核心的党中央的坚强领导,党的实事求是思想路线的恢复和发展,全党对"文化大革命"的反思形成了发展的共识,充分利用了执政党和国家具备的体制和各种比较优势,中国和中共文化底蕴发挥了巨大的优势,广大党员干部的责任心和进取心的作用等。毋庸置疑,这些是重要的前提,也是宏观上的概括和总结。但是,中国共产党顺应历史潮流,领导改革开放,很多因素和中间环节还有待进一步挖掘和细化,只有这样,才能将历史的本来面目更加丰富多彩地展现在人们的面前。

一、中国共产党对宗旨的坚持和人民群众的认可是基本的政治前提

中国共产党作为执政党善良的动机和愿望,是改革开放成功启动的基本前提和最根本的原因。改革的成功启动必须具备两个最基本的条件:一是执政党要代表历史发展的方向和人民的意愿;二是人民群众要信任这个党,认为这个党能够代表自己的利益,二者缺一不可。

(一) 中国共产党之所以能够代表广大人民群众的根本利益,是长期坚持通过各种措施,使各级干部保持善良的改革动机,遏制党内特权阶层形成的结果

首先,加强思想政治教育工作。1951年2月,中共中央作出《关于加强理论教育的决定(草案)》,要求全党系统地学习理论,学习马克思、恩格斯、列宁、斯大林、毛泽东的理论著作。通过加强考核、举办训练班、高级干部带头学习等措施,提高全党的理论水平。[2] 1954年2月,中央又作出《关于增强党的团结的决议》,要求通过学习促进团结。1958年2月,中央作出《关于下放干部进行劳动锻炼的指示》,要求干部向实际学习。同年8月又作出对干部进行"社会主义和共产主义教育"的决定。1961年9月,中央作出《关于轮训干

---

[1] 本书编写组:《改革开放简史》,人民出版社、中国社会科学出版社2021年版,第2页。
[2] 参见《建国以来重要文献选编》第2册,中央文献出版社2011年版,第111—117页。

部的决定》，对各级干部的学习提出了具体要求。1963年至1966年，中央和有关部门先后作出了学习雷锋、学习解放军、学习大庆、学习大寨、学习县委书记的好榜样焦裕禄等的决定，党内的学习风气日益浓厚。这种思想政治教育使党内保持了良好的政治生态。

其次，注重制度建设，对各级领导干部的生活待遇作了严格的规定。这些规定有利于联系广大人民群众，约束利益分化。例如，同个人生活联系最密切的工资，干部序列最高是1级，最低是23级，之间相差不超过10倍；工人序列最低是1级，最高是8级。8级工人的工资相当于干部序列的15级，即正处级或副局级。从公平和效率的关系视角来分析，上述规定是比较合理的。特别是干部系列，"除1956年调整过一次工资（调整面为40%）外，只有18级以下干部在1962年调过一次工资（调整面也是40%）。17级以上干部直到十一届三中全会后的1979年，在长达23年的时间里不但没有调整过工资，反而在三年困难时期为了表示与群众同甘共苦，还象征性地降低了一点。"[1] 另外，工人序列中有很多补贴，如保健费、夜班费、加班费等；特别需要提到的是，工人序列中有子女接班的制度，普通老百姓最看好的是这种接班制度，这种补贴和接班制度在干部序列中都是没有的。这种制度设计，使各级干部同广大群众保持了良好和谐的关系。

再次，毛泽东个人的作用。新中国成立以后，毛泽东特别强调各级干部要密切联系群众，并采取了多项措施，防止党内形成特权阶层。一是对党的优良传统的继承，"永远保持艰苦奋斗的作风"[2]；二是干部不能搞特殊化，"干部子弟学校应逐步废除"，"废除这种贵族学校，与人民子弟合一"[3]；三是"必须重视人民的通信"，对一个省政府积压了7万多件人民来信没有处理提出严厉批评[4]；四是干部定期参加劳动，每年抽出一部分时间下田参加生产，从事一小部分体力劳动[5]；五是"全党都要加强政治思想工作"[6]。作为党的领袖，其思想言行的作用和意义是显而易见的。

中国在改革开放之前没有形成官僚特权的既得利益阶层，使得改革开放能够顺利启动，但这不等于改革过程中不会形成特权阶层。实际上在改革初期，中国也的确存在这方面的危险。中共采取了两个有力措施，保证了改革过程中的人民性。一是党的基本路线的确立。提出坚持四项基本原则，注重对人民进行理想信念教育，这是非常必要的。二是对领导干部严格管理，主要是采取两方面的具体措施。一方面，严格规范政治经济行为。1984年12月中

---

[1] 苏维民：《杨尚昆谈新中国若干历史问题》，四川人民出版社2014年版，第26页。
[2] 《毛泽东文集》第6卷，人民出版社1999年版，第17页。
[3] 《毛泽东文集》第6卷，第232页。
[4] 《毛泽东文集》第6卷，第164、254页。
[5] 《毛泽东文集》第7卷，人民出版社1999年版，第294页。
[6] 《毛泽东文集》第7卷，第286页。

共中央、国务院下发《关于严禁党政机关和党政干部经商、办企业的决定》,1986年2月又下发《关于进一步制止党政机关和党政干部经商、办企业的规定》。主要内容包括:党政机关一律不准经商、办企业;党政机关干部一律不准在各类企业中担任职务;领导干部的子女、配偶,在党政机关及所属编制序列的事业单位工作的,一律不得离职经商、办企业;严格清理已经开办的公司和企业。① 另一方面,对领导干部的生活待遇标准作了严格的规定。1979年11月,中共中央、国务院下发的《关于高级干部生活待遇的若干规定》,对住房、医疗都作了规定。正如邓小平所说:"现在再不作这样的规定,我们就无法向人民交代了。""我们脱离群众,干部特殊化是一个重要的原因。""文化大革命"以前,"我们曾经把高级干部的工资标准降低了三次",现在不降低,但"不能同群众的生活差距太大"。"只要我们信任群众,走群众路线,把情况和问题向群众讲明白,任何问题都可以解决。"② 此外,还下发了《关于党内政治生活的若干准则》(1980年)、《关于建立老干部退休制度的决定》(1982年)等。

(二) 广大人民群众对中国共产党是信任的

中国社会当时比较贫穷,但是,中国社会是在贫穷基础上的公平社会。一方面,广大干部是廉洁的;另一方面,中国的收入分配是比较均等的。中国在改革前夕及改革之初,收入分配的基尼系数比世界上大多数发展中国家都要低。城市的基尼系数在0.2以下,农村的基尼系数略高,但多数估计都在0.21至0.24之间,详见下表:

表1　　　　　　　　　对改革前收入不平等程度的各种估计(基尼系数)

城市	农村	全国	估计者
0.16 (1980)	0.31 (1979)	0.33 (1979)	世界银行(1983)
0.185 (1980)	0.237 (1978)		李成瑞(1986)
0.16 (1978)	0.212 (1978)		任才方、程学斌(1996)
0.165 (1978)	0.222 (1978)		Irma Adelman 等(1987)

资料来源:赵人伟、李实、卡尔·李思勤主编:《中国居民收入分配再研究——经济改革和发展中的收入分配》,中国财政经济出版社1999年版,第44页。

---

① 参见《十二大以来重要文献选编》(中),中央文献出版社2011年版,第346—348页。
② 《邓小平文选》第2卷,人民出版社1994年版,第216、218、219、220、152页。

可见，中国当时普通民众的收入还是比较均衡的。中国老百姓历来有一种心理，就是"不患寡而患不均"。诚然，老百姓很穷，但是领导干部也不富裕。正是由于新中国成立以来坚持从实际出发不断进行政策调整，并始终保持密切联系群众的优良传统，加上深入社会调查研究和对各级干部的严格管理，使党内没有形成特权阶层，党从整体上对人民群众的实际情况是了解的，人民群众对党是有信心的。全社会形成了良好的风气。"全国人民把他们对于前途的一切希望寄托在党的领导上。"① 当代改革的领导者"接过了由毛泽东统一起来的能够有效运转的全国性的政党和政府"②，这就使得改革的顺利启动成为可能。

二、中国共产党优良传统的继承和发扬使其具备了强大领导能力

中共作为执政党，在长期的革命和建设过程中，树立了坚定的政治信仰和为人民服务的宗旨；形成了从实际出发、实事求是的思想路线；掌握了联系群众善于调查研究的工作方法，能比较准确地了解人民群众的实际状况。这些优良的传统和作风，被很好地继承了下来。

首先，中共有着明确的政治信仰，这就是社会主义和共产主义。中国成为一个统一的多民族国家之后，就是一个宗教淡薄的世俗社会，"道德代替宗教"，成为中国同大多数西方国家的重要区别。③ 在长期的发展过程中，儒家文化实际上起到了信仰的作用。到了近代，在西方文化的冲击下，儒家文化日益衰落，先是孙中山的三民主义成为中国先进人士的政治信仰。随着马克思主义的深入传播，中国共产党人将社会主义和共产主义作为自己的政治信仰，中国发生了天翻地覆的变化。中共在领导全国人民建设社会主义的过程中，尽管有过严重的挫折，但是其政治信仰始终坚持着，改革开放前后更是如此。邓小平明确指出："只有社会主义才能救中国，这是中国人民从五四运动到现在六十年来的切身体验中得出的不可动摇的历史结论。"④ 胡乔木等理论家发表《关于共产主义思想的实践》，明确将改革开放作为"共产主义运动的一部分"。⑤ 这就使中国的改革开放有了明确的目标。

其次，中共始终坚持为人民服务的宗旨，形成了反映人民群众根本利益的党的基本路线。"文化大革命"结束以后，发展经济逐渐成为全党和全国人民的共识，党的十一届三中全会将党的工作重点转移到经济建设上来。但是，这个共识的形成是需要一些中间环节的。这些中间环节，一是对马克思主义关于政治和经济的关系有了正确的认识。邓小平明确指

---

① 《邓小平文选》第 2 卷，第 170 页。
② ［美］傅高义：《邓小平时代》，冯克利译，生活·读书·新知三联书店 2013 年版，第 642 页。
③ 梁漱溟：《中国文化的命运》，中信出版社 2010 年版，第 49、102 页。
④ 《邓小平文选》第 2 卷，第 166 页。
⑤ 《胡乔木文集》第 2 卷，人民出版社 1993 年版，第 544 页。

出："经济问题是压倒一切的政治问题。"① 根据邓小平的思想，以胡乔木为代表的一批理论家，深刻阐述了"生产力的发展才是更为根本的东西"，"离开了经济建设就谈不到实现社会主义、共产主义"，"革命是手段，社会主义建设是我们的目的。更进一步来说，根本的目的是人民的物质文化生活的提高"等思想②，这就恢复了马克思主义关于政治和经济关系的本来面目。二是对"社会主义首先要发展生产力"③ 形成了共识。随着改革开放的不断扩大，国外和海外的信息被大量输入，对我们造成了极大的压力。1978 年中国人均国内生产总值 236 美元，不仅不如日本、英国、法国等发达国家，甚至比巴基斯坦、菲律宾、赞比亚等发展中国家还要低④。特别是港澳台的经济迅速发展，给大陆造成了更大的压力。社会主义制度的优越性，一定要通过生产力的快速发展体现出来。三是通过改革才能解决民生问题，保持社会稳定。当时中国经济非常困难，特别是就业问题压力更大。1978 年中国城镇待业者为 530 万，随着 1000 多万知识青年的陆续返城，1979 年要解决 2000 万待业青年的就业问题⑤。就业问题直接影响群众情绪、社会治安等。从这个意义上说，改革有一定的紧迫性。

再次，中共在历史上形成的实事求是的思想路线在当时得到恢复和发展。具体说来，实事求是在当时主要表现为解放思想。邓小平是解放思想的引领者，1977 年 5 月，在他还没有正式复出的时候，就明确提出："'两个凡是'不行"⑥，不符合马克思主义。1978 年 5 月，邓小平坚决支持"真理标准问题的讨论"，明确"实践是检验真理的唯一标准"，"为党的十一届三中全会的召开准备了思想条件"⑦。党的十一届三中全会以后，中央注重对干部进行解放思想的教育。从 1979 年 1 月到 9 月，山东省省直举办了 100 多期干部培训班，培训干部 2000 多人。同时，山东全省地（市）、县两级举办 997 期培训班，培训干部 12.3 万人。⑧ 江西省 1980 年全省共轮训党员干部 80.5 万人，占全省党员总数的 81%；1981 年轮训党员干部 86.2 万人，占党员总数的 78.2%。⑨ 广东省领导 1978 年 5 月随以谷牧副总理为团长的中国政府经济代表团访问西欧，回国后向省级领导干部、省直机关及广州市处级以上

---

① 《邓小平文选》第 2 卷，第 194 页。
② 《胡乔木谈中共党史》，人民出版社 1999 年版，第 6、5—6、7 页。
③ 《邓小平文选》第 2 卷，第 311 页。
④ 参见武力主编《中华人民共和国经济史》上卷，中国时代经济出版社 2010 年版，第 649 页。
⑤ 武力主编：《中华人民共和国经济史》上卷，中国时代经济出版社 2010 年版，第 653、678 页。
⑥ 《邓小平文选》第 2 卷，第 38 页。
⑦ 中共中央党史研究室编：《中国共产党历史大事记（1919.5—2009.9）》，中共党史出版社 2010 年版，第 291 页。
⑧ 田德全、丁龙嘉主编：《山东改革开放三十年史》，山东人民出版社 2014 年版，第 10 页。
⑨ 中共江西省委党史研究室著：《江西改革开放简史（1978—2018）》，江西人民出版社 2018 年版，第 28 页。

干部3000多人进行传达，反响强烈。①

最后，中共有着密切联系群众的优良传统和作风。当时的具体表现，就是深入实际调查研究。这主要表现在三个方面：一是深入了解中国的实际。安徽省领导在党的十一届三中全会以后，"一年跑了一个二万五千里长征（一万多公里）"，看到群众生活很苦②。二是了解国外和海外的情况。从1977年下半年起，国务院安排各部委组团出国考察。从1978年1月到11月底，到国外和港澳地区考察的人员达519批3213人。③ 三是采用试点的方式执行改革的政策，边实行，边听取群众意见不断进行调整。温州上世纪80年代初期打击投机倒把，将被称为"温州八大王"的8位私营企业代表，定为投机倒把的典型而判刑，温州的领导经过调查研究听取群众反映，将"八大王"无罪释放。④

三、通过总结和反思找到了实现工业化的道路是重要一环

中国共产党对新中国成立以来到"文化大革命"期间历史的重要反思，及采取的具体纠偏措施，就是对中国工业化道路的重新认识和调整。这种反思，特别是县域"五小"工业和社队企业的发展，是中国改革成功启动和发展的重要因素。

中国的工业化目标，就是将农业国变成工业国。传统的工业化道路，就是农业为工业化提供启动资金和部分原材料；工业为农业提供先进的工业设备和吸收农村的剩余劳动力。中国最初也是按照这个思路进行的，但在转移农村剩余劳动力的过程中遭到了两次严重的挫折：第一次是1958年前后。1958年以后的3年间，全国共招收职工2500多万人，使城市人口从9900万增加到1.3亿，而粮食，1959年以来连续两年大幅度减产。动员城市人口下乡，压缩城市人口，成为解决经济困难问题的一项重大决策。⑤ 自1961年1月到1963年6月，全国职工减少了1887万人，城镇人口减少了2600万人，吃商品粮人数减少了2800万人。⑥ 具体办法就是将招工进来的农村人口返回原籍。第二次是60年代开始的城市青年"上山下乡"运动，1962年至1963年，全国共动员30万城市青年上山下乡，到1969年，集中动员了2000多万城市青年到农村去。中国城镇人口占总人口的比例，从1960年的19.7%下降到1965年的18.0%。⑦

---

① 《广东改革开放史》课题组编著：《广东改革开放史（1978—2018年）》，社会科学文献出版社2018年版，第36页。
② 施昌旺主编：《安徽改革开放口述史》，中共党史出版社2018年版，第16页。
③ 《广东改革开放史（1978—2018年）》，第35页。
④ 本书编写组：《浙40年》，浙江人民出版社2018年版，第216页。
⑤ 中共中央文献研究室编：《毛泽东传（1949—1976）》（下），中央文献出版社2003年版，第1162页。
⑥ 参见《中国共产党历史大事记（1919.5—2009.9）》，第221—222页。
⑦ 武力主编：《中华人民共和国经济史》上卷，第464、466页。

毛泽东也认识到了中国工业化道路的艰难。在1970年前后，提出了"五小"工业（县办的小钢铁、小机械、小化肥、小煤窑、小水泥）和社队企业的问题。1968年以后的经济管理权力下放和商品短缺的日益严重，客观上促成了地方工业的发展。"文化大革命"前期，地方"五小"工业在片面强调"以粮为纲"的方针下，受到严重压制。党的九大召开以后，为了实现毛泽东于1966年2月重新提出的到1980年"基本上实现农业机械化"的目标，也为了适应战备需要，国家对地方"五小"工业进行了新的部署。1970年2月召开的全国计划会议强调，各地都要建立自己的"五小"工业，形成为农业服务的小而全的工业体系。从1970年起的5年中，中央安排了80亿元扶植地方"五小"工业，并出台了一系列优惠政策。中央财政预算之外的投资也迅速增加，由1970年的100万元增加到1973年的1.48亿元。大规模的企业管理权下放，使地方获得了较多的自主权，提高了地方建设的积极性。下放到地方的机关干部、科研人员及上山下乡知识青年也给农村地区带来了科技文化知识和经济信息。于是，地方"五小"工业蓬勃发展起来。仅1970年全国就有近300个县、市兴建了小钢铁厂，90%的县建立了农机修造厂，20多个省、市、区建起手扶拖拉机厂、动力机械厂和农机具制造厂。与上年相比，地方小钢铁工业的炼钢能力增长1.5倍，生铁产量增长1.8倍，小化肥厂生产的氮肥、合成氨增长60%至70%，小水泥厂、小化肥厂的产量占全国总产量的40%，以小煤窑为主的南方各省煤炭产量增长70%。① 在"五小"工业的基础上，70年代初期，中国出现了农村社队企业发展的良好环境，社队企业也迅速发展起来。以江苏省为例，社队工业总产值1975年已达22.44亿元，比1970年的6.96亿元增长2.22倍，平均每年增长20%以上。社队工业在全省工业总产值中所占比重，由3.3%上升到9.3%。② 小型社办企业的数量，从1970年的4.5万个增至1976年的10.6万个。③ 这些社队工业的特点是：围绕农业办工业，工业为农业服务；为城市工业加工服务；就地取材，就地生产，就地销售，适应了当时农村较低的生产力状况，因而具有很强的生命力。

中国共产党这种探索对改革开放的影响，通过两个方面集中体现出来。

一方面，通过实践证明了传统的工业化道路走不通，转而探索新式的工业化道路，这种思想认识通过改革开放领导者认识上的变化表现出来。邓小平在改革开放初期，就提出了发展农业机械化的基本构想。④ 胡耀邦在1969年3月5日就给毛泽东写信，认为"中国应走

---

① 武力主编：《中华人民共和国经济史》上卷，第534页。
② 莫远人主编：《江苏乡镇工业发展史——兼论农村未来的发展》，南京工学院出版社1987年版，第140页。
③ 《中国经济发展史》编写组：《中国经济发展史》第1卷，上海财经大学出版社2020年版，第333页。
④ 参见《邓小平文选》第2卷，第315页。

一条'亦农亦工，工农结合'的发展道路。"① 邓小平、胡耀邦都是中国改革开放初期的重要领导人，他们这种清醒的认识，直接促进了中国改革开放的发展。

另一方面，改革开放之前中国社队企业和"五小"工业的发展，成为中国新型工业化和城镇化道路的直接源头之一。这个过程经过了三个关键的步骤：一是就业的压力导致在所有制问题上出现松动，多种经济成分共存成为必然。1979年，城镇积累的待业人员近2000万，达到新中国成立以来待业人数及占人口比重的最高峰。北京市待业人员40万，占全市总人口的8.6%；天津市待业人员38万，占全市总人口的11.7%。② 1979年8月，中共中央、国务院批转劳动部《关于安排城市青年就业问题的报告》，介绍了北京市广开就业门路，大力组织集体所有制和各种生产服务事业，解决青年劳动就业问题的经验。1980年8月，中共中央召开全国劳动就业工作会议，明确提出鼓励和扶持个体经济适当发展。1981年7月，国务院在《关于城镇非农业个体经济若干政策性规定》中，明确宣布"实行多种经济形式和多种经营方式长期并存"。③ 二是大中小企业并存，这是中国新型工业化的重要途径和内容。1978年，中国重工业和轻工业在工业总产值中所占的比重，分别为57.3%和42.7%，在世界各国中是比较合理的。1981年，中国有3万多个县属以上国营企业进行了承包制，成为改革开放的生力军。④ 邓小平当时也认为："搞工业，规模也不要太大，可搞些中、小项目。"⑤ 三是社队企业的发展和转型。中国的改革开放最初在农村发端。农村实行家庭联产承包责任制后，农业产量增加，也随之出现了农村劳动力过剩和增加农民收入的问题。乡镇企业随之而生。乡镇企业起源于社队企业，即1958年起根据中央提出的"人民公社必须办工业"而由公社、生产大队兴办的大批小工厂、小作坊。改革开放后，中央多次在文件中强调农村多种经营的重要性。到1983年，全国社队企业增加到134.6万个，社队企业销售、劳务收入达到928亿元。⑥ 1984年至1987年，中央又制定了一些新的政策。按1980年不变价格计算，1986年全国乡镇企业总产值中非农业的产值达到3472亿元，当年全国农村总产值为3010.7亿元。1988年乡镇企业的工业产值，相当于全国工业总产值的35.6%。⑦ 中国县一级的"五小"企业相当一部分也转变为乡镇企业。正值中国农村改革的关键时刻，乡镇企业在特定时期推动了中国改革的启动和发展。诚然，中国作为一个大国，从长远来看，还是要走多种形式的产业"集约化"道路，以此提高国际竞争力。

---

① 胡德平：《中国为什么要改革——思忆父亲胡耀邦》，人民出版社2011年版，第16页。
② 武力主编：《中华人民共和国经济史》上卷，第698、699页。
③ 武力主编：《中华人民共和国经济史》上卷，第699页。
④ 武力主编：《中华人民共和国经济史》上卷，第657、696页。
⑤ 《邓小平文选》第2卷，第406页。
⑥ 人民日报总编室：《伟大祖国三十五年：1945—1984》，人民日报出版社1984年版，第485页。
⑦ 武力主编：《中华人民共和国经济史》上卷，第786页。

四、发挥原有制度和体制的优势是重要保证

充分发挥原有制度和体制的优势,是中国改革开放成功启动的重要原因。对改革启动产生直接影响的制度和体制优势,政治上是统一战线和政治协商制度,经济上是地方相对独立的经济体制。

1979年6月,邓小平明确了新时期统一战线和人民政协的任务,指出:台湾同胞、港澳同胞和海外侨胞心向祖国,在改革开放过程中"日益发挥着重要的积极作用"①。广东省率先为10604名归侨、侨眷落实政策,选拔1184名归侨、侨眷担任各级领导工作。② 1979年7月,广州市设立"荣誉市民"称号,第一位"荣誉市民"是美籍华人许志俭先生,他在广州市郊创办了第一个机械化养鸡场。③ 自改革开放以来到1984年上半年,广东侨汇收入累计18.6亿美元。④ 1978年底,广东与外商签订的加工装配协议和合同共151项,总金额1.5亿多美元。⑤ 珠海的第一家补偿贸易企业香洲毛纺厂,是1979年澳门企业家投资的。1980年5月香港罗氏美光集团在深圳兴办新南印染厂,成为深圳市第一家港商独资企业。⑥ 1978年至1987年底,广东全省接受华侨、港澳同胞捐赠折合人民币23.8亿元,共新建、扩建学校3200间。⑦ 90年代以后,台湾企业家纷纷来大陆投资,推动了两岸经济的发展,这是有目共睹的。通过统一战线各项政策的落实,发挥港、澳、台同胞和海外侨胞的作用,他们带来了资金,更重要的是他们带来了比较新的管理理念,促进了中国改革开放的成功启动。

中国改革开放的基本特点,是扩大地方权限。在改革初期,中央和地方财政的分享比例,从1971年的中央59.5%、地方40.5%,调整为1982年的中央49.9%、地方50.1%,1983年又调整为中央49.7%、地方50.3%。⑧ 调整力度如此之大,整个过程却比较平稳,得益于中国传统计划体制中"条条"和"块块"的有机结合,得益于改革前形成的以地方

---

① 《邓小平文选》第2卷,第186页。
② 中共广东省委党史研究室编:《广东改革开放决策者访谈录》,广东人民出版社2008年版,第160页。
③ 王涛主编:《广东改革开放口述史》,中共党史出版社2019年版,第332页。
④ 《广东改革开放决策者访谈录》,第163页。
⑤ 王涛主编:《广东改革开放口述史》,第94页。
⑥ 深圳市史志办公室编:《深圳改革开放实录》第一辑,深圳报业集团出版社2015年版,第121页。
⑦ 《广东改革开放决策者访谈录》,第163页。
⑧ 国家统计局编:《中国统计年鉴》(1986),中国统计出版社1986年版,第611页。

分权、"蜂窝化"①为特征的经济模式和以"块块"为基础的经济管理体制。

毛泽东于 1956 年 4 月发表的《论十大关系》的讲话,明确提出"应当在巩固中央统一领导的前提下,扩大一点地方的权力,给地方更多的独立性,让地方办更多的事情";"省市也要注意发挥地、县、区、乡的积极性,都不能够框得太死";工厂应该有独立性,不能把所有权力都统统集中在中央或省市,"各个生产单位都要有一个与统一性相联系的独立性,才会发展得更加活泼。"②根据《论十大关系》的精神,于 1958 年正式开始实行中央权力下放,主要有:(1)下放计划管理权;(2)下放企业管辖权;(3)下放物资分配权;(4)下放基本建设项目的审批权、投资管理权和信贷管理权;(5)下放财政权和税收权;(6)下放劳动管理权。③1958 年 4 月 11 日,中共中央、国务院发布的《关于工业企业下放的几项决定》提出:"除开一些主要的、特殊的以及'试验田'性质的企业仍归中央继续管理以外,其余企业,原则上一律下放,归地方管理。"④后来由于复杂的原因,1962 年七千人大会后全面收回下放的权力。

70 年代,毛泽东第二次启动了针对中央集权的计划经济管理体制的改革。1970 年 2 月,国务院召开全国计划工作会议,制定了旨在加强"块块专政"的经济管理体制改革方案。3 月 5 日,国务院拟定了《关于国务院工业交通各部直属企业下放地方管理的通知(草案)》,截至当年年底,"中央各民用工业部门的直属企事业单位只剩下 500 多个,其中工业企业 142 家,中央直属企业的产值在全民所有制工业产值中的比重由 1965 年的 46.9% 下降到 8% 左右。"⑤

经过这两次改革,到"文化大革命"结束前,中国实际已经形成以地方分权为特征的经济模式,即更多地强调"块块"管理,使中国经济管理的层级制形成了以区域"块块"原则为基础的多层次、多地区的形式。⑥这种独特的经济模式和经济管理体制,在制度、人员、资金三大要素上,对改革的启动都有一定的优势。

首先,以"块块"为重要内容的管理体制,有利于改革启动后经济发展迅速见到效果。

---

① 指中国经济分割成许多较少联系、相互独立的单位的特征。参见 Audrey Donnithorne, China's Cellular Economy: Some Economic Trends Since the Cultural Revolution, *China Quarterly*, No. 52, pp. 605 – 619. December. 1972。

② 《毛泽东文集》第 7 卷,第 21、32—33、29 页。

③ 吴敬琏:《当代中国经济改革教程》,上海远东出版社 2010 年版,第 40—41 页。

④ 中共中央文献研究室编:《建国以来重要文献选编》第 11 册,中央文献出版社 2011 年版,第 228 页。

⑤ 中华人民共和国国家经济贸易委员会编:《中国工业五十年——新中国工业通鉴》第 5 部,中国经济出版社 2000 年版,第 1421 页。

⑥ 参见钱颖一、许成钢、董彦彬《中国的经济改革为什么与众不同——M 型的层级制和非国有部门的进入与扩张》,《经济社会体制比较》1993 年第 1 期;张军、周黎安编《为增长而竞争:中国增长的政治经济学》,上海人民出版社 2008 年版,第 3 页。

地方由于"五小"工业的发展，形成了相对完整的经济体系且有大量的预算外资金。1971年中央财政下放财权，对地方实行"大包干"；1972年又规定，不满1亿元的超收归地方①。到1982年，中央和地方预算外资金的收支情况是，收入：中央270.70亿元，地方532.04亿元；支出：中央227.05亿元，地方507.48亿元，地方远远超过中央。② 中央对山西省从1980年起实行了"划分收支、分级包干、一定五年不变"的财政体制；同年，省里对各地市、各地市对县也实行了"划分收支、分级包干"的财政体制。③ 同时，地方经济的发展培养了一大批懂经济的干部。陕西省改革开放初期的领导干部，几乎在"文化大革命"前和期间，都担任过地方的领导干部，改革开放后都成了改革的排头兵和领导者。④ 特别是邓小平比较早地提出了"尊重知识，尊重人才"的方针。⑤ 中国改革刚启动，这些要素立刻结合了起来。1979年、1980年中国工农业总产值分别比上年增长8.5%和7.5%，国民收入分别比上年增长7.7%和6.4%⑥，人气大顺，充分显示了这些要素的作用。

其次，中国在改革前形成的以地方分权和"蜂窝化"为特征的经济模式、以"块块"为基础的经济管理体制，比传统的计划经济更适于采用局部改革和改革试验的方式。一是由于之前中央鼓励地方自给自足经济体系的建设，中国经济出现了分割化的趋势，地方经济之间有很强的独立性。⑦ 这种独立性使得局部改革的不利影响有限，"不至于严重地扰乱整个经济"。⑧ 二是在以"块块"为基础的多层次、多地区的层级制中，各地区之间的相互依赖很弱，会因地区的不同产生更加灵活的政策选择。⑨ 80年代初期，各个地区富有特色的措施不断出现。山东乐陵县授予780名知识分子技术职称，并从中选拔167人担任领导工作。⑩ 江苏常熟对首批"亿元乡""千万元村"进行表彰。⑪ 三是以"块块"为重要内容的管理体制和对计划经济体制的不断调整，造成客观上还存在大量体制外和非计划经济的因素。这些

---

① 武力主编：《中华人民共和国经济史》上卷，第530页。
② 国家统计局编：《中国统计年鉴》（1993），中国统计出版社1993年版，第229页。
③ 张志仁、巨文辉主编：《山西改革开放口述史》，中共党史出版社2019年版，第217页。
④ 参见刘玉平主编《陕西改革开放口述史》，中共党史出版社2018年版。
⑤ 《邓小平文选》第2卷，第41页。
⑥ 武力主编：《中华人民共和国经济史》上卷，第682页。
⑦ 有关这方面的分析，可参见 Thomas. P. Lyons, Explaining Economic Fragmentation in China: A System Approach, *Journal of Comparative Economics*, Vol. 10, No. 3, pp. 209–236. September. 1986。
⑧ 钱颖一：《现代经济学与中国经济改革》，中信出版集团2018年版，第240页。
⑨ 参见钱颖一、许成钢《中国的经济改革为什么与众不同——M型的层级制和非国有部门的进入与扩张》，《经济社会体制比较》1993年第1期；张军、周黎安编《为增长而竞争：中国增长的政治经济学》，第15页。
⑩ 朱殿封：《一位记者眼中的德州四十年（1978—2018）》，青岛出版社2018年版，第20页。
⑪ 常熟市政协文史委员会编：《口述常熟的改革开放（1978—2000 续）》，古吴轩出版社2018年版，第17页。

因素有着不同的形式,"在农村,主要表现为农村集体经济下的'小自由',包括自留地、家庭副业和以其为基础的自由市场,农产品和城市产品收购的非计划部分,社队企业等;在城市,表现为城镇个体经济,大量的城市集体企业、小国有企业,以及'文化大革命'中由于秩序混乱而在大中型国有企业之间发生的物资串换、地下经济等。"① 这些体制外和非计划经济因素的存在,有利于为改革拓宽渠道和不同经济成分的互相促进,比如非国营经济的发展也给国营企业带来了压力,迫使其改变行为方式,促进了改革的深入发展。② 1984年,山西榆次全市工业企业与25个科研院所、18个省市挂钩,引进推广新技术、新项目、新工艺、新产品112项,各类人才150多人。③ 正因为上述原因,中国改革初期中央一声令下,各地纷纷响应,同苏联和东欧一些国家改革初期的沉寂状态形成了鲜明的对比。当然,统一战线和扩大地方权限,都必须以中央集中统一领导为基本前提。

五、高度重视农业基础设施建设为农村改革创造了基本条件

新中国成立以后,以毛泽东同志为核心的党的第一代中央领导集体,对农村建设和农业发展一定程度的重视,为之后农村改革的成功启动创造了良好条件。诚然,对这个问题是要做一些具体分析的。不可否认,新中国成立以后,"我国的经济建设是以重工业为中心的"。这种以重工业为中心的"经济发展战略同落后的农业之间发生了矛盾,使得农业的发展在一段相当长的时间内受到限制。"④ 这种限制,主要表现在:一是对农业的投入相对不足;二是最重要的,就是将农产品的价格定得很低,产生了工农业产品价格之间的"剪刀差",使农业丧失了自我发展的能力。所以,我国农业改革最初的重要措施,就是"大幅度提高农副产品的收购价格。"⑤ 这同重视农业发展是不矛盾的。

首先,提出了农业在"发展国民经济的首要地位"的思想。1956年4月,毛泽东在《论十大关系》中指出:重工业是我国建设的重点,但"重工业和轻工业、农业的关系,必须处理好",还是要"更多地发展农业、轻工业"。⑥ 1957年1月,毛泽东明确提出:"全党一定要重视农业。农业关系国计民生极大。"⑦ 1961年1月的八届九中全会,号召全党全民

---

① 赵凌云:《1949—2008年间中国传统计划经济体制产生、演变与转变的内生逻辑》,《中国经济史研究》2009年第3期。
② 参见世界银行《中国:90年代的改革和计划的作用》,中国财政经济出版社1993年版,第43—48页。
③ 张志仁、巨文辉主编:《山西改革开放口述史》,第321页。
④ 董辅礽:《经济发展战略研究》,经济科学出版社1988年版,第27页。
⑤ 武力主编:《中华人民共和国经济史》上卷,第676页。
⑥ 《毛泽东文集》第7卷,第24页。
⑦ 《毛泽东文集》第7卷,第199页。

大办农业。① 1962 年 3 月，周恩来在二届全国人大三次会议上的政府工作报告中提出："遵照毛泽东主席的指示，把农业放在发展国民经济的首要地位"。② 1964 年国家计委提出的《第三个五年计划（1966—1970）的初步设想（汇报提纲）》，基本任务为三个方面，排在第一位的就是大力发展农业，基本上解决人民的吃穿用问题。这种农业首要地位的思想有以下几个内容：一是按照农、轻、重的次序安排国家计划。"三五"期间农业投资提高到总投资额的 20%，高于前两个五年计划的 7.1% 和 11.3%。③ 二是加强农田基本建设。"三五"期间要建设 5 亿亩高产农田。④ 到 1977 年，我国农田灌溉面积近 7 亿亩。⑤ 三是发展农业科技。1957 年 3 月中国农业科学院在北京成立，各省、自治区、直辖市也相继成立农业科学研究所，还有省辖的地区（市、州）农业科学研究所，职工总人数达到 2.4 万人，其中科技人员近万人。⑥ 1973 年以后，湖南杂交水稻逐步在全国推广。⑦ 这些都为农业的发展奠定了坚实的基础，其主要思想都被后来改革的领导者继承下来。

其次，农业基础设施在农村的改革中起到了不可替代的作用。毛泽东和中共中央始终重视农业基础设施的建设。新中国成立以后，除了大规模的水利工程建设，也非常重视农田水利建设。1971 年至 1975 年，是中国农田水利建设的高峰期，每年冬春出动的人数都有 1 亿人左右，灌溉面积每年增加 2400 万亩，平均每年改造易涝田 2000 多万亩。⑧ 中国耕地灌溉面积的大幅提高就是一个很好的例子。根据相关统计数据，全国灌溉面积由 1952 年的 19959 千公顷扩大到 1978 年的 44965 千公顷，灌溉面积比例由 18.5% 提高到 45.2%。

表 2　　　　　　　　　　　　中国耕地灌溉面积变化表

年份	1952	1974	1975	1976	1977	1978	1979	1980	1981	1982
灌溉面积（千公顷）	19959	41269	43284	44981	44987	44965	45003	44888	44574	44177

资料来源：《全国农业生产条件》，国家统计局国民经济综合统计司编：《新中国五十年统计资料汇编》，中国统计出版社 1999 年版，第 32 页。

---

① 中共中央文献研究室编：《建国以来重要文献选编》第 14 册，中央文献出版社 2011 年版，第 71 页。
② 《周恩来选集》下卷，人民出版社 1984 年版，第 371 页。
③ 武力、郑有贵主编：《解决"三农"问题之路——中国共产党"三农"思想政策史》，中国经济出版社 2004 年版，第 538 页。
④ 薄一波：《若干重大决策与事件的回顾》下册，中共党史出版社 2008 年版，第 840 页。
⑤ 武力主编：《中华人民共和国经济史》上卷，第 568 页。
⑥ 武力、郑有贵主编：《解决"三农"问题之路——中国共产党"三农"思想政策史》，第 423 页。
⑦ 武力主编：《中华人民共和国经济史》上卷，第 569 页。
⑧ 《中国经济发展史》第 1 卷，第 339 页。

由上表可以看出，改革启动前，中国耕地灌溉面积较新中国成立初期已有大幅增长，特别是在农村改革启动的1979年前后，耕地灌溉面积达到了一个高峰。到1997年，全国有效灌溉面积达到5123.9万公顷，占全部耕地面积的54%。[1] 这说明即使分田到户了，之前建设的农田水利设施还在发挥作用。至今农民对那时修建的水利设施仍十分关注，认为："这都是集体时期的遗产，它们仍然发挥着巨大的作用。"[2] 新中国成立时，全国仅有大中型水库20座，到1983年，我国共建成8.6万座水库，其中大中型水库2702座。[3] 四川仁寿地区从1970年开始修建了黑龙滩等几座大型水库，1985年竣工，灌溉100万亩农田，解决了300万人的饮水，在家庭联产承包过程中发挥了巨大作用。[4] 在修建水利的过程中，各地农村修建了许多小型水电站，农村发电量和用电量不断增加。从1952年到1978年，农村小型水电站由98个增加到82387个，增加了839.6倍；发电能力由0.8万千瓦增加到228.4万千瓦；农村用电量由0.5亿千瓦时增加到253.1亿千瓦时。[5] 从以上数据可以看出，改革开放前所兴建的农田水利设施在改革启动的时候仍然发挥着重要的作用。

再次，毛泽东高度重视农村和农业的组织建设，特别是农村的基层组织建设。新中国成立初期，毛泽东明确指出了农民组织起来，可以"自己组织学文化""组织起来抵抗灾荒"，可能节约"人力和物力"，可以更好地"全面规划"。[6] 毛泽东领导建立了农村人民公社体制。这种体制几经调整，以生产队为基本核算单位，生产大队统筹，人民公社统一领导，有很高的效率，但将经济和政治职能合一，已不能适应农村经济发展的要求，进行"政社分设"的改革势在必行。改革前这种农村组织建设对改革的积极作用表现在两个方面：一是由于原有的组织和体制很健全，使得这种改革进行得十分顺利。将原有的公社党组织改成乡（镇）党组织，公社改为乡、生产大队改为村、生产队改为村民小组，重视农村基层组织建设的传统一直保存下来。上世纪80年代初期，山东莱芜农村出现了专业技术协会；到90年代末期，山东全省专业合作经济组织有1.6万个，其中种植业6300个、养殖业3200个、加工运销业3300个、其他3200个。[7] 二是农民的组织意识已经演变成生活习惯的重要内容。到1983年初，农村90%以上的生产队实现了农户家庭承包经营。这个过程中局部出现了一

---

[1] 苏星：《新中国经济史》，中共中央党校出版社1999年版，第712页。
[2] 牟成文：《中国农民意识形态的变迁——以鄂东A村为个案》，湖北人民出版社2008年版，第127页。
[3] 《伟大祖国三十五年》，第485页。
[4] 刘晓晨主编：《四川改革开放口述史》，中共党史出版社2018年版，第9页。
[5] 《中国统计年鉴》（1993），第349页。
[6] 《毛泽东文集》第6卷，第455、457、461、475页。
[7] 衣芳等：《山东改革发展30年研究》，山东人民出版社2008年版，第91页。

些混乱现象，"但动摇全局的没有发生"①。联产承包到户的同时，也出现了很多经济联合体。湖北省郧阳地区在1982年涌现了5万多个专业户和5000多个经济联合体。②农户和集体保持承包关系，由集体统一管理和使用土地、大型农机具和水利设施，接受国家的计划指导，有一定的公共提留。农村基层组织的作用和服从组织的习惯都延续了下来。

改革开放前，我国农业的经营体制经历了高度分散的家庭经营和高度集中的统一经营两种形式。历史经验告诉我们，它们都有其局限性。联产承包责任制的全面推广，从表面上看，农村合作组织遭到了巨大的挫折，但这是发展过程中的暂时现象。1983年以后连续发布的几个中央1号文件，都提出要"发展多种多样的合作经济"。广东省从1985年就开始探索"设置地区性合作经济组织"，1990年就颁布了《广东省农村社区合作经济组织暂行规定》。③截至2006年底，全国农民专业合作组织已发展到15万多个。邓小平认为，农村改革"总的方向是发展集体经济"，并提出了农业发展"两个飞跃"的思想。"第一个飞跃，是废除人民公社，实行家庭联产承包为主的责任制……第二个飞跃，是适应科学种田和生产社会化的需要，发展适度规模经营，发展集体经济。"④他还提出了实现第二次飞跃的四个条件：机械化水平提高了，管理水平提高了，多种经营发展了，集体收入增加了。⑤改革开放前的农村合作化组织无疑给之后农业走合作化的道路积累了管理经验，更重要的是，改革开放前，将农民组织起来的实践为今后再度在更高生产力水平上将农民组织起来打下了坚实的观念基础。

研究历史需要从宏观上去把握，但历史又是具体的丰富多彩的。对中国改革开放的认识，既要关注宏观的战略决策，也要看到中间环节和细节的作用，而细节往往决定成败。通过上述五个方面的分析可以看出，毛泽东和邓小平政治哲学思想的核心，都是强调"人民主权"，即代表最广大人民群众的利益。这种"人民主权"政治哲学思想的一贯性和连续性，以及实现的手段、体制上和基础设施上的保障，共同构成中国改革成功启动的因素。实现"人民主权"思想的延续和进一步发扬光大，也必将是改革开放进一步推进的原动力所在。

（原载于《中共党史研究》2022年第3期）

---

① 董辅礽主编：《中华人民共和国经济史》，经济科学出版社1999年版，第54页。
② 中共湖北省委党史研究室：《湖北改革开放实录》第4辑，湖北人民出版社2018年版，第71页。
③ 《广东改革开放决策者访谈录》，第327页。
④ 《邓小平文选》第3卷，人民出版社1993年版，第355页。
⑤ 参见《邓小平文选》第2卷，第315—316页。

监督法从酝酿到出台的历程考察

刘维芳

当代中国研究所

2006年8月27日,十届全国人大常委会二十三次会议通过《中华人民共和国各级人民代表大会常务委员会监督法》。[①] 该法的颁布实施,对于各级人大常委会依法行使监督职权、健全监督机制、加强和改进监督工作,更好发挥人民代表大会制度的特点和优势,都具有重要的现实意义和深远的历史意义。该法从20世纪80年代中期开始酝酿,1990年拟出《中华人民共和国全国人民代表大会及其常务委员会监督法(草案)》,到1997年七易其稿后形成《中华人民共和国全国人民代表大会和地方各级人民代表大会监督法(试拟稿)》,再到2002年8月《中华人民共和国全国人民代表大会和地方各级人民代表大会监督法(草案)》首次提请审议。2004年8月再次进行审议,直到2006年6月进行第三次审议,名称改为《中华人民共和国全国人民代表大会常务委员会和县级以上地方各级人民代表大会常务委员会监督法(草案)》。当年8月进行第四次审议,名称改为《中华人民共和国各级人民代表大会常务委员会监督法(草案)》,27日表决通过。监督法历经六届至十届全国人大,长达20年时间才最终出台。

为什么这部法律的出台会延续这么长时间?其中经历了怎样的历史过程?存在哪些争议?上述问题亟待学术界予以研究。但从现有研究来看,除了报纸登载了个别文章[②],以及散见于《人民日报》《光明日报》《法制日报》等对该法起草过程的一些零散报道外,尚未见到对此问题的系统研究。人民代表大会制度是中国的根本政治制度,监督是人民代表大会的重要职能。监督法的出台伴随着中国政治体制改革不断深化的过程。对监督法等法律法规出台的研究,不仅有助于探析改革开放以来人民代表大会相关职能不断完善的历史进程,而且对于全面理解人民代表大会制度与国家政治体制改革的互动关系、了解中国政治体制改革的发展路径,都具有重要的理论和现实意义。为此,笔者不揣浅陋,拟通过系统梳理相关文

---

① 在《中华人民共和国各级人民代表大会常务委员会监督法》起草过程中,该法名称几经变化,除了特别说明和注释外,为了行文方便,文中均简称监督法。

② 代表性研究成果主要有,阚珂:《监督法草案出台的前前后后》,《中国纪检监察报》2002年8月;毛磊、杜文娟:《二十年磨一剑——记监督法出台前后》,《人民日报》2006年8月30日。

献，全面探究该法从酝酿到出台的前前后后，以期对深化当代中国政治制度史和改革开放史研究有所裨益。

改革开放初期对加强人大监督职能的呼唤

1954年召开的一届全国人大通过的《中华人民共和国宪法》规定，全国人民代表大会有"监督宪法的实施"的职权，全国人大常委会有"监督国务院、最高人民法院和最高人民检察院的工作"，"撤销国务院的同宪法、法律和法令相抵触的决议和命令"，"改变或者撤销省、自治区、直辖市国家权力机关的不适当的决议"等职权。① 虽然宪法对人民代表大会制度监督权作出了明确规定，但由于各方面原因，在改革开放之前，全国人民代表大会的监督职能始终没能得到有效发挥。

党的十一届三中全会作出了以经济建设为中心、实行改革开放的决策，并把社会主义民主法制建设置于极端重要的地位，这也推动了人民代表大会制度的巩固、完善和发展。但是，由于缺乏具体法律规定，全国人民代表大会作为国家权力机关，其监督职能较为薄弱。1979年6—7月召开的五届全国人大二次会议，通过了《关于修正〈中华人民共和国宪法〉若干规定的决议》②《中华人民共和国地方各级人民代表大会和地方各级人民政府组织法》③和《中华人民共和国全国人民代表大会和地方各级人民代表大会选举法》④，对人民代表大会制度进行了重要改革，强化了人民代表大会的监督权。1982年宪法也明确提出："国家行政机关、审判机关、检察机关都由人民代表大会产生，对它负责，受它监督。""全国人民代表大会代表在全国人民代表大会开会期间，全国人民代表大会常务委员会组成人员在常务委员会开会期间，有权依照法律规定的程序提出对国务院或者国务院各部、各委员会的质询案。受质询的机关必须负责答复。"⑤

虽然宪法和法律都赋予了全国人民代表大会及其常委会以监督权，但在人民代表大会组织陆续恢复⑥后的相当长时间内，很多人对人民代表大会行使监督权存在严重抵触情绪。"在80年代中期以前，人民代表大会的监督工作没有怎么开展，监督工作仅限于视察、听取工作报告和汇报等。"⑦ 那时人民代表大会一讲监督，就有"挑刺""找麻烦""多此一

---

① 《中华人民共和国宪法》，《人民日报》1954年9月21日。
② 《中华人民共和国全国人民代表大会公告》，《人民日报》1979年7月2日。
③ 《中华人民共和国地方各级人民代表大会和地方各级人民政府组织法》，《人民日报》1979年7月5日。
④ 《中华人民共和国全国人民代表大会和地方各级人民代表大会选举法》，《人民日报》1979年7月5日。
⑤ 《中华人民共和国宪法》，《人民日报》1982年12月5日。
⑥ 党的十一届三中全会之后，"文化大革命"时期遭受破坏而陷于停顿的人大组织陆续得以恢复。
⑦ 蔡定剑：《一个人大研究者的探索》，武汉大学出版社2007年版，第310页。

举"之说。同时，由于缺乏具体和可操作性规定，致使人民代表大会监督权的行使很难落实到位。为此，制定一部完整、程序严密的监督法，对全面加强人大及其常委会监督工作，树立人大及其常委会权威，全面和充分履行人大职能和发展社会主义民主都至关重要。

在改革开放初期召开的几次全国人大及其常委会会议上，与会代表和委员比较集中地提出了加强人民代表大会的监督问题。比较有代表性的是1985—1986年间召开的六届全国人大常委会十次会议和六届全国人大三次会议、四次会议。在上述会议中，许多代表和委员对全国人大常委会监督工作提出批评，大家认为全国人大工作中最大的问题就是监督不够，常委会对法律实施的监督，对行政、审判、检察工作的监督都不够。例如，在六届全国人大常委会十次会议上，多位委员围绕改革开放初期社会上存在的"不正之风""有法不依、执法不严"等问题，呼吁加强人大监督职能、加强法律实施的监督工作，做到有法必依、执法必严、违法必究，保证四化建设有一个安定团结的政治局面。① 针对代表们的意见，六届全国人大常委会②委员长彭真指出："大家提到，常委会对法律实施的监督，对行政、审判、检察工作的监督不够。这个意见很对。在这方面，我们做了一些工作，但的确还不够。很多工作还处在健全的过程中，需要进一步健全和加强。""权力机关的监督，一个是工作监督，一个是法律监督。""我们人人受监督，人人参加监督。"③

在之后召开的六届全国人大三次会议上，全国人大代表在会议期间对各项工作提出2832件建议、批评和意见，其中关于立法、执法方面的299件，占10.6%；关于人大工作方面的126件，占4.4%。④ 此次会议还收到各地来信、来电1万多件，对各方面工作提出了许多富有建设性的意见。"不少群众对充分发挥各级人民代表大会的监督作用，加强立法工作提出了希望。北京林学院马润林在来信中建议，成立由全国人大常委会任命并对之负责的有关委员会，负责对各项法律的实施进行监督，其职责是使全国人大对涉及面较大的任何违法及执法不力现象能作出迅速反应。江西省钢铁厂退休老工人马继先来信说，全国人大常委会对最近社会上的新的不正之风应积极采取措施加以纠正。"⑤ "有的代表认为，现在经济建设是国家的主要任务，全国人大常委会也应加强对经济工作的监督。"⑥ 会议通过的决议

---

① 《六届人大常委会十次会议举行联组会基本同意人大常委会工作报告草稿》，《人民日报》1985年3月21日。

② 六届全国人大常委会任期为1983年6月至1988年4月。

③ 《彭真在人大常委会第十次会议上指出 工作监督和法律监督要进一步健全 对改革既要坚定又要重视解决问题》，《人民日报》1985年3月22日。

④ 《六届全国人大三次会议期间代表提出的建议批评意见全部处理完毕》，《人民日报》1986年1月28日。

⑤ 曲志红：《人民代表大会反映人民意志 全国人民关心人民代表大会》，《人民日报》1985年4月8日。

⑥ 《六届人大三次会议继续举行分组会》，《人民日报》1985年4月9日。

也明确提出:"要求常务委员会更好地履行宪法所赋予的职权,加强对宪法、法律的实施的监督和对行政、审判、检察工作的监督。"①

在1986年召开的六届全国人大四次会议上,代表们建议进一步加强法律监督和工作监督。例如,北京代表王忠烈说,要加强对政府工作的监督。对全国性比较重大的问题要事前审议,不要只是事后认可,尤其是专门委员会要及时发现问题,及时加强监督。云南代表王正光说,闭会期间代表如何发挥作用,要研究制定一套办法。代表应当随时了解政府制定的大政方针。云南代表刘兴衡说,人大常委会加强监督工作是非常重要的,如何监督,要总结制定出一套办法,用法律形式固定下来,切实保证监督权的发挥。黑龙江代表王化成说,全国人大监督政府有关部门对代表提出的建议、批评和意见应认真研究答复,不合格的要限期重新研究答复。全国人大最好就这项工作,提出几条明确规定。② 上述有关加强监督工作的意见建议被如实上报中央,并引起相关领导的重视。

与此同时,1985年9月,全国人大常委会办公厅研究室的一份调查报告也反映了地方人大工作特别是监督工作中遇到的一些问题和困难。为此,全国人大常委会办公厅组织力量,到各地就人大工作做进一步调查,并于1986年8月起草了关于加强人大工作几个问题的文件。③ 上述工作为监督法的酝酿和起草准备了条件。

监督法起草的曲折历程

党的十一届三中全会后,中国政治体制改革开始起步。1980年8月,邓小平发表了关于《党和国家领导制度的改革》④的讲话,对党和国家领导制度的改革做了系统深入的论述,成为政治体制改革的纲领性文献。1986年9月,中共中央成立中央政治体制改革研讨小组⑤,开始政治体制改革总体方案的酝酿和设计。在这样的历史背景下,针对当时人大制度建设中面临的一系列问题,彭真反复考虑后认为,国家正在进行政治体制改革,在涉及体制上的一些问题没有解决前,全面讨论人大问题的条件还不具备。他提出,要对人大监督问题和人大常委会联系代表、代表联系选民问题,以及健全全国人大常委会办事机构问题、加强人大机关法律和理论学习等问题开展调查研究。⑥

事实上,在六届全国人大四次会议上,代表们对法律实施状况不好、法律监督工作不力

---

① 《六届全国人大三次会议关于全国人大常委会工作报告的决议》,《人民日报》1985年4月11日。
② 《充分发挥人民代表大会作用 保证"七五"计划顺利完成》,《人民日报》1986年4月11日。
③ 阚珂:《监督法草案出台的前前后后》,《中国纪检监察报》2002年8月28日。
④ 《邓小平文选》第2卷,人民出版社1994年版,第320—343页。
⑤ 《中共党史资料》第51辑,中共党史出版社1994年版,第111页。
⑥ 阚珂:《监督法草案出台的前前后后》,《中国纪检监察报》2002年8月28日。

现象有较集中的反映。于是，"委员长会议决定由陈丕显、黄华副委员长主持就如何搞好监督工作进行调整研究。在调查研究后提出了加强监督工作的若干建议：加强监督工作当前应主要提高对监督工作的认识；人民代表大会的监督主要是对违反宪法、法律行为的监督；加强监督要研究制定监督程序方面的法律。副委员长的调查报告还指出，人民代表大会的监督涉及整个国家的政治体制，有些问题需要在政治体制改革中加以解决。"①

1987年10月，全国人大常委会副委员长陈丕显作为党的十三大代表在接受记者采访时主要谈了人大法律监督问题，并提出"要下很大功夫，制定出切实可行的监督程序法。"② 1988年1月，六届全国人大常委会委员五年一届的任期即将届满，委员们在为本届人大所取得成果感到欣慰的同时，也有一些遗憾和感慨，那就是人大常委会监督工作还不够有力。在连续两天召开的六届全国人大常委会二十四次会议联组会上，许多委员都对"人大常委会的监督工作还不够有力"这个问题进行了反思。例如，"邓家泰、韩哲一两位委员提供的材料不谋而合。黑龙江省对法律执行情况的调查表明：认真得到执行和执行得比较认真的法律只占法律总数的30%；而执行得稍有成效、但难度较大的约占50%；执行较差的占20%。至于财政、税收和物价管理方面的条例法规，执行起来阻力更大。"委员们还反映了在食品卫生法、环境保护法、水污染防治法、森林法、药品管理法、矿产资源法以及反贪污、反行贿受贿、婚姻法等有关法律的执行方面存在"有法可依但又有法不依、执法不严，因而影响到法律的权威性和严肃性，不能起到法律应有的作用"的问题。经过热烈地讨论，委员们认为，"应该加强人大及其常委会的监督职能，要制定有关规定，使监督作用规范化、法律化、制度化。"③

1988年3月，七届全国人大一次会议召开。陈丕显在报告六届全国人大常委会五年的主要工作时指出："今后需要进一步加强人大及其常委会的监督，特别是法律监督。要从政治体制改革和建设社会主义民主政治的高度，进一步提高对人大监督工作的认识。""需要认真总结这几年来开展监督工作的经验，建立监督工作的专门机构，制定监督工作条例对监督的内容和范围、监督的程序和方式作出更加明确的规定，使监督工作逐步制度化、规范化。而监督问题的根本解决，则有待于政治体制改革的深化。"④ 七届全国人大常委会⑤委员长万里在谈及新一届人大常委会工作任务时也指出："对国家行政、审判和检察机关进行监督，是宪法赋予人大常委会的一项重要职责。""要研究和制定进行监督的具体办法和程序，

---

① 蔡定剑：《一个人大研究者的探索》，武汉大学出版社2007年版，第310页。
② 张平力：《"要加强人大的法律监督"》，《人民日报》1987年10月29日。
③ 何平等：《全国人大常委会委员的反思》，《人民日报》1988年1月21日。
④ 陈丕显：《全国人民代表大会常务委员会工作报告》，《人民日报》1988年4月19日。
⑤ 七届全国人大常委会任期为1988年4月至1993年3月。

明确监督的内容和方式，使监督工作逐步走向制度化、法律化。"① 7月，七届全国人大常委会工作要点通过，规定"常委会要制定有关监督方面的法律，进一步明确监督的方式，完善监督的程序，使监督工作规范化、制度化。"② 至此，制定监督方面法律的任务被明确提出。

1989年3月10日，《人民日报》发表的《人大监督机制亟需完善》一文指出："人大作用无非是立法与监督两项。如果只立法，而不监督法律的贯彻实施，那么人大就是失职"，并明确提出"监督——呼唤法律"，"各地人大普遍感到'监督少了怕失职，监督多了怕越权'，因而，起草'监督法'是当务之急。"与此同时，从1986年到1990年初，全国人大常委会办公厅陆续搜集、整理了关于各级人大及国外代议机构开展监督工作的情况、经验、案例等方面的大量材料，为起草监督法做了一定的准备工作。

1990年3月，党的十三届六中全会通过的《中共中央关于加强党同人民群众联系的决定》明确提出："建议全国人大常委会拟定实行工作监督和法律监督的监督法，国务院制定行政监督法规。中央纪律检查委员会要会同中央组织部拟定党内监督条例。"③ 这是中共中央以正式决定的形式对全国人大常委会立法工作提出的一项明确要求。同年，七届全国人大常委会党组向中共中央提出了关于制定监督法的建议。④

1990年5月，"成立了由全国人大常委会办公厅研究室、北京市人大常委会法工委、吉林省人大内司委抽调的人员和法学专家的监督法起草组"，由周杰、顾昂然、刘政、程湘清为负责人，组织班子"开始监督法的起草工作。"⑤ 起草组"先集中一个多月的时间，对起草监督法的指导思想，人大监督的理论和原则，监督的对象、内容和范围，监督的形式和程序以及宪法监督、计划和预算监督、人事监督、司法监督等专题进行反复研讨和论证，并召开一系列座谈会听取首都法学专家及有关部门的意见，在此基础上起草了《关于全国人大及其常委会监督法草案框架设想的汇报提纲》。提纲被批准后，起草组用两个月的时间，拟出了全国人大及其常委会监督法草稿，经修改后，于1990年8月中旬形成了监督法征求意见稿。"⑥ 接着，全国人大常委会办公厅先后多次召开座谈会征求意见，并将征求意见稿分

---

① 《万里谈新一届人大常委会工作任务 抓紧立法 加强监督 完善选举 发展民主》，《人民日报》1988年4月14日。
② 《七届全国人大常委会工作要点》，《人民日报》1988年7月3日。
③ 《中共中央关于加强党同人民群众联系的决定》，《人民日报》1990年4月21日。
④ 毛磊等：《二十年磨一剑》，《人民日报》2006年8月30日。
⑤ 阚珂：《监督法草案出台的前前后后》，《中国纪检监察报》2002年8月28日；李鹏：《立法与监督——李鹏人大日记》（下），新华出版社2006年版，第529页。
⑥ 阚珂：《监督法草案出台的前前后后》，《中国纪检监察报》2002年8月28日。

送全国人大各专门委员会、全国人大常委会法制工作委员会①、全国人大常委会办公厅各局，在党员领导干部中征求意见。同时，"还由全国人大财经委专门召集国务院有关部、委、局的负责人座谈征求意见。""起草组根据大家的意见和建议对监督法征求意见稿作了修改，形成了《中华人民共和国全国人民代表大会及其常务委员会监督法（1990年10月27日修改稿）》。这个修改稿共6章89条，它所规定的是全国人大及其常委会的监督工作，没有规定地方人大的监督工作。"②

1991年4月，在七届全国人大四次会议上，全国人大常委会副委员长彭冲在谈到当年全国人大常委会的工作重点时，提出要抓紧制定六个方面的法律，其中包括"有关完善人民代表大会制度方面的法律，如监督法、代表法等。"③ 这是在全国人大常委会工作报告中第一次提出制定监督法的计划。此后，中共中央政治局常委会又多次把制定监督法作为一项重点工作列入年度工作要点。④ 1991年底，万里在谈到加强执法检查问题时强调："一定要抓好法律制定后的贯彻执行，这方面要下大力量进行监督和检查。人大常委会要把制定法律和法律制定后的监督检查放在同等重要地位。"⑤ 1992年，全国人大常委会开始进行执法检查工作。⑥ 这些工作为新一轮监督法的起草工作积累了经验。

八届全国人大及其常委会也十分重视监督法的制定工作。1993年4月和7月，八届全国人大常委会⑦委员长乔石和副委员长田纪云在不同场合都提到制定监督法的问题。乔石认为要加强人大监督工作；认为人大在监督方面还不够完善、不够健全，要实现监督的制度化、法制化需要做很多工作。同时他也指出，地方人大监督工作也不要等。有些省级人大及其常委会已经制定了监督条例，这就给监督工作提供了法规依据，应当继续坚持下去。⑧ 田纪云认为，"不少地方人大常委会已经制定了监督条例或办法。需要认真总结经验，进一步明确监督的内容、形式和程序，并充分发挥各种监督手段的作用，使监督工作更加有力、更加富有成效。"⑨

1993年9月，八届全国人大常委会通过《关于加强法律实施情况检查监督的若干规

---

① 全国人大常委会的主要办事机构之一，简称"全国人大常委会法工委"或"法工委"。1979年五届全国人大常委会六次会议决定，成立全国人大常委会法制委员会。1983年，六届全国人大常委会二次会议决定，将"法制委员会"改为"法制工作委员会"，以区别作为全国人大专门委员会之一的法律委员会。
② 阚珂：《监督法草案出台的前前后后》，《中国纪检监察报》2002年8月28日。
③ 彭冲：《全国人民代表大会常务委员会工作报告》，《人民日报》1991年4月13日。
④ 毛磊等：《二十年磨一剑》，《人民日报》2006年8月30日。
⑤ 王谨等：《万里要求重视执法监督检查》，《人民日报》1991年12月21日。
⑥ 阚珂：《监督法草案出台的前前后后》，《中国纪检监察报》2002年8月28日。
⑦ 八届全国人大常委会任期为1993年3月至1998年3月。
⑧ 乔石：《乔石谈民主与法制》（下），人民出版社、中国长安出版社2012年版，第351、363页。
⑨ 《田纪云文集（民主法制卷）》，中国民主法制出版社2015年版，第26页。

定》，这是全国人大常委会通过的第一个关于监督工作的单行法规，为新一轮监督法的起草工作提供了经验。①

在八届全国人大常委会成立后三年多的时间里，全国人大常委会办公厅研究室集中精力，对人大监督的理论问题进行了研究，对地方人大及其常委会行使监督职权的做法和经验进行了调查和总结，同时研究了国外议会监督的做法，整理出各种论证和参考资料30多份。② 此后，制定监督法的呼声一直不绝于耳。八届全国人大"5年期间共有28个议案、1100多名代表呼吁制定《监督法》。"③

20世纪90年代中期以后，人大监督工作取得一些重要新进展。尤其是党的十五大确立了"依法治国，建设社会主义法治国家"④基本方略后，各级人民代表大会加强了监督工作的力度，已经开始敢于理直气壮地开展监督工作。

1996年初，乔石再次提出要起草监督法。八届全国人大常委会党组向中央写了报告，10月中央批复表示同意。⑤ 由八届全国人大常委会秘书长曹志、全国人大法律委员会⑥主任委员薛驹负责，孟连崑、刘政、于友民、刘镇、乔晓阳、程湘清（兼任起草办公室主任）为成员的监督法起草领导小组建立起来。⑦ 监督法第二轮起草工作全面启动。1997年3月，在八届全国人大五次会议上，田纪云在全国人大常委会工作报告中提出："加快立法法和监督法的起草工作"。⑧ 这是"监督法"第二次出现在全国人大常委会工作报告中。

为制定监督法，起草小组通过同国务院有关部委、最高人民法院、最高人民检察院有关同志座谈，以及广泛征集省（区、市）人大负责人意见等方式，开展了深入调查研究。经过近一年的工作，七易其稿，于1997年10月完成初稿，共10章116条，还写了一个说明。⑨ 与1990年内部修改稿相比，该稿不仅对全国人大及其常委会监督工作做了规范，而且对地方各级人大的监督工作也做了规范，特别是总结吸收了地方人大在监督工作中创造的

---

① 毛磊等：《二十年磨一剑》，《人民日报》2006年8月30日；阚珂：《监督法草案出台的前前后后》，《中国纪检监察报》2002年8月28日。

② 阚珂：《监督法草案出台的前前后后》，《中国纪检监察报》2002年8月28日。

③ 乔杨：《一手抓立法 一手抓监督》，《人民日报》1998年3月19日。

④ 《十五大以来重要文献选编》（上），中央文献出版社2011年版，第26页。

⑤ 阚珂：《监督法草案出台的前前后后》，《中国纪检监察报》2002年8月28日。

⑥ 全国人大法律委员会是全国人民代表大会的专门委员会之一，又简称"法律委"。1983年6月设立。2018年3月11日，十三届全国人大一次会议通过《中华人民共和国宪法修正案》，将"全国人大法律委员会"更名为"全国人大宪法和法律委员会"。

⑦ 李鹏：《立法与监督——李鹏人大日记》（下），新华出版社2006年版，第530页。

⑧ 田纪云：《全国人民代表大会常务委员会工作报告》，《人民日报》1997年3月20日。

⑨ 李鹏：《立法与监督——李鹏人大日记》（下），新华出版社2006年版，第530页。

成熟经验和做法①，为后来监督法的最终形成奠定了重要基础。

监督法草案最终形成

1997年3月、1998年3月和1999年3月，在八届全国人大五次会议和九届全国人大一次会议、二次会议上，全国人大代表、浙江省台州市人大常委会主任林希才领衔起草，"30多位全国人大代表签名，连续三次提出尽早出台《监督法》的议案"。特别是在1998年3月召开的九届全国人大一次会议上，"尽早出台《监督法》的议案，被全国人大列为大会第一号议案"。议案指出：监督工作仍然是人大工作的一个薄弱环节；宪法和法律赋予人大及其常委会的监督权，在监督内容、程序、方式上缺乏具体的规定；监督力度不够，监督不到位；等等。这些问题的产生虽然有多方面原因，但与缺乏一部适合中国国情的监督法是直接有关的。②

九届全国人大常委会③对加强人大监督和制定监督法工作十分重视。在1998年4月初听取全国人大法律委员会工作汇报时，九届全国人大常委会委员长李鹏就明确提出要制定监督法。当年4—6月，李鹏在九届全国人大常委会二次会议闭幕会，以及在听取农业与农村委员会、教科文卫委员会、内务司法委员会和环境与资源保护委员会等多个部门汇报后，在多个场合发表了有关人大监督方面的看法。李鹏认为，监督是人大工作中一项很重要的任务。今后全国人大常委会要把监督工作放在重要位置，完善监督方式，特别是要增强监督实效。④

由于监督法一时难以出台，九届全国人大常委会认为，可以考虑先制定一些专项监督的决定，初步意见是：分别制定预算监督、经济运行监督、司法监督和审议工作报告的决定。1999年5月起，李鹏进行了为期几个月的调研，分别去了山东、陕西、广东等地，听取当地省委、省人大汇报，并与他们进行座谈，征求部分地区对全国人大常委会工作报告稿、制定监督法和法律部门划分等问题的意见。⑤

1999年7月，九届全国人大常委会成立监督法起草小组，成员主要由全国人大法律委员会、全国人大常委会法制工作委员会和全国人大常委会办公厅人员组成。起草小组在此前工作的基础上，开始第三轮起草工作。"全国人大常委会于1999年12月制定了《关于加强中央预算审查监督的决定》，2000年2月制定了《关于加强经济工作监督的决定》，还两次

---

① 阚珂：《监督法草案出台的前前后后》，《中国纪检监察报》2002年8月28日。
② 林希才：《八十春秋再回首——林希才回忆录续集》，浙江人民出版社2015年版，第115—118页。
③ 九届全国人大常委会任期为1998年3月至2003年3月。
④ 李鹏：《立法与监督——李鹏人大日记》（下），新华出版社2006年版，第527—528页。
⑤ 李鹏：《立法与监督——李鹏人大日记》（下），新华出版社2006年版，第529、537、539—546页。

审议了对审判、检察工作中重大违法案件监督的决定草案。这既是监督法起草工作的阶段性成果，也为监督法草案的最终形成打下了良好的基础"①；既规范了人大监督程序，也为人大监督提供了具体的法律支持。同时，还为制定综合性监督法积累了经验、创造了条件。

2001年3—6月，九届全国人大常委会多次召开会议讨论监督法起草相关问题，在以下几个问题上大家意见比较一致，其中包括：监督法调整的对象，党和人大的关系，党的领导问题，监督法的一些具体内容及可操作性问题，人大听取和审议"一府两院"工作报告的问题，工作监督的方式，维护国家法制统一等问题。② 人大常委会党组会议讨论监督法草稿时，田纪云在发言中指出："监督法涉及的问题很多，要把几个实质性的问题议透，可以从长计议，不必操切从事。"③

从1999年7月开始，起草小组"经过三年多的反复调研，十二易其稿，完成了《中华人民共和国全国人民代表大会和地方各级人民代表大会监督法（草案）》，共7章73条"。④ 草案对人大行使监督权应当遵循的基本原则、监督内容、监督形式、监督程序等问题做了具体规定。"2002年8月16日，九届全国人大常委会委员长会议决定将上述草案提请九届全国人大常委会第二十九次会议审议。"8月23日，全国人大法律委员会主任委员王维澄受委员长会议委托，就这个法律草案做了说明。⑤ 从审议和各方面意见看，"不少常委会组成人员在审议监督法草案时指出，制定监督法非常必要"，但在一些具体问题上有分歧，"有的委员提出，在听取审议'一府两院'工作报告方面，对县以上人民代表大会未批准这个报告时如何处理，应作出原则性规定。因有的市对两院的报告，出现过没有通过的情况，各地反映较难处理。""对如何处理审计报告中提出的问题，有的委员建议，草案中应规定被审计部门在规定时间内应及时向人大反馈纠正情况。""针对一些地方搞的'首长工程'、'政绩工程'等问题，有的委员提出，人大应通过对政府工作报告作出决定，来加强对工程项目的审查监督力度。"⑥

会后，"全国人大常委会法制工作委员会将草案印发中央有关部门、地方人大常委会和部分法学教学研究单位，征求意见"。在审议和征求意见过程中，各方面都认为制定监督法是必要的，但对草案的总体看法和几个重大问题意见分歧较大，难以统一。"主要看法是两种：一种是对草案不满意，认为草案基本上是对宪法和法律有关规定的汇编，新的内容不

---

① 阚珂：《监督法草案出台的前前后后》，《中国纪检监察报》2002年8月28日。
② 李鹏：《立法与监督——李鹏人大日记》（下），新华出版社2006年版，第547—548页。
③ 《田纪云文集（民主法制卷）》，中国民主法制出版社2015年版，第278页。
④ 杨景宇：《监督法辅导讲座》，中国民主法制出版社2006年版，第24页。
⑤ 杨景宇：《监督法辅导讲座》，中国民主法制出版社2006年版，第24页；《在九届全国人大常委会第二十九次会议上监督法草案首次提请审议》，《人民日报》2002年8月24日。
⑥ 《全国人大常委会举行分组会议》，《人民日报》2002年8月27日。

多。特别是草案没有充分反映地方人大多年来在开展监督工作方面的经验和做法，与地方人大的期望值差距甚大。如果出台这样一部监督法，不仅不能推动地方人大监督工作的开展，反而会影响地方人大在监督工作方面的探索。另一种是认为制定监督法的条件、时机尚不成熟。"① 因此，2002年8月后这一草案被暂时搁置。

2003年3月4日，在十届全国人大一次会议上，李鹏对部分可能留任的常委会委员说出了自己没有了却的心愿："一是监督法，一是民法"。他"希望十届全国人大继续努力，能够早日通过"。②九届全国人大虽然没有完成监督法的制定工作，但为之后完成这一任务奠定了基础。

2003年3月，十届全国人大常委会③组成后，高度重视监督工作和监督法的制定工作。在制定五年立法规划时，对监督法的制定问题进行了专门研究，列入了第二类立法项目，进一步调查研究，条件成熟时安排审议。④11月，中共中央政治局常委会听取了全国人大常委会党组专题汇报，"就修改监督法草案总的指导思想、原则、思路等重大问题，认真地进行了讨论研究，提出了明确的意见。"⑤

按照《中华人民共和国立法法》第39条的规定："列入常务委员会会议审议的法律案，因各方面对制定该法律的必要性、可行性等重大问题存在较大意见分歧搁置审议满两年的，或者因暂不付表决经过两年没有再次列入常务委员会会议议程审议的，由委员长会议向常务委员会报告，该法律案终止审议"。⑥依据这一规定，如果监督法再不提请审议，将成为废案。2004年5月，十届全国人大常委会委员长吴邦国委托王兆国、盛华仁副委员长在全国人大常委会举办的宪法学习培训班期间，专门听取了参加学习的各省（区、市）人大常委会负责同志的意见。各地的一致意见主要有两点："一是监督法草案既然已经初审，就不能轻易让它自动终止，否则，影响不好，对地方人大及其常委会探索、研究如何有效地开展监督工作也会产生负面影响。二是建议对草案作适当修改后，重新启动审议程序，对有分歧意见的问题可以继续调查研究、总结经验。"之后，全国人大法律委员会经研究，就实践经验比较成熟、意见比较一致的几个问题提出了修改意见，形成了监督法草案二次审议稿。于2004年8月提请十届全国人大常委会十一次会议继续审议。⑦这是该法第二次上会审议。

---

① 杨景宇：《监督法辅导讲座》，中国民主法制出版社2006年版，第25页。
② 新华社记者王雷鸣、沈路涛：《诚挚的嘱托——十届全国人大一次会议主席团一次会议侧记》，《光明日报》2003年3月5日。
③ 十届全国人大常委会任期为2003年3月至2008年3月。
④ 杨景宇：《监督法辅导讲座》，中国民主法制出版社2006年版，第25页。
⑤ 毛磊等：《二十年磨一剑》，《人民日报》2006年8月30日。
⑥ 《中华人民共和国立法法》，《人民日报》2000年3月19日。
⑦ 杨景宇：《监督法辅导讲座》，中国民主法制出版社2006年版，第26页。

修改后的草案二次审议稿共7章77条，其内容与初次审议稿基本相同，只是增加了撤职的规定，完善了一些具体规定。在审议中，十届全国人大常委会组成人员肯定了全国和地方各级人大及其常委会在加强、改善人大监督工作方面进行的积极探索与取得的成绩。但是，对该法草案的意见分歧仍然比较大，"主要集中在干部述职评议如何处理好与党管干部的关系，个案监督如何处理好与法院、检察院依法独立行使审判权、检察权的关系等问题上。"① 会议也取得了两点重要共识：一是人大监督工作要从中国国情出发。"讲中国国情，核心是两条：一条是中国共产党的领导和社会主义制度。另一条是我国正处于并将长期处于社会主义初级阶段。"二是继续积极探索，为立法创造条件。党的十六大对我国政治体制和政治体制改革进行了全面部署，监督法草案制定过程中有关干部述职评议、个案监督等焦点和难点问题，都涉及国家政治体制方面的改革。而这些改革，只能在党中央统一领导下逐步向前推进。大家认为，"在目前条件还不成熟的情况下，不要急于将监督法交付表决，建议继续认真研究，尤其是要认真跟踪总结改革的经验，同时依照宪法和法律的规定，结合人大工作实际，进一步探索和加强人大的监督工作，充分发挥人大作为国家权力机关的作用。"②

经过二次审议后，全国人大法律委员会、全国人大常委会法制工作委员会成立了研究修改草案的专门工作班子，制定了详细的工作方案。2005年1月、4月、5月，全国人大法律委员会、全国人大常委会法制工作委员会先后在北京、西安、郑州召开监督法草案分片座谈会，邀请各省（区、市）人大常委会负责同志和部分党委组织部、政府、法院、检察院有关负责同志参加，就监督法定位、干部述职评议、个案监督等几个主要问题座谈讨论。西安、郑州座谈会结束后，还分别到陕西、河南的部分市、县进行调研，听取基层有关部门的意见。在此基础上，吴邦国于10月在长沙主持召开湖南、河南、四川、安徽、陕西、山西、辽宁7省人大常委会负责人座谈会，听取与会同志的发言，并对草案修改工作发表了意见。③ 吴邦国认为，"人大工作无论是立法工作还是监督工作都不是单纯的业务工作，而是政治性极强的工作。不能只就监督法谈监督法，也不能只就人大谈人大工作，而是要站在全局的高度，从讲政治、讲大局的高度看问题。统一思想首先必须在党的观念、政治观念、大局观念上统一思想。"④ 12月，中共中央政治局常委会听取全国人大常委会党组专题汇报，就修改监督法草案总的指导思想、原则、思路等重大问题，认真地进行讨论研究，提出明确意见。⑤

---

① 杨景宇：《监督法辅导讲座》，中国民主法制出版社2006年版，第26—27页。
② 《吴邦国论人大工作》（上），人民出版社2017年版，第189—192页。
③ 杨景宇：《监督法辅导讲座》，中国民主法制出版社2006年版，第27页。
④ 《吴邦国论人大工作》（上），人民出版社2017年版，第280—281页。
⑤ 毛磊等：《二十年磨一剑》，《人民日报》2006年8月30日。

2006年4—5月,"王兆国、盛华仁副委员长主持召开了四个座谈会,分别听取各省(区、市)人大常委会负责同志和中组部、国务院办公厅、国务院法制办、人事部、国家发展和改革委员会、财政部、审计署、最高人民法院、最高人民检察院的负责同志以及全国人大常委会部分委员对草案修改稿的意见。"① 6月6日,胡锦涛总书记"主持召开党外人士座谈会,专门就监督法草案修改稿同各民主党派中央、全国工商联领导人以及无党派人士坦诚交谈,征求意见。""就立法问题召开这样的座谈会,在本届全国人大是继宪法修正案草案和反分裂国家法草案之后的第三次,充分说明党中央对制定监督法的高度重视。"② 座谈会上,大家对监督法草案修改稿的指导思想、基本原则、框架结构和主要内容提出了一些修改建议。如全国政协副主席、致公党中央主席罗豪才提出:"特别要加强对中央财政转移支付的监督,进一步完善公共财政制度";"建议对备案审查的机构和程序等进一步加以明确和规定";"修改稿其他几个方面的监督事项主要内容,在内容、形式和程序上有所加强,但有些地方还显不够,特别在程序上还有待进一步完善。或者今后制定专项的程序性的规则,从而使监督法更具有可操作性。"③ 全国人大法律委员会、全国人大常委会法制工作委员会认真研究了几个座谈会上提出的修改意见,对草案修改稿进一步做了修改,形成了第三次审议稿。④

监督法的出台及贯彻

从2004年12月起,经过"一年多紧张工作,大小修改20多次,其中大的修改6次。新的监督法草案9章48条,内容更加充实,增加了许多新规定,对宪法和法律已有规定原则上只作衔接性的规定,不都照抄照搬。这样修改,既增强了针对性、可操作性,也使草案比较简明扼要。"⑤ 该稿与前两次审议稿相比较,做了较大修改,在统一认识基础上,将调整范围确定为规范各级人大常委会的监督工作,进一步完善了人大常委会对"一府两院"工作实施监督的形式和程序,较好地处理了监督法与宪法和有关法律的衔接问题。⑥

2006年6月,十届全国人大常委会二十二次会议对监督法草案进行第三次审议,名称改为《中华人民共和国全国人民代表大会常务委员会和县级以上地方各级人民代表大会常

---

① 杨景宇:《监督法辅导讲座》,中国民主法制出版社2006年版,第27—28页。
② 毛磊等:《二十年磨一剑》,《人民日报》2006年8月30日。
③ 罗豪才:《议政十年》,中国致公出版社2010年版,第133页。
④ 杨景宇:《监督法辅导讲座》,中国民主法制出版社2006年版,第28页。
⑤ 毛磊等:《二十年磨一剑》,《人民日报》2006年8月30日。
⑥ 杨景宇:《监督法辅导讲座》,中国民主法制出版社2006年版,第28页。

务委员会监督法（草案）》。① 在这次审议中，人大常委会组成人员认为，草案三次审议稿已经比较成熟，建议进一步修改完善后争取早日出台。同时也对草案三次审议稿提出了一些修改意见。② 根据常委会组成人员的审议意见，全国人大法律委员会、全国人大常委会法制工作委员会对草案三次审议稿进行了修改完善，对草案48条中的27条做了修改。③

2006年8月，十届全国人大常委会二十三次会议对监督法草案进行第四次审议，名称改为《中华人民共和国各级人民代表大会常务委员会监督法（草案）》。27日，《中华人民共和国各级人民代表大会常务委员会监督法》高票获得通过。同日，国家主席胡锦涛签署主席令，公布该法，自2007年1月1日起施行。④

《中华人民共和国各级人民代表大会常务委员会监督法》共9章48条。从内容上来看，该法规定了多样化的监督方式，即听取和审议人民政府、人民法院和人民检察院的专项工作报告；审查和批准决算，听取和审议国民经济和社会发展计划、预算的执行情况报告，听取和审议审计工作报告；法律法规实施情况的检查；规范性文件的备案审查；询问和质询；特定问题调查；撤职案的审议和决定。⑤

监督为民理念在监督法中被提升为一种制度设计。根据该法规定，常委会听取和审议本级人民政府、人民法院和人民检察院的专项工作报告的议题，根据下列途径反映的问题确定：本级人大常委会在执法检查中发现的突出问题；本级人大代表对人民政府、人民法院和人民检察院工作提出的建议、批评和意见集中反映的问题；本级人大常委会组成人员提出的比较集中的问题；本级人大专门委员会、常委会工作机构调查研究中发现的突出问题；人民来信来访集中反映的问题；社会普遍关注的其他问题。该法还规定，常委会听取和审议专项工作报告前，常委会办事机构应当将各方面对该项工作的意见汇总，交由本级人民政府、人民法院或者人民检察院研究并在专项报告中作出回应⑥，以使人民群众普遍关心的问题能够得到充分反映和切实解决。

从实际效果来看，《中华人民共和国各级人民代表大会常务委员会监督法》注重监督的针对性和实效性。为进一步增强监督实效，该法将人大常委会对"一府两院"工作监督进一步规范化、程序化，规定人大常委会每年选择若干关系改革发展稳定大局和群众切身利益、社会普遍关注的重大问题，有计划地安排听取和审议本级人民政府、人民法院、人民检

---

① 毛磊等：《二十年磨一剑》，《人民日报》2006年8月30日。
② 杨景宇：《监督法辅导讲座》，中国民主法制出版社2006年版，第28页。
③ 毛磊等：《二十年磨一剑》，《人民日报》2006年8月30日。
④ 毛磊等：《二十年磨一剑》，《人民日报》2006年8月30日；杨景宇：《监督法辅导讲座》，中国民主法制出版社2006年版，第28—29页。
⑤ 《中华人民共和国各级人民代表大会常务委员会监督法》，《人民日报》2006年8月29日。
⑥ 《中华人民共和国各级人民代表大会常务委员会监督法》，《人民日报》2006年8月29日。

察院的专项工作报告。"人民政府、人民法院或者人民检察院应当在常务委员会举行会议的二十日前,由其办事机构将专项工作报告送交本级人民代表大会有关专门委员会或者常务委员会有关工作机构征求意见;人民政府、人民法院或者人民检察院对报告修改后,在常务委员会举行会议的十日前送交常务委员会。"①

《中华人民共和国各级人民代表大会常务委员会监督法》刚刚通过不久,"全国人大就举办了一次视频法制讲座,请全国人大法律委员会主任委员杨景宇同志做了一个辅导报告"。各省(区、市)人大负责同志都参加了这个视频讲座。接着,"全国人大常委会办公厅又举办了一次贯彻《监督法》的培训班",盛华仁在培训班上对贯彻监督法提出了明确要求。② 与此同时,学习贯彻监督法的活动在全国各地开展起来,贯彻的方式主要包括:出台本地贯彻监督法的具体措施③,一些省市还通过举办专题讲座、设立监督法集中学习宣传月、举行学习监督法专题报告会等方式,贯彻实施监督法。一些地方人大也以学习贯彻监督法为契机,着力加强和改进各级人大常委会的监督工作。

结　语

《中华人民共和国各级人民代表大会常务委员会监督法》是民意呼吁、高层力推、实践探索、历经磨砺、凝聚各方面集体智慧的结晶。"从1987年六届全国人大五次会议,到2006年十届全国人大四次会议,历次全国人大会议都有人大代表提出关于制定监督法的议案,共计222件,参与联名代表共计4044人次。"④ 历届全国人大常委会领导无不对制定该法倾注了大量心血,或作出重大部署,或创新监督机制,或亲历立法调研。

为什么该法的制定会如此漫长呢?一是因为这部法律政治性很强,涉及我国的政治制度和国家体制,需要通过实践积累经验、统一认识,所以起草的难度较大。二是因为起草过程中遇到了一些一时难以解决的问题,如"述职评议"是否写入问题、"个案监督"问题等。在多次审议监督法的过程中,对一些具体问题也存在不同意见。例如,"成立什么样的宪法监督专门机构,是否要成立宪法监督委员会;对国务院、高法、高检制定的规范性文件应当怎样规定审查程序,是否要实行被动审查和主动审查相结合;如何切实加强和改进计划、预算监督;什么叫'特大建设项目','特大建设项目'是否都要由国务院提出议案,报人大

---

① 《中华人民共和国各级人民代表大会常务委员会监督法》,《人民日报》2006年8月29日。
② 《广东学习论坛报告选》第2辑,广东人民出版社2007年版,第256页。
③ 重庆、新疆、福建、甘肃、河北、河南、湖北、吉林、江西、辽宁、陕西、山西、西藏、云南等省(区、市)都出台了本省(区、市)实施《中华人民共和国各级人民代表大会常务委员会监督法》的办法。
④ 石国胜:《六大亮点彰显和谐》,《人民日报》2006年12月20日。

或常委会批准后实施"①；是起草"大"监督法还是"小"监督法②；等等。正是因为上述各种争议的存在，才使监督法最终经历了20年才出台。

《中华人民共和国各级人民代表大会常务委员会监督法》从酝酿到出台的20年间，是全社会对人大地位、作用和认识不断深化的20年，是人大制度不断健全的20年。从20世纪80年代认为人大监督可有可无，人大是安排老干部的地方，人大谈"监督"是"挑刺""多此一举"，到90年代敢于理直气壮地谈监督，再到新世纪最终通过监督法，历届全国人大探索制定该法的过程，也是探索有利于人大发挥监督作用路径和方式的过程。

在20年探索中，各级人大组织制度、选举制度、代表制度、议事制度和监督制度都日益完善，人大作为国家权力机关的作用日益彰显，为党的十八大以后人大各项制度的进一步成熟奠定了重要的基础。从酝酿到出台的20年间，该法体现了我国政治体制改革不断深化的历史进程。从酝酿、起草到前后四次审议，该法正是伴随着同一时期党的全国代表大会的重大决策而行，正是在党和国家推进各项改革，尤其是政治体制改革的大框架下进行的，体现了政治体制和政治发展道路的中国特色。在中国的监督体系中，与党内监督、行政监督、司法监督、民主监督、群众监督、舆论监督等监督形式相比，人大及其常委会的监督是代表人民进行的，是最高层次的监督。该法从酝酿动议到起草制定，全过程都充分体现了民主作风，体现了民主性与人民性的统一。

总之，《中华人民共和国各级人民代表大会常务委员会监督法》的颁布实施是完善人民代表大会制度的一项重要举措。在其出台后，各级人大常委会依法履行监督职权、健全监督机制，全国人民代表大会作为国家权力机关的监督实效进一步增强。今后，以该法为代表的国家权力机关的监督体系必将进一步得到完善，成为国家治理体系和治理能力现代化的重要组成部分。人民代表大会制度作为我国根本政治制度的特点和优势也将进一步彰显，为进一步增强"制度自信"作出新的贡献。

（原载于《当代中国史研究》2022年第3期）

---

① 李鹏：《立法与监督——李鹏人大日记》（下），新华出版社2006年版，第530页。
② 所谓"大"监督法就是无所不包的监督法；所谓"小"监督法仅是各级人大常委会对"一府两院"的监督法。参见叶静《〈监督法〉为何只是"小"监督法——专家详解〈监督法〉出台背景和内容》，《中国经济周刊》2006年第34期。

经济史

财政:国家治理的基础和重要支柱

——党的十八大以来我国财政改革的十大进展

丛树海

上海财经大学公共经济与管理学院

财政担负着资源配置、收入分配和经济稳定与发展的重要职责。党的十八届三中全会首次将财政定义为国家治理的基础和重要支柱。财政在中国特色社会主义进入新时代之际,不断为国家治理体系和国家治理能力现代化作出重大贡献。据统计,2012—2021年,全国一般公共预算收入从11.73万亿元增长到20.25万亿元,10年累计163.05万亿元,年均增长6.9%;全国一般公共预算支出从12.6万亿元增长到24.63万亿元,10年累计193.64万亿元,年均增长8.5%。[1] 十年来,我国财政收支结构进一步优化,财政服务经济社会发展能力进一步增强,财政功能进一步展现,财政地位大大提升,财政改革取得巨大进展。

一、完成预算法修订,为财政法治奠定坚实基础

1994年3月第八届全国人民代表大会第二次会议通过的《中华人民共和国预算法》(以下简称《预算法》),在推进依法理财、规范预算管理、促进经济社会发展和完善宏观调控方面发挥了重要作用。但20世纪90年代中后期以来,我国经济改革开放日益深入,财政改革不断推出,费改税、政府采购、国库集中收付、预算科目分类、转移支付等各项改革在社会主义市场经济体制的大背景下层出不穷。2008年,《预算法》开始进入修订程序。"随着社会主义市场经济体制和公共财政体制的建立和完善,现行预算法已不能完全适应形势发展的要求,有必要修改完善。"[2]

---

[1] 数据来源:"中国这十年:系列主题新闻发布",2022年5月17日,新华网。
[2] 谢旭人于2011年12月26日在第十一届全国人民代表大会常务委员会第二十四次会议上作的关于《中华人民共和国预算法修正案(草案)》的说明。

2011年,根据《预算法》修订进程,财政部对《预算法》修订的七个主要内容进行了说明。这七个内容是:增强预算的完整性、科学性和透明度;健全财政管理体制;规范财政转移支付制度;强化政府债务管理;增强预算执行的规范性;完善预算审查监督的规定;规范预算调整。此次《预算法》的大面积修订,有其客观必要性和重要的现实意义。

其一,进一步适应经济和社会发展需要,增强财政法治。在建立和完善社会主义市场经济体制过程中,财税改革日新月异,在探索公共财政框架体系进程中,出现了新的财政管理方式和管理制度,特别是伴随经济规模增长,财政收支规模也相应大幅度增长,收支结构发生深刻变化。原有的《预算法》难以涵盖新的财政管理方式和手段,有必要适应新的情况和新的财政框架体系进行相应的预算规范管理。

其二,进一步强化立法对预算工作全过程的监督,实现国家治理现代化。预算本身就是经过立法批准的年度财政收支计划,现代社会中,立法机构对预算的管理和监督越来越严格细化。修订前的《预算法》虽然也规定了立法的审查批准程序,但仍然存在内容不够细化、要求不够严格的问题,《预算法》修订后在很大程度上进一步强化了全国人大和地方各级人大对于预算工作过程和内容的审查和监督。这对进一步完善和规范我国财政预算工作,具有重要的现实意义和深远的历史意义,体现了国家治理现代化的发展要求。

其三,进一步梳理政府资金关系,形成"四位一体"的政府预算体系。新《预算法》第四条规定"政府的全部收入和支出都应当纳入预算";第五条规定"预算包括一般公共预算、政府性基金预算、国有资本经营预算、社会保险基金预算四个部分",强调四本预算应当保持完整独立,并且各专项预算必须与一般公共预算相衔接。新《预算法》改变了我国历史上部分专项资金长期游离在政府预算体系外的状况,如"预算外资金",保证和提升了我国政府预算体系的完整性。

其四,进一步增强预算透明度,强化社会监督。新《预算法》第十四条规定"经法定批准的预算、预算调整、决算以及预算执行情况由本级政府财政部门向社会公开",进一步提升了人民当家作主的地位,对广大人民群众参与预算和监督预算是一个极大的激励。有效督促和落实了各级政府自觉规范预算工作和预算管理行为,提高预算编制的可靠性、执行预算的严肃性、重视和追求预算执行结果的有效性,体现了党的十八届三中全会关于"透明预算"的要求。

此次《预算法》修订从2008年启动,到2014年完成,历时6年。[①] 共计增加内容27条,删除内容4条,修订内容50余条。预算作为立法通过的基本财政计划,是财政职能范围和作用方向的具体落实,体现了国家治理的着力点和财政分配导向,可以说,是财政工作

---

① 2014年8月31日第十二届全国人大常委会第十次会议通过关于修改《中华人民共和国预算法》的决定,新《预算法》于2015年1月1日起施行。

最全面最重要的内容。党的十八大提出"财政是国家治理的基础和重要支柱",明确要求财政"必须完善立法"。此次《预算法》的修订,适应了时代发展的需要,是财政改革实践探索的推动,也是我国财政管理走向法治的现代意识。

二、重构预算体系,完善预算管理制度

预算是国家财政的核心,预算管理状况反映财政管理的总体水平。党的十八大以来,我国预算改革从建构预算体系和加强预算管理两个方面展开。

首先,在预算体系方面,历史上,各级政府管理部门存在一些自行出台的收费、罚款和摊派项目,这些项目形成的资金并未纳入财政预算管理,而在预算外由各级政府和部门自行使用,是一种游离在预算管理之外的政府财政性资金,称之为"预算外资金"。根据财政部《关于将按预算外资金管理的收入纳入预算管理的通知》(财预〔2010〕88号),从2011年起,除教育收费纳入财政专户管理外,其他预算外资金全部纳入预算管理。财政管理进入了全面综合预算管理的新阶段。

2010年9月,财政部发布《政府性基金管理暂行办法》(财综〔2010〕80号)规定,"政府性基金属于政府非税收入,全额纳入财政预算,实行收支两条线管理"[1],并明确"财政部负责制定全国政府性基金征收使用管理政策和制度,审批、管理和监督全国政府性基金,编制中央政府性基金预决算草案,汇总全国政府性基金预决算草案。"[2] 新《预算法》明确规定"政府性基金预算是对依照法律、行政法规的规定在一定期限内向特定对象征收、收取或者以其他方式筹集的资金,专项用于特定公共事业发展的收支预算。政府性基金预算应当根据基金项目收入情况和实际支出需要,按基金项目编制,做到以收定支。"[3]

长期以来,我国对国有资本经营收支没有单列预算,其部分利润上缴至财政经常性收入,政府作为社会管理者和国有资产所有者的两种职能无法区分。2007年9月,国务院发布《关于试行国有资本经营预算的意见》(国发〔2007〕26号)。2011年,财政部发布《中央国有资本经营预算编报办法》(财企〔2011〕318号)。党的十八届三中全会要求"完善国有资产管理体制,以管资本为主加强国有资产监管","完善国有资本经营预算制度,提高国有资本收益上缴公共财政比例。"[4] 新《预算法》明确"国有资本经营预算是对国有资本收益作出支出安排的收支预算"[5],将国有资本经营预算纳入预算体系。2017年修订完

---

[1] 《政府性基金管理暂行办法》第四条。
[2] 《政府性基金管理暂行办法》第六条。
[3] 《中华人民共和国预算法》第一章第九条。
[4] 《中共中央关于全面深化改革若干重大问题的决定》。
[5] 《中华人民共和国预算法》第一章第十条。

善《中央国有资本经营预算编报办法》（财预〔2017〕133号）。

社会保险基金预算是对社会保险缴款、一般公共预算安排和其他方式筹集的资金，专项用于社会保险的收支预算。社会保险基金预算应当按照统筹层次和社会保险项目分别编制，做到收支平衡。① 国务院《关于试行社会保险基金预算的意见》（国发〔2010〕2号）指出，"社会保险基金预算是根据国家社会保险和预算管理法律法规建立、反映各项社会保险基金收支的年度计划"，"通过对社会保险基金筹集和使用实行预算管理，增强政府宏观调控能力，强化社会保险基金的管理和监督，保证社会保险基金安全完整，提高社会保险基金运行效益，促进社会保险制度可持续发展。"

经过多年的财政改革与探索，我国终于实现了全口径的预算管理，建立健全了由一般公共预算、政府性基金预算、国有资本经营预算和社会保险基金预算组成的"四位一体"的政府预算体系。

其次，在预算管理方面，持续进行了一系列改革探索，主要包括预算编制和执行管理、预算透明和监督、国库和账户管理、政府采购管理、滚动预算管理、综合财务报告等。2014年，为贯彻落实党的十八大和十八届三中全会精神以及新《预算法》关于改进预算管理、实施全面规范、公开透明预算制度的要求，国务院发布《关于深化预算管理制度改革的决定》（国发〔2014〕45号），要求对不符合公共财政制度和现代国家治理要求的问题，在完善体系、推进公开，改进控制、跨年平衡，加强管理、规范优惠，优化支出、管理结转结余，强化执行、提高绩效，规范债务、防范风险，规范理财、严肃纪律等七个方面进行深化改革。

预决算编制和预算执行是预算管理的核心环节。从预决算编制看，科学合理、程序规范、编制细化最基本、也最重要。必须严格执行新《预算法》的各项规定，减少预决算中的"长官意志"，按规定程序办事，保证预决算各项数据客观真实，建立全面规范透明、标准科学、约束有力的预算制度。预算制度的改进在实践中是一个渐进的过程，从1995年开始实施我国第一个《预算法》，到2015年开始实施修订后的新《预算法》，我国预算制度、预算工作及其程序不断规范化、制度化、法制化。

2014年国务院批转财政部《权责发生制政府综合财务报告制度改革方案》，要求政府部门编制部门财务报告，反映本部门财务状况和运行情况，财政部门编制政府综合财务报告。政府综合财务报告有助于分析政府财务状况、开展一级政府信用评级、编制资产负债表，有助于制定财政中长期规划和其他相关规划。2018年，财政部发布《关于开展2018年度政府财务报告编制试点工作的通知》，开始在40个中央部门和各省级政府推进权责发生制政府

---

① 《中华人民共和国预算法》第一章第十一条。

综合财务报告制度。

2020年，在总结历次财政预算改革经验基础上，财政部发布《预算管理一体化规范（试行）》，开始推行将制度规范与信息系统建设相结合的"预算管理一体化"建设。从预算管理各环节加以整合、规范，以信息化将预算管理制度"格式化"，保证预算管理各环节的规范执行，可以为完善标准科学、规范透明、约束有力的预算制度提供基础保障。这同时说明，我国预算管理开始进入信息化时代。

2021年，国务院发布《关于进一步深化预算管理制度改革的意见》，进一步推进2014年以来的预算管理改革。从加大预算收入统筹力度、规范预算支出管理、严格预算编制管理、强化预算执行和绩效管理、加强风险防控、增强财政透明度等方面，对我国预算管理提出新的更高要求，以期通过完善预算管理制度，更好地发挥财政在国家治理中的基础和重要支柱作用，为全面建设社会主义现代化国家提供坚实保障。

三、调整税制体系，优化税制结构

2011年4月，国家税务总局发布《"十二五"时期税收发展规划纲要》，明确了"十二五"税收发展的目标要求和重大举措。在此基础上，提出健全税收制度、深化货物劳务税制改革、深化所得税制改革、深化财产行为税制改革、调整完善税收政策等五个方面的税制改革内容。

党的十八大提出，"构建地方税体系，形成有利于结构优化、社会公平的税收制度。"[①] 党的十八届三中全会通过的《中共中央关于全面深化改革若干重大问题的决定》完整描述了税制改革的内容，包括：完善地方税体系；逐步提高直接税比重；推进增值税改革；把高耗能高污染产品及部分高档消费品纳入消费税征收范围；逐步建立综合与分类相结合的个人所得税制；加快房地产税立法；加快资源税改革；推动环境保护费改税等。党的十九大着重提出要深化税收制度改革，健全地方税体系。

消费税是以特定消费品为课税对象所征收的一种税。在对货物普遍征收增值税的基础上，选择部分消费品再征收一道消费税，目的是调节产品结构，引导消费方向。因此，消费税改革方向主要是调整征收范围、环节、税率，将高耗能、高污染产品以及部分高档消费品纳入征收范围。2019年10月，国务院发布《实施更大规模减税降费后调整中央与地方收入划分改革推进方案》，明确了三项消费税改革措施：一是完善消费税政策，立足资源节约和环境保护，调整消费税税目；二是征收环节后移，将部分在生产环节征收的品目，逐步后移至批发或零售环节征收；三是改变消费税收入长期归中央财政所有的做法，将消费税收入的

---

① 《坚定不移沿着中国特色社会主义道路前进为全面建成小康社会而奋斗》。

一部分划分给地方政府,实行中央与地方分享。这些改革措施有利于调动地方政府扩大内需的积极性,有利于适应增值税"中性"带来的产品结构调整,同时有利于解决营改增之后地方税收弱化的问题。

2016年,为深化财税体制改革,促进资源节约集约利用,加快生态文明建设,财政部和国家税务总局发布《关于全面推进资源税改革的通知》(财税〔2016〕53号),要求"贯彻落实创新、协调、绿色、开放、共享的发展理念,全面推进资源税改革,有效发挥税收杠杆调节作用,促进资源行业持续健康发展,推动经济结构调整和发展方式转变。"通过清费立税、从价计征,理顺资源税费关系,更好地发挥资源税在促进资源集约利用和生态环境保护方面的作用。

2016年,十二届全国人大常委会第二十五次会议通过《中华人民共和国环境保护税法》,2018年1月1日起施行。环境保护税主要针对大气污染、水污染、噪声污染和固体废料,建立了"多排多征、少排少征、不排不征"的税收调节机制,并对低标排放、集中治理给予税收减免激励,有力促进生态环境改善和绿色发展。自环境保护税开征以来,对控制大气污染物排放量,主要水污染物排放量都取得显著效果,有效发挥了税收杠杆在控制污染物排放方面的积极作用。

地方税是由地方政府组织征收并由地方自主安排使用的各个税种,主要有城镇土地使用税、城市维护建设税、车船税、房产税、印花税等。地方税体系的发达程度展现了国家财政体制的内涵。在逐步实现"营改增"之后,原以营业税为主体的地方税体系受到很大影响,如何重建地方税体系是"营改增"后的重大实践问题。"十二五"规划要求赋予省级政府适当的税政管理权限,党的十八大提出"构建地方税体系",党的十八届三中全会要求"完善地方税体系",党的十九大再次强调"健全地方税体系"。可见,地方税体系建设的重要性,其对于调动中央地方两个积极性具有现实意义。

四、实施"营改增",推动"供给侧"改革

"营改增"是近年税制改革的重中之重,经历了部分地区部分行业试点、全国部分行业试点和全国全行业推行三个基本阶段。

第一阶段:"营改增"在部分地区部分行业试点阶段。2012年起始,"营改增"在上海"1+6"行业率先试点,其中"1"为包括陆运、水运、航空、管道运输在内的交通运输业,"6"为研发、信息技术、文化创意、物流辅助、有形动产租赁、鉴证咨询等6个现代服务业。2012年9月至年底,"营改增"分别在北京、江苏、安徽、福建、广东、天津、浙江、湖北等八个省市扩大试点。

第二阶段:部分行业"营改增"试点推向全国。2013年8月,交通运输业和部分现代

服务业的"营改增"试点在全国范围内推开。同时，广播影视作品的制作、播映、发行等也开始纳入试点。2014年1月，铁路运输和邮政服务业纳入"营改增"试点，至此交通运输业全部纳入"营改增"范围。2014年6月，再将电信业纳入全国"营改增"试点范围。

第三阶段：全国全行业推行"营改增"。2016年3月，李克强总理在《政府工作报告》中明确提出2016年全面实施"营改增"，"从5月1日起，将试点范围扩大到建筑业、房地产业、金融业、生活服务业，并将所有企业新增不动产所含增值税纳入抵扣范围，确保所有行业税负只减不增。"国务院常务会议部署全面推开"营改增"试点。财政部、国家税务总局发布《营业税改征增值税试点实施办法》《营业税改征增值税试点有关事项的规定》《营业税改征增值税试点过渡政策的规定》和《跨境应税行为适用增值税零税率和免税政策的规定》[①]，至此，全面"营改增"的实施细则及配套文件全部到位。

之所以全面实行"营改增"，是因为，从全社会看，"营改增"可以减少重复征税。营业税以流通额全额征税，在多环节征收情况下，造成购进成本的重复征税。相比之下，增值税以增值额征税，由于扣除了购进成本，多环节征收也不会产生重复征税问题。因此，增值税税收负担不受物品流通环节多少的影响，有利于降低流通企业税负水平，促进专业化协作分工的发展，促使社会流通更好地循环。

全面实行"营改增"，还是我国现代经济发展和产业结构变化的需要。我国传统服务业主要以生活服务为主，服务对象主要是终极消费者，边界清晰，以全额征收营业税，税收与产业之间不会出现明显矛盾，或者说，重复征税的问题并不严重。伴随现代经济的快速发展，在经济规模迅速成长壮大的情况下，以生产性服务为主的现代服务业逐步发展。而生产性服务业以中间消费者企业为主要服务对象，全额征收的营业税使得购买生产性服务的企业无法抵扣成本，使得服务业内部企业之间、不同服务类型行业之间、服务业与生产企业之间，由于产业融合发展导致产业交叉、边界模糊，造成增值税与营业税之间对象重叠，资本结构不同造成抵扣不均，从而导致税负不均。随着现代服务业的快速发展，增值税取代营业税就成为一种必然选择。

"营改增"是党中央、国务院根据经济社会发展新形势，从推进经济转型和完善社会主义市场经济体制出发作出的重大决策，是近年来最重要和最为关键的税制改革，对于优化税制结构、进一步减轻企业负担、调动市场主体积极性、推动服务业尤其是科技和高端服务业的发展、促进产业和消费升级、深化供给侧结构性改革，都具有深远的历史意义。继我国增值税从生产型转向消费型之后，又从生产领域扩展到服务领域，完成了又一次重大变革，这

---

① 《财政部国家税务总局关于全面推开营业税改征增值税试点的通知》（财税〔2016〕36号），附件1—4。

也是我国货物劳务税作为主体的一次重大变革。

五、调整个人所得税制，推进公平分配

1980年，第五届全国人大第三次会议通过《中华人民共和国个人所得税法》，开始实行对外籍人员征收的个人所得税制度。1987年，国务院实施《中华人民共和国个人收入调节税暂行条例》，规定对本国公民征收个人收入调节税，开始实行对国内居民的个人所得税制度，称为"个人收入调节税"。1993年，第八届全国人大常委会第四次会议通过《关于修改〈中华人民共和国个人所得税法〉的决定》，规定所有中国居民和有来源于中国所得的非居民，均依法缴纳个人所得税，同日发布新修改的《个人所得税法》。1994年1月国务院发布《个人所得税法实施条例》，至此，对个人所得征税实现了内外统一。

2005年10月，第十届全国人大常委会第十八次会议审议并通过《个人所得税法》（修正案），将个人所得税免征额定为1600元，于2006年1月1日起施行。2007年12月，第十届全国人大常委会第三十一次会议决定将个人所得税免征额自2008年3月1日起提高到2000元。2011年6月，第十一届全国人大常委会第二十一次会议决定，再次将个税免征额增加到3500元，同时，将9级超额累进税率改为7级，最低税率由5%改为3%，修正案自2011年9月1日起实施。

2018年3月，第十三届全国人大第一次会议上，国务院总理李克强作政府工作报告时指出：提高个人所得税起征点，增加子女教育、大病医疗等专项费用扣除，合理减负，鼓励人民群众通过劳动增加收入、迈向富裕。2018年6月，《个人所得税法修正案草案》提请第十三届全国人大常委会第三次会议审议。相比以往个人所得税的多次修订，此次修订是一次带有根本性变革的修订。从2005年至2011年6年间，个税三次修订主要着眼于提高免征额，虽然保护了公民基本生活需求，但没有从税制上区分纳税人的不同情况，个税公平收入分配的功能难以充分发挥。此次修订，一方面将个税免征额由每月3500元提高至每月5000元，反映了纳税人基本生活水平普遍提高的需求，另一方面，兼顾了不同纳税人实际情况的差异，作出区别对待。主要表现在三个方面：一是将工资薪金、劳务报酬、稿酬和特许权使用费等四项劳动所得实行综合征税，改以往分类征收为综合征收。二是首次增加子女教育支出、继续教育支出、大病医疗支出、住房贷款利息和住房租金等专项附加扣除，体现了个税对纳税人不同情况的区别对待。三是调整税率结构，扩大3%、10%、20%三档低税率的级距，缩小25%税率的级距，30%、35%、45%三档较高税率级距不变，使得中低收入阶层明显受益。此次个税修订更好地体现了其收入分配功能。

2018年12月，国务院印发《个人所得税专项附加扣除暂行办法》，自2019年1月1日起施行，《暂行办法》所称个人所得税专项附加扣除，是指个人所得税法规定的子女教育、继续教育、大病医疗、住房贷款利息或者住房租金、赡养老人等6项专项附加扣除。其中：纳税人年满3岁至小学入学前处于学前教育阶段的子女和正在接受全日制学历教育的子女，包括义务教育、高中阶段教育、高等教育的相关支出，按照每个子女每月1000元标准定额扣除。纳税人在中国境内接受学历（学位）继续教育的支出，在接受学历（学位）教育期间按照每月400元定额扣除；同一学历（学位）继续教育的扣除期限不能超过48个月。纳税人接受技能人员职业资格继续教育、专业技术人员职业资格继续教育的支出，在取得相关证书的当年，按照3600元定额扣除。纳税人在一个纳税年度内，发生的与基本医保相关的医药费用支出，扣除医保报销后个人负担累计超过15000元的部分，由纳税人在办理年度汇算清缴时，在80000元限额内据实扣除。纳税人本人或者配偶单独或者共同使用商业银行或者住房公积金个人住房贷款为本人或者其配偶购买中国境内住房，发生的首套住房贷款利息支出，在实际发生贷款利息的年度，按照每月1000元的标准定额扣除，扣除期限最长不超过240个月。纳税人在主要工作城市没有自有住房而发生的住房租金支出，可以按照标准定额扣除：直辖市、省会城市、计划单列市以及国务院确定的其他城市，扣除标准为每月1500元；市辖区户籍人口超过100万的城市，扣除标准为每月1100元；市辖区户籍人口不超过100万的城市，扣除标准为每月800元。纳税人赡养一位及以上年满60岁的父母，以及子女均已去世的年满60岁的祖父母、外祖父母的赡养支出，统一按照标准定额扣除：纳税人为独生子女的，按照每月2000元的标准定额扣除；纳税人为非独生子女的，由其与兄弟姐妹分摊每月2000元的扣除额度，每人分摊的额度不能超过每月1000元。

此次个人所得税法修订与以往不同，修订指导思想和主要内容有本质变革，对个税发展具有重大历史意义，对我国公民个人的影响巨大。

六、明确央地支出责任，规范转移支付

财政体制是规范和理顺各级政府间财政收支分配、财权财力划分、事权界定和管理边界的基本制度，只有在财政体制科学合理并且保持相对稳定的情况下，各级政府才有可能按各自事权和财权财力来履行职能。作为处理中央与地方财政分配关系的分税制改革，始于1994年，其核心内容是将中央与地方政府间的收入划分为中央税、地方税和中央与地方共享税，并补充以中央对地方的转移支付制度。

2013年11月，党的十八届三中全会通过的《中共中央关于全面深化改革若干重大问题的决定》，提出了三大财政改革任务：改进预算管理制度；完善税收制度；建立事权和支出责任相适应的制度。对于第三大改革任务，《决定》要求，适度加强中央事权，理顺跨区域建设的事权关系，地方政府承担区域性事权，中央和地方按照事权划分相应承担和分担支出责任。中央可通过安排转移支付将部分事权支出责任委托地方承担。对于跨区域且对其他地

区影响较大的公共服务，中央通过转移支付承担一部分地方事权支出责任。《决定》还要求，保持现有中央和地方财力格局总体稳定，结合税制改革，考虑税种属性，进一步理顺中央和地方收入划分。根据党的十八届三中全会部署，2014年6月，中央政治局审议通过《深化财税体制改革总体方案》，进一步提出：调整中央和地方政府间财政关系，在保持中央和地方收入格局大体稳定前提下，进一步理顺中央和地方收入划分，合理划分政府间事权和支出责任，促进权力和责任、办事和花钱相统一，建立事权和支出责任相适应的制度。

2016年8月，国务院发布《关于推进中央与地方财政事权和支出责任划分改革的指导意见》，提出了五个坚持：一是坚持中国特色社会主义道路和党的领导，充分发挥中国特色社会主义制度在维护社会公平正义和促进共同富裕方面的优势。二是坚持财政事权由中央决定，适度加强中央政府承担基本公共服务的职责和能力，维护中央权威。三是坚持健全社会主义市场经济体制，将应由市场或社会承担的事务，交由市场主体或社会力量承担。四是坚持法治化规范化道路，逐步实现政府间财政事权和支出责任划分法治化、规范化。五是坚持积极稳妥统筹推进央地事权和支出责任划分改革。

《指导意见》还对事权和支出责任划分的内容进行了概括：关于中央与地方财政事权划分，一是适度加强中央财政事权。坚持基本公共服务普惠性、保基本、均等化方向，加强中央在保障国家安全、维护全国统一市场、体现社会公平正义、推动区域协调发展方面的财政事权。强化中央财政事权履行责任，中央财政事权原则上由中央直接行使。二是保障地方履行财政事权。加强地方政府公共服务、社会管理等职责。地方财政事权由地方行使，中央对地方财政事权履行提出规范性要求，并通过法律法规形式予以明确。三是减少并规范中央与地方共同财政事权。根据基本公共服务受益范围、影响程度，按事权构成要素、实施环节，分解细化各级政府承担的职责，避免由于职责不清造成互相推诿。将体现中央战略意图、跨省（区、市）具有地域管理信息优势的基本公共服务确定为中央与地方共同财政事权，明确各承担主体职责。四是建立财政事权划分动态调整机制。财政事权划分要根据客观条件变化进行动态调整。

关于中央与地方支出责任划分，一是中央财政事权由中央承担支出责任，由中央财政安排经费，不得要求地方安排配套资金。二是地方财政事权由地方承担支出责任。属于地方的财政事权原则上由地方通过自有财力安排。对地方政府履行财政事权、落实支出责任存在的收支缺口，除部分资本性支出通过发行政府性债券方式安排外，主要通过一般性转移支付弥补。三是中央与地方共同财政事权区分情况划分支出责任。对体现国民待遇和公民权利、涉及全国统一市场和要素自由流动的财政事权，如基本养老保险、基本公共卫生服务、义务教育等，研究制定全国统一标准，由中央与地方按比例或以中央为主承担支出责任；对受益范围较广、信息相对复杂的财政事权，如跨省重大基础设施项目建设、环境保护与治理、公共文化等，根据财政事权外溢程度，由中央和地方按比例或中央给予适当补助方式承担支出责任；对中央和地方有各自机构承担相应职责的财政事权，如科技研发、高等教育等，中央和地方各自承担相应支出责任；对中央承担监督管理、出台规划、制定标准等职责，地方承担具体执行等职责的财政事权，中央与地方各自承担相应支出责任。

关于省以下财政事权和支出责任划分。省级政府要参照中央做法，结合当地实际，按照财政事权划分原则合理确定省以下政府间财政事权。并根据省以下财政事权划分、财政体制及基层政府财力状况，合理确定省以下各级政府支出责任，避免将过多支出责任交给基层政府承担。

《指导意见》出台后，国务院办公厅相继发布一系列有关领域财政事权与支出责任划分的方案。如《基本公共服务领域中央与地方共同财政事权和支出责任划分改革方案》《医疗卫生领域中央与地方财政事权和支出责任划分改革方案》《科技领域中央与地方财政事权和支出责任划分改革方案》《教育领域中央与地方财政事权和支出责任划分改革方案》《交通运输领域中央与地方财政事权和支出责任划分改革方案》《生态环境领域中央与地方财政事权和支出责任划分改革方案》《公共文化领域中央与地方财政事权和支出责任划分改革方案》等，我国中央政府与地方政府间财政事权和支出责任得到进一步明确和落实。

2010年，中央对地方的税收返还和转移支付已占中央财政总支出的三分之二。财政转移支付包括中央对地方和地方上级政府对下级政府的转移支付，分为一般性转移支付和专项转移支付。一般性转移支付以均衡地区间基本财力为主要目标，专项转移支付主要用于上级政府委托下级政府办理特定事务所需的支出或者上级政府和下级政府共同承担事务的支出。

2014年，国务院发布《关于改革和完善中央对地方转移支付制度的意见》指出，"转移支付结构不够合理，一般性转移支付项目种类多、目标多元，均等化功能弱化；专项转移支付涉及领域过宽，分配使用不够科学；一些项目行政审批色彩较重，与简政放权改革的要求不符；地方配套压力较大，财政统筹能力较弱；转移支付管理漏洞较多、信息不够公开透明"。因此，有必要通过深化改革和完善制度，尽快加以解决。这就要求加强顶层设计，清理整合一般性转移支付，从严控制专项转移支付，进一步优化转移支付结构，加强资金管理，提高转移支付资金使用效率。2015年12月，财政部发布《中央对地方专项转移支付管理办法》，落实国务院关于改革和完善转移支付制度的意见，对专项转移支付的资金来源、主要用途、管理和评估做出详细规定。为加快建立现代财政制度，建立权责清晰、财力协调、区域均衡的中央和地方财政关系，推进基本公共服务均等化，2022年4月，财政部发布《中央对地方均衡性转移支付办法》，以此建立均衡性转移支付规模的稳定增长机制。

党的十八大以来，着重对央地财政事权和支出责任划分，以及对中央转移支付结构和管理制度的改革，从内容和本质上推进了我国财政管理体制的深化和完善，使我国财政管理体制进一步规范,各级政府事权和支出责任进一步明确。

七、实行债务余额管理,探索地方政府发债机制

我国原《预算法》规定,"地方各级预算按量入为出、收支平衡原则编制,不列赤字",强调除国务院另有规定外,地方政府不得发行政府债券。地方政府债券只能由财政部代发代还,并受到严格限额管理。2015年新《预算法》第三十五条补充了"经国务院批准的省、自治区、直辖市的预算中必需的建设投资的部分资金,可以在国务院确定的限额内,通过发行地方政府债券举借债务的方式筹措"。显然,与修订前相比,省级地方政府可在国务院批准的限额内发行地方政府债券,举借一部分建设资金,这样就为地方政府"合法"借债、扩大投资开启了方便之门。与此同时,从宏观经济管理上讲,这可能有利于让地方政府的隐性债务显性化,有利于宏观上进一步做好总量管理或余额管理。

为防范地方政府债务特别是隐性债务风险,2014年10月,国务院发布《关于加强地方政府性债务管理的意见》,要求疏堵结合、分清责任、规范管理、防范风险,要在赋予地方政府依法适度举债融资权限基础上,坚决制止地方政府违法违规举债;要对地方政府债务实行规模控制,严格限定政府举债程序和资金用途,把地方政府债务分门别类纳入全口径预算管理,实现"借、用、还"相统一;守住不发生区域性和系统性风险的底线。

2017年4月,《关于进一步规范地方政府举债融资行为的通知》(财预〔2017〕50号)要求:全面组织开展地方政府融资担保清理整改工作,加强融资平台公司融资管理,规范政府与社会资本方的合作行为,进一步健全规范地方政府举债融资机制并建立跨部门联合监测和防控机制。2017年6月,财政部发布《关于坚决制止地方以政府购买服务名义违法违规融资的通知》(财预〔2017〕87号)要求:积极采取措施进一步规范地方政府融资行为,严禁利用政府购买服务合同违法违规融资,切实做好政府购买服务信息公开。

2017年,我国健全地方政府债务监管政策,加强地方政府债务风险防控工作,强化地方政府债务管理,要督促地方政府强化限额管理和预算管理,加快存量政府债务置换步伐,要坚持堵后门、开前门严控增量。一方面,坚决堵住违法违规举债的"后门",地方政府一律采取发行政府债券方式规范举债,坚决遏制隐性债务增量;另一方面,要开好合法合规举债的"前门",适应不同地区经济社会发展需要,合理确定分地区地方政府债务限额,稳步推进专项债券管理改革。① 2018年12月全国财政工作会议指出,要加强地方政府债务管理,较大幅度增加地方政府专项债券规模,积极防范化解地方政府债务风险,促进经济持续健康

---

① 新华社:《财政部部长肖捷:坚决遏制隐性债务增量》,新华网,http://www.xinhuanet.com/politics/2017-08/29/c_1121565305.htm,2017年8月29日。

发展和社会稳定。

八、改革税收征管体制，构建高效统一的征管体系

1994 年，随着分税制改革的实施，国税地税分设。20 多年来，国税地税各司其职，共同完成税收征管职责。2015 年 10 月，中央全面深化改革领导小组第十七次会议审议通过了《深化国税、地税征管体制改革方案》，着力构建优化高效统一的税收征管体系，目标是"到 2020 年建成与国家治理体系和治理能力现代化相匹配的现代税收征管体制，降低征纳成本，提高征管效率，增强税法遵从度和纳税人满意度，确保税收职能作用有效发挥，促进经济健康发展和社会公平正义。"

《改革方案》界定了此次国税地税征管体制改革的六大任务：理顺征管职责，着力解决国地税征管职责交叉及部分税费征管职责不清问题；创新纳税服务机制，着力解决纳税人办税纳税成本较高问题；转变征收管理方式，着力解决税收征管针对性有效性不强问题；深度参与国际合作，着力解决对跨国纳税人监管和服务水平不高、国际税收影响力不强问题；优化税务组织体系，着力解决机构设置、资源配置与税源状况、工作要求不匹配问题；构建税收共治格局，建立健全税务主责、部门合作、社会协同、公众参与的税收共治格局。

总体看，此次税收征管体制改革主要有两项基本内容：一是国税地税合一，二是税务部门代征社会保险费。

首先，是国税地税合一。这是我国税收征管体制的核心内容，在计划经济时期，税收征管查合一，国税地税合一。20 世纪 90 年代初，尝试税收征、管、查职能"三分离"，借助分税制改革全面推行，适应中央税、地方税和共享税的分层税收体系需要，税收征管体制实行了国税地税分离分设，以便更好地调动地方政府税收征管积极性。但正如《改革方案》所指出的，"与经济社会发展、推进国家治理体系和治理能力现代化要求相比，我国税收征管体制存在职责不够清晰、执法不够统一、办税不够便利、管理不够科学、组织不够完善、环境不够优化等问题，必须加以改革完善。"国税地税合一的征管体制更有利于税收组织一致性，有利于信息化时代下税收信息、纳税人信息共享，从而有利于提高税收征管效率，为国家财政收入的可持续增长奠定良好的体制基础，为进一步深化税制改革提供强有力的征管保障。与此同时，在国税地税合一的征管体制下，必须注意处理好中央与地方的财政关系。中国地域广阔、地区差异客观存在，如何进一步调动地方积极性，尤其是调动地方政府自主理财积极性，同样是一个非常重要的问题，只有充分调动各级地方政府的理财积极性，才能保证经济和各项事业蓬勃发展。

其次，是税务部门承担社会保险费的征管工作。2019 年 1 月 1 日开始，各项社会保险费交由税务部门统一征收。此前，各地征收社会保险费的体制并不一致，既有税务部门代

征，也有社保主管部门自行征收。根据国务院1999年出台的《社会保险费征缴暂行条例》规定，社会保险费的征收机构由省级人民政府规定，可由税务机关征收，也可由劳动保障行政部门按国务院规定设立社会保险经办机构征收。2011年正式实施的《社会保险法》依然没有明确规定社会保险费的征收机构，只笼统提出"社会保险费实行统一征收，实施步骤和具体办法由国务院规定。"在没有统一规定的情形下，各省征管模式自然不一样。税费由税务部门统一征管以后，理论上有利于提高征管效率，节约征管费用，有利于统一税费基础、完善企业核算制度。但从实践上看，过去由两部门分别征收的过程中，事实上社会保险费征管管理较为松弛，虽然不利于社会保险费足额缴纳，但客观上减轻了企业负担。

税务部门征收社会保险费则大不相同。由于税务部门比较充分地掌握企业支付工资的人数和劳动者个人薪酬信息，这意味着，税务部门可以将职工社保的缴费人数和缴费基数与个税的征缴人数和征缴基数保持一致，社会保险费征收将更加规范化，市场主体的遵缴率提高，这将大大提升社会保险费的征管效率，有可能增加社会保险费的入库数额。另一方面，在税务部门征收社会保险费的情况下，也极有可能加重部分地区或部分行业、企业税费总负担。总体上看，税务部门承担社会保险费征管职责，为未来税费制度改革、统一政府收入体系、规范收入分配秩序创造了条件，有利于夯实国家治理的现代化基础。

九、全面推行绩效管理，建立"三全"绩效管理体系

绩效管理是现代财政制度的重要环节。我国在2000年以后引入绩效预算，随着公共财政的完善，陆续出台了一系列有关预算绩效管理的规章制度。2011年4月财政部印发《财政支出绩效评价管理暂行办法》；2011年7月印发《关于推进预算绩效管理的指导意见》《中央部门财政支出绩效评价工作规程（试行）》《预算绩效管理工作考核办法（试行）》等相关文件，使得预算绩效管理的制度规范有了明显改善。特别是新《预算法》分别从预算原则、预算编制依据、预算执行、监督管理等方面对预算管理中的绩效管理进行规范，从而将预算绩效管理纳入了法制化轨道。

2015年，财政部发布《中央部门预算绩效目标管理办法》，对中央部门预算绩效目标管理的科学性、规范性和有效性建立管理办法，成为编制中央部门预算、实施绩效监控、开展绩效评价的基础和依据。2018年9月，中共中央、国务院发布《关于全面实施预算绩效管理的意见》指出，现行预算绩效管理仍存在一些问题，包括重投入轻管理、重支出轻绩效的意识，绩效管理的覆盖面不够，财政资金存在闲置沉淀、损失浪费、克扣挪用、截留私分、虚报冒领问题，缺乏绩效激励和约束，绩效评价结果与预算安排和政策调整不挂钩等。因此，要创新预算管理方式，更加注重结果导向、强调成本效益、硬化责任约束，力争用3到5年时间基本建成全方位、全过程、全覆盖的预算绩效管理体系，实现预算和绩效管理一

体化，着力提高财政资源配置效率和使用效益。《意见》提出了全面实施预算绩效管理的四个基本原则：一是总体设计、统筹兼顾，谋划全面实施预算绩效管理的路径和制度体系。二是全面推进、突出重点，将绩效理念和方法深度融入预算编制、执行、监督全过程。三是科学规范、公开透明，推动预算绩效管理标准科学、程序规范、方法合理、结果可信。四是权责对等、约束有力，实现绩效评价结果与预算安排和政策调整挂钩。

2018年11月，财政部发布《关于贯彻落实〈中共中央 国务院关于全面实施预算绩效管理的意见〉的通知》（财预〔2018〕167号），指出全面实施预算绩效管理是推进国家治理体系和治理能力现代化的内在要求，是深化财税体制改革、建立现代财政制度的重要内容，是优化财政资源配置、提升公共服务质量的关键举措。毋庸置疑，全面实施预算绩效管理是财政管理和政府治理方式的一次变革。从财政理财观看，用钱比筹钱容易，只用钱不讲用钱效果更容易，但广大纳税人必然高度关注钱的用途及使用效果。因此，只有理财人更重视用途和效果，用钱人更珍惜钱的来之不易和重视钱的使用结果，才能真正取得纳税人的信任和支持。

当然，提高财政资金绩效是一项长期的系统性工程，涉及面广、难度大。特别是财政支出主要用于各项社会支出，其绩效的显现、评判的标准，以及人们对财政绩效的认识存在很大差异，需要在实践中不断探索。各地区各部门要抓紧制定有针对性、可操作的贯彻落实方案，明确全面实施预算绩效管理的时间表和路线图，着力抓重点、补短板、强弱项、提质量。各级财政部门要抓紧完善预算绩效管理制度办法，组织指导本级部门、单位和下级财政部门全面实施预算绩效管理工作，重点关注预算收支总量和结构，加强预算执行监管，推动财政预算管理水平明显提升。将预算编制、预算执行、决算环节、评价刚性约束和绩效管理扩围升级作为全面实施预算绩效管理的五大工作重点。

十、建立派驻监管局，改进和强化财政监督

分税制改革之时，财政部成立派驻部分地区的财政专员办，实施对属地中央财政收入和支出的监管，监督检查有关部门和单位执行国家财税政策、法规的情况，反映属地中央财政收支管理中的重大问题，提出加强中央财政管理的相关建议，监督检查中央驻属地二级以下预算单位及有关企业的会计信息质量等。监控属地中央预算单位预算执行，审核中央财政直接支付资金，监控授权支付资金，监控预算执行进度和政府采购预算执行，审批管理银行账户，审核属地中央预算单位决算编制，以后又逐步补充了对地方债务的监管。

1995年，财政部制订《财政监察专员办事机构工作暂行规定》，明确专员办业务、人事、财务由财政部垂直领导，并将专员办的主要职责概括为八个方面：监督检查各地区、有关部门和单位执行国家财税法律法规和政策情况，反映国家预算执行情况和出现的问题；监

缴中央财政非税专项收入；对有关单位申报中央财政专项支出资金就地初审核证，对国家基建投资使用及中央有关部门、企业自收自支的建设基金征集使用监督检查；承担央企事业单位国有资产和国家股权收益分配监督；就地审查稽核中央财政收入减免退库事项，就地办理收入退库核批；对集中向中央财政解缴税利的行业及分支机构税利解缴情况稽核监督；对会计师事务所等社会中介机构执行财政、税务、财务、会计、法律、行政法规的合法性、公正性进行监督；审批财政部授权的有关财务事项等。

2012年3月，财政部发布《财政部门监督办法》，提出三项基本要求：一是上级财政部门加强对下级财政部门监督工作的指导，下级财政部门应及时将监督中发现的重大问题向本级人民政府和上级财政部门报告。从内部监管来讲，首先是上级对下级的监管，当上级财政部门落实党和国家有关方针政策时，总要自上而下，形成完整的工作体系，下级要全面正确理解政策内涵，政策贯彻才能完整有效。从财政实践看，基于各地各级政府财政面临的实际情况大不相同，存在的主要问题也有很大差异，当一项政策落实下来时，各地各级出现对政策不同的理解和对政策落实的不同困难在所难免。但从整个国家治理体系看，如果各地各级强调客观困难而落实不力，就会导致政策全局的效率下降，甚至可能导致政策落空。因此，就财政监管而言，上级财政部门对下级财政部门的监管和工作指导，是加强财政监督工作不可或缺的首要环节。二是财政部门的监督应坚持事前、事中和事后监督相结合，建立覆盖所有政府性资金和财政运行全过程的监督机制。这是指对所有财政资金和财政运行全过程的监督，即"全面"和"全过程"，监管不能有对象上的疏漏和进程上的缺失。"全面"和"全过程"监督是一种工作质量要求。三是财政部门实施监督应与财政管理相结合，根据监督结果完善相关政策、加强财政管理。监督与管理相结合是指监督结果要运用到财政管理上，成为下一轮编制预算、制定政策和堵塞漏洞的依据。

2019年4月，财政部派驻各地专员办更名为各地监管局。要扎实推进财政部各地监管局职能转变，明确职能内涵，切实转变工作重心，充分发挥职能作用，主要包括在属地贯彻落实党中央方针政策和决策部署、加强属地经济发展形势和财政运行状况研究、提升财政资源配置效率和财政资金使用效益、加强地方政府债务监督四个方面。

总体上看，党的十八大以来，我国财政监管，从派驻专员办、到派驻监管局，从注重监管具体重点收支事项和具体项目先期审查、到将监管重心转移到党和国家大政方针的贯彻落实，从规范财政监督的基本职能和工作内容、到注重宏观经济运行情况分析和资金使用效益状况，实现了重大转变。财政监管工作成为维护中央权威、保证中央财政政策落实不可或缺的基本制度和重要体制。

（原载于《财政研究》2022年第8期）

新中国经济结构调整的历程、特点及启示

石建国

中共中央党史和文献研究院第三研究部

一个国家的经济结构合理与否,直接决定资源配置效率的高低,进而影响该国经济发展的速度和效益。新中国成立70多年来,为保持经济持续健康发展,共进行了六次经济结构重大调整。本文通过梳理、总结历次经济结构调整的得与失,从历史经验中寻求智慧、开启新思路,为推动新时代经济结构调整、加快建设现代化经济体系提供启示。

一、经济结构的六次重大调整

在中国共产党的领导下,我国经济建设历经社会主义革命和建设时期、改革开放和社会主义现代化建设新时期,如今已进入中国特色社会主义新时代。在不同历史时期,基于当时的客观形势和战略判断,我国持续推进经济结构重大调整。

(一) 1961—1965年的经济结构调整

这一时期,为了改变"大跃进"导致的困难局面,中共中央决定对国民经济实行"调整、巩固、充实、提高"八字方针,以改变当时经济结构严重失衡的情况。一是大力精简职工,减少城镇人口。经过努力,1961年至1963年6月,全国共精简职工1887万人,减少城镇职工2600万人,还有100余万名干部到基层劳动和工作。[①] 二是压缩基本建设规模,停建缓建大批基本建设项目。1961年基本建设投资为127.4亿元,相比1960年的388.7亿元减少了67.2%。1962年投资仅为71.3亿元,同1961年相比又减少了44%。[②] 三是缩短工业战线,实行关停并转。到1962年10月,全国县以上工业企业数比1961年年初减少了4.4万个,相当于1960年年底企业数的45%。[③] 换言之,超过一半数量的企业被减掉了。四是加强企业管理,恢复合理规章制度。1961年9月,《国营工业企业工作条例(草案)》

---

① 中共中央党史研究室:《中国共产党的九十年(社会主义革命和建设时期)》,中共党史出版社、党建读物出版社2016年版,第524页。
② 马洪等主编:《当代中国经济》,中国社会科学出版社1987年版,第359—360页。
③ 马洪等主编:《当代中国经济》,第359页。

(简称"工业七十条")经庐山中央工作会议通过并发布试行,确定国家对企业实行"五定"①,企业对国家实行"五保"。② 过去一些行之有效的管理制度也逐步得到恢复。五是大力支援农业。1961年,中共中央对农村政策进行调整,通过《农村人民公社工作条例(草案)》(简称"农业六十条")。无论是从计划安排还是从工作重点上,中央都力争确保尽快恢复农业生产。1962年,在可供分配的钢材和木材中划拨近1/7用于农业生产。③ 其他农业生产资料均有大幅度增长。

由于中共中央的果断决策和措施有力,此次经济结构调整很快取得成效,经济局面开始逐步好转。为了切实巩固调整成果,中共中央作出了继续进行调整的决定。从1963年开始,通过加强经济发展的薄弱环节和薄弱部门,适当引进国外先进技术,加强各方面管理,调整工人工资等一系列举措,我国经济逐步走上正轨。到1965年年底,经济调整任务全面完成。

(二) 1979—1984年的经济结构调整

因十年内乱的干扰和冲击,加上1978年工作急于求成,我国工农业、轻重工业、积累和消费、外汇收支、待业人数和就业岗位等经济重大比例关系严重失调。1979年4月,中共中央召开工作会议,正式确定对国民经济实行"调整、改革、整顿、提高"的方针,决定用3年时间对国民经济进行调整。一是压缩生产指标。中央对年度计划中的粮食、棉花、钢、煤炭、石油产量及财政收入、基建投资、外汇收入等指标都作了必要的压缩和调整,对22个引进的大项目逐个进行排队。二是调整农业政策。中央将党的十一届三中全会通过的《中共中央关于加快发展农业若干问题的决定(草案)》及"农业六十条"发到各地试行。《决定》提出发展农村经济的25项政策和措施。三是加快轻工业发展。国家对轻工业特别是纺织业实行优先政策,在各方面予以支持,采取"重转轻""军转民""长转短"等形式调整产品结构。四是大幅度改善民生。1979年和1980年,国家共安置待业青年和其他人员及应届毕业生1802.6万人。1979年,全国工资总额达647亿元,比1978年增长13.7%。1980年,全国工资总额达773亿元,比上年增长19.5%。1979年,新建职工住宅6256万平方米,比1978年增长66%。1980年,全民所有制单位基本建设竣工住宅面积8230万平方米,比上年增长31.6%。④

---

① "五定",即定产品方案和生产规模,定人员和机构,定主要的原料、材料、燃料、动力、工具的消耗定额和供应来源,定固定资产和流动资金,定协作关系。

② "五保",即保证产品的品种、质量、数量,保证不超过工资总额,保证完成成本计划并力求降低成本,保证完成上缴利润,保证主要设备的使用期限。

③ 中共中央党史研究室:《中国共产党历史》第2卷(1949—1978)下册,中共党史出版社2011年版,第602页。

④ 中华人民共和国国家统计局:《关于一九七九年国民经济计划执行结果的公报》《关于一九八〇年国民经济计划执行结果的公报》,《人民日报》1980年4月30日、5月1日。

经过初步调整，我国经济重大比例关系有所改善，但矛盾仍未根本解决。1980年年底，中共中央决定进一步调整国民经济，采取的主要措施有：一是压缩基建规模。1981年，国家实际完成基建投资由1980年的559亿元减至443亿元，压缩20.8%，其中预算内基建投资由349亿元减至252亿元，压缩28%。① 二是加强财政信贷管理。国务院陆续出台文件，加强财政信贷管理，同时采取各种措施，坚决稳定市场物价。三是缩短工业战线。对一些需求不足的长线工业产品压缩指标，对一些落后企业实行关停并转，整治社队企业间的恶性竞争，保证计划内企业的原材料供应和市场销售。四是整顿企业经营。采取强化劳动纪律等多种措施加强企业管理，提升企业效益，使企业素质和管理水平普遍提高。

经过这一阶段的调整，我国经济主要比例关系趋向协调，主要工农业产品产量增加很快，人民生活水平有了大幅度提升。

（三）1988—1991年的经济结构调整

此次调整，是针对在经济体制全面改革中产生的经济过热，以及价格"双轨制"引发的系列问题而进行的。以1984年党的十二届三中全会为标志，经济改革重点由农村转向城市并全面铺开。在企业承包制逐步推开的同时，生产资料"双轨制"也在经济领域全面推行。在经济过热、价格"双轨制"等多重因素影响下，1988年我国出现严重通货膨胀。为尽快理顺价格体系，中共中央决定实行"价格闯关"，全面推进价格改革，放开价格。但因为当时客观条件不具备、宣传方式不当、群众心理预期降低承受力弱等多种因素的叠加推动，1988年8月中下旬，全国出现了挤提储蓄存款和猛烈的抢购风潮。

为防范由此引发的巨大经济、政治和社会风险，中央果断放弃原有闯关设想，提出"治理经济环境、整顿经济秩序、全面深化改革"的方针。1989年11月，党的十三届五中全会通过《中共中央关于进一步治理整顿和深化改革的决定》，继续强化治理整顿的政策导向。一是压缩社会总需求。货币投放量由1988年的679.5亿元，调减为1989年的210亿元、1990年的300.4亿元。② 由此入手，通货膨胀得到控制。1989年供需差率缩小到8.7%，1990年继续缩小到7.6%，1991年基本保持上年水平，已处于基本正常范围。③ 二是增加有效供给。中央要求各级政府把农业摆在经济工作的首位来抓。1990年与1988年相比，农业投资增长26.8%，占全部投资比重由2.3%提高到2.8%；粮食总产量增加5216

---

① 中华人民共和国国家统计局编：《中国统计年鉴（1986年）》，中国统计出版社1986年版，第446页。
② 中华人民共和国国家统计局编：《中国统计年鉴（2001年）》，中国统计出版社2001年版，第639页。
③ 国家统计局综合司治理整顿研究课题组：《成效·问题·启示——对三年来治理整顿的回顾与思考》，《人民日报》1991年11月22日。

万吨，棉花总产量增加36万吨，油料产量增加293万吨，糖料产量增加1027万吨。① 农业丰收对改善市场供应、稳定物价起到了至关重要的作用。三是整顿经济秩序。严厉清理"皮包公司"，消除流通渠道过乱、环节过多的问题。在改进企业管理方面，继续深化企业改革，增强企业活力，大多数国营工业企业实行了第二轮承包，工业生产日趋稳定。

从实质上讲，治理整顿是一次大的经济结构调整。尽管学界至今仍对当初是否应该坚决采取"硬着陆"的方式有不同看法，但不容否定的是，治理整顿的全面完成，为我国经济的后续发展打下了坚实基础。

（四）1993—1997年的经济结构调整

此次调整，是针对1992年开始的经济过热而展开的。邓小平发表南方谈话和党的十四大确定建立社会主义市场经济体制的改革目标后，我国经济出现了超高速发展的局面。1992年我国国内生产总值为26638.1亿元，比1991年增长了14.2%；1993年国内生产总值突破3万亿元大关，比上年增长13.5%。② 房地产热、开发区热、集资热、股票热等金融秩序混乱现象加剧了经济过热，社会出现不稳定势头。造成经济过热和通货膨胀的原因很多，如治理整顿后国内需求开始反弹、经济进入上升周期、适逢"亚洲四小龙"产业转移等，但最重要的原因有两个：一是许多地方和部门片面理解邓小平南方谈话精神，在认识上发生了偏差；二是在由传统计划经济体制向社会主义市场经济体制转变过程中，传统体制的惯性仍然强大，而新的宏观调控机制尚未形成，于是在体制摩擦中产生了一些新的问题和矛盾。

发现上述问题后，中共中央首先统一各地认识，召开各省区市、各部委主要负责同志参加的经济情况通报会，向各地打招呼。时任中共中央总书记的江泽民又通过分片主持召开华东、西北、华北、东北、中南、西南等地区经济工作座谈会，把各地思想统一到中央关于治理经济过热的判断和认识上来，同时要求各地党政干部，要通过改革，主要运用经济手段、法律手段，辅之以必要的行政手段，加强宏观调控。国务院也迅速出台坚决制止乱集资、乱拆借，规范股票市场交易和加强农业生产等硬性措施，并派出多个高规格的工作组分赴各地检查。1993年6月24日，中共中央、国务院发出《关于当前经济情况和加强宏观调控的意见》，以整顿金融秩序为重点，提出了16条措施，其中有13条强调要运用经济手段。此外，中央还采取了其他一系列措施：在生产领域，限产压库，鼓励增加适销对路产品的生产；在建设领域，大幅度压缩一般建设项目和不适宜的开发区及房地产项目，大力加强农田水利和

---

① 国家统计局综合司治理整顿研究课题组：《成效·问题·启示——对三年来治理整顿的回顾与思考》，《人民日报》1991年11月22日。
② 中华人民共和国国家统计局编：《中国统计年鉴（2001年）》，第51页。

能源、交通、通信等重点建设；在农业领域，大幅度提高粮食订购价格，扶持支农工业，实行"米袋子"省长负责制和"菜篮子"市长负责制等措施，有效增加农副产品供给，稳定市场，稳定物价。

与此同时，中共中央、国务院还推出了一系列重大经济体制改革措施，如在全国实行分税制、汇率并轨、建立现代中央银行制度、实现政策性银行和商业银行分离、切实推动投资体制改革、加快建立现代企业制度、鼓励非公经济加速发展等。诸多体制改革举措释放出强大活力，有力助推了经济结构调整。

经过调整，1996年年底，我国经济成功实现"软着陆"。1997年党的十五大召开后不久，我国就顺利完成了"八五"计划各项主要指标，提前实现了20世纪末国民生产总值比1980年翻两番的目标。主要生产资料和消费品出现了供求基本平衡或供大于求的格局，商品长期短缺的局面已根本改观，经济发展开始从总量不足转为供需平衡或供给有余。以此为节点，我国告别了长达近半个世纪的商品短缺时代，买方市场逐步确立。我国工业化进程也从此开始加快，经济发展逐步迈上新的台阶。

（五）2004—2007年的经济结构调整

随着上一轮经济结构调整的结束，我国经济稳定高速发展，现代化建设"三步走"战略的第二步提前实现，工业化建设开始进入中后期阶段。2002年11月，党的十六大确立了新型工业化战略，再加上体制环境、营商环境、外部环境的快速改善，经济进入上升周期，特别是我国加入世界贸易组织（WTO）后外部市场空间迅速拓展，在诸多因素的合力推动下，2003年以后我国经济增速大幅提升并开始过热。

此轮经济过热首先从重化工业领域开始，并出现固定资产投资增长过快、过猛的问题。由于全国在建项目过多、过滥，导致煤电油运全面紧张。2003年，全社会固定资产投资增长27.7%，其中，钢铁比2002年增长96.6%，电解铝增长92.9%，水泥增长121.9%。[①]由此导致的价格上涨、信贷规模过度扩张、耕地大量减少、环境承载力急剧下降、拆迁上访乃至干群矛盾激化等问题，如不及时调整解决，就有可能累积演化成巨大的社会矛盾，造成经济社会的大起大落。

针对经济过热带来的一系列问题，中共中央果断出手，采取有力措施，加快经济结构调整。一是加强农业特别是促进粮食生产，设置耕地红线。把促进粮食增产和农民增收作为首要任务，在制度、政策和投入等方面采取一系列重大举措，坚决扭转粮食生产下滑趋势。二是严把土地、信贷两个闸门，将土地等资源政策作为宏观调控手段。国务院出台一系列文

[①] 中共中央党史研究室：《中国共产党的九十年（改革开放和社会主义现代化建设新时期）》，中共党史出版社、党建读物出版社2016年版，第901页。

件，要求坚决遏制部分行业和地区盲目投资和低水平重复建设，查办一些大案要案。三是实施稳健的财政货币政策。国家多次调整金融机构存款准备金率、存贷款基准利率，调整出口退税、关税、加工贸易政策，充分发挥财税、金融在经济调整中的重要作用。

简言之，在此次调整中，中共中央、国务院抓住重点领域、关键环节，大力加强宏观调控和经济调整，使经济运行中的一些突出矛盾得到缓解，国民经济保持了快速增长态势，但国民经济中的一些深层次问题尚未得到根本解决。

（六）2014—2018 年的经济结构调整

此次调整，最初是针对"增长速度换挡期、结构调整阵痛期、前期刺激政策消化期"的"三期叠加"而进行的。随着我国工业化进入尾声，由于我国劳动力、土地、资源环境等成本上升，原有的比较优势开始逐步减弱，加之 2008 年国际金融危机后，世界正处于百年未有之大变局，外部环境充满不确定性及外需减退等因素的综合作用，我国经济出现增速放缓乃至下降的情况。

面对新情况、新问题，以习近平同志为核心的党中央深刻回答了中国经济发展怎么看、怎么干等一系列重大问题。中共中央先是作出经济发展进入新常态的重大判断，进而形成以新发展理念为指导、以供给侧结构性改革为主线的政策框架，并贯彻稳中求进工作总基调，加快建设现代化经济体系，加快构建以国内大循环为主体、国内国际双循环相互促进的新发展格局。

在"把握新阶段、贯彻新理念、构建新格局"大背景下，此轮调整的主要措施有：一是高度重视"三农"问题。确保国家粮食安全，始终把"三农"工作牢牢抓在手上。大力解决城乡发展不平衡不协调矛盾，实施乡村振兴战略，补齐"四化同步"中的农业短板。二是深化供给侧结构性改革。坚持去产能、去库存、去杠杆、降成本、补短板。把发展经济的着力点放在实体经济上，把提高供给体系质量作为主攻方向。促进产业优化重组，降低企业成本。三是坚持创新驱动发展战略。面对新一轮科技革命和产业变革，中共中央提前部署，把科技创新作为国家发展的战略支撑，加快建设创新型国家，抓紧实施国家重大科技专项，发挥创新对拉动发展的乘数效应，加快建设科技强国。四是实施区域协调发展战略。强化举措推进西部大开发形成新格局，深化改革加快东北等老工业基地振兴，发挥优势推动中部地区崛起，创新引领率先实现东部地区优化发展，并努力使之与"一带一路"建设、京津冀协同发展、长江经济带发展形成叠加效应。此外，还以完善产权制度和要素市场化配置为重点，加快完善社会主义市场经济体制。在拓展外部空间方面，以"一带一路"建设为重点，全面形成开放新格局。

二、经济结构调整的特点分析

这六次经济结构调整发生的历史时期不同,第一次发生在计划经济时期,第二次至第五次发生在改革开放和社会主义现代化建设新时期,第六次发生在中国特色社会主义新时代;调整的原因各异,有的主要是周期性的,有的主要是人为造成的;调整方式也不一样,有的是被动的紧急式调整,有的是主动的系统性调整。但从历史长时段来看,这六次经济结构调整呈现出如下特征。

(一)从计划手段逐渐向"两只手"转变

第一次经济结构调整通过行政命令手段削投资、砍项目、减人员。第二次和第三次调整分别是在改革开放启动之初和深入发展时期进行的。这两次调整之初,中共中央试图用经济手段来达到目的,但由于当时体制、环境等各方面条件还不具备,调整最终还是以"硬着陆"方式来完成。第四次和第五次调整发生在建立和完善社会主义市场经济体制时期,而且均处于我国经济上升期,是在国家总体实力和人民生活水平不断提升的过程中发生的。这两次调整均属于中央的主动调整,与前三次调整相较,多采用市场手段,并辅之以必要的行政手段,调整效果也比较好。第六次调整使市场在资源配置中起决定性作用,更好地发挥政府作用,强调要把市场"看不见的手"和政府"看得见的手"都运用好,是立足当下、着眼长远的主动调整,使经济结构不断优化。

(二)从应急的被动调整逐步转向防范化解风险的主动调整

按照传统社会主义计划经济理论,社会主义能够避免资本主义周期性危机。因此,很多人对社会主义计划经济可能产生的问题和矛盾认识不足。第一次经济结构调整就是在面对前所未有的严重经济困难条件下展开的,是不得不进行的被动调整。第三次调整的情况与第一次相类似。

相较而言,第二次经济结构调整和社会主义市场经济体制建立后的三次调整,都是从防范和化解潜在的重大风险点着眼和切入的。邓小平强调:"金融很重要,是现代经济的核心。"[①] 江泽民在社会主义市场经济体制构建之初也强调:"多年来改革和发展的经验告诉我们,任何时候都必须抓好两个大头,一是要加强农业基础地位,一是要搞好国有大中型企业。"[②] 中共中央在改革开放中逐步强化了防范和化解重大经济风险的认识。1996年,中央还专门开会研究防范经济发展风险的问题。特别是在第六次调整中,习近平总书记更是从总体国家安全观的高度来阐释和强调经济安全问题,想实招、谋长远,积极防范和化解经济领

---

① 《邓小平文选》第3卷,人民出版社1993年版,第366页。
② 《江泽民文选》第1卷,人民出版社2006年版,第441页。

域重大风险问题，努力跨越转方式关口，建设现代化经济体系，为构建新发展格局、实现高质量发展奠定扎实基础。

（三）从思想认识有分歧到行动"全国一盘棋"

由于对经济形势的看法不一致，不同地区、不同部门对待经济调整的态度也截然不同。在前三次经济结构调整中，行政、计划手段运用得多，各地区、各部门尽管有不同意见，也只能服从。就是在计划手段加行政命令的作用下，第一次和第二次调整还都是分两阶段进行的。原因就在于第一阶段完成后，经济调整中的问题并未全部解决，风险隐患仍然存在。在此情况下，中共中央又将经济调整时间分别延长几年，进行第二阶段的调整。这也说明，经济结构调整是非常不容易的。

社会主义市场经济体制建立后，情况发生了很大变化。针对经济过热的第四次调整开始后，各方认识同中央要求并不一致。东部地区认为改革开放的势头很好，机遇难得，理应加快发展，本地的经济并不热；中西部地区则感到自己发展已经滞后了，是"你热我不热"，本地区连温乎都算不上，根本谈不上热；还有一些意见认为，现在是市场经济了，中央不应该管这么多；等等。诸如此类的看法给中央的统一决策部署带来很大困难。第五次和第六次调整亦是如此，都经历了中央发现问题，反复开会统一思想、决策部署，再到具体落实这样一个比较艰难而复杂的过程。

三、历史启示

回顾新中国成立以来我国经济结构调整的历史，梳理不同时期经济结构调整的做法和特点，对新时代做好经济工作具有重要的启示。

（一）从国家经济发展战略需要进行经济结构调整

经济发展战略是国家对一个较长时期内经济发展所要达到的主要目标和实现这些目标的主要措施的设想。为实现既定战略，就要保持经济持续健康发展。一旦经济结构失衡，就要及时进行调整。改革开放前，我国实行重工业优先发展的赶超战略，工业发展速度远高于农业，重工业远高于轻工业。这种单兵突进式的发展模式所衍生出来的问题和矛盾，积累到一定程度必然会以某种极端的形式爆发出来。为了保证既定战略的继续实施，就必须对经济结构进行调整。这在第一次和第二次调整中表现得较为突出。

改革开放后，随着新型工业化战略的探索和逐步确立，我国产业结构逐步向合理化方向发展。虽然也有经济矛盾累积比较集中的时候，但这种矛盾大多是源于我国所处工业化发展阶段的客观实际，加之受政府、体制等方面因素的推动而形成的，这在第四次和第五次经济过热中表现得尤为明显。为发展新型工业化而进行的经济结构调整，调整手段大多为计划、财政和金融等经济手段，行政手段则用得比较少。

进入新时代，我国经济已由高速增长阶段转向高质量发展阶段。因此，经济结构调整是服从把握新发展阶段、贯彻新发展理念、构建新发展格局，建设现代化经济体系这一战略要求的。

（二）经济结构调整越来越深刻地受国际经济环境的影响

从世界环境看，我国前三次经济结构调整均发生在冷战时期。彼时，我国经济处在封闭、半封闭条件下，受国际环境的影响不大，经济调整主要是基于国内经济发展和自身需求进行的。

随着两极格局终结和全球化时代迅速来临，我国对外开放进程不断推进，与世界经济的联系日益密切。因此，我国经济结构调整一定要充分考虑国际因素。第五次和第六次经济结构调整就深受国际经济环境影响。第五次调整恰逢我国加入世界贸易组织后不久，外需市场急剧扩大，客观上刺激了投资的迅猛增长。

第六次经济调整远因在于2008年世界金融危机以后，我国面临的国际经济环境日趋严峻，外需市场严重萎缩，中美贸易摩擦升级，以美国为首的西方国家对我国开始进行全方位遏制；近因在于我国即将全面建成小康社会，居民消费结构升级，要求提供商品和服务的高质量供给。此种情况倒逼我国加速经济结构的战略性调整，以扩大内需为战略基点，坚持供给侧结构性改革，以畅通国内经济大循环为主构建新发展格局。

此外，面临新一轮科技革命和产业变革，能否抓住窗口期，及时作出自我调整，促使经济再上一个台阶，不仅事关我国能否成功跨越"中等收入陷阱"，而且还事关中华民族复兴伟业能否顺利如期实现。也正因为如此，我国在加速经济结构战略性调整的同时，努力参与全球治理，积极引导国际秩序变革方向，牢牢把握战略主动，从而为发展与改革创造一个良好的外部环境。

（三）经济结构调整要把市场经济优势和社会主义制度优势都发挥好

类似经济结构调整这样的重大战略举措，需要相对稳定的经济社会环境。在中国共产党的统一领导下，我国充分发挥社会主义制度优势，确保历次经济结构调整都能做到"全国一盘棋""一竿子插到底"，创造了世所罕见的经济快速发展和社会长期稳定两大奇迹。1992年党的十四大以来，历次经济结构调整都要求把市场经济与社会主义制度相结合的优势充分发挥好，突出表现为寻找政府与市场关系新的科学定位。30年来，中央一直在根据实践拓展和认识深化不断进行探索。第四次调整恰逢我国社会主义市场经济体制构建时期，经过实践，党的十五大提出"使市场在国家宏观调控下对资源配置起基础性作用"。第五次调整正值社会主义市场经济体制的完善时期，经过实践，党的十七大提出"从制度上更好发挥市场在资源配置中的基础性作用"。

第六次经济结构调整使党对政府和市场的关系有了更深刻的认识，党的十九大在实践基础上提出，使市场在资源配置中起决定性作用，更好发挥政府作用。简言之，在经济治理方面，要把市场和政府的优势都发挥好，既要"有效的市场"，也要"有为的政府"，在实践中努力破解这道经济学世界性难题的同时，加快形成一整套管用的制度体系，确保国家治理体系和治理能力现代化的目标早日实现。

（原载于《北京党史》2022 年第 6 期）

中国式现代化演进中破解不平衡不充分发展问题的路径

郑有贵

中国社会科学院当代中国研究所

党的二十大基于中国社会主要矛盾——人民日益增长的美好生活需要和不平衡不充分的发展之间的矛盾,就全面建设社会主义现代化国家、全面推进中华民族伟大复兴作出重大决策部署。破解不平衡不充分的发展问题,促进全面协调发展,是全面建设社会主义现代化国家的内在要求。在总结长期实践经验的基础上,党的十八届五中全会提出包括协调在内的五大新发展理念。这次全会通过的《中共中央关于制定国民经济和社会发展第十三个五年规划的建议》指出,协调是持续健康发展的内在要求,必须牢牢把握中国特色社会主义事业总体布局,正确处理发展中的重大关系,重点促进城乡区域协调发展,促进经济社会协调发展,促进新型工业化、信息化、城镇化、农业现代化同步发展,在增强国家硬实力的同时注重提升国家软实力,不断增强发展整体性。[1] 2022 年 7 月 26 日,习近平总书记在省部级主要领导干部"学习习近平总书记重要讲话精神,迎接党的二十大"专题研讨班上指出,要紧紧抓住解决不平衡不充分的发展问题,着力在补短板、强弱项、固底板、扬优势上下功夫。[2] 党的二十大报告指出,必须坚持系统观念,不断提高战略思维、历史思维、辩证思维、系统思维、创新思维、法治思维、底线思维能力,为前瞻性思考、全局性谋划、整体性推进党和国家各项事业提供科学思想方法。[3] 我国持续探索促进全面协调发展的实现路径,改革开放前,通过计划经济体制和实施国民经济社会发展计划保障全面协调发展。改革开放后,在推进市场改革进程中通过国家发展战略规划、国家宏观调控等促进全面协调发展。进入新时代后,中国共产党加强对经济工作的统一领导和战略谋划,不断完善党领导经济工作的体制机制,充分发挥市场在资源配置中的决定性作用,更好发挥政

---

[1] 中共中央文献研究室:《十八大以来重要文献选编》(中),中央文献出版社 2016 年版,第 792 页。
[2] 《高举中国特色社会主义伟大旗帜 奋力谱写全面建设社会主义现代化国家崭新篇章》,《人民日报》2022 年 7 月 28 日。
[3] 《高举中国特色社会主义伟大旗帜 为全面建设社会主义现代化国家而团结奋斗》,《人民日报》2022 年 10 月 17 日。

府作用,健全完善宏观经济治理体系,发挥国家发展规划的战略导向作用,创新宏观调控思路和方式。在新发展理念引领下,我国辩证地把全面性与重点性统一起来,既推进重点,又着力解决现代化进程中的发展不平衡不充分问题,形成了促进现代化全面协调发展的路径。

一、基于人的现代化促进经济社会协调发展

习近平强调,现代化的本质是人的现代化。[①] 没有人的现代化,就没有社会现代化。马克思主义认为,社会现代化要以人的现代化、人的全面发展为中心和目的,要为人的现代化提供条件和基础。物质富足、精神富有是社会主义现代化的根本要求。党的二十大报告中提出,中国式现代化是物质文明和精神文明相协调的现代化。[②] 在实现中华民族伟大复兴的新征程上,要把精神文明建设贯穿中国式现代化全过程,促进物的全面丰富和人的全面发展。中国共产党担当起中华民族伟大复兴的使命,以中国式现代化推进中华民族伟大复兴。中国共产党在百余年奋斗的历史进程中,尽管在不同发展阶段要解决的主要问题不同,但都从更好满足人民群众日益增长的美好生活需要出发,基于人的现代化促进经济社会协调发展,探索形成了实现路径。

(一)把人民当家作主作为促进人的全面发展和人的现代化的政治保障

人民受压迫、受剥削是不可能实现全面发展的。中国共产党为人民谋幸福,首先是从推翻压在人民头上的帝国主义、封建主义、官僚资本主义三座大山开始的。中国共产党建立的第一个红色政权组织,是1927年11月成立的湘赣边界的茶陵县工农兵政府,这就把政权组织的人民性显著地标注在政府的名称上。中国共产党领导人民取得新民主主义革命的胜利,实现了中华民族的独立,人民也实现了翻身解放。自中华人民共和国成立起,在政府名称上加了"人民"这个前置词。中华人民共和国选择人民民主专政的国体、人民代表大会制度的政体。在中国共产党领导下,我国实现了党的领导、人民当家作主、依法治国的有机统一。进入新时代以后,习近平提出发展全过程人民民主。党的二十大指出,全过程人民民主是社会主义民主政治的本质属性,是最广泛、最真实、最管用的民主。这次大会对"发展全过程人民民主,保障人民当家作主"作出部署,进一步创新和丰富了人民当家作主的实现路径,使现代化进程中人的全面发展和人的现代化有了更有力的政治保障。

[①] 中共中央文献研究室:《十八大以来重要文献选编》(上),中央文献出版社2014年版,第594页。
[②] 《高举中国特色社会主义伟大旗帜 为全面建设社会主义现代化国家而团结奋斗》,《人民日报》2022年10月17日。

（二）把统筹经济发展和民生改善作为促进人的全面发展和人的现代化的重要路径

"一要吃饭，二要建设"，这是以毛泽东同志为主要代表的中国共产党人在追赶世界发展进程中面临的命题。中华人民共和国的现代化建设是在一个民不聊生的历史基础上起步的。中国作为落后的发展中国家，要赶上世界工业化发展步伐，既要改善民生，又要集中力量推进工业化，如何解决好这两个问题确实存在难度。在这一历史进程中，中国共产党统筹全局与局部、长远与近期的发展关系，致力于在促进经济发展与民生改善上找到平衡点。中华人民共和国成立的头三年，中国共产党着力政权巩固、社会稳定、财经秩序整顿、国民经济恢复，让人民休养生息，民生得到改善。在国民经济快速恢复之后，中国共产党抓住苏联对我国进行技术援助的时机，启动了以156个重大工程项目为主的大规模经济建设，促进国家工业化。即便是为追赶世界工业化步伐快速积累资本，也要注重改善民生。1956年4月，毛泽东在《论十大关系》中提出，多发展一些农业、轻工业才会使重工业发展得多些和快些。[①] 毛泽东、周恩来十分强调实行"要重工业，又要人民"的方针。1956年11月，周恩来在党的八届二中全会上作关于1957年国民经济计划的报告时指出：苏联和其他一些社会主义国家都是优先发展重工业，这个原则是对的，但是在发展中忽视了人民的当前利益。直接与人民利益关系最大的是轻工业、农业，轻视这两者就会带来不好的后果，就会发生经济发展上的严重不平衡。毛泽东同志在这几个月常说，我们要重工业，又要人民。这样结合起来，优先发展重工业才有基础。[②] 在追赶世界工业化步伐的进程中，我国所选择的计划经济体制，能够将资源向工业化进行倾斜配置，但也存在政府投资饥渴问题，加之受"大跃进"和"文化大革命"的影响，"要重工业，又要人民"方针在实践中没有很好落实，工业实现了快速发展，在较短时期建立起独立的比较完整的工业体系，与之相比，民生改善则相对滞后。

基于中华人民共和国成立后29年建立起来的物质技术基础，党的十一届三中全会明确了在生产迅速发展的基础上显著地改善人民生活的政策取向。这次全会指出："城乡人民的生活必须在生产发展的基础上逐步改善，必须坚决反对对人民生活中的迫切问题漠不关心的官僚主义态度。同时，我国经济目前还很落后，生活改善的步子一时不可能很大，必须把有关的情况经常告诉人民，并在人民和青年中继续加强自力更生、艰苦奋斗的革命思想教育，各级领导同志必须以身作则。"[③] 改革开放以来，基于改革开放前奠定的物质技术基础，随

[①] 《毛泽东文集》（第7卷），人民出版社1999年版，第25页。
[②] 《周恩来选集》（下卷），人民出版社1984年版，第230页。
[③] 中共中央文献研究室：《改革开放三十年重要文献选编》（上），中央文献出版社2008年版，第17页。

着经济的快速发展，党和政府切实统筹经济发展和民生改善，创新性地明确了"小康""全面小康"的中国式现代化阶段目标，并将其明确到"三步走"发展战略，切实推进了人的全面发展。

（三）把统筹推进"五位一体"总体布局和协调推进"四个全面"战略布局作为促进人的全面发展和人的现代化、经济社会协调发展的战略保障

人民对美好生活的向往，不仅包括物质财富，还有对政治、文化、社会、生态的需要。新时代我国遵循现代化的本质是人的现代化的要求，以物质财富增长为基础，促进五大文明全面发展。统筹推进"五位一体"总体布局，促进了物的现代化和人的现代化协调推进，促进了现代化的全面演进。协调推进"四个全面"战略布局，把战略目标与战略举措协调起来，构成了社会发展的保障系统。统筹推进"五位一体"总体布局和协调推进"四个全面"战略布局，使经济社会发展更加协调，使人民的获得感、幸福感、安全感更加充实、更有保障、更可持续。

二、在产业体系现代化演进中促进产业协调发展

党的十九大提出建立现代经济体系的命题，党的二十大对建设现代化产业体系作出进一步部署。建设现代化经济体系，是以习近平同志为核心的党中央从党和国家事业全局出发，着眼于实现"两个一百年"奋斗目标作出的重大决策部署。建设现代化经济体系的重要内容之一是建设创新引领、协同发展的产业体系。我国坚持致力于产业协调发展，为建设创新引领、协同发展的现代产业体系提供了历史基础。顺应科技革命和产业革命的时代发展步伐，我国产业结构发生历史性演进，实现了由农业为主向工业为主的转变，由集中力量发展实体经济向实体经济与虚拟经济协同发展转变。这一结构性演进的实现，源于中国共产党统筹先导产业的发展引领、基础产业的夯实、产业门类的齐全发展，在构建独立的完整的工业体系和国民经济体系进程中夯实农业基础。随着虚拟经济规模的扩大，国家注重夯实实体经济根基，进而成为全球产业门类最全的国家，加之与人口大国及与之对应的消费大国等因素共同作用，使我国成为韧性强的经济体。

（一）在构建独立的完整的工业体系和国民经济体系进程中夯实农业基础

促进工农协调发展是工业化进程中的问题。工业快速增长和农业增长速度相对较慢的运行是工业化进程中的普遍现象。我国作为发展中国家的大国，在推进国家工业化战略进程中，致力于建立独立的完整的工业体系和国民经济体系。尽管在经济建设中以国家工业化为主攻课题，但在实践中不断深化对工农业协调发展的认识，在指导思想上始终坚持促进工农协调发展。马克思主义主张工农联盟和致力于缩小工农差别。自"一五"计划实施大规模经济建设起，我国在推进工业化过程中，注重促进工农协调发展。其显著标志是，随着实践

的发展,不断深化农业是国民经济的基础的认识,并以此为发展国民经济的指导思想。1956年,毛泽东在《论十大关系》中提出,要以苏联为鉴,处理好农轻重关系。基于对农业在国民经济中基础地位的深刻认识,1960年3月,毛泽东明确提出了"农业是基础,工业为主导"的方针。之后,党中央反复强调农业是国民经济的基础。1960年8月10日,经毛泽东批准、中共中央发出的《关于全党动手,大办农业,大办粮食的指示》强调:"农业是国民经济的基础,粮食是基础的基础。"党的八届十中全会进一步强调"农业是国民经济的基础"。

改革开放以来,随着经济的发展,党和政府进一步认识到,经济越发展,农业在国民经济中的基础地位越需要加强。邓小平指出:"工业越发展,越要把农业放在第一位。"[1] 江泽民指出:"在建立社会主义市场经济体制的过程中,要继续坚定不移地贯彻以农业为基础的方针,坚定不移地把农业放在经济工作的首位。越是加快改革开放,越要重视农业、保护农业、加强农业。"[2] 2003年1月8日,胡锦涛在中央农村工作会议的讲话中指出:农业是安天下的战略产业。无论经济发展到什么水平,无论农业在国民经济中的比重下降到什么程度,农业的基础地位都不会变。随着我国人口的增长和人民生活水平的提高,随着经济的不断发展,全社会对农产品的需求会不断增加,需求结构会发生新的变化,对农产品的质量和品种要求也会越来越高。如果农业的发展不能满足这些要求,整个经济的发展就会受到影响,甚至可能出大问题。[3]

我国在推进现代化建设的实践中,从产业演进规律出发,在构建独立的完整的工业体系和国民经济体系进程中夯实农业基础,采取一系列措施促进工农协调发展。

1. 运用多种政策工具,促进工农协调发展。其中,特别注重运用资金投入和土地使用政策,守住农业基本盘,将其作为应变局、开新局的"压舱石"。在资金投入方面,国家根据所处工业化发展阶段采取相应政策。综观一些工业化国家发展历程,工农、城乡发展有两个普遍趋向,即在工业化初始阶段农业支持工业、为工业提供积累是带有普遍性的趋向,在工业化达到相当程度以后工业反哺农业、城市支持农村也是带有普遍性的趋向[4]。中国共产党在推进工业化发展的实践中,从实际出发,在工业化初期实行农业养育工业政策,尽管如此,仍然对农业实行必要支持。毛泽东在《论十大关系》中辩证地指出,重工业是投资的重点,也要"注重农业、轻工业,使粮食和轻工业原料更多些,积累更多些,投到重工业

---

[1] 《邓小平文选》(第2卷),人民出版社1994年版,第29页。
[2] 江泽民:《论社会主义市场经济》,中央文献出版社2006年版,第144页。
[3] 中共中央文献研究室:《十六大以来重要文献选编》(上),中央文献出版社2005年版,第114页。
[4] 《胡锦涛文选》(第2卷),人民出版社2016年版,第247页。

方面的资金将来也会更多些"。① 进入工业化中期后，基于国家经济实力的增强，将农业养育工业政策调整为工业反哺农业政策，以国家强大经济实力支持农业发展。进入新时代，通过健全投入保障制度，创新投融资机制，拓宽资金筹集渠道，加快形成财政优先保障、金融重点倾斜、社会积极参与的多元投入格局，加大惠农资金投入力度，大幅度提升对农业的支持水平，为解决工业化进程中农业发展受弱质性困扰提供了有力支持。在土地使用方面，大力建设高标准农田，并实行耕地红线制度。工业化、城镇化进程中，土地、水等资源配置普遍向工业和城市倾斜。国家从人多地少的资源禀赋出发，在建设高标准农田的同时，确保耕地面积不突破红线。党的十七届三中全会提出，坚决守住 18 亿亩耕地红线；党的十八大以来，进一步强调，坚守 18 亿亩耕地红线，农民可以非农化，但耕地不能非农化②；实施藏粮于地战略，采取"长牙齿"的硬措施保护耕地。

2. 发挥工业化的先导作用提升农业综合生产能力。一是在工业化进程中，大力发展农用工业，用现代工业装备农业。工业革命以来，农业现代化是以工业化发展为前提和引领的。1957 年 1 月，毛泽东在省、自治区、直辖市党委书记会议上的讲话中指出："要说服工业部门面向农村，支援农业。要搞好工业化，就应当这样做。"③ 1959 年 6 至 7 月，毛泽东在庐山会议上强调工业和农业之间的综合平衡问题，指出："过去安排是重、轻、农，这个次序要反一下，现在是否提农、轻、重？要把农、轻、重的关系研究一下。……重工业我们是不会放松的，农业中也有生产资料。如果真正重视了优先发展生产资料，安排好了轻、农，也不一定要改为农、轻、重。重工业要为轻工业、农业服务。"④ 1975 年 8 月，邓小平在谈到发展工业问题时明确指出，要"确立以农业为基础、为农业服务的思想"。⑤ 1992 年 12 月，江泽民指出："从中央到地方，无论是主管农业和农村工作的部门，还是其他部门，都要在党的统一领导下协同一致，大力支援农业，真心实意为农民服务，想农民之所想，急农民之所急，坚决反对一切损农、伤农、坑农的行为。"⑥ 我国自实施国家工业化战略以来，统筹工农两大部门的发展，在发展基础工业的同时，大力发展农用工业、农业科技装备。在农业基础设施上大力组织水利和农田基本建设，以提升农业技术装备水平和综合生产能力。二是在推进技术进步方面，大力发展农业科技，以科技提升农业。早在农垦事业创建初期，毛泽东就指出：《共产党宣言》的十大纲领中，有一条就是建立农业产业军，所以要开垦荒

---

① 《毛泽东文集》（第 7 卷），人民出版社 1999 年版，第 25 页。
② 中共中央文献研究室：《十八大以来重要文献选编》（上），中央文献出版社 2014 年版，第 662 页。
③ 《毛泽东文集》（第 7 卷），人民出版社 1999 年版，第 200 页。
④ 《毛泽东文集》（第 8 卷），人民出版社 1999 年版，第 78 页。
⑤ 《邓小平文选》（第 2 卷），人民出版社 1994 年版，第 28 页。
⑥ 《江泽民文选》（第 1 卷），人民出版社 2006 年版，第 275 页。

地，建设一支采用现代化机械和科学技术的农业大军。① 1955年7月，毛泽东在《关于农业合作化问题》的报告中强调："中国只有在社会经济制度方面彻底地完成社会主义改造，又在技术方面，在一切能够使用机器操作的部门和地方，统统使用机器操作，才能使社会经济面貌全部改观。"② 毛泽东关于积极推进农业技术改造的思想，是20世纪80年代科教兴农战略形成的思想基础。20世纪50年代末，毛泽东用了很多精力对农业技术改造和机械化问题进行了探讨，提出了精辟的论断，如以土、肥、水、种、密、保、管、工的农业"八字宪法"，"农业的根本出路在于机械化"。在农业现代化建设实践中，毛泽东特别重视推进农业机械化问题。早在1937年，毛泽东在《矛盾论》中就指出："不同质的矛盾，只有用不同质的方法才能解决。……在社会主义社会中工人阶级和农民阶级的矛盾，用农业集体化和农业机械化的方法去解决。"③ 1958年11月10日，毛泽东在对《郑州会议关于人民公社若干问题的决议》的修改和信件中，将机械化列为农业工厂化的主要内容，指出："要使人民公社具有雄厚的生产资料，就必须实现公社工业化，农业工厂化（即机械化和电气化）。"④ 1962年党的八届十中全会确定："我们党在农业问题的根本路线是，第一步实现农业集体化，第二步是在农业集体化基础上实现农业机械化和电气化。"根据毛泽东的意见，1966年召开的第一次全国农业机械化会议，对到1980年基本实现机械化的任务进行了部署。此后，又于1971年8月、1978年1月，先后召开了第二次和第三次全国农业机械化会议，以加快农业机械化的进程。20世纪70年代，杂交稻研制成功，就是主动实施全国协同攻关的结果。新时代，我国实行藏粮于技，推动种业科技自立自强、种源自主可控，确保把中国人的饭碗牢牢端在自己手中。

3. 实施激励政策促进农业发展。中国共产党从为农民谋幸福出发，建立社会主义制度和实行改革开放，激发农民的主动性和创造性，解放和发展了生产力，促进了农业农村现代化的快速推进。

进入新时代，我国在促进工农城乡协调发展上采取了乡村振兴战略这一新战略。以习近平同志为核心的党中央站在全面建成小康社会、全面推进中华民族伟大复兴的高度，把解决好"三农"问题作为全党工作重中之重，坚持农业农村优先发展。党的十九大提出，实施乡村振兴战略，要求坚持农业农村优先发展，按照产业兴旺、生态宜居、乡风文明、治理有效、生活富裕的总要求，建立健全城乡融合发展体制机制和政策体系，加快推进农业农

---

① 农业部政策研究会：《毛泽东与中国农业——专家学者纪念毛泽东诞辰一百周年文集》，人民出版社、新华出版社1995年版，第222页。
② 《毛泽东文集》（第6卷），人民出版社1999年版，第438页。
③ 《毛泽东选集》（第1卷），人民出版社1991年版，第311页。
④ 《建国以来毛泽东文稿》（第7册），中央文献出版社1992年版，第515页。

村现代化。乡村振兴战略提出后,中国共产党明确了一系列举措促进乡村振兴战略扎实推进。一是中共中央、国务院发布《乡村振兴战略规划(2018—2022年)》,提出到2050年,乡村全面振兴,全面实现农业强、农村美、农民富的目标。二是在2017年年底中央农村工作会议上,习近平明确提出,走中国特色社会主义乡村振兴道路,并作出部署。三是党的十九届五中全会提出,实施乡村建设行动,实现巩固拓展脱贫攻坚成果同乡村振兴有效衔接,全面推进乡村振兴。四是制定了《中国共产党农村工作条例》《中华人民共和国乡村振兴促进法》,为全面推动乡村振兴提供了法律法规保障。五是针对工业化、城镇化进程中"三农"发展受弱质性困扰,农村是全面建设现代化的短板问题,明确举全党全社会之力推动乡村振兴。党的二十大提出了加快建设农业强国的目标任务。

党的十八大以来,我国农业农村现代化加快推进,乡村振兴全面推进,工业与农业关联度的提升,走出了产业链、价值链一体化联结的产业融合发展之路,农业农村发展空间进一步拓展,农业的基础地位进一步巩固,工农发展的协调性进一步增强。我国克服新冠肺炎疫情冲击和严重自然灾害影响,2021年全国粮食总产量达到1.37万亿斤,连续7年稳定在1.3万亿斤以上,谷物总产量稳居世界首位,14亿多人的粮食安全得到有效保障,为应变局、开新局发挥了"压舱石"作用。全国农村居民人均可支配收入稳定持续增长,2019年提前1年实现比2010年翻一番目标;2021年达到18931元,比2012年翻了一番多,年均实际增长7.3%,比同期全国居民人均可支配收入增长率6.6%高0.7个百分点;城乡居民可支配收入比值由2012年的2.88∶1缩小到2021年的2.5∶1。

(二)在发展虚拟经济时,发挥其服务作用、夯实实体经济根基

随着虚拟经济的发展,处理好实体经济与虚拟经济的关系成为新的课题。把发展经济的着力点放在实体经济上是建设现代化经济体系的要求。党的十九大报告提出,建设现代化经济体系,必须把发展经济的着力点放在实体经济上。党的十九届五中全会提出:"坚持把发展经济着力点放在实体经济上,坚定不移建设制造强国、质量强国、网络强国、数字中国,推进产业基础高级化、产业链现代化,提高经济质量效益和核心竞争力"[1]。党的二十大进一步指出,建设现代化产业体系,坚持把发展经济的着力点放在实体经济上,推进新型工业化,加快建设制造强国、质量强国、航天强国、交通强国、网络强国、数字中国[2]。以习近平同志为核心的党中央,在推动我国经济发展向形态更高级、分工更优化、结构更合理演进中,全面实施供给侧结构性改革,发挥虚拟经济服务作用,防止虚热实伤,注重夯实实

---

[1] 中共中央党史和文献研究院:《十九大以来重要文献选编》(中),中央文献出版社2021年版,第795页。

[2] 《高举中国特色社会主义伟大旗帜 为全面建设社会主义现代化国家而团结奋斗》,《人民日报》2022年10月17日。

体经济根基,促进实体经济和虚拟经济协同发展。

振兴实体经济,夯实实体经济根基,以服务实体经济为虚拟经济的最终目的,是基于历史基础、国情和构建发展优势的选择。实体经济是人类社会赖以生存和发展的根基,是经济发展的立身之本,是社会生产力的集中体现。2016年12月14日,习近平在中央经济工作会议上强调要"着力振兴实体经济"。振兴实体经济是供给侧结构性改革的主要任务,供给侧结构性改革要向振兴实体经济发力、聚力。不论经济发展到什么时候,实体经济都是我国经济发展、我们在国际经济竞争中赢得主动的根基。我国经济是靠实体经济发展起来的,也要靠实体经济走向未来。①

把政策基点放在夯实实体经济根基,着力解决实践中实体经济面临困境,坚决防止脱实向虚和虚热实伤现象的发生。2015年10月29日,习近平在党的十八届五中全会第二次全体会议上指出:"我们的政策基点要放在企业特别是实体经济企业上,高度重视实体经济健康发展,增强实体经济赢利能力。"② 2016年12月召开的中央经济工作会议上,习近平深刻指出:当前,我国经济运行面临的突出矛盾和问题,虽然有周期性、总量性因素,但根源是重大结构性失衡。概括起来,主要表现为"三大失衡"。一是实体经济结构性供需失衡。我国供给体系产能十分强大,但大多数只能满足中低端、低质量、低价格的需求,同投资和出口主导的需求结构是相匹配的。现在,消费结构加快升级,出口需求和投资需求相对下降,供给结构很不适应需求新变化。更深层的一个问题是,我国人口结构发生重大变化,老年人口比重上升,劳动年龄人口减少,中等收入群体扩大,但供给体系未能跟进,结果是一方面过剩,另一方面不足。二是金融和实体经济失衡。在实体经济结构性失衡、盈利能力下降的情况下,不能把结构性供需矛盾当作总需求不足,以增发货币来扩大需求,因为缺乏回报,增加的货币资金很多没有进入实体经济领域,而是在金融系统自我循环,大量游资寻求一夜暴富,再加上监督人员同"金融大鳄"内外勾结,股市异常波动就与此有关。在这样的背景下,金融业在经济中的比重快速上升,而工业特别是制造业比重下降。三是房地产和实体经济失衡。房地产本来属于实体经济,但用加杠杆的办法进行房地产投机就不同了。在实体经济结构性失衡的过程中,由于缺乏投资机会,加上土地、财税、金融政策不配套,城镇化有关政策和规划不到位,致使大量资金涌入房地产市场,投机需求旺盛,带动一线城市和热点二线城市房地产价格大幅上涨。房地产高收益进一步诱使资金脱实向虚,导致经济增长、财政收入、银行利润越来越依赖于"房地产繁荣",并推高实体经济成本,使回报率不高的实体经济雪上加霜。③ 这"三大失衡"有着内在因果关系,导致经济循环不畅。如果只是简

---

① 《习近平关于社会主义经济建设论述摘编》,中央文献出版社2017年版,第116页。
② 《习近平谈治国理政》(第2卷),外文出版社2017年版,第77页。
③ 《习近平关于社会主义经济建设论述摘编》,中央文献出版社2017年版,第113—114页。

单采取扩大需求的办法，不仅不能解决结构性失衡，反而会加剧产能过剩、抬高杠杆率和企业成本，加剧这种失衡。基于这个考虑，我们强调要从供给侧、结构性改革上想办法、定政策，通过去除没有需求的无效供给、创造适应新需求的有效供给，打通供求渠道，努力实现供求关系新的动态均衡。①

从夯实实体经济根基出发，以金融服务实体经济为原则，构建金融支持实体经济的体制机制。金融是实体经济的血脉。党的十九届五中全会提出，构建金融有效支持实体经济的体制机制，提升金融科技水平，增强金融普惠性。党的十八大以来，我国实行稳健的货币政策，加大对实体经济的支持力度。自2015年8月26日起，人民银行实施降息及"普降+定向"降准的"双降"组合措施，促进社会融资成本降低。2018年以来，人民银行共12次下调存款准备金率，释放长期资金10.3万亿元，支持金融机构加大对实体经济信贷支持力度，支持实体经济持续健康发展。2018—2021年，我国广义货币供应量（M2）平均增速为9%，与同期名义GDP 8.3%平均增速大致相当。人民银行发挥货币政策工具的总量和结构双重功能，引导金融机构加大对普惠小微、"三农"、绿色发展和制造业等重点领域和薄弱环节的支持力度。2022年1月底，普惠小微贷款余额为19.7万亿元，为2018年年初的2.4倍；普惠小微贷款支持小微经营主体4813万户，是2018年年底的2.3倍。普惠小微贷款增量在各项贷款增量中的占比由2018年的7.7%大幅提升至2021年的20.7%。2021年新发放的普惠小微企业贷款加权平均利率为4.93%，比2020年下降0.22个百分点，比2018年下降1.38个百分点。企业贷款利率从2019年7月的5.32%降至2022年1月的4.5%，累计降幅达0.82个百分点，为改革开放以来的最低水平，在很大程度上缓解了长期以来存在的小微企业融资难融资贵问题。②

三、基于实现全体人民共同富裕的本质要求，致力于促进城乡协调发展和区域协调发展

工业化、城镇化进程中的城乡二元结构和循环累积因果效应下，区域发展分化是促进全体人民共同富裕进程中必须破解的难题。中国共产党从实现全体人民共同富裕这一中国式现代化的本质要求出发，致力于促进城乡协调发展和区域协调发展。党的二十大针对"城乡区域发展和收入分配差距仍然较大"的问题，对促进城乡协调发展和区域协调发展作出部署，提出在"加快构建新发展格局，着力推动高质量发展"进程中，要"着力推进城乡融

---

① 《习近平关于社会主义经济建设论述摘编》，中央文献出版社2017年版，第114—115页。
② 《央行：稳健货币政策保持了人民币币值稳定，有力支持了实体经济》，中国经济网，http://bgimg.ce.cn/xwzx/gnsz/gdxw/202203/01/t20220301_37365782.shtml，2022年3月1日。

合和区域协调发展"。①

（一）在城镇化进程中致力于促进城乡协调发展

马克思主义主张消灭城乡差别和促进城乡协调发展。1949年3月5日，毛泽东在党的七届二中全会上指出："从现在起，开始了由城市到乡村并由城市领导乡村的时期。党的工作重心由乡村移到了城市。""城乡必须兼顾，必须使城市工作和乡村工作，使工人和农民，使工业和农业，紧密地联系起来。决不可以丢掉乡村，仅顾城市，如果这样想，那是完全错误的。"② 1952年11月，我国在即将启动大规模经济建设之际，鉴于中央、中央局、分局和省委的领导重心要放在城市工业建设上，为了不减弱党对农村工作的领导，中共中央决定在省委以上的党委领导下，建立农村工作部。这就从组织机构和工作布局上对城乡兼顾予以了保障。国家从保障工业化的低成本推进出发，选择把农业人口留在农村及相应的城乡二元户籍制度，到1978年的较长时期内城镇化处于徘徊状态，没有与工业化同步，城乡二元结构固化。

20世纪70年代末，中国共产党基于国际形势由冷战到和平发展的转变、国内已建立起独立的比较完整的工业体系和国民经济体系，在改革开放的实践中探索出中国特色农村城镇化道路，形成城乡协调发展的新路径。1984年6月30日，邓小平在会见第二次中日民间人士会议日方委员会代表团的谈话中指出："从中国的实际出发，我们首先解决农村问题。中国有百分之八十的人口住在农村，中国稳定不稳定首先要看这百分之八十稳定不稳定。城市搞得再漂亮，没有农村这一稳定的基础是不行的。"③ 在改革政策下，乡镇企业异军突起，农村工业化快速发展，农村城镇化随之迅速发展，农民进城就业创业，步入农业现代化、农村工业化、农村城镇化并进发展格局，促进了农村经济社会的快速发展。

进入21世纪，在全面建设小康社会进程中，由于我国已进入工业化中期阶段，国家注重解决全面建设小康社会中城乡差距的问题。2001年，江泽民提出逐步解决我国二元经济社会结构问题。④ 自党的十六大起，国家实施统筹城乡发展方略，逐步推进城乡一体化发展改革，明确"以工促农、以城带乡"⑤，推进社会主义新农村建设。尽管改革开放以来我国农村面貌发生了翻天覆地的变化，但城乡二元结构没有根本改变，城乡发展差距拉大趋势没有根本扭转。

---

① 《高举中国特色社会主义伟大旗帜 为全面建设社会主义现代化国家而团结奋斗》，《人民日报》2022年10月17日。
② 《毛泽东选集》（第4卷），人民出版社1999年版，第1427页。
③ 《邓小平文选》（第3卷），人民出版社1993年版，第65页。
④ 《江泽民文选》（第3卷），人民出版社2006年版，第407页。
⑤ 《胡锦涛文选》（第2卷），人民出版社2016年版，第248页。

党的十八大以来，以习近平同志为核心的党中央站在全面建成小康社会、实现中华民族伟大复兴的战略高度，把解决好"三农"问题作为全党工作重中之重，着力补齐全面小康社会"三农"和贫困地区贫困人口短板。2013年10月，党的十八届三中全会作出重大判断：城乡发展不平衡不协调，是我国经济社会发展存在的突出矛盾，是全面建成小康社会、加快推进社会主义现代化必须解决的重大问题。① 党的十九大提出实施乡村振兴战略，要求坚持农业农村优先发展，按照产业兴旺、生态宜居、乡风文明、治理有效、生活富裕的总要求，建立健全城乡融合发展体制机制和政策体系，加快推进农业农村现代化。2020年12月，习近平在中央农村工作会议上指出，从中华民族伟大复兴战略全局看，民族要复兴，乡村必振兴。从世界百年未有之大变局看，稳住农业基本盘、守好"三农"基础是应变局、开新局的"压舱石"。习近平强调，全党务必充分认识新发展阶段做好"三农"工作的重要性和紧迫性，坚持把解决好"三农"问题作为全党工作重中之重，举全党全社会之力推动乡村振兴，促进农业高质高效、乡村宜居宜业、农民富裕富足。②

随着乡村振兴战略的实施，城乡融合发展之路的探索形成，城镇基础设施向农村延伸，城镇公共服务向农村覆盖，城镇现代文明向农村辐射，人才下乡、资金下乡、技术下乡，我国探索出了城乡协调发展之路。2012—2021年，城镇化率由53.1%上升到了64.7%，朝着城乡共同繁荣方向迈进。

（二）应对循环累积因果效应促进区域协调发展

我国幅员辽阔，人口众多，各地区自然资源禀赋差异明显，区域发展不平衡是长期存在的问题，统筹区域发展是一个重大问题。中国共产党从实现全体人民共同富裕这一中国式现代化的本质要求出发，全国一盘棋，着力均衡布局区域生产力，建立健全区域合作机制，持续探索促进区域协调发展的实现方式。

我国自"一五"计划启动大规模经济建设起，就明确了生产力区域均衡布局的思路。毛泽东在《论十大关系》中，把处理好沿海工业与内地工业的关系作为要处理好的十大关系之一。我国自实施"一五"计划起到改革开放前，在实施国家工业化战略进程中，所实施的156项重大工程和三线建设两个大规模工业建设计划，是在国际上的冷战环境和国内的计划经济体制下进行的。鉴于此，当时从生产力区域均衡布局和国防安全等方面统筹考虑，向中西部地区布局工业生产力。这一生产力区域布局的实施，缓解了循环累积因果效应，为区域协调发展奠定了基础。

改革开放初期，针对计划经济体制下低水平区域均衡中的低效问题，从提高经济效益出

---

① 中共中央文献研究室：《十八大以来重要文献选编》（上），中央文献出版社2014年版，第503页。
② 《习近平谈治国理政》（第4卷），外文出版社2022年版，第195页。

发,以邓小平同志为代表的中国共产党人提出和实施"两个大局"的战略思想。区域协调发展是一个动态的实现过程。1978年12月13日,邓小平在中共中央工作会议闭幕会上发表题为《解放思想,实事求是,团结一致向前看》的讲话中指出,在经济政策上,要允许一部分地区、一部分企业、一部分工人农民,由于辛勤努力成绩大而收入先多一些,生活先好起来。一部分人生活先好起来,就必然产生极大的示范力量,影响左邻右舍,带动其他地区、其他单位的人们向他们学习。这样,就会使整个国民经济不断地波浪式地向前发展,使全国各族人民都能比较快地富裕起来。① 1986年3月28日,邓小平会见外宾时指出:"我们的政策是让一部分人、一部分地区先富起来,以带动和帮助落后的地区,先进地区帮助落后地区是一个义务。"② 这一区域发展思想的形成改变了各区域同步富裕的政策思路。基于这一新的区域发展思路,国家从战略上把全国划分为东部、中部、西部三个经济地带,并基于不同地带的资源条件、经济基础等安排投资项目。其中,对东部沿海地区实施吸引外资、更多放活政策和给予财税优惠等先富政策,以促进东部地区发展和发挥东部地区对外开放的地缘优势。到1988年9月,在改革开放初期积累实践经验后,邓小平进一步提出"两个大局"的战略思想,即沿海地区要加快对外开放,使这个拥有两亿人口的广大地区较快地先发展起来,从而带动内地更好地发展,这是一个事关大局的问题。内地要顾全这个大局。反过来,发展到一定的时候,又要求沿海拿出更多力量来帮助内地发展,这也是个大局。③ 在实施东部地区先富政策和市场经济中的马太效应下,东中西部地区发展差距扩大。1980—1991年,相当于东部地区人均社会总产值的比例,中部地区由68%下降到45.4%,西部地区由52.7%下降到23.9%。④

自20世纪90年代起,国家针对东中西部地区发展差距扩大的问题,开始推动区域协调发展和缩小地区发展差距。1995年9月,党的十四届五中全会通过的《中共中央关于制定国民经济和社会发展"九五"计划和2010年远景目标的建议》明确提出,把"坚持区域经济协调发展,逐步缩小地区发展差距"作为今后15年我国经济和社会发展必须贯彻的9条重要方针之一。《建议》指出,改革开放以来,鼓励一部分地区发展得快一些,先富起来,提倡先富带动和帮助后富,各地经济都有很大发展,人民生活水平都有很大提高。但是,由于多种因素影响,地区经济发展差距有所扩大。从战略上看,沿海地区先发展起来并继续发挥优势,这是一个大局,内地要顾全这个大局。发展到一定时候沿海多做一些贡献支持内地发展,这也是大局,沿海也要服从这个大局。从"九五"开始,要更加重视支持内地的发

---

① 《邓小平文选》(第2卷),人民出版社1994年版,第152页。
② 《邓小平文选》(第3卷),人民出版社1993年版,第155页。
③ 《邓小平文选》(第3卷),人民出版社1993年版,第277—278页。
④ 刘再兴:《中国生产力总体布局研究》,中国物价出版社1995年版,第55页。

展，实施有利于缓解差距扩大趋势的政策，并逐步加大工作力度，积极朝着缩小差距的方向努力。逐步缩小地区发展差距和解决好社会分配不公，最终实现共同富裕，是保持社会稳定的重要条件，是体现社会主义本质的重要方面。《建议》还提出，引导地区经济协调发展，形成若干各具特色的区域经济，促进全国经济布局合理化。按照统筹规划、因地制宜、发挥优势、分工合作、协调发展的原则，正确处理全国经济总体发展与地区经济发展的关系，正确处理建立跨省（区、市）的具有特色的区域经济与发挥各省（区、市）积极性的关系，正确处理地区与地区之间的关系。1997年9月，党的十五大报告强调要从多方面努力，逐步缩小地区发展差距。

在世纪之交，国家启动西部大开发战略，也开启了以区域发展战略促进区域协调发展进程。1999年6月9日，江泽民在中央扶贫开发工作会议上宣布："现在，加快中西部地区发展步伐的条件已经具备，时机已经成熟。……在继续加快东部沿海地区发展的同时，必须不失时机地加快中西部地区的发展。从现在起，这要作为党和国家一项重大的战略任务，摆到更加突出的位置。"① 8天后，江泽民在西安主持召开西北地区国有企业改革和发展座谈会时进一步提出，不失时机地实施西部大开发战略。② 同年9月，党的十五届四中全会明确实施西部大开发战略，并提出要通过优先安排基础设施建设、增加财政转移支付等措施，支持中西部地区和少数民族地区加快发展。2000年12月，国务院印发《关于实施西部大开发若干政策措施的通知》。《通知》指出，实施西部大开发战略，加快中西部地区发展，是我国现代化战略的重要组成部分，是党中央高瞻远瞩、总揽全局、面向新世纪作出的重大决策，具有十分重大的经济和政治意义。《通知》明确了国家重点支持西部地区的政策措施。

按照统筹区域发展的要求实施区域发展总体战略。党的十六大提出，积极推进西部大开发，促进区域经济协调发展。实施西部大开发战略，关系全国发展的大局，关系民族团结和边疆稳定。要打好基础，扎实推进，重点抓好基础设施和生态环境建设，争取十年内取得突破性进展。积极发展有特色的优势产业，推进重点地带开发。发展科技教育，培养和用好各类人才。国家要在投资项目、税收政策和财政转移支付等方面加大对西部地区的支持，逐步建立长期稳定的西部开发资金渠道。着力改善投资环境，引导外资和国内资本参与西部开发。西部地区要进一步解放思想，增强自我发展能力，在改革开放中走出一条加快发展的新路。中部地区要加大结构调整力度，改造传统产业，培育新的经济增长点，加快工业化和城镇化进程。东部地区要加快产业结构升级，发展现代农业，发展高新技术产业和高附加值加工制造业，进一步发展外向型经济。鼓励经济特区和上海浦东新区在制度创新和扩大开放等

---

① 中共中央文献研究室：《十五大以来重要文献选编》（中），中央文献出版社2001年版，第855页。
② 《江泽民文选》（第2卷），人民出版社2006年版，第340页。

方面走在前列。支持东北地区等老工业基地加快调整和改造，支持以资源开采为主的城市和地区发展接续产业，支持革命老区和少数民族地区加快发展，国家要加大对粮食主产区的扶持。加强东、中、西部经济交流和合作，实现优势互补和共同发展，形成若干各具特色的经济区和经济带。2003年10月，党的十六届三中全会作出《中共中央关于完善社会主义市场经济体制若干问题的决定》，明确了包括统筹区域发展在内的"五个统筹"的要求；将区域经济协调发展机制纳入完善社会主义市场经济体制的目标和任务之一；在转变政府经济管理职能方面，明确加强对区域发展的协调和指导，积极推进西部大开发，有效发挥中部地区综合优势，支持中西部地区加快改革发展，振兴东北地区等老工业基地，鼓励东部有条件地区率先基本实现现代化。2005年10月，党的十六届五中全会通过的《中共中央关于制定国民经济和社会发展第十一个五年规划的建议》提出了全面系统的区域发展总体战略：实施西部大开发、东北地区等老工业基地振兴、中部地区崛起、东部地区率先发展。2007年10月，党的十七大报告明确提出，要继续实施区域发展总体战略。尽管国家采取措施促进区域协调发展，但受市场机制下循环积累因果效应影响，我国经济总量和生产力布局仍不断向东部地区集中。

新时代，我国以新发展理念引领区域协调发展，更好地促进发达地区和欠发达地区、东中西部和东北地区共同发展。习近平强调指出："不平衡是普遍的，要在发展中促进相对平衡。这是区域协调发展的辩证法。"① 党的二十大对促进区域协调发展作出新的部署。这次大会提出：促进区域协调发展，深入实施区域协调发展战略、区域重大战略、主体功能区战略、新型城镇化战略，优化重大生产力布局，构建优势互补、高质量发展的区域经济布局和国土空间体系。②

党的十八大以来，我国着力建立更加有效的区域协调发展新机制，制定并扎实推进区域重大战略、区域协调发展战略、主体功能区战略等一系列具有全局性意义的区域重大战略，推动区域协调发展向更高水平和更高质量迈进，我国区域协调发展成效明显。2021年，东部、中部、西部、东北地区生产总值稳步增长；中部地区、长江经济带、长江三角洲的地区生产总值分别比上年增长8.7%、8.7%、8.4%，都高于全国国内生产总值增长8.1%的水平；粤港澳大湾区建设、黄河流域生态保护和高质量发展等区域重大战略深入实施。中西部地区居民收入增长快于全国水平。2021年，中部地区居民人均可支配收入比上年名义增长9.2%，西部地区居民人均可支配收入名义增长9.4%，分别比全国高出0.1和0.3个百分点。党的十八大以来的10年，我国区域发展发生历史性变化、取得历史性成就，发展的平

---

① 《习近平谈治国理政》（第3卷），外文出版社2020年版，第271页。
② 《高举中国特色社会主义伟大旗帜 为全面建设社会主义现代化国家而团结奋斗》，《人民日报》2022年10月17日。

衡性、协调性和优势互补性持续增强。一是培育形成了带动全国高质量发展的动力源。京津冀地区紧紧抓住北京非首都功能疏解这个"牛鼻子"推动区域协同发展，雄安新区高标准高质量推进建设。粤港澳大湾区深化合作迈出新步伐，2021年粤港澳大湾区内地9市地区生产总值超过10万亿元。长三角创新发展活力持续增强，长三角生态绿色一体化发展示范区、上海自由贸易试验区新片区建设再结硕果。二是逐步走上了生态优先、绿色发展的区域发展道路。长江经济带生态环境保护修复稳步推进，长江"十年禁渔"全面实施，我国第一部流域法《长江保护法》颁布实施。黄河流域防洪体系不断完善，实现了黄河干流连续20多年不断流。三是推动构建了优势互补高质量发展的区域经济布局。中心城市和城市群等经济发展优势区域的承载能力增强，农产品主产区、重点生态功能区、能源资源富集地区和边境地区的保障能力进一步提升，特殊类型地区振兴发展迈出新的步伐。[①]

综上所述，我国在促进现代化全面协调发展的进程中，从人的现代化发展出发促进经济社会协调发展，在产业体系现代化演进中促进产业协调发展，在构建独立的完整的工业体系和国民经济体系进程中夯实农业基础，在发展经济中发挥虚拟经济服务作用夯实实体经济根基，在城镇化进程中促进城乡协调发展，在循环累积因果效应固化区域发展不平衡下促进区域协调发展。动态地破解中国式现代化演进中的不平衡不充分问题，促进我国经济社会协调发展，在全面协调发展中拓宽发展空间，在加强薄弱领域中增强发展后劲，是我国成为韧性强的经济体、经济长期快速发展和社会长期稳定相互促进的重要因素，是我国应对国际环境复杂变化和不确定性因素增多的支点和优势。

（原载于《中南财经政法大学学报》2022年第6期）

[①] 陆娅楠：《党的十八大以来，我国经济社会发展和生态文明建设取得了具有里程碑意义的重大成就——经济发展大提高生态环境大改善（中国这十年·系列主题新闻发布）》，《人民日报》2022年5月13日。

新中国保障产业链供应链安全的探索

李天健　赵学军

中国社会科学院经济研究所中国现代经济史研究中心

一、引言

党的十九届六中全会通过的《中共中央关于党的百年奋斗重大成就和历史经验的决议》中指出，党的十八大以来，"党加强对经济工作的战略谋划和统一领导，完善党领导经济工作体制机制"，其中就包括"保障粮食安全、能源资源安全、产业链供应链安全"。[①] 回溯新中国成立之初所奠定的大国基础结构，决定了中国能够以现代主权国家的政治框架发动工业化，并在经济发展中保持独立自主（路风，2022），产业链供应链安全正是保证这个大国基础结构稳定的重要支撑。时至今日，世界正在经历百年未有之大变局，保障产业链供应链安全既是国家长远发展的战略要求，也是构建新发展格局的微观基础，更是支撑高质量发展的必要条件，尤其是新冠肺炎疫情的全球大流行和日益复杂的国际形势，更凸显了产业链供应链安全稳定对于经济安全，乃至国家安全的极端重要性。对此，习近平总书记指出，"产业链、供应链在关键时刻不能掉链子，这是大国经济必须具备的重要特征。"[②] 安全是发展的前提，发展是安全的保障，而"产业链供应链安全"则是发展和安全之间的桥梁，一手连着发展，体现工业化和科技的最新成就，一手连着安全，确保国家安全和社会稳定。

中国共产党领导下的中国式现代化肇始于工业化（刘守英，2021），实现了自鸦片战争以来中华民族对于工业现代化的追求。如果从工业化角度看，只有国民经济的主要部门，特别是在所有物质生产部门都能够被本国制造的以机械动力为代表的物质技术装备起来的条件下，才能被称为工业化（裴长洪，2022）。这表明产业链供应链安全源自工业化的本质要求。纵观新中国70余年的发展历程，中国共产党领导的工业化建设取得了辉煌成就，建立

[①] 参见《中共中央关于党的百年奋斗重大成就和历史经验的决议》，中国政府网，http://www.gov.cn/zhengce/2021-11/16/content_5651269.htm，2021年11月16日。

[②] 参见习近平《国家中长期经济社会发展战略若干重大问题》，《求是》2020年第21期。

了世界上最完整的现代工业体系，仅用几十年时间就走完了发达国家几百年走过的工业化历程。[①] 截至2021年底，我国制造业总量连续12年位列全球首位，已经拥有制造业的31个大类、207个中类和666个小类，这在全世界也是独一无二的。完整的现代化工业体系不仅确保了我国经济运行的巨大韧性，甚至在外界不可控因素冲击下仍能够有效维护产业链供应链的稳定。可以说，在中国共产党领导的工业化建设中隐含着保障产业链供应链安全的线索，两者在目标和过程上高度统一。

截至目前，学界不乏关于产业链供应链的优秀研究，但对于新中国保障产业链供应链安全的探索历程却没有进行充分讨论，也没有对我国为何能够在开放环境下的经济高速增长中不断提升产业链供应链安全水平，提供一个严肃、科学的解释，而这些正是本文希望做的。此外，回顾新中国70余年保障产业链供应链安全的历程，可以让我们从硬币的另一面再次审视新中国工业化的全貌，从而更加全面地把握中国共产党领导中国工业化建设的伟大成就和宝贵经验，更深刻地理解坚持中国共产党领导是中国特色社会主义最本质的特征。

二、产业链供应链安全的内涵和维度

相比于工业化，产业链供应链有着不同内涵和表现，但深入梳理相关文献，不难发现学术界尚未就产业链供应链的内涵达成共识，对其概念边界、逻辑起点的认识仍然较为模糊，甚至对产业链分析视角究竟属于宏观层面（宋华、杨雨冬，2022）还是中观层面（吴金明、邵昶，2006）尚有争论，产业链供应链安全内涵的准确界定更是无从谈起。

（一）产业链供应链安全的内涵

要科学界定产业链供应链安全，首先需要准确把握产业链供应链的相关概念及其内容边界。产业链是一个经济学概念，国内学界最早提出"产业链"一词可以追溯到20世纪80年代，随后在21世纪的前10年出现了一波研究产业链的高潮。而对于供应链的研究，同样肇始于20世纪80年代，且管理学中对于供应链已经有了比较明确的定义（门策等，2001），但如果将产业链供应链放在一起，此时对于产业链认识上的分歧也就影响了对于供应链的认识（中国社会科学院工业经济研究所课题组，2021）。截至目前，学界在言及产业链和供应链的定义时，较多出现"上下游""分工""关联""协同""网络"，以及"生产关系"等词汇（宋华、卢强，2017；霍佳震等，2007；郁义鸿，2005；龚勤林，2004；比蒙，1998；兰伯特等，1998），这在一定程度上也反映出了产业链供应链的本质特征。具体而言，产业链供应链涵盖了全产业体系下从原材料供给到最终产品消费全流程中的各类价值

[①] 参见《中共中央关于党的百年奋斗重大成就和历史经验的决议》，中国政府网，http://www.gov.cn/zhengce/2021-11/16/content_5651269.htm，2021年11月16日。

创造活动及相关主体，是一种基于产业供需网络的生态系统（宋华、杨雨冬，2022），并且在产业链供应链系统中实现了价值创造、流程协同、时空布局的高度统一。可以看出，产业链供应链不同于传统意义上的基于产业间或产业内分工所形成的协作网络，而是强调以价值创造为中心，基于产业分工形成的连贯生产、流通、配送、消费等环节的价值网络体系（黄群慧、倪红福，2020；黄群慧，2020），这就将产业链供应链与价值链天然融合在了一起。

如果我们对产业链供应链这一网络系统进行分解，就可以发现，其由主体和结构两类要素构成（中国社会科学院工业经济研究所课题组，2021）。其中，主体要素指产业链供应链中的"节点"，不仅局限于存在直接交易逻辑关系的供需两端，也包含全流程中提供服务支持的其他利益相关方，既可以是作为市场主体的企业，又可以指一个国家或地区；结构要素则是产业链供应链中各主体之间的关系，既包括上下游产业间基于投入产出关系形成的纵向合作关联（郁义鸿，2005），产业环节或产业体系间具有互补关系的横向交互关联（高伟凯等，2010），又包括反映现实中产业链供应链参与主体空间属性的空间布局关联。由此，产业链供应链安全的内涵也就应该是既实现"主体"的安全，又实现"结构"的安全。

那么，应该如何理解产业链供应链安全中的"安全"二字呢？跃出经济视域而放眼新中国发展的历史全局，我们不能孤立地去看待此处的"安全"，而应将"统筹发展和安全"作为整体去理解，即"安全"与"发展"是你中有我、我中有你的高度统一，"发展"是实现更高水平"安全"的保障，"安全"也是更进一步"发展"的前提。正如习近平总书记在言及国家中长期经济社会发展战略若干重大问题时所指出的，要"优化和稳定产业链、供应链"①，其中的"优化"和"稳定"正是对产业链供应链安全中的"安全"的最准确概括。具体而言，"优化"体现在通过技术进步，提升关键产品产量，不断延链、补链，以此保持产业链供应链生态系统的竞争力；而"稳定"则是强调对于产业链供应链的控制力和影响力，以此确保产业链供应链的循环畅通，尤其是在极端情况下依然能够维持整个经济系统正常运转。因此，"安全"不仅是一种状态，还是一个经济发展动态升级的过程。

（二）产业链供应链安全的维度

从对产业链供应链安全内涵的科学界定出发，我们可以进一步剖析其所包含的维度，以此作为基本逻辑线索对新中国保障产业链供应链安全的探索历程进行回顾、梳理。从历史的纵向来看，我们在解构产业链供应链安全时，需动态把握不同历史阶段的"特殊性"，不仅

---

① 参见习近平《国家中长期经济社会发展战略若干重大问题》，《求是》2020年第21期。

使得"安全"的维度可以对应于我国所面临的内外部环境和现实需求，也期望由此上升到更为一般的规律；而从横向来看，保障产业链供应链安全始终是新中国国家建设的重要组成部分，其意义早已超出了经济范畴，与国防安全、国家安全密切相关。相应地，在近几年的中央政策文件中，与产业链供应链安全相关的表述也经历了从"保产业链供应链稳定"，到"提高产业链供应链稳定性和竞争力"，再到"增强产业链供应链自主可控能力"的不断递进。

主体要素的"安全"表现在技术水平、生产能力以及资源利用之中，应包含如下维度：（1）核心技术自主可控。各国发展经验已经表明，核心技术持续进步是长期经济增长的关键，依靠创新驱动的内涵型经济增长更是成为当前大国经济的"标配"，如何降低技术对外依存度、化解关键环节"卡脖子"风险，不仅是我国建设制造业强国必须啃下的"硬骨头"，也是增强产业链供应链自主可控能力的基础。（2）基础产品自给自足。基础产品产量、质量既是一个国家或地区制造业实力的体现，也影响下游产业运转、乃至整个国民经济循环。如果事关国民经济全局的基础产品无法做到自给自足，产业链供应链势必也将受制于人。（3）资源可持续利用。一方面，国家对于经济发展所需的多种矿石、能源等自然资源的掌控能力得到加强，将大大降低经济系统运转出现中断的风险；另一方面，新时代的产业链供应链安全必须具备绿色发展内涵，实现连贯多种价值创造活动的全流程绿色化，从而提升经济系统的可持续循环。

结构要素的"安全"则要体现出纵向、横向以及空间关联的"优化"和"稳定"，应包含如下维度：（1）不断延伸、补充产业链条。根据发展需求不断延链、补链，就必然要求在产业薄弱环节有所突破，并对产业基础进行加强和提升，这不仅是产业链供应链补短板的过程，更是在"优化"中保障"安全"的集中体现。（2）深度融入全球价值链。凭借比较优势深度参与全球产业分工能够增加全球产业链供应链体系对于本国或地区的依赖性，如果在此基础上通过自身产业升级嵌入全球价值链更高位置，将有助于实现更高水平的产业链供应链安全。（3）完善产业空间布局。具有经济学意义的产业空间布局不仅是不同主体间追求更高协作效率的结果，也与供应链的稳定运行息息相关，同时调整产业空间布局也不失为一种对外界潜在风险的直接、有效的回应。

三、保障产业链供应链安全的探索历程及成就

在中国共产党领导下，经过70余年的艰苦奋斗和砥砺前行，2020年我国已经基本实现工业化（黄群慧，2021a），产业链供应链安全水平有了质的飞跃。根据时代需求和内外环境的转变，新中国对保障产业链供应链安全的探索可以划分为三个阶段，不同时期在路径上具有各自鲜明的特征，但都取得了令人瞩目的历史成就。

（一）1949—1978 年在重工业优先和向内陆布局中构建独立自主的完整工业体系

"一五"计划时期以苏联等国援建的 156 项工程为核心、以 921 个限额以上大中型项目为重点的工业建设，开启了新中国对于保障产业链供应链安全的探索。156 项工程不仅是新中国工业的奠基石，使我国有了行业比较齐全的现代工业门类（董志凯、吴江，2004），也是人类发展史上一次空前规模的跨国技术转移，使我国工业技术水平迅速提升至工业发达国家在 20 世纪 40 年代的平均水平（陈夕，1999）。如果以产业链供应链安全视角重新看"一五"计划时期的工业建设，可以发现：在产业链供应链的"优化"方面，"一五"计划时期的工业建设重点偏向重工业和国防工业①，形成了上中下游分工明确的纵向和横向关联，并产生了重型机械、汽车、飞机、兵器、精密仪器等几条以前没有的产业链（王延中，2004），而对于先进技术的态度也不仅是停留在"引进"，而是要求必须"消化吸收"，同时派遣大量青年技术人员赴苏联高校、科研院所和设计机构等部门接受培养锻炼（张柏春等，2004）；在产业链供应链"稳定"方面，项目布局和投资额向内陆地区倾斜，且符合产业链供应链中的空间关联，即充分考虑产业内上下游分工和产业间互动协作对空间距离的要求从而进行集群式布局，如在钢铁、机械等项目周边配套电力、煤炭等能源项目，形成了若干重要的工业基地（赵学军，2021），同时国有经济规模和实力得到迅速壮大，其中不乏大庆油田、鞍钢、一汽等"国之栋梁"，这与当时的重工业优先发展战略、特殊国情下实施的追赶和跨越式发展战略具有天然的耦合性（李政，2020）。

通过"一五""二五"计划时期的一系列工业和基础设施建设，新中国产业链供应链安全有了极大提升，但是进入 20 世纪 60 年代，我国发展的外部环境再次急剧恶化。基于此，毛泽东同志在 1964 年听取"三五"计划汇报时就指出："新的工业大部分应当摆在内地，使工业布局逐步平衡，并且利于备战，这是毫无疑义的。"② 由此便开始了轰轰烈烈的三线建设，形式上是把已有工业搬迁至三线地区或在三线地区建设新工业，事实上可以看作是将事关国家安全的重工业、国防工业在空间上重新布局，增加中西部三线地区的工业比重，以此保证国家基本经济运行不至于因为出现战争而"休克"。向三线地区布局生产力，是一种审时度势的选择，不能简单地以经济账来衡量，邓小平同志就认为"一二三线建设，是战略问题。"③

---

① 在 156 项工程实际实施建设的 150 个重点项目中，除佳木斯造纸厂 1 个轻工业项目，其余皆为重工业项目。
② 参见毛泽东《毛泽东文集》（第 7 卷），人民出版社 1999 年版，第 26 页。
③ 参见中共中央文献研究室《邓小平年谱（1904—1974）》（上），中央文献出版社 2009 年版，第 1832 页。

总体上看，这一时期为了回应外部风险和国内需求，以重工业、国防工业优先发展为方向，以生产力空间布局调整为路径，以苏联等国的技术转移和设备采购为起点，这不仅逐步建立起独立的比较完整的工业体系和利于战备的工业空间布局，也将新中国产业链供应链安全向前推进了一大步。这一时期国民经济建设所需设备的自给率大大提升（陈夕，1999），钢材、发动机、机床、汽车、发电机组等关键工业产品实现了自主生产，诞生了一批具有深远历史影响的国有企业，不仅为改革开放后快速的工业化进程积累了经验，也打下了较好的物质和人才基础（黄群慧，2021b）。此外，20世纪70年代还掀起了以"四三方案"为代表的、继156项工程后新中国历史上对外引进技术设备的第二次高潮，而且是我国首次以资本主义国家为主要对象进行的大规模经济交流活动，对确立新的对外经济战略具有开创性意义，也对党的十一届三中全会后我国对外开放指导思想和基本政策的形成起到了重要的借鉴作用（陈东林，1996）。

（二）1979—2011年在改革开放中深度融入全球竞争和分工体系

通过上一阶段优先发展重工业和调整生产力空间布局，我国产业链供应链安全实现了"从零到一"的飞跃，但也只能够保证在战争等极端情况下维持国民经济的低水平运转。如何进一步解放生产力、持续提高人民生活水平，实现高水平经济发展与保障国家安全之间的动态平衡，就成了新的时代命题。中美建交后，经济发展的外部环境得到明显改善，通过体制改革和对外开放继续推进社会主义工业化、实现经济腾飞，成为了此时的必然选择。

自1978年党的十一届三中全会通过《中共中央关于经济体制改革的决定》开始，社会主义市场经济体制逐步建立并走向完善，私营经济的快速兴起，为产业链条协同运转注入了市场化力量。实行对外开放在1984年也成为基本国策，为我国融入全球分工创造了制度前提。随着各种体制障碍被逐渐拆除，农村剩余劳动力开始大规模转移，完成了一次经济史上罕见的资源重新配置，也成为这一时期生产率提高的重要源泉（蔡昉，2022），为承接发达国家产业转移提供了要素支撑。20世纪80年代开始的对外贸易与前30年相比存在根本不同，彼时，基于高层决策者对重大冲突的担忧，立足建设独立自主的国内经济体系，是一种进口替代型贸易，而改革开放后立足于全球化机遇，利用两种资源、两个市场促进国内发展，在内需与外需、进口替代与出口导向之间寻求动态平衡（江小涓，2019）。可以说，改革开放是近40年我国经济发展的最根本特征，这也造就了保障产业链供应链安全的路径转变。正是在持续完善国内经济体制的同时，通过深度融入全球竞争和分工体系，我国工业化实现了前所未有的高速发展，产业链供应链得以实现更高水平的安全稳定，在成功应对1998年亚洲金融危机和2008年国际金融危机两次外部冲击中展现出了强大韧性（黄群慧，2021b）。

这一阶段通过改革开放深度融入全球竞争和分工体系，对于保障产业链供应链安全的积极意义是显而易见的。就产业链供应链的"优化"而言，一方面，这一时期通过引进先进设备和优质外资，补齐了轻工业发展的短板，尤其是家电等耐用消费品供给快速增长，不仅满足了改革开放后人民群众对家电等生活用品的排浪式增长需求（史丹、李鹏，2019），也进一步延伸和补充了国内产业链条，为参加国际竞争和分工创造了有利的产业基础；另一方面，出口学习效应和"干中学"不仅提高了国内企业全要素生产率，自主创新的动力和能力也随之提升，有力推进了国内产业升级（黄群慧，2021b）。至2011年，主要行业大中型工业企业数字化工具普及率超过60%，重点行业的关键工序数控化率也超过50%[①]，而有研发活动的规模以上工业企业占比也达到11.5%，研发人员全时当量提升至193.9万人年，有效发明专利达到201089件[②]，填补了部分关键领域核心环节的技术空白。而对于产业链供应链的"稳定"，一是以保障能源供给和交通物流运行为切入口，不仅国内能源供应显著增长，发电量和原油产量分别上升至全球第一和第四位，同时也充分利用国际市场满足自身需求；二是西部大开发、振兴东北老工业基地和中部崛起等重大区域战略开始实施并持续推进，工业布局更加合理，充分体现不同地区比较优势的产业链供应链区域分工体系基本形成，而各地在招商引资中也通过建设多种形式的产业园区，来推动上下游关联企业形成产业集群；三是随着交通基础设施逐步完善，全国物流基础设施网络也基本形成，物流业与制造业联动发展，珠三角、长三角、京津冀等区域物流协同和国际化水平进一步提高（王文举、何明珂，2017）；四是经过"放权让利""抓大放小"、混合所有制等一系列改革，国有企业质量和盈利能力明显提高（张文魁，2021），如中国石油、中国石化、中国一汽以及中国中车等一批国企已经成了事实上保障相关产业链稳定发展的"链长"。

如果我们从全球化角度看，这一时期的产业链供应链安全还体现在"世界经济越来越离不开中国"。随着国内市场规模的壮大，既为产业分工深化和拓展提供了广阔空间，也不断强化对全球要素的吸引集聚能力。在经历改革开放初期的"以市场换技术"后，具有强大创新能力的跨国公司纷纷与国内各地建立技术转移、项目对接、人才交流等合作关系（国务院发展研究中心课题组，2020），对中国市场的占有率已成为其成长预期的重要参考。与此同时，尤其是加入WTO后，依托比较完整的产业体系和产业链条优势，我国出口增速明显快于世界平均水平，自2009年后出口额保持世界第一，2011年更是高达20986.7亿美元，为其他国家长期保持低物价水平、提高国民福利提供了有力支撑。通过积极参与全球竞争和分工体系，提高其他国家对于我国经济的依赖度，"中国市场"和"中国制造"此时之于全球经济增长的重要性已经不言而喻。

---

① 参见汪海波、刘立峰《新中国工业经济史（第三版）》，经济管理出版社2017年版，第501—502页。

② 参见汪海波、刘立峰《新中国工业经济史（第三版）》，经济管理出版社2017年版，第502页。

"十一五"时期后,党中央开始在政策层面探索如何推进产业链现代化。国家"十一五"规划中明确提出:"根据数字化、网络化、智能化总体趋势,大力发展集成电路、软件和新型元器件等核心产业,重点培育光电通信、无线通信、高性能计算及网络设备等信息产业群,建设软件、微电子、光电子等产业基地,推动形成光电子产业链。开发信息产业关键技术,增强创新能力和竞争力,延伸产业链",并且"推进航天产业由试验应用型向业务服务型转变,发展通信、导航、遥感等卫星及其应用,形成空间、地面与终端产品制造、运营服务的航天产业链。"① 这不仅体现了经过改革开放后近30年发展,我国产业链供应链转型升级的需求,也为下一阶段如何进一步保障产业链供应链安全埋下了伏笔。

(三)党的十八大以来在高质量发展中增强核心竞争力

经过30余年的改革开放,我国已经形成了规模庞大、配套齐全的完备工业体系,2010年制造业占全球比重达到19.8%,首次成为世界第一制造业大国,但此时威胁产业链供应链安全的因素依然存在。从内部看,制造业发展整体质量效益尚待提高,高端和高质量供给仍然不足,产业链供应链还存在诸多"断点""堵点",部分核心环节和关键技术受制于人,自主创新能力不强。从外部看,经济全球化转向低潮,国际贸易和跨境投资增速放缓,全球产业链供应链在持续了近30年的扩张后出现收缩(王一鸣,2020)。尤其是2008年国际金融危机后,发达国家为应对"产业空洞化"等问题,意在通过实施"再工业化"战略和推动制造业回流,巩固其高端制造业在全球价值链顶端位置,同时对我国关键领域核心环节采取科技遏制打压政策。基于此,党中央审时度势,自国家"十二五"规划开始,逐渐将产业链供应链安全视作提升现代化水平的重要方面,这也为产业链供应链安全赋予了新时代的内涵。

面对世界百年未有之大变局,我国经济由高速增长转向高质量发展,经济发展动力由实现"数量追赶"转为填补"质量缺口",实施创新驱动发展战略和供给侧结构性改革既是适应国际金融危机后综合国力竞争新形势的主动选择,也是对技术获得性在全球产业链供应链体系中重要性上升的回应。由此,产业链供应链的"优化"和"稳定"也相应由规模扩张转向结构升级、由要素驱动转为创新驱动,核心竞争力进一步增强,在全球价值链中的地位显著提升。一是传统产业链逐渐向现代产业链升级,高技术产业和战略性新兴产业占比持续提升。随着数字技术的兴起,不仅出现了以信息技术为基础的新兴产业链布局,也有对传统产业的数字化、智能化改造升级。新能源汽车、动车组、智能手机等新动能产业链逐渐完善,产量均居世界首位。云计算、大数据、5G、人工智能等新技术得到广泛应用,平台经

---

① 参见《中华人民共和国国民经济和社会发展第十一个五年规划纲要》,中国政府网,http://www.gov.cn/gongbao/content/2006/content_268766.htm,2006年3月14日。

济、移动支付和工业互联网等新业态、新模式快速发展，供应链现代化水平大幅提升。二是创新投入和产出快速增长，受理专利申请数量排名稳居全球第一。2020 年全国共投入 R&D 经费 24393.1 亿元，而按 R&D 人员全时工作量计算的人均经费为 46.6 万元，衡量创新努力程度的 R&D 经费投入强度为 2.40%[①]，已达到中等发达国家水平。三是交通基础设施互联互通水平显著提升，现代物流体系初步建立。随着进入"高铁时代"，我国已经拥有全球最大的高速铁路网、高速公路网、世界级港口群，综合交通网络总里程突破 600 万公里，为进一步优化产业链供应链运行效率奠定了重要基础。近 10 年来现代物流业发展质量的显著提升，也确保和增强了供应链韧性。

与此同时，虽然全球化趋势受阻，但凭借经济的"超大规模性"优势，我国在全球范围配置资源的能力大幅提升（国务院发展研究中心课题组，2020），对于推动国内产业链供应链"优化"和"稳定"同样具有重要意义。一是在我国已经成为世界第二大经济体 10 年后，2021 年人均 GDP 继续增长至 80976 元（12551 美元），早已超过世界人均 GDP 水平，与世界银行最新设定的高收入国家标准（12695 美元）仅相差不到 150 美元，加之现有超过 9 亿的城镇人口，我国超大市场规模为世界其他国家创造了广阔的市场机会。外资为此纷纷选择将中国作为产业链供应链布局的关键一环，2021 年我国实际使用外资达到 1735 亿美元，在新冠肺炎疫情冲击下逆流而上，较 2011 年增长了近 50%。二是通过共建"一带一路"高质量发展，推进一大批关系到沿线国家经济发展、民生改善的合作项目，使共建"一带一路"成为当今世界深受欢迎的国际公共产品和国际合作平台。制造业"朋友圈"在规模和深度上得以进一步提升，2020 年东盟取代欧盟成为我国最大贸易伙伴，并且随着 2022 年 1 月 1 日《区域全面经济伙伴关系协定》（RCEP）的正式生效，亚洲在中国引领下作为一个整体已经成为全球产业链供应链不可或缺的一部分。三是培育出了更多具有国际影响力的跨国公司。作为在全球范围配置资源要素的主力军，跨国公司的成长是一个国家经济全球影响力的重要标志。根据《财富》杂志于 2021 年 8 月 2 日公布的世界 500 强企业排行榜，上榜的中国企业数量达 143 家，较 2020 年增加 10 家，再次超过美国（122 家）蝉联榜首[②]，其中包括 95 家国有企业，占比达到上榜中国企业的 2/3。至 2021 年底，全球 1058 家独角兽企业中，我国拥有 301 家，排在第二位，仅次于美国，其中全球排名前两位的为我国

[①] 参见《2020 年全国科技经费投入统计公报》，中国政府网，http：//www.gov.cn/xinwen/2021 - 09/22/content_5638653.htm，2021 年 9 月 22 日。

[②] 参见《2021 年〈财富〉世界 500 强排行榜》，财富中文网，https：//www.fortunechina.com/fortune500/c/2021 - 08/02/content_394571.htm，2021 年 8 月 2 日。

的字节跳动和蚂蚁集团。①

四、为什么能够保障产业链供应链安全

在新中国从一个落后的农业国到基本实现工业化、从半封闭到全面对外开放的过程中,为什么能够不断优化和稳定产业链供应链呢?这是一个中国特色社会主义政治经济学中的典型问题。根本原因在于中国共产党立足国情,带领中国从外源式现代化走向了内生性现代化(张占斌、王学凯,2021),走了一条兼具中国特色和世界意义的现代化新道路,既坚持公有制为主体这一社会主义本质特征,也通过经济体制改革和对外开放来优化和稳定产业链供应链。

(一)坚持公有制主体地位和国有经济主导作用不动摇奠定了基础

所有制是中国特色社会主义政治经济学的核心理论问题,社会主义基本经济制度一直被明确为社会主义公有制。正如习近平总书记指出的:"公有制主体地位不能动摇,国有经济主导作用不能动摇。这是保证我国各族人民共享发展成果的制度性保证,也是巩固党的执政地位、坚持我国社会主义制度的重要保证。"② 在中国特色社会主义中,公有制的主体地位主要体现在国民经济和社会福利的基本框架由公有制经济,特别是国有经济构成,也就是国有经济和国有资本主要分布于关系国家安全、国民经济命脉和基本民生的重要行业、关键领域和重要环节上,形成经济社会发展的骨架,再通过市场经济的渗透、放大和影响作用,成为覆盖整个经济社会生活的"普照的光"(胡家勇,2016)。"公有制为主体"也就成了保障社会整体利益的基础,使得国家不可能屈从于资本的意志,特别是考虑到在改革开放后大量外资涌入我国。这不仅为国家摆脱资本对社会的全面统治提供了重要的制度基础(杨春学,2016),确保了国家意志在经济建设中得到充分贯彻,也有利于消除改革过程中"土地私有化、国有企业私有化、金融自由化"的新自由主义干扰和负面影响(程恩富,2017)。

坚持公有制的主体地位则必然要求国有经济发挥主导作用。我们可以从生产力和生产关系两个方面来把握国有经济的主导作用:在生产力中,国有经济的主导作用体现为对整个国民经济的控制力,从而保证国民经济的持续协调健康发展;在生产关系中,其主导作用则体现为在多种所有制结构中的支配地位,确保各种所有制经济沿着社会主义道路前进(张宇,2017)。在社会主义中国,公有制企业天然被赋予了追求社会福利最大化的目标,绝不仅仅是弥补市场失灵的工具,而是整个国民经济发展的重要基础(杨春学、杨新铭,2020),国

---

① 参见《胡润研究院发布〈2021全球独角兽榜〉》,胡润研究院,https://www.hurun.net/zh-CN/Info/Detail?num=Q9M3TQXA81M9,2021年12月20日。
② 参见习近平《不断开拓当代中国马克思主义政治经济学新境界》,《求是》2020年第16期。

有企业改革长期以来也被认为是经济体制改革的中心环节（黄速建等，2018）。正所谓"国有企业是壮大国家综合实力、保障人民共同利益的重要力量，必须理直气壮做强做优做大，不断增强活力、影响力、抗风险能力，实现国有资产保值增值"。[①] 自"一五"计划时期的156项工程始，国有企业就牢牢把控涉及国民经济命脉的众多行业，从而将经济建设从属于国家安全的需要；20世纪80年代后更是通过一系列改革逐步破解了"国有经济与市场经济相结合"这一世界性难题（何瑛、杨琳，2021），不仅提高了国有企业效率，也进一步加强了国有经济在关键领域的引领作用；新时期产业链供应链现代化更是要求国有企业要争当"链长"，既作为"头雁"引领发展，也为全链谋篇布局。

（二）社会主义市场经济体制为产业链供应链的成长提供了持久动力

市场经济和社会主义是否能够结合？至少哈耶克和米塞斯二人并不看好[②]，即便是马克思主义经典作家也曾认为社会主义只能实行国家计划下的产品经济，不可能搞商品经济，更不可能搞市场经济，而且只有国家计划才能克服资本主义生产的无政府状态和经济危机。但站在今天来看中国改革开放的伟大成就，我们对于二者结合的产物——社会主义市场经济体制，再也不会有所怀疑。社会主义市场经济体制既建立在社会主义制度的优势上，又发挥了市场经济的长处，是中国特色社会主义的重大理论和实践创新。社会主义市场经济体制不仅超越了资本主义市场经济的传统教条和深刻缺陷，也为改革开放后我国产业链供应链的不断优化和稳定指明了方向。一方面，产业链供应链中的非公有制"主体"更加丰富、成熟。在公有制实现形式逐渐多样化的同时，非公有制经济及中小企业也不再与落后生产力联系在一起（胡家勇，2016），在产值、投资、税收和就业中的比重大幅提升，成为驱动经济增长和社会进步的重要力量，中小企业甚至成为创新的重要源泉。另一方面，产业链供应链"结构"更加完整、科学。随着市场化改革，国民经济活力得到激发，加之我国超大市场规模的需求刺激，产业链供应链空白和短板不断得到填补，而基于正外部性和规模报酬递增形成的产业空间集聚也在不断壮大，显著提高了我国产业链供应链空间布局的合理性。

除了明确市场对资源配置的决定性作用外，在市场化改革中保障产业链供应链安全的关键还在于中国特色社会主义正确理解和妥善处理了市场和政府之间的关系，这是我国经济体制改革的核心问题，也是理解中国经济发展"奇迹"的主线（谢伏瞻，2019）。"宏观调

---

① 参见《习近平：理直气壮做强做优做大国有企业》，新华网，http://www.xinhuanet.com/politics/2016-07/04/c_1119162333.htm，2016年7月4日。

② 哈耶克曾经断言："社会主义与竞争性市场机制相结合，肯定是一个赝品"；米塞斯在其著作《人的行动》中则指出："一个有市场和有市场价格的社会主义体制这一观念，如同一个有'三角的四方形'的观念一样是自相矛盾的。"参见杨春学：《社会主义政治经济学的"中国特色"问题》，《经济研究》2016年第8期。

控"本身是在建立社会主义市场经济体制进程中产生的一个中国特色社会主义政治经济学术语，但不同于新自由理论将市场和政府对立起来，在社会主义市场经济的运行中，政府积极进行宏观调控并不意味着市场的示弱，将市场对资源配置起决定作用与政府更好发挥宏观调控作用作为一个有机整体，正是社会主义市场经济运行方式的成功创造（洪银兴，2016）。简言之，"在市场作用和政府作用的问题上，要讲辩证法、两点论，'看不见的手'和'看得见的手'都要用好。"① 根据我国国情，在整个渐进式的市场化改革中，政府主导了市场机制的建立和完善，逐步明确了市场和政府的边界，这首先就为产业链供应链的成长提供了最为适宜的土壤。更为重要的是，改革开放后的历史表明，我国在政府干预与市场机制的衔接方面作出的诸多尝试和创新，形成了具有中国特色的社会主义宏观调控模式，各级政府针对市场主体、科技创新、人力资本等方面出台的一系列产业政策，不仅对于国内产业链供应链的培育和畅通具有重要意义，也为我国深度嵌入全球价值链创造了可能。"十四五"规划中提出的"宏观经济治理"更是将宏观经济政策框架纳入了国家治理体系和治理能力现代化战略全局当中加以系统谋划，这就进一步保证了产业链供应链的成长与国家发展目标的统一，不至于出现方向性的偏差。当然，我们也不能忘记在计划经济时期，政府通过行政指令主导了我国工业化的基础建设及其空间布局。

（三）积极主动对外开放使我国产业链供应链安全具备世界意义

讨论对外贸易与经济长期增长、产业转型升级之间关系的文献汗牛充栋，但从"比较优势"到"要素禀赋"，再到"不完全竞争贸易论""异质性企业贸易论"，理论的演进始终没有停止争论，很难说存在某种通用的完美理论。而在实践中，任何一个国家，尤其是发展中国家，如果偏离自身国情而盲目遵循基于发达国家立场所演绎的理论政策，只会更深地陷入到不平等的国际体系中去（邵军、司增绰，2022），当然中国也不能例外。党的十一届三中全会后，立足于国情和世情的变化，我国开始了不断提升对外开放水平，融入全球产业分工和竞争体系的过程，逐渐寻找到了最适合中国的对外开放之路。同时这也是我国充分挖掘自身比较优势的过程，在某种程度上也决定了改革开放40余年我国进一步保障产业链供应链安全的路径。不得不说的是，当代中国的对外开放是在新中国成立前30年社会主义建设的基础上展开的，与毛泽东同志"改造中国与世界"的思想和实践有着内在的历史和逻辑联系（金民卿，2019），这也再次印证了改革开放前后保障产业链供应链安全在实践方向上的一脉相承。而从邓小平理论提出全方位的对外开放理论，到江泽民同志在党的十五大报

---

① 参见《习近平：正确发挥市场作用和政府作用 推动经济社会持续健康发展》，中国政府网，http://www.gov.cn/xinwen/2014-05/27/content_2688228.htm，2014年5月27日。

告中提出"更好地利用国内国外两个市场、两种资源"①，再到科学发展观中"统筹国内发展和对外开放"，党中央对于对外开放的认识在实践中不断丰富和发展，但始终坚持把我国工业化与全球产业链供应链体系接轨，以此促进生产力发展。新时代面对国际形势不确定性不稳定性的增加，我国全面提升对外开放水平的方向并没有动摇，而是更加积极参与全球经济治理，引导全球经济秩序朝着平等公正、合作共赢的方向发展，为建立更加合理完善的全球产业链供应链体系提供"中国方案"。

对外开放将我国推入了世界发展大潮，只有积极开展国际贸易才能充分发挥我国的劳动力资源和市场规模优势，从而为参与全球产业分工和竞争找到切入点，这又进一步提升了我国在全球价值链中的地位和对全球经济发展的重要性，如今早已是"中国的发展离不开世界，世界的繁荣也需要中国"②，这无疑有益于我国保障产业链供应链安全。单纯从产量和技术层面看，我国从引进先进设备、学习先进技术起步，到注重提升自主创新能力，目前已有220多种工业产品产量位居世界首位③，"中国制造"已从追跑者成为并跑者，在量和质上都有明显提高（江小涓，2019）。但我国对外开放对保障产业链供应链安全的意义远远不止如此。根据马克思主义政治经济学，一国由技术进步所引发的生产率提高，必然将推进国民经济发展，并且最终也将深刻影响世界经济（张宇燕，2018）。不同于西方以"经济人假设"来处理对外关系，我国自古以来就主张"和为贵"。"非经济人假设"的价值观更能诠释我国的对外开放实践（裴长洪、刘洪愧，2018），尤其是习近平总书记强调的共商、共建、共享、互利共赢的发展理念，通过自身发展来促进全人类共同发展，得到了世界各国积极响应和支持，扩大了我国产业链供应链的"朋友圈"，从而使我国产业链供应链安全有了世界意义。在新冠肺炎疫情暴发后的全球经济衰退大潮中，得益于卓有成效的疫情防控政策，我国制造业率先恢复，货物出口和吸引外资逆势大幅上涨，成为近两年保障全球产业链供应链稳定畅通的"呼吸机"和缓解全球通胀加剧、衰退风险上升的"中成药"，在"后疫情时代"也将扮演保证世界经济复苏和全球化趋势不变的"防护服"。

五、结语

新中国成立以来保障产业链供应链安全的实践，既有令世人瞩目的历史成就，也为理论

---

① 参见中共中央文献研究室《十五大以来重要文献选编》（上），人民出版社2000年版，第29页。
② 参见《习近平：中国的发展离不开世界，世界的繁荣也需要中国》，中国政府网，http://www.gov.cn/xinwen/2020-11/10/content_5560310.htm，2020年11月10日。
③ 参见《中央财办：我国220多种工业产品产量位居世界首位》，央视网，http://news.cctv.com/2021/06/28/AR-TIAPLfEI6gv6rWyGzMK6HU210628.shtml?spm=C94212.PBPcw7UCTq1W.EBlw2yQvCCZu.164，2021年6月28日。

研究提供了弥足珍贵的素材。作为中国式现代化中的重要组成部分，我国产业链供应链的塑造呈现出跨越式发展的特征，用几十年时间走过了发达国家上百年的发展历程，其中最重要的历史经验和启示就是依靠中国共产党这个最高政治领导力量的坚强领导和开拓创新。之所以能够实现发展和安全的双赢，正是得益于中国共产党始终"坚持把马克思主义基本原理同中国具体实际相结合、同中华优秀传统文化相结合"①，以坚持公有制主体地位和国有经济主导作用作为我国产业链供应链安全的制度保障，并通过在经济体制改革中有效衔接政府作用和市场机制，以及在积极主动对外开放中提升我国对全球经济发展的重要性，赋予我国产业链供应链安全持久动力，并使之具备世界意义。

新中国对保障产业链供应链安全的探索充分体现了历史逻辑、理论逻辑和实践逻辑的高度统一，既强调了保障产业链供应链安全是在具体的历史环境和条件下演进的，也表明了保障产业链供应链安全是在理论指引下前进的并发展了理论，更展现了对保障产业链供应链安全的探索也是中国共产党立足中国国情的一个实践创造过程，并被实践证明是正确的。面对世界百年未有之大变局，我们仍需按照"三个逻辑相统一"的框架，准确预判和把握当下及未来内外部环境和趋势变化，在坚持和发展习近平新时代中国特色社会主义思想的基础上，对可能面临的风险作出提前应对，推进我国产业链供应链实现更高水平的"优化"和"稳定"。②

参考文献

[1] 蔡昉：《刘易斯转折点——中国经济发展阶段的标识性变化》，《经济研究》2022年第1期。

[2] 陈东林：《七十年代前期的中国第二次对外引进高潮》，《中共党史研究》1996年第2期。

[3] 陈夕：《156项工程与中国工业的现代化》，《党的文献》1999年第5期。

[4] 程恩富：《经济思想发展史上的当代中国社会主义市场经济理论》，《学术研究》2017年第2期。

[5] 董志凯、吴江：《新中国工业的奠基石——156项建设研究》，广东经济出版社2004年版。

[6] 高伟凯、徐力行、魏伟：《中国产业链集聚与产业竞争力》，《江苏社会科学》2010年第2期。

[7] 龚勤林：《论产业链构建与城乡统筹发展》，《经济学家》2004年第3期。

[8] 国务院发展研究中心课题组：《充分发挥"超大规模性"优势推动我国经济实现从"超大"到"超强"的转变》，《管理世界》2020年第1期。

[9] 何瑛、杨琳：《改革开放以来国有企业混合所有制改革：历程、成效与展望》，《管理世界》2021年第7期。

[10] 洪银兴：《以创新的理论构建中国特色社会主义政治经济学的理论体系》，《经济研究》2016年第4期。

---

① 参见习近平《更好把握和运用党的百年奋斗历史经验》，《求是》2022年第13期。
② 中外文人名（机构名）对照：门策（Mentzer）；比蒙（Beamon）；兰伯特（Lambert）。

[11] 胡家勇：《试论社会主义市场经济理论的创新和发展》，《经济研究》2016 年第 7 期。

[12] 黄群慧：《以产业链供应链现代化水平提升推动经济体系优化升级》，《马克思主义与现实》2020 年第 6 期。

[13] 黄群慧：《2020 年我国已经基本实现了工业化——中国共产党百年奋斗重大成就》，《经济学动态》2021 年第 11 期。

[14] 黄群慧：《中国共产党领导社会主义工业化建设及其历史经验》，《中国社会科学》2021 年第 7 期。

[15] 黄群慧、倪红福：《基于价值链理论的产业基础能力与产业链水平提升研究》，《经济体制改革》2020 年第 5 期。

[16] 黄速建、肖红军、王欣：《论国有企业高质量发展》，《中国工业经济》2018 年第 10 期。

[17] 霍佳震、吴群、谌飞龙：《集群供应链网络的联结模式与共治框架》，《中国工业经济》2007 年第 10 期。

[18] 江小涓：《新中国对外开放 70 年》，人民出版社 2019 年版。

[19] 金民卿：《毛泽东"改造中国与世界"思想及其对新时代全面深化改革的重要启示》，《毛泽东邓小平理论研究》2019 年第 3 期。

[20] 李政：《中国国有经济 70 年：历史、逻辑与经验》，《社会科学辑刊》2020 年第 1 期。

[21] 刘守英：《中国式现代化的独特路径》，《经济学动态》2021 年第 7 期。

[22] 路风：《中国经济为什么能够增长》，《中国社会科学》2022 年第 1 期。

[23] 毛泽东：《毛泽东文集（第七卷）》，人民出版社 1999 年版。

[24] 裴长洪：《论中国特色社会主义政治经济学的逻辑起点》，《经济学动态》2022 年第 1 期。

[25] 裴长洪、刘洪愧：《习近平新时代对外开放思想的经济学分析》，《经济研究》2018 年第 2 期。

[26] 邵军、司增绰：《进口贸易开放与产业转型升级：经济思想史的考察》，《经济思想史学刊》2022 年第 2 期。

[27] 史丹、李鹏：《中国工业 70 年发展质量演进及其现状评价》，《中国工业经济》2019 年第 9 期。

[28] 宋华、卢强：《基于虚拟产业集群的供应链金融模式创新：创捷公司案例分析》，《中国工业经济》2017 年第 5 期。

[29] 宋华、杨雨冬：《中国产业链供应链现代化的内涵与发展路径探析》，《中国人民大学学报》2022 年第 1 期。

[30] 汪海波、刘立峰：《新中国工业经济史（第三版）》，经济管理出版社 2017 年版。

[31] 王文举、何明珂：《改革开放以来中国物流业发展轨迹、阶段特征及未来展望》，《改革》2017 年第 11 期。

[32] 王延中：《论中国工业技术的现代化问题》，《中国工业经济》2004 年第 5 期。

[33] 王一鸣：《百年大变局、高质量发展与构建新发展格局》，《管理世界》2020 年第 12 期。

[34] 吴金明、邵昶：《产业链形成机制研究——"4＋4＋4"模型》，《中国工业经济》2006 年第 4 期。

[35] 习近平：《不断开拓当代中国马克思主义政治经济学新境界》，《求是》2020年第16期。

[36] 习近平：《国家中长期经济社会发展战略若干重大问题》，《求是》2020年第21期。

[37] 习近平：《更好把握和运用党的百年奋斗历史经验》，《求是》2022年第13期。

[38] 谢伏瞻：《新中国70年经济与经济学发展》，《中国社会科学》2019年第10期。

[39] 杨春学：《社会主义政治经济学的"中国特色"问题》，《经济研究》2016年第8期。

[40] 杨春学、杨新铭：《所有制适度结构：理论分析、推断与经验事实》，《中国社会科学》2020年第4期。

[41] 郁义鸿：《产业链类型与产业链效率基准》，《中国工业经济》2005年第11期。

[42] 张柏春、姚芳、张久春、蒋龙：《苏联技术向中国的转移（1949—1966）》，山东教育出版社2004年版。

[43] 张文魁：《我国企业发展政策的历史逻辑与未来取向》，《管理世界》2021年第12期。

[44] 张宇：《努力探索和完善中国特色社会主义政治经济学理论体系》，《政治经济学评论》2017年第2期。

[45] 张宇燕：《中国对外开放的理念、进程与逻辑》，《中国社会科学》2018年第11期。

[46] 张占斌、王学凯：《中国式现代化：理论基础、思想演进与实践逻辑》，《行政管理改革》2021年第8期。

[47] 赵学军：《"156项"建设项目对中国工业化的历史贡献》，《中国经济史研究》2021年第4期。

[48] 中共中央文献研究室：《十五大以来重要文献选编》（上），人民出版社2000年版。

[49] 中共中央文献研究室：《邓小平年谱（1904—1974）》（上），中央文献出版社2009年版。

[50] 中国社会科学院工业经济研究所课题组：《提升产业链供应链现代化水平路径研究》，《中国工业经济》2021年第2期。

[51] Beamon, B. M., 1998, "Supply Chain Design and Analysis: Models and Methods", *International Journal of Production Economics*, Vol. 55 (3).

[52] Lambert, D. M., Cooper, M. C. and Pagh, J. D., 1998, "Supply Chain Management: Implementation Issues and Research Opportuni-ties", *The International Journal of Logistics Management*, Vol. 9 (2).

[53] Mentzer, J. T., DeWitt, W., Keebler, J. S., Min, S., Nix, N. W., Smith, C. D. and Zacharia, Z. G., 2001, "Defining Supply Chain Management", *Journal of Business Logistics*, Vol. 22 (2).

（原载于《管理世界》2022年第9期）

文化史

中国共产党对文化发展道路的百年理论探索

杨凤城

中国人民大学马克思主义学院　中国人民大学中共党史党建研究院

中国共产党在百年的奋斗历程中，高度重视文化工作和文化建设并取得了令人瞩目的成就，这一成就离不开对文化发展道路的探索。旗帜决定方向，道路决定命运，文化问题上同样如此。在进入主题前，需要先做一个简单说明。本文所讲的文化主要指精神文化，即与政治、经济相对应的文化，此其一。其二，本文所言的文化发展道路主要定位于文化建设与发展中若干重要关系的认识和处理。就中国共产党而言，文化发展道路的命题和系统阐释出现较晚，2010年《求是》杂志第12期发表李长春同志的文章《正确认识和处理文化建设发展中的若干重大关系，努力探索中国特色社会主义文化发展道路》可以视为标志。自党的十七届六中全会开始，"中国特色社会主义文化发展道路"逐渐成为中央文件和领导人讲话的常用语。当然，文化发展道路这一命题晚出，并不意味着中国共产党在此前没有认识和探索。实际上，从民主革命时期这一历程就开启了。文化建设与发展涉及的诸多关系及其处理方式，可以从多维度、多方面进行考察，本文聚焦于一元与多元、传统与现代、中国与外国、党/政府、市场与社会的关系。选取这样几对关系，主要出于以下考量：一是它们属于核心问题，非微观和边缘问题；二是历史延展性强，非短时期的特定问题；三是在实践中经常碰到且有较深刻的经验教训存留。由于传统与现代、中国与外国，即古今中外（主要的是古今中西）关系是密切纠结在一起的问题，所以本文将放在一个部分里考察。

一、一元主导、多样化发展

中国共产党从成立之日起便很关注文化问题，这和其创始者们要么是五四新文化运动的旗手，要么是五四新文化哺育下成长起来的青年知识分子密切相关。不过，党对中国文化发展道路问题的自觉主要还是在延安时期。毛泽东同志在1940年1月发表的《新民主主义政治与新民主主义文化》（即《新民主主义论》），1942年发表的《在延安文艺座谈会上的讲话》，以及张闻天同志在1940年1月发表的《抗战以来中华民族的新文化运动与今后任务》，可以视为中国共产党文化观的成熟表达。在明确民族的科学的大众的新民主主义文化建设目标下，从革命文化的发展道路上讲，主要包括以下方面：其一，以马克思主义为指导。就此，毛泽东同志指出："由于现时中国革命不能离开中国无产阶级的领导，因而现时的中国新文化也不能离开中国无产阶级文化思想的领导，即不能离开共产主义思想的领导。"① 用张闻天同志的话讲，"在新文化中最有地位的，最能得到推崇的主义与学说，应该是能够为新文化的全部要求的实现而斗争的主义与学说，为最富革命性与科学性的主义与学说。马克思列宁主义就是这样的主义与学说。"② 其二，革命文化作为革命事业的一部分，作为革命机器上的"齿轮和螺丝钉"，必须把政治标准置于首位，服从于政治，为阶级斗争、政治斗争服务，在此基础上努力实现政治标准与艺术标准的有机统一。其三，无产阶级政治是人民大众的政治，因而革命文化必须为工农兵服务，走普及为主、大众化的道路。这里有两层含义，一是革命文化要负起"化大众"的责任，唤起民众的革命觉悟；二是必须深入大众、深入实际，适应大众的文化程度、审美情趣，为他们所喜闻乐见。简言之，首先解决"为了谁"的立场问题，然后是"怎样为"的问题。毛泽东同志《在延安文艺座谈会上的讲话》，一言以蔽之，就是回答这个问题。其四，无产阶级及其政党要善于同具有不同程度的民族性科学性的文化流派建立反帝反封建的文化统一战线。对此，毛泽东同志在《新民主主义论》中有专节说明。实际上，张闻天同志发表于1932年秋天的《文艺战线上的关门主义》更早也更深层地触及该问题，他指出，"左"的关门主义认为，文艺只是某一阶级"煽动的工具""政治的留声机"。在他们看来，"凡不愿做无产阶级煽动家的文学家，就只能去做资产阶级的走狗"，因而，他们否认"第三种文学"的存在。须知"在有阶级的社会中间，文艺作品都有阶级性，但绝不是每一文艺作品都是这一阶级利益的宣传鼓动的作品。甚至许多文艺作品的价值，并绝不是因为它们是某一阶级利益的宣传鼓动品，而只是因为它们描写了某一时代的真实的社会现象……许多揭破现社会矛盾、描写小资产阶级的没落的作品，可以不是无产阶级的作品，但可以是有价值的文艺作品。"③ 张闻天同志的文章触及了革命文化建设中最棘手的政治与文化之间的合理张力问题，实际上也是革命环境下一元与多元文化的关系问题。他的文章意在表达马克思主义、无产阶级文化对待其他类型的文化，主要是保持一种审视、指导和批评的态度，从马克思主义理论体系出发，去评判其阶级性和艺术价值的有无和程度，去包容、引导而不是取代、排斥它们。

新中国建立后，在文化转型与重建过程中，中国共产党主要是继承革命时期的成功经

---

① 《毛泽东选集》（第2卷），人民出版社1991年版，第705页。
② 中央党史研究室张闻天选集传记组编：《张闻天文集》（三），中共党史出版社2012年版，第26页。
③ 中央党史研究室张闻天选集传记组编：《张闻天文集》（一），中共党史出版社2012年版，第217页。

验，同时学习苏联榜样，破立并举。一方面，通过知识分子思想改造运动，通过不断发动全国规模的文化批判运动，清除被认为是"封建的、买办的、法西斯的"和"资产阶级的""唯心主义的"旧思想旧文化；另一方面，大力宣传马列主义、毛泽东思想，大力倡导和支持歌颂社会主义、集体主义、国际主义、革命英雄主义的文艺创作。经过数年努力，马克思主义的指导地位牢固确立，革命文化、社会主义文化的主导地位迅速形成，但同时，由于照搬革命时期和苏联的一些做法，也带来了文化的单调与沉闷。从一元与多元的角度看，新文化从思想理论、价值追求到方法论都是高度一致的，呈现鲜明的一元同质化特征。具体表现在文艺上是愈益明显的公式化、概念化、脸谱化，表现在哲学社会科学上是缺乏创见，所言大都是打引号和不打引号的马克思主义经典作家的话、无产阶级革命领袖的话，这种情况亟须改变。1956年毛泽东同志提出的"百花齐放、百家争鸣"方针，实际上就是对中国进入全面社会主义建设阶段后文化发展道路的郑重思考。周恩来曾指出："如果民主革命尚未胜利的时候就提'百花齐放，百家争鸣'这样的方针，那就是替国民党粉饰太平。在社会主义革命没有完成的时候，也不能提出这样的方针。但是现在不同了，社会主义革命已经获得了胜利。""在我们的国家里，已经有了一个主流，就是社会主义文化的主流。我们有了可能通过'百花齐放，百家争鸣'这样的方针，来充分发挥人民的思想与表现方法，使社会主义文化更丰富。"①

  关于"双百"方针的提出过程和内涵，学界已有精深研究，此处不赘。本文仅从一元与多元关系的角度指出如下两点：

  其一，出于纠偏的需要，毛泽东同志在"双百"方针提出之初，并未强调马克思主义的指导地位问题，这引起了部分党员干部的疑虑，也引起苏联方面的不解，部分知识分子也提出，不宜在提倡"双百"的同时明确以马克思主义为指导。其实，在毛泽东那里，以马克思主义为指导是始终坚定不移的。在他看来，真理是愈辩愈明的，实行"双百"方针会使马克思主义更具活力和说服力，从而更能巩固其指导思想地位。后来，毛泽东同志在《关于正确处理人民内部矛盾问题》《在全国宣传工作会议上的讲话》中系统地阐述了这一思想。

  其二，以马克思主义为指导，建设社会主义新文化，不是要用马克思主义取代一切文化成果，不是革命文化、社会主义文化的一家独唱。这里实际上涉及如何认识和处理主流价值观文化作品与非主流价值观文化作品之间的关系问题。1957年3月，毛泽东同志在同文艺界代表的谈话中讲到"社会主义现实主义也不能强制人家接受"，不是社会主义现实主义的作品也可以发行，"只要不是对社会主义制度抱敌对情绪""只要不是搞秘密小团体，可以

---

① 中共中央文献研究室编：《周恩来文化文选》，中央文献出版社1998年版，第160、161页。

你写你的，各有各的真实"。文艺作品应该主要写工农兵，但也允许写其他人物，写"自己的身边琐事"。① 时任中宣部部长陆定一同志在《百花齐放，百家争鸣》的报告中还明确讲到，在人民内部，既有宣传唯物主义的自由，也有宣传唯心主义的自由。两者之间的辩论，也是自由的。② 也就是说，只要不具有政治上的危害性，应该允许纯学术和艺术流派多元共存。

事实上，文化的一元与多元之间的关系真正构成党治国理政之重大课题还是在改革开放后。国门打开，海外尤其是西方的各种思想体系、文化作品如海潮般涌入中国，此前文化"元资源"单一的局面不再，更重要的是随着改革的不断推进，中国原有的"两大阶级一大阶层"的社会结构被打破，单一公有制基础上民众利益大体一致的格局不复存在，社会阶层与利益的多元化日趋显著，价值观和审美的多元化日益发展。多元文化伴随着经济社会的发展而自然生长，这是党在计划经济体制时期不可能遇到的挑战。

当然，上述情况有一个发展过程，并非骤然而至。改革开放之初，邓小平同志对于当代中国文化问题的思考主要还是从吸取历史经验教训，尤其是"文化大革命"的沉痛教训出发的。"文化大革命"时期极"左"的文化建构使一元文化走到极端，导致文化专制与文化虚无。"文化大革命"结束后，党在文化问题上拨乱反正首先就是重新提倡毛泽东提出的"双百"方针。邓小平同志在深刻反思历史经验教训的基础上，放弃"文艺从属于政治"的口号，提出文艺为社会主义服务、为人民群众服务的"二为"方向，实际上是改变了长期以来的文化为政治服务、从属于政治的深层理念。当然，邓小平同志同时指出文艺也不能脱离政治。不脱离政治，最主要的指向是不能违背四项基本原则。简言之，一方面倡导"双百"方针，另一方面坚持四项基本原则，以此保证马克思主义的指导地位，同时实现文化的活跃和多彩。

及至20世纪90年代，随着市场化改革的突飞猛进和全方位对外开放的拓展，适应市场经济和全球化，中共中央提出精神文明"重在建设""以立为本""弘扬主旋律，提倡多样化"的方针。这标志着党在关系文化发展至关重要的问题上的与时俱进。所谓"重在建设""以立为本"，就是以科学的理论武装人，以正确的舆论引导人，以高尚的精神塑造人，以优秀的作品鼓舞人。所谓"弘扬主旋律"，就是"大力倡导一切有利于发扬爱国主义、集体主义、社会主义的思想和精神，大力倡导一切有利于改革开放和现代化建设的思想和精神，大力倡导一切有利于民族团结、社会进步、人民幸福的思想和精神，大力倡导一切用诚实劳

---

① 《毛泽东文集》（第7卷），人民出版社1999年版，第250、251页。源自苏联的"社会主义现实主义"原则在1953年第二次文代会上被确定为文艺创作和批评的最高准则，一直为文艺领导机关所大力倡导和贯彻。

② 中共中央文献研究室编：《建国以来重要文献选编》（第8册），中央文献出版社1994年版，第306页。

动争取美好生活的思想和精神。"① 所谓"提倡多样化",就是承认"社会生活是丰富多彩的,人民群众的精神文化需求也是多方面、多层次的。只要是能够使人民得到教育和启发、得到娱乐和美的享受的精神产品,都应受到欢迎和鼓励。"② 事实上,自 20 世纪 80 年代开始、至 90 年代后加速的多元文化格局在进入新世纪后已经呈现在世人面前,而此后系统的文化体制改革尤其是文化产业和文化市场体系的发展,更进一步推动了文化多元化格局的发展。

但是,在文化走向发展繁荣的过程中,也出现了一些问题。那就是马克思主义在文化学术领域内程度不同地被弱化、虚化和边缘化,社会主义主旋律作品没有充分唱响,甚至遭受冷遇和嘲讽,而源自西方的各种思想、学说、文艺作品时常受到热捧,迎合市场的文化创作与传播包括低俗媚俗庸俗的作品大行其道,这对于中国共产党而言是必须正视和加以解决的重大问题。中国在 2010 年成为世界第二大经济体,综合国力极大增强,人民富裕程度大幅提高,经济建设成就有目共睹,那么,文化状况与精神状态的实然和应然该如何评估呢?在市场经济和全球化、信息化时代,在世界面临百年未有之大变局,西方尤其是美国始终没有放弃"和平演变"中国的图谋并加紧意识形态渗透之际,中国拿什么来凝聚人心、来维护意识形态安全和文化安全,以什么样的价值观汇集起民族复兴所需要的精神力量呢?这些就是中国特色社会主义新时代面临的文化课题。对此,以习近平同志为核心的党中央作出鲜明回答,首先,坚持马克思主义指导思想地位不动摇,决不搞指导思想的多元化。当然,马克思主义理论体系是一个开放的不断与时俱进的体系,发展当代中国马克思主义、21 世纪马克思主义是当代中国文化的重要使命。其次,弘扬主旋律,提供正能量,让社会主义核心价值观成为文化之魂。一言以蔽之,就是建设具有强大引领力和凝聚力的社会主义意识形态,让一元主导充分彰显并发挥作用。

意识形态关系文化发展方向和发展道路,关系全党全国人民团结奋斗的共同思想基础。党的十七大报告郑重提出了"增强社会主义意识形态的吸引力和凝聚力"③ 的任务。党的十八大以来,以习近平同志为核心的党中央将意识形态工作推进到一个为"国家立心、民族立魂"④ 的新阶段。2013 年 8 月,在全国宣传思想工作会议上的讲话中,习近平同志指出:"我们在集中精力进行经济建设的同时,一刻也不能放松和削弱意识形态工作。"⑤ 在同年 11 月党的十八届三中全会上,他又提出"经济建设是党的中心工作,意识形态工作是党的

---

① 中共中央文献研究室编:《十四大以来重要文献选编》(上),人民出版社 1996 年版,第 656 页。
② 中共中央文献研究室编:《十四大以来重要文献选编》(上),第 656 页。
③ 中共中央文献研究室编:《十七大以来重要文献选编》(上),中央文献出版社 2009 年版,第 26 页。
④ 《中共中央关于党的百年奋斗重大成就和历史经验的决议》,人民出版社 2021 年版,第 44 页。
⑤ 《习近平关于社会主义文化建设论述摘编》,中央文献出版社 2017 年版,第 21 页。

一项极端重要的工作"①，要求建设具有强大引领力和凝聚力的社会主义意识形态。党的十九届四中全会进一步把马克思主义在意识形态领域的指导地位规定为文化领域的根本制度。

加强意识形态工作，巩固马克思主义的指导思想地位，并非放弃多样化的文化建设方针，更不是回归过去高度一元同质化的"一字长蛇阵"式的文化样态。在一个开放、联通、信息化的世界上，在市场经济带来的多元化社会中，不可能只存在单一的文化类型，不顾客观现实的盲目求纯最终会戕害文化乃至整个社会的生机。但是，也要清醒地认识到，不加以积极引导和限制，任由多元文化自由生长，将会带来社会与国家、文化与精神的碎片化甚至撕裂。没有主导，不成方圆，没有多元，缺乏活力，一个有主导又多样化的"文化雁阵"是较为理想的格局。

二、古为今用、洋为中用，创造性转化、创新性发展

对于中国共产党而言，如何看待和处理古今中外文化之间的关系，是走好中国文化发展道路的另一重要问题，其中，最具实质意义的是如何看待和处理中国传统文化与西方资本主义文化。在近代以来西学东渐的基础上，愈行愈显的尊西抑中、崇西贬中成为五四新文化运动以来的主要思潮。第一次世界大战暴露了资本主义文明的弊端，促使一些知识分子将拯救人类精神世界的目光投向东方、投向以儒学为主体的中国传统文化，而另一些知识分子则依然笃信西方以自由主义为灵魂的文化，笃定西方文明能够自我修复，中国的出路依然在"西化"。还有一些知识分子将目光聚焦于俄罗斯，把新文化的希望寄托在同样源自西方但却是资本主义批判者的马克思主义和社会主义身上，中国共产党的创始人便出自这部分知识分子。

中国共产党成立后，在对待古今中外文化问题上的态度还是比较鲜明的。一是中国"固有文化"或"旧文化"是农业文明的产物，是维护封建宗法社会的工具，必须批判和改造。当然，中国传统文化是一个复杂的结构，儒佛道共构，同时还包括法家、墨家、兵家、名家等各种思想流派，如果考虑到民间文化、诗词歌赋、笔记小说等文化形式，那更是万花筒般复杂或曰绚烂。但无可争议，儒学是主体（虽然从孔孟到宋明儒学自身也在变化），孔子是象征。因而，中国共产党对传统文化的批判和警惕主要指向儒学。事实上，无论是在五四新文化运动时期，还是在延安时期，无论是激烈反传统的知识分子，还是后来的共产党人，他们对墨子的学说，包括其非攻、兼爱等思想和科学、逻辑学知识因素均大加赞赏。二是西方文化是工业文明的产物，是催生和维护资本主义制度的思想学说。这种文化在资本主义制度处于上升时期曾起到积极作用，而且其自由主义、民主主义、人道主义等思想比起中

---

① 《习近平关于社会主义文化建设论述摘编》，第33—34页。

国封建旧文化具有先进性，但是，总体而言，西方资本主义文化正在被世界无产阶级革命所批判和抛弃，社会主义文化代表着历史的未来，是最先进、最值得中国人民拥抱的文化。

抗日战争时期，毛泽东等中共中央领导人明确而系统地阐述了对待古今中外文化的正确态度。中国创造了灿烂的古代文化，对于历史遗产要批判地继承，取其精华、去其糟粕，即吸收其革命性、民主性、科学性等现代性要素，剔除其封建的迷信的尤其是禁锢人的思想与精神的落后要素。实际上，在全面抗战爆发前后的新启蒙运动中，中国共产党对传统文化的态度便开始了明显的调整，即不再延续五四新文化运动以来的激烈的几乎是全盘反传统的立场，而是在继承五四精神的同时，更多地注意到中国固有文化对于源自西方的各种现代思想的中国化意义，更多地注意到中国人耳熟能详的"忠孝节义""礼义廉耻"等价值观念，可以通过转化使其脱离原教旨并赋予现代国家、民族、公民、文明的新内涵。延安时期，毛泽东等中央领导人提出的马克思主义中国化、创造中华民族新文化等号召，均离不开历史悠久的传统文化。当然，面对全社会发言时，毛泽东等领导人还是着重言说传统文化的封建落后性，要求人们保持警惕和批判。这种态度当然和中国共产党所从事的反帝反封建的革命运动是密切关联在一起的，毕竟传统文化尤其是儒学被中国历代封建王朝利用来为自己的统治服务。至于对待外来文化特别是西方现代文化，总的态度是吸取其一切进步的有益的成果。当然，以马克思主义为指导、以实现社会主义和共产主义为奋斗目标的中国共产党，对待西方文化不可能不持一种总体的批判态度。实际上，处在战争环境中的中国共产党对国外现代思想流派、文化思潮并不十分关心和了解，因而，主要是一种宏观立场的宣示。

新中国建立后，革命时期形成的对待古今中西文化的态度基本上延续了下来。当然，由于文化转型与重建的迫切需要，加上西方对新中国的敌视政策，因而一段时间内，存在把西方文化简单地视为帝国主义、资产阶级的文化而加以拒斥的偏向，对"我国文化遗产中的有益成分，有粗心大意一笔抹杀的倾向"①，社会主义制度基本建立后，毛泽东同志与中共中央意识到这个问题并作出纠正。1956年8月，毛泽东同志在同音乐工作者的谈话中集中讲了如何正确处理外来文化与民族文化的关系问题。他一再强调，外国的一切科学原理和长处都要学，但学习的目的是为了"创造出中国自己的、有独特的民族风格的东西"，"创造中国独特的新东西"。② 对于中国传统文化，毛泽东同志重申"取其精华、去其糟粕"的立场，而且在1958年"教育革命"中，还高度肯定中国历史上的教育思想尤其是孔子的思想。1960年12月在接见外宾时的一次谈话中他又强调，"对中国的文化遗产，应当充分地利用，批判地利用。中国几千年的文化，主要是封建时代的文化，但并不全是封建主义的东

---

① 中共中央文献研究室编：《建国以来重要文献选编》（第8册），第322页。
② 《毛泽东文集》（第7卷），人民出版社1999年版，第76—78、81—83页。

西，有人民的东西，有反封建的东西"，"封建主义的东西也不全是坏的"，"反封建主义的文化也不是全部可以无批判地利用的，封建时代的民间作品也多少都还带有封建统治阶级的影响"。① 谈话表明，毛泽东同志在对待传统文化问题上有了更深入的思考。到1964年毛泽东明确概括了对待古今中外文化的正确方针——"古为今用，洋为中用"。当然，受"左"的阶级斗争思想影响，在文化建设实践中，对民族传统文化尤其是儒学和西方文化批判、警惕有余，吸收、转化不足的倾向一直存在，及至"文化大革命"发展到了极端的文化虚无主义，其教训是深刻的。

改革开放后，中国共产党对待古今中外文化的态度回归正常并日趋体现出与时俱进的特征。改革开放的目的是加快社会主义现代化建设，开放的重要内容是引进发达国家的资金、先进技术和管理经验，在此背景下，学习、吸收人类文明的一切先进成果的认识重新得到重视。然而，时代不同了，同样的语汇所表达的内涵也不同了。毛泽东同志在20世纪50年代论此，重点指向苏联等社会主义国家；而改革开放到来后，其重点自然是发达国家。而发达国家主要是资本主义国家，于是现代化与西方或西方化就有了纠缠不清的关系，反映到文化上就更为复杂，西方文化等于现代文化在很大程度上成为社会的一般认知。但中共中央领导人还是明确现代化不等于西方化，反对"西化"是重要的政治任务和意识形态任务，反"精神污染"和"反资产阶级自由化"就是防范之举。但是，文化成果本身结构极为复杂，意识形态与知识探索、政治倾向与学术创新、审美偏好，在很多时候很多问题上纠结在一起，无法简单处理。改革开放前，文化过度政治化的教训又十分深刻，这一切导致中国共产党只能在该问题上表明原则立场，不可能有更具体的论述。于是，西方文化与学术成果在20世纪80年代的"文化热"中成为主角，文化现代化在很多知识分子看来就是拥抱、吸纳西方文化。

与此密切相关的就是对中国传统文化的评价。"文化大革命"对待传统文化的虚无主义态度必须抛弃，客观科学地对待文化遗产的理性态度必须确立。但与此同时，党内外还有另一种共识，即"文化大革命"中的诸多做法与封建主义传统密切相关，表面的激烈反封建传统掩盖了实际上封建传统的改头换面、登堂入室。因而，当代中国依然需要批判和清理封建主义思想影响。由此，便不难理解，在20世纪80年代上半期，中国共产党虽然支持学界和社会客观公正地看待传统文化，但主要意义还在于还其历史本相、还其博物馆"古董"价值。

然而，随着西方文化的大规模涌入，随着西方文化等于现代文化的认识日益扩展，加之"自由化"思潮（这一思潮是政治的同时也是文化的）日甚一日，中共中央在20世纪80年

---

① 《毛泽东文集》（第8卷），人民出版社1999年版，第225页。

代后半期逐步调整对待传统文化的态度，其表现是，在以往突出中国传统文化的历史意义的基础上越来越重视其"民族性"意义，即传统文化对于当代中华文化的根基与母体意义，对于中华民族认同、民族精神和爱国主义的意义。1990年1月，主管文化宣传工作的中央政治局常委李瑞环同志在文艺工作座谈会上发表《关于弘扬民族优秀文化的若干问题》的长篇讲话，指出："我们的民族文化是随着中华民族的发展而发展起来的，它对于中华民族的形成、繁衍、统一、稳定和自立于世界民族之林，都起到了不可取代的巨大作用，有着超越时代的深远影响。"讲话有针对性地指出："吸收、借鉴外来文化的目的不是用它来取代本民族的文化，而是为了丰富和发展我国的民族文化。"讲话提出，对待传统文化不能以今天的标准去苛求，苛求必然带来虚无主义。要看到传统文化具有阶级性、时代性的一面，但同时还有超越阶级和时代的另一面。讲话要求在舆论氛围、资金支持、学校教育中弘扬民族文化。① 李瑞环同志作为党的领导集体的成员，发表如此长篇幅的专门讨论中华传统文化问题的讲话在党的历史上尚属首次，它标志着党对待传统文化的立场和态度的巨大调整，弘扬传统文化成为明确而坚定的方向。

进入新世纪后，弘扬传统文化得到进一步重视，2006年出台的《国家"十一五"时期文化发展规划纲要》设有"民族文化保护"专节。2007年党的十七大报告要求"全面认识祖国传统文化，取其精华，去其糟粕，使之与当代社会相适应、与现代文明相协调，保持民族性，体现时代性。"② 党的十七届六中全会指出"源远流长、博大精深的中华文化，为中华民族发展壮大提供了强大精神力量，为人类文明进步作出了不可磨灭的重大贡献"，还提出"中国共产党从成立之日起"就"是中华优秀传统文化的忠实传承者和弘扬者"。③ 如此定位，在党的历史上是首次。

正是在上述认识与实践的基础上，党的十八大以来，习近平总书记提出了对中华优秀传统文化进行"创造性转化、创新性发展"的方针。可以说，在党的历史上，习近平同志是论述传统文化频率最高、评价最高、价值期望也最高的政治领袖。他指出，中华传统文化是中华民族的精神标识、文化基因，是中华民族立足当今激荡世界的根基、最重要的文化软实力；中华优秀传统文化含有的"丰富的哲学思想、人文精神、教化思想、道德理念等，可以为人们认识和改造世界提供有益启迪，可以为治国理政提供有益启示，也可以为道德建设提供有益启发"。④ 这些评价是全方位的且是实质性的，不同于笼统的称赞和欣赏。当然，

---

① 中共中央文献研究室编：《十二大以来重要文献选编》（下），人民出版社1991年版，第852—875页。
② 中共中央文献研究室编：《十七大以来重要文献选编》（上），第27页。
③ 中共中央文献研究室编：《十七大以来重要文献选编》（下），中央文献出版社2013年版，第558页。
④ 习近平：《在纪念孔子诞辰2565周年国际学术研讨会暨国际儒学联合会第五届会员大会开幕会上的讲话》，《人民日报》2014年9月25日。

更重要的是，要对传统文化取礼敬态度、具兼收并蓄的胸怀，去粗取精、去伪存真，通过创造性转化、创新性发展，把跨越时空、超越国界、富有永恒魅力、具有当代价值的文化精神弘扬起来，激活其生命力，让中华文明同世界其他文明一道，为人类前进和发展提供正确精神指引。① 这种高度的期望值在党的历史上也是空前的。在这里，传统与现代得到有机汇合、结合、融合，传统与现代的二分理念被解构并臻于辩证的对立统一。

弘扬优秀传统文化，辩证地看待传统与现代，必然涉及如何看待外来文化特别是西方文化问题。如前所述，近代以来，欧风美雨的长期持续渗透，造成了西方文化等于现代文化的根深蒂固的认识。虽然，进入20世纪90年代以后党对民族传统文化日益重视，但伴随全方位的对外开放，"西学东输"依然是"长江滚滚东流去"。不能否认，"西学东输"对于当代中国文化尤其是文艺与哲学社会科学跟上时代、走向世界具有重要的意义。但同样不能否认的是，我们对源自西方的理论、概念、方法存在照抄照搬甚至趋之若鹜的倾向。西方文化才是文化潮流的引领者，西方流行的概念和方法才是学术前沿，得到西方文化评价体系认可的作品才是真正的作品等等观念颇有市场，而立足于中国传统文化、立足于中国实践、体现文化自信的创作与研究常常得不到重视和尊重。正因如此，习近平同志在论及当代中国文化发展问题时，突出强调文化自信，强调中国本位。他指出："对人类创造的有益的理论观点和学术成果，我们应该吸收借鉴，但不能把一种理论观点和学术成果当成'唯一准则'，不能企图用一种模式来改造整个世界，否则就容易滑入机械论的泥坑。一些理论观点和学术成果可以用来说明一些国家和民族的发展历程，在一定地域和历史文化中具有合理性，但如果硬要把它们套在各国各民族头上、用它们来对人类生活进行格式化，并以此为裁判，那就是荒谬的了。"② 就此，习近平反复重申立足本来、吸收外来、面向未来的文化建设方针，要求按照立足中国、借鉴国外，挖掘历史、把握当代，关怀人类、面向未来的思路，努力构建具有中国特色、中国风格、中国气派的哲学社会科学学科体系、学术体系、话语体系；建构中国自主的知识体系；努力创作同我们这个文明古国、我们这个蓬勃发展的国家相匹配的优秀文艺作品；等等。③

如果说上述分析主要是从文化吸收和借鉴的角度展开的，那么从文化交流交往的角度看，适应世界多极化、全球化特点，党的十八大以来也形成了比较明确的认识，择其要者如

---

① 习近平：《在哲学社会科学工作座谈会上的讲话》，《人民日报》2016年5月19日。
② 习近平：《在哲学社会科学工作座谈会上的讲话》，《人民日报》2016年5月19日。
③ 《习近平关于社会主义文化建设论述摘编》，中央文献出版社2017年版，第101页；习近平：《在哲学社会科学工作座谈会上的讲话》，《人民日报》2016年5月19日；《习近平在中国文联十大、中国作协九大开幕式上的讲话》，《人民日报》2016年12月1日；《习近平在中国人民大学考察时强调：坚持党的领导 传承红色基因 扎根中国大地 走出一条建设中国特色世界一流大学新路》，《人民日报》2022年4月26日。

下：首先，文明的多样性是多彩世界的根基和体现。人类各种文明，各有千秋，也各有不足。"如果人类文明变得只有一个色调、一个模式了，那这个世界就太单调了，也太无趣了！"[①] 其次，文明是平等的。每一种文明都扎根于自己的生存土壤，凝聚着一个国家、一个民族的非凡智慧和精神追求，都有自己存在的价值。文明只有姹紫嫣红之别，无高低优劣之分。再次，文明因多样而交流，因交流而互鉴，因交流互鉴而更加丰富多彩。各国应秉持相互尊重、平等相待，开放包容、互学互鉴，取长补短、有容乃大的理念，摒弃傲慢和偏见，封闭和自大，"以文明交流超越文明隔阂、文明互鉴超越文明冲突、文明共存超越文明优越"[②]，让文化交流互鉴成为推动人类文明进步和世界和平发展的重要动力，夯实共建人类命运共同体的人文基础。[③] 这就是中国特色社会主义新时代中国共产党对待世界文化的态度和胸怀。

三、党引方向，政府主导，市场、社会共同发力

如何认识和处理政府、市场、社会三者之间的关系是中国文化发展道路的另一重大问题。这个问题特别体现于文化管理体制上，因而和道路的关联更直接更具体。当然，这个问题主要是在改革开放以后凸显的，但却是党需要长期面对的问题。

在革命战争年代和计划经济体制时期，党和政府不仅是文化建设与发展的领导者、管理者，同时也是文化产品的生产者、供给者，文化受众几乎没有自主性、选择权。对文化生产与供给的最初挑战来自"社会"，准确地说来自文化受众个体，然后是市场，这是和改革开放的历史进程密切相关的。真理标准问题大讨论解放了人们的思想，继而十一届三中全会否定了"以阶级斗争为纲"的治国理念，将党和国家的工作重心转移到现代化建设上来，并开启了改革开放的历史进程。就思想文化而言，开放所起的作用是最显著的。"左"的思想与实践被否定了，新的实践需要"摸着石头过河"，新的思想也在探索、孕育之中。新旧转换之际，某种文化真空出现了。填补这一真空的是在国门打开后如潮水般涌入中国的西方思想文化，既有林林总总的学术学说，也有五花八门的文学艺术，既有阳春白雪，也有大众化的电影电视、流行歌曲。一个绚丽多彩的文化世界突然展现在经历了长期单调单纯精神生活的中国人面前。随着眼界的开阔，随着自我的觉醒和自主意识的增强，刻板的说教式、政治化文化作品逐渐被冷落甚至引发反感和叛逆，党和政府单一单向的自上而下的文化输送依然

---

① 习近平：《深化文明交流互鉴，共建亚洲命运共同体——在亚洲文明对话大会开幕式上的主旨演讲》，新华网，http://www.Xinhuanet.com/politics/leaders/l_1124497022.htm，2019年5月15日。
② 中共中央党史和文献研究室编：《十九大以来重要文献选编》（上），中央文献出版社2019年版，第41—42页。
③ 习近平：《文明交流互鉴是推动人类文明进步和世界和平发展的重要动力》，《求是》2019年第9期。

在延续,然而却难以实现预期目标。如果说,这是党在改革开放后领导文化事业发展遭受到的第一波冲击和挑战,那么,第二波来自市场的挑战则更猛烈更强有力,并最终促使党认真思考政府、市场、社会的关系处理问题,启动文化体制改革,探索市场经济条件下的文化发展之路。

1988年2月,文化部、国家工商行政管理局联合发布《关于加强文化市场管理工作的通知》,第一次明确使用了"文化市场"的概念,翌年文化部设立了文化市场管理局。1996年党的十四届六中全会讨论通过的精神文明建设决议,有专门的段落阐述"一手抓繁荣、一手抓管理,促进文化市场健康发展。"一方面,伴随着改革开放中国逐步告别"短缺经济",民众在"温饱有余"后精神生活需求空前增长;另一方面,市场经济带来了文化需求的自主性、多样性、选择性。单一的文化供给不可能适应这一新的文化需求结构。实际上,市场背后反映的是民众通过购买而进行的投票。

有市场就会有产业,2000年中共中央明确提出要发展"文化产业"[1],2001年中国加入WTO带来的压力预期,更促使中央高度重视文化产业问题。党的十六大报告第一次明确区分了文化产业与文化事业,强调发展文化产业是"市场经济条件下繁荣社会主义文化、满足人民群众精神文化需求的重要途径"[2]。由此,党的十六大报告要求抓紧制定文化体制改革的总体方案。文化体制改革涉及发展文化产业,建立健全现代文化市场,发展公益性文化事业,构建公共文化服务体系,转变政府职能等内容。自2003年至2012年,第一期文化体制改革落下帷幕。党的十八大以后,文化体制改革进入全面深化阶段。对于中国共产党而言,文化体制改革背后最具实质意义的是如何看待和处理党/政府、市场、社会三者的关系,在长期改革实践的基础上,党逐步形成了适合中国特点和时代要求的认识,这主要体现在以下方面。

一是文化产品既具有意识形态属性也具有商品属性,既有社会效益也有经济效益。"在社会主义市场经济条件下,文化产品的生产和传播,绝大部分都要进入市场,遵循市场规则,通过商品交换,转化为群众的消费。也就是说,只有把文化产品变为商品,变为广大群众的消费,才能最大限度地实现文化的宣传教育功能,强化它的意识形态属性,达到以优秀作品鼓舞人的目的。"从这个意义上讲,"经济效益越好,社会效益就越实在"[3]。但是,另一方面,必须承认文化产品的社会效益与经济效益也存在矛盾,这个时候就必须把社会效益放在首位,文化不能成为市场和资本的俘虏。坚持将社会效益置于第一位,这一点中国共产党从来都是明确的。党的十八大以来,面对改革过程中实际存在的过于看重经济效益、市场

---

[1] 中共中央文献研究室编:《十五大以来重要文献选编》(中),人民出版社2001年版,第1306、1377页。

[2] 中共中央文献研究室编:《十六大以来重要文献选编》(上),中央文献出版社2004年版,第31页。

[3] 中共中央文献研究室编:《十六大以来重要文献选编》(上),第342—343页。

导向的倾向，更加强调文化产品的社会效益和意识形态属性，目的在于营造一个健康有序的文化市场和风清气朗的文化空间。

二是建立"党委领导、政府管理、行业自律、文化企事业单位依法运营"的管理体制。从党/政府、市场、社会的关系看，党是总揽全局的领导者、方向引领者，政府是管理者、落实者。由于文化的意识形态属性，党的领导比其他领域更为直接和全面。党的十九届三中全会后实施的机构改革，党的各级宣传部门职能的强化就是印证。从国际上看，不同的国家有不同的文化建设与发展模式。根据学界的研究，法国、日本属于国家主导型，美国、德国属于市场主导型，英国则是政府与社会的合治。国情不同，不存在一个放之四海而皆准的模式。中国是一个拥有14亿人口的广土众民的国家，政（治）教（化）合一是中国的历史传统，更重要的是中国特色社会主义制度。而"中国共产党领导是中国特色社会主义最本质的特征"，也是"最大的制度优势"。[①] 在当代中国文化改革与发展中，党总揽全局、协调各方，并通过政府发挥主导作用，既有历史传统，又是制度需要。

当然，党的领导、政府主导并非意味着回归传统的文化体制，恰恰相反，"以改革促繁荣、促发展"已经是全党全社会的高度共识。所谓党和政府主导，是在改革管办合一旧体制的前提下，党管意识形态，管方向管大局管中长期规划，政府主要在政策法规、市场与行业监管、提供公共文化服务等方面发挥作用。一言以蔽之，党政一起发挥主导作用，是当代中国文化发展的鲜明特色。

党政主导并非意味着党和政府是文化建设与发展的唯一主体，事实上，在党政之外，还存在市场和社会主体。关于文化市场和文化产业，前文已有论及，此处不赘，这里我们聚焦于社会主体作用的发挥。根据学界的一般性共识，在中国作为具有一定自主性的社会是伴随改革开放的历史进程而出现的。就文化领域而言，随着政府行政权力逐步从文化创造与传播的微观领域退出，由文化组织和文化机构所承载的社会性职能就必须由社会和市场来弥补。进一步言之，就是要发挥社会的主体作用，注重行业组织、社区组织和公民个人的积极参与，尤其是注重引导和鼓励各种社会力量参与公共文化服务。

国际经验表明，行业协会等民间组织在促进文化发展中的作用，是政府无法替代的。社区是城乡民众日常生活的共同体，社区和社区组织所提供的公共文化服务具有可及性、便利性、可参与性等优势和特点。社会是由公民构成的，所有社会力量参与公共文化服务，最终都要落实到公民参与上来。公民个体是公共文化服务的一个重要有机体，它不仅是服务对象与享受者，而且还是服务的提供者[②]，尤其是在互联网时代、自媒体时代，其文化创作与传

---

① 习近平：《中国共产党领导是中国特色社会主义最本质的特征》，《求是》2020年第14期。
② 景小勇：《国家文化治理体系的构成、特征及研究视角》，《中国行政管理》2015年第12期。

播者的角色作用是此前无法想象的。事实上，以人民为中心，尊重人民群众的主体地位，提高人民群众的文化参与程度，激发人民群众的文化创新创造活力，不断实现人民对美好生活的向往，很重要的一点就是要注重发挥社会在文化创造与传播中的主体作用。

总之，经过改革开放四十多年的探索，在政府、市场、社会的关系问题上，中国共产党已经形成了成熟认识。简言之，即党引方向，政府主导，市场、社会共同发力，繁荣中华文化。

综观中国共产党百年来对文化发展道路的探索，可以看到，其始终围绕革命、建设、改革的时代主题演进，是中国革命和建设道路的重要组成部分，同时其顺利展开与否也直接受到中国革命与建设道路整体探索正确与否的影响。党的全面领导、中国特色社会主义制度决定了文化发展道路与整个中国道路的紧密相关性。此外，无论是对文化一元与多样化的思考，还是对待古今中外文化的态度，对政府、市场与社会关系的认识，始终围绕的核心是：一方面坚持文化发展的社会主义方向，另一方面促进文化的繁荣发展。没有方向就没有未来，在这里，马克思主义的指导地位，社会主义核心价值观的弘扬至关重要。与此同时，没有多样化发展，不能发挥多元主体的作用，文化繁荣便不会真正出现，方向的正确也就无从体现。发展方向与繁荣发展是辩证统一的有机体，只有在二者的相互促进、良性互动中，才能实现中华文化的伟大复兴。

（原载于《河北师范大学学报（哲学社会科学版）》2022年第5期）

"变"与"不变":百年中国文化制度建构历程及启示

祁述裕

中共中央党校(国家行政学院)文史教研部

马克思主义认为,制度是生产关系中规范性内容的凝结。因此,规范人的行为是制度的本质特征。人类活动包括物质生产活动和精神生产活动,国家制度也包括规范人的物质生产活动和精神生产活动两大部分。文化制度的功能是规范人的精神生产活动。文化制度内涵丰富,重点是文化管理体制机制和文化政策法规等。

人类文化发展史证明,文化制度是影响文化发展的决定性因素之一。好的文化制度能激发文化活力,促进文化繁荣;不好的文化制度则会窒息文化活力,阻碍文化发展。因此,促进文化发展繁荣迫切需要加强对文化制度变迁的研究。

迄今为止,系统研究党的十八大以来我国文化制度建设特点的论文还很少。特别是把党的十八大以来我国文化制度建设与此前中国共产党文化制度建构历程贯通起来进行研究的学术成果,更是凤毛麟角。本文以党的十九届六中全会精神为指导,从中国共产党建党百年视角出发,以文化管理体制机制和文化政策法规为重点,梳理中国共产党领导下的文化制度建构历程,探讨我国社会主义文化制度的主要特点,总结百年文化制度建构历程的启示,以期进一步拓展中国文化制度研究。

一、党领导下的百年中国文化制度建构历程

党领导下的百年中国文化制度建构历程包括新民主主义时期、社会主义革命和建设时期、改革开放和社会主义现代化建设时期、党的十八大至今四个阶段。

(一)新民主主义时期文化制度(1921—1949年)

新民主主义时期,中国共产党在苏区和解放区建立了自己的文化制度。这一时期,文化制度建构既受到苏联制度的深刻影响,又不断适应当时救亡图存的需要。主要有以下四个特点:

1.坚持马克思主义立场。1929年6月,六届中执委第二次会议通过了《宣传工作决议案》,强调党必须有计划地加强对马克思列宁主义的理论教育。1931年9月,湘鄂赣工农苏维埃第一次代表大会通过的《文化问题决议案》提出,"文化工作的本身是具有阶级斗争的

重要意义,在苏区进行文化工作,就是要尽量灌输马克思列宁主义,及一切无产阶级革命的教育和理论。"①

2. 构建党领导下的宣传文化管理体制。1924年5月,中共中央在上海召开中央扩大执行委员会会议,会议通过的《党内组织及宣传教育问题议决案》规定,中共中央和党的各级委员会均应"分设宣传、组织、工农等部"。②在苏区,中共建立了直属的报刊社。有《红色中华》等34种报纸杂志。抗战时期,中国共产党领导的各抗日根据地,创建了众多的报刊社,出版发行了《解放日报》等几百种报刊。同时,在中央苏区各县建立了一大批直属艺术院团。

3. 强调文化服务政治的功能。毛泽东同志《在延安文艺座谈会上的讲话》中强调,在为中国人民解放的斗争中,我们不仅要有拿枪的军队,还要有文化的军队。文化的军队是团结人民、战胜敌人必不可少的一支军队。

4. 文化生产活动的高度组织化。一是文艺创作要按照党的路线、方针、政策进行艺术构思、加工和创造;文艺工作者必须按照党的路线、方针、政策,遵循组织安排,对生活和人物进行选择、加工和创造,以实现让人民警醒起来、感奋起来,投身解放运动洪流的目的。二是统一调配创作生产资源,如歌剧《白毛女》就是通过组织化方式创作出来的成功案例。③

(二) 社会主义革命和建设时期文化制度(1949—1978年)

在社会主义革命和建设时期,中国共产党文化制度建构主要体现为两个方面:一方面,在思想文化领域确立了马克思主义的指导地位,进一步巩固文化领导权;另一方面,通过建构国有化文化管理体制,加强对文化事业的管理。

1. 确立马克思主义在思想文化领域的指导地位。这一时期,确立马克思主义在思想文化领域的指导地位,主要手段是对旧知识分子进行思想改造。毛泽东高度重视知识分子的价值和作用。同时认为,旧知识分子必须进行思想改造,接受马克思主义,才能在新中国建设中发挥积极作用。新中国成立后,党中央先后开展了三次大的思想改造和文艺界整风运动,分别是1951年对电影《武训传》的批判、1954年对胡适派资产阶级唯心论的批判以及1955年对胡风文艺思想的批判。这些思想批判运动对于建立新的意识形态和宣传马克思主

---

① 《毛泽东选集》第2卷,人民出版社1991年版,第697页。
② 《中共中央文件选集(1921—1925)》第1册,中共中央党校出版社1989年版,第6—7页。
③ 参见张庚《回忆延安鲁艺的戏剧活动》,《中国话剧运动五十年史料集》第3辑,中国戏剧出版社1963年版;贺敬之、丁毅执笔《白毛女》,浙江教育出版社2015年版;艾克恩主编《延安艺术家》,陕西人民教育出版社1994年版。

义、毛泽东思想起到了积极作用，但也存在方式简单粗暴等问题。①

2. 建立党对文化工作集中统一领导的体制。新中国成立后，中宣部成为党中央主管全国宣传、文化、教育、体育、科技、卫生等意识形态工作的综合性职能机关。同时，1949年成立的政务院下设文化教育委员会，负责指导和管理文化部、教育部、卫生部、新闻总署、出版总署、科学院等机构，其直属机构还包括对外文化联络局、广播事业局、新华通讯社等。随后各级地方政府文教管理部门逐步成立。自此，党委统一领导、党政齐抓共管、宣传部门组织协调、政府相关部门分工负责的文化管理体制得以确立。

3. 建立文化领域的国有化体制。新中国成立后，以戏曲、新闻出版、广播电影等公有制改造为标志，文化生产领域启动了国有化改革进程。到1951年年底，国有化文化体制基本定型。以演艺业改革为例，当时各类文工团和私营剧团均按照公有制的要求改造成为国营或集体单位两种体制。这种国有化文化体制的基本特点是：产权形态是公有制，艺术团体都有上级主管部门，艺术生产要由上级主办单位决定，人事权由上级主管单位任命，财务收支由政府统一调配，艺术作品生产要经过报批和内容审查的程序。

4. 探索完善党领导文化的方式。实行国有化文化体制和按照计划组织文化生产有利于体现党的意志、完成党的任务，但也存在行政效能低下、文化创作生产积极性不高等问题。为此，党中央积极探索完善文化管理体制机制的路径。以电影管理为例，为解决伴随着电影业国有化出现的机制僵化问题，文化部电影局于1956年提出了以"三自一中心"（"自选题材、自由组合、自负盈亏和以导演为中心"）为核心的创作生产管理经营改革思路，重点是将艺术创作的责任下放给电影制片厂，在分配制度上采取"酬金制"，在电影厂内部实行"创作组"体制。这些改革措施，有效地激发了创作人员的积极性和创造性，推动了艺术创作的进步。②

为激发文化创造活力，1956年，毛泽东提出，"艺术问题上要百花齐放，学术问题上要百家争鸣"。随后，党的八大将"百花齐放、百家争鸣"的方针写入文件，"双百"方针正式成为科学和文艺事业的指导方针。但由于各种原因，"百花齐放、百家争鸣"的方针并没有在文艺实践中得到很好落实。特别是十年"文革"期间，以阶级斗争为纲成为各项工作的总纲，文艺领域教条主义盛行，严重窒息了艺术创造活力。

（三）改革开放和社会主义现代化建设时期文化制度（1978—2012年）

改革开放以后，我国进入社会主义现代化建设时期。这时期文化制度建设的重点是突破

---

① 1950年6月6日，毛泽东在党的七届三中全会上指出，企图用粗暴的方法进行文化教育改革的思想是不对的。观念形态的东西，不是用大炮打得进去的，要缓进，要用10年到15年时间来做这个工作，改造知识分子，不要过于性急。要有步骤地谨慎地进行这些工作。参见《毛泽东著作选读》下册，人民出版社1986年版，第697页。

② 石川：《"十七年"时期中国电影的体制与观众需求》，《电影艺术》2004年第7期。

计划经济对文化生产的束缚，建立与社会主义市场经济制度相适应的文化制度。

1. 建立发挥市场配置资源积极作用的文化制度。改革开放以后，与经济领域类似，文化领域的一个重点任务是建立文化市场，通过市场机制激发文化创造和生产活力。主要做法有：一是推动国有文化单位体制机制改革。1978年，财政部批准《人民日报》、中央电视台等中央媒体实行"事业单位、企业化管理"，国有媒体开始引入市场竞争机制。进入21世纪，为适应我国加入世界贸易组织的要求，中央于2003年开始实施新一轮文化体制改革。这次改革提出了"两面向""两分法"和做大做强国有文化企业等改革理念①，通过转企改制，出现了一大批国有文化企业，国有文化单位改革取得重要进展。二是放开社会力量进入文化生产和销售领域的限制。1979年，广州东方宾馆开设了国内第一家音乐茶座，这被视为当代文化市场起步的一个标志性事件。此后，营业性舞厅、民间剧团、演唱会、录像放映、卡拉OK、电子游戏等新兴文化娱乐方式不断打破禁区进入市场，形成了文化市场的雏形。1988年2月，文化部、国家工商局联合发布《关于加强文化市场管理工作的通知》，第一次在正式文件中使用"文化市场"的概念。三是不断扩大文化领域对外开放。例如，1980年成立了第一家中外合资期刊《计算机世界》；2001年，按照世贸组织规则的要求，大幅度放宽文化市场准入，对现有文化政策和法规进行的较大修改和调整；2004年，允许一些境外卫视节目落地三星级涉外宾馆；2013年，上海自贸区在扩大文化市场开放方面进行试点；2016年，上海迪士尼乐园正式开园；2017年，允许设立外商独资演出经纪机构等。

2. 构建公共文化服务体系。公共文化服务体系的构建是一项重大制度创新。2002年，党的十六大把"人民的文化权益得到切实尊重和保障"纳入全面建设小康社会的目标；2005年，党的十六届五中全会上第一次提出，要建设覆盖全社会的公共文化服务体系。公共文化服务理念是在区分了文化事业和文化产业的不同特点，明确了二者的不同性质、作用和功能的基础上提出来的。2003年实施的文化体制改革，将传统意义上的文化事业一分为二，划分为公益性文化事业和经营性文化产业两类。其中，公益性文化事业以保障人民群众基本文化权益、满足基本文化需求为重要目标，政府是公共文化服务体系建设的责任主体，财政投入是资金来源的主要方式，基本要求是公益性、基本性、均等性、便利性，基本特点是实行免费服务。

3. 建立健全文化产业政策体系。国家"十五"规划首次将文化产业写入中央文件，提出要完善文化产业政策，加强文化市场建设和管理，推动有关文化产业发展。建立健全文化

---

① "两面向"是指改革要坚持面向群众、面向市场的原则；"两分法"是指此次改革将国有文化单位划分成公益性文化事业单位和经营性文化企业两类，实行分类改革。参见中共中央、国务院《关于深化文化体制改革的若干意见》。

产业政策体系是文化产业发展的重要保障，也是我国文化制度建设的重要内容。

我国文化产业政策体系具有很强的中国特色。一是立足于对文化产业具有意识形态和产业双重属性的判断；二是重视社会效益和经济效益双重目标，强调把社会效益放在首位、社会效益和经济效益相统一。为推动、规范文化产业发展，改革开放以来，中央和地方发布了大量的文化产业政策文件。文化产业政策可划分为管理规范、激励惩罚、规划引导、松绑赋权、体制改革等类型。从中央层面看，规范类的政策文件占主体，这既反映了文化产业政策类别的多样化，也反映了规范文化市场、防止市场失灵是文化产业政策的重点内容。

文化市场和文化产业发展极大地激发了市场主体的活力，但受利益驱使，文化市场也存在过度娱乐化等问题。以影视业为例，一段时间里，宫斗剧、玄幻剧、搞笑剧盛行，反映现实题材的精品力作乏善可陈。其中，2015年中国内地票房排名前十的电影中没有一部反映现实题材的电影作品，文艺创作生产领域有数量缺质量、有高原缺高峰的现象十分突出。

（四）党的十八大以来文化制度建构（2012年至今）

党的十八大以来，以习近平同志为核心的党中央立足于建设社会主义现代化国家、实现"两个一百年"奋斗目标，积极推动文化制度建设。党的十九届四中全会以"坚持和完善繁荣发展社会主义先进文化的制度"为题，提出了坚持"三个制度，两个体制机制"的要求，即坚持马克思主义在意识形态领域指导地位的根本制度，坚持以社会主义核心价值观引领文化建设制度，健全人民文化权益保障制度，建立舆论引导机制，建立健全把社会效益放在首位、社会效益和经济效益相统一的文化创作生产体制机制[①]，并做了大量的工作。

以建立健全把社会效益放在首位、社会效益和经济效益相统一的文化创作生产体制机制为例。坚持"双效统一"，首要的就是创作生产出无愧于伟大民族、伟大时代的优秀作品。习近平同志在北京文艺工作座谈会上指出，"要繁荣文艺创作，坚持思想精深、艺术精湛、制作精良相统一，加强现实题材创作，不断推出讴歌党、讴歌祖国、讴歌人民、讴歌英雄的精品力作。"[②]

党的十八大以来，党中央致力于建立健全促进"双效统一"的制度。主要做法有：第一，完善相关政策文件。近年来，围绕建立促进"双效统一"的文化制度，中央和有关部门出台了一系列文件。例如，2014年中宣部等五部门联合发布了《关于在文艺界广泛开展"深入生活，扎根人民"主题实践活动的意见》；2015年中办、国办印发了《关于推动国有文化企业把社会效益放在首位、实现社会效益和经济效益相统一的指导意见》；2020年中央

[①]《中共中央关于坚持和完善中国特色社会主义制度推进国家治理体系和治理能力现代化若干重大问题的决定》，《人民日报》2019年11月6日。

[②] 习近平：《在文艺工作座谈会上的讲话》，《人民日报》2015年10月15日。

深改组审议通过了《关于文化企业坚持正确导向履行社会责任的指导意见》等。这一系列文件明确了文化企业的社会责任，规范了文化创作生产行为。第二，完善相关制度。一是大幅压缩文艺奖项数量。科学规范的文艺创作评价标准和评价体系是文艺创作价值引领的风向标。2015年中办、国办印发的《关于全国性文艺评奖制度改革的意见》，对压缩奖项数量等作出严格规定。以中国文化艺术政府奖"文华奖"为例，改革后文华奖的内设奖项从200多个大幅减少到20个。二是规范文艺工作者道德行为。2016年成立了中国文联文艺工作者职业道德建设委员会，制定《中国文联文艺工作者职业道德建设委员会章程（草案）》，设立了一系列行为标准，规范演职人员行为。三是限制天价片酬。近几年出台的相关文件明确要求"全部演员的总片酬不超过制作总成本的40%"，"主要演员不超过总片酬的70%"。第三，完善扶持激励机制。通过国家艺术基金、国家出版基金、全国影视重点资助项目等形式，支持各种艺术门类创新发展，推动优秀作品脱颖而出。如2020年9月，中国文学艺术基金会批准设立主旋律影视专项基金，激励以全面建成小康社会、脱贫攻坚中精彩故事和时代先进人物为主要创作方向的作品。① 通过全社会的共同努力，近些年出现了一大批既叫座又叫好的优秀文艺作品，如舞台剧《永不消逝的电波》，电视剧《山海情》《觉醒年代》，电影《我和我的祖国》《流浪地球》《长津湖》等。

二、我国社会主义文化制度的四个突出特点

社会主义文化制度建构是一个前无古人的全新探索，其难度可想而知。完成文化制度建构的艰巨任务，要有强有力的领导集体和正确的原则；要适应时代变化，善于吐故纳新，善于吸纳一切有益思想成果；要有强大的自我完善能力，防止陷入制度僵滞。我国社会主义文化制度的在建构过程呈现出四个突出特点，即党对文化工作的领导、守正与创新的统一、不断吸收外来有益文化、具有强大的自我调整和完善能力。

（一）党对文化工作的领导

党对文化工作的领导，是我国文化制度最突出的特点。2019年，中共中央印发的《中国共产党宣传工作条例》进一步明确了党委宣传部门对文化工作的指导协调职能。该条例指出，"党委宣传部是党中央和地方各级党委主管意识形态方面工作的职能部门，承担着指导协调文化体制改革和文化事业、文化产业以及旅游业发展的职责。"②

---

① 《中国文学艺术基金会成立主旋律影视专项基金》，中国文艺网，http：//www.cflac.org.cn/xw/bw-yc/202009/t20200930_509527.html，2021年12月10日。

② 新华社：《全面提升新时代宣传工作的科学化规范化制度化水平——中央宣传部负责人就〈中国共产党宣传工作条例〉答记者问》，新华网，http：//www.xinhuanet.com/politics/2019-08/31/c_1124945754.htm，2021年12月10日。

回顾建党百年历史，自 1921 年中国共产党成立之初，文化工作就被归入宣传工作之中。新中国成立后，中宣部成为中央主管全国宣传文化工作的综合性职能机关。特别是改革开放以来，党中央和国务院经历了多次机构改革，中央部门和国务院政府机构设置、文化建设的内涵等都有一些调整和变化。其中，2018 年党和国家机构改革将新闻出版署和电影局划归中宣部管理；原国家文化部和原国家旅游局合并，组建国家文化和旅游部。尽管宣传文化机构分分合合，"党委统一领导、党政齐抓共管、宣传部门组织协调、有关部门分工负责、社会力量积极参与"的管理体制和格局始终保持不变。[①]

以文化产业管理为例。《中华人民共和国文化产业促进法（草案送审稿）》第六条指出："国务院其他有关部门在各自职责范围内负责文化产业促进相关工作"。因此，我国文化产业管理体制是党委领导、行业主管部门管理、其他部门参与的管理体制。

（二）守正与创新的统一

"守正"就是始终坚持以马克思主义为指导，坚持马克思主义在意识形态领域指导地位的根本制度，坚持马克思主义基本原理与中国革命和建设的具体实践相结合。

坚持人民至上，坚持人民是历史的创造者是"守正"的根本。中国共产党在延安时期提出文艺为工农兵服务；改革开放以后提出文艺为人民服务、为社会主义服务；十八大以来强调要坚持以人民为中心。纵观建党百年历史，人民当家作主的理念一以贯之。体现在文艺创作生产上，"守正"就是坚持唯物史观，站在党和人民的立场，表现人民群众创造历史的丰功伟绩，表现人民群众的喜怒哀乐。

中国社会主义文化制度建构没有现成模式，需要不断探索。实际上，党领导的百年文化制度建构过程就是不断创新的过程。

以文化理论创新为例。延安文艺座谈会即是一次重大的文艺理念创新会议。延安文艺座谈会后，文艺工作者精神面貌焕然一新，出现了如小说《小二黑结婚》、歌剧《白毛女》等一大批反映劳动人民生活的优秀文艺作品。新中国成立后，在社会主义革命和建设时期，毛泽东同志提出了"百花齐放、百家争鸣"的方针，这是文化理念的又一次重大创新。改革开放以后，我们党以更大的力度进行文化理论创新，提出了一系列新的文化理念。例如坚持文艺为社会主义服务，文艺为人民服务的宗旨；物质文明、精神文明两手抓，两手都要硬；弘扬主旋律、提倡多样化；把社会效益放在首位，实现经济效益和社会效益相结合；社会主义核心价值体系建设，树立和践行社会主义荣辱观；培养高度的文化自觉和文化自信，建设社会主义文化强国；实现中华传统文化的"创造性转化、创新性发展"等。

---

① 参见党的十七届六中全会《关于深化文化体制改革推动社会主义文化大发展大繁荣若干重大问题的决定》。

再以文化产业为例。改革开放以来，文化产业的兴起具有极大的创新意义。第一，文化产业的兴起适应了建立社会主义市场经济体制的要求，找到了建立社会主义文化市场体系的有效途径，拓展了文化建设的内涵、发展思路和发展方式。第二，文化产业以文化和经济的结合为基本特点，初步形成了一套完整的文化产业概念、理论体系和话语系统，包括文化市场、文化经济、文化金融、文化生产力、文化竞争力等。这些概念极大地丰富了文化建设的内涵，是党的文化建设理论的重要拓展。第三，文化产业的兴起促进了理念创新，形成了一系列新的理念。如文化既是精神活动，也是经济活动；既是精神力量，也是生产力。市场经济条件下需要两类文化产品：公共文化产品和满足市场需求的产品，文化市场是文化产品生产、流通、消费的主渠道。这些新理念极大地丰富了社会主义文化建设的内涵，有力地推动了文化建设。

（三）不断吸收外来有益文化

我国社会主义文化制度建构过程也是不断吸收外来有益文化的过程。中国共产党成立之初，党的文化制度建构在很大程度上借鉴了苏联文化制度的架构和运作模式。新中国成立后，在社会主义革命和建设时期的初期，苏联仍然是我国学习的主要对象。但毛泽东同志并不拘泥于学习苏联，而是重视学习一切对的东西和好的经验。

比如，1956年2月，毛泽东同志陆续听取34个部委的汇报时就指出："一切国家的先进经验都要学。要派人到资本主义国家去学技术，不论英国、法国、瑞士、挪威，只要他要我们的学生，我们就去嘛。"毛泽东还指出："学习苏联也不要迷信。对的就学，不对的就不学。过去苏联有电影部，没有文化部，只有文化局；我们相反，有文化部，没有电影部，只有电影局。有人就说我们同苏联一样，犯了原则错误。后来，苏联也改了，改成跟我们一样，设文化部、电影局，取消电影部。"①

改革开放以后，我们党胸怀天下，以更开阔的视野学习借鉴发达国家的文化管理理念、管理制度和管理经验，如知识产权制度、国有文化企业的股份制改造、公共文化机构的法人治理结构改革等。同时，积极吸收国际通行的文化理念和文化准则，如国家文化主权理念、维护公民文化权利理念、文化多样性理念等。这极大地推动了国家文化治理理念和治理方式现代化。

（四）自我调整和完善能力

纵观中外国家制度建构史，一个规律性现象是制度具有很强的传承性。对此，宋元史学家马端临有深刻的观察和论述。他在《文献通考》中说："窃以为理乱兴衰，不相因者也……无以参稽互察为也。典章经制，实相因者也。……爰自秦汉，以至宋唐，礼乐兵刑之

---

① 薄一波：《若干重大决策与事件的回顾》下卷，中共中央党校出版社1991年版，第484页。

制,赋敛选举之规,以至官名之更张,地理之沿革,虽其终不能以尽同,而其初亦不能以遽异。"①

鸦片战争以后,中国文化制度建构却呈现出完全不同的情景,"三千年未有之大变局"带来中国近现代社会急风暴雨式的变革。社会主义文化制度迥异于中国传统社会的文化制度,它不是此前文化制度的延续,而是创造性破坏,是建构全新的文化制度。

打碎几千年传承下来的旧的文化制度,建构新的文化制度,其难度可想而知。为此,中国共产党进行了不懈的探索。党中央总是不断适应时代变化,完善理念和政策。同时,及时总结经验,纠正错误,砥砺前行,表现出了强大的自我修复和完善能力,保证了社会主义文化制度始终充满生机和活力。

比如,中国共产党人对待传统文化的态度就经历了深刻变化。中国共产党成立初期,我们党继承了"五四"反传统精神,对传统文化持批判的态度。②延安时期,中国共产党人以辩证的和历史主义的态度看待传统文化,提出"剔除其封建性糟粕,吸收其民主性精华"。1938年10月,毛泽东在党的六届六中全会上指出"我们不应当割断历史。从孔夫子到孙中山,我们应当给以总结,承继这一份珍贵的遗产",显示了文化上的成熟。新中国成立后,中国共产党进一步提出"洋为中用,古为今用""推陈出新"的原则,强调对传统文化要批判性吸收。"文革"期间,受极"左"思想影响,对传统文化持全面否定的态度,中华优秀传统文化受到极大冲击。

改革开放特别是党的十八大以后,我们党高度重视中华优秀传统文化。2013年11月26日习近平同志赴曲阜考察时强调,"我这次来曲阜就是要发出一个信息:要大力弘扬中华优秀传统文化。"2014年,习近平同志在纪念孔子诞辰2565周年国际学术研讨会暨国际儒学联合会第五届会员大会开幕会上指出:"不忘历史才能开辟未来,善于继承才能善于创新。""要善于把弘扬优秀传统文化和发展现实文化有机统一起来,紧密结合起来,在继承中发展,在发展中继承。"③党中央把中华优秀传统文化作为社会主义核心价值观的重要思想来源,强调培育和弘扬社会主义核心价值观必须立足于中华优秀传统文化,提出了"推动中华优秀传统文化创造性转化和创新性发展"的理念。

---

① 马端临:《文献通考·自序》,中华书局1986年版,考三。
② 如早期党中央机关刊物《新青年》刊登了瞿秋白撰写的《〈新青年〉之新宣言》,该文继承"五四"反传统精神,对传统文化进行了猛烈的批判。文章指出:"中国的旧社会旧文化是什么?是宗法社会的文化,装满着一大堆的礼教伦常,固守着无量数的文章词赋;礼教伦常其实是束缚人性的利器,文章词赋也其实是贵族淫昏的粉饰。"载《新青年》(季刊)1923年第1期。
③ 习近平:《在纪念孔子诞辰2565周年国际学术研讨会暨国际儒学联合会第五届会员大会开幕会上的讲话》,《习近平谈治国理政》第2卷,外文出版社2017年版,第313页。

三、百年文化制度建构的启示

百年文化制度建构启示我们，社会主义文化制度建构应该把握文化制度建设相关要素的均衡性，保持文化制度的包容性和张力，遵循文艺发展的特点和规律，辩证看待社会效益和经济效益，正确认识文化安全和文化发展的关系。

（一）把握文化制度建设相关要素的均衡性

把握文化制度建设相关要素的均衡性至关重要。文化制度建构需要正确处理文化与政治、市场、社会之间关系。处理不好相互之间的关系，文化制度建设就容易失衡。

在社会主义革命和建设时期，我国文化建设取得了很大成就。但由于过于强调文艺的意识形态功能，把文艺视为阶级斗争的工具；同时，过于强调文化生产的计划性，单纯依靠行政力量配置资源，不利于调动知识分子和文艺工作者的积极性，影响了文艺价值和功能的全面发挥。改革开放以来，随着文化市场和文化产业的发展，文化生产力极大释放，文化市场空前繁荣。但也出现了片面追求经济效益和娱乐功能的情况，这在一定程度上影响了文化功能的全面发挥。党的十八大以后，党和国家有效纠正了过度市场化倾向，保证了文化市场的健康发展。但也要注意防止行政干预过多而导致市场主体活力不足等问题。因此，迫切需要进一步把握文化制度建设相关要素的均衡性，深刻认识文化与政治、文化与市场、文化与社会的关系。

以文化与市场的关系为例。如何认识文化市场的功能和作用是文化制度建设中的一个重大问题。目前对文化市场的认识上存在着两种误区：一种是否定文化市场的价值和积极意义，一种是夸大市场机制的作用。实际上，在市场经济条件下，文化市场具有以下两方面的特点：

1. 文化市场是文化繁荣发展的重要载体

第一，市场机制能激发文化创造活力。从新中国成立到改革开放，文化生产领域经历了由计划主导到市场主导的转变。改革开放以前，文化生产领域是计划配置资源。文化产品提供方只能是国有文化单位，生产什么样的产品、产品销售以后的收益与生产者没有多大关系。这使得计划体制难以调动文化生产者的积极性，束缚了生产者的创造力。文化市场遵循的是价值规律，而市场机制调动各类社会力量参与文化产品生产，同时将文化产品的市场收益与经营者的收益紧密联系在一起。无疑，这极大地激发了文化生产者的积极性和创造性。第二，市场机制有利于公平竞争、优胜劣汰。马克思就曾称赞市场具有自我平衡的机制。他认为，这种不以人的意志为转移的市场自我平衡调节机制乃是"美好和伟大之处"。文化市场能够通过优胜劣汰机制，实现文化资源的优化配置。在市场经济条件下，资源配置是以价格为基础的，而价格又是由价值决定的。价值规律通过市场交换形成分工和协作的社会生产机制，以市场价格自动调节生产和需求，以利益导向支配人们的文化消费行为，引导文化要素的流动和重组，使之在各生产部门之间实现合理配置。第三，市场机制促进了文化产品和服务的多样化。消费主体的多样性和多层次性,要求文化产品生产者和经营者要想在市场竞争中保持优势,就必须不断推出新的文化产品。同时,不同文化消费需求也使各种类型的文化产品在市场中都有其生存空间。

2. 市场配置文化资源存在失灵问题

在现代社会,影响文化市场的因素越来越多,市场失灵的问题日益凸显。第一,市场机制并不能自发地产生优秀作品。市场的逐利本能,导致投资方关注流量、消费者喜好、产品销售更甚于产品的社会价值和艺术价值。以影视市场为例,受投资方、消费时尚、流量等因素影响,宫斗剧、玄幻剧、搞笑剧等大行其道,反映民生问题的现实题材、艺术电影往往得不到市场的青睐,"劣币驱逐良币"的现象屡见不鲜。第二,市场机制有可能形成寡头垄断。在互联网时代,网络平台对文化生产和消费行为具有极大的影响力。受利益驱动,一些产品发布平台凭借对市场价格的控制权,长期维持着不合理的收入分配比例,压缩了中小文化企业的生存空间。一些产品评价平台受资本诱惑,出现人为操纵市场的行为,粉丝灌水、恶意差评等现象时有发生。第三,市场机制不能自发地维护社会公德。一段时间里,文化市场出现的低俗、庸俗、恶俗现象就说明这一点。例如一些媒体为提高收视率、发行量,不惜弄虚作假;一些演职人员为吸引眼球不择手段,有意挑战社会公德;文化产品为吸引观众,随意戏说历史、恶搞现实等。

上述特点说明,要保持文化市场的健康发展,就要把握文化与市场的均衡性。既要发挥市场配置文化资源的积极作用,也要更好发挥政府作用,两者缺一不可。解决市场失灵问题需要综合治理。一是加强监管,规范各类市场行为;二是加强文化消费引导,提高消费者素质,倡导健康的消费风尚;三是建立信用体系,强化市场主体自律;四是重视系统治理,避免头痛医头、脚痛医脚。

(二)保持文化制度的包容性和张力

历史制度主义学派认为,一种制度稳定以后,由于思维惯性会形成内在的自我强化机制,形成路径依赖。路径依赖有助于制度的稳定性和可持续性,但往往导致体制机制僵化,形成制度僵滞。

新中国成立前夕,欧阳予倩、蔡楚生、史东山、夏衍等16位著名电影工作者向中共中央提交了《电影政策献议》,对电影业改革提出了一些建议。其中很重要的一条是建议积极扶持民营股份制电影公司发展①,这个建议今天看来堪称真知灼见。但在当时"一切向苏联

---

① 《电影政策献议》提出:"一切私营制片公司,凡致力于进步影片具有成绩之摄制者,应予以积极之扶持。"(第七条)"鼓励并扶助优良之电影工作者,组织合作社性质之制片机构,政府对之应酌予放贷资本,或配给器材。"(第8条)这里所说的"合作性质的制片机构",实际上就是电影人自办的股份公司。参见蒯大申、饶先来:《新中国文化管理体制研究》,上海人民出版社2010年版,第138页。

老大哥看齐"的时代背景下,这一宝贵建议很难被采纳。

防止路径依赖引发的不良影响,就要尽可能使文化制度具有包容性和张力。习近平指出:"百花齐放、百家争鸣,是繁荣发展我国哲学社会科学的重要方针。要提倡理论创新和知识创新,鼓励大胆探索,开展平等、健康、活泼和充分说理的学术争鸣,活跃学术空气。"① 应鼓励各种学术思想、见解自由的争论和碰撞,为新理论、新观念、新的艺术风格和表现形式提供生长空间。改革开放初期,诗歌界围绕朦胧诗进行的争论就是一例,围绕朦胧诗孰优孰劣,诗歌界畅所欲言,最后形成共识,促进了诗歌的创新和发展。

(三)遵循文艺发展的特点和规律

1. 遵循文艺产品价值规律

文艺具有多方面的价值和功能,如激励功能、认识功能、愉悦功能等,孔子的"兴观群怨"说就是对文艺功能的精辟概括。马克思、恩格斯都非常重视文艺作品认识社会的功能。恩格斯说,巴尔扎克伟大之处在于,他的作品"汇集了法国社会的全部历史,我从这里,甚至在经济细节方面所学到的东西,也要比从当时所有职业的历史学家、经济学家和统计学家那里学到的东西还要多。"②

2. 遵循艺术接受规律

一是寓教于乐。文艺的基本特点是让人愉悦。英国著名文化社会学家阿诺德·豪泽尔认为,在现代社会,追求轻松和娱乐是人们欣赏艺术的主要动机。因此,具有吸引力是文艺作品发挥功能的关键。二是善于讲故事。叙事性文艺作品要有吸引力,很重要的是要善于讲故事。习近平同志指出,现在的问题是文艺作品要讲好故事。故事本来都是很好的,有的变成了文化作品以后,却失去了生命力。讲故事有很多种方式,要善于选择叙事角度。习近平同志举例说,电影《智取威虎山》就拍得有点意思,手法变换了,年轻人爱看,把现实的年青人和当时的年青人对比,讲"我奶奶的故事",就很有新意。③

3. 遵循文艺创作生产规律

一是重视文化创新,也要重视文化传承。文艺需要创新,一部文艺发展史就是不断创新的历史。文艺也需要传承,因为文艺创作具有一些普遍遵循的内在规律,比如内容为王、典型塑造等。二是完善文化内容管理机制。以影视业为例,要进一步细化审查标准,增强对影视产品尺度把握的准确性。同时也要适应市场要求,缩短电视剧审查周期,还要保持政策的持续性和稳定性,减少影视企业政策风险和其他风险。

---

① 习近平:《在哲学社会科学工作座谈会上的讲话》,《人民日报》2016年5月19日,第2版。
② 恩格斯:《致玛格丽特·哈克奈斯》,《马克思恩格斯文集》第10卷,人民出版社2009年版,第571页。
③ 陈新华等著:《文艺中国新开局》,中共中央党校出版社2019年版,第125页。

4. 深入研究文化传播规律

重视研究文化国际传播规律，深入探索中国故事的国际化表达方式，扩大中国文化产品的国际市场份额，善于从中国故事中提炼体现人类共同价值的理念和表达方式，提升中国文化的国际影响力。

（四）辩证看待社会效益和经济效益

在市场经济条件下，文化产品具有两种价值——文化价值和经济价值，具有两个效益——社会效益与经济效益。社会效益是指文化生产应提供体现社会主义核心价值观、体现健康向上、具有审美意义的文化产品；经济效益是指文化产品的市场收益。

把社会效益放在首位、社会效益和经济效益相统一是繁荣发展社会主义先进文化的一个重要原则。邓小平同志就曾指出："思想文化教育卫生部门，都要以社会效益为一切活动的唯一准则，它们所属的企业也要以社会效益为最高准则。"① 习近平同志强调："在推进文化体制改革、繁荣发展文化事业和文化产业的过程中，要把握好意识形态属性和产业属性、社会效益和经济效益的关系，始终坚持社会主义先进文化前进方向，始终把社会效益放在首位。无论改什么、怎么改，导向不能改，阵地不能丢。"②

坚持把社会效益放在首位是文化建设的目标决定的。文化建设的核心目标和根本功能是满足人的精神需求、丰富人的精神生活、提升人的精神境界，为社会生活建立意义系统和价值系统，引导人们追求更高尚的生活意义，使人不仅在物质生活上，而且在知识、道德、审美等方面全面发展。因此，社会效益和经济效益相统一是文化产品价值实现的最佳状况。社会效益是文化机构应该承担的社会责任，经济效益是文化机构可持续发展的重要保证，两者缺一不可。

在市场经济条件下，受文化市场环境影响，社会效益与经济效益往往存在背离的现象，有些艺术品质较高的文化产品经济效益不佳；相反，有些有较高票房收入或收视率高的文艺作品却充斥着低俗、庸俗的内容和观念。这种"劣币驱逐良币"的现象必须纠正。也应防止两种倾向：一是空谈作品的社会效益，忽视传播效果；二是把社会效益与政治效益混为一谈。这两种倾向都偏离了社会效益和经济效益相统一的要求。

（五）正确认识文化安全和文化发展的关系

要高度重视文化安全。习近平同志指出"当前我国国家安全内涵和外延比历史上任何时候都要丰富"，要"既重视传统安全，又重视非传统安全，构建集政治安全、国土安全、军事安全、经济安全、文化安全等于一体的国家安全体系"。党的十九届五中全会明确提出

---

① 邓小平：《在中国共产党全国代表会议上的讲话》，《人民日报》1985 年 9 月 23 日。
② 中央文献研究室编：《习近平关于社会主义文化建设论述摘编》，中央文献出版社 2017 年版，第 185 页。

要"统筹发展和安全"。当今世界各国间文化交流、交融、交锋日益频繁,维护国家文化安全更加紧迫。

1. 正确认识文化安全与意识形态安全的异同

从内涵上看,文化安全是比意识形态安全更大的概念。文化安全包括意识形态安全,但并不等同于意识形态安全。《国家安全法》要求"防范和抵制不良文化的影响",加强文化安全建设就是要增强防范和抵制不良文化的能力。从我国文化发展现状看,不良文化主要包括危害政治安全的文化、激化民族矛盾和宗教冲突的文化、违背社会公德的文化、侵犯个人权利的文化。要旗帜鲜明反对和抵制上述四类不良文化。同时,要善于区别不同性质的文化,用不同的方法解决文化发展中遇到的问题。

2. 文化安全是一个动态概念

文化安全是动态概念,具有以下三个特点:第一,文化安全状况随着文化内容和接受者的改变而改变。一般来说,文化安全状况与文化产品接受者的素质成正比。同样的文化产品,接受者的素质越高,其文化安全系数就越高、所受到的威胁就越小。同样的文化内容,适合成年人,不一定适合儿童;适合高素质人群,不一定适合低素质人群。第二,文化安全状况与一国的经济、政治、社会发展状况有着紧密的联系。一般来说,文化安全状况与国家总体状况成正比。一个国家经济、政治、社会发展状况越好,文化安全状况就越好;反之则较差。第三,文化安全状况与文化背景、身份等直接相关。一般来说,不同民族之间文化接受度与文化差异成反比。文化贸易中有一个叫"文化折扣"的概念,指国际市场中的文化产品会因文化背景差异不被其他地区受众认同或理解而导致其价值的递减。比如中国文化和东南亚国家文化相近,与欧美国家文化则差异较大。因此,中国文化产品进入东南亚市场较为容易,进入欧美市场难度就大得多。文化背景差异越大,被不同国家或地区受众接受的程度就越低,对这些国家或地区的文化威胁就越小;相反,文化安全系数也就越高。

3. 协调好文化安全与文化发展的关系

在实际工作中,处理好文化安全与文化发展的关系十分重要。文化要讲安全,安全是发展的条件;文化更要讲发展,发展是安全的基础。维护文化安全应以发展为前提。只有发展和安全并重才能增强文化竞争力,防范和抵制不良文化的侵蚀和影响,实现持久的文化安全。在国际文化交往和参与国际文化市场竞争时,要坚持文化自信,以开放为原则、安全为底线。诚然,在文化开放过程中会遇到各种各样的文化安全问题,但只要实事求是、理性辨别、科学应对,便都能有效化解。

(原载于《山东大学学报(哲学社会科学版)》2022 年第 1 期)

从文化自觉、文化自信到文明创新

——中国共产党百年征程的文化贡献探赜

李凤亮

南方科技大学

百年征程波澜壮阔，百年党史博大精深。中国共产党不仅在政治、军事、经济、社会等方面走出一条新路，取得举世瞩目的成就，在文化建设上也蹚出了一条新路，为人类发展进步作出了重大而独特的文化贡献。习近平总书记在庆祝中国共产党成立100周年大会上明确指出："我们坚持和发展中国特色社会主义，推动物质文明、政治文明、精神文明、社会文明、生态文明协调发展，创造了中国式现代化新道路，创造了人类文明新形态。"[①] 一百年来，中国共产党团结带领中国人民开辟的伟大道路、创造的伟大事业、取得的伟大成就，不仅载入了中华民族和人类文明的发展史册，更是构建了中国特色现代新文明，从而引领和创造了一种新的文明模式。

一、穿越百年的文化自觉

著名社会学家费孝通认为，文化自觉是文化的自我觉醒、自我反省、自我创建。这种文化自觉建立在对"根"的找寻与继承上，对"真"的批判与发展上，对发展趋向的规律把握与持续指引上，是对文化地位作用的深刻认识、对文化发展规律的正确把握、对发展文化历史责任的主要担当。[②]

近代中国的文化自觉，是在中国固有文化与欧洲输入文化相互接触、相互碰撞的过程中发生的。在从传统走向现代的进程中，围绕"如何救中国"、"中国何处去"等一系列问题，中国社会文化思潮激荡，各种主张此起彼伏。从鸦片战争后魏源"师夷长技"的大胆主张，到戊戌变法中维新派以"变"突围的政治抉择，再到辛亥革命中"兼收众长、益以新创"的精神重塑，中国文化一直在努力寻觅摆脱困境、适应时代潮流的道路。革命、建设和发展征程本身就是文化探索过程，是一种认知与行动、个体与集体、经验与思想相融合的过程。

[①] 习近平：《在庆祝中国共产党成立100周年大会上的讲话》，《人民日报》2021年7月2日。
[②] 费宗惠、张荣华编：《费孝通论文化自觉》，内蒙古人民出版社2009年版，第83页。

1936年，埃德加·斯诺深入延安采访。他在《红星照耀中国》中写道："那种精神，那种力量，那种欲望，那种热情……是人类历史本身的丰富而灿烂的精华。"① 许多外国记者来到"红色圣地"延安时也这样描述自己看到的这群人："他们的存在，是世界的一个奇迹，他们的精神，是世界文明的一份财富。"② 1943年5月26日，共产国际执委主席团《关于提议解散共产国际的决定》中提到，"中国共产党人是我们民族一切文化、思想、道德的最优秀传统的继承者，把这一切优秀传统看成和自己血肉相连的东西，而且将继续发扬光大"。③ 这些真实的史料反映出中国共产党作为一个马克思主义政党，作为中华优秀传统文化的忠实继承者、弘扬者，从建党初期就对文化建设高度重视，并逐步形成了独特的文化理念、文化气质和文化品质。风雨百年，初心如一。回顾百年党史，中国共产党始终以清醒的文化自觉指导着中国革命、建设、改革。

新民主主义革命时期，"五四"先驱冲决思想禁锢，以救亡图存为己任，高擎爱国、进步、民主、科学的旗帜，掀起了一场反帝反封建的思想解放运动和新文化运动。中华民族和中国人民的伟大觉醒，推动了文化自觉愈趋理性发展。1921年成立的中国共产党，选择了以马克思主义作为救国济民的理论武器，以倡导者、宣传者和组织者的身份推动新文化运动后期转向，"使中国革命的面目为之一新"。④ 自此，在马克思主义的指导下，中国文化走上了与中国现代化历史实践过程相伴相生的现代化转型与重构之路。

社会主义革命和建设时期，新中国的文化建设开启了新航程。毛泽东同志在新中国成立初期就指出："随着经济建设的高潮的到来，不可避免地将要出现一个文化建设的高潮。中国人被人认为不文明的时代已经过去了，我们将以一个具有高度文化的民族出现于世界。"⑤ 在"百花齐放、百家争鸣"方针的鼓舞下，旨在"为人民服务"的文化建设为新中国政权的巩固和社会主义建设提供了适时的精神养分，文艺创作逐渐呈现繁荣景象，新型的文化管理体制在探索中逐步建立，文化交流不断突破西方各类封锁，公共文化事业快速发展，人民群众文化生活愈加丰富。

改革开放和社会主义现代化建设新时期，我国进入了社会主义事业发展新的历史阶段，经济建设取得伟大成就，极大地增强了我国的综合国力，也为进一步提升国家文化软实力、推动中华文化走向世界开辟了广阔空间。邓小平同志提出："提高全民族的科学文化水平，

---

① ［美］埃德加·斯诺：《红星照耀中国》，董乐山译，人民文学出版社2016年版，第8页。
② 宣言：《我们怎样才能继续成功》，《人民日报》2021年9月28日。
③ 1943年5月15日，共产国际执行委员会主席团为适应反法西斯战争的发展，并考虑各国斗争情况的复杂，需要各国共产党独立地处理面临的问题，作出《关于提议解散共产国际的决定》；5月22日，向全世界公布了这个决定；5月26日，中共中央作出完全同意解散共产国际的决定。
④ 《毛泽东选集》第3卷，人民出版社1991年版，第796页。
⑤ 中共中央文献研究室编：《毛泽东年谱（1893—1949）》（下），中央文献出版社2013年版，第577页。

发展高尚的丰富多彩的文化生活，建设高度的社会主义精神文明。"① 党在新的历史条件下探索中国特色社会主义文化的发展规律中，逐步形成一系列新的文化发展理念，作出一系列重要论述和重大部署。中国文化建设以解放思想为先导，以改革开放为动力，革故鼎新，与时俱进，以宽阔的视野、博大的胸襟和包容的气魄，走出了一条中国特色社会主义文化发展道路，呈现出更加繁荣、蓬勃、兴盛的生动景象。

  党的十八大以来，中国特色社会主义进入新时代。以习近平同志为核心的党中央把文化建设提升到新的历史高度，把文化自信和道路自信、理论自信、制度自信并列为中国特色社会主义"四个自信"，凸显了中国特色社会主义的文化根基、文化本质和文化理想，标志着我们党对中国特色社会主义有了更加明确而开阔的文化建构。文化建设在习近平新时代中国特色社会主义思想的指导下，走上了一条与中国深厚文化底蕴和丰富文化资源相匹配、与新时代中国特色社会主义事业总体布局和战略布局相适应、与建设富强民主文明和谐美丽的社会主义现代化强国相承接的加快发展建设之路，实现了马克思主义基本原理同中华优秀传统文化相结合，取得了新的历史性成就。中华文化魅力充分彰显，多元文化融合发展交相辉映，国家文化软实力显著增强，展示出中国作为一个崛起大国的形象与风范。

  回溯百年党史，中国共产党始终以高度的文化自觉把建设民族的科学的大众的中华民族新文化作为自己的使命，致力于建设一个文化繁荣、文明兴盛的社会主义中国。百年来的中国文化，始终以马克思主义为根本遵循，以中华民族五千多年文明历史所孕育的中华优秀传统文化为深厚根基，以党和人民在各个历史时期奋斗中形成的伟大精神为价值内核，以中国特色社会主义伟大实践为丰沃土壤，形成了贯穿百年的文化自觉意识，有力地推动了中国特色社会主义文化的建设与发展，为党和国家事业发展注入了强大的精神动力。纵观百年党史，我们党至少在以下几个方面形成了清晰的文化自觉意识。

  第一，坚持以马克思主义真理作为根本遵循，以开放的姿态拥抱真理，学习外来先进思想文化。贯通历史、现实与未来的光辉文献《中共中央关于党的百年奋斗重大成就和历史经验的决议》全面、深刻、系统地总结概括了中国共产党百年奋斗的历史经验、历史意义和对中国、对人类作出的历史性贡献。决议首次提出，毛泽东思想、中国特色社会主义理论体系、习近平新时代中国特色社会主义思想实现了马克思主义中国化的三次飞跃。作为一个具有高度文化自觉的马克思主义政党，一百年来，中国共产党"坚持把马克思主义写在自己的旗帜上，不断推进马克思主义中国化时代化，用博大胸怀吸收人类创造的一切优秀文明成果，用马克思主义中国化的科学理论引领伟大实践。马克思主义的科学性和真理性在中国得到充分检验，马克思主义的人民性和实践性在中国得到充分贯彻，马克思主义的开放性和

---

① 《邓小平文选》第 2 卷，人民出版社 1994 年版，第 208 页。

时代性在中国得到充分彰显。"①

第二，始终以中华优秀传统文化为深厚根基，在继承与发扬中汲取养分和力量，并实现对外来先进文化思想的中国化改造。源远流长的中华文明和博大精深的中国文化，蕴含着中华民族最深层次的精神追求，代表着中华民族最根本的精神基因和独特标识，是我国实现社会主义现代化的重要精神支撑，也是我国在世界文化激荡中站稳脚跟的重要根基。作为中华优秀传统文化的忠实继承者和发展者，我们党始终运用马克思主义来提升和改造中华传统文化，同时在促进中华优秀传统文化创造性转化和创新性发展的过程中，不断吸收和借鉴传统文化的宝贵思想资源，推进马克思主义在中国的传播，在延续民族文化血脉中不断彰显中国特色、中国风格、中国气派。

第三，保持了与时俱进的前行意识，以始终代表中国先进文化前进方向的标准自我要求内向加压。在百年奋斗中，中国共产党始终把保持自身的先进性和纯洁性作为党内文化建设的题中之义，在党内提倡先进的价值体系，大力发展具有强烈时代性、广泛代表性和鲜明导向性的先进文化，把坚定理想信念作为党的思想建设的首要任务，大力弘扬党在历史上形成的一系列伟大革命精神，并将之内化为党内全体同志自觉的价值理念和精神品格、外化为全党共有的行为方式和风格特征，使我们党始终成为中国先进生产力、先进文化和最广大人民根本利益的忠实代表，成为中国革命、建设、改革事业的坚强领导核心。

第四，始终坚持推陈出新、守正创新，在继承与发展中不断开辟文化发展新境界。时代变幻和实践发展总是不断给我们党提出新的要求，也不断赋予文化建设以新的内涵。一百年来，党带领人民开辟的中国特色社会主义文化发展道路，契合中国发展的具体国情，契合时代发展的潮流，是建立在五千多年来中华民族的精神文脉基础上、立足于马克思主义中国化的伟大实践发展而来的，凝聚了中国人民的智慧，延续了中华优秀传统文化，继承了近代以来中国人民英勇抗争的民族精神，发展了革命文化和社会主义先进文化，并不断被赋予新的时代内涵，愈加呈现出充满创新力、生命力、感召力的蓬勃姿态。

二、日益明晰的文化自信

文化的自我觉醒、自我反思和自我创建是一个艰苦的探索过程和复杂的发展过程。文化自信，则是一个民族、一个国家以及一个政党基于对自身文化的理性审视和积极践行，对其文化价值给予的充分肯定和对文化生命力持有的坚定信心，充分体现了主体对文化认知的理性高度、实践深度和胸襟气度。

自信不是自大，自信基于自觉。中国共产党在百年奋斗实践中，对文化地位和作用的认

---

① 《中共中央关于党的百年奋斗重大成就和历史经验的决议》，《人民日报》2021年11月17日。

识、理解以及重视等，在理论、实践、历史等三个层面全面上升到了一个新的高度。当下的文化自信，是以文化自觉发展为特征的自信。这种自信既带有传统价值观造就的文化底色，也带有现代社会发展造就的时代特色；既是信仰力量的确证，又是知行合一的选择。从文化自觉到文化自信，一字之差体现了质的飞跃。

（一）文化自信的理论构建

党的十八大以来，以习近平同志为核心的党中央高度重视文化建设，推动文化建设取得重大历史性成就。习近平总书记对文化自信的相关论述已经成为习近平新时代中国特色社会主义思想的重要组成部分，是习近平总书记关于新时代文化建设重要论述的核心理念之一。习近平总书记本人是中国文化自信的坚定倡导者、优秀引领者、积极传播者、勇毅践行者，曾在不同场合多次强调和阐述了我们何以坚持文化自信、如何坚持文化自信，使我们党对中国特色社会主义的认识、对文化地位作用和发展规律的认识提升到一个全新境界。

2014年3月全国"两会"期间，习近平总书记在参加贵州代表团审议时指出，坚持道路自信、理论自信、制度自信，最根本的还有一个文化自信，从新时代坚持和发展中国特色社会主义、实现中华民族伟大复兴战略全局的高度，创造性地提出文化自信的时代命题。2016年7月，在庆祝中国共产党成立95周年大会的讲话中，习近平总书记提出"全党要坚定道路自信、理论自信、制度自信、文化自信"，"文化自信，是更基础、更广泛、更深厚的自信"[1]，正式把文化自信与道路自信、理论自信、制度自信并列为中国特色社会主义"四个自信"，语境更为庄严，观点更为鲜明，态度更为坚决。自此，文化自信从文化理念升华为党的文化建设的指导思想。2017年10月，中国共产党第十九次全国代表大会报告将"坚定文化自信，推动社会主义文化繁荣兴盛"作为一个主要篇章进行专题阐述，强调"文化是一个国家、一个民族的灵魂。文化兴国运兴，文化强民族强。"[2] 2020年10月，习近平总书记在党的十九届五中全会报告中明确提出："坚定文化自信，坚持以社会主义核心价值观引领文化建设，加强社会主义精神文明建设，围绕举旗帜、聚民心、育新人、兴文化、展形象的使命任务，促进满足人民文化需求和增强人民精神力量相统一，推进社会主义文化强国建设。"[3] 他还亲自擘画绘制了到2035年建成社会主义文化强国的时间表、路线图，更加体现了我们党铸就中华文化新辉煌的高度自信和历史担当。

习近平总书记主持起草的《中共中央关于党的百年奋斗重大成就和历史经验的决议》提出，我们党准确把握世界范围内思想文化相互激荡、我国社会思想观念深刻变化的趋势，

---

[1] 习近平：《在庆祝中国共产党成立95周年大会上的讲话》，《人民日报》2016年7月1日。
[2] 习近平：《决胜全面建成小康社会 夺取新时代中国特色社会主义伟大胜利——在中国共产党第十九次全国代表大会上的报告》，《人民日报》2017年10月28日。
[3] 《中国共产党第十九届中央委员会第五次全体会议公报》，《人民日报》2020年10月30日。

始终着力为国家立心、为民族立魂。这一贯穿历史、现实与未来的光辉文献再次强调，"文化自信是更基础、更广泛、更深厚的自信，是一个国家、一个民族发展中最基本、最深沉、最持久的力量，没有高度文化自信、没有文化繁荣兴盛，就没有中华民族伟大复兴"；并指出，"党的十八大以来，我国意识形态领域形势发生全局性、根本性转变，全党全国各族人民文化自信明显增强，全社会凝聚力和向心力极大提升，为新时代开创党和国家事业新局面提供了坚强思想保证和强大精神力量。"①

从这些重要论述中可以看出，中国共产党对为什么要坚定文化自信、坚定什么样的文化自信，以及在迈向伟大复兴征程中如何坚定文化自信等一系列重大问题，进行了系统的思考研究、总结提炼，并使其升华为指导发展方向的重要理论、重要思想。

（二）文化自信的生动实践

步入新时代，中国共产党人在壮丽的复兴长卷中书写了文化自信的绚丽篇章，标记了中华文明精神天际的全新高度。当前，文化自信在不同文化领域都呈现新时代的新气象，主要体现在以下几个方面。

第一，促进文化遗产保护与文化传承。文运同国运相牵，文脉同国脉相连。文化遗产是历史最好的见证，承载着一个民族的精神与灵魂，能够穿越历史长河的风烟，成为连接过去、现在和未来的精神纽带。近年来，《我在故宫修文物》《上新了·故宫》《中国诗词大会》《国家宝藏》等文化节目风靡于世，国风舞蹈《唐宫夜宴》《洛神水赋》不断出圈，舞蹈《只此青绿》将《富春山居图》的神韵风采演绎得出神入化……这些新颖的文化创意，让"沉睡"的文物"活"起来，让观众在一眼千年中感悟传统文化的深沉和厚重。文化遗产背后蕴藏的人文情怀、价值理念和时代精神直抵人心，引发了社会的广泛关注，唤起了无数人对传统文化的崇敬和喜爱，成为彰显我国文化自信的一个鲜明标识。

第二，推动中华优秀传统文化创造性转化、创新性发展。习近平总书记强调，"要讲清楚中华优秀传统文化的历史渊源、发展脉络、基本走向，讲清楚中华文化的独特创造、价值理念、鲜明特色，增强文化自信和价值自信"②；"要挖掘中华优秀传统文化的思想观念、人文精神、道德规范"，"把中华美学精神和当代审美追求结合起来，激活中华文化生命力"。③近年来，文化界、理论界把握时代需求，回应时代课题，扎实开展对中华优秀传统文化的学理研究，充分挖掘其中所蕴含的思想观念、人文精神、道德规范，以及对社会主义核心价值观的涵养功能，积极发掘其融入新时代、服务当前国家社会发展的现代价值，为推动中华优

---

① 《中共中央关于党的百年奋斗重大成就和历史经验的决议》，《人民日报》2021年11月17日。
② 《习近平谈治国理政》第1卷，外文出版社2014年版，第164页。
③ 习近平：《在中国文联十一大、中国作协十大开幕式上的讲话》，《人民日报》2021年12月15日。

秀传统文化实现创造性转化、创新性发展夯实了基础。习近平总书记的很多讲话旁征博引、融通古今，给人以思想启迪、精神激荡，展示着充分的文化自信。习近平外交思想也充分汲取了中华优秀传统文化的丰富营养，赋予其新的时代印记和人文内涵，如人类命运共同体理念中蕴含着"天下为公""世界大同"的美好愿景，构建全球伙伴关系的过程中秉持了"和而不同""立己达人"的和谐理念，共建"一带一路"重大倡议则创造性地传承了古代丝绸之路精神，将这一人类文明成果转化为开展国际合作、促进共同发展的新型公共产品。

　　第三，文化产业新兴业态不断发展。当前，文化与科技融合创新成为推动我国文化产业发展的强劲动力，不断改变文化产品的生产、传播和消费方式，成为催生文化产业新兴业态的主要因素。承担着建设中国特色社会主义先行示范区新使命的深圳，率先探索以文化产业推动文化强国建设的新路径，近年来，文化与科技融合的进程日益加速，文化产业对经济增长的外溢、辐射和带动作用愈发凸显，成为城市新兴产业增长的重要支柱和新引擎。"十四五"时期，深圳将实施文化产业数字化战略，这意味着城市文化产业将以打造全球数字先锋城市为契机，迎来新的春天。2021年"七一"前夕，深圳献礼建党百年华诞的光影秀惊艳全国：5200架无人机点亮夜空，展示百年辉煌党史的重大历史事件，用科技手段将党徽投射在天穹之上，这场将科技与文化深度融合的视觉盛宴，展现出文化产业新兴业态的发展速度和实力。

　　第四，深入开展文化交流与文化传播。"国之交在于民相亲，民相亲在于心相通。"[1] 当前，中国与世界的交流越来越紧密。中外文化年、旅游年、艺术节、影视节、研讨会等人文合作项目的质量与效益不断提升。在国际文化传播领域，具有鲜明中国特色的战略传播体系以文载道、以文传声、以文化人，向世界阐释推介具有中国特色、体现中国精神、蕴藏中国智慧的优秀文化。比如，2022年北京冬奥会赛场内外中国元素引人瞩目，这场冰雪盛会除了展现运动员精彩卓越的竞技水平，更以别样的中华文化魅力收获了来自世界的掌声。汉学热在世界各地不断蔓延，折射出中华文化的影响力正在不断扩大。我们欣喜地看到，中华文化感召力、中国形象亲和力、中国话语说服力正不断提升，一个可信可爱可敬的中国形象，正在真实、立体、全面地向世界人民呈现。

（三）文化自信的历史积淀

　　党在领导人民进行革命、建设和改革的百年征程中，经历了曲折探索，取得了巨大成就，也积累了宝贵文化资源，这是我们继续走好新的长征路的现实基础和精神财富。唯有保持高度的文化自信，才能始终坚定不移地沿着中国特色社会主义道路前进。

---

[1] 习近平：《携手推进"一带一路"建设——在"一带一路"国际合作高峰论坛开幕式上的演讲》，《人民日报》2017年5月15日。

百年党史,为坚持文化自信赋予了价值底色。以"为中国人民谋幸福、为中华民族谋复兴"的初心使命,凝结着中国共产党人的理想信念、行为方式和价值取向。党在团结带领中国人民进行的一切奋斗、一切牺牲、一切创造中,始终指向一个主题,即实现中华民族伟大复兴;始终保持一种本色,即坚如磐石的理想信念、永葆初心的人民情怀、民族复兴的责任担当。

百年党史,为坚持文化自信提供了精神支撑。中国共产党百年来铸造了一系列具有丰富时代内涵和体现民族特征的革命精神,并在革命中淬炼、在建设中磨砺、在改革中检验、在新时代中传承。这种由中国共产党所创造的独特精神财富,是中国人民共同的历史记忆,是百年党史厚重之所在,具有超越时代的永恒意义和奔向未来的精神力量。

百年党史,为坚持文化自信注入了实践力量。中国共产党带领中国人民创造了新民主主义革命、社会主义革命和建设、改革开放和社会主义现代化建设、中国特色社会主义新时代四个时期的伟大成就,成功地开创了一条有中国特色的社会主义道路,实现了中华民族从站起来、富起来到强起来的伟大飞跃,中华民族伟大复兴进入了不可逆转的历史进程。文化自信在百年实践积淀中获取了源源不断的动力,凝聚了致力中华民族千秋大业的复兴伟力。正如习近平总书记所指出的:"当今世界,要说哪个政党、哪个国家、哪个民族能够自信的话,那中国共产党、中华人民共和国、中华民族是最有理由自信的。"①

三、引领未来的文明创新

站在新的历史方位,中国共产党正在开拓和引领一种面向未来的具有强大生命力、凝聚力和吸引力的新的文明模式。必须强调的是,文明模式并不限于一种。全球200多个国家和地区、2500多个民族、6000多种语言交织而成当今世界人类文明的画卷。文明多样性是世界文明生态系统的基本特征,促进文明多样性是保障基本的人文价值观的前提和基础。

现代化起源于西方。西方国家通过工业革命率先实现现代化,为人类文明进步作出积极贡献。但某些因此掌握了现代化话语权的西方国家,把这种基于特定文化传统、历史条件且并不完美的现代化模式,吹嘘为人类文明实现现代化的唯一模式。这一方面强化了西方文明的优势地位,另一方面使很多非西方国家的现代化进程遭遇严重挫折,甚至导致国家分裂、战乱频仍、贫穷加剧,世界发展更加不平衡。

中国共产党经过艰辛探索,成功找到了符合中国国情的中国特色社会主义道路。正如新华社评论员文章指出:"中国人民坚持和发展中国特色社会主义,创造了人类文明新形态。这种文明新形态,坚持以人民为中心,坚持走共同富裕道路,推动物质文明和精神文明相协

---

① 习近平:《在庆祝中国共产党成立95周年大会上的讲话》,《人民日报》2016年7月2日。

调,坚持人与自然和谐共生,促进人的全面发展和社会全面进步,开创了发展新模式;坚持走和平发展道路,始终把和平共处、互利共赢作为处理国际关系的基本准则,倡导共商、共建、共享,坚持多边主义,反对零和博弈、霸权主义、单边主义,积极推动构建人类命运共同体。实践证明,中国特色社会主义最有效率、又最讲公平,促进物的不断丰富,又增强人民的精神力量,造福中国,又惠及世界,开辟出一条文明发展新道路,为人类文明进步带来了新希望。"[1] 中国特色社会主义道路的开拓,是马克思主义理论与中国文化传统的内在延展,也是中华文明贡献给世界的"崭新方案"。这一探索不但加速了中华民族伟大复兴的进程,而且为广大发展中国家实现现代化开创了新道路、新模式,拓宽了走向现代化的理论路径,丰富了人类对于社会发展规律与发展道路的认识。从这个角度来看,中国对世界的贡献,不只是中国自身问题的解决,还将为解决当下世界的普遍性问题找寻出路,贡献中国智慧和中国方案。

在各个不同时期出现的所谓"文明的冲突",其实不是文明本身的冲突,而是文明标签下利益和欲望的冲突,包括战争和形形色色的暴力。文明只有一个维度,即"人"的维度,从人出发,由人创造,为人享有,凡是有利于人类生存发展、美好生活的思想、文化、发明、创造,都是文明进步的;凡是阻碍人类生存发展、损害人类美好生活的思想、文化、发明、创造,都是愚昧野蛮的。文明的发展,离不开各种文明之间的碰撞、交流、融合。习近平总书记指出:"文明因交流而多彩,文明因互鉴而丰富。文明交流互鉴,是推动人类文明进步和世界和平发展的重要动力。"[2] 在 2021 年 7 月召开的中国共产党与世界政党领导人峰会上,习近平总书记发表了《加强政党合作共谋人民幸福》的主旨讲话,立足于人这个维度,凝聚共识,共促发展。他强调,要本着对人类前途命运高度负责的态度,以宽广胸怀理解不同文明对价值内涵的认识,尊重不同国家人民对价值实现路径的探索,把全人类共同价值具体地、现实地体现到实现本国人民利益的实践中去。

在"文明冲突"还是"文明交融"成为人类文明发展重大关切的当下,中国共产党倡导并引领了人类文明新形态,展现了促进世界文明发展的中国担当。在理论层面,习近平总书记提出的"人类命运共同体"[3] 是发展的共同体、合作的共同体、可持续的共同体,提出了超越国家、民族、宗教和国际政治的时代命题,是对人类文明走向的理性判断,也意味着将创造世界文明史上最大范围和规模的文明协同机制,而这来自中华文明的底蕴,在实践层面,"一带一路"倡议最具说明和示范意义。2013 年 9 月和 10 月,国家主席习近平在出访

---

[1] 新华社评论员:《中国特色社会主义创造了人类文明新形态 学习贯彻习近平总书记'七一'重要讲话精神》,《新华每日电讯》2021 年 7 月 6 日。
[2] 习近平:《文明交流互鉴是推动人类文明进步和世界和平发展的重要动力》,《求是》2019 年第 9 期。
[3] 习近平:《共同构建人类命运共同体》,《人民日报》2017 年 1 月 20 日。

中亚和东南亚国家期间，先后提出共建"丝绸之路经济带"和"21世纪海上丝绸之路"的重大倡议，得到国际社会的高度关注。自倡议提出以来，中国与沿线国家的各类文化交流进一步密切，各类高级别文化对话与磋商陆续建立，各类主题艺术节、博览会、交易会、论坛、公共信息服务等逐步规范和常态化。"一带一路"为世界经济增长开辟了新空间，为完善全球经济治理拓展了新实践，为增进各国民生福祉作出了新贡献，成为共同的机遇之路、繁荣之路。

走过一百年的征程，我们仍然强调建立开放型的文化强国，既要传承和弘扬中华优秀传统文化，增强其生命力和影响力，又要吸纳域外文化文明精华，在更开放的环境和更自由的思想空间中，推动中华文化不断丰富和创新，并在世界舞台上充分展示民族文化的魅力。

从顶层设计来看，党的十八大以来，"建设文化强国"成为我国国家文化战略的集中表达，形成了对以往文化改革发展经验和未来发展目标的集成性概括。党的十九大报告将文化的地位提升到新高度，明确新时代文化建设在中国特色社会主义总体布局中的定位，提出建设社会主义文化强国的奋斗目标，为新时代中国文化发展指明了方向，明确了路径。党的十九届五中全会将建设社会主义文化强国列入与科技强国、教育强国等相协同的总体战略架构，规定了未来一段时期我国内部文化发展和对外文化开放两大领域的发展目标和任务。《中共中央关于党的百年奋斗重大成就和历史经验的决议》进一步提出，要建设社会主义文化强国，激发全民族文化创新创造活力，更好构筑中国精神、中国价值、中国力量，巩固全党全国各族人民团结奋斗的共同思想基础。这些重要论述和决策部署，从战略全局上指明了新形势下建立文化强国的目标方向，深刻揭示了在文化开放中坚定文化自信的重要意义。

从历史经验来看，中华文明崇尚"各美其美，美美与共"[①]，主张和合共生、互利共赢。中国共产党历来重视吸收人类文明的优秀成果，马克思主义中国化的历程就是其中最集中的表现。党的十九届六中全会进一步强调要坚持理论创新，坚持解放思想、实事求是、与时俱进、求真务实，坚持把马克思主义基本原理同中国具体实际相结合、同中华优秀传统文化相结合，不断推进马克思主义中国化时代化。从建党、立党，到革命、建设和发展整个历程，我们党都能得出"关起门来搞建设是不行的，中国的发展离不开世界"的结论。党对文化格局的构建，也始终以开放为主旋律，在继承中转化，在学习中超越，文化相融、共生、互动、发展的趋势日益显著。

文化是一个国家核心竞争力的重要组成部分，在综合国力竞争中的地位和作用越来越突出。置身百年未有之大变局，面对国际风云变幻，实现中华民族的伟大复兴，不仅要在经济社会发展赛道上实现赶超，更应以中国特色的文明体系，体现一个大国在现代化进程中海纳

---

① 费孝通：《从实求知录》，北京大学出版社1998年版，第435—436页。

百川、兼收并蓄的自信。向世界全面介绍中国的文化传统、价值理念、发展道路、民族精神，扩大中华文化在国际上的影响力，是提升我国文化软实力和综合国力的必然要求，也是占据国际文化竞争制高点，赢得先机和主动的必然要求。尤其在中国共产党走过百年征程的历史性时刻，中国的各项事业发展取得巨大成就，中国文化受到世界的瞩目，世界迫切希望认识东方文明、学习中国文化，了解中国的成功模式。我们应抓住机遇，秉持开放包容、互学互鉴的理念，以更自信的心态、更宽广的胸怀，深入开展同各国的文化交流合作，广泛参与世界文明对话，努力建设社会主义文化强国，不断增强创造人类文明新形态的思想自觉、政治自觉和行动自觉。

（原载于《中国高校社会科学》2022年第4期）

新时代我国意识形态领域发生的全局性根本性转变

欧阳雪梅

中国社会科学院当代中国研究所文化史研究室　中国社会科学院大学

意识形态工作是为国家立心、为民族立魂的工作。党的十九届六中全会通过的《中共中央关于党的百年奋斗重大成就和历史经验的决议》（以下简称《决议》）肯定了新时代我国意识形态工作的巨大成就，指出："党的十八大以来，我国意识形态领域形势发生全局性、根本性转变，全党全国各族人民文化自信明显增强，全社会凝聚力和向心力极大提升，为新时代开创党和国家事业新局面提供了坚强思想保证和强大精神力量。"[1] 这些成就的取得得益于以习近平同志为核心的党中央高度重视意识形态工作，并正本清源、守正创新、立破并举，推动我国意识形态领域形势发生了全局性、根本性转变。

一、加强党对意识形态工作的全面领导

党管意识形态是传统。在社会主义建设时期，毛泽东指出，"要责成省委、地委、县委书记管思想工作"[2]，"各地党委的第一书记应该亲自出马来抓思想问题，只有重视了和研究了这个问题，才能正确地解决这个问题。"[3] 改革开放后，邓小平提出，反对资产阶级自由化要求各级党委尤其是主要负责同志，对思想战线的问题密切关注、深入研究并实现有效改进。江泽民强调，"党委书记主管思想政治和意识形态工作，这是我们党的一个好传统"[4]，并将是否重视、能否做好意识形态工作作为其工作考核的重要指标。胡锦涛强调，党管意识形态是坚持党的领导的重要方面，必须形成党委统一领导、党政各部门和社会各方面齐抓共管、各负其责的工作体制。[5] 尽管党中央一直强调意识形态工作，但在实践中，一些单位和党政干部政治敏感性、责任感不强，认为意识形态工作只是"说起来重要"，并视作只是党

---

[1]《中共中央关于党的百年奋斗重大成就和历史经验的决议》，人民出版社2021年版，第46页。
[2]《毛泽东文集》第7卷，人民出版社1999年版，第247页。
[3]《毛泽东文集》第7卷，人民出版社1999年版，第282页。
[4]《江泽民文选》第3卷，人民出版社2006年版，第96—97页。
[5]《十六大以来重要文献选编》（中），中央文献出版社2006年版，第501页。

委宣传部及相关部门的"分内事";一些党员干部政治立场模糊,"骑墙派""看风派"有之,社会上"去意识形态化"论调甚嚣尘上。习近平总书记上任伊始即强调意识形态工作的重要性,指出"经济建设是党的中心工作,意识形态工作是党的一项极端重要的工作";①"能否做好意识形态工作,事关党的前途命运,事关国家长治久安,事关民族凝聚力和向心力",②必须凝聚起全党和各界积极参与意识形态工作的思想共识。

做好意识形态工作,首要的是加强党对意识形态工作的全面领导。面对改革发展稳定的复杂局面和社会思想意识的多元多样、媒体格局的深刻变化,习近平要求党"必须把意识形态工作的领导权、管理权、话语权牢牢掌握在手中,任何时候都不能旁落,否则就要犯无可挽回的历史性错误",③因此,要"压实压紧各级党委(党组)责任",④让各级党委及领导干部切实承担起意识形态工作的主体责任,严格落实意识形态工作责任制。中共中央办公厅印发《党委(党组)意识形态工作责任制实施办法》《党委(党组)网络意识形态工作责任制实施细则》《中国共产党宣传工作条例》等党内法规,对各级党委及领导干部承担的意识形态工作责任加以明确并细化,即坚持各级党委(党组)班子负主体责任,党委(党组)书记是第一责任人,并将落实党中央和上级党委的工作部署及指示精神、研判并应对意识形态领域情况、加强本单位意识形态工作的统一领导、管理意识形态阵地等,作为意识形态工作责任清单的重要内容,坚持主管主办和属地管理原则,形成"党委统一领导、党政齐抓共管、职能部门组织协调、社会各方积极参与"的工作新格局⑤,并不断强化意识形态问责力度,守土有责、守土负责、守土尽责,使高度重视意识形态工作成为全党的思想自觉和行动自觉。为深化中央宣传口机构改革,2018年4月,中央宣传部加挂国家新闻出版署、国家版权局、国家电影局牌子,加强党对新闻舆论、出版、电影工作的统一管理;整合中央电视台(中国国际电视台)、中央人民广播电台、中国国际广播电台,组建中央广播电视总台,归口中央宣传部领导;整合组建文化市场综合执法队伍。这为新时代意识形态领域的历史性巨变提供了保障。

二、确立和坚持马克思主义在意识形态领域的指导地位的根本制度

马克思主义是社会主义意识形态的旗帜和灵魂。苏联和东欧国家放弃马克思主义,搞所

---

① 《习近平谈治国理政》,外文出版社2014年版,第153页。
② 中共中央宣传部编:《习近平总书记系列重要讲话读本》,学习出版社、人民出版社2014年版,第99页。
③ 《习近平关于社会主义文化建设论述摘编》,中央文献出版社2017年版,第34页。
④ 《习近平在全国宣传思想工作会议上发表重要讲话》,《人民日报》2018年8月23日。
⑤ 《十八大以来重要文献选编》(下),中央文献出版社2018年版,第494页。

谓的指导思想"多元化",最终让国家陷入分崩离析的境地,有人因此提出了"历史终结论"。一些研究马克思主义的学者面对现实问题处于失语状态,有人断言马克思主义"过时"。社会主义意识形态的境遇窘迫。"实际工作中,在有的领域中马克思主义被边缘化、空泛化、标签化,在一些学科中'失语'、教材中'失踪'、论坛上'失声'。"① 因此,必须始终坚持马克思主义在意识形态领域的指导地位。

习近平强调守正创新。守正,是坚持马克思主义基本原理不动摇。列宁指出:马克思学说"完备而严密,它给人们提供了决不同任何迷信、任何反动势力、任何为资产阶级压迫所作的辩护相妥协的完整的世界观"。② 这种完备而严密体现在它"是人类在19世纪所创造的优秀成果——德国的哲学、英国的政治经济学和法国的社会主义的当然继承者"。③ 马克思的全部天才"正是在于他回答了人类先进思想已经提出的种种问题"。继承与创新相结合是马克思主义的力量之所在,习近平进一步阐释了这一思想。习近平指出,马克思主义是科学的理论,深刻揭示了自然界、人类社会、人类思维发展的普遍规律,为人类社会发展进步指明了方向;马克思主义是人民的理论,坚持实现人民解放、维护人民利益的立场,以实现人的自由而全面的发展和全人类解放为己任,反映了人类对理想社会的美好憧憬;马克思主义是实践的理论,具有鲜明的实践品格,为改变人民历史命运而创立,为人民认识世界、改造世界提供强大思想武器;它是开放的理论,始终站在时代前沿,不断探索时代和实践发展提出的新课题、回应人类社会面临的新挑战。因此,"马克思主义就是我们共产党人的'真经'",④ 是"伟大的认识工具"。⑤ "在近代中国最危急的时刻,中国共产党人找到了马克思列宁主义,并坚持把马克思列宁主义同中国实际相结合,用马克思主义真理的力量激活了中华民族历经几千年创造的伟大文明。"⑥ "人类社会至今仍然生活在马克思所阐明的发展规律之中",⑦ 马克思主义始终"是我们认识世界、把握规律、追求真理、改造世界的强大思想武器"。⑧

同时,"马克思主义同中华优秀传统文化具有内在契合性。"⑨ 马克思主义传入中国后受到人民的热烈欢迎,并最终扎根中国大地、开花结果,是因为马克思主义的人民立场、探求

---

① 《习近平关于社会主义文化建设论述摘编》,中央文献出版社2017年版,第76页。
② 《列宁全集》第23卷,人民出版社2017年版,第41页。
③ 《列宁全集》第23卷,人民出版社2017年版,第41—42页。
④ 《习近平关于社会主义文化建设论述摘编》,中央文献出版社2017年版,第67页。
⑤ 《习近平关于社会主义文化建设论述摘编》,中央文献出版社2017年版,第74页。
⑥ 习近平:《在党史学习教育动员大会上的讲话》,《求是》2021年第7期。
⑦ 习近平:《在哲学社会科学工作座谈会上的讲话》,《人民日报》2016年5月19日。
⑧ 习近平:《在纪念马克思诞辰200周年大会上的讲话》,《人民日报》2018年5月5日。
⑨ 姜辉:《"两个结合"是马克思主义中国化的必然途径》,《当代中国史研究》2021年第5期。

理想社会追求、讲究一切从实际出发、唯物辩证法思想，与中华优秀传统文化"大道之行也，天下为公"的大同理想、"民惟邦本"的民本思想、"天行健，君子以自强不息"的奋斗观念、"周虽旧邦，其命维新"的改革精神、扶贫济困的共富观念、知行合一的实践哲学、"穷则变，变则通，通则久"的朴素辩证法等思想观念、价值追求与方法论，具有内在契合性。马克思主义推动了中华优秀传统文化创新发展，中华优秀传统文化则助推马克思主义的民族化、本土化，并实现了马克思主义中国化的三次历史性飞跃，创立了毛泽东思想，形成了中国特色社会主义理论体系，创立了习近平新时代中国特色社会主义思想。习近平把马克思主义基本原理同中华优秀传统文化相结合，充分吸取其哲学思想、人文精神、道德价值、历史智慧，提出了许多新观点新论断。比如，要求"深入挖掘和阐发中华优秀传统文化讲仁爱、重民本、守诚信、崇正义、尚和合、求大同的时代价值，使中华优秀传统文化成为涵养社会主义核心价值观的重要源泉"；[1] 将马克思主义群众观同中华传统文化的民本思想相结合，提出坚持以人民为中心的发展思想；将马克思主义自然观与中国天人合一的传统思想相结合，深刻阐明生态文明理念，提出人与自然生命共同体的重大论断；关于"人类命运共同体"的国际关系理念体现了对传统文化中"世界大同""协和万邦"思想的弘扬。习近平新时代中国特色社会主义思想是中华文化和中国精神的时代精华，谱写了马克思主义中国化的新篇章。

马克思、恩格斯指出："一切划时代的体系的真正的内容都是由于产生这些体系的那个时期的需要而形成起来的。"[2] 新时代，"我国正处在大发展大变革大调整时期，国际国内形势的深刻变化使我国意识形态领域面临着空前复杂的情况"，[3] 坚持和巩固马克思主义在我国意识形态领域的指导地位，必须"坚持用马克思主义观察时代、解读时代、引领时代，用鲜活丰富的当代中国实践来推动马克思主义发展"。[4] 习近平把握我国社会发展的时代脉搏，"对关系新时代党和国家事业发展的一系列重大理论和实践问题进行了深邃思考和科学判断，就新时代坚持和发展什么样的中国特色社会主义、怎样坚持和发展中国特色社会主义，建设什么样的社会主义现代化强国、怎样建设社会主义现代化强国，建设什么样的长期执政的马克思主义政党、怎样建设长期执政的马克思主义政党等重大时代课题，提出一系列原创性的治国理政新理念新思想新战略"，[5] 科学回答中国之问、世界之问、人民之问、时代之问，是当代中国马克思主义、21世纪马克思主义，推动了党和国家事业的发展，彰显

---

[1] 《习近平关于社会主义文化建设论述摘编》，中央文献出版社2017年版，第141页。
[2] 《马克思恩格斯选集》第3卷，人民出版社1995年版，第465页。
[3] 《习近平关于总体国家安全观论述摘编》，中央文献出版社2018年版，第109页。
[4] 习近平：《在纪念马克思诞辰200周年大会上的讲话》，《人民日报》2018年5月5日。
[5] 《中共中央关于党的百年奋斗重大成就和历史经验的决议》，人民出版社2021年版，第25—26页。

了马克思主义真理的力量。

新时代，党以制度化的方式增强马克思主义在我国意识形态领域指导地位的强制力和约束力。党的十九届四中全会把坚持马克思主义在意识形态领域指导地位确立为国家制度体系中一项根本制度，把马克思主义在文化领域、意识形态领域的指导功能和引领作用制度化。"这是中国特色社会主义制度在意识形态和文化领域的具体体现，表明我们党对坚持以马克思主义为指导的意识形态工作规律的认识达到一个新高度。"①

三、正本清源，加强意识形态阵地的建设

思想阵地是意识形态工作的基本依托。党的十八大以来，习近平对意识形态建设的重点领域，包括文艺工作、媒体舆论、学术研究以及网络安全等进行整体、系统谋划，"动员各条战线各个部门一起来做"，调动各方力量，运用多种资源，自觉承担起"举旗帜、聚民心、育新人、兴文化、展形象的使命任务"。②党从正本清源入手加强宣传思想工作，先后主持召开了全国宣传思想工作、文艺工作、网络安全和信息化工作、党校工作、新闻舆论工作、哲学社会科学工作座谈会和全国高校思想政治工作会议，"就一系列根本性问题阐明原则立场，廓清了理论是非，校正了工作导向。"③

新时代一再强调坚持以人民为中心，坚持党性和人民性相统一，确保意识形态工作的正确价值取向。习近平指出：我党以全心全意为人民服务为根本宗旨，"体现党的意志就是体现人民的意志，宣传党的主张就是宣传人民的主张，坚持党性就是坚持人民性。"④习近平强调所有宣传思想阵地上的党员干部、所有媒体都要坚持党性原则，无论是理论研究、宣传报道还是文艺创作、思想教育，都要把坚持正确导向摆在首位，始终绷紧导向这根弦，讲导向不含糊、抓导向不放松。⑤

舆论导向是事关党和人民之祸福、安邦定国之大事。但改革开放以来，有的媒体陷入绝对的新闻客观主义的"窠臼"，为了表面的客观、中性而丧失应有的是非判断和价值立场。习近平明确提出，党的新闻舆论工作的职责和使命是"高举旗帜、引领导向，围绕中心、服务大局，团结人民、鼓舞士气，成风化人、凝心聚力，澄清谬误、明辨是非，联接中外、

---

① 姜辉：《把坚持马克思主义在意识形态领域指导地位的根本制度落到实处》，《百年潮》2021年第3期。
② 《习近平在全国宣传思想工作会议上发表重要讲话》，《人民日报》2018年8月23日。
③ 《中共中央关于党的百年奋斗重大成就和历史经验的决议》，人民出版社2021年版，第44—45页。
④ 习近平：《论党的宣传思想工作》，中央文献出版社2020年版，第182页。
⑤ 《习近平关于社会主义文化建设论述摘编》，中央文献出版社2017年版，第26页。

沟通世界。"① 习近平要求新闻舆论工作"尊重新闻传播规律，创新方法手段，切实提高党的新闻舆论传播力、引导力、影响力、公信力"。② 要做到这点，新闻舆论工作者必须"转作风改文风，俯下身、沉下心、察实情、说实话、动真情，努力推出有思想、有温度、有品质的作品。"③

  文艺深深融入人民生活，承载着塑造人们精神家园的重任。改革开放以来，我国文艺创作迎来了新的春天，产生了大量脍炙人口的优秀作品。同时，在文艺创作方面，也存在着"有数量缺质量、有'高原'缺'高峰'"的现象④，有些作品调侃崇高，有的以丑为美，有的一味媚俗、低级趣味。作为社会主义意识形态建设格局中不可或缺的重要一环，习近平开宗明义：文艺是时代前进的号角，文艺工作要坚持以人民为中心的创作导向，"努力创作生产更多传播当代中国价值观念、体现中华文化精神、反映中国人审美追求，思想性、艺术性、观赏性有机统一的优秀作品。"⑤ 习近平要求"引导文艺工作者树立正确的历史观、民族观、国家观、文化观，自觉讲品位、讲格调、讲责任"，⑥ 坚决抵制低俗庸俗媚俗，坚守艺术理想，追求德艺双馨。这推动广大文艺工作者为人民放歌、为时代铸魂，创作出了一批群众喜闻乐见的文艺精品。

  明确"党校姓党"。在全国党校工作会议上，习近平指出："党校因党而立，党校姓党是天经地义的要求。"针对党校一些人讲课时传播西方资本主义价值观念，妄议党和国家大政方针的现象，习近平强调党校是教育培训干部的地方，要以党的旗帜为旗帜，以党的意志为意志，以党的使命为使命。"党校要旗帜鲜明、大张旗鼓讲马克思主义、讲中国特色社会主义、讲共产主义。"⑦ 党校的一切教学、科研、办学活动都要坚持党性原则，把党性教育作为共产党人修身养性的必修课。中央党校为此成立了马克思主义学院。

  哲学社会科学兼具意识形态与学术属性，是人们认识世界、改造世界的重要工具。改革开放以来，流行的一种看法是学术就要远离现实生活，离现实愈远，学术价值愈高，"为学术而学术"才是学术的正道、学者的本分。有的人学习西方理论时依附于"西方理论"，缺乏"理论自我"。习近平为中国哲学社会科学正名并强调，坚持以马克思主义为指导，"是当代中国哲学社会科学区别于其他哲学社会科学的根本标志。"⑧ 习近平反对以国外哲学社

---

① 《习近平谈治国理政》第 2 卷，外文出版社 2017 年版，第 332 页。
② 《习近平谈治国理政》第 2 卷，外文出版社 2017 年版，第 331 页。
③ 《习近平谈治国理政》第 2 卷，外文出版社 2017 年版，第 333—334 页。
④ 习近平：《在文艺工作座谈会上的讲话》，人民出版社 2015 年版，第 8—9 页。
⑤ 习近平：《在文艺工作座谈会上的讲话》，人民出版社 2015 年版，第 7 页。
⑥ 《习近平在全国宣传思想工作会议上发表重要讲话》，《人民日报》2018 年 8 月 23 日。
⑦ 习近平：《在全国党校工作会议上的讲话》，《求是》2016 年第 9 期。
⑧ 习近平：《在哲学社会科学工作座谈会上的讲话》，《人民日报》2016 年 5 月 19 日。

会科学作为标准和模式,要求我国哲学社会科学应从我国的实践中"挖掘新材料、发现新问题、提出新观点、构建新理论,"① 以解决在建设以马克思主义为指导的学科体系、学术体系、话语体系上功力不够、成果不多的问题,"按照立足中国、借鉴国外,挖掘历史、把握当代、关怀人类、面向未来的思路",② 加快构建中国特色哲学社会科学,"建构中国自主的知识体系"。③ 新时代以此为着力点和着重点谋划和推进加快构建中国特色哲学社会科学;新型智库以公共政策为研究对象,在咨政建言、创新理论、服务社会等领域积累了丰富经验,取得了明显成效。

高校的立身之本在于立德树人。培养人才是高校的根本使命,为社会服务是高校的基本职能,高校又最易受各种错误思潮冲击,是意识形态工作前沿阵地。习近平强调,"要坚持把立德树人作为中心环节",④ "帮助学生形成正确的世界观、人生观、价值观,提高道德修养和精神境界,养成科学思维习惯,促进身心和人格健康发展。"⑤ 加强马克思主义学院建设,推动马克思主义及其中国化最新成果进课堂、进教材,入脑入心,并积极推进思政课教学改革创新,不仅把思想政治工作贯穿教育教学全过程,而且,思政课除了在课堂上讲,也要在社会生活中来讲,跟现实结合起来。要将小课堂与社会大课堂有机结合,善用"大思政课",实现全程育人、全方位育人,引导学生树立正确的理想信念、学会正确的思维方法,培养德智体美劳全面发展的社会主义建设者和接班人,培养堪当民族复兴大任的新时代的奋斗者。

推动媒体融合发展,建设清朗的网络空间。信息化时代,互联网已是舆论生成的策源地、信息传播的集散地、思想交锋的主阵地,以前所未有的冲击力重塑文化环境、舆论生态。西方反华势力将互联网视为"扳倒中国"的一把利刃,多年前有西方政要声称"有了互联网,对付中国就有了办法";⑥ 有人利用网络鼓吹推翻国家政权,煽动宗教极端主义,宣扬民族分裂思想,教唆暴力恐怖活动等。这直接关系到国家的意识形态安全和政权安全。党接受善意的批评,无论是和风细雨的还是忠言逆耳的,但反对搬弄是非、颠倒黑白、造谣生事、违法犯罪。习近平多次强调,"要把网上舆论工作作为宣传思想工作的重中之重来抓",⑦ 解决好"本领恐慌"问题,真正成为运用现代媒体新手段新方法的行家里手。

---

① 习近平:《在哲学社会科学工作座谈会上的讲话》,《人民日报》2016年5月19日。
② 习近平:《在哲学社会科学工作座谈会上的讲话》,《人民日报》2016年5月19日。
③ 《坚持党的领导 传承红色基因 扎根中国大地 走出一条建设中国特色世界一流大学新路》,《光明日报》2022年4月26日。
④ 《习近平谈治国理政》第2卷,外文出版社2017年版,第377、376页。
⑤ 习近平:《在哲学社会科学工作座谈会上的讲话》,《人民日报》2016年5月19日。
⑥ 《习近平关于社会主义文化建设论述摘编》,中央文献出版社2017年版,第29页。
⑦ 《习近平关于社会主义文化建设论述摘编》,中央文献出版社2017年版,第28—29页。

党高度重视互联网这个意识形态斗争的主阵地、主战场，为打好网络意识形态攻坚战，"要坚持发展和治理相统一、网上和网下相融合，广泛汇聚向上向善力量"，① 以"提高用网治网水平，使互联网这个最大变量变成事业发展的最大增量"。② 一是健全互联网领导和管理体制，实行多主体协同共治，确保互联网可控可管。习近平指出："打赢网络意识形态斗争，必须提高网络综合治理能力，形成党委领导、政府管理、企业履责、社会监督、网民自律等多主体参与，经济、法律、技术等多种手段相结合的综合治网格局。"③ 为加强党对互联网工作的领导，2014年，中央网络安全和信息化领导小组成立，2018年改为中央网络安全和信息化委员会，建立中央、省、市甚至到县的各级网信管理工作体系。坚持依法治网同技术治网并举。近年来，国家相继出台了《中华人民共和国网络安全法》《维护互联网安全的决定》《互联网信息服务管理办法》《网络出版服务管理规定》《互联网文化管理暂行规定》《网络信息内容生态治理规定》《最高人民法院、最高人民检察院关于办理利用信息网络实施诽谤等刑事案件适用法律若干问题的解释》《即时通信工具公众信息服务发展管理暂行规定》等法规，依法净化网络生态。二是深刻认识全媒体时代的挑战和机遇，加强网络内容建设。党中央以内容建设为根本，推动传统媒体和新兴媒体深度融合，着力打造一批形态多样、手段先进、具有竞争力的新型主流媒体，加强网上正面宣传，壮大主流思想舆论，"形成网上网下同心圆，使全体人民在理想信念、价值理念、道德观念上紧紧团结在一起，让正能量更强劲、主旋律更高昂"，④ 根本扭转了过去网上乱象丛生、阵地沦陷、被动挨打的状况；网络文艺从流量至上回归内容为王，网络文化生态发生深刻变化。

经过上述努力，我国意识形态领域形成了齐抓共管的工作格局，全面落实了党管宣传、党管意识形态、党管媒体的要求，思想文化领域向上向好态势不断发展，意识形态工作的引领力不断增强。

四、立破并举，既解疑释惑，也敢于发声亮剑

"先进的思想文化一旦被群众掌握，就会转化为强大的物质力量；反之，落后的、错误的观念如果不破除，就会成为社会发展进步的桎梏。"⑤ 巩固马克思主义在意识形态领域的指导地位、巩固全党全国人民团结奋斗的共同思想基础是意识形态建设的中心环节。我们的挑战是，"国内外敌对势力想让我们党改旗易帜、改名换姓，其要害就是要我们丢掉马克思

---

① 《广泛汇聚向上向善力量共建网上美好精神家园》，《人民日报》2021年11月20日。
② 《习近平在全国宣传思想工作会议上发表重要讲话》，《人民日报》2018年8月23日。
③ 《习近平关于网络强国论述摘编》，中央文献出版社2021年版，第56—57页。
④ 《习近平谈治国理政》第3卷，外文出版社2020年版，第317页。
⑤ 习近平：《在纪念马克思诞辰200周年大会上的讲话》，《光明日报》2018年5月5日。

主义的信仰，丢掉对共产主义和社会主义的信念。有些人甚至党内有的同志竟没有看清这暗藏的玄机，认同西方'普世价值'"；"有的人奉西方理论、西方话语为金科玉律，不知不觉成了西方资本主义意识形态的吹鼓手"。① 习近平强调"坚持以立为本、立破并举"。② 习近平要求宣传思想战线"在基础性、战略性工作上下功夫，在关键处、要害处下功夫，在工作质量和水平上下功夫"，③ 增强意识形态正面宣传的吸引力、影响力和感染力。

办好中国的事情，关键在党。首先是切实加强对党员干部的教育、引导和管理。党的十八大报告指出："对马克思主义的信仰，对社会主义和共产主义的信念，是共产党人的政治灵魂，是共产党人经受住任何考验的精神支柱。"④ 推动用党的创新理论武装全党、教育人民、指导实践是意识形态建设中基础性的工作。针对党内不重视马克思主义理论学习的现象，习近平多次强调："共产党人要把读马克思主义经典、悟马克思主义原理当作一种生活习惯、当作一种精神追求，用经典涵养正气、淬炼思想、升华境界、指导实践。"⑤ 不断完善中央政治局集体学习、党委（党组）理论学习中心组、基层党组织"三会一课"等各层级学习制度，并积极探索建立网络在线学习制度，健全用党的创新理论武装全党的工作体系，推动理想信念教育常态化制度化，使广大党员干部树牢"四个意识"，坚定"四个自信"，坚决做到"两个维护"，牢牢把握意识形态的正确方向。

教育引导党员、干部矢志不渝为中国特色社会主义共同理想而奋斗，牢固树立正确的世界观、权力观、事业观，做社会主义道德的示范者、诚信风尚的引领者、公平正义的维护者，以实际行动彰显共产党人的人格力量。党中央把党内经常性教育和集中性教育相结合。从2013年开始的党的群众路线教育实践活动，到"不忘初心、牢记使命"主题教育，反复强调"革命理想高于天"，⑥ 并切实解决好执政"为了谁、依靠谁、我是谁"的问题，努力实现好、维护好、发展好最广大人民根本利益。革命传统和优良作风薪火相传，才能使我们的党永远不变质、我们的红色江山永远不变色。习近平强调："共和国是红色的，不能淡化这个颜色。"⑦ 2014年设立烈士纪念日，每年9月30日，国家举行纪念烈士活动，缅怀烈士丰功伟绩，弘扬爱国主义精神，增强中华民族的凝聚力。建立健全党和国家的功勋荣誉表彰制度，并在庆祝改革开放40周年时表彰了100名改革先锋；新中国成立70周年时授予42

---

① 习近平：《在全国党校工作会议上的讲话》，《求是》2016年第9期。
② 《习近平在全国宣传思想工作会议上发表重要讲话》，《人民日报》2018年8月23日。
③ 《习近平在全国宣传思想工作会议上发表重要讲话》，《人民日报》2018年8月23日。
④ 《十八大以来重要文献选编》（上），中央文献出版社2014年版，第80页。
⑤ 习近平：《在纪念马克思诞辰200周年大会上的讲话》，《人民日报》2018年5月5日。
⑥ 《十八大以来重要文献选编》（上），中央文献出版社2014年版，第470页。
⑦ 《习近平在看望参加政协会议的文艺界社科界委员时强调 坚定文化自信把握时代脉搏聆听时代声音坚持以精品奉献人民用明德引领风尚 汪洋参加看望和讨论》，《光明日报》2019年3月5日。

人国家勋章和国家荣誉称号，其中，8人被授予"共和国勋章"；在建党百年时给29名优秀党员颁发"七一勋章"，发挥杰出人物的精神引领、典型示范作用。党的十九届六中全会审议通过《决议》，以统一全党的思想，坚定历史自信。

新时代大力推动马克思主义大众化。马克思主义是一个博大精深的理论体系，怎样增强理论对大众的吸引力和感染力？毛泽东曾在《关于正确处理人民内部矛盾的问题》中指出："不能强制人们放弃唯心主义，也不能强制人们相信马克思主义。"① 列宁用一个公式简洁直观地解决了这一问题："最高限度的马克思主义＝最高限度的通俗化"②，即宣传马克思主义理论要"通俗化"，应"善于用简单、明了、群众易懂的语言讲话"。③ 2012年11月15日，习近平在与中外记者见面时庄严宣示："我们的责任，就是要团结带领全党全国各族人民，接过历史的接力棒，继续为实现中华民族伟大复兴而努力奋斗"；"人民对美好生活的向往就是我们的奋斗目标"；"人世间的一切幸福都要靠辛勤的劳动来创造"；"坚定不移地走共同富裕的道路"。④ 明确党和国家事业发展的目标是"实现中华民族伟大复兴"，根本遵循是"坚持以人民为中心的发展思想"，鼓励华夏儿女同心共筑实现中华民族伟大复兴的中国梦。党的十九大报告正式提出并阐述了党的初心和使命就是"为中国人民谋幸福，为中华民族谋复兴"，⑤ 并把铸牢中华民族共同体意识作为新时代党的民族工作的"纲"，绘就民族团结最大"同心圆"。

培育和践行社会主义核心价值观，注重用社会主义先进文化、革命文化、中华优秀传统文化培根铸魂，广泛开展中国特色社会主义和中国梦宣传教育，党推动"四史"⑥ 学习。建成中国共产党历史展览馆，开展庆祝建党百年、新中国成立70周年、建军90周年、改革开放40周年和纪念中国人民抗日战争暨世界反法西斯战争胜利70周年、抗美援朝出国作战70周年等活动，在全社会唱响主旋律、弘扬正能量。党推进文化事业和文化产业全面发展，繁荣文艺创作，完善公共文化服务体系，创新实施文化惠民工程，为人民提供了更多更好的精神食粮。

坚持正面宣传为主，决不意味着放弃舆论斗争。针对少数干部用"不争论"、"不炒热"、"让说话"为自己不作为开脱的情况，习近平指出："在重大意识形态问题上含含糊糊、遮遮掩掩，助长了错误思潮的扩散。"⑦ "对重大政治原则和大是大非问题，要敢于交

---

① 《毛泽东文集》第7卷，人民出版社1999年版，第209页。
② 《列宁全集》第36卷，人民出版社1959年版，第468页。
③ 《列宁全集》第14卷，人民出版社1988年版，第89页。
④ 《习近平谈治国理政》，外文出版社2014年版，第4页。
⑤ 《十九大以来重要文献选编》（上），中央文献出版社2019年版，第1页。
⑥ "四史"：中国共产党史、新中国史、改革开放史、社会主义发展史。
⑦ 《习近平关于社会主义文化建设论述摘编》，中央文献出版社2017年版，第35页。

锋、敢于亮剑。对恶意攻击、造谣生事，要坚决回击、以正视听。"党中央一再要求"对各种政治性、原则性、导向性问题要敢抓敢管，对各种错误思想必须敢于亮剑，帮助人们明辨是非，牢牢掌握意识形态工作主动权"。① 对历史虚无主义、新自由主义、民主社会主义、西方宪政民主、"公民社会"论等错误思潮，要"组织力量对错误思想观点进行批驳"②，用唯物主义的观点说明，"一个国家选择什么样的国家制度和国家治理体系，是由这个国家的历史文化、社会性质、经济发展水平决定的。"③ 习近平明确指出，在意识形态领域斗争上做战士而不做绅士，是所有意识形态工作者的自觉意识和必备素质。

针对一些西方国家把我国发展进步视为对西方制度和价值观的威胁，一些西方媒体长期妖魔化中国，肆意挑动意识形态对抗，并就人权、宗教、疫情、新疆、西藏、香港、台湾等议题，蓄意制造反华分裂言论的现象，习近平指出："中国从不搞意识形态对抗"，但是，"我们也不会坐视国家主权、民族尊严、发展空间受损，会坚定维护自身正当权益，维护国际公平正义。"④ 习近平强调，"对那些妖魔化、污名化中国和中国人民的言论，要及时予以揭露和驳斥"，⑤ 坚决开展国际意识形态斗争。我国先后发布了《新疆的宗教信仰自由状况》《伟大的跨越：西藏民主改革60年》《西藏和平解放与繁荣发展》《中国与世界贸易组织》《中国的全面小康》《人类减贫的中国实践》《中国的核安全》《中国的生物多样性保护》《中国的出口管制》《"一国两制"下香港的民主发展》《我们的民主》等白皮书，以事实与数据介绍中国、说明真相。

"思想舆论领域大致有红色、黑色、灰色'三个地带'。红色地带是我们的主阵地，一定要守住；黑色地带主要是负面的东西，要敢于亮剑，大大压缩其地盘；灰色地带要大张旗鼓争取，使其转化为红色地带。"⑥ 要在党的领导下，努力把握网络传播规律，掌握网络舆论宣传和舆论斗争艺术，提高巩固和拓展"红色地带"、进入和改变"黑色地带"、争取和转化"灰色地带"的能力，为我国营造有利外部舆论环境。

"人心是最大的政治。"⑦ 意识形态有没有强大的凝聚力，关键要看人心向背，即党和政府能否获得人民群众的大力支持和积极拥护。新时代呼应人民的关切，针对"由于一度出现的管党不力、治党不严问题，有些党员、干部政治信仰出现严重危机"，⑧ 特权思想和特

---

① 《习近平关于社会主义文化建设论述摘编》，中央文献出版社2017年版，第53页。
② 《十八大以来重要文献选编》（上），中央文献出版社2014年版，第465页。
③ 《习近平谈治国理政》第3卷，外文出版社2020年版，第119页。
④ 《习近平关于统筹疫情防控和经济社会发展重要论述选编》，中央文献出版社2020年版，第29页。
⑤ 《习近平关于社会主义文化建设论述摘编》，中央文献出版社2017年版，第202页。
⑥ 《习近平谈治国理政》第2卷，外文出版社2017年版，第328页。
⑦ 《习近平关于网络强国论述摘编》，中央文献出版社2021年版，第77—78页。
⑧ 《中共中央关于党的百年奋斗重大成就和历史经验的决议》，人民出版社2021年版，第29页。

权现象较为普遍存在，严重影响党的形象和威信的问题，习近平明确提出"全面从严治党"。从中央八项规定破题，以上率下抓作风建设；以雷霆万钧反腐败破局，"打虎"、"拍蝇"、"猎狐"多管齐下，推动反腐败斗争取得压倒性胜利并全面巩固。从党的十八大到十九届六中全会前，全国纪检监察机关共立案 407.8 万件、437.9 万人，其中立案审查调查中管干部 484 人，给予党纪政务处分 399.8 万人。① 虽然反腐败斗争任重道远，但以习近平同志为核心的党中央以永远在路上的坚定执着、将党的自我革命进行到底的精神和对腐败问题无禁区、全覆盖、零容忍的态度，日益完善"把权力关进制度的笼子"的制度建设，取信于民。

更重要的是，党中央团结带领全党全国各族人民着力解决人民日益增长的美好生活需要和不平衡不充分的发展之间的矛盾。全面深化改革加强顶层设计和整体谋划，激发人民首创精神，健全全面、广泛、有机衔接的人民当家作主制度体系，增进民生福祉，关注人民对民主、法治、公平、正义、安全、环境等方面的要求，在幼有所育、学有所教、劳有所得、病有所医、老有所养、住有所居、弱有所扶上持续用力，增强人民获得感、幸福感、安全感。打赢了脱贫攻坚战，近一亿农村贫困人口脱贫，实现全面小康；在应对新冠肺炎疫情的过程中，举全国之力实施规模空前的生命大救援，最大限度保护了人民生命安全和身体健康。中国共产党人着力解决人民群众急难愁盼问题，"民之所忧，我必念之；民之所盼，我必行之"，② 不断积累人民群众对党中央的信心、信任和信赖。全球知名公关咨询公司爱德曼发布《2022 年度爱德曼信任晴雨表》报告显示，2021 年中国民众对政府信任度高达 91%，同比上升 9 个百分点，蝉联全球第一。在国家综合信任指数方面，中国高达 83%，同比增长 11 个百分点，位列全球首位。哈佛大学肯尼迪学院连续 10 年在中国开展的民调结果显示，中国民众对政府满意度连年都保持在 90% 以上，同上述民调数据吻合。③ 中国民众这份信任源于中国共产党和中国政府的担当作为。

五、坚定文化自信，讲好中国故事

国际话语权是意识形态话语权的重要组成部分。在国际舆论格局中，西方把持了话语权。习近平要求精心做好对外宣传工作，创新对外宣传方式，改变中国的国家形象长期被他塑、被扭曲的状况，着力打造融通中外的新概念新范畴新表述，努力"用中国理论阐释中国实践，用中国实践升华中国理论，更加鲜明地展现中国思想，更加响亮地提出中国主张。"④

---

① 赵林：《何谓零容忍》，《中国纪检监察报》2022 年 1 月 20 日。
② 《国家主席习近平发表二〇二二年新年贺词》，《光明日报》2022 年 1 月 1 日。
③ 《〈2022 年度爱德曼信任晴雨表〉报告显示：中国民众对政府信任度蝉联全球第一》，《北京日报》2022 年 1 月 21 日。
④ 《习近平关于总体国家安全观论述摘编》，中央文献出版社 2018 年版，第 122 页。

新时代树立大历史观，坚定文化自信，平视世界。中华民族有着5000多年的文明史，工业革命发生之前，中国处于世界先进甚至领先地位，1600年中国GDP在世界所占的比重为34.6%。①工业革命后，西方开启现代性，东西方差距越来越大。鸦片战争后，西方列强用坚船利炮打开我国国门，由于封建统治腐败，中国逐步成为半殖民地半封建社会，中华文明蒙尘。率先开展现代化的西方建构了"西方中心论"，表现出西方文化优越感，对其他文明充满"傲慢与偏见"，形成了"东方与西方""传统与现代"的二元思维："充满活力的西方"代表着创新、理性、科学、文明和进步，而"停滞不前的东方"则意味着愚昧、迷信、无序、野蛮和落后。②在此种逻辑框架下，伴随着西方的殖民扩张，整个东方一起从属于西方，西方文明观主导了世界。西方文化及价值观被仰望与仰视。"自从中国在异质文化的冲击下失落了自己的天朝传统以来"，中国知识界"要么是鼓吹中国事事不如人，而唯洋是崇；要么是宣扬狭隘民族主义，而盲目排外"。③西方主导的国际话语体系，中华文化的海外传播也受制于西方的"中国叙事"，以"东方主义"的认知框架，以主客体二元对立的思维为基础建构中国文明、文化的形象，被曲解、矮化、丑化。中国成为世界第二大经济体后，作为世界经济发展的引擎，理应受到尊重，但西方价值观联盟排斥中国，放大差异，一些政客和媒体渲染"中国威胁论"，刻意抹黑中国。

新时代提出大历史观，重塑文明间的对话与交流。针对"文明冲突论""种族优越论"等，习近平强调弘扬平等互信、包容互鉴、合作共赢，建构中华文化的文明观。2013年3月23日，习近平在莫斯科国际关系学院发表演讲，指出："要跟上时代前进步伐，就不能身体已进入21世纪，而脑袋还停留在过去，停留在殖民扩张的旧时代里，停留在冷战思维、零和博弈的老框架里。""各国应该共同推动建立以合作共赢为核心的新型国际关系，各国人民应该一起来维护世界和平、促进共同发展。"④同年，习近平提出"一带一路"倡议。中国与丝绸之路沿线国家联合申遗，通过有上千年历史、跨越近5000公里、连接整个亚欧大陆文明和文化的遗迹，向世界展示文明交流互鉴推动人类进步的故事。习近平在联合国教科文组织总部的演讲指出：文明是多彩的，各种人类文明在价值上是平等的，"文明没有高低、优劣之分"。⑤"中国的造纸术、火药、印刷术、指南针四大发明带动了世界变革，推动了欧洲文艺复兴。中国哲学、文学、医药、丝绸、瓷器、茶叶等传入西方，渗入西方民众日

---

① 金星晔、管汉晖、李稻葵：《中国在世界经济中相对地位的演变（公元1000—2017年）——对麦迪逊估算的修正》，《经济研究》2019年第7期。
② 杨一：《西学东渐之外还有中学西传》，《光明日报》2020年1月11日。
③ 罗荣渠：《现代化新论：世界与中国的现代化进程》，商务印书馆2009年版，第402—403页。
④ 《习近平谈治国理政》，外文出版社2014年版，第273页。
⑤ 习近平：《在联合国教科文组织总部的演讲》，《光明日报》2014年3月28日。

常生活之中。"① 傲慢和偏见是文明交流互鉴的最大障碍，要以文明交流超越文明隔阂，以文明互鉴超越文明冲突，以文明共存超越文明优越。"现代化道路并没有固定模式，适合自己的才是最好的，不能削足适履。"② 多样性是人类文明的魅力所在，更是世界发展的活力和动力之源。那种"认为自己的人种和文明高人一等，执意改造甚至取代其他文明，在认识上是愚蠢的，在做法上是灾难性的！"我们应该"推动不同文明交流对话、和谐共生"，"弘扬和平、发展、公平、正义、民主、自由的全人类共同价值，倡导不同文明交流互鉴，促进人类文明发展。"③

针对一些人精神上迎合西方，丧失了独立性和自主性的现象，习近平强调文化的主体性，在庆祝中国共产党成立95周年大会上提出文化自信。习近平指出，在解读中国实践、构建中国理论上，我们应该最有发言权，"如果我们用西方资本主义价值体系来剪裁我们的实践，用西方资本主义评价体系来衡量我国发展，符合西方标准就行，不符合西方标准就是落后的陈旧的，就要批判、攻击，那后果不堪设想。"④ 要加快构建中国话语和中国叙事体系，在发展、文明、安全、人权、生态、国际秩序和全球治理等方面对"中国问题"进行探索，说明中国发展本身就是对世界的最大贡献、为解决人类问题贡献了智慧，解决"有理会讲"的问题，不断增强中华文化感召力、中国形象亲和力、中国话语说服力、国际舆论引导力。

在世界正经历百年未有之大变局，"世界怎么了，我们怎么办"的时代之问中，以习近平同志为核心的党中央形成具有原创性、主体性、时代性的重大创新理论，引导国际舆论走向。在国际社会经历多边和单边、开放和封闭、合作和对抗的重大考验中，2012年11月，党的十八大报告正式提出"倡导人类命运共同体意识"⑤ 概念。此后，在国内外多个场合，习近平不断深入阐释这一概念，从国与国的命运共同体，到区域内命运共同体，再至人类命运共同体，其内涵不断丰富延展。2020年初，新冠肺炎疫情暴发，在同严重疫情的殊死较量中，习近平3月26日出席二十国集团领导人应对新冠肺炎特别峰会并发表《携手抗疫，共克时艰》讲话；5月18日，在第73届世界卫生大会视频会议开幕式上强调团结合作战胜疫情，共同构建人类卫生健康共同体。"一带一路"倡议、建设人类命运共同体、"亲、诚、惠、容"的周边外交理念、"共同、综合、合作、可持续"的新型外交观、"共建、共

---

① 习近平：《在联合国教科文组织总部的演讲》，《光明日报》2014年3月28日。
② 习近平：《加强政党合作共谋人民幸福——在中国共产党与世界政党领导人峰会上的主旨讲话》，《光明日报》2021年7月7日。
③ 习近平：《同舟共济克时艰，命运与共创未来——在博鳌亚洲论坛2021年年会开幕式上的视频主旨演讲》，《解放军报》2021年4月21日。
④ 习近平：《在全国党校工作会议上的讲话》，《求是》2016年第9期。
⑤ 《十八大以来重要文献选编》（上），中央文献出版社2014年版，第37页。

商、共享"的全球治理理念、"开放包容、互学互鉴"的文明观等重大理论，符合世界上绝大多数国家特别是发展中国家的利益，受到他们的热烈欢迎。更为重要的是，上述理论打破了长期以来西方国家对国际事务的话语垄断权，为解决贫穷、饥饿、疾病、环境污染、恐怖主义、民族宗教矛盾等人类难题提供了"中国智慧"和"中国方案"。

世界也不断加深对中国主张的认识和理解。中方倡议构建网络空间、核安全、海洋、卫生健康等命运共同体理念，契合各国人民的共同价值和精神追求，多次写入联合国、上海合作组织等多边机制重要文件。"一带一路"倡议激发起各国互联互通、合作发展、创新发展的澎湃活力，不到9年，已有140多个国家、30多个国际组织同中国签署200多份共建"一带一路"合作文件，沿线国家一起建设和平之路、繁荣之路、开放之路、绿色之路、创新之路、文明之路，使"一带一路"成为当今世界深受欢迎的国际公共产品和国际合作平台。面对来势汹汹的新冠肺炎疫情，"团结合作是战胜疫情最有力的武器"，中国人民开始同世界各国守望相助、携手抗疫的非凡历程，仅2021年，中国就向120多个国家和国际组织提供超过20亿剂新冠疫苗，成为对外提供疫苗最多的国家。① 全球使用的疫苗中，每两支就有一支是"中国制造"。文明交流互鉴思想深化为实践路径，成为国之交、民相亲、心相通的行动纲领。

中国共产党不仅以中国式现代化道路创造了人类文明新形态，并且"坚持胸怀天下"，认识思考中国与世界的前途命运，"从人类发展大潮流、世界变化大格局、中国发展大历史"②的视角来正确认识和处理中国同外部世界的关系，坚持互利共赢、不搞零和博弈，践行正确义利观，义利相兼，义重于利，并践行党的十九大报告中提出的"为人类作出新的更大的贡献"的承诺，站在历史正确的一边，站在人类进步的一边，同世界各国人民一道，推动历史车轮向着光明的前途前进。

综上所述，党的十八大以来，党中央把意识形态工作提到前所未有的高度，系统阐述了新时代意识形态工作的若干重大问题，对意识形态工作的重要地位、根本任务、重点领域、领导权与管理权等提出一系列新理念新思想新观点，标志着党对意识形态工作规律的认识达到了新的境界，为马克思主义意识形态理论宝库增添了新的内容，增强了社会主义意识形态的凝聚力与引领力，凝聚党心民心，重塑了中华文明、中华文化形象，这是《决议》作出我国意识形态领域形势发生了全局性、根本性转变判断的基本依据。

（原载于《毛泽东研究》2022年第4期）

---

① 《激荡五洲四海的时代强音——习近平新时代中国特色社会主义思想的世界性贡献述评》，《光明日报》2022年2月7日。
② 《中共中央关于党的百年奋斗重大成就和历史经验的决议》，人民出版社2021年版，第68页。

社会史

政策与民生：新中国成立以来人民生活之变化

张太原

中共中央党校（国家行政学院）中共党史教研部

习近平在庆祝中国共产党成立100周年大会上的讲话中"庄严宣告"，"在中华大地上全面建成了小康社会，历史性地解决了绝对贫困问题。"[①] 这一历史性变化，是新中国成立以后在中国共产党领导下逐步发生的。1949年之前的中国，外患内忧叠加，战争连年，灾荒频仍，人民生活痛苦不堪。新中国成立时，国民人均收入不过10余美元，与西方发达国家相差甚远。中国共产党通过不断地探索和改革，最终推动人民生活质量和生活方式发生了翻天覆地的变化[②]，不但表现在物质生活领域，而且表现在精神生活方面。本文拟从主流话语和主流媒体的视角来展现这一"巨变"的历程、宣示及蕴藏的深意。

一、生存条件的改善及生活样态的变化（1949—1977）

医疗卫生状况关乎一国人民的基本生活质量。新中国成立之前，中国卫生状况极差，各种传染病如霍乱、天花、鼠疫等广泛流行。中共建立全国性政权后，中央政府为尽快改变这一状况连续采取了各种有力措施。1950年，全国卫生工作会议确定的卫生事业发展方针是："面向工农兵，预防为主，团结中西医。"1952年，第二届全国卫生工作会议又提出"卫生工作与群众相结合"的发展原则。[③] 这两次会议影响了此后30年间新中国医疗卫生工作的

---

① 习近平：《在庆祝中国共产党成立100周年大会上的讲话》，《人民日报》2021年7月2日。
② "人民"是中共革命和执政话语系统中的一个政治概念，是支撑革命和执政正当性与合法性的基石。由是，"人民生活"既具有政治性，又具有社会性，其涵盖范围很广，包括吃、穿、住、用、行、医疗、文娱休闲等日常生活的方方面面。本文主要选择有代表性的"点"并兼顾到"面"，来展现70余年这样一个长时段之变。
③ 张郧等：《中国政府管理百科全书》，经济日报出版社1992年版，第798—799页。

走向。一个典型的表现是，医疗卫生服务的重心由少数人转向为广大的工农兵群众。在医疗卫生基础十分薄弱的情况下，政府大力加强公共卫生事业建设，省、地、市、县各级卫生防疫站逐步建立，极大地改善了一般民众的生命健康状况，国民整体健康水平显著提升。同时，民众的卫生文明观念也逐渐改变。

在致力于改善全国各族人民基本健康的过程中，农村医疗卫生工作尤其令人瞩目。起初，由于工业建设的需要，城市医疗卫生事业发展很快，而农村仍处于缺医少药的状态。据统计，1964年，高级卫生技术人员在县以下的仅占10%。农村的中西医不仅按人口平均的比例大大低于城市，而且多数人的医疗卫生技术水平很低。农村的医疗经费所占全国的比例也十分低。① 是年，毛泽东曾两次批评高级干部保健制度；翌年，又责问"卫生部想不想面向工农兵"，批评卫生部"不是人民的卫生部"，是"城市老爷卫生部"，"现在医院的那套检查治疗方法，根本不符合农村。"②

随即，卫生部党组在给毛泽东和中共中央的报告中承认，确实犯了"严重忽视"农村卫生工作的错误，并迅速制定了整改措施：调配大量城市医药卫生人员进入农村，对农村医药卫生人员进行培训，充实农村卫生机构，药品和医疗器材等向农村倾斜。③ 这些做法收效明显，至1975年，全国卫生经费65%以上用于农村。④ 同时，国家推行城市卫生人员下乡巡回医疗工作。至1976年，全国已有110多万人次城市和军队的医务工作者到农村巡回医疗，城市医务人员扎根农村的达10多万；70%以上的医药院校毕业生被分配到农村；5万多个人民公社大都建有卫生院，农村医疗卫生状况有了极大改善。⑤

为改善农村的医疗卫生状况，党和政府还不断加强医疗保障制度建设。1960年，中共中央根据农村各地所推行的"合作医疗"进一步指出，集体保健医疗制度确实是比较适合农村的实际情况，即由社员每年交纳一部分保健费，同时由生产队、公社的公益金再尽可能地补助一部分，这样农民看病只交一小部分费用就可以了。⑥ 这是"合作医疗"一词首次出现在中共中央文件中。随即，全国掀起了举办农村合作医疗的热潮。至1976年，全国93%的生产大队实行了合作医疗制度，可涵盖85%的农村人口。⑦ 与合作医疗制度紧密相连，在

---

① 中共中央文献研究室：《建国以来重要文献选编》第20册，中央文献出版社2011年版，第465页。
② 《建国以来毛泽东文稿》第11册，中央文献出版社1996年版，第387页。
③ 中共中央文献研究室：《建国以来重要文献选编》第20册，第465页。
④ 刘国新等主编：《中华人民共和国史长编》第2卷，天津人民出版社2010年版，第304—307页。
⑤ 李长明主编：《农村卫生文件汇编（1951—2000）》，卫生部基层卫生与妇幼保健司2001年版，第420页。
⑥ 中共中央文献研究室：《建国以来重要文献选编》第13册，中央文献出版社2011年版，第83—84页。
⑦ 王绍光：《学习机制与适应能力：中国农村合作医疗体制变迁的启示》，《中国社会科学》2008年第6期。

中国农村还形成了赤脚医生制度，成为农村卫生和医疗保障的重要组成部分及支撑力量。1966—1976年间，赤脚医生迅速增加，基本上每个生产大队都有1至3名。①

伴随着医疗卫生条件的改善，人民的基本生活质量也有所提高。在平抑了物价并经历了三大改造以后，邓小平曾说，要使"人民生活状况达到新的水平"。②然而，实际上，人民生活水平的提高在一个相当长的时期内并不明显。一方面，是由于中国整体上生产力水平低下；另一方面，更为主要的是对生产与生活关系的认识存在一定误区："任何时候，生活提高的程度决不能超过生产增长的程度。"③有意思的是，《人民日报》还曾盛赞北京由一个"消费城市"变成一个"生产城市"，"烟囱高耸如林，烟雾迷漫天空"④，竟然成了美好进步的象征，深刻表明人民对美好生活的追求具有一定的时代性。

在限制消费的思想指导下，政府一方面争取"保障供给"，另一方面又"千方百计地限制群众的消费。"⑤为此，主流媒体还大力提倡尽可能的节俭，比如一件衣裳"穿旧了再改改补补还可以穿。"⑥伴随计划经济体制下统购统销的实行，在民众生活方面，逐渐形成了一种供给制下限制型的消费生活形态，其最典型的特征就是各种票证的发行和使用："粮票、布票、油票、肉票自不必说，就连买豆腐、买粉丝也需要票。1959年，各种票证有12种，1960年增加到50种，1961年已达102种。"⑦从这些票证的种类可以看出，民众的基本消费生活受到怎样的限制。一方面，这是由于短缺经济本身所造成的；另一方面，也与当时整个的政治生态、经济体制和社会发展密切相关，尤其是与中共的经济发展思想和具体方针政策相关。在现代社会，人的需要多种多样，并变化不定。如果长期靠一些票证去机械地规划人们千差万别的消费生活，并试图在分配层面做文章来实现所谓的大同理想社会，显然不符合现代经济发展规律。

受消费条件的限制，人民生活的社会化程度较低。在食品消费上，主要是以购买粮食和面粉为主，而很少购买主食成品；在衣着消费上，主要是以购买布匹为主，而很少购买成衣；家务劳动也主要是自己来做，而少有劳务消费。在消费环境方面，"代销点"成为那时的一个特有名词，意指"代国营大公司销售商品的特定的地点"，往往一个村或一个区内仅有一个或几个。而且它们必须严格按照上级部门规定的做法"销售"，否则有可能被贴上

---

① 曹普：《改革开放前中国农村合作医疗制度》，《中共党史资料》2006年第3期。
② 《邓小平文选》第1卷，人民出版社1994年版，第256页。
③ 社论：《人民生活只能逐渐改善》，《人民日报》1956年11月27日。
④ 《看不完的新事物说不尽的新变化》，《人民日报》1960年4月7日。
⑤ 林丕：《要把人民消费问题摆在应有地位——略论忽视人民消费的一些片面观点》，《北京日报》1979年5月21日。
⑥ 社论：《大家都来节约棉布！》，《人民日报》1957年4月20日。
⑦ 王秋和等：《1949—1999我们怎样挣、花钱》，《经济日报》1999年9月21日。

"资产阶级"的标签。例如,《人民日报》曾曝光过一个商店,什么商品赚钱多就卖什么商品;工作人员推着流动货车,看到什么地方卖钱多,就到什么地方去卖,显然是违反"社会主义计划市场的统一管理"。① 这在改革开放后被认为方便群众的做法在当时却受到批判,充分体现了"左"的观念对民众日常生活的影响。当时,城乡居民的生活水平差别很大。以北京为例,城镇居民家庭的消费水平一直相当于乡村居民家庭的2.5倍左右。② 众多的农民子弟都把"农转非"看作一种梦想,也说明了这种差距。

各种资料显示,改革开放前,总体上人民生活处于勉强温饱状态。邓小平曾说,从1958年到1978年的20年间,中国社会实际上处于停滞和徘徊的状态,"人民的生活没有得到多大的发展和提高"。③ 有人以切身的感受指出,20世纪50年代至80年代初的近30年间,"粮店仅凭票供应'二白一黄',即:标准粉、籼米、玉米面,窝头、籼米饭成了老百姓的当家主食。"④ 一方面,生存条件有了改善,生活样态发生很大的变化;另一方面,人民生活的内容依然很简单、低下,不少时候甚至可以用食不果腹形容。

在某种程度上,正是人民要求改变这种生活状态的愿望成为中国改革开放的社会根源。邓小平说,从1958年到1978年这20年的"经验告诉我们:贫穷不是社会主义,社会主义要消灭贫穷。不发展生产力,不提高人民的生活水平,不能说是符合社会主义要求的";⑤ "社会主义不能总是建立在人民生活水平较低的基础上。"⑥ 基于对人民生活的这样一种关注,1978年以后,邓小平领导中国开启了建设中国特色社会主义的新探索。在这一过程中,邓小平多次把改善人民生活与社会主义本身联系起来,社会主义必须"不断提高人民的生活水平",⑦ "坚持社会主义的发展方向",就要"使人民生活得到改善";⑧ 政治上的判断,要看是否有利于"提高人民的生活水平"。⑨ 事实上,邓小平把不断提高人民生活水平看作是社会主义社会的重要特征,并把它作为衡量中共一切事业的根本标准。

二、从温饱到小康(1978—2002)

1978年以后,随着全党工作重心转移到经济建设上来,实行改革开放国策,国家政治

---

① 新华社:《一定作无产阶级革命家,决不当资产阶级买卖人》,《人民日报》1966年4月19日。
② 北京市统计局:《北京五十年》,中国统计出版社1999年版,第39页。
③ 《邓小平文选》第3卷,人民出版社1993年版,第237页。
④ 孙毅:《米袋子的变迁》,《北京日报》1998年6月20日。
⑤ 《邓小平文选》第3卷,第116页。
⑥ 《邓小平文选》第2卷,人民出版社1994年版,第312页。
⑦ 《邓小平文选》第3卷,第10页。
⑧ 《邓小平文选》第3卷,第264页。
⑨ 《邓小平文选》第3卷,第372页。

生活和经济生活逐步好转，政府开始逐步调整积累与消费的比例关系，不断采取措施增加各方面人员的收入，"从80年代开始，人民生活步步高。消费结构发生质的变化，生活质量有了根本性的飞跃"。① 薛暮桥注意到，当时物价虽然上涨了，但是老百姓的日子却好过多了：吃穿明显改善，耐用消费品迅速增加，从1978年到1984年这6年中，城乡居民合计实物消费量，吃的增加28.6%，食用植物油增加将近2倍，猪肉增加70%；穿的各类布增加35%；用的每人购买日用消费品增加32.6%。② 一方面，人们日常消费生活变化很大；另一方面，多数人的追求还停留在基本需要方面。

从总体上看，长期以来，困扰中国人的温饱问题逐步得到解决，"中国人民追逐吃饱的年代已告结束，将跨入讲究吃好的新阶段"。③ 这似乎是一个规律，即在人们有条件改善生活的时候，首先注重的是吃的方面。讨论饮食改革成为一时之热，如《经济参考》的一篇文章提出，要从四个方面改革吃饭问题。④ 相对于以前，一个最鲜明的变化是：食品消费结构中，"主食减少，副食增加"；⑤ "吃的消费由以粮食为主向着以副食为主的方向发展"。⑥ 人们开始有意识地注意食品的营养结构，追求样多质好，说明民众生活正从"粗放型"向"营养型"转化。同时，"吃"的场所和形式也发生了变化，外出就餐的机会越来越多，随着餐饮业的搞活，"身在北京城中，可尝四方风味"。⑦ 在对外开放的背景下，全国各地间的开放交流也很快反映到人民生活上。

饮食方面的需求满足以后，一般来说，人们就会转向注重穿的方面。而在这一点上，突破并不容易，穿着打扮曾一度被斥为"资产阶级情调"，⑧ 甚至一度造成"谈美色变"。⑨ 长期以来，国人已经习惯了"朴素为美"。所以，当时的主流舆论首先是在思想观念上为穿衣"正名"："对美的追求，决不是资产阶级的专利品。无产阶级是美好生活的创造者，完全有权利把自己打扮得漂亮些，得到美的享受。"⑩ 甚至"中央领导同志"专门"指示"："要抓

---

① 王秋和等：《1949—1999 我们怎样挣、花钱》。
② 薛暮桥：《我国六年来物价和人民生活的变化》，《价格月刊》1986年第2期。
③ 新华社评论员：《调整 转化 放开——全国平均每人有粮八百斤以后》，《青岛日报》1984年12月24日。
④ 《在吃饭问题上要改革》，《青岛日报》1984年11月25日。
⑤ 龚银信：《粮食消费结构开始发生变化 粮食复制品市场日趋广阔》，《人民日报》1985年1月30日。
⑥ 郭仲义：《人民生活水平在不断提高——谈谈家庭消费结构的变化》，《北京日报》1982年1月4日。
⑦ 《身在北京城中可尝四方风味 首都积极引进外地风味菜点》，《经济日报》1985年10月1日。
⑧ 张维安：《浓妆淡抹总相宜——从购买化妆品看消费观念的变化》，《经济日报》1987年5月4日。
⑨ 白苎：《最美的衣裳》，《经济日报》1985年1月13日。
⑩ 《衣着是文明的一个标志》，《经济日报》1984年9月20日。

一下衣着问题，要让城乡人民穿得干净一点，整齐一点，漂亮一点。"① 如此这般的引导和推动，很快使原来受压抑的衣着消费需求急剧释放出来，从而又一度造成了"做衣难""买衣难"的现象。② 随着改革开放的深入和生产的发展，这种状况逐渐得到改善，各种穿衣的流行潮流相继涌现。流行，"是时代发展到一定阶段的表现"。③ 起初，城市街头似乎年年都有服装新潮涌动，"1981 年流行高帽子，1982 年流行浪漫'幸子衫'，1983 年流行黑长袜";④ 1980 年代中期又涌起"西装热"。⑤ 在某种程度上，西装既是中国实行改革开放的宣示与象征，"深含着某种改革、开放的社会意义";⑥ 又是政治伦理影响服饰的一种表现，即开明的政治带来了开放的服饰文化。同时，西装的流行反映了改革开放后中国人对西方文化的重新吸纳与借鉴。如果说，以前的思想观念和现实政治抑制了民众的消费需求，而改革开放后的思想观念和政治伦理则刺激了民众的消费需求。

追求吃好穿美，是温饱型生活状态下的一种普遍表现。这一时期，居民家庭各类生活消费支出的排列顺序大致是：吃、穿、用、其他支出、住、交通通信、烧、文化娱乐、医疗保健。吃、穿在生活消费支出中是大宗，一般要占总支出的 65% 以上，不少年份还在 70% 以上，"消费结构在其发展的低级阶段，以吃、穿两项占绝大比重为特点。"⑦ 而从另一角度看，人们所消费的发展资料和享受资料很少，大都还是生存资料，直到 1991 年都还占消费支出的 70% 以上。按城乡综合计算，全国居民生活水平在贫困线以下的比例由 1980 年的 10% 以上下降至 1990 年的 3.6%，温饱型占 77.9%。据有关部门统计，至 1990 年，在农民消费结构中，恩格尔系数由 1980 年的 61.8% 下降至 54.9%；在城镇居民消费结构中，恩格尔系数则由 56.7% 下降至 54.3%。根据联合国划分的标准，这一系数恰恰反映的是温饱型生活，说明邓小平提出的第一步战略目标——摆脱贫困，解决 11 亿中国人民的温饱已基本实现。⑧

短短 10 余年，中国人民的生活就实现了从贫饥到温饱的转变。这一方面缘于社会生产力的飞跃发展，另一方面则主要缘于党和国家消费指导思想与方针的调整。党的十一届三中全会以后，从中央到地方不断强调"正确认识社会主义生活方式"，纠正"忽视人民消费的

---

① 史习传、王玉玲：《让城乡人民穿得更漂亮些》，《经济日报》1983 年 5 月 26 日。
② 韩英：《北京做衣难上难》，《经济日报》1984 年 10 月 29 日。
③ 齐小平：《服装流行色》，《人民日报》1993 年 4 月 6 日。
④ 陈富美：《感慨万千的北京服装变迁》，载于中共北京市委党史研究室等编《抚今追昔话北京》，北京出版社 1999 年版，第 501 页。
⑤ 崔书文：《西装热销带来的连锁反应》，《经济日报》1984 年 11 月 30 日。
⑥ 王辉：《服装背后的社会文化潮》，《经济日报》1990 年 10 月 21 日。
⑦ 王青：《消费结构纵横谈》，《北京日报》1987 年 12 月 25 日。
⑧ 朱庆芳：《小康社会指标体系及 2000 年目标的综合评价》，《中国社会科学》1992 年第 1 期。

片面观点"。① 当时,一位中央领导人指出,"把人民利益放在第一位,在处理生产建设和人民生活的关系时,首先保证人民生活的基本需要,这是今后必须坚持的原则"。② 社会媒体也积极地鼓励和引导:"造成一种社会舆论,使人们认识到节衣缩食的消费观念已经与当今时代不完全适应了,应以丰衣足食、美化生活的消费观念取而代之,并指导、衡量、促进消费。"③ 但由于对消费市场的认识不足,没有掌握好平衡,1980年代后期又出现了另一种情况,即消费基金的膨胀,造成了消费超前、物价上涨过快、消费对象集中、消费范围狭窄、盲目性消费等问题。

这些问题在某种程度上是由当代中国社会的整体变革所带来的。改革开放使中国社会进入了20世纪最深刻的转型时期:一是体制的转轨,即从高度集中的计划再分配经济体制向社会主义商品经济体制的转轨;二是结构的转型,即从农业的、乡村的、封闭的传统社会向工业的、城镇的、开放的现代文明社会转型。④ 而这两种转变又与中国社会主义基本政治体制的守护紧密联系在一起。在这种变与不变的交织中,旧的社会规范或社会秩序已被打破,新的社会规范或社会秩序还未形成,因此难免会造成社会生活的一时失序,反映在人民生活上,往往会出现波动过大的现象。

1992年确立建立社会主义市场经济体制的目标,为中国经济的发展注入了全新的活力,人民生活进入了一个"全面改善"的新阶段,呈现出从数量扩张型向质量提高型转化、从生存型向享受型转化、从传统型向现代型转变的态势。一个典型的表现是,人民生活的社会化程度大大提高。一些快餐食品如方便面、盒饭、熟食制品等销量骤增,保姆、钟点工走入寻常百姓家。在吃的问题上,人们动手的地方越来越少,花费的时间越来越少,方便、快捷成为饮食的新时尚,特别是在外就餐"日益升温"。⑤ 越来越多的人把聚餐作为社交、谈生意或联络感情的一种手段。⑥ 在穿的方面,人们更加讲究,个性化成为时尚。在城市的大街上,不见了追逐流行的穿衣群体,而到处是"我行我素的着装";⑦ "什么色彩、式样都不再一统天下般地流行了"。⑧ 衣着消费逐渐形成了"追档次、逐名牌、讲独特、求品位的缤纷

---

① 林丕:《要把人民消费问题摆在应有地位——略论忽视人民消费的一些片面观点》。
② 新华社:《城乡绝大多数人实际收入和消费水平显著提高》,《人民日报》1981年11月20日。
③ 王正训、陈学振:《改变传统的消费观念》,《经济日报》1984年11月3日。
④ 陆学艺、李培林主编:《中国新时期社会发展报告》,辽宁人民出版社1997年版,第1—2页。
⑤ 郁建辉:《"吃"出一个大产业》,《北京日报》1998年9月5日。
⑥ 《北京市城市调查统计分析选编(1990—1999)》,北京市统计局城市社会经济调查队2000年版,第353页。
⑦ 梁颖捷:《北京人服饰消费走向成熟》,《北京日报》1996年1月28日。
⑧ 倪跃峰:《北京纺织品服饰市场新趋势》,《经济日报》1993年10月13日。

多姿的格局"。①

市场经济的发展，使人们的消费生活方式已不再受政府的直接约束，而逐渐向个体自主方向发展，"具体表现在：消费者的行为由被动转向主动，消费类型由抑制性消费向个性化消费转变，居民消费的自主选择权和决策权不断增强。"② 同时，这一时期市场竞争愈来愈激烈，其结果是商品越来越丰富。于是，原来的卖方市场逐渐变成了买方市场，"供求总量基本平衡，经济环境比较宽松，消费者有相当程度的自由选购的基本条件。"③ 比如，人们需要什么，就会有市场卖什么。从观念层面来看，政治体制的改革和社会风气的转变，使一种思想、一种观念再也不可能去钳制所有人的消费生活都按一种模式来进行，"经济、政治的改革，造成社会结构多方面的变化，也使人们的思想观念、行为方式发生转变。"④ 消费者的分化日益显著，人们的消费观念日益呈现出多元化的趋向。其中，一个典型的表现是层次化：富裕型、小康型、温饱型、贫困型等，"富裕型家庭的消费取向已指向汽车、住宅；小康型家庭的重点则在提高生活质量；温饱型家庭的消费重心在基本生活必需品；而贫困型家庭的重心则取向'节约'。"⑤ 造成这种状况的原因：一是股份经济、私营经济和个体经济迅速发展，不同的分配方式造成了不同的收入水平；二是随着工资制度改革的深入和企业走向市场，工资档次拉开，特别是地区、行业和部门之间的收入差距扩大。

根据国家统计局制定的《全国小康生活水平基本标准》，1995 年，浙江省总体小康的实现程度就已达到 95% 以上，基本实现总体小康；到 1999 年，浙江省总体小康实现程度达到 100%，即完全实现总体小康。⑥ 北京也走在全国的前列，1997 年，北京的"小康实现程度已达 98.7%，人民生活水平总体上进入小康。"⑦ 即使由人们的主观感觉来看，有一半以上的北京城镇居民也都认为，自己的生活进入了小康或者比小康更好的阶段，"10% 的被调查家庭认为自己的生活水平属'富裕型'，51% 认为属'小康型'。"⑧ 但在广大农村、西部和边疆地区，小康的实现程度还比较低。比如，2000 年，新疆城镇居民人均可支配收入为 5817.28 元，农村居民家庭人均纯收入 1618.08 元；2002 年，新疆城乡居民恩格尔系数分别为 34%、49%。⑨ 显然与东部发达地区的差距比较大，基本还处于温饱阶段。

---

① 熊德光：《回首服饰五十年》，《北京日报》1999 年 11 月 7 日。
② 王秋和等：《1949—1999 我们怎样挣、花钱》。
③ 王裕国：《居民消费变迁与经济增长方式转换》，《财经科学》1996 年第 1 期。
④ 罗华等：《春潮动人寰》，《人民日报》1993 年 1 月 2 日。
⑤ 肖瑞：《我国城市居民消费"四化"》，《北京晚报》1998 年 10 月 26 日。
⑥ 王杰主编：《数字变化看浙江》，浙江人民出版社 2008 年版，第 226 页。
⑦ 贾庆林：《辉煌的历程宝贵的启示》，《北京日报》1999 年 1 月 11 日。
⑧ 《阳光灿烂的日子》，《北京晚报》1998 年 12 月 14 日。
⑨ 王慧君：《新疆全面建设小康社会指标的实证分析》，《新疆社会科学》2005 年第 2 期。

2002年，党的十六大报告宣布，"人民生活总体上达到小康水平"，人民群众一般的物质文化需求已基本得到满足。但是，这时"达到的小康还是低水平的、不全面的、发展很不平衡的小康。"[①] 比如，进入21世纪时，全国还有3000万人没有完全解决温饱问题，城镇居民生活在最低保障线之下的人也有不少。同时，有相当数量的居民虽然温饱已不成问题，但生活尚未达到小康水平。

三、全面小康的逐渐实现（2002年以后）

党的十六大确定21世纪前20年的奋斗目标是全面建设小康社会，使人民生活更加殷实、宽裕，除了注重物质生活提高外，还要特别注意精神生活。全面小康社会建设的一个鲜明指向，就是缩小地区、城乡、各阶层的差距。从"全面"出发，中共中央不断地推出新政策、新举措，从而使人民生活进一步发生了许多新变化。从高处看，居民消费结构优化，衣食住行用水平不断提高，享有的公共服务明显增强；[②] 从低处看，城乡最低生活保障标准和农村扶贫标准大幅提升，企业退休人员基本养老金持续提高。[③]

国家统计局发布的报告显示，2008年，全国城镇居民人均可支配收入近1.6万元，农村居民人均纯收入近5000元；城乡居民家庭的恩格尔系数，分别下降至37.9%和43.7%。表现在人民消费生活方面，就是从"吃穿"为重点向"住行"为重点的多层次消费转变；生活方式日趋"个性化、现代化、多元化"。长期以来，"吃饭"在人们的生活消费中占比最高，而这个时候发生了根本性变化，食品类消费比重逐年下降，人们的消费重点转向住房、教育、交通等领域：私房、私车大踏步进入人们的生活；中国汽车市场已成为全球最大汽车市场；很多老百姓有了闲钱，理财开始走进他们的生活，将钱存入银行被股票、基金、黄金、外汇、收藏品等多样化的理财方式取代。[④] 同时，人们的消费理念也在发生变化，敢于"花明天的钱、办今天的事"，越来越舍得"花钱买时间""花钱买教育""花钱买健康"。

鉴于住房商品化造成的房价过高现象，各级政府相继推出了廉租房、经济适用房、公租房等保障性住房，加上各类棚户区改造，人们的居住条件大大改善。到2012年底，城镇和

---

① 江泽民：《全面建设小康社会 开创中国特色社会主义事业新局面》，人民日报网，http://cpc.people.com.cn/GB/64162/64168/64569/65444/4429125.html，2002年11月17日。

② 胡锦涛：《高举中国特色社会主义伟大旗帜 为夺取全面建设小康社会新胜利而奋斗》，《人民日报》2007年10月25日。

③ 胡锦涛：《坚定不移沿着中国特色社会主义道路前进 为全面建成小康社会而奋斗——胡锦涛同志代表第十七届中央委员会向大会作的报告摘登》，《人民日报》2012年11月9日。

④ 程莉莉：《新中国60年生活变化：从"衣食"向"住行"升级》，《工人日报》2009年8月10日。

农村人均住房面积分别增至32.9m²、37.1m²①，其中，特别是解决了不少低收入家庭的住房困难②。2006—2008年，城乡全面实现了免费的义务教育，接着中等职业学校的学生和高等教育的师范生实行免费，从而使一般居民家庭节省了一大笔开支。③ 在相当长的时间内，看病报销只是少数人的"福利"，随着医药卫生体制的改革，城乡居民看病就医逐渐都有了保障。至2011年，全国基本医疗保障制度覆盖面已达95%以上，形成了一张全球最大的医疗保障网。新型农村合作医疗制度实行以后，农民基本告别了"小病拖、大病扛"的历史。④ 为切实解决农村贫困人口的生活困难，自2007年起，对于符合条件的农村贫困人口实行应保尽保，最低生活保障制度在农村建立起来⑤，有效地解决了农村贫困人口的温饱问题。基本生活有了保障，自然会有更高的追求。与之相适应，各地的公共图书馆、文化馆、美术馆、博物馆等公共空间、设施、场地全部免费开放，无障碍、零门槛进入，从而大大改善了国人的精神文化生活。

小康社会之所以要"全面"，就是因为存在着不平衡性，最大的不平衡即是城乡之间的不平衡。全面建设小康社会的重点就是要向农村特别是贫困地区倾斜。因而，这一时期农民的生活变化尤为显著。2005年，第十届全国人大常委会第19次会议全票通过废止农业税条例，彻底结束了2600年来农民种地要交"皇粮国税"的历史。河北的一位农民为此自费铸造了一尊"告别田赋鼎"，捐赠给中国农业博物馆⑥，充分体现了农民对自身生活变化的历史意识和未来意识。此后，国家又相继推出良种补贴、农机购置补贴、粮食直补和农资综合补贴等措施。⑦ 各地农民生活改善的步伐大大加快。在穿着上也与城里人日益接近：注重时尚、名牌，追求个性化。⑧ 空调、冰箱、电脑等原来珍稀之物变身"日用电器"。农民生活的一个更为实质性的大变化，即不再是农民，而大批地变为城市或城镇居民。至2011年，全国城镇化率首次突破50%关口，达到51.27%。这表明，中国社会已由以乡村型为主体变

---

① 温家宝：《政府工作报告——在第十二届全国人民代表大会第一次会议上》，《人民日报》2013年3月19日。

② 王炜：《住房保障，让全体人民住有所居——十六大以来民生领域发展成就述评之六》，《人民日报》2012年8月27日。

③ 袁新文、赵婀娜：《教育免费奠基民族复兴——十六大以来民生领域发展成就述评之一》，《人民日报》2012年8月9日。

④ 白剑峰、李红梅：《基本医保编织全球最大全民保障网——十六大以来民生领域发展成就述评之五》，《人民日报》2012年8月22日。

⑤ 《国务院关于在全国建立农村最低生活保障制度的通知》，国务院发〔2007〕19号，https://www.gov.cn/gongbao/content/2007/content_719880.htm，《国务院公报》2007年第24号。

⑥ 高云才、陈仁泽：《农业免税，田野劲吹反哺风》，《人民日报》2012年8月17日。

⑦ 钟建勇：《27年的农家账本》，《农村财务会计》2007年第8期。

⑧ 陈仁泽：《乡村换新颜（感言·十年）》，《人民日报》2012年9月14日。

为以城市型为主体。有的地方甚至取消了"农业"与"非农"的户籍界限，推行城乡户籍一元化，城乡居民享受一样的待遇。① 不过，应该看到，城乡二元结构问题仍然存在，2011年农村人均收入仅相当于城镇居民收入的1/3，农村仍然存在1.2亿人均收入低于2300元的扶贫对象。2012年，占全国人口近2/3的农村人口，只消费了全国1/3的商品。农村农民生活与城市居民生活仍有很大的差距。

小康社会还不够"全面"的另一个重大不平衡就是地区间的不平衡。根据国家统计部门的统计监测，中国全面建设小康社会有明显的进展，10年中，实现程度由59.6%提高到80.1%；生活质量指标的实现程度尤为明显，由58.3%提高到86.4%。"生活质量"主要反映居民的基本生活状况，包括人均收入、人均住房面积、恩格尔系数等。其中，东部地区增幅最高，中部地区次之，西部地区最低。② 从整体上看，在向全面小康迈进的过程中，不平衡性得到很大程度的解决，但相对于"全面"的目标依然还有相当的距离。

2012年11月，党的十八大在原来确立的全面建设小康社会目标的基础上，明确提出，到2020年实现全面建成小康社会的目标。③ 首先，"全面"，是就发展的协调性、平衡性、可持续性来说的。在习近平看来，即便是"在总量和速度上完成了目标"，但"发展不平衡、不协调、不可持续问题"反而更加严重，就不能说是实现了目标。其次，"全面小康"是"五位一体"全面进步的小康，覆盖的领域必须全面。再次，"全面小康"是惠及"全体人民"的小康，覆盖的人口必须全面。最后，"全面小康"是"城乡区域共同发展"的小康，覆盖的地区必须全面。习近平强调："没有农村的全面小康和欠发达地区的全面小康，就没有全国的全面小康。"简言之，全面小康就是三个层面的"不能少"：一个地区不能少，一个领域不能少，一个人不能少；也就是要建成一个更高层次、更全面、更均衡的小康社会。虽然"建设"与"建成"只有一字之差，却发生了质的变化。④ 党的十八大以后，习近平庄严宣布，人民对"美好生活"的向往，就是中国共产党的"奋斗目标"。在中共历史上，这几乎是第一次把人民的美好生活明确地定为党的奋斗目标，充分体现了立党、治国、执政的新思维。从这样一个目标出发，各种"惠民措施"和"民生工程"频次推出，从而使人民生活进一步发生了巨大的变化。

党的十八大以后，居民收入增长超过经济增速，形成了世界上人口最多的中等收入群

---

① 赵永平等：《城镇化，让百姓生活更美好》，《美与时代·城市》2012年第8期。
② 国家统计局：《中国全面建设小康社会进程统计监测报告》2011年12月19日。
③ 胡锦涛：《坚定不移沿着中国特色社会主义道路前进 为全面建成小康社会而奋斗》，《人民日报》2012年11月9日。
④ 中共中央宣传部：《习近平总书记系列重要讲话读本》，学习出版社、人民出版社2016年版，第53—60页。

体。2016 年，全国居民人均消费支出达 1.7 万多元，比 2012 年增加 4000 多元，年均增长 7.4%；全国居民恩格尔系数降为 30.1%，接近联合国划分的富足标准：20%—30%。在日常消费方面，一般民众越来越追求个性化、多样化、高品质，居民发展型、享受型消费占比进一步上升。①

看病难、看病贵，一直是困扰民众生活的一个大问题。自新一轮医改启动以后，各地政府积极推进分级诊疗，加强"医联体建设"，完善家庭医生签约制度。在农村，基本实现"小病不出村、常见病不出镇、大病不出县"②；在城市，基本实现"小病进社区、大病到医院"。③ 中国 31 个省份的所有参保群众都可以享受异地住院费用即时结算服务。2014 年，国务院决定，在全国范围内建立统一的城乡居民基本养老保险制度，从而打通了职工和居民养老的衔接通道，养老逐渐走向社会化发展新模式。至此，越来越多的人选择居家养老或社区养老。④

在城市，"义务教育择校"，一直是令家长十分头痛的问题，由此衍生出学区房、高收费、辅导班盛行及各种教育特权，造成了所谓的"上学难"。随着学区制的实行，近年来正逐步推行小学、初中划片就近入学。⑤ 在教育经费实现占比 4% 以后，中国很快全面普及了九年义务教育，高等教育录取率几近一半。在绝大多数省份，随迁子女都可以在流入地参加高考，加上国家实施面向农村和贫困地区定向招生专项计划，越来越多的农村和贫困地区学子已能"享有更好、更公平的教育"。⑥

房价居高不下，严重影响了一般城市居民的生活质量，究其原因主要是"炒房"造成的。针对这一久治不愈的社会弊病，党和国家领导人宣布"房子是用来住的，而不是用来炒的"，房价最终受到了遏制。同时，国家进一步大力推进旧房改造和公租房建设。人们的居住条件大大改善，全国的人均住房建筑面积达到 40 多平方米；⑦ 居住环境也变得更好了。在广大农村地区，推广垃圾"户分类、村收集、乡转运、县处理"，加上厕所普遍得到改造，农民的卫生生活条件大为改善。⑧

现代科技的进步和普及，深刻影响和改变着人们的生活方式及生活观念。一般人的生活

---

① 《十八大以来我国经济社会发展取得新的辉煌成就》，《经济日报》2017 年 6 月 17 日。
② 李慧、鲁元珍：《感受这份答卷的厚度与温度》，《光明日报》2017 年 10 月 9 日。
③ 《砥砺奋进的五年：医改带来实实在在获得感》，《人民日报》2017 年 9 月 23 日。
④ 常理、黄俊毅：《民生保障：带来沉甸甸的"获得感"》，《经济日报》2017 年 10 月 16 日。
⑤ 赵婀娜：《连续 5 年财政性教育经费占国内生产总值 4% 以上》，《人民日报》2017 年 10 月 2 日。
⑥ 晋浩天：《给人民更好的教育——党的十八大以来我国教育事业改革发展纪实》，《光明日报》2017 年 10 月 8 日。
⑦ 陈诺、任珂：《改革开放 40 年，时代的传奇》，《瞭望》2018 年第 24 期。
⑧ 杨俊峰、周斯民：《更好的居住条件让人民安居乐业》，《人民日报（海外版）》2017 年 10 月 14 日。

方式更加个性化、多元化、"数字化"，互联网、人工智能等技术极大地改变了人们的日常生活，从而使人们交流更加直接快捷，购物更加方便。① 特别能体现这种变化的莫过于"新四大发明"：支付宝、高铁、共享单车、网购。② "互联网＋"改变了世界，改变了社会，也改变了每一个人的生活。

缘于奋斗目标的引领，小康生活的"全面性"体现得更加明显。2017年，全国居民人均可支配收入近2.6万元，城乡居民家庭的恩格尔系数分别下降至2016年的29.3%和32.2%，人民生活从满足于吃饱穿暖转变到更加注重个性和享受的多层次消费。③ 2017年末，15岁及以上人口平均受教育年限提高到9.6年，劳动年龄人口平均受教育年限达到10.5年，高等教育毛入学率达45.7%，比中高收入国家的平均水平还要高；居民预期寿命76.7岁，高于世界平均水平。④ 更为重要的是，党的共十八大以来，脱贫攻坚取得决定性进展。全国832个贫困县全部摘帽，12.8万个贫困村全部出列，近1亿农村贫困人口实现脱贫，提前10年实现联合国2030年可持续发展议程减贫目标，"历史性地解决了绝对贫困问题，创造了人类减贫史上的奇迹。"⑤ 这也标志着小康社会的全面建成，人民生活进入了走向"共同富裕"的新阶段。

四、结语

新中国成立以来，中国从一个难以解决温饱问题的低收入国家跃升为一个生活宽裕的中等偏上收入国家，人民生活发生了历史性巨变：从贫困到解决温饱；从实现总体小康，到实现全面小康。其中，改革开放以后的变化最快。正如《中共中央关于党的百年奋斗重大成就和历史经验的决议》所指出的，"改革开放以后，我国人民生活显著改善"，"实现了人民生活从温饱不足到总体小康、奔向全面小康的历史性跨越。"⑥ 为什么人民生活会发生如此巨大的变化？

首先，与中国共产党正确的指导思想和正确的领导密切相关。习近平曾总结过，从党的指导思想变化的历史中可以清楚地看到"一条一脉相承又与时俱进"的思想主线："始终站在人民大众立场上，一切为了人民、一切相信人民、一切依靠人民，诚心诚意为人民谋利益。"党的十八大以后，他又进一步提出坚持"以人民为中心的发展思想"，以"改善人民

---

① 谢新洲：《新媒体给社会生活带来巨大变革（势所必然）》，《人民日报》2015年10月11日。
② 金启宁、冯维国、沈仲亮：《守住绿水青山 留住最美乡愁》，《中国旅游报》2015年8月17日。
③ 王健君：《改革开放40年，时代的传奇》，《瞭望》2018年第24期。
④ 《中国实现历史性跨越》，《人民日报（海外版）》2018年8月29日。
⑤ 《中共中央关于党的百年奋斗重大成就和历史经验的决议》，人民出版社2021年版，第48页。
⑥ 《中共中央关于党的百年奋斗重大成就和历史经验的决议》，第28、46页。

生活、增进人民福祉"为依归。① 他一再强调："我们党和政府做一切工作出发点、落脚点都是让人民过上好日子。"说一千，道一万，最终都要看人民群众是否"真正得到了实惠"，人民生活状况是否"真正得到了改善"。全面建成小康社会，就是要"让人民过上好日子"。如果没有中国共产党的正确领导，中国人民生活的改善乃至发生历史性巨变是不可想象的。

这样做的结果，反过来，又会使中国共产党得到全国各族人民的支持和拥护。生活得好不好，是人民对一个执政党、一个政府或一种国家建设方案评价的最感性的标准。吃穿住行用，这看似最简单的问题却往往是人们在攸关国家政治上决定取舍的重要根据。在20世纪世界范围内社会主义国家发生另一种"巨变"的背景下，中国特色社会主义建设事业和改革开放却能够不断地取得成功，应该与在改革开放过程中注重改善人民的生活有着决定性关系。"改革为了人民，人民就有了无限的动力和创造力，就能够调动各方面参与和推动改革的积极性。"② 苏联和东欧原来意义上的共产党之所以失去国家政权，大概就是由于没有像中国这样切实地不断地改善人民的生活。社会发展中最能动的因素是"人"，只有充分满足了作为"人"的种种需要以后，社会才能够获得真正强大的动力。同时，对于一个执政党而言，人民只有切实感到在其领导下能够生活得越来越美好，才会坚定地给予支持和拥护。因此，以人民的利益为利益，致力于人民对美好生活的向往，从而使广大人民的生命存在"不断"得到优化，是中国共产党在新中国70余年发展实践中所取得的最为重要的宝贵经验，也是作为执政党永远立于不败之地的最大要诀。

其次，与对社会主义的认知密切相关。在社会主义建设道路的探索过程中，尽管也出现过这样那样的偏颇，但最终形成了中国特色社会主义道路、理论、制度和文化。在社会主义社会，能够生活得更富更好，人民的优越感和自豪感就自然而然地产生了。社会主义的一个基本价值和目标就是实现共同富裕。但是，共同富裕不可能一蹴而就。毛泽东曾强调，政策和策略是党的生命。改革开放以后，为了实现人民的共同富裕，党采取的策略就是鼓励一部分人先富起来，鼓励一部分地区先富起来，然后以先富带后富，不断地采取措施解决城乡、地区和不同群体之间的不平衡性，稳步而有序地朝着共同富裕的目标前进。可以说，就是以一部分人先富这样一种策略，最终敲开共同富裕这样一个战略的大门。共同富裕最主要的不在于消灭差别，而在于消灭贫困。所以，党把2020年全部脱贫作为全面小康社会建成的一个重要标志，充分体现了社会主义的基本价值。脱贫攻坚，不是劫富济贫，而是让中国发展的成果为全体人民所共享。

主流媒体所展现的人民生活，固然有其选择性，但从整体上看，从70余年这样一个长

---

① 《砥砺奋进的五年：十八大以来民生新变化》，党建网，http：//www.dangjian.com/djw2016sy/djw2016syyw/201706/t20170627_4313434.shtml，2017年6月27日。

② 王健君：《改革开放40年，时代的传奇》，《瞭望》2018年第24期。

时段来看，显然能够反映人民生活的实际之变。更为重要的是，每个时期主流媒体视域下的人民生活与那个时期的意识形态和理论建构是相辅相成的，对人民生活的报道和书写实际上是党执政理论建构的重要组成部分。可以明显地看出，在不同的历史时期，主流媒体所展现的人民生活是截然不同的。改革开放前，党和国家最注重的是一种现实斗争，一种目标，一种理想，人民生活只是附带着被提及，似乎只是为了填饱肚子而已，或能够填饱肚子即可——人民生活是政治生活的延伸。作为政治生活晴雨表的媒体所着意的人民生活，不是一般的自在的人民日常生活，而是为现实政治服务的。那一时期的人民生活，不但极其轻描淡写，而且大都淹没在一场接着一场的政治运动之中。

改革开放之后，人民生活状况越来越成为主流媒体所关注的重要内容之一，并且频繁地出现在党和国家领导人的讲话及中共各类文件之中，在历次的中国共产党全国代表大会和每年的政府工作报告中已成为不可或缺的重要内容，充分体现了党的执政更加注重现实。在很大程度上，既把人民生活的改善视为执政的基础，又把进一步改善人民生活当作执政的目的，正所谓"执政为民"。持续提及并不断强化人民生活之向好，成为主流媒体浓墨重彩报道的重要内容，显然也是对改革开放具体的肯定和宣扬，而改革开放正是在这样一种人民生活变化的书写中不断向前推进的。同时，这样一种书写实际上也成为促使改革开放不可逆转的重要因素。党的十八大以后，中央更加关注人民生活，并且公开宣示把人民对美好生活的向往作为自己的奋斗目标。治国理政从人民生活出发，而不再像几十年前从经典理论的某种设想出发，或从国家一种单纯的发展目标出发，充分表明中国共产党作为一个有着9600多万党员执政党的成熟与强大。

（原载于《河北学刊》2022年第5期）

新时代十年健康中国战略的部署、推进与成就

姚 力

中国社会科学院 当代中国研究所

健康不仅是个人幸福生活的前提条件,而且也是民族昌盛、国家富强的重要标志。中国特色社会主义进入新时代以来的十年,党和政府把维护与提升人民群众的身心健康作为国家战略,将其视为国家经济社会发展的必备条件和基础性任务,全面部署、整体规划、优先发展、强力推进。在大健康观的统领下,健康融入了所有的社会政策中,落实到了卫生与健康事业的各项工作里,人民群众的健康状况和幸福指数得到了大幅度提升,走出了一条具有中国特色的卫生与健康发展道路。

部署:"把人民健康放在优先发展的战略地位"

2012 年 12 月,国务院新闻办公室发表了《中国的医疗卫生事业》白皮书,对我国医疗卫生事业的基本状况进行了全面介绍,指出"中国居民的健康水平已处于发展中国家前列"。[1] 但与此同时,人民健康也面临着诸多新挑战,卫生事业与公众健康需求和经济社会协调发展不适应的矛盾还比较突出。健康牵动着全国人民的生活和整个经济社会的发展,成为全面建成小康社会必须夯实的基石。

以习近平同志为核心的党中央对卫生健康工作给予高度重视。2013 年 8 月 20 日,习近平在会见世界卫生组织总干事陈冯富珍时指出:"中国政府坚持以人为本、执政为民,把维护人民健康权益放在重要位置。我们将迎难而上,进一步深化医药卫生体制改革,探索医改这一世界性难题的中国式解决办法,着力解决人民群众看病难、看病贵,基本医疗卫生资源均衡配置等问题,致力于实现到 2020 年人人享有基本医疗卫生服务的目标,不断推进全面建设小康社会进程。"[2] 8 月 31 日,在第十二届全国运动会即将开幕之际,习近平在沈阳会见了全国体育先进单位和先进个人代表,他在讲话中指出:"人民身体健康是全面建成

---

[1] 《中国的医疗卫生事业》,人民出版社 2013 年版,第 3 页。
[2] 《习近平会见世界卫生组织总干事陈冯富珍》,《人民日报》2013 年 8 月 21 日。

小康社会的重要内涵，是每一个人成长和实现幸福生活的重要基础。"①习近平把人民健康作为全面建成小康社会的题中之意，极大地提高了发展健康事业的站位。

为开辟一条符合中国特色社会主义新时代的卫生与健康发展道路，习近平多次亲临基层医疗卫生机构，了解地方发展实际，提出具有指导意义的意见。2014年12月13日，他到江苏省镇江市丹徒区世业镇卫生院调研，在了解农村医疗卫生事业发展和村民看病就医情况后指出："没有全民健康，就没有全面小康。医疗卫生服务直接关系人民身体健康。要推动医疗卫生工作重心下移、医疗卫生资源下沉，推动城乡基本公共服务均等化，为群众提供安全有效方便价廉的公共卫生和基本医疗服务，真正解决好基层群众看病难、看病贵问题。"②这一论断充分揭示了卫生健康工作与小康社会建设的关系，即全民健康是全面小康的必备条件，全面小康是全民健康的目标归宿，两者相互依存、协同共进、不可分割。此后，习近平多次强调这一观点。这种将卫生健康作为国家整体建设格局中重要一极的大健康理念，为卫生健康事业发展指明了方向、增强了动力。

全民健康是一个大的系统工程，需要全体人民参与协作，为此，健康中国建设的规划设计应运而生。2015年3月，李克强在《政府工作报告》中强调："健康是群众的基本需求，我们要不断提高医疗卫生水平，打造健康中国。"③10月，党的十八届五中全会召开，围绕中国共产党第一个百年奋斗目标，瞄准"十三五"时期全面建成小康社会决定性阶段的历史重任，中央明确提出"推进健康中国建设"。④2016年8月19日，习近平在全国卫生与健康大会上再次阐述了推进健康中国建设的重大意义、指导思想和决策部署："把人民健康放在优先发展的战略地位，以普及健康生活、优化健康服务、完善健康保障、建设健康环境、发展健康产业为重点，加快推进健康中国建设，努力全方位、全周期保障人民健康，为实现'两个一百年'奋斗目标、实现中华民族伟大复兴的中国梦打下坚实健康基础。"他还强调："在推进健康中国建设的过程中，我们要坚持中国特色卫生与健康发展道路，把握好一些重大问题。要坚持正确的卫生与健康工作方针，以基层为重点，以改革创新为动力，预防为主，中西医并重，将健康融入所有政策，人民共建共享。"⑤这一方针既延续了以人民为中心的基本原则，又从新时代新形势出发，融入了改革、创新、共享的新理念，调整了新的工作重点和策略，为健康中国建设提供了根本遵循。

---

① 《发展体育运动增强人民体质 促进群众体育和竞技体育全面发展》，《人民日报》2013年9月1日。
② 《习近平在江苏调研时强调主动把握和积极适应经济发展新常态 推动改革开放和现代化建设迈上新台阶》，《新华日报》2014年12月15日。
③ 李克强：《政府工作报告》，《人民日报》2015年3月17日。
④ 《中共十八届五中全会在京举行》，《人民日报》2015年10月30日。
⑤ 《习近平谈治国理政》第2卷，外文出版社2017年版，第370、371页。

全国卫生与健康大会闭幕后，2016年8月26日，习近平主持召开中共中央政治局会议，审议通过《"健康中国2030"规划纲要》，对未来15年健康中国建设做了总体部署。①健康中国在纲要中被首次明确为国家战略，即推进健康中国建设是"全面提升中华民族健康素质、实现人民健康与经济社会协调发展的国家战略"；与此同时，纲要还规定推进健康中国建设应以健康优先、改革创新、科学发展、公平公正为原则，为实现"两个一百年"奋斗目标和中华民族伟大复兴的中国梦提供坚实的健康基础。②2017年10月，习近平在党的十九大上宣布"实施健康中国战略"，其基本内涵是："要完善国民健康政策，为人民群众提供全方位全周期健康服务。深化医药卫生体制改革，全面建立中国特色基本医疗卫生制度、医疗保障制度和优质高效的医疗卫生服务体系，健全现代医院管理制度。加强基层医疗卫生服务体系和全科医生队伍建设。全面取消以药养医，健全药品供应保障制度。坚持预防为主，深入开展爱国卫生运动，倡导健康文明生活方式，预防控制重大疾病。实施食品安全战略，让人民吃得放心。坚持中西医并重，传承发展中医药事业。支持社会办医，发展健康产业。促进生育政策和相关经济社会政策配套衔接，加强人口发展战略研究。积极应对人口老龄化，构建养老、孝老、敬老政策体系和社会环境，推进医养结合，加快老龄事业和产业发展。"③健康中国战略的提出，标志着健康中国建设的新起点、新定位，标志着卫生与健康工作的重点从以治病为中心转变为以人民健康为中心。

经过几年的起草和审议，2019年12月28日，十三届全国人大常委会十五次会议通过《中华人民共和国基本医疗卫生与健康促进法》。作为新中国卫生与健康领域第一部基础性、综合性法律，其明确规定"国家实施健康中国战略"，并对如何落实和保障人民的健康权利做了具体规定。④自此，健康中国建设纳入了法制化发展轨道。2020年10月，党的十九届五中全会及其审议通过的《中共中央关于制定国民经济和社会发展第十四个五年规划和二〇三五年远景目标的建议》中，提出继续把保障人民健康放在优先发展的战略位置，全面推进健康中国建设。⑤

从规划设计到决策部署，健康中国战略源于新时代国家经济社会发展的现实需求，这是中国共产党坚持以人民为中心的宗旨所决定的，同时也为它的顺利实施奠定了基础。

---

① 《习近平主持召开中共中央政治局会议 审议"健康中国2030"规划纲要》，《人民日报》2016年8月27日。
② 《"健康中国2030"规划纲要》，人民出版社2016年版，第2、3—4页。
③ 《十九大以来重要文献选编》（上），中央文献出版社2019年版，第34页。
④ 《中华人民共和国基本医疗卫生与健康促进法》，《人民日报》2020年3月10日。
⑤ 《中共十九届五中全会在京举行》，《人民日报》2020年10月30日。

推进：以卫生与健康事业为核心的重要举措

卫生与健康事业是实施健康中国战略的主要抓手，也是健康中国建设的核心。十年来，卫生与健康事业始终以保障人民健康为第一要务，全面深化医药卫生体制改革（以下简称医改），不断健全医疗卫生服务体系，确保基本医疗保障全覆盖，积极发展中医药事业，大力倡导和普及健康中国行动，有力地推动了健康中国建设。

（一）深化医改，持续推进解决看病难、看病贵问题

我国医改自20世纪80年代启动以来，已经进入深水区，到了啃硬骨头的攻坚期，是健康中国建设必须疏通的关键环节。党的十八大以来，深化医改逐步成为中央的常态化工作。2013年11月，党的十八届三中全会通过《中共中央关于全面深化改革若干重大问题的决定》，对深化医改提出了明确任务及具体要求。[1] 此后，习近平多次提出要把这项任务落到实处。例如，2016年8月19日，他在全国卫生与健康大会上强调："当前，医药卫生体制改革已进入深水区，到了啃硬骨头的攻坚期。要加快把党的十八届三中全会确定的医药卫生体制改革任务落到实处。"[2]

近十年来，国务院每年都会印发关于深化医改的年度工作重点任务，文件以问题为导向，抓住主要矛盾，制定了明确的任务分工和工作进度表。年度工作重点任务台账的编制，确保了改革步步深入、逐层递进。2022年5月，国务院办公厅印发《深化医药卫生体制改革2022年重点工作任务》，将"推动公立医院综合改革和高质量发展"列为重点任务之一，具体内容包括探索各级各类公立医院高质量发展的模式和路径、发挥高水平公立医院高质量发展示范引领作用、推进建立健全现代医院管理制度试点等。[3] 对比2012年的"拓展深化城市公立医院改革试点工作"[4]、2016年的"全面深化公立医院改革"[5]，从中既可以看出改革的连贯性、继承性，也可以看到改革的发展与深化。与此同时，按照中央的统一部署，每年各地区各有关部门也结合自身实际情况，统筹安排、细化方案，以攻坚克难的精神使各项改革落地生根。

福建省三明市坚决执行中央决定，大刀阔斧深化改革并取得突出成效，他们的有益探索

---

[1]《中共中央关于全面深化改革若干重大问题的决定》，《人民日报》2013年11月16日。
[2]《习近平谈治国理政》第2卷，外文出版社2017年版，第372页。
[3]《国务院办公厅关于印发深化医药卫生体制改革2022年重点工作任务的通知》，中国政府网，http://www.gov.cn/zhengce/content/2022-05/25/content_5692209.htm，2022年5月25日。
[4]《国务院办公厅关于印发深化医药卫生体制改革2012年主要工作安排的通知》，中国政府网，http://www.gov.cn/zhengce/content/2012-04/17/content_6089.htm，2022年5月25日。
[5]《推进医疗医保医药联动》，《人民日报》2016年4月27日。

和成功经验，成为新时代深化医改的典型。2016年2月，习近平主持中央全面深化改革领导小组会议，听取三明医改情况汇报，要求及时总结推广改革经验。① 11月，中共中央办公厅、国务院办公厅转发《国务院深化医药卫生体制改革领导小组关于进一步推广深化医药卫生体制改革经验的若干意见》，对前期一些综合医改试点地区，特别是三明市深化医改创造的好做法和成熟经验进行总结，提炼概括为8个方面24条②，供各地参考试行。在中央的支持下，三明模式在福建全省开花并逐步推广到全国各地。2019年7月，习近平在中央全面深化改革委员会第九次会议上，再次强调要总结推广三明医改经验。③ 11月，国务院深化医改领导小组印发《关于进一步推广福建省和三明市深化医药卫生体制改革经验的通知》，再度将福建省和三明市深化医改的主要经验下发各地、推广落实。④ 2021年3月，习近平在福建考察期间来到三明市，充分肯定了其医改的经验和成效："我很关注你们的改革。这是一种敢为人先的精神，人民至上、生命至上理念的觉悟担当。"⑤ 10月，国务院深化医改领导小组印发《关于深入推广福建省三明市经验 深化医药卫生体制改革的实施意见》，就推广三明医改经验提出更加具体的措施要求，明确了时间表、路线图、责任人⑥，为下一步全面深化医改提供了指南。可见，三明医改的典型示范意义和引领作用得到了极大发挥。

与此同时，全国各地在发展"社会办医"、完善分级诊疗体系、统筹推进各项配套改革等方面积极探索，不断将医改引向深入。

（二）健全基本医疗卫生服务体系，不断提升健康服务质量和水平

党的十八大以来，针对我国医疗卫生服务体系存在着资源总量不足、质量不高、结构与布局不合理，卫生服务体系碎片化，部分公立医院单体规模不合理扩张等严重影响人民群众对医疗卫生服务满意度的突出问题，国家把加强医疗卫生服务体系建设作为医疗卫生工作的重点之一。

2013年9月，国务院印发《关于促进健康服务业发展的若干意见》，强调大力发展医疗服务，优化医疗服务资源配置，力争到2020年，基本建立覆盖全生命周期、内涵丰富、结

---

① 《"创新引领率先实现东部地区优化发展"（新思想引领新征程·时代答卷）》，《人民日报》2021年10月28日。

② 《国家卫生计生委2016年11月10日例行新闻发布会文字实录》，国家卫生健康委员会网，http://www.nhc.gov.cn/xcs/s3574/201611/6690975446b4448c933699df57385143.shtml，2022年5月25日。

③ 《三明医改如何敢为天下先》，《中国青年报》2020年12月18日。

④ 《〈关于进一步推广福建省和三明市深化医药卫生体制改革经验的通知〉印发》，中国政府网，http://www.gov.cn/xinwen/2019-11/20/content_5453803.htm，2022年5月25日。

⑤ 《"创新引领率先实现东部地区优化发展"》，《人民日报》2021年10月28日。

⑥ 《进一步推广三明医改经验》，《人民日报》2021年10月16日。

构合理的健康服务业体系。① 2015 年 1 月，国务院常务会议研究深化医疗改革问题，明确了优化医疗卫生服务资源配置和服务升级的五项重点任务：一是分级设置各类公立医院；二是大力发展社会办医；三是科学布局优质医疗资源；四是强化功能布局与分工协作，由基层医疗卫生机构逐步承担首诊、康复和护理等服务，分流公立医院普通门诊；五是加快推进公立医院改革。② 3 月 6 日，国务院印发《全国医疗卫生服务体系规划纲要（2015—2020 年）》，对"十三五"期间医疗卫生服务体系的总体布局、各级各类医疗卫生机构、卫生人才队伍等方面发展做出全面安排，重在调整结构、系统整合、促进均衡，在宏观调控下，保证医疗服务体系适度有序发展。③ 2016 年 11 月，国家发展和改革委员会发布《全民健康保障工程建设规划》，将公共卫生服务能力列为"十三五"期间重点支持的领域。④

在中央政府的坚强领导下，各级地方政府和相关部门积极作为，医疗卫生服务体系建设呈现良好态势。从 2015 年到 2019 年，每万人全科医生数从 1.38 人增长到 2.61 人，每千人口医疗卫生机构床位数从 5.11 张增长到 6.3 张，执业（助理）医师数从 2.22 人增长到 2.77 人，注册护士数从 2.37 人增长到 3.18 人。近 90% 的家庭 15 分钟内能够到达最近医疗点。基本公共卫生服务均等化水平进一步提高，公共卫生整体实力再上新台阶。人均基本公共卫生服务经费补助标准从 2015 年的 40 元提高到 2019 年的 74 元，免费向全体城乡居民提供 14 大类国家基本公共卫生服务项目。⑤ 据国家卫生健康委员会（以下简称"国家卫健委"）规划发展与信息化司发布的《2021 年我国卫生健康事业发展统计公报》显示，卫生健康事业各项指标持续优化：每千人口医疗卫生机构床位数由 2020 年 6.46 张增加到 2021 年 6.7 张。每千人口执业（助理）医师 3.04 人，每千人口注册护士 3.56 人。每万人口全科医生数为 3.08 人，每万人口专业公共卫生机构人员 6.79 人。全年卫生总费用初步推算为 75593.6 亿元，其中：政府卫生支出 20718.5 亿元，占 27.4%；社会卫生支出 33920.3 亿元，占 44.9%；个人卫生支出 20954.8 亿元，占 27.7%。人均卫生总费用 5348.1 元，卫生总费用占国内生产总值的比例为 6.5%。⑥ 这些巨大的变化既反映了国家医疗卫生服务体系

---

① 《国务院关于促进健康服务业发展的若干意见》，《国务院公报》2013 年第 30 号。
② 《李克强主持召开国务院常务会议（2015 年 1 月 19 日）》，中国政府网，http://www.gov.cn/guowuyuan/2015-01/19/content_2806379.htm，2022 年 5 月 25 日。
③ 《国务院办公厅关于印发全国医疗卫生服务体系规划纲要（2015—2020 年）的通知》，中国政府网，http://www.gov.cn/zhengce/content/2015-03/30/content_9560.htm，2022 年 5 月 25 日。
④ 《〈全民健康保障工程建设规划〉发布》，《经济日报》2016 年 11 月 29 日。
⑤ 《国务院新闻办公室 2020 年 10 月 28 日新闻发布会文字实录》，国家卫生健康委员会网，http://www.nhc.gov.cn/xcs/s3574/202010/7986d6426b8e4593be7cd5f8236ab15c.shtml，2022 年 5 月 29 日。
⑥ 《2021 年我国卫生健康事业发展统计公报》，国家卫生健康委员会网，http://www.nhc.gov.cn/guihuaxxs/s3586s/202207/51b55216c2154332a660157abf28b09d.shtml，2022 年 7 月 22 日。

资金、资源的稳步提高，也进一步增强了人民群众的获得感。与此同时，国家还不断加强农村医疗卫生服务体系建设，开展乡村医生培训，组织巡回医疗，加大乡镇卫生院和村卫生室标准化建设，特别加大扶持贫困地区医疗卫生工作力度，远程医疗服务覆盖所有国家级贫困县和边远地区，极大促进了医疗卫生服务的公平性与可及性。①

2021年6月，《"十四五"优质高效医疗卫生服务体系建设实施方案》出台，方案提出，到2025年基本建成体系完整、布局合理、分工明确、功能互补、密切协作、运行高效、富有韧性的优质高效整合型医疗卫生服务体系的目标任务②，由此人民群众将获得更高质量的医疗卫生与健康服务。

（三）完善多元化多层次全民医疗保障体系，守住人民群众健康保障线

2013年3月，十二届全国人大一次会议通过的《政府工作报告》中提出："全民基本医保体系初步形成，各项医疗保险参保超过十三亿人。"③ 此后，我国基本医疗保险参保率始终稳定在95%以上，织就了世界上最大的基本医疗保障网。为此，2016年11月，国际社会保障协会授予中国政府"社会保障杰出成就奖"。④ 十年来，我国医疗保障制度体系进一步完善，主要表现在以下几方面：

第一，整合城乡居民基本医疗保险制度，健全全民医保体系。2016年1月，国务院印发《关于整合城乡居民基本医疗保险制度的意见》，明确提出，整合城镇居民基本医疗保险和新型农村合作医疗两项制度，建立统一的城乡居民基本医疗保险制度，在覆盖范围、筹资政策、保障待遇、医保目录、定点管理和基金管理方面实行"六统一"，⑤ 极大增强了制度的公平性和运营效率。2018年7月，新组建的国家医疗保障局（以下简称"国家医保局"）会同财政部、人力资源和社会保障部和国家卫健委联合印发《关于做好2018年城乡居民基本医疗保险工作的通知》，要求抓紧推进整合工作，全面启动实施全国范围内统一的城乡居民医保制度。⑥ 近年来，中央和各级财政不断增加基本医保的投入，2020年基本医保补助增加到每人550元。同时，加强资金管理，基金规模不断加大、使用效益显著增强，2019年

---

① 《国务院新闻办公室2020年10月28日新闻发布会文字实录》，国家卫生健康委员会网，http://www.nhc.gov.cn/xcs/s3574/202010/7986d6426b8e4593be7cd5f8236ab15c.shtml，2022年5月29日。

② 《"十四五"优质高效医疗卫生服务体系建设实施方案》，国家发展和改革委员会网，https://www.ndrc.gov.cn/xxgk/zcfb/tz/202107/P020210701531053450491.pdf，2022年7月22日。

③ 《十八大以来重要文献选编》（上），中央文献出版社2014年版，第176页。

④ 《中国政府获国际"社会保障杰出成就奖"》，《人民日报》2016年11月19日。

⑤ 《国务院关于整合城乡居民基本医疗保险制度的意见》，人民出版社2016年版，第1、3—6页。

⑥ 《国家医保局等四部门印发通知 医保财政补助标准人均新增40元》，《人民日报》2018年7月26日。

医保基金收入 24421 亿元，支出 20854 亿元，历年滚存 27697 亿元①，为城乡居民基本看病就医提供了有力保障。

第二，开启基本医保跨省异地就医费用直接结算，解决了群众急难愁盼的大问题。2016 年 12 月，国家异地就医结算系统平台正式上线，标志着跨省异地就医住院费用直接结算工作全面启动。② 截至 2020 年底，全国 4.44 万家定点医疗机构实现住院费用跨省直接结算，累计直接结算 724.83 万人次，医保基金支付 1038.43 亿元；门诊费用直接结算试点工作稳妥推进，12 个试点省份开通联网定点医药机构 2.2 万家，门诊费用跨省累计结算 302 万人次，医保基金支付 4.29 亿元。全国有 22 个省份 170 个统筹地区开通国家平台统一备案服务，参保人员异地就医备案实现"网上办""掌上办"。③ 2021 年 4 月，国家医保局会同财政部印发《关于加快推进门诊费用跨省直接结算工作的通知》，④ 将门诊费用跨省直接结算工作又向前推进了一步。

第三，进一步减轻困难群众和大病患者医疗费用负担，防范因病致贫返贫，筑牢民生保障底线。2014 年 5 月 1 日，《社会救助暂行办法》开始施行，其中规定，国家建立健全医疗救助制度，保障救助对象获得基本医疗卫生服务；对于最低生活保障家庭成员、特困供养人员等救助对象，提供包括补贴参保、补助自负费用等形式的救助。⑤ 2015 年 4 月，国务院办公厅转发民政部等部门《关于进一步完善医疗救助制度全面开展重特大疾病医疗救助工作意见》，⑥ 要求推动医疗救助制度实现城乡统筹，全面开展重特大疾病医疗救助。7 月，国务院办公厅印发《关于全面实施城乡居民大病保险的意见》，全面推进城乡居民大病保险工作。⑦ 2016 年，国家共安排 155 亿元医疗救助补助资金（不含疾病应急救助补助资金），其中 92% 的资金投向中西部地区和贫困地区，累计实施医疗救助 8256.5 万人次，资助困难群众参加基本医疗保险 5560.4 万人。⑧ 2021 年 11 月，国务院办公厅发布《关于健全重特大疾病医疗保险和救助制度的意见》，对科学确定医疗救助对象范围、建立健全防范和化解因病致贫返贫长效机制等方面提出了具体的政策措施，⑨ 为减轻困难群众重特大疾病医疗费用负

---

① 王东进：《立足新阶段 坚持新理念 开启新征程——关于医疗保障体系现代化的几点思考》，《中国医疗保险》2021 年第 1 期。
② 《社保体系不断推进 国家异地就医结算系统上线》，《光明日报》2018 年 12 月 15 日。
③ 《"十四五"全民医疗保障规划一问一答》，国家医疗保障局网，http：//www.nhsa.gov.cn/art/2021/9/30/art_38_6144.html，2022 年 7 月 30 日。
④ 《关于加快推进门诊费用跨省直接结算工作的通知》，《国务院公报》2021 年第 19 号。
⑤ 《社会救助暂行办法》，《人民日报》2014 年 2 月 28 日。
⑥ 《城乡医疗救助制度年内完成整合》，《人民日报》2015 年 5 月 1 日。
⑦ 《今年大病保险支付比例达 50% 以上》，《人民日报》2015 年 8 月 3 日。
⑧ 《中国健康事业的发展与人权进步》，人民出版社 2017 年版，第 30 页。
⑨ 《健全重特大疾病医疗保险和救助制度》，《人民日报》2021 年 11 月 20 日。

担作出制度性安排。

第四，下大力气整治药品价格虚高问题，通过取消公立医院药品加成、药品集中采购、药品价格谈判等政策手段，引导形成合理的药品价格机制。2018年底，国家组织药品集中采购和使用试点工作启动并不断扩大试点范围，①"十三五"时期共启动5批药品集采，覆盖218个品种，平均降价54%，节省费用超两千亿元。② 2020年7月，国家医保局印发《基本医疗保险用药管理暂行办法》，明确了基本医保用药管理的基本原则、条件、程序、各级部门职责等。③ 由此，医保目录动态调整机制初步建立。2020年，医保目录药品达2800种；开展首次高值医用耗材集采，中选冠脉支架均价从1.3万元下降到700元左右，降幅90%以上，预计每年节约医疗费用117亿元。④ 8月，国家医保局印发《关于建立医药价格和招采信用评价制度的指导意见》，将给予回扣、垄断涨价等问题纳入医药价格和招采信用评价范围。⑤ 2021年12月初，国家医保局公布了2021年国家医保药品目录调整结果，共计新增74种药品，其中谈判成功的独家药品平均降价61.71%，群众用药负担再度减轻。⑥

2020年2月，中共中央、国务院下发《关于深化医疗保障制度改革的意见》，全面部署了面向2025年、2030年的医疗保障制度改革工作。⑦ 2021年9月，国务院办公厅印发《"十四五"全民医疗保障规划》，提出到2025年建立起公平、法治、安全、智慧、协同的中国特色医疗保障制度⑧，为维护人民健康提供更加坚强有力的保障。

（四）大力发展中医药事业，释放中医药健康服务的潜力和活力

党的十八大以来，发展中医药事业被摆在了前所未有的高度，国家不仅制定了中医药发展规划，而且实施中医药传承创新工程，在中医药典籍、传统知识和诊疗技术的保护、抢救及整理等方面做了大量工作，中医药事业展现出蓬勃的发展生机，在疾病防治、养生保健中发挥了不可替代的作用。

2015年12月18日，习近平在致中国中医科学院成立60周年的贺信中指出："中医药

---

① 《药价降了，负担轻了》，《人民日报》2020年1月10日。
② 《"十四五"全民医疗保障规划一问一答》，国家医疗保障局网，http：//www.nhsa.gov.cn/art/2021/9/30/art_38_6144.html，2022年7月30日。
③ 《基本医疗保险用药管理暂行办法》，国家医疗保障局网，http：//www.nhsa.gov.cn/art/2020/7/31/art_37_3387.html，2022年7月30日。
④ 《2020，医保带来更多实惠》，《人民日报》2021年1月14日。
⑤ 《国家医疗保障局关于建立医药价格和招采信用评价制度的指导意见》，国家医疗保障局网，http：//www.nhsa.gov.cn/art/2020/9/16/art_37_3580.html，2022年7月30日。
⑥ 《为人民健康提供可靠保障》，《人民日报》2022年2月15日。
⑦ 《中共中央 国务院关于深化医疗保障制度改革的意见》，《人民日报》2020年3月6日。
⑧ 《国务院办公厅关于印发"十四五"全民医疗保障规划的通知》，《国务院公报》2021年第29号。

学是中国古代科学的瑰宝，也是打开中华文明宝库的钥匙。"① 就在贺信发出前两个月，中国中医科学院研究员屠呦呦因发现青蒿素、对抗疟疾作出重要贡献而获得诺贝尔生理学或医学奖，有力证明了中医药的巨大价值。2016年2月，国务院印发《中医药发展战略规划纲要（2016—2030年）》，将中医药发展摆在了经济社会发展全局的重要位置并对未来15年中医药发展方向和工作重点作出全面设计。② 8月，《中医药发展"十三五"规划》印发，具体规划了中医药发展的五年目标。③ 紧随其后，《中华人民共和国中医药法》颁布，④ 这是新中国第一部全面、系统体现中医药特点的综合性法律，为发展中医药事业提供了法律准则。以该法为依据，《中医诊所备案管理暂行办法》《古代经典名方中药复方制剂简化注册审批管理规定》《中医医术确有专长人员医师资格考核注册管理暂行办法》等配套规定先后出台⑤，极大地促进了新时代中医药健康发展。

2019年是中医药事业发展史上的重要一年。7月，习近平主持召开中央全面深化改革委员会会议，研究了中医药工作。⑥ 10月，习近平对中医药工作作出重要指示，充分肯定了中医药对增进人民健康的价值和贡献，强调要遵循中医药发展规律，传承精华，守正创新，加快推进中医药现代化、产业化，坚持中西医并重，推动中医药和西医药相互补充、协调发展，推动中医药事业和产业高质量发展，推动中医药走向世界，充分发挥中医药防病治病的独特优势和作用，为建设健康中国、实现中华民族伟大复兴的中国梦贡献力量。李克强也对中医药工作作出批示，强调在推进建设健康中国的进程中，要坚持以习近平新时代中国特色社会主义思想为指导，深入贯彻党中央、国务院决策部署，推动中医药在传承创新中高质量发展。⑦ 10月20日，中共中央、国务院下发《关于促进中医药传承创新发展的意见》，提出了促进中医药传承创新发展的20条指导性意见⑧，进一步表明了中央对发展中医药事业的关心和重视。25日，新中国成立以来，第一次以国务院名义召开的全国中医药大会在北京召开，会议传达学习了习近平重要指示和李克强批示，对贯彻落实指示和批示提出明确要

---

① 《习近平致信祝贺中国中医科学院成立60周年》，《人民日报》2015年12月23日。
② 《国务院印发〈中医药发展战略规划纲要（2016—2030年）〉》，《人民日报》2016年2月27日。
③ 《中医药发展"十三五"规划》，中国政府网，http://www.gov.cn/xinwen/2016 - 08/11/content_5098925.htm，2022年5月25日。
④ 《中华人民共和国中医药法》，《人民日报》2017年5月4日。
⑤ 王晨：《全面贯彻实施中医药法 推进中医药事业发展和健康中国建设》，《人民日报》2021年9月24日。
⑥ 《紧密结合"不忘初心、牢记使命"主题教育 推动改革补短板强弱项激活力抓落实》，《人民日报》2019年7月25日。
⑦ 《传承精华守正创新 为建设健康中国贡献力量》，《人民日报》2019年10月26日。
⑧ 《中共中央 国务院关于促进中医药传承创新发展的意见》，《人民日报》2019年10月27日。

求，还对全国中医药杰出贡献奖获奖者进行了表彰，①给中医药工作者极大的信心和鼓舞。随后，各地也陆续召开中医药大会，研究落实地方促进中医药传承创新发展的意见和举措。据统计，截至2020年底，全国中医医院达到5482家，每千人口公立中医医院床位数达到0.68张，每千人口卫生机构中医类别执业（助理）医师数达到0.48人，99%的社区卫生服务中心、98%的乡镇卫生院、90.6%的社区卫生服务站、74.5%的村卫生室能够提供中医药服务，设置中医临床科室的二级以上公立综合医院占比达到86.75%，备案中医诊所达到2.6万家。②一个欣欣向荣、蓬勃向上的中医药事业发展局面全面展开。

新冠肺炎疫情发生后，中医第一时间参与疫情防控和救治工作，取得了非常好的成效。据统计，"新冠肺炎患者确诊病例中，超九成的患者使用了中医药。临床疗效观察，中医药总有效率90%以上"。③我国在临床中筛选出以清肺排毒汤为代表的中医药有效方剂"三药三方"，在临床救治中疗效显著，进一步凸显了中医药的优势。④2021年1月22日，国务院办公厅印发《关于加快中医药特色发展的若干政策措施》的通知，针对当前中医药发展面临的主要问题，制定了28条切实可行的具体措施并明确了实施单位。⑤2022年初，《"十四五"中医药发展规划》编制出台⑥，充分展示了中医药与现代科学相结合、中医药与西医药优势互补、中医药现代化与产业化、中医药走向世界的美好未来。

（五）落实预防为主方针，开启健康中国行动

提升健康意识、养成健康生活方式，是维护生命健康积极有效的办法。2019年6月24日，国务院通过《关于实施健康中国行动的意见》，提出了一系列健康中国行动计划。⑦按照这一部署，7月9日，国务院办公厅下发《关于成立健康中国行动推进委员会的通知》，成立由副总理孙春兰任主任的健康中国行动推进委员会，主要负责统筹推进健康中国行动的相关工作。⑧紧接着，《健康中国行动（2019—2030年）》《健康中国行动组织实施和考核方案》等文件一并公布，全面指导健康中国行动的实施。7月18日，在北京举行了"健康中国·我行动"——健康中国行动（2019—2030年）启动仪式，针对饮食、控盐、睡眠、健

---

① 《传承精华守正创新 为建设健康中国贡献力量》，《人民日报》2019年10月26日。
② 《"十四五"中医药发展规划》，国家卫生健康委员会网，http://www.nhc.gov.cn/wjw/mtbd/202203/ca97096352784db6a98eb36f149c72b5.shtml，2022年5月25日。
③ 王君平：《防治新冠肺炎见证中医实力》，《人民日报》2020年4月30日。
④ 《加快新冠治疗药物研发攻关》，《人民日报》2021年10月20日。
⑤ 《国务院办公厅印发关于加快中医药特色发展若干政策措施的通知》，国家卫生健康委员会网，http://www.nhc.gov.cn/bgt/gwywj2/202102/7074578feea34257b673c06ebade86aa.shtml，2022年2月9日。
⑥ 《国务院办公厅印发〈"十四五"中医药发展规划〉》，《人民日报》2022年3月30日。
⑦ 《国务院关于实施健康中国行动的意见》，《人民日报》2019年7月16日。
⑧ 《国务院办公厅关于成立健康中国行动推进委员会的通知》，国家卫生健康委员会网，http://www.nhc.gov.cn/guihuaxxs/s7824k/201907/fda4ccda266940ee9d1d9d0ec5e10539.shtml，2022年5月25日。

身运动等健康行动的核心问题，健康中国行动推进委员会提出了多项行动倡议。①

健康中国行动以普及知识、提升素养，自主自律、健康生活，早期干预、完善服务，全民参与、共建共享为基本原则，共分为 3 大类 15 项②，旨在落实预防为主的卫生与健康工作方针，确保健康中国战略贯彻到社会最基层，营造起人人参与、守护健康的浓厚氛围。

在健康中国行动推进委员会的领导督促下，15 个专项行动同步推进，均取得了良好成效。例如，在健康知识普及行动中，建立并完善了国家健康科普专家库和资源库，持续推动建设健康科普知识发布机制，特别是在新冠肺炎疫情防控中，戴口罩、勤洗手、少聚集等卫生知识宣传普及活动广泛开展，有效助力了疫情防控工作大局；在妇幼健康促进行动中，完善了相关政策并组织开展婚前保健工作，部署实施预防出生缺陷行动，启动妇幼健康服务能力提升项目，组织开展全国婴幼儿照护服务示范城市创建活动；在传染病及地方病防控行动中，做好新冠肺炎等重点传染病的常态化防控，完成了地方病防治专项 3 年攻坚行动中期评估，推动实施遏制艾滋病传播"六大工程"，组织实施全国血吸虫病防治"十三五"规划终期评估和全国消除疟疾评估，修订《全国包虫病监测方案和病人救治管理办法》；等等。③此外，合理膳食行动、控烟行动，以及针对青少年、老年人群体开展的健康促进行动等，也逐步渗透到人们日常生活的方方面面，对维护全生命周期健康发挥着积极的干预作用。2020 年，经常参加体育锻炼人数比例达到 37.2%，比 2014 年提高了 3.3 个百分点。国民体质测定标准的合格率，2020 年达到 90.4%，比上一次提高了 0.8 个百分点。④ "共建共享、全民健康"日益从理念转变成全民参与的实际行动。随着《关于构建更高水平的全民健身公共服务体系的意见》《"十四五"国民健康规划》的逐步落实⑤，健康中国行动的健康成效将不彰而自显。

综上所述，健康中国战略开局良好、推进有序，随着卫生与健康事业的进步，以及相关政策的完善和机制的创新，健康中国战略的实践步伐将迈得更快、更稳。

成就：全民健康与全面小康齐头并进

实施健康中国战略，既是促进民生的有力措施，也是维护国家公共安全的重要保障。十年来，遵循健康中国战略的顶层设计，在医疗卫生与健康事业快速发展的直接推动下，中国

---

① 《健康中国行动实录》，国家卫生健康委员会网，http：//www.nhc.gov.cn/guihuaxxs/s7786/201908/28210eddb0ab4984871a09dffe1315d0.shtml，2022 年 5 月 25 日。
② 《国务院关于实施健康中国行动的意见》，《人民日报》2019 年 7 月 16 日。
③ 毛群安：《实施健康中国战略 推进健康中国行动》，《健康中国观察》2021 年第 8 期。
④ 《我国主要健康指标居中高收入国家前列》，《人民日报》2022 年 7 月 6 日。
⑤ 《推动全民健身和全民健康深度融合》，《人民日报》2022 年 6 月 17 日。

人民的健康水平得到了显著提高，不仅极大地增加了人民群众的安全感、获得感和幸福感，而且对于推动经济社会发展，顺利完成全面建成小康社会的历史任务，应对突如其来的新冠肺炎疫情，发挥了打基础、抢先机的关键性作用。

（一）全民健康，筑牢改善民生的基石

按照世界卫生组织确定的标准，衡量一个国家人民健康水平主要有3大指标：人均期望寿命、婴儿死亡率和孕产妇死亡率。① 新中国成立时，我国人均预期寿命只有35岁，婴儿死亡率是20%，孕产妇死亡率是1500/10万，② 是世界上人口健康状况最差的国家。③ 经过30年的不懈努力，到改革开放初期我国人民的健康状况发生根本性改变，人口预期寿命1981年提升到67.8岁，远远高于1980—1985年世界平均59.5岁的水平。④ 婴儿死亡率1980年时降低到42‰，大大低于同期世界平均67‰的水平。⑤ 2010年，我国人均预期寿命为74.8岁，其中男性72.4岁，女性77.4岁。2011年，孕产妇死亡率降为26.1/10万，婴儿死亡率降为12.1‰，5岁以下儿童死亡率降为15.6‰，⑥ 标志着中国国民的健康水平已经达到了发展中国家的较高水平。通常情况下，当国民健康水平达到一定高位后，再进一步提高则非常不易。然而，在新时代这十年，人民健康水平持续攀升。"十三五"时期，我国居民人均预期寿命从2015年的76.3岁提高到2019年的77.3岁，全国孕产妇死亡率、婴儿死亡率、5岁以下儿童死亡率分别从2015年的20.1/10万、8.1‰、10.7‰降至2019年的17.8/10万、5.6‰、7.8‰。⑦《2021年我国卫生健康事业发展统计公报》显示，我国居民人均预期寿命已由2020年的77.93岁提高到2021年的78.2岁，孕产妇死亡率从16.9/10万下降到16.1/10万，婴儿死亡率则从5.4‰下降到5.0‰，⑧ 主要健康指标居于世界中高收入国家前列。

近年来，我国人民的健康素养大步提升。这是一项与个人健康密切相关的指标，投资少、见效快，为此，党的十八大以来国家大力提倡开展广泛的健康科普活动，健康理念和基

---

① 景琳：《卫生管理学》，中国中医药出版社2005年版，第22页。
② 《新中国五十年》，中国统计出版社1999年版，第86页。
③ 联合国对人口预期寿命统计和预测表明，1950—1955年世界人口预期寿命平均为46.5岁，发达地区为66.2岁，不发达地区为41岁，最不发达地区为35.5岁。参见牟新渝等《动态人口红利理论与实践》，华龄出版社2015年版，第326页。
④ 刘隆健：《世界人口预期寿命和死亡率发展趋势》，《中国社会医学杂志》1989年第2期。
⑤ 胡鞍钢：《国情报告》第6卷·2003年下，党建读物出版社、社会科学文献出版社2012年版，第608页。
⑥ 《中国的医疗卫生事业（2012年12月）》，人民出版社2013年版，第3页。
⑦ 《居民健康水平持续提高》，《人民日报》2020年10月29日。
⑧ 《2021年我国卫生健康事业发展统计公报》，国家卫生健康委员会网，http://www.nhc.gov.cn/guihuaxxs/s3586s/202207/51b55216c2154332a660157abf28b09d.shtml，2022年7月22日。

本技能日益深入人心。2012年,健康素养被纳入《国家基本公共卫生服务体系建设"十二五"规划》和《卫生事业发展"十二五"规划》,成为一项衡量国家基本公共卫生服务水平和人民群众健康水平的重要指标。监测数据显示,我国居民健康素养水平逐年提升,从2012年的8.8%提升到2020年的23.15%,已经超过《"健康中国2030"规划纲要》中提出的2020年20%的目标值。① 人民健康水平和健康素养的提高,有力证明了健康中国的正确建设方向以及有效的措施。

(二)健康扶贫,补齐全面小康的短板

长期以来,因病致、贫因病返贫是导致农村人口贫困的主要原因之一。截至2015年底,因病致贫、返贫贫困户占建档立卡贫困户比例达44.1%,其中患有大病和慢性病人数734万。② 因此,在扶贫攻坚中,将拔穷根与除病根联系起来,统筹治理,成为一项治标又治本的重要举措。同年11月,《中共中央国务院关于打赢脱贫攻坚战的决定》出台,明确提出实施健康扶贫工程,完善全民医保,进一步增强防病、兜底能力,坚决防止和阻断因病致贫、因病返贫的发生。③ 在精准扶贫工作中,不仅要求详细记录贫困户家庭的健康信息,而且要求实时跟进,给予政策照顾,保证贫困户看得起病、看得好病。④ 2016年6月,国家卫生和计划生育委员会等15个部委联合发布《关于实施健康扶贫工程的指导意见》,指出实施健康扶贫工程,就是要"坚持精准扶贫、精准脱贫基本方略,与深化医药卫生体制改革紧密结合","采取有效措施提升农村贫困人口医疗保障水平和贫困地区医疗卫生服务能力,全面提高农村贫困人口健康水平,为农村贫困人口与全国人民一道迈入全面小康社会提供健康保障"。与此同时,意见还提出了富有针对性、具体可行的9项重点任务,其中包括提高医疗保障水平,切实减轻农村贫困人口医疗费用负担;对患大病和慢性病的农村贫困人口进行分类救治;实行县域内农村贫困人口住院先诊疗后付费;等等。⑤

以健康为抓手改善贫困人口的生活境况,进而实现脱贫,是中国贡献给世界减贫事业的成功范例。2018—2020年,医保扶贫累计资助贫困人口参保2.3亿人次,惠及贫困人口就医5.3亿人次,减轻贫困人口医疗费用负担3600多亿元,助力近1000万户因病致贫家庭精准脱贫。⑥ 2021年7月1日,习近平在庆祝中国共产党成立100周年大会上庄严宣告:"经过全党全国各族人民持续奋斗,我们实现了第一个百年奋斗目标,在中华大地上全面建成了

---

① 《我国居民健康素养十年增幅约15%》,《光明日报》2022年2月20日。
② 王培安:《实施健康扶贫工程 防止因病致贫返贫》,《人民日报》2017年3月21日。
③ 《中共中央国务院关于打赢脱贫攻坚战的决定》,《人民日报》2015年12月8日。
④ 《让贫困人口看得起病少生病》,《人民日报》2016年6月22日。
⑤ 《中国政策汇编(2016)》,中国言实出版社2017年版,第4379、4380—4382页。
⑥ 《2020,医保带来更多实惠》,《人民日报》2021年1月14日。

小康社会，历史性地解决了绝对贫困问题。"① 健康与小康相辅相成、齐头并进，在全面建成小康社会和全民健康的路上，全国人民一个都没有落下。

（三）抗击疫情，践行人民至上、生命至上的承诺

2020年1月，新冠肺炎疫情突然暴发，其传染速度之快、感染范围之广、防控难度之大，始料未及、前所未有，是新中国成立以来最严重的一次公共卫生事件。近三年来，在中央的直接指挥下，全国人民与疫情展开了艰苦卓绝的斗争，取得了武汉抗疫等一次又一次胜利。追本溯源，这一切离不开党和政府的正确领导、科学施策；离不开医护人员和志愿者的无私奉献、有效救治；离不开人民群众团结一心、同舟共济。这些决定性力量能够在最短时间集结并形成合力，与前期部署、同期实施的健康中国战略密切相关。健康中国战略不仅在指导方针上为抗击疫情做了重要铺垫，始终坚持"把人民群众生命安全和身体健康放在第一位"，② 而且在医疗卫生与健康领域的软件和硬件建设方面都做了实实在在的准备。

近年来，国家把加强重大传染病防控作为健康中国建设的重点，逐步建成了全球最大规模的法定传染病疫情和突发公共卫生事件的网络直报系统，并在全国分区域设置4类36支国家级和近2万支、20多万人的地方卫生应急处置队伍。③ 有效地应对了人感染H7N9禽流感、埃博拉出血热、中东呼吸综合征、寨卡病毒等突发急性传染病疫情。为打赢"武汉保卫战""湖北保卫战"，我们"用10多天时间先后建成火神山医院和雷神山医院、大规模改建16座方舱医院，迅速开辟600多个集中隔离点，19个省区市对口帮扶除武汉以外的16个市州"，"54万名湖北省和武汉市医务人员同病毒短兵相接，率先打响了疫情防控遭遇战。346支国家医疗队、4万多名医务人员毅然奔赴前线，很多人在万家团圆的除夕之夜踏上征程"。④ 这种医疗实力、应急反应力和社会动员力，均是健康中国建设成绩的有力证明。

2020年，当新冠肺炎疫情还在全球蔓延之时，我国"率先控制疫情""率先复工复产""率先实现经济增长由负转正"，并向世界各国提供了大量抗疫物资，积极呼吁构建人类卫生健康共同体。⑤ 2021年，我国国内生产总值达114.367万亿元，比上年增长8.1%，两年平均增长5.1%，⑥ 经济增速居全球主要经济体前列。2022年我国成功举办冬奥会、冬残奥会，其间不仅没有发生聚集性、溢出性疫情，而且带动我国3.46亿人参与冰雪运动，居民参与率达24.56%，⑦ 将群众性体育健身运动再次推向高潮。回首抗疫历程，我们更加感到

---

① 习近平：《在庆祝中国共产党成立100周年大会上的讲话》，《人民日报》2021年7月2日。
② 《习近平关于统筹疫情防控和经济社会发展重要论述选编》，中央文献出版社2020年版，第30页。
③ 《中国健康事业的发展与人权进步》，人民出版社2017年版，第19页。
④ 习近平：《在全国抗击新冠肺炎疫情表彰大会上的讲话》，《人民日报》2020年9月9日。
⑤ 《人民至上 生命至上》，《人民日报》2020年4月27日。
⑥ 《中华人民共和国2021年国民经济和社会发展统计公报》，《中国信息报》2022年3月1日。
⑦ 《为国际奥林匹克运动作出新贡献》，《人民日报》2022年2月22日。

生命安全、身体健康无比可贵，更加感到健康中国建设的决策部署无比英明。

习近平指出："人民健康是社会文明进步的基础。拥有健康的人民意味着拥有更强大的综合国力和可持续发展能力。"① 历史已经证明，新中国经济社会发展的伟大成就离不开人民健康水平的提升。党的十八大以来，国家在医疗卫生与健康事业上的积极作为，是全面建成小康社会不可或缺的力量。历史启示我们，在全面建设社会主义现代化国家新征程上，健康中国建设的地位和作用将越发凸显，人民健康、国家富强、民族复兴的美好愿景一定会实现。

（原载于《当代中国史研究》2022 年第 5 期）

---

① 《习近平关于社会主义社会建设论述摘编》，中央文献出版社 2017 年版，第 100 页。

当代中国大中城市副食品供应与郊区行政区划的调整(1949—1966)

訾夏威

浙江大学中国近现代史研究所

  副食品主要包括猪肉、蛋、水产、蔬菜、干菜、水果几类,其地位虽不如粮食主食重要,也是民众日常生活之所需。在农村,自留地等发挥了供应农村居民副食品的作用。而对于当代城市居民的副食品供应,研究尚少。[①] 副食品具有与粮食不同的特性,其生产、供应均有自己的特点。在计划经济体制下,副食品的生产由国家安排。大中城市[②]中的特殊区域——郊区主要发挥为城市供应副食品的作用。然而这一作用的发挥与郊区行政区划的变动有着密切关系。政治、自然环境、经济、文化心理等因素均会影响到行政区划的变革[③]。中共建政后,郊区行政区划多次调整,副食品的供应成为重要影响因素。反过来,郊区行政区划的调整亦影响中共的副食品供应政策。两者之间充满着张力。本文主要探讨1949—1966年大中城市郊区行政区划的调整与副食品供应之间的关系。

---

  ① 有些著作对中共建政后蔬菜、猪肉等副食品的产供销情况进行了简要的概括介绍,如《当代中国商业》编辑委员会:《当代中国商业》,当代中国出版社、(香港)香港祖国出版社2009年版。目前对于上海副食品的供应研究较多,如有学者简要讨论了"大跃进"时期,上海为保证水产品的供应,曾短暂将浙江嵊泗地区,划归自己管辖,如王健、贾璐阳:《浙江嵊泗行政隶属关系调整及对上海城市发展的影响》,《当代中国史研究》2014年第6期,第107—108页。裴先白回顾了计划经济时期以及改革开放后上海的副食品供应问题,其中涉及副食品供应与上海郊区扩大的关系,裴先白:《社会主义建设时期上海副食品事业的建设与发展》,《现代上海研究论丛》第8辑,上海书店出版社2010年版,第40—51页。还有的论文对其他地区的副食品供应进行了讨论,如蒋渊:《建国初期武汉蔬菜的产供销 (1949—1961)》,华中师范大学硕士论文,2012年。

  ② 关于大中小城市的划分标准,曾有变化。1951年,中共在要求召开城市区各界人民代表会议时,提出10万人口以上为大中城市。不过1955年,国家建委提出以50万和20万为界,将全国城市划分为大城市、中等城市和小城市。参见中国社会科学院,中央档案馆:《1953—1957中华人民共和国经济档案资料选编:固定资产投资和建筑业卷》,中国物价出版社1998年版,第809页。这一标准应用多年。故而本文所指的大中城市指20万人口以上的城市。

  ③ 周振鹤、李晓杰:《中国行政区划通史·总论 先秦卷》,复旦大学出版社2009年版,第152—194页。

一、郊区区划的确定与副食品的就近供应（1949—1956）

　　副食品在民众，尤其是城市居民生活中占据重要地位。1953年，城市、工矿区居民对副食品的消费比主食品还大①。根据一些大中城市和工矿区的调查，居民副食品的消费约占居民购买力的20%左右；在伙食费中，副食品的支出约占40%—60%。② 1953年，政务院副总理陈云对于包括蔬菜在内的副食品生产即有较多认识，"副食品为城市及工矿区广大居民每日生活所必需，较主食消费比重还大。由于生产非常分散，供应十分集中，季节之间、城乡之间的调剂都比较困难，因此，如果放松了对副食品的经营和对市场的管理，便会发生供求失调，价格波动，直接影响居民生活。"③ 1955年，中共中央明确指出，副食品是广大人民，特别是城市、工矿区人民经济生活的重要组成部分，副食品供应得好坏，不但直接影响人民的生活，而且影响市场物价的稳定和国家经济建设的顺利进行。④ 而保证副食品供应和稳定副食品价格的根本方法，就是积极发展家畜、家禽和蔬菜生产。⑤

　　中共较为重视蔬菜的生产与供应，对于其余副食品，态度较为复杂，虽然强调副食品的重要性，同时又认为畜产、水果等生产的增加，不能影响粮食增产。⑥ 而肉类和食糖生产有限，又不是每人每餐都十分需要的食品，可以用控制销售数量的办法进行供应。⑦ 在几项副食品中，蔬菜占据独特的地位。蔬菜属于副食品之一，其重要性虽难以与主食相比，但在民众的日常生活具有不容忽视的地位。中共建政前夕，《人民日报》曾刊载文章，从补充营养的角度强调蔬菜在膳食中的重要地位。⑧ 据研究，中国居民当时膳食的缺点主要是缺乏维生素、钙与脂肪等。而蔬菜具有丰富的营养价值，是民众身体所需的矿物质与维生素的主要来源。此外，蔬菜还可以增进食欲，有助于主食的消化与吸收。由于水果、肉等价格昂贵，市场供应有限，蔬菜的地位更为凸显。中华医学会营养委员会建议中国民众每日至少食用蔬菜

---

① 中央档案馆、中共中央文献研究室：《中共中央文件选集（1949年10月—1966年5月）》第14册，人民出版社2013年版，第340页。
② 王磊：《怎样正确认识副食品供应问题》，载于经济资料编辑委员会：《怎样正确认识副食品供应问题》，财政经济出版社1954年版，第7页。
③ 中共中央文献研究室：《建国以来重要文献选编》第4册，中央文献出版社2011年版，第514页。
④ 中央档案馆、中共中央文献研究室：《中共中央文件选集（1949年10月—1966年5月）》第20册，第213、216页。
⑤ 《改善城市和工矿区的副食品供应工作》，《人民日报》1955年10月8日。
⑥ 中央档案馆、中共中央文献研究室：《中共中央文件选集（1949年10月—1966年5月）》第14册，第342页。
⑦ 《改善城市和工矿区的副食品供应工作》，《人民日报》1955年10月8日。
⑧ 王淮洲：《蔬菜在膳食中的地位》，《人民日报》1949年9月13日。

500 克。① 大部分时人未必了解蔬菜的营养价值，但在民众尤其是在城市居民的生活中，蔬菜消费一向占据重要地位。

然而蔬菜栽培不同于一般农作物。在当时的技术条件下，蔬菜生产带有十分明显的地域性和季节性特点。正如时人所说，"蔬菜宜于新鲜贩卖，但富于水分，容积较大，常不耐贮藏，运输也感困难"，因此最好在大都会附近经营栽培蔬菜。② 虽然部分蔬菜可以腌制，中央政府也一直在强调加强蔬菜的贮藏。③ 不过限于当时的技术条件，蔬菜保鲜始终是一个难题。解决蔬菜供应不足的另一个重要方法是长途运输。中国的蔬菜生产不仅存在季节不平衡的特征，还具有地区生产不平衡的特点。然而远途调运大量的新鲜蔬菜，既不便于运输、保管，又不能保证及时供应，同时又给国家财政带来重大负担。虽然经常迫不得已采取这一办法，但巨大的压力使得各地政府希望各地能够做到蔬菜自给，并因此确立了"就地生产、就地供应"的方针。④ 郊区便承担起为城市提供副食品尤其是蔬菜的"任务"。

近代，城市所需副食品主要由城市附近的地区供应。中共建政后，这种传统延续下来。1953年中国第一个五年计划开始制定与实施，对不同地区采取不同的生产方针，强调城市郊区要重视副食品，尤其是蔬菜生产。1953年10月，毛泽东明确提出："在城市郊区，要多产蔬菜，不能多产蔬菜，也是没有出路的，于国于民也都不利。"⑤ 不久，毛泽东又针对第三次互助合作会议提出："蔬菜的生产供应，主要是由计划供应。大城市和新发展起来的城市人口很集中，没有蔬菜吃，那能行呢？"⑥ 同年7月，中共中央在批复农业部有关今后农业方针任务报告时，认为大城市郊区及工矿区附近农村的农业生产的首要任务，是有计划地提高蔬菜生产，保证城市供应，同时适当地发展肉类、乳类、水果的生产。⑦

中共建政初期，大中城市的郊区基本是延续民国时期的范围。民国时期，在"城乡分治"的影响下，一些城市脱离农村地区而设市。但设市不久，这些城市即将附近农村地区并入，成为城市郊区。中共虽然将城市与农村工作分开，然而对于城市内包含部分农村地区的做法表示认同，并在土改时，将郊区视为一个特殊的区域，特意制定了《城市郊区土地

---

① 华东区中等农业学校教材参考资料编辑委员会：《果树蔬菜栽培学》，内部资料，1954年，第141—142页。

② 张权：《农业生产参考资料 四季蔬菜栽培提要》，农业生产社1951年版，第1页。

③ 如国务院于1958年明确要求城乡居民等应在蔬菜生产旺季抓紧晒干菜和腌制酱咸菜，蔬菜经营部门也必须组织自己的加工企业和酱菜园，加工腌制和储备干菜、咸菜。参见中央档案馆、中共中央文献研究室：《中共中央文件选集（1949年10月—1966年5月）》第28册，第250—251页。

④ 柳纪纲：《北京市人民代表大会文献资料汇编1949—1993》，北京出版社1996年版，第348页。

⑤ 毛泽东：《建国以来毛泽东文稿》第4册，中央文献出版社1990年版，第358—359页。

⑥ 中共中央文献研究室：《建国以来重要文献选编》第4册，第411页。

⑦ 中央档案馆、中共中央文献研究室：《中共中央文件选集（1949年10月—1966年5月）》第16册，第332页。

改革条例》①，各市据此划定了郊区范围。有的地方则在土改实施过程中，扩大了郊区范围。不过更多的市是沿用民国时期的郊区范围，但起初并不显得狭小。这是由于民国时期城市郊区的出现本身即是为城市的发展预留准备，这些市在扩展城市范围时总是力图将郊区扩大，因此许多市拥有范围较广的郊区。将大片农村地区划在市内，这在当时看起来不尽合理，而且战争的扰乱使得这些郊区并未发挥应有的作用。不过这却为中共建政初期市的发展提供了空间，因而中共长时期并未对郊区进行统一规定。通过郊区土改，各大中城市均拥有各自的郊区。各市由此成为囊括部分农村地区的城市。

"一五"计划时期，随着中国经济建设大规模展开，城市人口迅速增加。1950年全国35个大中城市供应人口是1392万人，次年增至1493万人，1952年增至1988万人，到1956年已增长至2793万人。② 另一方面，大中城市居民的副食品消费长期处于极低水平。1949年，全国城镇居民人均猪肉消费量为15.14斤。③ 蔬菜方面，1949年，北京市人均蔬菜供应量仅0.33斤，沈阳为0.2斤，成都为0.3斤。④ 随着生活水平的提高，购买力的增强，对于副食品的消费亦会增加。这使得大中城市副食品供不应求的矛盾日益突出。1953年，在全国8个城市中，除北京、旅大外，其余蔬菜均供应不足，差额在30%—50%。⑤

随着城市人口增加对于副食品的需求增加，土地不断被占用，郊区的面积逐渐显得狭小。在此情况下，原有的郊区范围逐渐难以满足城市需要。上海一位商业部门的领导人认为上海郊区小、土地少、农业人口少，依靠郊区来供应城市副食品，并不能解决问题。⑥ 抚顺一些领导同样认为抚顺市郊区小，劳动力缺乏，难以依靠郊区解决副食品的供应问题。⑦ 1956年，重庆市提出要建立蔬菜基地，然而当时只有30多万农业人口，耕地面积亦不大，因此副食品供应主要依靠周围各县支援。外地供应的蔬菜占重庆总供应量的70%左右，生

---

① 中共中央文献研究室：《建国以来重要文献选编》第1册，中央文献出版社2011年，第399页。
② 商业部副食品管理局、中国蔬菜流通协会：《中国蔬菜经济资料汇编1949—1984年》，内部资料，第34页。
③ 农牧渔业部畜牧局：《畜牧业经济资料（1949—1982年）》，内部印行，第243页。
④ 商业部副食品管理局、中国蔬菜流通协会：《中国蔬菜经济资料汇编1949—1984年》，第39、59、143页。
⑤ 中央档案馆、中共中央文献研究室：《中共中央文件选集（1949年10月—1966年5月）》第14册，第540页。
⑥ 陈竟平：《鼓足干劲，大力促进郊区副食品生产的发展》，载于《贯彻总路线做好财贸工作》，上海人民出版社1958年版，第33页。
⑦ 辽宁省抚顺市食品水产公司：《依靠群众，大力促进副食品生产的发展》，中华人民共和国商业部：《1959年商业红旗（副食品类）》，工人出版社1960年版，第73页。

猪为80%，小家禽为90%①。可以说这一时期，随着各大中城市的发展，客观上确实有扩大郊区的需要。

一些大中城市确实扩大了郊区面积。中共建政初期，东北大中城市已有较为广阔的郊区。1953年，东北7个直属市、12个省属市的市郊共有45万农户，76万垧②土地，2009个行政村，可以说，市郊是一个相当大的地区。尽管如此，东北局依然认为，在第一个五年经济建设时期，东北有些城市将迅速发展，副食品需要量将大大增加，郊区亦需随之扩展。事实上，东北一些城市由于迅速扩展，郊区不断向外扩大，使郊区处于持续变动的状态。③郊区扩大的情况在其他地区同样出现。1955年贵筑县的花溪等地被划归贵阳市，贵阳市由此扩大郊区面积819.3平方公里，增加近12万人口。④北京市曾于1952年和1956年两次扩大郊区，使其面积从1255平方公里增至4820平方公里。⑤这一时期郊区面积的扩大主要以划入附近地区为主。

然而，相比于改善生活，国家更为侧重于生产的发展。1953年，《人民日报》发表社论，提出由于只能依靠国内生产的积累以及群众的节约来筹集工业发展的资金，这就必然要求降低生活改善的速度，因此必须使"生活的改善必须服从于生产的发展"。⑥各种报刊媒体积极宣传人们适当节约，减少副食品的消费。⑦由于对副食品的生产与消费采取抑制态度，这一时期，中央政府对于郊区规模保持一个审慎的态度。1954年，内务部要求各地在扩大市郊时，必须从当前实际需要出发，范围应限于在政治、经济、文化和国防事业发展上与市区有密切联系的区域，并应采取逐步扩充的办法⑧。不久，国务院再次强调郊区不宜过大。⑨

在此种情况下，东北一些城市扩大郊区的做法不但被制止，甚至重新出现"市县分治"的局面。1956年，国务院同意辽宁省调整沈阳、本溪等6个市郊区区划的请求。沈阳市仅保留近郊62个行政村，其余440个行政村划归新设置的沈阳县；本溪市除保留周围51个行

---

① 辛易之：《农商协作把副食品的产销搞得更好》，中共重庆市委农业部办公室、中共重庆市委财贸部办公室：《重庆市郊区怎样发展副食品生产》，重庆人民出版社1959年版，第10页。
② 垧是一种土地计量单位，所指面积各地不一。东北地区，一垧一般等于一公顷，即15亩。
③ 中共中央东北局农村工作部：《市郊经济情况参考资料》第2集，内部资料，1953年，第8—9页。
④ 《国务院关于同意扩大贵阳市郊区行政区划给贵州省人民委员会的批复》，1955年7月16日，《中华人民共和国国务院公报》1955年第12期，第429页。
⑤ 李慕真：《中国人口（北京分册）》，中国财政经济出版社1987年版，第61页。
⑥ 《生活的改善必须服从于生产的发展》，《人民日报》1953年12月16日，第1版。
⑦ 王山：《不应回避群众生活中的问题》，《人民日报》1954年8月27日，第3版。
⑧ 中华人民共和国民政部行政区划处：《中华人民共和国行政区划手册》，光明日报出版社1986年版，第460页。
⑨ 张焕光、苏尚智等：《中华人民共和国行政法资料选编》，群众出版社1984年版，第328页。

政村外，其余173个行政村和两个镇划归新设置的本溪县。① 不过这并不意味着这些地区与原有的市关系断绝。本溪县成立后，被划归安东专区领导。然而"由于历史、地理和现实需要等原因"，最终本溪县由本溪市代管。② 对于这种变化，有的学者将其视为市辖区的特例，可以算是后来市领导县体制的雏形。③ 不过我们需要从城郊关系的角度理解这种变化。东北地区作为新中国重工业建设的重心，工业发展迅速，需要大量的土地支持。故而在1952年大大扩展郊区的范围。但这种扩展实际上超出了城市的需要。1956年的这次调整可谓是郊区扩张的一次激烈收缩。然而几十个行政村绝难满足沈阳与本溪等城市快速发展的需要，故而两市并不愿这样放弃郊区，而是力图与划出去的沈阳县与本溪县保持着密切关系，希望其能够充当郊区的角色，为城市的发展提供副食品等。

本来随着城市人口的增加，郊区民众会相应调整经营方针，扩大副食品的供应，但随着计划经济开始实施，副食品尤其是蔬菜的供应出现了一些起伏（见表1）。

表1　　　　　　　　1950—1956年35个大中城市蔬菜基本情况表

年度 项目	城市供应人口（万人）	常年菜田面积（万亩）	季节菜田面积（万亩）
1950	1392	41	3.5
1951	1493	42	3.2
1952	1988	63	5.6
1953	2090	70	6
1954	2277	71	4.7
1955	2362	77	2.4
1956	2793	89	6.9

资料来源：商业部副食品管理局、中国蔬菜流通协会：《中国蔬菜经济资料汇编1949—1984年》，第34—35页。

新中国成立初期，大中城市的菜田面积迅速扩大。然而，1953年计划经济开始后菜田面积增长趋缓，甚至一度下降。1954、1955年常年菜田面积增长幅度较小，只有1956年增长迅速，扩大到89万亩。季节菜田在1954、1955年连续下降，一度萎缩至2.4万亩。

---

① 《国务院关于同意调整沈阳、鞍山、抚顺、本溪、锦州、安东等6个市的郊区区划给辽宁省人民委员会的批复》，1956年5月23日，《中华人民共和国国务院公报》1956年第21期，第491页。
② 中共本溪满族自治县委组织部、中共本溪满族自治县委党史工作办公室、本溪满族自治县档案局：《中国共产党辽宁省本溪县组织史资料1945—1987》，内部资料，1992年，第57页。
③ 史卫东、贺曲夫、范今朝：《中国"统县政区"和"县辖政区"的历史发展与当代改革》，东南大学出版社2010年版，第133—134页。

菜地的扩张之所以受到限制，是由于当时农业生产以粮棉为中心，大部分郊区在菜地规模确定以后，并不愿意大幅扩展菜地。十分重要的一个原因，即是种菜与种粮之间存在着内在的紧张关系。当菜地面积扩大时，粮食种植就会缩小。这不仅会减少国家收购粮食的数量，同时会增加国家统销粮食的负担。而对于粮食一直颇感紧张的国家来说，势必会慎重考虑菜地的种植面积。统购统销的政策实施后，各地均面临着粮食统购的巨大压力。一般均将粮食生产作为农业工作的中心任务，对于蔬菜种植不仅不加以支持，甚至会加以束缚。猪肉的供应也是如此。中共建政后至1954年上半年，中国的生猪生产逐年增长。1954年下半年起，生猪产量不断下降，1956年6月比1954年6月减少17%。生猪减少，原因较为复杂，最主要的就是口粮与饲料用量之间存在尖锐矛盾。①

有的城市根据"郊区农业生产为城市服务"的方针，积极发展多种经营，但实际上更偏重粮食生产。如贵阳市在制定郊区的全面规划时，提出郊区农业生产的方针是：为了确保城市副食品的供应，应首先安排蔬菜和其他副食品的生产，并随着城市需要逐渐增加供应。在此基础上，再安排粮食和经济作物生产。在具体计划方面，为满足城市副食品供应要求，强调必须积极发展毛猪、鸡、鱼等的生产和增产壳花生、葵花、芝麻、荸荠等经济作物以及大力提倡栽培水果、浆果等果树。② 由于对于粮食的过于强调，多种经营常常被忽视。1956年，贵阳总结当年的农业工作时，认为"领导上存在着'单打一'的作风，抓住了粮食增产，忽略了多种经营，因而造成了副业减产，油菜子减产，特别是某些付食品（如生猪）的完不成计划并减产。"③ 陈云也提出"如果一边要农民种菜，一边要他们照旧缴粮，农民只有买粮食来缴，这是不行的。"④

二、副食品基地的建立与郊区的扩展（1957—1961）

新中国成立时期，由于强调生产的发展，副食品的生产与消费较长时期处于滞后状态。而随着城市人口增加以及购买力的提高，副食品的供应问题愈益突出。1956年底，国家公开表示部分猪肉、蔬菜供应不足，群众不断提出意见。⑤ 这年入冬以来，一些大中城市蔬菜

---

① 《中共中央和国务院关于发展养猪生产的决定》（1957年2月28日），北京政法学院民法教研室：《中华人民共和国农业生产合作社法参考资料汇编》，法律出版社1957年版，第58—59页。
② 贵州省贵阳市农村合作化史料编辑室：《贵阳市农村合作经济史料》，内部印行，1992年，第251—252、254—255页。
③ 中共贵阳市委党史研究室、贵阳市档案馆：《中共贵阳市历史文献选编（1955年—1956年）》，内部资料，2004年，第620页。
④ 陈云：《陈云文选》第3卷，人民出版社1995年版，第65页。
⑤ 《目前副食品供应不足的原因何在？城市服务部负责人谈供应情况和改进措施》，《人民日报》1956年12月6日。

供应十分紧张，出现了较为严重的社会问题，使得中共意识到需要重视蔬菜供应问题①。国家亦逐渐有意改善这一问题。1956年，为加强对城市以及新兴工矿区副食品供应工作的管理，国家特意成立城市服务部。② 中共决定借鉴苏联经验，提出要将郊区建设为城市的副食品基地。1953年，苏联为解决大城市的副食品供应问题，规定城市周围50公里以内的农村，不种或少种粮食和棉、麻等经济作物，专门负责生产各种肉类、鸡、鸭、鱼、蔬菜等副食品，使这些农村地区成为大城市副食品的生产基地。这样不仅可以增加农民的收入，同时也可以节省国家从外地调运副食品所耗费的运力和运费③。

1957年7月，国家召开十三省市蔬菜会议。陈云强调蔬菜供应是大中城市所面临的重要问题之一。由于长期侧重工业生产，对于副食品的供应关注不够，引发一些问题。陈云认为"蔬菜和其他副食品的供应问题，其意义绝不在建设工厂之下"。而解决这一问题的根本方法除依靠郊区生产外，还必须另有蔬菜生产基地。

此外，对于肉类和水产品的需求也日益突出。为解决猪肉供应紧张问题，一些城市如北京开始考虑建立生猪生产基地。随着城市经济的发展，北京的猪肉销售量猛增，1954比1949年增加了168.4%。粮食统购统销后，养猪饲料减少，生猪饲养量下降，猪肉供应愈发紧张④。1956年，为了满足北京市民需要，政府从几个省调来64万头生猪，亏损180万元，浪费了不少人力物力，但民众仍然普遍反映吃不上肉⑤。在这种情况下，北京不再局限于原有的郊区，希望河北省发挥作用。1957年4月，城市服务部与北京、河北省确定河北省通县专区所属的十三县作为北京的生猪生产基地，以争取在几年之内，年产肥猪120万口，以80万口供给北京⑥。同年底，农村工作部副部长廖鲁言在当年的全国农业工作会议上，认为各地应借鉴北京解决猪肉供应的经验，使郊区与临近地区合作以更好地保证城市副食品的供应⑦。这其实已经从猪肉供应的角度提出了郊区扩大的需求。

随着国民经济的发展，水产业逐渐被提倡。由于内地城市鲜鱼越来越供不应求，1957

---

① 陈云：《陈云文选》第3卷，第64页。
② 1958年2月，城市服务部改名为第二商业部。参见国家行政学院：《中华人民共和国政府机构五十年》，党建读物出版社2000年版，第63页。
③ 彭城：《学习苏联的先进经验各大城市应建立副食品生产基地》，载于《我国发展养猪生产的参考资料》，畜牧兽医图书出版社1957年版，第43页。
④ 王绍清：《房山的副食品供应溯源》，中国人民政治协商会议、北京市房山区委员会文史工作委员会：《房山文史资料》第21辑，内部资料，2007年，第20页。
⑤ 《杨一辰在首都生猪生产基地会议上的讲话（摘要）》，载于《我国发展养猪生产的参考资料》，第39页。
⑥ 河北省社会科学院经济研究所、《河北省经济大事记》编写组：《河北省经济大事记1949—1966年（初稿）》，内部资料，1982年，第108页。
⑦ 廖鲁言：《廖鲁言文集》，人民出版社2013年版，第231页。

年，城市服务部和水产部认为解决当时城市鲜鱼供应紧张的根本办法是发展淡水养鱼，尤其应重视城市郊区和附近地区的湖泊、池塘。这些水面，水质肥沃，产量较大。如能充分利用，可为城市提供大量鲜鱼。而且淡水养殖优点众多，如投资小、收效快、获利大，不需要占用耕地面积，与粮食和其他经济作物的生产没有矛盾，同时还可以安排一些劳动力，可以说是一项较好的副业生产。两部门因此要求各地把一切可以利用的水面利用起来，并提出城市如果郊区水面狭小，难以满足居民需求，则可以请求上级领导划拨地区，建设生产基地①。

随着对蔬菜、肉类等副食品需求的日益增长，除了之前提出的建立蔬菜生产基地和生猪生产基地等外，建立副食品基地逐渐成为时人的共识。农业部和城市服务部于1957年联合发出通知，要求在城市郊区和工矿区附近扩大和建立副食品基地，以使城市和工矿区所需要的副食品能够逐步做到基本自给②。随着"大跃进"运动的开展，副食品基地建设的速度大大加快，规模大大拓展。1959年，学者周崇光提出所有大中小城市和新老工矿区，贯彻就地生产、就地供应方针的主要措施，就是要在城市郊区和工矿区附近地区，建立起蔬菜、肉类（猪、羊、禽、鱼、兔等）、蛋品、奶类和水果等综合性的副食品生产基地，以保证供应城市人民的消费需要③。同年，中共中央提出："在城市郊区应当有计划地建立强大的副食品基地，做到蔬菜基本自给，并且根据各地不同条件，逐步地分别地做到油、猪、牛、羊、鸡、鸭、鹅、蛋和水产的全部自给，或者基本自给，或者大部自给。"④ 不过虽然强调在郊区建设副食品基地，这并不意味着郊区完全承担了为城市提供副食品的"任务"。中共中央对于大中城市副食品的供应方针是"自力更生为主，力争外援为辅。"⑤"自力更生"即是在郊区建立副食品基地，"力争外援"即是强调不可忽视普通农村的供应。

在这种情况下，原来的郊区便显得狭小，难以负担这种任务。周崇光呼吁，原有的城市和工矿区如果不相适应地扩大原有的副食品生产基地，副食品的市场供应，势必出现紧张的局面⑥。由此，扩大大中城市的郊区便成为建立综合性的副食品生产基地所必须的条件。建

---

① 国务院法制局：《中华人民共和国法规编 1957 年 7 月—12 月》，法律出版社 1958 年版，第 431—433 页。
② 中华人民共和国城市服务部肉食品商业局汇编：《农业部、城市服务部关于在城市和工矿区附近扩大和建立副食品生产基地的联合通知（摘要）》，载于《我国发展养猪生产的参考资料》，畜牧兽医图书出版社 1957 年版，第 42—43 页。
③ 周崇光：《略论建立副食品生产基地》，《中央合作通讯》1959 年第 3 期，第 14 页。
④ 中共中央文献研究室：《建国以来重要文献选编》第 12 册，第 372 页。
⑤ 中央档案馆、中共中央文献研究室：《中共中央文件选集（1949 年 10 月—1966 年 5 月）》第 31 册，第 437 页。
⑥ 周崇光：《略论建立副食品生产基地》，第 14 页。

立副食品基地的设想与"大跃进"结合后，使得郊区的范围迅速扩大。这有诸多原因。首先，城市人口大量增长，购买力也迅速提高，对于副食品的消费需求大增，大中城市副食品供应因此十分紧张。其次，农村民众本身的副食品消费需求上涨，而生产却有所下降，供应城市的部分因之减少。第三，对粮食生产估计过高，使得中共对于副食品的供应有所放开。最后，"大跃进"时期，全国行政区划的调整较为轻率，县级行政区盲目进行大撤大并①。这些因素使得中共对于各市扩展郊区持积极甚至鼓励的态度。1959 年 7 月，在许多大中城市已经大幅扩大郊区面积的情况下，中共中央提出，目前，还有少数大中城市的郊区过小，应适当扩大，使他们也能够有条件建立自己的副食品基地②。在这种情况下，更多的市将周围地区纳入城市范围。

需要注意的是，这次大中城市郊区的扩大，并不只是与周围县份争夺地区，而且包括将整个县划入城市，并多改县设区。北京市原有七个城区，七个郊区。1958 年 3 月，河北省的通县、顺义、大兴等五个县以及通州市被划归北京市③。北京市撤销其原有建制，将原通县和通州市合并设立通州区；原房山、良乡两县合并设立周口店区；原大兴县和顺义县分别改设大兴区和顺义区。原有的郊区区划亦进行了调整，东郊区改名为朝阳区；京西矿区改为门头沟区；石景山区及南院区建制取消，所属地区划入其他各区。同时区与区之间的行政区划进行了一些调整。由此，北京共有四个城区，九个郊区。郊区的面积大为扩展。同年 9 月，河北省的怀柔、密云等四县被划归北京。不过北京此次并未改县设区，而是保留了县的建制④。上海新增原属江苏的嘉定、宝山、上海等十个县，亦保留了各县建制⑤。1958 年河北省多个县被撤销，与此同时各市郊区均大为扩展。邯郸市划入被撤销的武安及邯郸两县部分区域；被撤销的丰润县和滦县大部分区域划归唐山市，成为其丰润区和滦州区；秦皇岛市划入撤销的阜宁县，将其改设为抚宁区和石门寨区。保定市的郊区则经历了三次扩张。1958 年 7 月，满城等三县的 111 个村庄划入；8 月，徐水等三县及农场所属的 118 个村庄划入；年底满城县及原完县撤销，划归保定市。保定市郊区的行政区划进一步调整为四个区。

---

① "大跃进"时期，县级行政区划频繁调整。仅 1958 年一年中，县级行政区划因大撤大并，由 1957 年的 1974 个撤并为 1626 个，减少 348 个。1961 年开始又开始陆续恢复，至 1965 年调整为 2004 个。参见孟昭华、王涵《中国民政通史》下卷，中国社会出版社 2006 年版，第 1205 页。

② 中央档案馆、中共中央文献研究室：《中共中央文件选集（1949 年 10 月—1966 年 5 月）》第 31 册，第 438 页。

③ 《国务院关于将河北省的通县等五个县和通州市划归北京市领导的决定》，1958 年 3 月 7 日，《中华人民共和国国务院公报》1958 年第 10 期，第 262 页。

④ 《新中国成立后北京市行政区域变动史料选》，《北京档案史料（2005.1）》，新华出版社 2005 年版，第 73—74 页。

⑤ 开封师范学院地理系资料室、中国科学院河南省分院地理研究所资料室：《中国城市地理资料选辑》，商务印书馆 1959 年版，第 40、63—64 页。

石家庄、张家口、承德等市郊区亦得到扩大①。其他地区亦是如此。杭州市可以视为一个典型。新中国成立以后,杭州市的郊区长期未发生大的变化。1957年杭县划归杭州市领导,次年,杭州取消杭县建制,将其大部分地区纳入郊区,改设临平、塘栖、上泗及三墩等四个区。杭州不仅人口从75万增加至117万余人,面积亦增加656平方公里。同时,杭州市将原有郊区改设为笕桥区②。当然,这些城市扩展郊区有着多种目的,但保证副食品的供应是一个重要因素。

通过扩大郊区,城市中的郊区人口数量大为增加,基本与市区人口持平,甚至略多。重庆市区人口和郊区人口的比例大体是1∶1,哈尔滨是1∶0.88,上海郊区人口较少,城郊人口比是1∶0.5,"其他大中城市,除了个别城市的郊区人口太少、属于特殊情况以外,绝大多数城市的情况和这三个城市大体相同,或者比这三个城市的条件还好一些。"③根据37个大中城市的统计,市区人口与郊区人口的比例1957年是1∶0.28,1959年是1∶1.27;市区与郊区人口总平均耕地面积,1957年每人是0.77亩,1959年扩大到每人1.65亩④。

随着郊区面积的大幅扩展,中共希望郊区能够实现城市副食品自给的要求,"现在大多数城市的郊区比过去扩大了,有了大量的耕地,不少城市郊区还有不同数量的水面和山林,具有大量发展副食品生产的条件。"⑤也就是说,郊区的任务是保证城市各种副食品的供应。郊区的农业生产方针亦被明确为城市生产副食品。其生产原则是"应当以蔬菜和猪肉为纲,带动其他,全面发展"。"全面发展"是指各地因地制宜,发展多种经营,如在肉食方面,应当以发展生猪(或牛羊)为重点,同时努力发展其他家畜家禽。山林草地较多的郊区,应当注意发展果树和畜牧。水面较多的郊区,应当注意发展水产事业,实行养殖和捕捞并举⑥。

不过这并不意味着郊区内部没有区别。事实上,郊区被划分为近郊与远郊。近郊主要指原来市的郊区。这些地区紧邻城市,有的甚至与市区犬牙交错,没有明确的界限。由于距离城市较近,范围相对较小,被划入城市范围较早,故而被称为"近郊区"、"小郊区"和"老郊区"。新划入的地方由于距离城市较远,面积较大,且以县的形式被划入,故被称为

---

① 许高飞:《河北行政区划变更大典(1949—2005)》,方志出版社2006年版,第303—380页。
② 杭州市人民委员会:《关于建议撤销杭县建制等区划问题的请示》(1958年2月14日),浙江省档案馆藏,档号:J101—009—061—002。
③ 中共中央文献研究室:《建国以来重要文献选编》第12册,第560—561页。
④ 中共中央文献研究室:《建国以来重要文献选编》第12册,第372页。
⑤ 中共中央文献研究室:《建国以来重要文献选编》第12册,第372页。
⑥ 中央档案馆、中共中央文献研究室:《中共中央文件选集(1949年10月—1966年5月)》第31册,第437—438页。

"远郊区""大郊区""郊县"①。近郊和远郊被赋予了不同的任务。

近郊区之前被要求重视蔬菜的生产，却受到粮食供应的掣肘，因而在种植蔬菜时总有后顾之忧。有了远郊区后，近郊区着重发展蔬菜等副食品。1959年5月30日，《人民日报》发表社论，强调应大力增产蔬菜，"在保证城市蔬菜自给的方针下，近郊区的农业生产应该'以蔬菜为主'，粮、棉、菜等各种作物能够同时兼顾的，当然可以同时兼顾，如果不能同时兼顾，必须首先保证蔬菜生产的发展；棉、粮及其他作物与蔬菜生产不发生矛盾便罢，如果发生矛盾，那就应该首先为蔬菜让路"。郊区的蔬菜生产被放到了特别重要的地位，并认为郊区农业生产"以蔬菜为主"是唯一正确的方针。这一要求，明确了城市郊区应该以蔬菜种植为主，是政策上的重大突破。不久这一方针被更明确、更简单化为"以菜为纲"。这一方针的提出，意味着郊区蔬菜发展不再受到粮食供应的限制，可以根据实际需要进行安排。如若菜地不足，城市可以将近郊区范围扩大。粮食供应不足，则由国家提供②。此外，郊区农业"以菜为纲"，不必再过分考虑粮食生产，还可以发展猪、鸡、鸭、鹅和饲料的生产。

由于不用担心粮食的供应，各地纷纷扩大近郊蔬菜生产规模。菜地规模迅速扩大，菜农数量随之大量增加（见表2）。

表2　　　　　　　　1957、1960年5个大中城市菜农、菜田情况表

项目 城市	菜农人口（万人）			菜田面积（万亩）		
	1957	1960	增长%	1957	1960	增长%
上海	18	33	83	19.5	38	95
天津	13.7	34	148	8.5	30.5	259
长沙	1.4	6.9	392	1.6	5.6	250
杭州	3.3	5.6	70	2.2	4	82
贵阳	2.9	9.5	228	1.7	10.9	541

资料来源：商业部副食品管理局、中国蔬菜流通协会：《中国蔬菜经济资料汇编1949—1984年》，第42—43、102—103、110—111、134—135、150—151页。

与1957年相比，1960年上海等5个城市的菜农数量及菜田面积大幅增长。在菜农数量方面，即使是增长幅度最低的杭州亦增加70%，长沙增加最多，增幅达392%。在菜田面积

---

① 需要注意的是，在此之前即亦有近郊和远郊的区别。如北京在土改时，即将郊区划分为近郊和远郊。参见北京市档案馆：《国民经济恢复时期的北京》，北京出版社1995年版，第441—442页。
② 中央档案馆、中共中央文献研究室：《中共中央文件选集（1949年10月—1966年5月）》第31册，第323页。

方面，杭州增长82%，贵阳增长541%。除蔬菜种植外，近郊区还趁此机会扩大管辖区域，发展畜牧业、水产业。

远郊区面积较大，一般是粮食剩余地区，正好可以弥补大中城市粮食不足。中共认为远郊区，"应当大体上像过去一样以生产粮食、棉花、油料和其他经济作物为主，同时全面发展农、林、牧、副、渔，实行多种经营（适当地着重发展养猪养羊和水产业）。"[①] 虽然远郊区主要任务是发展农业，但服务城市亦放在重要位置。其应使郊区和郊县所需要的粮食和饲料自给。[②] 在实际中，一些远郊地区调整了农业发展方针，扩大蔬菜种植面积，发展多种经营。

这一时期，中共强调应保证蔬菜供应充足，并提高了城市居民的蔬菜供应量。在计划经济体制下，蔬菜的生产由国家安排。随着城市副食品基地的建立，中共对于蔬菜的计划生产愈发精细和周到。1953年11月，陈云根据北京市的情况，提出按人口比例保持必需数量的菜园，具体即是城市人口每人每年平均消费蔬菜二百五十斤，菜园的产量每亩平均约七八千斤，则每三十人有一亩菜园。[③] 1957年陈云在十三省蔬菜会议上强调大城市应确定一个安全系数，适当增加蔬菜种植面积[④]。次年，国务院正式提出城市居民每人每天应供应六两[⑤]咸菜、一斤鲜菜，并要求各地在规划蔬菜播种面积的时候，增加一定的安全系数。[⑥] 在此基础上，各市被要求按照每人每天一斤菜的标准，加百分之三十的安全系数，再加百分之二十的损耗，最终按城市供应人口每人每天一斤半菜来安排生产。[⑦] 每位城市居民的蔬菜消费标准被大大提高，同时考虑到安全系数与蔬菜损耗问题，可以说政策较为完善。然而这一政策是在"大跃进"这一特殊的背景下提出的，蔬菜供应的标准过高，超出了农业的承受能力。

需要注意的是，由于对城市副食品自给的强调，一些地区的蔬菜种植面积明显过大。如厦门提出蔬菜生产、经营的方针是"宁多勿少、宁烂勿缺"，并将蔬菜生产的"安全系数"尽量提高，以规划全年的蔬菜生产。近郊区的一个公社规划建立15000亩的蔬菜生产基地，主要生产各种不便保管的叶子菜，远郊区的四个公社则另外建立一万亩的生产基地，主要生

---

① 中共中央文献研究室：《建国以来重要文献选编》第12册，第372—373页。
② 中央档案馆、中共中央文献研究室：《中共中央文件选集（1949年10月—1966年5月）》第30册，第145页。
③ 中共中央文献研究室：《建国以来重要文献选编》第4册，第517页。
④ 陈云：《陈云文选》第3卷，第65页。
⑤ 十六两制。1959年6月，国务院改革市制，将一斤由16两改为10两。不过具体推广的时间和步骤，由各地自行决定。参见周恩来《国务院关于统一我国计量制度的命令》，《中华人民共和国国务院公报》1959年第16期，第311页。
⑥ 中央档案馆、中共中央文献研究室：《中共中央文件选集（1949年10月—1966年5月）》第28册，第249—250页。
⑦ 廖鲁言：《廖鲁言文集》，第292页。

产便于运输保管的马铃薯、生姜、萝卜以及瓜果菜等。扬州市在扩大蔬菜种植面积时，亦本着"宁多勿少"的原则进行安排。[1]

副食品基地的建设，确实在一定程度上提高了大中城市副食品的供应量。1958—1961年，在城镇人口大幅增加的情况下，35个大中城市的人均蔬菜供应水平呈稳定增长趋势，从1958年的人均0.62斤，增长至1959年的0.78斤，1961年更增长至0.8斤。[2] 1959年底，中共中央认为在蔬菜基本实现自给的情况下，大中城市副食品生产最重要的任务是大力发展以养猪为中心的畜牧业生产。[3] 然而这一时期城镇居民猪肉人均消费量急剧降低，1958年尚有16.06斤，1959年降至9.97斤，1961年更降至3.49斤。[4]

三、郊区的缩小与副食品供应方针的调整（1962—1966）

城市副食品基地的建立既通过"大跃进"的狂飙迈进而得到全面推广，又因"大跃进"的迅速退却而遭受严重打击。"大跃进"时期，大中城市郊区的扩张以及郊县的形成既与城市本身的副食品需求有关，又与"大跃进"纠缠在一起。由于对当时的粮食生产估计过高，城市近郊区以及部分远郊区大规模发展副食品。这为城市民众提供了较多的副食品。当然，从绝对数量上来说，副食品，尤其是肉类供应数量依旧处于一个较低的水平。不过"大跃进"所引起的粮食危机，使得郊区的区划面临着挑战，两个严峻问题凸显出来：如何减轻城市供粮压力及提高粮食产量；如何管理新划入的广大农村地区。

1957年与"大跃进"时期，菜农和菜地数量均大量增加（见表3）。

表3　　　　　"大跃进"前后35个大中城市蔬菜基本情况表

年度 项目	城市供应人口（万人）	菜农人口（万人）	常年菜田（万亩）	季节菜田（万亩）
1956	2793	28.7	89	6.9
1957	3607	66.7	126	10
1960	4464	200.8	394	32
1962	3999	312.3	252	29

资料来源：商业部副食品管理局、中国蔬菜流通协会：《中国蔬菜经济资料汇编1949—1984年》，第34—35页。

---

[1] 中华人民共和国商业部：《1959年 商业红旗 副食品类》，工人出版社1959年版，第180、198页。
[2] 商业部副食品管理局、中国蔬菜流通协会：《中国蔬菜经济资料汇编1949—1984年》，第35页。
[3] 中共中央文献研究室：《建国以来重要文献选编》第12册，第558—560页。
[4] 农牧渔业部畜牧局：《畜牧业经济资料（1949—1982年）》，第243页。

在表3中，我们可以看到，1962年菜农数量是1956年的将近11倍，增长988%；常年菜田和季节菜田分别增长183%和320%，而同时期城市供应人口只增长了43%。菜农数量大大增加。粮农转化为菜农的过程，即是由向国家交纳余粮转化为国家向其提供粮食的过程。因此，一个菜农的增加往往意味着国家需要提供两个人的口粮。而且菜地往往是农村的优质土地，将粮田改为菜地也会减少粮食产量。这在压缩城市人口、强调农业发展的时期是难以接受的，故而压缩菜地、减少菜农数量是一个必然的趋势。各地在调整国民经济时，大量压缩菜地。

对于城市包含大片郊区的情况，国务院副总理李先念等中共领导人十分赞赏，认为"我们的城市是社会主义的新型城市，既有比较集中的工业商业，又有较大的郊区农村，还有大批的机关、团体、部队、学校人员，可以说是城乡结合、工农结合的城市……可以利用城市就近支援的有利条件，加速郊区农业生产的机械化、水利化、电气化，不仅可以促进郊区副食品生产的迅速发展，而且可以促进郊区粮食生产的迅速发展。"[1] 还有人认为，在城市建立副食品基地，是一项科学的管理新型城市的方法。[2] 不过，如何管理这种"新型城市"，成为一个重要问题。一般来说，"大跃进"时期，大中城市郊区的扩大主要是以划县的方式进行的，而郊区的管理通常是设区管理，因此最初被划入郊区的县，其建制被取消，成为大中城市的一个区。但这其实降低了县的行政级别，从而使得原来的县成为市的附庸，不利于开展农村工作。1959年9月，全国人大常委会通过决议，决定直辖市和较大的市可以领导县、自治县。[3] 此后，一些市恢复原有的县制。需要注意的是，在"大跃进"时期，一些城市走得更远，从行政区划方面取消了城区与郊区的区别，即将市区与郊区打乱，重新划分市的区划，使得每个区既有农业，又有工业。[4] 由于城市工作以工业为中心，这实际上放松了对农业的领导。在当时注重农业生产的恢复背景下，显然是不合适的。

面对这些问题，一些城市主动进行了调整，如减少菜农数量，调整郊区区划。有的城市主动将原本划入的地区重新划出。哈尔滨为解决城市蔬菜供应，曾于1959年将属于附近县的一些农村地区划归城市。然而由于农业生产下降，哈尔滨于1961年底将这些地区基本划回原属县份。[5] 邯郸市于1954年建立郊区，1959年将市区与郊区合并为市区，但1961年又将全市分为郊、市两区。不仅如此，1962年初，原划入的邯郸县从邯郸市划出，邯郸县得

---

[1] 中共中央文献研究室：《建国以来重要文献选编》第12册，第559页。
[2] 武汤光：《建立城市副食品生产基地的重大意义》，《山西政报》1960年第3期，第75页。
[3] 《全国人民代表大会常务委员会关于直辖市和较大的市可以领导县、自治县的决定》，《中华人民共和国国务院公报》1959年第21期，第414页。
[4] 《市人民委员会关于恢复郊区和划分市、郊区界线的通知》，《天津政报》1962年第4期，第9—10页。
[5] 哈尔滨市档案馆：《哈尔滨大事记（1946—1966）》，哈尔滨档案馆，1986年，第211页。

到恢复。这种将大城市原来所划入的县份尤其是附廓县迁出城市的做法,在当时并不少见,如石家庄将原栾城县和获鹿县划出,两县得到恢复。① 中共中央和国务院亦逐渐出台统一的政策规定。1962年,国家已经注意到当时大中城市的近郊区,划得过大,菜农过多,要求各地适当划小,以减少国家的供粮压力。同时规定县城和集镇,一律不得划郊区。② 1963年底,中共中央、国务院针对郊区问题,专门发出指示,对郊区行政区划进行了重要调整,影响十分深远。其对郊区范围进行了严格限制,"设在市区附近的必需的蔬菜等主要副食生产基地"属于郊区,总而言之,即是希望"市的郊区应该尽量缩小"。为此,指示还明确要求市总人口中农业人口所占比重一般不得超过20%,如果超过,需要压缩。③ 这一举措除为加强对农业的领导外,更重要的是借此减轻政府供粮压力。

表4　　　　　　1949—1965年一些大中城市市区面积情况表　　　　　　单位:平方公里

年度\城市	北京	杭州	哈尔滨	西安	石家庄	常州	长治
1949	707	253	859	234	121.8	11.7	16
1957	4820	253	1247	679	—	75.1	278
1958	8860	1157	1247	679	3134	75.1	—
1962	2701.2	397	2450	812	—	166.6	463
1965	2701.2	397	1334	799	284	73.6	216

说明:1949—1966年,中国城市发展较为缓慢,城区面积较小且较为稳固,郊区在市面积中占据主体,因此市区面积的变化主要是郊区面积的变化。同时市区面积不包括郊县面积。石家庄以及长治未找到某些年份的数据,故空缺。

资料来源:李慕真:《中国人口(北京分册)》,中国财政经济出版社1987年版,第61页;张敬淦:《北京规划建设五十年》,中国书店,2001年,第297页;国家统计局城市社会经济调查总队:《中国城市四十年》,中国统计信息咨询服务中心、国际科技和信息促进中心有限公司,1990年,第126—127页;杭州市民政局:《杭州市行政区划变迁图说》,湖南地图出版社2019年版,第92页;郑红彬:《行政区划变迁与城镇化发展——以石家庄市为例》,《杭州(我们)》2014年第9期,第6—7页;常州城市建设志编纂委员会:《常州城市建设志》,中国建筑工业出版社1993年版,第641页。

各地根据这一指示,纷纷对郊区进行了调整,不过执行情况较为复杂。调整的方式主要有两种。一种是将郊区部分地区划归他县,以符合国家的要求。这种情况在河北省最为典

---

① 许高飞:《河北行政区划变更大典(1949—2005)》,第480、487、489页。
② 中共中央文献研究室:《建国以来重要文献选编》第15册,第572—573页。
③ 中央档案馆、中共中央文献研究室:《中共中央文件选集(1949年10月—1966年5月)》第44册,第459—460页。

型。邯郸市将郊区所辖的 87 个村庄划归邯郸县、磁县和武安县；承德市将所辖的 31 个村庄划归邢台县和沙河县；石家庄则将所属的 119 个村庄划归正定等三县；保定市亦将所属的 29 个村庄划归清苑县和满城县；承德市郊区缩小极大，所属的 309 个村落划归承德县和滦平县。张家口、唐山、沧州等市亦纷纷将郊区缩小①。一些城市在扩大郊区时是将一些县尤其是附廓县划入，改县为区，此时则将其迁出城市，恢复原有县制。如大同撤销两个区的建制，恢复大同县和怀仁县②。在进行调整时，还有一些地方提出由于需要压缩的郊区人口较多，可以设置新县③。然而在实际过程中，这种情形并不多见。

不过亦有一些城市由于之前已经进行过调整，故此时未变动。"大跃进"时期，北京将原有郊区与新划入的地区设置为九个郊区，其中近郊四个区，远郊五个区。由于新划入地区范围较广，由县改区管理不便，故而北京曾于 1960 年 1 月经国务院批准后，恢复远郊区县的建制，但仍由北京领导。此后北京只有四个近郊区。至 1964 年时，北京认为朝阳、海淀与丰台三个近郊区"工厂、机关、学校很多，职工聚居，同市区交叉，都是当前城市建设所必需，又是本市蔬菜的主要生产基地，与市区不可分断，实际已是市区，无法单独划出作农业地区"。而为发展矿业，门头沟区亦不能划为农业地区。因此，北京在调整时仍将这四个区作为市的郊区④。杭州与北京类似。1961 年，杭州市将原杭县一部分地区划归余杭县，郊区面积大为缩小。1963 年时，杭州郊区农业人口占全市总人口为 22.5%，虽然超过中央要求，但为了保证城市蔬菜供应等原因，故未进行调整⑤。总体来说，经过调整，大中城市的郊区面积大大缩小（见表 4）。

北京的调整幅度较大。1965 年北京市的市区面积不仅大大小于"大跃进"时期，同时亦小于 1957 年的面积。这主要是由于北京在"大跃进"以前郊区扩展较多，此次收缩亦较多。这是少数情况，不过依然大于 1949 年的面积。大多数城市的郊区规模虽然缩小，但相较于 1949 年和 1957 年仍大为扩展，典型城市是杭州市（见图 1—3）。

---

① 许高飞：《河北行政区划变更大典（1949—2005）》，第 541—556 页。
② 《山西省人民委员会关于调整市镇建制缩小城市郊区的通知》，1964 年 11 月 2 日，《山西政报》1964 年第 11 期，第 420 页。
③ 浙江省民政厅：《关于缩小市郊区的说明》（1964 年 6 月 22 日），浙江省档案馆藏，档号：J103—016—080—038。
④ 《北京市人民委员会关于调整市镇建制、缩小城市郊区的情况向国务院的报告》，1964 年 7 月 10 日，载于北京市档案馆、中共北京市委党史研究室：《北京市重要文献选编 1964》，中国档案出版社 2006 年版，第 630 页。
⑤ 杭州市人民委员会：《杭州市人委关于划定本市郊区范围问题的请示》（1964 年），浙江省档案馆藏，档号：J103—016—080—002。

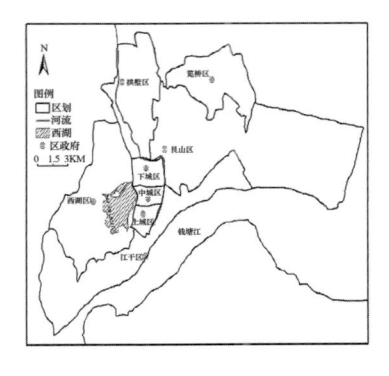

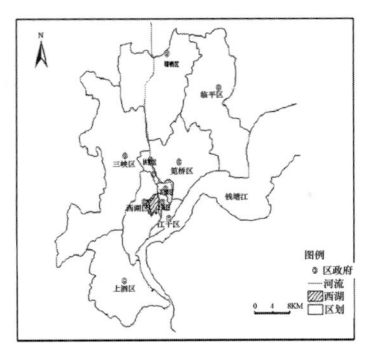

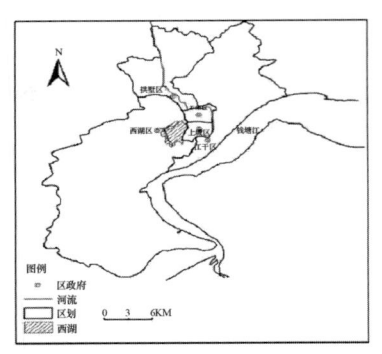

图1　1949年杭州市区　　　图2　1958年杭州市区　　　图3　1963年杭州市区

资料来源：分别据杭州市民政局：《杭州市行政区划变迁图说》，湖南地图出版社2019年版，第62—63、72—73、76—77页。

    郊区规模的缩小以及农业人口的减少，无疑将会影响城市副食品的供应。事实上，大中城市的副食品供应在国民经济调整时期十分紧张，建立副食品生产基地的政策亦难以持续。1963年郊区区划的调整，实际上是对此前建立副食品生产基地的否定。不过这并非退回到1957年以前。建立副食品基地确实有其重要意义，只是规模需要适当，不能超出农村的承受范围，故而政府对此始终坚持。1962年底，水产部认为在连续遭受三年自然灾害、口粮和副食品较紧的情况下，水产品对保证一些城市、工矿区人民健康和支持农村生产度荒方面，发挥了一定作用。今后有条件的地方应大力发展城郊和城市附近的渔业生产，逐步培养和建立一批水产品商品基地①。这一方针得到了中共中央和国务院的认可。1963年10月，中共继续强调城市应在郊区建立副食品生产基地，认为积极发展郊区农业生产，建立稳定高产的蔬菜和猪、禽、蛋、奶、水果等主要副食品生产基地，是保证城市副食品供应、安排好城市居民生活的一个重要措施②。但此时已不再单纯强调副食品的生产，而是要求同时尽可能提高郊区农民粮食的自给率。

    尽管提出在郊区继续建立副食品基地，但郊区主要以生产蔬菜为主。为保证蔬菜等的供应，中共中央和国务院在调整时提出"市区附近的必需的蔬菜等主要副食生产基地"属于郊区，可以保留，而且强调压缩郊区时应考虑到城市所需要的蔬菜等主要副食品的供应问题。这一时期，大部分市的菜地规模以及菜农数量与1957年相比，均有所增长（见表5）。

---

    ①　中央档案馆、中共中央文献研究室：《中共中央文件选集（1949年10月—1966年5月）》第42册，第140、143页。

    ②　中央档案馆、中共中央文献研究室：《中共中央文件选集（1949年10月—1966年5月）》第44册，第219页。

如表5所示,相比于1957年,1963—1966年,城市供应人口虽然增加,但其增长幅度远不及菜农人数及菜田增长幅度,郊区蔬菜的供应量由此大大增加。每人每天的供应从半斤左右增至7两以上。这一时期郊区在蔬菜供应中所占的比重也有所提高,普遍比1957年提高10%左右,基本实现自给。

不过在实际调整中,菜地的调整也是经过了一番波折。1963年,35个城市平均每人每天供应蔬菜0.77斤,在蔬菜上市旺季,一些地方甚至出现了鲜菜积压、滞销的现象。1964年,一些城市调整郊区规模,对菜田压缩过多,导致蔬菜淡季供不应求,不得不从外地调运。1965年,这些城市增加了菜田面积,实现了自给。经过几次调整,大中城市的蔬菜供应达到了较好的状况。1965年,"全国大多数城市做到蔬菜供应充足,品种较多,质量较好,价格稳中有降,购买方便,是建国以来蔬菜供应比较好的年份"。①

表5　　　　　　　　1963—1966年35个大中城市蔬菜供应情况表

年度\项目	供应人口（万人）	常年菜田（万亩）	季节菜田（万亩）	菜农人口（万人）	蔬菜供应水平（市斤）	自给率（%）
1957	3607	126	10	66.7	0.54	79
1963	4008	209	7	180.5	0.71	91
1964	4143	177	9	142.3	0.67	89
1965	4282	182	31	252.5	0.73	89
1966	4321	177	26	181.2	0.74	90

资料来源：商业部副食品管理局、中国蔬菜流通协会：《中国蔬菜经济资料汇编1949—1984年》,第34—35页。

需要注意的是,菜田面积减少的同时,单位面积产量却呈现持续增加的趋势。中共在强调"郊区为城市服务"的同时,亦从技术、肥料、设备等方面支援郊区的农业生产。这种支援在"大跃进"及国民经济调整时期被着重强调。各地亦愈发强调菜田亩产量的提高。城市对于郊区农业生产的发展有着复杂的作用,但总体上发挥着积极作用。蔬菜的亩产量在60年代中前期大幅增长。以蔬菜生产为例,1949—1966年,35个大中城市的平均亩产呈上升趋势。1949年平均亩产为3522斤;1952年为4681斤;1957年为5539斤。然而在"大跃进"时期,蔬菜亩产陷入低谷,1960年时亩产只有3791斤。此后逐渐恢复,甚至有所发展。1964年亩产为5497斤,1965年亩产增至6494斤,1966年更是增长至7015斤,比1949年增产99%,比1952年增产50%。而1967—1979年蔬菜亩产量稳定在7000多斤。②

---

① 商业部副食品管理局、中国蔬菜流通协会：《中国蔬菜经济资料汇编1949—1984年》,第7页。
② 商业部副食品管理局、中国蔬菜流通协会：《中国蔬菜经济资料汇编1949—1984年》,第34页。

这意味着在 1966 年，蔬菜的技术、肥料支持较为充足，亩产量基本达到顶峰。同一时期，由于精简职工，城市人口一度被大大压缩，此后虽有所恢复，但增长速度较为缓慢。1961 年 35 个大中城市供应人口为 4315 万，次年大幅降低至 3999 万，此后数年不断增长，但 1966 年方增至 4321 万人。① 由于亩产量的提高，城市人口的压缩，郊区面积被压缩，城市的蔬菜供应却较此前为好。

在郊区建立副食品基地，需要远郊区的支持。然而这种支持在农业危机时遭遇严重挑战。国民经济调整时期，粮食供应十分紧张。郊区的农业生产，虽然依旧强调蔬菜供应，但粮食亦被重视。在此情况下，粮菜之间的矛盾再次凸显出来。1962 年初，天津提出当年郊区的农业生产方针是"为城市服务、以农业为基础、以菜为纲"，具体即是"在保证蔬菜生产的前提下，积极增产粮食"。但各种生产间存在着尖锐的矛盾，其中尤其突出的粮菜矛盾。由于当时菜农口粮水平较低，与粮农之间有着明显差距，一些菜农便希望将菜田改种粮食。为此，天津采取了一些措施。② 不过，这些举措并未解决菜粮矛盾。1963 年，天津市承认近几年来，由于粮食供应偏紧，郊区农民群众在种粮、种菜问题上存在着矛盾，蔬菜供应状况不够正常。③ 在大连，由于农业歉收，菜农的口粮被降低，出现了"种粮饱肚子，种菜喝菜汤"的现象。一些菜农希望少种蔬菜，多种粮食。④

随着国民经济的恢复，菜粮之间的矛盾逐渐缓解，菜农的口粮供应也得到保障。但近郊区和远郊区配合的模式却不复存在。1963 年，中共对于郊县亦进行了调整，要求市辖县应该按照县的建制进行领导和管理，不得划为远郊区。这实际上否认了郊县作为城市远郊区的作用。县虽然属于市管理，但其工作不应以城市为中心，而是理应有自己的工作重心。在这种情况下，市辖县不再负担起为城市提供粮食的义务。近郊区和远郊区互相配合为城市提供副食品的模式被否定。当然之前将郊县视为远郊区，确有一定合理性，故而中共提出如果近郊区无法满足城市主要副食品需要时，可以由附近的县支援。⑤ 但粮菜矛盾始终存在，在"文革"时期，一度出现"菜农不吃商品粮"的口号。⑥ 菜地除与粮田存在矛盾外，与林

---

① 商业部副食品管理局、中国蔬菜流通协会：《中国蔬菜经济资料汇编 1949—1984 年》，第 34 页。
② 《动员起来，为争取一九六二年近郊农业生产的更大胜利而奋斗!》，《天津政报》1962 年第 4 期，第 3—4 页。
③ 《市人民委员会农业办公室关于一九六二年近郊农业生产任务完成情况和一九六三年生产安排意见的报告》，《天津政报》1963 年第 3 期，第 5 页。
④ 中共大连市委党史研究室：《中共大连地方组织文献选编 1950—1978》，中共党史出版社，第 458 页。
⑤ 中央档案馆、中共中央文献研究室：《中共中央文件选集（1949 年 10 月—1966 年 5 月）》第 44 册，第 459—460 页。
⑥ 有学者简略讨论了上海"菜农不食商品粮"事情的经过。参见金大陆《关于"菜农不吃商品粮"》，《历史教学问题》2009 年第 3 期，第 81—82 页。

业、畜牧业也存在矛盾。国民经济调整时期，为发展蔬菜，天津不少生产队滥砍滥伐以种植蔬菜、搭建菜窖等。①

　　这个时期，中共虽然依旧会提起城市副食品生产"自力更生为主，争取外援为辅"的方针，但主要针对蔬菜而言。② 郊区的生猪养殖等虽然被重视，但中共已不再强调在郊区建立生猪生产基地，而是更为看重农村生猪的饲养。1953年城镇每人每年消费猪肉约20斤，农村是11斤。③ 此后数年城镇农村猪肉消费量均呈下降趋势，1956年分别降至16.75斤与7.79斤。④ 1959年中共中央提出，各地肉食的供应标准是每人每月一斤、一斤半或者两斤。这里的"肉食"指猪牛羊肉，不包括鱼肉。⑤ 这一供应标准此后长时间内并未达到。1964年，商业部提出继续采取"死定量、活供应"的办法。大中城市每人每年的供应量，一般安排10斤，另外特需供应是2斤（北京市为3斤），全年共计12斤，在肉多的时候，还可以多供应一些。⑥ 这种供应量恰好与1959年所提的最低标准相同，这意味着政府并未完全实现其建立副食品基地的目的。不过随着国民经济的调整与恢复，农村的生猪饲养也得到恢复和发展。城镇居民的实际猪肉消费量迅速反弹，从1962年的7.58斤恢复至1963年的16.55斤，再增至1964年的21.60斤。⑦ 可以说在"文革"前夕，城镇居民的猪肉消费较50年代有所增长。当然，这种增长并不主要因郊区畜牧业的发展，而是依赖广大农村实现的。这意味着通过农村养猪供应城市的方法是可行的，城市自给的要求便不再强调。可以说除蔬菜以外的副食品生产，中共此时已经放弃了"自力更生为主，力争外援为辅"的方针，在事实上更为注重乡村的生产。

结　语

　　诸多因素影响着行政区划的调整，而在郊区行政区划的变动中，保证大中城市副食品尤其是蔬菜的供应是一个重要影响因素。中国古代虽已有郊的概念，但近代意义上的郊区是伴随着市制的出现而形成的。郊区位于城市与乡村的过渡地带，其生产具有诸多特殊性，其

---

①　《市人民委员会关于严格制止近郊滥伐林木的指示》，《天津政报》1963年第4期，第2页。
②　张务栋、杨冠雄：《运输对农业生产发展的作用》，《人民日报》1964年6月6日，第5版。
③　中共中央文献研究室：《建国以来重要文献选编》第4册，第515页。不过在同年另一份报告中，则提出农民的消费量是每人每年七斤。参见中央档案馆、中共中央文献研究室《中共中央文件选集（1949年10月—1966年5月）》第14册，第336页。
④　农牧渔业部畜牧局：《畜牧业经济资料（1949—1982年）》，第243页。
⑤　中共中央文献研究室：《建国以来重要文献选编》第12册，第560页。
⑥　中国食品总公司：《食品商业政策文件选编第二册（生猪生产和经营）》，内部印行，1980年，第372页。
⑦　农牧渔业部畜牧局：《畜牧业经济资料（1949—1982年）》，第243页。

中为城市提供包括副食品在内的各种服务占据重要地位。民国时期，在城市郊区和附近即出现了专业的菜圃、鱼塘等生产基地，为城市提供蔬菜、肉类、水产等各种副食品。一些生产采用了新式的生产和经营方式，对于保证城市供应意义重大。中共在土改时期，对此十分重视，并制定《城市郊区土地改革条例》，确定了郊区的行政区划。这对于城市发展具有十分深远而重要的意义。尽管城市与乡村相对，但拥有郊区后，城市便不再是纯粹的城市，而是包含农村的城市。这就使得城市可以部分实现副食品自给。在计划经济体制下，郊区的意义更为凸显。从1953年起，中共逐渐提出"郊区生产为城市服务"的方针，以此希望郊区提供城市所需的各种副食品。郊区面积虽小，不过可以发展经济作物、畜牧生产等，与当时的农村相比，独具特色。虽然在实际中，受限于面积狭小，郊区着重发展蔬菜生产。这对于改善城市居民的生活十分重要。

从更深层次看，郊区行政区划的变革既与全国行政区划的调整有着密切关系，又有着自己的内在变化逻辑，有时两种因素纠缠在一起，使得郊区行政区划的变化呈现十分复杂的态势。"一五"时期，随着人口的增长与国民经济的发展，城市副食品供应愈发紧张，扩大城市郊区有客观要求。然而这种需求与"大跃进"时期行政区划的盲目调整结合在一起，便会带来诸多弊端，这也是1963年国家缩小郊区的动因。

副食品的供应看似是城市与郊区的关系，实则还牵涉到普通农村。中共建政前，城市副食品的供应由市场调节，郊区固然在其中扮演了重要角色，但普通农村地区亦发挥着重要作用。但随着计划经济的开展，郊区供应副食品的功能被强调和放大，普通农村逐渐丧失了这一作用。然而郊区的副食品生产并不能随意扩大，而是受到粮食生产的严格限制。郊区发展蔬菜等副食品，离不开普通农村提供的余粮。但在大中城市只包括郊区的情况下，难以与普通农村地区有效配合。从供应副食品的角度而言，大中城市加强与周围地区的合作亦是客观需要，不过并非一定采用调整行政区划的方式。然而这一客观需求在"大跃进"的背景下以大中城市将周围数县并入的方式进行，郊区规模从而大幅扩展。中共试图以此实现城市副食品自给的目的。城市管理的不成熟以及"大跃进"政策的彻底失败，使得各地急需加强对农业的领导，郊区的规模又被大大压缩。中共一定程度上放弃了建立副食品基地的想法，更多要求城市实现蔬菜自给。不过这并不意味着建立副食品基地从根本上是错误的，而是有其合理性。事实上只是需要考虑其规模以及实现方式，故而这一设想在此后不断被提起并转化为行动。

在郊区行政区划的确定和调整过程中，如何管理郊区是一个难题。中共将城市工作与农村工作分开，但为了保证城市副食品的供应等，认可了郊区行政区划的存在。随着工作重心的转移，中共逐渐熟悉了城市工作的管理，但对于管理城市中的特殊区域——郊区，始终在探索。在郊区规模较小的时候，各地对于郊区管理机构的设置、工作方针的确定即有不少困惑。不过由于郊区规模有限，这一管理上的问题并未凸显。然而随着郊区范围以一种前所未有的方式扩大时，这一问题迅速暴露。对于城市工作的重视，使得各级政府难以将工作重心放在郊区上。农业危机的出现使得政府意识到必须加强对于农村工作的重视。郊区行政区划因此再次予以调整。郊区的范围需要适度，对于城市副食品的供应亦不能提出过高指标。

（原载于《中国历史地理论丛》2022年第1期）

当代中国医疗卫生防疫研究国际学者笔谈主持语及笔谈选载[*]

〔主持人〕董国强(复旦大学历史学系教授、博士生导师)、
方小平(澳大利亚莫纳什大学文学院副教授)

近年来,社会主义革命和建设时期的医疗卫生建制、改革开放和社会主义现代化建设新时期的市场化冲击,以及新世纪非典之后的防疫和医疗体制改革成为当代中国史研究的热点问题。不少学者致力于采用中长时段视角,探讨政治因素如何影响医疗资源的调配和社会的整合动员能力。为了推动国内外学界在该领域的交流与合作,我们酝酿组织了这组笔谈文章。

参与笔谈的几位作者来自美国、英国、澳大利亚、新加坡等国的高等学校,皆为国际公共卫生与疾病防治研究领域颇有建树、发表过多种中英文论著、处于学术生涯上升期的中青年学者。收到邀请后,他们在数周之内即发来了英文稿。在后续的翻译和编辑校勘过程中,对于各种疑问和修改意见,他们也总是在第一时间作出反馈。正因为有他们的热情参与,这组精彩的笔谈文章才得以顺利问世。

总体上看,六篇文章均涉及当代中国公共卫生和疾病防治问题,同时论述主题、研究路径和核心观点各有千秋,充分展现了学术原创性和整体认知的多元化格局。具体而言,白玛丽的文章考察了20世纪50年代中国疫苗接种的大众宣传策略和组织动员方式。她指出,多种传染病得到有效控制,充分彰显了国家对疫病防治的承诺。中国在群众性免疫接种方面的成功经验,以及农村地区实行的合作医疗和赤脚医生制度,自20世纪70年代起就在国际卫生领域产生重要影响,使得建立初级保健制度成为卫生管理的新范式。群众性疫苗接种项目的巨大成功,是相对高科技的手段与典型的垂直干预手段相结合的防治战略的产物。

卜丽萍的文章将考察重点放在新中国成立后持续不断的爱国卫生运动及其对中国人民潜移默化的影响上。她认为,中国最突出的成就是通过培养富有忘我精神的公卫人员、建立城乡基层公卫组织网络、采用通俗易懂的公卫知识宣传方式,以及推广各种卫生用品和健康生活方式等,使全社会逐渐形成了公共卫生思想意识。因此,新冠肺炎疫情发生后,中国人民

---

[*] 因未全文转载,文章标题名在收入年鉴时做了修改,格式亦有相应调整。

能够积极响应国家号召，自觉约束个人行为，有效遏制了疫情在中国的蔓延。

郭瑞琪的文章认为，通过大规模流行病调查主动发现病例和利用专业防治机构隔离治疗现症病人，是在医疗资源短缺、缺乏有效药物和疫苗的情况下，遏制肺结核病传播的有效措施。她指出，中国从肺结核病控制中学到的关于发现病例和隔离治疗的经验，适用于其他疾病的防治，包括当下流行的新冠肺炎。

方小平的文章概述了中国政府如何采取有力措施，控制1961年至1965年东南沿海的霍乱疫情，并考察了在此期间形成的应急反应机制如何固化为治理体制的重要组成部分。他提出"紧急规训国家"概念，并指出，这次抗疫实践中自上而下的领导机制、垂直的行政治理体系和基层的社会组织构成了一种强大的机制。这种强力干预模式成为当代中国公共卫生防疫的标杆，深刻影响着此后数十年中国应对严重自然灾害、重大流行病和社会公共事件的方针和举措。

方立安的文章介绍了1957年全球流感大流行期间，中国生物学家朱既明等人在新病毒识别及其起源研究中的杰出贡献。他指出，国际学界后来不得不承认，当时遭到西方国家孤立的新中国，实际上成为流行病研究领域的另一个"世界中心"。国际防疫问题的政治化，使得中国的科学发现未能及时发挥应有作用。他强调，朱既明等人在1950年提出的"流感的流行病学研究必须建立在世界一体的基础之上"论断，现在看来依然是颠扑不破的真理。

蒋菲婷的文章高度肯定了中国政府设定的"医学工作为人民"总体目标，以及对妇幼保健事业的重点关注，并具体介绍了1958年至1960年全国100多万适龄女性接受宫颈癌筛查的情况。她指出，这个项目为中国发展医疗科技、促进大众健康提供了一个理想的突破口，不但让广大群众尤其是妇女得以接受健康检查，而且提高了中国公民的防癌意识，培养了一大批专业检疫人员，推动了数据采集和分析方面的基础设施建设，促进了中西医结合治疗癌症的研究。

纵观这组笔谈文章，我们认为它们具有以下几个共同特点：一是实事求是的科学态度；二是全球化的学术视野；三是国际比较的论述路径；四是对不同学科理论、概念与研究方法的灵活运用。由这组文章不难看出，近百年来世界各国的疾病防治方针与具体实践，一方面有赖于全球范围生物医学和科技的进步，另一方面有赖于各国政府和民众为此付出的努力。中国经验的独特之处，是在缺乏科技先发优势和各种必要资源的情况下，采用政府主导和社会动员的方式，充分利用现有成熟技术手段，以较少投入基本达成覆盖广泛的流行病防治目标。这条具有中国特色的疾病防治道路，在发展中国家具有广泛的适应性。

之所以向读者大力推荐这组笔谈文章，还与我们的以下认知有关。随着史学观念不断进化和新研究资料大量涌现，国内外学界关于中国现当代史的研究已经突破了原有的革命史和政治史框架，拓展到社会生活的方方面面。在此背景下，疾病史、医疗史和防疫史成为近

30 年来一大研究热点。不过，就涉及当代时段的此类研究而言，以笔者有所涉猎的麻风病防治和血吸虫病防治为例，由于不少研究者缺乏多元化的专业训练背景，缺乏国际学术交流和全球化研究视野，缺乏对档案资料和其他历史文献的辨析能力，相关论著的同质化现象十分普遍。这样的研究成果，在论述体系上基本采用"运动史"框架，在论述内容上多为"文山会海"的堆砌，在讨论制度因素时实际上仅限于史料中所呈现的"文本制度"，作为社会活动主体的"个人"和"群体"在这样的论述中往往难觅踪影，在一些基本论断上又往往受到史料中一些过时观点的左右，所以很少给人以耳目一新的感觉。针对这种现状，我们觉得来自不同国度、具有不同历史文化背景、接受不同学术训练、掌握不同研究资讯的国际学者的相关研究，或许能够起到"他山之石"的作用。我们不必赞同这组文章中的所有观点和结论，但可以从它们各自不同的问题意识、理论预设、研究路径、论述体系和论述内容中获得某种启迪。

选载一

群众性免疫接种：从全民健康到全球健康

白玛丽

英国剑桥大学科学史和科学哲学系

1949 年中华人民共和国的建立，正式终结了困扰中国几十年的对内对外战争。然而，这个新国家面临许多挑战，其中包括鼠疫、伤寒、天花之类的流行病和其他传染性疾病[①]。群众性疫苗接种运动的开展——首先是 1950 年抗击天花的运动，以及在随后几年中抗击肺结核、白喉、霍乱、伤寒和其他疾病的运动——彰显了国家对疫病防治的承诺[②]。

在这篇论文中，基于已发表论著和各种档案资料，笔者强调两点：第一，中华人民共和国初期是各种群众性免疫制度得以扩展和加强的时期。这些发展的一个结果是，为确保尽可能多的人接受免疫接种而采用的各种教育策略和各种新办法，使接种疫苗抗击多种传染病与提升国家的权威联系起来。第二，这些群众性免疫项目使许多传染病得到控制。这为向全世

---

① 参见 Brown, J. and Pickowicz, P. (eds.) (2007). *Dilemmas of Victory*: *The Early Years of the People's Republic of China*. Cambridge: Harvard University Press。

② Banister, J. (1987). *China's Changing Population*. Stanford: Stanford University Press, p. 80.

界展示中国公共卫生事业的成功提供了有力证据,并有助于提升中国经验的影响力,最终使之成为20世纪70年代崛起的"初级卫生保健"新理想的一个典范。

为了论证这些观点,笔者选取地处西南的云南省昆明市进行个案研究,研究中华民国时期及中华人民共和国时期群众性免疫接种的历史——考察1937年至1945年国民党政府迁都重庆这段时期,在此期间总部设在昆明的中央防疫处采用哪些办法建立起各种综合性制度,为云南省内的民众生产、分发和接种疫苗,来抗击各种传染性疾病。该处与战时迁到西南的国民党政府中的其他组织合作,在战时条件下实施群众性免疫制度。① 不过到20世纪50年代初期,昆明不再是一个战时研究中心,而是被纳入区域性卫生行政网络之中。特殊地位的丧失反而使这个城市成为考察中华人民共和国早期"普遍的"疫苗接种工作的一个合适地点,尽管它不能被视为整个国家的代表。

20世纪50年代群众性免疫接种制度的扩展与强化

1949年中华人民共和国成立之后,群众性免疫接种是卫生政策最早关注的问题之一。1950年2月,一项初步的卫生立法聚焦季节性疾病防治,强调接种天花、白喉和麻疹疫苗是防范流行病大暴发的主要途径。② 1950年的另一项立法要求每年开展天花疫苗接种运动,并指出,"凡无正当理由拒绝种痘,经说服教育无效者,各级卫生行政机关得予以强制执行。"③ 这份官方文件的规定显然表明会有一些人抵制疫苗接种,所以它授权卫生机构强制干预。

伴随这项立法而来的是各种新组织和新举措。卫生部大力巩固了北京生物制品研究所下属的遍布全国各地的疫苗生产机构。④ 1952年,中共中央发起爱国卫生运动,这场群众运动提供了一种有效手段,使得针对多种疾病的免疫接种成为全国性的卫生实践。这场运动还要求开展许多其他卫生活动,从清扫街道和修建公厕,到杀死苍蝇、老鼠以消灭病媒生物。这些政策强调朝鲜战争期间抗击民族敌人与通过群众运动加强卫生工作之间的直接关联。它们

---

① 参见 Brazelton, M. (2019). *Mass Vaccination: Citizens' Bodies and State Power in Modern China*. Ithaca: Cornell University Press。
② 参见卫生部、人民革命军事委员会卫生部《关于开展军民春季防疫工作的指示》(1950年2月10日),载于中央人民政府法制委员会编《中央人民政府法令汇编(1949—1950)》,法律出版社1982年版,第829—832页。
③ 卫生部:《种痘暂行办法》(1950年10月12日),载于《中央人民政府法令汇编(1949—1950)》,第843—844页。
④ 参见罗耀星主编《免疫预防与疾病控制》,广东科技出版社2004年版,第4页;Lucas, A. E. (1982). *Chinese Medical Modernization: Comparative Policy Continuities, 1930s–1980s*. New York: Praeger, p. 100。

的目的是彻底消灭传染病，这个目标同时也是对近代中国所遭受的战乱和环境灾难的一个象征性反应。①

在爱国卫生运动期间及以后，疫苗接种工作通常包含两个阶段：地方行政部门先是大力宣传和倡导免疫接种，然后培训疫苗接种人员，并将他们派往各个单位。为了说服民众接种疫苗，中共在宣传方面倾注很大精力。卫生行政部门采用散发海报、电台广播和召集会议等方式，宣传倡导免疫接种。各种宣传资料并不一定真实反映当时的公共卫生状况，然而考察中共在免疫宣传中所采用的各种策略，有助于搞清楚政策制定者们如何理解疫苗作为"治理工具"的作用。这些策略为公共卫生事业增添了一种新的动力，因为国家直接承担了保障国民健康的责任。

宣传资料在三个重要语境中讨论疫苗接种问题。第一，海报、歌曲和广播通过向人们传授身体免疫知识，达到劝导他们接种疫苗的目的。这些资料使用一些实验微生物学科技语汇，旨在借助现代医学的权威性。② 对疫苗生产过程的细致描述意在告诉人们，代表国家的防疫机构及其人员具有医学权威和专业知识。第二，宣传资料引导人们回忆过去的疫病，批判1949年之前国民党的卫生行政管理。③ 相比之下，共产党领导的新中国承诺提供一种更仁慈的政策，同时因免费接种疫苗，中央政府的权威得到显著提升。王惠因——一家广播电台的播音员，在1950年谈到霍乱和伤寒疫苗接种时说，"这次预防注射是政府保持人民健康而举行的一种运动。"④ 第三，宣传资料对一些涉及疫苗的顾虑和误解作出回应，指出这些疑虑的存在恰恰表明，有必要加强宣传去克服它们。例如，王惠因讨论了涉及霍乱-伤寒疫苗接种的两种常见顾虑：一是疫苗接种可能会很疼；二是疫苗接种可能会造成严重的不良反应。后一种顾虑并非毫无道理，因为发热、皮疹和全身乏力是接种霍乱-伤寒疫苗后常见的不良反应。⑤ 另一个1950年的广播节目并不否认疫苗的不良反应，但坚称接种疫苗是公民的责任："为了我们的安全，忍受短时的痛苦是值得的，否则自己得了病吃大亏，还要连累到别人。"⑥ 党的舆论宣传强调，因为免疫接种使大家受益，所以个人忍受痛苦和国家加

---

① 参见 Rogaski, R. (2002). "Nature, Annihilation, and Modernity: China's Korean War Germ-Warfare Experience Reconsidered". *Journal of Asian Studies*, 61 (2), pp. 381–415。

② 参见王良《打防疫针怎么会防免霍乱和伤寒？》，载于西南军政委员会卫生部卫生宣传教育委员会编：《卫生广播文集》第2辑，西南卫生书报出版社1950年版，第6—8页。

③ 例如："因为国民党反动派不重视人民的健康，没有预防注射设备；就是有，也是马马虎虎，不起什么作用的，所以当这病一来，就送掉了好多人的生命。"参见王惠因《预防注射》，载于西南军政委员会卫生部卫生宣传教育委员会编《卫生广播文集》第1辑，西南卫生书报出版社1950年版，第23页。

④ 王惠因：《预防注射》，《卫生广播文集》第1辑，第24页。

⑤ 王惠因：《预防注射》，《卫生广播文集》第1辑，第23页。

⑥ 参见鲁之俊《怎样度过危险的热天？》，载于《卫生广播文集》第1辑，第4—6页。

强干预都是必要的。

在爱国卫生运动前后，建立综合性的免疫接种制度是一项充满挑战性的行政管理任务。在绝大多数城市，防疫队或者保健站负责免疫接种，同时负责清扫街道、防疫隔离和流行病学监测。① 流行病防治运动的主要内容之一，是组织和培训疫苗接种队伍。在昆明，疫苗接种人员都是从当地单位和居委会抽调来的。许多人完全没有经过医学训练，所以他们在开展工作前都要接受短期培训，学习免疫接种技能和原理。例如，昆明一个卡介苗培训班计划持续两周，培训内容包括免疫学基础、肺结核病理学和卡介苗生产流程。在培训班结束后，保健站向辖区各单位派出接种小组，分发和接种疫苗。②

社区一级各类组织的加入有助于扩大免疫接种范围，同时将健康问题纳入单位用工制度。③ 免疫接种直接导致都市生物权力（urban biopower）的形成。在20世纪50年代，记录人们是否按照国家规定接种各种疫苗，成为预防注射人员最重要的任务。1950年公布的国家关于天花疫苗接种的法规特别规定，天花疫苗接种信息将被记入户籍册。④ 卫生主管部门利用这些记录找出那些逃避接种的人。1959年，卫生部在发给全国预防注射人员的一份工作手册中强调，"登记、统计是预防接种中的重要工作，不可忽视"，⑤ 预防注射团队因而特别重视疫苗接种记录。例如在西南地区，他们签发证明时要核实接种者姓名、年龄、日期和接种员姓名——人们如果要离开村庄或单位外出旅行，绝大多数申请表格都需要填写这些信息。⑥ 规定疫苗接种证明是外出旅行的必要条件，表明中华人民共和国将抗战时期国民政府卫生部在内陆地区实施的措施变成了一项全国性政策。不过1949年之前的各种报告仅限于列举某个地区的疫苗分发数量，相比之下，50年代早期来自昆明的各种报告所包含的人口统计数据要多得多。有些报告通过统计年龄、性别和地点跟踪免疫接种情况。许多报告还记录了哪些人为预防同一种疾病而多次接种疫苗。这个显著差异表明，疫苗接种人员为了跟踪个人状况付出了更多努力。

大量意在凸显50年代各类免疫接种项目覆盖程度的文献记载，引发了一些有关当时实

---

① 艾智科：《新中国成立初期的城市公共卫生研究（1949—1957）——以环境卫生与疾疫防治为中心》，博士学位论文，四川大学，2010年，第115页。
② 《昆明市一九五二年推行卡介苗接种的目标和工作步骤》，昆明市档案馆藏，档案号85—1—1969。
③ 参见 Lu, Xiaobo and Perry, E. (eds.) (1997). *Danwei: The Changing Chinese Workplace in Historical and Comparative Perspective*. Armonk：M. E. Sharpe.
④ 卫生部：《种痘暂行办法》（1950年10月12日），《中央人民政府法令汇编（1949—1950）》，第843页。
⑤ 中华人民共和国卫生部卫生防疫司、生物制品委员会编：《预防接种手册》，人民卫生出版社1959年版，第20页。
⑥ 参见公共卫生处《打防疫针为什么要发注射证明？》，《卫生广播文集》第2辑，第15—18页。

际工作情况的疑问。如果我们接受以下说法——为了抗击天花和其他疾病,国家创设了凌驾于个人生命之上的广泛权力,并在多项法规中特别授权采用强制手段实现群众性免疫接种目标,最终在十年左右的时间里接种了绝大部分人口(接近 5 亿人),那么,关于强迫和抵抗问题的讨论恐怕就在所难免了。1953 年,一家昆明疫苗接种单位在工作报告中特别提到,该单位尚未在伤寒免疫接种工作中采用强制手段,并将此看作一个重要的积极成果。① 其他来自昆明的报告也没有详细描述戏剧性的强制注射场景,而是报告了下面两个情况:一是强制性手段总是会被提及,但并不一定总是会用到。二是人们在与接种人员交谈时,会提到他们对免疫接种的恐惧和担忧。一份 1953 年爱国卫生运动期间的报告列举了一些常见的逃避接种的借口,例如"我此刻不能打针,我的铺子没有人看",或者"娃子没有睡着"。在这种情况下,疫苗接种人员会主动提出代为看护幼儿、照管店铺,或者用其他方式克服免疫接种的障碍。② 总而言之,注射接种人员与目标人群的交涉,通常以抵制者接受疫苗接种而告终,这表明国家在实施生物政治项目(biopolitical project)时取得了成功。

从全国疫苗接种到全球健康战略

天花的灭绝和对其他传染病——诸如麻疹和霍乱的控制,展示了中国群众性免疫接种工作的巨大成功,同时也为更广义的中国公共卫生工作的成功提供了至关重要的证据——中国的成功经验最终影响了全球健康战略的走向。

1962 年,中国卫生部采用"环形接种"(ring vaccination)策略抗击天花。除了规定每一个新生儿必须接种疫苗之外,卫生部还将全国划为六个大区,每年在一个大区开展疫苗复种工作,以确保天花灭绝③。生产各种新疫苗以抗击其他疾病的努力一直在持续。麻疹疫苗的第一次大规模试验发生于 1963 年和 1964 年,有 600 万儿童接种疫苗。到 20 世纪 70 年代中后期,麻疹发病率降至十万分之一以下。④ 1960 年,在 15 个城市 400 万儿童中进行的萨

---

① 四区卫生厅:《五三年伤寒预防注射工作总结》(1953 年),昆明市档案馆藏,档案号 85—1—2076。
② 五区卫生所:《爱国卫生运动预防注射工作总结》(1953 年),昆明市档案馆藏,档案号 85—1—2076。
③ 邓铁涛主编:《中国防疫史》,广西科学技术出版社 2006 年版,第 598 页。
④ 参见 Banister, J. (1987). *China's Changing Population.* Stanford: Stanford University Press, p. 61; Halstead, S. and Yu, Yong-Xin. "Human Viral Vaccines in China," in Bowers, J. et al. (eds.) (1988); *Science and Medicine in Twentieth-Century China: Research and Education.* Ann Arbor: University of Michigan Center for Chinese Studies, pp. 146 – 148。

宾疫苗抗击小儿麻痹症试验取得成功。到1963年，已有5000万儿童接种了小儿麻痹症疫苗。① 1966年"文化大革命"爆发以后，"赤脚医生"成为最引人瞩目的卫生保健提供者。这些医务工作者最重要的责任之一，就是开展疫苗接种和其他流行病防治工作。② 到70年代初，疫苗接种成为公共卫生工作中的一个实体性部分。

20世纪五六十年代，很多传染病的发病率迅速下降。一部中国医学史著作提到，自50年代以来，鼠疫、霍乱、黑热病和麻风病得到了控制。③ 世界卫生组织（WHO）代表弗兰克·芬纳（Frank Fenner）和乔尔·布雷曼（Joel Breman）在1979年访问中国，他们将这一成绩部分地归功于各种免疫接种项目的"周密计划、组织和实施"。④

在60年代，通过中国发行的英文期刊诸如《中华医学杂志》等，西方世界开始对中国公共卫生事业，尤其是农村卫生事业的发展有所耳闻，中国农村卫生行政管理方面的成就得到弘扬。一些第一手的叙述印证了这些报道，其中最著名的要数英国医生约书亚·霍恩（Joshua Horn）的书，他在1954年应邀前往中国担任卫生顾问。⑤ 这些叙述都会特别提到，对流行病的控制是综合实施群众性疫苗接种、检疫隔离、防止传染和其他卫生措施的结果，并认为这些措施是卫生行政管理成功的关键所在。例如，霍恩写道："天花、伤寒、白喉、小儿麻痹症和百日咳现在实际上已经从这个地区消失，而且近来中国的医学科学家已经发明一种自动免疫方法抗击麻疹，使得这种疾病的发病率大大降低。"⑥

1971年以后，中美关系的改善为外国人实地考察中国医学带来新的机遇。当外国访问者赞扬中国模式时，天花的灭绝和许多传染病的控制再次成为一个突出成就，被他们反复提及。⑦ 例如，加州大学旧金山分校的社会医学教授菲利普·李（Philip Lee），在1973年作为一个美国医生代表团的成员访问中国。他对传染病的急遽减少表示赞许，写道："主要的流

---

① 参见 Ku, F. C. et al. (1961). "Serological Response in Children under Seven Years of Age to Trivalent Sabin's Live Polio Vaccine". *Chinese Medical Journal*, 47, pp. 423–428; Banister, J. (1987). *China's Changing Population*. Stanford: Stanford University Press, p. 61。

② 参见湖南中医药研究所革委会编《赤脚医生手册》，湖南人民出版社1971年版。

③ 景汇泉、宋汉君主编：《医学导论》，北京大学医学出版社2013年版，第159页。

④ Fenner, F. and Breman, J. Report on a Visit to the People's Republic of China to Consider Matters Relating to the Certification of Smallpox Eradication, 14–30 July 1979. Report to World Health Organization, SME/79. 11, 9.

⑤ 参见 Horn, J. (1969). *Away with All Pests: An English Surgeon in People's China: 1954–1969*. New York and London: Monthly Review Press.

⑥ Horn, J. (1969). *Away with All Pests: An English Surgeon in People's China: 1954–1969*. New York and London: Monthly Review Press, p. 130.

⑦ 参见 Xun, Z. "From China's 'Barefoot Doctor' to Alma Ata: The Primary Health Care Movement in the Long 1970s," in Roberts, P. and Westad, O. A. (eds.) (2017). *China, Hong Kong, and the Long 1970s: Global Perspectives*. Cambridge: Cambridge University Press, pp. 140–144.

行病已经得到控制，有些显然已经灭绝。"[1] 李的叙述与其他人一样，将免疫接种、天花灭绝以及"赤脚医生"制度、合作医疗服务视为新中国的标志性成就。

在中华人民共和国向外国代表团敞开大门之时，国际卫生领域正在经历一场巨变——数十年来世界卫生组织、洛克菲勒基金会和其他国际合作组织的工作中盛行的技术官僚主导、自上而下、"垂直"的工作方式遭到强烈抵制。在灭绝疟疾的种种努力遭遇失败之后，这些机构成为其内部政策制定者、卫生从业人员以及许多发展中国家政府的批评对象。人们主张采用一种替代性的工作方式，将重点放在"初级保健"上。这次运动倡导一种新的、更加"水平的"公共卫生路径，将地方社区需要和实现社会平等作为优先考量。[2]

中华人民共和国在农村医疗保健方面的成功，意味着它可以为上述新路径提供范例，而且中国也确实在初级保健方面成为一个引人瞩目的原型。历史学家马科斯·奎托（Marcos Cueto）指出，"赤脚医生"项目以及伴随该项目而来的"共产党中国农村医疗服务的大规模扩张"，是"初级保健理念的重要灵感"。[3] 李成（Sung Lee）断言，1973年中国重新加入世界卫生组织，提供了一种替代性的保健路径，挑战了全球卫生事业盛行的欧洲中心论观点。[4] 1978年9月，世界卫生大会在阿拉木图举办"国际初级卫生保健会议"，通过了《阿拉木图宣言》。该文件详尽阐述初级保健服务的必要性，主张依靠社区投入等多种手段满足当地需要，在2000年实现世界卫生组织提出的"人人健康"目标。[5] 一份2008年的世界卫生组织出版物回顾性地断言："中国的赤脚医生是促使阿拉木图大会倡导初级保健运动的一个主要灵感。"[6]

总而言之，中国农村卫生各项制度的卓越表现，以及它们作为一种典范的普适性，使得初级保健制度的建立成为全球卫生管理的一个新范式。中国的经验提供了一个模板，将初级

---

[1] Lee, P. (1974). "Medicine and Public Health in the People's Republic of China". *Western Journal of Medicine*, 120, p. 431.

[2] Packard, R. (2016). *A History of Global Health: Interventions into the Lives of Other Peoples*. Baltimore: Johns Hopkins University Press, pp. 242–243.

[3] Cueto, M. (2004). "The Origins of Primary Health Care and Selective Primary Health Care". *American Journal of Public Health*, 94 (11), p. 1865.

[4] Lee, S. "WHO and the Developing World: The Contest for Ideology," in Cunningham, A. and Andrews, B. (eds.) (1997). *Western Medicine as Contested Knowledge*. Manchester: Manchester University Press, pp. 24–25.

[5] 参见 Packard, R. (2016). *A History of Global Health: Interventions into the Lives of Other Peoples*. Baltimore: Johns Hopkins University Press, pp. 227–248; Cueto, M. (2004). "The Origins of Primary Health Care and Selective Primary Health Care". *American Journal of Public Health*, 94 (11), p. 1867.

[6] 参见 Cui, Weiyuan (2008). "China's Village Doctors Take Great Strides", WHO Bulletin, 86 (12), pp. 909–988.

保健定义为一种方案,其构成要素包括:(1)强有力的地方领导;(2)基层的人力资源;(3)大众化的教育;(4)"低成本、低科技的防治活动"。① 研究发现,将相对"高科技的"手段与典型的垂直干预手段相结合的战略——群众性免疫接种,有助于中国经验和模式获得国际公认。由此可见,中国各项疫苗接种制度的长期历史——自它们在抗日战争期间发端,到它们在20世纪50年代得到显著扩展与加强——使得中国有条件在20世纪后期对全球卫生事业作出巨大贡献。

选载二

来自防治肺结核病的经验:发现和隔离病例以控制传染病传播

郭瑞琪

美国斯泰森大学社会学和人类学系

每当导致一种传染病暴发的病原体被确定,各国必然会竞相研发药物来治疗受感染病例,并研制疫苗来保护未受感染的个体。目前,肆虐全球的新冠肺炎(COVID-19)危机(尤其是病毒刚开始传播的几个月)说明,可以在缺乏有效药物和疫苗的情况下尝试进行干预,以遏制疾病的蔓延,其中包括通过大规模的测试以发现病例和隔离治疗。实际上,现在采用的许多干预新冠肺炎的公共卫生措施已经存在几十年了。本文将重点介绍从20世纪50年代初开始,中国如何通过发现病例和隔离治疗来控制肺结核病的传播。

肺结核病是新中国早期疾病控制运动的目标之一,因为它在工人群体中广泛传播,成为损害工作效率、影响产量的潜在威胁。从50年代开始,中国许多省市在肺结核病防治方面取得长足进步。许多因素共同推动了这些进步,其中包括一些相对外在的因素,如健康食品的获得和健康教育,以及更核心的因素,如通过公共卫生或医疗干预来中断疾病传播或杀死结核分枝杆菌。当然,生活水平和预防技术(如疫苗接种)的改善是预防传染病工作的关

---

① Gross, M. (2016). *Farewell to the God of Plague: Chairman Mao's Campaign to Deworm China*. Berkeley: University of California Press, p. 237.

键。最近的研究都表明，疫苗和西药在中国疾病控制中发挥了重要作用。① 从 50 年代开始，毫无疑问在许多地方，抗生素的使用使得肺结核病死亡率迅速下降。然而本文认为，在广泛社区传播出现后，是公共卫生干预措施而非医疗干预，起到了切断成人间感染传播的作用。

虽然中国防痨协会成立于 1933 年，但其活动在 1937 年至 1945 年的全面抗战时期基本停滞。战争期间，一些地方的防痨协会——如上海的防痨协会——继续进行抗痨工作。在 1945 年之后，相关工作快速发展，其中发现病例和接种卡介苗成为重点。② 1950 年以后，政府致力于发展抗痨网络以及在人们生活、工作中实施公共卫生和医疗干预措施，以便控制肺结核。尽管国家层面的结核病防治组织通过召集会议为地方提供指南，但实际上，国家层面的疾病数据要到 1979 年、1984 年至 1985 年以及 1990 年进行全国结核病流行病学抽样调查时才得以完整统计。因此，本文主要采用省市一级的数据。除个别情况以外，那些来自工业化和城市化程度较高的省市以及东部地区的数据，往往比欠发达地区更为完整。例如天津市的数据表明，1949 年至 1957 年，结核病死亡率下降了 82%。③ 与之类似的是，辽宁省的肺结核病死亡率从 1950 年到 1961 年下降了 72.4%。④ 以下几节将考察几个成功进行肺结核病例发现工作的地区，首先是东部地区，然后是其他几个城市化程度较高的地区。

发现病例

发现活动性病例是控制流行病最重要的步骤之一。它使卫生官员可以了解疾病流行状况，并将现有活动性患者与其他人群区分开来，无症状感染者不用隔离。在 20 世纪五六十年代，"主动发现病例"（Active Case Finding，即 ACF）在全世界被广泛用作识别肺结核病患者的一种手段。⑤ 这种手段涉及部署医务人员和技术等问题。就肺结核病而言，在今天使用的痰涂片显微镜检查技术成熟之前，胸部 X 光检查是鉴别疑似肺结核病例最常用的手段

---

① 参见 Fang, Xiaoping (2012). *Barefoot Doctors and Western Medicine in China*. Rochester: University of Rochester Press; Gross, M. (2016). *Farewell to the God of Plague: Chairman Mao's Campaign to Deworm China*. Berkeley: University of California Press; Brazelton, M. (2019). *Mass Vaccination: Citizens' Bodies and State Power in Modern China*. Ithaca: Cornell University Press.

② 参见 Core, R. "Tuberculosis Control in Shanghai: Bringing Health to the Masses, 1928 – present," in Andrews, B. and Bullock, M. (eds.) (2014). *Medical Transitions in Twentieth Century China*. Bloomington and Indianapolis: Indiana University Press, pp. 126 – 145.

③ 朱占来、张英俊主编：《天津市胸科医院院志》，1995 年印行，第 21 页。

④ 中华医学会结核病学分会编：《中国结核病学科发展史》，当代中国出版社 1997 年版，第 63 页。

⑤ 参见 Golub, J. E. et al. (2005). "Active Case Finding of Tuberculosis: Historical Perspective and Future Prospects". International Journal of Tuberculosis and Lung Disease, 9 (11), pp. 1183 – 1203.

之一。① 世界范围的防痨网在采取"主动发现病例"策略时，均依赖于 X 光检查设备的获得。X 光机常被安置在流动车辆上，以便说服人们参加疾病检测。20 世纪五六十年代，中国每年或每两年一次在城市工作场所，例如工厂和学校，积极寻找肺结核病例。这通常是强制性的。

东部省市，例如山东省和江苏省，是较早开展这项工作的地区。山东省结核病防治所成立于 1951 年 4 月，随即在各工厂、学校和集体单位开展卡介苗接种以及"主动发现病例"调查。这些单位的肺结核患病率通常在 3% 至 9% 之间。② 江苏省各地市同样开展了这项工作。无锡市在 1955 年检测了 11329 名工人，发现平均发病率为 7.21%。南京在同一时期也进行了流行病学调查。1954 年至 1957 年，全市在工矿企业和学校中检测 176000 人，总体患病率 4.73%。1958 年，市政府扩大检测范围，涵盖厂矿、机关、零售行业、学生、居民等各行各业不同群体。对于被检测人员来说，这项测试免费且方便，因为通常在他们工作、生活和学习的地方进行。江苏各地市为此建立了各种检测隔离设施。到 1959 年，江苏省在无锡、南京、苏州、盐城、扬州的结核病防治所和医院总共有 1300 个肺结核治疗病床。其他省份建设隔离设施的工作将会在下文中详细谈到。

另一个工业化城市山西太原则致力于各个经济部门单位中的防治工作。太原市结核病防治院的报告指出，1955 年至 1957 年，51 个厂矿、学校、机关的 52836 人接受了肺部检查，整体患病率为 4.4%，成人高于儿童。学生的肺结核感染率虽然只有 1%，却仍然被认为显著偏高。工人方面，重工业工人的患病率为 3.2% 至 9%，轻工业为 4.1% 至 9%，服务业为 5.5% 至 7.6%。③ 学生肺结核患病率较低反映了 50 年代起广泛开展卡介苗接种的效果。"主动发现病例"策略使得卫生部门能够确定哪些人以前没有接触过肺结核病人，并且在某些地区的年轻工人中开展卡介苗接种。不过，主动发现病例的主要目的是了解谁患有传染病，以便将其隔离并进行治疗。

并非所有地区都能进行积极的流行病学调查。有些地区，例如吉林省，直到 70 年代末才进行经常性大量检测。另外一些远离东部沿海的地方从 50 年代末 60 年代初就开始在各单位开展"主动发现病例"工作。例如，呼和浩特市结核病防治所设立门诊部，在 24 个单位为 2.5 万人提供集体体检，这些人群的患病率为 3.6%。其中干部、工人和中小学教师患病率均为 5.6%，服务业更高，达到 9.6%。1959 年，门诊部再次在各单位进行检测，59759 人接受检查，约占呼和浩特总人口的 20%。与太原一样，儿童的患病率低于成年人：中小

---

① 参见 Toman, K.（1979）. Tuberculosis Case Finding and Chemotherapy: Questions and Answers. Geneva: World Health Organization.
② 《山东省志（卫生志）》，山东人民出版社 1995 年版，第 416 页。
③ 《中国结核病学科发展史》，第 55 页。

学生的患病率是 4.3%，干部的患病率是 5.2%，中学教师的患病率是 5.7%。呼和浩特的总体患病率为 4.3%，与中小学生群体基本一致。① 这说明检测样本中，学生和其他年轻人很可能占比很大。

中国最西部的一些地区也进行了病例筛查。1961 年至 1965 年，乌鲁木齐市对厂矿、机关、学校等单位共 8 万人进行了胸部 X 光检查，结果与其他省份相似，即患病率按年龄分层：小学生的患病率为 1.56% 至 1.66%，中学生 2.01% 至 2.64%，教师 4.28% 至 5.23%，工人 5.24%，干部 4.11% 至 5.98%。乌鲁木齐一直将这项检测工作延续到 70 年代。1965 年至 1975 年，该市检测出的患病率为：学生 1.6%，教师 2.24%，工人 2.34%，干部 3.86%。② 尽管年龄分层的趋势与其他地方相似，但新疆结核病患病率的下降速度似乎比较慢。根据 1979 年全国结核病流行病学抽样调查，新疆是全国所有省份中患病率最高的一个。这表明，在偏远地区难以开展检测或后续干预不完善。实际上，积极的病例筛查是 50 年代各省市采取的最重要的公共卫生干预措施之一，它使得许多地方实现了早发现、早治疗的目标，尽管各地的进展情况并不完全相同。

隔离治疗

如上所述，发现病例的目的之一是确定需要治疗的人。任何一种传染性疾病，在发现有效药物之前，隔离感染者，使其不会传染家庭成员、同事等其他人，是非常关键的防疫措施。发现有效的抗生素或抗病毒药物后，传染病的治疗涉及化学药物的使用。然而，药物成本偏高和有效递送系统的缺乏使得进行广泛治疗具有一定难度。因此，自 20 世纪 50 年代开始，展开广泛的化学药物治疗成为共产党政府的早期目标。它致力于提供免费医疗，寻找一种通过单位诊所向人群分发新药的方法。③ 在城市地区，50 年代起实施的工人劳保和政府机关工作人员公费医疗履行了治疗疾病的承诺。在农村地区，60 年代后期合作医疗制度的发展确保了检测和治疗工作的开展。一些学者甚至认为，中国成功开展疾病控制运动的关键是药物的效力，而不是预防行动。④ 当然，在四五十年代发现的能够有效治疗肺结核的抗生素，是减少肺结核的重要因素之一，然而这一进步能否发挥作用，取决于向人群广泛分发药物的能力以及受过训练的卫生保健人员对药品的监督。在某些地区，例如山东省，化学药物

---

① 《中国结核病学科发展史》，第 57 页。
② 《中国结核病学科发展史》，第 93 页。
③ 参见 Core, R. (2016). "Institutional Change and Tuberculosis Control: Continuity and Change in Pre- and Post-1949 Shanghai". *American Journal of Chinese Studies*, 26 (2).
④ 参见 Gross, M. (2016). *Farewell to the God of Plague: Chairman Mao's Campaign to Deworm China*. Berkeley: University of California Press.

治疗在50年代还没有标准化，因此治疗工作并未广泛展开，效果也并不理想。① 推广标准化的治疗疗程随后成为山东和其他省份肺结核病防治的重点，不过即使在抗生素被普遍使用的情况下，另一些地区仍然继续优先采用隔离治疗的方式。

最初，中国的肺结核病患者数量远远超出医院容纳能力，无法将他们隔离在正式的卫生系统中。因此，扩大肺结核康复室的数量成为五六十年代的一个重要目标。各省及主要城市设立了肺结核病疗养院和病房，并鼓励各单位和工会等行业组织自办结核病休养室。北京和上海最早自建起治疗室。1953年，北京有217个自建治疗室，超过3000名结核病患者在那里接受治疗。② 当然，并非所有省份都有实施这种干预措施的资源，拥有相应资源的只是少数。

黑龙江省留下了大量有关建立国营医院的记载。1953年至1955年，该省建立了四个结核病专业机构。首先，1953年11月，松江省（1954年成为黑龙江省的一部分）建设了肇东康复医院。1955年5月，该院为结核病患者提供了350张病床，后来成为拥有500张病床的专业结核病医院。其次，1954年，松江省卫生厅在哈尔滨建立了一个新的结核病防治院，共有240张病床。再次，1955年，在齐齐哈尔市成立了黑龙江省结核病防治院。它拥有150张病床，后来改名为齐齐哈尔市结核病防治院。最后，1955年，呼兰疗养院建立，有770张病床。该院后来改名为黑龙江省结核病防治所。隔离活动性肺结核病患者的工作到60年代为止一直进展良好。在1966年"文化大革命"爆发之前，黑龙江总共配置了3300张指定用来治疗肺结核病的病床。③

湖北省也进行了类似工作，并鼓励各单位采取同样措施。武汉市结核病医院始建于1952年，到1954年，它已拥有500张床位。其他各医院病房也有指定的肺结核病床：1952年至1955年，武汉协和医院有30张此类病床；1955年至1972年，湖北省人民医院有30张；1955年至1962年，同济医院有40张；1956年至1988年，武汉军区总医院有30张。各行业和公司建造了一些诊疗机构，例如武汉既有面向省级和市级干部的疗养院，也有面向工人的疗养院。1954年，湖北省干部疗养院在武昌成立，共有60张床位。1955年至1971年，武汉市干部医院在汉口设立。湖北省和武汉市工人疗养院于1956年在武昌黄家大湾建立，拥有100张床位。1957年，武汉钢铁公司建造了拥有150张病床的肺结核病疗养院。湖北邮电工人疗养院、武汉铁路局疗养院和长江航运管理局也分别在黄家大湾建成疗养院。④ 众多的选择和不同层次的诊疗机构确保武汉大多数感染肺结核的城镇职工有地方养

---

① 《山东省志（卫生志）》，第416页。
② 《中国结核病学科发展史》，第22页。
③ 《中国结核病学科发展史》，第74、75页。
④ 《中国结核病学科发展史》，第136页。

病，不用担心传染给同事。作为省会城市，武汉拥有丰富的资源并成为各地学习的榜样，但其他地市未必能获得如此充足的资源。

一些地方建设拥有肺结核病床的专业机构的工作进行得稍微晚一些。例如，重庆1958年在其所辖的两个县和五个区建立结核病疗养所，铁路、煤矿、纺织和航运公司等行业、企业也建立了肺结核病疗养院和诊疗室。另外一个例子是广东省，该省1960年城镇人口的肺结核病患病率估计为4.8%，因此鼓励各地设立疗养医院以隔离结核病患者。到年底，全省共有83处结核病防治机构、5452张病床。①

尽管无法获得中国"文化大革命"时期治疗肺结核病的相关数据，但应该指出的是，这一时期许多国家已经开始不再通过隔离来治疗肺结核病。1956年在印度马德拉斯进行的一项研究表明，居家的化学疗法可以和在疗养院中一样取得成功。该研究促使世界范围内的结核病疗养院大量关闭。然而直到20世纪60年代，中国仍继续广泛地通过隔离结核病患者进行治疗。

结　论

"文化大革命"的发生使得结核病人的发现以及其他公共卫生措施偏离了正轨。然而到此时为止，许多地方的肺结核病患病率已经大幅下降。1979年进行第一次全国结核病流行病学抽样调查时，全国的结核病患病率是每10万人中717例（即0.717%），仅为20世纪50年代的一个零头。当然，各地的情况并不完全平衡。上海的患病率是全国最低的，西部地区的患病率却相对较高。这表明需要采取进一步的医疗和公共卫生干预措施。在1949年至1976年的中国，降低结核病的患病率和死亡率是通过改善生活和医疗质量、采取公共卫生干预措施实现的。如今，结核病仍然是中国相对流行的传染病之一，只不过新出现的传染病有时会转移对结核病的关注。幸运的是，从之前一个时期肺结核病控制中学到的关于发现病例和隔离治疗的经验适用于当代呼吸道疾病的防治，例如当下流行的新冠病毒。

（原载于《中共党史研究》2022年第1期）

---

① 《中国结核病学科发展史》，第158、147—148页。

外交史

关于改革开放起步时期国际环境的考察

萧冬连

华中科技大学马克思主义学院

现有的关于中国改革开放史的考察，比较集中于国内政策的演进，对外部条件及其提供的可能性关注较少。然而，无论考察体制转轨还是经济增长，都不能离开对国际环境即战略机遇期的分析。当然，所谓战略机遇期不只是一个客观存在，也取决于主观的战略谋划和策略运用。从全局看，改革开放几十年间虽然摩擦不断，但中国领导人成功地抓住了几个战略机遇期，埋头发展自己。本文将集中考察改革开放起步时期的国际环境，着重于这种外部条件的形成过程、变化背后的地缘政治因素和经济因素，以及中国决策者对战略机遇的洞察、把握和利用。我们将会看到，相对有利的国际环境不仅为中国利用外部资源推进规模宏大的现代化规划提供了有利条件，而且影响着中国人对外部世界的认知，强化了高层的改革共识。同时，中国不只是一个"应变量"，还是重要的"自变量"，在国际格局演变中扮演着重要角色。

一

中国对外开放的起步，可以以1978年的大规模引进为标志。当年编制长期现代化规划时，决策层未经争论就达成了一个共识：中国要争取时间，加快引进先进技术设备。这并不难理解。当时中国大多数技术设备还是以20世纪50年代从苏联引进的156个项目为基础，几十年来逐渐老化，多数企业只能在封闭的环境下"复制古董"。恰恰是这20多年间，世界科学技术和现代化的发展突飞猛进，中国与世界先进水平的差距迅速拉大。中国领导人对此大体是清楚的。要想实现宏大的现代化规划，大规模引进先进技术和设备几乎是唯一可行的选择。早在1975年主持整顿时，邓小平就提出，引进先进技术和先进设备是一个"大政策。"① 1977年，邓小平又说，我们要"实行'拿来主义'"，"把吸收外国先进技术作为实现四个现代化的起点。"②

幸运的是，当时的中国恰好遇到了一个相对有利的外部环境。当中国宣布现代化宏大计划时，在国际上引起极大关注和热情。③ 很能反映这种热情的一个场景，是国务院副总理谷牧在率团考察西欧五国（法国、瑞士、比利时、丹麦、联邦德国）时受到的超规格礼遇。谷牧回忆说："按照国际交往对等原则，我遇到的会谈对象可能是副总理一级的人物。可是所到国家，同我会谈的都是总统或总理级的人物。"④ 这些国家的国家元首、政府首脑或亲自到机场迎接，或在皇宫设宴款待代表团，驻华大使也提前回国迎接中国代表团。这些都充分表现出各国政府对这次访问的重视。访欧代表团的报告说："欧洲是两霸争夺的重点，欧洲共同体九国的经济实力与美、苏差不多，他们对美、苏矛盾很大，特别是对苏修又怕又恨。在这种情况下，政治上有利于我们争取欧洲，团结反霸。经济上有利于我们利用欧洲的先进技术，为我国的四个现代化服务。"在听取汇报后，中央领导人得出的一致印象是：欧洲"受苏联威胁，希望中国强大，希望为我们的四个现代化出点力量"。⑤ 这是过去不曾有的有利形势。

美、欧、日从联手遏制中国到表示支持中国的现代化，中国面临的国际环境的确发生了重大改变。这里的转折点是什么呢？应当追溯到1972年中美关系解冻。当年尼克松访华和中美"上海公报"发表，整个世界为之震惊。大家知道，新中国成立伊始，东西方冷战白热化，中美两国随即经历了"20年长期交恶"，以美国为首的西方国家对中国实行战略孤立和遏制，中国长期被排斥在联合国等国际组织之外。非但如此，整个60年代，中美之间的对抗由于越南战争逐步升级，似乎再次走到了战争的边缘。依当时中美严重对抗的形势和两国舆论，人们很难想象短期内中美之间有和解的可能。在这种情况下，中美两国领导人决心打破坚冰走向和解，是富于战略洞见和外交想象力的重大行动。

最近，美国学者白邦瑞（Michael Pillsbury）说，50年前尼克松访华，美国人认为是自己打开了中国的大门，但情况也许正好相反，中国借与美国恢复关系进入了世界新秩

---

① 房维中编：《在风浪中前进：中国发展与改革编年纪事（1977—1989）》（1977—1978年卷），2004年印行，第90页。
② 《邓小平年谱（1975—1997）》（上），中央文献出版社2004年版，第236、228页。
③ 参见房维中编：《在风浪中前进：中国发展与改革编年纪事（1977—1989）》（1977—1978年卷），第124页；李正华：《中国改革开放的酝酿与起步》，当代中国出版社2002年版，第372页。
④ 《谷牧回忆录》，中央文献出版社2009年版，第295页。
⑤ 房维中编：《在风浪中前进：中国发展与改革编年纪事（1977—1989）》（1977—1978年卷），第124、126页。

序之中。① 他此前甚至认为，这是毛泽东对美国的"误导"。② 其实，中美和解不是哪一方的单方面需要，而是两国领导人基于各自国家利益的现实抉择。在很大程度上，正是尼克松、基辛格的所谓"缓和"战略推动了中美和解进程，而毛泽东、周恩来则敏锐地洞察到并抓住了这一机遇。60年代末，美国的实力由顶峰走向相对衰落，深陷越战泥潭，国内反战情绪高涨。苏联趁机发动战略攻势，美苏全球争夺渐显"苏攻美守"态势。这迫使尼克松政府着手调整其全球战略，采取亚洲收缩政策。尼克松政府希望通过中美和解帮助美国从越南"体面地"脱身，同时利用中苏分歧获得战略上的有利地位。基辛格的均势战略理论支配了美国对苏对华政策。对中国日渐上升的国力以及未来巨大潜力的重视，也是尼克松决定调整对华战略的基本考虑。尤其在中国"两弹一星"研制成功以后，美西方很多人认为"长期孤立中国比承认中国更加危险"。美国还隐含一个长远意图，即希望以经济和人员交流等手段，将中国拉向美国所谓的自由世界一边。③ 而在中国，自60年代中后期起，尤其从1969年中苏边界武装冲突以后，主要威胁来自苏联的判断得到确认，中美之间发生直接军事对抗的风险在降低，毛泽东、周恩来也在捕捉中美和解的可能性。从1969年6月开始，毛泽东委托陈毅、叶剑英、聂荣臻、徐向前等四位老帅研究国际形势。他们在向中央的报告中指出，在中、美、苏三大力量之间，"中苏矛盾大于中美矛盾，美苏矛盾大于中苏矛盾"。陈毅则直接提出了从战略上利用美苏矛盾打开中美关系的设想。④ 陈毅等人的研判和建议支持了毛泽东正在酝酿的新构想，即超越意识形态羁绊，重新定义中、美、苏战略关系，这为中国调整对美战略提供了依据。

中美关系解冻是双方国家利益的契合，美国获得了巨大的战略上的好处。美国学者达莱克（Robert Dallek）说，美国"从中获取的最大好处就是对苏联产生的有利作用"，是"遏制莫斯科的有效方法"。⑤ 对中国来说，中美和解最为重要的意义或许还不在于减轻自身的战略安全压力，而是为拓展外交空间提供了历史契机。1971年10月25日，中华人民共和国在联合国的合法席位得到恢复，长期被排斥于各国际组织之外的局面终于被打破。这主要是联合国内部力量消长的结果，但尼克松即将访华公告的发表应该也影响了相当多国家的投

---

① 《白邦瑞＆文斯·凯布尔：我们以为是美国打开了中国大门，实际情况也许相反?》，观察者网，https：//www.guancha.cn/baibangrui/2022_04_04_633219_s.shtml.

② 《白邦瑞或任白宫中国事务顾问曾称中国战略忽悠是毛泽东发起的》，观察者网，https：//www.guancha.cn/america/2016_11_25_381876.shtml.

③ 参见张曙光《接触外交：尼克松政府与解冻中美关系》，世界知识出版社2009年版，第13—18页。

④ 熊向晖：《打开中美关系的前奏——1969年四位老帅对国际形势研究和建议的前前后后》，《中共党史资料》第42辑（1992年6月）。

⑤ 转引自戴超武《美国"贸易自由化"政策与中国"改革开放"（1969—1975）》，《史学月刊》2010年第2期。

票意向。中美关系解冻，直接推动了中国同日本、英国、联邦德国、意大利、西班牙等主要资本主义国家建立外交关系（英国由代办级升格为大使级外交关系）。1975年5月，中国与欧共体建立正式关系。加上此前与法国（1964年）、加拿大（1970年）建交，中国与西方关系全面突破。在广大第三世界中，原来与美国有条约关系，或者接受美国援助、受到美国压力、对中国有猜疑的一些国家纷纷排除障碍，与中国建立外交关系。这样，70年代的中国出现了新一轮建交高潮。从1971年到1980年，同中国建交的国家从55个增加到124个，① 包括了当时世界上绝大多数国家，西方对中国孤立封锁的局面开始被突破。公道地说，中国通向国际政治舞台的道路，很大程度上在毛泽东、周恩来的手上已经开通。

"文化大革命"结束后，又在两个方面取得重大突破：一是1978年8月中日缔结和平友好条约；二是1979年1月中美建交。关键是中美建交，从1972年到1978年，中美关系正常化进程趋于停滞。当时美国外交的重点是美苏而非美中，美国所关心的是在与苏联竞争和谈判中打"中国牌"。中美建交的主要障碍是台湾问题，中国的原则是三条——断交、废约、撤军。美国迟迟不愿走出这一步，直到1978年才开始作出政策调整。其主要动力是什么呢？是苏联对外扩张造成的战略压力。这是中美建交谈判取得突破的契合点。当然，不是只有这一个因素起作用。中美建交谈判到最后，在一个问题上卡了壳，那就是美国坚持继续对台出售武器。最后是邓小平拍板，把这个问题留到建交以后处理。当时邓小平的一个重要考虑，是要为中国现代化建设争取一个有利的外部环境。1978年11月2日，邓小平在中共中央政治局会议上说："看来美方想加快中美关系正常化，我们也要抓住这个时机……同美国关系正常化的步伐要加快，从经济意义上讲也要加快。"② 现在有人把台湾问题归咎于邓小平当年的让步，这是缺乏历史感的。即使不如此处理，台湾问题也仍然在那里，不会有丝毫改观。而如果当时不是邓小平敢拍板，中美建交的最好时机就可能因此错过，中国的改革开放和现代化发展将是另一番图景。

我们知道，毛泽东有一个"一条线"的战略设想。然而他在世时，这个设想并没有得到实现。反而到"文化大革命"结束几年后，在某种程度上形成了"联美抗苏"的统一战线。特别是1979年12月苏联出兵入侵阿富汗以后，中美之间的战略合作达到了相当的程度。中美和解促进了中国周边环境的改善，尤其体现在与东盟国家的关系上。新中国成立后，东南亚国家与中国在相当长时间内处于隔绝甚至敌对状态。东南亚是华人华侨主要

---

① 参见《当代中国外交》，当代中国出版社、香港祖国出版社2009年版，第406—408页。
② 《邓小平年谱（1975—1997）》（上），第417页。

集聚地①，然而华人华侨问题反而成了双边关系的"负资产"。一些国家担心中国利用华侨和国内共产党游击队颠覆他们的政权，东盟六国中的泰国、菲律宾、新加坡甚至加入了美国的东南亚集体防务体系，这个组织以遏制中国为目标。在中美关系缓和的背景下，中国同东南亚国家关系逐步得到改善，同马来西亚（1974年）、菲律宾（1975年）、泰国（1975年）建立了外交关系。1978年11月，邓小平访问泰国、马来西亚和新加坡，这是新中国成立以来中国领导人首次对这些国家进行访问。其中，中国同新加坡虽未建交，却实现了两国领导人互访。80年代初，中国抛弃过时的世界革命理念，停止支持东南亚国家共产党的活动，同东盟国家的关系得以全面改善。随着同美国建交和恢复在联合国、世界银行、国际货币基金组织等国际组织的席位，中国逐步从国际体系的"局外人"转变为"局内人"。到1986年底，中国已进入政府间多边外交的几乎一切重要领域，加入了近400个国际组织，批准加入了130余项国际公约。②

二

在经济上，通过恢复和发展同美西方的经贸关系，中国开启了进入世界市场，进而融入经济全球化的长过程。

冷战时期，美西方对中国实行经济封锁和禁运。1950年1月，以美国为首成立了巴黎统筹委员会（简称"巴统"），限制向社会主义国家出口战略物资和高技术，列入禁运清单的有军事武器装备、尖端技术产品和稀有物资等三大类、上万种产品。1952年9月，巴统设立"中国委员会"，对中国实行特殊管制，在"巴统清单"之外增加207种物资，形成了"中国特别清单"，严于对苏联东欧的出口管控。新中国成立之初，除瑞典、丹麦、瑞士、芬兰等中立国家外，绝大多数西方国家追随美国实行禁运政策，中断了与中国的直接贸易关系。20世纪50年代，中国对外贸易的主要对象是苏联和东欧国家。从1952年起，直到50年代末，相关贸易额在中国对外贸易总额中的占比都在70%以上，其中对苏贸易约占全国对外贸易总额的50%。③ 对外技术引进也全部来自苏联、东欧，以苏联援建的156项工程为重点。

客观地看，即使在冷战形势严峻的50年代，与西方国家做生意也不是完全没有空间。当时香港、澳门是内地对外转口贸易的重要通道，中国利用这一渠道从西方国家买进了某些

---

① 20世纪50年代初，90%的世界华侨华人居住在东南亚。70年代以后，华侨华人高度集中于东南亚的格局才发生决定性改变。参见庄国土《世界华侨华人数量和分布的历史变化》，《世界历史》2011年第5期。
② 《当代中国外交》，第326页。
③ 《当代中国对外贸易》（上），当代中国出版社、香港祖国出版社2009年版，第17页。

"禁运"物资。① 为了打破封锁,从 1957 年 4 月 25 日起,中国每年春秋两季在广州举办中国进出口商品交易会(简称"广交会"),吸引外商来华。广交会第一年即成交 8686 万美元,占当年全国创收现汇总额的 20%。② 此后几十年,它一直是中国对外贸易的重要窗口。西方国家并非铁板一块,为了自身利益,1957 年 5 月,英国率先宣布放松管制,取消了巴统规定的对中国的额外出口限制,随后大部分西方国家纷纷效仿。中国政府也采取了区别政策,1954 年 8 月 12 日,为接待英国工党访华代表团,周恩来在一次干部会议上提出,争取在"和平"和"贸易"这两点上同西欧和日本建立某种统一战线。③ 特别是对日本,中方采取"民间先行、以民促官"的方式推动双方贸易往来,1964 年、1965 年先后在东京和北京设立廖承志办事处和高碕办事处,在未建交的状态下把贸易关系提升到半官方性质。④

1960 年中苏关系破裂后,中苏贸易额急剧下降,到 1965 年时只有 4.1 亿美元,仅占中国进出口贸易额的 9.6%,⑤ 对外贸易整体萎缩。这迫使中国把进出口贸易重点转向西方资本主义国家,并向其引进急需的技术设备,中国的外贸格局由此悄然改变。到 1965 年,中国对西方资本主义国家的进出口额在外贸总额中的占比已由 1957 年的 17.9%上升到 52.8%。⑥ 60 年代前期,为解决"吃、穿、用"问题,中国先后从日、英等 10 个资本主义国家引进石油、化工、冶金、电子和精密仪器等技术和装备,用汇总额为 2.8 亿美元。这次引进的规模很小,但有突破性意义。然而,这种经贸往来特别是对外引进受到美国严格限制,美国一直不与中国进行任何形式的经济贸易活动,直到 1970 年,中美贸易额仍然为零。⑦

1972 年中美关系缓和后,情况开始变化。出于"缓和"战略的需要,尼克松政府开始放松东西方贸易管制。⑧ 中国抓住机会,逐步开展对美贸易。1972 年春秋两季广交会,先后邀请了 30 多名和 150 名美国客商与会。在秋季广交会上,中国直接从美国进口成交约 1.5 亿美元,其中包括 10 架波音 707 飞机、40 台飞机发动机、4 套人造卫星通信地面站等技术

---

① 《当代中国对外贸易》(上),第 19 页。
② 《从广交会到消博会:让世界共享中国开放红利》,中国贸易新闻网,https://www.chinatrade-news.com.cn/content/202107/02/c135256.html,2021 年 7 月 2 日。
③ 《周恩来外交文选》,中央文献出版社 1990 年版,第 81 页。
④ 参见牛建立《二十世纪六十年代前期中国从西方国家引进成套技术设备研究》,《中共党史研究》2016 年第 7 期。
⑤ 孟宪章主编:《中苏贸易史资料》,中国对外经济贸易出版社 1991 年版,第 610 页。
⑥ 《当代中国对外贸易》(上),第 27 页。
⑦ 戴超武:《美国"贸易自由化"政策与中国"改革开放"(1969—1975)》,《史学月刊》2010 年第 2 期。
⑧ 参见戴超武《美国"贸易自由化"政策与中国"改革开放"(1969—1975)》,《史学月刊》2010 年第 2 期。

产品。① 中美双边贸易额到 1978 年达到 9.9 亿美元。② 1973 年对外引进 43 亿美元成套设备即所谓"四三方案"就是在这样的背景下提出的。1972 年至 1977 年，中国同西方十几个国家谈成了包括化肥、化纤、石油、化工、轧钢、采煤、火电、机械制造等方面的 222 个进口项目，中国进出口贸易额有较大增长，1975 年达到 147.51 亿美元，比 1969 年增长 2.7 倍，年均递增 24.1%。③ 陈云在 1973 年指出："过去我们的对外贸易是百分之七十五面向苏联和东欧国家，百分之二十五对资本主义国家。现在改变为百分之七十五对资本主义国家，百分之二十五对苏联、东欧。""正好是倒了一个个儿。"他认定与资本主义打交道是大势已定了。④

有学者认为 1973 年的"四三方案"是改革开放的前奏，这样说也无不可，不过当时只是开了一个小口。"文化大革命"的混乱没有结束，稍微大胆一点的想法都会受到极左派干扰，国内并不具备对外开放的政治环境。1978 年前的中国仍然是一个典型的封闭型国度，外贸依存度只有 9.8%，人员交往更加稀少。1978 年，中国出口额占世界出口总额的比重从 1953 年的 1.23% 下降到 0.75%，在世界上的位次也由第 17 位后移到第 32 位。⑤

对外开放的真正起点在"文化大革命"结束以后，这是国内与国际双重因素的历史性契合。国内政治开始从阶级斗争转向现代化建设，公布了"十年规划"和"二十三年设想"的宏大计划⑥，并向外界传达了扩大对外引进的政策信号。这在西方发达国家"引起了强烈的反响"，无论日本还是西欧各国，都争相同中国谈贸易，争相借钱给中国，⑦ 甚至出现相互竞争的态势。访欧代表团的报告说："中日签订长期贸易协定后，对西欧人影响很大，我

---

① 紫丁：《李强传》，人民出版社 2004 年版，第 303、307 页。
② 刘磊、于婷婷：《1979 年〈中美贸易关系协定〉与中美经贸关系正常化》，《外国问题研究》2021 年第 3 期。
③ 《当代中国对外贸易》（上），第 32 页。
④ 《陈云文选》第 3 卷，人民出版社 1995 年版，第 217—218 页；《陈云传》（下），中央文献出版社 2005 年版，第 1406 页。
⑤ 《当代中国对外贸易》（上），第 34 页。
⑥ "十年规划"是指 1978 年中共十一届二中全会、五届全国人大一次会议先后讨论通过的《一九七六年到一九八五年发展国民经济十年规划纲要》。"二十三年设想"则是 1977 年 11 月国家计委向中央提交的《关于经济计划的汇报要点》的一部分（"十年规划"也是在该《汇报要点》基础上形成的）。
⑦ 访欧代表团报告说，联邦德国黑森州副州长卡里表示，可提供 200 亿美元存入我银行供我们使用。北威州州长屈恩在宴会上提出，如愿意接受 50 亿美元，可以马上定下来，接受 200 亿美元，宴会后谈判一小时就可以定下来。法国巴黎银行在代表团回国后就派人来北京商谈提供 25 亿美元存款事宜。这表现了他们解决资金过剩问题的急切心情。参见房维中编：《在风浪中前进：中国发展与改革编年纪事（1977—1989）》（1977—1978 年卷），第 124 页。

们同欧洲几个国家领导人会谈时,他们的最大兴趣是谈贸易问题。"① 1978年10月25日,邓小平在日本也对记者提到这件事,他说:"欧洲的朋友问我:你们和日本搞得这么多,是不是我们就没有事做了?我告诉他们:不要担心。需要他们同日本竞赛一下。"② 西欧的积极性来自政治与经济两方面:在战略和政治层面,正如上文所说,中欧之间出现了相互借重的形势。在经济层面,受石油危机影响,世界市场不景气——世界贸易增长率从1975年的11.5%依次下降为1976年的11%,1977年的6%,1978年的4%。③ 西方国家普遍面临产品、技术、资本过剩,仅欧洲就有多达5000亿美元的游资急于找出路。④ 一方面需要开辟新市场;另一方面需要寻找新的生产基地,把失去优势的劳动密集型产业转移出去。具有丰富廉价劳动力和巨大潜在市场的中国很自然地进入了他们的视野。韩国学者朴贞东在谈到中国对外开放的背景时说:"不仅英、美、日等发达国家的跨国企业,连亚洲四小龙企业也开始寻找新的生产基地发展自己。"⑤ 这一波产业转移的趋势为中国吸引国外直接投资提供了很好的历史机遇,而大量国际游资的存在则为中国解决庞大的外汇需求提供了可能⑥。双方在经济上存在巨大的互补性需求,中国太过落后,在可预见的未来不会与美西方形成竞争关系。这让中国决策层看到了机会,决定"利用资本主义世界的经济危机,尽量利用国外的资金、技术为实现四个现代化服务"。⑦

所谓对外开放,主要是对美、欧、日的开放,邓小平多次明确地说到这一点。1985年11月22日,他在会见马来西亚总理马哈蒂尔时说:"向谁开放?当然要对发达国家开放,要从那里得到技术、资金和市场。"⑧ 在这些国家中,美国又是关键。美国是世界经济和科技的引擎,并主导着战后国际贸易体系,制约其盟国向中国出口技术。1978年底,邓小平为中美建交最后拍板,经济上的考虑占有相当的分量。中美建交有利于放宽对中国的出口限制。1979年7月,《中美贸易关系协定》签订,双方相互给予最惠国待遇。1980年1月,

---

① 房维中编:《在风浪中前进:中国发展与改革编年纪事(1977—1989)》(1977—1978年卷),第124页。
② 《邓小平年谱(1975—1997)》(上),第411页。
③ 参见宦乡《纵横世界》,世界知识出版社1985年版,第21—22页。
④ 房维中编:《在风浪中前进:中国发展与改革编年纪事(1977—1989)》(1977—1978年卷),第124页。
⑤ [韩]朴贞东:《中国对外开放的背景》,《国外中共党史研究动态》1993年第4期。
⑥ 1978年,中国签订了包括22个大型项目在内的78亿美元成套引进项目合同,而当年的外汇储备只有1.7亿美元。参见吴敬琏、马国川《重启改革议程——中国经济改革二十讲》,生活·读书·新知三联书店2016年版,第111页。
⑦ 房维中编:《在风浪中前进:中国发展与改革编年纪事(1977—1989)》(1977—1978年卷),第124页。
⑧ 《邓小平年谱(1975—1997)》(下),中央文献出版社2004年版,第1096页。

美国国会通过该协定，但要求对华最惠国待遇需一年一次经国会审核批准。尽管如此，《中美贸易关系协定》仍然为中美经贸关系正常化奠定了基础。在这个基础上，1979年至1980年间，双方签署了35个有关科学技术合作、航海、贸易等方面的双边协议。[①] 美国对西方国家向中国出口技术产品的限制也有所松动。1979年1月，美国总统卡特在与德、法、英领导人会晤时表示："我们已表示不反对西方在对中国出售武器问题上采取通融态度。"[②] 当然，美国放宽对华技术出口的幅度仍然十分有限。也正因为这样，在诸多利用外资的方式中，邓小平更倾向于引进外商直接投资，兴办三资企业。这样做，一方面能够缓解支付能力不足的问题，另一方面总可以从中学到一些技术和管理经验。

在中国改革开放初期，日本发挥了特殊作用。1978年2月，中国率先同日本签订长期贸易协议，并从日本引进了宝钢项目，在日中经济协会会长、新日本钢铁公司董事长稻山嘉宽带领下，有1000个日本公司参与了宝钢工程建设。从1979年起，日本对华提供政府开发援助（Official Development Assistance，简称"ODA"），成为第一个向中国提供政府援助的国家。中国政府放弃对日战争索赔，使日本部分高层心存感激，双方达成一个默契，以ODA的方式代替战争赔偿。[③] 1978年10月，邓小平访问日本时向日方表达了希望引进日本等发达国家先进技术和管理方式的意愿，日本作出了积极回应。1979年，日本首相大平正芳在访华时决定"今后在各个领域进行技术合作"。1980年3月，日本首相铃木善幸对美国记者说："日美把力量合起来协助中国实现现代化，对于世界和平来说是极为重要的。"[④] 自1981年至1986年，日方先后派出专家900余人次来华，为中国190多家企业进行"企业诊断"，包括轻工、纺织、化工、机械、电子、有色金属等行业，如日本小松制作所社长河合良一派员到北京内燃机总厂传授全面质量管理（Total Quality Control，简称"TQC"）的经验和做法。稻山嘉宽、河合良一、大来佐武郎等一批日本人对中国现代化的热心超出了单纯的利益考虑。北京内燃机总厂厂长沙叶回忆说："我觉得他们是抱着一种高尚的态度，免费甚至自费做这件事，不单纯为了打开中国市场，更是为了帮助中国实现现代化。"[⑤] 这有特殊的历史和文化背景。当然从根本上说，对华援助符合日本的基本国策，战后日本长期推行"经济外交"，以对外开发援助为先导，实现其国家发展目标。

中国对外开放还有一个特殊资源，那就是众多的华侨华人。中国是世界上侨民最多的国

---

① 参见肖虹《中美经贸关系史论（1950—2000年）》，世界知识出版社2001年版，第15—18、21—22页。
② ［美］兹比格涅夫·布热津斯基著，邱应觉等译：《实力与原则——布热津斯基回忆录》，世界知识出版社1985年版，第467页。
③ 《40年3.6万亿！日本将于3月停止对华政府开发援助》，澎湃新闻网，https://m.thepaper.cn/newsDetail_forward_16423621。
④ 《日美应联合起来协助中国实现现代化》，《参考消息》1981年3月30日。
⑤ 转引自日本广播协会（NHK）纪录片《支援中国改革开放的日本人》。

家之一，80 年代初，世界各地的华侨华人约 2000 余万人①，各地华人经济的崛起早已为世人所瞩目。1977 年邓小平复出以后，立即推动侨务政策调整，打破所谓"海外关系"的政治壁垒，推动境内外华人之间的联系。在此之前，"海外关系"被视为敌特嫌疑。1979 年 1 月 17 日，邓小平邀集五位著名工商界人士共商对外开放大计，希望他们在引进华侨华人资金方面做些事情。邓小平说："现在搞建设，门路要多一点，可以利用外国的资金和技术，华侨、华裔也可以回来办工厂。"②请荣毅仁出山办实业，也是借助荣氏家族在海外的影响力。此外，中国还拥有香港这个自由港。今天回过头来看，1949 年解放军逼近香港时决定"暂时不动香港"，1960 年提出"长期打算、充分利用"的方针，这是一个有远见的决策。香港不仅成为内地在封闭环境下与外界交往的窗口，在启动对外开放中更是发挥了不可替代的作用。中央决定在广东、福建两省实行特殊政策和灵活措施，并建立深圳等 4 个经济特区，就是看重其毗邻香港、澳门和华侨众多的条件。

开放之初，在西方财团还在观望之时，率先进入的是华商资本。他们既有报效乡梓的愿望，又有血缘、语言、文化上的优势。在 1982 年底以前最早创办的 48 家合资企业中，属于华侨、华裔、港澳商人投资的共 28 家，约占 60%。③进入 4 个经济特区的也主要是港资。1983 年底以前，外商在 4 个经济特区开办的 37 家独资企业中，除了 1 家来自美国、1 家来自新加坡，其他 35 家全部来自香港。④80 年代，香港超过 80% 的生产线，包括 90% 的玩具和 80% 的服装、塑料、皮革、电子等产品的生产转移到了以珠三角为主的内地，形成以内地为"后厂"、以香港为"前店"的空间布局，珠三角地区"三来一补"遍地开花。其次是东南亚华商。从 1981 年到 1985 年，东盟国家对中国投资 6 亿美元左右，主要来自新加坡、马来西亚、泰国和菲律宾。据当时新加坡报纸报道："自去年（1984）以来，新加坡商人积极发展对华经济关系，平均每月至少有两个项目与中国达成合资协议。"泰国报纸报道，1981 年至 1984 年底，中泰共签订了 15 个投资协议，华商正大集团就是代表之一。⑤早期华商大都是小规模投资，但正是这些中小投资的开拓，后来在闽粤地区形成了许多家电城、鞋城、服装城，激活了地方经济。相当长时间内，东南亚是中国劳动密集型产品的主要市场。40 年来，侨、港、澳企业约占中国外资企业总数的 70%，其投资约占中国实际利用外资总额的 60% 以上。正如全球化智库理事长王辉耀所说，"海外华侨华人是连接中国与世

---

① 庄国土：《世界华侨华人数量和分布的历史变化》，《世界历史》2011 年第 5 期。
② 《邓小平年谱（1975—1997）》（上），第 471 页。
③ 汪一鹤等：《中外合资经营企业》，上海社会科学院出版社 1984 年版，第 94 页。
④ 《中国经济年鉴（1984）》，经济管理出版社 1984 年版，第 XI-74—XI-75 页。
⑤ 周中坚：《80 年代以来中国同东盟国家的经贸关系》，《东南亚研究》1987 年第 4 期。

界最天然的'粘合剂'"。①

三

国际环境相对友好，也为中国高层大规模出国考察，以客观的眼光了解真实世界提供了可能。1978年的出国考察，是新中国成立以来，甚至可能是近代以来最大规模的对外考察潮。这种考察从1977年就开始了②，1978年形成高潮。出访对象主要是美、欧、日等发达国家以及新兴工业化国家和地区，各级各类出国考察团不胜枚举。③ 据国务院港澳办公室统计，从1978年1月到11月底，仅经香港出国和赴港考察的人员就有529批，共3213人。④ 可见当年高层对于了解世界的急切和热情。起初，出国考察主要是为了引进项目；到了1978年，则明显是为了寻求国外经验。1978年2月16日，国家计委在关于经济计划的汇报要点中，提出"有计划地组织干部到国外去考察"的任务。⑤ 6月3日，华国锋在听取赴日访问团和赴港澳考察团汇报后，要求派更多的干部出去看看，包括省市委书记、管工业的、管农业的、管财贸的，以及一些工厂企业的领导，目的是开阔思想，"看看国外有什么好的东西"，"联系自己作为借鉴"。⑥ 1978年也是中国领导人出国访问的高峰，这一年共有12位副总理、副委员长以上领导人先后20次访问了51个国家，其中包括华国锋出访2次、4个国家，邓小平出访4次、8个国家。这些国事访问有着同一个目的，那就是了解各国的发展经验。邓小平对新加坡和日本的访问尤其专注于此。

中国封闭了20多年，除了少数搞外交、外贸和文化交流工作的人以外，绝大多数领导人都没有出过国，对于外部世界，特别是对西方发达国家不甚了了。对许多人来说，1978年是第一次走出国门看世界。这次出国考察，使中共高层官员大开眼界，没有想到当代世界

---

① 《王辉耀：海外华侨华人是中国与世界的天然"粘合剂"》，中国新闻网，https：//www.chinanews.com.cn/hr/2018/09-10/8623759.shtml.
② 从1977年下半年起，国务院安排各部委派团出国访问考察：轻工业部派人去美国、联邦德国、日本、英国考察；地质部派人去法国、联邦德国考察；农业部派人去意大利、法国、英国、丹麦、日本考察；冶金部派人去日本、美国、加拿大和西欧考察；石油部派人去美国、日本考察；国家经委派人去英国、法国、日本考察；等等。参见曹普《改革开放前夕大规模出国考察潮》，《党史文苑》2018年第4期。
③ 其中较多被提及的有李一氓等率团访问南斯拉夫和罗马尼亚，林乎加率经济代表团访日，段云率经济贸易代表团考察港澳，还有袁宝华率经济代表团访日等。最重要的要数国务院副总理谷牧率团赴西欧五国，在36天时间里考察了25个城市，80多个工厂、矿山、农场、港口码头、大学和科研单位。
④ 曹普：《改革开放前夕大规模出国考察潮》，《党史文苑》2018年第4期。
⑤ 房维中编：《在风浪中前进：中国发展与改革编年纪事（1977—1989）》（1977—1978年卷），第33页；《学习外国经验与探索中国自己的建设道路——访袁宝华同志（三）》，《百年潮》2002年第11期。
⑥ 房维中编：《在风浪中前进：中国发展与改革编年纪事（1977—1989）》（1977—1978年卷），第118页。

现代化会发展到如此程度，中国与发达国家之间的发展差距会如此之大。① 西方普通人的生活水平也远远超出中国人的想象，与当时中国城乡居民的贫困状况形成强烈反差。② 这些国家之所以快速发展，有许多经验是相同的，例如：他们强调竞争，强调优胜劣汰，十分重视企业管理；大胆引进新技术；从政府到公司都投入大量资金进行科学研究，开发新技术、新产品；重视发展教育事业，培养科技人才；充分利用国外资金；等等。对于国外的情况，中国驻外使馆人员此前也是清楚的，但他们不敢把实情报告国内。③ 这次不同，各出国考察团如实向国内作了汇报，高层也急切地想听到真实情况。聂荣臻在听取谷牧汇报后说："过去我们对西方的宣传有片面和虚伪之处，这反过来又束缚了我们自己。"④ 邓小平说："我们派了不少人出去看看，使更多的人知道世界是什么面貌。""同发达国家相比较，经济上的差距不止是十年了，可能是二十年、三十年，有的方面甚至可能是五十年。"⑤ 1978年9月，邓小平访问朝鲜后回国，在东北和天津等地反复谈到中国必须改革。他说，中国的体制基本上是从苏联来的，是一种落后的东西，"有好多体制问题要重新考虑"。⑥ 出国考察凝聚了高

---

① 考察团发现，日本、联邦德国等国家已经高度现代化，工业生产广泛使用电子计算机，农业机械化程度很高。整个西欧的高速公路形成了一个网络，其劳动生产率超出中国人的想象，高出中国相同性质企业几十倍甚至几十倍。联邦德国一个年产5000万吨褐煤的露天煤矿只用了2000名工人，而中国生产相同数量的煤需要16万工人，相差80倍。法国马赛索尔梅尔钢厂年产350万吨钢只需7000名工人，而中国武钢年产230万吨钢却需要6.7万工人，效率相差14.5倍。此外，法国农业人口仅占全国人口的10.6%，生产的粮食除了供国内消费外，还有40%的谷物出口。丹麦农业劳动生产率更高，农业人口仅占总人口的6.7%，生产的粮食、牛奶、猪肉、牛肉可供三个丹麦全国人口的需要。参见房维中编《在风浪中前进：中国发展与改革编年纪事（1977—1989）》（1977—1978年卷），第121—122页。
② 1978年11月，邓力群访问日本归来后，到一些单位报告访日情况，对日本大为赞赏。他说，日本普通家庭都有自己的住房，多数家庭有汽车，家用电器完全普及。工人一年有几次分红，年终还有三个月的奖金。农民也穿毛料衣服。商店经营商品50多万种，而我们最好的王府井百货大楼也只有2万多种商品，"相比之下，实在觉得我们很寒伧"。不仅如此，日本人民"精神振作，奋发向上"，"事业心非常强烈"，"东京的社会治安状况比北京好得多"，没听说有偷自行车，商店下班不上门板。同月，王震访问英国，中国驻英大使柯华陪同他访问了伦敦一个失业工人的家。这个失业工人住着一栋100多平方米的两层楼房，有餐室、客厅，有沙发、电视机，装饰柜子里有珍藏的银具，房后还有一个约50平方米的小花园。由于失业，他可以不纳税，享受免费医疗，子女接受免费义务教育。访问结束时，驻英使馆的人问王震对英国的观感，王震高兴地说："我看英国搞得不错，物质极大丰富，三大差别基本消灭，社会公正，社会福利也受重视，如果再加上共产党执政，英国就是我们理想中的共产主义社会了。"参见邓力群《日本经济情况》，《经济研究参考资料》1979年第45期；柯华《在马克思的墓前——对资本主义和西方民主的观察》，《炎黄春秋》1999年第2期；于日《旅英十年——重新认识资本主义》，《陈独秀研究动态》2002年第3、4期。
③ 梁衡：《1978年以后中国人再次睁开眼睛看世界，是又一次思想大解放》，《北京日报》2018年10月8日。
④ 《谷牧回忆录》，第327页。
⑤ 《邓小平文选》第2卷，人民出版社1994年版，第132页。
⑥ 《邓小平思想年谱》，中央文献出版社1998年版，第77页。

层最初的改革共识。

如果说1978年还是出去看看、开阔眼界，那么1979年以后出国考察的目的性和专业性就更强了，那就是为探索中国体制改革提供国际借鉴。各类考察团络绎不绝，其中最有意义的是，财经高官和经济学家们对日本、美国、联邦德国、匈牙利等国的经济管理体制进行了综合考察。中美建交后，对美国的考察加强了。1979年10月和11月，中国连续派出两个高级代表团。先是薛暮桥与马洪率中国工商管理考察团访美，接着是袁宝华、邓力群等率国家经委考察团赴美。1980年11月至12月，又有以许涤新为首的经济学家代表团访美。每个考察团的访问时间都超过一个月，与政府、国会、银行、公司企业、研究机构、大学等各界进行广泛交流。考察团对美国社会不可避免地有一些负面评价，但着重点都放在学习借鉴上。中国尤其重视日本、联邦德国以及新加坡等国经验。日本与联邦德国仅用十几年时间就从战争废墟中恢复和崛起，新加坡则是战后少数几个新兴工业化国家和地区之一，而且同为华人社会，中国领导人对这些国家的发展经验怀有浓厚兴趣。邓小平本人尤其重视日本经验，1980年3月31日，他在会见日本企业家访华团时说："我们接触了日本和欧洲、美国的管理经验后，觉得更需要汲取日本的经验。"[1]

笔者在翻阅当年考察团的史料时强烈地感受到一种氛围：来访方与接待方似乎达成了一种默契，都淡化了意识形态差异，以务实和真诚的态度进行交流。接待方很乐意将本国经验介绍给来访者。1978年11月，访日代表团成员张云方保存了一套日方为中国考察团认真准备的学习材料，非常详细，许多是手写的，有些材料当时还是保密的，这使他很感动。令他感动的还有考察团的学习热情，"大家都带着使命来的"。[2] 1980年4月，国务院副总理余秋里率团访问日本，日本外务省组织了十几位负责官员和经济专家（包括外相大来佐武郎），全面地介绍战后日本经济发展情况和经验，并且详细提供了书面资料，几乎涵盖日本经济的各个方面。[3] 国家计委外事局全部翻译整理，分两期刊登在《经济研究参考资料》上。

除了走出去，从1979年起，不断有国外经济界专家学者被邀请到中国讲学，办培训班，展开中外对话，为中国经济作诊断。举例来说，1978年底，中国政府聘请日本的大来佐武郎、向坂正男和联邦德国的古托夫斯基为经济顾问，后来又增加了新加坡的李光耀和吴庆瑞。他们多次应邀来华，大来佐武郎还促成了一年一次的中日经济知识交流会。这是一个中

---

[1] 《邓小平年谱（1975—1997年）》（上），第613页。
[2] 《1978年袁宝华率队考察日本，学习科技技术》，凤凰网视频，https：//news.ifeng.com/c/87iILCq5Vq8d。
[3] 《访日汇报要点》，《经济研究参考资料》1980年第159期。

日高层非正式对话，主要就中国的改革开放和经济发展进行政策性的深入探讨。① 邀请来自资本主义国家的专家担任中国政府顾问，很能反映改革初期高层的开放心态。在80年代的对外开放中，世界银行发挥了很重要的桥梁作用，先后写出两份关于中国经济的报告，并出面邀请国际专家学者，多次在中国或境外召开有关中国改革的国际讨论会，包括有名的1982年7月莫干山会议、1985年9月巴山轮会议。

中国人再次睁开眼睛看世界，引发了一次思想大解放。即使过了40多年，今天仍然能够感受到当年出国考察引起的思想冲击。其中有两个无法回避的问题：一是如何看待当代资本主义的发展；二是如何看待社会主义与资本主义的关系。过去讲资本主义是垂死的，现在看它还很有活力；过去讲帝国主义阻碍技术进步，然而他们的技术有突飞猛进的发展；② 讲资本主义必然导致绝对贫困化也不符合事实，普通人的生活水平高出我们很多；许多人认识到，社会主义与资本主义并非只有对立，两者也有相通的地方，如计划手段并非社会主义独享，日、欧、美等发达资本主义国家都在运用计划，而西方企业在市场竞争中带来的活力，正是社会主义缺乏和可以借鉴的。③ 广泛的对外交流引发出许多关于中国改革和发展的新想法，成为推动中国改革市场化趋向的重要因素。

四

通过对20世纪70年代末80年代初中国启动改革开放时国际环境的考察，至少可以得到四点启示。

第一，地缘政治的演变和经济全球化这两大国际因素，为中国以开放促发展、促改革提供了一种可能。其中地缘政治因素起着决定性作用，对于中国进入国际市场和引进先进技术产生了重要影响。从70年代初中美关系解冻到1979年中美建交，中国突破了自50年代以来被孤立封锁的局面，开启了进入国际体系的进程，为改革开放营造了一个政治平台。另一

---

① 魏众：《改革初期的洋顾问》，《经济学家茶座》2018年第3期。
② 山东省革委会副主任杨波访欧回国后说："按照以往的政治经济学说，资本主义是垂死的、腐朽的，有新技术也不采用。（现在）看来是垂而不死、腐而不朽，他们不是不采用新技术，而是拼命采用。"参见刘艳红《1976—1978年出国考察与中国改革开放的起步》，《党史博览》2020年第7期。
③ 在美国考察时，薛暮桥问一位诺贝尔经济学奖得主对中国的印象。这位刚到中国访问过的经济学家说，"中国地大人多，资源丰富，也已经有了一定数量的技术设备，最落后的是经济管理"。薛暮桥表示："这话对我印象很深。"宦乡说，一位美国学者称，美国每个社会细胞（指农工企业）是有活力的、有弹性的、有竞争力的，要它灭亡，也不那么容易。你们的社会细胞却是僵硬的、不活跃的，没有弹性，缺乏生存竞争能力。要想在两大制度竞争中取得胜利，恐怕不那么容易吧！宦乡表示，这次谈话引起我很多的思考。要实现现代化，首先要考虑改变社会僵化的趋势，要通过竞争来保持生命力。参见《薛暮桥回忆录》，天津人民出版社1996年版，第332页；《关于国民经济现代化标志的座谈纪要》，《经济研究参考资料》1980年第106期。

方面，经贸往来的互利性质使其具有独立的扩展动力。在一个平稳的国际体系下，经贸关系可以成为国际关系的稳定基石。

第二，能否利用好历史提供的机会，取决于国内政策和体制的适应性，取决于决策者对于世界大势判断是否准确。美国著名的中国问题学者麦克法夸尔（Roderick McFarquhar）和费正清（John Fairbank）评论说，没有1972年的中美和解，中国"在1970年代和1980年代登上国际舞台将面临无法预测的更多的困难，成功的可能性极小"。[①] 这样说不是没有道理的。不过当时决策者关注的焦点是战略安全，经济考虑尚在其次。有两个战略判断影响着对外部条件的利用：一是认为当时仍然是"战争与革命"的时代，战争不可避免甚至迫在眉睫，备战吸引了过多的资源和注意力；二是错估国内阶级斗争形势，陷入持久的政治运动的消耗之中。僵化的观念阻隔了对战后工业革命提供的发展机会的认知，在对外经贸和利用外资问题上存在诸多禁区。真正可以充分利用外部条件发展自己，还在于"文化大革命"结束后国内政治的重大转折。中国的改革开放和现代化规划在国际引起强烈回应，而在国内经历了一次全党范围的历史反思，许多禁区被突破，各种利用外资的方式和工具陆续被采用。随后的市场化改革使中国的体制逐步适应国际规则和市场体系。

第三，对外开放不仅仅是一个利用外资和引进技术的问题，特别需要一种开放的心态和善于学习的能力。这是邓小平反复强调的一点。他指出："任何一个民族、一个国家，都需要学习别的民族别的国家的长处"，"认识落后，才能去改变落后。学习先进，才有可能赶超先进"。"关起门来，固步自封，夜郎自大，是发达不起来的。"[②] 这在今天仍然具有重要的现实意义。即使中国有了长足发展，即使遇到不友好甚至严峻的外部环境，也必须抱持一个开放的心态，努力汲取国际先进经验，包括向自己的竞争对手学习。40多年的改革和发展充分展示了中国人超强的学习能力，尤其在技术和产业升级方面，任何情况下都不应丢掉这条成功经验。毋庸置疑，学习和借鉴国外经验应当坚持自主选择的原则。

第四，中国不只是国际战略格局变化的"应变量"，同时应当是主动塑造国际格局的"自变量"，这在80年代成为一种自觉。80年代中期，邓小平对世界大势有一个新判断，改变了过去一直认为世界大战不可避免的看法，提出"和平与发展"是时代的主题。依据这个新判断，在对外战略上进行重大调整，其主题是强调独立自主，不同任何一个超级大国结成同盟或战略关系，不联合一家去反对另一家，不再以意识形态定亲疏，而是按和平共处五项原则处理同各国的关系。对外战略调整的目标是为中国改革开放和现代化争取一个持久和平和有利的国际环境，争取更多的国际合作者。这个调整的核心是放弃自70年代以来推行

---

① 转引自戴超武《美国"贸易自由化"政策与中国"改革开放"（1969—1975）》，《史学月刊》2010年第2期。
② 《邓小平文选》第2卷，第91、132页。

的"一条线"联美反苏战略。80年代初以后,美苏力量对比发生了有利于美国的变化,美发动对苏"新冷战"。中国领导人意识到,中国虽然穷,但块头大,在世界政治中是一支不可忽视的力量,如果同任何一方结盟,反对另一方,都可能影响世界战略力量平衡,不利于国际局势稳定。拉开一定距离,保持独立自主,才能真正作为"大三角"中独立的一角,发挥战略平衡作用,在同美苏打交道时处于灵活地位。① 这次调整最重要的成果是在稳定中美关系的前提下推动中苏关系正常化。80年代后期,美苏关系也出现了实质性的缓和趋势。1989年,中国实现了与美苏两个超级大国同时保持良好关系,这是在过去40年从来没有过的状况,当然是个好事。但也有另一面,中美合作的战略基础因此消解了,两国关系面临新的考验。

(原载于《中共党史研究》2022年第4期)

---

① 参见《邓小平文选》第3卷,人民出版社1993年版,第128页。

战后中日关系的原点及其延长线

——重温四个政治文件

胡令远[1]　王天然[2]

1. 复旦大学日本研究中心　2. 复旦大学发展研究院

1972 年中日邦交正常化以来已历半个世纪。其间两国关系尽管起伏曲折，但总体相对稳定。究其根本，在于四个政治文件[①]发挥了航标和稳定器作用。在世界直面百年未有之大变局、中日关系处在重要历史关头的今天，回顾战后特别是中日邦交正常化以来中日关系的发展历程，深入考察四个政治文件在其间发挥的重要作用，对于构建契合新时代要求的中日关系无疑具有重要参考价值，也是对中日邦交正常化 50 周年的最好纪念方式。

关于四个政治文件，特别是 1972 年的《中日联合声明》和 1978 年的《中日和平友好条约》，围绕其交涉、签署过程中经历的曲折与艰辛，中日双方的亲历者已有诸多回忆追述；而对四个政治文件内容的阐释、其所发挥的作用及重要意义等的考察与分析，也已取得不少成果。因此，本文主要就四个政治文件对思考和构建未来中日关系的昭示意义略申管见。

一、战后中日关系的"原点"：构成与特色

四个政治文件的基本精神虽然一以贯之，但也明显可以分为两个类别。概而言之，第一、第二个政治文件的《中日联合声明》和《中日和平友好条约》主要是解决两国间的战争遗留问题即战后处理，第三、第四个政治文件的《中日关于建立致力于和平与发展的友好合作伙伴关系的联合宣言》与《中日关于全面推进战略互惠关系的联合声明》则主要是因应世界局势的变化擘画两国关系发展。前者在进行战后处理的同时，也确立了中日关系的基本精神与原则，形成战后中日关系的"原点"；后者则在这一原点的延长线上有继承、有发展，从而展现出战后中日关系发展的阶段性特征。从某种意义上也可以说，前者解决的是"存量"问题，而后者是面向未来的"增量"课题。

（一）"原点"构成的四要素

由前两个政治文件形成的战后中日关系的"原点"，主要由以下四个要素构成。

---

① 本文关于四个政治文件的具体内容均引自中国外交部网站（https://www.fmprc.gov.cn）资料栏目。

其一,以"前事不忘,后事之师"为内涵、基于惨痛的历史教训演绎出的和平友好精神。自新中国肇建至1972年中日实现邦交正常化,经历了23年,虽然其间国际体系出现了较大变化,特别是标志中美关系缓和的所谓尼克松总统的"越顶外交",对中日恢复邦交起了"加速器"的助推作用,但内因才是使其"水到渠成"的根本所在。在冷战格局的特殊背景下,中日邦交正常化显现的突出特征是"渐进积累"而非一蹴而就。"渐进积累"是一个充满艰苦努力的过程,无论是代表民意基础的诸多社会团体,还是在关键时刻勇于作出重大决断的政治家,在他们所表现出的执着和勇气的背后,都蕴含着作为战争亲历者一代人真切希望"中日不再战"以及"中日世世代代友好"的宏愿。只有亲身经历过那场长达14年残酷战争的人,才能深切体会到比邻而居国家间和平、友好相处的珍贵。新中国老一代领导人高度重视中日关系,推动中日友好关系渐次发展。日本方面的政治人物也在中日邦交正常化过程中发挥过特殊作用,比如一直坚持中日友好的日本政治家大平正芳,对达成中日邦交正常化,可以说带着由"赎罪感"生发出来的信徒般的使命感。① 在《中日联合声明》中,中国政府放弃对日本国的战争赔偿要求的理由,也是"为了中日两国人民的友好"。因此,无论是作为明文记载的结果,还是"渐进积累"的过程,其中展现的"中日友好"理念均具有特定的深刻历史内涵,并由此形成战后中日关系的重要"精神原点"。

遗憾的是,在其后中日关系发展的过程中,日本的一些政客不仅未能秉持这一"精神原点",反而强调"中日友好"已经过时或者只不过是手段。譬如安倍晋三在2006年第一次出任首相时,虽然提出了"中日建立战略互惠关系",但也解释称"中日战略互惠关系是利益优先,而友好只是手段。"② 一些日本学者也认为到了应该以"现实主义"来思考和处理中日关系的时代。③ 此外,近年中日两国国民的相互好感度与邦交正常化、特别是《中日和平友好条约》签署之后所迎来的中日关系"蜜月期"相比,已经不可同日而语。但是,这并不意味着"中日友好"的精神已经过时。中日关系在发展过程中出现挫折和困难是难免的,正因如此,更需在重大历史关头去深味战后中日关系的"精神原点"。如果忘记或刻意回避甚至抹杀,那是对历史的亵渎、对未来的不负责任,在政治上也是非常危险的。在中

---

① 田才德彦在《日华断交与大平正芳》一文中,引述中日邦交正常化时曾担任外务省中国课(大致相当于中国行政管理部门的"处"级单位)课长的桥本恕追忆大平正芳积极推动中日恢复邦交的动因时,认为大平"似乎对中国抱有一种很深的赎罪感",而这样一种由战争中大平曾作为大藏省官员在张家口进行大陆经营活动而来的赎罪意识,与大平带着信徒般的使命感、历史感推动中日邦交正常化关联在一起。参见田才德彦「日華断交と大平正芳」、『埼玉女子短期大学研究紀要』第43号、2021年3月、33—34页。
② 刘江永:《中日应重建利益与友好再平衡》,《人民日报(海外版)》2012年12月21日。
③ 国分良成「日中関係と国内政治の相互連関」、『法学研究』第81卷第6号、庆应义塾大学法学研究会、2008年6月。

日邦交正常化过程中形成的"中日友好"理念具有特定含义，并非一般意义上的邻国之间的友好相处，它是基于两国深刻的历史经验教训的结晶。因此，它是有源之水、有本之木，时过境迁并不能影响它的持久生命力。"其深刻内涵有待中日双方进一步共同挖掘、深入领会、忠实恪守、继承发扬。"[①] 在中日邦交正常化50周年之际，直面现今国际格局下的中日关系，更应重温和坚守这一精神原点。

其二，作为战后国际关系通则的《联合国宪章》与和平共处五项原则。《中日联合声明》第七条，以及导致《中日和平友好条约》一度"难产"的第二条即"反霸条款"，是从特定的角度对《联合国宪章》精神以及和平共处五项原则的一种"补充"，具有特殊的意义。"反霸条款"既有特定对象意涵，更是一般原则。这是因为无论在全球还是地区意义上，能成为霸权国家的总是少数，而且在一个历史时期也仅限于特定国家。但是，伴随着国际体系的变化和权力的转移，"反霸"更具一般原则意义。《中日联合声明》与《中日和平友好条约》所确立的"反霸条款"，首先是对中日两个大国的自律和相互他律。在冷战时期，这一条款无疑对抑制其他国家、国家集团谋求霸权的努力，以及维护亚太地区乃至世界的和平起了积极作用。冷战结束后，在1998年和2008年两国分别制定第三、第四份政治文件时，中国领导人也一再明确表示反对霸权主义。除在第三份政治文件中再次确认"双方不在本地区谋求霸权，不行使武力或以武力相威胁，主张以和平手段解决一切纠纷"之外，1998年江泽民主席访日期间在早稻田大学发表的演讲中再次强调："中国是维护地区和世界和平的坚定力量。即使中国发展了，也绝不会欺负别人。中国永远不称霸。"[②] 胡锦涛主席在签署第四份政治文件的次日在早稻田大学发表的演讲中同样强调："中国奉行防御性的国防政策，不搞军备竞赛，不对任何国家构成军事威胁，永远不称霸，永远不搞扩张。"[③] 由此可见，中国反对霸权，是基于近代以来的切身感受以及和平共处五项原则而形成的国际关系重要理念，因而是坚定的、一以贯之的。既非在实现邦交正常化以及签订和平友好条约过程中，如日本右翼政客所说"反霸条款"是为了捆绑日本反对苏联的需要，也非现今随着中国的崛起，如日本一些人所称"反霸条款"是中国"作茧自缚"。中国不仅在任何时候、任何情况下都把反对霸权主义作为国际关系的一条重要原则，习近平主席更提出了基于"人类命运共同体"理念，建设相互尊重、公平正义、合作共赢的新型国际关系

---

① 杨伯江：《弘扬条约精神，推动中日关系重返正常发展轨道》，《东北亚论坛》2018年第5期，第3页。
② 《以史为鉴、开创未来——江泽民主席在早稻田大学的演讲》，1998年11月28日，http://www.cctv.com/news/special/zt1/zhu/242.html，登陆时间：2022-06-14。
③ 《国家主席胡锦涛在早稻田大学的演讲》，中国政府网，2008年5月8日，http://www.gov.cn/ldhd/2008-05/08/content_965120.htm，登陆时间：2022-06-14。

的倡言。① 可见,反对霸权主义是中国秉持的重要外交理念,在中日两国的共同努力下,它也体现在中日四个政治文件之中,因此成为中日探索战后两国关系原点时不容忽视的一部分。

其三,认识和处理战后中日关系的三个政治基础,即台湾问题、一个中国原则和历史问题。三个政治基础的内涵是明确的,不存在"灰色地带",事关国际信诺,不容挑战。

其四,中日间的文化传统要素。作为结构性影响因子的文化文明、价值理念等形而上要素,在国际关系中具有不可替代的"建构"作用和重要地位。中日两国有着悠久的文化交流历史,但近代以来日本接受了西方文明,冷战时期两国更因意识形态以及社会制度分属不同阵营。中日实现邦交正常化以及其后,两国对此形成的共识表现在四个政治文件之中,主要分三个层面。一是对历史上长期以来文化交流传统的确认、强调和肯定。如《中日联合声明》就强调指出"中日两国是一衣带水的邻邦,有着悠久的传统友好的历史";在第三个政治文件中,明确记有"双方一致认为,中日两国有着两千多年的友好交往历史和共同的文化背景,弘扬友好传统,进一步发展互利合作是两国人民的共同愿望"。二是继续推进人文交流与人员往来。如在《中日和平友好条约》中,强调要"为进一步发展两国之间的经济关系和文化关系,促进两国人民的往来而努力"。此外,第三个政治文件指出:"双方一致认为,加强两国之间的人员往来,对增进相互理解、加强相互信任十分重要";而且,双方确认要"加强两国各个层次和级别特别是肩负两国未来发展重任的青少年之间的交流"。在第四个政治文件中,还在第六条中辟出"促进人文交流,增进国民友好感情"的专节予以强调。"双方确认,不断增进两国人民特别是青少年之间的相互了解和友好感情,有利于巩固中日世代友好与合作的基础。为此,双方决定:广泛开展两国媒体、友城、体育、民间团体之间的交流,开展丰富多彩的文化交流及知识界交流,持之以恒地开展青少年交流。"

(二) 文化要素的特殊意义

如前所述,文化要素的第一个层面,是基于中日两国文化交流传统的历史事实,自然增加亲近感。第二个层面则强调要继承和发扬光大这一珍贵的人文传统,特别是将其作为两国面向未来的人文基础加以推展。如果说以上两个层面,无论是对中日人文交流的历史追溯,还是强调要致力于未来愿景,都是基于中日两国的"共同"和"一致"之处的话,那么第三个层面,其要义在于两国的"相异"或"对立"之处,是具有挑战性的侧面。

虽然中日邦交正常化与和平友好条约的签订是以中美关系的缓和、改善为背景的,但毕

---

① 《新型国际关系》,http://keywords.china.org.cn/2020-01/19/content_75629635.html,登陆时间:2022-06-14。

竟还是处在冷战时期,那么对以价值理念、意识形态为基础的政治制度的对立与不同,应该如何思考和对待呢?《中日联合声明》给出的回答是:"中日两国尽管社会制度不同,应该而且可以建立和平友好关系。"这在当时的历史背景和条件下,不能不说是一种基于实际而非教条主义的思维与处理方式。冷战结束后,中日两国的意识形态和社会制度并未发生根本变化,这也就意味着,在新的历史时期,价值理念、意识形态和社会制度的不同,依然是两国在思考和处理相互关系时难以规避的结构性要素。在这个意义上,两国实现邦交正常化时达成的共识,依然具有指导性价值,而且有了更深的延展——在第四个政治文件中得到了更加集中、突出的体现。《中日关于全面推进战略互惠关系的联合声明》强调,中日两国要"为进一步理解和追求国际社会公认的基本和普遍价值进行紧密合作,不断加深对在长期交流中共同培育、共同拥有的文化的理解"。对此,在签署文件前一年的2007年,日本时任首相福田康夫正式访问中国,他在北京大学发表的演讲中指出,把日中两国联系在一起的不单是利益和利害关系,日中两国是具有悠久交流历史的邻邦,不仅有相同的文化及传统,而且也有在交流过程当中形成相互依靠的基础。追求人权、法治、民主主义的普遍价值固然重要,但另一方面也证明,深深植根于日中两国的基础和价值观同样重要。[①] 显然,福田首相认为中日两国的关系不应该只是建立在利益和利害的基础之上,还必须在精神、价值领域的深层次上有一种相互理解和建设性对应。只有这样,中日关系才是健全的、牢固的。为达此目标,福田主张首先要充分利用中日间本就存在的、曾经共同拥有的文化要素;同时,两国对诸如"民主、法治、人权"等价值理念,也应该去探索如何求同存异,因为两者在中日关系中构成相互作用的重要侧面。对于当时的中国而言,除了立足于中华文明之外,也在努力践行胡锦涛主席提出的"建设和谐世界"理念。温家宝总理就此做过精彩论述:"不同民族的文化千姿百态,其合理内核往往是相同的,总能为人类所传承。各民族的文明都是人类智慧的成果,对人类进步做出了贡献,应该彼此尊重。人类因无知或偏见引起的冲突,有时比因利益引起的冲突更可怕。我们主张以平等包容的精神,努力寻找双方的共同点,开展广泛的文明对话和深入的文化交流。"[②] 这集中代表了中国对不同文明所持的基本态度。

在第四个政治文件中,双方达成了前述共识。而且,两国领导人身体力行。2007年,福田康夫作为第一位日本现职首相访问了曲阜,去确认中日文化的"来源共同性",以期重新唤起两国国民对彼此曾经共同拥有文化基础的历史记忆。因为历史、文化的同源性或者说

[①] 外務省「福田総理訪中スピーチ『共に未来を創ろう』」、2008年12月28日、https://www.mofa.go.jp/mofaj/press/enzetsu/19/efuk_1228.html, 登陆时间:2022-06-14。

[②] 温家宝:《把目光投向中国——在哈佛大学的演讲》,中国外交部网,2003年12月10日,https://www.mfa.gov.cn/web/zyxw/200312/t20031210_280087.shtml, 登陆时间:2022-06-13。

共同性具有天然亲和力，无疑可以增强中日两国在文化上的一体感和连带感。福田首相的"曲阜之行"，实质上是去寻求中日两国历史上在精神、文化领域互动的原点。2008年胡锦涛主席在访问日本时，也专程赴古都奈良，参观了象征中日文化交流源远流长的唐招提寺和法隆寺。两国领导人通过体认中日文化交流的历史，思考如何发挥两国"文化共源性"的优势，使其成为现今中日关系发展之助力；同时由"同"及"异"，针对两国关系最薄弱处——社会制度、意识形态、价值观念等——的不同，探索如何求同存异，也做出了切实的努力。

遗憾的是，日方总是出现一些有碍两国关系发展的杂音，如安倍晋三前首相在任时推行针对中国的所谓"价值观外交"，不仅在价值理念领域加深了两国的精神鸿沟，还在政治上毒化了两国关系。究其原因，一方面，战后出生、接受西方教育的安倍等新一代日本政治家并不像前首相福田康夫那样，对具有五千多年文明历史且与日本的文明进程有密切关系的中国怀有一种深切的历史与文化的"连带感"，也对博大精深的中国文明缺乏了解；另一方面，他们奉西方文明为圭臬，自认为占据了所谓的"道德制高点"或曰"道德优势"，但不过是基于浅薄的识见，将其作为制约中国的"政治工具"而已。中日双边关系之外，安倍发起和推进的日本版"印太战略"，以"价值观"画地为牢，甚至在新冠疫情暴发后对"产业链"重组也刻意赋予所谓"价值"内涵。此类日本政客有悖四个政治文件的作为，在精神领域对中日关系特别是双方战略互信关系的构建造成了深远的伤害。

在这种趋势愈演愈烈的情况下，重温中日四个政治文件中关于两国在文化文明、价值理念、社会制度等方面如何求同存异的论述和共识，不仅对如何克服两国关系的脆弱性、反制价值理念领域的新挑战，而且对思考人类文明的发展、世界和平与繁荣的实现路径等都具有重要的启鉴意义。

综上所述，在中日邦交正常化过程及其取得的成果《中日联合声明》和《中日和平友好条约》中所体认的"中日友好"精神，所规范的中日两国应遵循的国际关系准则和基于此形成的三个政治基础，以及关于社会制度及文化传统的共识，共同构成了战后中日关系认知及其实践的原点。① 半个世纪以来中日关系发展的实践反复证明，只有从这些原点出发，"两国关系才能健康顺畅发展"②。

---

① 具体体现在唐家璇2014年6月5日出席于日本长崎举办的第五届中日友好21世纪委员会中日关系研讨会时所做的主旨发言《正本清源，标本兼治，推动中日关系改善发展》中。参见《唐家璇：中日双方要重新确立相互认知和定位》，环球网，2014年6月6日，https://mil.huanqiu.com/article/9CaKrnJF2dd，登陆时间：2022-06-14。

② 《王毅：中日关系的原点是四个政治文件》，人民网，2014年12月4日，http://world.people.com.cn/n/2014/1204/c1002-26150856.html，登陆时间：2022-06-14。

二、步武前绪、因时定位与擘画未来

如前所述，因为《中日联合声明》与《中日和平友好条约》主要是进行战后处理的文件，因而上述中日关系的"原点"，也具有建立在痛定思痛反思基础之上的特性。随着时世推移和两国关系发展的需求，中日间又达成了第三与第四个政治文件，为两国关系在不同历史阶段的建设性发展提供了坚实的政治保障。

（一）因时定位与第三个政治文件达成的背景

从《中日和平友好条约》签署的1978年，到达成第三个政治文件的1998年，其间经过了二十年的时间。当时的中日关系面对的是一个风云变幻的世界，可以从三个层面来表述：首先是冷战的结束和经济全球化的到来引起世界规模的历史性巨变；其次是在地区层面，区域集团化趋势成为潮流，区域合作方兴未艾；最后是中日双边关系的新变化。在《中日和平友好条约》签订之后，中国进入改革开放的新时期，两国关系随之开启了"蜜月期"，经贸、人文等各领域合作顺利推进。与此同时，20世纪80年代日本经济达到高峰，带来追求政治大国的诉求增强，中曾根康弘首相誓言进行"战后政治总决算"。以此为背景，两国围绕教科书、现职首相参拜靖国神社等问题龃龉不断。冷战结束后，苏联解体和东欧剧变虽在短时期内给中国带来一定冲击，但中国的政治、社会保持了稳定，经济发展也进入快车道。从日本方面看，与冷战密切相关的超稳定"1955年体制"政治结构瓦解后，日本进入"十年十相"的政治混乱期；泡沫经济的崩溃，更使日本陷入所谓"失去的十年"乃至"失去的二十年"困境。以上情形，必然会投射到中日双边关系上。其中两国不同的发展趋势，特别是中国的快速崛起，引起了日本保守势力的高度关注和警觉。1994年的朝核危机和1996年的台海危机，则促使冷战后一度"漂流"的日美同盟进行"再定义"。1996年克林顿总统访日，双方发表《日美安全保障共同宣言》，1997年出台《日美防卫合作新指针》以及与此配套的《周边事态法》等，标志着中日美关系出现了重大调整与变化，即日美同盟由冷战时期主要针对苏联转向以东亚和亚太为目标，而中国首当其冲。与此同时，1997年暴发亚洲金融危机，转变成促进东亚经济一体化合作深化和加速的契机；1998年克林顿总统访华取得成功。面对以上种种纷纭多变、危机与契机并存、挑战与机遇同在的世界、地区与双边的复杂局势，中日两国应如何相处？中日关系将朝什么方向发展？无疑是摆在两国面前必须回答的重大时代课题。中日间第三个政治文件，正是因应这一历史和时代的需求而产生的。

1998年江泽民主席应邀访日，与小渊惠三首相共同发表《中日关于建立致力于和平与发展的友好合作伙伴关系的联合宣言》。这是在把握时代发展脉搏基础上，对冷战后的中日关系进行定位的纲领性政治文件，关键词是"和平相处"与"共同发展"的"伙伴关系"。

如果从四个政治文件的脉络来看，虽然随着时代的变迁，"和平相处"会有新的意涵与诉求，但就中日两国而言，前两个政治文件要解决的核心课题是战争与和平，双方就这一问题的基本原则达成共识且以法律形式加以确认和规范，第三个政治文件更侧重于在新的历史条件下如何实现"共同发展"与构建"伙伴关系"的时代课题。

（二）第三个政治文件的构成要素与基本框架

第三个政治文件主要包括六大要素，构成了中日关系定位的基本框架：(1) 承继前两个政治文件的基本精神和原则规范，(2) 中日两国在全球与地区问题上的责任、担当与合作，(3) 中日两国增强政治互信，(4) 扩大和深化两国经贸合作，(5) 强化人文交流，(6) 协商解决中日之间存在的问题。

在这一基本框架下，中日双方强调要在经济全球化、联合国改革、无核化等全球性问题领域加强"协调与合作"。在地区层面，利用亚太经合组织、"东盟+3"、中日韩三国领导人会议等机制化平台，进一步强化经贸合作。同时，借助东盟地区论坛，加强安全领域的对话。实际上，在访问日本的前一周，江泽民主席与小渊惠三首相共同出席了11月17至18日在吉隆坡召开的第六次亚太经合组织领导人非正式会议，主要议题包括克服金融危机、恢复经济增长、改善国际金融体制、推进贸易和投资自由化、加强经济和科技合作等。在第三个政治文件框架的指导下，中日两国在推动、强化与东盟经贸合作的同时，还借助这一平台实现了"东盟+1→东盟+3→中日韩三国合作机制"的复合与延伸合作架构。1999年11月，中国国务院总理朱镕基、日本首相小渊惠三、韩国总统金大中在菲律宾出席"东盟与中日韩（"10+3"）领导人会议"期间举行早餐会，启动了中日韩合作进程；2000年，三国领导人决定将会晤定期化；2002年，三国领导人早餐会改为正式会晤。此后，三国领导人原则上每年都在出席"10+3"领导人会议期间举行会晤。2002年，中日韩三国将经贸、信息产业、环保、人力资源开发、文化确定为五大重点合作领域；2007年又将财金、科技、物流、卫生、旅游、青少年交流等六个领域列入重点合作领域。经过多年共同努力，中日韩已在20多个领域开展务实合作，涵盖了三国经济、社会发展的各个层面。

就中日双边而言，第三个政治文件强调"在平等互利基础上，建立长期稳定的经贸合作关系，进一步拓展在高新科技、信息、环保、农业、基础设施等领域的合作"。自《中日和平友好条约》签署以来，第二个政治文件与中国实行改革开放相辅相成，使中日两国借助资金、技术和市场的优势互补，双边经贸合作不断扩大和深化。冷战结束后初期，日本在政治、经济、社会诸方面进入了混乱和低迷期，也进入了改革和调整期，但经济上依然是世界第二大强国。因此，这一时期中日两国的经贸合作领域、方式等虽有所变化，但总体上获得稳步发展，在质和量方面都有较大提升。（参见图1）

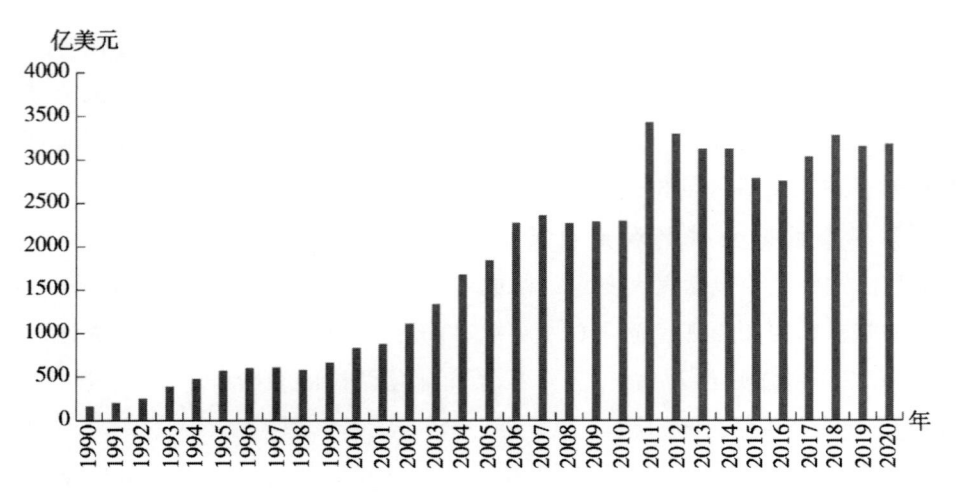

图1 1990—2020年的中日贸易额变化

资料来源：根据历年《中国统计年鉴》整理制图，参见国家统计局：《中国统计年鉴》，http://www.stats.gov.cn，登陆时间：2022-05-29。

对于中日之间存在的问题，第三个政治文件指出从以下两个方面努力解决。其一是"增强政治互信"，通过包括领导人会晤在内的各种层次和形式的交流，在加深互相了解与理解基础上建立政治互信。其二是协商而非诉诸其他方式解决有争议的问题，即"双方一致同意根据《中日联合声明》和《中日和平友好条约》的各项原则，本着求同存异的精神，最大限度地扩大共同利益，缩小分歧，通过友好协商，妥善处理两国间现存的和今后可能出现的问题、分歧和争议，避免因此干扰和阻碍两国友好关系的发展"。这些问题主要包括钓鱼岛归属争端、东海海洋权益争议、台湾问题、历史问题等。

在钓鱼岛问题上，虽然曾发生过1979年日本冲绳开发厅在钓鱼岛修建直升机场、1981年日本冲绳县派人前往钓鱼岛及其附近海域进行渔场资源调查活动、1996年日本青年社在钓鱼岛设置灯塔、1997年日本自民党议员西村真悟及其追随者登上钓鱼岛等问题，但因为日本政府总体上对钓鱼岛问题持谨慎态度，采取了相应举措，所以并未影响中日关系的大局。在东海海洋资源权益方面，围绕东海划界问题，双方早在1973年就开始举行非正式磋商，日本坚持认为应该以"中间线原则"来划分，而中方主张按照大陆架自然延伸原则来划分，所以一直处于僵持局面。1974年日本与韩国私下签订《日韩东海大陆架共同开发协定》，对这一严重侵犯中国主权的行为，中国理所当然予以了谴责。围绕渔业资源问题，双方的协商合作比较顺利。1975年，两国根据《中日联合声明》缔结了首部政府间渔业协定。1994年《联合国海洋法公约》生效后，作为缔约国的两国于1997年重新签署了渔业协定。需要说明的是，由于中日在东海海域的划界问题尚未解决，所以协定中的有关规定具有过渡性质，但两国在协议水域内养护和合理利用海洋资源等方面采取了必要措施。另外，虽然双方围绕东海油气开发问题不时出现纷争，但两国关系并未因此受到根本性干扰。

在台湾问题上，原文部大臣滩尾弘吉以及石原慎太郎等右翼政客于1973年发起成立了跨派系议员团体"日华关系议员恳谈会"，推动与台湾的所谓"务实外交"，还有岸信介幕后操纵成立的"青岚会"不断制造事端，挑战"一个中国"原则。日本政府在中国的压力下，虽然拒绝了"台独"首领李登辉的访日企图，却于1994年允许台湾"行政院副院长"徐立德出席广岛亚运会，在台湾问题上严重触及中国的底线。关于历史问题，不仅有作为二战重要部分的中日战争的事实、性质、认识和相关教育等构成的历史问题，前述钓鱼岛和台湾等问题也构成中日之间历史问题的重要组成部分。因此，历史问题对中日关系的影响是复杂和多层次的。中日的有识之士为解决这一问题付出了巨大努力，其成果也在第三个政治文件中得到体现。文件指出："双方认为，正视过去以及正确认识历史，是发展中日关系的重要基础。日方表示，遵守1972年的《中日联合声明》和1995年8月15日内阁总理大臣的谈话，痛感由于过去对中国的侵略给中国人民带来巨大灾难和损害的责任，对此表示深刻反省。中方希望日本汲取历史教训，坚持和平发展道路。在此基础上，两国发展长久友好关系。"日方明确将对华战争表述为对中国的"侵略"，标志着其在历史认识问题上前进了一大步。

（三）第四个政治文件与中日战略利益的考量

从中日达成第三个政治文件的1998年到第四个政治文件签署的2008年的十年间，中日经济总量发生了重大变化。1998年，日本的GDP是中国的4倍（4.1万亿美元∶1.03万亿美元），到2008年，日本与中国的GDP已经很接近（5.1万亿美元∶4.59万亿美元）（参见图2）。这一巨大变化对中日关系带来两种效应。一是在经济全球化时代，中日两国经贸合作，无论是在双边还是在地区乃至世界层面，都达到前所未有的广度和深度，产生了战略利益交织的效应，甚至作为世界经济发展的引擎，带动了世界经济重心向东亚的转移。二是伴随着这一变化，日本政界保守力量继台海危机后对中国的警戒心理大幅增强，"中国威胁论"在日本渐有市场，这集中表现为小泉纯一郎在担任首相的五年多时间内六次参拜靖国神社，企图通过"招魂"重新唤起日本国民的"民族精神"，以应对崛起的中国。

对日本来说，中国的发展是机遇还是挑战？面对中日综合国力即将逆转的重大变化，两国今后究竟应该如何相处？在此大背景下，双方签署《中日关于全面推进战略互惠关系的联合声明》，可以说是对时代和历史作出的及时回应。

"战略互惠关系"的定位是由2006年时任日本首相安倍晋三提出的。如前文所述，安倍主要意在"互惠"——即分享中国快速发展的红利。至于"战略"，实际上是基于一种日渐形成的客观状况，即第三个政治文件的主要诉求是中日两国因应经济全球化潮流、通过广泛合作扩大共同利益，以此为指导和引领，伴随中国的快速发展，两国之间形成了一定程度

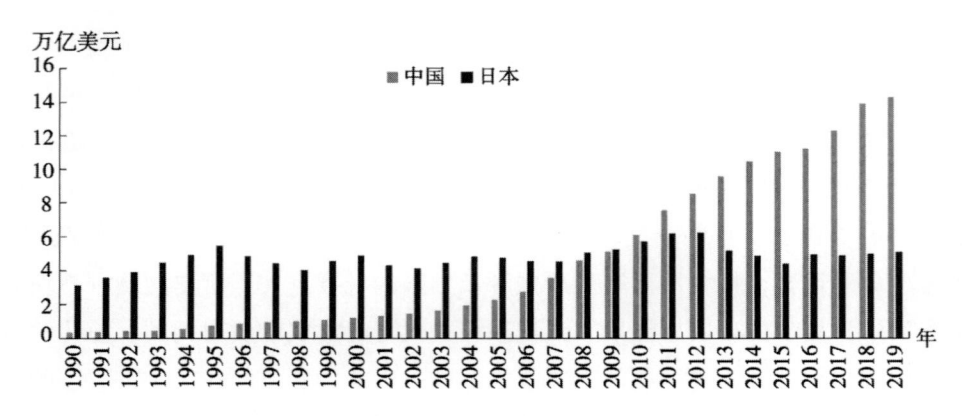

图2　1990—2019年的中国与日本GDP总量对比

资料来源：世界银行，https：//data.worldbank.org.cn，登陆时间：2022 - 05 - 29。

的战略性利益。很快，第一次上台执政的安倍突然辞职，事实上主导签署第四个政治文件的日方领导人是福田康夫首相。

1998年至2008年，既是冷战后中国经济发展步入快车道的十年，也是中日经贸合作快速发展的十年，同时更是两国对地区和世界发展的贡献度大幅增强的十年。与这一状况相适应，两国关系的定位也由"友好伙伴关系"发展成为"战略互惠关系"。第四个政治文件中提及温家宝总理2007年访问日本时中日两国共同发表的《联合新闻公报》，作出如下表述："战略互惠关系的基本精神是：中日两国共同为亚洲以及世界的和平、稳定与发展做出建设性贡献，是新时代赋予两国的庄严责任。基于这一认识，今后中日两国将全面发展在双边、地区及国际等各层次的互利合作，共同为两国、亚洲以及世界做出贡献。在此过程中，相互获得利益并扩大共同利益，借此推动两国关系发展到新的高度。"① 第四个政治文件将战略互惠关系所要实现的目标概括为十六字，即"和平共处、世代友好、互利合作、共同发展"。这既体现了中日关系的"原点"，也突出了第三、第四个政治文件与时俱进的时代特征。

（四）第四个政治文件的基本内涵与特色

第四个政治文件在由六大要素构成的基础框架方面与第三个政治文件保持一致，即：重申恪守前三个政治文件的各项原则；在全球性课题的共同担当和地区合作方面，突出了在气候变化、能源保障等领域的责任与合作；在推动东亚地区的经贸与安全合作方面，除了关注朝核问题之外，强化与东盟合作的同时，特别注重中日韩三国合作的深化。在第四个政治文

---

① 《中日联合新闻公报》，中国政府网，2007年4月11日，https：//www.gov.cn/govweb/gongbao/content/2007/content_621243.htm，登陆时间：2022 - 06 - 13。

件签署当年的 12 月，中日韩三国领导人首次在东盟与中日韩框架外于日本福冈举行会议，决定建立面向未来、全方位合作的伙伴关系。三国决定，在保留"10 + 3"领导人会议期间会晤的同时，将三国领导人单独举行会议机制化，每年在三国轮流举行。在文件签署前一年即温家宝总理访问日本时，中日两国就已经为尽早达成一个务实共赢的中日韩投资协议和制定中日韩改善营商环境行动计划做出努力并形成共识。此外，在一如既往强调人文交流、通过协商解决两国之间的问题之外，第四份政治文件就增强政治互信和加强经贸等合作提出了特别引人注目的两点。

其一，如前所征引的"为进一步理解和追求国际社会公认的基本和普遍价值进行紧密合作，不断加深对在长期交流中共同培育、共同拥有的文化的理解"，本应置于文化交流的范围，但第四份政治文件却将其归于"增进政治互信"范畴，并作为达成政治互信应推进的三项工作之一。另外两项分别是领导人定期互访与互动，政府、政党、议会间的战略对话与各层级人员的交流，以及安全保障领域的对话与交流。这是把文化、文明与价值理念等的相互交流与理解作为酿成政治互信的重要因素来看待，对于政治制度、意识形态不同却有着文化共源性的中日来说，具有特殊意义。

其二，中日之间的东海问题，包括领土主权和海洋权益之争，一般而言应该将其置于第四个政治文件中"双方坚持通过协商和谈判解决两国间的问题"之范围内。实际情况并未如此，而是把它放在了文件的第六条即"双方决定在以下五大领域构筑对话与合作框架、开展合作"的条目之下，作为"五大领域"的"第三大领域"——"加强互利合作"——的内容。具体表述为："共同努力，使东海成为和平、合作、友好之海。"显然，这是将东海问题作为"对话与合作"框架下的安排。关于东海问题，2006 年安倍访华时双方共同发表的《中日联合新闻公报》中表述为："双方确认，为使东海成为和平、合作、友好之海，应坚持对话协商，妥善解决有关分歧；加快东海问题磋商进程，坚持共同开发大方向，探讨双方都能接受的解决办法。"① 2007 年温家宝总理访问日本，推动将这一问题的解决方向、方式落实到行动上：（1）坚持使东海成为和平、合作、友好之海；（2）作为最终划界前的临时性安排，在不损害双方关于海洋法诸问题立场的前提下，根据互惠原则进行共同开发；（3）根据需要举行更高级别的磋商；（4）在双方都能接受的较大海域进行共同开发。② 由此可知，双方是想通过"共同开发"的合作形式，摸索逐步解决东海问题的路径。在第四个政治文件签署后的 6 月 18 日，中日两国政府同时宣布双方就东海问题达成原则共识（即

---

① 《中日联合新闻公报》，中国政府网，2006 年 10 月 8 日，https：//www.gov.cn/govweb/gongbao/content/2006/content_453187.htm，登陆时间：2022 – 06 – 13。
② 《中日联合新闻公报》，中国政府网，2007 年 4 月 11 日，https：//www.gov.cn/govweb/gongbao/content/2007/content_621243.htm，登陆时间：2022 – 06 – 13。

"东海问题原则共识",又称"6·18共识")。该共识的核心内容有两点:一是双方在东海划界前的过渡期间,在不损害各自法律立场的情况下进行合作;二是双方在东海北部海域迈出共同开发的第一步。但是,"6·18共识"在落实的过程中,很快就遭遇阻力,特别是日本右翼政客刻意挑起"购岛"事端、民主党野田佳彦政府执意将钓鱼岛所谓"国有化",中日关系陷入困局,致使"6·18共识"的实施被按下暂停键。尽管经过三年多时间艰苦磋商达成的这一共识遭遇暂时困难,但磋商过程体现了中日双方冷静、务实的政治智慧,从中可以看到双方决心使东海成为和平、合作、友好之海的强烈愿望和解决东海问题的诚意。日本早稻田大学天儿慧教授指出,东海海底资源的共同开发,"并非仅仅停留在实际利益的问题层面,而是具有如何通过增强中日间的合作、探索今后两国和平与协调的应有方式这一重大象征意义"。[1]

此外,第四个政治文件在擘画"互利合作"的广度和深度方面达到了新的境界。在能源和环境领域的合作之外,第四个政治文件还指出中日双方在"贸易、投资、信息通信技术、金融、食品及产品安全、知识产权保护、营商环境、农林水产业、交通运输及旅游、水、医疗等广泛领域开展互利合作,扩大共同利益"。其涵盖面之广,堪称前所未有,从中也可以看到中日两国通过"战略互惠"全面推进关系、实现互利共赢、共同发展愿景的决心和诚意。

三、构建契合新时代要求的中日关系

回顾中日关系50年来的发展历程可以看到,两国关系既有建设性发展的推动要素,也存在种种障碍性因素,两者对立与统一,构成中日关系的整体。两者随着内外条件的变化而互动,构成两国关系曲折发展的进程。

(一)四个政治文件的特定价值与恒定价值

构建契合新时代要求的中日关系,需要深刻认识四个政治文件的价值与意义。中日邦交正常化50年来,作为体现两国高度政治智慧集大成的四个政治文件,在战后中日关系发展的不同历史阶段规范和指引着两国关系不断前行。每一个政治文件均具有特定与恒定两种价值:因时制宜,在某一历史时期发挥引领作用,为其特定价值;贯穿不同历史发展阶段始终发挥指导作用,体现的是其恒定价值。第三、第四个政治文件因应冷战结束与中日综合实力变化,对中日关系重新进行定位与调整,使中日关系不断适应变化了的外部世界和自身,为两国关系发展变化注入新内涵,自有其特定价值。第一、第二个政治文件所形成的中日关系的"原点"则贯穿始终、不断赓续并被发扬光大,其所体现的价值的恒定性也是不言而喻

---

[1] 天儿慧:《日中对立》,筑摩新书,2013年,第101页。

的。当然，第三、第四个政治文件中，除了因应、解决具体的现实课题之外，其对中日关系结构性、深层次问题的根本性解决之途径所做探索的成果，特别是其中所体现的思路，亦具有恒定性价值意义。

（二）四个政治文件对破解结构性消极因素的路径探索

构建契合新时代要求的中日关系，必须直面中日间的结构性消极因素，特别是老问题的复杂化和新的结构性矛盾的凸显。这些结构性消极因素主要包括台湾问题、历史问题、钓鱼岛领土主权及海洋权益争议等，近年海洋安全问题亦呈凸显趋势。因为它们具有结构性矛盾的特性，所以表现出或刚性无解、或韧性顽固、或源于自然禀赋等特点。显然，这些结构性矛盾的解决，不可能一蹴而就。因此，在思考如何将它们对中日关系的负面影响降至最小限度的同时，也要不断探索、尝试彻底解决的路径，这无疑是明智的选择。四个政治文件之中均体现出上述思路。

众所周知，50年前中日实现邦交正常化之时的最大障碍是台湾问题。中国政府提出"中日复交三原则"，即中华人民共和国政府是代表中国的唯一合法政府，台湾是中华人民共和国不可分割的一部分，"日台条约"（即所谓《日华和平条约》）是非法的、无效的，应予废除。中国把这些原则作为复交的前提，可见台湾问题的分量。由于日本与台湾国民党政权渊源深厚，加之日本政界的"台湾帮"势力强大，所以田中角荣首相和大平正芳外务大臣背负着巨大政治压力。中日双方经过艰难谈判，最终克服了这一障碍，同时妥善处理了历史和领土争端问题，中日邦交正常化得以实现。《中日联合声明》及《中日和平友好条约》的签署，开创了战后中日关系崭新的历史，对两国政治、经济、社会带来了巨大效应，并对重塑地区与世界格局产生了重大影响，极具历史性和战略性意义。中日双方老一代领导人将原则性和灵活性有机结合，实现了中日两国利益的最大化，同时也惠及地区与世界。

20世纪80年代，涉及中日之间历史问题的诸如教科书问题、光华寮事件、现职首相参拜靖国神社问题等接踵而至，其后的90年代也时有发生，对中日关系的发展形成严重的干扰和阻碍。特别是教科书问题，不仅关涉历史，而且事关中日关系的未来。因此，在第三个政治文件形成的过程中，中日两国对历史问题予以特别关注。前已述及，日本明确承认"过去对中国的侵略"并"对此表示深刻反省"，可以说双方在历史认识问题上的长期努力获得了重要成果，并以政治文件形式将其明文化。第四个政治文件在克服中日关系主要障碍的东海领土及海洋权益争端方面，在理念与实践两个维度拓展了新的空间与方向。中日双方还就阻碍两国关系发展的深层要素——文化·文明传统、意识形态、价值理念等进行了如何"求同存异"的积极探索，并开创了一个"新向度"。[①]

---

① 胡令远：《试论中日关系的"新向度"》，《东北亚论坛》2008年第6期，第3—8页。

由上可知，四个政治文件"始终是中日关系克服矛盾和障碍，实现长期稳定发展所必需的基本框架和行为准则"。①四个政治文件不仅适时因应和牢牢把握了不同历史时期中日关系发展变化的大方向、大格局，为如何实现两国利益最大化并惠及地区与世界提供了政治保证和基础框架，也在如何克服影响两国关系发展的结构性消极因素方面做出了努力，取得了阶段性重要成果。特别是在思路开拓方面，为未来中日处理相关问题提供了经验和思考空间，显现出重要的昭示意义。可以说，四个政治文件所体现的中日关系的"原点"和原则，"历久弥新，在新形势下更显生机与活力"②。

（三）构建契合新时代要求的中日关系面临的挑战与机遇

2008年，中日两国签署了第四个政治文件，至今十余年过去了。面对世界百年未有之大变局，中日关系面临历史性机遇和挑战，如何构建契合新时代要求的中日关系③，成为我们必须面对的重大课题。

近年来，中日关系并不是一帆风顺，面临诸多分歧和挑战。首先，围绕中日关系发生了相互关联的两个重大变化。一是中国的GDP于2010年超越日本，成为世界第二大经济体，而且很快与日本拉开差距，目前已经达到日本的3倍多（参见图2）。二是随着中日综合国力的逆转，虽然两国保持了相对稳定的经贸合作关系，但日本在安全战略方面对中国的疑虑不断加深。特别是随着中国推进建设海洋强国，一向对海洋安全问题特别敏感的日本对此反应强烈。因此，日本在钓鱼岛"国有化"问题上挑战中国的背后，其实际战略目标是将钓鱼岛问题与日美同盟进行深度"安全捆绑"——促使美国明确钓鱼岛是《美日安全条约》第五条的适用对象。如此，原本中日两国之间围绕钓鱼岛的主权争议，就变为中日美三国的安全问题。另如2014年，日本解禁集体自卫权并通过了新安保法案，标志着日本战后以来"专守防卫"理念和政策的终结，而其军事目标对象直指中国。除了传统的安全领域之外，2021年日本专门设立了前所未有的"经济安保担当大臣"，并于2022年5月通过了《经济安全保障推进法》，意味着未来中日两国不仅在高新科技领域的合作将受到严重限制，而且在资源优化的产业链方面的优势互补也会遭遇"脱钩"。这表明原来作为中日关系压舱石的经贸领域也发生了重大变化，构建契合新时代要求的中日关系面临着严重的挑战。

其次，国际体系变化与重塑面临的挑战。众所周知，四个政治文件既是中日双边关系的产物，同时也与国际体系的变化有着深刻关联。中日邦交正常化与中美苏三角关系的调整、第三个政治文件与冷战结束均有密切关联。当下，构建契合新时代要求的中日关系，不仅因

---

① 高洪：《解读中日关系的第四个政治文件》，《日本研究》2008年第2期，第1页。
② 杨伯江：《弘扬条约精神，推动中日关系重返正常发展轨道》，《东北亚论坛》2018年第5期，第3页。
③ 关于"新时代的中日关系"，参见高洪《新时代的中日关系：核心内涵、主要途径》，《日本学刊》2020年第1期，第1—13页。

为中日双边关系面临着严重挑战，而且还面对国际体系调整变化带来的诸多重大课题。第一，中美关系的变化。随着中国的快速崛起，美国改变了多年来实行的对华"合作+制衡"的战略和策略，现今已将中国视为最大威胁。因此，特朗普政府和拜登政府相继加大对中国的全方位打压力度，特别是在台湾问题上更屡屡触碰红线。日本右翼保守势力对此密切配合，如前首相安倍就曾公开声言"台湾有事即日本有事，也就是日美同盟有事"。[1] 台海一旦有事，美日会否联手军事介入，已经成为世界舆论关注的热点问题。第二，在地区层面，美日利用南海问题等，积极推进以美日印澳四国机制为基础框架的"印太战略"，对中国进行广域性和多维度围堵。第三，拜登上台后在全球强化同盟战略，日本随之起舞，两国以"印太战略"为平台，以俄乌冲突为刺激媒介，与欧洲、北约相勾连，企图对中国形成全球围堵的整体态势。

在这一系列巨大变化的背景下，中日关系无疑再次站到了历史性的隘口。愈是在纷纭复杂的情势下，愈是需要回归本心初志，才不至于迷失方向。回顾邦交正常化50年来中日关系发展的历程，展望中日关系的未来，四个政治文件更显其昭示意义。第一，在历史发展的重大关头，善于把握住时代脉搏和中日关系的大局，高瞻远瞩，辨识和厘清在新的历史条件下中日关系发展的大方向，确立契合这一方向的新的指导方针，引领中日关系在新的历史阶段建设性发展。第二，致力于共同构建新的历史条件下双方合作的大框架和新领域，把双方的利益特别是战略利益最大化，给两国国民带来最大福祉，并惠及地区和世界。第三，面对两国之间存在的问题，特别是结构性问题，以及随着时代的发展、双方各自的变化所产生的新问题，首先要善于找到双方在该问题上底线的最大公约数，然后尽最大可能将它们对中日关系的负面影响压至最小限度。总之，以高度的政治智慧，不使这些问题影响中日关系发展的根本大局。

除了中日邦交正常化50年来在四个政治文件指导下所积累的宝贵经验之外，构建契合新时代要求的中日关系，目前已经具备了诸多有利条件和较为坚实的基础。

首先，在指导思想方面，习近平主席倡导的"人类命运共同体"理念无疑是思考国家间如何相处的思想前提。而且，中国据此提出了以公正公平、合作共赢为内涵的新型国家关系原则。不言而喻，这为思考和践行构建契合新时代要求的中日关系提供了基本指导原理与原则。

其次，在共识基础方面，邦交正常化以来50年间，在四个政治文件的指导下，中日之

---

[1] 2021年12月1日，安倍晋三在线参加台湾民间智库"国策研究院"举办的会议，在谈及中国大陆与台湾之间日趋紧张的局势时声称："台湾有事就是日本有事，也是日美同盟有事。"参见:「安倍元首相『台湾有事は日本有事』中国牽制」、2021年12月1日、https://news.ntv.co.jp/category/politics/984782，2022年6月13日。

间建立了诸多机制化战略对话交流平台，借助这些平台，尤其是国家领导人之间的互动，双方达成了许多重要共识，如2014年"中日四项原则共识"、2019年中日两国领导人在大阪达成的中日关系发展"十项共识"等。这些共识基本涵盖了构建契合新时代要求的中日关系的主要内容。

近年，根据国际格局的变化和中日关系未来发展的需要，中日两国也出现了应该制定第五个政治文件的声音。中国驻日大使孔铉佑在接受媒体采访时曾表示，中国对此"总体持开放态度"。① 中日需要因应已经深刻变化的世界，特别是基于两国综合实力逆转和国际体系的重塑，认真思考在新的历史条件下中日关系的未来发展大方向，擘画新的合作框架，探讨新的解决问题之策。两国需要在老一代领导人开创的基础上，构建契合新时代要求的中日关系，这也是时代的召唤和中日两国人民的历史使命。

（原载于《日本学刊》2022年第4期）

---

① 《中国驻日本大使：中方对签署中日"第五个政治文件"总体持开放态度》，界面新闻网，2020年11月1日，https://www.jiemian.com/article/5204972.html，登陆时间：2022-06-15。

中国与《不扩散核武器条约》(1968—1992)

詹 欣

东北师范大学政法学院

《不扩散核武器条约》(NPT)[①] 签订于 1968 年 7 月，其宗旨是防止核扩散，推动核裁军和促进和平利用核能的国际合作，是当今国际核不扩散机制的重要基石。作为拥核国家，中国曾经对该条约持批评态度，认为该条约具有歧视性，对拥核国家和无核国家规定的义务不均衡、不公正，仅限制横向扩散，而对美苏核武库的纵向扩散并不加以限制。不过，冷战结束后，中国转变了对国际核不扩散机制的立场，于 1992 年 3 月正式加入《不扩散核武器条约》。

关于中国转变对《不扩散核武器条约》立场的原因，学术界众说纷纭。国内学术界一般认为，随着东西方冷战的结束、国际局势的缓和、中国改革开放的深入、中国国际地位的提高以及中国参与国际核军控与核不扩散活动的增加，中国转变了对《不扩散核武器条约》的态度。[②] 除了上述因素以外，有学者从建构主义出发，认为中国从"特殊核国家"身份转变到"一般核国家"身份，是因为随着中国的国际军控实践的推进，出现了一个"学习的过程"，即随着军控实践的进行、军控专家技术的熟悉与改进、专业人员的增加等而出现的军控观念的变化与政策的调整。[③] 也有学者认为，对国际形象的考虑是中国政策转变的一个重要因素，因为一些核门槛国家在 1990 年代初纷纷加入《不扩散核武器条约》给中国带来

[①] 又称《防止核扩散条约》或《核不扩散条约》，本文统一译为《不扩散核武器条约》。
[②] 王群：《当代中国战略安全与军控外交》，世界知识出版社 2018 年版，第 121 页；高望来、李慧：《中国参与国际核不扩散机制进程》，载于朱立群、盖瑞·博驰（Gary K. Bertsch）、卢静主编《国际防扩散体系：中国与美国》，世界知识出版社 2011 年版，第 187—206 页；潘振强：《国际裁军与军备控制》，国防大学出版社 1996 年版，第 410—435 页；李少军：《中国与核不扩散体制》，《世界经济与政治》2001 年第 10 期，第 60—65 页；夏立平：《中国军控与裁军政策的演变及特点》，《当代亚太》1999 年第 2 期，第 36—38 页；Zhu Mingquan, The Evolution of China's Nuclear Nonproliferation Policy, *Nonproliferation Review*, Vol. 4, No. 2（Winter1997）。
[③] 周宝根：《中国与国际核不扩散机制的一种建构主义分析》，《世界经济与政治》2003 年第 2 期，第 23—27 页；李慧：《从国家身份视角看中国参与国际核不扩散机制》，《理论视野》2009 年第 9 期，第 46—49 页。

压力。① 国外学者则大多强调中国为打破1980年代末在国际社会中的孤立地位，而加入《不扩散核武器条约》。此外，也有一些学者认为经济与技术因素是立场转变的重要原因，因为加入《不扩散核武器条约》不仅会使中国更多地接触到尖端技术，还可以在贸易方面获利。②

本文利用已公开的中外文献，梳理中国与《不扩散核武器条约》关系的历史脉络，分析探讨冷战结束后中国转变对《不扩散核武器条约》立场的原因，进而探讨毛泽东时代的"反霸权因素"对中国核军控政策的影响。

一

进入1960年代，美苏两大超级大国对抗日益严重。它们在争霸的同时，又在阻止其他国家拥有核武器、减少爆发核战争的可能性、制定军控与裁军规则方面，找到了一些共同利益。众所周知，新中国成立之后，中国面临美苏的多次核威胁，因此无论从国家利益考虑还是从民族情感出发，中国均自然而然地对以美苏为核心的国际核不扩散机制持批判、抵制态度。1963年7月25日，美国、苏联和英国签署《部分禁止核试验条约》，中国进行了猛烈的批判，指出该条约是"一个愚弄全世界人民的大骗局"，因为这个条约"把停止核试验同全面禁止核武器完全分开"，"把禁止地下核试验排除在外"，"实际上加强了核大国进行核讹诈的地位，增加了帝国主义发动核战争和世界战争的危险"。中国政府提出了一项颇具道义，且有些理想化的建议，即全面、彻底、干净、坚决地禁止和销毁核武器。具体而言，不使用核武器，不输出核武器，不输入核武器，不制造核武器，不试验核武器，不储存核武器，把世界上现有的一切核武器及其运载工具统统销毁，把世界上现有的一切研究、试验、生产核武器的机构统统解散。③

周恩来总理后来曾对中国反对该条约的主要原因做过一番解释。首先是不彻底性。条约

---

① 王君：《冷战后中国不扩散政策的转变及其原因分析》，《太平洋学报》2002年第4期，第61—71页。
② Wendy Frieman, China, *Arms Control and Nonproliferation*, Routledge Curzon, 2004, p. 14 – 16; Nicola Horsburgh, *China and Global Nuclear Order: From Estrangement to Active Engagement*, Oxford University Press, 2015; Henrik Stålhane Hiim, *China and International Nuclear Weapons Proliferation: Strategic Assistance*, Routledge, 2018, p. 1; Evan. S. Medeiros, *Reluctant restraint: The evolution of China's nonproliferation policies and practices*, 1980 – 2004, Stanford University Press, 2007, p. 20; Bates Gill and Evan Medeiros, "Foreign and Domestic Influences on China's Arms Control Nonproliferation Policies," *The China Quarterly*, No. 161（March 2000）, pp. 66 – 94.
③ 《中国政府主张全面、彻底、干净、坚决地禁止和销毁核武器、倡议召开世界各国政府首脑会议的声明》（1963年7月31日），载于世界知识出版社：《中华人民共和国对外关系文件集（1963）》第十集，世界知识出版社1965年版，第285页。

仅仅对大气层、水下、外层空间进行禁止，但是"其他的统统保留。也就是说，允许使用核武器，允许地下核试验，允许继续生产，允许大量储存，允许向外输送扩散，允许美国把制造核武器的资料给它的盟国和受它控制的国家。"其次是不公平性。即"凡是在条约上签字的国家都受到条约的束缚，这就等于凡是签了字的爱好和平的国家，都没有拥有核武器的权利，但仍要遭受核讹诈和被核武器毁灭的危险。"最后是欺骗性。美国签署条约之后就进行了三次地下核试验，"还要把地下核试验的范围扩大，凡是禁止的核试验都要尽可能地在地下进行，还要增加国防经费，为生产核武器建立更多的核基地，还准备在需要时恢复大气层核试验，并公开指定在太平洋建立大气层核试验场地。"①

当然，众所周知，当时中国正在紧锣密鼓地准备进行第一次核试验，这个禁止在大气层进行核试验的条约显然是针对中国而来的。因此中国政府对该条约予以强烈的批判也不奇怪。不仅如此，该条约的签订更加坚定了中国独立自主、自力更生发展核武器的决心。②当1964年10月16日中国成功进行第一次核试验后，立即发表了一个声明，再次对《部分禁止核试验条约》进行了批判，指出其虚伪性。一年多来，美国不仅纵向扩散进行了几十次地下核试验，而且横向扩散到日本、联邦德国乃至其他地区。③与一年前相比，中方的声明更加实际，更具可操作性。"建议作为第一步，各国首脑会议应当达成协议，即拥有核武器的国家和很快可能拥有核武器的国家承担义务，保证不使用核武器，不对无核武器国家使用核武器，不对无核武器区使用核武器，彼此也不使用核武器。"④

当法国与中国相继成功进行核试验、加入核俱乐部后，美苏倍感压力，从1965年始加速推动《不扩散核武器条约》的签订。中国政府很早就密切关注《不扩散核武器条约》的谈判。1966年4月10日，周恩来在接见巴基斯坦《黎明报》记者时指出："目前，美苏正在日内瓦裁军会议上搞什么'防止核扩散'，企图借此巩固它们的核垄断，剥夺其他国家发展核武器进行自卫的正当权利，使它们可以到处进行核讹诈和核威胁。这是一个大阴谋，是针对全世界一切爱好和平的国家和人民的，特别是针对亚非国家和人民的。"⑤不久，《人民日报》先后两次发表社论，对正在谈判中的《不扩散核武器条约》进行批评。其主要观点

---

① 周恩来：《我们为什么反对三国部分禁止核试验条约》，载于中共中央文献研究室、中国人民解放军军事科学院编《周恩来军事文选》，第四卷，人民出版社1997年版，第480—483页。
② 关于中国政府内部对《部分禁止核试验条约》的讨论，载于宋炳寰《记朱光亚院士的一些往事》，《两弹一星历史研究》（内部刊行）第4期，第45页。
③ 冷战时期，美国曾在欧洲、亚洲多个盟国部署核武器，详见 https://nsarchive.gwu.edu/.
④ 《中华人民共和国政府声明》，《人民日报》1964年10月16日。载于中共中央文献研究室编《建国以来重要文献选编》（第十九册），中央文献出版社1997年版，第279—282页。
⑤ 《周恩来对巴基斯坦〈黎明报〉记者的谈话（摘要）》，1966年4月27日。载于《我国关于裁军问题文件选编》（内部刊行），1978年，第137页。

仍然延续周恩来接见巴基斯坦记者的核心观点，即"所谓防止核扩散，就是把核武器看作是美苏两个核霸王霸占的东西，只许他们有，不许别人有。这就是要别人承认美苏这两个核大国的霸权地位，给美帝国主义进行核讹诈的侵略特权，而剥夺其他国家发展核武器以抵抗美国核讹诈的防御权利。"①

1968年美苏就《不扩散核武器条约》基本达成协议。中方通过《人民日报》再次对《不扩散核武器条约》进行了批判，指出其是"全球勾结的一个大阴谋、大骗局"，"是强加给无核国家的一纸卖身契"。根据这个条约，美苏"不仅可以制造核武器，储存核武器，扩展核基地，而且根本不承担不对无核国家使用核武器的义务，而无核国家则被完全剥夺了发展自卫核武器的权利，甚至连和平利用原子能也要受到限制。"与两年前的社论相比，内容并无太多变化，但有个细微的差别是中方强调了和平利用原子能的权利问题。当然在这个充满火药味的社论中，中方把美苏的行为形象地描写为"只许州官放火，不许百姓点灯"，认为这个条约比《部分禁止核试验条约》"更加蛮横，更加霸道"。②

6月12日，联合国大会通过了《不扩散核武器条约》，包括美国、苏联和英国在内的59个国家于7月1日分别在华盛顿、莫斯科和伦敦签署了该条约。对于该条约，按照惯例，中国政府准备了一份官方声明，反对并揭露美苏两国操纵联合国大会通过《不扩散核武器条约》的行为。6月17日，在"中央文革"碰头会上，周恩来进行了汇报并指出："美苏合伙制定的所谓防止核扩散条约，矛头是指向非核国家的。他们企图以'核保护伞'，把许多非核国家置于被保护国地位。"但是"中央文革小组"顾问康生出于对美苏的敌视，认为"此声明不要急于发、也不必要"。对此，周恩来并不同意，在送审毛泽东时，指出"我国政府发一声明可推迟，但仍有必要"。"陈毅在尼雷尔（Julius Kambarage Nyerere）总统宴会上的讲话和《人民日报》评论员文章以及今晚准备欢迎尼雷尔总统的讲话，总不能作为国家态度"，"我们应该蔑视它，但也应该揭露它。"不过，毛泽东最后还是决定推迟发表。③

关于已经准备好的中华人民共和国政府声明稿，事实上并没有发表。虽然当前并没有解密这份未发表的声明稿，但从随后周恩来欢迎坦桑尼亚总统尼雷尔的讲话以及《人民日报》的社论中，大致能勾勒出中方的立场。6月18日尼雷尔访华，周恩来利用这个机会，对坦桑尼亚、赞比亚在联合国大会上投票反对美苏《不扩散核武器条约》的表现进行了称赞。④在欢迎晚宴上，周恩来发表讲话，指出美苏操纵联合国大会强行通过的《不扩散核武器条

---

① 《揭穿美国在核武器问题上的新骗局》，《人民日报》1966年6月20日；《美苏两个核霸王的又一笔交易》，《人民日报》1966年11月15日。
② 《美苏合谋的核骗局》，《人民日报》1968年6月13日。
③ 中共中央文献研究室编：《周恩来年谱》（下），中央文献出版社2007年版，第239页。
④ 中共中央文献研究室编：《周恩来年谱》（下），中央文献出版社2007年版，第240页。

约》,"是它们反对世界各国人民的一个新的大阴谋、大骗局。它们妄图用这一着来巩固核垄断,把无核国家变成它们的'保护国',推行新型的核殖民主义。""中国从发展核武器的头一天起,就是为着打破大国的核垄断,实现世界各国不分大小一律平等的地位,就是为着最终消灭核武器。我们坚决主张全面禁止和彻底销毁核武器,并一再声明决不首先使用核武器。"[1] 因此,中方的立场可以概括如下:首先,《不扩散核武器条约》是个歧视性的条约,只允许核大国发展核武器,巩固其核垄断地位,剥夺其他国家发展自卫核武器的权利,是个骗局。其次,在超级大国拥有庞大核武库的情况下,无论是《部分禁止核试验条约》,还是《不扩散核武器条约》,既不能阻止它们继续拥有和生产核武器,也不能阻止它们使用核武器,而只能是捆住无核国家和少核国家的手脚,增加核战争的危险。因此,在核大国拒绝承诺不首先使用核武器、不对无核国家使用或者威胁使用核武器的情况下,《不扩散核武器条约》不是真正裁军的措施,而是超级大国搞的另一个"大阴谋"。

其实从现实主义的视角来看,与《部分禁止核试验条约》相比,《不扩散核武器条约》有对中国有利的内容。该条约规定1967年1月1日前制造并爆炸核武器或其他核爆炸装置的国家为核武器国家,也就是承认了中国的有核国家身份,是核俱乐部成员之一。但是由于当时正处于革命热情高涨的"文革"时期,中国站在亚非拉发展中国家的一边,反对"美帝"、"苏修"勾结在一起操纵联合国通过的《不扩散核武器条约》,一如既往地对美苏构建的国际核不扩散机制进行严厉批评。

二

从1970年代初始,随着中美关系的解冻,中国对外政策进行调整。一方面,中国对美苏核军控谈判的方针主要侧重于揭露和批判它们企图束缚别人手脚、巩固自己的核垄断地位的真实目的和美苏"假裁军、真扩军"的实质;另一方面,中国对以《不扩散核武器条约》为基石的国际核不扩散机制的态度也逐渐发生了变化,开始在如无核区、和平区等低层次的国际核不扩散机制方面进行有限参与,但仍对国际核不扩散机制的核心——《不扩散核武器条约》——持批评态度。

1972年10月5日,墨西哥外长埃米利奥·奥斯卡·拉巴萨(Emilio Óscar Rabasa)致函中国,要求中国作为核武器国家签署《拉丁美洲禁止核武器条约》第二号附加议定书,[2] 对拉丁美洲无核区作出相应的保证。其实中国很早就支持拉丁美洲建立无核区的主张。周恩来

---

[1] 《在欢迎坦桑尼亚联合共和国总统尼雷尔的宴会上周恩来总理的讲话(摘要)》,《人民日报》1968年6月19日。

[2] 《拉丁美洲禁止核武器条约》,亦称《特拉特洛尔科条约》,由墨西哥、智利等14个拉丁美洲国家于1967年2月14日在墨西哥城的特拉特洛尔科区签订,1969年5月正式生效。

在1963年8月11日也就是《部分禁止核试验条约》签订不到一个月后接见哥伦比亚议员访华代表团时,指出"几个核大国应当承担义务,使拉美地区不受核武器和核战争的威胁,不对这个地区使用核武器,不在这个地区生产核武器,不在这个地区试验核武器,不在这个地区储存核武器,不向这个地区输入核武器"。此外周恩来还提出"不但核大国要承担这个义务,那些将来可能拥有核武器的国家也要承担这个义务",这里显然是暗指中国。①

因此当《拉丁美洲禁止核武器条约》的缔约国墨西哥政府建议中国签署第二号议定书时,外长姬鹏飞代表中国政府复信,阐述了中国政府对拉丁美洲无核区的原则立场,即中国政府尊重和支持墨西哥等拉丁美洲国家的这一主张,并表示同意议定书的基本内容,但是中国对签署第二号议定书提出了保留意见,主要是因为议定书内容不完整。由于美苏当时"仍对无核地区实行核讹诈和核威胁政策,不仅在别国领土上驻扎核部队,建立核基地,而且往往派遣带有核武器的飞机、舰艇或其他运载工具通过别国的领空和领海",所以中国建议除了第二号议定书所规定的内容以外,还应该补充如下内容:1. 撤销在拉丁美洲的一切外国军事基地;2. 任何带有核武器的运载工具都不能通过拉丁美洲国家的领土、领海和领空。基于此,中国政府郑重宣布:"中国绝不对拉丁美洲无核国家和拉丁美洲无核地区使用或威胁使用核武器,也不在这些国家和这一地区试验、制造、生产、储存、安装或部署核武器,或使自己带有核武器的运载工具通过拉丁美洲国家的领土、领海和领空。"也就是说,虽然中国政府没有签署第二号议定书,但是所承担的义务甚至超过了议定书所规定的内容。

此外,让中国政府顾虑的另外一个原因是《部分禁止核试验条约》和《不扩散核武器条约》的问题。理论上来讲,《拉丁美洲禁止核武器条约》与这两个条约并无直接的联系,但是中国政府认为该条约及其第二号附加议定书在其序言部分肯定了联合国大会关于《不扩散核武器条约》与《部分禁止核试验条约》两个决议。具体而言,就是肯定了联合国大会第808(IX)号决议有关裁军和联合国大会第2028(XX)号决议有关有核国家与无核国家的责任与义务等内容,②而这些决议成为日后签订《部分禁止核试验条约》与《不扩散核武器条约》的基础。因此中国政府认为两个决议与中国的立场相抵触,表示"碍难签署"③。

虽然中国政府拒绝签署第二号附加议定书,但很快就改变了主意。一方面,在军控领域,中国政府主要揭露超级大国,特别是苏联的"假裁军,真扩军",当时苏联以各种理由

---

① 周恩来:《倡议建立拉丁美洲无核武器区》(1963年8月11日),中华人民共和国外交部、中共中央文献研究室编:《周恩来外交文选》,中央文献出版社1990年版,第330—334页。
② 《拉丁美洲禁止核武器条约》(1967年2月14日),载于《国际条约集》(1966—1968),世界知识出版社1977年版,第284—302页。
③ 《陈楚同志宣读姬鹏飞外长声明并就建立拉丁美洲无核区问题作了发言》(1972年11月17日),载于《我国代表团出席联合国有关会议文件集·续集(1972年)》,人民出版社1973年版,第82—83页。

拒绝签署第二号附加议定书；① 另一方面墨西哥总统计划 1973 年初访华，同意签署协议有助于中墨关系的发展，也体现了中国政府一直以来支持拉丁美洲国家"反对超级大国的核威胁和核讹诈政策、维护拉丁美洲的和平与安全"的精神。1973 年 4 月 19 日，墨西哥总统路易斯·埃切维里亚（Luis Echeverría）访华。周恩来在与他进行会谈时表示："中国政府正进行必要的准备，以便及早签署《拉丁美洲禁止核武器条约》第二号附加议定书。"② 8 月 21 日，驻墨西哥大使熊向晖代表中国政府签署了《拉丁美洲禁止核武器条约》第二号附加议定书，但同时指出：签订该议定书，"并不意味着中国在裁军和核武器问题上的原则立场有任何改变，特别是，这不影响中国政府反对《不扩散核武器条约》和《部分禁止核试验条约》的一贯立场。某些拥有大量核武器的国家正是利用上述两项条约，企图在世界上建立它们的核垄断、核优势、核霸权。中国发展核武器完全是被迫的，是为了防御，为了打破核垄断，进而消灭核武器"。③ 签署《拉丁美洲禁止核武器条约》第二号附加议定书成为中国加入国际核不扩散机制的起点。

1970 年代末，世界和平力量迅速增长，和平与发展成为时代的主题。中国分析了国际形势及其趋势，认为新的世界大战不仅可以推迟，而且可以避免。为此，中国确定了以经济建设为中心的发展战略。在此背景下，中国逐渐调整了军控与裁军的立场，以更加积极的姿态参加国际军备控制的相关会议和谈判，加入一些多边军控条约，从而在国际裁军领域发挥独特的作用。

从 1980 年开始，中国加入国际核不扩散机制的进程不断加快。1980 年 2 月，中国正式加入多边军控领域的唯一谈判机构——裁军谈判会议；1983 年 6 月，中国向日内瓦派出首位专职裁军事务大使，参加裁军谈判会议，此后中国派代表出席了历次会议；1984 年 1 月中国加入国际原子能机构，作为核技术先进国家被指定为该机构的理事国；1985 年中国支持国际原子能机构对于核出口的保证，并宣布自愿将部分民用核设施提交国际原子能机构实施保障监督；由于切尔诺贝利核电站事故，1986 年中国还签署了《及早通报核事故公约》《核事故或辐射紧急情况援助公约草案》。

但是，中国继续对《不扩散核武器条约》进行批评。中国加入国际原子能机构时，对

---

① 苏联是最后一个签署该议定书的核大国，直到 1978 年 5 月才签署《拉丁美洲禁止核武器条约》第二号附加议定书，但同时发表声明，宣称如缔约国"采取同其无核地位不相容的任何行动"，苏联"保留重新考虑自己义务的权利"。参见《拉丁美洲国家的意志应当得到尊重》，《人民日报》1972 年 11 月 17 日；新华社：《苏联对拉丁美洲无核区的两面态度》，《人民日报》1972 年 11 月 20 日。
② 中共中央文献研究室编：《周恩来年谱》（下），第 588 页；《联合公报》，《人民日报》1973 年 4 月 25 日。
③ 人民出版社编：《我国代表团出席联合国有关会议文件集·续集（1973 年）》，人民出版社 1974 年版，第 68 页。

外仍然宣传"加入机构并不意味着我们对《不扩散核武器条约》的立场有任何改变,我们仍然对这一歧视性的条约持批评的态度。但是,我们尊重广大无核武器国家不试验、不使用、不制造、不生产、不取得核武器的愿望。"① 甚至一直到1987年中国签署《南太平洋无核区条约》第二号和第三号附加议定书,对外还强调签署上述两个议定书并不意味着中国改变其众所周知的对《不扩散核武器条约》和《部分禁止核试验条约》的批判立场。②

这一时期,虽然中国不断对国际核不扩散机制持批评态度,特别是拒绝签署《部分禁止核试验条约》和《不扩散核武器条约》,但是,中国在国际核不扩散机制方面已主动进行了自我约束。在禁止核试验方面,1986年3月21日,为响应联合国国际和平年的倡议,赵紫阳总理在中国人民维护世界和平大会上正式宣布中国将不再进行大气层核试验。③ 实际上,中国自1981年就停止了大气层核试验,此次声明标志着中国承担了其一直批评的《部分禁止核试验条约》对核试验的约束义务。

在核不扩散方面,中国也逐渐确立了核不扩散原则。1983年9月17日,外交部长吴学谦会见墨西哥驻日内瓦裁军谈判委员会代表阿方索·加西亚·罗夫莱斯(Alfonso García Robles)大使时指出:"中国不主张、也不鼓励核武器扩散。"④ 1984年中国加入国际原子能机构后明确宣布,中国核出口严格遵循核不扩散原则。不久赵紫阳访问美国,为推动中美和平利用核能合作、驳斥有关中国帮助巴基斯坦发展核武器计划的传闻,他又在1983年中方的立场上增加了两条,即中国"不主张、不鼓励核扩散,自己也不搞核扩散,不帮助其他国家发展核武器"⑤ 的"三不"政策。事实上,中国政府所有这些政策与主张基本符合了《不扩散核武器条约》的宗旨与原则。

显然,到1980年代末,中国的核不扩散政策基本上与《不扩散核武器条约》的宗旨与原则愈加重合,中国转变对《不扩散核武器条约》的立场也就是时间问题了。

---

① 《王殊团长在第二十七届大会通过我加入申请决议时的发言》(1983年10月11日),载于《中国代表团出席联合国有关会议文件集(1983.7—12)》,世界知识出版社1985年版,第295页。
② 《人大常委会第三次会议决定》,《人民日报》1988年9月6日。
③ 《赵紫阳总理在中国人民维护世界和平大会上的讲话》(1986年3月21日),载于《国际形势年鉴》,中国大百科全书出版社1987年版,第263页。
④ 《吴学谦会见墨西哥裁军大使》,《人民日报》1983年9月18日。
⑤ 《赵紫阳总理在纽约会见〈纽约时报〉负责人并回答他们提出的问题》,《国际形势年鉴》(1985年),中国大百科全书出版社1986年版,第253—254页;《赵紫阳在里根总统举行的国宴上的祝酒词》,1984年1月10日,新华社国际部资料组:《我国对外关系文件选编》(1984年1月至12月)(内部刊行),1985年,第6页。

三

1989年6月，美国带头对华实施制裁，中国在外交战线开始不断寻找突破口，《不扩散核武器条约》便是其中之一。

1990年2月27日，外交部长钱其琛出席日内瓦裁军谈判会议。按照惯例，钱其琛外长重申中国对于裁军的立场，包括"拥有最大武库的两个超级大国对裁军负有特殊责任，不但应削减武器的数量，而且必须彻底停止武器质量的竞赛；超级大国应该撤回在国外的一切驻军，撤除在国外的一切军事基地；美苏之间的一切裁军协议必须有助于维护国际和平与稳定，不应损害第三国的利益；国家不论大小强弱，在安全问题上享有平等权利，都有权参加讨论和解决安全与裁军问题；双边和小范围裁军值得欢迎，但不能替代全球性的多边裁军努力，两者应相辅相成，互相促进。"① 不过，在这次会议上，钱其琛还提出了一些中方对于裁军的新举措。他宣布：中国正在积极考虑派遣观察员出席《不扩散核武器条约》第四次审议会议。同时他也强调，出于维护和平、增进各国安全的目的，中国坚持不主张、不鼓励、也不从事核武器扩散的传统观点。② 这是中国政府改变对《不扩散核武器条约》立场的第一个信号。8月中国作为观察员出席了《不扩散核武器条约》第四次审议会议，并表示支持《不扩散核武器条约》的三大目标，即防止核扩散、推动核裁军、促进和平利用核能的国际合作。在此次审议会议上，中方不再对《不扩散核武器条约》进行批评，而指出条约"在防止核武器扩散和维护世界和平和稳定方面发挥了一定的积极作用"。当然与积极作用相比，条约也有缺陷，即"《不扩散核武器条约》对核武器缔约国和无核武器缔约国规定的义务失之平衡，也没有规定禁止在无核武器国家领土上部署核武器。"③

国际社会对中国态度的改变表示欢迎，特别是美国。11月28日，钱其琛访美，除了就海湾危机交换意见以外，改善中美关系也是双方讨论的重点问题，包括核不扩散问题。美国认为："在当前面临伊拉克化学武器和潜在追求的核武器严峻威胁下，核不扩散问题已成为日益重要的问题。中国扮演一个负责任的不扩散角色有利于彼此之间的国家利益，也会增进中美双边关系。"④ 因此，"美国欢迎中国派遣观察员出席《不扩散核武器条约》第四次审

---

① 《外交部长钱其琛在日内瓦裁军谈判会议上的讲话（摘要）》（1990年2月27日），载于《国际形势年鉴》（1991年），中国大百科全书出版社1991年版，第285—287页。
② 《外交部长钱其琛在日内瓦裁军谈判会议上的讲话（摘要）》（1990年2月27日），载于《国际形势年鉴》（1991年），中国大百科全书出版社1991年版，第285—287页。
③ 《我代表在〈不扩散核武器条约〉审议会上强调须全面禁止和彻底销毁核武器，我国在防止核武器扩散方面作出贡献》，《人民日报》1990年9月13日，第6版。
④ Meeting with Chinese Foreign Minister Qian, November 30, *Digital National Security Archive*（*DNSA*）：*CH01313*.

议会议，中国打算签署《不扩散核武器条约》的决定受到了世界上绝大多数国家的热情欢迎。"① 1991年6月16日，美国副国务卿巴塞罗缪（Reginald Bartholomew）访华，刘华秋副外长同巴塞罗缪就核武器扩散问题举行了会谈。18日在记者招待会上巴塞罗缪说，中国正在考虑签署防止核扩散和控制导弹计划条约，认为此举"是非常积极和具有深远影响的步骤"②。

8月10日，日本首相海部俊树访华。日本是率先打破西方制裁中国的发达国家，也是唯一遭受到原子弹轰炸的国家。李鹏总理利用会见海部俊树的机会正式宣布："为了推动实现全面禁止和彻底销毁核武器这一目标，中国政府已原则决定参加《不扩散核武器条约》。"李鹏还说，中国一向不主张、不鼓励、不从事核扩散。中国拥有少量的核武器完全是为了自卫，而且第一个公开宣布了不首先使用核武器。③ 从"正在考虑"到"已原则决定"，显然中国向《不扩散核武器条约》迈出了重大的一步。

从10月25日开始，全国人民代表大会常务委员会开始正式讨论中国加入《不扩散核武器条约》问题。刘华秋受国务院委托向全国人民代表大会作了说明：首先，他强调了《不扩散核武器条约》的重要性。他说，该条约是裁军和军控领域中具有普遍性的国际条约，在防止核武器扩散方面起了重要作用，有利于维护世界和平与稳定。尽管他强调《不扩散核武器条约》也存在一些缺点和不足，但总的看来，该条约有积极意义。其次，该条约与我国的裁军主张一致。他强调，我国一贯主张全面禁止和彻底销毁核武器，并奉行不主张、不鼓励、不从事核扩散，不帮助别国发展核武器的政策。1984年中国加入国际原子能机构后，核出口更是严格遵循核不扩散原则。1990年8月中国作为观察员出席了《不扩散核武器条约》第四次审议会议，并表示支持《不扩散核武器条约》的三大目标，即防止核扩散、推动核裁军、促进和平利用核能的国际合作。刘华秋最后建议在加入书中强调两点：一是声明我国关于全面禁止和彻底销毁核武器，以及对核不扩散的原则立场。二是关于台湾问题，指出台湾当局盗用中国名义于1968年7月1日和1970年1月27日签署和批准《不扩散核

---

① Meeting with Chinese Foreign Minister Qian, November 30, *Digital National Security Archive*（*DNSA*）：*CH01313*.

② Under Secretary Bartholomew's Trip to China, Korea, Japan and Denmark, May 28—June 7, 1991. *DNSA*：*CH01394*；刘连第、汪大为编著：《中美关系的轨迹：建交以来大事纵览（1978—1994）》，时事出版社1995年版，第322页。

③ 《李鹏在与海部会谈时宣布中国政府原则决定参加〈不扩散核武器条约〉》，《人民日报》1991年8月11日。

武器条约》是非法和无效的。① 刘华秋的建议书是中国政府第一次详细地解释了中方转变态度的原因,也就是从过去对《不扩散核武器条约》以批评为主改为强调其具有一定的积极意义,虽然认为该条约还有部分缺陷,但积极因素要大于负面因素。

经过两个多月的讨论,12月29日,第七届全国人民代表大会常务委员会第23次会议决定:中华人民共和国加入1968年的《不扩散核武器条约》。② 1992年3月9日,外交部长钱其琛在伦敦向英国首相梅杰(John Major)递交了中国参加《不扩散核武器条约》的加入书。钱其琛指出,条约的三大目标,即防止核武器扩散、推动核裁军、促进和平利用核能的国际合作,是互相联系,不可分割的。防止核扩散并不是最终目的,而是实现全面禁止和彻底销毁核武器过程中的一个措施和步骤。在防止核扩散时,不应当限制和损害各国和平利用核能的正当权益,这是不言而喻的。中国加入《不扩散核武器条约》后,将为推动《不扩散核武器条约》三个目标的实现继续作出贡献。③

中国签署《不扩散核武器条约》,是中国核不扩散政策的一个重要转折点,标志着中国正式从体制外的成员转变为体制内的成员,此后,中国开始全面加入国际核不扩散机制。

四

正如上文所述,中国到1980年代末所制订的核不扩散政策与《不扩散核武器条约》的主要内容基本重合,加入《不扩散核武器条约》不过是早晚的事情,1990年初中国外交寻找突破不过是一个契机而已。

冷战时期,中国的外交一直具有强烈的反霸权色彩。中国站在第三世界国家一边,反对美苏两个核大国进行核垄断,批评它们拒绝承诺不首先使用核武器、不对无核国家使用或者威胁使用核武器,指出《不扩散核武器条约》不是真正的裁军,而是一个"大阴谋""大骗局"。尽管1978年以后中国实行改革开放政策,在经济、社会、文化、体育、卫生等方面积极寻求与世界接轨,但是,在涉及国家安全这一具有高度政治敏感性的领域,中国政府非常谨慎,仍与国际上一些惯常的做法保持距离。中国在整个1980年代,对美苏两个超级大国核争霸的批评从未减弱,也一直强调它们的优先裁军责任。中国在军控与裁军领域的这种

---

① 《刘华秋副外长受国务院委托作关于建议中国加入〈不扩散核武器条约〉议案的说明》(1991年10月25日),载于刘连第编著《中美关系重要文献资料选编(1978—1995)》,时事出版社1996年版,第91—92页。

② 《人大常委会第23次会议闭会,通过关于加入〈不扩散核武器条约〉的决定等》,《人民日报》1991年12月30日。

③ 《中国参加〈不扩散核武器条约〉的加入书》,载于中共中央党校理论研究室编《历史的丰碑:中华人民共和国国史全鉴》(军事卷),中央文献出版社2004年版,第521页;《钱外长谈防止核扩散问题》,《人民日报》1992年3月11日,第6版。

态度一直延续到 1980 年代末。中国妥善处理与国际社会各方面的关系是一个漫长的过程。随着美苏冷战的结束，中国与国际社会合作的步伐明显加快。国家利益、国家形象、国际责任这些现代化符号日益成为中国外交考量的重要因素。核扩散带来的灾难成为国际社会的普遍认知，《不扩散核武器条约》作为国际核不扩散机制的重要基石也得到了绝大多数国家的认可，加入《不扩散核武器条约》成为中国承担起应有的国际责任的重要一步。

（原载于《华东师范大学学报（哲学社会科学版）》2022 年第 3 期）

英国对南海诸岛主权问题的立场考论

——以"克洛马事件"为中心

王巧荣

中国社会科学院当代中国研究所

南海诸岛是中国的固有领土,近现代西方列强对南海诸岛及其附近海域的侵略侵害了中国对这些岛礁的领土主权,也为当代南海问题留下隐患。英国是最早入侵中国南海海域的西方列强,自称是在南海最早主张"主权"的国家。20世纪30年代后,英国对中国与法国、日本及其他南海周边国家关于南海岛屿主权的争端问题,一直保持着高度关注。1956年,"克洛马事件"发生后,英国驻东亚、东南亚外事机构密切关注事态的发展,特别是英国驻东南亚总专员公署表现得尤为突出,他们从多方积极寻求情报、资料,试图从英国曾经在中国南海海域的侵略历史中寻求一些线索,为英国对中国南沙群岛中的一些岛屿主张权力提供支持。英国外交部和海军部通过对英国的历史和现实文献、情报资料的研究,得出的结论是:英国的权力主张证据支撑力非常弱,要求相关部门远离这一争端。同时认为,中国关于南海诸岛的权力主张依据最为充分。然而,关于这段历史事实,国内只有个别学者在研究英国南海政策时有所提及。[①] 但相关描述中,对于档案的解读有张冠李戴的现象。2006年2月,《现代亚洲研究》发表了奥斯陆国际和平研究所研究人员斯坦·托纳森(Stein Tønnesson)的《欧洲衰落时期的南中国海》一文,对法国、日本、英国等国在中国南海海域的侵略历史进行了系统探讨。作者在文中也对这一时段英国对南海问题的立场进行了讨论,得出的结论是,直到2005年(按:该文截稿时),英国也没有正式放弃对南沙群岛的主权主张。本文依据英国外交部解密档案,通过梳理当时相关部门的通讯往来,探讨了英国持上述立场产生的过程、原因及其影响,认为英国当时通过研究确立的上述关于南海诸岛主权问题的立场,不仅再次确认其自身所谓的"权力主张"站不住脚,而且间接否认了越南关于南沙群岛权力主张的依据,同时不得不承认中国关于南海诸岛主权主张的依据最充分。尽管如此,在冷战背景下,英国不希望南海诸岛由中国政府掌控,但大英帝国日薄西山,只能把控制南海诸岛的希望寄托在美国及东南亚条约组织的身上。

[①] 刘玉山:《论英国的南海政策(1920—1975)》,《浙江师范大学学报》2019年第5期。

一、英国与南海诸岛的历史关联

自19世纪初起，作为世界上曾经最强大的大英帝国的海军军舰不断窜入中国南海海域，并登上相关岛屿进行窥测①，为英国在远东地区殖民扩张探路。19世纪中晚期，英国自称"占领"中国南沙群岛中的南威岛、安波沙洲，并特许其两个臣民拥有两岛的所有权，由此，便使英国与南海诸岛的主权争端有了某种联系。

据英国解密档案记载，1864年英国海军军舰"拉福门号"登上南威岛、安波沙洲，发现两个岛上都建设有灯塔，种植椰子树和蔬菜。1877年，两个英国人登上南威岛和安波沙洲，发现岛上有大量的鸟粪。他们向英属纳闽殖民地执行总督府提出申请，希望得到特许，以在两个岛礁上升起英国国旗，取得对两岛礁的所谓"所有权"。当年10月25日，英属纳闽殖民地执行总督、婆罗洲执行总领事特雷切（Treacher）签署了一个文件，特许两人拥有对两岛礁的"所有权"，并把该两岛礁的"所有权"登记在纳闽总督府下。文件中对"所有权"的有效性作出如下规定，即自1877年10月25日起，10年内，如因连续5年没有对该两岛礁进行适当的开发和生产，"所有权"失效。关于在岛上升起英国国旗的申请，被转呈到英国外交部审定。英国外交部当时研究发现，这两个岛礁距英属婆罗洲和马来亚都很远，不能依据邻近原则和地理位置对这两个岛礁提出主权主张，但认为似乎没有任何其他国家政府对该两岛礁提出主权声明。1878年2月13日，与殖民地办公室商议后，英国外交部告知纳闽总督称，似乎是没有人反对两个英国臣民拥有该两岛礁的"所有权"，也没有人反对他们在两岛礁上升起英国国旗。1879年，英国有关方面再度登上该岛，发现岛上鸟类、磷资源没有得到连续开发。1889年，纳闽总督又把该两岛礁的所有权授予婆罗洲的一家公司。②此后，英国及英属殖民政府很少问津该两岛事宜。

20世纪30年代初，法国占领南沙群岛（按：法国占领"九小岛"）时，英国首先重申了其对南威岛和安波沙洲的"权利"主张，后来，虽然英国没有承认法国的主张，但也没有继续坚持自己的主张。其原因是，1932年，英国皇家法律官员认为，英国对南沙群岛中该两岛礁的权力主张在自然特性方面非常值得怀疑，因而只能提交国际永久法庭裁决。由于英国在长达20多年的时间内没有对该两岛礁行使任何有效的"主权管辖"，在国际法庭上

---

① 韩振华：《我国南海诸岛史料传统》，东方出版社1988年版，第692—694页。

② FC1082/23G, Letter to the Chancery, Singapore from the Far East Department, August 8, 1956, See Sovereignty of Off-shore Islands of China (1956), The National Archives, UK, Archival Code：FO371/120937, PRO. （这一文件原档案上只有档案编号，没有文件名，为便于理解，作者根据档案文件上的信息，给该文件加了标题，此后本文同一出处的多数档案的文件名都作了如此处理。）

获得支持的前景暗淡。① 但是，英国海军部当时却认为，有必要继续推进英国的相关主张。他们认为，南威岛有重要的战略价值。该岛居于新加坡与香港航线的中间位置，英国可以在这里建一个小型军舰的补给基地。尽管当时南威岛作为海军基地的可能性还比较小，但放任法国在这里建立军事基地是不可取的。为回应海军部的反对意见，英国外交部决定就此事咨询英国皇家法院。法官们再次给出上文的意见建议。因此，1932 年 7 月，英国举行的一次部门间会议决定，不推动英国对南威岛、安波沙洲的"权利"主张，② 但也没有表示放弃相关主张。

直至新中国成立，关于南威岛"权利"主张问题，英国基本上都坚持这一立场。新中国成立后，英国虽然总体上仍然认为南沙群岛没有太大价值，但也有人开始关注南海海域潜在的经济价值和战略意义，尤其是在冷战背景下，英联邦内提防中国政府控制南沙群岛的警告不时出现，英国政府对南沙群岛的主要考虑是不愿意看到由中华人民共和国政府控制南沙群岛。1950 年，中华人民共和国政府解放海南岛后，英属澳大利亚殖民政府对中国进军南海诸岛表示担忧，并正式问询英国是否打算托管南威岛及附近岛屿，理由是尽管这些岛屿商业价值不大，但有一定的战略价值。如果英国或法国接受任何一敌对国家在南沙群岛的一些岛屿上建立一个空军站，或为潜艇和小型舰艇建造海防补给基地将是愚蠢的。澳大利亚政府的请求在英国政府圈内引发了一场有关南沙群岛战略价值的辩论，结果是：南沙群岛的战略价值可以忽略不计。英国海军部和参谋长们也改变了他们在 20 世纪 30 年代所坚持的看法。他们那时认为，这些岛屿的战略价值值得怀疑。在战争中，占领南沙群岛的敌人只能对来往新加坡、中国香港和菲律宾的海上航线构成较弱威胁。只有在敌人控制了海上通讯的情况下，在南沙群岛所建造的简易机场才有使用的可能，而且，任何可以预见的敌人都没有这样的控制权。③

1951 年，在《旧金山对日和约》签订过程中，为防止南海诸岛被中华人民共和国政府控制，也为自己未来对南沙群岛部分岛礁提出"权利"主张留有希望，英国与美国等国共同决定，对西沙群岛、南沙群岛主权归属问题进行模糊处理。在《旧金山对日和约》第二款中规定：日本放弃对南威岛、西沙群岛之一切权利、权利依据和要求。④ 南海诸岛是中国

---

① FC1082/23G, Letter to the Chancery, Singapore from the Far East Department, August 8, 1956, See Sovereignty of Off-shore Islands of China (1956), The National Archives, UK, Archival Code: FO371/120937, PRO.

② Stein Tønnesson, The South China Sea in the Age of European Decline, *Modern Asian Studies*, Vol. 40, No. 1, Feb., 2006, pp. 7 – 8.

③ Stein Tønnesson, The South China Sea in the Age of European Decline, *Modern Asian Studies*, Vol. 40, No. 1, Feb., 2006, p. 34.

④ 世界知识出版社编：《国际条约集》（1950—1952），世界知识出版社 1959 年版，第 335 页。

的固有领土，正如周恩来外长所指出："西沙群岛和南威岛正如整个南沙群岛及中沙群岛、东沙群岛一样，一向为中国领土，在日本帝国主义发动侵略战争时虽曾一度沦陷，但日本投降后已为当时中国政府全部接收。"① 然而，《旧金山对日和约》中故意不提主权归还问题，这是对中国领土主权的严重损害，也为此后中国南海主权争端问题埋下隐患。

二、"克洛马事件"的发生及其影响

日本投降后，中国国民政府便组织力量收复了日本在侵华战争期间占领的中国南海诸岛。在战后中国国民政府接收南沙群岛的过程中，菲律宾以所谓的国防安全为借口，欲借美方力量觊觎中国南沙群岛。1946年7月23日，菲律宾刚刚脱离美国统治独立不到一个月，其外长埃尔皮迪奥·季里诺（Elpidio Rivera Quirino）便称："中国已因西南群岛（中国南沙群岛）之所有权与菲律宾发生争议，该小群岛在巴拉旺岛以西200里，菲律宾拟将其合并于国防范围以内。"② 1949年，菲律宾政府内阁会议决定，派遣菲海防司令安达那安纳达（Jose V. Andrada）前往南沙太平岛"视察"；菲某些内阁成员提议，政府奖励菲律宾渔民向太平岛移居，以便将来并入菲律宾版图。对此，4月13日，中国国民政府驻菲大使陈质平致函菲外交部，对菲政府拟派菲海防司令安达那安纳达前往太平岛"视察"一事，提请严重注意，并在信中申明：太平岛为中华民国之领土。5月11日，菲律宾外交部书面答复：行政会议讨论了菲律宾渔民在太平岛周围海域作业的情况，菲方保留对渔民提供进一步保护的必要性，要求中国方面提供中国与该岛的关系的资料。③ 针对菲方要求提供中国主张太平岛主权的证据问题，中国国民政府外交部7月5日致电内政部，要求提供相关文献资料。由于内政部有关方域的重要文献已经运到台湾地区，所以，直至1950年5月2日，台湾当局"内政部"才给"外交部"提供了相关材料。5月3日，台湾当局"外交部"将相关材料转到其驻菲律宾"大使馆"。随后，在台湾当局考虑从太平岛撤防时，菲国内有人主张，因为南沙群岛邻近菲律宾，菲应派兵占领南沙群岛，但菲总统在5月17日称，南沙群岛虽影响菲律宾的安全，但主权属于中国，菲律宾不便采取任何行动。④

与此同时，菲律宾一所私立海事学校校长、"探险者"托马斯·克洛马（Tomas Cloma）

---

① 《中华人民共和国中央人民政府外交部部长周恩来关于美英对日和约草案及旧金山会议的声明》，《人民日报》1951年8月16日。
② 曾达葆：《新南群岛是我们的》，《大公报》1946年8月4日。
③ 台湾当局外事部门研究院设计委员会编印：《南海诸岛档案资料汇编》，1995年，国家图书馆藏，第792、796页。
④ 台湾当局外事部门研究院设计委员会编印：《南海诸岛档案资料汇编》，第792、796、797、800、804页。

自1948年起便开始到南沙群岛探险。1956年3月1日,克洛马率领40人前往中国南沙群岛实施探测,当即登陆,占领北子礁、南子礁、中业岛、南钥岛、西月岛、太平岛、敦谦沙洲、鸿庥岛、南威岛等9个主要岛屿。克洛马自称"发现"了这些岛屿,在各岛竖起写有"自由邦"的所谓"占领"牌,并擅自将太平岛改名为"麦克阿瑟岛"、南威岛改名为"雷蒙岛"、西月岛改名为"卡罗斯岛",此外,还对其他50多个岛礁擅自改名,并将"探险队"中29人留守在群岛中的12个岛。① 5月18日,《菲律宾纪事报》报道了这一探险活动,并称:克洛马率领40人,曾查南沙群岛,已经占领9岛,正向菲律宾外交部申请发现占有权。② 5月19日,菲律宾副总统兼外交部部长加西亚(Carols Garcia)宣布:"这些岛屿接近菲律宾,既无所属又无居民,因而菲律宾继发现之后,有权予以占领,而日后其他国家亦会承认菲律宾因占领而获有主权。"③ 5月21日,克洛马通过媒体发布公告,宣布对菲律宾巴拉望以西东经111°30′至118°、北纬7°36′至11°30′海域中的53个岛屿、岛礁及浅滩拥有"所有权"。④ 5月27日,克洛马胞弟菲列蒙(Filemon)从南沙群岛回来向媒体透露,南沙群岛鸟禽鱼丰富,有经济价值。他们现派了29人驻守,克洛马下月初将再率更多人员前往,并称无论菲政府是否承认其对各岛"所有权",他们都将继续占领。5月28日,克洛马致函台湾当局驻菲律宾"大使",其中包括其宣称所占南沙群岛为"自由邦"的声明、他为该"邦"所绘的概图及他为图内各岛礁所命的新名称,以及他向全世界所发表的所谓"通告"。⑤

对此,中华人民共和国政府及台湾当局均提出强烈抗议。1956年5月22日,台湾当局"内政部"部长王德溥就南沙群岛主权问题发表声明,指出:"南沙群岛无论就历史、地理、法理、事实上,均为中国固有领土之一部,任何国家均不得以先占为理由,对中国固有之领土非法侵占,否则倘因而发生不良后果,亦应由该主动侵略该群岛之国家负其责任。"⑥ 5月29日,中华人民共和国外交部发言人发表声明称:"根据最近某些外国通讯社的报道,菲律宾外交部部长加西亚在一次记者招待会上曾说,南中国海上包括太平岛和南威岛在内的一群岛屿'理应'属于菲律宾,理由是它们距离菲律宾最近。""对此,中华人民共和国政府认为有必要发表如下声明:南中国海上的上述太平岛和南威岛,以及它们附近的一些小岛统称南沙群岛。这些岛屿向来是中国领土的一部分。中华人民共和国对这些岛屿具有无可争辩的合法主权。"

---

① 学生史学丛书续编:《中国南海诸岛文献汇编之九海军巡弋南沙海疆经过》,台湾学生书局1975年版,第86页。
② 台湾当局外事部门研究院设计委员会编印:《南海诸岛档案资料汇编》,第825页。
③ 张良福编著:《南沙群岛大事记》(1949—1995年),"八五"国家南沙考察专项,1996年,第6页。
④ Filipino Claims China Sea Islets: Claimer and Stake, May 23, 1956, *New York Times*, P6.
⑤ 台湾当局外事部门研究院设计委员会编印:《南海诸岛档案资料汇编》,第838、842页。
⑥ 台湾当局外事部门研究院设计委员会编印:《南海诸岛档案资料汇编》,第829、830页。

"中国对于南沙群岛的合法主权,绝不容许任何国家以任何借口和采取任何方式加以侵犯。"[1]与此同时,台湾当局多次向菲方提出交涉,派军舰前往南沙群岛巡逻,并恢复在太平岛驻守。6月初,菲律宾政府成立了一个跨部委员会,研究克洛马的"自由邦"一事,主席是菲律宾外交部法务司胡安·阿莱格兰多(Juan Arreglado)。该委员会发表声明称:除南沙群岛外,这些群岛没有被任何人所有、占领、考察和主张主权。[2]

南越当局以继承法国在南沙群岛殖民侵略衣钵为由,密切关注"克洛马事件"所引发的事态发展,并不时作出反应。1956年6月1日,南越当局外交部发表声明,指出西沙及南沙两群岛主权属于越南。6月6日,南越驻菲律宾公使接受记者采访时称:南沙群岛为法国殖民政府领土辖区之一部,越南对该群岛的主权系由法国所赋予,并称在缔结《旧金山对日和约》时,越南为对此等岛屿提出权力要求的唯一国家。[3]历史上只有日本对越南的这一主权造成过严重威胁,而"旧金山和约"已经解决了这一问题。[4]法国对南越当局的这一立场却不予以认可。6月8日,法国驻菲律宾临时代办照会菲律宾外交部称,法国通过1932—1933年占领享有对南沙群岛的"主权",法国关于西沙群岛的"主权主张""让渡"给越南了,但没有"让渡"南沙群岛。[5] 8月22日,南越当局派军舰占领南威岛,并插上南越当局"国旗"。[6] 对此,8月30日,《人民日报》发表《警告吴庭艳集团》的观察家评论文章,重申1956年5月29日中国政府发表的关于南沙群岛的原则立场,并提出严正警告。[7] 9月7日,台湾当局向南越当局提出抗议。南沙群岛问题一时间风起云涌、剑拔弩张。

三、英国对"克洛马事件"及其影响的反应

"克洛马事件"发生后,英国驻中国北京代办处、驻淡水领事馆、驻菲律宾大使馆及驻南越当局外交代表机构,都密切关注其驻在地对"克洛马事件"的反应,并把相关信息及时呈报英国外交部及相关驻外机构,同时针对各自面临的问题请求英国外交部给予指示。为回复英

---

[1] 《中华人民共和国政府郑重声明中国对南沙群岛的主权绝不容许侵犯》,《人民日报》1956年5月30日。

[2] FC1082/19, Telegramto South-East Asia Department, Foreign Office from British Embassy, Manila, June 4, 1956, See Sovereignty of Off-shore Islands of China (1956).

[3] 台湾当局外事部门研究院设计委员会编印:《南海诸岛档案资料汇编》,第1171、1173、1172页。

[4] FC1082/9, Addressed to Foreign Office Telegram No. 222, June 8, 1956, See Sovereignty of Off-shore Islands of China (1956).

[5] FC1082/16, Telegram from Manila to Foreign Office, June 11, 1956, See Sovereignty of Off-shore Islands of China (1956).

[6] FC1082/35, Telegram from Saigon to Foreign Office, August 31, 1956, See Sovereignty of Off-shore Islands of China (1956).

[7] 《警告吴庭艳集团》,《人民日报》1956年8月30日。

国相关驻外机构请示的问题，英国外交部研究司、东亚司、东南亚司及英国殖民办公室对英国历史以来有关南海诸岛问题的历史文献、英国政府的立场进行了深入研究和评估。

（一）英国外交部相关机构对英国在南沙群岛的"权利"主张起初既不愿放弃也不愿不介入

1956年5月22日，台湾当局"内政部"发表关于南沙群岛的声明后，英国驻淡水领事于5月25日即把相关报道的摘要呈报英国外交部。① 5月29日，中华人民共和国外交部发言人发表"关于南沙群岛主权问题的声明"后，5月31日，英国驻北京代办处致电英国外交部第304号电报，内附该声明的英文翻译稿、《自由中国情报》刊载的台湾当局5月22日的声明。就此问题，6月2日，英国外交部远东司西蒙（D. C. Simon）写了篇"纪要"（Minutes），"纪要"称：在英国的文献中，英国没有认可中国所称的"南沙群岛"这一名称，而是称为"提闸群礁"（Tizard Bank，中方称"郑和群礁"），英国将"太平岛"称为"伊图阿巴岛"（Itu Aba），该岛是郑和群礁的组成部分。这些岛屿非常分散，通常不适合居住，也没有太大的经济价值。"纪要"提到1950年周恩来外长关于南海诸岛的主权声明，以及1952年英国皇家海军舰只"丹皮尔号"（Dampier）访问太平岛时，岛上有各种各样中国人留下的标识。还提到，1955年10月12日，英国外交部向美国驻英大使馆提交的第D1081/10号备忘录中，表明了英国对南威岛、安波沙洲两岛礁地位的立场，提到了英国对南威岛、安波沙洲的"权利"主张，并表示英国不承认随后其他国家关于南沙群岛的"权利"主张。在英国看来，除了南威岛和安波沙洲，南沙群岛中的其他礁都是暗礁或者浅滩，其中一些常年完全被海水覆盖，因此不适宜居住，也不适合军事部署和军事占领。"纪要"最后指出，中国已经向西沙群岛的一两个岛礁派出了武装船只，未来也可能会向南沙群岛的一些岛礁上派出武装船只。但西蒙认为，考虑到南沙群岛的经济价值、战略价值都比较小，中国不可能派出太多军事力量，以避免产生可能的国际纠纷。6月4日，英国外交部东南亚司的官员詹姆斯·莫雷（James Murrey）对此"纪要"批示称：作为平衡，我们不卷入这一争端是一种谨慎的做法，当然，我们还是应像西蒙在"纪要"谈到的那样，正式表明我们的立场。但在这一争端中，如果我们希望推进对南威岛和安波沙洲的"权利"主张，正像此前我们认为由于缺乏有效的行使主权行为一样，我们权力主张的依据非常不充分，因而，我们的主张在国际法庭上也不可能得到承认。如今，我们再次提出类似的主张，这一主张得到承认的可能性仍然值得怀疑。② 可见英国外交部有关部门虽然骨子里仍不情愿放弃英国对南威岛和安波沙洲的"权利"主张，但是卷入这次争端的意愿也不强。

---

① FC1082/12, Territorial Rights of the Spratley, Far Eastern Department, Foreign Office, London Copied to Chancery, Manila and Peking, June 25, 1956, See Sovereignty of Off-shore Islands of China (1956).

② FC1082/5, Minutes, May 31, 1956, See Sovereignty of Off-shore Islands of China (1956).

（二）英国民间人士及相关驻外机构非常关注英国在南海问题上的"权利"主张

与英国外交部认为南沙群岛战略价值不大不同的是，一位名叫约翰·罗杰（John H. Lodge）的固执的英国人，多次给英国国会议员、外交部写信，提请他们维护英国在南威岛、安波沙洲的"权利"主张。1946 年，罗杰写信给国会议员克拉克（Clarke）上校，指出这些岛屿对捍卫英属北婆罗洲、新加坡的安全至关重要。罗杰试图了解英国政府对这些岛礁的立场。英国下议院在回复中称：1933 年 7 月 24 日，法国政府照会英国政府，宣称法国对南中国海中的南威岛及包括安波沙洲在内的其他几个岛礁拥有"主权"。当时英国政府没有承认法国的主张。日本在 1937 至 1938 年间占领了南沙群岛中的一些岛屿后，日本外务省曾于 1939 年 3 月 31 日照会英国驻日大使，声称日本已经占领南沙群岛。英国政府回复日本外务省称：英国不认为日本占领南沙群岛有法理依据。但信中没有谈及英国对南威岛、安波沙洲主权的立场。

1950 年 5 月 6 日，看到《泰晤士报》关于中国解放海南岛的报道后，罗杰又写信给国会议员塔夫顿·比米升（Tufton Beamish）少校，信中推测，中国进驻西沙群岛后，很可能会进一步向南沙群岛渗透，他提醒英国要采取措施，维护其在南威岛、安波沙洲的"权利"主张。罗杰报怨，1946 年英国官方没有回复他当时英国政府对这些岛礁的立场，并指出在《惠特克年鉴》1947 年卷中，明确记载法国恢复了对这些岛屿主张的"权力"。罗杰以 1947 年中国国民政府在法国反对下收复西沙群岛为例，认为仅仅口头声明无济于事。他建议，为防止中国向南沙群岛渗透，可以在靠近南威岛海域建立一些雷达站，以探察敌对势力在南沙群岛附近开展的一些海空行动。5 月 12 日，罗杰看到 5 月 11 日《泰晤士报》一则关于法国军舰在西沙群岛南部发现中国武装船只的报道后，再次写信给比米升少校，认为如果英国政府不在南威岛、安波沙洲问题上坚持立场，这两个岛礁将会像法国看着西沙群岛被中国"占领"一样，被中国"占领"。5 月 22 日，比米升少校将罗杰 5 月 6 日的信转呈给英国外交部远东司官员欧内斯特·戴维斯（Ernest Davies）。6 月 10 日，欧内斯特给比米升回复称：关于两个岛礁的立场，从政治角度来看，除了罗杰信中谈到 1946 年英国下议院表述之外，没有可以补充的。他谈道，这些岛礁一般情况下不能居住，经济价值也不大，战略上，未来对于海空力量强大的国家可能有其重要性。欧内斯特还以二战时日本为例，认为尽管日本海空力量比较强大，但也没有证据表明日本占领这些岛屿对于日本在太平洋战争前后有太多帮助。[①] 同日，英国东南亚司外交官肯尼斯·扬格（Kenneth Younger）以

---

① FC1027/1, Major Tufton Beamish MP to Davies: Chinese Foreign Policy-Fear the Expansion of China Will Include British Colonial Territory, The National Archives, UK, Archival Code: FO371/83304.

同样内容回复了比米升少校。1956年5月30日，罗杰看到5月29日《泰晤士报》关于中华人民共和国政府发表关于南沙群岛声明的报道后，写信给英国殖民地办公室主任伦诺克斯·博伊德（Lennox Boyd），信中谈到1939年日本占领这些岛屿后，这些岛屿成为日本后来成功进占马来亚和东印度群岛的铺路石。他再次呼吁不要再仅仅发表政治声明，而要采取一些实际行动，避免这些岛屿落入敌对势力手中。罗杰又建议，可以让北婆罗洲政府在南沙各岛礁上派驻几个带有便携式无线电设备的警察，以观察事态的发展。他们可以通过捕鱼打发时间，在遇到麻烦事态时为皇家海军提供轮流值守和无线电服务。诺克斯·博伊德指使殖民地办公室官员阿斯顿（R. G. Ashton）对该信件做了回复。①

英国官方机构驻东南亚总专员公署（Office of the Commissioner-General for the United Kingdom in the South East Asia）对英国关于南威岛和安波沙洲的"权利"主张最为关注。该署于1956年6月1日至6月5日间，先后向英国外交部、外交部研究司、英国殖民地办公室、英国驻菲律宾大使馆等机构致电、致信，寻求提供有关涉及英国南沙群岛"权利"主张的相关信息资料。6月1日，该署致电英国外交部研究司，希望该司能尽快向他们提供一份报告，阐明有关英国南威岛"权利"主张的原委，并介绍一下其他声索者关于南沙群岛的权力主张及其法理依据。另称：1951年，英国皇家海军最近一次访问这些岛礁时，发现这些岛礁上有一些渔民，他们自称来自婆罗洲。因而，信中认为，以英属婆罗洲与这些岛屿的长期关系作为依据，英国对这些岛礁的"权力"主张是可信的。② 同日，英国驻东南亚总专员公署的克鲁伊卡申克（J. A. C. Cruikshank）致信负责殖民地事务的政务次官杰拉尔德·怀特雷（Gerald Whiteley），信中表示，当日早些时候他写的那封信提到的在南威岛与英属婆罗洲可能存在的那种渔业联系，使他想起南威岛与马来亚间也存在这样一种联系。他说，他接连给上级机关写信，是想请示可否需要进一步联系相关渔民，收集更多的信息。信中提到前泛马来亚渔业公司的主任拉·梅尔（La Mare），此人非常清楚这里面的事情，因此，他提醒，如果外交部研究司认为渔业公司这条线值得跟踪，如果要联系拉·梅尔，并询问他所知之事，新加坡渔业部门已经告诉他梅尔的联系方式。③

6月5日，英国驻东南亚总专员斯格特（R. Scott）致英国外交部第242号电，再次请求英国外交部向其提供英国对部分南沙群岛岛礁提出"权利"主张的证据资料，以及对这些

---

① FC1082/17, Letter to Lodge from Ashton, Colonial Office, London, June 6, 1956, See Sovereignty of Off-shore Islands of China (1956).

② FC1082/23G, Letter to South East Asia Department from Office of the Commissioner-General for the United Kingdom in the South East Asia, June 1, 1956, See Sovereignty of Off-shore Islands of China (1956).

③ FC1082/27, C. T. Crowe, Spratley Islands, June 15, 1956, See Sovereignty of Off-shore Islands of China (1956).

资料的审议意见。他希望能在他此前所要的文件提供之前，将这些资料致电给他。原因是，婆罗洲的壳牌公司对长期开发海床石油感兴趣，请求远东司令部把该公司一位地质学家运送到南威岛。远东司令部建议，派皇家海军调查船"丹皮尔号"前往。斯格特请求可否指示"丹皮尔号"指挥官在南威岛升起英国国旗，并正式占领该岛。① 几乎同时，斯格特致英国驻菲律宾大使第47号电，提请大使核实一则新加坡媒体关于"克洛马事件"报道相关信息的真实性，特别请他了解如下信息：一是菲律宾人所占岛屿是否包括南威岛；二是菲律宾人所占岛礁的名称和位置；三是菲律宾人主张"权力"海域的地理界限；四是这是菲律宾政府的"权利"主张还仅是克洛马个人的主张。他要求大使不要通过官方渠道了解这些问题，因为他不希望让菲律宾政府意识到英国对这些问题感兴趣。② 同日，斯格特还致外交部第246号电，并抄送英国驻中国代办处，驻南越、驻菲律宾大使馆，驻中国台湾淡水殖民办公室。信中谈到新加坡媒体的几则报道，想请相关机构给予核实。这几则报道是：台湾当局打算派送军队赴南沙群岛海域巡逻；南越当局对南沙群岛提出"权利"主张；中华人民共和国政府就南沙群岛发表声明等。信中讲，据他所知，在6月19日前"丹皮尔号"船不会驶离新加坡。因此，他认为在派"丹皮尔号"去南沙群岛之前，对各争端方权力主张的实质和合法性做一评估非常重要。他希望驻西贡大使及驻中国台湾淡水的使领馆能够谈一谈上面提到的报道是否属实。③

由于"克洛马事件"是这场南海争端的导火索，英国驻菲律宾大使身居前哨，自然关注事态的发展。驻菲使馆及时把了解的信息呈报英国外交部及英国其他相关驻外机构。同时，希望得到英国政府关于南沙群岛主权及国际地位立场的明确指示。6月4日，英国驻菲律宾大使馆致信英国外交部东南亚司，就英国驻北京代办致外交部第304号电关于克洛马"自由邦"事件作出具体汇报。在介绍克洛马所主张"权力"的具体位置后，信中称：中国台海两岸在南沙群岛所主张的权力，包括了克洛马所主张的所有海域。针对南越当局6月1日声称南沙群岛一直都是越南领土的一部分，信中称，据了解，法国一直声称西沙群岛是印度支那领土的一部分，但没有文献记载表明这一主张扩展到了南沙群岛。中国政府发表关于南沙群岛声明后，克洛马收回了他对南沙群岛的"所有权"的主张。克洛马坚持认为他所主张的海域是距菲律宾较近的较小的一片海域。克洛马明确表示，他没有得到菲律宾政府的

---

① FC1082/7, Addressed to Foreign Office Telegram No. 242, June 5, 1956, See Sovereignty of Off-shore Islands of China (1956).

② FC1082/6, Addressed to Manila Telegram No. 47, June 5, 1956, See Sovereignty of Off-shore Islands of China (1956).

③ FC1082/8, Addressed to Foreign Office Telegram No. 246, June 5, 1956, See Sovereignty of Off-shore Islands of China (1956).

官方支持。信中还提到，6月1日，英国驻菲律宾大使借引见英国驻菲律宾大使馆新到二等秘书琼斯（Jones）之机，拜访菲律宾外交部法务司主任胡安·阿莱格兰多（Juan M. Arreglado），① 政务司的马罗勒斯（Maloles）博士。其间，谈到了"自由邦"事。谈话中得知，在一年前菲律宾政务司确实曾考虑在美国能承担部分或者全部经费前提下，在南沙海域其中一个较大的岛屿上建立雷达预警站。英国驻菲律宾大使认为，菲律宾所说的岛屿是太平岛。信中谈到使馆对此事的几点认识，即1. 使馆充分认识到避免在南海区域挑起事端的必要性，表示已经明确向克洛马表明了英方立场。2. 认为在未来某个时日，菲律宾政府有可能像对南沙群岛以外的岛礁声索权力一样，对任何南海海域中没有被声索的岛礁提出权力主张。3. 针对媒体报道，台湾当局打算派驱逐舰到南沙群岛。使馆认为，无论如何，这一海域在航行指令上是"危险地带"，由于有诸多未知的浅滩和暗礁，任何超过一定型号和吃水限制的船只不太可能冒险到那里执行或捍卫任何所谓的权力主张。最后，使馆提出非常希望得到英国外交部关于南威岛及其他南沙群岛岛礁的法律地位的明确指示，同时还表示也非常乐意得到东南亚司对各声索方战略价值的评估。②

（三）英国外交部明确远离争端的立场

英国驻菲律宾大使克拉顿（Cluton）于6月7日回复了英国驻东南亚总专员斯格特6月5日的第47号电，信中首先确认了媒体关于"克洛马事件"的有关报道，并请他参见6月4日他们致英国外交部东南亚司的那封信。他认为，克拉顿应于6月11日收到该信的复印件。随后，他一一回答了斯格特第47号电想了解的有关信息。关于克洛马所占领的岛屿是否包括南威岛及克洛马所主张岛礁的数量、名称问题，信中说，克洛马一直没有明确所主张岛礁的确切位置和数量。似乎是有在郑和群礁上的太平岛，克洛马声称不属于南沙群岛。克洛马主张的海域范围是一个以A-B-C-D-E-F为顶点的六边形区域。具体位置是：A点：北纬11°50′东经114°10′；B点：北纬11°50′东经118°；C点：北纬10°30′东经118°；D点：北纬7°40′东经116°；E点：北纬7°40′东经113°；F点：北纬8°30′东经111°50′。信中提到菲律宾跨部委员会还没有明确的立场。但总体上看，好像是反对菲律宾政府介入。他也向斯格特介绍了菲律宾政府曾打算在南沙群岛某一岛上建雷达预警站事。信中谈到，克洛马的"自由邦"唤醒由美国人米德斯（Meads）在同一海

---

① 胡安·阿莱格兰多是菲律宾跨部委员会的主席。克洛马向菲律宾政府提出保护的申请后，菲律宾政府为了明确对克洛马"自由邦"的立场，成立了这个跨部委员会。

② FC1082/19, Telegram to South-East Asia Department, Foreign Office from British Embassy, Manila, June 4, See Sovereignty of Off-shore Islands of China (1956).

— 611 —

域建立的一度沉寂的"人道王国"。① 据称米德斯正考虑开展一次探险活动,重建受到克洛马一帮人威胁的所谓的捕鱼权。一位在菲律宾的英国人受邀加入了米德斯的团队。考虑到有报道称台湾当局的两艘军舰正在那里,探险活动将会被推迟。对于他得知"丹皮尔号"运送壳牌公司地质学家到南威岛事,信中说,他刚从巴拉望岛访问回来,该岛距克洛马主张区域的边界有70多公里,若"丹皮尔号"船不期而至,或者像谣传的那样②,将会把他置于尴尬的地位,并会引起更大的猜测。③ 此电以第86号抄送英国外交部。

为回复英国驻东南亚总专员斯格特6月5日的第242号电,6月8日,英国外交部研究司克罗威(C. T. Crowe)拟制了题为"南沙群岛"的电报稿。电报稿对南沙群岛主权问题的历史进程进行了梳理,并提出在中国、南越、菲律宾等都提出权力主张的背景下,英国重申其对南威岛、安波沙洲的"权利"主张是否可取问题。电报稿指出,海军部和殖民办公室认同南沙群岛对于英国政府没有战略价值,经济价值也比较小;并称,该群岛如果是一个战略或经济资产的话,台湾当局应该知道这一点,他们会在美国的帮助下早已经控制了该群岛。电报稿中谈到了英国对南威岛、安波沙洲"权利"主张证据不充分的问题。并称在此背景下,考虑到南海周边国家对这一群岛利益的关注,英国皇家海军船"丹皮尔号"指挥官到南威岛升起英国国旗和正式占领该岛似乎是不可取的。为了考察该岛海域海床石油钻探的前景,用皇家海军船把一位代表英国一家公司的地质学家运送到该岛似乎更不合时宜。电报稿建议,英国最好远离争端。并指出,外交部东南亚司和法律顾问赞同这种观点。④ 6月11日,远东司的官员艾伦(Allen)批示赞同。英国外交部高级官员柯克帕特里克爵士(Sir

---

① 关于"人道王国"何时出现,目前文献未见详细记载。引起人们关注的是1954年6月,台湾当局收到自称是"人道王国"政府"外交部长"安徒生(VictorL. Anderson)的来函,称:"'人道王国'为新成立的国家,是位于东印度群岛及越南附近的一群小岛,国王是前美国公民。现因领土过小,缺乏金钱,请求台湾当局割让西沙群岛及海南岛,并给予经济援助,以便达到共同反共的目的。"台湾当局以该王国未为国际承认,其所作领土主张,自无法律效力,未予理会。但担心安徒生所称现有"领土"中或许会有中国领土所属岛屿在内。于是,7月14日,台湾当局"外交部"致函"国防部",请其查明中国在南海所属各岛中,有无所谓"人道王国"的组织及其擅自设治的情况。(台湾当局外事部门研究院设计委员会编印:《南海诸岛档案资料汇编》,第808页) 1955年6月,自称"人道王国"领事的旅菲美商,因诈骗被捕,按其所制地图,"人道王国"为东经100°至116°及118°,北纬7.5°至12°,南沙群岛包括在界线内。台湾当局"外交部"再次致电"国防部"酌派机舰前往南沙群岛查明有无"人道王国"非法设治的情况,并加以侦察戒备,台湾当局"国防部"最终也没有侦察。倒是菲律宾空军作了一番侦察,最终不了了之。

② 1956年6月2日,《菲律宾纪事报》以"UK Shows Interest in Islets"为题,报道了英国驻菲律宾大使馆一等秘书格兰威尔·拉梅奇(Granville Ramage)会见菲律宾外交部法务司主任胡安·阿莱格兰多之事。拉梅奇于6月1日晚接受该报记者采访时表示:英国对南沙群岛不感兴趣。

③ FC1082/10, Addressed to Singapore Telegram No. 80, June 7, 1956, See Sovereignty of Off-shore Islands of China (1956).

④ FC1082/7G, C. T. Crowe, Spratley Islands, June 8, 1956, See Sovereignty of Off-shore Islands of China (1956).

Kirkpatrick）批示称：致电我们西贡官员，一定提醒他们不要声张"权力"。6月12日，外务大臣雷丁（Lord Reading）勋爵表示赞同，强调英国应远离这场主权争端。

6月12日，该电报稿以第646号电发给斯格特，对斯格特的请求作出正式回复。回复称：我们关于南威岛的"权利"主张从来就没有放弃，但也没有进一步提出主张。原因是就有效行使主权而言，我们的法理证据不太充分，因而在国际法庭上我们得到采信的可能很小。我们不希望卷入与中国大陆、中国台湾、菲律宾及可能越南关于南沙群岛的主权争端。因此，特别强调"丹皮尔号"指挥官，在任何情况下不能到那些岛上升英国国旗或者正式占领那些岛礁。在台湾当局的军舰已经在南沙群岛巡逻的情况下，[①] 皇家海军的一艘军舰运送一位壳牌公司的地质学家到南威岛上不甚妥当。我们应远离纷争。[②] 对此，英国首相安东尼·艾登（Anthony Eden）提出疑义，他在批示中问：我们远离纷争，也放弃石油？批复稿退回到外交部及研究司克罗威处后，6月15日，克罗威就此又写了一份关于南威岛的备忘录。内称：目前，没有证据表明南威岛海域有石油。壳牌婆罗洲公司只是请求英国海军远东参谋部运送他们的一名地质学家到南威岛。台湾当局计划向南沙群岛海域派两艘载有一个排的海军陆战队的军舰。台湾海峡两岸都声明南沙群岛是中国固有领土主权。在这种情况下，派皇家舰只"丹皮尔号"去南威岛将会招来麻烦。这一护航行动很可能遭到台湾当局或者其他对南沙群岛声索者的干预。备忘录再次谈及1932年英国法律官员关于英国南沙群岛"主权"的观点，并指出：我们当前还是这一立场。如果在南沙群岛海域发现了石油及主张我们在南威岛的"权利"的话，我们依据当前所能见到的有关证据卷入这场国际争端，如果要提交司法仲裁，这场争端肯定不会按照对我们有利的方向来解决。备忘录最后指出：南沙群岛通常无人居住，确实非常小，不比暗礁大多少。那片海域没有石油还好，若有，将会成为争端的焦点和冲突的原因。外交部远东司官员艾伦批示称：对首相简要回复：还不清楚那些岛礁下面是否有石油。如果有，我们对那些岛礁的权力主张的依据非常牵强，因此，我们在此问题上真的不会有太多的进展。他还说，也许，我们没必要回复他。柯克帕特里克、雷丁勋爵都同意不回复。[③]

英国驻东南亚总专员斯格特收到外交部第646号电后，同意不卷入这场争端，也同意搁置用海军船只运送壳牌公司地质学家到南威岛一事。但他仍希望外交部研究司向他提供6月

---

① 1956年6月5日，英国驻中国台湾淡水领事致英国外交部第64号（FC1082/9）电称：6月5日，台湾当局两艘军舰已经在南沙群岛巡逻。

② FC1082/7G, Addressed to Commissioner-General Singapore Telegram No. 646, June 12, 1956, See Sovereignty of Off-shore Islands of China (1956).

③ FC1082/24, C. T. Crowe, Spratley Islands, June 15, 1956, See Sovereignty of Off-shore Islands of China (1956).

1日所要的资料。① 6月15日，英国驻东南亚总专员公署官员克鲁伊卡申克致信英外交部东南亚司麦克柯米克（McCormick），信中谈到英国驻东南亚总专员写给英外交部研究司的Q1081/1/56G信，再次请求该司向公署提供一些信中提到的关于南沙群岛的信息；并称尽管在南沙群岛问题上看起来没有什么需要进一步要做的事情，但是他们还是非常想了解英国的"权利"主张的法理依据到底有多不充分，而其他国家权力主张的依据是如何强有力。② 8月8日，英国外交部远东司致信英国驻东南亚总专员，对该信及Q1081/1/56G号电作出回复。信中包括一份题为"南威岛及附近岛屿"的备忘录。备忘录系统阐述了英国对南威岛权力主张的历程，介绍了法国、日本对南沙群岛的占领过程和中国对南沙群岛的权力主张以及20世纪50年代后南越当局、菲律宾在南沙群岛主权问题上的动向。备忘录最后指出：英国从来没有承认其他国家对南沙群岛的权力主张，尽管英国事实上更倾向于认为这些岛屿的国际地位未定，但英国也没有放弃自身的"权利"主张。③

6月19日，负责殖民地事务的政务次官怀特雷就克鲁伊卡申克6月5日来信建议，可以将英属婆罗洲渔民到南威岛进行的渔业生产活动作为英国对南威岛"权利"主张的依据，回复称：就如您所知，外交部持续关注这些主权争端事态的变化。如果该部确定，采用你信中向我所提的那些建议有益的话，我们当然很乐意尽力帮助渔业方面或者其他方面的事情。他还告诉克鲁伊卡申克，英国外交部研究司已经致电英国驻东南亚总专员，回复他1956年6月5日的第242号电。④ 8月3日，对于英国殖民地办公室与英国驻东亚总专员公署间这些通讯往来，英国外交部远东司西蒙评论称：他不认为婆罗洲和马来亚的渔民在南威岛海域出现会对这个案子有实质性的影响，如果英国打算把这一证据提交国际法庭，以支持自己关于南威岛的"权利"主张，中国会提供更多他们的渔民在南沙群岛活动的证据。8月8日，英国外交部东南亚官员福特（Ford）评论，同意西蒙的意见。

8月8日，英国外交部远东司回复英国驻菲律宾大使6月4日信，称：我们对南威岛和安波沙洲权力主张的法理依据很不充分，我们提交到国际法庭上得到采信的可能性也很小。

---

① FC1082/10, Addressed to Foreign Office Telegram No. 274, June 15, 1956, See Sovereignty of Off-shore Islands of China（1956）.

② FC1082/23G, Telegram to Research Department, Foreign Office from Office of the Commissioner-General for the United Kingdom in South East Asia, Singapore, June 1, 1956, See Sovereignty of Off-shore Islands of China（1956）.

③ FC1082/23G, Letter to the Chancery, Singapore from the Far East Department, August 8, 1956, See Sovereignty of Off-shore Islands of China（1956）.

④ FC1082/27/G, Letter to J. A. C. Cruikshank, Office of the Commissioner-General for the United Kingdom in the South East Asia from Colonial Office, June 19, 1956, See Sovereignty of Off-shore Islands of China（1956）.

除了这两个岛礁之外，我们认为，其他岛礁无论是高潮或者低潮时期都被海水覆盖，因此，它们不宜居住，也不适合占领或者军事部署。在1950年，参谋长们评估了这件事，结论是那些岛礁对我们没有太大的战略价值，我们唯一关切的是不让这些岛礁落入潜在敌人的手里，只要西方阵营持续控制南中国海，战时敌人占领就不会构成严重的战略威胁。尽管此次没有征求参谋长们的意见，但他们不会改变他们的观点的，这一点似乎毋庸置疑。[①]

（四）英国承认中国对南海诸岛主权主张的依据充分

1956年6月5日，《人民日报》发表了邵循正撰写的文章《我国南沙群岛的主权不容侵犯》，文中运用大量的中外历史文献论述了中国对这些岛群具有无可争辩的主权。[②] 6月14日，英国驻北京代办处将这篇文章和同时在《人民日报》发表的《"奇怪"的发现》英译版呈报给英国外交部远东司。7月3日，英国外交部东南亚司官员福特阅后，评论称：中国引用的英国公开出版物是两部皇家海军出版物《中国海指南》（1906年第6版）、《中国海航志》（1923年第2版）。书中记载：发现在很多岛礁上都有依靠捕捞海参、玳瑁维持生存的海南渔民，他们中一些人长年待在这些岛礁，每年都有装载大米和其他必要物资的船从海南来到这些岛礁上，岛上的渔民用海参和玳瑁与他们交换。这些船每年12月或1月离开海南，伴随第一次西南季风返回。尽管我不太确定，我认为郑和群礁是最近引起争端的岛礁的一部分。如果真是这样的话，这些皇家海军出版物似乎是给中国提供了非常充分的主张权力的依据。书中还提到了中国渔民在西沙群岛的活动。因此，他建议将这封信里的资料送到海军部去评估。8月16日，远东司的西蒙致信海军情报部上尉指挥官罗伊（J. C. Joe），并把英国驻中国代办处6月14日的信作为附件一并寄去。信中指出：任何对于这些争议岛礁的主权主张应必须有持续占领和管理的证据。我们自己对南威岛和安波沙洲的主权主张，由于没有永久占领，证据支撑力不强。上面提到这些出版物的证据似乎给中国通过占领取得主权提供了很好的证据。他请罗伊上尉对此给予评论。[③]

罗伊上尉于8月29日作出回复，回信中确认了中国对南海诸岛主权主张依据的充分性。回信称：他咨询了海军部的国际法专家，意见是：关于东沙群岛，英国不应该对中国对该岛的主权主张提出异议，该岛恰在国民党当局掌控下，这取决于我们支持中国现在的哪一个政府。相比较中国大陆在东沙岛上建立气象站、雷达站，我们海军更愿意支持台湾当局掌控该岛。希望外交部谨慎不要给北京方面不恰当的鼓励。关于西沙群岛，情况是倒过来的。中国

---

① FC1082/19, Telegram to South-East Asia Department, Foreign Office from British Embassy, Manila, June 4, 1956, See Sovereignty of Off-shore Islands of China (1956).

② 邵循正：《我国南沙群岛的主权不容侵犯》，《人民日报》1956年6月5日。

③ FC1082/28, Letter to Lieutenant Commander J. C. Roe, Admiralty from D. C. Simon, Foreign Office, August 16, 1956, See Sovereignty of Off-shore Islands of China (1956).

大陆控制了这一海域。假如我们承认这是他们的权利，我们的立场在这件事上很大程度上就确立了一个先例，南海诸岛的主权，由中国台海两岸自己决定，先到先得。到一定时候，越南也会依据曾是法属印度支那一部分提出主权要求。关于南沙群岛，就占领依据而言，尽管1950年后台湾当局撤离了这些岛屿，这些群岛归中国所有，理由肯定是最充分。总体而言，和西沙群岛情况一样，南沙群岛的主权似乎也应由中国台海两岸自己决定。①

西蒙又致信英国海军部军事处奈恩（Naine），内附他给罗伊的信及罗伊的回复。奈恩作了长时间研究后，于1957年2月14日给予回复。认为邵循正所引用资料来自军部1894年出版的《中国海指南》第3版的第3卷。并认为书中没有显示东沙群岛是中国的领土。他随后引用了书中关于南海诸岛的论述。关于东沙群岛称："有一个西向半英里的潟湖，肯定是为每年早些时候到那里捕鱼的中国渔民提供庇护。"关于西沙群岛称："1909年，中国政府'兼并'该群岛，此后，军舰不断到访该群岛。"关于南沙群岛称："海南渔民通常于每年12月至来年的1月到此捕鱼，西南季风来临时离开。"并称当时海军部正在用的"航海指针"的版本中仍如此表述。② 从这些表述中，再次表明中国人在持续对这些岛礁进行生产开发。

英国外交机构关于南越当局对南沙群岛主张的认识从另一角度也反映中国主张的依据的充分性。对南越当局对南沙群岛的权力主张，英国外交官员从法国外交官员那里得知，法国没有向越南让渡南沙群岛。1956年6月8日，南越当局外交部部长接受媒体采访时，声称越南当局对南沙群岛的主权主张是对法国相关主张的继承。6月9日，英国驻南越当局外交代表恩·克莱尔（En Clair）致信英国外交部，汇报了他了解到的法国、美国对南越当局主张的立场。关于法国的立场，信中说，法国高级专员公署（French High Commission）声称，1933年法国主张的岛礁是法国专属，不是法属印度支那的一部分，因此，从法律上讲，法国认为这些岛礁仍然是法国的。③ 关于法国对南越当局主张的立场，6月11日，英国驻菲律宾大使克拉顿致英国驻东南亚总专员公署第84号电，内称：当日，法国驻菲律宾临时代办明确告诉他，他于6月8日知会菲律宾外交部，1932至1933年间，法国通过占领享有南沙群岛的主权。法国声称把对西沙群岛的主权主张"让渡"给越南了，但没有"让渡"南沙

---

① FC1082/39, Letter to D. C. Simon, Foreign Office from J. G. Roe, Intelligence Division, Naval Staff, Admiralty, August 29, 1956, See Sovereignty of Off-shore Islands of China (1956).

② FC1081/1, Letter to D. C. Simon, Foreign Office from Military Branch, Admiralty, February 13, 1957, See Claims by China to Islands of South China Seas 1957, The National Archives, UK, Archival code: FO371/127311.

③ FC1082/22, Telegram to South East Department from British Embassy, Saigon, June 9, 1956, See Sovereignty of Off-shore Islands of China (1956).

群岛。① 需要指出的是，法国所声称的对南沙群岛的"主权"实质上是对中国南沙群岛主权的侵略（按：1933年，法国政府宣布占领南沙群岛"九小岛"时，中国政府提出了强烈抗议，日本投降后中国已经收复了南沙群岛的主权）。如上文所述，英国当时也没有承认法国对中国南海"九小岛"的占领权。在此，姑且不论，法国所声称对南沙群岛"主权"的合法性，这从另一方面否定了越南对南沙群岛的主权主张。英国外交机构间通讯往来反复提到这一信息，说明他们是认可法国的说法的。

四、结语

英国与中国南沙群岛南威岛、安波沙洲的历史关联是大英帝国强盛时期的产物。19世纪，作为当时世界上最强大的"日不落"帝国——英国在全球到处进行殖民扩张，就连英国人自己认为"价值很小"的中国南沙群岛中的一些岛礁，英国也没有放过。自20世纪30年代起，英国在南沙群岛主权归属问题上虽然声称一直没有放弃对南威岛、安波沙洲的"权利"主张，但也没有进一步推进这一主张。英国之所以采取这一立场，是衰弱帝国的无奈之举。英国对"克洛马事件"引发的连锁反应的立场，就是最为显著的体现。

二战结束时，英国虽然也是一个战胜国，但作为二战时期的一个主战场，英国受到重创，由此无可挽回地成为一个"中等国家"。在美苏冷战格局的大背景下，英国只能通过与美国的"特殊关系"在国际上发挥着些许大国的影响力。英国在亚非的殖民地也纷纷争取独立或摆脱英国的控制，几乎与"克洛马事件"同时，在埃及发生的苏伊士运河危机是对日渐没落的大英帝国的最后一击。

由于国家实力锐减，英国应对国际事务能力和意愿也大幅下降，遇事更希望看到西方阵营的首领美国走在前面。"克洛马事件"发生后，在直接涉及南沙群岛争端的中国台海两岸、南越当局及菲律宾等4个国家和地区中，其中有3个国家和地区属于西方阵营。英国希望美国在防止南沙群岛被中国大陆控制方面做一些事情。因此，在"克洛马事件"发生后，英国密切关注美国的立场。1956年6月7日，英国驻中国台湾淡水领事致英国外交部第70号电，汇报了美国第七舰队司令英格索尔（Ingersoll）就南沙群岛问题接受美联社采访时的言论。信中称：英格索尔说美国不赞成中国的利益扩展到有争议的南沙群岛，他认为共产主义的任何扩展都是美国政府关切的问题，因为遏制共产主义是美国坚定不移的政策。在回答南沙群岛对美国这一意图的战略价值时，他认为，南沙群岛是一些礁盘，不是大块陆地。日本在二战时利用它们并不多，它们横跨国际贸易路线上，假以时日，在那里建立一些气象站

---

① FC1082/16，Addressed to Singapore from Manila Telegram No. 70，June 11，1956，See Sovereignty of Off-shore Islands of China（1956）.

和海空助航设备比较合适。在回答美国第七舰队如何应对中国军队从西沙群岛向南沙群岛扩展时，他说：他们不知道中国在西沙群岛有军事部署。又说，第七舰队只是政策执行的工具，不是政策的制定者。6月11日，英国驻南越当局外交代表斯蒂芬森（Stephenson）致英国外交部第224号电，说南越当局6月10日收到一份关于中国约200名士兵登上甘泉岛的情报。当时，英国外交部远东司西蒙在评论第70号电时称：此前，英方收到一份来自美国关于台湾当局应对中国大陆武装船只在西沙群岛出现问题的报告。美国似乎不愿派海军到西沙群岛，以免生出事端，因而也不会对那里的事态发展作出官方承认。评论还提到斯蒂芬森第224号电所呈报的消息。① 这一点在英国驻南越当局外交代表6月9日致英国外交部的C1082/22号的信中也得到印证。6月8日，南越当局外交部部长声称越南对南沙群岛主权主张是对法国相关主张的继承。对此，英国驻南越当局使馆官员曾策略性地从美国使馆了解到，美国政府立场是，在南沙群岛争端问题上他不支持任何一方。美国之所以在南沙群岛持这种立场，是因为在美国看来，在当时几个南沙群岛主权的争端方中，南越当局、菲律宾的主张依据是立不住的。就南越当局而言，正如前文所提及，南越当局刚一提出就被法国给否定了，况且中国对法国侵占中国南沙群岛的"九小岛"一直是持反对态度。就菲律宾而言，南沙群岛在菲律宾领土国界之外，这一点美国非常清楚。因为菲律宾的国界是由美国先后与西班牙签订的《巴黎和平条约》（1898年12月）、《关于菲律宾外围岛屿割让的条约》（1900年11月）及和英国签订的《关于划定英属北婆罗洲与美属菲律宾之间边界的条约》（1930年1月）这三个条约确立的。这也是菲律宾政府没有正式支持克洛马的"自由邦"的原因。鉴于美国此时在南沙群岛问题上相对超脱的立场，英国又无能为力，也只好采取文中提到的立场和策略。

  同时，也应该看到，由于中国对南海诸岛主权无可争辩，英国自己的文献都给予了良好的证明。在冷战背景下，英国虽然不情愿由中国政府控制南海诸岛，但也意识到这是阻挡不了的。再加上，英国还试图稳定其对香港的长期殖民统治，也不想在南沙群岛问题上开罪中国政府，因此，他们采取了远离争端的立场。

（原载于《清华大学学报（哲学社会科学版）》2022年第3期）

---

① FC1082/14, Addressed to Foreign Office from Tamsui Telegram No. 70, June 8, 1956, See Sovereignty of Off-shore Islands of China (1956).

国史研究理论与方法

范本、范式、范例:第三个历史决议对新中国史研究的方法示范

朱汉国

北京师范大学历史学院

2021年11月,党的十九届六中全会通过的《中共中央关于党的百年奋斗重大成就和历史经验的决议》(以下简称第三个历史决议),坚持辩证唯物主义和历史唯物主义的方法论,全面梳理了党的百年奋进的历史,系统总结了党的百年奋斗所取得的重大成就和历史经验。第三个历史决议不仅在党的历史上具有重要的政治和历史意义,而且对于我们认识历史发展、总结历史经验、探求历史规律,尤其是对新中国史研究具有重要的学术价值和现实意义。第三个历史决议昭示的史学认识和方法,为新中国史研究树立了典范。

大历史观为我们多维度审视新中国史提供了范本

所谓大历史观,就是将历史置于长时段、远距离、宽视野来探究其发展过程、特征及其趋势。大历史观是马克思主义唯物史观的重要体现。唯物史观使历史学成为一门科学,突出的贡献即基于长时段社会矛盾运动的考察,揭示了人类社会形态从低级到高级的发展历程,揭示了人类社会历史客观基础及其发展规律。法国历史学家布罗代尔曾指出:"马克思的天才,马克思的影响经久不衰的秘密,正是他首先从历史长时段出发,制造了真正的社会模式。"[①]

中国共产党成立之始,就以唯物史观作为认识历史和社会的理论基础。早在1921年1月,毛泽东在致蔡和森的信中便明确提出:"唯物史观是吾党哲学的根据。"[②] 在领导中国革命实践的过程中,毛泽东通过对中国社会矛盾演变的长时段考察,提出了新民主主义革命理论,为革命的胜利奠定了坚实的理论支撑。

---

① [法] 费尔南·布罗代尔:《资本主义论丛》,顾良等译,中央编译出版社1997年版,第202页。
② 《毛泽东书信选集》,人民出版社1983年版,第15页。

在领导中国特色社会主义现代化建设的实践进程中，习近平在多种场合倡导全党要树立大历史观，认识中国历史和文化，提高治国理政能力。2018年5月4日，他在纪念马克思诞辰200周年大会上指出："只有在整个人类发展的历史长河中，才能透视出历史运动的本质和时代发展的方向。"① 12月18日，他又在庆祝改革开放40周年大会上提出了大历史观，指出："以数千年大历史观之，变革和开放总体上是中国的历史常态。"② 在负责起草第三个历史决议的过程中，习近平明确指出：总结党的百年奋斗重大成就和历史经验，要坚持辩证唯物主义和历史唯物主义的方法论。要坚持正确党史观、树立大历史观，准确把握党的历史发展的主题主线、主流本质。③ 第三个历史决议在总结党的百年奋斗历程时，始终坚持大历史观，从宏观上、整体上把党的历史置于历史发展的长河和广阔的空间背景来分析，全面总结了党的百年奋斗重大成就和历史经验。第三个历史决议昭示的大历史观，为我们多维度审视新中国史提供了范本。

大历史观要求我们从长时段、远距离、宽视野来审视新中国的历史发展，探析新中国史发展内涵，揭示新中国史发展趋势，评价新中国发展的历史方位。

第一，新中国史是五千多年中国历史的接续。中国历史悠久，中华文明源远流长。经过数千年历史积淀而形成的中华优秀传统文化、人民群众的聪明才智、不畏艰险的拼搏奋斗精神，成为新中国历史发生、发展的文化底蕴和不竭动力。新中国成立后，全国各族人民在党的领导下，在继承中华优秀传统文化、近代革命文化的基础上，实现了中华文化的创新和发展，迸发出巨大的社会创造力。经过70余年的砥砺奋进，新中国已在古老的中国大地上实现了腾飞。自近代以来久经磨难的中国人民迎来了从站起来、富起来到强起来的伟大飞跃。新中国史已进入悠久中国历史上最绚丽的时期。

第二，新中国史是中国共产党百年奋斗史中重要的组成部分。关于新中国史与党史的关系，至今学界仍有不同的认知。一种观点认为二者有不同的研究对象和目标，应加以严格区别；另一种观点则认为，由于新中国是在中国共产党领导下成立、发展的，在新中国的建设和发展中，党是领导一切的，新中国史就是党史。究竟应如何认识新中国史与党史之关系？大历史观为我们提供了辨析二者关系的视角。无论新中国史还是党史，都不是孤立发展的，二者之间是互相包纳的。我们既可在新中国史视域中审视党的领导力、执行力对新中国建设和发展的意义，也可在党史视域中检视新中国发展对党史的重要意义。新中国成立70多年来在政治建设、经济建设、文化建设、社会建设、生态文明建设等领域所开展的实践活动，

---

① 习近平：《在纪念马克思诞辰200周年大会上的讲话》，《人民日报》2018年5月5日。
② 习近平：《在庆祝改革开放40周年大会上的讲话》，《人民日报》2018年12月19日。
③ 习近平：《关于〈中共中央关于党的百年奋斗重大成就和历史经验的决议〉的说明》，《人民日报》2021年11月17日。

都是在中国共产党领导下进行的。新中国成立以来所取得的伟大成就和成功经验，充分证明中国共产党既能领导全国各族人民取得新民主主义革命胜利，也能领导全国各族人民建设一个社会主义现代化国家。以大历史观观之，新中国史既是党百余年来奋斗史的辉煌篇章，同时又对党史叙事提供了有益补充，彼此共同书写了百余年来党的光辉历史。

第三，新中国史是世界社会主义运动史中重要组成部分。在世界社会主义运动史上，俄国十月革命创立了第一个社会主义国家。在十月革命影响下，中国的先进分子开始用马克思主义观察国家发展道路，决定"走俄国人的路"。[①] 经过28年艰苦卓绝的斗争，中国共产党领导全国人民创建了新中国，并成功建立和发展了社会主义制度。新中国的成立，不仅壮大了世界社会主义阵营，而且显示了社会主义强大的生命力。在我国社会主义革命和建设中，尽管也经历了极其曲折的过程，尤其在苏联解体、东欧剧变后，世界社会主义运动遭遇前所未有的挑战，但是中国经受了考验，顶住了多方压力，创造了令人瞩目的成就。新中国70多年的社会主义现代化建设，充分体现了社会主义制度的优越性，也令世界看到了社会主义运动的希望与前景。

第四，新中国史是当代世界史中不可或缺的重要内容。在人类历史上，新航路开辟后世界开始连成一体。近代以来的世界历史充分表明，各国的发展都不是孤立的。各国经济、政治、文化、社会等领域的发展，既受世界大环境的影响，也影响了世界历史发展的进程。纵观新中国70多年的建设和发展历史，应该说，中国的建设成就一方面受益于借鉴世界发达国家的先进经验和发展中国家的互助，另一方面，中国在建设和发展中开辟的新道路、提出的新方案，尤其是中国庞大的经济体量、强大的综合国力和先进的国家治理模式也极大地推动了当今世界历史进程。70多年的历史充分证明，中国的发展离不开世界，世界的发展也不能离开中国。

总之，第三个历史决议昭示的大历史观为我们全方位、多视角审视新中国的历史方位提供了范本。

以中华民族伟大复兴为主题创建了新中国史研究新范式

自美国学者托马斯·库恩在《科学革命的结构》中阐述范式理论后[②]，范式问题逐渐成为学术界讨论的一个关于研究方法的话题。如在中国近代史研究中，经常会听到"革命史范式"、"现代化范式"、"冲击与回应范式"、"国家与社会范式"等。这些范式从不同视角

---

① 《毛泽东选集》第4卷，人民出版社1991年版，第1471页。

② 托马斯·库恩提出，凡是具有以下两个特征的成就，他便将其称之为"范式"，即其成就空前地吸引一批坚定的拥护者，使他们脱离科学活动的其他竞争模式，同时，这些成就又足以无限制地为重新组成的一批实践者留下有待解决的种种问题。这是一个与"常规科学"密切相关的术语。参见[美]托马斯·库恩《科学革命的结构》，金吾伦等译，北京大学出版社2003年版，第9页。

考察中国近代历史的演进，促进了有关中国近代史研究的不断深化。史学研究范式涉及从何种视角来观察历史进程，涉及历史发展的主题、历史研究体系、历史叙事方式等一系列问题。目前，新中国史研究主要存在以下两种研究范式：

一种是从国家发展史视角来观察新中国历史进程，可称之为"国史范式"。对此，程中原认为，新中国史就是"中华人民共和国建立、巩固和发展的历史"。① 朱佳木则在《论中华人民共和国史研究》一文中更加详细阐述了新中国史研究的对象、内容及发展主线。他认为，新中国史"是中国历史的现代部分或当代部分"，其研究对象就是"1949年以后中华人民共和国领土之内（包括领空、领海、岛礁）的社会及社会与自然界相互关系发展变化过程"，其研究内容"不仅包括政治、经济、社会、科技、教育、文化、外交、军事等内容，也包括人类活动造成的生态灾害，或气候异常、地震、泥石流等给人类造成的自然灾害"。新中国史研究就是"通史研究"，其发展主线不是单线条的，至少有三条，即"探索中国社会主义的发展道路，争取早日实现中国的工业化和现代化，维护中国的国家安全、主权和领土完整"，这三条主线既相互区别又相互联系，共同影响和左右着新中国史的发展。② 应该说，现今出版的有关新中国通史类著作大多秉持"国史范式"来构建其研究体系，阐述新中国史的演进脉络。如当代中国研究所著的五卷本《中华人民共和国史稿》，各卷内容基本是按通史体例来构建其框架，内容涉及新中国政治、经济、外交、国防、文化教育等各个领域。③

另一种是从社会主义建设史视角来观察新中国历史的演进，可称之为"社会主义史范式"。对此，李力安认为，新中国史"就是科学社会主义在中国的实践史"。④ 张启华则进一步指出，新中国史就是"中国共产党领导中国各族人民，把科学社会主义的普遍真理与中国具体实际相结合，探索适合中国国情的社会主义道路，逐步形成中国特色社会主义的理论和实践的历史"。⑤ 在现今出版的有关新中国史著作中也不乏持"社会主义史范式"来阐述历史发展进程。如郭大钧主编的《中华人民共和国史》，全书三章的题目分别是"从新民主主义向社会主义的过渡""社会主义建设在探索中曲折发展""建设中国特色社会主义道路的开拓"，可见，该书中新中国史的主线就是社会主义发展史。⑥

---

① 程中原：《中华人民共和国史研究的回顾和前瞻》，《当代中国史研究》2004年第5期。
② 朱佳木：《论中华人民共和国史研究》，《当代中国史研究》2009年第1期。
③ 参见《中华人民共和国史稿》（全5卷），人民出版社、当代中国出版社2012年版。
④ 李力安：《谈谈国史研究的指导思想和方法问题——在国史研究的理论和方法学术研讨会开幕式上的讲话》，《当代思潮》2000年第5期。
⑤ 张启华：《对建国后党史主线的一点认识——兼谈如何看待历史失误》，《中共党史研究》2005年第1期。
⑥ 参见郭大钧《中华人民共和国史（1949—1993）》，北京师范大学出版社1995年版。

第三个历史决议基于唯物史观,以历史大视野,把百年党史和70余年新中国史置于中华民族伟大复兴进程中,揭示了近代以来中国历史发展的主题就是实现中华民族伟大复兴,从而创造性地提出了党史、新中国史研究的新范式。我们可把这种研究范式称之为"中华民族复兴史范式"。以实现中华民族伟大复兴为主题,第三个历史决议把新中国70多年的历史划分为三个时期:一是从新中国成立到改革开放前夕,为实现中华民族伟大复兴奠定了根本政治前提和制度基础;二是从改革开放到党的十八大召开,为实现中华民族伟大复兴提供了充满活力的体制保证和快速发展的物质条件;三是党的十八大以来,中国特色社会主义进入新时代,各项建设事业取得历史性成就,为实现中华民族伟大复兴提供了更为完善的制度保证、更为坚实的物质基础、更为主动的精神力量。① 纵观70多年的新中国史,就是一部实现中华民族伟大复兴的历史,新中国成立、改革开放、中国特色社会主义进入新时代,是其进程中的三座丰碑。

1949年新中国成立,是中华民族伟大复兴进程中一件具有里程碑意义的重大事件。新中国的成立,向全世界庄严宣告:"中国人民从此站起来了,中华民族任人宰割、饱受欺凌的时代一去不复返了,中国发展从此开启了新纪元。"② 此后,在全国各族人民共同努力下,进行了社会主义革命,推进了社会主义建设,实现了从新民主主义到社会主义的转变,实现了从落后的农业国向先进的工业国的历史性转变,并逐步建成了独立的比较完整的工业体系和国民经济体系。从新中国成立到改革开放前夕,新中国史之于实现中华民族伟大复兴历史进程的意义,就是为实现中华民族伟大复兴奠定了根本政治前提和制度基础、物质基础。

1978年,党的十一届三中全会作出改革开放的重大决策,是实现中华民族伟大复兴进程中又一件具有里程碑意义的重大事件。实践证明,改革开放开创的中国特色社会主义道路是实现中华民族伟大复兴的正确之路:从实行家庭联产承包责任制为突破口的农村经济体制改革到社会主义新农村建设,从兴办深圳等经济特区到上海浦东开发开放,从搞好国营大中小企业到深化国资国企改革,从发展个体私营经济到社会主义市场经济体制建立,等等,这一系列改革开放举措解放和发展了社会生产力,使人们摆脱贫困并富裕起来,综合国力得到了极大提升。从改革开放后到党的十八大,新中国史之于实现中华民族伟大复兴进程的意义,就是为实现中华民族伟大复兴提供了充满活力的体制保证和快速发展的物质条件。

2012年党的十八大宣告中国特色社会主义进入新时代,这是中华民族伟大复兴进程中又一件具有里程碑意义的重大事件。以习近平同志为核心的党中央面对中国社会主要矛盾的变化、世界百年未有之大变局,牢记实现中华民族伟大复兴之使命,提出了一系列新理论新

---

① 《中共中央关于党的百年奋斗重大成就和历史经验的决议》,《人民日报》2021年11月17日。
② 《中共中央关于党的百年奋斗重大成就和历史经验的决议》,《人民日报》2021年11月17日。

思想新战略，制定了一系列重大方针政策，推出了一系列重大举措，推动新中国政治建设、经济建设、文化建设、社会建设、生态文明建设取得了历史性成就，为实现中华民族伟大复兴提供了更为完善的制度保证、更为坚实的物质基础、更为主动的精神力量，中华民族伟大复兴进入不可逆转的进程。

第三个历史决议以实现中华民族伟大复兴为主题，创建的"中华民族复兴史范式"，对我们准确把握新中国史的主题、构建新中国史的主线、进一步深化新中国史研究，无疑具有重要的方法论上的指导意义。

基于正确党史观提出了可资新中国史研究的方法范例

正确党史观是学习和研究党史的基本观点和方法。第三个历史决议运用正确党史观对党的百年奋斗伟大成就和历史经验的总结，提出了一系列可资新中国史研究利用的基本观点和方法范例。

（一）用具体历史的、客观全面的、联系发展的观点看待历史

早在1942年延安整风期间，毛泽东在谈到如何研究党史时就明确指出："根本的方法马、恩、列、斯已经讲过了，就是全面的历史的方法。"[1] 邓小平认为："每个党、每个国家都有自己的历史，只有采取客观的实事求是的态度来分析和总结，才有好处。"[2] 2021年2月，习近平在党史学习教育动员大会上也明确指出："要树立正确党史观"；"唯物史观是我们共产党人认识把握历史的根本方法"。[3] 在负责起草第三个历史决议过程中，习近平更是强调要以正确党史观来总结党的百年奋斗重大成就和历史经验，"坚持辩证唯物主义和历史唯物主义的方法论，用具体历史的、客观全面的、联系发展的观点来看待党的历史"。[4]

用具体历史的、客观全面的、联系发展的观点看待历史，既是研究党史的基本观点，也是研究新中国史的态度和方法。例如，要正确认识改革开放前后两个历史时期的关系，我们就必须坚持上述观点和方法。一方面，我们要用具体历史的、客观全面的观点评价改革开放前的历史，绝不能用改革开放后所取得的伟大成就去否定改革开放前的历史。应该看到，从新中国成立到改革开放前夕，在党的领导下，我国完成了社会主义革命，消灭了剥削制度，通过深刻的社会变革，实现了大步迈进社会主义社会的伟大飞跃。在社会主义建设道路的探索过程中，虽然经历了严重曲折，但我国在社会主义革命和建设中取得的独创性理论成果和

---

[1]《毛泽东文集》第2卷，人民出版社1993年版，第400页。
[2]《邓小平文选》第3卷，人民出版社1993年版，第272页。
[3] 习近平：《在党史学习教育动员大会上的讲话》，《求是》2021年第7期。
[4] 习近平：《关于〈中共中央关于党的百年奋斗重大成就和历史经验的决议〉的说明》，《人民日报》2021年11月17日。

巨大成就，为改革开放后中国特色社会主义现代化建设奠定了根本政治前提和坚实的制度基础、物质基础。另一方面，我们还要用联系发展的观点去认识这两个历史时期的内在统一关系。虽然这两个历史时期的方针政策及实践层面有很大的区别，但两者不是彼此割裂的，更不是对立的。前后两个历史时期的区别并不是社会基本制度的区别，不是领导国家建设事业核心力量的区别，更不是国家建设目标的区别。前后两个历史时期实行的都是社会主义制度，领导国家建设事业的核心力量都是中国共产党，国家建设目标都是为了建设社会主义现代化强国，都是为了实现中华民族的伟大复兴。我们用辩证的、联系发展的观点去看待改革开放前和改革开放后两个历史时期，两个历史时期都是我国社会主义现代化进程中不可或缺的，也是中华民族伟大复兴进程中不可或缺的。没有改革开放前打下的理论基础、制度基础和物质基础，改革开放和中国特色社会主义道路也难以起步。但没有实行改革开放，并坚定不移地坚持社会主义方向，社会主义中国的各项建设事业也不可能取得如此伟大成就。

（二）要准确把握历史发展的主题主线

毛泽东在谈到如何研究中共党史时曾指出："我们是用整个党的发展过程做我们研究的对象，进行客观研究，不是只研究哪一步，而是研究全部；不是研究个别细节，而是研究路线和政策。"[①] 毛泽东要求我们重点研究党的路线和政策，实际上就是要求我们在研究党史时要重点把握好党史的主题主线。习近平在谈到如何树立正确党史观时也明确指出："要坚持以我们党关于历史问题的两个决议和党中央有关精神为依据，准确把握党的历史发展的主题主线、主流本质，正确认识和科学评价党史上的重大事件、重要会议、重要人物。"[②] 准确把握历史发展的主题主线，是用正确党史观看待历史的基本态度和方法。第三个历史决议基于正确党史观准确把握了党百年历史发展的主题主线，为我们如何研究新中国史提供了方法范例。研究新中国史，不能局限于个别细枝末节，而要准确把握新中国史的主题主线。那么，什么是新中国史的主题主线呢？

如前文所述，第三个历史决议已经昭示了新中国史的主题是实现中华民族伟大复兴，因此，实现中华民族伟大复兴就构成了新中国史的主线。目前，学术界关于新中国史的主题主线仍有不同认识。例如，有观点认为新中国历史发展的主题就是建设现代化国家，新中国史就是"建设富强民主文明和谐的社会主义现代化国家的历史"。[③] 如从现代化视角来看，从新中国成立初期建设工业化国家目标的提出、20世纪六七十年代"四化"建设的开展，到改革开放后"小康社会"的建设，尤其是党的十八大后中央关于全面建成社会主义现代化

---

① 《毛泽东文集》第2卷，人民出版社1993年版，第399页。
② 习近平：《在党史学习教育动员大会上的讲话》，《求是》2021年第7期。
③ 齐鹏飞：《关于"国史"研究和"国史"学科建设若干问题的再认识》，《中共党史研究》2008年第3期。

强国的战略安排，建设现代化国家也的确是新中国历史发展的一条主线。

历史发展的主题究竟是一个还是可以多个？历史发展的主线究竟是一条还是可以多条？邓小平在谈到世界时代主题时曾指出有两大主题："一个是和平问题，一个是经济问题或者说发展问题。"① 由此，我们也可理解新中国史的主题可以有多种表述，主线也可以多条呈现。笔者认为，这些主题是互相联系的，主线是并行不悖的。不同历史主题的表述，只是观察历史发展的视域不同、视角不同。在实现中华民族伟大复兴主题主线下，实际上蕴含了社会主义建设和现代化强国建设的主题主线内容。但不论何种表述，新中国史研究必须准确把握历史发展的主题主线，不拘泥于个别细节，这是我们研究新中国史的基本态度和方法。

（三）要正确对待历史前进道路上经历的失误和曲折

历史发展道路并不是一路平坦，总会经历一定的崎岖与曲折。党在领导全国人民奋进的过程中取得了巨大的成就，但也经历了失误与曲折。如何正确对待党在历史前进道路上经历的失误和曲折？习近平在《关于〈中共中央关于党的百年奋斗重大成就和历史经验的决议〉的说明》中明确指出，我们要"正确对待党在前进道路上经历的失误和曲折，从成功中吸取经验，从失误中吸取教训，不断开辟走向胜利的道路"。② 第三个历史决议秉持正确党史观，在充分论述党的百年奋斗历史经验的同时，能正视党在新民主主义革命过程中出现的以陈独秀为代表的右倾思想发展为右倾机会主义错误、王明"左"倾教条主义错误等给革命事业带来的教训，能正视在社会主义建设道路上经历的"大跃进"运动、人民公社化运动、"文化大革命"（以下简称"文革"）等失误给建设事业带来的惨痛教训。第三个历史决议对党史上失误与曲折的正确认识，为我们深化新中国史研究提供了方法范例。

在新中国历史发展过程中，我们取得了伟大成就，但也存在失误。新中国史研究该如何看待失误与曲折？改革开放以来，我们取得了举世瞩目的成就，但社会上有一种议论，认为从新中国成立到改革开放前夕，我国在社会主义革命和建设中出现了一系列失误，因此错误地认为这一时期国家的建设和发展主要是失误。有人更是把新中国历史描绘得漆黑一团，如我国台湾地区的高中历史教材对新中国历史并未能做实事求是的评价，无视新中国所取得的伟大成就，而是用大量篇幅渲染党在社会主义建设道路探索中的曲折和失误。为了贬低新中国改革开放以来所取得的成就，其教材还故意把新中国的经济发展、人民收入、教育发展等数据截止到20世纪80年代。③

能否正确认识新中国史上的成就与失误？这实际涉及能否准确把握新中国历史发展的主

---

① 《邓小平文选》第3卷，人民出版社1993年版，第105页。
② 习近平：《关于〈中共中央关于党的百年奋斗重大成就和历史经验的决议〉的说明》，《人民日报》2021年11月17日。
③ 参见王仲孚《普通高级中学历史》第2册，康熹文化事业股份有限公司2008年版，第211—242页。

流问题。要正确看待新中国历史发展中的失误与曲折，还是应秉持实事求是的原则，具体情况具体分析。毛泽东在谈到如何认识党史上出现的错误问题时明确指出："处理历史问题，不应着重于一些个别同志的责任方面，而应着重于当时环境的分析，当时错误的内容，当时错误的社会根源、历史根源和思想根源"；"对于任何问题应取分析态度，不要否定一切。"①毛泽东在这里所说的"分析态度"，笔者认为应包含以下几种。

一是要分析失误和错误的涉及面，是个别、局部现象还是普遍、全局性的问题。如在新中国成立后的土地改革运动以及在社会主义改造运动中出现的"过于简单划一"问题，只能算是个别的、局部性的问题。这些问题的出现，虽在当时产生了不良的影响，但一经发现，很快得到了纠正，因而并没有影响我国土地改革的胜利完成，也未影响生产资料私有制的社会主义改造的胜利完成。但如"文革"的出现，时间之长、影响之广，则是全局性的错误，导致我国的社会主义建设道路发生严重曲折。即使如此，我们也不能简单地把"文革"与"文革"时期等同起来。正如《关于建国以来党的若干历史问题的决议》所述："文革"是"全局性的、长时间的严重错误"，但在"文革"时期，"我国社会主义制度的根基仍然保存着，社会主义经济建设还在进行，我们的国家仍然保持统一并且在国际上发挥重要影响"。②因此，我们应当彻底否定"文革"，但不能简单地否定"文革"时期全体人民所做的必要工作和建设中所取得的成就，更不能否定这一时期我国的社会主义性质。

二是要分析造成失误和错误的原因。新中国成立后，我国在社会主义革命和建设过程中出现的失误和曲折，既有客观原因，也有主观原因。从客观上说，在"一穷二白"的农业大国进行建设，物质基础不够，为了发展工业，加大了对农业、农民的征收，这既影响了农村建设，也影响了我国工农业的协调发展。另外，在我国进行社会主义建设，实践不够，缺少经验。新中国成立后的一段时间内，虽然在苏联的帮助下，我国很快恢复了国民经济秩序，建立起社会主义经济体制，但在新中国前30年的建设和发展中出现的一些失误或错误，一定程度上是受苏联经验的影响。从主观上说，出现的失误与错误，与我们的思想方法、工作方法、工作作风有关。应该说，因主观因素导致的错误是可以避免的。这也是我们在新中国史研究中需加以重点总结的，要引以为鉴。

三是要把失误和曲折与同期所取得的成就置于同一历史时空中加以分析，并用联系发展的观点准确把握历史发展的主流。新中国前30年的历史中确实出现了一些失误与错误，但在同一历史时期内，我国仍取得了一系列令世人瞩目的成就。如工业方面，经过连续几个五年计划，逐步建成了一批门类比较齐全的基础工业项目，建立起独立的比较完整的工业体系

---

① 《毛泽东选集》第3卷，人民出版社1991年版，第938页。
② 《关于建国以来党的若干历史问题的决议》，《人民日报》1981年7月1日。

和国民经济体系。农业方面，通过兴修水利、农田基本建设、提倡科学种田，较大幅度提高了粮食生产水平和抵御自然灾害的能力。此外，在科技、国防、外交等方面也取得了卓越成就。因此，纵观新中国前30年的历史，我国确实出现了一些失误，有些失误甚至是全局性的。这些失误使我国的社会主义建设事业遭到了严重的挫折和损失，其教训极其惨痛。对此，我们绝不能掩饰，否则我们难以吸取教训。但我们也不能夸大其影响，更不能由于前进道路中出现失误与曲折而全面否定新中国前30年历史。如果把新中国所取得的成就和出现的失误置于新中国70多年的历史进程中加以考察，我们就不难看出成就是主要的，失误只是局部的。如果把70多年的新中国史比作一条历史长河，取得的成就就是主流，失误只是支流。纵观新中国70多年的历史，全国人民在党的领导下开展的社会主义革命和建设并取得伟大成就，始终是新中国史发展的主流。

伴随着实现中华民族伟大复兴历程的推进，新中国已走过70多年历程，新中国史研究也经历了从初创、发展到繁荣的过程。如何深化新中国史研究，仍是我们史学研究工作者需进一步思考的问题。第三个历史决议是一篇正确认识、分析、总结、书写历史的经典文献，它昭示的史学认识、史学研究态度和史学研究方法，无不为我们深化新中国史研究树立了典范。

（原载于《当代中国史研究》2022年第4期）

新中国史研究三题

金光耀

复旦大学历史学系

新中国史是中国几千年历史长河中最贴近我们并且我们仍身处其中的一段历史。加强对新中国史的研究与学习对于我们认识国情、走中国特色社会主义道路十分重要。与其他时段的中国历史研究相比，新中国史的研究起步晚，学术积累相对少，但同时也存在历史感更强、资料更加丰富等便利条件，尤其是随着国家不断发展壮大，有更多需要不断拓展的研究领域，也需要有更多的学者尤其是年轻人的加入，一起推进其发展。改革开放以来，新中国史研究持续繁荣发展，成效卓著。在此过程中，1981年党的十一届六中全会通过的《关于建国以来党的若干历史问题的决议》（以下简称第二个历史决议）对新中国史研究有着重要的奠基和指导作用，为我们开展新中国史研究提供了指导思想和基本原则。[1] 2021年11月11日，党的十九届六中全会通过《中共中央关于党的百年奋斗重大成就和历史经验的决议》（以下简称第三个历史决议），既肯定了第二个历史决议的"基本论述和结论至今仍然适用"[2]，又对新中国成立以来的历史有诸多新的重要论述，为我们继续深化新中国史研究提供了重要参照。笔者多年从事新中国史研究与教学，拟结合对第三个历史决议的学习以及个人的工作体会，对新中国史研究的理论与方法略述己见。

重视历史和历史书写是中国共产党的传统

中国有悠久的修史传统。论者通常将司马迁与修昔底德并称为中国与西方的历史学之父，"究天人之际，通古今之变，成一家之言"[3] 是司马迁撰写《史记》的志向，也成为中国历代史家追求的目标。中国共产党继承了这一传统，十分重视历史经验的总结和书写，形成了编撰党史的传统。从1945年党的六届七中全会通过的《关于若干历史问题的决议》（以下简称第一个历史决议），到1981年党的十一届六中全会通过的第二个历史决议，再到

---

[1] 参见陈东林《论〈关于建国以来党的若干历史问题的决议〉对国史研究的奠基和指导作用》，《毛泽东邓小平理论研究》2010年第9期。
[2] 《中共中央关于党的百年奋斗重大成就和历史经验的决议》，《人民日报》2021年11月17日。
[3] 班固：《汉书》卷62《司马迁传》，中华书局1962年版，第2735页。

2021 年党的十九届六中全会通过的第三个历史决议，就是中国共产党重视历史经验总结和历史书写的具体体现。

1945 年的第一个历史决议回顾和总结了中国共产党成立 24 年来的历史，对党内若干重大的历史问题做出正确的结论，为党的七大的召开奠定了思想基础，使全党达到空前的统一和团结。① 1981 年的第二个历史决议回顾和总结了新中国成立后 32 年的历史，标志着"文化大革命"（以下简称"文革"）结束后中国共产党在指导思想上完成了拨乱反正的历史任务，为改革开放打开了前进的道路。② 2021 年的第三个历史决议以更宏观的视野全面总结了中国共产党成立百年来的重大成就和历史经验，为在新时代更好地坚持和发展中国特色社会主义指明了方向。③ 三个历史决议集中体现了中国共产党及其领导人对党自身历史的认识和总结，对于我们认识、理解、学习、研究党史和新中国史具有重要的理论意义与现实价值。

如前文所述，第三个历史决议明确指出，前两个历史决议"实事求是总结党的重大历史事件和重要经验教训，在重大历史关头统一了全党思想和行动，对推进党和人民事业发挥了重要引领作用，其基本论述和结论至今仍然适用"。④ 因此，三个历史决议是前后连贯的一个整体。因为第一个历史决议只总结了中国共产党成立最初 24 年的历史及经验教训，对新中国史的研究而言，后两个历史决议尤其是第三个历史决议尤为重要。

三个历史决议是中国共产党对自身历史认识的结晶。需要强调的是，中国共产党对自身历史的认识是随着党的实践不断深化、与时俱进的，这也是人类认识自身的基本规律。第二个历史决议成稿于改革开放初期，"文革"结束后的历史转折刚刚开始，中国共产党即深刻地认识到这是"我党历史上具有深远意义的伟大转折"。⑤ 因为当时这一历史转折还在进行中，决议对这一转折时期的叙述还只是初步。随着改革开放的深入进行，在第二个历史决议的指导下，中国共产党对这一伟大历史转折的认识在不断深化。2011 年出版的《中国共产党历史（1949—1978）》对历史转折时期的叙述就更为具体，评判也更为全面⑥，表明中国共产党对转折时期的认识随着自身实践而与时俱进。第三个历史决议则是站在百年党史的角度，对这一历史转折做了更加全面的评价："党的十一届三中全会以后，以邓小平同志为主要代表的中国共产党人，团结带领全党全国各族人民，深刻总结新中国成立以来正反两方面经验，围绕什么是社会主义、怎样建设社会主义这一根本问题，借鉴世界社会主义历史经

---

① 《建党以来重要文献选编（1921—1949）》第 22 册，中央文献出版社 2011 年版，第 73—112 页。
② 《关于建国以来党的若干历史问题的决议》，《人民日报》1981 年 7 月 1 日。
③ 《中共中央关于党的百年奋斗重大成就和历史经验的决议》，《人民日报》2021 年 11 月 17 日。
④ 《中共中央关于党的百年奋斗重大成就和历史经验的决议》，《人民日报》2021 年 11 月 17 日。
⑤ 《关于建国以来党的若干历史问题的决议》，《人民日报》1981 年 7 月 1 日。
⑥ 参见《中国共产党历史（1949—1978）》第 2 卷下册，中共党史出版社 2011 年版。

验，创立了邓小平理论，解放思想，实事求是，作出把党和国家工作重心转移到经济建设上来、实行改革开放的历史性决策，深刻揭示社会主义本质，确立社会主义初级阶段基本路线，明确提出走自己的路、建设中国特色社会主义，科学回答了建设中国特色社会主义的一系列基本问题，制定了到二十一世纪中叶分三步走、基本实现社会主义现代化的发展战略，成功开创了中国特色社会主义。"[1] 可见，我们学习第三个历史决议时应该具有这样的历史感，即我们对历史的认识会随着社会发展进步而不断推进。与此同时，经过实践检验和岁月沉淀，中国共产党对历史的认识也会越来越全面和深刻。这既是我们学习第三个历史决议应有的实事求是态度，更是我们开展新中国史研究与教学的重要方法指引。

新中国史研究的时间与空间

学习和研究历史离不开时间和空间两个因素。新中国从1949年成立到现在走过了70多年的历程，但要完整准确地理解新中国的历史，就不能仅仅盯着这70多年，而应该将眼界放宽。第三个历史决议就以宽广的视野总结了百年来中国共产党团结带领全国人民不懈奋斗的历史，为我们从更加宏阔的视野开展新中国史研究与教学做了很好的示范。第三个历史决议指出："党和人民百年奋斗，书写了中华民族几千年历史上最恢宏的史诗"；"全党要坚持唯物史观和正确党史观，从党的百年奋斗中看清楚过去我们为什么能够成功、弄明白未来我们怎样才能继续成功"；"中国共产党立志于中华民族千秋伟业，百年恰是风华正茂。过去的一百年，党向人民、向历史交出了一份优异的答卷。现在，党团结带领中国人民又踏上了实现第二个百年奋斗目标新的赶考之路"。[2] 可见，开展新中国史研究与教学既要着眼过去又要放眼未来，既要立足中国又要面向世界。

1949年10月1日，五星红旗在天安门广场升起标志着新中国的诞生，是20世纪中国历史发展中的一个界标。但"新""旧"中国并不能因此而截然断开。毛泽东诗词中有歌颂新中国的名句"雄鸡一唱天下白"，[3] 从漫漫长夜到雄鸡报晓，并不是瞬间完成转换的，从黑夜到日出有一个东方欲晓的过程。因此，要更好地理解新中国的历史就不能机械地以1949年为界，限制自己的视野。中国共产党是中华人民共和国的执政党，这个执政党在延安时期成长为一个成熟的政党，形成了以毛泽东同志为核心的党的第一代中央领导集体，有了以自己领袖命名的指导思想以及一套完整的组织和思想建设机制，这些对新中国的发展有着深远而持久的影响。因此，完整地把握和准确地理解1949年前中国共产党的成长和发展，

---

[1] 《中共中央关于党的百年奋斗重大成就和历史经验的决议》，《人民日报》2021年11月17日。
[2] 《中共中央关于党的百年奋斗重大成就和历史经验的决议》，《人民日报》2021年11月17日。
[3] 《毛泽东年谱（1949—1976）》第1卷，中央文献出版社2013年版，第204页。

是研究新中国史必不可少的前提条件。

共产党是打败了国民党才建立起新中国的，推而广之，民国时期的历史、近代中国的历史都是我们认识和研究新中国史的重要前提。20世纪上半叶中国走向现代化进程中的发展、挫折和失败，是20世纪下半叶新中国社会主义发展必不可少的参照系，将两者放在20世纪中国历史的天平上，能使我们从一个较长的时段来认识和评析新中国的历史。这一点尤其应该引起青年学者和学生的重视。新中国史是一门年轻的学科，年岁稍长些的研究者在进入这一领域前，大都做过1949年以前历史的研究，而年轻一代往往一进入历史研究就一头扎入1949年后的历史。这样的好处是主攻方向明确，但容易受限于视野不够开阔，对此要有清醒的认识。

时间的另一端是当下。马克思在《〈政治经济学批判〉导言》中说："人体解剖对于猴体解剖是一把钥匙。低等动物身上表露的高等动物的征兆，反而只有在高等动物本身已被认识之后才能理解。"① 马克思的这句话是笔者读本科时听老师在课堂上讲的。当年体会不深，甚至认为应该反过来讲，猴体解剖才是人体解剖的钥匙，就像生物实验室中通常所做的。但40多年来改革开放的进程，让笔者理解了这段话所蕴含的哲理。社会主义制度的建立和发展是新中国史的一条主线。40多年来改革开放的实践使我们对社会主义有了更全面的认识。正如邓小平所指出的："只有对内、对外开放才有利于发展生产力，增强我国的力量。我们过去多年搞的是苏联的方式，这是一种僵化的方式，实际上是把整个社会和人民的手脚都捆起来了。""改革是社会主义制度的自我完善，在一定的范围内也发生了某种程度的革命性变革。这是一件大事，表明我们已经开始找到了一条建设有中国特色的社会主义的路子。在改革中，我们始终坚持两条根本原则，一是以社会主义公有制经济为主体，一是共同富裕。"② 改革开放40多年来，中国特色社会主义制度日益完善，推动中国经济上了一大个台阶。到2021年，中国经济总量超114万亿元，人均国内生产总值80976元。③ 今天回过头去看社会主义制度在中国的建立以及之后的发展历程，原先看不清楚的历史进程就可以看得清楚些，原先不全面的认识可以变得全面些、客观些。因此，研究新中国史一定要关注和了解当下中国的政治、经济、文化、社会等各个方面，以获得历史的纵深感来剖析和理解已经过去的历史。研究古代史，或可以两耳不闻窗外事，但研究新中国史，不关注当下是无法作出有深度的研究的。

所谓空间因素，首先就是中国与世界的关系。梁启超曾经将中国的历史分为"中国之

---

① 《马克思恩格斯全集》第12卷，人民出版社1962年版，第756页。
② 《邓小平思想年编（1975—1997）》，中央文献出版社2011年版，第497—498、501、556—557、559页。
③ 《"十四五"中国经济开局良好》，《人民日报》2022年1月18日。

中国"、"亚洲之中国"和"世界之中国"三个阶段，分别对应"上世史"、"中世史"和"近世史"，其中最后一个阶段起自乾隆末年。① 葛兆光称1895年以后中国开始从"天下"走出来，进入"万国"，不得不面对一个全新的世界秩序。② 显然，进入20世纪后，中国已经与世界越来越连为一体，不可分割了。要研究20世纪的中国，必须了解世界，了解并研究中国与世界的关系。新中国成立时，冷战已经开始，世界分成以苏联为首的社会主义阵营和以美国为首的资本主义阵营。因此，如果要更好地开展新中国史研究，尤其是对一些涉及党和国家重大政策的分析，就必须将其置于世界历史的框架之下。以新中国成立初期的"一边倒"方针的出台为例，就不得不考虑当时的国际国内局势。这一方针的提出，是毛泽东在总结中国革命历史经验的基础上，从当时整个国际战略格局，主要是美国等帝国主义国家对新中国采取敌视态度并实行包围封锁这个现实情况出发的。③ 这样做，"才有可能迫使帝国主义就我之范"。④

  中国与世界的关系，不仅仅是外部世界和国际格局对中国的影响，也有中国对世界的影响。改革开放前，中国处于相对封闭的环境，但对外部世界的影响仍不能忽视。美国学者理查德·沃林的著作《东风：法国知识分子与20世纪60年代的遗产》就论述了毛泽东思想对法国"五月风暴"的影响。⑤ 这种影响不仅是对法国及其知识分子的，通过法国知识分子对毛泽东思想的理解和所付诸的行动，也使我们增加了一个外部视角来认识和理解新中国史。德国学者史傅德在复旦大学任教期间与笔者合开过一门全校通识课，我们分别从欧洲和中国的视角讨论60年代的历史，这样的讲授不仅深受学生喜爱，笔者也从史傅德有关欧洲的历史讲授中获得启发，加深了对当时中国的认识，并对自己讲授的内容有新的补充。改革开放后，中国与世界的联系日益紧密，影响更加深刻。正如习近平所强调的："今日之中国，不仅是中国之中国，而且是亚洲之中国、世界之中国。"⑥

  中国与世界的关系之外，中国内部的空间因素也不能忽略。中国是一个幅员辽阔、人口众多、地区差异很大的国家，因此长期以来区域发展存在一定差异。对此，邓小平明确指出："走社会主义道路，就是要逐步实现共同富裕。共同富裕的构想是这样提出的：一部分地区有条件先发展起来，一部分地区发展慢点，先发展起来的地区带动后发展的地区，最终达到共同富裕。如果富的愈来愈富，穷的愈来愈穷，两极分化就会产生，而社会主义制度就

---

① 梁启超：《中国历史研究法》，中国书籍出版社2017年版，第300—301页。
② 葛兆光：《宅兹中国——重建有关"中国"的历史论述》，中华书局2011年版，第2页。
③ 《毛泽东传》三，中央文献出版社2011年版，第1018页。
④ 《邓小平文选》第1卷，人民出版社1994年版，第134页。
⑤ 参见[美]理查德·沃林《东风：法国知识分子与20世纪60年代的遗产》，董树宝译，中央编译出版社2017年版。
⑥ 习近平：《深化文明交流互鉴 共建亚洲命运共同体》，《人民日报》2019年5月16日。

应该而且能够避免两极分化。"① 有鉴于此，学界对新中国区域历史的探讨已经非常充分，并取得了较为丰富的成果，② 但值得注意的是，随着时代发展、社会进步以及新的理论和问题的产生，区域间的差异问题仍然值得进一步探讨，而以地方为研究路径的新中国史取向仍会是一个重要选择。在这方面，《当代中国史研究》便进行了很好的实践，刊发了不少当代地方历史研究佳作。

总之，在更长的时段和更广的空间中，新中国的历史可以展现其更完整立体的面相，研究者也得以更全面地认识和理解这一段历史，既可以更好地深化对相关问题的研究，也能为相关学科的发展提供历史知识和历史智慧。

新中国史研究的史料

第三个历史决议总结了中国共产党的百年奋斗历史经验，其中重要的一条就是"坚持人民至上"："党的根基在人民、血脉在人民、力量在人民，人民是党执政兴国的最大底气。民心是最大的政治，正义是最强的力量。党的最大政治优势是密切联系群众。"③ 习近平在庆祝中国共产党成立100周年大会上的讲话中也明确指出："人民是历史的创造者，是真正的英雄"；"我们取得的一切成就，是中国共产党人、中国人民、中华民族团结奋斗的结果"。④ 可见，新中国史不但需要关注党和国家的历史，也需要关注广大人民群众参与国家建设、创造中国奇迹的历史，因此，从这个角度来看，新中国史研究的史料也就更加广泛，这对我们开展相关研究既是便利条件，同时也提出了更多更高的要求。

研究历史需要从史料出发是一个常识。新中国史的史料与古代史、近代史的史料相比，最大的特点是多，汗牛充栋、浩如烟海的形容一点也不夸张。古代史尤其是中古以前的历史，不少史事或人物，因缺乏足够的史料，需要靠推理和想象将不完整的资料串联起来，才能构建一个完整的叙述框架。一般来说，古代史对一个专题的研究，在史料上可以做到竭泽而渔一网打尽，但在新中国史的研究中，这是一个不可能完成的任务，因为史料几乎是无法穷尽的。

新中国史的史料在种类上十分繁多。除了官方档案和报刊外，有大量领导人和普通人物的回忆录，有日记、书信、工作笔记等，许多普通人的日记书信通常被称为民间文献史料，还有研究者采访当事人的口述史料等。阅读古代史料需要古汉语基础，阅读新中国史料没有这一门槛，但面对不同种类的史料并非不需要相关的知识和技艺。比如报刊文章，绝大多数是政策宣传和典型报道，加之随着数据库的广泛应用，报刊资料可通过电脑检索获得，一些

---

① 《邓小平文选》第3卷，人民出版社1993年版，第373—374页。
② 参见徐进《"地域史研究的回顾、反思与展望"学术座谈会综述》，《中共党史研究》2017年第5期。
③ 《中共中央关于党的百年奋斗重大成就和历史经验的决议》，《人民日报》2021年11月17日。
④ 习近平：《在庆祝中国共产党成立100周年大会上的讲话》，《人民日报》2021年7月2日。

重要信息便可能被忽略，因此，我们需要回到历史现场，通过详细解读报刊资料及其历史语境，通过前后（即时间）左右（即版面内容）等对比分析，进一步挖掘史料及其背后的历史，以呈现出更加丰富深刻的历史图景。

尽管新中国史的史料数量浩瀚、种类繁多，但在研究中也会遇到史料少甚至完全没有的困境，包括以下两种情况：一是历史发生过程中没有留下记录；二是有些历史进程虽然留下了记录，但记录材料不易获得。历史上不少时段会留下带有自身时代特点的资料，如上古的竹简，中古的碑刻，还有如敦煌文书、徽州文书等，历史学家通过对这些资料的研究得以了解那个时代的社会历史。新中国的历史离我们最近，就是我们生活于其中的历史，有浩如烟海的民间文献史料，这是研究近代以前的历史学者不可能遇到的，也是研究新中国史的学者的独特机遇。

有论者指出，当代民间文献史料（主要包括文件、账簿、信函、日记、笔记等）以其反映基层社会的政治、经济、文化状况和普通农民的日常生活、人际交往、家庭关系、个人境遇等而成为中国当代社会史研究的主要史料来源之一，这类史料中的日记、笔记等对于研究社会心理是非常难得的，同时也要看到记载者难免会受到时政的影响，因而具有较大的主观性和片面性，运用时需要与历史事实相对照；而且这类史料一般以大队、村社为单位，资料分散，且个案性强，因此是否具有典型性和普遍意义是需要研究者十分注意的。① 确实，民间文献史料不易获得，其典型性和普遍意义也需要注意，但从近年来的相关研究来看，这方面的确也取得了一定进展。例如，一些研究人员通过集体化时期农村账簿等资料，对人民公社制度、农户收入等进行了较为系统的研究。② 因此，我们可以进一步拓展民间文献史料的搜集、整理和研究，实现民间文献史料和官方权威文献的互动，展现更加丰富多面立体的新中国史。

在民间文献史料中，要特别提一下日记和书信。近年来，知识分子尤其是文化名人的日记和书信已出版不少，引起学者的关注，开展了相关的研究。例如，2011年中华书局出版了12卷、600万字的《顾颉刚日记》，这就为我们开展相关研究提供了可能。笔者这里想指出的是，新中国史工作者也要重视普通人的日记和书信，以拓宽我们的研究范围并借此发现新的研究议题。笔者2015年主持的国家社会科学基金重大项目"知识青年上山下乡史料的搜集、整理和研究"中有一项子课题，专门搜集整理知识青年的日记和书信，已取得很大的进展，其中有的是日记主人从下乡第一天一直记到离开农村7年多时间的完整日记，有的是下乡4年多给父母亲的全部信件，也有知青恋人间长达数年近10万言的两地书。这些知识青年的日记和书信，展现了官方文件中缺失的历史面向，尤其是知识青年与当地农民的互

---

① 王爱云：《如何正确运用中国当代史料刍议》，《党的文献》2014年第6期。
② 相关研究成果可参见张乐天《告别理想——人民公社制度研究》，上海人民出版社2012年版；黄英伟《20世纪70年代农户收入研究》，社会科学文献出版社2018年版；等等。

动，他们在农村的生存状态以及他们的私人情感，而这恰恰是知青史以及新中国史研究的薄弱环节。对此，已有论者利用相关书信、日记开展了一些研究，如结合书信①以及官方档案、地方志等对电影与知识青年上山下乡的研究。② 不过，相较于近代史研究领域在这方面所取得的丰硕成绩而言，我们还有很大的拓展空间。例如，晚清山西举人刘大鹏的《退想斋日记》于20世纪80年代被发现以来，近代史学界已围绕该日记开展了深入研究。③ 新中国史研究者应该在结合官方权威文献的基础上，注重利用包括日记和书信在内的民间文献史料，开辟新中国史研究的新天地。

还值得一提的是，历史本就是一个立体而互动的过程，参与一方与被参与一方都会留下一些蛛丝马迹的信息，通过不断追溯相关历史进程的参与人，我们也能获得一些可以利用的历史资料。对此，新中国史研究的最大优势就是许多历史的亲历者还健在，我们可以充分利用对亲历者的口述采访，进一步拓展史料的来源。正如胡乔木对党史研究所提出的建议："对党的历史的研究要进一步深入，精密化，更要重视详细地占有材料。"④ 新中国史研究同样需要广泛占有一切可以利用的各类资料，推动相关问题的探讨持续深入，完善其学科建设，为国家发展社会进步贡献自己的力量。

总之，重视历史和历史书写是中国共产党的优良传统，并为此提出了一系列指导方针、原则和方法。早在延安时期，毛泽东便对党史研究提出了"全面的历史的方法"，并将其称作"古今中外法"，"就是弄清楚所研究的问题发生的一定的时间和一定的空间，把问题当作一定历史条件下的历史过程去研究。所谓'古今'就是历史的发展，所谓'中外'就是中国和外国，就是己方和彼方"。⑤ 这一研究方法对持续推动新中国史研究深入发展也发挥了重要作用。在这类方法的基础上，第三个历史决议又对新中国史研究提出了新的要求，如何在决议的精神下更好地推进新中国史研究，仍是一个值得进一步思考的理论和实践问题，需要广大学者尤其是年轻学者的加入。

（原载于《当代中国史研究》2022年第4期）

---

① 陆融：《一个上海知青的223封家书》，上海社会科学院出版社2009年版。
② 易海涛：《书写历史与历史书写：电影与知识青年上山下乡述论》，《北京电影学院学报》2021年第2期。
③ 相关研究成果可参见［英］沈艾娣《梦醒子——一位华北乡居者的人生》，赵妍杰译，北京大学出版社2013年版；赵世瑜《乱世下的乡村世界和无法挣脱的梦魇——影印稿本〈退想斋日记〉弁言》，《民俗研究》2022年第2期；等等。
④ 《胡乔木谈中共党史（修订本）》，人民出版社2015年版，第375页。
⑤ 《毛泽东文集》第2卷，人民出版社1993年版，第400页。

中共党史党建学科建设的基本问题探析

王炳林

北京师范大学中共党史党建研究院、马克思主义学院

中共党史党建学设置为一级学科,对于建立党史学习教育常态化、长效化制度机制,更好发挥中共党史党建学科的资政育人功能,构建中国特色哲学社会科学体系都具有重要的现实意义和深远的历史意义。中共党史党建学科的研究对象和主要内容如何界定,学科建设的基本要求如何把握,如何构建中共党史党建学科体系、学术体系和话语体系,都是学科建设中需要关注的重要问题。本文就这些问题谈一些个人的看法,与学界同仁进行交流。

一、党史和党建的有机融合

"中共党史"和"党的建设"曾经分别作为政治学和马克思主义理论中的二级学科,经过较长时间的发展,已经形成各自比较完整的学科体系。新设立中共党史党建学作为一级学科,是否就是把党史和党建简单合并起来,设立"中共党史"和"党的建设"两个二级学科?这样的设置比较简单,容易操作,但是从长远发展看,简单化处理不利于发挥学科应有的功能。把党史研究和党建研究有机融合,加强顶层设计,从整体上谋划学科发展,是加强学科建设的重要基础和前提。

"中共党史"和"党的建设"虽然曾在不同的一级学科中,但两者在发展历程中是逐步走向融合的,这是学术界的共识和追求,也是学科发展的内在要求。中国共产党成立后不久,党史研究就开始了。延安整风前后,全党系统学习党史,党的六届七中全会审议通过了《关于若干历史问题的决议》,中共党史作为一个学科逐步形成和发展起来。新中国成立后,中共党史成为高等学校的必修课。改革开放以来,中共党史学科得到恢复和发展。党的十一届六中全会通过了《关于建国以来党的若干历史问题的决议》,推动中共党史学科走向成熟。1983年,教育部发布《博士和硕士学位的学科、专业目录(试行草案)》,首次提出中共党史学科,并设置为政治学中的一个二级学科。1997年,国务院学位委员会、教育部公布《授予博士、硕士学位和培养研究生的学科、专业目录(1997年)》,在中共党史学科中增加"党的学说和党的建设"的内容,明确提出在政治学中设置"中共党史(含党的学说和党的建设)"二级学科。这种调整反映了加强党的建设的迫切需要,也是党史学科发展的

必然要求。2011年，国务院学位委员会、教育部对《授予博士、硕士学位和培养研究生的学科、专业目录（1997年）》进行修订，在政治学中设立"党的建设和中共党史"二级学科，强调要研究马克思主义党的学说及其历史发展，研究中国共产党领导人民进行革命、建设和改革的历史经验，以及在新的历史条件下如何提高党的领导和党的建设科学化水平。在这次调整中，加强党的领导成为学科研究的重要内容，强化了党史研究和党建研究的共同目的，为实现学科融合提供了目标指引。

党建研究也经历了与党史研究大致相同的历程，只是学科意识没有党史研究那么鲜明。中国共产党自诞生之日起就高度重视自身建设，1925年，北京、上海、湖南等地的党组织创办培养教育干部的党校，其中就有"党的建设和世界革命形势"、"党的建设问题"等课程。1933年，罗明、李维汉等领导人在马克思共产主义学校（中央党校前身）讲授"党的建设"课程，并编写了"党的建设"讲义①。刘少奇在党的七大上作了《关于修改党章的报告》，对党的建设的重大理论问题进行深入阐释，对党建理论体系形成产生重大影响。1954年12月，中共中央印发《关于轮训全党高、中级干部和调整党校的计划》规定，高中级党校开设五门课程：中共党史、苏共党史、政治经济学和经济问题、辩证唯物论和历史唯物论、党的建设。1982年，党的十二大通过新的《中国共产党章程》，以《党章》为主体内容的党的建设理论体系更为成熟。在推进党的建设新的伟大工程的实践中，党建工作布局不断完善，党建理论体系进一步完善。2016年3月，习近平总书记对全国党建研究会工作作出重要指示，强调要"深入研究党建理论和实际问题，深入总结全面从严治党实践经验，为构建中国化的马克思主义党建理论体系，为加强和改善党的领导、确保党始终成为中国特色社会主义事业的坚强领导核心作出新的更大的贡献"。② 同年5月，习近平总书记在哲学社会科学工作座谈会上将党建学科纳入中国特色哲学社会科学体系之中，明确指出："中国特色哲学社会科学应该涵盖历史、经济、政治、文化、社会、生态、军事、党建等各领域，囊括传统学科、新兴学科、前沿学科、交叉学科、冷门学科等诸多学科。"③ 此后，党建学科的地位陡然上升。2017年2月，中共中央、国务院印发《关于加强和改进新形势下高校思想政治工作的意见》，提出在哲学社会科学体系建设中，要强化马克思主义理论学科的引领作用，支持有条件的高校在马克思主义理论一级学科下设置党的建设二级学科。从此，党的建设的独立学科地位和学科归属有了新的突破。山东大学、武汉大学等高校自主设置了党的建设学科，并招收研究生。2018年4月，国务院学位委员会马克思主义理论学科评议组

---

① 李维汉：《回忆与研究》（上），中共党史出版社2013年版，第261页。
② 《习近平就全国党建研究会第六次会员代表大会召开作出重要指示强调 深入研究党建理论和实际问题 为构建中国化的马克思主义党建理论体系作出新的更大贡献》，《人民日报》2016年3月24日。
③ 习近平：《在哲学社会科学工作座谈会上的讲话》，人民出版社2016年版，第22页。

制订的《"党的建设"二级学科建设方案》明确指出,要"运用马克思主义立场、观点、方法,在把握党的历史基础上研究党的建设历程、理论和实际问题,总结党的建设的基本经验,把握党的建设基本规律,为构建中国化马克思主义党建理论体系、学科体系、话语体系作出贡献"。很显然,研究党的建设必须和研究党的历史、把握基本经验紧密结合,这是由两个学科发展的共同目标所决定的。党史和党建的同根同源和目标一致性,决定了两个学科在各自的发展进程中都注重对彼此的学习和借鉴。当然由于党史和党建分属不同的学科,研究中也存在各自为政、交叉融合不够的现象,导致党史研究缺少党建的理论深度、党建研究缺少历史底蕴等问题。

党的十九届六中全会通过的《中共中央关于党的百年奋斗重大成就和历史经验的决议》是党史与党建内容有机融合的典范,有关党的领导和自我革命的内容贯穿决议的各个部分。这个"决议"是关于党的历史的决议,也是关于加强党的建设的决议。设立中共党史党建一级学科,从源头上解决了学科发展的体制机制障碍,有利于加强顶层设计,把党史和党建有机融合,整合研究力量,优化研究布局,不断推出高质量研究成果,培养全面发展的高层次专门人才。

二、科学设置中共党史党建的二级学科

学科发展趋势是越来越细化。一个学科如何确定二级学科也是根据社会发展需要在研究探索过程中逐步完善的。目前我国的哲学社会科学体系中,一级学科一般有七八个二级学科或学科方向,较少的如新闻传播学只有 4 个,较多的如教育学有 15 个。党史和党建两个学科都有较长的发展历程,属于传统学科,都有比较完整的学科体系,需要继承传统,所需要的研究方向不宜太少。中共党史党建学作为一级学科,又是新成立的学科,设立的二级学科也不宜过多,要稳中求进。由此,中共党史党建学科可以考虑以下六个研究方向。

(一)马克思主义政党理论

学科建设需要加强理论武装。中国共产党是以马克思主义武装起来的无产阶级政党,学懂弄通马克思主义是党史党建学科建设的基础和前提。马克思主义政党学说是党的理论源头和思想基石,当然是学科研究的重要内容。马克思主义关于政党性质、地位、作用的一系列重要理论,是党史党建学科的基础理论。通过研究党的性质、宗旨、纲领、初心使命等,揭示马克思主义政党的本质。一是要注重发展性。马克思主义关于党的学说和党的建设理论是不断发展的理论体系,列宁在创建俄国布尔什维克党和建立共产国际的斗争中,形成了一套完整的建党思想,丰富和发展了马克思主义的建党学说。二是注重实践性。要研究马克思、恩格斯、列宁创建马克思主义政党的实践活动及其历史过程。三是注重历史性。从社会主义发展史的视野看待马克思主义政党理论的发展。四是注重开放性。加强世界政党比较研究,

吸收借鉴西方政党政治的经验也应该成为研究马克思主义政党理论的重要内容。

（二）中国化马克思主义党建理论体系

中国共产党把马克思主义政党理论与党自身建设的实际相结合，创立了中国化的马克思主义党建理论体系。在毛泽东思想、邓小平理论、"三个代表"重要思想、科学发展观、习近平新时代中国特色社会主义思想中，都有关于党的领导和党的建设的系统理论。这个理论体系是全面加强党的领导、推进党的建设伟大工程的科学指导思想。深入研究中国化的马克思主义党建理论体系产生的历史背景、理论渊源、发展历程、内在逻辑、科学内涵等是中共党史党建研究的重要内容。中国共产党领导的多党合作和政治协商制度，是中国新型政党制度，在中国的政治和社会生活中显示出独特优势和强大生命力，在推进国家治理体系和治理能力现代化中发挥了不可替代的作用，也是中国化马克思主义党建理论体系的重要内容。

（三）中国共产党历史

中国共产党历史主题是实现中华民族伟大复兴。党史研究应紧紧围绕这个主题，把握党领导人民进行革命、建设、改革所取得的重大成就和历史意义，总结历史经验，揭示发展规律。党史研究可以从不同层面进行分类研究，构建起厚基础、宽领域的党史研究新格局。从纵向看，一是以党的历史全过程为研究对象的中国共产党通史。二是不同侧面的通史，即党的不懈奋斗史、不怕牺牲史、理论探索史、为民造福史、自身建设史等。特别是党在不同历史时期注重加强党的建设，积累了丰富经验，需要认真研究，为今后加强党的建设提供借鉴。同时，现实党建问题需要进行历史溯源。需要对党的政治建设史、思想建设史、组织建设史、作风建设史、纪律建设史、制度建设史、反腐倡廉史等进行深入研究。三是断代史，即对新民主主义时期、社会主义革命和建设时期、改革开放和社会主义现代化建设新时期、中国特色社会主义新时代进行研究。从横向看，要深入研究重要人物、重要事件、重要会议等，还要研究党领导的军事战争史、经济建设史、政治建设史、文化建设史等等。

（四）新中国史和改革开放史

1949年中华人民共和国成立以来，在中国共产党领导下，中华民族迎来了从站起来、富起来到强起来的伟大飞跃。改革开放是决定中国命运的关键一招，创造了世所罕见的经济快速发展奇迹和社会长期稳定奇迹。深入研究新中国和改革开放的历程、成就和经验，有助于深化对共产党执政规律、社会主义建设规律、人类社会发展规律的认识，也应该是中共党史党建学科研究的重要内容。新中国史和改革开放史在时间和内容上都与党的历史有交叉与重叠，但是它们覆盖的内容和侧重点与党史也有许多不同。加强新中国史和改革开放史的研究，能够使中共党史党建学科具有更加坚实的实践基础和更为厚重的经验支撑。2022年3月，中共中央办公厅印发的《关于推动党史学习教育常态化长效化的意见》，强调要继续抓好党史、新中国史、改革开放史、社会主义发展史宣传教育。社会主义发展史可以结合

"马克思主义政党理论"进行专题研究。总之,中共党史党建学科应该把研究"四史"作为重要内容,为贯彻学史明理、学史增信、学史崇德、学史力行的要求提供学理支撑。

（五）党的领导的理论和实践

研究党史党建的根本目的是把党建设得更加坚强有力,更好地加强党的领导。如何加强和不断完善党的领导,是中共党史党建学科研究的重要内容。一是深入研究党的领导理论,明确党的地位和作用,深刻领会中国特色社会主义最本质的特征是中国共产党领导,中国特色社会主义制度的最大优势是中国共产党领导。二是深入研究坚持党的全面领导的根本原则,明确党政军民学、东西南北中,党是领导一切的,深刻把握坚持统揽全局、协调各方的总原则。三是深入研究党的领导方式方法,深入探讨如何提升党的领导水平,推进国家治理体系和治理能力现代化,深化对党的执政规律的认识。四是深入研究坚持和完善党的领导制度体系,包括建立不忘初心、牢记使命的制度；完善坚定维护党中央权威和集中统一领导的各项制度；健全党的全面领导制度；健全为人民执政、靠人民执政的各项制度；健全提高党的执政能力和领导水平制度；完善全面从严治党制度。

（六）党的建设的理论和实践

勇于自我革命、从严管党治党是中国共产党最鲜明的品格。中共党史党建学科要紧紧围绕"建设什么样的长期执政的马克思主义政党、怎样建设长期执政的马克思主义政党"这一重大时代课题,在历史与现实相贯通、理论与实践相结合中深化党的建设研究。一是深化理论研究,以习近平新时代中国特色社会主义思想为指导,研究党的长期执政能力建设、党的先进性和纯洁性建设,研究党的政治建设、思想建设、组织建设、作风建设、纪律建设和制度建设及反腐败斗争的重大理论问题。二是加强以伟大建党精神为源头的精神谱系研究,深刻揭示中国共产党人精神谱系的丰富内涵和时代意义。三是深化研究坚持自我革命的宝贵经验。加强党内法规研究,深刻认识勇于自我革命是中国共产党区别于其他政党的显著标志,是党对如何跳出历史周期率的时代回答。"党历经百年沧桑更加充满活力,其奥秘就在于始终坚持真理、修正错误。"[①] 四是加强实践探索,对党的各级组织设置、党员队伍建设、党的干部工作、党的基层组织建设等重大理论和实践问题进行研究,为做好党建工作提供理论支撑和智力支持。

三、中共党史党建学科建设的基本要求

党史和党建学科经过长期发展积累了丰富经验,把党史和党建有机融合,设置为一级学科,在研究对象、学科范围、目标任务、建设路径、研究方法等方面都提出新的要求。建设

---

① 《中共中央关于党的百年奋斗重大成就和历史经验的决议》,人民出版社2021年版,第70页。

好这个既传统又新型的学科，需要把握好一些基本要求。

（一）坚持守正创新

党的十八大以来，习近平总书记提出了"守正创新"科学概念。这是对党的思想原则与思想方法的进一步丰富和发展。关于党史学习教育，习近平总书记明确提出："全党要高度重视，提高思想站位，立足实际、守正创新，高标准高质量完成学习教育各项任务。"① 关于加强党的建设，习近平总书记强调，要牢记初心和使命，推进党的自我革命，"要坚持守正和创新相统一"。习近平总书记关于守正创新的重要论述，是中共党史党建学科发展的根本遵循。

守正就是坚守正道，创新就是开拓新局。守正创新要求人们在社会实践中，尊重和遵循事物发展规律，通过创新实践和创新思维活动，不断创造出新的实践成果和理论成果。守正的灵魂是坚持马克思主义指导。习近平总书记强调："守正就不能偏离马克思主义。"② 中共党史党建学科的守正，就是坚持唯物史观和正确党史观，坚持以习近平新时代中国特色社会主义思想为指导，把党史和党建学科发展的宝贵经验和优良传统继承好、发扬好。

创新是推动学科发展的不竭动力。历史、现实、未来是贯通的，现实由历史发展而来，研究历史要有现实观照。从历史中汲取智慧，回答现实问题，是创新党史研究的必然选择。新时代建设什么样的长期执政的马克思主义政党、怎样建设长期执政的马克思主义政党，提出了一系列重大理论和实践问题。只有坚持开拓创新才能回答时代之问、人民之问，用新的理论指导新的实践。要破除创新的神秘感，增强创新的信心和勇气。正如习近平总书记所说："哲学社会科学创新可大可小，揭示一条规律是创新，提出一种学说是创新，阐明一个道理是创新，创造一种解决问题的办法也是创新。"③

守正与创新是辩证统一的。只有坚持守正的原则和立场，创新才有方向和依归。守正不等于守旧，只有不断地创新，守正才有活力和基础。中共党史党建学科的发展要坚持守正和创新相统一，回应时代要求，推出高质量研究成果，充分发挥资政育人功能。

（二）坚持知行合一

知是指对事物的认识，就是强化学术研究，深化理论认识。行是指人的实际行为，就是关注现实问题，紧密联系现实，注重解决现实问题，切实服务实践。知行合一，就是要坚持理论性与实践性相统一。

学科发展要有学理支撑。注重学理性就是通过深入研究，认识事物本质，揭示发展规

---

① 习近平：《在党史学习教育动员大会上的讲话》，《求是》2021年第7期。
② 习近平：《思政课是落实立德树人根本任务的关键课程》，《求是》2020年第17期。
③ 习近平：《在哲学社会科学工作座谈会上的讲话》，第20页。

律，求得真理性的认识。党史党建研究是一门科学，坚持以学术为要，注重学理探讨，才能以理服人，充分发挥学科的社会功能，使学科发展永葆生机活力。研究党的历史、党的全面领导、党的领导方式方法，研究党的建设的历史进程、基本经验、基本规律等，都应该有坚实的学术根基，深化对党的建设的规律性认识，从而为确保党始终成为中国特色社会主义事业的坚强领导核心提供学理支撑，为构建起中国化的马克思主义党建理论体系作出学术贡献。

研究历史是回顾过去，目的是指向未来的。关注现实问题，回答时代之问，是学科发展的强大动力。马克思指出："问题就是时代的口号，是它表现自己精神状态的最实际的呼声。"[1] 学科建设只有把学理阐释与现实关怀紧密结合起来，才能在回答时代之问中不断发展壮大。中国共产党为什么能、中国特色社会主义为什么好、马克思主义为什么行，这是深刻的学理问题，更是敏感的现实问题，从学术上阐释这些理论问题，就是解决事关党和国家根本利益的现实问题。研究党的领导和党的建设，不仅要阐释"是什么"和"应该怎样"，还要坚持问题导向，认真回答党的领导和党的建设面临的重大理论和实践问题，解决"怎么做"的问题，提出解决问题的正确思路和有效办法，为党治国理政提供智力支持和人才支撑。

（三）坚持大历史观

习近平总书记指出："观察当代中国哲学社会科学，需要一个宽广的视角，需要放到世界和我国发展大历史中去看。"[2] 在党史学习教育动员大会上，习近平总书记又特别强调了大历史观，指出："要教育引导全党胸怀中华民族伟大复兴战略全局和世界百年未有之大变局，树立大历史观，从历史长河、时代大潮、全球风云中分析演变机理、探究历史规律，提出因应的战略策略，增强工作的系统性、预见性、创造性。"[3] 大历史观是对马克思主义唯物史观的具体运用和创新发展，是对中国传统历史观的扬弃继承和创造性转化，是正确看待和推动历史发展的科学历史观。以大历史观指导中共党史党建学科建设，就要从历史和宏观的长时段，以世界和比较的宽视野，把握中共党史党建的发展规律、认清发展趋势，在对历史经验和发展规律的深入思考中汲取智慧、走向未来。

一是在长时段中认识党的历史主题和伟大成就。结合中华民族发展史、世界社会主义发展史、中国近现代史来研究党的历史和党的建设，既能够准确把握历史在人民探索和奋斗中造就了中国共产党，又能够深刻认识党团结带领人民造就了历史悠久的中华文明新的历史辉

---

[1] 《马克思恩格斯全集》第40卷，人民出版社1982年版，第289—290页。
[2] 习近平：《在哲学社会科学工作座谈会上的讲话》，第3页。
[3] 习近平：《在党史学习教育动员大会上的讲话》，《求是》2021年第7期。

煌。运用大历史观观察党史，能够更深刻认识党的历史主题就是实现中华民族伟大复兴。在历史的比较中能够更清楚地认识到，一百年来，党团结带领人民开辟了伟大道路，建立了伟大功业，铸就了伟大精神，积累了宝贵经验，创造了中华民族发展史、人类社会进步史上令人刮目相看的奇迹。

二是在历史的长周期中把握发展规律。历史发展有其规律，但人在其中不是完全消极被动的。只有用长远和宏观的视野研究历史，才能深刻认识中国共产党是如何把握住历史发展规律和大势，从而赢得历史主动的。十月革命的胜利，社会主义运动的兴起，就是20世纪初的世界大势。中国共产党从这个世界大势中产生，走在了时代前列。中国共产党的历史就是一部不断推进马克思主义中国化的历史，就是一部理论创新、理论建设的历史。中国共产党坚持把马克思列宁主义同中国实际相结合、同中华优秀传统文化相结合，用马克思主义真理的力量激活了中华民族历经几千年创造的伟大文明，使中华文明再次迸发出强大精神力量。运用大历史观，感悟马克思主义的真理力量和实践力量，能够更深刻领会中国共产党具有善于把握历史发展大势、引领时代进步潮流的历史主动精神。

三是在宽广视野中进行交流互鉴。中共党史党建学科要有全球视野，把党的历史和党的建设放在整个国际大背景和世界政党的视野中考察。历史日益从区域史、国别史发展为世界历史，经济全球化成为时代发展的大势所趋、潮流所向。中共党史党建学科建设，既要大胆借鉴人类政治文明的优秀成果，特别是关注海外党史党建的研究成果和研究方法，又要注意抵制盲目照搬西方政党政治研究模式与理念。换言之，对于西方的一些概念和观点，既不能盲目地"跟着走"，也不能简单地"对着干"，要在分析鉴别中取其所长，为我所用。同时，中共党史党建学科还要善于学习借鉴政治学、历史学、法学、管理学、行政学等相关学科资源，构建更加包容、更加多元、更加开放的学科发展新范式。

（四）坚持恰如其分

坚持实事求是、恰如其分，是邓小平主持起草《关于建国以来党的若干历史问题的决议》时强调的一个重要原则。他说："为什么我们这次要强调恰如其分？就是在前一段时间里，对毛泽东同志有些问题的议论讲得太重了，应该改过来。这样比较合乎实际，对我们整个国家、整个党的形象也比较有利。"① 实事求是作为根本原则，无论研究历史还是其他各项工作，都是必须遵循的。同时，我们对实事求是这一原则也要有全面的认识。实事求是中的"实事"，既包含客观存在着的历史进程这样的事实，也包括人的需要、利益、目的这样的事实。对于认识者来说，他人的、集体的、人民群众的需要、利益、目的，也是一个不以认识者的意志为转移的客观事实。只有从客观事实和人的需要两种"实事"出发，才能更

---

① 《邓小平文选》第2卷，人民出版社1994年版，第308页。

全面地把握历史规律，实现科学性与价值性的统一。邓小平在强调实事求是的基础上又提出恰如其分，体现出高超的政治智慧和领导艺术，坚持了科学性与价值性的有机统一。

中共党史党建学科的政治敏感性强，有些历史问题，与现实联系紧密，特别是对一些挫折和失误的评价，要把握好一个度。如果不考虑现实条件，不顾一切地说出来，就会违背人民群众的利益、愿望和要求这个"实事"，就会影响党的团结、损害党的形象。对一些挫折和失误暂时不说或少说，不是淡化或掩饰错误，更不是篡改历史。应该坚持研究无禁区，宣传有纪律。对有些问题的评价坚持恰如其分，就是从维护党和人民的根本利益这一价值判断出发的，也是符合实事求是原则的。坚持恰如其分，就是坚持科学性、政治性、价值性的有机统一。

四、着力构建中共党史党建学科的"三大体系"

构建学科体系、学术体系、话语体系这"三大体系"，是推动学科发展的必由之路。习近平总书记在哲学社会科学工作座谈会上明确指出："只有以我国实际为研究起点，提出具有主体性、原创性的理论观点，构建具有自身特质的学科体系、学术体系、话语体系，我国哲学社会科学才能形成自己的特色和优势。"[①] 他在给中国社会科学院中国历史研究院成立的贺信中进一步提出："整合中国历史、世界历史、考古等方面研究力量，着力提高研究水平和创新能力，推动相关历史学科融合发展，总结历史经验，揭示历史规律，把握历史趋势，加快构建中国特色历史学学科体系、学术体系、话语体系。"[②] 将党史研究和党建研究有机融合，同样需要加快构建中国特色的中共党史党建学科体系、学术体系和话语体系，充分体现这一学科的特色和优势，更好地发挥其社会功能和学术功能。

（一）中共党史党建学科体系建设

所谓学科就是按照学问的性质而划分的门类，一个学科又由多个子学科构成，并有相应的条件支撑，逐步形成比较完整的学科体系。一个完整的学科体系需要具备一些基本要素。一是要有明确的研究对象。一个学科以其研究对象所具有的特殊性和不可替代性而同其他学科区别开来。二是要有科学合理的研究领域和研究方向。这是研究对象的具体化，从不同方面、不同层次深化研究内容，形成若干研究方向，即一级学科中要合理设置若干二级学科，构成既各自独立又密切联系的学科群。三是要有准确的目标定位。学科体系不是自发形成的，是根据社会发展和国家利益等需要而发展起来的，要有明确的目标任务，通过科学研究

---

① 习近平：《在哲学社会科学工作座谈会上的讲话》，第19页。
② 《习近平致信祝贺中国社会科学院中国历史研究院成立强调 总结历史经验揭示历史规律把握历史趋势 加快构建中国特色历史学学科体系学术体系话语体系》，《人民日报》2019年1月4日。

和创新，推出高质量研究成果，为推进科学发展和社会进步作出贡献。高校的学科建设要承担人才培养任务，需要有明确的培养目标，以及与之相适应的人才培养体系和教材体系等。四是要有基础条件的支撑。学科发展需要合理布局学科点，要有相对独立的研究机构和稳定充足的人才队伍保障及源源不断的经费支持。这些条件虽然本身不属于科学研究的内容，但是没有条件保障也难以建设完整的学科。

从学科体系建设的基本要求看，中共党史党建学科体系建设既有以往厚重的研究基础，也面临许多新的挑战，需要统筹规划，整体设计。

第一，进一步明确研究对象。

经过长期发展，党的历史和党的建设的研究对象都是清晰明确的。如上所述，设立中共党史党建学科不是把党史和党建两个学科简单相加，而是要以开阔的视野，统筹谋划，整体设计，既要研究党的历史全过程和党的建设规律，也要深入研究党的领导和执政规律。因为研究党史党建的最终目的是把党建设好，充分发挥中国共产党作为中国特色社会主义事业领导核心的作用。从长远看，该学科应该是以中国共产党为研究对象，党的领导、党的建设、党的历史构成该学科的三大支柱。中共党史党建学科或许也是一个过渡，将来还可能发展为"中国共产党学"。

第二，进一步明确研究范围和方向。

中共党史党建学科要把历史与现实相贯通、理论与实践相结合，围绕党的历史、党的领导和党的建设问题设立既相互联系又相对独立的二级学科。如前所述，可以考虑设立马克思主义政党理论、中国化马克思主义政党理论体系、中国共产党历史、新中国史和改革开放史、党的领导的理论和实践、党的建设的理论和实践等二级学科。把党的领导的理论和实践作为研究方向，并非让一个学科包打天下，而是要研究党的领导制度和体制机制问题，着重研究党的领导水平提升和党的执政能力建设。

第三，进一步明确学科建设的目标和任务。

党史研究和党建研究都取得了显著成效，为学科发展奠定了坚实基础。但是，如何提升党史研究的学术性，如何在研究党的建设基本历程的基础上，总结概括党的建设的基本经验，把握党的建设的基本规律，还需要深化研究。党建研究突出问题导向，研究党的建设面临的重大问题和解决途径，更好发挥智库作用等方面，还亟待加强。在高校，中共党史党建学科要通过设置本科专业和硕士点、博士点，建立健全人才培养体系，做好与之相应的教材体系和教学体系建设，培养出政治立场坚定、理论基础扎实、专业知识丰富、综合能力强、能够为党的建设事业和党史研究作出贡献的专门人才。中共中央办公厅印发《关于推动党史学习教育常态化长效化的意见》明确要求："着眼坚定历史自信，坚持不懈把党史作为必修课、常修课。""用好学校思政课这个渠道，推动党史更好地进教材、进课堂、进头脑，发挥好党史立德树人的重要作用。"① 在高校思政课中开设中共党史课程，是落实立德树人根本任务的必然要求，也是中共党史党建学科发展的重要推动力。

第四，进一步夯实学科基础。

研究队伍是学科发展的关键所在。各级党校、高等学校、军事院校、社会科学院和干部学校等，都有一些从事党史党建工作的教学和研究人员，各级党组织也都有党史党建工作的部门。从事党史党建研究和工作的人员数量是巨大的，但是经过专业训练、专门从事党史党建研究并能推出高水平研究成果的研究人员，仍然是有限的，还不能适应中共党史党建学科发展的需要，应该在现有人员的培训和未来研究人才的培养方面作出努力。研究资料的挖掘和整理虽然取得很大成就，但是受政治敏感性影响，有些研究资料难以查阅，已有公开资料的运用尚不充分，特别是面向实践的问题，深入调研不够，理论研究与实际联系不够紧密。中共党史党建学科建设需要一些教学研究的平台和基地，也需要加强国际交流合作。这些方面的建设可谓任重道远。

（二）中共党史党建学术体系建设

学术体系是关于学科对象的本质和规律的一系列理论与知识，包括学科的指导思想、基本原理、理论知识和研究方法等。学术体系是学科发展的立身之本和核心所在，学术体系的水平和属性决定着学科的水平和属性。学术研究就是要透过现象揭示本质，把握规律。规律是事物之间的内在的必然联系，决定着事物发展的必然趋向。揭示和把握规律的水平体现学术体系的水平。学术体系建设的关键在于提出符合科学规律和社会发展要求的创新性思想和学说，在于形成独特的见解和观点，否则学科的发展就没有生命力。有研究者认为："一种新的理论和研究方法的确立，往往就是一门新学科的诞生。成熟、独特的理论和研究方法，通常是区分学科最重要的标志。"②

中共党史党建学术体系就是在马克思主义指导下形成的关于党的历史和自身建设的成体系的理论和知识，包含着对党的历史进程的科学评价、对党的历史经验和党的建设基本规律的科学总结，同时也包括研究方法的科学运用和对各分支学科相互关系的合理定位。新时代推进中共党史党建学术体系建设，应在以下几个方面作出努力。

一是坚持马克思主义的指导地位。习近平总书记指出："坚持以马克思主义为指导，是当代中国哲学社会科学区别于其他哲学社会科学的根本标志，必须旗帜鲜明加以坚持。"③ 坚持这一"根本标志"更是中共党史党建学科的鲜明特色和本质要求。坚持马克思主义，

---

① 《关于推动党史学习教育常态化长效化的意见》，《人民日报》2022年3月22日。
② 谢伏瞻：《加快构建中国特色哲学社会科学学科体系、学术体系、话语体系》，《中国社会科学》2019年第5期。
③ 习近平：《在哲学社会科学工作座谈会上的讲话》，第8页。

就是要坚持马克思主义基本原理和贯穿其中的立场、观点、方法，最重要的是坚持以马克思主义中国化的最新成果——习近平新时代中国特色社会主义思想为指导。习近平总书记发表了一系列关于党的历史和党的建设的重要论述，是中共党史党建学术体系建设的最新成果和根本遵循。

二是提升学术水平，回答时代之问。学术贵在创新。只有在深入研究的基础上形成原创性的理论观点，才能形成学科的特色和优势，才能体现学科的价值。中共党史党建学科具有现实性强的突出特征，更需要坚持问题导向，聆听时代的声音，回应时代的呼唤，认真研究新时代全面从严治党面临的重大而紧迫的问题，把握住历史脉络，揭示发展规律，推动党史党建的理论创新和学术创新。

三是运用科学方法构建基本理论体系。任何一门学科都有相对独立而系统的基本理论，主要阐释学科的形成发展、本质特征、基本属性、功能定位、指导原则、学术规范、研究方法以及与其他学科的相互关系等基本问题。这也是一个学科发展水平的体现。中国特色哲学社会科学都要坚持以马克思主义为指导，这种指导与每一学科相结合，就会形成富有学科特色的理论体系，成为指引学科发展的基本理论和方法。坚持唯物史观的指导，不是套用现成的公式，而是在坚持唯物史观基本原理的基础上，善于吸收借鉴各种资源，不断推进知识创新、理论创新、方法创新。2010年7月，习近平同志在全国党史工作会议上明确指出："既要坚持和发展马克思主义史学研究的优良传统，坚持和发展党史工作积累的成功经验和方法，也要吸收借鉴古今中外史学研究的有益经验和方法，还要积极运用现代科学技术，创新党史研究的手段、方法、载体。"[1] 比较研究方法、个案研究方法、口述史学方法、定量和定性相结合以及交叉学科研究方法等等，都可以在中共党史党建学科发展中得到充分运用。

（三）中共党史党建话语体系建设

话语体系是成系统的概念，是理论和知识的语言表达。这种语言表达主要包括一系列的概念、范畴、命题、判断、术语等，其中概念在构建话语体系中发挥关键作用。概念是思维的细胞，是理论和知识的基本形式，也是思想的外在表现形式，当然也是构成思想的重要元素。一系列的基本概念，把语言和思想连接起来，构成学科的话语体系。话语体系作为一种表达形式，直接体现着学科的形象和作用的发挥，在学科发展中发挥着十分重要的作用。一般来说，话语体系都具有民族性、时代性和开放性的特征。

中共党史党建话语体系是由一系列概念、范畴、命题所揭示的中国共产党历史及自身建设的过程及规律的表达系统，是有关中共党史党建的思想理论体系和知识体系的表达形式。话语体系是学术体系的表达形式，也体现着学术思想的水平，影响着学科功能的发挥。与其

---

[1] 习近平：《在全国党史工作会议上的讲话》（2010年7月21日），《中共党史研究》2010年第8期。

他学科相比,中共党史党建学科具有更为鲜明的政治性,其概念、范畴、命题的敏感性更强,社会影响更大,所以其话语体系建设的任务更大,责任更重。推进中共党史党建话语体系建设,应处理好以下几种关系。

一是正确处理政治话语与学术话语的关系。政党是政治组织,所使用的概念、范畴、判断、术语等自然是政治语言。研究对象的政治性决定了话语体系的政治特色,离开政治性就谈不上学科建设。中国共产党的历史主题是实现中华民族伟大复兴,中国共产党人的初心使命是为中国人民谋幸福、为中华民族谋复兴。所以,一些政治概念,如共产主义、社会主义、革命、建设、改革以及伟大斗争、伟大工程等等,始终是中共党史党建学科的基本概念。中国共产党在百年奋斗中构建起的一系列政治话语,在提升党的政治引领力、思想吸引力和社会组织力等方面发挥了极为重要的作用。这是中国共产党政治自信的重要体现。当然,强调政治话语的重要性并不意味着学术研究要简单重复这些政治概念。现在的党史党建学科被认为学术性不强,甚至是"文件和领导讲话"体系的汇集,主要原因是话语体系建设存在短板,政治话题比较敏感,提出一些不同的话语有时被认为与文件精神不一致,导致学术创新非常艰难。推进学术创新,既需要营造一种思想解放的良好氛围,更需要研究者在掌握丰富资料和准确把握现实问题的基础上不断开拓创新。文件语言和领导讲话是极为重要的,但学术研究不能停留在解释和说明层面,要深入研究文件精神的学理基础,知其然更要知其所以然,讲出符合文件精神的"新话",形成富有学科特色的标识性概念。实际上,在党史党建学科发展中,政治话语和学术话语是双向互动、相互促进的。党史党建新概念的形成,有的是领导讲话和文件提出的,有的是基层干部群众提出被有关部门采纳而推广的,有的是学术界研究提出或通过智库报告提出被采纳的。比如"治理"一词,是曾经被国内外学者广泛运用的学术话语,现在已经被中央文件使用,被赋予了新的科学内涵。无论哪种形式提出的政治话语,都是学术研究的重要内容。中共党史党建学科话语体系的构建,应该在这种政治话语与学术话语的双重构建中向前推进。

二是正确处理保持历史味道与坚持与时俱进的关系。中国共产党在各个历史时期都形成了服务于革命斗争需要的话语体系,创造了富有时代特色的概念和词语表达。民主革命时期的"打土豪分田地"、"反帝反封建",社会主义革命和建设时期的"新中国"、"社会主义改造"、"实现现代化",改革开放新时期的"对外开放、对内搞活"、"家庭联产承包责任制"、"发展才是硬道理",中国特色社会主义新时代的"中国梦"、"四个全面"战略布局、"自我革命",等等。这些概念反映了党在各个历史时期的奋斗历程和伟大成就,也呈现出鲜明的历史感。保持这种历史味道也是学科的特色所在。当然,学术研究不能仅仅是历史概念的解读,必然会随着研究的深入而常说常新,新的理论与方法的运用以及新史料的发掘,也会催生一些新的概念和新的表达方式。正如邓小平所说:"马克思有他那个时代的语言,我们有我们时代的语言。一个时代有一个时代的语言，新时代总有新语言。"① 学科的新思想、新见解需要创造出新的概念来表达。比如"初心使命"、"政治生态"、"伟大建党精神"等概念和命题的运用，为学科发展注入新的生机活力。同时，时代的变化和社会大众的需求，也对学科功能的发挥提出新的要求，促使学科的话语表达方式要与时俱进。比如，随着学术界深入研究中国共产党为什么能，由此催生了中国特色社会主义为什么好，马克思主义为什么行，以及中国共产党是什么、要干什么等新的富有鲜明时代特色的话语表达。新的话语表达使学科发展彰显出新风格、展现出新形象。

三是正确处理保持学科特色与开放互鉴的关系。任何话语体系都有民族特色。中共党史党建学科的书写方式，自然要汇聚中华优秀传统文化、中国革命文化和社会主义先进文化的精华，展现出新鲜活泼的、为中国老百姓所喜闻乐见的中国作风和中国气派的文风。学术发展需要切磋交流。注重本土化不是自我封闭，要重视对外交流。在对外学术交流中，既要反对简单照搬、套用西方一些概念、范畴来解释党史党建问题，也要反对夜郎自大、唯我独尊的倾向，要注意研究西方学者研究中共党史党建的理论和方法，取其所长，交流互鉴。特别是要善于运用国际社会所理解和接受的新概念、新范畴、新表达，引起国际学术界展开研究和讨论。开放互鉴也包括与其他学科的交流互鉴，注重吸收借鉴历史学、政治学、管理学和社会学等学科的话语表达。

中共党史党建的学科体系、学术体系、话语体系是密不可分的内在统一体。学科体系是基础，具有全局性和战略性意义，只有建设好学科体系，学术体系和话语体系才有依托和根基。学术体系是内核和支撑，决定着学科体系和话语体系的水平与属性。话语体系既是思想的表达形式，也是思想的重要元素，是学科赖以发展的重要途径，体现着学术体系的科学性。建设中共党史党建这个既传统又年轻的一级学科，需要注重这三大体系相互促进，协同发展，使学科发展不断取得新成就。

（原载于《北京师范大学学报（社会科学版）》2022 年第 4 期）

---

① 《邓小平文集》（一九四九——一九七四年）（中卷），人民出版社 2014 年版，第 390 页。

思想史场域:中共概念史的政治因应

郭若平

中共福建省委党校

在中共概念史研究中,从研究者的分析角度出发,如果将概念的历史存在视为一种历史形式,那么,这种历史形式就可以在史学范畴内得到任何方式的研究。但是,"概念史"这个学界共识性称法,意味的毕竟是研究者将"概念"当作历史行为主体来进行历史考察的对象,而作为一种历史行为主体,如何安置其在历史中的解释位置,实际上关涉概念史研究应当以何种历史方式而展开。问题似乎可以这样追问:在中共概念史研究的观照下,概念史到底是在社会史场域呈现,还是在思想史场域呈现,或者二者联袂出场,才能显示恰切把握概念演变的脉络?对此问题的追问,事关中共概念史研究在中共党史领域分析功能的有效性,特别是对中共政治概念史的分析,尤其需要有所取舍。因而,从理论角度进行必要的分析,庶几可辨析其中些许问题。

一、思想史"弈盘"中的概念位置

晚近出现的中共概念史研究,激发了党史学界的诸多学术兴趣,无论在理论与方法研究抑或在个别案例研究上,都有相应的成果陆续展现,虽说相较于其他史学领域的研究实绩,其学术努力远未成绩斐然,然则已有的研究发挥了筚路蓝缕之功。按照现行一般意义上的概念史研究规则,诸多学人都在提示,概念史可以成为党史研究的一种别样路径,因为对概念历史的梳理与分析,要么可以成为解释中共历史变迁的实践"指示器",要么可以成为分析中共历史变迁的思想器具,或者可以成为理解中共政治语言史的意义空间。尽管在实际研究中,完全不必强求二者必居其一,不同的学者以何种方式进入概念史可能保留争议,但应当将此视为学术取向的差异[①],可以在共同兴趣或认可的思想场域得到通融,毕竟在任何历史情景下,概念只有在以语言构成的思想领域才具备解释意义。概念是表征思想的符号,思想是生产概念的场域。一旦进驻中共概念史研究领域,倘若跨越见识藩篱,在思想史场域审视这项研究的诸多问题,恐怕可得一二收获。

---

① 参见方维规《臆断生造的"剑桥学派概念史"》,《读书》2018 年第 3 期。

通常的历史研究往往会因研究之需，不得不将研究对象进行合理分割，每一种被分割的对象都可以被看成是一种具体历史形式，比如政治史、经济史、文化史等类型史就是如此。同概念史一样，思想史也是历史的一种存在方式，同样可以在研究范畴中被视为一种历史形式。欲图从思想史视域考察中共概念史的变迁轨迹，就不能不考虑如何将中共历史概念这种历史形式，安置在思想史的时空中进行分析。那么，思想史的时空究竟是一种什么样的存在状态？历史时空是构成历史形式的载体，人们可以在宏观上将历史时空划分为两大层面（形式）：一种层面是经验性的实践形态时空，另一种层面是意识性的思想形态时空。历史时空的这两种层面，实际上只不过是一种历史意识的维度，亦即因应历史研究之需而抽象的基本历史形式。但无论哪种层面，历史研究对于经验性的社会实践史的考察，并不仅仅为了复述曾经发生过的实践史事，这种复述不能不带有某种价值目的，这是复述之所以必要的理由；同样，历史研究对于意识性的社会思想史的考察，也不仅仅在于梳理思想史上形成的观念形态及其结构变化，这种梳理不能不呼应或对接社会实践所提供的资源。没有这种实践资源的支撑，思想史的构成就既不可能也不可想象，毕竟特定思想是对特定实践的思想。因此，尽管实践史或思想史在历史研究层面上，往往可以看成是一种独立的历史形式，可以当作类型化的历史样态加以研究，但以历史存在的实际情形而言，二者的关系不能绝然分离。在历史结构意义上，史学理论家提醒说，历史研究的本质就是"在独特的社会乃至事件层面重新发现意义——没有梳理出事实的解释是武断的，未经加工的事实是不可想象的"[①]。实践史与思想史共同有机地构成历史的整体性面相。

实践史与思想史的结构性关系，同样呈现在中共历史领域。无论革命年代还是建设时期，中共都是以一个政党的组织形态活动在中国现代社会舞台，其任何实践行为都不能不蕴含相应的政治意识。唯其如此，这种实践行为的历史，才能够称得上政党的政治活动史。在中共政治实践史之中发生的任何一种史事，必定是经过政治思想引示的实践史事，不存在未经思考过的盲目实践史事的发生；纯粹无意识的偶然事端，并不构成左右政治变化的要素，除非与政治行为主体之间存在不可分割的关系，才成为政治历史的构成要素，但这或许有另一层面的事出有因。与此同时，中共政治实践史的发展，不能不衍生出对这种实践及其经验的思想反应，而随着政治实践方式的变化，政治思想反应也同时得到补充、修正、丰富乃至变化，这个过程就是中共思想史政治内涵的凝聚过程。

显然，以政治形态出场的中共思想史，是在凝聚了政治实践行为基础上形成的观念或意识，其思想形态也因之呈现为一种客观存在的政治现象。但是，思想史的这种政治现象一旦进入研究领域，客观形态的思想史就不能不转换为研究主体的思想史，研究主体必须

---

① ［法］雷蒙·阿隆著，董子云译：《历史意识的维度》，华东师范大学出版社2017年版，第7页。

从思想史之中把握、捕捉、发现表征政治思想史的物质载体。不被某种物质载体表征，不用说人们无法追溯思想史，甚至产生起码历史感的机会都不存在。表征中共政治思想史的基本物质载体，可以是各种形式的物体或符号，其中最为关键的当是以语言文字为承载形式的文献遗存。没有互有关联性的文献记录，就意味着思想及其变动无法被观察，也就意味着没有思想史。但以语言形式遗存的文献本身并不就构成历史，只有通过选择和解释并且进入历史叙事空间，历史文献才有可能开口讲述曾经发生过的思想史事。也就是说，中共思想史不能不经由党史研究主体的思考才能够转化为可认知的思想历史，只有通过研究主体的思想性分析，中共思想史才有可能成为可识别、可认知的思想起源、形成、变化的历史，甚至才能在历史与现实之间成为发挥指示、影响、传播等作用的思想史文本。对中共在任何一个时期的思想史研究，都只能由这个时期的研究主体主导并且转化为特定的历史文本，才能显示思想历史的意义；在历史认识层面上，即便是政治实践史，也同样必须经历研究者的思想转换，并且在此中得到符合历史研究规范的阐释，才能够显示其客观的历史面相，在这种情形下，人们常提及的所谓"一切历史都是思想史"[①]的说法，才能得到恰当理解。

然而，不宜误解以上的致思方式。看似在研究主体思想中重演的思想史，并不等同于常规意义上的思想史。无论从何种视角观察，实际历史演进中的中共思想史都是一种将思想安置在中共整体历史中的存在方式，应当将其视作独立运动的历史行为主体，这种独立思想运动是客观存在的事实，它不由人们是否对其进行思想而决定其存在。就像概念有自己的历史一样，思想也有自己的历史。中共政治思想史作为一种历史形式，它呈现为复杂的思想起源与发展演变的历史链条，这种历史链条由诸多政治要素来呈现思想史的存在特征：一是中共政治思想史的起源及其与近代中国社会政治语境的关系，二是中共政治思想史的构型与先进理论的关系，三是中共政治思想史的政党诉求与政治实践的因应关系，四是中共政治思想史呈现的理论阐释与政治活动家、思想理论家的思想建构关系，五是中共政治思想史的政治经验与中国化转换的关系，六是中共政治思想史反映的政党建设与组织制度的关系，七是中共思想史的主流思想与时代思潮的互动关系。如此诸端问题，都是中共政治思想史所当考察的领域。这些领域中的任何一方面都蕴含着极其复杂的思想关系，而这种复杂的思想关系既是由各种政治观念所构成，也由各种核心政治概念所构成。即便是政治思想观念，其在政治思想史中也是由相应的关键性概念来表征的，没有核心政治概念的表意，任何政治思想观念都不可能得到起码的体现，更不用说得到规范的理论解释。

呈现以历史形式而存在的中共政治思想史，不仅需要有表征政治思想的各种陈述话语以

---

① ［英］柯林伍德著，何兆武等译：《历史的观念》，北京大学出版社2010年版，第212页。

及由陈述话语构成的观念体系，而且需要有表征思想的各种政治范畴、政治术语、政治概念以及由一系列语言符号构成的思想表意系统。在中共政治思想史上，政治观念表意系统就嵌入在思想史场域，其中蕴含的是思想对话、思想争议、思想冲撞等交锋现象，中共政治思想史在一定意义上就是思想争议与思想交锋的发展史。没有思想争议与交锋，就不会有思想的形成、成熟与更新。思想争议与交锋的过程，就宛如思想是一种智慧的"弈盘"——思想的交锋、对撞、驳议、融合等的话语争夺高地，这个"弈盘"高地总是存在思想观念为争夺思想主流地位而进行博弈的现象，恰恰是这种思想"弈盘"促成了核心政治概念的形成与变迁。譬如，"社会主义"概念在中共政治思想发展史上，就是一个历经长期思想"弈盘"争议而逐渐内涵明晰的政治概念。"社会主义"一词既是一个表意理论分析的概念，也是一个表意政治实践的概念，但它在政治思想的认识视域中，始终是一个内涵规定性表现出不断辨析而得到矫正的概念。早期共产主义者如李达、杨匏安、恽代英等对这个概念的不同解释，[①] 陈独秀因这个概念在思想界产生理解歧义而与研究系等政治势力展开的争论，[②] 都是中共早期政治思想史上试图进行概念矫正的事件。这类事件尽管属于个体认知范畴，却是此后中共关于"社会主义"概念认知史上的一次初期思想交锋。

从政党立场出发来看，中共早期在使用"社会主义"一词时，仅在一些团体或机构范围内使用，如"社会主义青年团"、《社会主义者》刊物等。中共从一大到五大的政治宣言及党的章程都没有将"社会主义"一词用作分析中国革命的政治术语，相反则几乎是以"民主主义""国民革命""民族革命"等政治概念来分析政治问题。这种政治概念的使用现象，实际上应对了中共此时此际政治思想的要求。但是，这并不意味着中共对"社会主义"政治概念的内涵毫无意识。党的一大党纲前三条所列，虽未使用"社会主义"一词，但其意指的即为"社会主义"概念所当涵盖的内容。[③] 党的二大政治宣言称："中国共产党是中国无产阶级政党。它的目的是要组织无产阶级，用阶级斗争的手段，建立劳农专政的政治，铲除私有财产制度，渐次达到一个共产主义的社会。"[④]"共产主义"一词与"社会主

[①] 李达的《什么叫社会主义？》《社会主义的目的》、杨匏安的《社会主义》、恽代英的《论社会主义》等文章，讨论了早期共产主义者对"社会主义"的理解，实际上也对这个概念的政治内涵作出了初步界定。

[②] 针对陈独秀等早期共产主义者与张东荪等研究系学者有关社会主义的争论，《新青年》第8卷第4号为此专门以《关于社会主义的讨论》为名刊出系列争论文章。这一理论争论事件具有标志性的意义，因为马克思主义的科学社会主义思想在这种争论中被逐步确立了起来。

[③] 参见《建党以来重要文献选编》第1册，中央文献出版社2011年版，第1页。

[④]《建党以来重要文献选编》第1册，第133页。

义"一词显然有着不同的内涵指涉①,但这里的政治语言表达,明面上与其说是"共产主义的社会",实际上还不如说就是"社会主义的社会"。中共在权威政治文献中使用"社会主义"概念作为理论分析用语,已是到了1928年6月党的六大政治报告中才出现,其中有这样的表述:"中国革命是反帝国主义的资产阶级民权革命,社会内容主要的,在现在阶段,是土地革命,有确定转变成为社会主义革命的趋势。"② 在此之前,中共政治文献始终是从政治革命的实际需要来选择政治用语的,所谓"民主主义""国民革命"等概念用语,因应的正是中共在这个历史时刻所形成的政治思想,而"社会主义"尚未成为中共政治革命必须立即实现的目标。

中共政治思想史上的诸多政治概念,大都是因应不同政治实践需要而被输入相应的思想内涵,而在特定的历史时段中,政治实践的过渡性、探索性同样可能引发政治思想的交锋,每一种交锋都可以在思想"弈盘"中摆出概念博弈的阵势。就像"社会主义"这种历经长期使用并且被不断深化认识的政治概念,在新中国社会转型的政治思想中,不能不反映社会主义建设实践的需要。尽管这种反映因应了政治观念的诉求,被赋予了"一大二公"的制度性想象,但在改革开放之后,它又因应了中国社会变革的政治需要。在中共以经济建设为中心的政治思想主导下,因几度的思想争论,"商品经济""市场经济""发展生产力""共同富裕"等思想要素陆续进驻,"社会主义"概念意涵才发生了根本性转换,并成为全社会推进中国现代化进程的精神动力。

总的来说,思想史因概念史考索而明晰,概念史因思想史阐释而详确,双方通过互证而达成互解。在中共概念史研究中,解释任何一个政治概念的历史变迁,只有在思想场域中考察概念如何被使用——它在思想"弈盘"中的争议、交锋、辨析等功能,概念史分析才有意义。道理很简单,没有概念的逻辑运用及其对思想意蕴的支撑和表意,思想就无以表征乃至无以传达。与此同时,思想史上的每一次争议与交锋,都会摆出一局风云起伏的"弈盘",概念就像其中对阵力量,充当着思想论述与解释的语义资源。概念能够生产思想,这种生产方式是对思想核心内涵的合理"拷贝",一个概念"拷贝"思想核心内涵的程度如何,彰显的正是概念对相应思想核心内涵摄取的能力。因而,解释一个概念的历史变迁,同时意味着不能不解释思想史的变迁,对政治思想史内在张力的历史洞察,终将决定政治概念史分析的可能性与可靠性。

---

① 有关"共产主义"和"社会主义"这两个政治概念,需要有更为详尽的辨析,但李达在发表于1919年6月18日《民国日报》副刊《觉悟》上的《什么叫社会主义?》一文中就早已给出初步区分:"社会主义是主张共同的生产及支配,共产主义是主张共同的生活。社会主义是主张全废私有资本,没有主张全废私有财产。共产主义是主张全废私有财产,各人应以财产献出给社会共有的。"

② 《建党以来重要文献选编》第5册,中央文献出版社2011年版,第254页。

二、思想之"史"的概念规约

世上不存在纯粹抽象的思想史，只存在某种特定思想对象的思想史。中共思想史首先是中共作为一个现代型政党的思想史，尽管中共思想史可以表现为种种不同类型的思想史，诸如中共经济思想史、中共军事思想史、中共外交思想史等，但中共思想史的核心对象，首当是中共政治思想史。即便诸种不同类型的中共思想史，也凝聚着中共政党的政治意识，在思想运作的意义上，这些思想史都是中共政治意识嵌入其中的思想史。唯有如此，诸种类型的中共思想史，才有可能被纳入中共的政党整体思想史建构之中。因此，在中共思想史的整体架构内，所谓的思想史，显然主要应当由中共的政治思想诸要素来构成。正因如此，研究中共思想史，首当研究的应是中共政治思想史。

中共政治思想史既是中共对政治问题思考与判断的意识史，也是中共因应政治生活和政治局势变化而形成的观念史。前者更多指向内在的政治思想建构问题，后者更多指向外在的政治应对问题。两方面的有机结合与互动，共同构成中共政治思想史的基本结构。就中共的政党性质来说，这种结构性的思想史必然包含多重政治要素，并因此显示中共政治思想史内涵的厚重感。

在中国古典文献中，"政治"一词中的"政"与"治"各有其意，组合起来大抵表示政事治理或者治理措施。① 近代中西交通后，"政治"一词就移译了域外的含义和用法。1903年，中国人编的辞典《新尔雅》解释说："统治机关之运营，谓之政治。确定表明政治之理想者，谓之立法；实行政治之理想者，谓之行政。"② 这种解释尽管粗浅揭示了"政治"的功能，但未能揭示"政治"的本质特征。国家统治虽然是政治的最重要或最主要的表现，但政治运行与国家统治并不是一回事，国家统治只不过是政治的一种表现方式，因而"政治"含义并不能由国家统治来单一界定，尤其对于尚未获得国家统治权的政党来说更是如此。

如何界说"政治"，政治学界长期以来并无定论。中国政治学家吴恩裕在1948年出版的《政治学问题研究》中就已提及："政治乃是用公共的强制力对于众人之事的治理。"③ 域外的专业辞书也认为："政治可以被简要地定义为一群在观点或利益方面本来很不一致的人们做出集体决策的过程，这个决策一般被认为对这个群体具有约束力，并作为公共政策加

---

① 参见包刚升《政治学通识》，北京大学出版社2015年版，第7—8页。
② 汪荣宝、叶澜编纂：《新尔雅》，上海明权社，1903年，第67页。
③ 《吴恩裕文集》第2卷，商务印书馆2019年版，第44页。

以实施。"① 此中的"集体决策""约束力""公共政策"等要素，对于界定"政治"含义显然不可或缺。这种界定，与吴恩裕所称"公共的强制力""治理"等提法庶几近之。

中共作为一个马克思主义政党，其政治性必然反映马克思主义的政党特色。在马克思主义政党理论看来，政治现象既是一种社会生活的存在方式，也是一种上层建筑、一种意识形态。马克思恩格斯在谈到政治的起源时强调，人类文明的发展，国家、城市等的出现，"必然要有行政机关、警察、赋税等等，必然要有公共的政治机构［Gemeindewesen］，从而也就必然要有一般政治"②。政治来源于人类活动的社会实践，来源于人们的生产物质生活本身。政治制度的建立、政治规则的制定、政治文化的形成、政治理论的创建、政治活动的展开、政治斗争的出现等政治现象——政治实践及其政治思想，无不是为了因应社会实践的需要而产生。按照唯物史观的立场，人类社会实践首要或根本的是物质资料生产与再生产的实践，由这种实践所构成的社会经济关系，是人类社会存在的基础。任何一种政治现象的出现，都与这个基础密切相关。由此，列宁才精要地强调"政治是经济的集中表现"。③ 但这个经典命题，并不是在界定"政治"的内涵，而只是在揭示政治的社会属性。然而，从这个命题出发，可以将"政治"内涵界定为"一定社会生产关系中经济上占主导地位的集团的权威性统治"。基于"政治"的这种内涵特征，马克思主义政治学理论所要研究的就是"政治"这种"一定经济基础上社会公共权威的活动、关系和形式的发展规律"。④

中共的政党政治，显然属于"社会公共权威"的活动及其内在关系和表现形式，这种"社会公共权威"当然体现了中共作为政党的集团性和权威性。但在不同的历史阶段，中共的"社会公共权威"活动即中共政治活动的中心问题指向却是不同的：新民主主义革命时期的政治围绕"革命"而展开，"革命"是最大的政治；社会主义革命和建设时期，巩固和发展新生政权和发展社会生产力，是中共的核心政治任务，和平与发展是最大的政治；中国特色社会主义建设新时期，推进改革开放，建设现代化国家，谋划民族复兴等都构成中共重点关注的政治问题，对中华民族伟大复兴的追求和国家的强盛，就是中共最大的政治。凡此种种，都是在中共行使"社会公共权威"前提下的政治事业。

因应政治是中共作为一个现代型政党的固有规定性，没有政治就没有中共的政党活动。研究中共党史，首先必须研究中共的政治史；同样，研究中共政治史，必然要研究中共政治实践史和政治思想史。因此，中共政治史就不能不涵盖两个层面的历史存在方式：其一是涉

---

① ［英］戴维·米勒主编，邓正来等译：《布莱克维尔政治思想百科全书》，中国政法大学出版社2011年版，第439—440页。
② 《马克思恩格斯选集》第1卷，人民出版社1995年版，第104页。
③ 《列宁选集》第4卷，人民出版社2012年版，第407页。
④ 王沪宁主编：《政治的逻辑》，上海人民出版社2016年版，第7、9页。

及中共政治制度建构、中共政治运动、中共政治斗争等政治实践史，其二是因应中共政治实践史而形成的政治思想史。就中共政治思想史而言，它既表征为中共因应政治实践问题的思想史，也表征为中共政治实践的思想反映史。无论表征哪一方面，中共政治思想史关注的是中共"政治"的思想史，是中共政治思想的变化史而不是中共政治思想本身，尽管政治思想史与政治思想存在不可割裂的关系，没有政治思想的实际存在，也就不会形成政治思想史。因此，中共政治思想史研究是从历史的视域观察中共政治思想的变迁，而不是将视域置于政治思想本身的分析上。对于政治思想与政治思想史的关系，政治思想更多的是以思想单元为问题的分析，而政治思想史则"既分析一种政治思想的内容；又推究它的渊源所自：看看它受哪些历史事实及哪些前此政治思想的影响？不但要探究形成此种思想的因素；而且还要考察这种思想对于当时及以后的实际政治和政治思想的影响"，因而，"政治思想史究竟是政治'思想'史，它既不是'政治'史，也不是普通'史'"①。总之，中共政治思想史是以政治的思想变迁作为存在方式的思想史。

　　如果说如下命题成立："思想史的中心课题就是人类对于他们本身所处的'环境'（situation）的'意识反应'（conscious responses）。"②那么，从政治历史的角度看，中共政治思想史应当可以看成是中共以先进政党的历史姿态，应对现代政治复杂环境的一种政治意识反应史。政治意识如何形成、政治观念如何确立，都是一个历史形成与变迁的过程。中共政治思想史的形成与变迁，无疑历经了种种复杂的、曲折的乃至可预计与不可预计的事件、事端、运动等过程，这个过程会历史地表现出中共政党活动的种种政治现象。中共历史活动形成的各种政治现象，其中所涵盖的诸种结构要素，既来自中共的政党活动内部，也来自中共的政党活动外部。无论来自何处，中共都有必要从政治理论上给予观察、分析、解释和总结，使之能够从思想高度付诸政治分析和指导实践。任何一种上升为政治分析的政治现象，都蕴含着相应的中共政治意识，这种政治意识一旦经过理论化建构而形成政治观念，特定的政治思想也就此产生，而中共政治思想史正是历史时空中的政治思想。

　　就思想史的认知方式而言，对任何思想史的解释或理解，都必须具备可把握的思想史载体，这样的思想史才可能被感知、识别和分析。在以观念或意识存在的思想史中，那种可把握的思想史载体，通常情况下都只能由政治语言为主的文献记录来支撑。由此推及可知，中共政治思想史可以看成是一种以历史文本的形式而存在的政治现象，体现在这种文本中的政治意识或政治观念，不是也不可能自行呈现，它们是"从文本中抽象出来的，与各种综合

---

① 《吴恩裕文集》第2卷，第25、26页。
② ［美］本杰明·史华慈著，王中江编：《思想的跨度与张力——中国思想史论集》，中州古籍出版社2009年版，第2页。

的形式化的话语模式或具有象征意义的形式"相关联。① "话语模式"或"象征意义的形式"是构成文本意义的要素，但这并不是文本构成的终极要素，无论话语形式还是象征形式，都必须依靠生产意义的词汇、术语、概念等语言表意符号来表征。因而，中共政治思想史的存在方式，不但具有一般思想史所需要的表意支撑工具，而且具有体现中共政治特色所需要的词汇仓库或概念装备。在词汇仓库或概念装备中的核心政治概念，是维系中共政治思想史思维范畴的元要素。没有核心政治概念这种元要素的支撑，中共政治思想史也就不可能建构起来，遑论在思想发展的"弈盘"中被认知、识别与分析，当然也就不可能构成最起码的政治思想史研究。中共政治概念的构型状况，很大程度上规约着中共政治思想史的面貌。

既然是思想的"史"，那么，中共政治思想史就只能借助变化的历史文本来体现。历时性的"史"，如果说意味着时间是历史的流逝长度，那么，思想则是历史的意义宽度。经历百余年发展的中共政治思想史，之所以蕴含着崇高的政治价值，不但取决于它的政治发展年月的漫长——这种漫长意味的是思想因应了政治波诡云谲的时空跨越，而且取决于它的政治经验积淀的丰厚——这种丰厚意味的则是思想历经了政治世变的史事纷杂。在长期的革命、建设与改革历程中，中共政治思想史汇集了富有创新性的思想资源，而不同层面的思想资源之间横亘着无数曲折起伏的人事与物事——其中显性的或隐性的意义密码，都不能不依托相关核心政治概念而被储存。中共政治思想史可以通过一系列核心政治概念的历史化阐释，来呈现自身历史变迁的意义深度；反之，义理同构，中共政治概念的历史化阐释，同样不能不接受中共政治思想史的意义规约。双重规约意图表明，概念在任何情况下都是思想的概念，因而解释中共政治概念的历史变迁，就只有将其置于中共政治思想史的解释框架之中，才能显示概念作为反映思想生成与变化的逻辑成因。

常识性的认知提示，思想与概念是互为规约的双方，任何一方"史"的变化及其解释，都受到对方的制约和奥援。因此，合理地解释中共政治思想史的诸端成因与流变，梳理其中思想的构型方式、分流趋向、竞争领域、交锋对象等变迁现象，首先应当破解储存在这些现象之中核心政治概念的意义密码。对概念内在思想意蕴密码的解码程序，实际上正是解锁中共政治思想史中蕴含的复杂思想历程。这个思想历程一方面记录着思想因应政治实践而形成的意识反应关系，另一方面记录着思想因应政治意涵与表意而形成的概念关系。不存在没有概念的思想，也不存在没有思想的概念。与此同时，在中共政治思想史的演变过程中，政治思想总是在特定政治语境之下对特定政治经验进行概念化，并在理论建构中生成相应的政治

---

① [美]多米尼克·拉卡普拉等主编，王加丰等译：《现代欧洲思想史——新评价和新视角》，人民出版社2014年版，第40页。

概念。因此，若欲合理地解释这些概念内涵的历史构成，势必要回到思想史场域进行解释方有可能。譬如，中共在革命年代形成的"半殖民地半封建"一词的概念化过程，就是建立在中国资产阶级民主革命实践基础上、不断更新政治革命内在结构关系而形成的政治概念。这个政治概念原本并非以如此完整结构被表述，它之所以形成一个包含复杂意涵的整体性政治概念，完全是由中国革命的历史进程所促成的。因此，对这个政治概念作历史性的变迁解释，就不能不诉诸对中共在中国资产阶级民主革命中所形成的政治思想史进行深度剖析，在思想史剖析中解释这个概念的历史起源、形成、定型、变化的逻辑缘由。由此可见一斑，俚俗地说，概念史的解释"有求于"思想史的解释。

三、政治概念的思想史表述

中共政治思想史的发展，是近代以来中国政治思想演变的持续性延伸，但这种延伸并不是简单的承继，而是革命性的延伸，是在断裂与连续的革命波涛上延伸——既承继近代以来的民主革命精神，又更新了民主革命内涵的延伸，正是这种更新改变了近代以来中国政治思想的发展轨迹。在这种革命性的延伸轨迹中，中共政治思想史所形成的政治概念，经历了意涵的扬弃与创造性转化，构成了中共政治思想史新的语义表述方式。尽管历史的断裂与连续是一个辩证的统一体，但在研究视野里是历史认识范畴的统一体——它是历史编纂或历史书写的一种思想预设，实在的历史中并不可能如此截然分割。对于中共政治建构来说，政治思想建设始终是一项重要的理论任务，事关中共诸项事业发展的政治知识基础。为此，中共政治思想史的世纪发展，建构起了以马克思主义意识形态为主导的政治思想理论体系，其中积淀了大量反映中共政治思想的核心政治概念，这些核心政治概念成为表意中共政治思想史的意识形态政治术语。显然，中共政治思想史蕴藉的政治概念都具有鲜明的意识形态特征，正是这种鲜明特征标识着中共的马克思主义政党性质。政治概念是对意识形态意涵的综合提炼，有论者认为："20世纪首先是一个意识形态的世纪，各种意识形态构成了政治思想的主要语汇。"[①] 中共政治思想史的整体面貌，只有通过意识形态化的政治概念的表述，才能够显示其中独具特色的理论意涵。

中共政治思想史无论处于何种历史发展阶段，它的思想"史"的存在状态，看似都无法被经验地直观，但其实它原本就是一种思想的史事现象，只不过不像物质载体那样直接可感，而是借助叙述语言符号存在的。语言符号是可被识别、认知、体悟与分析的可感知载体，思想正是通过这种可感知载体而被人们接受、反应与传播。显然，就思想史的存在方式

---

① ［美］特伦斯·鲍尔等主编，任军锋等译：《剑桥二十世纪政治思想史》，商务印书馆2016年版，第6页。

而言，其原本就储存着承载并记录自身起源与变迁的词汇仓库或概念装备。这种现象揭示了一个观察思想史与概念史关系的视角：借助分析一系列词汇仓库或概念装备的历史变化，可以梳理和揭示中共政治思想史的语言性意蕴，尤其是概念蕴含的政治观念与政治意识。观念性的思想史与语言性的概念史可以成为互为阐释的历史场域。问题在于，如果从概念史视域看，概念史之于思想史，在历史行为主体意义上，概念是对思想史场域的介入与接管，它所要问的不是"思想"是什么，不是"思想"如何生产概念，而是要追问概念如何表征思想史，"思想"表意如何使用概念工具，如何在中共历史范畴内发现政治概念史变迁，呈现政治思想史变迁的实践关系与逻辑理路等问题。实践关系是这样一种关系：政治概念表意政治思想史是源自政治实践提供的意义，因而政治概念与政治实践就建立起一种"词与物"的关系。逻辑理路则是这样一种理路：政治概念的变迁轨迹与政治思想史的演变路线，在政治实践提供的史事容受基础上，不能不取得相应的意义平衡，唯有如此，概念意涵的形成与发展才有可能与思想史构成表意关系，尽管概念与实践及其思想史表征可能永远无法处在同一演变平行线上。① 中共政治概念史表述中共政治思想史的过程，并不是处于一种无缝覆盖的状态之中，反而是以相对吻合的方式因应思想史的流动与变更。概念史与思想史的这种互为规约的关系，正是需要对概念史分析设置前提的理由，通过这种分析来查询和追踪不同年代语境下政治概念的思想语义变化。

中共政治概念与一般性概念在性质上不尽相同，它是由中共政党活动决定并在政治思想中形成的不可或缺、无法替代的关键性概念。没有这些关键性核心政治概念，中共政党活动的政治实践及其思想反映就无法形成符合逻辑理路的思想史论述。任何一种能够形成历史或理论体系的思想都不能不具备相应的范畴、术语、概念等词汇仓库或概念装备。词汇仓库或概念装备的丰富性往往反映思想史的丰富性。政治语言是对政治实践的表述，无论是理论上还是事实上，没有政治语言的物态化表征，政治实践就不能被认知。政治实践的历史必须通过政治语言而被描述，并且得到保存。被政治语言所描述和保存的政治实践历史，是思想史研究之所以可能的前提。中共政治思想史历经长期发展，早已积淀并储存了大量反映政治实践的政治概念，而这种历史积累恰恰显示了中共政治思想史的发展持久性与成熟性。

中共概念史研究在政治思想史场域探寻政治概念的意涵变化，目的当然不在于描述政治概念本身的历史变迁，而在于试图揭示蕴含在政治概念中的中共政治思想史的意识变动与致

---

① 对这种现象的理论说明，恩格斯曾指出："一个事物的概念和它的现实，就像两条渐近线一样，一齐向前延伸，彼此不断接近，但是永远不会相交。两者的这种差别正好是这样一种差别，由于这种差别，概念并不无条件地直接就是现实，而现实也不直接就是它自己的概念。由于概念有概念的基本特性，就是说，它不是直接地、明显地符合于它只有从那里才能抽象出来的现实。"参见《马克思恩格斯选集》第4卷，人民出版社1995年版，第744页。

思轨迹，阐明政治概念中包含的政治思想的历史面相，说明政治思想的历史面相如何形成、为何会以这种面相呈现于世人之前等问题。中国马克思主义思想史家侯外庐等人在《中国思想通史》中说，研究中国思想史"不在于叙述货色，陈列古董，而在于说明思想的生成和发展的所以然"。① 中共概念史之于中共政治思想史，同样不在于叙述中共政治概念本身的历史演化——尽管这种演化不能不叙述，但并非将叙述作为终极目的，而在于通过这种叙述，说明中共政治思想史如何演化以及如何因应政治实践，尤其是政治概念对中共政治思想理论体系的形成发挥了何种建构性作用。

在中共政治思想史的发展过程中，历史地形成一套因应现实政治的思想体系，在这套思想体系中生成的核心政治概念，不但起着支撑中共政治思想理论逻辑的功能，而且发挥着论证和阐释中共政治思想史内涵的建构性作用。中共政治思想史对政治场域的基本问题进行"史"的解释，尤其是对关键性的政治现象进行"史"的理论分析，总是处于不断认识、不断提高、不断丰富的历史进程中。所谓的中共政治思想史，正是这种进程从理论上涵括政治现象并给予理论化阐释的历史。中国马克思主义政治学家邓初民在《新政治学大纲》中强调说："政治学的对象是政治范畴的全部，而政治范畴的全部起码是包括国家、政权、政府、政党、革命等政治现象的。"② 参照这种见识，对中共政治思想史的研究，应当同样包含对这些政治现象的反应与观照，但反应与观照的侧重点，显然是以"史"的方式而不是其他方式。

中共在漫长的革命和建设历史过程中，政治思想论述的基本问题，会依据政治局势和政治任务的变化而变化，但作为一个政党，无论这种变化如何，中共必定有自身特殊关切的政治问题。譬如在1921年至1949年间的整个革命年代，中共政治思想史的叙述，必定与中国革命性质、宗旨、任务、策略等相关联，这是由中共因应政治革命时势所决定的。对于一个政党的思想建构来说，中共在因应革命时势变化所形成的政治思想，不能不以高度浓缩的政治概念来论述，就像中共依据革命实践和政治思想发展的成熟程度，以"新民主主义"概念来命名一个革命时代就是一个显例。蕴含中共政治观念的"新民主主义"概念，是表征中共革命年代政治思想史的经典符号。但是，中共概念史解释这个概念的变迁史，就不能简单地分析这个概念的政治内涵，而必须解释这个经典符号的形塑过程，意识到这个概念并不是突然发生的政治现象，也不是简单建构的政治现象，它既有时间跨度的累积，也有政治力量的推动。中共在政治思想上对中国革命性质的政治分析，是从资产阶级民主革命的政治论述开始，而后转换为新民主主义革命的政治论述，其间所使用的政治概念几经变化。中共在

---

① 侯外庐等：《中国思想通史》第1卷，人民出版社1957年版，第17页。
② 邓初民：《新政治学大纲》，商务印书馆2017年版，第9页。

创建初期，对中国革命性质的判断是以"民主主义革命"概念来指意，党的二大宣言如是表述："我们无产阶级审察今日中国的政治经济状况，我们无产阶级和贫苦的农民都应该援助民主主义革命运动。而且我们无产阶级相信在现今的奋斗进行中间，只有无产阶级的革命势力和民主主义的革命势力合同动作，才能使真正民主主义革命格外迅速成功。"① 这个政治内涵表述既涵盖了中共的无产阶级政党性质，又涵盖了中共在早期特殊政治时势下对"民主主义"的追求。之所以是"民主主义"的革命性质，在中共看来，主要取决于当时的中国社会政治现状，亦即中国是在"资本帝国主义和军阀官僚的封建势力"统治下的社会。由"民主主义"政治概念所表征的中国革命性质，正是中共呼应中国革命政治实践的观念性反应。

用"民主主义革命"概念定位中国革命的性质，实际上是一种奠定此后中共因应政治时局变化而形成的政治思想的理论雏形。这种政治思想的日后系统成型，端赖中共历次政治决策和政治理论家的不断阐释而获得发展。中共早期政治革命认为"统治中国的是封建的军阀，不是资产阶级"。正是军阀统治政治格局的存在，才是造成中国政治时局不断紧张与动荡的原因。有鉴于此，中共在三大上呼吁"急需一个国民革命"。② 所谓"国民革命"的性质，其概念内涵蕴藉的就是资产阶级式的"民主主义革命"，中共早期政治活动家大多对此持相近看法。1923 年，陈独秀在《向导》《前锋》上连发两文，分析中国社会现状和社会阶级问题，认为依据世界的政治状况和中国社会经济状况及其在国际上的地位，中国正处于半殖民地社会之中，因此中国革命运动的性质"确是资产阶级的民主革命"。③ 这种"民主革命"是一种"殖民地或半殖民地的国民革命"，其性质是"资产阶级的革命"。④ 在观察问题的不同视角上，蔡和森从中国与世界的关系出发，认为民主革命是近代世界性浪潮，但与欧洲十八九世纪反封建制度为中心的民主革命相比较，中国的民主革命不仅要反对封建军阀的统治，而且要反对帝国主义列强的入侵，因而中国的"民主主义革命"概念包含着双重的革命对象。蔡和森还意识到，资本主义与民主主义只是一体两面的东西，正当中国民主革命发生之际，欧洲的资产阶级民主革命早已完成，并且开始向帝国主义扩张。但是，在世界殖民地民族革命潮流的冲击下，"世界资本主义与民主主义的末日快到了"。⑤ 这种判断显然是在当时中国社会主义思潮兴起的背景之下得出的。这种"末日"判断多大程度符合现实情景姑且不论，蔡和森试图要说明的是，资本主义世界的"末日"到来，并不意味着

---

① 《建党以来重要文献选编》第 1 册，第 132 页。
② 《建党以来重要文献选编》第 1 册，第 258、277 页。
③ 陈独秀：《资产阶级的革命与革命的资产阶级》，《向导》第 22 期（1923 年 4 月 25 日）。
④ 陈独秀：《中国国民革命与社会各阶级》，《前锋》第 2 期（1923 年 12 月 1 日）。
⑤ 《蔡和森文集》（上），人民出版社 2013 年版，第 282 页。

中国的"民主主义革命"就没有必要了。相反，蔡和森强调指出："资本主义与民主主义在历史上虽确已入了凋谢日期，但在殖民地及弱小民族，因为国际侵略的关系，还未充分发达并且不能充分发达，如中国就是一个例。"① 显然，"民主主义革命"概念的思想蕴含，并不能套用西欧的经验，只能在中国政治现实生态与政治具体语境下才能得到合理解释。

在中共政治思想史上，用"民主主义革命"概念表意中共早期革命的特质，一般意义上取决于如何看待资产阶级的政治作用。1923年，瞿秋白发表一系列政论文章，都在强调中国社会是一个"割据的局面"的社会，政治格局则可称为"军阀制度"的政治格局②，而当时的中国正身处军阀制度统治之中。对于这种政治制度的反抗，在瞿秋白的政治思想中，明确指向推动具有广泛社会力量参与的国民革命，亦即"民主主义革命"。"国民革命"与"民主主义革命"的称呼互换，在党的二大与三大期间已基本形成。党的二大宣言明确表述道："各种事实证明，加给中国人民（无论是资产阶级、工人或农民）最大的痛苦的是资本帝国主义和军阀官僚的封建势力，因此反对那两种势力的民主主义的革命运动是极有意义的。"③ 从二大到三大的近一年时间内，中共对这种民主主义性质的革命进行了不断的政治思考，逐渐形成"国民革命"政治观念的表达方式。1923年6月召开的党的三大，其政治报告和党纲草案都作出明确表述，其中党纲草案中说，中国革命应当"行向国民革命，这种革命自属于资产阶级的性质"。④ 党的三大的这个党纲草案，恰恰就是瞿秋白起草经陈独秀修改后刊布的⑤，因而它既是中共政治活动家的政见，也是中共政党共同意志的表达。

在草拟党的三大党纲草案前后一段时期里，瞿秋白专门论及"民主主义革命"概念为何能够成为表述中国革命性质的政治用语。在瞿秋白看来，"中国之资产阶级的发展，非由自力能渐展开及于'世界'，乃由外铄自'世界'侵渗而入中国"，亦即中国的资本主义发生，是由世界资本主义所促成。这一看法正与蔡和森不谋而合，蔡和森也认为，中国资本主义的发生，"系外铄而非自动，系外国资本之幻影，而非本国资本发展之实质"。⑥ 无论这种论断是否能够得到中国近代以来政治实践经验的证实，瞿秋白还是认为资本主义在中国的存在具有合理性，原因就在于中国社会的殖民地半殖民地性质——此时在中共政治思想中，尚未意识到"半封建"概念在分析中国社会性质中的关键性作用，尽管相关的理论论述不断

---

① 《蔡和森文集》（上），第283页。
② 《瞿秋白文集（政治理论编）》第2卷，人民出版社2013年版，第34页。
③ 《建党以来重要文献选编》第1册，第132页。
④ 《建党以来重要文献选编》第1册，第251页。
⑤ 1927年2月，瞿秋白在《中国革命中之争论问题第三国际还是第零国际？》一文的第二章附言中说："第三次大会的党纲，是我起草的；但是大会之后，独秀同志又修改了再付印的。"参见《瞿秋白文集（政治理论编）》第4卷，人民出版社2013年版，第477页。
⑥ 《蔡和森文集》（上），第283页。

提及"封建军阀"或"封建制度"、"封建势力"等用语。这种社会性质既受到列强帝国主义的压迫——党的二大称之为"资本帝国主义",[1] 也受到军阀政治的统治——瞿秋白甚至认为军阀统治只不过是西方列强的"代理统治者"。[2] 在军阀势力统治中国政治格局的钳制下,中国资产阶级的发展尽管举步维艰,但在民主主义浪潮的推动下,却可以成为针对双重压迫的反抗力量。

党的二大以集体意志的方式确定中国革命是"民主主义的革命运动",但以"国民革命"的政治符号来标识中国革命则是在党的二大之后1922年9月陈独秀发表《造国论》一文时才提出。陈独秀在文中说:"中国产业之发达还没有到使阶级壮大而显然分裂的程度,所以无产阶级革命的时期尚未成熟,只有两阶级联合的国民革命(National Revolution)的时期是已经成熟了,这个时期的成熟是可以拿十余年来的政治史及眼前要求打倒军阀、建设民主政治的呼声可以证明的。"[3] 这种政治观察和理论论述,同样反映在瞿秋白的政治思想中。瞿秋白将"民治""民主""民族"命名的革命运动统称为"国民革命",所谓"中国的民主民族的革命运动(国民革命)"提法即如此。[4] 根据中国的政治时势,瞿秋白分析中国革命面对的国内外政治环境后强调:"中国客观的政治经济状况及其国际地位,实在要求资产阶级式的革命;同时此种绝对资产阶级性的所谓'民族民主革命'却非借重国际的及国内的无产阶级不可。独有无产阶级能为直接行动,能彻底革命,扫除中国资本主义的两大障碍;就是以劳工阶级的方法行国民革命。"[5]

1923年6月21日,瞿秋白在给时任共产国际主席季诺维也夫的信中庄重表示:"我们,马克思主义者,对中国革命的资产阶级性质深信不疑。"[6] 显然,"民主主义革命"即"国民革命"的"资产阶级性质",在瞿秋白的政治思想认知中,是义同词异的表述用语,只是在论述不同的政治问题时,才显示其中指意的具体差异。包括瞿秋白在内的中共党人,出于对中国革命反帝反军阀目标的共同认知,在中共早期政治思想史上形成的"民主主义革命"政治概念,较为准确地把握了中共政治革命在特定时期的目的性。同样,这个政治概念的形成也并非始终如一,尤其在政治实践和思想语境发生变化之时,即便采用相同政治概念对时局进行理论思考,其内涵同样可能发生变化,犹如五卅运动发生后,"由于工人阶级的参

---

[1] 《建党以来重要文献选编》第1册,第132页。
[2] 《瞿秋白文集(政治理论编)》第2卷,第72页。
[3] 任建树主编:《陈独秀著作选编》第2卷,上海人民出版社2014年版,第481页。
[4] 屈维它:《自民治主义至社会主义》,《新青年》季刊第2期(1923年12月20日)。
[5] 屈维它:《自民治主义至社会主义》,《新青年》季刊第2期(1923年12月20日)。
[6] 《瞿秋白文集(政治理论编)》第2卷,第121页。

加，既改变了中外之间对话（或对抗）的条件，又改变了民族运动内部力量的对比关系"。①革命力量平衡被打破，加之资产阶级在运动中的妥协与动摇，形成社会不同阶级力量在政治格局中的失衡，以至于中共党内对中国革命的资产阶级性质的判断出现认知偏差。其后中共政治思想史上"左"倾政治思潮的生成，即可在此中找到渊源。直到20世纪40年代前后，毛泽东从马克思主义中国化立场出发，以"新民主主义"政治理论重新解释"民主主义革命"的政治内涵之后，中共政治思想史上才形成对中国革命性质的科学表述。由此可见，解释中共政治概念史的变迁，应当充分考虑政治实践及其形成的思想语境的变化。

四、思想语境与政治概念更新

中共政治思想史显示，思想领域的政治概念从来不会孤立地被使用，也不会在政治思想建构中被封闭地自我解释。思想与概念的辩证关系，应当被看成是人们认知世界的一个铜币的两面——思想承载并蕴含概念，概念表意并建构思想，二者的历史关系应当被理解为一种复杂且互为解释的过程。中共政治思想的发展与中共政治概念的变迁在思想史领域的表现，既是一种概念的思想构成，也是一种思想的概念构成。前者表明，在相互关系范畴内，特定政治概念是在相应的政治思想活动中形成意义，不同的政治思想活动及其形成的思想语境，必然需要生产相应的政治概念，政治概念因应政治思想而形成基本意涵；后者则表明，政治思想活动必须通过政治概念得到理论化的表述，政治思想活动形成的思想语境，不能不选择相应的政治概念来对政治思想中的信仰、观念、价值、意义等内涵进行表述与阐释。政治思想没有相应的核心概念的支撑就无以建构，概念与思想二者之间互为体用关系，共同将某种特定政治行为通过概念化而建构起思想历史形式。也就是说，政治行为的思想意义，是借助语言性的概念而表示出来的理论形态。没有政治思想的理论形态建构，人们就无从理解或解释政治行为到底意味着什么。

中共政治思想史的形塑，首先源自中共政治活动史提供的实践资源，因此政治思想与政治实践在历史上就显示双重语境状态：其一是政治实践运作过程的语境，其二是政治理论建构过程的语境。这两种过程形成的语境，无论是过程历史的"当下直播"还是过程历史的事后"介入观察"，都可以被视为一种过程性的历史语境，所有的政治活动包括政治概念的建构，都可以在其中找到解释的理由。换个说法，无论是政治实践运作还是政治理论建构，都不能不带有特定的政治目的性，因为很显然，没有政治目的性的实践运作，仅仅是盲目的举动是没有意义的政治操作；而没有政治目的性的理论建构，则只能表明这种理论与实际政

---

① ［法］白吉尔著，张富强等译：《中国资产阶级的黄金时代（1911—1937）》，上海人民出版社1994年版，第254页。

治不存在内在逻辑关系，同样是没有意义的幻觉。就此而言，政治目的性是一种预先存在的能动意识，是激发政治思想活动的驱动力。因此，政治行为或政治实践——无论是政治组织或集团的政治行为，还是政治活动家个体的政治行为，必须是有思想的政治活动，必须是能够再生产思想的政治活动，而构成这种政治活动的思想场域及其思想存在方式，正是政治概念及其意义生产或再生产的历史语境。

生产或再生产政治概念语义或意义的历史语境，其显性存在方式显然是表述政治思想的政治语言，尤其是揭示政治思想内在精神的语言话语。不难想象，政治行为不得不在政治语言特别是政治概念中进行，没有政治语言及其形成的概念来支撑，政治行为就无法得到明确的表达。在这个意义上可以说，政治语言（政治概念）描述了政治行为，政治概念（政治语言）解释了政治行为，人们所认知的政治行为被"转换"为政治语言（政治概念）了。在常识上，人们总认为政治行为只不过是一种实际操作过程，但实际上，繁复的政治行为只能通过语言尤其是概念而得以完成，更不用说政治思想中的信仰、理念、宗旨、意图等一系列政治知识，亦不能不依托语言性的概念表意而获得意义。因此，一旦追问政治概念更新或变迁的缘由，就不能不返回这种更新或变迁之所以发生的思想语言语境之中，在思想语言的语境支持下解释政治概念的生成与变化。

要在中共政治思想史中探绎政治概念的变迁轨迹，就不能不回溯思想语境到底如何塑造政治概念的构型。语境问题起源于语言学但又不仅仅局限在语言学之中，在语言学意义上，语境通常被看成是"语意场"或"氛围"，它意指"词语的意义由上下文决定，或者说当我们诠释某一词语时的一切有关事情，都是该词语全部使用历史所留下的痕迹"。这种意指延伸到文学批评之中，强调"把文学作品的词、词组、句子以及其他组成部分与其语言的语境（上下文）联系起来，不仅如此，它还应该将文学作品与它的哲学、社会、历史的上下文（背景）联系起来"。[①] 可见，语境问题不仅仅涉及语言学问题，随着语境理论的发展，语境问题的探讨以及语境作为问题的分析手段，在哲学、文学、历史学、社会学等不同学科中都被大量地使用。语境分析已经成为人文社会科学的基本研究方法之一。

由此而论，从中共政治思想史出发，考察某个特定政治概念内涵及其历史变迁，就不但要考察其在特定时期思想语言结构的语境，而且要考察其在特定时期政治语言习得及其政治生态的语境。显然，政治思想语境的构成，既是语言性的，也是文化性的，它的存在状态是由语言形式与政治文化双重因素决定的。有论者为此这样强调："'语境'一词指的是一个伴随语言使用不断扩大的因素集合，包括物理背景，在场的人（以及他们知道并相信的事物），特定话语产生前后的语言，相关人的社会关系、种族、性别、身份，以及文化、历史

[①] 王治河主编：《后现代主义辞典》，中央编译出版社2004年版，第702—703页。

和体制因素等。"① 可见，语境是某种特定事物——不论是事实性的抑或观念性的——与其他事物之间关系场中的一种状态。"场域"也是一种"关系场"，政治思想史"场域"为政治概念的构型提供不可或缺的"关系场"——概念构成性（概念的生成、定型、变化等）的思想语境。因此，特定的政治思想及其表述语言能够形成特定的政治思想语境，而特定的政治概念也因这种特定的思想语境得到构型并因此发生内涵的变化。

中共政治思想史是一种整体性的历史发展链条，即便是对其中的各个环节进行区别研究，也应该"观察思想层面所反映事实的本质，当事人对事实的认识，历史事件所形成思想的模式以及当事人如何因历史条件的影响而塑造其个己的思想或修改前人的见解，乃至于思想对历史事件所发生改变的作用等等，由此而完成个别时代的呈现，最后则由时间的程序上建立其先后的关联，而形成思想通史的提呈"。② 在中共政治思想史研究中，应当通盘考察诸如此处提及的各种史事环节，并在此基础上形成连贯性的思想发展轨迹。既然中共政治思想史研究需要观照各种史事环节，而各种史事环节既会透露出相对应的政治思想，也会形成相对应的思想语境，同样会生成相对应的政治概念。这种因史事环节所形成的政治概念，只能具有"相对应"的适用性，譬如"抗日民族统一战线"这个政治概念，其适用性只能以"抗日战争"这个历史时刻为限度来解释这个政治概念的变化，也只能依据中共在"抗日战争"时段形成的政治思想语境为分析尺度。这种概念存在现象，就是为何某些政治概念只能具有独特适用性的缘由。但是，"统一战线"概念在中共政治思想史中又是一个通用性政治术语，它的构型也有思想"通史"的语境前提。这样一来，讨论"抗日民族统一战线"概念的形成过程，就必须考察作为"抗日战争"史事环节的政治思想语境，也必须同时考察作为思想"通史"的"统一战线"构型的政治思想语境。由此可见，解释伴随中共政治思想观念形成而来的种种政治概念的历史演变，需要面对来自影响概念构型的双重语境：既要观照不同阶段政治实践具体环节的史事语境，也要观照政治思想持续发展的连贯性思想语境。前者反映政治概念在思想领域使用的独特性，后者反映政治概念在思想发展进程中的普适性。这种政治概念生成、发展、定型甚至消解等过程不能不遭遇的双重思想语境，是中共政治概念史分析中最为困难的问题域。

将中共政治概念史安置在中共思想史场域进行研究，就是试图强调思想形成与变化所营造的复杂思想语境，为中共政治概念史分析提供必要的"思想史料"，尤其在政治时势转型而致使政治思想发生转向的历史时刻，政治概念的更新尤其需要关注思想语境的支撑作用，不如此就无法说明政治概念的更新为何会在此时此刻发生。应对政治时势转移的政治概念的

---

① ［美］詹姆斯·保罗·吉著，杨炳钧译：《话语分析导论：理论与方法》，重庆大学出版社2011年版，第58页。
② 康乐、彭明辉主编：《史学方法与历史解释》，中国大百科全书出版社2005年版，第147页。

适时出场，最为典型的验证思想语境变化所提供的阐释资源。在中共政治思想发展中，前文提及的政治术语"国民革命"概念，随着中国革命政治时势的转换，逐步转移到"土地革命"概念的使用，就是一个因政治思想语境变化而导致概念更新的显例。这两个政治概念的历史转换，与中共政治思想语境的更替有着内在的关系。"国民革命"概念因应的是大革命时期中共应对和解决政治时势问题所形成的政治思想。相关史料显示，在中共建党的第一次代表大会上，其中第六次会议讨论的"实际工作计划"就提出："我国的军阀是社会上一切其他阶级的敌人。"① 这种政治判断，预示着中共政治革命的对象是军阀及其政治统治，日后的政治实践也印证了这种判断符合中共政治革命的实际需要。这个"实际"的历史情形正是军阀势力（蔡和森称为"封建武人"）统治中国的政治环境。在这种政治环境下的反军阀政治革命，中共将其定位为一场广泛的"民主革命"。

在军阀政治强势统治下的中国，政治混乱，社会动荡频仍，促使中共意识到革命力量需要有更大的聚集与组合。1922年6月，中共根据马列主义的革命理论，结合此际中国现实政治局势变化，发表对时局的主张，强调要与民主派"共同建立一个民主主义的联合战线"，以共同反抗"资本帝国主义和军阀官僚的封建势力"。② 这个政治主张在次月党的二大上就以《关于"民主的联合战线"的议决案》的决议形式确定了下来。中共试图联合其他进步政治势力以推进中国革命的政治思想，不久就采用"国民革命"的政治概念来定位其特征。1923年6月，党的三大政治报告又称："中国有实行国民革命运动的必要。"③ 随后，"国民革命"概念就成为大革命时期中共政治思想中频繁使用的政治词汇。显然，中共主张的"联合战线"和反对军阀统治的政治思想，正是促成这个政治概念形成的思想语境。

但是，随着大革命失败，为了因应政治局势的急剧变化，中共在政治思想中使用"国民革命"概念时，就赋予其政治内涵以必要的语义张力。1927年发生的连续政治变故，给中共政治革命带来莫大危局。解决政治危局对中共来说，既是一次事关生死存亡的危机应对，也是一次急迫的政治智慧考验。重新考虑如何表述政治概念并为其作出定位，无疑关涉到中共政治革命的持续性与可能性。原本"国民革命"概念的意指，是涵盖国共合作及其联合一切反帝反军阀力量的一场试图改变中国政治格局的革命运动，但革命毕竟失败了，政治格局发生了重组，以革命为主导的政治语境也因之而转换，继续使用"国民革命"这个政治术语显然不合时宜。可是，在政治变化与概念更新之间总是存在着替代缓冲期，这种替代缓冲期恰好为概念更新提供思想转换的语境场。因而，即便是在四一二反革命政变之后召开的党的五大依旧延续强调"国民革命的职任不仅是反抗帝国主义，并且同时便要肃清阻

---

① 《建党以来重要文献选编》第1册，第23页。
② 《建党以来重要文献选编》第1册，第98、132页。
③ 《建党以来重要文献选编》第1册，第246页。

碍反帝国主义运动的封建宗法的社会经济制度"的政治思想，①而为应对武汉七一五反革命事变，中共相继发表的"通告"和"同志书"，②同样以"国民革命"概念作为分析政治局势的用语，其中仍有"国民革命的胜利，真正民众的胜利，推翻军阀统治，打倒帝国主义，消灭封建制度"这一符合"国民革命"概念内涵指涉的提法，③但这只是概念更新延迟的术语使用现象。政治实践及其思想语境的变化，并未使得"国民革命"概念被新概念完全取代，中共在八七会议上通过的"告全党党员书"依旧保留这个概念便是明证。

随着大革命失败，中共在政治思想中继续使用"国民革命"概念以分析政局变化便不能不遇上诸多麻烦，造成这种麻烦的政治环境或思想语境主要有两方面的典型特征：一是"新军阀"政治势力的出现及其政治思想的转向，二是中共"土地革命"政治纲领的正式确认及其重建革命政权的思想转型。对于第一方面的政治思想判断，中共认为，四一二反革命政变的发生表明"蒋介石业已变为国民革命公开的敌人"，④已经形成一股可以用"新军阀"命名的政治势力。实际上，四一二反革命政变是对上海工人第三次武装起义成果的收割与反动。1927年4月16日，中共上海区特委在讨论政治局势时，赵世炎就赋予蒋介石及其政治集团以"新军阀"之名⑤，党的五大在一个决议中也认定四一二反革命政变是蒋介石试图"在上海建立其新军阀的独裁"。⑥"新军阀"的出现，实际上改变了以国共合作为实质内容的"国民革命"的政治格局，中共不得不在政治上重新谋划政治安排，这就需要形成新的政治分析术语。因此，以何种新的政治概念涵括并分析急剧变化的政治时势，显然是此际中共政治概念需要更新的要求。

与此政治局势变化同步的第二方面，中共业已意识到中国革命出现危机。就在武汉七一五反革命事件发生的前两天，中共就严峻时局发表宣言，直言此时正是"革命之危急存亡的时候"，因此"决定撤回参加国民政府的共产党员"，并且转向推动"土地革命"。在中共看来，"抛弃土地革命，就是抛弃消灭封建制度的革命运动"。⑦ 虽然"土地革命"一词早先由共产国际1926年11月的《共产国际执行委员会第七次扩大全体会议关于中国问题决议案》提出，但在政治思想层面上，中共是在五大召开之际才开始意识到这种革命是大革命失败后的一种必要转向。随同革命转向的是对这种革命特征描述的概念更新，党的五大已观

---

① 《建党以来重要文献选编》第4册，中央文献出版社2011年版，第218页。
② 即1927年7月24日发布的《中共中央对于武汉反动时局之通告》、1927年7月29日发布的《中共中央致中国国民党革命同志书》。
③ 《建党以来重要文献选编》第4册，第373页。
④ 《建党以来重要文献选编》第4册，第170页。
⑤ 《上海工人第三次武装起义》，上海人民出版社1983年版，第458页。
⑥ 《建党以来重要文献选编》第4册，第179页。
⑦ 《中国共产党中央委员会对政局宣言》，《向导》第201期（1927年7月18日）。

察到"国民革命运动性质的更变",这个"更变"的要求就是"国民革命必须和农民革命吻合一致"。① 对于"农民革命",瞿秋白以"土地革命"为名列出七大政纲——瞿秋白强调这是党的五大的决定,瞿秋白此时仍然将其称为"国民革命之农民政纲",② 这是概念更新延迟或概念使用处于缓冲期的自然现象。

出台"土地革命"政纲,意味着中共政治思想发生了导向性变化。在这种思想语境左右之下,1927年7月20日,中共发布有关农民运动的第九号通告,强调"中国革命进到一个新阶段——土地革命阶段"。这种政治定位很快就在八七会议上得到确认:"目前中国已进到土地革命时期。土地革命可以引中国革命到另一新的阶段。"③ 然而,由中共政治革命所形成的思想语境决定着"土地革命"这个政治概念的性质,不能不以"民主主义"概念的意涵或者"国民革命"概念的指向,作为其性质定位的前提和基础。八七会议通过的"告全党党员书"告诫全党:"土地革命问题是中国资产阶级民权革命的中心问题。"8月12日,中共旋即发布《中央通告第一号》,解释"土地革命"概念的内涵指涉:"客观上中国革命的发展已经到以土地革命为中枢的时期,土地革命就是土地所有制度的剧烈的改革,彻底的铲除封建制度,这是最彻底的资产阶级民权主义革命的表演。"④ "土地革命"概念成为中共在政治革命出现危急时刻,不得不寻求新的革命方向之际的政治分析术语。这个政治分析术语的形成,既是中共谋求"民主主义"政治变革(通过"国民革命")的意义延伸,也是中共政治革命转型之际思想语境的语义涵括。在中共政治思想发展史上,类似的政治概念更新,都因政治变革引发思想语境变化而发生语义重组。从"国民革命"到"土地革命"的转换,仅为事例而已,而事例本身则可显示,政治概念更新所能折射出的政治思想语境变动的程度。

五、余论:政治概念变迁的思想引示

在中共思想史问题域中观察政治概念的生成、定型、变迁及其语义更新,可以视为中共概念史研究的有效路径或视野。在一般情况下,政治概念的核心意涵,可以依据思想史中概念构型或使用的情景来揭示或理解;同样,从中共政治思想史变化轨迹去追踪政治概念的意涵变迁,特定思想语境提供的解释空间当是可进驻的方式。当一个政治概念不适合说明政治实践特征或者满足不了急剧变化的政治时势的理论解释时,政治概念就必须被重新定义,或者被其他更具说服力的概念所取代。也就是说,当一个政治概念不能因应政治语境变化的需

---

① 《建党以来重要文献选编》第4册,第218、222页。
② 秋白:《农民政权与土地革命》,《向导》第195期(1927年5月8日)。
③ 《建党以来重要文献选编》第4册,第387页。
④ 《建党以来重要文献选编》第4册,第420、459页。

要时，就意味着这个概念在政治思想中失去了权威解释的支撑作用，概念的更新在思想史上就成为不可不为的语言事端。

在中共概念史研究范式中，对特定政治概念的历史解释，应当追溯概念所表意的思想史进程。政治概念理所当然是这样一种存在：它是由政治实践基础上形成的政治思想场域的核心术语或语言抽象。那么，政治概念的形成与更新，就历史过程而言，应当被理解为政治思想场域使用概念以达到思想解释的结果。政治思想历史的发展，同时意味着政治概念可能或应当随之而变化，只有政治概念具备解释发展了的思想并且成功使思想得以传达意义时，这个政治概念在历史中的存在才有价值。就如有论者强调的那样："概念是理论的支撑，因此，只有其服务的理论成功时，概念才能成为好概念。"① 所谓"好概念"，在思想史论域必定是能够发挥引示思想变迁路径的概念。分析中共政治概念的变迁——它的形成与更新的政治思想语言史，就是试图在特定政治概念与相应的政治实践关系中，观察概念在多大程度表达了政治思想涵盖的尺度，因为概念史的历程隐喻着思想史的历程。

但问题还有另一面，在中共政治思想史场域，政治概念内涵的理论承载幅度，还要视思想场域能够提供多大的驰骋空间。一旦中共政治思想出现新的意图或转向，就可能引示政治概念在"意图或转向"的限度内发生更新或置换，这是思想对概念的制约。前面讨论的"国民革命"向"土地革命"的过渡，就是中共政治思想变化对政治概念的"革命"转向的规约。"土地革命"概念被中共用于政治革命的思想分析术语，显然是源自中共重新反省"国民革命"政治结果的反应。但"土地革命"提出的政治意指，并不是中共政治革命的终极目标，因为在中共看来，"土地革命"的最终目的是为了获取革命政权。因此，"土地革命"概念的核心是政权问题，这在中共的政治文献中保存着历史记录。

"土地革命"概念为何成为政权问题的表意用语，只能从中共在大革命的"失败语境"中才能得到解释。中共政治文献显示，"土地革命"概念虽然是中共应对"国民革命"政治危局的用语，但在1927年7月20日发布的有关农民运动第九号通告中，对"土地革命"的一个向来不太被研究者注意却对理解中共政治概念变迁关涉不小的解释作了如下说明："土地革命只是一个过程，这一过程的进展，需要一个无产阶级领导的工农小资产阶级的民主政权和工农武装"，"土地革命只是一个过程，政权争斗是这一过程的主要特点"，"所谓政权的争斗，就是要建设农民的革命政权，换言之即农会政权之建设"。② 可以看出，在中共此时的政治思想中，"土地革命"表达的政治意图并不是单纯的土地问题，而是通过解决土地问题来达到建立革命政权的目的。从中共后来的革命实践过程来看，解决土地问题始终

---

① ［美］约翰·吉尔林著，耿友祥等编译：《怎么才算好概念？一套帮助我们理解社科概念建构的标准》，高奇琦等主编：《比较政治中的概念问题》，中央编译出版社2014年版，第248页。
② 《建党以来重要文献选编》第4册，第357、359页。

是中共政治革命的长期任务，甚而日后新旧解放区的土地改革运动莫不如此。因此，"土地革命"并不是中共在大革命失败之际的专有政治任务，当然也不是某个历史时期标志性的政治举措。①

但是，在大革命失败的政治语境下，"土地革命"一词因应的是中共对这种政治危局的考虑，自有其独特的思想内涵。当中共将"土地革命"视为具有政治目的性的行为时，它所表达的政治思想主要集中在"政权争斗"方面，并以此来唤醒与号召农村广大民众参与中共领导的政治革命意识，以实现革命政权的建立。八七会议后，中共的政治革命意识相当程度上落实到武装起义或政治暴动上，并且强调通过这种革命手段达到政权变更的目的。1927年10月6日，中共北方局在一份暴动计划中强调指出："暴动的旗帜与口号——是土地革命，而暴动的政权的形式，在城市为革命委员会，在乡村为农民协会。"② 如此可知，"土地革命"概念内涵的重心已发生位移，其中显示中共政治思想中有关"土地革命"的论述，不仅仅在于土地问题的解决，更重要的是革命政权的取得。

一个关键性的政治概念，一旦在政治思想语境变化的引示下内涵意指发生变化，往往可能产生语言符号的变更。从"土地革命"概念内涵所显示的中共政治思想来看，这个政治概念并非仅仅局限于土地问题，它在因应中共政治实践需要之时，不得不摄取新的内涵，以满足概念更新甚至替代的条件。中共在对"国民革命"继续使用的一个缓冲期里，"土地革命"概念的替代用语就逐渐发生了更新，这种更新从政权建构角度就赋予了"苏维埃运动"亦称"苏维埃政权运动"③ 的符号形式。尽管中共曾经因囿于"国民革命"要求的政治任务与政治目标的思想制约，在历史条件尚不充分的情况下不提倡推动建立苏维埃政权，即便在八七会议之后还强调"本党现时不提出组织苏维埃的口号"。④ 但是，随着政局的急剧变化，中共有关中国革命的政治思想也相应发生了改变。八七会议后的9月19日，中共对苏维埃问题的政治口风就发生转变，其中称："现在的任务不仅宣传苏维埃的思想，并且在革命斗争新的高潮中应成立苏维埃。"⑤ 11月1日，中共中央临时政治局通过第15号通告，其

---

① 在中共党史研究领域，论者普遍将"土地革命"称为一个历史时期，即"土地革命战争时期"或"第二次国内革命战争时期"。不过，将革命特定任务上升为一个历史时期，并作为划分历史发展阶段的标识名称，恐怕值得商榷。
② 《建党以来重要文献选编》第4册，第534页。
③ 《赣东北苏区档案史料汇编（1927—1935）》上册，江西人民出版社2018年版，第109、91页。
④ 《建党以来重要文献选编》第4册，第477页。
⑤ 《建党以来重要文献选编》第4册，第508页。有关"苏维埃"口号的提出，在1927年8月几乎与八七会议召开同时，共产国际就已强调："如果不能争得国民党，而革命将走向高潮，那就必须提出苏维埃的口号并着手建立苏维埃；现在就开始宣传苏维埃。"参见《共产国际、联共（布）与中国革命档案资料丛书》第7卷，中央文献出版社2002年版，第19页。这个意见何时确切被中共所知晓，尚属待考的问题。

— 673 —

中又强调："工农民众暴动，建立工农贫民兵士代表会议的政权（苏维埃政权）。"同月，在有关中国现状和中共革命任务分析的决议案中，中共再对"苏维埃"的性质作出如此规定："现时革命阶段之中，党的主要口号就是苏维埃——无产阶级领导之下的工农民权独裁制性质的政权，只能在苏维埃制度的形式里建立起来。"① 此后，中共逐渐形成以苏维埃革命为中心的政治思想，中国革命开始进入一个苏维埃运动的历史时期，而"土地革命"概念仅是这段以"苏维埃"概念命名的历史时期的一个核心政治概念，并且有其与苏维埃运动相关联的政治内涵。② 随着中国革命的发展，无论是"土地革命"概念还是"苏维埃运动"概念，都会作为因应中共政治革命实践需要而发挥政治语言的作用，并且在中共政治思想史变迁中开始新的概念旅行。

（原载于《中共党史研究》2022年第4期）

---

① 《建党以来重要文献选编》第4册，第604、627页。
② 此处可以用地方苏维埃运动事例为证。1930年7月，江西信江特委在向中央报告工作中强调："为加强苏维埃的工人阶级的领导，也要有城市工人群众的斗争，撮合乡村的群众斗争来动摇消灭反动阶级，来深入信江的土地革命，来扩大信江党的土地政策。"参见《赣东北苏区档案史料汇编（1927—1935）》上册，第77页。可见，在此时中共的政治观念中，有关土地问题的一系列内容都是在苏维埃运动条件下才能够解决的政治问题。这种政治观念在文献中的记录虽然略迟了些许，但正如本文前述所示，这种政治观念的萌生在八七会议后不久就已开始。

· 重要论文摘编 ·

【论新时代中国特色历史学基本理论问题】

瞿林东

新时代中国特色历史学基本理论是当代中国历史学理论建设努力的目标，包含历史理论与史学理论，这是它的一个突出的创新点。在唯物主义历史观和新时代中国马克思主义新成就的指导下，努力反映中国特色哲学社会科学的继承性、民族性、原创性、时代性、系统性、学术性，构建以历史理论与史学理论及其相关重大专题为主要内容的基本结构，并在表现形式上从纵向关注实现古今联系，从横向探索中外互鉴模式。"新时代与中国特色"界定了中国史学的时代特点和民族特点，明确了它的社会主义意识形态范畴的性质，即马克思主义史学性质。这里说的"新时代"，不只是指历史发展阶段上的时代概念，还包含新时代马克思主义新成就、新创造的理论成果，只有在这些马克思主义理论的新成就、新成果的指导之下，中国史学才具有新时代的时代特征。这里说的"中国特色"，不只包含中国古代优秀的史学遗产特别是理论遗产，还包含近代以来中国史学尤其是中国马克思主义史学的理论遗产以及它们所彰显出来的中国特色、中国风格、中国气派。对新时代中国特色历史学基本理论问题的研究，将有助于推进中国特色哲学社会科学体系的建设。

（摘自《北京师范大学学报（社会科学版）》2022 年第 5 期，原文约 12000 字）

【构建具有中国特色的史学理论学科体系和话语体系】

吴 英

中国特色的史学理论学科体系和话语体系建设是当前历史学面临的重大课题，需要在唯物史观新的解释体系的构建、力戒教条主义、处理好史学理论与史学史和历史理论与史学理论两对关系等方面着力。第一，必须重塑唯物史观对历史学的指导地位，从基本概念、基本原理和历史叙事等方面来重建唯物史观的解释体系，构建适应新时代需要的、对重大历史和现实问题具有解释力和说服力的唯物史观解释体系。第二，需要力戒运用唯物史观的教条主义倾向。教条化地运用经典作家的论述曾迟滞了我们运用唯物史观的基本理论和方法对中国历史和现实作出科学概括的进程，由此造成的后果是严重的，因此必须祛除教条主义这一大顽疾。第三，需要理顺史学理论与史学史学科内部的两种关系，需要在史学理论学科建设过程中纠正各分支学科之间发展的不平衡，加强史学理论尤其是历史理论研究，为构建适应新时代需要的唯物史观解释体系提供助力。

（摘自《江海学刊》2022 年第 1 期，原题为《构建具有中国特色的史学理论学科体系和话语体系思考》，原文约 10000 字）

【马克思主义中国化的历史分期及理论创新问题研究】

布成良

"马克思主义中国化"既是中国共产党历经百年奋斗总结出来的宝贵经验，又是全面建成社会主义现代化强国的根本要求。按照历史逻辑和理论逻辑及其统一性，这一命题从提出到现在可划分为三个阶段。第一个阶段为1938—1978年，是马克思主义与中国革命和社会主义建设相结合的历史时期。第二个阶段为1978—2012年，是马克思主义与中国社会主义现代化建设相结合的历史时期。第三个阶段为2012年至今，是马克思主义与中华民族伟大复兴相结合的时期。这是马克思主义基本原理同中国具体实际相结合、同中华优秀传统文化相结合的过程。在这样的过程中，习近平赋予马克思主义以中国老百姓喜闻乐见的表达形式，标注了马克思主义中国化理论创新的新高度。马克思主义中国化的谱系，既反映了时间空间上一脉相承的历史过程，也体现了与时俱进的内涵式理论创新。习近平新时代中国特色社会主义思想以中国式现代化道路创造人民美好生活进而推进中华民族伟大复兴为理论主题，在路径和主题上都推进了理论创新。

（摘自《当代世界社会主义问题》2022年第2期，原文约12000字）

【论新"历史决议"的三重维度：主题、主旨和方法论】

杨凤城　梁腾

党的十九届六中全会通过的《中共中央关于党的百年奋斗重大成就和历史经验的决议》表现出三大时代特点：第一，以实现民族复兴为主题，总结党的历史成就。主要体现在：党带领人民创造了新民主主义革命的伟大成就，为实现民族复兴创造了根本社会条件；党带领人民创造了社会主义革命和社会主义建设的伟大成就，奠定了民族复兴的根本政治前提、制度基础以及初步但必需的生产力基础；党带领人民创造了改革开放和社会主义现代化建设的伟大成就，推动中华民族实现从站起来到富起来的伟大飞跃；党带领人民创造了新时代中国特色社会主义的伟大成就，战胜了一系列重大风险挑战，实现第一个百年奋斗目标，明确实现第二个百年奋斗目标的战略安排，党和国家事业取得历史性成就，发生历史性变革。第二，以鉴往知来为主旨，总结党的历史经验。主要体现在两个方面：在重要理论命题、路线方针、重大决策提出或出台之际，联系历史经验进行阐释；在专门讨论历史问题的文献或者重大历史纪念场合党对历史经验的总结。第三，以大历史观为方法论，审视和评价党的百年历史：党的百年奋斗从根本上改变了中国人民的前途命运，开辟了实现中华民族伟大复兴的正确道路，展示了马克思主义的强大生命力，深刻影响了世界历史进程，锻造了走在时代前列的中国共产党。

（摘自《陕西师范大学学报（哲学社会科学版）》2022年第2期，原文约16000字）

【邓小平对中国特色社会主义理论体系形成的贡献】

齐卫平

中国特色社会主义理论体系的形成经历了发展的过程，是改革开放和社会主义现代化建设新时期的创新理论成果，邓小平发挥了开启作用。基于对历史实践的深刻反省，邓小平围绕什么是社会主义、怎样建设社会主义问题给出的一系列回答，使中国特色社会主义这个重大概念以丰富的内涵挺立起来，成为贯穿整个改革开放和社会主义现代化建设新时期的原创性成果。从党的十二大到党的十八大的 30 年里，中国特色社会主义理论的体系化过程演绎了同一个理论主体形成和成熟的思想发展逻辑。以邓小平、江泽民、胡锦涛等同志为主要代表的中国共产党人形成了中国特色社会主义理论体系，实现了马克思主义中国化新的飞跃。邓小平确立了中国特色社会主义的发展战略，提出了中国特色社会主义的重大概念，搭建了中国特色社会主义理论体系的主体框架，对中国特色社会主义理论体系的形成作出了突出贡献。中国特色社会主义进入新时代，坚定中国特色社会主义道路自信、理论自信、制度自信、文化自信，必须继承邓小平留下的思想和政治遗产。

（摘自《社会主义研究》2022 年第 2 期，原文约 12000 字）

【邓小平南方谈话的思想精髓与时代意义】

何虎生

邓小平南方谈话不仅对改革开放和现代化建设事业具有重要指导作用，而且对新时代全面建设社会主义现代化国家、实现中华民族伟大复兴也具有重大而深远的现实意义。邓小平南方谈话立足当时社会的主要矛盾，强调以经济建设为中心是解决中国社会主要矛盾的根本途径，坚持把经济建设作为全党全国的工作中心，集中力量解放和发展社会生产力。邓小平南方谈话强调四项基本原则是立国之本，改革开放是强国之路，这个基本路线是党和国家的生命线、人民的幸福线。邓小平南方谈话把坚持四项基本原则作为推进社会主义现代化建设事业的根本方向和政治前提，强调要将其贯穿于整个改革开放的历史进程之中。共同富裕是社会主义的本质要求和中国式现代化的重要特征。邓小平南方谈话立足建设社会主义现代化强国的宏伟目标，强调要继续增强发达地区的经济发展活力，抓住历史发展机会实现跨越式发展，并在各方面条件成熟之际逐步实现共同富裕。今天，我们的方向更加清晰，信念更加坚定，要不忘初心使命、勇于担当作为，为实现第二个百年奋斗目标、实现中华民族伟大复兴的中国梦而不懈奋斗。

（摘自《人民论坛》2022 年第 6 期，原文约 7400 字）

【改革开放以来历史虚无主义解析与批判综论】

陈甜

历史虚无主义作为一种错误思潮，在改革开放 40 余年历程中有不同表现，随着国内外环境因素变化，由最初的"非毛化"和虚无中国传统历史文化发展为重点虚无中国革命史、中共党史、新中国史和社会主义发展史，从显性直接的大字报式表露走向含蓄间接的学术式、生活化蔓延，以党的十一届三中全会、20 世纪 80 年代末 90 年代初世界社会主义遭遇挫折、21 世纪初、中国进入新时代为时间节点，大致经历了四个重要的发展阶段。每个阶段历史虚无主义虚无的对象、党中央批驳的重点、学界解析和研判的内容都有所侧重和不同，呈现出历时性和共时性变化。批驳历史虚无主义是一项长期而复杂的工作，中国学界对此十分关注，及时跟踪研究，予以解析和批判，取得了丰硕的成果，同时也存在一些不足，亟待完善和改进。要进一步推动相关研究，就要提升历史虚无主义解析的政治站位、扩展历史虚无主义解析的理论深度、拓宽历史虚无主义解析的知识广度。

（摘自《史学理论研究》2022年第5期，原文约22300字）

【中共十八大以来政治建设的主要成就】

李正华

党的十八大以来，以习近平同志为核心的党中央在加强和改进自身建设的过程中，把党的政治建设作为解决党内问题的治本之策，推进党的政治建设取得新成就：把党的政治建设摆在首位，党的政治建设的内涵和话语体系进一步丰富发展，"以党的政治建设为统领"的党的建设新格局逐步形成，推进党的政治建设更加自觉坚定；着力增强"四个意识"、坚定"四个自信"、做到"两个维护"，确立习近平同志在党中央的核心、全党的核心地位，确立习近平新时代中国特色社会主义思想为党的指导思想，增强"四个意识"、坚定"四个自信"成为共识，保证党中央权威和集中统一领导的制度举措不断完善，党中央权威和集中统一领导得到有力保证；严格政治纪律和政治规矩，党的政治领导力、思想引领力、群众组织力、社会号召力不断提高，党的政治纪律和政治规矩得到强化，党章和党规党纪不断完善并严格执行，开展和加强党性教育成效显著，党员领导干部"政治三力"得到重视和提高；积极营造良好的政治生态，选人用人更加突出政治标准，党内政治生活气象更新，党内政治文化建设不断加强，政治生态不断净化；把紧扣民心作为最大的政治，始终坚持人民立场，密切联系群众成为推进党的建设的鲜明主线，人民群众的愿望要求逐步实现，党的执政基础得到进一步巩固。

（摘自《中国党政干部论坛》2022年第5期，原题为《党的政治建设是一个永恒课题——党的十八大以来政治建设主要成就》，原文约8700字）

【全面建成小康社会与中国式现代化新道路】

王灵桂

小康社会是中国共产党人把马克思主义基本原理同中国具体实际相结合、同中华优秀传统文化相结合的伟大创造。新民主主义革命的胜利、社会主义制度的建立揭开了中国新型工业化探索的序幕，开始了现代意义上的工业化进程。在从小康到全面建成小康社会的不断探索中，党领导人民创造了中国式现代化新道路，创造了人类文明新形态。中国式现代化新道路走出了实现中华民族伟大复兴的正确道路，为中华民族伟大复兴提供了充满活力的体制制度保证、更为坚实的物质基础、更为主动的精神力量。为中华民族伟大复兴提供根本遵循和信心之源，实现中华民族伟大复兴进入了不可逆转进程。在全面建成小康社会的基础上，以习近平同志为核心的党中央团结带领全国各族人民乘势推进全面建设社会主义现代化国家新征程，并在新的历史起点上明确了基本实现共同富裕的战略目标，擘画了中国式现代化未来发展的新蓝图。新的征程上，中国式现代化新道路必将在习近平新时代中国特色社会主义思想指引下不断拓展和深化，继续创造更大辉煌，为人类文明发展进步事业作出新的更大贡献。

（摘自《中国社会科学》2022 年第 3 期，原文约 26000 字）

【改革开放与中国式现代化新道路】

张神根　黄晓武

中国式现代化道路的提出，是科学有效引领改革开放和社会主义现代化建设的需要，既是总结历史经验得出的重要结论，也是对中国国情和世界各国现代化发展的深入把握。随着改革开放的全面展开，中国式现代化道路的探索进一步深化，建设社会主义现代化国家的内涵不断丰富发展，实现现代化的战略步骤也不断推进，现代化发展的奋斗目标由建设富强民主文明的现代化国家扩展为建设富强民主文明和谐的现代化国家，提出全面建设小康社会目标。党的十八大以来，中国特色社会主义进入新时代，提出建设富强民主文明和谐美丽的社会主义现代化强国，作出两个阶段推进的战略安排，对基本实现现代化提出更高要求，提出中国式现代化五个特点，即我国现代化是人口规模巨大的现代化、是全体人民共同富裕的现代化、是物质文明和精神文明相协调的现代化、是人与自然和谐共生的现代化、是走和平发展道路的现代化，创造了中国式现代化新道路，开创了人类文明新形态，为现代化发展进一步指引方向。中国式现代化新道路的创立，拓展了发展中国家走向现代化的途径，给世界上那些既希望加快发展又希望保持自身独立性的国家和民族提供了全新选择，为解决人类问题贡献了中国智慧和中国方案。

（摘自《马克思主义与现实》2022 年第 1 期，原文约 18000 字）

【香港回归 25 年来"一国两制"实践的重大成就和历史经验】

齐鹏飞　陈杰

香港回归 25 年来，在中央政府和祖国内地的全力支持下，特区政府带领香港同胞努力保持香港社会稳定大局，推动各项事业向前发展，在民主推进、经济发展、民生改善等方面均取得了重大成就。"一国两制"香港实践作为一项伟大创举，之所以能够取得如此重大的成就，一方面是因为"一国两制"本身具有巨大的制度优越性；另一方面，也是因为充分结合了祖国内地坚强后盾作用和香港自身竞争优势。尽管香港回归 25 年来特区的各项事业取得了长足发展，但是作为一项前无古人的开创性事业，"一国两制"的实践过程并不是一帆风顺的，在政治、经济、社会等领域都遭遇到了许多新情况新问题甚至新矛盾新挑战，显示出"一国两制"香港实践的长期性、复杂性、曲折性、艰巨性，但"中央全面准确贯彻'一国两制'方针的决心从没有动摇，更不会改变。在中央政府、香港特别行政区政府和社会各界的共同努力下，香港已实现由乱到治的重大转折，正处在由治及兴的关键时期"。相信在中央政府和祖国内地、香港特区政府和香港同胞的共同努力下，一个经济更加繁荣、政治更加民主、法治更加健全、社会更加包容的香港将呈现在世人面前，"一国两制"香港实践必将迎来更大的成功，香港这颗"东方之珠"必将更加绚丽璀璨！

（摘自《理论探讨》2022年第4期，原文约12000字）

【1993年拉开序幕的税制和分税制改革】

楼继伟

1993年拉开序幕的持续十年的经济体制改革，是我国市场经济制度建设的重要里程碑。其中，1993年准备、1994年全面推开的税制和分税制改革作为这一轮改革的启动部分，奠定了符合市场经济基本要求的财政制度框架，对其后中国财税改革和国家治理体系的发展完善都产生了深远的影响。税制改革后，我国税种由32个减少到18个，税制结构趋于合理，初步实现了简化高效。分税制改革的目标是建立起市场经济财政体系的框架，其主要内容包括：事权和支出责任划分基本保持稳定、收入分享按照市场经济一般做法划分为中央地方收入、建立税收返还机制并引入转移支付制度等。这一轮财税体制改革取得的成效包括：基本实现了财政收支的规范化、制度化，建立了稳定的收入增长机制；建立了逆周期财政政策调节的基础；大幅提高了地区间公共服务均等化的水平；预算管理规范化、完整化、透明化，确立了公共财政的理念和现代政府预算管理的框架；

支持公平竞争，要素流动。税制和分税制改革与金融、价格等其他领域改革相配套，为经济和社会发展提供了强大的财力支撑。

（摘自《财政研究》2022年第2期，原文约20000字）

【新中国成立初期私营工商业劳动关系调整的基本经验与启示】

李雅洁　李强

在新中国成立初期，面对几近崩溃的国民经济、严重的失业、紧张的劳资关系，中国共产党对私营工商业的劳动关系作出正确判断，创造性地建立了调整私营工商业劳动关系的三大制度，即集体合同制度、劳资协商会议制度与劳动争议处理制度。这三套制度各司其职、形成联动，有效协调了私营企业的劳动关系，维护了社会稳定，巩固了新中国的政权，为教育职工群众、稳固阶级基础、促进经济发展、改造旧社会、发展新民主主义经济提供了重要保障。新中国成立初期协调劳动关系的经验包括必须兼顾企业发展与职工利益、必须强化制度建设、必须增强工会组织力量、必须不断创新工作机制和手段。这些经验为新的历史条件下协调非公企业劳动关系、开展工会工作提供了重要启示。

（摘自《工会理论研究》2022年第3期，原文约11000字）

【20世纪50年代的职工储蓄动员与现代国家建设】

林超超

中华人民共和国成立初期，新政府一方

面大力发行公债，另一方面大力开展城乡储蓄业务。这一阶段的职工储蓄动员与传统社会之间也存在碰撞。一方面，国家通过推出保值储蓄、开展爱国储蓄来以国家之力动员工人及其家属的储蓄。另一方面，储蓄运动的推广也遭到来自民间借贷的阻力，标会屡禁不止，互助储金会也与标会产生较量。质言之，当国家进入有计划的经济建设后，通过储蓄积聚人民的零散资金，具有重要的政治经济意义。一方面，从国家资金的积累上看，除了国营企业的上缴利润和国家税收，储蓄也是不可忽视的力量，是一种最可靠的且不断增长的资金来源，可以增加积累，缓解对投资的饥渴，适宜长期运用于国家的工业建设。另一方面，由于国家财政的基本建设投资向生产资料的生产高度倾斜，消费资料的生产相对不足，造成市面上许多消费品供应短缺。居民的储蓄因被视为对即期消费的有效节制，减轻对供给的压力而受到重视。居民的有限储蓄连同企业上缴的基本折旧基金和利润一同被用于固定资产投资和扩大再生产。

（摘自《中国经济史研究》2022 年第 1 期，原文约 18000 字）

【20 世纪 50 年代中国农业机械化与社会主义新农民塑造】

宋学勤　杨越

20 世纪 50 年代中国农业机械化的进程，不仅是以农业机械为主的"技术下乡"的过程，也是改造农民传统思想、形塑与农业机械化相适应的新农民，进而完成"思想下乡"的意识形态社会化的过程。在新中国农业机械化起步时期，通过最大限度地保障农民的物质利益，不仅将农业机械作为一种新型生产方式植入农业生产，而且通过机械化、集体化生产的优越性，实现了对农民分散经营的小农意识在集体观念认同上的初步构建。在"一五"计划期间，农业机械化进入部署期，国家以农业机器站为依托，满足农民对粮食生产稳定性的诉求，为农村代培农民技术队伍，使农民的思想观念由只关注个人温饱、发家致富的自利观念，向积极制定农业生产计划，主动支援国家经济建设的主体观念转变，极大地激发了农民的政治主动性。20 世纪 50 年代末，农业机械化全面铺开，在农业机械化的实践中，国家将对新农民的塑造嵌入农业生产和农民生活中，以此整合农民的思想观念、强化农民的集体观念、激发农民的主体观念、培养农民的科技观念，从而塑造了具有"有高度社会主义觉悟的、有技术、有文化、有全面才能"的社会主义新农民。这一历史进程对"十四五"时期加强现代农业技术对农民思想的正向引导，以及对培育新型职业农民均具有重要的历史借鉴意义。

（摘自《史学集刊》2022 年第 1 期，原题为《技术与思想：20 世纪 50 年代中国农业机械化与社会主义新农民塑造》，原文约 13000 字）

【改革开放以来中国对外投资政策演进】

刘文勇

高质量"走出去"是构建新发展格局

的必然要求。改革开放与社会主义现代化建设时期的中国对外投资政策基调经历了由"严格审批"、"放松规制"再到"主动作为"这一由审慎开放向主动作为,再向发展成熟的演化过程。进入新时代以来,以"互利共赢、多元平衡、安全高效"为特征的中国对外投资政策体系日趋走向成熟。从国内国际环境视角分析,因势而谋、应势而动、顺势而为是中国对外投资政策的历史与现实经验。基于社会发展主要矛盾与社会发展基本矛盾关系变化的视角,分析中国对外投资政策的形成逻辑,可以发现:促进工业化发展与释放工业化产能是中国对外投资政策的内在宗旨之一,对外投资政策是国内市场化制度改革的线索之一,对外投资政策正成为中国参与全球经济治理的重要途径之一。面向全面建设社会主义现代化国家新征程阶段,中国对外投资政策特征为目标价值的多元化、体系功能的"综合优势"以及原则理念的"两个结合"。中国对外投资政策将在秉持国内发展与国际交往良性互动、中国式传统文化与社会主义国家价值观有机融合基础上不断创新发展。

(摘自《上海经济研究》2022年第4期,原文约14000字)

【中国特色对口支援的反贫困成就与独特贡献】

王禹澔

中国的对口支援萌发于20世纪五六十年代社会主义建设初期,经历了萌发探索(1949—1978年)、确立发展(1978—2011年)与深化推进(2012—2021年)阶段。中国特色对口支援机制在多个领域取得了杰出的治理绩效。其中,中国的反贫困是对口支援机制运行的典型场域。尤其是党的十八大以来,对口支援反贫困实践在创新推进对口支援的同时,为中国乃至世界反贫困史上的"人间奇迹"作出了杰出贡献,代表着中国特色对口支援机制的功效和成就:对口支援在新时代反贫困事业中通过中央对地方、地方对地方以及地方内部结对三种类型的持续帮扶,为反贫困事业作出了杰出贡献;新时代对口支援不仅为中国特色反贫困事业汇聚了巨额资金和强大人力资源,帮扶了数千万贫困人口脱贫,更为重要的是为中国国家治理作出了重大创新性贡献,丰富了治理的主体与范围,拓展了治理的资源与渠道,明确了治理责任,完善了中国特色的治理机制。总结中国特色反贫困历程尤其是新时代脱贫攻坚中对口支援的伟大成就和实践过程不难发现,党的领导、以人民为中心的发展思想、中国特色社会主义政治经济制度体系、"一核多元"协同共治是对口支援机制有序运行和取得治理优效的历史经验。

(摘自《管理世界》2022年第6期,原题为《中国特色对口支援机制:成就、经验与价值》,原文约25000字)

【从"单位制"到企业史:国营企业发展史研究的视角转换】

林盼

近年来,越来越多的学者提出,应当全面回顾国有经济70余年以来的发展历程,总结发展成就与经验规律,加深对国有企业历史特征和性质职能的认识,为当今推动深化国有企业改革提供有益借鉴。目前,关于1978年之后的国有企业改革史研究已有大量成果问世。而1949—1978年期间的国企(当时称国营企业)研究状况相对薄弱,多数研究也从社会学"单位研究"的视角介入,讨论作为"单位"的国营企业如何在社会管理和物资分配等方面发挥作用,有待进一步加强研究。借助企业史研究的视角转换,总结国营企业在生产经营方面的作用贡献,了解企业组织的运作过程与方式机制,呈现案例的丰富特征,并将国营企业研究领域与近代企业史发生关联,把握企业管理制度演变历程的整体脉络,呈现前后贯通、内容饱满的国企发展历程,对于形成具有中国特色的管理模式和企业理论具有重大意义。政企关系、党政关系、激励机制、国别比较等议题是从企业史角度研究国营企业时值得关注的几个重要问题,档案材料、厂史厂志、口述历史、个人书写以及工业小说等资料在企业史研究中各有其重要价值,构成支撑这一研究的主要资料来源。总之,跳出单位研究的"窠臼",从企业史的角度重新进入国营企业,有助于更好地了解企业在生产经营方面的成就与创新,跨越企业研究的时段障碍,呈现前后贯通、内容饱满的国企发展历程,对于坚持和发展社会主义市场经济体制、坚持和发展中国特色社会主义、形成具有中国特色的管理模式和企业理论具有重大意义。

(摘自《求索》2022年第4期,原文约10000字)

【中国住房制度的历史演进与社会效应】

李国庆　钟庭军

中华人民共和国成立后,我国住房制度总体上经历了单位住房福利制度、住房商品化萌芽、住房全面商品化、保障性住房制度建设启动四个阶段。1949—1957年,国家承认住房私有权,公共房产与私人房产并存。1958—1978年,形成了公有住宅占主导的所有制结构,以单位为主体的住房分配制度实现了住房供给的最低保障。改革开放后,我国实行了住房制度改革,住房商品化取代了单位福利住房制度,职住一体的城市空间开始分离,新的居住区逐步形成。进入21世纪后,低收入者群体的住房问题日益凸显,由此开始的大规模棚户区改造彰显了中国式共享发展的理念。2007年后,中国的住房制度改革重点从商品房市场延伸至保障性住房,保障性住房的体系建设初步完成,制度法规逐步完善,覆盖层次不断丰富。作为一项关系民生的重要社会政策,住房保障覆盖面已从本地居民扩展到包括流动人口在内的新市民群体。分层有序地实现住房品质提升需求和基本住房保障需求,不仅是住房体系健康发展的基本目标,也是城市社会包容性发展的重要标志。

(摘自《社会学研究》2022年第4期,原文约23000字)

【新时代我国突发公共卫生事件应急管理体系建设的成就和经验】

单　珊

党的十八大以来,党和国家根据新形势

新要求，在推进行政体制改革、政府职能转变以及医药卫生体制改革的同时，重塑突发公共卫生事件应急管理体制，基本建立起符合中国国情、适应突发公共卫生事件新特征的新型突发公共卫生事件应急管理体制；党和国家高度重视突发公共卫生事件应急管理机制建设，应急管理机制的信息化、规范化、精准化水平不断提高；党和国家站在健康中国战略和国家安全高度，积极推进公共卫生健康领域立法，进一步健全我国突发公共卫生事件应急管理法制体系。我国突发公共卫生事件应急管理体系取得显著成就，主要经验是始终坚持中国共产党领导、坚持人民至上的价值理念、坚持卫生健康工作方针、坚持群众路线、坚持法治思维、坚持依靠科学，针对突发公共卫生事件应急管理体系的短板和不足，坚持以问题为导向，对突发公共卫生事件应急管理体系进行系统重构，使其更好地适应经济社会发展需求，为人民生命安全和健康提供更为坚实的制度保障。

（摘自《管理世界》2022 年第 10 期，原题为《党的十八大以来我国突发公共卫生事件应急管理体系建设的重大成就和重要经验》，原文约 10000 字）

【我国教育发展的阶段性演进（1949—2022 年）】

董海军　刘海云

我国教育 70 多年来的改革与发展历程大体上可分为三个阶段：第一个阶段是 1949 年中华人民共和国成立至 1980 年改革开放初期，中国教育以低收费的方式迅速提升了适龄人员接受初等教育的机会，基本实现义务教育大众化，大幅降低了文盲率，教育公平的问题得到了一定程度的解决。然而，学前教育、高中教育和高等教育仍以提高教育质量和提升教育效率为主要任务。第二个阶段是 20 世纪 80 年代至 21 世纪初，政府、学校、社会、家庭等各方力量对精英教育给予高度重视，相继设置重点小学、初中、高中和大学，而后改称为"示范学校"，这成为教育公平与效率选择博弈加剧的重要原因。第三个阶段是 2000 年至今，一方面，义务教育和高等教育进入"大众化"时代，通过"大学扩招"等政策显著提升了高中生进入大学学习的比例，同时学前教育的"入园难"、"入园贵"等状况得到了初步改善，高中教育阶段的公平性也得到了很大程度的保障；另一方面，精英教育始终伴随大众教育的普及而加速发展，并且通过高考制度让不同考分的学生进入不同等级的大学，高校与高校、学科与学科之间产生更为严重的分化，呈现出发展型分化的特点。总体来看，我国各级教育在效率和公平的选择上呈现出明显的阶段性差异特征，究其原因可从国情、教情、社情、民意等多元因素进行综合考虑。国家政策及社会发展的阶段性决定了各个教育阶段的发展特征。一方面，政策制度以保障大多数人的合法权益为出发点，体现了国家的宏观意志，这是造成教育公平与教育效率阶段化战略型分化的根本原因；另一方面，社会（家庭）个体存在对教育差异化需求，体现了社会微观意愿是造成教育公平与教育效率阶段化发展型分化的隐形原因。

（摘自《社会科学辑刊》2022 年第 4 期，原题为《公平与效率：我国教育发展的阶段性演进（1949—2022）》，原文约 16000 字）

【新中国成立初期扫盲运动与新社会价值观塑造】

王志强　张露丹

新中国成立初期扫盲运动以"识字"为中心任务，让人们"识什么字""识哪些字""如何识字"，既与人们生活需要有关，也体现着党和国家特殊的政治考量。新中国成立初期的扫盲运动，既是一次文化教育活动，更是一次新社会价值观的塑造过程。为配合扫盲，各地因地因时编制诸多即编即用的"识字课本"作为临时性教材，其内容、用途以文化教育（识字）为主，并适当结合政治教育。"识字课本"直接规定民众识字的方向和主要内容，也内在渗透着新政治意识形态构建、新社会道德培育以及新风俗习惯养成等诸多价值观层次的因素，包括增强人民对党执政地位的认同、对新生政权的认同、遵循国家方针政策、树立互助合作观念和集体主义精神等。新中国成立初期借助扫盲"课本"塑造新社会价值观的历史实践可为新时代核心价值观培育提供借鉴启示，包括研究"人民群众文化需求特点"，通过满足人们实际需求来实现思想教育、借助特定活动中"课本"等多样化的媒介工具，进行隐性的引导教育，将意识形态教育与道德建设、移风易俗工作相结合，协同推动核心价值观培育。

（摘自《思想理论战线》2022 年第 5 期，原题为《新中国成立初期扫盲运动与新社会价值观塑造——以"识字课本"为中心的考察》，原文约 15000 字）

【档案见证新中国成立以来北京市高等师范教育的发展】

李志成

高等师范教育是近代以来我国教育水平提升的重要依托，在国家教育系统中具有十分重要的作用。1949 年以来国家和首都教育事业不断发展，教育水平不断提升，离不开高等师范教育不断进步的推动作用。北平和平解放后，中国共产党着手大力恢复发展城市高等师范教育，为国家教育事业发展输送人才。新中国成立初期首都高等师范教育突飞猛进。为不断发展壮大的中学培养亟需的师资，北京市于 1954 年开始筹备建设一所新的师范学院。在北京市的大力推动下，市属高等师范院校培养学生数量不断增加，困扰首都大力发展中等教育所需师资问题基本解决。改革开放后，北京市高等师范教育发展取得了辉煌成绩，主要表现在恢复发展迅速、办学规模和质量水平不断提升、国际影响力稳步增强。党的十八大以来，北京高等师范教育进入深度发展繁荣时期，北京高等师范教育在办学质量、办学影响力和国际声誉方面不断进步，立足首都辐射全国影响全世界的格局进一步凸显。首都高等师范教育的不断发展成为推动北京"四个中心"建设和国家教育强国建设的重要支撑。

（摘自《北京档案》2022 年第 10 期，原文约 4000 字）

【20 世纪五六十年代北京市少年儿童校外教育工作研究】

于丁坤

20 世纪五六十年代，党和国家为解决少年儿童失学问题，推广二部制教育制度，即学生半天上课、半天空闲。学生校外生活需要监管，校外教育应运而生。相关部门先后推动成立少年之家、少年宫等机构，形成校外教育体系。校外教育由此进入社会基层，并在"大跃进"时期迅猛发展，形成"市—区—街道（单位）"三级校外教育网络。然而，教育系统上下级之间的张力、师生对升学的追求等因素枝蔓缠绕，影响了政策效力。校外教育机构向基层延伸设置，体现了教育部门组织能力的逐步增强。教育部门为纠正少年儿童行为存在偏差发起的社会运动起到了调试政策边界与纠偏的作用。运动式治理事实上强化了常规治理机制，二者相辅相成、互为补充，共同构成了新中国初期社会治理的逻辑。少年儿童校外教育的发展演变，反映了党和国家在基础教育方面的实践探索，呈现了这一时期社会治理的多元面相。

（摘自《北京党史》2022 年第 3 期，原题为《20 世纪五六十年代少年儿童校外教育工作研究——以北京市为中心的考察》，原文约 18000 字）

【新中国成立以来科技体制演变的历程与启示】

曹原 田中修 肖瑜 朱姝 韩鸿宾

中国科技体制改革经历了恢复、重建、改革、探索、自主创新、全面实施创新驱动的演进过程。在这一过程中，科技体制改革始终坚持以国家重大战略为导向，促进科技与经济紧密结合；尊重科学发展规律，激活科技人员的积极性和创造性；以构建高效能国家创新体系为改革目标，推进世界科技强国建设；从微观到宏观，从单向突破到整体推进，从政策指导到建立制度和规则变化。科技体制的改革助力中国科技实力提升，取得显著成就，包括创新资源投入持续增加、知识创新能力不断增强、科技创新对经济社会发展的贡献日益显著。但仍存在创新体系整体效能不高、科技投入产出效益较低等问题。面对这些问题，在下一阶段，中国科技体制改革将加强宏观管理，进一步提升科技治理效能；改革重大科技项目立项和组织管理方式，提升科技投入产出效率；加强产学研融合，进一步提升企业创新主体地位；健全社会主义市场经济条件下新型举国体制，突破核心技术；加强制度软环境建设，创造人才驱动的生态环境。

（摘自《中国科技论坛》2022 年第 6 期，原文约 16000 字）

【党的十八大以来我国社会治理的重要成就与基本经验】

张亮 王伟进 黄金

社会治理事关人民群众切身利益，事

关社会和谐稳定，事关国家长治久安。党的十八大以来，我国社会建设全面加强，社会治理的社会化、法治化、智能化、专业化水平不断提升，社会治理能力不断提高，为防范化解各类社会风险、统筹推进疫情防控和经济社会发展提供了坚实支撑，人民安居乐业、社会安定有序，保持了社会长期稳定。准确把握国内外发展环境的深刻变化，不断推进社会治理制度和实践创新，社会活力有效增强，人民的获得感、幸福感、安全感明显提升，为发展和改革创造了良好的社会环境。基层治理创新活力持续增强，公共安全事故不断减少，社会治安状况持续改善，社会矛盾稳中有降，疫情防控和经济社会发展得到统筹推进，社会治理在秩序和活力两个维度上均取得重要进展。这些成绩得益于不断完善的共建共治共享的社会治理制度，由此基层治理创新得到不断鼓励，重大疫情防控能力不断提升，应急管理体系和能力现代化不断推进，立体化、信息化社会治安防控体系不断健全，社会矛盾纠纷预防化解机制不断优化。坚持党的领导，坚持人民至上、生命至上，注重统筹发展和安全，推动社会治理重心下移，倡导寓社会治理于服务，是我国社会治理的基本经验，有力保障了人民安居乐业和社会安定有序。面对一系列新问题新挑战，社会治理应坚持政治引领、法治保障、德治教化、自治强基和智治支撑，持续提升治理现代化水平。党的十八大以来，我国探索了一条符合党情、国情、民情的社会治理道路，为新时代持续推进社会治理创新发展提供了宝贵经验。

（摘自《改革》2022年第8期，原文约12000字）

【新中国成立以来我国社会关系的特征、问题与调适】

吴 燕

社会关系是马克思主义理论体系的重要内容，社会关系和谐是马克思主义理论的本质要求，也是社会主义的本质要求，具有鲜明的中国特色和时代特征。新中国成立以来，随着中国共产党领导和执政方式的不断完善，国家政治、经济体制及价值观念的不断改变，我国的社会关系经历了一个不断演进的过程，并充分展现了不同历史时期社会关系的独有特点。和谐的社会关系是人类稳定发展的重要组织力量，脆弱的社会关系是导致社会动荡、停滞甚至倒退的关键所在。和谐社会关系的构建是中华民族一直以来的伟大追求，也是马克思所关注的重大命题，更是社会主义始终不渝的奋斗目标。新中国成立后，随着中国共产党领导和执政方式的不断完善，国家政治、经济体制及价值观念的不断改变，我国的社会关系在革命、建设和改革的不同历史阶段呈现出了不同的样态。中国特色社会主义事业已经迈入了新的发展阶段，我国的所有制结构正在不断地调整与完善，尤其是非公有制经济，其在我国市场经济中占据的规模逐步提升，提高了社会发展水平和人民生活质量。然而，所有制结构的革新在不断促使社会关系变革的同时，也促发了社会关系不和谐、不安定因素的凸显。新发展阶段推进社会关系的合理调适，实际上就是改变现有社会关系中不合理的现象，使社会关系和谐发展的过程。这就需要采取各种有效的方式与途径，消除影响社会关系和谐的障碍。

（摘自《学术探索》2022年第8期，原文约10000字）

【中国水利社会史研究的空间、类型与趋势】

张俊峰

水利社会史是社会史研究在区域转向条件下的产物，是区域社会史研究中出现的一个学术热点，方兴未艾，吸引了多学科研究者的关注。20世纪90年代中期，以山陕民间水利碑刻和水利文献的发现与整理为开端，水利社会史研究勃兴。这一研究围绕历史水权的形成与演变、水利共同体的成立与解体、治水国家和水利社会的争论等产出一批重要成果，受到国内外学界广泛关注。研究者关注的典型区域，包括山陕、江浙、两湖、江西等地。当前中国的水利社会史研究，无论涉及的区域还是关注的类型均日益广泛而多元，呈现一派繁荣景象。南北方水利社会类型研究既有相同点，又有各自的区域特性，是从水的立场出发审视中国社会历史变迁的一个重要学术路径。从最初的水利工程、水利技术史到如今的水利社会史，再到未来"以水为中心"的水的社会史研究，是一个自然而然的演进过程，体现了以水为切入点研究中国社会史所具有的学术生命力和实践可行性。无论已有20余年发展历史的水利社会史，还是方兴未艾的水的社会史研究，都在提示我们，从水的角度和立场出发去观察中国社会，不仅是可能的，而且是必要的。当然，"以水为中心"并不意味着全然否定土地对于中国农民和中国社会的意义。土地和水对于认识中国社会，均具有相当重要的意义，不可厚此薄彼。相比费孝通所言"乡土中国"，从水的立场出发，开展以水为中心的整体史研究，从乡土中国到水利中国，从治水社会到水利社会，既有学术传承，又有学术创新。正因为如此，今后的水利社会史乃至水的社会史研究，仍然是大有可为的。

（摘自《史学理论研究》2022年第4期，原文约14000字）

【集体化时期京津冀协同治理海河研究】

吕志茹

集体化时期在海河流域的治理上，京津冀进行了广泛的协同合作。新中国成立后第一座大型水库——官厅水库的建成并迅速投入使用，成为新中国成立后海河流域治理协同合作的首个范例。"大跃进"时期，随着全国水利高潮的兴起，京津冀在"大跃进"时期海河治理上的合作达到一个更大的规模，水库建设描绘出一幅无私奉献、团结一心、攻坚克难的感人画卷，其中尤以密云水库的修建最为突出。到人民公社时期的根治海河运动，京津冀在此次治水运动中的合作更为密切，治理规模空前。在治理规划的出台、治理顺序的安排，再具体到施工中劳动力分配、机械材料保障以及移民安置等各方面，各地之间进行了广泛的合作并取得了显著成就。这种水利建设上的协作打破了地域界限，为统筹规划、综合治理、联合施工创造了良好条件。其中，党和国家的高度重视与统一领导是协同治理的基础及保障，各地充分发挥自身优势、兼顾整体利益则推进了河流治理的顺利进行。

（摘自《河北学刊》2022年第1期，原文约13000字）

【西藏粮食生产与边防安全（1951—1965年）】

关浩淳

粮食生产关系社会民生，也影响国家安全。和平解放前，西藏高寒的自然地理环境、落后的生产技术严重制约了农业发展，造成粮食生产能力低下，过度依赖与周边国家和地区的贸易，影响到国家独立和主权。为扭转粮食短缺局面，和平解放后，人民解放军和驻藏机关单位发起开荒生产运动，积极引介内地农业生产技术，有力推动了西藏耕地面积的增加、粮食生产能力的提高，获得了积极效应。西藏开展粮食生产减轻了内地粮食输入压力，一定程度上保障了军事供给，巩固了西藏社会秩序和边防安全；扭转了粮食长期依靠进口的不利局面，提升了西藏在边贸中的地位，保障了边疆经济安全；提高了西藏人民的生活水平。西藏和平解放初期粮食生产及其对边疆政治社会的重要作用揭示了现代粮食生产与国家政治、边防建设的重要关联，展示了西藏和平解放初期党和国家巩固边防的努力。

（摘自《社会科学研究》2022年第3期，原题为《西藏粮食生产与边防安全（1951—1965）》，原文约9000字）

【建军95年来人才强军的实践经验与现实启示】

李胜之

过去95年间，我军人才工作伴随着人民军队的诞生发展逐步建立完善，坚持政治引领、紧跟时代步伐、注重开拓进取，探索出了具有中国特色的人才强军道路。建军之初，我军人才工作深刻吸取大革命时期的突出问题，开创性地建立了具有我军特色的指导原则、制度机制和方法举措，为人民军队的后续发展奠定了坚实基础。新中国成立之后，我军人才工作紧紧围绕"建设一支优良的现代化的革命军队"总要求，在正规化、现代化上取得了一系列独创性的发展成果，有力推动了我军由低级阶段向高级阶段的转化。党的十一届三中全会之后，我军人才工作紧跟中国社会主义伟大事业实现历史伟大转折、进入新世纪新阶段的历史进程，在继承中求发展，在发展中谋创新，坚持了正确方向，探索了特点规律，取得了巨大成效。党的十八大以来，习近平总书记着眼实现中华民族伟大复兴的中国梦和党在新时代的强军目标，实施人才强军战略、重振政治纲纪、归正育人重心、加强建设布局、深化改革攻坚，推动人才强军取得历史性成就。站在新的起点上，回顾95年来人才强军的发展历程，总结实践经验，研透内在规律，对于推进新时代人才强军战略、为实现强军目标提供坚实支撑具有重要意义和积极作用。在革命、建设、改革各个历史时期，人才强军紧跟党和人民事业发展步伐，进行了卓有成效的探索实践，形成了一些规律性认识和丰富宝贵的经验，包括：坚持党的领导，牢牢把握人才强军的正确方向；坚持向战为战，始终强化人才强军的核心指向；坚持着眼长远，不断拓展人才强军的战略布局；坚持多元育优，持续构建人才强军的培养体系；坚持健全制度，着力完善人才强军的基础支撑。

（摘自《政工学刊》2022年第8期，原文约6000字）

【从概念史维度看当代中国外交政策】

周桂银

新中国成立以来，中国共产党人在对外关系上提出了许多政策，成为不同历史时期内党和国家对外工作的指南。当代中国外交经历了三个时期，分别是社会主义革命和建设时期（1949—1978年），在外交政策上可称为革命外交与和平外交相辅相成的时期；改革开放时期（1978—2012年），在外交上奉行独立自主、不结盟的和平外交政策；新时代（2012年以来），在外交上可概括为和平发展合作共赢的积极有为时期。当代中国外交政策概念可分为战略判断、身份定位、理论指南、外交政策方针和原则、外交总体布局和外交实践领域的一些概念五类，呈现出稳定性和继承性、时代性和演进性、阶段性和争论性特征。在概念史的维度上，当代中国对外政策概念有着特定的时代背景和政策关切，它们在生成和变迁过程中，经历了特定的政治—社会语境和传播渠道，有着不同的政治—社会功能和效应。概念史研究有助于增强中国外交史考察的思想深度。

（摘自《中共党史研究》2022年第3期，原题为《当代中国外交史的思想维度——概念史研究的视角》，原文约18000字）

【新中国扶助外交的历史演变及其特点】

郭树勇

扶助外交主要指大国或者国际组织等国际权威中心基于人道主义或国际社会整体利益而对弱小行为体或受挫行为体进行的善意援助或帮助。以改革开放和党的十八大为节点，新中国扶助外交可分为三个时期。第一个时期实行积极的扶助政策，贯彻"一边倒"的外交方针，维护东方社会主义阵营的团结与安全；恢复联合国安理会常任理事国席位后，坚定地站在第三世界国家一边；在联合国大会上阐明"三个世界"划分理论；等等。第二个时期进行了扶助政策的根本调整，放弃了"战争不可避免"的观点，认识到和平发展为时代主题；把国家利益原则作为外交的基本原则；实行对外开放；以"一国两制""共同开发"等思路来解决有国际背景的国家统一问题；不同任何大国结盟或建立战略关系。第三个时期，在习近平外交思想指导下，把推动构建新型国际关系、构建人类命运共同体作为对外工作的总目标。新中国扶助外交的特点是：坚守扶助外交的一贯性与坚定性；坚持扶助外交的重点和基本点，突出扶助发展中国家和周边国家；突出扶助外交的平等性、相互性与多边性。

（摘自《国际观察》2022年第1期，原题为《论新型国际关系中的扶助外交及其主要特点》，原文约27000字）

【综合视角下的中国周边环境与周边关系】

张蕴岭

中国邻国众多，周边关系与周边环境对中国有着特殊和重要的利益。鉴于此，中国把周边关系放在对外关系的首位，先后提出了"睦邻友好""好邻居、好伙伴、好朋友""与邻为善、以邻为伴""睦邻、安邻、富邻""和谐周边""亲诚惠容""打造周边命运共同体"等发展与周边国家关系的基本理念。总体看来，影响周边形势的因素主要有双边关系、次区域关系和域外势力三类，双边关系是中国周边关系的基本盘，次区域关系是中国周边关系的增长点，域外势力介入是中国周边关系的不稳定因素。深刻认识和把握新形势下中国与周边国家关系，可以从三个层次认知：一是中国主动塑造周边关系和环境的能力与影响力提升，同周边国家之间的合作与互动加强；二是各国对发展与中国的关系给予更大的重视，把稳定和增进与中国的关系放在重要位置；三是中国与周边国家是一个共处、互利的共同体，相互间应该守望相助，创建对彼此都有利的地区环境，共同推动周边形势向好的方向发展。

（摘自《当代世界》2022年第4期，原文约8800字）

【20世纪五六十年代中美在南海问题上的博弈】

栗 广

20世纪五六十年代，由于美国奉行对华遏制战略，中美两国在南海问题上进行了激烈的博弈。1951年旧金山会议前后，中美两国围绕如何处理南海诸岛问题进行了一系列斗争，最终美国主导制定的对日和约对南海诸岛归属问题做了模糊处理。美国与澳大利亚等国签订的《东南亚集体防务条约》，在南海周边地区形成"防御网"，并通过此后的一系列行动，使南海局面复杂化。同时，南越、菲律宾频频在南海地区采取行动，在南海诸岛主权问题上向中国发起挑战；美国作为南越、菲律宾的盟友，不但拒绝承认中国对南海诸岛的权利，而且将南海争端作为遏制中国的工具，推动南越、菲律宾在这一问题上联合对付中国。为此，中国多次发表声明，反对美国支持的南越、菲律宾对南海诸岛的侵犯。总体上看，美国有关南海问题的行动都是为了遏制中国，针对美国不断在该地区侵犯中国的权益，中国采取了系列反制措施，包括通过外交声明进行"严重警告"、通过大使级会谈进行抗议、加强对南海诸岛的治理等。中国的维权行动不仅直接维护了南海权益，而且使其对南海诸岛的管理呈现出持续性，为当前南海维权提供了法理依据。

（摘自《军事历史研究》2022年第2期，原文约11000字）

【新时代中国的水外交：以澜湄合作为例】

邢 伟

中国开展水外交，一方面是缓解跨境水资源问题造成的治理困境，另一方面是通过水外交提升流域各国经济、安全等方面的综合实力。中国对湄公河国家开展水外交内涵在于，在理念层面促进可持续发展，在政治层面维护周边和谐，在经济层面促进多边合作，在安全层面提升非传统安全治理水平。从澜湄合作的角度观察，新时代中国的水外交在理念、政治、经济、安全等层面的发展，对于推动"一带一路"建设、提升中国的国际形象、提供地区公共产品都有着积极效应，体现了中国与周边国家的合作共赢。中国未来在开展水外交过程中，将进一步着眼于澜湄命运共同体建设，协调发展现有共同机制、促进区域合作机制；强化技术性合作；发展多层次合作；注重运用公共外交手段，不断深化可持续发展。总之，澜湄水资源合作是中国开展水外交工作的重点领域，也是推进中国周边地区和平与发展的关键举措之一。

（摘自《学术探索》2022年第9期，原文约14000字）

【中日邦交正常化与台湾问题处理再考】

杨伯江

台湾是中国领土不可分割的一部分，台湾问题事关中国核心利益，也事关中日关系政治基础。1947年，出于"冷战"需要，美英等国单独对日媾和，台湾面临被长期非法侵占的风险。冷战时期，日美建立安保体制，内含涉台干预机制。1952年，日本通过与台湾签订《中华民国与日本国间和平条约》制造"两个中国""一中一台"，使邦交正常化面临重大障碍。1972年9月，中日两国政府就"世界上只有一个中国"和"台湾是中国领土不可分割的一部分"达成协议，就废除"日台和约"、日台关系的处理方式达成谅解，并在此基础上实现了邦交正常化。但是，在复杂严峻的国际环境及日本国内政治形势下，中日邦交正常化并没有解决两国之间的所有问题。此后，受国内亲日势力政治及战略利益影响，日方不忠实履行协议、违背联合声明宗旨和精神的动作时有出现，导致中日之间"台湾问题"反复凸显。由于《中日联合声明》没有触及日美安保体制、"台湾条款"等，这就为日本借由强化日美军事合作介入台海局势留下了空间。日本涉台政策受到"复合逻辑"的支配。鉴于无法正面挑战《中日联合声明》，日本遂将日美安保体制的运用作为介入台湾问题的重要路径。随着国际局势的发展变化，日美"以台制华"的共同利益增强。加之国内相关法制的调整，日本干预台湾问题的动机、能力无疑都在增大。

（摘自《东北亚学刊》2022年第1期，原文约10000字）

【中国与中亚国家安全合作30年】

许 涛

中国与中亚各国建交30年来，首先取得的重大合作成就是在安全领域。随着全球政治经济格局的变化和地区安全形势的演进，中国与中亚各国在维护自身稳定时，也把促进区域安全视为共同职责，同时逐渐形成了有效的协作模式。在坦诚的政治互信基础上安全合作不断深入，为共同的稳定和发展需求营造出一片可信赖的空间。从安邻睦邻的合作伙伴到安危与共的命运共同体，中国与中亚各国的安全合作历程与成果向世界宣示着一种新型国家关系：这种将自身安全建立在共同安全前提下的是平等的国家关系，这种平等又是建立在对彼此主权和领土完整等核心利益充分尊重的基础之上；这种新型国家关系超越了政治制度的差异、意识形态的不同、经济体量的悬殊，秉持和发扬了中国古代哲学中"和而不同"的理念和深邃价值观；这种平等合作关系追求的是互利共赢的共同目标，因而也是对20世纪以来曾经出现过的单边主义、孤立主义和结盟对抗等片面安全观的反思与批判，在当代世界构建国际安全的多边主义行动中以理念与模式创新而独树一帜。

（摘自《俄罗斯研究》2022年第5期，原题为《从维护睦邻安邻关系到构建安全共同体——中国与中亚国家安全合作30年》，原文约22000字）

【中国对中亚外交：进展、经验与未来方向】

邓 浩

2022年是中国与中亚五国建交30周年。30年来，中国始终把中亚地区作为周边外交重要方向，坚决贯彻"睦邻、安邻、富邻"的周边外交政策，积极践行相互尊重、公平正义、合作共赢的新型国际关系理念，大力推进中国—中亚命运共同体建设，形成了上海合作组织、"丝绸之路经济带"、"中国+中亚五国"合作机制三大支柱，不仅从根本上改善了中国西部战略和安全环境，塑造了良好周边，而且有力地促进了中亚地区稳定与发展，为世界各国和平相处、合作共赢树立了典范，并对构建新型国际关系和人类命运共同体做出了有益探索，成为中国周边外交的一大亮点。当前，世界进入动荡变革期，治理赤字、信任赤字、和平赤字、发展赤字有增无减，中亚地区亦不例外。新冠肺炎疫情、阿富汗剧变、俄乌冲突等相互交织叠加，大国竞争明显加剧，新一轮民族主义浪潮悄然兴起，地区局势正在发生新的复杂深刻变化。平等相待，讲信修睦；与时俱进，固本夯基；有的放矢，互利共赢；摒弃冷战思维，妥处大国关系是中国对中亚外交30年的基本经验。这些成功经验无疑具有重要的现实意义和理论价值，不仅有助于中国特色大国外交行稳致远，确保中国和中亚国家关系健康稳定可持续发展，也将给应对时代挑战、构建新型国际关系和人类命运共同体提供有益借鉴和启示。

（摘自《国际问题研究》2022年第4期，原文约15000字）

（供稿：郑 珺）

· 国史图书目录 ·

一、总论

复兴文库／金冲及／中华书局

中国共产党的一百年（全4册）／中共中央和党史文献研究院／中共党史出版社"新时代这十年"丛书／姜辉／当代中国出版社、重庆出版集团

中华人民共和国史（第二版）／《中华人民共和国史》编写组／高等教育出版社

从五条脉络看百年党史（全2册）／李捷／当代中国出版社

十年伟大飞跃／马建堂／人民出版社

二、史学理论

史学理论核心观念研究／邓京力／中国社会科学出版社

历史理性批判论集／何兆武／清华大学出版社

中国史学史举要／瞿林东／商务印书馆

中国口述历史理论／左玉河／人民出版社

比较历史分析方法的进展／[美] 詹姆斯·马汉尼等著，秦传安译／上海财经大学出版社

三、政治史

中国共产党百年制度史／崔禄春／中国工人出版社

中国特色社会主义发展道路研究／侯衍社／人民出版社

中国式现代化新道路／王可园等／上海人民出版社

大变局：从"中国之制"到"中国之治"／强世功等／中信出版社

改革开放新转折／李光伟等／中国人民大学出版社

治理能力现代化：中国政府改革发展40年／王伟／中国经济出版社

新中国成立初期协商民主探索与实践／张青红／华南理工大学出版社

基层社会治理理论与实践研究／张文刚／线装书局

村民理事会的组织变革与治理创新研究／王中华／中国社会科学出版社

总体国家安全观系列丛书（全12册）/总体国家安全观研究中心等/时事出版社

两岸七十年——中国共产党对台决策与事件述实/刘贵军/商务印书馆

台海观潮：从峰回路转到僵局危机（2008—2020）/王鸿志/九州出版社

新中国刑法立法沿革全书/高铭暄等/中国人民公安大学出版社

新时代检察制度发展研究/朱孝清等/中国检察出版社

四、经济史

脱贫攻坚的伟大历程（全2册）/中共中央党史和文献研究院第七研究部/中共党史出版社

百年"三农"：中国共产党解决"三农"问题的战略维度和实现路径/郑有贵/东方出版社

中国共产党百年扶贫的理论与实践/王爱云/人民出版社

中国脱贫之路/张青等/河北人民出版社

新时代中国县域脱贫攻坚研究丛书（全21册）/国务院扶贫办等/研究出版社

中国经济这十年（2012—2022）/本书编写组/经济科学出版社

辉煌十年：2012—2021中国经济脚步/夏斌等/东方出版社

创新格局——新时代西部大开发/车文辉/重庆大学出版社

新时代中国农村发展与政策研究/宋洪远等/中国农业出版社

重大工程建设中的新中国/周凯等/上海交通大学出版社

新中国财政史/刘尚希等/人民出版社

国家治理视角下我国中央与地方财政关系改革研究/丁菊红/经济科学出版社

华侨华人与中国发展/代帆等/暨南大学出版社

侨批（全2册）/陈嘉顺等/广东人民出版社

五、文化与科技史

中国共产党宣传工作简史（全2册）/中共中央宣传部/人民出版社

中国特色社会主义文化制度建设/欧阳雪梅等/河北人民出版社

中国乡村文明的百年变迁——从"乡土中国"到"城乡融合中国"/李河/国家行政学院出版社

中国红十字运动史料选编/涂明珍/合肥工业大学出版社

新中国成立初期党对青年学生的思想引领研究/杨美丽/光明日报出版社

新时代治国理政对外传播研究/于运全/外文出版社

新中国出版研究/万安伦/高等教育出版社

中国教育/袁贵仁/北京师范大学出版社

新中国科普期刊研究（1949—2019）/郑秀娟/光明日报出版社

新中国职业教育发展变迁/孙诚杰等/四川大学出版社

中国农大校报史略/赵竹存等/金城出版社

中国劳动教育回顾与体系建构研究/黄燕等/东方出版中心

中国航天简史/吴沆/上海科学技术文献出版社

20世纪50年代归国留美学人：困境、组织与贡献/陈丹/中央编译出版社

六、社会史

中国共产党社会思想史/宋学勤/中共党史出版社

中国社会保障管理体制研究/鲁全/人民出版社

中国社会救助制度/龙时/社会科学文献出版社

让历史照亮未来——党史中的民政事业/闫晓英/中国社会出版社

中国环境史（现代卷）/张同乐等/高等教育出版社

民声四十年：中国政府热线的理论探讨与实践创新/张新生等/社会科学文献出版社

中国城市更新的演进历程与协同治理体系研究/何建宁/中国财政经济出版社

乡村社区治理与可持续发展研究/何红玲/企业管理出版社

新时代中国城镇保障性住房制度研究/郑云峰/经济管理出版社

北京社会建设之路：新中国70年的发展实践与理论分析/江树革/人民出版社

新城新生——新疆北部牧区城镇化进程中牧民生活转型研究/罗意等/科学出版社

国际比较视域下中国特色现代学徒制创新发展研究/张炳烛/化学工业出版社

七、国防与军事史

建设中国特色的海洋强国/刘德喜/广东经济出版社

中国走向蓝水/张炜/世界知识出版社

海权！中华海权！/杨德昌/生活·读书·新知三联书店

建设航天强国/马杰/中国青年出版社

钱学森现代军事科学思想/糜振玉/科学出版社

中国步枪：从仿制到自行研制/马式曾/国防工业出版社

中日军事防务关系史/张世斌等/解放军出版社

八、外交史

中国与周边国家关系发展报告/谢伏瞻/社会科学文献出版社

中国周边外交研究报告/杨健/世界知识出版社

新世界：亚非团结的中国实践与渊源/殷之光/当代世界出版社

上海合作组织20年发展报告/王海燕/时事出版社

上海合作组织民间友好20年/孙壮志等/社会科学文献出版社

中国东北地区与俄罗斯东部地区经济合作研究/李艳/经济科学出版社

中国与湄公河五国民心相通研究/许庆红等/中国社会科学出版社

中国与巴基斯坦人文交流研究/陈小萍/国际文化出版公司

九、地方史

转型与跨越：新中国成立以来上海发展战略的历史演进/张励等/上海书店出版社

上海中西医结合发展70年/施建蓉等/上海科学技术出版社

后陈经验的新发展：从治村之计到治国之策/侣传振等/浙江工商大学出版社

传统与变革：20世纪五六十年代山西乡村社会研究/胡英泽/浙江古籍出版社

贵州人口迁移研究（1949—2015）/郑姝霞/中国社会科学出版社

十、人物研究

历史学者毛泽东/王子今/西苑出版社

追寻刘少奇足迹丛书（全15册）/中国中共文献研究会刘少奇思想生平研究分会等/中共党史出版社

邓小平在1992/刘金田/江苏人民出版社

中共中央第一支笔——胡乔木在毛泽东邓小平身边的日子/丁晓平/中国青年出版社

两个身份一个信仰——钱学森的选择与成长/陆敏洁/上海交通大学出版社

十一、口述史及史料

新中国工业建设口述史丛书（全2册）/陆远等/商务印书馆

我为什么上大学：30位院士高考回忆录/新京报社/人民日报出版社

三使漫记/张九桓/大有书局

文化遗产保护访谈录/白庚胜/贵州民族出版社

中国共产党全国代表大会档案文献丛书（全13册）/中共中央党史研究室、中央档案馆/中共党史出版社

中国非物质文化遗产保护大事记/中国非物质文化遗产保护协会/文化艺术出版社

十二、海外观察

无声的变化：中国重新成为世界大国的战略选择/［瑞士］保罗·乌里奥著，左晓园译/五洲传播出版社

再看中国新时代：原苏东地区领导人及知名人士谈中国新时代/姜辉等/当代中国出版社

（供稿：刘鑫鑫）

· 国史期刊论文目录 ·

一、史学理论

第三个历史决议对于新时代研究的指导意义（王爱云） 当代中国史研究 2022.1

大历史观与中华人民共和国史研究（杨凤城） 当代中国史研究 2022.4

范本、范式、范例：第三个历史决议对新中国史研究的方法示范（朱汉国） 当代中国史研究 2022.4

构建新中国史叙事体系的"三个面向"（宋学勤） 当代中国史研究 2022.4

新中国史研究三题（金光耀） 当代中国史研究 2022.4

新时代加强中华人民共和国史学科建设的思考（储著武） 高校马克思主义理论教育研究 2021.6

新时代"三大体系"建设与历史唯物主义新知（韩东育） 史学理论研究 2022.2

中国共产党的三个历史决议与正确党史观的确立和发展（宋月红等） 北京行政学院学报 2022.1

从建党百年历史中领悟新时代历史发展动力观（邹兆辰） 河北学刊 2022.3

挑战与新生：20世纪90年代以来中国马克思主义史学的进路（陈峰） 史学月刊 2022.5

关于大历史观的哲学思考（韩震） 马克思主义与现实 2022.3

阶级分析方法与历史研究（庞卓恒等） 史学理论研究 2022.3

当代新史学的视角与方法笔谈（成一农等） 南京大学学报（哲人社）2022.2

当代中国马克思主义史学的研究特点与发展趋向（张越） 史学月刊 2022.7

学会用大历史观看待历史（冯立） 红旗文稿 2022.11

深刻理解中国共产党大历史观的科学方法论（刘卓红等） 现代哲学 2022.4

文本与情境·交谊与系谱：马克思主义史学的多维视野（张越） 天津社会科学 2022.5

马克思主义中国化三次飞跃中的大历史观（孙力） 理论与改革 2022.5

坚持唯物史观坚定历史自信（瞿林东） 人民日报 2022.11.7

从"历史意识"到"历史经验"——马克思主义中国化视域下的历史方法论（林国标） 海南大学学报（人社版）2022.6

唯物史观的具体化定向与历史科学（吴晓明） 马克思主义与现实 2022.5

拓展历史编纂学研究之方法论思考（陈其泰）　北京行政学院学报2022.1

史料、路径与领域：记忆史视域下的"口述"（郭辉）　理论月刊2022.4

知识史与生活史——口述史研究的理论转向与实践策略（牛乐）　民族文学研究2022.2

搭建历史研究共享平台的探讨——以口述历史为切入点（李二苓）　上海交通大学学报（哲社版）2022.5

史实·记忆·事迹：中国科学家口述的定位与功能（王慧斌）　自然辩证法研究2022.10

再谈走向"活"的制度史（邓小南）　史学月刊2022.1

后现代之后：新社会史回归社会科学（周泓）　云南民族大学学报（哲社版）2022.2

纪念史与记忆史：一个学术关系问题的思考（郭辉）　史学理论研究2022.5

新概念、新历史、新世界——环境史构建的新历史知识体系概论（梅雪芹）　城市与环境研究2022.2

史学田野考察的功能定位思考（蓝勇）　中国史研究动态2022.4

历史社会学的文化阐释与意义构筑（严飞）　求索2022.6

二、政治史

创造新时代中国特色社会主义伟大成就的根本原因——"两个确立"的确立过程及决定性意义（曲青山）　当代中国史研究2022.3

实现中华民族伟大复兴的正确道路（李正华）　红旗文稿2022.2

党的第三个历史决议的正确党史观和理论品质（宋月红）　当代中国史研究2022.1

"中华民族伟大复兴"概念的历史演进（肖贵清等）　四川师范大学学报（社科版）2022.3

以大历史观透视坚持独立自主的意义价值（郭广银）　红旗文稿2022.7

深刻认识新时代历史性成就和历史性变革（陶文昭）　思想理论教育导刊2022.4

新时代10年的伟大变革在新中国史上具有里程碑意义（李捷）　人民日报2022.9.9

具有里程碑意义的新时代十年（李正华）　当代中国史研究2022.6

新时代10年伟大变革的里程碑意义（宋月红）　新湘评论2022.17

新时代成功推进和拓展中国式现代化的历史意义和理论意义（李捷）　人民论坛2022.20

新时代十年意识形态建设的成就和经验（李毅等）　当代中国史研究2022.4

十八大以来党的政治建设的重大成就（穆兆勇）　中共党史研究 2022.2

新时代人民代表大会制度和人大工作创新发展的重大成果（万其刚）　当代中国史研究 2022.5

新时代强化政治监督的重要意义、基本内涵与实践路径（段光鹏）　党的文献 2022.1

新时代推进党和国家监督体系建设的实践及经验（乔贵平等）　党的文献 2022.5

论三个历史决议既一脉相承又与时俱进的关系（夏春涛）　广州大学学报（社科版）2022.5

既一脉相承又与时俱进——党的第三个历史决议同前两个历史决议的辩证关系（张金才）　当代中国史研究 2022.1

拓展新时代政治史研究的微观视角刍议——以政治站位相关概念为例（冷兆松）　当代中国史研究 2022.6

中华人民共和国成立初期毛泽东国家治理的实施路径探析（季春芳）　湖南科技大学学报（社科版）2022.5

刘少奇对我国社会主义建设的思考——以《在苏联〈政治经济学教科书〉学习讨论会上的发言》为中心（马慧怡）　党的文献 2022.4

邓小平对党的十一届三中全会实现历史转折所起的关键作用（张金才）　邓小平研究 2022.2

从"四史"角度看邓小平南方谈话的重大意义（刘贵军等）　世界社会主义研究 2022.2

目标与路径——重温邓小平共同富裕构想的思考（萧冬连）　中共党史研究 2022.2

胡乔木与毛泽东思想活的灵魂三个基本方面的提炼（鲁书月）　当代中国史研究 2022.4

当代中国群防群治制度的优势及效能转化（钟金燕）　岭南学刊 2022.2

改革开放以来行政审批制度改革历史与发展逻辑（孙彩红）　行政论坛 2022.2

对中国社会主义改造"早产论"的批判（许洪位等）　当代世界与社会主义 2022.2

从各界代表会议到人民代表大会——中共地方民主建政的成功探索（赵连稳等）　北京联合大学学报（人社版）2022.3

监督法从酝酿到出台的历程考察（刘维芳）　当代中国史研究 2022.3

《中华人民共和国体育法》的修改过程、主要争议与立法选择（田思源）　天津体育学院学报 2022.4

1953—1954 年江苏基层普选中选举权审查的偏向与纠正（韩同友等）　当代中国史研究 2022.1

1950 年代初期新区乡村干部的生成逻辑——以土改工作队为中心的考察（何志明）　史林 2022.5

20 世纪 50 年代赴内地西藏地方代表团概述（孙师文等）　中国藏学 2022.5

新中国成立初期"旗县并存、蒙汉分治"问题的解决（段世雄）　中共党史研究 2022.1

新中国成立初期上海党史学习运动的历史考察（王龙）　当代中国史研究 2022.2

浙江真理标准问题讨论始末（周元刚）　浙江档案 2022.3

政协第一届全体会议的性质、功能和议程新论（朱世海）　甘肃社会科学 2022.3

中国事业单位的改革历程及其逻辑（孙晓冬）　中国行政管理 2022.4

改革开放以来行政审批制度改革历史与发展逻辑（孙彩红）　行政论坛 2022.2

新时代网络意识形态安全治理及其经验（魏晓燕）　光明日报 2022.9.29

新时代坚持和完善人大制度：逻辑、价值和路径（钟金燕）　人大研究 2022.1

中国式现代化的历史逻辑探析（秦宣）　当代中国史研究 2022.2

中国式现代化道路的时代价值与世界历史意义（于沛）　当代中国史研究 2022.5

中国式现代化道路的历史脉络与经验启示（董慧等）　理论与改革 2022.1

从大历史观看中国式现代化（孙正聿）　哲学研究 2022.1

中国式现代化道路的百年探索（吴超）　中国井冈山干部学院学报 2022.3

中国式现代化道路的理论基础、历史进程及实践转向（杜玉华等）　吉首大学学报（社科版）2022.3

社会主义发展史视域下当代中国的成就与经验（龚云）　当代中国史研究 2022.5

基于历史方位视角构建中国式现代化道路的话语体系（沈伯平）　教学与研究 2022.6

社会主义发展阶段与中国式现代化文明新形态（裴长洪等）　改革 2022.7

《论十大关系》与中国现代化建设话语的建构（李永进等）　毛泽东研究 2022.6

全面建成小康社会与中国式现代化新道路（王灵桂）　中国社会科学 2022.3

海外学界对中国小康社会建设的认知与评价（孙健）　当代中国史研究 2022.6

2012—2022 年海外学者关于中国共产党研究的现状评析（倪春纳）　当代中国史研究 2022.6

社会主义的初级阶段与初级阶段的社会主义（朱佳木）　世界社会主义研究 2022.10

国有企业领导体制的变迁与启示（杨丽等）　理论视野 2022.8

追求稳定与发展：1949—1950 年天津郊区的土地改革研究（熊双风）　中国经济史研究 2022.4

从劳模表彰看中国共产党百年奋斗史（姚力）　中国井冈山干部学院学报 2022.1

香港回归25年来"一国两制"实践的重大成就和历史经验（齐鹏飞等）　理论探讨2022.4

新中国成立后的港澳工作（罗燕明）　上海市社会主义学院学报2022.2

中国共产党与香港澳门（1921—1950）（罗燕明）　上海市社会主义学院学报2022.4

20世纪80年代香港学生群体国家认同意识嬗变及现实镜鉴（杨亚红）　统一战线学研究2022.2

第四次交锋：台湾岛内"九二共识"再争议述论（刘相平等）　台湾研究集刊2022.2

1971—1972年中美领导人关于处理"台独"问题的谈判与共识（代兵）　史学月刊2022.7

他者视阈下的中国形象——以20世纪五六十年代西方来华旅行者为中心的考察（王素君）　云南大学学报（社科版）2022.2

三、经济史

新时代经济重点领域和关键环节改革发展的实践与成就（李正华等）　经济研究参考2022.10

新时代中国经济发展的历史性成就与规律性认识（黄群慧）　当代中国史研究2022.5

新时代十年经济重点领域的改革与发展（常旭）　群言2022.10

从经济视角认识新时代中国特色社会主义理论创新（郑新立）　中共党史研究2022.3

新时代"三农"战略目标的历史性升级和发展优势提升（郑有贵）　中国井冈山干部学院学报2022.3

新时代中国创新和完善宏观调控的历史考察（董莹）　当代中国史研究2022.4

党的十八大以来我国开放型经济新体制的构建与发展（王德蓉）　中共党史研究2022.4

中国共产党百年工业化思想的历史回顾与经验总结（吕健等）　南京审计大学学报2022.2

1949—1978年中国农业生产对工业化进程的限制因素分析（赵冲等）　古今农业2022.1

中国工业化进程中的产业园区制度演进与模式创新（王曙光等）　改革2022.5

物流业与国民经济三次产业间增长关系研究——基于我国1952—2020年统计数据（秦愚等）　工业技术经济2022.3

国家现代化目标的丰富提升（郑有贵）　当代中国史研究2022.6

中国式现代化对人类现代化的重大突破及其创新意义——基于中国式现代化的中国特色的考察（郑有贵）　经济社会体制比较 2022.6

坚持自信自立与中国式现代化道路探索（郑有贵）　中国井冈山干部学院学报 2022.6

中国式现代化演进中破解不平衡不充分发展问题的路径（郑有贵）　中南财经政法大学学报 2022.6

扎实推进全体人民共同富裕的中国式现代化建设（李文）　当代中国史研究 2022.6

走共同富裕的中国式现代化道路：历史进程及经验启示（董慧等）　海南大学学报（人社版）2022.6

党的十八大以来关于推进共同富裕的伟大实践（李文）　毛泽东研究 2022.4

以历史思维解读中国现代化道路（韩震）　史学史研究 2022.3

中国式现代化新道路的生发逻辑、实践特征及成功经验（李涛）　湖北大学学报（哲社版）2022.4

中国式现代化进程中的共同富裕：实践历程与路径选择（郭晗等）　改革 2022.7

中国社会主义经济制度变迁纵观——新中国成立以来经济制度创新的历史路径和实践逻辑（张道根）　上海经济研究 2022.8

中国经济史研究的新进展（常旭）　中国社会科学报 2022.8.24

全面实施供给侧结构性改革的中国方案与经验（钟瑛）　毛泽东邓小平理论研究 2022.9

经济体制转型发展的"中国经验"（胡乐明）　政治经济学评论 2022.2

从"重点"到"优先"——新中国重工业发展战略的确立过程（曲冠青）　当代中国史研究 2022.2

周恩来与新中国第二次大规模引进成套技术设备（迟爱萍）　党的文献 2022.4

陈云与改革开放初期的国民经济调整（牛建立）　党的文献 2022.5

关于改革开放起步时期国际环境的考察（萧冬连）　中共党史研究 2022.4

改革开放初期中国对东欧改革经验的借鉴（李永康）　中共党史研究 2022.6

1953—1957 年我国推动生猪增产的政策举措及成效（王保宁等）　党的文献 2022.1

口述史、集体记忆与新中国工业建设（周晓虹）　宁夏社会科学 2022.1

陈云与新中国石油工业（房中）　党的文献 2022.3

新中国成立以来基本经济制度形成发展的理论逻辑与实践逻辑（王东京）　管理世界 2022.3

分配正义在社会主义中国：基于分配制度的考察（王鑫）　学海 2022.2

新中国成立初期农村土特产品购销探析（常明明）　当代中国史研究 2022.3

小土产与大市场：自由市场开放前后上海中药材采购研究（1956—1958）（周永生）
中共党史研究 2022.4

社会主义改造中上海私营批发商转业外埠研究（詹伟鸿等）　中共党史研究 2022.6

一九五三年统购统销政策在广东的落地及影响（葛玲）　中共党史研究 2022.5

统购统销前粮食价格波动原因新探（刘志）　中共党史研究 2022.6

农民参与视角的乡镇企业组织制度变迁（郑有贵）　宁夏社会科学 2022.2

农村工业、乡镇企业在夹缝中发展的实现机制——着眼于促进农村产业融合发展启示的研究（郑有贵）　毛泽东邓小平理论研究 2022.1

中国工业发展政策的演进和启示（江飞涛）　产业经济评论 2022.2

老工业基地振兴政策对企业升级的促进作用研究（姚鹏等）　经济纵横 2022.2

新中国中央和地方财政关系探析（1949—1959 年）（刘晓泉等）　当代中国史研究 2022.4

1949—1952 年财政分权与经济增长（姜长青）　晋阳学刊 2022.2

改革开放以来中国对外投资政策演进（刘文勇）　上海经济研究 2022.4

从分税到分成：政府间税收划分的理论逻辑与实践逻辑（汪彤）　中共中央党校（国家行政学院）学报 2022.1

二十世纪五十年代初期的农业税征收与乡村社会——以山东省东平县刘所村为例（郭志炜）　中共党史研究 2022.1

工农城乡关系演进下集体所有制的嬗变与重构（邹一南）　经济学家 2022.4

集体化时期农户超支现象简析——以 1970 年湖北省浠水县十月大队为例（瞿商等）
中国经济史研究 2022.3

中国产业政策演进与产业结构全面优化（刘海波等）　内蒙古社会科学 2022.3

中国式技术变迁方式转变对经济高质量发展的影响研究（龙少波等）　宏观质量研究 2022.3

数字经济中劳动过程变革与劳动方式演化（张昕蔚等）　上海经济研究 2022.5

中国劳动生产率增长的动力和行业来源分析：1978—2018 年（李展）　当代经济科学 2022.3

收入分配制度协调与促进共同富裕路径（孙豪等）　数量经济技术经济研究 2022.4

我国医疗服务贸易高质量发展的理论和路径研究（张颖熙等）　价格理论与实践 2022.1

构建社会主义市场经济进程中的"晋江经验"（张占斌）　行政管理改革 2022.10

中国区域经济韧性演进特征与路径选择（关衷效等）　兰州大学学报（社科

版）2022.5

共享发展理念的战略成效与实践进路（杜宏巍）　价格理论与实践 2022.10

群众路线贯彻实证研究：土专家与新中国地方农具改革（苏泽龙等）　山西高等学校社会科学学报 2022.9

党的十八大以来我国文化产业发展的成就、经验与展望（顾江）　管理世界 2022.7

1949—1966 年我国林业建设的实践探索（任铃）　党的文献 2022.3

从地方经验到国家政策：福建省龙溪地区蔗粮挂钩政策的历史考察（徐岚等）　当代中国史研究 2022.2

新中国华侨植物引种历史的考察（张行等）　当代中国史研究 2022.6

"156 项工程"项目是怎样落地的？——以湖南为例（易棉阳等）　当代中国史研究 2022.1

1949—1958 年工矿企业青年工人的技术培养——以师徒合同为中心（徐雪晴）　当代中国史研究 2022.1

"外汇券"与中国的外汇管理工作（张玲蔚）　当代中国史研究 2022.1

上海解放初期三次"经济与金融战"的启示（高鹏飞等）　河北金融 2022.10

新中国初期港币问题：缘起、治理及市场统一（周云等）　深圳大学学报（人社版）2022.5

20 世纪 50 年代的职工储蓄动员与现代国家建设（林超超）　中国经济史研究 2022.1

新中国成立前后的折实储蓄述论（丁芮）　中共党史研究 2022.4

1959—1965 年上海工业企业"比学赶帮"运动研究（陈碧舟）　当代中国史研究 2022.3

1949—1952 年湖南粮食大调运（尹红群）　当代中国史研究 2022.5

四、文化与科技史

2021 年中华人民共和国文化史研究述评（石佳）　当代中国史研究 2022.5

大力发展社会主义先进文化　丰富人民精神世界（欧阳雪梅）　当代中国史研究 2022.6

从文化小康成就经验看文化强国建设路向（高宏存）　行政管理改革 2022.2

"革命学术"与"学术革命"：共和国初期人文学术转型的双重解读（陈峰等）　山东社会科学 2022.4

新中国成立初期新闻宣传工作方针的确立（牛利坡）　传媒 2022.4

中国文化治理：历史进程与演进逻辑（傅才武等）　兰州大学学报（社科版）2022.4

改革开放以来我国政党文化的核心功能解析（叶芳）　观察与思考 2022.9

中国共产党领导文化创新的伟大历程、主要成就与经验（朱虹等）　社会主义研究 2022.10

社会主义文化制度的历史底蕴和实践基础（张波等）　社会科学战线 2022.10

新时代社会主义文化强国建设的意识形态逻辑（王永贵）　南京师大学报（社科版）2022.10

从新中国成立到党的二十大：全面发展教育政策的演进及其启示（傅海燕）　教育史研究 2022.6

中华人民共和国成立初期国际中文教育起点研究（刘元满等）　湖北民族大学学报（哲社版）2022.1

新中国成立以来乡村学校社会支持的历史考察（刘国艳）　当代教育科学 2022.3

我国城乡教育一体化发展研究的回顾与省思（谭天美等）　现代远程教育研究 2022.2

中央高级党校开办自然辩证法班考记（王民）　自然辩证法研究 2022.4

"十三五"到"十四五"：西部地区义务教育从基本均衡走向优质均衡（林天伦等）　学术探索 2022.3

公平与效率：我国教育发展的阶段性演进（1949—2022）（董海军等）　社会科学辑刊 2022.4

新中国第一所工农速成中学探析（张璐）　当代中国史研究 2022.6

中国基础研究发展现状与对策分析——基于 2005—2019 年中国科学十大进展（梁宗正等）　河南大学学报（社科版）2022.4

档案见证新中国成立以来北京市高等师范教育的发展（李志成）　北京档案 2022.10

20 世纪 50 年代初运用马克思主义引领高校历史教学改革的路径探索——以北师大历史系教学小组的实践为中心（刘伟）　北京师范大学学报（社科版）2022.5

新中国成立初期农民扫盲识字运动探析（贾钢涛）　晋阳学刊 2022.4

新中国成立初期上海管理外侨学校的地方经验（何方昱）　史林 2022.4

1959—1966 年上海青年"红旗读书运动"研究（齐卫平等）　当代中国史研究 2022.1

1959 年全国急性传染病学术会议的历史考察（马金生）　当代中国史研究 2022.1

中国共产党传承创新发展中医药的历史贡献（欧阳雪梅）　吉林中医药 2022.4

中国家庭医生制度的政策变迁与启示——基于倡议联盟框架的分析（高鹏等）　东北大学学报（社科版）2022.3

新医改前后我国基层医疗资源配置与经济发展的耦合协调关系研究（李丽清等）　中

国卫生经济 2022.5

党领导下中国科学家精神的传承与演变（任福君） 中国科技论坛 2022.2

新中国成立前后中共在海外团结学人的尝试——以"留美科协"为中心的组织史考察（裴广强） 山东社会科学 2022.2

中国国家实验室的演进历程、管理体制及运行机制探析（吴丹丹等） 实验室研究与探索 2022.2

中国科技创新政策协同演变及其效果：2006—2018（李冬琴） 科研管理 2022.3

新中国成立以来科技体制演变的历程与启示（曹原等） 中国科技论坛 2022.6

邓小平南方谈话对我国科技事业发展的重要意义（侯波） 当代中国史研究 2022.2

我国第一个科技发展规划的制定与实施（欧阳雪梅） 中国人才 2022.9

1957年中国科学研究体制之"争"（储著武） 当代中国史研究 2022.3

中国基础研究与应用研究政策的演进（1949—1978年）（苏熹） 当代中国史研究 2022.4

"先写正楷，后写草书"——毛泽东关于我国核技术研发指示蕴含的工作方法（赵丛浩） 党的文献 2022.5

周恩来与20世纪50年代的来华苏联专家工作（季卫兵等） 党的文献 2022.5

中国科学院空间科学战略性先导科技专项实施11年回顾与展望（吴季等） 中国科学院院刊 2022.8

中国科学院治沙队的成立及其考察工作（董瑞等） 中国科技史杂志 2022.2

二十世纪八十年代中国科学院科技与经济相结合的改革探索（杜磊） 中共党史研究 2022.1

从制造大国到创新强国——海外学者对新中国科技事业发展史的认知与评价（于国辉） 当代中国史研究 2022.1

地方党和政府与民营科技企业的发展（1978—1992）——以中关村经验为例（杜磊） 党史研究与教学 2022.5

1949—1954年群众体育制度建设述论——以冬季体育运动为中心（李兆旭） 当代中国史研究 2022.2

20世纪五六十年代上海农村体育事业发展述论（于明星） 党的文献 2022.5

"标志着人民体育的新方向"——北京市人民体育大会的筹备与举办（王蕾） 北京党史 2022.1

我国青少年体育政策变迁研究（1949—2021）——基于多源流理论视角（侯军毅等） 天津体育学院学报 2022.2

新中国成立以来体育公共服务财政体制改革的基本历程、逻辑主线与未来展望（朱鹏） 上海体育学院学报 2022.3

40年来我国档案主管部门与档案社会组织关系分析（李海涛等） 档案学研究 2022.1

政策与实践：新中国农村电影放映研究——基于中国电影社会学的考察（1949—1965）（王艳等） 北京电影学院学报 2022.4

1949—1961年故宫博物院革命性改造的历史考察（徐玲） 史学月刊 2022.6

边地经验：1960年代"西南区话剧、地方戏观摩演出"考论（申燕） 西南民族大学学报（人社版）2022.6

十八大以来出版人才队伍建设的成就与经验（李文娟） 科技与出版 2022.6

新中国成立初期的文物保护：基于政府、学界与公众视角（胡岳枫） 中国文化遗产 2022.4

改革开放初期博物馆出国展览的变化与意义（1979—1989）（徐玲等） 中国博物馆 2022.3

中国式数字文明的形成、特质与意义——基于历史唯物主义的视角（刘卓红） 学习与探索 2022.7

边地经验：1960年代"西南区话剧、地方戏观摩演出"考论（申燕） 西南民族大学学报（人社版）2022.3

新中国出版史的分期建构（郭子毓） 新闻爱好者 2022.9

文化政治视域下当代中国农村读物的出版实践（张艳彬等） 编辑之友 2022.12

戏曲史相关概念在"十七年"时期的确立及其学科史意义（黄静枫） 上海师范大学学报（哲社版）2022.6

党领导广电事业的历史经验与启示（国家广播电视总局） 中国广播电视学刊 2022.1

五、社会史

共同富裕视角下的基本公共服务制度优化（何文炯） 中国人口科学 2022.1

由点到网：共同富裕视域下东西部协作的结对关系变迁（梁琴） 公共行政评论 2022.2

我国居民幸福感的变迁（2002—2019）：一项横断历史元分析（邢占军等） 山东社会科学 2022.5

新时代社会治理的探索与创新（吴超） 北京党史 2022.5

新时代民生建设：理论发展与实践成就（唐任伍） 人民论坛 2022.19

国家基本公共卫生服务项目十年评价（2009—2019年）——实施国家基本公共卫生服务项目的意义和经验（尤莉莉等）　中国全科医学2022.26

防治结合：历史沿革、定位与意义（左根永等）　卫生经济研究2022.10

大病保险的十年历程（朱铭来等）　中国金融2022.16

20世纪50—70年代中国农业病虫害"综合防治"理念的演进历程（张连辉等）　当代中国史研究2022.3

马克思城乡关系理论中国化的历史演进及实践经验（张桂文等）　政治经济学评论2022.6

新中国城乡关系的理论与实践（郭旭红等）　当代中国史研究2022.3

农村宅基地制度：变迁历程、演变逻辑与改革路径（任育锋等）　当代经济管理2022.4

各民族交往交流交融的历史演进与现代治理——以内蒙古通辽地区为例（赵月梅）　北方民族大学学报2022.3

西藏和平解放初期传染病防治研究（关浩淳）　西藏研究2022.3

计划经济时期城镇无户籍人口问题探析（张学兵）　中共党史研究2022.1

新中国成立后水资源利用的生态与社会机制探析——以南运河为例（侯林等）　农业考古2022.1

20世纪以来治黄方略与流域管理体系演变关系研究（陈方舟等）　人民黄河2022.5

新中国治淮方略演进研究（吴春梅等）　当代中国史研究2022.1

东深供水工程与粤港关系的发展演变（程强强等）　当代中国史研究2022.4

新中国成立以来我国社会关系的特征、问题与调适（吴燕）　学术探索2022.8

中国智慧城市政策体系演化研究（李霞等）　科研管理2022.7

从水土流失治理到生态文明建设——改革开放以来黄河上中游地区的水土保持（王瑞芳）　当代中国史研究2022.6

新中国成立初期陕北防沙治沙问题研究（王友栋等）　陇东学院学报2022.4

二十世纪六七十年代上海城市绿化问题研究（金大陆）　中共党史研究2022.2

新中国成立初期城市政权建设与社会改造研究述评（连文妹）　中共党史研究2022.2

新中国成立初期工人集体福利事业研究——以东北地区国营企业为例（荆蕙兰等）　江西社会科学2022.11

历史视角下的村干部身份与治理模式思考（孙明）　中国行政管理2022.2

政策目标群体的身份建构逻辑——以户籍政策及其改革为例（王庆歌等）　公共管理与政策评论2022.2

改革开放以来中国区域人口与经济重心演进态势及其影响因素（梁龙武等） 经济地理 2022.2

我国人口迁移和城镇化格局的转折性变化：2000—2020年（吴瑞君等） 上海行政学院学报 2022.1

教育变迁与农民"一家三制"家计模式研究（张一晗） 中国青年研究 2022.2

中国民众社会价值观的变迁及其影响因素——基于年龄—时期—世代效应的分析（高海燕等） 社会学研究 2022.1

技术与思想：20世纪50年代中国农业机械化与社会主义新农民塑造（宋学勤等） 史学集刊 2022.1

新时代十年健康中国战略的部署、推进与成就（姚力） 当代中国史研究 2022.5

我国积极开发老年人力资源的政策求索与变迁（阳义南等） 社会保障研究 2022.2

2010—2020年中国老年人口健康水平空间格局演变及其影响因素（潘泽瀚等） 地理学报 2022.12

新中国成立初期的医院整顿（贾吉庆等） 当代中国史研究 2022.5

群众性免疫接种：从全民健康到全球健康（白玛丽） 中共党史研究 2022.1

公共卫生的行为意识与国家的现代发展（卜丽萍） 中共党史研究 2022.1

来自防治肺结核病的经验：发现和隔离病例以控制传染病传播（郭瑞琪） 中共党史研究 2022.1

中国的霍乱流行：防疫应急机制与"紧急规训国家"（1961—1965）（方小平） 中共党史研究 2022.1

中国与世界范围流行病学的建立（方立安） 中共党史研究 2022.1

医学工作为人民：一九五八年中国大规模筛查宫颈癌项目（蒋菲婷） 中共党史研究 2022.1

李双双：从更深的土里"泼辣"出来——试探20世纪五六十年代"新型妇女"的一种生成史（李娜） 妇女研究论丛 2022.2

改革开放以来中国族际通婚变动的十大趋势（黄凡等） 人口研究 2022.2

教育同型婚姻匹配的变迁及对子代收入的影响（1990—2018）（谭莹等） 南开经济研究 2022.4

中国式"花好月圆"：谈20世纪50年代宣传《婚姻法》的电影（毛尖） 妇女研究论丛 2022.5

"团结生产"：1950年《婚姻法》实施与新家庭建设研究（张华） 开放时代 2022.6

1949—1971年中国外贸工作中的社会动员研究（黄庆林） 当代中国史研究 2022.2

当代中国青年主观社会地位认知的变迁（雷开春等）　青年研究 2022.3

新中国成立初期上海的工厂托儿所建设（夏雪等）　党的文献 2022.2

新中国成立初期新型社会主义劳动者的塑造——以上海铁路管理局为个案的研究（付清海）河北学刊 2022.3

六、国防与军事史

中共十八大以来深化国防和军队改革的成就与启示（聂文婷）　当代中国史研究 2022.5

毛泽东领导新中国武器装备现代化建设的实践路径（曾敏等）　湖南科技大学学报（社科版）2022.2

毛泽东在对印自卫反击战战略时机选择问题的分析（邵伟志）　党史博采（下）2022.4

周恩来国防建设思想探析（蔡文森）　中国军转民 2022.3

58 年前周恩来首提"国防现代化"（韩同友等）　红岩春秋 2022.8

杨成武谈中印边境自卫反击作战（张子申）　党史博览 2022.5

叶剑英与 1964 年大练兵、大比武活动（瞿定国）　百年潮 2022.5

论粟裕现代战争思想对提高新时代备战打仗能力的启示（顾俊）　中国军转民 2022.8

三个"历史决议"中建军兴军强军思想举要（周炳钦）　毛泽东研究 2022.3

人民军队思想政治教育历史演进的逻辑指向与赓续发展（伍笛凯等）　文化软实力 2022.7

中国国防科技工业政策的变迁路径及其动力机制——基于 589 份政策文献的量化分析（刘纪达等）　行政论坛 2022.2

国防科技工业创新发展的 20 年——论"两大攻坚战"的创新成果（栾恩杰）　国防科技工业 2022.2

新中国国防工业的第一次大规模建设（姬文波）　党史博览 2022.6

新中国国防文化生成、特征与价值探析（祖彦等）　南昌航空大学学报（社科版）2022.1

新中国大军区的发展演变（姜长青）　党史博采（上）2022.4

建军 95 年来人才强军的实践经验与现实启示（李胜之）　政工学刊 2022.8

中国军事现代化新道路及其世界贡献（孙德刚）　当代中国与世界 2022.4

新中国成立以来人民海军海上维权斗争的历史回顾与经验启示（万志强等）　政工学刊 2022.3

新中国成立前后人民海军的创建研究（1949—1956）（王雪慧等） 齐齐哈尔大学学报（哲社版）2022.8

苏联援助中国陆军建设述论（1949—1960）（贺雪娇等） 安徽史学 2022.4

人民炮兵的创建与奠基（1949—1956）（贺怀锴） 东岳论丛 2022.9

1959—1966年武警（公安）部队体制变更和编制变化（姬文波） 当代中国史研究 2022.2

解放海南岛作战中政治工作的启示（张成龙等） 中国军转民 2022.14

功勋永恒：朝鲜政府向志愿军授勋始末（金傲寒） 军事史林 2022.2

抗美援朝战争志愿军克敌制胜的重要法宝：无敌坑道（刘东） 军事史林 2022.5

论新中国的立国之战抗美援朝战争的伟大意义（夏庆宇等） 中国军转民 2022.20

抗美援朝运动中的爱国主义教育——以北京市为例（刘肖委） 党的文献 2022.3

新中国成立初期藏族人民支援抗美援朝史事探析（央珍） 中国藏学 2022.3

一个军医眼中的抗美援朝战争（徐伯荣等） 军事历史研究 2022.3

从军购"枭龙"谈中阿军事合作（殷杰） 坦克装甲车辆 2022.6

政治动员中的国家话语与青年选择——基于中国高校征兵动员20年变迁的分析（李正新） 中国青年研究 2022.8

国防工业建设初期缩微胶片档案史料编纂研究（武瑞文等） 中国档案 2022.8

总体国家安全观的历史唯物主义审视（刘洪等） 学校党建与思想教育 2022.22

国家安全学学科建设：历程、问题与对策（问鸿滨等） 情报杂志 2022.11

七、外交史

新世纪以来当代中国外交史研究述评（梁志） 中共党史研究 2022.6

当代中国外交史的思想维度——概念史研究的视角（周桂银） 中共党史研究 2022.3

中国共产党百年国际战略的世界情怀（王巧荣） 当代中国史研究 2022.1

新时代中国特色大国外交的重大成就及其基本经验（周进） 当代中国史研究 2022.4

当代国际体系的渐变和嬗变——基于两个三十年的比较与思考（杨洁勉） 国际展望 2022.2

新时代中国周边外交的理论创新与实践（刘卿） 国际问题研究 2022.2

当代中国外交价值观：内涵、功能与构建（刘普） 教学与研究 2022.3

中国对外关系中的义利逻辑（徐成） 世界经济与政治 2022.2

社会主义革命和建设时期中国共产党重大外交政策教育及其经验（李海涛） 思想教

育研究 2022.3

外交战略下的中国图书馆国际交流工作（1949—1969年）（吴稌年等）　高校图书馆工作 2022.2

当代中国科技外交的实践与特色（罗晖等）　外交评论（外交学院学报）2021.6

中国推动国际关系民主化的历史价值和时代意义（戴长征等）　中共中央党校（国家行政学院）学报 2022.3

弘扬"上海精神"：上海合作组织的发展历程与思考（孟沙）　现代世界警察 2022.7

新中国成立以来中国海洋战略变迁的制度逻辑——基于历史制度主义的分析（王琪等）　中国海洋大学学报（社科版）2022.6

中国共产党组织工作者访苏参观团的多重探索（唐仕春）　当代中国史研究 2022.3

坚持一个中国的原则——纪念中美《上海公报》发表50周年（陶文钊）　国际关系研究 2022.1

记忆与研究：尼克松访华与中美关系正常化（章百家）　中共党史研究 2022.4

中美和解与东亚地区秩序变革的开端（牛军）　中共党史研究 2022.4

1970—1972年中英建交谈判与"台湾地位未定论"的破产（连晨超）　当代中国史研究 2022.6

中英两国关于新华社香港分社的交涉（1949—1958）（聂励）　中共党史研究 2022.5

1963年《部分禁止核试验条约》与中法建交（孙君健等）　史学月刊 2022.1

中德有关桑塔纳轿车国产化问题的协商及其影响（1985—1991）（陈弢）　中共党史研究 2022.2

中葡两国关于澳门回归时间问题的外交博弈及其历史经验（陈杰）　统一战线学研究 2022.1

中日邦交正常化与台湾问题处理再考（杨伯江）　东北亚学刊 2022.1

改革开放初期中日经济知识交流会的创立及其影响（毕亚娜等）　当代中国史研究 2022.3

分歧与协调：佐藤内阁对联合国中国代表权问题的政策选择（丁志远）　当代中国史研究 2022.1

战后中日关系史研究50年：脉络、现状与趋向（李明楠）　当代中国史研究 2022.3

战后中日关系的原点及其延长线——重温四个政治文件（胡令远等）　日本学刊 2022.4

中日邦交正常化决策研究述要（徐显芬）　中共党史研究 2022.4

五十年来中日关系研究的问题意识、史料开拓与知识生产（刘建平）　中共党史研

究 2022.4

朝鲜对华认知与中朝关系发展——基于《劳动新闻》（2009—2018）涉华报道的分析（朴东勋等）　东疆学刊 2022.1

国际格局调整与中美欧三边关系的演进（赵怀普）　当代世界 2022.3

中国与苏丹卫生合作的发展历程及主要成就（加法尔·卡拉尔·艾哈迈德等）　阿拉伯世界研究 2022.2

中国与《不扩散核武器条约》（1968—1992）（詹欣）　华东师范大学学报（哲社版）2022.3

美国国家安全战略视阈下的中美关系 50 年（达巍等）　国际安全研究 2022.2

中美双边气候关系与《联合国气候变化框架公约》进程的相互影响研究（翟大宇）　太平洋学报 2022.3

美国对华经贸的"脱钩"与"再挂钩"：思想渊源与现实逻辑（余振等）　国际展望 2022.3

迈力克默号事件与冷战初期联邦德国对新中国的贸易政策（1949—1952）（陈弢）　德国研究 2022.2

新时代中国与阿拉伯国家合作的机制、成就与意义（丁俊等）　阿拉伯世界研究 2022.3

从怀疑到正视：本—古里安的中国观变迁与冷战时期的中以关系（佘纲正）　学海 2022.3

2020 年以来中印边境对峙的原因、影响及启示（刘宗义）　南亚研究 2022.1

不结盟国家对 1962 年中印边界冲突的调解（高志平等）　太平洋学报 2022.6

中韩建交 30 周年：务实性合作与结构性矛盾（陈向阳）　现代国际关系 2022.4

1971 年澳工党代表团访华与澳中民间交往（谢晓啸）　外国问题研究 2022.2

不结盟运动与新中国恢复在联合国合法席位（高志平等）　社会科学战线 2022.9

新时代中国的水外交：以澜湄合作为例（邢伟）　学术探索 2022.9

朝鲜电影在华放映研究初探（1949—1976）（侯凯等）　北京电影学院学报 2022.10

以市场之名：近十年中国电影在越南的传播（2012—2021）（张怀强）　全球传媒学刊 2022.4

中韩海洋管辖权主张与海域划界谈判（祁怀高）　亚太安全与海洋研究 2022.5

中美城市外交的历史发展与内在逻辑（刁大明等）　当代美国评论 2022.3

美国对华科技政策演变及其影响因素探析（李杨等）　科技中国 2022.7

"一边倒"与美国"机会丧失论"再探讨（1949—1950）（周天羽）　史学月刊 2022.9

20世纪60年代英国对中国求购中远程飞机的反应与对策（李继高）　历史教学问题 2022.4

中欧合作的历程、成果与展望（王朔）　人民论坛 2022.21

中国与中亚经济合作30年——政策演进、重点领域进展及未来发展路径（李建民）　俄罗斯研究 2022.5

中国对非洲直接投资的实践、经验与挑战（张春宇）　当代中国史研究 2022.5

（供稿：易海涛）

学术动态

· 学术活动简讯 ·

当代中国研究所、中华人民共和国国史学会联合举办学习党的十九届六中全会精神座谈会

2021年11月27日上午，由当代中国研究所和中华人民共和国国史学会（以下简称国史学会）联合举办的学习党的十九届六中全会精神座谈会在京召开。国史学会第一副会长、中国社会科学院副院长、当代中国研究所所长姜辉，国史学会副会长、原中央文献研究室常务副主任杨胜群，国史学会原副会长、国防大学原副政委李殿仁，国史学会副会长、军事科学院副院长曲爱国，国史学会副会长、教育部高等学校社会科学发展研究中心主任王炳林，国史学会秘书长、当代中国研究所原副所长张星星，以及国史学会常务理事、当代中国研究所原副所长武力，当代中国研究所副所长李正华、宋月红等出席会议并发言。座谈会由国史学会会长、中国社会科学院原副院长朱佳木主持。

会上，姜辉、杨胜群、李殿仁、曲爱国、王炳林、张星星、武力、李正华、宋月红等同志，分别以《深刻领会习近平新时代中国特色社会主义思想实现了马克思主义中国化新的飞跃》《中国道路是党和人民在百年奋斗实践中探索形成的》《深得党心民心的历史决议》《深刻领悟〈决议〉对历史研究工作的历史意义》《党百年奋斗历史意义的内在逻辑》《坚持唯物史观和正确党史观的新境界》《承前启后：实现第二个百年目标的政治宣言》《在总结历史经验中开启新征程》《党在不断奋斗中坚持中国道路》为题，畅谈了学习党的十九届六中全会精神的心得体会。

大家一致认为，党的十九届六中全会，是我们党处在建党百年之际和"两个一百年"奋斗目标历史交汇点的重要关头召开的一次具有重要里程碑意义的会议。会议通过的《中共中央关于党的百年奋斗重大成就和历史经验的决议》，围绕我们过去为什么会成功、未来怎样才能继续成功的问题，运用辩证唯物主义和历史唯物主义的方法论，坚持正确的党史观和大历史观，聚焦总结我们党百年奋斗的重大成就和历史经验，突出中国特色社会主义新时代，深刻概括了党的百年奋斗的历史意义，系统阐述了习近平新时代中国特色社会主义思想的核心内容，充分体现了党的十八大以来中央关于党的历史的新认识，旗帜鲜明地反对了历史虚无主义，澄清了党史上一些重大问题的模糊认识和片面理解，同党的前两个历史决议既

一脉相承又与时俱进，是马克思主义的纲领性文献，是新时代中国共产党人牢记初心使命、坚持和发展中国特色社会主义的政治宣言，是以史为鉴、开创未来、实现中华民族伟大复兴的行动指南，对推动全党进一步统一思想、统一意志、统一行动，团结带领全国各族人民夺取新时代中国特色社会主义新的伟大胜利具有重大现实意义和深远历史意义。

与会者表示，中华民族已迎来从站起来、富起来到强起来的伟大飞跃，正在开启全面建设社会主义现代化的新征程。我们比历史上任何时期都更加接近、更有信心和能力，实现中华民族伟大复兴的目标。只要我们按照党的十九届六中全会精神来做，牢记中国共产党是什么、要干什么这个根本问题，把握历史发展大势，坚定理想信念，牢记初心使命，始终谦虚谨慎、不骄不躁、艰苦奋斗，不为任何风险所惧，不为任何干扰所惑；始终铭记生于忧患、死于安乐，常怀远虑、居安思危，继续推进新时代党的建设新的伟大工程；立足新发展阶段，贯彻新发展理念，构建新发展格局，全面深化改革开放，促进共同富裕，推进科技自立自强，发展全过程人民民主，中华民族的伟大复兴就是任何敌对势力阻挡不了的，一定能够在中华人民共和国成立百年时如期实现。

会议号召国史学会全体会员和广大新中国史编研工作者，更加紧密地团结在以习近平同志为核心的党中央周围，全面贯彻习近平新时代中国特色社会主义思想，运用党的十九届六中全会精神指导新中国史编研，为党史学习教育和包括新中国史在内的"四史"宣传教育，贡献国史工作者的一份力量。

国史学会在京部分理事和各分会领导，当代中国研究所部分干部职工、中国社会科学院大学国史系部分研究生以及媒体记者也参加了座谈会。

（执笔：国史学会办公室）

来源：《当代中国史研究》2022年第1期

《当代中国史研究》七届三次编委会召开

本报讯（记者王春燕）2月22日，《当代中国史研究》七届三次编委会在京召开，中国社会科学院副院长、党组成员、当代中国研究所所长、《当代中国史研究》编委会主任姜辉出席会议并讲话。

姜辉指出，党和国家十分重视学术期刊建设和发展工作，习近平总书记给《文史哲》编辑部全体编辑人员回信，中宣部等单位联合印发《关于推动学术期刊繁荣发展的意见》，体现了党和国家对学术期刊的高度重视，为办好学术期刊指明了方向。对此，《当代中国史研究》要继续深入学习领会，进一步办好刊物。

姜辉指出，2022年是党和国家历史上具有特殊重要意义的一年。《当代中国史研究》必须围绕迎接宣传贯彻党的二十大这一中心任务，做好期刊出版工作。具体来说，一要深入学习研究阐释习近平新时代中国特色社会主义思想，组织刊发一些有分量、有说服力的理论文章，不断扩大新中国史研究成果的影响力。二要把握正确的政治方向，坚持唯物史观和正确党史观，筑牢研究和宣传新中国史的坚强阵地，引领新中国史研究的正确方向、学术导向和价值取向。三要围绕新中国史"三大体系"建设设置议题和栏目，发挥刊物在学科建设中的引领和导向作用，使刊物成为新中国史研究的引领者、优秀学者的培养者、学术活动的推动者、学术成果的评价者。四要以重大理论和现实问题为主攻方向，推动基础理论研究和应用对策研究融合发展，进一步加强新中国史研究成果的宣传。五要团结凝聚高水平的作者队伍。既要刊发学养深厚的大家、名家的研究成果，也要善于发现年轻作者，不断推出有水平的、回应实践之问的优秀研究成果，为新中国史研究提供高水平的学术交流平台，展示更多高水平研究成果。六要充分发挥编委会把方向、议大事、善指导的作用，调动编委们的积极性、主动性、创造性，推动编辑部各项工作迈上新台阶。七要加强制度建设和编辑队伍建设，不断提高刊物的质量和影响力。

原中共中央党史研究室副主任张启华表示，近年来，党史、新中国史研究有着非常好的外部环境，高水平文章不断出现。社会各界的高度重视和广泛关注，对党史、新中国史的发展也提出了新的更高要求。未来，希望《当代中国史研究》更多关注现实问题，正视、回应社会上的各种声音；总结历史正反两方面的经验，充分发挥资政育人的作用；重视研究方法的探索，推动国史学科建设。

中国社会科学院学部委员张海鹏表示，《中共中央关于党的百年奋斗重大成就和历史经验的决议》提出了马克思主义中国化的三次飞跃。以充足的历史资料、以史学论文的形式来论证这三次飞跃，是包括《当代中国史研究》在内的史学界的责任和使命。

中国社会科学院世界历史研究所原所长于沛建议，《当代中国史研究》要注重普及推广当代中国史知识，为建立中华民族历史自信作贡献，为实现中华民族伟大复兴、增强对中华民族的认同感、构建人类命运共同体提供历史智慧、发挥应有的作用。

中国社会科学院当代中国研究所副所长、《当代中国史研究》主编李正华表示，《当代中国史研究》作为国内唯一的一份国史学术刊物，有责任、有义务为新中国史"三大体系"建设、人才队伍建设作贡献。希望刊物不懈奋斗，由核心期刊向权威期刊迈进。

中国社会科学院当代中国研究所副所长宋月红认为，《当代中国史研究》要树立正确党史观，在唯物史观的指导下，将大历史观与新中国史研究紧密联系起来；以学科建设为抓手，加快"三大体系"建设，促进本学科评价体系建设。

中共中央党校（国家行政学院）教授柳建辉建议，2022年，希望《当代中国史研究》继续发挥特色优势，突出重点栏目。围绕党的十九届六中全会，加大学习解读《中共中央关于党的百年奋斗重大成就和历史经验的决议》力度，发表系列重要文章。解读重要国史文献，梳理重要表述变化，以利研究。

《当代中国史研究》编辑部汇报了该刊物2021年度工作情况和2022年计划，友刊代表作交流发言。

（执笔：王春燕，中国社会科学报记者）
来源：《中国社会科学报》2022年2月25日

《当代中国史研究》召开期刊评价座谈会

为更好提升办刊水平，提升编校质量，实现刊物与评价机构的互动，2022年3月11日，《当代中国史研究》编辑部与中国社会科学评价研究院期刊与成果评价研究室联合召开期刊评价座谈会。当代中国研究所副所长、《当代中国史研究》主编李正华研究员，中国社会科学评价研究院党委书记、院长荆林波研究员，以及中国社会科学评价研究院期刊与成果评价研究室、《当代中国史研究》编辑部全体成员出席了座谈会。李正华对中国社会科学评价研究院一行的到来表示热烈欢迎和衷心感谢，并对《当代中国史研究》的发展状况、编辑部的人员组成以及未来的发展规划做了详细说明。他希望中国社会科学评价研究院的同志能结合全国期刊界的发展状况及评价中发现的问题，为刊物发展提供真知灼见，帮助刊物尽快成长，更好服务哲学社会科学"三大体系"建设。

荆林波介绍了期刊评价的历史和现状，强调了中国人文社会科学期刊综合评价指标体系的客观性、公正性和合理性，他既高度肯定了《当代中国史研究》的办刊方向和丰硕成绩，又结合期刊评价的特点指出了刊物存在的问题，他希望刊物能博采众长、有的放矢，结合国家的方针政策和学术发展方向，取得更大成绩。

会上，中国社会科学评价研究院期刊与成果评价研究室详细介绍了中国人文社会科学期刊综合评价指标体系（AMI）的构成以及各自的权重，对评价流程作了细致说明，并耐心解答了《当代中国史研究》编辑部提出的相关问题。

会议在热烈的氛围中进行，双方均表示，这样的会议应经常举行，实现评价机构与编辑部的良性互动，达到双方共同进步，为落实中央政策精神、繁荣哲学社会科学贡献自己的力量。

（执笔：易海涛，当代中国研究所编辑）

来源：当代中国研究所官网 http://iccs.cssn.cn/zyhd/202203/t20220314_5398570.shtml.

续写马克思主义中国化新篇章

2022年3月10日，中国人民大学"习近平新时代中国特色社会主义思想研究工程"（以下简称"研究工程"）启动仪式暨"习近平新时代中国特色社会主义思想对马克思主义发展的原创性贡献"学术报告会在京举行。中国社会科学院副院长、党组成员、当代中国研究所所长姜辉，教育部副部长翁铁慧，中国人民大学党委书记张东刚，中央党校（国家行政学院）副校（院）长李毅，北京市社科联常务副主席张淼等出席会议并讲话。

为发展马克思主义作出原创性贡献

姜辉指出，党的十九届六中全会审议通过的《中共中央关于党的百年奋斗重大成就和历史经验的决议》，提出"两个确立"的重大政治论断，高度阐述了习近平新时代中国特色社会主义思想的精髓要义、丰富内涵、理论贡献、重大意义和历史地位。习近平新时代中国特色社会主义思想是捍卫坚持马克思主义的典范，贯穿马克思主义立场、观点、方法，贯通马克思主义哲学、政治经济学、科学社会主义，贯彻并创造性地运用马克思主义世界观、方法论，研究解决当代中国问题和当今世界问题。习近平新时代中国特色社会主义思想也是创新发展马克思主义的典范，是21世纪马克思主义的最新理论形态，为发展马克思主义作出了原创性贡献。

姜辉表示，当前，党的实践创新和理论创新步伐加快，习近平新时代中国特色社会主义思想必将随着中国特色社会主义伟大实践的推进进程，随着实现中华民族伟大复兴不可逆转的发展进程，持续发展，不断丰富，不断完善。我们理论工作者要跟上时代发展步伐，跟上党和国家事业发展步伐，跟上党的实践创新和理论创新步伐，为续写新时代马克思主义中国化、时代化新篇章作出新贡献。

翁铁慧指出，推进习近平新时代中国特色社会主义思想研究，一是聚焦真懂真信，着力在研究阐释上出成果。二是聚焦入脑入心，着力在育人育才上见成效。三是聚焦网言民语，着力在传播普及上扩大影响。四是聚焦活学活用，着力在引领未来上求突破。要以习近平新时代中国特色社会主义思想为统领，努力构建适应国家需求、支撑知识创新的学科体系，有效提升国家文化软实力的学术体系，融通中外开放自信的话语体系。

形成研究宣传阐释普及整体合力

习近平新时代中国特色社会主义思想是当代中国马克思主义、21 世纪马克思主义，是中华文化和中国精神的时代精华，实现了马克思主义中国化新的飞跃。张东刚表示，习近平新时代中国特色社会主义思想以其系统完整、逻辑严谨、相互贯通的科学理论体系，标注了马克思主义发展的新高度，实现了中国特色社会主义规律认识的新飞跃，指明了中国式现代化道路的新途径，创造了文明新形态的新表达，开辟了管党、治党、兴党、强党的新境界。李毅认为，《中共中央关于党的百年奋斗重大成就和历史经验的决议》用"十个明确"总结党的十八大以来的理论和实践创新成果，充分彰显了习近平新时代中国特色社会主义思想的核心要义和精神实质。

理论研究的出发点和落脚点就是回答时代课题、反映人民心声；而理论成果的生命力，就在于被人民群众掌握，继而形成生动实践。张淼提出，深入研究阐释习近平新时代中国特色社会主义思想，就要深入研究"两个确立"的决定性意义，深入研究这一重要思想的历史地位、科学体系、核心要义、重大理论观点、原创性贡献、实践要求。实施"研究工程"，标志着中国人民大学在研究宣传阐释习近平新时代中国特色社会主义思想方面进入了全新阶段。

引领世界现代化新方向

中央马克思主义理论研究和建设工程咨询委员、原中央党史研究室主任欧阳淞表示，要深刻认识马克思主义中国化新的飞跃。习近平新时代中国特色社会主义思想坚持把马克思主义基本原理同中国具体实际相结合、同中华优秀传统文化相结合，实现了把坚持马克思主义和发展马克思主义统一起来，是当代中国马克思主义。北京大学马克思主义学院教授顾海良谈道，十一届三中全会以来，我们党不断推进马克思主义中国化时代化，使马克思主义以崭新的形象展现于世。习近平新时代中国特色社会主义思想作为 21 世纪马克思主义，围绕三大时代课题，以理论伟力和思想智慧引领 21 世纪马克思主义发展，为我们更好地认识和把握共产党执政规律、社会主义建设规律、人类社会发展规律作出原创性贡献。

清华大学马克思主义学院院长艾四林谈到了中国式现代化道路的理论意蕴。他表示，中国式现代化道路是对马克思主义重大理论和实践的创新。从"四个现代化"到中国式现代化道路，体现了我们对中国式现代化理论认识的不断深化。中国式现代化道路的提出，体现了我们党对实现中国式现代化的自觉和自信达到了一个新的高度。中国式现代化道路，是对西方现代化的超越，引领着世界现代化的新方向。2022 年是迈向全面建设社会主义现代化国家、向第二个百年奋斗目标进军新征程的重要一年。"研究工程"将进一步强化习近平新时代中国特色社会主义思想研究的系统性谋划、整体性推进、项目化管理，进一步深化习近平新时代中国特色社会主义思想的学理化阐释、学术化表达、大众化传播。

（执笔：段丹洁，中国社会科学报记者）

摘自：《中国社会科学报》2022年3月18日

《百年"三农":中国共产党解决"三农"问题的战略维度和实现路径》出版座谈会在京召开

新华网北京 4 月 22 日电（汪亚）围绕中国共产党为什么能够领导人民解决好"三农"问题这一重大课题，中国社会科学院当代中国研究所今日召开《百年"三农"：中国共产党解决"三农"问题的战略维度和实现路径》一书出版座谈会，集中研讨如何深刻呈现和阐释中国共产党百年始终坚守为农民谋幸福的初心使命，全面系统反映中国共产党解决"三农"问题的百年奋斗历程、伟大成就和宝贵经验。

百年奋斗，百年辉煌。该书基于大历史观和政治经济学的视角书写中国共产党百年解决"三农"问题的历程，呈现了百年历程的主题与主线、主流与本质，实现的历史性变革和取得的历史性成就；全面梳理了中国共产党开创中国特色社会主义"三农"发展道路的"六个阶段和成就"，集中阐述了中国共产党解决"三农"问题的"五个战略维度"和"四个实现路径"，充分论证了"农民选择中国共产党领导"的"六个必然"，深刻总结百年"三农"历史性变革和历史性成就来之不易及其宝贵经验，书写了中华民族伟大复兴史诗最精彩的华章。

与会学者一致认为，该书对中国共产党解决"三农"问题的百年历程作出了创新研究，全面勾勒中国共产党带领中国农民摆脱绝对贫困、建成小康社会、迈向共同富裕的百年历程，深刻解读中国共产党百年解决"三农"问题的历史逻辑、理论逻辑与实践逻辑，系统总结中国共产党解决"三农"问题的百年成就和百年经验，有针对性地回应了学界和社会关注的重大"三农"政策演变中的"疑点"问题。

与会学者一致表示，该书选题重要、视野开阔、特点鲜明、意义深远，把整体史研究与鲜活基层实践细节呈现有机结合起来，图文并茂，使中国共产党百年解决"三农"问题路径更加真实和生动地呈现出来，是一部兼具思想性、知识性、可读性的优秀理论读物，具有较强的历史价值、学术价值和政策研究参考价值。

该书作者、中国社会科学院当代中国研究所经济史研究室主任、研究员郑有贵数十年坚持研究"三农"问题，撰写了大量研究论著，为推动解决"三农"问题鼓与呼，这种精神追求塑造了其当代学者的科学品质，体现了当代中国研究所为新中国述史的初心使命。

中国人民大学原副校长贺耀敏教授、农业农村部农村经济研究中心原主任宋洪远研究员，国务院发展研究中心农村部原部长徐小青研究员，中共中央党校研究室巡视员曾业松研究员，中国经济史学会名誉会长、中国社会科学院经济研究所董志凯研究员，中国宏观经济研究院产业经济与技术经济研究所副所长姜长云研究员，中国农业大学经济管理学院冯开文教授，中国农业博物馆当代农业研究部主任周晓庆研究员，东方出版社总编辑孙涵和相关编辑参加会议。中国社会科学院当代中国研究所原副所长武力研究员主持会议。

（执笔：汪亚，新华社记者）

来源：新华网2022年4月22日http://www.news.cn/local/2022-04/22/c_1211639541.htm.

《当代中国史研究》召开述评写作座谈会

为继续深入落实习近平总书记在哲学社会科学工作座谈会上重要讲话精神，帮助青年学人尽快成长，推动新中国史"三大体系"建设，迎接党的二十大胜利召开，2022年6月30日，《当代中国史研究》编辑部召开述评写作座谈会。当代中国研究所副所长、《当代中国史研究》主编李正华研究员，第四研究室主任李文研究员，《当代中国史研究》编辑部主任郑珺编审以及所内部分青年研究人员、编辑部全体成员出席了座谈会。

李正华指出，学科述评对于新中国史学科建设非常重要，好的学科述评文章在学界具有非常重要的引领性作用。他强调，当代中国研究所是研究新中国史的专门机构，《当代中国史研究》是唯一一份刊发新中国史研究学术成果的重要期刊，需要在新中国史学科体系、学术体系和话语体系建设中发挥重要的积极的作用。为此，《当代中国史研究》专门开辟了学科述评专栏。编辑部愿意与大家一起，就如何提高述评文章的质量、办好学科述评专栏等加强交流。他希望青年科研人员高度重视这一基础性工作对自己的学术积累和学科发展的重要意义，推出更多更好的学科述评文章，为新中国史学科的发展作出贡献。

李文作了题为《如何撰写学术综述》的专题报告。他指出，述评文章是一项检验个人付出多少的最好方法，投入与产出呈正相关，只要肯下功夫，就一定能写好。他强调，写好述评文章：一是要区分专题综述与学科综述，二是要进一步明确学术综述的概念，三是要构思文章的主要框架，四是要明确文章的撰写步骤。结合个人的写作经验及对学界多年观察和思考，他进一步指出，大家在撰写述评文章时要抓住问题的核心，对课题保持高度的敏感性，并持续追踪学界的最新进展。最后，他建议大家不妨从撰写学术书评做起，一步一个脚印，为写好述评文章打下坚实基础。

会上，《当代中国史研究》编辑部成员就述评文章审稿、编辑加工中存在的问题作了交流汇报，并就如何写好述评文章提出了相应建议，与会青年学人就述评文章写作中遇到的问题交流了意见。

会议在热烈的氛围中进行，与会同志均表示，这样的会议应经常举行，以帮助大家尽快成长，助力刊物发展并推动新中国史"三大体系"建设。

（执笔：易海涛，当代中国研究所编辑）

来源：当代中国研究所官网 http://iccs.cssn.cn/zyhd/202207/t20220701_5415181.shtml.

学习贯彻习近平主席在庆祝香港回归祖国 25 周年大会暨香港特别行政区第六届政府就职典礼上重要讲话精神学术座谈会在京召开

在香港回归祖国 25 周年之际,中共中央总书记、国家主席、中央军委主席习近平出席了庆祝香港回归祖国 25 周年大会暨香港特别行政区第六届政府就职典礼并发表重要讲话。习近平在讲话中肯定了回归祖国以来"一国两制"实践在香港取得的显著成就,同时强调,"一国两制"在香港实践给我们留下了富贵的经验与启示,主要有:第一,必须全面准确贯彻"一国两制"方针;第二,必须坚持中央全面管治权和保障特别行政区高度自治权相统一;第三,必须落实"爱国者治港";第四,必须保持香港的独特地位和优势。

2022 年 7 月 12 日,为深入学习习近平主席的重要讲话精神,推进"一国两制"史研究工作,中国社会科学院当代中国研究所第五研究室、"一国两制"史研究中心在京召开学术座谈会。座谈会邀请中国人民大学国际关系学院政治学教授、中国人民大学两岸关系研究中心主任、中国人民大学台港澳研究中心副主任王英津作《香港未来发展的机遇与挑战》主旨报告。

中国社会科学院当代中国研究所第五研究室主任王巧荣主持会议,中国社会科学院当代中国研究所原副所长、"一国两制"史研究中心主任张星星致辞,当代中国研究所外交史与港澳台史研究室、《当代中国史研究》编辑部的专家学者以及当代中国研究所博士后十余人与会。

王英津教授的报告结合习近平的重要讲话精神,围绕香港未来发展的机遇、挑战、应对挑战的基本思路以及未来前景展望等四个方面展开。他认为,香港未来发展的机遇主要有:从国际层面看,香港背靠祖国、联通世界这种独特的地位和优势未来仍是其机遇;从国家层面上讲,香港的机遇表现在:中央全力支持香港的繁荣发展,支持香港参与粤港澳大湾区建设和前海开发,参与"一带一路"建设,推动香港融入国家发展大局;从香港自身层面讲,香港政治生态实现了"由乱及治"的重大转变,步入"由治及兴"新阶段,这为稳定香港的社会秩序、保持香港的稳定发展创造了有利条件。香港面临的挑战是,由于中美战略竞争加剧,以美国为首的外部势力试图通过制裁香港来牵制中国。近年来,美国先后通过了一系列针对制裁香港的法案议案。美国制裁香港目的是把香港搞乱,最终是针对中国。美国制裁香港是在中美战略竞争背景下展开的，它不是短期的，就像美国打台湾牌、打新疆牌、西藏牌一样，打香港牌会是长期的。此外，香港本身政治、社会、经济领域也会面临一些挑战。同时，王英津教授认为，机遇与挑战是相对的，有些机遇中蕴含着挑战，有些挑战中蕴含着机遇，二者是可以相互转化的。就应对挑战问题，王英津教授提出，要做好应对外部势力制裁的思想准备，提升政府管治能力，着力发展经济，缓解社会上的一些紧张因素。关于香港的未来发展趋势，他特别谈到"一国两制"将得到长期坚持。

此外，就报告中一些思考性的问题、香港问题研究前沿状况，与会专家学者和王英津教授作了深入交流。

（执笔：王巧荣，当代中国研究所研究员）

来源：当代中国研究所官网 http：//iccs.cssn.cn/zyhd/202207/t20220729_5434441.shtml.

"习近平新时代中国特色社会主义思想的重大原创性贡献"学术研讨会在中国浦东干部学院成功举办

2022年7月30日,"习近平新时代中国特色社会主义思想的重大原创性贡献"学术研讨会在中国浦东干部学院召开。研讨会由学院中国特色社会主义研究院、复旦大学马克思主义学院、华东师范大学马克思主义学院主办,中国马克思主义基金会《理论视野》杂志社、上海市习近平新时代中国特色社会主义思想研究基地、"习近平新时代中国特色社会主义思想的重大原创性贡献"课题组协办。中国浦东干部学院副院长、"习近平新时代中国特色社会主义思想的重大原创性贡献"课题组首席专家刘靖北教授,复旦大学副校长陈志敏教授,华东师范大学副校长兼马克思主义学院院长顾红亮教授出席会议并致辞。

中共中央党校原副校长李君如、中共中央对外联络部原副部长于洪君、原中共中央党史研究室副主任、中共中央党史和文献研究院原院务委员冯俊,山东省政协副主席、山东师范大学党委书记唐洲雁发表主题演讲。来自国内高校、党校(行政学院)、干部学院和其他相关研究机构的著名专家秦宣、秦刚、孙熙国、龚云、陶文昭、匡胜、张新宁、曾峻、沈开艳、杨德山、黄凯锋、王公龙、陶倩、赵正桥、赵庆寺、赵勇、闫方洁以及学院教授于洪生、沈斐、胡云超、董德兵等作主题发言。

与会专家学者结合学习习近平总书记在省部级主要领导干部专题研讨班上的重要讲话精神和《习近平谈治国理政》第四卷,从不同学科和角度,对习近平新时代中国特色社会主义思想的重大原创性贡献进行了深入研讨。

大家认为,习近平新时代中国特色社会主义思想拓展了马克思主义哲学、政治经济学、科学社会主义理论和建党学说,使我们对共产党执政规律、社会主义建设规律、人类社会发展规律以及现代化实现途径、人类文明发展形态的认识达到了新高度,开辟了马克思主义中国化时代化的新境界,开辟了马克思主义理论发展的新阶段,为发展马克思主义作出了原创性重大贡献,是马克思主义中国化时代化的最新成果。

中国浦东干部学院教学研究部主任、上海市习近平新时代中国特色社会主义思想研究基地执行主任赵世明主持开幕式。中国浦东干部学院科研部副主任、中国特色社会主义研究院副院长王友明主持第一阶段主题发言。中国浦东干部学院科研部副主任王永杰主持讨论和总结阶段。本次研讨会也是落实中国浦东干部学院与复旦大学、华东师范大学战略合作与特色学科共建协议的系列研讨活动之一,以线上线下相结合的方式举行。

（执笔：《中国浦东干部学院学报》编辑部）

来源：《中国浦东干部学院学报》2022年第5期

第八届马克思主义当代中国史理论论坛举办

2022年8月13至14日,第八届马克思主义当代中国史理论论坛在山西长治举办。中国社会科学院原副院长、中华人民共和国国史学会会长朱佳木作题为"社会主义的初级阶段与初级阶段的社会主义"的主旨报告。长治学院校长曹景川、中国社会科学院当代中国研究所副所长宋月红、山西省委宣传部理论处处长刘晓哲分别致辞。长治学院副校长王志军主持开幕式。

朱佳木指出,中国共产党已走过101个春秋,新中国即将迎来成立73周年。回首往事,社会主义建设之所以取得举世瞩目的辉煌成就,一个重要的原因就是社会主义初级阶段的理论使我们认清了中国当前的最大实际,而初级阶段的社会主义理论,使我们明确了与社会主义初级阶段相适应的一系列方针、政策和社会主义初级阶段发展的正确方向。只要我们按照习近平总书记要求的那样,自觉做共产主义远大理想和中国特色社会主义共同理想的坚定信仰者和忠实实践者,既不做超越阶段的事,也不做违背社会主义基本原则的事,尽力去做让社会主义初级阶段不断前进的事,那就一定能使社会主义初级阶段在经过新发展阶段和今后会有的新的发展阶段后进入社会主义的高级阶段,最终实现共产主义的伟大理想。

与会学者围绕会议主题"新时代十年国史理论的创新与发展",深入学习贯彻习近平新时代中国特色社会主义思想以及习近平总书记关于党史新中国史的重要论述,总结新时代十年国史理论研究的新进展和新成就,加快推进新中国史的"三大体系"建设。

有学者从新时代的农村集体经济、文化强国、对美外交、国防和军队现代化以及总结国家治理经验等方面探讨了新时代党和国家事业取得的历史性成就、发生的历史性变革,深刻阐述了新时代在党史、新中国史、改革开放史、社会主义发展史、中华民族发展史上具有的里程碑意义。

有学者从北欧国家福利制度对中国实现共同富裕的启示、苏南乡村数字治理、党领导人民追求共同富裕的历史经验、金融促进乡村共同富裕、共同富裕的内涵和实践路径等方面,探讨了新中国探索共同富裕的理论和实践问题;强调在新时代的历史方位上实现全体人民的共同富裕依然是实现第二个百年奋斗目标和实现中华民族伟大复兴的重要内容,要下大力气解决发展不平衡不充分的问题。

还有学者从大历史观、中国与世界的关系、小康社会建设史研究范式、马克思主义与中华优秀传统文化的关系、中国当代史概念、新时代历史书写等方面，探讨新时代十年国史理论的创新与发展问题。明确提出新时代的国史研究要坚持以大历史观为指导，坚决反对新中国史研究中的历史虚无主义思潮，坚持走高质量发展道路，为新时代党和国家事业提供学术支撑。据悉，"马克思主义当代中国史理论论坛"，系中国社会科学院马克思主义理论学科建设与理论研究工程系列论坛的分论坛之一，长期以来得到中国社会科学院马克思主义理论学科建设与理论研究工程的大力支持。

会议由中国社会科学院当代中国研究所、中华人民共和国国史学会学术委员会和长治学院共同举办。来自中国社会科学院、国务院发展研究中心、华东师范大学、山西师范大学、江苏大学、长治学院等单位的30位专家学者与会。

（执笔：储著武，当代中国研究所副研究员）
来源：《中国社会科学报》2022年8月26日

"志史鉴今　砥砺前行：从改革开放到大湾区建设"研讨会在港举办

新华社 香港9月7日电（记者陈珮盈）"志史鉴今　砥砺前行：从改革开放到大湾区建设"研讨会2022年9月7日在香港、北京、广东及澳门同步线上线下举办。

研讨会由团结香港基金、香港地方志中心、广东省人民政府地方志办公室及澳门基金会联合举办，云集粤港澳三地30多位政商界领袖、社会翘楚及专家学者，以《香港参与国家改革开放志》的出版为契机，回顾香港在国家改革开放历程中的贡献和得益，并讨论香港和澳门如何更好融入国家发展大局。

全国港澳研究会会长邓中华在线上致辞时表示，2022年是香港回归祖国25周年，同时也是《深化粤港澳合作　推进大湾区建设框架协议》签署五周年和《粤港澳大湾区发展规划纲要》颁布实施三周年。在此重要时刻，香港地方志中心从志史鉴今的角度召开专题研讨会，回顾历史，展望未来，探讨如何通过大湾区建设推动港澳更好融入国家发展大局，很有意义。

他认为，香港在下一阶段应充分发挥规则制度、人才和科技优势，积极贡献大湾区制度型开放，参与大湾区高水平人才高地建设和投身大湾区国际创科中心建设，进一步融入国家发展大局。

香港特区政府财政司司长陈茂波表示，粤港澳大湾区建设是香港更好融入国家发展大局的最佳切入点。大湾区经济实力雄厚、创新要素汇聚，是国家开放程度最高、经济活力最强的地区之一，正全力朝着国际一流湾区和世界级城市群的目标迈进。香港作为大湾区的龙头城市之一，在助力整个大湾区的发展与升级转型过程中，将会扮演更举足轻重的角色。

团结香港基金副主席、香港地方志中心执行委员会主席陈智思表示，广东在国家过去40多年的改革中始终发挥着先锋作用，而港澳地区的资金和经验也为改革提供源源不绝的动力，粤港澳大湾区建设更是国家改革开放下的重大发展战略。

（执笔：陈珮盈，新华社记者）

来源：新华网2022年9月7日。http：//m. news. cn/2022－09/07/c_1128984610. htm.

《新时代的经济建设》《新时代的中国外交》发布

近日,由中国社会科学院当代中国研究所组织编写的《新时代这十年》丛书之《新时代的经济建设》《新时代的中国外交》在京发布。中国社会科学院当代中国研究所副所长兼当代中国出版社社长李正华、副所长宋月红分别出席会议并致辞。

《新时代的经济建设》主编郑有贵、《新时代的中国外交》主编王巧荣分别介绍了图书的写作缘起、主要内容与研究体会。

专家表示,党的十八大以来,面对严峻复杂的国际形势和艰巨繁重的国内改革发展稳定任务,以习近平同志为核心的党中央高瞻远瞩、统揽全局、把握大势,提出一系列新理念新思想新战略,中国经济发展取得历史性成就、发生历史性变革,经济发展平衡性、协调性、可持续性明显增强,走上更高质量、更有效率、更加公平、更可持续、更为安全的发展之路。《新时代的经济建设》一书坚持以党的十九届六中全会精神为指导,系统阐述了习近平经济思想的时代引领力和实践推动力,全面呈现了以习近平同志为核心的党中央推进高质量发展取得的历史性成就,诠释了新时代这十年经济建设的历史地位与意义,深入总结了新时代经济建设取得历史性成就的重要经验。全书主题鲜明,重点突出,很好地把握了历史逻辑、理论逻辑、实践逻辑,学术含量高,是一部内容丰富的历史著作。

与会学者认为,当前,世界百年未有之大变局和新冠疫情叠加交织,国际体系和国际秩序正处于大变革、大调整之中,中国所面临的国际环境较以往更加严峻复杂。在这种情况下,系统总结新时代中国外交的发展历程与成功经验,将对中国更好地抵御外部风险、营造更加有利的国际环境具有十分重要的意义。《新时代的中国外交》一书以历史唯物主义为指导,按照中国总体外交布局来谋篇设计,结构合理、重点突出,既有对习近平外交思想内涵的深度阐释,也有对新时代中国外交实践的系统梳理,还有对新时代中国外交经验的高度总结,思想性、学术性强。该书坚持历史与逻辑相统一,坚持"史论结合、论从史出",在对权威性政策文件进行解读和对重大外交历史事件进行梳理的基础上,提出了诸多独到的见解与观点,使读者能够清晰准确地理解和把握新时代中国外交的本质和发展趋势。该书立足于中国外交理念与政策,以中国视角来解读自身与世界的关系,有助于增强中国的外交话语权。

(执笔:龚浩,当代中国研究所副研究员;张方慧,当代中国研究所助理研究员)

来源:《中国社会科学报》2022年10月14日

做好国史研究工作　　推动国史知识普及

——《中华人民共和国史小丛书》编委会第三次工作会议召开

2022年10月10日,《中华人民共和国史小丛书》(以下简称"丛书")编委会第三次工作会议在京召开。中国社会科学院原副院长、中华人民共和国国史学会会长、丛书编委会主任朱佳木,中国社会科学院当代中国研究所副所长、丛书编委会副主任李正华,中国社会科学院当代中国研究所副所长、丛书编委会常务副主任宋月红,北京出版集团总编辑李清霞等编委出席会议。

此次编委会工作会议主要就丛书2021年至今的各项工作进行阶段性总结,并布置未来编写及出版工作。

朱佳木对丛书自2018年启动以来的工作给予了充分肯定,并对下一阶段的编写出版工作提出了六点要求。他指出,要进一步认识丛书编辑出版对于贯彻习近平总书记关于树立正确历史观、着重历史的主流和本质、正确看待改革开放前后两个历史时期等一系列思想,配合全党全国的"四史"教育,以及组织和锻炼国史研究、宣传队伍等方面意义;要进一步明确丛书是普及性主题性系列专史书的性质;要进一步突出丛书的导向性、叙事性、准确性、学术性、知识性、生动性的特点;要进一步落实丛书在选题重要性、平衡性、可行性,以及作者选择和培训等方面的工作;要进一步完善丛书规划,切实保证2028年如期实现既定出版目标;要进一步抓紧丛书进度,同时要把每一本书的质量放在第一位。

李正华表示,丛书编辑与出版工作取得了重大成绩。其中,《中共十一届三中全会的前前后后》等书产生了良好的社会反响,既取得了经济效益,也产生了社会效益。这些成绩是在各界人员的大力支持下取得的。丛书建立了一支稳定的作者队伍,既有老专家学者,也吸收了年轻同志参与。希望通过此项工作对年轻学者进行培养,让国史事业后继有人,引导他们为国史事业发展作出贡献。

李清霞提出,这套丛书对于加强"四史"教育、开展盛世修史修志工作具有重要意义。前期取得的成绩令人振奋,下一步要着重对前期已经确立的选题进行梳理。未来选题要加强顶层设计和规划,更好反映新中国政策、事业的延续性。坚持数量服从质量,在审读、编校、出版和经费上做好服务保障工作。进一步加强宣传推介工作,在党史、新中国史学习教育中发挥更大作用。

宋月红在总结中说，丛书编写出版工作要坚持唯物史观和正确历史观；做好选题组稿工作，点面结合、纵横结合，深刻揭示新中国史发展的主题主线、主流本质；要把好作者关、审读关，既邀请"大家写小书"，又积极培养中青年科研骨干力量。要再出发、再创作，扎实推动丛书编写出版工作高质量发展，确保2028年如期完成出版100部图书的目标，为国史事业发展作出应有的贡献。

丛书由中国社会科学院当代中国研究所、北京出版集团共同策划，以新中国重要典章制度、共和国标志、重要事件、重要领域、重大工程、时代人物、行业历史、社会变迁八大系列专题为内容，以广大群众特别是青少年为读者对象。丛书旨在立体反映新中国的历史和成就，深刻揭示国史主题主线、主流本质，更好发挥国史研究存史、资政、育人、护国的作用。

（供稿：当代中国研究所）

来源：《中国社会科学报》2022年10月28日

准确把握当代中国政治发展的主题主线

2022年10月15日,"党的第三个历史决议与当代中国政治发展"学术研讨会暨第三届中国当代政治史研究述评会以线上线下相结合的方式举办。来自中国社会科学院、中共中央党校(国家行政学院)、中央党史和文献研究院、中国人民大学、南开大学等高等学校、科研院所的专家学者参加会议,围绕会议主题深入交流。

中国社会科学院当代中国研究所党组成员、副所长(主持工作)李正华在致辞中指出,党的第三个历史决议是新时代中国共产党人牢记初心使命、坚持和发展中国特色社会主义的政治宣言,是以史为鉴、开创未来、实现中华民族伟大复兴的行动指南,对当代中国政治发展具有重大现实意义和深远历史意义。党的第三个历史决议也是当代中国政治发展的研究指南。中国当代政治史研究更要吃透第三个历史决议精神,特别要对决议中一系列重要的新论断新表述深入学习领会,以更好认识和把握当代中国政治发展的主题主线、主流本质。

沈阳药科大学党委书记徐凤翔在致辞中表示,沈阳药科大学是在中国共产党的领导关怀下创办的高等药学学府,具有悠久历史和光荣革命传统,办学历史与百年党史紧密相连,深入研究党的第三个历史决议是责任所在、事业所需。深入研究党的第三个历史决议,有助于深刻领悟"两个确立"的决定性意义,更好地把握和运用党的百年奋斗历史经验,弘扬伟大建党精神,增强历史自信和斗争精神,坚定信心、勇毅前行,为实现第二个百年奋斗目标而不懈努力。

中共中央党校(国家行政学院)原副教育长柳建辉指出,党的第三个历史决议为中国当代政治史研究提供了根本遵循,提供了历史分期的依据。中国当代政治史研究应重视对新时代政治史有关问题的研究,例如中国式现代化、全过程人民民主、人类文明新形态、国家治理体系和治理能力现代化等。

中国人民大学马克思主义学院副院长宋学勤表示,"两个确立"是指导中共党史学深化研究的根本要义与坚实保障,也是中共党史学和新中国史研究的重要议题。目前学界关于"两个确立"已经取得众多成果,但还存在继续深入研究的空间。要从五重维度审视"两个确立"的历史依据,即中华五千年文明史、社会主义五百年发展史、近现代中国一百八十多年历史、中国共产党百年奋斗史、新时代十年史。

北京交通大学马克思主义学院院长高正礼表示,党的第三个历史决议具有四个显著特色。一是主题主线明确,即实现中华民族伟大复兴;二是聚焦成就经验,不仅聚焦总结党的百年奋斗重大成就和历史经验,而且重点突出中国特色社会主义新时代党和国家事业取得的历史性成就、发生的历史性变革和积累的新鲜经验;三是彰显了历史主动与历史自信;四是宏阔深邃,重在揭示内在规律和深刻道理。

山东师范大学马克思主义学院院长王增福表示,应深化中国式现代化道路的历史文化维度研究,厘清中华优秀传统文化与现代化之间的辩证关系,既要研究中国式现代化道路的历史生成、鲜明特征、重大意义,又要关注中国式现代化道路的理论基础,特别是要探寻中国式现代化道路对现代性思维方式的解构与重构。

中国社会科学院当代中国研究所党组成员、副所长宋月红主持开幕式。会议期间举行了《中国当代政治史研究撷英》(第一辑)首发式。此次会议由中国社会科学院当代中国研究所、沈阳药科大学主办,当代中国研究所政治史研究室、沈阳药科大学马克思主义学院、当代中国研究所《当代中国史研究》编辑部、当代中国研究所政治与行政制度史研究中心承办。

(执笔:李夏,当代中国研究所助理研究员)

摘自:《中国社会科学报》2022年10月28日

全国毛泽东文艺思想研究会 2022 年学术年会暨"中国化马克思主义文艺理论与批评实践的发展——学习党的二十大精神、纪念毛泽东《在延安文艺座谈会上的讲话》发表 80 周年"学术研讨会召开

2022 年 11 月 19 日—20 日，全国毛泽东文艺思想研究会 2022 年学术年会暨"中国化马克思文艺理论与批评实践的发展——学习党的二十大精神、纪念毛泽东《在延安文艺座谈会上的讲话》发表 80 周年"学术研讨会在河北大学召开。此次年会由全国毛泽东文艺思想研究会、河北大学文学院联合主办，吉林大学中国当代马克思主义文艺学研究中心、河北大学红色文学与文化研究中心、《学习与探索》《吉林大学社会科学学报》《毛泽东邓小平理论研究》等协办。会议受到 2022 年国家社会科学基金社科学术社团主题学术活动资助支持。来自北京大学、北京师范大学、吉林大学、中南大学、山东大学、中国人民大学、南开大学、中国传媒大学、河南大学、河北大学、中国社会科学院、中国艺术研究院、求是杂志社等高校、科研院所及出版机构的专家学者近 200 人参加了本次研讨会。

与会专家学者围绕"党的二十大精神学习、研究与阐释""《在延安文艺座谈会上的讲话》历史价值、当代意义诠解""毛泽东文艺思想与社会主义文艺批评实践""马克思主义文艺理论中国化、时代化的当代性内涵""域外马克思主义文艺理论与批评研究""中国特色社会主义文艺理论与批评自主知识体系建构""习近平总书记关于文艺问题的重要讲话研究与阐释"等当前学术界前沿和焦点议题展开了深入、充分的互动和交流。

习近平总书记在党的二十大报告中指出："实践告诉我们，中国共产党为什么能，中国特色社会主义为什么好，归根到底是马克思主义行，是中国化时代化的马克思主义行"，强调在"全面建成社会主义现代化强国，实现第二个百年奋斗目标，以中国式现代化全面推进中华民族伟大复兴"开局起步的新起点上，必须高举中国特色社会主义旗帜，坚持中国特色社会主义文化发展道路，不断推进马克思主义中国化、时代化。与会代表一致认为，毛泽东同志《在延安文艺座谈会上的讲话》作为马克思主义文艺理论中国化时代化的理论丰碑，奠定了党领导文艺工作的理论基石。在一百多年来的探索、实践中，中国共产党领导

文艺战线走出了一条以马克思主义为指导、符合中国国情和文化传统、高扬人民性的文艺发展道路，为我国文艺繁荣发展指明了前进方向。在新时代新征程上，要继续坚持返本开新、守正创新的精神，不断推进中国化、时代化马克思主义文艺理论的建构与发展，繁荣中国特色社会主义文艺事业。

会议期间还召开了第九届理事会第三次会议。理事会认为，研究会及广大学界同仁要深入学习党的二十大精神，坚持以习近平新时代中国特色社会主义思想为指导，将党的二十大精神贯彻贯穿到学术组织与研究中，根据中宣部、教育部、民政总、全国哲学社会科学工作办公室等相关部门的具体工作要求，充分发挥教育部重点联系范围的社科学术社团开展有组织的学术研究和学术交流活动的平台功能，推动马克思主义文艺理论与批评实践的中国化时代化进程，使社团成为中国特色社会主义文艺理论与批评自主知识体系建设和实践的有影响力的学术组织单位、咨政服务智库和青年人才培养摇篮，为中国特色社会主义文化、文艺事业的繁荣发展贡献力量。

来源：《学习与探索》2022 年第 12 期

习近平致信祝贺国史学会成立 30 周年 强调坚定历史自信增强历史主动 更好凝聚团结奋斗的精神力量

新华社 北京 2022 年 12 月 8 日电 在中华人民共和国国史学会成立 30 周年之际，中共中央总书记、国家主席、中央军委主席习近平发来贺信，向学会全体同志、向全国广大国史研究工作者致以热烈祝贺和诚挚问候。

习近平在贺信中指出，国史学会成立 30 年来，为推动新中国史研究、宣传和教育事业发展作出了积极贡献。

习近平希望国史学会深入学习贯彻党的二十大精神，坚持正确政治方向，坚持历史唯物主义，以马克思主义中国化时代化最新成果为指导，进一步团结全国广大国史研究工作者，牢牢把握国史的主题主线、主流本质，不断提高研究水平，创新宣传方式，加强教育引导，激励人们坚定历史自信、增强历史主动，更好凝聚团结奋斗的精神力量，为全面建设社会主义现代化国家、全面推进中华民族伟大复兴作出新贡献。（贺信全文另发）

8 日上午，推动新中国史研究事业繁荣发展暨庆祝中华人民共和国国史学会成立 30 周年大会在京举行。中共中央政治局委员、中宣部部长李书磊在会上宣读习近平的贺信并讲话。他说，要认真学习贯彻习近平总书记重要指示精神，坚持用习近平新时代中国特色社会主义思想统领新中国史研究，把唯物史观贯穿研究工作全过程，继承发扬中国源远流长的史学传统，重视学术学科建设与人才培养，推动新中国史研究事业繁荣发展，更好服务新时代党和国家工作大局。

中国社会科学院、社科院当代中国研究所、国史学会负责同志在会上发言。

中华人民共和国国史学会成立于 1992 年 12 月，是全国学术性社会组织。学会的宗旨是团结从事国史研究的专家、学者和热心国史工作的人士，共同推进国史研究、宣传和教育事业。

来源：《人民日报》2022 年 12 月 9 日

国史学会召开常务理事会学习习近平总书记致国史学会成立 30 周年贺信精神

2022 年 12 月 8 日,中华人民共和国国史学会召开常务理事会,深入学习习近平总书记致国史学会成立 30 周年贺信精神。学会会长、中国社会科学院原副院长朱佳木主持会议。学会副会长、原中央文献研究室常务副主任杨胜群,学会副会长、北京师范大学中共党史党建研究院院长王炳林,学会秘书长、中国社会科学院当代中国研究所原副所长张星星以及近 20 位常务理事出席会议。

会上,大家首先围绕习近平总书记贺信的重要意义进行了热烈讨论。朱佳木指出,习近平总书记向国史学会致贺信,是学会成立 30 年来最重要的大事和喜事,充分体现了以习近平同志为核心的党中央对国史学会、对全国国史学界、对所有从事新中国史研究、宣传、教育工作的学者、干部、教师的高度信任和巨大关怀。贺信肯定了 30 年来国史学会的方向和成绩,对国史学会和国史事业的进一步发展提出了更高要求,指明了继续前进的方向,是对学会和广大国史工作者的莫大鼓舞,更是对学会和广大国史工作者的极大鞭策。

学会常务理事、中国社会科学院当代中国研究所副所长李正华表示,习近平总书记的贺信充分体现了对新中国史研究事业的高度重视,对广大新中国史工作者的亲切关怀和殷切期望。当代中国研究所广大干部职工倍感振奋、深受鼓舞。作为研究编撰宣传中华人民共和国史的专门机构,当代中国研究所一定认真学习领会、深入贯彻贺信精神,为推动新中国史研究事业繁荣发展作出新贡献,不辜负以习近平同志为核心的党中央的殷切期望。

学会常务理事们还讨论了党的十八大以来习近平总书记有关新中国史的系列论述在国史研究、宣传、教育方面的引领作用,并交流学习体会。杨胜群表示,习近平总书记高度重视新中国史,反复强调要在全党全社会加强包括新中国史在内的"四史"教育。我们要认真贯彻落实党的二十大精神和习近平总书记贺信精神,更加深入地总结新中国史、改革开放史,特别是新时代十年的重大成就和历史经验,以更多更好的研究成果,把新中国史研究事业推向新的发展阶段。

学会常务理事、中国社会科学院当代中国研究所副所长宋月红谈道,习近平总书记在贺信中指出,要牢牢把握国史的主题主线、主流本质,我们一定要深刻领会、切实贯彻这一论述精神,着重展示马克思主义、我们党和人民群众在过去的 70 多年时间里是怎样一步步改变中国的，为奋进新征程提供充足的历史依据和历史主动精神。

大家还围绕学会如何提高研究水平、创新宣传方式、加强教育引导进行了深入讨论。王炳林认为，贯彻习近平总书记贺信精神，必须努力构建新中国史的学科体系、学术体系、话语体系。其中，学科体系是基础，学术体系是内核，话语体系是表达。只有三者有机统一，才能推动新中国史研究不断取得新成就，才能使新中国史更好发挥其资政育人的作用，更好传承中国史学的传统，更好地向国际社会展示中国形象、传播中国声音、讲好中国故事。

学会常务理事、中国社会科学院当代中国研究所原副所长武力说，习近平总书记的贺信，充分肯定了学会30年来为推动新中国史研究、宣传、教育事业发展作出的积极贡献，同时也对学会的进一步发展提出了希望、指明了方向。我们既要充满信心，又要认识到自己的能力与党和人民的要求之间仍存在很大差距。要以学会成立30周年为契机，加强能力建设、人才培养，努力适应新时代新征程的新形势。

学会常务理事、中国社会科学院马克思主义研究院副院长龚云谈道，落实习近平总书记贺信精神，应当设立国家层面的新中国史研究和建设工程，并将其纳入中央马克思主义理论研究和建设工程。这是贯彻习近平总书记贺信精神，加强新中国史研究、宣传、教育的切实需要，也是反对历史虚无主义的斗争需要，是讲好新中国故事的迫切需要。

会议一致通过了学会关于学习贯彻习近平总书记贺信精神的初步安排，关于在学会理事、会员、各分支机构迅速开展学习贯彻贺信精神活动的决定，以及对2023年工作计划的调整。

（供稿：中华人民共和国国史学会）

摘自：《中国社会科学报》2022年12月12日

"中国共产党统一战线百年历史与经验"学术会议召开

北京12月29日电（记者王海磬）由国家社会科学基金社科学术社团主题学术活动资助立项、中国经济社会理事会主办、中央社会主义学院承办的"中国共产党统一战线百年历史与经验"学术会议2022年12月29日在中央社会主义学院召开。

中央社会主义学院党组书记、第一副院长吉林强调，统一战线因党而生、伴党而行，在革命、建设、改革和新时代各个时期，始终是党的总路线总政策的重要组成部分，是我们党克敌制胜、执政兴国的重要法宝，是我们党凝聚人心、汇聚力量的强大法宝。

吉林表示，统一战线是马克思主义的一个基本战略和策略问题，也是中国共产党人运用马克思主义指导推动中国实践的政治智慧和政治优势。特别是党的十八大以来的十年，以习近平同志为核心的党中央统筹中华民族伟大复兴战略全局和世界百年未有之大变局，进一步加强党对统战工作的全面领导，形成了习近平总书记关于做好新时代党的统一战线工作的重要思想。要完整准确全面地理解这一重要思想的理论内涵和实践要求，准确把握新时代爱国统一战线的历史方位，发挥新时代爱国统一战线的法宝作用，促进全体中华儿女大团结。

（执笔：王海磬，《光明日报》记者）
来源：《光明日报》2022年12月30日

推进党史党建研究有机融合

中共党史党建学科是最具中国特色、中国优势的学科之一，有着深厚的历史基础。中共党史和党的建设曾分属于政治学和马克思主义理论两个一级学科，党史党建一级学科设立之后，核心依然是中共党史和党的建设学科。如何实现这两个学科的融合发展，进而推动中共党史党建一级学科高质量发展，成为新学科建设首先要考虑的问题。

提高学科建设质量

推进党史研究与党建研究有机融合。2022年12月17日，在张静如中共党史党建基金会主办的学习党的二十大精神　建设中共党史党建学科研讨会暨第34届全国中共党史党建（含马克思主义中国化研究）学位点会议上，中共中央党校原副教育长兼中央党校教务部主任柳建辉表示，建设好中共党史党建学科，需要深化对中共党史党建学科时代价值的认识，促进党史研究与党建研究的有机融合。

"增设中共党史党建学科为一级学科，标志着中共党史党建学科建设进入了新的发展阶段，必将有助于回答时代课题，有助于适应实践需要，推动理论创新。"在陕西师范大学党委书记李忠军看来，建设好中共党史党建学科，把党史、新中国史、改革开放史和社会主义发展史有机结合，把党的建设和党的领导、党的执政能力建设有机统一，促进党史研究与党建研究有机融合，对于深刻总结和借鉴中国共产党百年奋斗的伟大成就和经验，坚持和加强党的全面领导，推动全面从严治党向纵深发展，持续推进新时代党的建设新的伟大工程，具有重大意义。

构建完整的学科体系

"党的领导、党的建设、党的历史构成中共党史党建学科的三大支柱。"北京师范大学中共党史党建研究院院长王炳林提出，我们要充分认识中共党史党建学科的功能定位和科学界定，以及研究方向和研究内容，加强中共党史党建学科基本理论和方法研究，整合研究理论，深化理论研究，把学科体系转化为教学体系，培养德才兼备的党史党建研究人才，把理论研究成果及时转化为培养人才的宝贵资源，做到理论研究与人才培养相互促进，为加强党的领导和党的建设贡献智慧和力量。

自主知识体系包括学科体系、学术体系、话语体系，是"三大体系"建构的灵魂和基石。王炳林认为，中共党史党建的学科体系、学术体系、话语体系是密不可分的内在统一体。学科体系是基础，学术体系是内核和支撑，话语体系是思想的表达形式。在中国人民大学中共党史党建研究院院长杨凤城看来，教材是建构自主知识体系的核心基础，没有一系列骨干教材存留就无法建成一个学科体系。一个学科的成熟度，首先要看它的教材体系。教材彰显学科的基本理论和方法，揭示学科特有的研究范式。

开拓党史研究新领域

唯物史观在整个马克思学说体系中具有非常重要的奠基性地位。在历史研究领域，唯物史观的应用是必须遵循的科学方法。我们要运用唯物史观，坚持以中国和中国共产党的历史研究为中心，开拓党史研究新领域。西藏民族大学副校长任晓伟认为，党史研究中运用唯物史观，必须把揭示规律作为主要任务，科学地划分我们党的历史发展阶段，以及在各个阶段党的路线、方针、政策的历史发展和演变，从而呈现出党的历史的整体性和统一性。

中国化时代化的马克思主义是中国共产党人理想信念的灵魂，也是指导我们改造客观世界和主观世界的思想武器。在东北师范大学马克思主义学部副部长段妍看来，持续开展马克思主义理论教育，最重要的就是要深入学习习近平新时代中国特色社会主义思想，不断把学习的成果转化为坚定的理想信念。同时，也要把理论学习同党史学习教育相结合，积极弘扬伟大的建党精神，传承红色基因，在不断重温和感悟党史当中提升认识。

"党的二十大为中共党史党建学科指明了研究方向，指明了学科发展的重点、学科研究的重点以及未来学科发展的着力点，为党史党建研究及学科建设提出了一系列亟待深入研究的重大理论和实践课题。"柳建辉表示，我们要全面贯彻习近平新时代中国特色社会主义思想，从历史与现实、理论与实践相结合的视角统筹谋划，加快构建中共党史党建学科的学科体系、学术体系、话语体系，提升中共党史党建学科人才培养质量。

（执笔：陆航，《中国社会科学报》记者；钟雯轩，《中国社会科学报》实习记者）

来源：《中国社会科学报》2022年12月23日

· 会议综述 ·

2021年毛泽东等老一辈革命家思想生平研究系列学术会议综述

编者按：为庆祝中国共产党成立100周年，深入学习习近平关于中国共产党历史重要论述，缅怀和弘扬毛泽东等老一辈革命家为中国共产党的建立和发展、为中国的发展和进步作出的历史贡献和奋斗精神，2021年4月至12月，中国中共文献研究会毛泽东、周恩来、刘少奇、朱德、任弼时、邓小平、陈云等7家思想生平研究分会，分别召开学术研讨会或以论文交流方式，围绕回顾毛泽东等老一辈革命家的业绩、思想和风范，总结中国共产党百年奋斗的光辉历程、历史意义和宝贵经验，深入学习习近平"七一"重要讲话精神等议题进行了深入研讨。这些会议的举办，对于推动党的领袖人物思想生平研究，激励全党同志不忘初心、牢记使命，大力弘扬伟大建党精神，为实现第二个百年奋斗目标、实现中华民族伟大复兴的中国梦而不懈奋斗，具有重要意义。本刊刊发相关学术研究综述，供研究参考。

"毛泽东与中国共产党的100年"学术研讨会综述

2021年6月19日，中国中共文献研究会毛泽东思想生平研究分会与湖南省委党史学习教育领导小组办公室、湖南省韶山管理局、湘潭大学联合举办"毛泽东与中国共产党的100年"学术研讨会。毛泽东思想生平研究分会会长陈晋出席会议并作主旨发言。会议主要围绕六个方面的问题展开研讨。

（一）关于毛泽东与中国共产党人的精神塑造

陈晋指出，毛泽东对中国共产党人精神谱系的培育、形成和发展起到了重要历史作用。回望百年党史，中国共产党之所以能够成就那么多大事、创造那么多奇迹，一步步战胜强大的敌人，成为引领中华民族伟大复兴的中流砥柱，其中奥秘之一就是拥有非凡的精神引领力和精神感召力，具有不同于其他政党的精神优势。无论是战争年代，还是社会主义革命和建设时期，毛泽东都十分重视精神的推动作用。

他对井冈山精神、延安精神、愚公移山精神、西柏坡精神、抗美援朝精神、雷锋精神等进行了大量论述；他对中国共产党精神谱系的培育、形成和发展作出重要贡献。毛泽东以其优秀品格和精神风范，影响和带动了党内良好作风的形成；以其用马克思列宁主义基本原理同中国具体实际相结合探索出的正确道路和作出的重大决策，引领和强化了中国共产党的伟大精神；以其科学的思想理论培育和塑造了中国共产党的伟大精神；毛泽东为发扬中国共产党的伟大精神、推动中国革命和建设事业发展树立了标杆，为指引全党全国人民发扬党的伟大精神提供了强大动力。

陈晋指出，中国共产党精神谱系的特质包含着一以贯之的内核，即：坚定牢固的思想信念、为民牺牲的伟大情怀、永远奋斗的持久定力、开拓进取的鲜明品格。中国共产党之所以能历经百年而风华正茂、饱经磨难而生生不息，就是凭着这条悠长深厚的精神谱系。它们跨越时空、历久弥新，深深融入党的血脉之中，所以叫红色基因。在全面建设社会主义现代化国家的新征程上，更需要我们传承党的优良传统、发扬党的伟大精神，把精神的引领外化为行动的自觉，紧密地团结在以习近平同志为核心的党中央周围，为实现第二个百年奋斗目标、实现中华民族伟大复兴而不懈奋斗。

（二）关于毛泽东与新民主主义革命

有学者提出，土地革命战争时期，毛泽东根据中国社会和中国革命的特点，论证了红色政权能够长期存在并发展的主客观条件，提出了工农武装割据的思想。他对中国革命道路的思考，解决了在党的领导下如何把武装斗争、土地革命、建立革命政权三者结合起来，如何以农村为工作中心开展革命的问题。农村包围城市、武装夺取政权的革命道路符合中国国情，创造性地解决了马克思列宁主义基本原理同中国革命实际相结合的问题，为党领导人民取得新民主主义革命胜利指明了正确方向。

（三）关于毛泽东与社会主义革命和建设

有学者认为，毛泽东关于中国由新民主主义向社会主义逐步过渡的一系列思考，丰富和发展了马克思主义的科学社会主义理论。新中国成立后，经过三年的实践探索，党制定过渡时期总路线，对农业、手工业和资本主义工商业有步骤地进行社会主义改造，是中国具备了向社会主义过渡的基本条件和时机的瓜熟蒂落和历史必然。有学者提出，以毛泽东为代表的中国共产党人提出了关于社会主义建设的一系列重要思想。主要包括：必须正确区分和处理人民内部矛盾、正确处理我国社会主义建设的十大关系、尊重市场和价值规律、在科学文化工作中实行"百花齐放、百家争鸣"的方针，等等。

（四）关于毛泽东与党的建设

有学者提出，毛泽东提出了一系列促进党建工作不断完善的重大举措，形成了一套影响深远的思想理论体系。毛泽东成功回答了关于思想建党的一系列重要问题，对于党的建设理论和实践发展来说具有里程碑意义。新中国成立后，毛泽东十分重视在执政条件下党组织的自身建设。他提出要严格地整顿全党的作风，增强党的团结，为全党达到思想上、组织上、行动上的团结统一作出了重要贡献。有学者回顾了以毛泽东同志为核心的党的第一代中央领导集体的形成历程，指出维护党中央权威和集中统一领导是马克思主义政党的本质属性，是中国共产党长期执政和实现中华民族伟大复兴千秋大业的关键所在。

（五）关于毛泽东与人民军队建设

有学者提出，从三湾改编到古田会议，毛泽东在红军初创时期围绕建立无产阶级政党领导的新型人民军队的根本问题进行了有益探索，他在古田会议上确立了思想建党、政治建军原则，确立了军队政治工作的方针、原则、制度，提出了解决把以农民为主要成分的军队建设成为无产阶级政党领导的新型人民军队这个根本问题的原则方向，使革命军队实现了浴火重生、凤凰涅槃。

（六）关于毛泽东与党史学习

有学者认为，毛泽东一贯重视学习和研究党的历史，善于总结党史上的宝贵经验和历史教训，用以教育党员干部。他收集整理了党的早期历史文献资料，号召全党学习党的历史，主持制定了党史上第一个历史决议，对党的历史作出一系列极富价值的论述，为全党开展党史学习活动奠定了思想认识基础。有学者认为，善于学习和总结党的历史，是我们党领导中国革命、建设、改革取得胜利的重要秘诀，也是我们党百年奋斗积累的宝贵经验；对于中国共产党人来说，学习党的历史、总结党的历史经验是推动党的工作创新发展的必要条件。学者们还就毛泽东著作的当代价值作了探讨。

"周恩来与中国共产党"学术研讨会综述

2021年10月25日，中国中共文献研究会周恩来思想生平研究分会、江苏淮安恩来干部学院、淮阴师范学院在江苏省淮安市联合举办"周恩来与中国共产党"学术研讨会。与会专家学者主要围绕周恩来对党的重要贡献进行了深入探讨。

（一）关于周恩来与伟大建党精神

与会学者围绕周恩来的初心和使命、周恩来与《共产党宣言》在中国的传播、周恩来如何把马克思主义普遍真理和中华优秀传统文化相结合，以及周恩来在南昌起义中体现出的精神品质、在长征途中表现的崇高精神和优良品格、在抗战时期对共产党人形象的塑造、发扬批评和自我批评优良作风的精神风范、关于党性与人民性的思想、关于群众路线的思想等问题进行了深入研讨。有学者认为，周恩来毕生践行党的初心和使命，其核心内涵在于：始终坚持人民利益至上、国家利益至上，相信人民、依靠人民，与人民群众始终保持血肉联系。周恩来在领导中国革命和建设实践中展现出的精神风范，是伟大建党精神的具体表现。

（二）关于周恩来与党的思想政治建设

有学者指出，周恩来系统论述了党的思想政治工作的一系列基本问题，提出了很多具有重大指导意义的观点和理论。周恩来对建立团组织、吸收新党员、加强党的干部队伍培养、军队开展思想政治工作等都有重要的思想和丰富的实践。他提出了关于明确党组织建设各项要求、在革命时期注重党组织隐蔽性等思想，对开展党的建设发挥了重要作用。

（三）关于周恩来与中国式现代化道路

有学者认为，周恩来提出的"四个现代化"建设目标，目的是使人民幸福、国家富强，"四个现代化"的关键一环，是科学技术现代化。此外，与会学者还探讨了周恩来关于国与国之间和平共处的思想和实践，以及周恩来关于农业基础地位、国民经济各部门协调发展、商业和市场具有调节作用的思想和实践，认为这些思想和实践探索对后来我国开辟中国式现代化道路具有重要意义。

（四）关于周恩来与人民军队

有学者提出，周恩来参与领导的南昌起义打响了武装反抗国民党反动派的第一枪，标志着党独立领导革命战争、创建人民军队和武装夺取政权的开端；周恩来关心和重视红军的建设和农村根据地工作，把指导各地武装斗争、加强党对红军和根据地统一领导作为重要工作内容；周恩来从战略方向、战略方针、战略战术、战略任务、战略保障等方面为新四军指明了发展方向。新中国成立后，他对国防和人民军队建设也提出了一系列重要思想，作出了重要贡献。

"纪念刘少奇湖南农村调查60周年"学术研讨会综述

2021年4月12日，中国中共文献研究会刘少奇思想生平研究分会、中共湖南省委党史研究院在湖南省长沙市联合举办"纪念刘少奇湖南农村调查60周年"学术研讨会。刘少奇思想生平研究分会会长张宏志出席会议并作主旨发言。他指出，刘少奇湖南农村调查堪称全党调查研究的典范。以刘少奇湖南农村调查为典型的全党大调查，有力地促进了农民反映强烈的系列问题的解决，推动了党的经济政策的调整，深化了党员干部对社会主义建设规律的认识。

回顾刘少奇等老一辈革命家与人民心心相印、与人民同甘共苦、与人民团结奋斗的历史，做到学史明理、学史增信、学史崇德、学史力行，对于通过学党史实现悟思想、办实事、开新局具有重要意义。

（一）关于刘少奇湖南农村调查的方法策略

有学者指出，刘少奇1961年湖南农村调查以研究和调整农村政策、了解农村真实情况为主要关切，为推动国民经济调整，为党中央调整农村政策、扭转局面、把握经济规律起到了重要作用。刘少奇在调查研究中采用了真诚问计于民、切实解决问题的科学方法，突出问题导向、力戒形式主义。刘少奇用灵活多样、求真务实的调研方法，注重将调研成果及时地转化为党的方针政策，体现了他卓越的调查研究能力。有学者指出，刘少奇用密切联系群众的方法打开了群众工作的新局面，以心系百姓的情怀部署各项工作、为人民群众服务。

（二）关于刘少奇湖南农村调查的思想作风

有学者认为，刘少奇湖南农村调查是对群众路线的充分践行，体现了他寻策于民、对人民负责的人民观。刘少奇在湖南调查研究中，用大量精力审慎处理冤假错案，提出要规范干部执法行为、维护司法权威等，体现出他大公无私、廉洁奉公的工作作风。刘少奇此次调研留存的历史文物，如记录民情的笔记本、用过的陈旧桌椅和古朴的煤油灯、睡过的一张简陋的木床等，从一个侧面反映了刘少奇此次开展农村调查的珍贵的历史细节，充分体现出他艰苦朴素、一心为民的高尚品格和求真务实、敢于担当的工作作风。

（三）关于刘少奇湖南农村调查的精神价值

刘少奇湖南农村调查是我们党在探索社会主义建设道路遇到困境的特殊历史情境下进行的，其蕴含的启示和经验在当下仍具有有益借鉴。有学者提出，刘少奇湖南调研彰显了以民为本的精神、开拓创新的精神、求真务实的精神，为我们奋力实现第二个百年奋斗目标、实现中华民族伟大复兴提供了思想资源、精神滋养和实践参照。还有学者指出，刘少奇提出的关于农民兴家立业的几个构想，为当前开展乡村振兴和社会主义新农村建设提供了重要参考。

"朱德与中国共产党"学术研讨会论文综述

为纪念中国共产党成立100周年，中国中共文献研究会朱德思想生平研究分会原定于2021年12月1日在北京召开"朱德与中国共产党"学术研讨会，后因疫情改为以论文交流的形式进行。会议共收到论文100余篇，涉及朱德思想生平的诸多方面。

（一）关于朱德的党建思想

有学者归纳总结朱德的党建思想，即：始终坚持"党指挥枪"的根本原则，提出要通过政治委员和政治机关在人民军队中实行领导；坚持群众路线是党建的基础；坚持学习马列主义、科学知识、时事政策以提高党员素质；坚持加强纪律检查与党内外监督工作，以增强党建实效性。还有学者注意到朱德始终注重加强党的基层组织建设。土地革命战争时期，他通过"赣南三整"加强军队基层党建。新中国成立后，他多次强调遵循党章党规以健全基层党组织管理制度，发扬民主集中制。这些思想具有重要现实意义。

（二）关于朱德的社会主义经济建设思想

有学者指出，新中国成立后，朱德提出要以经济建设为中心、抓住机遇搞建设和坚持发展生产不动摇；要有世界眼光、吸取人类一切文明成果和实行对外开放；要重视调查研究、坚持实事求是和一切从实际出发。这些思想观点的科学内涵以及所体现的方法论在当今社会依然能焕发出新的活力。有学者指出，朱德始终坚持开展调查研究，尊重客观规律，关注当地实际，关心重点产业，关切国计民生。这些调研活动成为朱德"建设中国式的社会主义"思想提出的实践来源。

（三）关于朱德的国防和军队现代化建设思想

有学者提出，朱德从历史方位和世界发展全局出发，认为必须建设一支"现代化的国防军"，并提出军队现代化标准：坚持党对军队的绝对领导原则；以"复杂的军兵种和大量使用复杂的战斗器材"为基础。另外，朱德还对国防和军队建设作出重点布局，注重对现代化军事人才的培养，将国防现代化与工业化同步推进，不断提高军队建设整体水平。朱德强调要注重以最新科学技术和最新式装备巩固现代国防建设，并且十分关注无线电子工业、尖端武器和原子能事业等的发展。这些思想具有前瞻性，反映了朱德对于未来战争的深入思考和科学判断，丰富和发展了毛泽东军事思想，对于人民军队和国防现代化建设产生了重要影响。

"湘鄂川黔革命根据地历史价值与新时代乡村振兴"学术研讨会综述

2021年12月24日，中国中共文献研究会任弼时思想生平研究分会与湖南省委党史研究院、湖北省委党史研究室、四川省委党史研究室、贵州省委党史研究室、重庆市委党史研究室、湘西自治州州委在湖南省吉首市联合举办"湘鄂川黔革命根据地历史价值与新时代乡村振兴"学术研讨会。原中央党史研究室副主任龙新民在会议上作主旨发言。他指出，任弼时等老一辈革命家在创建和发展湘鄂川黔革命根据地的过程中，创造了丰富的革命和根据地建设经验，形成了丰富的革命和根据地建设思想，培育和弘扬了伟大的革命精神，要加强对任弼时等老一辈革命家的思想和精神的研究工作。

（一）关于任弼时与湘鄂川黔革命根据地的创建和发展

与会学者认为，任弼时为湘鄂川黔革命根据地的创建和发展作出了重要贡献，具体表现在加强党组织建设、提高党员素质、发展群众力量等方面。任弼时在根据地创建、巩固和发展过程中始终坚持党的领导，把党的建设摆在首位，在党建理论和实践上积累了宝贵经验。任弼时采取发动群众以扩大红军、教育群众以提高素质、武装群众以提升战斗力等措施，扩大了党的影响，巩固了革命政权。任弼时关于巩固和发展湘鄂川黔革命根据地的思想与实践为党领导开展革命斗争积累了宝贵经验。

（二）关于任弼时与党的历史和经验总结

有学者将任弼时的党史观概括为四个方面：准确把握党的历史的主题主线、主流本质，具体问题具体分析，坚持人民立场，总结历史是为了增强团结。有学者提出，任弼时对党的历史的论述主要围绕如何看待党的历史、怎样研究党的历史和学习研究党的历史的目的等方面展开，这些论述对今天学习研究党的历史仍具有重要启示。任弼时在长征前后写成的《冲破敌人"围剿"的经验与教训》《红二、六军团从湘鄂边到康东北长征经过》两篇文献体现了任弼时在战争中卓越的军事指挥才能。

（三）关于任弼时与革命精神的塑造和弘扬

任弼时以坚强的革命意志、高尚的思想品格、真挚的为民情怀，诠释了一位模范共产党员的崇高风范。与会学者认为，任弼时领导湘鄂川黔革命根据地的斗争历程深刻诠释了伟大建党精神。任弼时领导湘鄂川黔革命根据地斗争实践中形成的革命精神，为今天开展乡村振兴、红色资源开发、长征国家文化公园建设等工作提供了重要的精神滋养。

"邓小平与中国特色社会主义
——庆祝中国共产党成立100周年"学术研讨会综述

2021年10月14日，中央党史和文献研究院第三研究部、中国中共文献研究会邓小平思想生平研究会、四川省委党史研究室、四川省社会科学院、广安市委市政府在四川省广安市联合举办"邓小平与中国特色社会主义——庆祝中国共产党成立100周年"理论研讨会。邓小平思想生平研究会会长杨胜群出席会议并作主旨发言。他指出，在庆祝中国共产党成立100周年之际，回顾和梳理邓小平对中国特色社会主义作出的历史贡献以及他留给党和人民的思想精神遗产，对于我们今天更好地学习和理解习近平新时代中国特色社会主义思想，走好实现第二个百年奋斗目标的赶考之路具有重要意义。

（一）关于深刻理解习近平"七一"重要讲话的精神和要义

学术研讨会召开之时，正值全党深入学习"七一"重要讲话期间。与会学者对习近平"七一"重要讲话提出的新思想、新观点、新论断进行了阐释和研究。有学者指出，伟大的革命实践孕育伟大的革命精神，中国共产党伟大建党实践不仅创立了中国共产党，使近代以后中国人民的反帝反封建斗争有了坚强的领导核心，更孕育和形成了伟大建党精神。有学者指出，学习习近平"七一"重要讲话，要重点把握以下几个方面：一是增强用党的创新理论武装全党的政治自觉；二是进一步把握历史发展规律和大势，始终掌握党和国家事业发展的历史主动；三是始终保持马克思主义政党的鲜明本色；四是进一步总结党的历史经验，不断提高应对风险挑战的能力水平；五是进一步发扬革命精神；六是进一步增强党的团结和集中统一，确保全党步调一致向前进。

（二）关于研究和回顾党的百年奋斗历程和伟大成就

有学者指出，党的百年奋斗历程和伟大成就充分彰显和蕴含着中国共产党为什么能、马克思主义为什么行、中国特色社会主义为什么好等深刻道理，体现了中国特色社会主义是根植于中国大地、反映中国人民意愿、适应中国和时代发展进步要求的科学社会主义。有学者指出,中国共产党是为中国人民谋幸福的党,也是为人类进步事业而奋斗的党,党始终着眼于全人类的命运,始终在为推动国际和平和共同发展方面进行不懈奋斗;党带领中国人民进行的革命、建设和改革事业,为人类进步提供了中国智慧和中国方案。有学者指出,善于学习是我们党勇立时代潮头,应对复杂形势、完成艰巨任务、不断从胜利走向胜利的一个关键性因素,为我们党永葆生机活力、不断提高领导水平和执政水平、进一步推动中国特色社会主义事业发展提供了强大的精神动力。

(三) 关于邓小平与中国特色社会主义的开创

有学者指出,邓小平对中国特色社会主义理论体系的贡献是开创性、奠基性的,邓小平关于改革的思想对我们当前坚持全面深化改革具有重要指导意义。有学者指出,新时代中国特色社会主义与邓小平所作出的开创性贡献有紧密联系,新时代中国特色社会主义坚持和发展了邓小平成功开创的中国特色社会主义道路,大大推进了改革开放的伟大进程,丰富和发展了中国特色社会主义理论体系,秉持和体现了邓小平鲜明而富有特色的精神风范。

"陈云与党的历史
——庆祝中国共产党成立100周年"学术研讨会综述

2021年7月22日,中国中共文献研究会陈云思想生平研究分会、陈云纪念馆在上海青浦联合举办"陈云与党的历史——庆祝中国共产党成立100周年"学术研讨会。

(一) 关于学习弘扬陈云等老一辈革命家的光荣传统和优良作风

有学者指出,学习弘扬陈云等老一辈革命家光荣传统和优良作风,必须牢记初心使命,保持同人民群众的血肉联系;必须坚定信仰信念,并为之奋斗终身;必须勇于自我革命,永葆党的先进性和纯洁性;必须加强对老一辈革命家的研究宣传。有学者指出,陈云不仅忠实践行对党忠诚,而且还就什么是对党忠诚、为什么以及怎样做到对党忠诚发表了许多重要论述,强调对党忠诚本质上是党性问题,提出要信仰党的理论、执行党的路线、维护党的团结、遵守党的纪律、站稳党的立场等具体要求和举措。有学者指出,陈云是坚持人民至上的光辉典范,在东北解放战争期间,他坚持贯彻党的群众路线,在稳定物价、改善民生中忠实践行为人民服务的根本宗旨,在接收和管理解放城市中严格遵守和执行党的群众纪律,充分体现出始终坚持人民至上的宝贵品格。

(二) 关于陈云为党和人民事业发展作出的重大贡献

有学者指出,陈云多次在党的事业发展的关键时刻发挥了重要作用。抗日战争时期,陈云为党的组织力量的发展壮大作出了重要贡献;解放战争时期,陈云主持东北财政经济工作,为东北及全国解放战争的胜利提供了重要保证,积累了党领导和管理城市财经工作乃至全局工作的宝贵经验。有学者认为,陈云倡导要正确处理不同经济成分之间的关系,提出建立以公有制为主体、多种经济成分并存的所有制结构的建议及一系列措施,有效地发展了国民经济、安定了民生、巩固了政权。有学者指出,陈云在担任中央纪律检查委员会第一书记期间,提出开展纪检工作的基本方针和任务,领导和实施打击经济领域严重犯罪活动,加强纪检机构和队伍建设,推动党内法规建设,系统回答在改革开放新时期党的纪检工作干什么、怎么干、谁来干的问题,领导和开创了党的纪检工作新局面。

(三) 关于陈云与党史学习

有学者指出,陈云一生的革命实践历程,本身就是党的历史的重要组成部分。他关于党的历史的许多重要认识和观点至今仍有指导意义。他对学习研究党的历史的一个重要贡献就是对第二个历史决议的起草提出了不少重要的建议,为统一全党思想、坚持毛泽东思想在全党的指导地位、在实践中不断丰富和发展毛泽东思想起到了重要作用。有学者认为,陈云的党史观为我们正确认识党的历史阐明了正确原则,作出了科学的指导,他提出的"把历史史实搞清楚、搞准确""全面地看待历史""始终坚持群众路线和维护党的领导"等重要观点,对我们树立正确党史观有重要启示意义。

(执笔:执笔人依次接排:王永魁,毛泽东思想生平研究分会办公室;韩同友、潘敬国,周恩来思想生平研究分会办公室;王倩,刘少奇思想生平研究分会办公室;周书羽,朱德思想生平研究分会办公室;王光鑫,任弼时思想生平研究分会办公室;周锟、王桢,邓小平思想生平研究会办公室;张安雷、唐国军,陈云思想生平研究分会办公室)

来源:《党的文献》2022 年第 1 期

"百年回眸与未来展望：历史学科视野下的中共党史研究"学术座谈会综述

伴随中国共产党百年辉煌历史，中共党史研究走过了不平凡的历程。为回望百年党史，展望未来研究方向，推动历史学科视野下的中共党史研究，由北京师范大学历史学院当代中国历史与文献研究中心、《中共党史研究》编辑部联合主办的"百年回眸与未来展望：历史学科视野下的中共党史研究"学术座谈会于2021年9月18日至19日在京举行。来自中共中央党校（国家行政学院）、中共中央党史和文献研究院、中国社会科学院、北京大学、清华大学、中国人民大学、复旦大学、南开大学、南京大学、中山大学、四川大学、山东大学、浙江大学、厦门大学、华东师范大学、华中师范大学、西南大学、华南师范大学、湖南师范大学、南京师范大学、山西大学、河北大学、河南大学、河北师范大学、天津师范大学、杭州师范大学、北京市社会科学院、北京师范大学等单位的学者以及《历史研究》《近代史研究》《抗日战争研究》《史学月刊》《安徽史学》《清华大学学报》《北京师范大学学报（社会科学版）》、社会科学文献出版社等机构的专家和编辑共50余人与会。

与会学者一致认为，党史研究具有明显的历史学属性，党史研究学术化的核心和本质就是历史学化的理念深入人心，未来党史研究仍应继续遵从和发展历史学的基本研究理念，在诸如研究对象、问题选取、资料搜集和整理、史实考证、史料解读、长时段考察、比较史学、整体史学、学术规范等方面形成研究者的自觉行为。同时，中国近现代史等学科也不能缺少党史研究，近现代经济、政治、军事乃至社会文化等专史都无法离开中国共产党的作为与影响，因此有必要继续加强与党史研究的合作与融合。有学者就此认为，由于党的长期执政和全面领导，党的历史与国家社会的历史已经融为一体，中共党史已经不是单纯的政党史，历史学科视野下的中共党史研究应当是一个开放的体系，应当与马克思主义、政治学、社会学、文化学等其他学科视野下的党史研究形态保持充分互动，"中共学"可以为容纳这些研究形态提供概念工具。有学者进一步指出，中国共产党是一个已经走过百年且正在持续发挥政治领导作用的现代政党，党史研究尤其要注重历史与现实间的诸多复杂关联性，但这绝非中共党史党建等专业可以单独胜任的，必须以综合性的多学科知识，拓宽视野，融会贯通，才能真正将中国共产党为什么能、马克思主义为什么行、中国特色社会主义为什么好等问题解答好。在此视野下，"中共学"可以逐步形成自己的范式，主要研究范畴应包括自身建设、组织文化、重要人物、执政实体、党际关系、国际交流、学术史及其理论等。

进一步推动马克思主义史学研究是深化历史学科视野下中共党史研究的重要维度，与会学者对此进行了积极讨论。有学者提出，中国马克思主义史学起源和形成于1930年前后，由郭沫若《中国古代社会研究》的发表和中国社会史论战等因素合力形成：前者由重视史实史料的"知其然"到以唯物史观解释中国古代社会的"知其所以然"，而后者则以唯物史观辨析现实中国的社会性质，进而阐释中国历史发展阶段的社会性质。二者路径虽有异，但目的相近。在中国马克思主义史学的形成阶段，主流学院派史家很少参与，但不能忽视其存在和之后的影响，需从史实、理论和现实等三个维度加以考量。也有学者指出中共党史与中国马克思主义史学史应在学术化的轨道上同行。中共向来重视史学，具有深厚的历史气质。中国马克思主义史学史的书写长期处在党史和革命史话语的笼罩之下。当下，党史研究正在逐步加强与历史学科的合作，而马克思主义史学史研究则可以有效沟通这两大研究领域，二者既各自保持相对独立性，又能互相吸收对方之长。中共党史为马克思主义史学史提供一种视域、一个背景，后者须积极吸收中共党史研究的新成果。党史研究若能共享马克思主义史学史的新进展，也有助于提升自身的学术厚度和理论深度。还有学者指出目前马克思主义史学史研究值得重视和关注的几个问题，如中共史家不断修订著作是一种常态，具有重要的文化学意义，具有较高的史学研究价值；诸如"半殖民地半封建社会"等构成马克思主义史学的重要概念，也是建构新的近代史、革命史叙事难以回避的问题，尚具有较大探讨空间，可以从概念史角度推动马克思主义史学史研究和党史研究的共同发展。

史料是历史学研究的基础。如何解决党史研究史料有限的问题，是本次座谈会着重讨论的问题之一。与会学者认为，史料不充足的情况可能是长期性的，不可能在短时期内得到解决，因此史学求真并不只是"求真相"，还要"求真实"，即求情景之真。细节的缺失，需要历史研究者的想象力加以填补，一个好的史学研究者需要具备相当的文学表现力。史学情景书写对史料有着非常严格的追求，对任何史料都要考察其形成过程。史家进而应"求真理"，通过对历史转折的深入观察，揭示历史的发展趋向，总结历史的内在规律。有学者以广东党史为例，提出解决方法。新民主主义革命时期，广东党组织的存续多次中断，残酷的军事政治斗争导致史料留存较少，而口述、回忆等非过程性史料的缺陷非常明显，广东地方党史研究存在显著困难。在这种情况下，研究者除采取将中外、国共、上下层之间多方史料互证的做法外，尤其要注意史料生成的背景、动机、立场问题，要具备更强的质疑精神。党史研究者要作出既有新意又有深度的成果，需要这种迎"疑"而上、不断追问的精神。也有学者指出，许多人言及实证史学，多将之视为考据、史料等，甚至称为"史料学派"，显然有不少误会之处。史料与史观本无法分割，实证史学应为"史料学派"与"史观学派"

之综合。实证史学强调历史研究应在掌握客观史料的基础之上，阐明历史发展的规律。中共党史研究也理应充分融合中西实证史学，逐步形成实证党史观。

史学研究都应有理论追求，党史研究亦不例外。有与会学者认为，党史研究者应有理论自觉，通过各种形式的实证研究，提出关于中国共产主义革命历史的具有深刻解释力的理论，从理论上定义中国共产主义革命在世界历史上的地位。党史研究最终能体现自身贡献的就是形成独特的理论体系。很多与会学者均认为，党史研究长期以来存在诠释与对话的疏离、学科发展的封闭性、研究问题的内卷与视野分离以及自我解读与循环论证等问题。故而，视野贯通与问题链接是党史研究面临的重要问题，应回归现代化与全球化进程。中共革命的成功，在于其路线和方案成功或部分解决了现代化陷阱中的难题。党史研究不仅要从革命进程内部来观察其特殊性，更要放眼世界和贯通历史，分析其普遍性、一般性和日常性。有学者强调，党史研究应注意"虚""实"结合，注意借鉴吸收其他学科的理论方法。80年代以来，国内学术界总体上侧重于实证研究，但若参考世界史学的发展轨迹，在未来比较长的一段时间里，党史研究可能在"虚"的方面会有较大发展，有望在深度及跨学科意义的建构和阐释方面取得一些新的进展。

量化史学是近年来影响逐渐增大的史学研究技术，它以个人（individual-level）或单元级（unit-level）微观史料数据（信息）为基础构建量化数据库，能更有效地集合大规模、长时段微观史料，形成扎实的中观研究，对于党史研究具有重要作用。有学者指出，量化史学能聚少成多、千百成群，通过数据的连接到数据库的连接，重新建立或强化中共历史的研究基础；又可顾后瞻前、鉴古知今，用长时段、连续性的史学方法来理解中国共产主义革命；还能东张西望、中外并重，以国际比较的视野来认识中国共产党及其历史。中共追求普遍性的革命，党史研究应注意千百成群的人民，量化史学具有这方面的优势。

组织史是党史研究的基础之一。有与会学者指出，中国革命之所以能够成功，关键是中共将中国人民组织起来。这一"组织"具有深刻的中国历史背景。中国传统社会组织不能适应中国革命、建设的需要，体现出落后性、脆弱性。大革命失败后，中共领导下的党员干部、军队、民众被组织起来，主要体现在突出军队的组织作用，组织统一战线，组织社会各阶级、阶层、群体，组织生产，组织群众生活，等等。因此，组织的有效性是需要考察的问题。

思想史视野下的党史研究是与会学者讨论的重要方面。有学者指出，马克思主义是中国现代思想演进中的主流，它适合中国传统文化的土壤，具有某种相通性或亲和性。中国传统史观具有朴素唯物主义因素，当先进知识人接触到唯物史观学说时，感受到思想上难得的共鸣；中国两千多年来的王朝更替无不以群众革命为支撑，知识分子看到马克思关于群众革命的主张感到"正合我意"。

中国古代就有大同理想，马克思主义关于理想社会的描述对五四时期的中国人来说最有魅力，读书人很容易接受马克思主义。进入20世纪30年代，马克思主义已成为当时社会的主干思想，胡适、丁文江等自由主义知识分子认为社会主义是世界的主流；在国民党的主流言说中，马克思、恩格斯、列宁的论述随处可见，影响甚大。有学者进而将历史比之于冰山，人们看到的往往是水面之上的部分，而结合水下部分的冰山观察，将会有力推动历史研究。历史研究者只要将"思想水位"的观察视角纳入其他历史问题的研究当中，就可以发现历史事实是浮在"思想水位"之上的，拥有自身独特的脉络。"思想水位"的变动非常复杂，具有地区性、群体性，在空间上有差异。正因如此，"思想水位"观察法就可以用于研究个体或群体的思想甚至宏观历史。

地方史或区域史视野下的党史研究极为重要，是这次座谈会集中讨论的内容之一。很多与会学者提出，中共革命从边缘由点到面兴起，注重社会调查和社会动员，坚持群众路线，深刻地展现了革命发展过程中党的原则、运动过程内化于社会的过程，故而适用于地域社会视角的历史考察，切入点有"地方性的知识—结构""嵌入式的社会—关系""弹性的流动—网络""长时段的冲突与调适""情景化的情感与心态"等，当然也存在文本匹配度、整体史的学养、移情理解的能力、概念化研究等方面的难度。还有学者归纳总结了田野实践教学对早期苏维埃运动在粤东地区发展情形所产生的新认知，尤其是注意到苏维埃运动与地方宗族、宗教场所、经济、文化、人群、地理等多重因素之间的关系，提出应注重中共党史研究的"空间"问题以及早期苏维埃运动在地方实践层面的制度形态与历史内容。无独有偶，有学者以"联动"视域分析了1919年至1927年的中共建党史。

上海是中共建党的中心，与相关地域之间的联动效应非常明显，尤其体现在同江浙地域之间的联动。在一省范围内，联动特征亦非常明显，省城或副中心城市对于其他地市建党的影响重大。20年代的中国革命，本是一场由不同党派、群体以及精英与大众所共同发声、组合而成的运动。在中共诞生过程中，多种政治势力参与了建党，基层党组织的创建更是如此。

有学者结合北京地方史，探讨了党史地方史研究需要注意的问题，认为中共党史的地方维度要考虑社会环境的地域化差异，门头沟、京北都处于山区，深刻影响了中共在这些地方的活动。研究者时间精力有限，地方史研究要注意课题的价值。与革命时期的北京党史相比，新中国成立后的北京史有更多可以深化研究的内容。还有学者以山东省的区域归属变迁为例，论述了中共革命影响下的政治文化。山东省在历史上一直是华北的重要部分，在当今的地域概念中却属于华东。这种巨大转变始于抗日战争时期，山东抗日根据地的作用日渐重要。解放战争时期，山东在国共决战中发挥了无可替代的军事和政治作用，最终在中共的政治版图中被编入华东。山东的华东属性毕竟是在特殊历史时期形成的。计划经济时代结束后，华东与华北各地也逐渐回到近代以来的发展轨迹。因此，研究中共革命历程中的观念剧变，调动研究者个人的思维和生活经历与历史世界之间的"关联呼应"，应当是发现问题、思考问题的一种有益方式。有学者以位于石家庄的河北师范大学这一具有浓厚红色文化基因的大学为例，认为将校史研究和党史研究结合起来非常必要，比如河北师大毕业的知识分子在革命年代积极参加革命，推动了河北工人运动和党组织的发展，目前还有很大的研究空间。

抗战时期是中共发展历史中的关键阶段，与会学者给予了重点探讨。有学者认为，战争是当时的基本形态，中共的制度政策与现实之间存在张力，要充分注意落实和变化以及局部性和普遍性的关系问题，时空问题由此凸显。如"华北"是总括性概念，应注意山地、平原等地理差别与抗战之间的关系，现有不少研究将个别区域的问题视为共性，结论与史实相距甚远。华中地区亦如此。同时，根据地是游击区的一部分，也要注意敌后战场的正面战场特性，应超越已有观念的束缚。因此，中共抗战史研究应消除苏区、根据地、解放区研究的界限。近些年，抗战时期"中华民族"视野下的中共党史研究颇受重视。有学者提出如何在抗日民族统一战线的视野下认识国共摩擦，是今后的一个学术成长点。抗战时期国共两党的力量主要在西南和西北，民族问题、边疆问题的重要性逐步增强，相关研究要站在系统的大历史视野下去研究，在各种力量复杂交错的脉络中去认识。

技术因素在革命中的影响逐渐受到历史学界的重视。有学者指出，物质和技术是中共革命的基础性要素，科技史是党史研究的新路径。革命者对无线通讯等新技术的渴求比统治者更加强烈，通讯技术在某些重大历史事件方面可以起到支撑作用，在很多时候也会极大地影响决策。在此视野下，技术史视野可以更好地研究中共的政策落实机制。与此相关，党史视野下的抗战大后方史研究近年来也逐渐受到重视。有学者提出要重视以南方局为主体的大后方中共党组织问题，包括港澳地区和海外的党组织。同时，历史学界应进一步重视大后方中共党组织的隐蔽战线活动、情报和保卫工作、特殊军事活动、统战性质的政治活动、特殊经济活动、特殊文化活动、秘密社会工作，重视大后方中共党组织的军事参与活动和民间外交。中国共产党的对外交往最早具有国民外交的属性，之后逐步具备了政权外交、政党外交和政府外交的性质。抗战时期，中共一方面作为合法政党同国际上的各种反法西斯力量发生关系，影响着整个中国的对外政策；另一方面，中共领导着自己的政权和军队，对外交往具有一般外交关系的某些特点。

从国民党看共产党是党史研究的重要视角。有学者指出，新中国成立后，中共党史研究先于民国史、国民党史研究而出现，但学术水准一直不高。近些年，中共党史研究重新兴盛的局面非常明显，以往研究党史的一些学者转向研究民国史，现在研究民国史或一般现代史的一些学者开始回过头来研究党史。因此，党史研究在重新兴盛的过程中，要注意吸收民国史研究的成果。还有学者提示指出，国民党史研究已相对成熟，继续拓展研究空间的可能性有所萎缩，而中共党史、革命史和共和国史则开始成为新的学术增长点，国共比较视野下的中共党史研究有其重要价值，这就要求研究者将国共两党历史还原到各自的语境与脉络中，承认不同的政治力量存在先天不同，以平视的眼光进行历史比较。这种比较与贯通的视角对于认识中共的鲜明特性具有重要帮助。有学者进而指出，从司法系统看，国共两党差异极为明显。北伐之后，国民党形式上统一全国，在未确立新法律之前，继续使用北洋政府的法律。北京政府司法官员大量进入南京国民政府，出现"革命军北伐、司法官南伐"现象。新中国成立后，中共强调法律是维护人民自身权益和对敌斗争的锐利武器，司法干部以革命化、政治化为基本要求，实现人事的彻底调整，这都体现了国共两党的本质差异。

座谈会对共和国史研究也非常关注。有学者指出，中共逐渐接管全国后，医疗卫生工作被提上议事日程，医学与政治之间的紧密联系，可以成为研究新中国历史的一个很好的观察点。还有学者通过考察《中华人民共和国专利法》的制定过程，提出共和国史研究者应具备多学科的知识结构，包括历史学、法学、情报学、理工科知识，同时努力养成身临其境、同情了解各种时代思潮、社会心理、文化氛围、认知状况等方面的能力。

党史教育也是座谈会关注的一个问题。有学者认为，党史教育应强化党史的实践化教学，运用党史教育教学实践基地，引导学生参观并深化学生的认识，激发学生学习党史的主体意识。这样可以使受教育者体会到理论和逻辑之间的衔接，增强对党的历史感悟能力和认知能力。党史教育走向田野，各类红色文化资源在其中发挥重要作用，同样应该引起历史研究者的重视。

在最后的综合讨论环节，与会学者认为，历史学科的党史研究者数量不多，但对于党史研究的学术化发展非常重要，未来应该积极与其他党史研究者交流，分享丰富的学术资源，共同推进历史研究和理论创新，掌握党史研究的学术话语权；党史研究应"铁肩担道义"，发扬历史学为人文社会科学筑基、开拓新领域的学术传统，为当代中国学术发展作出贡献。有学者就此指出，历史学视野下的中共党史研究学术体系建设不应完全依靠历史学科，而是需要兼容并包的学科意识；党史研究应以"求通"为目的，深刻反思现代性，提出对世界学术发展有影响的研究范式。

综上所述，本次学术座谈会既回眸中国共产党走过的百年艰辛历程，又展望未来党史研究的新方向和新思路。与会学者充分肯定本次座谈会的学术价值，认为在建党一百周年的重要节点，组织召开集中讨论党史研究理论方法的座谈会，努力回答如何进一步推动党史研究的历史学化进程，具有重要的战略意义。正如与会学者所言，党史研究的学科归属是由学术共同体决定的，历史学者可以搁置争议，坚守学术本位，秉持"行胜于言"的理念，扎实研究党史问题，积极培养下一代的党史研究者，早日迎来历史学科视野下中共党史研究的繁荣局面。

（执笔：孙会修，北京师范大学历史学院讲师）

来源：《中共党史研究》2022年第3期

"价值与文明：中国共产党100年"学术研讨会会议综述

由北京师范大学价值与文化研究中心、哲学学院、社会主义核心价值观协同创新中心主办，北京师范大学哲学国际中心（珠海）承办的"价值与文明：中国共产党100年"学术研讨会于2021年10月16日在北京师范大学珠海校区举办。来自北京大学、中国人民大学、吉林大学、中山大学、华中科技大学、华中师范大学、中国社会科学院等多所高校和科研机构的专家学者参加了此次研讨会。

北京师范大学珠海校区党委书记韦蔚，北京师范大学价值与文化研究中心主任、哲学学院院长吴向东分别致辞。韦蔚介绍了北京师范大学珠海校区和哲学国际中心（珠海）近年来的建设和发展情况，对来自全国各地参加"价值与文明：中国共产党100年"学术研讨会的与会专家学者表示热烈的欢迎。

吴向东指出，中国共产党在对中国道路的百年探索中，始终包含着价值文化的面向：以马克思主义为指导，以价值建构为核心，推动文化的变革和文明形态的创新，经历了从新民主主义文化到中国特色社会主义文化，从中国道路到人类命运共同体，从文化革命、文化建设到文化自信的发展历程，创造了价值与文明的一系列标识性概念和丰富的思想与实践成果。它们主要包括：（1）建构社会主义核心价值观；（2）构筑中国共产党人的精神谱系与中国精神；（3）坚守和弘扬全人类共同价值；（4）创造中国式现代化新道路，创造人类文明新形态。在中国共产党建党百年这个重要历史节点，总结中国共产党价值与文明百年探索的丰富历程，探究其价值建构与文明创新的内容、方法和路径，反思其探索创新的内在逻辑和基本规律，将会有力促进价值文明观基础理论研究，从哲学的层面展示中国共产党和中国特色社会主义的价值与文明新境界，深化中国共产党和中国道路的自我理解，从而坚定中国特色社会主义的理论自信、道路自信、制度自信、文化自信。

一、中国特色社会主义与人类文明新形态

中国特色社会主义创造的人类文明新形态是中国现代文明进程的必然结果。华中科技大学欧阳康教授指出，只有深入研究当下的资本主义形态的特点和要素，才能更好地理解人类文明新形态。我们需要凭借马克思对现代性的批判，反思西欧式、北美式、苏东式、东亚式

和拉美式五种现代化模式对中国社会主义的现代化到底具有何种深味。北京大学杨学功教授将这五种模式归纳为先发内生型和后发外生型，并指出中国是典型的后发外生型的现代化。以洋务运动和新中国建立为阶段性标志，中国实现了从现代化到中国式现代化的伟大转变。

中国式现代化是全球文明的崭新形态。人类文明的新形态，不仅具有中国特色，同时具有世界历史意义。吉林大学白刚教授指出，中国式现代化有别于西方式现代化，占据着真理、文明和道义三个制高点。第一，从生产劳动的意义上来理解历史唯物主义的实质。社会主义的本质要求依然是解放和发展生产力以及进行所有制的变革。我国的所有制形态坚持了唯物史观基本立场。中国式现代化遵循了现代化发展规律，占据真理的制高点。第二，资本主义所带来的生产力的发展比以往的社会都更有优势，更有利于生产力和生产关系的变革，标志着一个全新社会过程的开启。从这个角度看，资本主义孕育了有利于社会主义和共产主义所需要的各种要素。所以，在批判资本逻辑对人的统治的同时，更要挖掘和发挥资本的"文明面"，占据文明制高点。第三，中国的现代化始终坚持以人民为中心的发展理念，以塑造高度文明的人，消灭绝对贫困，以全面建成小康为目标，开辟全面建设社会主义现代化强国的新征程。党的初心和使命依然是为中国人民谋幸福，为中华民族谋复兴，占据了道义的制高点。中国社会科学院周丹研究员通过人类文明新旧形态的区分和对比，指出人类文明新形态具有两个特性：一是社会主义的特性。从实践的角度看，社会主义特性的核心具体体现为以人民为中心，最终实现共同富裕。二是中华文明的底色特性。由于马克思主义基本原理与中华优秀传统文化实现了有机结合，中国特色社会主义在一定意义上也是中华文明的不断再造和自我更新。

中国特色社会主义文明是从中国具体实际出发，以中国历史文化传统为依托，充分发扬和建构现代性的特质而形成的现代文明。中国共产党向国际社会贡献了人类命运共同体的文明转型方案，始终坚持以人类共同利益为纽带，以全球公共问题为导向，反对本国优先，始终强调合作共赢、平等协商、包容和谐的共同体原则，始终坚持不同文明的多元共生、对话交融。首都师范大学杨生平教授认为，现代化的内在机理是现代性，现代化是现代性的外在表征及其运动过程。一个民族只有基于对本民族的特殊的文化现代性，才能更好地理解和解决具有普遍性意义的社会现代性问题。我们应在马克思主义指导之下，通过与以儒家为核心的传统文化相结合的方式，建构中国人的精神家园。郑州轻工业大学杨晓副教授指出，若要担当起中华民族伟大复兴的使命，不仅需要从经验层面理解民族复兴，更重要的是把握更为深层的伦理问题，在精神哲学视域下审视其伦理基础，进而呈现民族伦理精神的理论历史与现实的面貌，为一种面向新时代面向未来的民族伦理奠定基础。因此，我们应该注意到文化自信的历史语境和现实语境：历史语境是以儒家思想为主要背景支撑的传统的伦理内容，以文化自信的实体性呈现的伦理层面的自信；现实的语境是以马克思主义为理论支撑的现实伦理内容历史性地证成自身。

北京师范大学沈湘平教授指出，中华民族的伟大复兴是中国自身发展的意向性，世界百年未有之大变局是全球影响的外延性。他认为，不能直观地将人类文明新形态看作一种特殊性诉求，而应该从特殊性中看到普遍性。对于人类共同价值的把握，不能局限于直观意义上的普遍性，而要从差异中发现特殊性，才能加深对共同价值的理解。"共同"意味着以差异为前提，"共同"的重点应在于"共"，而不在于"同"。因此，在他看来，习近平总书记所强调的全人类价值追求的"最大公约数"包含两层意蕴：一是对人类文明特殊性形态的超越性的普遍把握；二是世界各民族国家坚守以差异为前提的底线价值。人类文明新形态与全人类共同价值就是在解答普遍性问题中凸显出的中国的主体性。中国要以马克思主义理论为指导，发扬这种主体性，勇于肩负自身的使命和担当，主动地解答全人类共同面临的问题，讲好中国故事，为世界提供一种模范实践。

中国式现代化道路和人类文明新形态需要在价值与文明的双重维度中进行反思。围绕与此相关的重大理论问题展开价值哲学层面的研究，从而为世界提供中国价值哲学的思想智慧。中央民族大学王海峰教授认为，我们首先应该深入到中国式现代化道路和人类文明新形态的实践逻辑、理论逻辑、历史逻辑中，深入梳理和阐释百年中国价值学研究的学术史，尤其是勾勒中国的马克思主义价值哲学历史演进的脉络与轨迹，在学术积累和思想积累中呈现当代中国学人在主体性自觉中所作出的历史性和原创性的贡献，注重转识成智，化理论为方法，为全面建成社会主义现代化国家提供理论支撑和智力支撑。其次是以改革开放以来所遭遇到的重大现实问题中蕴含的价值问题为切入点，在实践变革与变革实践的结合中实现价值哲学理论的创新。再次，在新世纪以来社会主义市场经济以开放促改革，全面融入经济全球化的伟大实践中，以培育和践行社会主义核心价值观为聚焦点，贡献理论智慧与实践智慧。最后，以新时代社会主要矛盾的转变为现实依据，围绕中华民族共同体意识，构建人类命运共同体的伟大战略布局，对其中所蕴含的价值哲学问题展开理论研究。只有以全球性视野，借助跨学科的综合性研究，才能真正解决现实问题。当下，中国学界应该着手构建当代中国价值的学术体系，在现实变革与理论创新的双重逻辑中，以中国式现代化道路的开创和积极探索为理论问题研究提供新的范式。

二、马克思主义中国化与中华优秀传统文化

厘清马克思主义中国化与中华优秀传统文化的内在联系，展现中国接受马克思主义的历史语境，是坚守中华文化立场、发展中国特色社会主义文化、深化马克思主义中国化的内在要求。中国人民大学张立波教授认为，马克思主义中国化的过去、现在、未来是立足点，制高点是现在。他借鉴了赫勒的观点，认为"现在"这一范畴包含过去了的"现在"、正在经

历和展开的"现在"以及即将到来的和期待的"现在"。当前，对于中华民族伟大复兴与传统文化的结合存在着空间地方化、场域杂糅化以及传统文化式微化三种理解方式，这三种方式使我们认识和把握马克思主义中国化产生了巨大的偏差。林进平教授指出，在恩格斯的思想中存在一种中性的道德，马克思则认为中性的道德是不存在的，列宁在《青年团的任务》中明确提出"共产主义的道德"这一个概念，进而提出了关于革命的动力究竟是根源于阶级利益还是道德情感的问题。

北京师范大学李祥俊教授指出，在内圣外王视域下，先秦儒家的理想人格可以分为两种：一种是主体的自我创造的理想人格，另一种是主观的自我认同的理想人格。汉代儒家强化了先秦儒家的人格观点，但是由于社会结构和生活方式的改变，这两种人格发生了双重萎缩。开放的社会需要个人对基本价值信念和伦理政治秩序的认同、确立个人的本体地位以及主体的创造与主观的认同相互为用，儒家理想人格能够成为现代中国人建构平民化的自由人格的宝贵思想资源，这是时代对儒家思想提出的要求，也是儒家思想现代转化的必然路径。

北京师范大学王凯教授指出，儒家义命观的第一重批判性在于，面对义利抉择时，始终坚持道德主体性和道德价值的优先性，不因外在的穷达遭际而失却内在的精神自足。因此，他认为孔子的义利观与荀子的义命观没有本质区别。儒家劝导人向善并不承诺个体的世俗幸福和保障。第二重批判在于，荀子能够正视人的感性生命，肯定感性欲望的合理性，要求道德引导社会资源的合理配置，恰当地安顿每一个个体的感性生命，使人的自我实现朝向一种感性生命与理性生命融贯为一的真正的完满。为此，荀子重视道德作为社会资源配置的价值基础维度，将义命观的讨论延伸到了以制度正义为基本内容的社会批判理论。荀子的学说是对儒家道德批判理论的完善化和平衡化。

中山大学陈乔见教授进一步阐释了"义"观念的衍化史，指出了不同历史时期思想家对"义"的理解。在他看来，东周的"义礼"体系规定了宗法封建等级制；孔子试图用仁为传统礼仪伦理奠基；墨子试图以义道重建社会秩序；孟子从心性寻求普遍道义原则；荀子从社会结构分析正义；老子贬斥"义"的价值；庄子倡导"忘义"；法家主张以法制去私义；汉儒则遵循"五常"；韩愈区分了三教道德之别；朱子把"义"界定为"天理之所宜"；①王阳明认为"心得其宜谓之义"；②张力提倡"行己有耻"，义不事清；黄宗羲重新定义"君臣之义"；王夫之辨析了"一人之正义""一时之正义"和"古今之通义"三者的关系；梁启超阐发了"义"所蕴含的"权利"概念。"义"观念不仅有思想家的理论建构，还有民间的社会实践，如东汉的"义舍"、南北朝的"邑义"、北宋的"义庄"等。因此，

---

① 朱熹：《四书章句集注》，中华书局1983年版，第73页。
② 王守仁：《传习录中·答欧阳崇一》，《王阳明全集》，吴光等编校，上海古籍出版社1992年版，第73页。

他认为"义"的内涵主要表现为正义性、社会性和公共性。

中国社会科学院杨洪源副研究员在中国语境中对从儒家到孙中山、毛泽东关于"政治"的看法进行了比较分析。他认为，学者应该用学理的方式讲政治、用追问的精神寻本质、用传承的叙事布道理，才能更好地体现党的三个代表重要思想，从而将其转化为巨大的物质力量，最终才能真正地使自身成为新文明形态的表征。"七一"讲话就是马克思主义的经典，是满足上述要求的思想成果。华南农业大学吴佩婷对青年传承和发展传统文化进行了审思。她以B站二次元的文化现象为例，指出青年以拼贴的手段和形式主动接受和传播传统文化，并且在原有基础上结合流行文化的结构，尝试创新发展。针对拼贴的碎片性、不确定性和关系多维性的特点，她指出，一方面要尊重青年传承传统文化的主体地位，另一方面要克服拼贴形式在发展过程中的碎片性、随意性和无序性。

三、中国精神、中国道路与中国制度

100年来，中国共产党的奋斗史时刻围绕着实现中华民族伟大复兴这一主题。北京师范大学韩震教授在回顾中国共产党百年艰苦奋斗的历程时强调，近代中国的知识形态没有进入到西方的市场经济资本主义文明形态中，从而造成了中国落后挨打的局面。西方文明的崛起在于海洋文明的市场需求刺激了人对客观对象的科学研究，形成广博的知识视野。由于资本主义世界体系中的人类文明如同食物链等级，对资本的掌控力决定国家在体系中的地位，中国的崛起势必受到传统资本主义强国的压制。然而，民族的复兴与中国共产党休戚与共，中国的崛起和中华民族的伟大复兴就在于坚持中国共产党领导，因地制宜地完善组织人民的形式。他还指出，为了中华民族伟大复兴的战略大局，必须坚持教育优先发展的战略。教育启迪民智，使中国人民保持清醒的头脑，维护中国共产党的领导地位，实现和平崛起。

中国社会科学院冯颜利研究员认为，中国创造的文明新形态是一种包括生态文明、素质文明等诸要素在内的综合性文明概念。他认为，历史使命的担当与践行离不开斗争的革命精神，建党精神就是对100年来伟大革命精神的高度概括，是对中华民族伟大复兴的现实精神的哲学凝练。

中国道路成功的关键在于中国共产党的领导。坚持中国共产党领导就在于坚持人民立场，尊崇人民至上的原则。中国人民大学张立波教授从"人民"概念的演变问题出发，指出由于中国共产党的领导，尤其是通过识字班、扫盲班，使工人、农民体认传统文化、意识到自身是中国人得以可能，使"人民"从一个概念变成一个实体，并使得民族意识和民族主体以及人民性最终得以确立。中山大学林进平教授分析了中国共产党对马克思主义公平正义观念的接受、转变和演进。中国共产党把公平正义视为中国共产党人一贯的追求。马克

思、恩格斯和列宁主要从法哲学的思维方式批判唯心主义的公平正义。中山大学吴之声通过反思资本逻辑和苏联计划经济模式对人民主体性的压抑，强调新时代人民价值观的时代性、创新性、实践性。

华东师范大学陈立新教授认为，中国道路前进的定力就是中国共产党的领导。中国道路陈科宇"价值与文明：中国共产党100年"学术研讨会会议综述的前提实质就是中国共产党的自身完善。首先，中国共产党是一个学习型的政党。因为中国共产党深深地扎根于中华民族的文化土壤，所以这也使得中国共产党本身就能够引导我们的生活。其次，中国共产党是一个使命性的政党。政党的命运和前途与民族的命运和发展紧密相连。最后，中国共产党是一种组织型的政党。中国共产党能够保证自己组织内部的纯洁性和先进性，从而能够真正地领导人民。北京师范大学郭佳宏教授以"八八战略"作为中国道路的案例，论证了习近平新时代中国特色社会主义思想实现了"理论逻辑""历史逻辑""实践逻辑"的统一。

北京师范大学李建会教授指出，中国特色社会主义制度和国家治理体系是以马克思主义为指导，植根中国大地、具有深厚中华文化根基、深得人民拥护的制度和治理体系，是党和人民长期奋斗、接力探索、历尽千辛万苦、付出巨大代价取得的根本成就。这是一种能够推动拥有14亿人口大国进步和发展，确保有5000多年文明史的中华民族实现两个一百年奋斗目标，进而实现伟大复兴的制度和治理体系。

四、文明交流与互鉴

中国人民大学刘大椿教授认为，我们应当以不能突破人之为人的界限为基本原则，审慎地看待新技术对传统人性的本质所带来的挑战，不能随意改变传统的范畴。在讨论人类文明的交流互鉴的问题时，应当根据中国特色社会主义新时代的具体情况，以文化传统、革命精神和当代追求为基调，努力推进新时代条件下具有中国特色的文明建设。

中山大学李萍教授认为寻求文明和谐的发展才是合乎人类之大道的文明观，她反对文明冲突论，认为世界文明形态的演进发展的起源就是多元的。在人类进入现代社会的历史进程中，文明有机地演进变化，各种本源性的文明被置于一个开放的世界体系之中，它们不断相遇、不断被激活。文明体之间应该遵循"尊重、包容、互鉴、共生"的伦理精神。文明的对话是相向开放的，中国文化传统中的精神资源和潜在力在推动世界文明的建构与发展上具有积极作用。湖北大学戴茂堂教授从"比较"哲学引申到文明对话，以"较真"的哲学意涵为切入点，揭示文明对话的目的最终是为了解决理解的隔阂与差异，寻求文明发展的最大可能性，寻求世界的真理和真相。

人对自然的依赖与被依赖、自然对人类进化的推动、人与自然互为价值的关系，表现出一种生命共同体的特性。华中师范大学龙静云教授认为，对于生态文明的建设，应该以自然为本，坚持生活幸福和生态美好的统一，将社会正义和生态正义有机结合，消除一切不平等、不公正、不自由、不和谐的社会现象，共建平等、正义、和谐的人类共同体。

中国人民大学刘永谋教授审视了西方学者对中国技术治理问题的观点。他指出，除了将数字、信息和智能技术运用于公共治理外，物理学、生物学、心理学等自然科学成果以及管理学、经济学、自然科学化后的社会成果都被广泛地运用于当代社会的治理活动当中。无论是发达国家还是发展中国家，技术治理已经成为全世界范围内公共治理的一个基本趋势，他称之为当代政治的技术治理趋势。例如，物联网、大数据这样一些智能技术发展，加快了全球的技术治理的推进。因此，他认为，我们要不断推进治理现代化，提高政府运用技术手段为中国特色社会主义建设事业服务的能力。

中国人民大学王小伟副教授基于人被深深嵌入各种科学技术中的时代背景，探讨技术哲学研究范式转换的多种可能性，尤其关注技术哲学的中国化尝试。他以荷兰学派的道德物化问题为例，指出在面对物是否有能动性这一核心问题时，学者们目前尚无成熟的学科范式。他认为不能仅停留在海德格尔、马尔库塞的相关思想研究，而需要把儒家的和谐观念作为理论资源。

北京师范大学 Ilan Moradi 从亚里士多德伦理学的角度，对"善"和"存在"中隐含的多重含义的价值概念进行辨析，认为通过理性的沉思活动可以通达个人的幸福，幸福是一种理性与自由的统一状态。北京师范大学周黄正蜜副教授从康德伦理学角度切入，梳理了道德义务概念的演变。她认为，如何完善自身实质上就是如何履行道德义务。概言之，从对象上看，义务可以分为个人的义务和对他人的义务，性质上又可以再分为完全的义务和不完全的义务，于是就产生了四种类型的义务。如何完善自身的前提是对生命的保全，即个人的完全义务。个人的全面发展则是个人的不完全义务。在面对低级欲求能力和自由意志的张力时，康德要求人遵守道德原则。她还指出，爱好作为一种欲求的感性满足、一种对生活某些愉悦方面的考量，可以被纳入到道德领域之内。

会议最后，北京师范大学哲学学院罗松涛教授作了总结性发言。他指出，此次研讨会是一个高质量的、专业的、成果丰硕的学术会议，与会学者围绕大会主题，探讨深入，气氛热烈。本次会议不仅讨论了中国式现代化与文明新形态、中国道路、中国制度、中国精神等具有中国特色社会主义底蕴的问题，同时也有以"互鉴"为指向的中西思想的荟萃，挖掘并讨论了中国传统儒家与新儒家、西方技术治理思想、智能技术革命、康德伦理学、亚里士多德伦理学、青年亚文化等问题。此外，本次会议还特设了青年圆桌论坛，来自北京师范大学、中山大学、华中师范大学等高校的 30 余位青年学者围绕会议主题，对伟大建党精神的理论生成、中国共产党人民民主制度化的实践逻辑等问题进行了交流和探讨。

（执笔：陈科宇，北京师范大学哲学学院、价值与文化研究中心、社会主义核心价值观协同创新中心博士生）

来源：《当代中国价值观研究》2021年第6期

毛泽东对实现中华民族复兴的伟大贡献

——"毛泽东与民族复兴"国际学术会议综述

为深入学习贯彻习近平总书记在庆祝中国共产党成立100周年大会上的讲话精神,深化毛泽东思想和生平的研究,由教育部人文社科重点研究基地湘潭大学毛泽东思想研究中心主办的"毛泽东与民族复兴"国际学术会议于2021年10月30日在湘潭大学召开。国内外百余名专家学者围绕"毛泽东与民族复兴"这一主题展开了多方面的深入交流与探讨。

一些学者从整体上揭示了毛泽东对实现中华民族伟大复兴的历史性贡献。李捷教授认为,毛泽东对中华民族伟大复兴的历史贡献具有开创性和奠基性,并从政党建设、革命道路开辟、人民军队建设、国家制度建构、工业体系和国民经济体系建设、爱国统一战线、各族人民的大团结、制度根基和实践基础、独立自主的和平外交、创立毛泽东思想十个方面阐述了这种开拓性和奠基性贡献。郭建宁教授从政党的创建、马克思主义中国化、实事求是思想路线、根本宗旨、道路探索、伟大精神的培育与铸就、话语体系的构建七个方面阐述了毛泽东对中华民族复兴的伟大贡献。李佑新教授认为,毛泽东作为中华人民共和国、中国共产党、中国人民军队的主要缔造者和马克思主义中国化的伟大开拓者,为中华民族伟大复兴作出了彪炳史册的伟大贡献,我们要树立正确的党史观,注意把握历史的主流和本质,反对以碎片化史料颠覆宏观历史结论的历史虚无主义观点。

一些学者具体讨论了毛泽东对实现中华民族伟大复兴的贡献。宋俭教授从毛泽东人民民主专政国体思想出发,认为人民全过程参与国家治理不仅包括选举,还包括协商、决策、管理、监督等环节,人民共和、人民共治对新时代发展社会主义民主政治的重大意义。徐俊忠教授认为毛泽东开创的人民政治是人类政治文明的新形态,包括四个基本特点:在非同质性存在的人民中寻找共同利益;高度重视统筹兼顾、合理安排;人民参与全过程;坚持党的领导。王永贵教授着重探讨了毛泽东对社会主义意识形态建设的重要贡献,认为毛泽东意识形态思想对中华民族伟大复兴具有重要意义。

杨明伟研究员指出要深刻认识建党精神和复兴精神中的斗争内涵,强调实现民族复兴要具有忧患意识,居安思危,善于斗争,善于胜利。王岩教授基于毛泽东的人民观,分析以下六点:谁是毛泽东笔下的人民;毛泽东笔下的人民何以可能;毛泽东笔下的人民以何可能;以公有制为主体才能真正走向共同富裕;党的价值关怀一脉相承的核心理念;人民主体意味党的群众路线何以可能。刘建武教授提出,创建新政党、建立新中国、开辟新道路、开创新时代是百年来中国共产党为实现民族复兴奋斗历程中具有里程碑意义的四件大事,革命、建设、改革、复兴是四个接力前进的历史阶段,由此迎来了中华民族从站起来、富起来到强起来的伟大飞跃,使中华民族伟大复兴进入了不可逆转的历史进程。

国外学者主要讨论了毛泽东对中华民族及世界的影响。美国学者 Thomas Lutze 基于新冠肺炎疫情时期美国发生的巨大政治和社会动乱,对毛泽东有关农民运动思想进行分析,借以考察美国的种族平等运动,进而肯定毛泽东对中国和世界的重要贡献。Kitty Kelly Epstein 认为中国革命的胜利代表了穷人斗争的胜利,被人们广泛的关注和研究。日本学者 Ka-zuo Yamashita 从文学视角切入,从毛泽东诗词对日本的影响来看毛泽东思想的软实力。Lian Shu 提到日本知识分子从"东方"与"西方"的角度来理解毛泽东与新中国。他们对毛泽东的认识在1949年到1976年之间随着中国一些政治事件的发生而产生了极大变化,但其中一部分人也始终没有中断对毛泽东思想的探求。俄罗斯学者 Alexander Lomanov 认为,毛泽东提出吸取苏联的经验和教训的思想具有重要价值,毛泽东在经济方面提出要发展适应人民群众需要的工农业,并试图突破苏联模式的弊端、探索中国自己的发展道路,为20世纪80年代中国共产党成功找到属于自己的现代化道路积累了宝贵的经验。

(执笔:郭琦,湘潭大学马克思主义学院)
来源:《湘潭大学学报(哲学社会科学版)》2021年第6期

"第三届全国三线建设学术研讨会"会议综述

1964—1980年开展的三线建设是中华人民共和国历史上一个规模空前的重大国防、交通经济建设战略。近年来,三线建设研究日益成为中国当代史研究中的热点领域。2021年恰逢中国共产党成立100周年,为了更好地推动三线建设研究的向前发展,由中华人民共和国国史学会三线建设分会、上海大学和西南科技大学主办的"第三届全国三线建设学术研讨会"于2021年10月22—24日在西南科技大学召开。来自中国社会科学院、军事科学院、工业和信息化部、中国科学院、复旦大学、四川大学、国防科技大学、上海大学、西南科技大学等单位约70位领导、专家和学者,以及近10家学术期刊编辑就三线建设研究的过去、现状及未来进行探讨和交流。会议共遴选出50多篇论文,涉及三线精神、政治工作、经济史、工业遗产保护与利用、社会史与文化史、民兵工作、小三线建设、后小三线时代等问题。本文拟对这次会议中的论文进行梳理和小结,以期助力三线建设后续研究。

一、研讨会的主要议题

(一) 三线精神

自三线建设研究进入学界的视野以来,有关三线精神的探讨始终是一个备受关注的问题。有关三线精神的形成、内涵、当代价值等相关问题在此次会议中得到了关注和讨论。国务院参事室原副主任蒋明麟认为三线精神是中国共产党精神谱系的重要组成部分,展现了奉献精神、团结精神和创新精神,是中国共产党红色基因的重要体现。中国社会科学院陈云与当代中国研究中心副主任、中国三线建设研究会副会长陈东林对三线精神的形成、特点以及现实意义进行了分析,提出形成于三线建设时期的三线精神在国家的全面现代化建设中,仍具有强大的精神动力,对加强全国人民护国、卫国思想具有特殊价值。作为三线建设的亲历者与领导者,原国家计委三线建设调整办公室主任、中华人民共和国国史学会三线建设研究分会高级顾问王春才回顾了他在重庆江津参与三线建设的艰苦历程,用自己的亲身经历诠释了三线人"艰苦创业、无私奉献、团结协作、勇于创新"的精神。

另一方面,湖北汽车工业学院计毅波、闵清和马保青围绕第二汽车制造厂(以下简称"二汽")分析了"二汽"三线精神的内涵与实质,提出艰苦创业是"二汽"三线精神的非凡品格;无私奉献是其豪迈气质,团结协作是其宏大视野,勇于创新是其动力之源。攀枝花学院代俊、袁晓艳和朱云生以攀枝花三线建设为例，通过口述史这一独特视角来分析三线精神形成的影响因素，提出艰苦创业源于精神与物质的激励；无私奉献是家国情怀的体现；团结协作是制度优势的发挥；勇于创新是破解难题的使命。中央民族大学杨阳则是以"历史三调"为研究框架，从事件、经历和精神三个层面来分析三线精神，认为三线精神是基于"亲缘—业缘—地缘—事缘"认同体系的集体记忆与当前时空的权力交互的结果。尽管三线精神已被明确概括为"艰苦创业、无私奉献、团结协作、勇于创新"，但是在具体问题中的研究仍有许多维度和角度可以进行分析和比较。

（二）三线建设中的政治工作

三线建设是一个特殊时代的产物，其政治工作也在很长一段时间内得到了关注。广州大学谢治菊和陆珍旭探讨了备战动员问题，提出当时国家利用制度安排、利益共享、精神鼓励等动员方式将大量的人力、物力和财力聚集到三线地区，使三线建设能够有效地开展。东北师范大学张震和李彩华从领导体制问题进行了分析。三线建设领导体制是由中央、地方以及建设单位三个层级构成。中央层面主要是进行宏观布局和领导；地方层面是根据中央的指示和要求进行具体的落实和安排；各基层单位则是在中央和地方的领导下开展具体的生产建设任务。这样一套领导体制在三线建设中发挥了重要作用。台州学院王永力以德阳工业区建设为例，提到了在建设过程中政治思想工作的经验与不足。政治思想工作的开展一方面有力保障了德阳工业区的建设，但是工作开展中存在的不够深入细致、方式简单粗暴等问题也对德阳重型机器厂等企业的生产生活产生了负面影响。这些经验与不足也为当前的思想政治工作提供了思考与启示。安徽师范大学黄华平对西南铁路大会战进行了剖析，通过史料梳理，提出在西南铁路大会战中中共采用了"大会战"的模式进行建设。其核心是通过建立起高度集权的铁路管理机构，发动军民力量，开展群众性勘测设计与技术革命，加快铁路建设进程。但是在其中也出现了铁路建设质量较差、投资成本过高等问题。因此，从西南铁路大会战的历史经验中可以看出，政治工作能够起到鼓舞军民士气、加快工程建设进度的作用，但也出现了一些弊端和不足，应当引以为戒。这对于当前的重大工程建设管理同样具有借鉴意义。

（三）三线建设经济史

三线建设作为一场规模空前的经济建设，从经济史视角分析是该领域研究的重要组成部分。在本次会议中，有关经济史方面的论文共计12篇，是各专题中数量较多的一组。宜宾学院周明长以全国支援三线建设为视角，分析了东北对四川三线建设城市的支援问题。东北工业核心资源的嵌入，使四川数十个受援城市获得了新的发展资源，有力地推动了四川城市布局及经济版图的巨变。大连理工大学袁世超以银川长城机床铸件厂为个案研究，关注了在改革开放初期三线企业的技术引进与外资利用问题。银川长城机床铸件厂是一家全国重点三线企业，在改革开放初期，该厂通过引进日本企业的技术与资金，逐渐摆脱了连年亏损的困境，最终转型为具有一流生产能力的知名机床铸造商。这一个案研究对于分析改革开放初期三线企业的调整与转型具有重要意义。

中共绵阳市委党史研究室徐江山将目光聚焦于绵阳、北碚两地，由此探讨了两地推动成渝地区双城经济圈建设的问题。作为三线建设的两个重点区域，绵阳和北碚的城市发展在诸多方面都存在着相似之处，为当前成渝地区双城经济圈建设背景下的绵阳、北碚合作奠定了坚实的基础。三峡大学黄河和吉雅洁关注了焦枝铁路建设与当地城镇化发展的关系。焦枝铁路的修建为当地的枝城镇经济发展带来了新的契机与活力，在工业、农业、商业等方面推动着枝城镇的迅速崛起。青海师范大学方立江在分析青海三线建设的历史启示问题时认为，该建设为青海实现了解放以来第二次经济快速发展。

在对三线建设与城镇化关系进行探讨的同时，三线建设与工业化的关系同样是会议中关注的重要问题。中华人民共和国国史学会三线建设研究分会会长、当代中国研究所原副所长武力认为，三线建设的意义在于保障国家安全，促进区域平衡发展，为人力资本培育与发展提供精神支持。国防科技大学蔡珏着重分析了三线建设对中国国防工业的重要影响。在三线地区开展的航空、航天、船舶、电子等国防工业建设整体带动了内地工业化发展。四川外国语大学王毅聚焦三线建设与云贵地区工业化的关系。云贵地区是三线建设时期的重点区域。通过投资建设，云贵地区的工业生产能力和工业结构都得到了显著提升和优化，从而为该地区的现代工业发展打下了基础，促进了该地区的经济社会发展。辽宁社会科学院黄巍则是将目光集中于东北地区，分析了中共对于东北工业的建设发展思路。其中，在三线建设时期，东北地区积极支援全国，有力推进了国家工业化进程。四川大学曾媛圆与上海交通大学张杨从宏观层面剖析了三线建设对内地工业发展的影响。尽管存在着投资效率较低等问题，但是其布局使内地逐渐形成了多个以三线企业为中心的工业协作区，从较长的视野来看，其长期效益在逐步得到体现。此外，华东师范大学崔龙浩以"二汽"为例，梳理了三线建设时期中国汽车工业等复杂制造业的艰苦探索历程以及其中的经验得失。

（四）三线工业遗产的保护与利用

三线工业遗产的保护与利用问题是近年来三线建设研究中的热点问题。该问题涉及历史学、经济学、社会学、建筑学等诸多学科领域，近年来其研究成果不断增多，受到了众多专家学者与社会各界人士的关注。

在本次会议中，工业和信息化部工业文化发展中心副主任孙星就"十四五"时期国家推动工业文化发展的形势和思路进行了总体性介绍，主要从背景形势、重点任务，以及保障措施三个方面来展开。上海大学吕建昌从多学科的视野下剖析了三线建设工业遗产保护与利用的路径，提出三线建设工业遗产的保护与利用对于当代中国工业遗产的保护与利用具有十分重要的意义。由于布局、选址等方面的原因，三线建设工业遗产有其特殊性。在保护与利用的过程中，需要从历史、社会、经济、文化、建筑等众多学科出发，以不同视角探讨保护和利用的有效路径，从而对中国当代其他工业遗产的保护与利用提供借鉴和思考。

除了从宏观层面探讨其保护与利用外，西南科技大学张勇等学者立足成渝地区双城经济圈的视角来探讨该问题，梳理了成渝地区双城经济圈内三线建设工业遗产的分布、数量以及现状，在此基础上对该地区三线工业遗产保护利用的基本原则、开发模式、实现路径等问题进行了分析。中共绵阳市委党校刘仲平关注到了绵阳市三线工业遗产的保护与开发工作。绵阳是三线建设时期的重点投资地区，因此该地也留下了数量众多的三线工业遗产。绵阳市于2017年将市内的41个三线工业遗产列入保护目录，逐渐形成了以"两弹城"旧址、清华大学三线分校遗址、126文化创意园为代表的特色工业遗产项目。在今后的保护与利用工作中，还需要从思想认识、系统普查、与当地特色资源相结合等几方面去着手。攀枝花学院张治会从道路自信角度出发，梳理了攀枝花市三线建设工业遗产的保护与利用途径，提出三线工业遗产的保护利用应将其纳入到攀枝花城市发展转型的战略中去，将攀枝花建成"三线建设遗产城"。

此外，有关三线工业遗产的研究还出现了一些新视角。成都信息工程大学丁小珊探讨了将三线工业遗产融入"四史"教育的问题，提出三线工业遗产是激发民族情感认同的重要场所，也是"四史"教育不可多得的红色资源，利用三线工业遗产融入"四史"教育可以从其历史价值、社会价值和再利用价值三个维度出发，努力将三线工业遗产资源融入"四史"教育的内核之中。成都工业学院赵立等学者还将三线工业建筑遗产的保护与乡村振兴战略相联系，并以大邑县雾山乡原中科院光电所旧址改造项目为案例进行了深入调研。

从上述的参会论文中可以看到，三线工业遗产保护与利用是一项理论与实践并重的研究。在理论层面，需要打破单一学科视野，从多学科视角出发，共同推动研究的可持续开展。在实践层面，三线工业遗产的保护与利用需要来自政府、学界以及社会各界的共同参与，在全社会形成关注并重视三线工业遗产的良好环境，共同促进三线工业遗产的保护与利用迈向新的高度。

（五）三线建设社会史与文化史

作为单位制度下的三线企业具有典型的"工厂办社会"的特征。企业不仅需要完成上级安排的生产任务，同时还需要保障职工的日常生活、衣食住行、教育医疗等众多社会职能。另外，由于布局的原因，地处城乡二元结构之间的三线企业还需协调处理同当地政府、百姓之间的关系。因此从这一角度来看，三线企业面临着特殊而复杂的社会环境。从第一和第二届全国三线建设学术研讨会的情况来看，围绕这一方面的问题如上海小三线与当地农民的关系问题、上海小三线青年职工婚姻问题等展开过热烈的探讨。在本次会议中，围绕社会史与文化史问题的论文数量有 11 篇，仅次于经济史研究，是本次会议中的又一大热门问题。

部分学者对三线建设与单位制的问题进行了对话。四川外国语大学辛文娟以宁夏某个三线煤矿单位居民生活区为研究对象，分析其从单位大院到城市社区的变迁历程，通过田野调查等方式看到，在生活空间的重组中，逐渐形成了重叠多样的社会关系纽带，使得这些居民在老单位中的社交网络得到进一步拓展，进而形成了对社区的强烈归属感。东北林业大学刘博以某个三线社区的基层治理转型为案例，提出在社会资本由积聚于单位社会向社区扩散过程中，"后单位"社区治理的创新路径研究。在原先"国家—单位—个人"的纵向动员链条随着单位制的消解而新的基于居民利益的动员体系还未形成的情况下，该三线社区的治理创新活动就失去了内在动力。因此，在当前的社区治理中，应从创新制度体制设计、发展各类社会组织、优化社区发展环境、培育公民公众精神等几个层面共同推动"后单位"背景下的社区治理创新发展。

另外，四川外国语大学张勇剖析了三线企业内部的群体构成和社会关系。在群体构成方面，主要由职工和家属两部分构成，而职工又可细分为多类。由于群体构成的多样性，加之血缘、业缘、婚姻等关系的相互连结，从而形成了错综复杂而又紧密联系的内部关系网络。在这样一个社会关系较为复杂的小社会中，其所面临的问题同样繁多。湖南工学院段锐、王思敬和邹召松关注了在湖北三线建设中所出现的一系列民生问题。由于参加湖北三线建设的职工很大一部分是从东部或沿海地区内迁而来的，因此在他们来到鄂西、鄂北地区后，随之而来的住房、医疗、教育、工资、户口、婚姻等民生问题亟待解决。当地政府从当地实际情况出发，通过优化政策、增大执行力度等办法来对三线企业职工反映较为突出的民生问题努力加以解决，以此来保障三线企业的正常生产生活秩序。但是，由于各种条件的限制，仍有许多民生问题未能够加以妥善解决，从而也对湖北三线建设产生了不利影响。

在关注三线企业内部社会关系的同时，也有参会学者关注到了三线企业与当地的关系问题。四川大学李德英和黄俊林围绕西北地区三线建设中出现的征地补偿问题展开研究。西北地区三线建设在征地补偿的问题处理中，在总体上采取了较为妥当的措施，一方面贯彻执行了中央关于维护工农关系的要求，同时在具体的工作实践中，各地也结合各自的情况逐渐形成了各具特点的补偿办法，为当地农民提供了力所能及的帮助和照顾，减少了因征地问题而产生的矛盾，从而为三线项目在这些地区的落地、开展创造了有利条件。西南科技大学崔一楠在分析三线建设中上海浦陵机器厂迁入重庆的个案研究时也注意到了该厂在迁入当地后注重构建互惠互利的工农关系。贵州大学吴倩华聚焦于三线建设与贵州少数民族的关系问题，这是在以往的相关研究中较为罕见的。作者以三交理念为基础，即把有利于各民族交往交流交融作为衡量民族工作成效的重要标准，认为三线建设对贵州省少数民族的经济社会发展、文化教育等方面起到了推动作用。另一方面，少数民族也为三线建设提供了人力、物力方面的支持，双方之间形成了一种相互促进、团结互助的良好关系。

在三线建设文化史的探讨中，攀枝花学院许见军分析了三线建设文学的概念、产生及其价值。三线建设文学是三线建设时期以三线建设为表述对象的文学创作，集中展现了三线建设的历史生活以及三线建设者的复杂心理和情感的文学作品。它是三线建设历史场域中的产物，具有重要的文学、社会认知以及三线精神的传承价值。王春才在其回顾与重庆江津三线建设历史渊源的文章中提到了重庆明泉三线文史收藏馆的建立，收藏馆所收藏的藏品对于三线建设文化史研究同样具有重要意义。此外，中国三线建设研究会特约研究员傅琳和广安职业技术学院杜柯就三线建设标语口号文化的概念、历史和当代价值进行研究。三线建设口号文化是丰富、系统和复杂的三线建设文化的一个组成部分，具有政治宣传、精神鼓动、榜样示范、行动宣言等历史价值以及精神传承、历史文化研究、政治思想教育、经济开放旅游等当代价值。

除此以外，中国科学院刘洋还就中国科学院参与三线建设的历史进行了梳理。在三线建设中，中国科学院通过加强西南分院、西北分院的科研力量，参加国家科委组织的重点科研项目等多种方式为三线建设提供了科技支撑，作出了自己的贡献。西南科技大学张勇等学者对清华大学三线分校的历史进行了回顾和梳理。可以看到，清华大学三线分校的建立，为三线地区培养人才、开展科学研究、推动社会服务等方面都作出了重要贡献。同时，他还就原四川省绵阳地区三线建设中央直属项目进行了调查研究，认为在中央、地方和项目三个管理层级上形成了高效顺畅的领导管理体制，有力保障了各个项目的推进。攀枝花学院王华关注到了三线建设时期的职工体育活动开展情况，地方政府在三线职工自发开展体育活动的基础上成立体育机构、投资基础设施和增加体育经费，并积极开展单位之间、地区之间等不同范围和层次的职工体育交流和比赛。体育活动的开展丰富了职工文化生活，提高了生产效率，并促进了工农关系。当然，因受到特殊的国际国内政治影响，三线建设时期的职工体育在发展过程中存在着"为政治服务"倾向，一定程度上阻碍了体育事业的发展。

从上述的参会论文中可以看出，三线建设作为计划体制下的产物，其所面对的不仅仅是生产上的问题，同时还包含了一系列的社会问题。在这些社会问题的处理过程中，既需要去协调企业内部不同群体间的关系，还要妥善处理与当地政府和百姓的关系，这些社会问题的处理直接关乎三线企业的稳定与否。在当前的研究中，有关社会史的问题研究逐渐形成了历史学、社会学、政治学等学科交叉融合的发展态势，有利于从不同视角、不同层面去剖析三线企业这类单位制社会所包含的各个面相。

（六）民兵问题

在本次会议的参会论文中，有关三线民兵问题的文章也有一定的数量。这是研究中出现的一个新热点。四川大学李德英和蔡忆雯着重探讨了襄渝铁路学兵连的问题。一方面，这批学兵被组织派往襄渝铁路参加建设,是知识青年上山下乡的另一种形式,从这个角度来说他们应当被算作是知青。另一方面,他们与普通知青所不同的是,他们得到了在完成施工任务后被安排工作的承诺。这是普通知青所没有的,因此从这个角度来说他们又不是知青。所以作者将这批学兵概括为:民兵,又非民兵;知青,又非知青。但无论是民兵也好,知青也罢,他们都为襄渝铁路的建设付出了努力,奉献了青春。西华师范大学朱华着眼于参与襄渝铁路建设的民兵群体,但与上一篇论文所关注到的学兵群体不同的是,这篇论文聚焦川东北民兵建设襄渝铁路中的民兵思想政治工作。作为建设襄渝铁路的一支重要力量,民兵队伍作为一批"军""民"结合的特殊群体,在动员和建设阶段都体现了很强的政治性,这与民兵思想政治工作的开展是密不可分的。在具体工作中主要通过教育讨论与批判整改相结合的办法来提高民兵的思想认识水平,以评优评先树立典型的措施来鼓舞更多的民兵投入铁路建设,也对新时代军民融合发展战略的贯彻实施提供了有益的思考。

此外,三峡大学冯明和冯吉还关注到了焦枝铁路建设中宜昌民兵师的后勤保障工作。这是三线民兵工作研究的又一个新视角。在宜昌民兵师参与铁路建设的过程中,逐渐形成了以生产保障优先、生活和卫勤保障为配套的后勤保障体系,这套后勤保障体系为民兵免除了后顾之忧,为焦枝铁路的顺利建设发挥了重要作用。但在其中也曾出现一些奢侈浪费、贪污盗窃的情况。这些问题同样值得关注。

在过往的研究中,更多探讨的是上述这些铁路工程的建设问题,而对其背后参与建设的群体关注较少。在本次会议中,有关民兵问题的探讨将有助于吸引更多的专家学者关注这批参与三线重大工程,却又默默无闻的群体。相信以此次会议为契机,有关三线民兵问题的探讨将会被推向一个新的高度,有助于进一步拓展三线建设研究的深度和广度。

(七)小三线建设

小三线建设研究在近年来异军突起,特别是以上海大学徐有威成功申报2013年度国家社科基金重大项目"小三线建设资料的整理和研究"为标志,有关小三线建设的研究呈现逐年升温的态势。徐有威回顾自己从事小三线建设研究的8年时间中,认为该项目的立项对推动小三线建设研究的开展具有重要意义。

江西科技师范大学张志军分析了江西小三线建设兴衰背后的上海因素,提出江西小三线建设的兴衰与上海的支援建设存在着紧密的联系。在江西小三线建设筹建之初,上海就调集了大批人力、物力和财力支援江西小三线建设。在20世纪80年代初,江西小三线建设面临调整改革时,上海的民品生产技术再一次支援了江西小三线建设的转型发展。纵观江西小三线建设20余年的发展历程,来自上海的因素对推动江西小三线的发展、改善当地落后的工业基础和条件、促进当地经济社会的发展都曾产生过积极影响。内蒙古师范大学王利中以内蒙古清水河县红旗化工厂和先锋电厂为例,通过史料梳理了内蒙古小三线建设的历程,对于该地的这一问题研究具有积极意义。

除了上述对各地小三线建设进行梳理的论文以外，其他的相关论文同样值得关注。南京大学牛一凡以小三线企业山西省前进机器厂1979年会议手记为分析对象，从中窥见文本内外的"改革开放"。这一视角将小三线建设与改革开放史紧密结合起来，较为新颖独特，认为，从山西省前进机器厂1979年党委会议手记等史料中可以窥探小三线企业内部不同群体间在面对改革开放这一时代潮流时所体现的不同心理变化，从中可以体察到改革开放背景下的时代变迁。

（八）后小三线时代

在小三线建设研究如火如荼进行的同时，以上海大学徐有威为代表的一批学者开始将目光聚焦至后小三线时代的研究。所谓"后小三线时代"，徐有威将其认定为20世纪80年代小三线建设调整以后有关单位所处的时代，时间跨度是1981—2021年。这样一来，就将20世纪60年代中期开始的小三线建设与20世纪80年代以来的后小三线时代形成衔接，为中国当代史研究开辟了新领域。

根据徐有威对13个省市小三线企业现状的调查可以发现，尽管在小三线建设调整结束之后，许多企业面临停产倒闭的困境，但是，仍有约26%的小三线企业通过各种渠道和路径在艰难转型后依然存活并持续发展。这些现存的小三线企业大致可以分为四类情况：第一种是继续从事军工生产；第二种是原小三线企业中的配套项目如今仍在继续经营；第三种是原小三线企业员工通过创业创办的企业；第四种是原小三线军工企业转产民品。可以看到，在改革开放的时代浪潮下，不少小三线企业因无法及时调整转型而破产倒闭，但仍有一定数量的小三线企业通过各种方式在前行中寻找机遇，不仅成功存活下来，而且还在不断发展中。

还有学者从具体案例入手来探讨后小三线时代。东华大学张胜和上海大学徐有威以安徽小三线为例，分析后小三线时代的企业发展状况。他们通过对安徽小三线企业调迁对当地经济社会发展的考察，提出原安徽小三线企业在迁移至合肥等城市后，对当地城市的人口、企业发展、应对自然灾害等方面都作出了贡献。但与此同时，也有许多原小三线企业在世纪之交再次面临发展困局，导致举步维艰。淮北师范大学李云和上海大学徐有威将目光聚焦于安徽省，但是其研究对象是身处安徽池州的上海小三线企业。可以看到，位于安徽池州的上海小三线企业在20世纪80年代逐步调整搬迁后，当地利用上海小三线企业遗留下来的厂房、机器设备、生产物资等条件，通过合理的配置与利用，使其重新焕发活力，对助推池州当地的经济社会发展发挥了重要作用。

（九）三线建设学术史

在本次会议中，有关三线建设学术史的研究是一大亮点。复旦大学马克思主义学院陆婷借鉴文献计量方法，利用CNKI核心期刊和CSSCI数据库的文献数据对1992—2021年的三线建设研究进行可视化分析。同时，以Excel软件作为辅助工具，对核心作者分布、文献分布、研究机构等外部特征做整体描述。

他们将这一时期内的研究分为三个阶段：1992—1999年为萌芽期，这一阶段发文量较少，只有28篇；2000—2010年为起步期，这一时期的发文量共128篇，比上一阶段增加了100篇；2011年以后为全面发展期，发文量共180篇。这一时期的全面发展不仅体现在文章数量的增加，还体现在论文质量的提升。仅以2020年为例，在这一年中，有2篇三线建设研究文章刊登于《中国社会科学报》，有23篇论文见刊于中文社会科学引文索引（CSSCI）收录的期刊中，约占当年发文总量的24.2%。

通过上述分析，他们提出三线建设逐步成为学术研究的热门领域；从学科视角来看，研究期刊分布以及研究机构分布反映出当前我国三线建设研究以党史、当代史、经济史等学科为主，目前有向多学科发展的趋势；从研究力量来看，核心力量主要分布于北京和上海，而政策的主要实施区，除西南地区有几支成熟的研究团队外，其他的三线地区研究力量薄弱；从研究内容来看，三线建设研究从之前的以宏观和中观为主，逐步向微观研究扩展；从研究前沿趋势来看，2010年以来三线建设研究开始朝工业遗产、工业布局、工业化、城市化、小三线建设等方面转变。

二、研讨会的新特点

第三届全国三线建设学术研讨会是时隔8年之后的又一次全国性三线建设学术盛会，与前两届的研讨会相比，本届会议呈现了一些新的特点和内容：

（一）参会人员来源广泛，共同探讨三线建设研究发展方向

本次研讨会的办会规模和前两届相比大体相当，人数略有增多。尽管从规模上来看并没有显著的变化，但是从参会人员的来源来看，邀请范围进一步扩大。本次会议除了邀请相关领导、知名专家学者与会以外，其他参会人员出现了一些新变化。

本届会议特别邀请了部分学术期刊的编辑参会。这些期刊编辑的参会一方面有助于他们更好地了解三线建设研究的前沿动态以及发展趋势，同时对学者而言同样是一次难得的交流机会，通过倾听编辑的意见，从编辑的视角出发，把握什么样的文章是有价值的，从而进一步提升论文的质量，提高投稿的命中率。这有助于推动三线建设研究力量的进一步加强，也有利于三线建设研究的长期发展。

作为中国当代史研究中的一个热点领域，三线建设研究不仅需要来自相关领导的支持和知名专家的引领，还需要其他人员的广泛参与。这些人员既包括高校青年教师、博士及硕士，还应包括与此相关的社会各界人士，通过倾听他们的声音，更好地扩大三线建设研究影

响力，推动三线建设研究的可持续发展。

（二）探讨热点问题，聚焦新兴领域

第三届全国三线建设研讨会与第二届相隔8年。在这8年期间，三线建设研究的热点问题和新兴领域已出现了新的变化方向。从本届会议的参会论文来看，在近年来三线建设研究中备受瞩目的一些热点问题，如三线精神研究、三线建设工业遗产的保护与利用、经济史与社会史、小三线建设研究等内容均得到了体现。这些热点问题，有的是在前两届三线建设研讨会中有所涉及，但更多的内容是在前两届研讨会中所没有探讨或较少涉及的。即使是有所涉及的内容，在这次研讨会中已然出现了新的变化。如小三线建设研究在前两届研讨会中均是探讨的重点问题，但是彼时基本上只聚焦于上海小三线建设研究，而此届会议中，各地小三线建设研究的成果相继涌现，呈现出百花齐放的良好态势。另一方面，在此届会议中呈现的民兵问题研究和后小三线时代研究则是三线建设研究中的新兴领域，如果说前者在此前还有所探讨过的话，那么后者则完全是一届全新的亮相。尽管后小三线时代的概念并非在此次会议中首次提出，但是集中论述和展示后小三线时代的研究路径却是第一次呈现，以此为契机，也让更多的专家学者开始关注并重视后小三线时代的研究，也是此次会议的重要成果之一。随着三线建设研究的不断向前推进，新的热点和新领域将会被发掘。

（三）多学科交叉融合发展态势显著，共同助推三线建设研究版图不断扩大

三线建设研究是中国当代史研究中的一个热点领域。但是在另一方面，由于三线建设牵涉面极为广泛，在近年来的三线建设研究中，除了历史学领域的专家学者关注以外，还吸引了来自经济学、社会学、政治学、新闻学、人类学、建筑学、博物馆学等众多学科领域中的专家学者对其进行关注和探讨。在本届会议中，这种多学科交流融合的态势得到了非常显著的体现。如三线建设单位制的研究就是通过利用社会学中单位的概念对三线企业进行剖析，分析其作为城乡之间的单位社会所具有的特点。再比如对三线建设中思政元素的挖掘、从道路自信视域下看三线建设工业遗产的保护等问题则是将三线建设研究同马克思主义学科相联系，从而促进了三线建设研究的多元化发展。

在当前的中国当代史研究中，三线建设研究能够将如此多的学科融合至同一个问题中进行探讨，实属罕见。这也再一次展现了三线建设研究的巨大潜力和蓬勃的生命力。因此，在今后研究开展过程中，多学科交叉融合，共同促进三线建设研究向前发展的态势仍将持续进行下去，且趋势会得到进一步增强，三线建设研究的版图将会在众多学科的持续推动中得到不断拓展与扩大。

结　语

"其作始也简，其将毕也必巨。"三线建设研究是中国当代史研究中的新兴领域。纵观

近 30 年来三线建设研究的发展态势，这是相关专家学者以及社会各界共同参与三线建设研究的成果。在三线建设研究向前发展的道路上，及时回顾总结研究的经验得失，为今后研究谋划方向是极为重要的。正如中华人民共和国国史学会会长、中国社会科学院原副院长朱佳木在研讨会上所提到的，三线建设研究者要抓住机遇，乘势而上，用三线精神研究三线建设历史，把三线建设研究不断引向深入。同时，当代中国研究所经济史室主任、中国三线建设研究会副会长、秘书长郑有贵也认为，三线建设研究正迎来再出发的关键时期。可以看到，三线建设研究的前路仍然广阔而漫长，随着更多学者以及社会各界认识、关注并参与其中，三线建设研究在今后的道路中，将会收获更多、更有价值的研究成果，从而助推中国当代史研究不断向前发展。

（执笔：徐有威，上海大学历史系；张程程、喻双全，西南科技大学马克思主义学院）
来源：《西南科技大学学报（哲学社会科学版）》2022 年第 2 期

中国共产党政治建设的历程与经验学术研讨会综述

党的十八大以来，以习近平同志为核心的党中央坚定不移走中国特色社会主义政治发展道路。2017年2月13日，习近平总书记在省部级主要领导干部学习贯彻党的十八届六中全会精神专题研讨班上的讲话中指出："历史经验表明，我们党作为马克思主义政党，必须旗帜鲜明讲政治，严肃认真开展党内政治生活。""什么时候全党讲政治、党内政治生活正常健康，我们党就风清气正、团结统一，充满生机活力，党的事业就蓬勃发展；反之，就弊病丛生、人心涣散、丧失斗志，各种错误思想得不到及时纠正，给党的事业造成严重损失。"[1] 在党的十九大报告中，习近平强调："党的政治建设是党的根本性建设，决定党的建设方向和效果。"[2] 党的十九届六中全会通过的《中共中央关于党的百年奋斗重大成就和历史经验的决议》再次明确指出，"必须以加强党的长期执政能力建设、先进性和纯洁性建设为主线，以党的政治建设为统领，以坚定理想信念宗旨为根基，以调动全党积极性、主动性、创造性为着力点，不断提高党的建设质量，把党建设成为始终走在时代前列、人民衷心拥护、勇于自我革命、经得起各种风浪考验、朝气蓬勃的马克思主义执政党。"[3]

为了更好地领会党的十九届六中全会精神，在中国共产党成立100周年之际，中国井冈山干部学院于2021年12月15至16日举办了"中国共产党政治建设的历程与经验"学术研讨会。来自中共中央党校（国家行政学院）、中共中央党史和文献研究院、国家法官学院及江西财经大学、江西师范大学等30多所院校和研究机构的专家学者共40余人出席了会议。会议围绕政治信仰、政治纪律、政治能力、政治实践及宝贵经验等方面进行了深入研讨，并在如何进一步发展中国特色社会主义民主政治等许多问题上达成了共识。

一、坚定党的政治信仰，为了党和人民的事业不懈奋斗

与会学者从历史和现实的角度对中国共产党人的政治信仰、马克思主义中国化、中国青年应自觉坚定马克思主义政治信仰等问题进行了探讨，认为崇高的理想、坚定的信念是中国

---

[1] 习近平：《必须旗帜鲜明讲政治严肃认真开展党内政治生活》，《党建》2017年第3期。
[2] 本书编写组：《党的十九大报告辅导读本》，人民出版社2017年版，第61页。
[3] 本书编写组：《党的十九届六中全会〈决议〉学习辅导百问》，党建读物出版社、学习出版社2021年版，第35页。

共产党人的政治灵魂和精神支柱，是共产党人守初心、担使命的精神旗帜，共产党人必须解决好这个"总开关"问题，自觉做共产主义远大理想和中国特色社会主义共同理想的坚定信仰者和忠实实践者，全心全意为党和人民的事业不懈奋斗。

坚定的马克思主义政治信仰是共产党人的精神动力和力量源泉。中国井冈山干部学院分管日常工作的副院长梅黎明在致辞中阐述"过去我们为什么能够成功、未来我们怎样才能继续成功"时提出，在革命战争年代从一个普通的无产者变成坚强的共产主义战士，政治理想、政治信念是突破口。回顾我们党百年奋斗历程，正是因为一代代共产党员对党无限忠诚和热爱，对政治信仰坚定不移，为了党和人民的事业不懈奋斗，我们才能打赢一场又一场硬仗、取得一个又一个胜利。中国井冈山干部学院袁文凤认为，井冈山斗争时期，正是以毛泽东为代表的老一辈无产阶级革命家，胸怀共产主义崇高理想，在血雨腥风的斗争中始终保持着高超的政治判断力、领悟力、执行力，才成功开辟了中国第一块农村革命根据地。中共天津市委党校王素娟认为，红色精神孕育、发展、传承的历史，就是一部中国共产党人为信仰出生入死、赴汤蹈火、无畏牺牲的历史。中共四川省委党校李丁认为，马克思主义的根本立场、根本观点和根本方法始终是无产阶级及其政党的最强大思想武器和精神动力，是需要自始至终被作为行动指南而加以正确对待和科学运用的东西。从中国共产党筚路蓝缕、艰苦卓绝的历程中，我们深切感受到，是信仰之火点燃中国革命的星星之火、发展成燎原之势，是信仰之石铺就社会主义康庄大道、彰显"中国特色"魅力，是信仰之光引领中国共产党从黑暗走向光明。云南大学付子文认为，中国共产党的政治信仰是中国共产党把准政治方向的精神指引、抵御风险挑战的精神支柱、社会发展进步的精神动力和全国各族人民的精神纽带。

中国共产党人不但信仰马克思主义而且使马克思主义扎根于中国土壤，促使马克思主义中国化。中共中央编译局原秘书长杨金海以"马克思主义经典作家的政治建设思想在中国的丰富和发展"为题，阐述了马克思主义的政治立场、政治目标、政治原则，并指出要成为伟大的、先进的政治集团，一定要加强党的政治建设，把现实的政治目标和远大的政治理想结合起来，推进马克思主义中国化，用最新理论成果武装全党。山东大学特聘教授、济南大学政法学院名誉院长、中国政治学会学术委员会副主任包心鉴指出，马克思主义中国化，是中国共产党人在历经苦难曲折之后的伟大政治觉醒，是中国共产党真正成为马克思主义政党的鲜明标志。正是以马克思主义中国化为突破口，以端正党的思想路线和政治路线为重点内容的政党治理赢得了党领导全民族抗战和中国革命全面胜利的伟大辉煌。胸怀千秋伟业，百年恰是风华。在领导全国人民建设社会主义现代化强国的新征程上，中国共产党通过严格的政党治理，进一步加强党的政治建设，必将赢得更久远的伟大辉煌。中共中央党史和文献研究院第三研究部副主任、一级巡视员穆兆勇在阐述"新时代党的政治建设历史性成就"

时，总结了新时代政治建设的理论成果、实践成果和制度成果，进入新时代党开展了一系列教育活动，树立了"革命理想高于天"的观念。

新时代的中国青年应自觉坚定马克思主义政治信仰。山东科技大学副教授王新亮认为，处在"两个一百年"历史交汇点上的中国青年，学习党领导人民经过百年艰苦奋斗全面建成小康社会的伟大成就和历史经验，肩负实现中华民族伟大复兴的历史责任和艰巨任务，应当自觉坚定政治信仰，从中国共产党百年奋斗史中深切感悟坚定政治信仰的伟力，增强做中国人的志气，从全面建成小康社会的伟大成就中深刻汲取自觉坚定政治信仰的强大动力，增强做中国人的底气。

二、严守党的政治纪律，始终保持党的先进性和纯洁性

中国共产党是代表工人阶级和广大劳动人民的利益的政治组织，不代表某个小集团的利益。严肃党的政治纪律和政治规矩是马克思主义政党的特质之一，是马克思主义政党保持先进性和纯洁性的重要方法。

严守党的政治纪律是马克思主义政党的一贯要求。中共中央编译局原秘书长杨金海认为，恩格斯在《论权威》一文中就强调了组织纪律的重要性，指出没有权威就没有一致的行动。中国井冈山干部学院孙伟认为，毛泽东在井冈山斗争时期表现出了高超的政治能力和高度的政治自觉。井冈山斗争时期的毛泽东深知中国革命的胜利是不可能仅靠坐在城市的楼房里发号施令解决的，必须到广大农村去，到实践中去，才能找到真理，找到力量的源泉。所以，毛泽东在听从中央命令的前提下，尽量与中央进行充分、及时的沟通，较好地维护了党中央的权威，这对井冈山道路的探索、井冈山斗争经验的总结与传播、红四军的发展壮大、红四军广大指战员的示范效应等起到了十分重要的作用。中国井冈山干部学院闫晓亮对1937年以前中国共产党自身建设的104份法规进行了梳理，分析了党的早期自身建设法规发展脉络，认为中国共产党自身建设法规对保持党的先进性、提升党的领导能力、规范党员和党组织的思想、行为和活动起到了重要作用。浙江省龙游县传媒集团欧阳锡龙认为，中国共产党建党一百年来，一直高度重视党的自身建设，相关法规制度也经历了数量质量兼进之变、客观发展环境之变、话语表达方式之变，同时也保持了使命立场不变、逻辑主线不变和改革指向不变。

在研讨会上，学者们对党的民主集中制这一组织原则进行了深入的探讨。杨金海认为，马克思提出了民主集中制的思想原则。党员一律平等，领导人民主选举产生并随时罢免。列宁明确把民主集中制确立为无产阶级政党的政治组织原则，对执政党建设问题进行了大胆的尝试，并强调政治监督。中国井冈山干部学院宋留清认为，民主集中制伴随党的成长壮大不断丰富和发展，也在党章修订中不断丰富和发展。从建党前后对民主集中制的探讨一直到党

的五大第一次把民主集中制写入党章，确立了民主集中制的基本原则。

从党的六大到七大党章，规定了民主集中制的基本内容。新中国成立后到改革开放前，民主集中制在探索中曲折发展。改革开放新时期，在总结经验教训的基础上，民主集中制在修订党章的实践中与时俱进，得到不断丰富和完善。中共泸州市委党校李明霞结合中国共产党在长征前后开展党内政治生活的历史实践认为，党的历史告诉我们，民主集中制与党的事业呈现正相关关系，民主集中制坚持得好，党就风清气正，党的事业就蓬勃发展；民主集中制受到破坏，党内矛盾和问题就会滋生蔓延，党的事业就会遭遇挫折。

进入新时代党的纪律建设得到了进一步加强。中共中央党史和文献研究院第三研究部副主任、一级巡视员穆兆勇在讲到新时代党的政治建设成果时提出，新时代在党的建设各方面都制定了一系列的制度，为实现中华民族的伟大复兴提供了坚强的政治保证。中共广西贺州市委党校龚晨认为，推进党的自我革命是应对长期市场经济环境中政治生态严肃性被弱化、长期和平执政环境中政治生态进取性被钝化、西方文化渗透侵蚀中政治生态正能量被消解的必然要求。社会政治生态优化需要持之以恒推进党的自我革命，党的清明执政是社会政治生态构建的主导，党员领导干部的示范是建构社会政治生态的导向。中国井冈山干部学院刘付春认为，政治巡视制度是严守党的政治纪律的重要举措。党的十八大以来，党中央明确将政治巡视作为推动全面从严治党的重要举措纳入到党的政治建设的总体部署中来，并视其为战略性制度安排。中央提出此项事关党的生死存亡的重要制度，有其深刻的理论逻辑、政策依据与历史参照，是三者的高度契合。吉林大学李洪川认为，2021年3月，经中共中央政治局常委会会议审议批准并由中共中央办公厅印发的《中国共产党组织处理规定（试行）》，对组织处理的方式、程序、要求等方面作了统一规定，为推进组织处理与纪律处分、政务处分有机衔接，构建完备的干部管理监督制度体系提供了制度支撑，成为规范组织处理工作的重要遵循。国家法官学院施新州认为，党的组织法规制度建设表征党的组织法规制度体系化建构，是一个包括"价值—制度—过程"三位一体的目标体系，呈现出价值逻辑、制度逻辑、过程逻辑三层结构，在功能上是为优化党的组织体系及其运行机制和增强组织力、提升管党治党能力、保持党的优良传统和作风、加强和完善党的领导、实现党和国家的长治久安提供基础性制度保障。

还有学者指出"廉政文化"建设能够引领社会朝着"真—善—美"的方向发展。中南大学王学荣认为，"廉政文化"作为廉洁从政的行为实践在文化观念层面的反映，可以有效地净化社会环境，引领良好的社会风尚，承担着营造廉洁环境的重要使命，既"惩恶"又"扬善"，发挥着双重的社会功能。能够引领社会朝着"真—善—美"的方向发展。同样，南通大学朱瑶认为，涵养风清气正的党内政治生态是一项复杂性、系统性的工程，需要党中央科学施策，多措并举，多管齐下，充分发挥党内政治文化的价值引领作用，着力提高党内政治生活的时代性和战斗性，强化党内法规制度的实效性与实用性，坚持价值引领与制度导向有机结合，实现制度硬约束与文化软约束的有机统一。

三、提高党的政治能力，造就忠诚干净担当的干部队伍

习近平关于政治建设的一系列重要论述深刻揭示了领导干部政治能力建设的经验和规律，为新时代以领导干部政治能力提升、助推党的政治建设实践提供了根本遵循。杨金海认为，列宁特别重视党的干部队伍建设，强调把基层工农子弟选拔进中央委员会。包心鉴从历史和理论的逻辑分析了提高党的政治能力建设的重要性，指出提高党的政治能力是党的政治属性决定的；是党长期执政的要求；是新时代党的总体布局的要求。中国井冈山干部学院贺平海认为，强大的政治能力，是中国共产党在革命、建设和改革进程中不断胜利前进的重要保证。为全面推进建设中国特色社会主义现代化国家，助力中华民族伟大复兴新征程，中国共产党人必须与时俱进，进一步提升全体党员，尤其是领导干部政治能力。江西理工大学黄斌军认为，新时代提高党员干部政治能力既是百年党史中一大重要传统和本质特征，也是实现新时代历史使命提出的紧要课题和有效应对各种风险挑战的关键举措。

有的学者还强调了政治建设对推进国家治理现代化的作用。华中农业大学张雅勤认为，表面上看，党的政治建设与国家治理现代化分属不同领域，前者侧重于党内建设的强化与创新，后者强调国家建设的调适与发展。事实上，中国政治的根本逻辑与发展规律决定了党的政治建设与国家治理现代化与之间具有紧密的契合机理与共生关系。在新的征程上，党的政治建设在系统推进国家治理现代化的进程中发挥着强大的治理功能，主要表现为通过凝聚共识弥合治理多元化，通过增强自律推进治理法治化，通过提升效能降低治理复杂性，通过强化担当应对治理不确定性。立足于世界百年未有之大变局，中国共产党更需要沉淀政治建设百年历程的丰富成果与宝贵经验，进一步创新理念、明确重心、积极探索，充分彰显党的政治建设对推进国家治理现代化功能的多维路径。

在如何提高政治能力方面，中共中央党校（国家行政学院）科学社会主义教研部原主任严书翰认为，提高党的政治能力要从战略的高度加强党的政治建设；要坚持辩证思维加强党的政治建设；要坚持人民至上加强党的政治建设。包心鉴指出，在领导伟大社会革命中不断进行自我革命，在推进国家治理和社会治理中不断加强政党治理，通过严格的政党治理不断清除党内存在的政治不纯、思想不纯、组织不纯、作风不纯等突出问题，确保党经得起各种风浪考验，始终得到人民拥护，始终走在时代前列。这是中国共产党的鲜明特质，也是党百年辉煌历史的一条根本经验。南通大学吴世丽认为，区别于西方学者把政治能力视为一种政治体制能力，中国话语下的政治能力特指履行领导职责所必备的首要能力。从内在逻辑看，新时代领导干部政治能力建设是增强执政本领的内在要求、汲取经验教训的智慧昭示、

应对风险挑战的关键之举、履行初心使命的客观需要。从现实理路看，深化理论武装、锤炼坚强党性、锻造革命精神、提高服务本领、加强斗争历练，是新时代领导干部提升政治能力的重要路径。

有学者特别强调应当在政治历练中提高党的政治能力。上海交通大学叶福林认为，正如习近平所说的，"广大干部特别是年轻干部要经受严格的思想淬炼、政治历练、实践锻炼，发扬斗争精神，增强斗争本领，为实现'两个一百年'奋斗目标、实现中华民族伟大复兴的中国梦而顽强奋斗。"[1] "年轻干部从参加工作到走向成熟，成长为党和国家的中高级领导干部，需要经过必要的台阶、递进式的历练和培养。"[2] 加强政治历练是年轻干部在政治上逐步走向成熟的必修课。只有不断在重大政治经历、政治锻炼、政治考验中磨炼成长，年轻干部才能逐步提升自身的政治品格、政治定力、政治能力、政治担当、政治自律等综合素质，才能在任何时候、任何情况下以"不畏浮云遮望眼"的姿态做政治上的明白人和老实人，在党的政治建设中发挥表率作用。

有学者提出，传承红色基因也是提高政治能力的重要途径。中共天津市委党校王素娟认为，中国共产党历经百年风雨，依然风华正茂，多次面临绝境，依然能够绝处逢生，峰回路转，其重要原因就在于一代又一代中国共产党人，以开天辟地的勇气和革故鼎新的执着，创造了具有马克思主义理论特质、民族特色、时代特征的红色精神。建党百年，红色精神以其坚定的政治立场、鲜明的价值取向、深厚的群众基础、敢于斗争的卓越品格，成为中国共产党的强大精神内核，融入中国共产党的血脉，标注成中华民族砥砺奋进、奋发图强的"精气神"，熔铸进中华民族伟大复兴的里程碑。深入挖掘红色精神，点燃"红色引擎"，激发"红色动能"，对于提高党的政治能力具有重大价值。

提高政治能力也要防止政治污染。成都理工大学肖云忠认为，现实生活中部分地方出现了某些领域频发的腐败事件以及窝案串案、塌方式腐败现象，这些腐败事件和腐败现象是地方政治生态遭受污染的症状。在全面从严治党和加强政治生态建设背景下，直面政治生态污染现象对提高党的政治能力具有基础意义。

四、丰富党的政治实践，夯实党长期执政的政治基础

马克思、恩格斯指出："一方面，在无产者不同的民族的斗争中，共产党人强调和坚持整个无产阶级共同的不分民族的利益；另一方面，在无产阶级和资产阶级的斗争所经历的各

---

[1] 《习近平谈治国理政》第3卷，外文出版社2020年版，第225页。
[2] 中共中央文献研究室：《十八大以来重要文献选编》（上），中央文献出版社2014年版，第348—349页。

个发展阶段上，共产党人始终代表整个运动的利益。因此，在实践方面，共产党人是各国工人政党中最坚决的、始终起推动作用的部分。"① 根据马克思主义这一基本理论，学者们就政治实践问题在研讨会上讨论了以下几个问题。

党的核心地位和党中央的权威。井冈山大学副校长陈小林认为，做到"两个维护"要有政治的高度、思想的深度、历史的厚度、时代的广度和情感的深度。中共上海市虹口区委党校袁士祥分析了中共早期的发展历程，认为坚决聚集在共产党旗帜之下、维护党中央权威是我们党事业成败的关键，也是规范党内政治生活的重要目的。党的二大通过的《中国共产党宣言》中就多次发出这样的呐喊："工人和贫农必定要环绕中国共产党旗帜之下再和小资产阶级联合着来奋斗呀！""快聚集在共产党旗帜之下奋斗呀！同时，向中国全体被压迫的民众高声喊道：一齐来和集在中国共产党旗帜之下的工人和贫农共同奋斗呀！"②

政治建设是南昌起义和土地革命的生命线。江西省南昌市青云谱区纪委戴和杰在总结南昌起义经验时认为，政治建设是南昌起义的生命线，没有政治建设，就没有武装反抗国民党反动派的第一枪的成功打响；没有政治建设，就没有潮汕失利后南昌起义余部以败而不倒的星星之火，最终发展成为工农红军骨干的辉煌。中国井冈山干部学院高璐茜认为，早在井冈山斗争时期和中央苏区时期，就可以看到中国共产党之所以能够不断从胜利走向胜利的内在原因，那就是坚持党的领导，以人民为中心的政治立场，独特的政治制度和民主制度，自我革命系统和机制，完善的干部队伍建设，严密的组织纪律，不断发展的理论创新，强大的社会动员和组织能力。中共赣州市委党史办陈上海认为，在中央苏区斗争实践中，中国共产党始终以马克思主义和党的正确路线为政治方向，确立了以共产主义为目标，最终实现了苏维埃的国家管理制度。1931年11月，中华苏维埃共和国临时中央政府在瑞金成立，标志着这一政治制度得以实现。

基层党支部是党的生活中心。江西师范大学副校长周利生从"中国共产党早期支部建设"的角度分析了早期中国共产党政治建设的实践，指出支部是党的生活中心，每个党员的生活都是党的生活，每个党员都要以群众为中心做好组织宣传工作。

革命老区脱贫攻坚任务的胜利完成彰显党执政基础的牢固。中国井冈山干部学院邱明基于革命老区脱贫进程的历史实践考察认为，政治建设是无产阶级政党建设的本质规定和内在要求，也是新时代解决各种问题的治本之策。在党中央、国务院的关心支持下，先后经历了社会主义革命和建设时期的"输血式"扶贫阶段，改革开放和社会主义现代化建设时期的体制改革推动扶贫工作阶段，中国特色社会主义新时代的决战决胜脱贫攻坚战阶段。习近平

---

① 《马克思恩格斯文集》第2卷，人民出版社2009年版，第44页。
② 中共中央党史研究室、中央档案馆：《中国共产党第二次全国代表大会档案文献选编》，中共党史出版社2014版，第8—9页。

亲自指挥打赢革命老区脱贫攻坚战，经过精准扶贫、精准脱贫的生动实践，新时代革命老区脱贫攻坚战最终取得全面胜利。

五、总结党的政治建设经验，把新时代党的政治建设推向前进

从认识论上讲，总结经验就是在实践和再实践中不断认识和再认识的过程，就是从感性认识上升到理性认识的过程。毛泽东有两句名言："我是靠总结经验吃饭的。"[①]"把别人的经验变成自己的，他的本事就大了。"[②] 我们要把新时代的政治建设推向前进，同样需要总结吸取我们党政治建设的历史经验。

重视意识形态工作，把握政治建设的正确方向。北京师范大学孙留萍总结了新中国成立初期中国共产党意识形态工作的基本经验，认为重视意识形态工作是中国共产党的优良传统和独特政治优势，也是党治国理政的必然逻辑要求。新中国成立初期，在意识形态教育内容上，党进行了旧意识形态的改造和新意识形态内容的塑造；在意识形态教育管理体制上，党进行了宣传网制度的完善和各级宣传部管理机构的建立；在意识形态宣传载体上，综合运用广播、报纸、杂志等大众传媒，构建了一个体系完备的意识形态工作网络体系和管理方式，这将为新时代党的意识形态工作提供重要借鉴。

发挥组织优势，夯实党的政治建设的制度保障。海南省社科院副院长、省社科联副主席熊安静认为，中国共产党百年来的巨大成就背后折射出强大的组织优势、重要的组织资源和独特的组织能量，成功实现了中国社会革命和中国共产党自我革命两大历史性变革。中共重庆市委党校（重庆行政学院）李英认为，总结百年来中国共产党政治建设的历史经验，必须筑牢党的政治建设的根本地位，增强党的政治建设的思想自觉；必须保证党的团结和集中统一，明确党的政治建设的核心任务；必须把准和坚守正确政治方向，把握党的政治建设的目标指向；必须提高党员干部的政治能力，紧抓党的政治建设的实践抓手；必须严肃党的政治纪律和政治规矩，把准党的政治建设的关键环节；必须加强制度化规范化建设，夯实党的政治建设的制度保障。

严肃党内政治生活，确保广泛民主政权政治清明。江西财经大学刘晓根总结井冈山斗争时期党内政治生活认为，井冈山革命根据地之所以能开辟一条农村包围城市、武装夺取政权的正确道路，点燃中国革命的星星之火，关键原因在于党的领导，特别是党内有了严肃认真的政治生活。中国井冈山干部学院邓强通过梳理新民主主义革命时期党章中关于政治纪律的内容和党的政治纪律建设实践成果发现，党从幼年时期就不断结合新的历史条件和斗争形

---

① 郭思敏：《我眼中的毛泽东》，河北人民出版社1990年版，第225页。
② 《毛泽东选集》第4卷，人民出版社1991年版，第1320页。

势，严明政治纪律，强化政治纪律建设。正是党对政治纪律建设的不断探索、发展，有力约束了各级党组织和党员的政治言论、政治行为，为完成这一时期党的政治任务提供了有力纪律保障，为党的发展壮大发挥了举足轻重的作用。江西财经大学陈始发围绕土地革命战争时期我们党建立的中华苏维埃共和国的政治建设，总结政治建设的经验认为，广泛民主的新政权为政治清明建立了新根基；空前廉洁的新政府为政治清明树立了新标杆；空前严密的监督机制为政治清明提供了保障；空前兴起的新文化为政治清明营造了良好的氛围。

坚持政治建军，强化党对军队的绝对领导。国防大学朱纯辉认为，中国共产党成立百年来，在政治建军方面始终坚持把强化党对军队绝对领导根本原则作为重中之重、把用无产阶级思想和党的路线方针政策教育引导官兵作为关键环节、把以科学文化知识训育官兵作为基本着力点、把激励官兵发扬革命英雄主义精神作为重要途径、把以严格自觉的纪律约束官兵作为基本遵循、把用喜闻乐见的方式动员广大群众支前参战作为重要抓手、把深化国防和军队改革作为有效支撑，从而铸就了中国共产党强大的军事领导力。中国井冈山干部学院贾嘉认为，政治建军是人民军队的立军之本。人民军队建军伊始，中国共产党就注重用马克思主义战争理论为指导，坚持把军事和政治统一起来筹划军队建设问题，艰辛探索出一条政治建军之路，逐渐形成了人民军队完全区别于一切旧军队的政治特质和根本优势。

（执笔：李春耕，中国井冈山干部学院教学科研部）

来源：《中国井冈山干部学院学报》2022年第3期

"中国共产党百年奋斗与科学社会主义在中国的实践"理论研讨会暨中国科学社会主义学会2021年年会会议综述

2021年12月25日，由中国科学社会主义学会、中共中央党校（国家行政学院）科学社会主义教研部、中共湖南省委党校联合主办的"中国共产党百年奋斗与科学社会主义在中国的实践"理论研讨会暨中国科学社会主义学会2021年年会召开。会议采取线下和线上相结合的方式举办，线下主会场设在北京香山饭店，分会场设在湖南省委党校。来自中共中央党校（国家行政学院）、中国社会科学院、清华大学、中国人民大学、华南师范大学、湖南省委党校、重庆市委党校、江西省社科联、上海立信会计金融学院等单位50余名专家学者在两个会场参会，同时有200多名专家学者通过视频会议形式在线参会。

中国科学社会主义学会会长、原中共中央党校副校长黄浩涛出席会议并讲话，中国社会科学院副院长姜辉出席会议并发言，湖南省委党校常务副校长曹健华在开幕式上致辞。会议开幕式由中共中央党校科学社会主义教研部主任、学会常务副会长曹普主持，学会副会长兼秘书长郭强、湖南省委党校副校长刘艺分别主持第一阶段和第二阶段发言。围绕会议主题，12位专家学者进行了深入交流。

一、中国共产党百年奋斗与科学社会主义在中国的实践

黄浩涛会长在讲话中指出，党的十九届六中全会是一次具有里程碑意义的重要会议，全会通过的《中共中央关于党的百年奋斗重大成就和历史经验的决议》全面总结了中国共产党成立一百年来的光辉历程和伟大成就，系统阐明了中国共产党带领人民百年奋斗的宝贵经验、深刻启示和实践要求，突出了党的十八大以来在以习近平同志为核心的党中央的领导下开创中国特色社会主义新时代的伟大成就，集中体现了新时代中国共产党人对共产党执政规律、社会主义建设规律、人类社会发展规律认识的新高度和新境界。黄浩涛会长重点阐述了中国共产党百年奋斗与科学社会主义在中国的实践。他指出，中国共产党的一百年是科学社会主义在中国付诸实践、使中国社会发生深刻变革的一百年。中国人民选择了中国共产党，选择了社会主义，从根本上改变了自己的命运，实现了民族独立和人民解放，开辟了中国历史的新纪元。历史表明，中华民族迎来了从站起来、富起来到强起来的历史飞跃，是科学社

会主义基本原则与中国革命和建设具体实际相结合的结果。十月革命一声炮响给中国送来了马克思列宁主义，犹如黑暗中的一道光，给黑暗中苦苦探求救国救民道路的中国先进分子指明了方向，在中国人民和中华民族的伟大觉醒中，在马克思列宁主义同中国工人运动的紧密结合中，中国共产党应运而生。中国共产党一经成立，就把实现共产主义作为最高理想的最终目标，始终不渝地为中国人民谋幸福，为中华民族谋复兴。虽然我们党在带领人民的长期奋斗中，在不同的历史时期面临不同的社会主要矛盾、不同的形势任务，但实现中华民族伟大复兴成为各个时期的共同主题，每一个时期的奋斗成就，都为后一个时期的发展进步，创造了条件、提供了前提、奠定了基础。特别是党的十八大以来，中国特色社会主义进入了新时代，党和国家事业取得历史性成就，发生历史性变革，为实现中华民族伟大复兴提供了更为完善的制度保证、更为坚实的物质基础、更为主动的精神力量。这样的历史进程和演进逻辑也表明，中国共产党遵循科学社会主义基本原则，团结带领人民经过百年不懈奋斗，已经成功地开辟出一条实现中华民族伟大复兴的正确道路。

黄浩涛会长指出，科学社会主义深刻地改变了中国，中国也极大地丰富和发展了科学社会主义。一百年来，我们党坚持解放思想和实事求是相统一，培元固本和守正创新相统一，不断开辟科学社会主义新境界，创立了毛泽东思想，创立了邓小平理论，形成了"三个代表"重要思想、科学发展观，创立了习近平新时代中国特色社会主义思想，为党和人民事业发展提供了科学理论指导。中国共产党的百年奋斗史，也是一部科学社会主义在中国的实践探索史。这对于科学社会主义的研究者来说，既为他们提供了施展才华的广阔空间，也提出了攀登理论高峰的重要使命。黄浩涛会长对全国科社界的同仁提出三点希望：一是深化对习近平新时代中国特色社会主义思想的研究；二是加强对科学社会主义前沿问题的研究和跟踪；三是加强科学社会主义青年人才队伍建设。

二、中国共产党百年奋斗的历史意义与历史经验

中国社会科学院副院长姜辉研究员着重阐述了中国特色社会主义新时代的世界意义。他指出，中国特色社会主义新时代的发展奇迹和巨大贡献，是中国历史进程中的精彩篇章，也是人类社会发展史上的伟大创造。中国特色社会主义新时代在我们党和国家发展史上具有里程碑的意义，在科学社会主义发展史上和人类社会发展史上也具有里程碑意义。新时代科学理论的创立，形成了当代中国马克思主义、21世纪马克思主义。新时代中国特色社会主义的胜利是世界社会主义的引领旗帜和中流砥柱。新时代中国式现代化道路的开辟，为广大发展中国家走向现代化提供了典范样本和全新选择。新时代中国成为全球发展的贡献者和时代引领者，为解决世界难题贡献了中国智慧，为人类对更好社会制度的探索贡献了中国方案。新时代推动中华文明创造性转化和创新性发展，使中华文明焕发蓬勃生机，创造了人类文明

新形态。这些前无古人的伟大创举，破解了人类社会发展的诸多难题，中国的发展道路和价值观具有鲜明的中国特色和独特性，同时也具有广泛的世界意义和普遍性。他指出，要深刻理解和把握、全面深入研究和阐释中国特色社会主义新时代的世界意义。

清华大学马克思主义学院院长艾四林教授从六个方面分析了中国共产党百年奋斗历史经验的基本特点。一是历史性。十条历史经验充分体现了党中央对百年奋斗历史经验的新认识，也是对过去历史经验的继承，充分体现历史决议的历史性。二是理论性。十条历史经验贯彻历史、现在、未来，是一个有机整体，是一个环环相扣的、逻辑严密的历史经验体系。三是实践性。十条历史经验具有实践的逻辑，它们是在实践中干出来的、总结出来的、积累起来的，经得起历史的检验。四是真理性。十条历史经验真实地反映了历史，揭示了历史的必然性，把握了历史的规律，掌握了历史的主动性，使我们能坚定信心走向未来。五是世界性。十条历史经验不仅反映了中国实践的逻辑，也吸收借鉴了世界有益经验，也有益于世界，对世界特别是发展中国家有重要的借鉴。六是开放性。十条历史经验有未来的逻辑，也一定会得到历史的检验，要从新的实践和时代特征出发，不断丰富和发展这些历史经验，不断赋予其新的时代内涵。

中国人民大学习近平新时代中国特色社会主义思想研究院执行院长秦宣教授着重阐述了中国共产党百年奋斗的历史经验与执政规律。他认为：一是实践很重要。中国共产党的百年在领导中国人民进行革命、建设、改革过程中，取得的重大的实践成果有很重要的价值。二是经验很重要。把中国共产党成立一百年的历史经验，上升到普遍性、规律性、共性的这样一个层面，从而也上升到理论上的这样一种层面十分重要，也是科社界的重要研究任务。三是中国共产党特别善于总结历史经验。善于总结经验是中国共产党成熟的一个重要标志。四是十条历史经验具有特殊性。十条经验说清楚了中国共产党过去为什么能够成功、将来怎么样才能继续成功，深刻回答了新时代建设什么样的长期执政的马克思主义政党、怎样建设长期执政的马克思主义政党的问题，深化了对共产党执政规律的认识。五是十条历史经验也具有普遍性。中国共产党百年来的基本经验，既属于中国共产党，也是属于世界。

湖南省科学社会主义学会原会长肖浩辉教授也分析了十条历史经验的重大意义。他认为，坚持党的领导是我们事业成功的根本保证，坚持人民至上是党执政兴国的最大底气，坚持理论创新是展现马克思主义强大真理力量的源泉，坚持独立自主是中华民族之魂和立党立国的重要原则，坚持中国道路是创造人民美好生活、实现中华民族伟大复兴的康庄大道，坚持胸怀天下是为人类文明进步贡献智慧和力量的前提，坚持开拓创新是发展进步的动力，坚持敢于斗争是不可战胜的精神力量，坚持统一战线是克敌制胜和执政兴国的重要法宝，坚持自我革命是党永葆青春的重要支撑。

中国人民大学马克思主义学院博士生张立国在发言中从中国共产党对两制关系的认知来

分析历史经验。他认为，党在百年奋斗的四个发展阶段中，逐渐深化了对社会主义和资本主义的关系的科学认知，总体经历了从完全对立、排斥到开展战略合作，再到交流、互鉴和共存的转变。中国共产党在科学认知和处理两制关系的百年历程中，取得了伟大的发展成就，也积累了宝贵的历史经验。一是把握社会主义必然代替资本主义的人类社会一般规律，二是引领建立合作共赢的可持续的两制关系，三是要积极承担21世纪世界社会主义振兴的历史使命。

三、习近平新时代中国特色社会主义思想的历史地位和理论贡献

中共中央党校科社教研部孟鑫教授着重谈到了党的十九届六中全会通过的历史决议对习近平新时代中国特色社会主义思想历史地位新判断的认识。她从新的历史方位、新的时代特点、新的时代任务和形成了新的理论体系这四个方面，阐明了习近平新时代中国特色社会主义思想实现了马克思主义中国化新的飞跃。关于如何理解习近平新时代中国特色社会主义思想是当代中国马克思主义、21世纪马克思主义，孟鑫教授分别从两个方面进行了解读：一方面，习近平新时代中国特色社会主义思想坚持马克思主义的科学社会主义基本原则，立足时代之基，回答实践之问，把握时代脉搏提出了一系列原创性的治国理政的方略，以全新的视野深化对共产党执政规律、社会主义建设规律和人类社会发展规律的认识，推进了马克思主义的中国化、时代化、大众化，开辟了马克思主义的新境界，为马克思主义的发展作出了中国的原创性贡献。另一方面，习近平新时代中国特色社会主义思想在解答中国问题的同时，也在努力回答当今世界面临的问题和挑战，其许多重要思想和观点既是对中国的认识，也是对当今世界和人类社会发展问题作出的深刻思考，具有宽广的世界眼光和人类社会发展的大视野。关于如何理解习近平新时代中国特色社会主义思想是中华文化和中国精神的时代精华，她指出，习近平新时代中国特色社会主义思想是中华优秀传统文化的重要成果，集中体现了对中华优秀传统文化的创造性转化和创新性发展。习近平新时代中国特色社会主义思想深刻反映了中华民族的梦想和追求，彰显了中国精神所产生出的巨大影响力和感召力。

肖浩辉教授从五个方面阐述了他对习近平新时代中国特色社会主义思想实现了马克思主义中国化新的飞跃的理解。一是时代性的变迁；二是全面性的发展；三是创造性的飞跃；四是整合性的提高；五是实践性的落实。

江西省社科联原主席祝黄河教授作了建党百年中国共产党理论创新不断开辟科学社会主义的新境界的发言，从理论创新维度阐述了习近平新时代中国特色社会主义思想的地位和贡献。他分析指出，毛泽东思想以一系列独创性的思想理论，丰富和发展了科学社会主义，是马克思主义中国化的第一次历史性飞跃。中国特色社会主义理论体系，紧密围绕什么是社会主义、怎样建设社会主义，建设什么样的党、怎样建设党，实现什么样的发展、怎样发展等

三大基本问题而展开，形成了一系列独创性的思想理论观点，实现了马克思主义中国化新的飞跃。习近平新时代中国特色社会主义思想，对发展科学社会主义作出了原创性贡献。以习近平同志为核心的党中央提出了一系列具有开创性意义的新理念新思想新战略，极大丰富和发展了科学社会主义，实现了科学社会主义理论逻辑与中国社会发展历史逻辑的有机统一，实现了马克思主义中国化新的飞跃，在马克思主义发展史上具有重大的意义。中共中央党校科社部康晓强教授从层次结构维度着重分析了习近平新时代中国特色社会主义思想对科学社会主义原创性理论贡献。他认为，习近平新时代中国特色社会主义思想是科学社会主义在新时代中国发展的理论结晶和思想精华，以原创性理论贡献标志了科学社会主义发展的新高度，从层次结构维度对原创性理论贡献进行深入研究很有必要。他分析了原创性理论贡献的层次结构的主要表现，指出作为根本源的科学社会主义在其历史流变中可能产生三种情形，这三种情形为后继者作出原创性贡献提供了机会空间。他从三个不同层次分析了习近平新时代中国特色社会主义思想对科学社会主义的理论贡献。他还强调在研究中要继续深化习近平新时代中国特色社会主义思想对科学社会主义原创性理论贡献的层次划分。

四、《中共中央关于党的百年奋斗重大成就和历史经验的决议》的解读

与会专家一致认为，党的十九届六中全会通过的历史决议是一篇马克思主义的纲领性文献，必将对新时代更好地坚持和发展中国特色社会主义、实现中华民族伟大复兴产生重大而深远的影响。

湖南省科学社会主义学会原会长肖浩辉教授在发言中阐述了三个历史决议的作用。他分析认为，第一个历史决议是1945年党的六届七中全会作出的《关于若干历史问题的决议》，这个历史决议增强了全党在毛泽东思想上的团结统一，极大地推动了解放战争的进程，对于新中国的成立具有重大意义。第二个历史决议是1981年党的十一届六中全会通过的《关于建国以来若干历史问题的决议》。这个历史决议也增强了党在新的历史条件下的团结统一，极大地推动了改革开放和社会主义现代化建设的发展。第三个历史决议是党的十九届六中全会通过的《中共中央关于党的百年奋斗的重大成就和历史经验的决议》。决议指出了一百年来党领导人民创造了新民主主义革命、社会主义革命和建设、改革开放和社会主义现代化建设、新时代中国特色社会主义的伟大成就，阐释了中国共产党百年奋斗的五大历史意义，总结了中国共产党百年奋斗的十大历史经验，对于推动全党进一步统一思想、统一意志、统一行动，团结带领全国各族人民在新时代新征程上赢得更加伟大的胜利和荣光具有重大意义。

华南师范大学马克思主义学院院长陈金龙教授从情感意蕴的角度对第三个历史决议进行了解读。他强调，第三个历史决议在阐释党的百年奋斗重大成就、历史意义、历史经验的同时，表达了对历史的敬畏、对人民的尊重、对中华民族的担当、对政党的自信和对世界的奉

献，从情感的维度诠释了中国共产党的内在特质。一是对历史的敬畏之情。历史决议在客观陈述历史事实同时，科学评价了历史意义，全面总结了历史经验，表达了对历史的敬畏之情。二是对人民的尊重之情。历史决议贯穿了人民至上的价值理念，体现了中国共产党对人民力量、人民利益、人民诉求的尊重，彰显了中国共产党的人民情怀。三是对中华民族的担当之情。中国共产党担负了实现中华民族伟大复兴的使命，从根本上改变了中华民族的历史命运。四是对政党的自信之情。历史决议体现了政党品质的自信，政党执政能力的自信，自身建设成就的自信。第五，对世界的奉献之情。中国共产党既为中国人民谋幸福、为中华民族谋复兴，也为人类谋进步、为世界谋大同，这是中国共产党国际情怀的表达，彰显了我们党对于世界的奉献。

湖南省委党校科社部姚元军副教授重点阐述了第三个历史决议产生所具备的主观条件。第一个主观条件就是习近平总书记党中央的核心、全党的核心地位的确立。第二个主观条件就是有习近平新时代中国特色社会主义思想的科学指导。第三个主观条件就是有了全党和全国各族人民群众共同团结的思想基础。第三个历史决议制定之前，我们党通过党史学习教育，使全党全国各族人民思想达到了高度的团结统一，从而为第三个历史决议的制定提供了思想共识和思想基础。

五、新时代中国特色社会主义的建设实践

上海立信会计金融学院党委书记解超教授作了中国特色社会主义的实践指向：基于对深圳先行示范区、浦东现代化建设引领区、浙江共同富裕示范区等三个中央文件的理论分析的发言。他结合三个文件分析指出了中国特色社会主义实践探索的四个主要特征：第一，要建立高质量发展的现代经济体系；第二，要不断实现共同富裕的民生发展格局；第三，要不断提高社会治理能力的现代化水平；第四，要不断构建人与自然和谐共处的生态环境。

重庆市委党校科社部主任黄建跃教授作了新时代政德建设的发言。他在阐明"政德"概念的基础上，分析了新时代政德的丰富内涵和道德价值取向。他分析指出，进入新时代以来，以习近平同志为核心的党中央高度重视领导干部政德建设，明确提出领导干部要立政德。立政德就要明大德、守公德、严私德。新时代政德作为一种新的从政道德范畴、伦理观念及其特征特质，也必须根据领导干部的社会关系去把握。习近平总书记关于新时代政德建设的重要论述，汲取了中华优秀传统文化精髓，继承和发展了中国共产党优良道德传统，借鉴了世界从政道德建设的经验，是结构完备、逻辑严密的思想体系，是习近平新时代中国特色社会主义思想道德篇中的重要内容，是新时代领导干部提升政德修养、打牢从政之基的根本遵循。

研讨发言结束后，湖南省委党校科社部主任王蔚宣读了优秀青年论文获奖名单，湖南省

委党校副校长、韶山干部学院院长蔡文辉作为协办单位代表发言。最后，中国科学社会主义学会副会长郭强教授对本次年会作了总结。他概括了本次会议的三大特点：一是选题重大。"中国共产党百年奋斗与科学社会主义在中国的实践"的主题贯彻党的十九届六中全会精神，体现了中国共产党一百年与科学社会主义的关系。二是发言水平高。发言的学者都是中国科学社会主义一线的专家，是研究习近平新时代中国特色社会主义思想一线的专家，发言精彩纷呈。三是重视青年学者。安排了三名青年学者代表发言，是办会以来最多的一次，体现了科学社会主义学会对青年人才队伍建设的重视。

（执笔：戴辉礼、户珊，中共湖南省委党校科学社会主义教研部）

来源：《科学社会主义》2022年第1期

农村改革、乡村振兴与共同富裕

——"中国农村改革四十年研究丛书"发布会暨全面推进乡村振兴理论研讨会综述

2022年4月,中国社会科学院习近平新时代中国特色社会主义思想研究中心与中国政治经济学学会新时代集体经济研究分会共同举办的"中国农村改革四十年研究丛书"发布会暨全面推进乡村振兴理论研讨会在京举办。会议由中国社科院马克思主义研究院副院长龚云主持,马克思主义研究院党委书记辛向阳出席会议并致辞。来自农业农村部、清华大学、中国人民大学、中国农业大学、中央社会主义学院、《毛泽东邓小平理论研究》编辑部、中国社会科学院当代所、马研院、农发所、经济所等单位30余名专家学者以及《人民日报》《光明日报》《中国社会科学报》等媒体记者参加了线上线下会议,与会专家围绕"中国农村改革四十年研究丛书""全面推进乡村振兴"和相关"三农"问题展开了深入研讨。

一、对"中国农村改革四十年研究丛书"的评价

"中国农村改革发展四十年研究丛书"(以下简称"丛书")由龚云主编,华中科技大学出版社出版。这套丛书受湖北省学术著作出版专项资金资助,是全国高校出版社主题出版物。丛书组织了中国社会科学院内外10位专家撰写,由9本专著组成,包括《中国农村改革与发展研究》《中国农村集体经济改革与发展研究》《中国乡村治理体系构建研究》《中国农村基层党建研究》《中国农村社会保障研究》《中国农村生态文明建设研究》《中国农村教育科学文化研究》《中国农村思想道德建设研究》《中国农村集体经济政策演变研究》。每本专著对应一个专题,包含农村经济建设、政治建设、文化建设、社会建设、生态文明建设和党的建设等农村改革和发展的各个方面。与会专家学者对本套丛书的出版表示热烈祝贺并给予高度评价。

辛向阳指出,本套丛书有三个特点:一是全面系统,二是细致深入,三是理论结合实践,学术映照现实,体现了学术性、学理性与实践性的有机结合。他认为,每本书既有对改革历程的梳理与回顾,又有对改革现状的分析与研究,还有对改革前景的科学前瞻;作者们不回避改革过程中的争论,又把握农村改革的正确方向;丛书既分析了改革过程中存在的问题,比如思想道德滑坡问题、农村生态环境问题、农村基层党组织虚化和弱化问题、农村空心化问题等,又提供了分析问题、解决问题的思路和促进改革的路径;既体现了对改革理

论、改革背景和改革进程的总体把握,又对基层和地方探索的鲜活实践进行分析和研究,兼具严谨与活泼行文风格。总的来说,这9本书体现了主题鲜明、尊重历史、反思现实、逻辑清晰、理论与实践相结合、历史与逻辑相统一的整体风格。

中国社会科学院农村发展研究所党委书记杜志雄研究员用"全""深""融"概括丛书的特点。"全"是指丛书对农村改革与发展进行了全面系统的分析;"深"是指有理论,特别是从马克思主义的角度出发对农村改革与发展作了深入研究;"融"是指从理论和实践相融合的角度出发对农村改革与发展进行了全面总结和评价。

中国社会科学院当代中国研究所第二研究室主任郑有贵研究员认为,这套丛书对农村改革40多年的伟大历史进程进行了多视角研究和呈现,论述了农村改革的特点,总结了农村改革的经验,体现了大历史观,突出了新时代,反映了农村改革发展的系统性协调性,具有较强的学术创新性。他还指出,这套丛书很好地坚持了马克思主义的指导,不仅有综合性研究,还有专题研究,尤其是有两本专著研究农村的集体经济——《中国农村集体经济改革与发展研究》和《中国农村集体经济政策演变研究》,这在书写中国特色集体经济方面作出了努力和贡献。

中国社会科学院农村发展研究所副所长苑鹏研究员认为,从这套丛书的作者来看,形成了老中青传帮带的一个团队;丛书聚焦重大理论和现实问题,不回避矛盾和有争议的问题,如集体经济和乡村治理等问题,体现了历史厚重感。

《毛泽东邓小平理论研究》常务副主编曹泳鑫研究员认为,这套丛书的出版体现了马克思主义在农村改革开放成就总结和评价等方面的话语权。

二、发展农村集体经济与实现农村农民共同富裕

不实现农民的共同富裕,就没有全体人民的共同富裕;没有农业农村农民的现代化,就没有整个国家的现代化。习近平多次强调,不管怎么改,都不能把农村土地集体所有制改垮了,不能把耕地改少了,不能把粮食生产能力改弱了,不能把农民利益损害了。党的十九大提出实施乡村振兴战略,其后,党中央出台了一系列深化农村集体产权制度改革的文件和政策。农村集体经济如何发展,如何实现农民的共同富裕,是重大理论和现实问题。

新型集体经济能够有力推动共同富裕的实现,对此,杜志雄研究员认为,发展农村集体经济,一要理直气壮,二要坚定信心,三要创新形式,四要用好成果,五要杜绝顽疾。他认为,要实现集体资源的深度开发利用,提高它的利用效率,必须走规模化的集体开发之路,集体经济收益可以成为提升农村居民公共服务水平,实现共同富裕的重要补充。而加快实现农业农村现代化是乡村振兴战略的总目标,其核心问题是,要进一步解决涉及城乡居民的整体共同富裕问题。

关于农民农村共同富裕的认识与评价问题，中国农业大学副校长林万龙教授认为，巩固脱贫成果、不发生规模性返贫是实现农民农村共同富裕的底线要求；缓解相对贫困是走向农民农村共同富裕的关键。他认为，总体富裕不等于共同富裕，缓解相对贫困也不等于实现共同富裕。就收入标准的共同富裕问题而言，缓解相对贫困、促进低收入群体收入更快速增长是核心问题。因此，中国实现共同富裕的路还很长，促进农民农村共同富裕需要构建"三支柱"政策体系，即包容性的经济增长，益贫性的收入分配和瞄准性的社会帮扶。郑有贵研究员指出，需要深化认识当前的农村集体经济，它的中国特色体现在中国共产党领导下的建立农村土地公有制；它的优势体现在集体统筹和激励机制。集体经济涉及政治、文化、社会、生态、党的建设、社会事业和基础设施等方方面面，不能以单一的经济指标来加以衡量。

改革是有方向的，农村改革也不例外，对于农村改革的方向性问题，清华大学马克思主义学院王传利教授强调，土地私有化在实践上不符合国情，在理论上不符合马克思主义基本原则。农村土地集体所有制动摇一分，农村的状况、农民的生存状况、农村的治安治理就会恶化一分。随着农村集体经济的削弱，过去依附在农村集体经济之上的农村医疗、农村教育、农村基层党建、农村水利体系遭到了严重的伤害破坏损害。因此，在所有制方面绝对不能动摇农村集体所有制。中央社会主义学院马克思主义理论教研部副主任左鹏教授认为，当下仍应坚持邓小平提出的关于社会主义农业改革的"两个飞跃"思想。其中，第二个飞跃就是发展适度规模经营，发展集体经济。他指出，邓小平坚持认为农村经济最终还是要实现集约化、集体化，一是基于实现农业现代化的需要，二是基于在农村坚持社会主义公有制的需要。邓小平坚持农村经济集体化和强调共同富裕的论述是一致的。

共同富裕是全体人民的共同富裕，包括物质和精神两方面。中国社会科学院经济研究所彤新春研究员从精神富裕层面探讨了共同富裕与农民精神文化生活重塑的问题。他认为，实现农民的精神共同富裕至关重要：一是要发挥集中力量办大事的制度优势，利用顶层设计建立起一套促进农民精神文化生活共同富裕的体制机制；二是建立一套城乡合理流动薪酬动态调整的用人机制，尤其是要建立能够激励大学生快乐下乡，从事改善农民精神文化活动的制度；三是发挥政府合理引导，市场积极参与等方面的积极性，丰富和搞活农村文化市场。

三、关于全面推进乡村振兴

乡村振兴是新时代解决"三农"问题的总抓手，以习近平同志为核心的党中央为解决"三农"问题，将其作为全党工作重中之重的重大战略和顶层设计。我国已经进入"十四五"时期，开启了全面建设社会主义现代化国家的新征程。在新征程上，包含农业、农村、农民的"三农"工作仍是关系党和国家大局的一个重大问题，极端重要。

辛向阳指出,"三农"问题依然是全党工作重中之重,改革是全面推进乡村振兴的法宝。他认为,农村改革和发展的重点领域和关键环节的改革主要体现在四个方面:第一,农村土地制度改革仍然是农村改革的重点领域;第二,要改革农村集体产权制度,完善集体产权权能,发展壮大集体经济实力;第三,健全城乡融合发展体制机制,走城乡融合发展之路;第四,在改革的方法上,要坚持系统思维、改革联动,同时用好试点试验手段,推动改革不断取得新突破。

农业农村部农村经济研究中心主任金文成从指导思想、战略地位、发展方针、动力机制、发展道路、城乡关系、经营制度、产权制度、发展阶段、发展方式十个方面对改革开放以来的成果进行总结。他指出,党的"三农"理论创新之所以能够取得如此多的成果,一是始终坚持党对"三农"工作的全面领导,二是始终坚持维护农民的根本利益,三是始终坚持深化农村改革,四是始终坚持一切从实际出发,五是始终坚持城乡统筹发展。

苑鹏研究员围绕乡村治理的"三治融合"实践进行了探讨。她认为,"三治融合"的地方试点取得了村民自治、法治乡村、德治教育等一系列理论与实践创新,包括八个方面:一是探索共建共治共享的治理体制;二是探索乡村治理与经济社会协调发展的机制;三是探索完善乡村治理的组织体系;四是探索党组织领导的自治法治德治相结合的路径;五是完善基层治理方式;六是完善村级权力监管机制;七是创新村民议事协商形式;八是创新现代乡村治理手段。然而,"三治融合"实践还面临村民被动参与、融合机制仍未破解、村民观念转变较难等挑战,未来仍要进一步深化改革。

曹泳鑫研究员认为,在改革开放的评价和讨论方面,需要坚持和把握马克思主义理论话语权,坚持马克思主义的指导地位。他指出,此前在对改革开放的成就总结特别是农村改革的成就总结方面,存在马克思主义声音弱化的情况。新时代农村改革向何处去,要确立农村改革的目标和标准,必须坚持马克思主义的指导地位,深入研究农村改革发展的规律,而不能套用西方的一些理论来指导农村的改革和发展。

中国社会科学院经济研究所现代经济史研究室主任赵学军研究员从集中居住与农户福利的关系谈到农村改革的问题。根据实地调研发现,某地农民在集中居住之后总体福利在上升。主要原因在于:一是腾出稀缺的土地资源,促进了地方经济发展;二是地方经济发展增加了财政收入,从而增加了更多财力来提高农户的社会保障;三是集中居住后就业机会增加带来了农户的教育、医疗、娱乐等方面的提升;四是集中居住后小区自然状况得到很大改善。

中国人民大学农业与农村发展学院仝志辉教授提出,以改善农民与农民关系(即地域经济主体范围内的农民与农民关系、产业意义上的农民与农民关系)为基础,推动形成新型工农城乡关系。他提出,要从三个层面调整农民与农民的关系:一是村级集体经济和乡域集体经营，二是在县域城乡融合发展，三是农业的知识保护体系，农村金融体系改革和农村社会化服务体系改革。这三个层面的调整要立足于理顺农民与农民的关系，使农民从竞争转向合作。

中国农业大学马克思主义学院李明教授从农村基层党建角度出发来谈乡村振兴。他认为，全面乡村振兴关键在党，顶层战略需要基层来落实。特别是2019年以来，农村基层党建成为推动乡村振兴的"牛鼻子"和"衣领子"，党对农村全面领导的状况发生了历史性、根本性变化。

龚云研究员作会议总结时提出，这套丛书的出版，是他作为农民的后代长期以来从事"三农"问题研究的一个愿望，既是对多年来这些方面的研究进行总结，也是为下一步研究奠定基础。他对各位专家的精彩发言表示感谢，认为哲学社会科学工作者应当牢记习近平总书记嘱托，按照党、国家和人民的期望和要求，坚持为人民做学问。他建议各研究机构、各研究领域专家打破学科界限，继续围绕农村改革和发展问题，围绕"三农"问题开展相关研究和合作，为全面推进乡村振兴战略，为建成社会主义现代化强国目标贡献学者的智慧和力量。

（执笔：黄艳红，中国社会科学院马克思主义研究院副研究员）

来源：《毛泽东邓小平理论研究》2022年第4期

当代中国研究所举办第一届新中国史研究青年论坛

党的十八大以来，中国特色社会主义进入新时代。以习近平同志为核心的党中央领导中国人民砥砺前行，实现第一个百年奋斗目标，乘势而上开启向第二个百年奋斗目标奋进新征程。2022年9月8日，在党的二十大即将召开之际，当代中国研究所举办了第一届新中国史研究青年论坛，论坛由当代中国研究所副所长李正华、宋月红分别主持，当代中国研究所副所长寇伟出席，来自中国社会科学院和各高校院所的众多专家学者通过线上线下相结合的方式参加会议。与会专家学者就深刻领会党的第三个历史决议精神、充分认识新时代十年伟大变革的里程碑意义展开深入研讨。论坛入选青年科研人员论文27篇，涉及政治、经济、文化、社会、外交、生态文明以及国史研究理论等新中国史学科多个领域。

（一）学习贯彻习近平新时代中国特色社会主义思想

习近平新时代中国特色社会主义思想，是新时代中国共产党的思想旗帜，是国家政治生活和社会生活的根本指针，是当代中国马克思主义、21世纪马克思主义。学习贯彻习近平新时代中国特色社会主义思想是此次论坛的重要内容。王怀乐在《中国共产党民主观的历史生成与当代发展》中梳理了中国共产党民主观的发展，强调全过程人民民主是对中国特色社会主义民主理论与实践的全新概况。孙钦梅在《习近平历史观的整体性原则论析》中梳理了习近平总书记关于历史的重要论述，强调习近平历史观坚持以整体性原则作为理论依据，揭示了历史发展的规律趋势。

毕研永在《习近平新时代中国特色社会主义思想的历史意识》中认为历史意识是习近平新时代中国特色社会主义思想的鲜明特质。在新的历史起点上，新中国史研究正不断加强对习近平新时代中国特色社会主义思想整体性、系统性、学理性研究阐释。

（二）深刻领悟新时代中国特色社会主义重要成就和重要经验

党的十九届六中全会系统总结了党百年奋斗历程中形成的宝贵历史经验、从13个方面总结了新时代党和国家事业取得的历史性成就、发生的历史性变革。金英君在《党的宣传思想工作发展成就与经验研究》中强调新时代党的宣传思想工作达到了新的高度，中国特色社会主义和中国梦深入人心。魏立帅在《新时代中国共产党宗教工作的理论创新与实践发展》中梳理了新时代宗教工作提出的新举措，阐明了新时代中国特色社会主义宗教理论的不断丰富。王丹莉在《从工业自给到科技自强：中国共产党与中国工业化战略演进》中梳理了中国共产党工业战略的演进，强调新时代中国工业走向了建立科技自立自强的制造强国之路。周进在《新时代中国特色大国外交的重大成就及其基本经验》中归纳了新时代外交工作在推动构建人类命运共同体理念、积极发展全球伙伴关系、积极参与全球治理体系改革和建设等方面取得的重要成就。新时代这十年，中华民族伟大复兴进入了不可逆转的历史进程。

（三）深入研究新中国史重要议题

新中国成立70多年来，党和国家事业取得了历史性成就、发生了历史性变革。中国共产党是领导我国各项事业建设的核心力量，党领导人民坚持中国特色社会主义政治发展道路。李夏在《新中国成立前后的机关精简与编制制定》中阐述了整编节约、精简节约运动在新中国政权建设与党的组织建设中的重要作用。丁芮在《功在国家，利在自己：新中国初期的保本保值储蓄》中认为新中国保本保值储蓄政策化解了人民对物价的顾虑，体现出制度的优越性。章舜粤在《1950年寒衣劝募运动研究》中以寒衣劝募运动为案例，阐释了中国共产党全心全意为人民服务的根本宗旨。改革开放以来中国取得巨大发展，社会治理能力和保障水平显著提高。刘鑫鑫在《改革开放以来中国社会治理的历史考察》中梳理了社会治理方式的演变和治理实践的成就。冯维在《1978—2010年城镇企业职工基本养老保险制度改革的历程与经验》中考察了城镇企业职工基本养老保险制度改革完成模式创新和制度转换的演变过程。

与会学者对文化、科技、生态文明、军事等领域中的重要事件进行了研究。易海涛在《新时代背景下〈当代中国〉丛书出版意义再探》中阐释了《当代中国》丛书出版在当代中国出版史上的重大意义。王宇在《我国知识付费产业发展的现状与存在的问题探析》中分析了知识付费的发展现状、存在的问题及其解决办法。吴秀云在《受教育程度、数字阅读时长与收入的关系研究》中强调受教育程度对收入具有显著的正向作用。苏于君在《1949—1965年河北省阳原县普及基础教育的历史实践及启示》中强调普及基础教育需要党和政府的重视和领导。苏熹在《新中国基础研究与应用研究政策的演进（1949—1978）》中认为改革开放前中国基础理论研究工作的目标由服务于技术应用的短期目标，过渡到面向世界先进水平的长期目标。徐轶杰在《周恩来与中国环境话语的转型》中阐述了"环境保护"等词语在中国的使用以及环境保护制度的确立。刘洁在《新中国成立初期全国军事系统党的高级干部会议述论》中论证全国军事系统党的高级干部会议对人民解放军发展产生了深远影响。与会学者还探讨了学术热点、平台建设等问题。贾子尧在《2019—2021年中华人民共和国经济史热点问题研究述评》中总结了近期学界关注的十个热点问题。李二苓在《从口述历史切入的历史研究共享平台建设研究》中认为口述历史是构建历史研究共享平台的切入点，并提出构建可持续扩展的公共文化交流平台。

党和政府坚持独立自主的和平外交政策，采取灵活多样的外交方式，打开对外工作新局面。孙翠萍在《新中国恢复在联合国合法席位与坚持一个中国原则》、张沐春在《建国初期中国对印度外交政策及其影响（1949—1955年）》等文中分别阐述了一个中国原则和和平共处五项原则的重要作用。王慧斌在《科学为外交：新中国成立初期的对外民间科学交流（1949—1955）》、张方慧在《日侨回国与中日民间外交（1953—1958）》等文中以新中国科学家的对外交往、日侨回国行动为例，阐述了民间交流促进中外交往的积极影响。胡荣荣在《中国政府应对联合国非殖民化特委会讨论港澳问题的历史考察（1963—1972）》中分析了中国采用灵活的外交政策使港澳方针为其他国家所认知和理解的历史过程。

（四）推动开创新中国史研究新格局

评议专家对论文进行了逐一审阅，充分肯定青年科研人员立足史料、重视理论的治学态度，并就做好学术史回顾、准确使用专业术语等作了深入讲解。青年科研人员表示，评议专家的点评非常精彩，为自己深化研究和完善论文指出了方向。本届论坛还就如何推动开创新中国史研究进行了深入研讨。

1. 在回答时代之问中开创新局面

与会者一致认为，要坚持习近平新时代中国特色社会主义思想的世界观和方法论，应牢牢把握党和国家事业发展的重大理论和实践问题，着眼客观实际、坚持问题导向，从历史的视角解读当代中国，总结中国之治的优势，讲好中国发展的经验。

2. 以大历史观深刻理解新中国史

与会者强调，加强新中国史研究要从历史发展的长时段认识和分析新中国的发展历程，深入解读了中国所创造的经济快速发展和社会长期稳定两大奇迹，从政治、经济、文化、社会和生态文明等多个方面阐释中国式现代化道路蕴含的理论逻辑、历史逻辑和实践逻辑。

3. 挖掘新史料和开拓新思路

与会者纷纷表示，应深入挖掘和整理国内各类档案资料，广泛使用国外的相关资料，拓宽研究思路，拓展研究视域，探讨以往关注度不够的问题，分析以往未关注到的问题，不断深化新中国史研究。

新中国史高质量研究发展，需要更多青年科研人员的参加，通过深入研究中国道路，总结中国之治的经验，为新中国史研究"三大体系"的构建提供有力的学理支撑。

（执笔：龚浩，当代中国研究所副研究员）

来源：《当代中国史研究》2022年第6期

"新时代这十年"丛书出版座谈会暨首发式在京举办

党的十八大以来,以习近平同志为核心的党中央高举中国特色社会主义伟大旗帜,自信自强、守正创新,统筹把握中华民族伟大复兴战略全局和世界百年未有之大变局,统揽伟大斗争、伟大工程、伟大事业、伟大梦想,统筹推进"五位一体"总体布局,协调推进"四个全面"战略布局,创立了习近平新时代中国特色社会主义思想,开创了中国特色社会主义新时代。新时代十年的伟大变革,在党史、新中国史、改革开放史、社会主义发展史、中华民族发展史上具有里程碑意义。为深入研究总结新时代十年党和国家事业取得的历史性成就、发生的历史性变革和积累的新鲜经验,中国社会科学院当代中国研究所(以下简称当代中国研究所)坚持为国家写史、为人民立传、为时代明德,聚焦新时代十年的伟大变革,组织编写了"新时代这十年"丛书(十卷)。中共重庆市委常委、宣传部部长姜辉担任丛书编委会主任、主编,并为丛书作总序。

2022年9月23日,当代中国研究所主办,当代中国出版社、重庆出版集团承办的"新时代这十年"丛书出版座谈会暨首发式在北京举行。来自马克思主义理论研究、党史国史研究的科研机构和北京大学、中国人民大学等高校的代表,《人民日报》、《光明日报》、学习强国、《中国社会科学报》等新闻媒体,以及丛书编委会成员、作者和当代中国研究所相关部门负责人参加了会议。中国社会科学院副院长、党组成员甄占民,中共中央党校(国家行政学院)副校长(副院长)李毅,中共中央党史和文献研究院学术和编审委员会主任王均伟分别致辞。中共中央党史和文献研究院对外合作交流局局长杨明伟、中共中央党校(国家行政学院)党史教研部副主任李庆刚、中国社会科学院法学研究所所长莫纪宏、中国社会科学院马克思主义研究院副院长龚云、中国人民大学习近平新时代中国特色社会主义思想研究院院长秦宣、北京大学马克思主义学院教授仝华、北京发行集团党委书记郭小明等,就新时代十年的伟大变革和丛书编写出版的价值意义进行了深入交流研讨。当代中国研究所副所长宋月红、寇伟出席会议。会议由当代中国研究所副所长兼当代中国出版社社长李正华主持。

甄占民指出,国史研究者坚持为时代画像、为时代立传、为时代明德的高度自觉,怀揣研究阐释中国之路、中国之治、中国之理的使命追求,把组织编写好"新时代这十年"丛书作为贯彻落实党的十九届六中全会精神、以实际行动迎接党的二十大胜利召开的大事,在精心谋篇布局、重大课题研究、重要问题编写、出版装帧设计等方面进行了富有成效的努力。丛书坚持以习近平新时代中国特色社会主义思想为指导，坚持唯物史观和正确党史观，突出政治引领、着力理论阐释、注重现实观照，着力发挥自身的专业优势、理论优势、学术优势，全景式、系统化展示了党和国家事业取得的历史性成就、发生的历史性变革。丛书有助于人们从历史逻辑、政治逻辑、理论逻辑、实践逻辑深刻领悟新时代"两个确立"的决定性意义，进一步增强"四个意识"、坚定"四个自信"、做到"两个维护"；有助于人们从新时代十年的伟大变革、伟大创造中启迪思想智慧、砥砺前行品德；有助于人们在新时代新征程上更加坚定、更加自觉地牢记初心使命、开创美好未来。

甄占民强调，丛书的出版是在研究阐释新时代十年方面的重要贡献，也是一个阶段性成果。国史研究者有责任、有义务在研究阐释新时代十年上推出更多有说服力感染力的精品力作。要继续深化对新时代党的创新理论的研究阐释，深化对中国式现代化道路的研究阐释，深化对党的全面领导和党的建设的研究阐释，在讲好中国故事、传播好中国声音上作出更大贡献。李毅认为，丛书坚持用理论分析现实、以实践说明理论，坚持寓事于论、寓深于浅、寓情于理，深刻研究阐释马克思主义中国化时代化、中国式现代化道路、人类文明新形态等重大理论和实践问题，全面彰显了新时代十年的里程碑意义，深入论述了马克思主义中国化新的飞跃。丛书讲述新时代故事，讲清新时代新鲜经验，使我们看到续写经济快速发展和社会长期稳定奇迹、脱贫攻坚战取得全面胜利、碧水蓝天保卫战取得重大战略成果等一幕幕场景，更加真切体会到新时代的波澜壮阔和光明前景，是为新时代述学立论、走近干部群众的好教材。

王均伟指出，丛书内容厚重深实，出版恰逢其时，对于推进社会各界深入学习贯彻习近平新时代中国特色社会主义思想和党的十九届六中全会精神，凝聚奋斗共识、激发民族自豪感与自信心，汇聚起实现中华民族伟大复兴的磅礴力量具有极为重要的现实意义。丛书用准确、生动的笔触记述和讴歌新时代，选材精当、布局合理、主题鲜明、内涵丰富，在总结经验、以史为鉴方面取得了新的可喜成绩。丛书坚持史论结合，融政治性与思想性、通俗性与可读性为一体，为我们看清楚过去为什么能够成功、弄明白未来怎样才能继续成功提供了宝贵镜鉴。

座谈会上，宋月红介绍了丛书编写情况，当代中国出版社总编辑冀祥德介绍了丛书编辑出版情况，重庆出版集团副总编辑别必亮介绍了参与情况。丛书由《开创中国特色社会主义新时代》总卷和新时代的党的建设、经济建设、全面深化改革开放、政治建设、全面依法治国、文化建设、社会建设、生态文明建设、中国外交九部专题卷组成。丛书以习近平新时代中国特色社会主义思想的创立、科学理论体系和核心要义，习近平经济思想、法治思想、生态文明思想、强军思想、外交思想等为统领，立体、全面地记述和彰显新时代中国特色社会主义物质文明、政治文明、精神文明、社会文明、生态文明的建设成就，以及中国式现代化道路、人类文明新形态的创新创造。丛书旨在推动国史研究创新发展，通过新时代十年历史的研究编纂，在加快构建国史研究的学科体系、学术体系和话语体系中取得新进展新成效。丛书是当代中国研究所国史研究创新工程的又一重要研究成果，已被中共中央宣传部列为2022年主题出版重点出版物。

座谈会上，与会专家学者认为，新时代十年是世界百年未有之大变局并加速演进的十年，是全面建成小康社会、乘势开启全面建设社会主义现代化强国的十年，是党和国家事业取得历史性成就、发生历史性变革的十年，极不寻常，也极不平凡。丛书突出新时代这十年的发展奇迹和巨大贡献，突出"两个确立"的决定性意义，立足中国说新时代的成就，放眼世界讲新时代的故事，是立体展示新时代中国的精品力作。丛书通过全景式展示方式，深刻阐明新时代中国的发展理念、发展道路、发展成就，彰显了真实、立体、全面、发展的中国。

与会专家指出，丛书对于广大读者全方位地了解当代中国、认识新时代，对于向外传播中国理论、中国思想，让世界更好地读懂中国具有非常重要的意义，有利于人们更好地读懂新时代的中国，感受新时代的伟大变革，铭记新时代的辉煌成就。

（执笔：周进，当代中国研究所副研究员）

来源：《当代中国史研究》2022年第6期

《中国共产党的一百年》出版座谈会综述

2022年9月23日，中央党史和文献研究院编写的《中国共产党的一百年》（以下简称《一百年》）出版座谈会在北京召开，来自中央宣传部、中共中央党校（国家行政学院）、中国社会科学院、军事科学院、中国人民大学、北京师范大学等单位的专家学者作交流发言，中央党史和文献研究院副院长黄一兵出席座谈会并作总结讲话。

在交流发言阶段，与会专家对《一百年》的编写和出版给予高度评价。关于《一百年》的主要内容、特点，专家们认为，本书全面论述党致力于为中国人民谋幸福、为中华民族谋复兴的历史过程，客观展示党带领中国人民在建国、兴国、富国、强国过程中取得的辉煌成就，深入总结党不断通过自我革命引领社会革命、永葆青春活力的重要经验，对全面把握百年党史重大问题具有启发意义。而且这是第一次在党史正史著作中对中国特色社会主义新时代进行集中叙述和权威归纳，在4个时期中其内容反映最充实，为全方位认识新时代的理论、实践提供了全景图，为新时代党史研究和教学提供了最权威的范本。关于《一百年》的历史观，专家们表示，党的十八大以来，习近平总书记不仅多次阐释唯物史观和正确党史观，还非常重视中国共产党精神谱系的总结和运用。《一百年》充分反映了以习近平同志为核心的党中央关于党史的新认识，时代站位鲜明，并把建党精神、长征精神、抗美援朝精神，以及抗疫精神、脱贫攻坚精神等都纳入进来，具有很强的现实意义。关于《一百年》的主题主线，专家们认为，本书对中华民族伟大复兴这个百年历史主题的充分体现，使得历史线索更加广博和多维。中共党史有革命史叙事、现代化叙事等多种方式，习近平总书记提出中华民族伟大复兴中国梦之后，逐渐兴起民族复兴叙事方式。《一百年》是运用这一方式的权威著作，为学界建立民族复兴新叙事奠定了基础。《一百年》还反映了学界进入新世纪后关于党史主线问题的学术共识，揭示了党的历史是不懈奋斗史、理论探索史、自身建设史，以及不怕牺牲史、为民造福史的有机统一。本书在继承过去对党的不懈奋斗史进行浓墨重彩书写的基础上，在理论探索史尤其是自身建设史方面着墨很多。关于写作风格，专家们认为，《一百年》文风质朴与生动相辅、平实与波澜相成，坚持用史实真相、人物言行、统计数据说话，评价实事求是、恰到好处，在叙事技巧上积极创新，通过鲜活生动的人物言行强化主题，给人一种强烈的见微知著、以小见大的阅读质感。关于《一百年》的出版意义，专家们表示，本书在政治性、思想性、学术性、可读性等方面达到了党史著作编撰与出版的新高度。作为目前历史跨度最长、研究成果最新、内容最为系统的党史正史著作，为建立党史学习教育常态化长效化机制提供了新鲜血液。本书的出版适应了高校正在建设的党史党建学一级学科的需要，为中共党史学科体系、学术体系、话语体系、教材体系、人才培养体系建设提供了很好思路，是党史党建教学和人才培养的必读书，同时为把高校第一课——思想政治课讲深、讲透、讲活，提供了丰富生动、权威可信的历史素材。此外，本书还能给读者以充分的历史自信，这既包括对5000年中华文明的自信，更包括对百年党史的自信。历史自信是现实自信的反映，它来源于改革开放40多年取得的举世瞩目的成就，来源于中国特色社会主义的空前成功。有了现实自信，才能有更巩固更长久的历史自信。本书通过阐释中国共产党的百年贡献，给读者以实实在在的历史自信，并将成功转化为现实自信。

黄一兵在总结发言中，从编写《一百年》的现实意义、主要创新点和工作体会三个方面作了介绍。他指出，本书的出版，有助于引导广大党员、干部、群众进一步增进对党的认知和感情，进一步牢记中国共产党是什么、要干什么这个根本问题；有助于全党进一步学懂弄通做实习近平新时代中国特色社会主义思想，深刻领悟"两个确立"的决定性意义，并将其切实转化为坚决做到"两个维护"的高度自觉，转化为奋进新征程、建功新时代的强大动力；有助于我们进一步认识历史规律、掌握历史主动，为实现第二个百年奋斗目标、实现中华民族伟大复兴的中国梦不懈奋斗。

黄一兵着重介绍了《一百年》的主要创新点。一是本书贯通全篇的历史主题就是实现中华民族伟大复兴。对于中国近代以来的历史发展，习近平总书记有着十分完整的论述，深刻揭示了党的历史发展与实现中华民族伟大复兴的关系。将中国共产党历史放到中华民族历史发展的长时间段去考察，近代以来中国历史发展的客观规律性、党在实现中华民族伟大复兴中国梦中的地位和作用，就表现得更加清晰和完整了。《一百年》开篇不仅在标题上，而且在内容上充分体现了上述思想和精神。以这个体现历史主题的开篇为引领，全书在各章节中都有体现中国共产党团结带领人民实现中华民族伟大复兴的内容，使这一历史主题成为贯通全书的灵魂。二是全书一以贯之的历史主线就是初心和使命。首先是建构了清晰的历史叙事。怎样把初心使命这个重大理论命题转化为具有党史特色的历史叙事，编辑组下了一番功夫，最突出的创新点就是在"党的成立"这一节。节的标题用了"确立"，将"初心使命"的历史叙事感生动地展现出来，并将"初心使命的确立"与"中国共产党的成立"并列起来，作为本节的主题，标识本节的主旨要义，不仅从人民性上体现了刚刚成立的中国共产党的性质和宗旨，而且还从中华民族伟大复兴的角度突出了党的历史责任和使命担当，揭示了党的成立对中华民族伟大复兴的深远影响和历史作用，从而大大拓展党成立的重大历史意义。其次是形成系统的历史逻辑。初心使命最生动的体现就是中国共产党的精神塑造。本书在"党的成立"一节首次引入并阐述了伟大建党精神，全书由此先后提到或阐述了14种精神。这些精神财富在不同时期体现出各自特点，但本质内容和精神实质是一脉相承的，追根溯源，都可以在伟大建党精神中找到精神渊源和底色底蕴。三是关于全书的历史分期。从分期原则看，本书遵循社会主要矛盾及重大历史事件相结合的划分方式，同时也将新的历史决议有关分期的重大认识成果体现进去。与过去正史著作相比，本书对党史分期的调整主要体现在三个方面：其一是明确将"中国特色社会主义新时代"作为党史的第四个时期，明确以党的十八大为中国特色社会主义进入新时代的标志。这是这一重要认识成果首次在党史正史著作中得到体现。其二是对抗日战争的历史分期作了补充完善。新的历史决议将抗日战争起点确定为1931年，把14年抗战作为独立的历史时期。因此，本书在第二章"掀起土地革命的风暴"中专设一节"九一八事变后中日民族矛盾上升"，节下设"九一八事变和党率先高举武装抗日旗帜""民族矛盾的上升和抗日救亡运动的广泛开展"两目进行反映。其三是围绕党的十三届四中全会的内容进行调整。按照过去党史正史著作的结构，十三届四中全会至邓小平南方谈话的内容，是作为一个整体来编写的。新的历史决议明确以十三届四中全会为限进行分期。本书以此对这次会议作了富有新意的处理，将会议分析国内发生政治风波的性质及原因，总结经验教训的内容以及明确今后工作方针和任务的内容写在前一章，作为其收卷篇；将这次会议选举新的中央领导机构内容，与此后的十三届五中全会的内容贯通起来，体现经过党的十三届四中、五中全会，中央领导集体顺利实现新老交替，以江泽民同志为核心的中央领导集体正式形成的完整过程，将这些内容作为新的历史阶段的开篇，从而将新的历史决议分期的重大意义准确地体现出来。

黄一兵指出，本书的编写出版，是习近平总书记亲切关怀和悉心指导的成果，是中央有关部门大力支持的成果，是中央党史和文献研究院院长曲青山和院务会有力领导、院内专家倾力支持的成果，是编写组稳扎稳打、团结奉献的成果。

（执笔：陈海平，中共党史出版社编审；刘志新，中共中央党史和文献研究院助理研究员）

来源：《中共党史研究》2022年第5期

中国式现代化道路与新时代国史研究

——第二十二届国史学术年会述评

为在新中国史研究中深入学习贯彻、研究阐释习近平总书记关于中国式现代化重要论述精神，中国社会科学院当代中国研究所（以下简称当代中国研究所）、新疆大学、中华人民共和国国史学会于2022年9月28日联合举办了主题为"中国式现代化道路与新时代国史研究"的第二十二届国史学术年会。来自中央国家机关、高等院校、科研机构的专家学者从多学科、多角度深入探讨了中国式现代化道路的奠基、开创和发展，以及在新中国史上的战略地位、意义与作用，推动了新中国史研究创新发展。

中国式现代化是中国共产党领导的社会主义现代化

2022年7月，习近平总书记在省部级主要领导干部"学习习近平总书记重要讲话精神，迎接党的二十大"专题研讨班上发表重要讲话，指出"在新中国成立特别是改革开放以来的长期探索和实践基础上，经过党的十八大以来在理论和实践上的创新突破，我们成功推进和拓展了中国式现代化"，并强调"我们推进的现代化，是中国共产党领导的社会主义现代化，必须坚持以中国式现代化推进中华民族伟大复兴，既不走封闭僵化的老路，也不走改旗易帜的邪路，坚持把国家和民族发展放在自己力量的基点上、把中国发展进步的命运牢牢掌握在自己手中"。[1]

中国式现代化道路是新中国史研究的重大历史和理论课题，国史研究工作者有责任、有义务在研究阐释中国式现代化道路上推出更多高质量成果。中国社会科学院副院长、党组成员甄占民在致辞中强调，通过现代化之路实现民族伟大复兴，是近代以来中华民族孜孜以求的梦想。党的十八大以来，以习近平同志为核心的党中央团结带领全国人民坚持自信自强、守正创新，推动党和国家事业取得历史性成就、发生历史性变革，中国式现代化道路展现光明前景。党的第三个历史决议强调新时代十年为实现中华民族伟大复兴提供了更为完善的制度保证、更为坚实的物质基础、更为主动的精神力量，这也是推进和拓展中国式现代化伟大成就的集中体现和生动写照。新中国史研究和国史学科体系建设面临良好机遇和有利条件，

---

[1] 《高举中国特色社会主义伟大旗帜奋力谱写全面建设社会主义现代化国家崭新篇章》，《人民日报》2022年7月28日。

要深入学习贯彻好习近平总书记关于国史研究的一系列重要论述,坚定历史自信、增强历史自觉,不断提高研究水平和创新能力,在讲好中国故事、传播好中国声音上展示更大作为,更好发挥资政育人、服务大局的作用。中国社会科学院原副院长、当代中国研究所原所长、中华人民共和国国史学会会长朱佳木在主旨报告中认为,中国式现代化不是别的现代化,而是社会主义现代化。中国式现代化道路既有各国现代化的共同特征,更具有基于中国国情、有别于资本主义现代化道路的中国特色和优越性。这些特色包括:全体人民共同富裕、物质文明和精神文明协调发展、人与自然和谐共生、走和平发展道路等。我国经过 70 多年接续不断的努力,现在已经比历史上任何时期都更接近、更有信心和能力实现全面建成社会主义现代化强国的奋斗目标。新疆大学党委书记许咸宜强调,新中国以其举世瞩目的成就证明了社会主义制度的生命力和优越性。中国共产党领导人民走出了一条具有中国特色的社会主义现代化道路。中国式现代化道路对于实现中华民族伟大复兴、推动人类文明进步具有深远的意义。如何走好这条新道路,需要国史研究工作者认真研究,尤其要总结进入新时代全面建成小康社会的成功经验和丰富内涵。当代中国研究所副所长李正华在致辞中提出,中国式现代化切合中国实际,体现了社会主义建设规律、人类社会发展规律,展现了人类社会现代化的光明前景。加强新中国史研究,必须深入学习贯彻习近平新时代中国特色社会主义思想,通过扎实严谨的学术研究,全面、系统、深入总结中国式现代化道路的发展逻辑、本质特征、重要地位、世界意义、成就及经验等,用事实和学理阐述中国共产党领导人民成功走出的中国式现代化道路如何为中国发展繁荣进步创造了重要前提,同时也为世界现代化发展贡献了中国智慧和中国方案。

中国式现代化道路主题鲜明、内涵丰富,需要不断深化和拓展研究。与会专家学者回顾了中国式现代化道路的发展历程,并就这一概念从历史向度上展开理论探讨。当代中国研究所研究员武力从广义政治经济学的视角分析了中国式现代化道路历经探索阶段、形成阶段、完善阶段的内在逻辑,总结了中国式现代化道路的历史经验。当代中国研究所研究员郑有贵认为,中国创造的人类文明新形态是中国特色社会主义的文明形态、创造人类文明新形态只有走中国式现代化道路才能实现。当代中国研究所研究员吴超认为,中国式现代化道路从根本上扭转了中华民族的前途命运、深刻影响着世界现代化的历史进程。山东师范大学教授马德坤总结了中国式现代化道路独具中国特色的理论逻辑、历史逻辑、实践逻辑。广西马克思主义理论研究和建设工程自治区党校基地研究员何成学分析了中国式现代化道路取得巨大成功的历史条件与动因。天津大学副教授于安龙提出,中国式现代化的成功在于科学理论指引、先进政党领航、以人为本导向、立足实际筑基、正确道路依托。北京科技大学副教授王赟鹏从中国近现代史、社会主义发展史和世界历史等维度对中国式现代化进行了分析。

关于中国式现代化在新时代各领域的建设和发展

新时代十年的经济建设、政治建设、文化建设、社会建设、生态文明建设、祖国统一、外交工作、党的建设等各方面的光辉历程、伟大成就和重要经验，生动展现了中国式现代化在新中国建设和发展各领域的具体表现及其历史与现实关系。

在经济建设上，我国经济迈上更高质量、更有效率、更加公平、更可持续、更为安全的发展之路。当代中国研究所研究员李文分析了新中国成立初期在涉外经济领域提出的一系列重要思想和政策主张，为应对复杂国际局势、实现主权独立、推动国内经济恢复、在落后的经济条件下开展工业化建设以及配合落实当时的外交政策，发挥了重要的作用。当代中国研究所副研究员王丹莉梳理了1949年前后中国共产党关于推动工业发展的政策与实践。新疆维吾尔医学专科学校讲师张宏刚研究了国家主导创建中国拖拉机工业的历史，认为解决专业化协作问题是拖拉机工业发展的关键。当代中国研究所副研究员丁芮认为，新中国成立前后的北京人民储蓄事业的创建体现了新中国人民储蓄"个人利益与国家利益的一致性"。当代中国研究所助理研究员龚浩认为，苏联学者提出货币关系论难以解释中国的财政模式，中国学者将马克思主义国家学说引入财政理论研究，提出国家分配论，是对货币关系论的调整。当代中国研究所副研究员常旭认为，坚持农垦姓农、农垦国有，是中国经济特别是农村经济发展的重要经验之一。运城学院副教授杨强分析了1949—1952年中国盐务缉私武装，认为这是一支具有特殊警察性质的军事化武装力量，其目的是缉私护税、保障财政收入。河海大学副教授周倩倩探讨了1949—1953年淮南盐区针对不易管理、盐产分散且生产条件差的小盐场开展的废场转业运动。南京医科大学教授李沛霖梳理了1956—1966年我国邮政网路在邮电局所、邮路、邮运工具等方面的成就以及对邮政业务的积极影响。当代中国研究所副研究员周进认为，新时代十年全面深化改革开放的重大成就，彰显出中国特色社会主义制度的强大生命力，也为新时代党和国家事业发展积累了重要经验。当代中国研究所助理研究员王璐认为，"双循环"激发了经济深层动力的强劲引擎，其对经济发展的引领效应必将对世界经济一体化进程产生举足轻重的作用和极其深远的影响。当代中国研究所副研究员段娟分析了党的十八大以来推进区域协调发展的成就。深圳博物馆馆员陈钊分析了深圳改革开放的历程及其对社会主义现代化建设的宝贵经验。

在政治建设上，建设社会主义民主政治，发展社会主义政治文明。当代中国研究所研究员李正华指出，政治建设始终是党的建设的重要内容，新时代党的政治建设的理论与实践探索积累了宝贵经验。当代中国研究所研究员张金才认为，十八大以来党中央对中央全会议题设计思路紧紧围绕"两个一百年"奋斗目标、"四个全面"战略布局，既立足当前又着眼未来，体现了明确的目标导向、清晰的战略布局、深远的战略思维。当代中国研究所副研究员曹光章认为，新中国的成立是中国共产党领导中国人民进行人民民主的探索和实践的成果，标志着实现了从几千年封建专制政治到人民民主的伟大飞跃。当代中国研究所研究员刘维芳探讨了改革开放以来中国人权保障政策法规不断推进的历史进程。南开大学教授徐行研究了1949—1954年新中国行政监察体制建立的过程。当代中国研究所助理研究员张忠山探讨了毛泽东思想创立的动力源泉和理论来源。当代中国研究所助理研究员季春芳分析了毛泽东国家治理思想中彰显的中华优秀传统文化意蕴。山东理工大学教授陈芸研究了新中国成立初期新疆各族各界人民代表会议。伊犁师范大学讲师林松论述了以毛泽东同志为核心的党的第一代中央领导集体所开展的新疆工作，丰富和发展了马克思主义关于民族的理论与政策。湖南省社会科学院研究员李斌探讨了新时代党的巡视工作理论与实践。当代中国研究所副研究员任晶晶认为，总体国家安全观是习近平国家安全理论的核心理念和集中表达。广西大学副教授林昆勇分析了中国式现代化海洋强国建设的历史，探讨了中国式现代化海洋强国道路发展的逻辑起点和定位。

在文化建设上，建设具有强大凝聚力和引领力的社会主义意识形态，建设社会主义文化强国。当代中国研究所研究员欧阳雪梅总结了建设社会主义意识形态、坚定文化自信、推动中华优秀传统文化创造性转化和创新性发展、文化建设满足人民日益增长的美好生活需要、加强中外文明交流互鉴等的重要成就。当代中国研究所研究员刘仓对"马克思主义基本原理同中华优秀传统文化相结合"的命题进行了阐释，指出了其时代内涵、生成逻辑、时代意义及原则路径。当代中国研究所助理研究员王慧斌认为，1949—1955年中国科学家及科学团体开展的对外民间科学交流，具有服务外交工作的明显特点。当代中国研究所研究员陈东林研究了三线精神的形成和确立过程，分析了三线精神的特点，提出有必要将以"艰苦朴素"为精髓的三线精神纳入中国共产党人精神谱系。山东交通学院教授张宝运回顾了1978—1992年中国铁路迈向高速的艰辛过程，认为这一时期京沪高铁建设的前期筹备和科技攻关为中国高铁的成功提供了重要经验和技术积累。中国科学院大学副教授刘洋梳理了中国科学院通过调整科研布局和加强相关科研力量而对三线建设提供的支持。当代中国研究所研究员王爱云分析了中国语文现代化的历史进程与主要成就，总结了中国语文现代化对于中国式现代化的贡献。当代中国研究所副研究员孙丹基于新时代文化遗产特别是红色文化遗产的保护实践，以及制定相关法规政策、学术研究、大众传播的理论需要，提出有必要建立红色文化遗产学。清华大学副教授刘亦师基于1959年北京"十大建筑"的档案资料，展示了关于"十大建筑"的决策及主持机构、得名及其内容演化、设计思想及建筑价值等问题上的新发现。当代中国研究所助理研究员魏立帅认为，新时代中国特色社会主义科技事业的新特点主要表现在科学谋划发展方向、实施创新驱动发展战略、加强科技人才队伍建设、推动科技体制改革、把科学普及放在与科技创新同等重要的位置五个方面。当代中国研究所助理研究员苏熹认为，当今中国科技创新政策要坚持对外开放、健全新型举国体制、加强基础研究。

在社会建设上，人民安居乐业，社会安定有序，续写了社会长期稳定奇迹。新疆大学教授甘晓成探讨了社会政策在实现共同富裕过程中的意义和作用。当代中国研究所助理研究员马艳梳理了新时代在扩大社会保障范围、提高社会保障水平、完善社会保险制度、构建社会救助制度体系、完善社会福利服务体系、建设全过程社会保障管理体系等方面的成就。当代中国研究所副研究员王蕾认为，脱贫攻坚是中国式现代化道路的具体范本，具有鲜明的中国特色和世界价值。当代中国研究所副研究员金英君阐释了脱贫攻坚的历史性成就、脱贫攻坚精神，以及脱贫攻坚为人类减贫事业所做的贡献。北京联合大学副教授李自典梳理了1949—1965年卫生防疫工作中的宣传与社会动员。深圳大学助理教授李兆旭探讨了1949—1952年群众体育工作的历程及经验。忻州师范学院讲师雷永强分析了20世纪60年代北京工业领域计件工资被否定后，最终修改为有条件的计件工资与计时工资配合奖励工资的混合型工资制度的历史，并分析了该制度变革对工人家庭生活的影响。当代中国研究所研究员姚力就新时代中国特色社会主义的健康中国战略，阐释了健康中国战略的主要内容，探讨了医疗卫生和健康事业的发展成就。

在生态文明建设上，推动美丽中国建设。当代中国研究所研究员王瑞芳论述了新中国成立伊始面临严重水害灾情而进行的抗灾和救灾工作。中共中央党校助理研究员焦雨楠分析了1968—1972年京津冀区域水资源的协同利用问题。当代中国研究所助理研究员徐轶杰阐述了周恩来对中国环境保护工作的奠基性贡献。河海大学讲师冯馨慰研究分析了生态文明建设对经济发展的重要意义。

在坚持"一国两制"和推进祖国统一上，全面准确、坚定不移贯彻"一国两制"方针，坚持和完善"一国两制"制度体系。当代中国研究所副研究员胡荣荣概括了《中华人民共和国国家安全法》实施以来香港爱国主义教育的新发展，包括不断完善话语体系、整顿学校教育与加强公职人员教育、丰富实践载体、营造浓厚氛围。福建省革命历史纪念馆研究员吴明刚梳理了不同历史时期的海峡两岸关系对于中国式现代化进程的影响，提出中国式现代化是包括台湾同胞在内的全体中国人民共同富裕的现代化。上海交通大学副教授尚红娟总结了1982年中国政府将"和平统一、一国两制"作为解决台湾问题的基本方针以来，中国共产党对台经贸政策和青年政策的影响。

在外交工作上，坚持独立自主的和平外交政策，推动构建人类命运共同体。当代中国研究所研究员王巧荣认为，新时代中国伙伴关系外交具有战略性、全局性、平等性等特点，致力于维护国家主权、安全和发展利益。新疆大学讲师才仁卓玛认为，新时代中国特色周边外交是理念、战略与政策的有机统一，并基于此梳理了新时代中国特色周边外交的理念创新、战略布局与政策实践。当代中国研究所助理研究员张沐春梳理了新中国成立初期中国对印度外交政策的历史过程。中共中央党史和文献研究院研究员潘敬国论证了20世纪五六十年代毛泽东基于对当时国际形势的判断而提出的"两个中间地带"理论推动了这一时期的中国外交实现战略性调整。当代中国研究所副研究员孙翠萍认为，新中国在联合国合法席位的恢复彰显了一个中国原则。当代中国研究所助理研究员张方慧梳理了中国与中亚国家建交30年来双方关系的历程。

关于新中国史编研与前瞻

新中国成立以来的党史、新中国史编修与学习教育活动，是本届国史学术年会的一个研究热点问题。中共浙江省委党校副教授王涛梳理了党的三个历史决议对广大党员和群众集体记忆的塑造，认为其中的核心要素是确立坚强的领导核心和科学的理论指导。南京理工大学讲师郭洋探讨了1958—1961年在中共湖北省委统筹下的一次大规模党史资料调研工作，认为此次调研的编研成果首次全景展现了中国共产党在湖北的革命历程，为改革开放新时期的湖北党史研究奠定了基础。当代中国研究所编辑易海涛梳理了《当代中国》丛书的出版史及其编纂经验。湖南师范大学副教授尹红群认为，中国式现代化思想对国史分期有着重要的指导作用。当代中国研究所副研究员孙钦梅考察了近十年来国史研究理论与方法、学科边界与属性、分期问题等的研究进展。当代中国研究所助理研究员李二苓探讨了打造一个资源、知识关联、知识服务均可持续扩展的公共文化交流平台的方式方法。

本届学术年会围绕中国式现代化这一重大课题展开了深入探讨并就国史学科建设、国史编研提出了有益思考。总体看来，国史研究视角有所创新，研究领域日益丰富，长时段、跨领域、跨区域的尝试明显增多。个案研究推陈出新，或聚焦于一些具体事件或某一区域，或基于新史料，或采用跨学科研究方法，历史细节探究更加深入。

新时代国史研究大有可为。要深入学习贯彻习近平新时代中国特色社会主义思想，把握好这一科学理论体系的世界观和方法论，坚持好、运用好贯穿其中的立场观点方法。新时代加强国史研究，深入研究当代中国的历史与现实、理论与实践、国内与国际，更好地服务于党和国家建设事业。深入总结历史经验，为阐释中国道路、彰显中国经验、讲好中国故事作出更加积极的努力和贡献。加快推进"三大体系"建设，推出更多精品力作，奋进新征程，建功新时代。

（执笔：宋月红，当代中国研究所新中国历史经验研究中心）

来源：《当代中国史研究》2022年第6期

理解党的二十大后的中国与世界新图景

——"深入学习党的二十大精神专家学者座谈会"综述

中国共产党第二十次全国代表大会（以下简称"党的二十大"）是在全党全国各族人民迈上全面建设社会主义现代化国家新征程、向第二个百年奋斗目标进军的关键时刻召开的一次十分重要的大会。为深入学习党的二十大精神，扎实做好大会精神学习贯彻，当代中国与世界研究院联合清华大学国家治理研究院、中国人民大学当代中国政党研究中心于 2022 年 10 月 29 日举办"深入学习党的二十大精神专家学者座谈会"。吉林大学党委副书记、吉林大学中国特色社会主义理论体系研究中心主任韩喜平，湖南省社会科学院（湖南省人民政府发展研究中心）党组书记、院长（主任）钟君，中国人民大学明德书院院长、中国马克思主义哲学史学会会长郝立新，上海交通大学人文社会科学资深教授、中国比较文学学会原会长、欧洲科学院外籍院士、拉丁美洲科学院院士王宁，北京大学社会科学部副部长兼智库中心管理办公室主任、教育部北京大学中美人文交流研究基地执行主任王栋，复旦大学新闻学院院长、复旦大学发展研究院副院长张涛甫，山东大学新闻传播学院院长刘明洋等相关领域权威专家学者与会研讨。清华大学校务委员会副主任、清华大学党委原常务副书记、清华大学国家治理研究院院长姜胜耀，当代中国与世界研究院院长于运全致开幕辞。中国人民大学当代中国政党研究中心主任、浙江（嘉兴）中外政党研究中心主任周淑真做研讨总结。会议由清华大学国家治理研究院副院长林来梵主持。座谈会分为"习近平新时代中国特色社会主义思想的世界观与方法论""中国式现代化与人类文明新形态""中华文化的国际传播与世界意义"等三个主题单元展开。

与会专家学者一致认为，过去五年和新时代以来的十年，在党和国家发展进程中极不寻常、极不平凡。新时代十年的伟大变革，在党史、新中国史、改革开放史、社会主义发展史、中华民族发展史上具有里程碑意义。新时代十年的伟大变革，是在以习近平同志为核心的党中央坚强领导下、在习近平新时代中国特色社会主义思想指引下，全党全国各族人民团结奋斗取得的。"两个确立"是党在新时代取得的重大政治成果，是新时代引领党和国家事业从胜利走向新的胜利的政治保证，是战胜一切艰难险阻、应对一切不确定性的最大确定性、最大底气、最大保证。深入学习党的二十大精神重在落实，最终检验标准是将学习成果及时转化为新征程上持续深化改革开放、推动高质量发展、有效应对重大风险挑战的新实践。

要深入学习、理解党的二十大精神，在未来的工作中贯彻党的二十大精神，清华大学校务委员会副主任、清华大学党委原常务副书记、清华大学国家治理研究院院长姜胜耀认为，首先，应当将历史与现实相结合，才能系统地、完整地阐释党的二十大报告的丰富精神内涵。其次，应当将整体与部分相结合，既要从全局高度准确把握党的二十大精神的丰富内涵，也要突出重点，在报告所涵盖的各个具体领域实现认识的新飞跃。最后，应当将理论和实践相结合，理论必须在实践中得到检验，只有落实到实践中的理论才能保证其自身强大的生命力，不断焕发生机。

同时，党的二十大圆满成功召开，必将为国际社会带来深远影响。当代中国与世界研究院院长于运全指出，新时代中国的发展离不开世界，中国的发展也必将会更好地造福世界。在中国与世界全新的关系维度中思考新时代中国在变化的世界中处于怎样的历史方位，发挥怎样的作用，作出怎样的贡献，如何构建更加良好的中国与世界的互动关系，营造良好的外部环境，应该是学界未来研究的重点。中国外文局当代中国与世界研究院将与各界进一步加强交流、深化合作，共同推进多专业、多学科、多领域协同创新，共同深化对党的二十大精神的学习研讨、贯彻落实。

一、习近平新时代中国特色社会主义思想的世界观与方法论

（一）"六个坚持"是习近平新时代中国特色社会主义思想的精髓

把握好习近平新时代中国特色社会主义思想的精髓，一定要理解习近平新时代中国特色社会主义思想的世界观与方法论是坚持辩证唯物主义、历史唯物主义的世界观与方法论，并且得到了进一步发展，其中还蕴含着更为基本的、贯穿性的、根本性的立场观点方法，就是"六个坚持"。中国人民大学民德书院院长、中国马克思主义哲学史学会会长郝立新认为，"六个坚持"是习近平新时代中国特色社会主义思想最基本的立场观点方法。习近平新时代中国特色社会主义思想的历史逻辑就是开辟了马克思主义哲学中国化、时代化的新境界。从历史进程中看，习近平新时代中国特色社会主义思想既是以往创新的结果，也是今后创新的立场观点方法。同时，习近平新时代中国特色社会主义思想的理论特征体现了世界观与方法论的统一，价值立场和科学态度的统一，认识路线、思想路线和公众路线的统一。

（二）"六个坚持" 是习近平新时代中国特色社会主义思想中的重大理论创新

湖南省社会科学院（湖南省人民政府发展研究中心）党组书记、院长钟君也指出，"六个坚持"是哲学高度上对习近平新时代中国特色社会主义思想世界观与方法论的概括，是重大理论创新。习近平新时代中国特色社会主义思想世界观的本体论是"国之大者"。党中

央在判断中国形势和国际形势的时候，更多着眼于世界百年未有之大变局。判断国内形势时一个非常重要的思考就是"国之大者"。习近平新时代中国特色社会主义思想世界观的认识论的根本原则是实践。对习近平新时代中国特色社会主义思想世界观的研究不能绕过认识论实践观。习近平新时代中国特色社会主义思想世界观的历史观是把马克思主义的思想精髓同中华优秀传统文化贯通起来，同人民群众的共同价值融通起来。一个"贯通"一个"融通"，夯实了马克思主义中国化的历史基础和群众基础。特别是与中国优秀传统文化相结合，成为习近平新时代中国特色社会主义思想世界观的历史基础。

（三）"六个坚持"为全党提供了世界观与方法论的理论指导

习近平新时代中国特色社会主义思想是马克思主义中国化、时代化的第三个飞跃，其世界观与方法论渗透了马克思主义本身的世界观与方法论，渗透了辩证唯物主义、历史唯物主义的基本观点、基本要求。清华大学马克思主义学院院长朱安东表示，强调"六个坚持"为全党提供了世界观与方法论的理论指导。坚持人民至上，强调了人民性是马克思主义的本质属性，是人民推动了历史的发展。坚持自信自立，中国的问题必须从中国基本国情出发，由中国人自己来解答。坚持守正创新，如果不守正，那就有可能犯颠覆性错误；如果不创新，可能犯教条主义错误，也无法解决当前面临的各种问题和矛盾。坚持问题导向，要发展马克思主义，进一步推进马克思主义的中国化、时代化，就必须坚持问题导向，要回答时代提出的问题，在回答和解决问题当中推进马克思主义的时代化。坚持胸怀天下，习近平新时代中国特色社会主义思想不仅仅要试图回答和解决中国的问题，而且要试图解决世界的问题，解决人类的问题。

（四）坚持问题导向是不断推动理论创新的基本原则

吉林大学党委副书记、吉林大学中国特色社会主义理论体系研究中心主任韩喜平认为，问题导向是不断推动马克思主义理论创新时应该坚持的一个基本原则。理论本身就是为了解决问题，一切的重大问题、重大理论都是因为社会实践发展需要而产生的。当今处在"两个大局"的背景下，西方现有的理论已经无法破解实践中的问题，因此就要求有新的理论代替，也就意味着近代以来以西方自由主义为主导的理论及其背后的理论体系存在重大问题。而从中国特色社会主义的蓬勃发展中可以看出，习近平新时代中国特色社会主义思想是一套系统的、完整的、可以解决当今时代问题的科学理论体系，它长期坚持以解决问题为导向，体现了马克思主义的基本原理。虽然当今以及未来面临的问题和困难前所未有，解决问题的复杂程度、艰巨程度明显加大，但也是一个更大的变革与机遇时期，可以通过彻底的形成、构建中国自主知识体系的哲学社会科学体系来解决这些问题。

二、中国式现代化与人类文明新形态

（一）中国特色大国外交与人类文明新形态

党的二十大报告对于国际关系学科发展提出了新要求，需要学界对国际形势和重大国际议题给予中国判断和中国解释，同时必须改变长期以来国际关系研究过多依赖于西方理论，落入西方叙事和西方思维框架的痼疾。外交学院院长王帆认为，当前要对中国共产党的发展史和中国外交史给予高度重视，并从中提炼出具有中国特色、中国气派、中国风范的思想理念，创建具有国际影响的中国国际关系理论和中国叙事。中国特色的外交理论是国际关系研究的重要组成部分，中国特色外交不只是中国自身的外交，而是涉及人类发展，具有国际使命。因此要关注和研究关于人类命运和发展的宏大课题。中国特色大国外交理论着眼于中国，放眼于世界，对于世界上出现的重大议题都应给予更多的关注。同时，中国特色国际合作理论的构建也应成为学科新的增长领域。中国外交在求同存异基础上发展而来，因此具有实践基础。在推进国际关系和人类文明新形态研究方面，要从中国共产党史的历史规律和理论中为国际关系理论发展提供丰富养分。从国际关系角度，需要把中国共产党的历史置于世界历史视角下加以解释，强化中国共产党与百年未有之大变局的研究。还要从中国传统文化中提取取之不尽的营养，要根植于中国传统文化土壤，弘扬中国传统文化。

（二）中国特色法治体系与人类文明新形态

习近平总书记在党的二十大报告中明确指出，全面依法治国是国家治理的一场深刻革命，要在法治轨道上全面建设社会主义现代化国家。武汉大学副校长、武汉大学党内法规研究中心主任周叶中认为，中国特色社会主义法治体系最鲜明的特点和突出的优势就是坚持依法治国和依规治党有机统一。可以从三个方面阐释依法治国与依规治党有机统一对人类文明新形态发展的重大意义。第一，从人类现代化构成来看，依法治国和依规治党有机统一是中国式现代化的重要组成部分。走什么样的法治道路，建设什么样的法治体系，是由一个国家的基本国情决定的。毫无疑问，依法治国和依规治党有机统一，作为中国法治建设的重要内容，是中国式现代化的重要组成部分。与此同时，依法治国和依规治党有机统一，是习近平总书记基于中国国家治理的独特政治逻辑、法治逻辑和实践逻辑提出的原创性贡献，是中国式的、在世界上独一无二的，具有鲜明的中国特色。第二，从人类文明新形态来看，依法治国与依规治党有机统一彰显了人类文明新形态之"新"。法治是人类现代化文明的重要成果，也是人类文明进步的重要标志，从这个角度来说，法治形态是人类文明的重要形态之一，相比较于以往的人类文明法治形态来说，依法治国与依规治党有机统一彰显出了理念之新、制度之新、效果之新。第三，从中国式现代化和人类文明新形态的推进动力来看，依法治国和依规治党的有机统一为党领导人民推进中国式现代化创造人类文明新形态提供了有力保障。

习近平总书记在党的二十大报告中指出，中国式现代化是中国共产党领导的社会主义现代化，要在法治轨道上全面建设社会主义现代化国家。由此可见，一方面，在推进中国式现代化过程中中国共产党是根本政治力量；另一方面，中国式现代化必然由党领导人民在法治轨道上推进。而依法治国和依规治党有机统一恰恰能够为党领导人民推进中国式现代化、创建人类文明新形态提供有力保障。

（三）中国式现代化与人类文明新形态

中国式现代化是人类历史上最全面的现代化，包括实现高质量发展、发展全过程人民民主、精神生活共同富裕、人与自然和谐共生等内容。天津师范大学副校长，教育部"长江学者"特聘教授佟德志认为，中国式现代化的基本内涵就是中国共产党领导中国人民发展社会主义、建设社会主义。回顾中国式现代化历程，有三次标志性理论的提出，第一次是四个现代化的提出，随后第二次是小康社会以及全面建成小康社会的提出，第三次即是全面建设社会主义现代化国家的提出。从四个现代化到小康社会，再到社会主义现代化国家的不断发展，在结构上，包括政治、经济、文化、社会等体现出了内容越来越全面、结构越来越复杂的特性。但核心根本一直在中国共产党领导、社会主义、改革开放、发展的目标和战略。

（四）中国共产党的自我革命与人类文明新形态

中国共产党作为世界第一大执政党，如何管理一个庞大的系统，如何保持先进性、纯洁性，面对考验和危险时如何应对均是大党的独有难题。北京师范大学中共党史党建研究院院长、中华人民共和国国史学会副会长王炳林提出，为了解决这些问题，首先，要特别强调坚持和加强党中央集中统一领导，只有强化党中央的集中统一领导，才能保持政治方向、政治立场的坚定，才能提高政治判断力、政治领悟力、政治执行力。其次，要用新思想来凝心铸魂，强调理论武装是思想建设的根本任务。过往仅仅提出思想建设是基础性建设，它的首要任务是理想信念。当今把思想建设作为一个根本任务，并明确指出加强思想建设的方法就是进行理论武装。最后，是提出自我革命是跳出历史周期率的第二个答案，并作为制度规范体系确定下来。第二个答案并不会取代第一个答案，而是两者相辅相成，实现党的自我净化、自我完善、自我提升、自我革新的制度化，进而为推动实现人类文明新形态提供制度保障。

三、中华文化的国际传播与世界意义

（一）挖掘中华文化的当代价值和世界意义

习近平总书记在谈到中华文化和中华文明的时候提到"双创"：一个是创造性转化，一个是创新性发展。创造性转化和创新性发展是中华文明真正进行有效国际传播的关键。因此，中国社会科学院新闻与传播研究所所长、中国社会科学院大学新闻传播学院院长胡正荣认为，在进行中华文明传播的时候，不光要有中国文化的立场，还要对中华文化标识和文化精髓进行提炼，使对外传播中的话语和叙事体系成为有源之水。只有真正把中华文明当中具有当代价值和世界意义的内涵，通过创造性转化，创新性地呈现在世人面前，中华文明的价值才能得到凸显。在"双创"转化之中，要发现中华文明与世界对话之间的一种共通性、共情性和普遍性。随着现在中国越来越走向世界中央，也有能力在全球事务当中发挥更大的作用，这就需要更多贡献中国主张、中国智慧、中国方案。在解决全球面临的共通问题时，中国需要拿出五千多年中华文明当中的主张、智慧和方案，只有通过转化发现中华文明的当代价值和世界意义，用中华文明赋能全球治理，中国的国际传播才会更加有效。

（二）弘扬中华文化中的全人类共同价值

构建人类命运共同体是习近平外交思想的核心理念，也是中国超越西方国际关系理论的一个重大创新，是对世界向何处去这一时代命题的重要思考，也是为世界贡献的中国智慧和中国方案。北京大学社会科学部副部长兼智库中心管理办公室主任，教育部北京大学中美人文交流研究基地执行主任王栋认为，在人文领域，中国拥有深厚的文化底蕴，这是在全球引领人文交流、文明互鉴的天然优势，也是构建人类命运共同体的基础之一。中国拥有五千多年的悠久华夏文明，文化灿烂光辉，要以五千多年文明为精神内核，增强中华文明传播影响力。要通过人文交流和文明互鉴，增进人文互信，凝聚人文共识，推进形成中外人文交流大格局，构筑人文共同体，夯实人类命运共同体的人文基础，推动中华文化更好走向世界。在中华民族伟大复兴战略全局和百年未有之大变局相互交织激荡之时，弘扬全人类共同价值，构建人类命运共同体，共创共赢共享的人类未来，既是人间正道，也是大势所趋。因此要积极推进人文命运共同体的建设，抓住引领世界人文潮流的历史机遇，争取世界人文交流的话语权和主动权，不断丰富和发展人类文明新形态，为构建人类命运共同体提供人文支撑。

（三）发挥华侨华人在中华文化国际传播中的独特作用

据不完全统计，目前全世界华侨华人有六千多万，工作生活在世界上将近二百个国家和地区。海外华侨华人是中华文化的先天携带者、中国形象的自然体现者，也是中国故事的无声讲述者，在宣传中国、传播中华文化方面具有得天独厚的优势。因此，国务院侨务办公室原副主任、中国华文教育基金会理事长任启亮提出，要把中华优秀传统文化，把中国的历史和现实介绍给世界，让世界了解一个全面的、客观的、真实的中国，让中华文化在更广的范围、更深的层次得到发扬光大；一定要深入研究海外受众的特点，要突破固有的思维定式，拓宽工作思路，开辟工作渠道，创新方法，尤其要发挥海外华侨华人的独特作用和优势。尤其有必要加强对华侨华人的引导和服务，充分肯定他们的爱国热情，为他们在海外更好地生存和发展创造条件，培养一支扎根在当地的有生力量，使其成为中华文化忠实的践行者，中国形象坚定的维护者，中国传统自觉的继承者和中国精神生动的体现者，努力推动中华文化走向世界。

（四）精准传播是提升国际传播效果的关键

上海交通大学人文社会科学资深教授、中国比较文学学会原会长、欧洲科学院外籍院士、拉丁美洲科学院院士王宁认为，在整个二十世纪，中国都在致力于引进各种国外的，尤其是西方的文化观念和人文学术理论思潮，而全球化的进程发展到今天，文化的焦点已经出现了转向。在全球化的语境下，中国文化和人文学术何以成功实现海外传播？过去有人认为中国的经济发达了，文化和人文学术就自然可以得到世界的认可。但事实并非如此，中国越是发达，西方在软实力方面就越是遏制中国。当年苏联作为一个超级大国在世界上发挥影响时，苏联的人文学术著作并没有得到西方学界大规模的译介和研究。这就说明经济上的硬实力是任何国家都可以去效仿的，而文化软实力则不然，其还有一种民族文化的价值观念和意识形态特征，如果得不到认同，民族文化的传播就会被阻碍。因此，中华文化要走向世界，一定要对西方精英分子和学术界产生影响。中国的人文社会科学和中国文化走向世界，从跟随西方，到与西方并肩，然后再到与西方争论，最后应该发展到提出一个命题带领包括西方在内的全球一起探讨。这应是中国文化、中国人文走向世界的最高境界。

（五）持之以恒推动中华文化的国际传播

人类文化多样性是人类文明的魅力所在，也是基本特点之一，但当前西方中心主义的世界文化格局中，文化多样性面临着前所未有的挑战。中国比以往任何时候都更加深切地感受到文化力量的重要性和紧迫性。中国是一个巨大的文化体、文明体，但当为人类文明作出贡献的时候，在进入世界文明体的时候，仍面临很多路障。这个障碍来自于传统的权力和意识形态关系以及西方文化存在的偏见。在这种情况下，要做好文化国际传播。复旦大学新闻学院院长、复旦大学发展研究院副院长张涛甫认为要遵循三步走的路径。第一步是要把文化传出去，第二步是文化要能够被理解，第三步要实现文化认同。在推进从文化传播、理解到认同的过程中，首先要理解外部为什么会出现偏见，在此基础上顺势而为才能做好文化传播。其次还必须做好文化的推介与理解工作。文化"走出去"如果完全是以自我为中心，不考虑对方感受，不能够知己知彼，尤其是不能站在对方角度换位思考，不能精确了解传播对象对差异化的接受期待，那么文化将很难被接受，更难被认同。最后文化传播是一个滴水穿石的过程，在短期内迅速把历史上形成的遗留问题和现实当中一系列结构性问题消散掉是非常困难的。因此一定要有长期战略考虑，然后再久久为功实现文化浸润过程。

（执笔：季哲忱，当代中国与世界研究院《当代中国与世界》编辑；陈旸，清华大学国家治理研究院研究员）

来源：《当代中国与世界》2022年第4期

"中国式现代化与中华民族共同体意识教育"学术报告会综述

2022年11月12日，由中国人类学民族学研究会教育人类学专业委员会主办，西北师范大学西北少数民族教育发展研究中心、西北师范大学教育科学学院和《当代教育与文化》编辑部承办的"中国式现代化与中华民族共同体意识教育"学术报告会在西北师大召开。国内高校和研究机构的600多名研究者通过线上线下方式参与了此次报告会。来自中国人民大学、中央民族大学、兰州大学、西南大学、新疆大学、国家教育行政学院、杭州师范大学、内蒙古民族大学、西北师范大学等高校的12位专家学者围绕中国式现代化与民族教育高质量发展、中国式现代化与民族地区高质量教育体系建设、中华民族共同体意识教育的路径与方法等主题，交流研讨了中国式现代化与中华民族共同体意识教育的有益经验。

新疆大学孟凡丽教授作了《铸牢中华民族共同体意识生活化：内涵解析、发生机理及实践路径》的报告。报告梳理了马克思主义经典作家和我国学者关于生活化的相关论述，厘定了铸牢中华民族共同体意识生活化的内涵，即以增强"五个认同"为核心，以牢固树立"四个与共"的共同体理念为目标，将铸牢中华民族共同体意识内容通过各族群众习以为常的方式融入其生活世界，形成经常发生、广泛开展且具有较强渗透力的社会实践形态和日常生活样态，实现由生活世界向中华民族共有精神家园互动进阶的实践过程，具有人本性、体验性、潜隐性、广泛性等特点。报告认为铸牢中华民族共同体意识生活化以植根于生活为逻辑起点，以升华于生活为意义探赜，以回归于生活为实践指向，以引领于生活为价值旨归，其本质上是铸牢中华民族共同体意识与各族群众生活世界的能动互构过程，二者内在贯通且相互支撑，形成自洽的内在逻辑图式。报告提出了铸牢中华民族共同体意识生活化的实践路径：一是打造"有形"的生活化内容；二是创新"有感"的生活化方式；三是建立常态化的"有效"落实机制；四是加强"有力"的支持保障。

中央民族大学苏德教授作了《铸牢中华民族共同体意识教育：新时代民族院校的使命、责任与担当》的报告。报告包含三方面的内容。第一，通过对加强和改进民族工作的重要思想"十二个必须"、把握铸牢中华民族共同体意识重要意义的四个"必然要求"、把握铸牢中华民族共同体意识的"五个认同"与"四个与共"的基本要求等进行系统梳理，论述了深刻把握中央民族工作会议提出的新思想、新论断、新要求及铸牢中华民族共同体意识的重大意义。第二，对铸牢中华民族共同体意识教育创新与实践的典型案例——"民大模式"作了交流，讲述了中国共产党创办新型民族高等教育的基本经验，分享了贯彻"三新一高"的发展理念，提出要深入探索铸牢中华民族共同体意识的教育模式。第三，提出我国民族教育面临的挑战与思路。报告认为，新时代我国民族教育面临如下挑战：面向世界的中国特色民族教育话语体系亟需构建，民族教育有关政策法规有待调整和完善，人才供给与"一带一路"倡议的衔接问题以及乡村振兴战略背景下民族教育的适应性问题。报告最后提出了相应的对策建议：构建中国特色民族教育学术体系、理论体系和话语体系；加强顶层设计，完善民族教育政策体系。

杭州师范大学王鉴教授作了《铸牢中华民族共同体意识的科学内容与实践路径》的报告。报告认为，铸牢中华民族共同体意识是一个复合概念，包含了民族学、历史学、教育学等众多学科研究中的"中华民族""共同体""意识""铸牢"等相关核心概念，通过深入剖析这些子概念的内涵及其相互关系，总结了铸牢中华民族共同体意识概念的核心在于通过政治的、文化的、教育的途径铸牢中华民族每个成员的"休戚与共、荣辱与共、生死与共、命运与共"的自觉的共同体意识，并能在社会生活中形成话语意识。报告从国家政策层面强调铸牢中华民族共同体意识，铸牢中华民族的文化共同体、精神共同体、命运共同体，要加强"五个认同"的教育，而且要成为全国各族人民的自觉意识和话语意识，既知道怎样做才能铸牢中华民族共同体意识，又知道为什么这样做的原因。报告从个体层面强调铸牢中华民族共同体意识，就是要把这种意识变成每个人生活中自觉的生命模式，变成每个人行动的实践取向，变成每个人表达的话语意识。报告认为铸牢中华民族共同体意识具有两个理论基础：一是中国特色社会主义民族工作理论，包含中华民族多元一体的国情理论、铸牢中华民族共同体意识、"十二个必须"；二是中国特色社会主义国家治理现代化理论，包括人和自然和谐共处的共同体理论、铸牢中华民族共同体理论、人类命运共同体理论。报告认为铸牢中华民族共同体意识的实践路径就是在民族团结、国家统一和民族复兴中如何落实的问题。首先在民族团结共同体建构方面，政治上要坚持和完善民族区域自治制度；经济上要让所有民族共同富裕；文化上既要传播中华文化，又要尊重少数民族的优秀文化；教育上要加强民族地区教育高质量发展。其次在国家统一方面，在香港、澳门问题上需坚持"一国两制"，加强合作与交流；在台湾问题上应坚持"和平统一、一国两制"，坚持中华民族共同体意识。再次在民族复兴方面，需要团结海内外华侨华人，汇聚民族复兴力量，既要借鉴和吸收国内外优秀文化，更要将中华优秀文化传播到世界各地。报告认为，铸牢中华民族共同体意识需要国家、社会、个体的多层面努力，通过政治、经济、文化、教育多维度的建构，让民族团结、国家统一、民族复兴成为新时代的主旋律。

中国人民大学陈立鹏教授作了《加强铸牢中华民族共同体意识教育的几点思考》的报

告。报告首先认为铸牢中华民族共同体意识教育是指通过一定的途径和方法对受教育者传播铸牢中华民族共同体意识思想和知识的过程，是使受教育者增强国家认同和中华民族认同、树立中华民族共同体意识的过程，中华民族共同体教育是其精髓和核心内容。建议通过研究编写《中华民族共同体教育学习纲要》、加强中小学中华民族共同体教育专题教材和辅导读本的编写等，明确中华民族共同体教育的目的、意义、概念、基本内容和有关要求，达到全面准确理解铸牢中华民族共同体意识教育的目的。其次要大力推进国家通用语言文字教育。国家通用语言文字服务于整个中华民族，是中华文化传承的重要载体，各民族对国家通用语言文字的学习和掌握，既是对中华文化符号的认同与接纳，更是增强民族共同性的客观需要。最后积极构建铸牢中华民族共同体意识教育体系，要在学校系统积极构建大中小幼一体化发展，在全社会积极构建学校教育、家庭教育、社会教育、干部教育统筹发展的铸牢中华民族共同体意识教育体系。

内蒙古民族大学白红梅教授作了《内蒙古三科统编教材师资队伍建设——基于内蒙古东部片区的考察》专题报告。报告认为教材建设是国家事权，推行使用国家统编教材是全国各地的一项重大政治任务。内蒙古从2020年起在全区开展分类分步的三科统编教材教育教学工作，在工作推进中通过保障教师待遇、分类分期培训、补充师资缺口等多措并举保障了统编教材师资队伍建设。报告建议，第一在今后工作中应首先加大各级政府部门支持力度，提高农村牧区学校办学条件和完善人才环境；第二要制定相应对策，储备优质师资，完善师资结构；第三要加强师德建设，激发教师敬业精神，促进优良教风学风形成；第四要加强骨干教师队伍建设，培养一批学科带头人；第五培育校内培训要常态化，校外校内培训相结合；第六要积极鼓励教师攻读教育硕士，并提供相应的倾斜政策。

兰州大学李静教授作了《学校铸牢中华民族共同体意识教育研究》的报告。报告首先阐述了学校铸牢中华民族共同体意识教育的内涵：学校铸牢中华民族共同体意识教育的一体化本质是在"大中小幼进行一体化教育"，遵循青少年学生身心发展特点与品德发展规律，实现铸牢中华民族共同体意识教育的循序渐进、螺旋式上升；将铸牢中华民族共同体意识有效融入思政课程和课程思政，使中华民族共同体理念全方位进课堂、入心入脑，更好地实现立德树人的育人目标；全方位、立体化开展，形成学校各部门、学生的各种社会关系全面配合，多方参与，将铸牢教育内容日常化、生活化。其次指出学校铸牢中华民族共同体意识教育一体化建设存在的误区和盲区：一是一体化"一"的三个方面的缺乏。体系方面缺乏"一"的统领，大中小幼缺乏很好衔接；教育方面缺乏"一以贯之"；教学方面缺乏"一"的具体实践。二是一体化"体"的问题。管理方面缺乏统筹，存在碎片化管理，尚未有效整合教育资源，没有形成教育合力。三是一体化"化"的问题。思想观念的转化方面存在认知误区；知识转化方面存在重形式不重实效，缺乏科学的理论指导。最后，报告提出了学校铸牢中华民族共同体意识教育"一体化"的路径，应从大中小幼梯次推进，一级一步，入脑入心，依据青少年儿童心理发展规律梯次推进教育内容和针对不同区域试点引领，以及课程建设梯次推进的方式推进一体化进程。

国家教育行政学院丁月牙教授作了《中国式现代化语境下民族教育的机会和挑战》的报告。丁教授回顾了中国式现代化教育研究历程，比较了发达国家和发展中国家的发展异同，分享了党的二十大报告撰写经历和过程。报告认为，在中国式现代化民族教育发展中，需处理好传统和现代的关系。今后应继续将民族教育在少数民族地区的短板补足，同时将老问题和新问题一起解决，通过创新性人才自主培养体系的建立，更好地为现代化建设提供新动能、新赛道、新渠道。归根结底，任何教育发展战略都离不开教育的本质人的培养，现代化的本质是人的现代化，无论是中国式现代化还是中国式现代化教育之下的教育，立足点都应回到人的现代化的培养，包括人的独立精神、创新精神，以及人的主体性的培养。

西北师范大学张俊宗教授作了《以"三协同"高质量教师培养机制构建"三区三州"乡村教育振兴的"西北师大模式"》的报告。报告认为，"三区三州"是国家层面的深度贫困地区，具有特殊的国家战略地位。这一地区历史上教育资源分布稀、规模小、层级多，虽经逐步调整，形成了现在普遍运用的办学模式——"7+5+3"县域一体化教学模式和县域统筹轮岗教师发展模式。在这个模式中，解决好"7"所代表的小规模学校幼儿园阶段和小学低年级阶段教学及与此相适应的教师培养问题，成为解开"三区三州"教育发展的钥匙。针对此问题，西北师大通过制定实施全科教师培养培训方案，有效解决了"三区三州"全科教师职前培养与职后培训的统筹提升问题；通过师范生教育实习、援教顶岗、特殊培训和创新实践，有效解决了"三区三州"小规模学校多学科教学需求与实施精准教学援助的衔接问题；通过"互联网+"美育体育创新实践，有效解决了"三区三州"小规模学校落实"五育并举"中的师资、课程短板问题；通过实施向学科型转型的农村教育硕士培养方案，有效解决了"三区三州"县域统筹轮岗教师发展模式下教师转型发展问题。这一工作开展六年之久，效果显著：一是教学成果效果显著，规模效应初步显现；二是经验成果得以向师范院校联盟高校推广；三是经验成果在与企业协同创新协作中得以推广；四是理论研究成果为国家乡村教育发展提供了案例与依据；五是媒体关注度高，社会反响良好。西北师范大学选择具有典型意义的甘肃临夏州、甘南州、陇南市和新疆阿克苏地区设立4个教育实验区，在持续探索过程中边研究边实践边总结，构建了集"培养、研究、实验、示范"为一体、适应西部农村地区和民族地区实际的教师教育模式，为研究探索行之有效、务实管用的"三区三州"教师队伍建设长效机制奠定了坚实基础，积累了宝贵经验，作出了自身独特的贡献，形成了服务乡村教育振兴的"西北师大模式"。

西南大学吴晓蓉教授作了《民族地区教育高质量发展内涵、标准及实践》的报告。首先，报告从教育逻辑、政策逻辑、战略逻辑三个层面分析了促进民族地区教育高质量发展的必要性，认为这是中国式现代化、建设教育强国、民族地区教育质量提升的本质和必然要求。其次，报告从系统均衡观、质量管理观、民生改善观三方面阐释了民族地区教育高质量发展的内涵，即教育与其外部影响因素既要在结构上保持动态平衡，也要在功能上实现优势互补；要全面质量管理，且能满足不同教育利益相关者的需求；要凸显个体追求内在精神成长，追求美好生活的主体价值，且能更好地促进社会生产力的发展。再次，报告从功能、价值、方法层面探讨了如何评价民族地区教育高质量发展，认为教育要帮助个体满足实现生命本质的需求、为社会输入高素质人才的需求、人类谋求"命运共同体"的需求，要立德树人、实现人的全面发展、公平且有质量，要坚持以人民为中心、实现家校社协作、以适切为评价取向。最后，报告提出了加快民族地区教育高质量发展的实践框架：一要从本体论视角理性审视民族地区教育，回归教育本源；二要构建以学生学习质量为关键要素的民族教育高质量发展评价体系；三要守正创新，主动衔接民族地区经济、社会发展战略，推动民族地区教育高质量发展。

中国人民大学刘谦教授作了《免费中职教育铸牢中华民族共同体意识的实践路径分析》的报告。报告认为四川省"9+3"计划以教育机会撬动空间转换，通过宣讲教育明示主流价值观，通过校规校纪践行规则约束，通过技能培训接轨工业文明，通过经历多民族文化发展学生人格，以此构建和谐心态秩序，培养国家认同感，铸牢中华民族共同体意识。报告认为免费中职教育可参考四川省"9+3"计划，采取以下措施铸牢中华民族共同体意识。首先，以空间转换奠定"三交"现实基础；其次，以校园生活促发多民族青少年文化互动；最后，以心态秩序强化、铸牢中华民族共同体意识。这些措施可让学生感受差异，寻找共同，获得基于现代社会分工体系的生存能力，并以点带线（家庭）、以线带面（家族），促进社会有序发展，强化共同体意识。

中央民族大学海路教授作了《中华民族历史观教育：内涵、价值与实践路径》的报告。报告认为中华民族历史观教育是指通过特定的历史教育活动，引导受教育者形成正确的中华民族历史认知和评价，培育受教育者的中华民族共同体意识和实践自觉，包括中华民族历史认知教育、情感教育和自信教育；其着力点和主要载体应是学校教育，核心在于树立中华民族历史观，培育中华民族共同体的历史认同，铸牢中华民族共同体意识。报告指出中华民族历史观教育具有培育以正确的中华民族历史认知为基础的个人意志，涵养以科学的中华民族历史态度为导向的集体记忆，厚植以坚定的中华民族历史自信为内涵的文化底蕴等多方面的价值。最后报告提出了中华民族历史观教育的实践路径：一是要强化以"多元一体"为特征的中华民族历史认知，要挖掘中华民族历史记忆以培育共同的历史认知，探寻民族文化记忆以丰富地域性历史认知，关注民族历史记忆以补充民族历史认知；二是增进以"五个认同"为核心的中华民族历史情感,坚定以"三种精神"为根基的中华民族历史自信,应以各民族形成的共同历史文化为重点,增进受教育者对中华文化的更深认同,以各民族共同反抗封建主义等的历史经历为重点,增进他们对祖国和中华民族的自觉认同,以各民族在共同追求实现中华民族复兴与共产主义理想征程中取得的成就为重点,增进他们对中国共产党和中国特色社会主义的高度认同;三是坚定以中华民族精神、革命精神、时代精神等"三种精神"为根基的中华民族历史自信,开展"三种精神"教育分别是培育、强化、提升中华民族历史自信的重要前提、基础及关键所在。

西北师范大学高承海副教授作了《语文课程传承中华文化、提高学生思想道德修养的实证研究》的报告。报告通过实证研究的方法探索了语文学习与学生中华文化思想道德的相关性、语文课程如何更好地传承中华文化和提高学生的思想道德修养等问题。报告认为大、中学生的语文学习水平与思想道德修养之间存在显著性相关,语文课程是学校传承中华文化、提高学生思想道德修养的基本途径;中华优秀传统文化经典阅读状况与学生思想道德修养有重要的关系,但是经典阅读现状不容乐观;通过思想道德量表发现"个人修养"分量表得分显著低于"家国情怀"分量表得分,大、中学生的中华文化素养、思想道德修养有待提高。报告提出要充分认识到学校是传承中华文化的主阵地,语文课程则是传承中华文化的基本载体,要高度重视语文课程在思想道德教育中的功能,构建大中小学"一体化"语文课程体系,将中华优秀传统文化课程纳入语文课程体系,推动建设高质量语文课程体系,实施"语文强国"战略。

西北师范大学党委书记张俊宗在致辞中提到:此次报告会的召开恰逢党的二十大胜利闭幕并深入学习贯彻党的二十大精神之际,报告会对于深入学习贯彻党的二十大精神,交流与分享"中国式现代化与中华民族共同体意识教育"的最新研究成果,凝聚发展共识意义重大。本次会议主席、中国人类学民族学研究会教育人类学专业委员会理事长万明钢教授认为,此次会议集中分享了研究者积淀了多年的研究成果,对中国式现代化作了较为深刻的阐释,对中华民族共同体意识教育研究作了更为深入的推进,报告内容丰富,研究视野多元,研究方法多样,为更好地促进民族地区教育高质量发展、铸牢中华民族共同体意识提供了极具启发的典型案例与经验,为铸牢中华民族共同体意识、推进中华民族共同体意识教育搭建了更为广阔的交流平台。

(执笔:贺玲,西北师范大学西北少数民族教育发展研究中心)
来源:《当代教育与文化》2022年第6期

中国共产党意识形态建设的时代解读

——国家治理现代化与社会主义意识形态建设高峰论坛会议综述

经济建设是党的中心工作,意识形态工作是党的一项极为重要的工作。习近平总书记强调:"建设具有强大凝聚力和引领力的社会主义意识形态,是全党特别是宣传思想战线必须担负起的一个战略任务。"[①] 为深入贯彻落实意识形态工作责任制,建设具有强大凝聚力的意识形态,由西北工业大学、中国历史唯物主义学会国家文化安全与建设研究会主办,西北工业大学马克思主义学院承办的"国家治理现代化与社会主义意识形态建设"高峰论坛于2020年12月12至13日在西安召开。来自清华大学、北京大学、中国社会科学院、南京大学、北京师范大学、河海大学等全国高校和科研机构共200位专家学者出席此次论坛。此次论坛围绕习近平总书记关于意识形态建设重要论述、马克思主义意识形态理论、社会思潮与国家意识形态安全、红色文化传承与意识形态建设、社会主义意识形态传播等问题进行了广泛深入的交流互动,达成了广泛共识,取得了丰硕学术成果。

一、习近平总书记有关社会主义意识形态的重要论述

本次高峰论坛,专家学者们通过对习近平总书记有关社会主义意识形态的重要论述进行全面且系统的梳理和总结,为准确把握社会主义意识形态问题提供了可资借鉴的研究视角和学术逻辑,具有极强的理论研究价值。

中国社会科学院龚云教授围绕"全面贯彻习近平总书记意识形态重要论述"进行主旨汇报。一方面,他从汇报主题本身出发,廓清"文化"和"意识形态"的关系,认为十九大前,党有关社会主义意识形态的舆论宣传工作重在"破",即对错误思潮的批判,而党的十九大后重在"立",即以正面宣传为主,也要敢于"亮剑";另一方面,他从科研素养培育出发,一是认为在阅读习近平总书记有关社会主义意识形态的重要论述及相关中央政策文献过程中,要注重"全面掌握"和"准确贯彻"的有机圆融;二是认为在日常思考与学术写作过程中要对政治思潮、学术观点、一般认识进行有效区分;三是认为应当注重对学者进行政治性分析,并多次强调了创新精神的重要性。

---

① 张洋:《举旗帜聚民心育新人兴文化展形象 更好完成新形势下宣传思想工作使命任务》,《人民日报》2018年8月23日。

河南师范大学政治与公共管理学院孟轲教授对"习近平总书记关于意识形态工作的重要论述"进行深入讨论。他强调这一重要论述是习近平新时代中国特色社会主义思想的重要组成部分，也是新的历史条件下进一步做好我国意识形态工作的纲领性文献，科学论述了新时代有关意识形态工作的方向性、根本性、全局性重大问题。其核心内容集中体现在五个方面：一是明确意识形态工作的战略定位，强调意识形态工作是党的一项极为重要的工作；二是明确意识形态工作的战略目标，强调必须坚持党的领导、坚持和发展中国特色社会主义；三是明确意识形态工作的战略任务，强调建设具有强大凝聚力和引领力的社会主义意识形态；四是明确意识形态工作的战略重点，强调必须"把网上舆论工作作为重中之重来抓"；五是明确意识形态工作的战略思路，强调必须"全党动手"，树立"大宣传"工作理念。

东北师范大学马克思主义学院胡海波教授从历史逻辑、理论逻辑和实践逻辑出发，对于"习近平关于文化重要论述"进行总体性探讨。从中国特色社会主义文化发展的历史逻辑来看，围绕中国特色社会主义文化的"渊源形态"（即中华优秀传统文化）、"现实形态"（即革命文化和社会主义先进文化）、"发展形态"（在中国特色社会主义实践中正在生成的文化），深刻阐明了中国特色社会主义文化生成发展的历史连续性；站在中国特色社会主义新时代的高度，系统揭示了中国特色社会主义文化生成发展的连续性与非连续性的辩证统一的历史逻辑。从发展中国特色社会主义先进文化的理论逻辑来看，他认为习近平关于文化的重要论述可以概括为指导思想论、发展道路论、方针方法论等十大基本理论框架并阐明了其中的内在逻辑。从建设社会主义文化强国的实践逻辑来看，胡海波教授认为我国目前存在"硬实力很强、软实力不够"的状况，文化强国建设需要高度重视文化软实力的提升。

二、马克思主义经典著作中的意识形态理论解读

意识形态有其自身的发展历程，与马克思主义经典文本的脉络相辅相成、相得益彰。马克思主义经典文本中意识形态的相关论述历经萌芽、提出、发展和完善等阶段，推动意识形态的研究更加深入具体，其发生学由人本学到唯物史观，由个人意识到社会意识，由抽象哲学逻辑到科学实践逻辑的丰富发展，为意识形态的经典文本解读提供新方法、新思路、新视角，为推动意识形态的文本学研究增砖添瓦。

北京大学马克思主义学院陈培永教授从三个矛盾面入手分析"何谓社会主义"，以马克思恩格斯经典著作为论据，引证了《资本论》和《1844年经济学哲学手稿》对资本的特点、作用、影响等，深入分析了社会主义与资本主义、社会主义与个人主义、社会主义与国家主义等三个矛盾的产生缘起、存在问题以及实现理路，回击了对"当今陷入资本逻辑困境，中国特色社会主义是否是社会主义"的质疑。

西北大学马克思主义学院陈中奇副教授以"马克思与费尔巴哈学术关系的历史原像——一种基于文本的比较性诠释"为题进行深入探讨。首先,从《黑格尔法哲学批判》分析费尔巴哈哲学中一个更为根本的但却不为人们所广泛关注的、具有根基性的哲学方法论——发生学观点的批判哲学,它才是正确打开费尔巴哈进而理解马克思主义哲学的一把钥匙。其次,从《1844年经济学哲学手稿》和《神圣家族》入手分析马克思对费尔巴哈哲学的发扬与超越,认为马克思在《关于费尔巴哈的提纲》中,用"实践活动的"唯物主义整体扬弃了费尔巴哈的"唯物主义人本学"。再次,通过对法学、哲学、政治经济学、社会学、历史学等多个学科的综合分析,提出马克思在《德意志意识形态》中形成了具有"社会发生学观点的批判哲学"特色的唯物史观,彻底终结了费尔巴哈的"自然发生学观点的批判哲学"这一根本哲学思想和方法论,实现了对费尔巴哈哲学的彻底超越。最后,进一步比较马克思主义哲学与费尔巴哈哲学的联系与区别,认为马克思唯物史观与费尔巴哈唯物主义人本学拥有共同的理论根基——发生学观点的批判哲学。此外,从学科视野、理论出发点、阶级立场、理论特性等方面分析了马克思唯物史观与费尔巴哈唯物主义人本学的区别,指出以费尔巴哈和马克思的文本为依据,可以还原马克思"接触—学习—崇拜—运用—反思—批判—扬弃—超越"费尔巴哈思想的全过程。

西北工业大学马克思主义学院郝保权教授围绕"马克思共产主义思想的历史生成及内在逻辑"展开讨论,指出要重回马克思共产主义的历史起点,追溯思想源头和成长轨迹,考察理论发展和实践运用,即从马克思的博士论文出发到莱茵报时期分析马克思共产主义思想的起点——探求人生价值;从《黑格尔法哲学批判导言》和《论犹太人问题》中探求马克思主义思想的提出——实现人的解放;从《政治经济学批判大纲》和《1844年经济学哲学手稿》中探索马克思主义思想的初步形成——扬弃异化劳动;从《德意志意识形态》和《共产党宣言》中思考马克思共产主义思想的进一步发展——世界历史视野;从《政治经济学批判(1861—1863)》和《哥达纲领批判》等文本中阐明马克思共产主义思想的完善和成熟——侧重实证的研究。此外,他指出这一逻辑轨迹是马克思共产主义思想中"哲学逻辑"与"科学逻辑"的颉颃消长,是"自然主义"和"人道主义"的辩证统一,是"人的发展"和"社会发展"的内契交融,不断深化对科学社会主义理论中社会发展和人的发展必然规律的认识。

三、对意识形态领域错误思潮的批判和斗争

习近平总书记提到:"当前我国面临着意识形态领域的斗争,面对波谲云诡的国际形势、复杂敏感的周边环境、艰巨繁重的改革发展稳定任务,我们必须始终保持高度警惕,既

要高度警惕'黑天鹅'事件，也要防范'灰犀牛'事件。"① 面对意识形态领域形势，专家学者们普遍认为应科学运用斗争和同一的唯物辩证法，既要时刻保持高度警惕并旗帜鲜明地批驳错误社会思潮，又要坚守意识形态阵地，做大做强主流思想舆论，做到破立并举，打好意识形态领域斗争的主动仗。

中国社会科学院朱继东教授提到新形势下意识形态领域的新特征、重要原则、主要着力点，分析了党的十八大以来意识形态工作的新特征，阐明一以贯之的三点重要原则：立破并举，重在建设；疏堵结合，加强舆论引导，杜绝将不能听、不能说成为常态，提倡让人民说话；敢于亮剑、敢于斗争，时刻警惕资本操控舆论。此外，他认为做好新形势下意识形态工作应聚焦三大重要任务，包括要抓住关键少数，使其切实做到守土有则、守土负责、守土尽责；要加强阵地建设，绝不给错误思潮、言论提供发表阵地、传播渠道；要注重能力提高，大力加强广大党员干部同错误思想观点斗争的意识和能力。

中国人民大学马克思主义学院侯衍社教授围绕"在理论创新和实践创新良性互动中发展马克思主义"进行交流，强调创新马克思主义的必然使命是拥有高度的理论思维和创新思维，必须占领原有阵地、新阵地、错误思潮阵地。要坚持理论与实践相统一，梳理党的建设实践，迎合时代发展、实践发展、理论自身发展的需要。要兼顾两个大局，深刻认识发展规律，保持理论定力，为契合迎接新时代科技革命做好理论支撑。

聚焦西方意识形态"软输入"问题，安徽大学马克思主义学院吴学琴教授将社会主义意识形态建设问题与青年较为关注的"美国大片"相结合，对于好莱坞如何虚构"中国人"、如何宣扬西方价值理念进行破清，并认为中国若想摆脱资本主义文化的束缚、筑牢本国的社会主义意识形态，就需要创造自己的优质文化产品，进而讲好中国故事、传递好中国声音。

清华大学马克思主义学院刘书林教授指出中国治理的历史传统与意识形态要义，提出制度定型的三个方面：一是治理体系现代化，主线是制度建设，目的是长治久安，核心是人民幸福；二是以人民的根本利益作为根本标准；三是强化执政党的自我完善，推动治理能力现代化，推进新时代制度化改革的完善和定型。

中共中央党校（国家行政学院）何海根副教授指出，"不忘初心、牢记使命"之所以可以转化和上升为制度成果，是基于历史传承和科学理论的认识逻辑，源于对近代中国历史主题的认识和把握，是马克思主义信仰、社会主义和共产主义信仰的中国式表达，其实质是把中国共产党近代以来的理想信念上升为一种制度安排。在制度建设的实践逻辑方面，指出具有鲜明的问题导向是党的领导制度建设的重中之重，是应对两种社会制度较量的必然要求。

---

① 《警惕"黑天鹅" 防范"灰犀牛"》，《领导决策信息》2019年第4期。

此外，对这一制度的内在逻辑进行分析，即学习科学理论的制度体系、锤炼党组织成员政治品格的制度体系、推进创新创造的制度体系、强化纪律维护的制度体系。

河海大学马克思主义学院黄明理教授清晰阐明了中国共产党的初心和使命形成的历史依据和现实原因。历史依据是中国共产党的初心与近代中国的现实遭遇密切相关，来源于对党的历史经验的总结。现实原因是让中国共产党牢记使命，摆脱精神懈怠危险，使党永葆年轻和活力。强调习近平"初心论"的提出源于新时代新要求，伟大的奋斗目标以及党所处的历史方位都要求共产党人践行初心使命，并要谨防对"为人民服务"望文生义，其并非失去个人利益保障的极端集体主义。此外，将意识形态特殊化、泛意识形态化也是极端做法，应在保障个人利益的前提下探讨集体主义。

陕西师范大学张琳教授分析了"马克思主义在意识形态领域指导地位根本制度的生成逻辑"。其一是价值性生成，是维护主流意识形态安全和筑牢人民共同思想基础的必然要求；其二是理论性生成，基于马克思主义基本原理和方法、马克思主义的制度建设理论；其三是历史性生成，借鉴苏联意识形态建设的经验教训，总结中国意识形态建设的实践经验；其四是实践性生成，即应对西方意识形态渗透、多元社会思潮侵蚀、网络复杂信息挑战。

四、红色文化传承与社会主义意识形态建设

本次高峰论坛，专家学者们围绕"红色文化传承与社会主义意识形态建设"展开主题研讨，不仅从总体上对红色文化建设问题进行多角度系统阐释，更是分区域、分主题聚焦具体问题进行深入思考。学者们的学术格局、研究方法、表述形式各具特色，为进一步开展社会主义意识形态建设研究打开了重要的研究窗口。

上海交通大学马克思主义学院高福进教授长期从事文化领域研究，本次会议针对红色文化与党建精神提出独到见解。首先，对于红色文化进行理论性的总结提升具有重要学术价值和现实意义。他指出红色文化在学术上为马克思主义中国化理论研究、构建上海红色文化理论体系、中国共产党党史研究提供了重要理论基础；在现实中对于城市风貌展示、青少年德育发展、上海红色文化产业形成与发展具有重要意义。其次，对红色文化的基本内涵进行学理层面的廓清。他认为，对于红色文化及其系列精神概念的理解要注重严谨性，并从时间和空间的角度进行全面阐释。从时间维度来看，需要对红色文化的分期予以明确，即自中国共产党成立到新中国成立，不断探索马克思主义中国化道路，到改革开放开辟中国特色社会主义道路和形成中国特色社会主义理论体系，再到中国特色社会主义进入新时代，中华民族迎来了从站起来、富起来到强起来的伟大飞跃；从空间维度来看，需要对国内红色文化进行地域性划分，即中国共产党正式成立后在不同地区开展一系列革命斗争和改革实践，如深圳沿海城市的开放、上海国际化大都市的建设等。最后，深刻阐明了建党精神及其他系列精神的

关系。他认为,建党精神具有统领性意义,其他精神以之为基础。以红船精神为例,以历史与逻辑相统一为研究方法,明确了建党精神与其他系列精神之间存在共性与个性的关系、整体与局部的关系,认为建党百年之际研究红色文化、建党精神及其系列精神的关系具有重要的认识论意义和实践论价值。

此外,还有学者围绕高校红色基因传承、延安红色旅游、红色景观文化展开汇报与讨论,探索如何以新时代红色文化建设助力社会主义意识形态工作提质升级。陕西师范大学马克思主义学院王东红副教授将高校有效传扬红色基因作为切入点,展开系统深入的理论思考,并结合陕西省实践经验,提出具体优化策略。首先,他从政治语言、文化语言、科技语言出发,指出提高依据意识使红色基因传扬更具效力;其次,他指出陕西省完善体制机制和创新工作方式能够有效化解时空距离导致的不协调、消融供需矛盾产生的不匹配、摒弃零和思维造成的不平衡;最后,他提出要在开掘用好校本资源、做强红色基因研究、抓好教育教学设计与渗透等路径上下功夫,以确保红色基因传扬的效率和效益,使高校成为为党育人、为国育才的坚强阵地。西北工业大学马克思主义学院汪永平教授以延安红色旅游为切入点,从仪式论中探析意识形态化育人的文化理路,聚焦具体问题,进行深入阐释与剖析,在学术研究选题和学术研究视角层面具有重要的参考价值。西北工业大学遗产保护与旅游规划中心主任程圩教授围绕红色景观文化的感知研究,从三个方面展开分论坛汇报。他提出红色景观文化可分为自然生态系统、人为构造系统、情感质量系统,对其感知质量、感知形象、感知价值等感知影响因素展开深入的实证研究,进而提出增强红色景观文化的实效性要注重突出其革命性、体验性、教育性、人文性、生态性。其研究方法具有深刻的启发性,为红色文化传承与发展拓展了研究视野和研究思路。

五、社会主义意识形态的国际和国内传播

本次高峰论坛围绕"社会主义意识形态海外传播""社会主义意识形态国内教育"等问题展开讨论,有力拓宽了社会主义意识形态问题的研究思路,对于认清我国意识形态工作在国际社会的形势、优化并创新我国意识形态工作的具体路径具有极强的现实意义和实践意义。

聚焦社会主义意识形态国际传播。中国石油大学马克思主义学院潘娜娜教授围绕习近平新时代中国特色社会主义思想海外研究及启示展开三方面的深入阐释。首先,她对习近平新时代中国特色社会主义思想的海外传播阶段进行分期,认为2012—2017年为出场时刻,2018—2019年上升至主流话语之一;其次,潘教授强调要正确认识习近平新时代中国特色社会主义思想海外研究趋热的原因,即国际秩序发生深刻调整、借鉴中国发展的实践需要、研究当代中国的现实需要以及习近平同志展现出的世界主义情怀;最后,她提出要在深入阐

释中提升国际话语权,由于习近平新时代中国特色社会主义思想强调问题意识,主张问题逻辑和话语逻辑的结合、重在中国身份的自我建构,因此要及时跟踪评析海外研究的新动态。

聚焦意识形态国际话语权建设。武汉大学马克思主义学院金伟教授以人类命运共同体理念为切入展开系统阐释。她深刻指出国际社会对人类命运共同体理念的误解和歪曲,对西方的观点进行梳理与总结,并认为我国意识形态国际话语权在国际社会仍然存在式微、松弛、被挤压等风险。如何有效开展国际话语权建设,提升国际社会对于人类命运共同体理念的认同度,金伟教授认为需要从三个方面进行提升:一是要勇于、善于打破西方国家对我国的偏见;二是要加强顶层设计;三是要转变宏大叙事的话语表达方式。

聚焦铸牢共同体意识。中山大学马克思主义学院詹小美教授从新时代社会主义意识形态的文化建设角度进行深入系统的思考。她以重大疫情应对中的社会动员为例,提出具有创新性的观点与模式,认为政治动员在某种程度上是"硬动员",文化动员则是一种以知识系统、意向系统、决策系统为联结方式的"软动员",能够激发动员主体的能动性,牵引客体参与的互动性,进而实现社会发动和社会响应良性有效的双向反馈。同时,詹教授提出了"包容—浸润—涵养"的文化结构和功能、"习得—传承—教化"的文化涵化状态、濡染过程和涵濡效果,并在此基础上搭建"铸牢—建设"的实践链接模式,在情感动员、目标动员、价值动员等维度指明铸牢共同体意识的实践向度。

聚焦大数据时代意识形态教育。重庆邮电大学马克思主义学院副院长郑洁教授认为,如何运用大数据的技术优势整合与创新高校意识形态工作,关乎高校意识形态安全稳定以及国家政治安全和文化安全。为此,从整合教育内容、拓宽教育载体、转变教育方式、创新教育话语等视角出发,提出具体提升策略以促进高校意识形态工作提质升级。

(执笔:吴嘉萌,东北师范大学思想政治教育研究中心;王禾,上海师范大学马克思主义学院)

来源:《哈尔滨学院学报》2022年第7期

邓小平思想生平研究会第二届理事会第一次会议暨"中国式现代化新道路"理论研讨会综述

为深入学习贯彻习近平新时代中国特色社会主义思想和党的十九大、十九届历次全会精神，研究和宣传邓小平为开创中国特色社会主义作出的重大贡献和彰显的崇高精神风范，迎接党的二十大胜利召开，2022年8月24日，由中共中央党史和文献研究院第三研究部、中国中共文献研究会邓小平思想生平研究分会、四川广安邓小平故里管理局联合主办的邓小平思想生平研究会第二届理事会第一次会议暨"中国式现代化新道路"理论研讨会在北京举办。会议采取现场会和视频会相结合的方式，在四川广安设分会场。中国中共文献研究会会长、中央党史和文献研究院原院务委员张宏志出席会议并致辞，中央党史和文献研究院学术和编审委员会主任王均伟出席会议并讲话。邓小平思想生平研究会第一届会长、原中央文献研究室常务副主任杨胜群作第一届理事会工作报告。来自中央党史和文献研究院、中共中央党校、中国社会科学院、中国浦东干部学院、地方党史和理论研究部门、北京大学等高校以及邓小平纪念地的近百名专家学者参加会议。会议期间召开了邓小平思想生平研究会第二届理事会第一次会议，选举产生了新的理事会成员及领导机构成员。

研讨会共收到32篇论文，9位专家在大会上作了交流发言。会议主题聚焦，重点突出，主要取得了以下三方面的成果。

一、紧紧围绕"中国式现代化新道路"这一主题进行研讨交流，深化了对这一重大论断丰富内涵、发展历程和重大意义的认识理解

2021年7月1日，习近平在庆祝中国共产党成立100周年大会上的重要讲话中提出"中国式现代化新道路"这一重大论断，引起理论界高度关注。在这次研讨会上，不少专家学者在提交的论文和大会发言中，围绕这一主题进行了深入研讨。有学者通过梳理中国共产党在百年奋斗历程中对中国式现代化道路的探索和实践，指出中国式现代化是社会主义现代化，具有鲜明的时代特征和中国特色，既遵循现代化发展的一般规律，又有别于西方发达国家的现代化。有学者通过对百年来党成功领导探索中国式现代化道路的梳理分析，指出其宝贵经验在于：必须坚持党的全面领导；必须坚持一切从本国国情出发；必须坚持以人民为中心的发展思想；必须坚持改革开放。有学者以我国中长期规划编制为切入口探讨中长期规划

与中国式现代化道路的关系。有学者通过对邓小平"中国式现代化"的提出历程和主要考量的分析，阐明这一重大论断的鲜明特征，揭示其对当下的现实指导意义。有学者通过对习近平提出的全球发展倡议和全球安全倡议的分析考察，指出两个倡议凝结了中国共产党领导人民走出中国式现代化道路的智慧和经验，为促进世界和平与发展、构建人类命运共同体贡献了中国方案、中国力量。有学者聚焦全面建成小康社会这个中国式现代化新道路上的重要里程碑，探讨取得全面建成小康社会伟大成就的重要原因和经验，揭示其重大意义和启示。

作为中国式现代化的重要特征，共同富裕这个热点问题成为研究中国式现代化新道路的一个重要方面。在这次研讨会上，不少学者对共同富裕进行了深入研讨。有学者通过对现代化和共同富裕进行分析比较，提出共同富裕实践的独特性。有学者梳理了党的十八大以来以习近平同志为核心的党中央对共同富裕道路、理论、目标的新探索、新阐释、新部署，深刻阐明了促进共同富裕的重大意义和必要性。还有学者探讨了共同富裕与中国式现代化新道路的关系、邓小平共同富裕思想及其现实启示等。共同富裕既是理论层面的，又是实践层面的。在这次研讨会上，来自浙江、四川的学者分别以两省对共同富裕的探索为例，阐释了中国式现代化新道路在浙江、四川的实践，从省域层面印证了中国特色社会主义制度在实现共同富裕上的无比优越性，为全国走向共同富裕提供了重要借鉴，也为中国式现代化新道路作出了深刻诠释。这些研究成果既有新的理论阐释又有鲜活的实践经验，既有宏观概括又有微观考察，深化了对中国式现代化新道路的认识理解。

二、通过对邓小平理论及邓小平思想生平进行多视角的深入研讨，深化了对邓小平为开创中国特色社会主义道路以及在一些重要问题上所起作用和所作贡献的认识理解

站在新时代高度，结合习近平关于四史、关于邓小平理论及邓小平历史地位等的重要论述，结合新的实践发展和近年来公布的新史料，不断深化邓小平在一些重大理论和实践问题上的贡献和作用的认识，是这次研讨会的目的之一。在这次研讨会论文和专家发言中，有学者通过梳理分析邓小平理论为新时代党史研究提供的基本指引，提出邓小平理论对新时代党史研究的重要启示。有学者将邓小平南方谈话放在"四史"维度中加以考察把握，深化了对南方谈话重大意义的认识。有学者通过对邓小平关于中国式尖端武器现代化思想的梳理分析，揭示了邓小平对我国国防和军队现代化所作的巨大贡献。有学者通过对改革开放新时期我国对外政策的变化与深圳经济特区建立和发展的考察，揭示了二者相辅相成的关系。有学者通过对赫鲁晓夫全盘否定斯大林和邓小平科学评价毛泽东及毛泽东思想导致苏中两党、两国不同历史命运的比较分析，探寻国际共产主义运动发展的科学规律。还有些学者对邓小平

关于改革开放的思想及其时代价值、邓小平与海南改革开放、邓小平党风廉政建设思想、邓小平与党的西藏工作、邓小平与大别山经验等进行深入分析，从不同角度展现了邓小平在革命、建设和改革各个时期的历史贡献以及高瞻远瞩的国际视野和战略眼光。这些新的研究成果进一步加深了对邓小平思想理论、光辉业绩和品格风范的认识。

三、深入研讨党的十八大以来的新理念新思想新战略，深化了对习近平新时代中国特色社会主义思想的认识理解

深入研究、阐释习近平新时代中国特色社会主义思想是当前理论界的重要使命。在这次研讨会上，不少学者也贡献了这方面的研究成果。有学者把1992年邓小平南方谈话和2021年7月习近平在庆祝中国共产党成立100周年大会上的讲话（简称"七一"讲话）进行比较考察，指出它们都是中华民族伟大复兴道路上的重要文献，从南方谈话到"七一"讲话，展现了马克思主义与时俱进的理论创新品质，体现了党对中国特色社会主义的不懈探索，昭示了中国共产党人持续推进党的建设新的伟大工程的决心，彰显了中国共产党始终为人民美好生活而奋斗的初心。有学者通过对习近平关于推进健康中国建设的重要论述和我们党推进健康中国建设的历程与成就的梳理分析，提出全面推进健康中国建设应该把握的基本原则。有学者通过对习近平关于实现"双碳"目标重要论述的深入剖析，指出推动实现碳达峰、碳中和工作必须坚持系统观念，统筹处理好几对关系。有学者深入阐释了新时代坚持"以经济建设为中心"的科学内涵，揭示了坚持这一重大论断对于我国发展全局的重要意义，等等。这些新的研究成果有助于更深刻地理解习近平新时代中国特色社会主义思想的科学内涵和核心要义，更准确地把握其精神实质和价值追求，增强在新征程上夺取全面建成社会主义现代化强国新胜利的信心和决心。

会上，中央党史和文献研究院第三研究部主任、邓小平思想生平研究会新当选会长姜淑萍对本次理论研讨会进行了总结，并就研究会下一阶段的工作提出三点意见：第一，深入学习贯彻习近平新时代中国特色社会主义思想，进一步将研究会打造成服务党和国家工作大局、宣传党的历史和党的理论的重要基地。第二，坚持守正与创新相结合，促进邓小平思想生平研究工作高质量发展，进一步把研究会打造成为研究邓小平理论及邓小平思想生平的前沿学术高地。要发挥学术特色，在深入研究邓小平理论的时代价值、现实指导意义上发挥更大作用；要全方位、宽领域、深层次地开展研究，全面、系统地总结邓小平独创性的理论贡献，继续深入研究邓小平在重大关头、重大决策中的独特作用；要致力于加强队伍建设，不断提高研究会的吸引力和凝聚力。通过研究会搭建的平台，加强交流合作，发挥专业优势，推进学术创新，形成研究合力，不断推出高质量的研究宣传作品。第三，紧紧围绕纪念邓小平诞辰120周年等重要节点，推出有分量的研究成果，把邓小平思想生平研究会打造成为宣

传和维护邓小平领袖形象的坚强阵地。

会议认为，随着党领导人民迈入第二个百年奋斗目标新征程，邓小平思想生平研究工作也进入了一个新阶段。作为全国唯一一个以邓小平名字命名的学术社团，研究会要继续发挥独特作用，积极作为。

（执笔：张曙，中共中央党史和文献研究院第三研究部研究员；吕春阳，中共中央党史和文献研究院第三研究部助理研究员）

来源：《邓小平研究》2022年第6期

智库外宣权威解读　国际人士反响热烈

——"红厅论坛：读懂中国共产党二十大"主题研讨会综述

党的二十大是2022年全球最为关注的热点事件之一。要有效回应国际社会重点关切，掌握核心话语的对外首发权、主导权、解释权，就要抓住第一时间，精心设置议题，通过权威、及时、深度的解读，面向国际社会关键人群，做好大会报告新概念、新范畴、新表述的重点阐释工作。

为发挥国家高端智库对外宣介党的二十大精神的独特作用，第一时间面向国际重点人群、关键人士宣介党的二十大精神，中央党史和文献研究院与新华通讯社于2022年11月2日联合主办"红厅论坛：读懂中国共产党二十大"主题研讨会。来自82个国家的近200名国际人士以线上线下相结合的形式，围绕党的二十大主题展开讨论。

论坛分为"关键在党""中国式现代化""中华优秀传统文化"三个议题，英国剑桥大学教授马丁·雅克、西班牙埃萨达商学院教授苏傲古等国际知名学者，以及中央党史和文献研究院、新华社等单位的17名学者、记者作了发言并同与会者交流。中央党史和文献研究院院长曲青山、新华社社长傅华在论坛开幕式致辞，新华社总编辑吕岩松主持论坛开幕式。与会外国驻华使节、智库学者、媒体记者等反响热烈，并在国际舆论场产生积极影响。

一、中国共产党二十大重要理念获得国际人士广泛赞誉认同

与会国外人士普遍认为，中共二十大具有重要里程碑意义，不仅对中国产生深远影响，也为世界各国携手应对挑战、实现共同发展注入动力。中国共产党在过去100年开创了中国发展的新道路，中共二十大必将深刻影响中国的未来发展，也期待中国共产党在新的历史起点上为世界作出更大贡献。

苏傲古表示，他重点关注到习近平主席在党的二十大报告中提出："治国有常，利民为本。为民造福是立党为公、执政为民的本质要求。"他表示，正是习近平主席的这一理念，指引中国共产党坚持走中国特色社会主义道路，不断推进为人民谋福利。他将这一道路的关键要素总结为四个方面：造福人民的宗旨、以人为本的导向、全面系统的方法，以及源于自身实践的鲜明特色。

马丁·雅克表示，迄今为止的现代化往往以西方化为模板，但中国的成功实践使国际社

会重新思考现代化的本质。什么是适合中国的现代化？什么是适合社会主义国家的现代化？什么是适合发展中国家的现代化？这些问题引人深思。"中国式现代化"为中国和世界未来发展开辟了广阔新空间。他结合对党的二十大报告中"共同富裕"概念的理解认为，"中国式现代化"将聚焦更加公平公正的理念，如果中国在此方面能够取得类似于减贫领域那样的成功，走出以公平为核心的现代化道路，将对整个世界产生巨大影响。

中共中央党史和文献研究院外国专家安吉表示："仔细研读中共二十大报告，会发现很多中国传统文化思想都贯穿于国家各项政策当中。"她认为，当前，中国积极深入参与全球治理，为国际社会提供中国智慧、中国方案、中国力量，中国传统文化不仅是中国人民的宝贵财富，也深刻影响着全世界。

塞尔维亚贝尔格莱德大学政治学部亚洲研究所主任德拉加娜·米特罗维奇认为，中国的发展模式既是时代的反映，也植根于中华民族的优秀文化传统当中。中共二十大提出的发展战略很大程度上是以中国文化及其悠久传统为基础。中国共产党的发展理念，无论是以人民为中心的"高质量发展"，还是实现"共同富裕"，都植根于并反映出人民团结和关心全社会的悠久价值观，这与西方的理念完全不同。

吉尔吉斯斯坦国家战略研究所顾问舍拉迪尔·巴克特古洛夫表示，中国多年来取得的成就归功于中国共产党，中国共产党的领导角色使中国人摆脱了"屈辱世纪"的枷锁，发展了自己的经济。因为中国共产党的执政成就，许多国家再次把注意力转向了中国创造的独特治理模式。他表示，相信在习近平等中共领导人的带领下，在中国共产党富有远见的政策下，拥有无限潜能的中国人民一定能实现党的二十大提出的发展目标。

二、权威、及时、深度的对外宣介广受欢迎

参加本次论坛的外国使节、智库学者等表示，在中共二十大结束后不久，中央党史和文献研究院、新华社就联合主办智库论坛，围绕党的二十大主题进行深入讲解、答疑释惑，让他们受益匪浅，希望今后能够举办更多这样的活动，让国际社会真正读懂、更好了解中国共产党指导思想、政策理念的最新变化，让中国智慧、中国方案、中国力量更加深入人心。

新加坡驻华使馆政治处一等秘书林子琨对"红厅论坛"给予高度评价，对新华社首次以智库研讨形式参与主办活动表示惊喜和赞赏，称活动中有关"中国式现代化"的内容让她受益匪浅。她希望新华社未来继续以新闻视角发挥智库作用，增进国际社会对中国大政方针的准确理解。

在线上与会的土耳其马尔马拉基金会主席穆罕默德·阿克坎·苏韦尔会后表示，他认真听完了每位专家的发言，权威专家的解读让他更好地理解了党的二十大报告中的新表述，特别是"中国式现代化"这一提法，他已经"迫不及待"地把他在会上所听到的内容与感受

同智库的同事们分享。德国驻华使馆二等秘书欧阳丽也表示，研讨会对"中国式现代化"的解读令她印象深刻，她期待能有更多关于发展模式的交流与互动。

刚刚来华就任的德国驻华使馆一等秘书葛瑞安表示，在外国人对中共二十大报告的理解还不是很清楚的时候，中外专家在"红厅论坛"的第一时间解读，可谓"及时雨"，希望能继续就相关议题与中方专家继续探讨。

作为长期关注中国、研究中国问题的专家，苏傲古先生表示，专题研讨会设置的三个议题都非常有价值，可以让学界、媒体更好地了解中国共产党的执政理念，了解中国特色社会主义的优越性，了解中华优秀传统文化。对于新华社社长傅华在致辞中提到的"要加强对外话语创新，更加'亲切''地道'地讲好中国故事、中国共产党故事、新时代故事"感到振奋和期待。

中外媒体十分关注"红厅论坛"，新华社、中央广播电视总台、中国日报、科技日报等采访播发了以对外英文和网络报道为主的稿件。新华社文字、图片报道的媒体总采用家次超过200家，获得良好国际传播效果。新华社"网红"记者徐泽宇现场发布的海外社交媒体消息单条浏览量超过80万次，单条最高获点赞2300余次。海外社交媒体网友就"红厅论坛"的互动量超过3万次。境外媒体也积极报道这项活动，俄罗斯卫星通讯社播发翔实报道，法新社、德国《青年世界报》、波兰《论坛报》《布拉格时报》、日本livedoor网站、《经济学人》韩文版等20多个国家的30余家国际主流媒体第一时间报道。本次论坛邀请的来自南非、墨西哥、土耳其、萨尔瓦多、泰国、柬埔寨、孟加拉国、尼泊尔等发展中国家媒体记者现场到会并与专家交流互动。会后一周内，就有南非、墨西哥、萨尔瓦多、泰国、柬埔寨、孟加拉国、尼泊尔等国记者发布了20余条报道，体现了国际交流活动的传播价值。

三、打造具有国际影响力的智库外宣品牌

"红厅论坛"是中央党史和文献研究院与新华社合作开展的智库外宣品牌活动，旨在围绕党和国家重要文献中提出的新概念、新范畴、新表述开展智库研究并对外宣介阐释。本次研讨会是这一品牌的首场活动。国际人士的热烈反响和建议期待，既反映了本次活动的良好效果，也为这一领域的后续工作带来若干重要启示。

一是要重视活动的"时效"和"对象"。经过前期精心组织筹划，本次研讨会在党的二十大胜利闭幕仅10天后即成功举办，由中央党史和文献研究院与新华社两家国家高端智库联合协作，有效回应外交官、学者、媒体记者等国际关键群体的重点关切，主动设置议题，积极开展交流。事实证明，抓住第一时间，面向关键人群，有助于让国际社会进一步了解中国共产党的执政理念和治国方略，有助于实现基础话语在国际知识界的有效流通，在国际关键群体中促成更加广泛的共识。

二是要重视中外差异、分众传播。在智库对外交流中,要讲明中国共产党与西方政党之间的异同,讲明中国式现代化与西方式现代化之间的异同,特别是厘清"现代化"与"西方化"之间的区别。面对发展中国家、美西方国家、"中间地带"国家等不同国家的不同受众,要结合其语言习惯、历史背景、文化内涵、思维逻辑,以最贴切的表述、最易接受的形式实现"亲切""地道"的国际表达。

三是要重视正解正译,做好对外话语的基础供给。党的二十大是2022年全球最为关注的热点事件之一,具有极强的自带流量效应,国际社会对于相关宣传解读具有强烈的客观需求。本次研讨会围绕党的二十大报告的新概念、新范畴、新表述,通过精心提炼,有效转化,以正解正译做好对外话语的基础供给,有利于掌握话语的首发权、主导权和解释权,服务构建中国话语和中国叙事体系。

正如傅华社长所说,新华社是中国国家通讯社,也是具有全球影响力的世界性通讯社,联接中外、沟通世界是新华社的责任。在今后工作中,新华社将不断加强对外话语创新,更加"亲切""地道"地讲好中国故事、中国共产党故事、新时代故事,当好融通中外的"连心桥"。

(执笔人:刘华、李桃,新华社研究院)
来源:《中国记者》2022年第12期

中国式现代化与社会主义文化强国建设

——学习贯彻党的二十大精神学术研讨会综述

2022年12月9日，由中国社会科学院当代中国研究所文化史研究室主办、当代中国文化建设与发展史研究中心承办的"中国式现代化与社会主义文化强国建设——学习贯彻党的二十大精神"学术研讨会以线上形式在京举办。来自中共中央党史和文献研究院、中央文化和旅游管理干部学院、北京理工大学马克思主义学院、当代中国研究所的近20位学者以及中国社会科学院大学党史和国史专业的部分研究生参加会议。与会学者围绕会议主题发言讨论，主要涉及准确理解党的二十大报告关于文化建设的阐述、充分利用文化资本发展文化产业促进社会主义文化强国建设、邓小平与中国式现代化话语体系的建构、"第二个结合"的时代意义、新时代中国哲学社会科学发展的几个重要特点、十年来"一带一路"文化品牌的拓展与内涵研究、中国式现代化的文化基点等具体论题。研讨过程中，学者们深入学习领会党的二十大报告关于中国式现代化的阐述和建设社会主义文化强国的部署，从不同角度总结新时代十年文化建设成就，探究中国式现代化的文化基因及其话语构建、阐述人类文明新形态对于增强中华文明传播力和影响力所具有的重要价值。

会议由当代中国文化建设与发展史研究中心主任欧阳雪梅研究员主持。她介绍了中心的基本情况，全面总结了中心自成立以来完成的学术活动和国情调研、交办任务和咨询项目以及出版的学术成果，其中着重介绍了《新时代的文化建设》这一专著成果。该书是《新时代这十年》丛书的一卷，以习近平新时代中国特色社会主义思想为指导，以党的第三个历史决议为依据，集中论述了新时代这十年党和国家事业在文化建设领域取得的成就和经验。关于本次研讨会主题，欧阳雪梅指出，中国式现代化涉及党的领导、社会制度、经济、政治、文化、社会、生态、和平发展、文明形态等诸多方面，物质文明和精神文明相协调的现代化是中国式现代化的重要特征，丰富人民精神世界是中国式现代化的本质要求之一。未来五年是全面建设社会主义现代化国家开局起步的关键时期，文化建设主要目标任务是人民精神文化生活更加丰富，中华民族凝聚力和中华文化影响力不断增强。这些重要论述既是对中国式现代化探索的经验总结，更为新时代新征程加强文化建设构建人们丰富的精神世界指明了方向。

中共中央党史和文献研究院《党的文献》副主编兼编辑部主任、研究员高长武作了题为《从三个"新"领会二十大报告关于文化建设的内容》的发言。他指出,党的二十大报告第八部分集中论述了文化领域的部署,要把这一部分理解透彻的话,必须拓展到对中国式现代化和全面建设社会主义现代化国家的理解,如果撇开中国式现代化和全面建设社会主义国家不谈,仅仅看第八部分的话,很可能看不明白,有些精神领会不透。要理解"铸就社会主义文化新辉煌"这个"新",需要向上延展到对开辟马克思主义中国化时代化新境界的理解,理解其"新"之所指;还需要向下延展到对创造人类文明新形态的理解,理解其"新"之所在。如果把这三个"新"串起来看,这三者是一条线,首先是推进"两个结合",推进马克思主义中国化时代化新境界,这是理论层面;紧接着要推进文化自信自强,铸就社会主义文化强国,这是关键环节;最后落脚点是坚持和拓展中国式现代化,创造开拓发展人类文明新形态。只有这样,我们对于党的二十大报告关于文化领域的论述才会理解得深刻和透彻。

中央文化和旅游管理干部学院副院长陈锋教授的发言集中探讨利用文化资本发展文化产业以促进社会主义文化强国建设的问题。他指出,党的二十大报告对建设社会主义文化强国予以强调,其中具体措施包括健全现代文化产业体系和市场体系。要深入挖掘我们现存的各种文化资源,着重从价值观方面把握和利用它们,使之成为文化资本以推动文化产业发展。第一,要对优秀传统文化进行时代化的开发利用。第二,坚持社会效益和大众教化功能的首位原则,发展红色文化经济。第三,我们的文化是社会主义文化,其中包含的劳动观点、人民群众观点、走自己路的观点、艰苦奋斗的观点、为世界作贡献的观点、正义的事业是不可战胜的观点,等等,是对中国文化和人类文化的重要贡献。要把社会主义性质的文化资本投入到文化产业中去,并充分运用好它来实现重大文化产业项目带动战略,在文化和经济双向层面来增强中国特色社会主义的必胜力量。

北京理工大学马克思主义学院院长长聘副教授李永进以《邓小平与中国式现代化话语体系的建构》为题作了发言,主要谈了三个问题。第一个问题,邓小平中国式现代化话语体系的来源。主要有三个部分,一是以马克思主义基本原理为根本指导原则,二是充分借鉴中华优秀传统文化中的合理元素,三是深刻吸收新中国社会主义建设的有益经验。第二个问题,关于这一话语体系的主要内涵,邓小平围绕"什么是社会主义、怎样建设社会主义"这一根本问题,提出了一系列新概念新论断新表述,构筑起中国式现代化的基本框架。第三个问题,对我们新时代进一步丰富完善中国式现代化话语体系的启示。一是坚持中国共产党对构建中国式现代化话语体系的领导权;二是坚持在"两个结合"中构建中国式现代化话语体系;三是坚持政治话语、学术话语、大众话语的有机统一;四是坚持对西方式现代化话语的批判性借鉴与创新性超越。

当代所文化史研究室副主任刘仓研究员以《"第二个结合"的时代意义》为题发言。他认为,"两个结合"有利于筑牢中华民族自立自信自强的双重根基,昭示中华民族和中华文明复兴的前进方向,彰显了马克思主义和中华文明在中国社会主义现代化进程中的融合共生,为人类文明的交流互鉴和人类社会发展提供精神指引。"两个结合"是中国共产党百年奋斗历程的经验总结,对于全面建设社会主义现代化国家、全面推进中华民族伟大复兴和中华文明升级都具有深远的历史意义和实践意义。拓展"两个结合"命题的路径,要以习近平新时代中国特色社会主义思想为指导,坚持马克思主义中国化的根本方向,聚焦新时代新征程党的中心任务,着眼于2035年具体部署和未来五年主要目标任务,实现中华优秀传统文化的创造性转化和创新性发展,推动中华民族千秋伟业和中华文化升级换代。

当代中国研究所副研究员储著武的发言题目是《为实现中华民族伟大复兴提供强大智力支持——新时代中国哲学社会科学发展的几个重要特点》。他的发言围绕几个重要特点对新时代十年中国哲学社会科学发展成就和经验作出总结。一、以习近平同志为核心的党中央高度重视哲学社会科学的发展问题。二、党和国家加强了对哲学社会科学发展的顶层设计。三、哲学社会科学发展的具体路径更加明晰,围绕着指导思想、学科体系、学术体系、话语体系、教材体系五个方面来展开,最终目标是构建中国自主知识体系。四、不断加强哲学社会科学人才队伍建设。他在发言的最后部分呼吁广大哲学社会科学工作者要始终坚持以马克思主义和中国化时代化的马克思主义为指导,坚持以人民为中心,增强学术自信,为构建中国哲学社会科学的自主知识体系作出贡献。

当代中国研究所副研究员王蕾以《十年来"一带一路"文化品牌的拓展与内涵研究》为题作了发言。她指出,自2013年习近平总书记提出共建"一带一路"以来,沿线各国深入挖掘具有文化特色的资源和遗产,寻找共通的文化品牌要素,文化品牌建设取得积极进展。近十年来,"一带一路"品牌影响力稳步提升,对供需结构升级的推动引领作用显著增强,有利于逐步消除沿线文化差异、制度差异等构成的负面影响。她的发言从"一带一路"文化品牌建设的主线、"一带一路"文化品牌建设的内涵拓展、"一带一路"文化品牌的未来发展三个方面,阐释了近十年来丰富多元的丝绸之路文化元素逐步统一于"一带一路"文化品牌的历程,并介绍了历史文化资源与现实实践的相互推动形成城市品牌、企业品牌和产品品牌完整品牌资源链的鲜活调研案例。

当代中国研究所副研究员潘娜发言的题目是《中国式现代化的文化基点》。她指出,党的二十大深刻总结了新时代十年我国文化建设的辉煌成就,明确提出了新时代新征程推进社会主义文化强国建设的战略安排。根据"两步走"战略步骤,中国基本实现社会主义现代化的时限比20世纪80年代预期的提前15年,建成文化强国不仅是基本实现社会主义现代化的重要标志之一,而且成为21世纪中叶全面建成社会主义现代化强国的先决条件。文化建设必然要在中国式现代化的目标体系中发挥更强的能动作用。党的二十大报告提出"推进文化自信自强"是建立在实践基础上的动力升级,鲜明标注了我们党在新时代新征程上推动创造"中国本位"的现代性的精神自觉。

(执笔:曹光章,当代中国研究所副研究员)

来源:当代中国研究所官网 http：//www.iccs.cn/zyhd/202212/t20221211_5570003.shtml.

十年大变革 "三农"谱新篇

新时代中国"三农"改革发展翻开的是全面推进乡村振兴的新篇章。近日中国社会科学院当代中国研究所郑有贵研究员的新著《新时代"三农"发展的全面转型》由东方出版社出版。该书以党的二十大精神为指引，从中华民族伟大复兴和国家现代化全局的视域，对新时代"三农"改革发展进行了全景式呈现，基于历史逻辑、理论逻辑、实践逻辑的统一，深刻地解读了全面推进乡村振兴的中国方案。

2022年12月22日，学习贯彻党的二十大精神暨《新时代"三农"发展的全面转型》出版座谈会在线上召开。会议由当代中国研究所经济史研究室、中国人民大学中国经济史研究中心、中国合作经济学会联合主办。原农业部总农艺师、中国合作经济学会会长孙中华，原国务院扶贫开发领导小组办公室副主任、中国乡村发展基金会理事长郑文凯出席会议并讲话。中国人民大学原副校长贺耀敏教授、当代中国研究所原副所长武力研究员主持会议。国务院发展研究中心、中国社会科学院、中国农村杂志社、农民日报社、中国人民大学、中国农业大学、辽宁大学、东方出版社、《产业与科技》编辑部等单位的20余位专家学者参加。

中国人民大学原副校长贺耀敏教授在主持会议时表示，党的二十大提出中国式现代化远景目标，其中包括实现农业农村现代化，并强调全面建设社会主义现代化国家最艰巨最繁重的任务仍然在农村。《新时代"三农"发展的全面转型》基于大历史观对新时代"三农"改革发展进行长时段考察，通过对中国共产党解决"三农"问题深厚历史基础的概括性回顾，对新时代解决"三农"问题的历史逻辑、理论逻辑、实践逻辑的清晰呈现，对宏观顶层设计与基层实践特别是基层首创的融通分析，使新时代"三农"改革发展的时代方位、擘画创新、全面转型深透地跃然纸上，是一部图文并茂、生动鲜活、通俗易懂的优秀理论读物，有政策的指导性、案例的实践性和理论的准确性，是郑有贵同志数十年如一日思考中国"三农"问题的治学结晶。

《新时代"三农"发展的全面转型》作者、中国社会科学院当代中国研究所经济史研究室主任郑有贵研究员介绍了该书写作情况。他通过"关键词""文章结构""实现目标"三个方面对本书进行了简要介绍。该书力求做到"五个突出"写作目标，力求全面反映新时代"三农"改革发展的新目标、新战略、新路径。全书由整体研究和专题阐析两大部分组成。第一部分总论，即第一章新标新道，从擘画"三农"发展战略目标历史性升级、形成和拓展乡村振兴道路、"四有"之治厚植"三农"发展优势、促进"三农"全面发展破题答卷4个方面尝试对新时代"三农"改革发展进行整体研究和综合呈现。第二部分，即第二章至第十一章为专题研究，力图分别对农业农村优先发展的方针、确保把中国人的饭碗牢牢端在自己手中、打赢脱贫攻坚战、实施乡村振兴战略、农村经营制度和主体创新、农村一二三产业融合发展、城乡融合发展、美丽乡村建设、乡村治理体系创新、促进共同富裕10个重大问题进行深入翔实的阐析和呈现。

原农业部总农艺师、中国合作经济学会会长孙中华指出，本书具有三大特点：一是，主题重大，富有创新。党的十八大以来，党中央高度重视"三农"事业，出台了一系列政策文件；习近平总书记高度重视"三农"事业，对"三农"工作的一系列重大问题作了全面深刻论述。本书全面系统整理了习近平总书记关于"三农"工作的重要论述，有利于读者特别是"三农"理论和实际工作者加深理解习近平总书记关于"三农"工作的重要指示精神，进而更加自觉地贯彻落实推进工作。二是，内容全面，重点突出。本书第一章是总论，第二至十一章是分论。总论是概括和提炼，分论的10个方面内容全面、重点突出，围绕4大方面、63个要点对新时代"三农"工作进行了全面论述。三是，逻辑清晰，通俗易懂。这主要是指每一部分写作方法和效果。每一专题，甚至每一专题下面的每一要点都写了新时代党的"三农"工作重要方针政策。每一个要点，不仅交代政策内容，同时有历史背景分析，还有政策实施情况和效果评价，正像作者在引言中所说的，做到了历史逻辑、理论逻辑和实践逻辑的统一。这样有助于读者对这些方针政策的理解，也增强了可读性。郑有贵研究员长期从事"三农"特别是农史研究，既有深厚的理论功底，又熟练掌握农史研究方法。该书充分体现了他的治学态度和治学功底，是一项重大创新研究成果，具有领先和独创的意义。

原国务院扶贫开发领导小组办公室副主任、中国乡村发展基金会理事长郑文凯表示，《新时代"三农"发展的全面转型》一书以贯彻党的二十大精神为主题主线，是代表了"三农"研究领域学习贯彻党的二十大精神的重要成果。全书研究起点高、视角宽广、内容丰富、主题新颖，全面梳理了新时代"三农"发展的基本脉络，全景记录了新时代"三农"改革创新的历史进程，系统阐述了新时代"三农"工作的方针政策，生动讲解了新时代"三农"工作中的典型案例，具有很高的学术研究价值和对实际工作的指导价值，体现出郑有贵研究员治学的严谨和治史的专注，是从事"三农"工作的人员学习领会习近平总书记关于"三农"工作重要论述精神的辅助读本和指导手册。

中国农村杂志社总编辑李永生指出，本书作为国家社科基金重点项目、中国社会科学院"马工程"重大项目的阶段性成果，是当前学习贯彻党的二十大精神、全面推进乡村振兴的重要工具书。新时代十年以来，以习近平同志为核心的党中央始终坚持把解决好"三农"

问题作为全党工作的重中之重，加强和改善党对农村工作的领导，采取了一系列强农惠农富农的举措，推进了一系列的变革性实践，实现了一系列突破性进展，取得了一系列标志性成果。党的二十大强调要全面推进乡村振兴，就加快建设农业强国、全方位夯实粮食安全根基、建设宜居宜业和美乡村等作出重大部署。值此之际，郑有贵研究员完成本书创作，从"三农"发展目标升级、道路创新、优势厚植、全面推进等方面对新时代"三农"工作进行了全景式的展现，全面系统总结了新时代十年来"三农"领域的理论创新、制度创新、实践创新，具有较高的学术价值，让读者既能看到"两山"理念、"三治"融合、"四化"同步、"五大"振兴等创新的理论光芒，又能真切地感受到来自农民群众的三权分置、脱贫攻坚、小康共富等生动的实践成果。

《农民日报》副总编辑杨志华指出，《新时代"三农"发展的全面转型》是对新时代"三农"改革发展全面系统的呈现，具有五个重要特性。一是权威性，主要体现在五个"突出"中，突出习近平论"三农"工作在理论上的原创性贡献和在实践上的引领作用，突出中国式现代化的本质要求，突出党中央关于新时代"三农"改革发展的重大决策部署，突出新时代"三农"实践的创新发展，突出新时代"三农"发展全面转型取得历史性成就和发生历史性变革的主题。二是理论性，体现在"三个统一"上，就是历史逻辑、理论逻辑、实践逻辑的统一。三是典藏性，体现在"两个价值"，其具有较高的史料价值和收藏价值。四是指导性，体现在"一个作用"上，就是对基层实践的指导作用。书中书写基层实践，特别是分析了诸多首创案例，如东西部地区对口帮扶下闽宁镇的发展、余村践行"两山"理论、塞罕坝精神、枫桥经验的丰富发展……将中国共产党尊重和激发人民首创精神、人民创造历史鲜活地呈现出来。五是可读性，体现在"一化两式"上，就是通俗化表达、互动式贯通和图文并茂式呈现。

中国经济史学会名誉会长、中国社会科学院经济所董志凯研究员指出，本书是作者在《百年"三农"：中国共产党解决"三农"问题的战略维度和实现路径》之后又一部力作，是从信史到宏图的创新与发展。本书通过五个"突出"和四个"特性"阐释了习近平总书记关于"三农"工作重要论述的原创性理论贡献，全面梳理了新时代"三农"思想的创新发展和取得的历史性成就。作者始终如一地坚持对"三农"工作的研究并不断有著作问世，原因有三点：一是对"三农"和"三农"研究有深厚的感情。二是锲而不舍的探究精神，长期关注"三农"理论和实践前沿，积极参与一线调研。三是视野宽阔，具有全局视域，系统解读共同富裕方案，阐释乡村振兴要义，深入探究中国式现代化发展历程。

国务院发展研究中心研究员江宇从三个方面阐述了本书的价值与意义。一是，本书全面论述了十八大以来党的"三农"工作理论创新，具有全面性、理论性、实践性、指导性，把新时代十年"三农"工作经验亮点全面地展示给读者，填补了空白。二是，本书全面呈现了中国式现代化与"三农"发展的关系，深入阐述了中国独特的农业农村现代化发展道路，尤其是阐明了中国式现代化过程中的产业融合和城乡融合的理论意义。三是，本书指出了当前我国"三农"工作所处的位置，将"三农"工作提高到应对百年未有之大变局的重要位置。书中提出，以县域为单位，实现城乡之间的融合发展，打造新的经济增长点，应对百年未有之大变局。

中国农业大学马克思主义学院李明教授指出，《新时代"三农"发展的全面转型》章节简洁却学养深厚，内容丰富又思路清晰，潜心思考细心推敲，把历史逻辑、理论逻辑、实践逻辑紧密结合起来，将"三农"重大问题和发展脉络阐述得明白如话、通俗易懂。本书以大历史观对新时代"三农"改革发展进行总体分析。从中华民族伟大复兴的大情怀和新时代乡村振兴的大战略进行系统全面的梳理，对深刻理解党的二十大关于全面推进乡村振兴、加快建设农业强国的论述有重要的理论意义，为我们学习宣传党的二十大精神提供了丰富的"三农"材料。深刻总结党的十八大以来以习近平同志为核心的党中央领导农村工作取得的历史性成就和实现历史性变革的宝贵经验，特别是发挥我国国家制度和国家治理体系的显著优势取得脱贫攻坚全面胜利、同步迈进全面小康社会、促进乡村全面振兴的鲜活经验，无疑具有重大理论与实践意义。乡村振兴是发展新时代中国特色社会主义的大文章，是实现中华民族伟大复兴的大战略。郑有贵研究员正是在这个宏阔的主题中作出了自己的学术努力和理论贡献。

科学出版社《产业与科技》编辑部主任李春伶表示，本书选题非常好，具有学术研究的敏感性和现实的实践意义。面对国际国内竞争环境，应对国际对于粮食短缺的压力，农业振兴是国家走出困境、缓解国际市场压力的一个重要方向。本书提出了新时代以来农业农村现代化创新发展，农户应用电商平台，完善产销系统，走出一条与过去不同的现代化之路。本书数据翔实，既综合利用国家统计数据，还采用地方数据以及各部门调研成果，取百家之所长，为论点提供了准确的数据支撑。本书是一本"大家"写"小文"的接地气的力作，图文并茂是亮点，对年轻的读者有很好的激励和启发作用。

中国社会科学院当代中国研究所理论研究室副主任王爱云研究员指出，本书特色鲜明，是"三农"工作理论创新向前推进的学术典范，充分展现了作者作为"三农"专家多年的学术功底，内容全面，框架合理，尤其是其应用四字标题具有创新性意义，值得借鉴学习。

来自国家发改委习近平经济思想研究中心、辽宁大学、中国社会科学院当代中国研究所、中国社会科学院大学的青年研究学者踊跃发言，认为《新时代"三农"发展的全面转型》弥补了新时代"三农"问题研究的空白。该书以学术研究为基础，力求对理论问题进行通俗化表达，通过互动式贯通，清晰地呈现出党的十八大以来"三农"改革发展历史脉络。同时，生动书写基层实践活动，把顶层宏观设计与基层实践创新有机结合，图文并茂，雅俗共赏，立体而又宏大地呈现了新时代"三农"工作波澜壮阔的发展历程。

中国社会科学院当代中国研究所原副所长武力研究员在总结中指出，本书是郑有贵研究员又一部十分有分量的著作，清晰地呈现了新时代"三农"发展战略、战略目标、发展道路的谋篇创新，重点阐析了农业农村优先发展的方针、确保把中国人的饭碗牢牢端在自己手中、打赢脱贫攻坚战、实施乡村振兴战略、农村经营制度和主体创新、农村一二三产业融合发展、城乡融合发展、美丽乡村建设、乡村治理体系创新、促进共同富裕等10个重大问题，比较系统地梳理了全面推进"三农"发展转型的时代课题、实现战略目标的路径和所构建起的政策体系，是兼具"三农"工作手册功能的工具书。本书具有重要的时代内涵和实践意义，承前启后，是将历史和明天打通的专著，是"三农"问题的理论和实践的最新结合。作者之所以在"三农"研究领域享有特殊地位、作出突出贡献，有四点值得借鉴和学习。一是，致力于"三农"事业的情怀和责任。二是，宁静致远、潜心求学的治学理念。三是，具备深厚理论功底，准确把握习近平经济思想和政治经济学的新内涵。四是，锲而不舍的钻研精神、与时俱进的创新能力。

（执笔：马一鸣，中国社会科学院大学国史系博士；龚浩，当代中国研究所副研究员）

来源：中华人民共和国国史网 http：//hprc.cssn.cn/gsyj/yjdt/tbtj/202212/t20221226_5572438.html.

学科大事记

1月1日

2022年出版的第1期《求是》杂志发表中共中央总书记、国家主席、中央军委主席习近平在党的十九届六中全会第二次全体会议上的重要讲话《以史为鉴、开创未来，埋头苦干、勇毅前行》。讲话强调，在我们党成立一百周年之际，党中央决定召开一次全会，全面总结党的百年奋斗重大成就和历史经验，是郑重的战略性决策，体现了我们党重视和善于运用历史规律的高度政治自觉，体现了我们党牢记初心使命、继往开来的自信担当。这次全会《决议》同党作出的前两个历史决议一样，必将对推动全党统一思想、统一意志、统一行动，团结带领全国各族人民以史为鉴、开创未来，埋头苦干、勇毅前行，在新时代更好坚持和发展中国特色社会主义、实现中华民族伟大复兴产生重大而深远的影响。讲话指出，要以学习全会精神为重点巩固党史学习教育成果，深刻认识总结党的百年奋斗重大成就和历史经验的重大意义，深刻认识党的百年奋斗的初心使命，深刻认识中国特色社会主义进入新时代的历史性成就和历史性变革，深刻认识党的百年奋斗历史经验，深刻认识以史为鉴、开创未来的重要要求。讲话指出，要坚定历史自信，自觉坚守理想信念。这次全会《决议》充分显示了我们党高度的历史自信，向党内外、国内外展示了一个百年大党的清醒和成熟。历史雄辩地说明，没有中国共产党就没有新中国，就没有中国人民的幸福生活，就没有中华民族的伟大复兴。历史和人民选择了中国共产党，中国共产党也没有辜负历史和人民的选择。中国共产党人的历史自信，既是对奋斗成就的自信，也是对奋斗精神的自信。讲话指出，要坚持党的政治建设，始终保持党的团结统一。历史和现实都证明，党的团结统一是党和人民前途和命运所系，是全国各族人民根本利益所在，任何时候任何情况下都不能含糊、不能动摇。这次全会《决议》特别强调了加强党的集中统一领导的重要性，就是要求全党坚定不移向党中央看齐，在党的旗帜下团结成"一块坚硬的钢铁"，步调一致向前进。保持党的团结统一，要求全党必须做到对党忠诚。讲话指出，要坚定担当责任，不断增强进行伟大斗争的意志和本领。我们党依靠斗争创造历史，更要依靠斗争赢得未来。我们面临的各种斗争不是短期的而是长期的，将伴随实现第二个百年奋斗目标全过程。我们必须把握新的伟大斗争的历史特点，发扬斗争精神，把握斗争方向，把握斗争主动权，坚定斗争意志，掌握斗争规律，增强斗争本领，有效应对重大挑战、抵御重大风险、克服重大阻力、解决重大矛盾，战胜前进道路上的一切艰难险阻，不断夺取新时代伟大斗争的新胜利。讲话指出，要坚持自我革命，确保党不变质、不变色、不变味。我们党历史这么长、规模这么大、执政这么久，如何跳出治乱兴衰的历史周期率？毛泽东同志在延安的窑洞里给出了第一个答案，这就是"只有让人民来监督政府，政府才不敢松懈"。经过百年奋斗特别是党的十八大以来新的实践，我们党又给出了第二个答案，这就是自我革命。我们党没有任何自己特殊的利益，这是我们党敢于自我革命的勇气之源、底气所在。在建党百年之际，我们要居安思危，时刻警惕我们这个百年大党会不会变得老态龙钟、疾病缠身。要以伟大自我革命引领伟大社会革命，以伟大社会革命促进伟大自我革命，确保党在新时代坚持和发展中国特色社会主义的历史进程中始终成为坚强领导核心。

1月9日

中共中央纪律检查委员会、中华人民共和国国家监察委员会、中共中央党史和文献研究院编辑的《习近平关于坚持和完善党和国家监督体系论述摘编》一书，由中央文献出版社、中国方正出版社出版，在全国发行。勇于自我革命是我们党区别于其他政党的显著标志。习近平同志围绕坚持和完善党和国家监督体系发表的一系列重要论述，立意高远，内涵丰富，思想深刻，对于让人民监督权力，让权力在阳光下运行，把权力关进制度的笼子，确保人民赋予的权力始终用来为人民谋幸福，推动全面从严治党向纵深发展，推进国家治理体系和治理能力现代化，具有十分重要的意义。《论述摘编》分10个专题，共计371段论述，摘自习近平同志2012年11月15日至2021年11月11日期间的报告、讲话、说明、指示等130多篇重要文献。其中部分论述是第一次公开发表。

1月10日

中国社会科学院党史学习教育总结会议举行。院长、党组书记谢伏瞻出席会议并讲话。党史学习教育中央第二十五指导组组长段余应到会指导并讲话。副院长、党组副书记高翔传达习近平总书记关于党史学习教育的重要指示和中央党史学习教育总结会议精神。副院长、党组成员高培勇，中央纪委国家监委驻中国社会科学院纪检监察组组长、党组成员杨笑山，副院长、党组成员、当代中国研究所所长姜辉，副院长、党组成员王灵桂出席会议。姜辉主持会议。谢伏瞻指出，在全党开展党史学习教育，是以习近平同志为核心的党中央立足百年党史新起点、着眼开创事业发展新局面作出的一项重大战略决策。习近平总书记关于党史学习教育的重要讲话、重要论述、重要指示，为全党开展党史学习教育指明了前进方向、提供了根本遵循。中国社会科学院紧紧围绕学史明理、学史增信、学史崇德、学史力行的要求，坚持把高标准高质量的要求贯穿始终，党史学习教育全面覆盖、入脑入心、触及灵魂，在学深悟透、学研结合、学以致用上取得丰硕成果，在推进为人民做学问、为科研添动力、为职工办实事上取得实质进展，全院党员干部提高了增强"四个意识"、坚定"四个自信"、做到"两个维护"的自觉性、坚定性，增强了加快构建中国特色哲学社会科学的责任感、使命感。

同日

中国社会科学院召开党组会议，传达学习贯彻习近平总书记在中共中央政治局党史学习教育专题民主生活会上的重要讲话精神。院长、党组书记谢伏瞻主持会议并讲话。副院长、党组副书记高翔，副院长、党组成员高培勇，中央纪委国家监委驻中国社会科学院纪检监察组组长、党组成员杨笑山，副院长、党组成员、当代中国研究所所长姜辉，副院长、党组成员王灵桂出席会议。会议指出，学习习近平总书记在中共中央政治局党史学习教育专题民主生活会上的重要讲话精神，是一次深刻的党性教育。中央政治局高标准严要求召开专题民主生活会，交流思想、检视问题、明确方向，为全党树立了标杆、作出了表率。习近平总书记的重要讲话立意高远、视野宏阔、思想深邃、内涵丰富，具有很强的政治性、思想性、理论性、指导性，为我们坚定历史自信，发扬历史主动精神，沿着正确方向走好新的赶考之路，更好地开展党史总结、学习、教育、宣传指明了前进方向，提供了根本遵循。全院各级党组织和广大党员干部要认真学习，深刻理解和把握习近平总书记重要讲话的核心要义、精神实质，真正做到学深学精、入脑入心，并坚决抓好贯彻落实。

1月11日

省部级主要领导干部学习贯彻党的十九届六中全会精神专题研讨班在中共中央党校（国家行政学院）开班。中共中央总书记、国家主席、中央军委主席习近平在开班式上发表重要讲话强调，党中央举办这次专题研讨班，目的是深入研读和领会党的十九届六中全会决议，继续把党史总结、学习、教育、宣传引向深入，更好把握和运用党的百年奋斗历史经验，弘扬伟大建党精神，增加历史自信、增进团结统一、增强斗争精神，动员全党全国各族人民坚定信心、勇毅前行，为实现第二个百年奋斗目标而不懈努力。中共中央政治局常委李克强主持开班式，中共中央政治局常委栗战书、汪洋、王沪宁、赵乐际、韩正，国家副主席王岐山出席开班式。

1月14日

学习贯彻党的十九届六中全会精神之"中国共产党百年奋斗历史经验"高端论坛在华南理工大学举行。本次论坛由广东省习近平新时代中国特色社会主义思想研究中心、广东省社会科学院和华南理工大学共同主办。来自省内高校和研究机构的专家学者以及省内主要媒体记者近40人参加了会议。专家学者分别围绕"正确把握加强党的全面领导的科学内涵""坚持人民至上是中国共产党为什么能的根本所在""守正创新的科学内涵与实践价值""独立自主是中华民族精神之魂""坚持中国道路是中国共产党百年奋斗的重要历史经验""坚持胸怀天下谋就世界大同""坚持开拓创新的逻辑理路及实践要求""敢于斗争和胜利是新时代共产党人不可战胜的强大精神力量""在百年奋进史中认识和把握统一战线的重要法宝""坚持自我革命是新时代中国共产党破解历史周期率难题的新答案"等主题,深入探讨了"十个坚持"历史经验的科学内涵、时代价值和实践要求,深化了对党的历史经验的学理性认识和规律性把握,为深入理解领会党的十九届六中全会精神提供了学习参考和有益启示。

1月18日

中共中央总书记、国家主席、中央军委主席习近平在中国共产党第十九届中央纪律检查委员会第六次全体会议上发表重要讲话指出,要巩固拓展党史学习教育成果,更加坚定自觉地牢记初心使命、开创发展新局。要深入学习贯彻党的十九届六中全会精神,持之以恒推进党史学习、教育、宣传,引导全党坚定历史自信,让初心使命在内心深处真正扎根,把忠诚于党和人民落到行动上,继承弘扬党的光荣传统和优良作风,为党和人民事业赤诚奉献,在新的赶考之路上考出好成绩。

同日

中央宣传部召开党史学习教育总结会议,深入学习贯彻习近平总书记重要指示精神和党史学习教育总结会议精神,总结中宣部党史学习教育开展情况,对巩固拓展党史学习教育成果作出部署。中共中央政治局委员、中央书记处书记、中宣部部长黄坤明出席会议并讲话,党史学习教育中央第十四指导组组长王伟光出席会议并宣读评估报告,中宣部分管日常工作的副部长王晓晖主持会议并作中宣部党史学习教育总结报告。党史学习教育中央第十四指导组全体同志、中宣部部务会成员、部机关各单位领导班子成员和直属单位主要负责同志参加会议。

同日

《中国乡村振兴蓝皮书(2019—2020)》《山东乡村振兴蓝皮书(2019—2020)》新书发布会通过线下线上方式在北京、济南两地举行。本次发布会由中国社会科学院哲学研究所、山东省委党校(山东行政学院)、经济管理出版社联合主办。中国社会科学院副院长、党组成员、当代中国研究所所长姜辉出席并致辞。

1月20日

中国社会科学院2022年度工作会议暨全面从严治党加强党的建设工作会议开幕。院长、党组书记谢伏瞻作年度工作报告。副院长、党组副书记高翔主持会议，并传达中央领导同志重要批示精神。中央宣传部副部长孙业礼等中央和国家机关有关领导同志和部门负责同志出席会议。中央纪委国家监委驻中国社会科学院纪检监察组组长、党组成员杨笑山，副院长、党组成员、当代中国研究所所长姜辉，副院长、党组成员王灵桂，秘书长、党组成员赵奇出席会议。姜辉作关于全面从严治党加强党的建设工作报告。姜辉表示，一年来，中国社会科学院党的建设工作坚持以习近平新时代中国特色社会主义思想为指导，认真贯彻落实党的十九大和十九届历次全会精神，贯彻落实习近平总书记在中央和国家机关党的建设工作会议上的重要讲话精神，贯彻新时代党的建设总要求和新时代党的组织路线，以党的政治建设为统领，以庆祝中国共产党成立一百周年为契机，弘扬伟大建党精神，扎实开展党史学习教育，深入推进全面从严治党，以高质量党建促进高质量科研取得新成效，为繁荣发展新时代哲学社会科学提供了坚强保证。姜辉指出，2022年中国社会科学院全面从严治党、加强党的建设工作，必须自觉捍卫"两个确立"，坚决做到"两个维护"；全面贯彻习近平新时代中国特色社会主义思想，为党的二十大胜利召开作出新贡献；着力夯实组织基础，全面加强基层党的建设；持续正风肃纪，营造风清气正的学术环境；强化政治担当，压紧压实全面从严治党主体责任。

1月21日

全国党的建设研究会第七次会员代表大会召开。中共中央总书记、国家主席、中央军委主席习近平作出重要指示。习近平指出，近年来，全国党的建设研究会坚持正确政治方向，围绕党的建设重大理论和实际问题开展研究，为推进新时代党的建设作出了重要贡献。习近平强调，希望同志们牢记初心使命，在推进马克思主义中国化时代化、正确把握社会主要矛盾和中心任务、重视战略策略问题、永葆党的马克思主义政党本色、推进党史学习教育常态化长效化等方面下功夫，在充分调查研究基础上，深入研究推进新时代党的建设新的伟大工程面临的重大理论和实践问题，加强对党建理论最新成果的研究，加强对全面从严治党的研究，在理论上拓展新视野、作出新概括，加深对新时代党的建设规律的认识，不断完善党的建设学科体系、学术体系、话语体系，继续为推进新时代党的建设贡献智慧和力量。

1月23日

经党中央批准，由中共中央宣传部组织编写的《中国共产党宣传工作简史》一书，由人民出版社出版，在全国发行。在书稿编写过程中，习近平总书记给予亲切关怀、作出重要批示，中央领导同志多次就起草和修改工作提出明确要求。该书分上下卷，共11章、83节，约49万字，史料丰富、凝练生动，对于推动全党全社会特别是宣传思想文化战线深入学习贯彻习近平新时代中国特色社会主义思想，深刻认识"两个确立"的决定性意义，进一步增强"四个意识"、坚定"四个自信"、做到"两个维护"；对于持之以恒推进党史总结、学习、教育、宣传，从党的百年奋斗史中汲取智慧和力量，深刻理解中国共产党为什么能、马克思主义为什么行、中国特色社会主义为什么好；对于深入把握党的宣传工作历史发展规律，增强历史主动，满怀信心向前进，为实现第二个百年奋斗目标、全面建设社会主义现代化强国提供坚强思想保证和强大精神力量，具有十分重要的意义。

1月25日

2022年第1期《中国社会科学》发表中国社会科学院副院长、党组成员、当代中国研究所所长姜辉、中国社会科学院马克思主义研究院教授林建华的文章《当代中国历史方位和发展阶段的科学判断及其演进逻辑》。文章指出，对社会发展规律和发展阶段的把握是一个重大课题。任何一种社会形态，包括社会主义社会，既是不断变化、长期发展的历史过程，又是分阶段演进、阶梯式发展的历史过程。在近代中国的时代背景下，中国共产党团结带领中国人民在不懈奋斗和艰辛探索中，历史性地选择了社会主义。在社会主义革命、建设、改革的进程中，中国共产党根据马克思主义关于社会发展及阶段划分理论，总结世界社会主义运动正反两方面经验，立足当代中国社会发展实际，创造性地探索中国社会发展规律，在不同历史时期对中国社会历史方位、发展阶段、主要矛盾、历史任务进行主动探索、作出科学判断，在历史发展关键时期保证党的理论和路线方针政策的正确。新中国成立以来特别是改革开放以来，我们党作出关于社会主义初级阶段、中国特色社会主义新时代、新发展阶段等历史方位和发展阶段的重大判断，体现了中国社会发展连续性与阶段性、量变与质变的辩证统一，对于自觉遵循当代中国发展规律及演进逻辑，发挥历史能动性和把握历史主动性，顺应社会发展趋势以推动阶段性飞跃，推进中国社会合乎规律地向前发展，具有重大理论和现实意义。

1月28日

中共中央党史和文献研究院编辑的习近平同志《论坚持人与自然和谐共生》一书，由中央文献出版社出版，在全国发行。这部专题文集收入习近平同志关于坚持人与自然和谐共生的重要文稿79篇，其中部分文稿是首次公开发表。生态文明建设是关乎中华民族永续发展的根本大计。党的十八大以来，以习近平同志为核心的党中央以前所未有的力度抓生态文明建设，从思想、法律、体制、组织、作风上全面发力，全方位、全地域、全过程加强生态环境保护，开展一系列根本性、开创性、长远性工作，全党全国推动绿色发展的自觉性和主动性显著增强，美丽中国建设迈出重大步伐，我国生态环境保护发生历史性、转折性、全局性变化。我国积极参与全球环境与气候治理，成为全球生态文明建设的重要参与者、贡献者、引领者，体现了负责任大国的担当。习近平同志传承中华民族传统文化、顺应时代潮流和人民意愿，站在坚持和发展中国特色社会主义、实现中华民族伟大复兴中国梦的战略高度，围绕生态文明建设发表一系列重要论述，深刻回答了为什么建设生态文明、建设什么样的生态文明、怎样建设生态文明等重大理论和实践问题，形成了习近平生态文明思想。习近平生态文明思想是习近平新时代中国特色社会主义思想的重要组成部分，对于坚持绿水青山就是金山银山的理念，走生产发展、生活富裕、生态良好的文明发展道路，努力建设人与自然和谐共生的现代化，夺取全面建设社会主义现代化国家新胜利、实现中华民族伟大复兴的中国梦，具有十分重要的指导意义。

1月30日

中共中央、国务院在人民大会堂举行2022年春节团拜会。中共中央总书记、国家主席、中央军委主席习近平发表讲话。习近平强调，一百年来，党和人民取得的一切成就都是团结奋斗的结果，团结奋斗是中国共产党和中国人民最显著的精神标识。百年奋斗历史告诉我们，团结就是力量，奋斗开创未来；能团结奋斗的民族才有前途，能团结奋斗的政党才能立于不败之地。百年奋斗历史还告诉我们，围绕明确奋斗目标形成的团结才是最牢固的团结，依靠紧密团结进行的奋斗才是最有力的奋斗。我们靠团结奋斗创造了辉煌历史，还要靠团结奋斗开辟美好未来。只要14亿多中国人民始终手拉着手一起向未来，只要9500多万中国共产党人始终与人民心连着心一起向未来，我们就一定能在新的赶考之路上继续创造令人刮目相看的奇迹。

2月1日

2022年第3期《求是》杂志发表中共中央总书记、国家主席、中央军委主席习近平的重要文章《努力成为可堪大用能担重任的栋梁之才》。文章强调，年轻干部生逢伟大时代，是党和国家事业发展的生力军，必须练好内功、提升修养、增强本领，努力成为可堪大用、能担重任的栋梁之才，为实现第二个百年奋斗目标而努力工作，不辜负党和人民期望和重托！文章指出，要信念坚定、对党忠诚。中国共产党成立一百年来，始终是有崇高理想和坚定信念的党。这个理想信念，就是马克思主义信仰、共产主义远大理想、中国特色社会主义共同理想。理想信念是中国共产党人的精神支柱和政治灵魂，也是保持党的团结统一的思想基础。年轻干部要牢记，坚定理想信念是终身课题，需要常修常炼，要信一辈子、守一辈子。理想信念坚定和对党忠诚是紧密联系的。理想信念坚定才能对党忠诚，对党忠诚是对理想信念坚定的最好诠释。文章指出，要注重实际、实事求是。坚持从实际出发、实事求是，不只是思想方法问题，也是党性强不强问题。从当前干部队伍实际看，坚持实事求是最需要解决的是党性问题。干部是不是实事求是可以从很多方面来看，最根本的要看是不是讲真话、讲实话，是不是干实事、求实效。年轻干部要坚持以党性立身做事，把说老实话、办老实事、做老实人作为党性修养和锻炼的重要内容，敢于坚持真理，善于独立思考，坚持求真务实。文章指出，要勇于担当、善于作为。干事担事，是干部的职责所在，也是价值所在。党把干部放在各个岗位上是要大家担当干事，而不是做官享福。担当作为就要真抓实干、埋头苦干，决不能坐而论道、光说不练。担当和作为是一体的，不作为就是不担当，有作为就要有担当。凡是有利于党和人民的事，我们就要事不避难、义不逃责，大胆地干、坚决地干。文章指出，要坚持原则、敢于斗争。坚持原则是共产党人的重要品格，是衡量一个干部是否称职的重要标准。对共产党人来说，"好好先生"并不是真正的好人。奉行好人主义，出发点就有问题，因为好的是自己，坏的是风气、是事业。共产党人讲党性、讲原则，就要讲斗争。党的干部都要有秉公办事、铁面无私的精神，讲原则不讲面子、讲党性不徇私情。共产党人任何时候都要有不信邪、不怕鬼、不当软骨头的风骨、气节、胆魄。文章指出，要严守规矩、不逾底线。讲规矩、守底线，首先要有敬畏心。干部一定要知敬畏、存戒惧、守底线，敬畏党、敬畏人民、敬畏法纪。严以修身，才能严以律己。我们共产党人为的是大公、守的是大义、求的是大我，更要正心明道、怀德自重，始终把党和人民放在心中最高位置，做一个一心为公、一身正气、一尘不染的人。当共产党的干部，对个人的名誉、地位、利益要看得淡、放得下。文章指出，要勤学苦练、增强本领。我们处在前所未有的变革时代，干着前无古人的伟大事业，如果知识不够、眼界不宽、能力不强，就会耽误事。年轻干部精力充沛、思维活跃、接受能力强，正处在长本事、长才干的大好时期，一定要珍惜光阴、不负韶华，如饥似渴学习，一刻不停提高。

2月11日

《红旗文稿》发表中国社会科学院副院长、党组成员、当代中国研究所所长姜辉题为《深化对坚持理论创新的规律性认识》的文章。文章指出，坚持理论创新，是党的十九届六中全会通过的《中共中央关于党的百年奋斗重大成就和历史经验的决议》总结的"十个坚持"百年历史经验中的一条宝贵经验。理论的生命力在于创新。理论创新以实践为基础，又是实践创新的先导。坚持理论创新是弘扬马克思主义与时俱进理论品格的实际体现。坚持理论创新与实践创新良性互动，是马克思主义不断发展的辩证法和根本途径。我们党的历史，就是一部不断推进理论创新、进行理论创造的历史，在运用既一脉相承又与时俱进的党的创新理论指导中国革命、建设、改革不断胜利的历史进程中，我们党取得了坚持理论创新这条宝贵经验，进一步深化了对马克思主义发展规律的认识。深刻把握和充分运用这条宝贵经验，对于全面建设社会主义现代化强国、实现中华民族伟大复兴具有十分重要的意义。

2月14日

中共党史党建学科建设与中国共产党历史自信学术交流会线上会议在广西师范大学举行。本次会议由广西马克思主义理论研究和建设工程（广西师范大学）基地、广西师范大学马克思主义理论与区域实践研究中心联合主办。来自北京师范大学、中国人民大学、华南师范大学、复旦大学、南京师范大学、江苏省社科联、江西财经大学、广西师范大学及马克思主义学院部分师生参加了会议交流会。会议对第三个历史决议、中共党史党建学科建设、中国共产党历史自信等重要问题进行了深入探讨。

2月16日

中共中央党史和文献研究院编辑的《习近平书信选集》第一卷，由中央文献出版社出版，在全国发行。这部书信选集，选入习近平同志2013年5月至2021年12月期间的书信共239封。其中部分书信是首次公开发表。这部书信选集，反映了习近平同志领导全党全国各族人民推进党和国家事业的实践活动，记录了习近平同志同各族各界干部群众、各国政党政要和各界人士的交往。书信选集的内容，涉及新时代坚持和发展中国特色社会主义的各个领域各个方面，论及重要的政治原则、理论观点、方针政策和党性修养、思想方法、工作方法、学习方法，是习近平新时代中国特色社会主义思想的重要组成部分，对于我们深刻认识"两个确立"的决定性意义，深入学习贯彻习近平新时代中国特色社会主义思想，为实现第二个百年奋斗目标、实现中华民族伟大复兴的中国梦而不懈奋斗，具有十分重要的指导意义。

2月17日

中国社会科学院全国人大代表和全国政协委员座谈会在北京举行。中国社会科学院院长、党组书记谢伏瞻出席会议并讲话。全国政协教科卫体委员会副主任，中国社会科学院原副院长、党组副书记王京清，中国社会科学院副院长、党组成员高培勇，中国社会科学院副院长、党组成员、当代中国研究所所长姜辉，中国社会科学院原副院长、党组成员蔡昉出席会议。姜辉主持会议。座谈会上，与会代表和委员就拟在2022年全国两会上提出的建议和提案作了交流。

2月18日

传承红色基因·新时代新征程接续奋斗——深入学习贯彻习近平总书记给上海市新四军历史研究会百岁老战士们重要回信精神座谈会举行。本次座谈会由中共上海市委宣传部指导，上海市社会科学界联合会、上海市退役军人事务局主办，上海市新四军历史研究会、上海市龙华烈士纪念馆协办。来自上海市委宣传部、市社联、市退役军人事务局、市委党史研究室、团市委、市新四军历史研究会、龙华烈士纪念馆等单位相关部门负责同志，新闻媒体记者、青年代表等共40余人参加座谈会。座谈会旨在重温2021年2月18日习近平总书记给上海市新四军历史研究会百岁老战士们的重要回信精神，总结回顾一年来在党史学习教育中发挥老战士、老干部、老同志作用，弘扬红色文化、传承红色基因取得的成果成效，根据党史学习教育总结会议要求，聚焦学习贯彻党的十九届六中全会精神，弘扬伟大建党精神，就常态化长效化开展党史学习教育和红色基因传承进行研讨交流。

2月22日

《当代中国史研究》七届三次编委会会议召开。中国社会科学院副院长、党组成员、当代中国研究所所长、《当代中国史研究》编委会主任姜辉出席并讲话。姜辉指出，党和国家十分重视学术期刊建设和发展工作，习近平总书记给《文史哲》编辑部全体编辑人员回信，中宣部等单位联合印发《关于推动学术期刊繁荣发展的意见》，体现了党和国家对学术期刊的高度重视，为办好学术期刊指明了方向。对此，《当代中国史研究》要继续深入学习领会，进一步办好刊物。姜辉指出，2022年是党和国家历史上具有特殊重要意义的一年。《当代中国史研究》必须围绕迎接宣传贯彻党的二十大这一中心任务，做好期刊出版工作。

2月23日

《中国党政干部论坛》2022年第1期发表中国社会科学院副院长、党组成员、当代中国研究所所长姜辉题为《掌握马克思主义理论是领导干部的基本功》的文章。文章指出，马克思主义理论素养是领导干部领导素质的核心和灵魂，掌握马克思主义理论是领导干部的基本功。要弘扬理论联系实际的优良学风，善于在学习科学理论中悟原理、求真理、明事理，更加坚定理想信念，更加站稳人民立场，更加创造性地运用科学理论研究解决实际问题，从而不断提升领导水平和工作能力，使思想、能力、行动跟上党中央要求、跟上时代前进步伐、跟上事业发展需要。

3月1日

2022年春季学期中共中央党校（国家行政学院）中青年干部培训班在中央党校开班。中共中央总书记、国家主席、中央军委主席习近平在开班式上发表重要讲话强调，年轻干部是党和国家事业发展的希望，必须筑牢理想信念根基，守住拒腐防变防线，树立和践行正确政绩观，练就过硬本领，发扬担当和斗争精神，贯彻党的群众路线，锤炼对党忠诚的政治品格，树立不负人民的家国情怀，追求高尚纯粹的思想境界，为党和人民事业拼搏奉献，在新时代新征程上留下无悔的奋斗足迹。陈希主持开班式，表示习近平总书记的重要讲话饱含着对年轻干部的殷切期望，为广大年轻干部健康成长指明了努力方向，要深入学习领会，真正内化于心、外化于行；要进一步学懂弄通做实习近平新时代中国特色社会主义思想，深刻领悟"两个确立"的决定性意义，切实转化为坚决做到"两个维护"的高度自觉，转化为奋进新征程、建功新时代的强大动力，埋头苦干、勇毅前行，以实际行动迎接党的二十大胜利召开。

3月5日

中共中央总书记、国家主席、中央军委主席习近平在参加十三届全国人大五次会议内蒙古代表团审议时强调，回顾新时代党和人民奋进历程，我们更加坚定了以下重要认识。一是坚持党的全面领导是坚持和发展中国特色社会主义的必由之路。只要坚定不移坚持党的全面领导、维护党中央权威和集中统一领导，我们就一定能够确保全党全国拥有团结奋斗的强大政治凝聚力、发展自信心，集聚起守正创新、共克时艰的强大力量，形成风雨来袭时全体人民最可靠的主心骨。二是中国特色社会主义是实现中华民族伟大复兴的必由之路。只要始终不渝走中国特色社会主义道路，我们就一定能够不断实现人民对美好生活的向往，不断推进全体人民共同富裕。三是团结奋斗是中国人民创造历史伟业的必由之路。只要在党的领导下全国各族人民团结一心、众志成城，敢于斗争、善于斗争，我们就一定能够战胜前进道路上的一切困难挑战，继续创造令人刮目相看的新的奇迹。四是贯彻新发展理念是新时代我国发展壮大的必由之路。只要完整、准确、全面贯彻新发展理念，加快构建新发展格局，推动高质量发展，加快实现科技自立自强，我们就一定能够不断提高我国发展的竞争力和持续力，在日趋激烈的国际竞争中把握主动、赢得未来。五是全面从严治党是党永葆生机活力、走好新的赶考之路的必由之路。办好中国的事情，关键在党、关键在全面从严治党。只要大力弘扬伟大建党精神，不忘初心使命，勇于自我革命，不断清除一切损害党的先进性和纯洁性的有害因素，不断清除一切侵蚀党的健康肌体的病原体，我们就一定能够确保党不变质、不变色、不变味。习近平强调，要巩固拓展党史学习教育成果，建立常态化长效化制度机制，教育引导广大党员、干部把学党史、用党史作为终身必修课，不断坚定历史自信、增强政治自觉，弘扬伟大建党精神，更加信心满怀地奋进新征程、建功新时代。

3月10日

中国人民大学"习近平新时代中国特色社会主义思想研究工程"启动仪式暨"习近平新时代中国特色社会主义思想对马克思主义发展的原创性贡献"学术报告会举行。中国社会科学院副院长、党组成员、当代中国研究所所长姜辉出席会议并讲话。姜辉在讲话中指出，党的十九届六中全会审议通过的《中共中央关于党的百年奋斗重大成就和历史经验的决议》，提出"两个确立"的重大政治论断，高度阐述了习近平新时代中国特色社会主义思想的精髓要义、丰富内涵、理论贡献、重大意义和历史地位。习近平新时代中国特色社会主义思想是捍卫坚持马克思主义的典范，贯穿马克思主义立场、观点、方法，贯通马克思主义哲学、政治经济学、科学社会主义，贯彻并创造性地运用马克思主义世界观、方法论，研究解决当代中国问题和当今世界问题。习近平新时代中国特色社会主义思想也是创新发展马克思主义的典范，是21世纪马克思主义的最新理论形态，为发展马克思主义作出了原创性贡献。姜辉表示，当前，党的实践创新和理论创新步伐加快，习近平新时代中国特色社会主义思想必将随着中国特色社会主义伟大实践的推进进程，随着实现中华民族伟大复兴不可逆转的发展进程，持续发展，不断丰富，不断完善。我们理论工作者要跟上时代发展步伐，跟上党和国家事业发展步伐，跟上党的实践创新和理论创新步伐，为续写新时代马克思主义中国化、时代化新篇章作出新贡献。

3月11日

中国社会科学院召开党组扩大会议，传达学习习近平总书记重要讲话和全国两会精神。中国社会科学院院长、党组书记谢伏瞻，副院长、党组副书记高翔，副院长、党组成员高培勇，中央纪委国家监委驻中国社会科学院纪检监察组组长、党组成员杨笑山，副院长、党组成员、当代中国研究所所长姜辉，秘书长、党组成员赵奇出席会议。谢伏瞻主持会议并讲话。谢伏瞻指出，2022年全国两会是在我国进入全面建设社会主义现代化国家、向第二个百年奋斗目标进军新征程的重要时刻召开的重要会议。习近平总书记在全国两会期间发表的一系列重要讲话，高屋建瓴、视野宏阔、思想深邃、内涵丰富，是习近平新时代中国特色社会主义思想的重要组成部分和最新篇章。学习贯彻习近平总书记重要讲话精神和全国两会精神，是当前中国社会科学院一项重要政治任务。谢伏瞻就学习贯彻习近平总书记重要讲话精神和全国两会精神提出要求。一要切实把思想统一到习近平总书记重要讲话和全国两会精神上来。二要精心做好迎接宣传贯彻党的二十大各项工作。三要深入推进基础理论研究与应用对策研究融合发展，加快构建"三大体系"、加快国家高端智库建设。四要狠抓落实，扎实推进各项工作。

同日

《当代中国史研究》编辑部与中国社会科学评价研究院期刊与成果评价研究室联合召开期刊评价座谈会。中国社会科学院当代中国研究所副所长、《当代中国史研究》主编李正华，中国社会科学评价研究院党委书记、院长荆林波研究员，以及中国社会科学评价研究院期刊与成果评价研究室、《当代中国史研究》编辑部全体成员出席了座谈会。双方表示，这样的会议应经常举行，实现评价机构与编辑部的良性互动，达到双方共同进步，为落实中央政策精神、繁荣哲学社会科学贡献自己的力量。

3月12日

全国高校思想政治理论课"手拉手"集体备课中心（福建）启动大会暨党的十九届六中全会精神进课堂集体备课会举行。高校思政课教学指导咨询委员会副主任，中国社会科学院副院长、党组成员、当代中国研究所所长、马克思主义研究院长姜辉出席并作题为《深入学习领会习近平总书记关于推进马克思主义中国化时代化的重要论述》的主旨报告。姜辉从回答时代课题是理论创新的驱动力、十九届六中全会对习近平新时代中国特色社会主义思想的新凝练新概括、习近平新时代中国特色社会主义思想的核心内容和科学体系、"两个结合"的重大意义与推动马克思主义中国化时代化等方面，深刻阐明了中国共产党人续写马克思主义中国化时代化新篇章的基本经验，为与会者深入学习领会习近平总书记关于推进马克思主义中国化时代化重要论述作了很好辅导。

3月17日

中国社会科学院当代中国研究所召开会议，传达学习全国两会精神和全国宣传部长会议精神。所党组成员、副所长李正华主持会议并讲话，强调要深刻认识全国两会和全国宣传部长会议的重大意义，准确把握习近平总书记重要讲话精神的主要内容和基本要求，切实抓好贯彻落实。所党组成员、副所长宋月红传达全国宣传部长会议精神，全国政协委员张星星、钟瑛传达全国两会精神。全所干部职工及出版社中层以上人员参加。

3月18日

新时代文化建设与人类文明新形态构建课题论证会召开。本次会议由中国社会科学院文学研究所主办。中国社会科学院副院长、党组成员、当代中国研究所所长姜辉出席论证会并讲话。姜辉指出，"新时代文化建设与人类文明新形态构建"课题是中国社会科学院重大研究项目之一，是基础理论研究与应用对策研究融合发展的一次重要实践、尝试与突破。希望课题组认真组织研究，产出高质量研究成果，为党的理论创新、党和国家各项事业发展提供思想理论支撑，为迎接党的二十大胜利召开贡献力量。在具体研究过程中，课题组要深入学习习近平总书记在庆祝中国共产党成立100周年大会上的重要讲话精神等一系列重要论述，准确把握党的十九届六中全会通过的《中共中央关于党的百年奋斗重大成就和历史经验的决议》。要从"两个结合""四个自信"等高度出发开展深入研究，深刻思考中国共产党在弘扬中华优秀传统文化和创造人类文明新形态过程中的重要作用。要注意挖掘中华优秀传统文化资源的核心要素，进一步深入研究中国特色社会主义、马克思主义与中华优秀传统文化和中华文明之间的关系。要以课题研究为契机和平台，推动学科建设高质量发展。

3月21日

中共中央办公厅印发了《关于推动党史学习教育常态化长效化的意见》，并发出通知，要求各地区各部门结合实际认真贯彻落实。

《意见》指出，在全党开展党史学习教育，是以习近平同志为核心的党中央立足百年党史新起点、着眼开创事业发展新局面作出的一项重大战略决策。这次学习教育认真贯彻学史明理、学史增信、学史崇德、学史力行的要求，取得重要政治成果、理论成果、实践成果、制度成果，广大党员、干部受到一次全面深刻的政治教育、思想淬炼、精神洗礼，全党历史自觉、历史自信大大增强，党的创造力、凝聚力、战斗力大大提升，达到了学党史、悟思想、办实事、开新局的目的。为进一步推动全党深入学习贯彻习近平新时代中国特色社会主义思想和党的十九届六中全会精神，巩固拓展党史学习教育成果，更好用党的百年奋斗重大成就和历史经验增长智慧、增进团结、增加信心、增强斗志，更加坚定自觉地牢记初心使命、开创发展新局，在新的赶考之路上考出好成绩。《意见》就推动党史学习教育常态化长效化，从"着眼坚定历史自信，坚持不懈把党史作为必修课、常修课"、"着眼增强理论自觉，坚持不懈用习近平新时代中国特色社会主义思想武装头脑"、"着眼提高政治能力，坚持不懈领悟'两个确立'决定性意义、坚定做到'两个维护'的高度自觉"、"着眼强化宗旨意识，坚持不懈为群众办实事办好事"、"着眼激发昂扬斗志，坚持不懈弘扬伟大建党精神"、"着眼永葆初心使命，坚持不懈推进自我革命"六个方面提出具体意见。

3月23日

中共中央总书记、国家主席习近平向中国共产党和古巴共产党第四届理论研讨会致贺信。习近平表示，中国共产党和古巴共产党是各自国家社会主义事业的领导核心。中共十八大以来，中国共产党团结带领中国人民取得了改革开放和社会主义现代化建设的历史性成就，中国特色社会主义进入新时代。古共八大对当前和今后一个时期古巴党和国家事业发展作出战略规划和部署，为古巴建设繁荣、民主、可持续的社会主义擘画了蓝图。面对新形势新任务，中古两党以"加强党的建设，奋进新时代中古社会主义新征程"为主题进行理论研讨恰逢其时，对我们探索符合本国国情的社会主义发展道路具有重要意义。习近平强调，中国共产党愿同古巴共产党深入交流对重大理论和实践问题的看法，相互学习借鉴治国理政经验，推动各自党的建设和社会主义事业不断发展。

3月24日

《人民日报》发表中国社会科学院副院长、党组成员，当代中国研究所所长姜辉题为《马克思主义中国化新的飞跃》的文章。文章指出，习近平新时代中国特色社会主义思想科学把握时代方位、深入回答时代课题，以全新视野深化了对"三大规律"的认识；立足新时代中国特色社会主义伟大实践推进理论创新，随着实践的变化不断丰富发展；坚持"两个结合"，拓展了马克思主义中国化时代化的内涵和途径，续写了马克思主义中国化时代化新篇章。

3月

中共中央总书记、国家主席、中央军委主席习近平给武警上海市总队执勤第四支队十中队全体官兵回信，对他们予以亲切勉励。习近平在回信中表示，你们发扬"南京路上好八连"光荣传统，坚持学党史、铸忠诚，连续20多年在党的一大会址义务讲解党的历史、传播党的理论，收到了良好效果。我为你们取得的成绩感到高兴。习近平强调，希望同志们巩固拓展党史学习教育成果，自觉弘扬伟大建党精神，当好新时代"霓虹灯下的哨兵"，永远做党和人民的忠诚卫士。

4月1日

2022年出版的第7期《求是》杂志发表中共中央总书记、国家主席、中央军委主席习近平的重要文章《坚持把解决好"三农"问题作为全党工作重中之重，举全党全社会之力推动乡村振兴》。文章强调，巩固拓展脱贫攻坚成果，全面推进乡村振兴，加快农业农村现代化，是需要全党高度重视的一个关系大局的重大问题。全党务必充分认识新发展阶段做好"三农"工作的重要性和紧迫性，坚持把解决好"三农"问题作为全党工作重中之重，举全党全社会之力推动乡村振兴，促进农业高质高效、乡村宜居宜业、农民富裕富足。文章指出，要真抓实干做好新发展阶段"三农"工作。从中华民族伟大复兴战略全局看，民族要复兴，乡村必振兴。只有深刻理解了"三农"问题，才能更好理解我们这个党、这个国家、这个民族。全面建设社会主义现代化国家，实现中华民族伟大复兴，最艰巨最繁重的任务依然在农村，最广泛最深厚的基础依然在农村。从世界百年未有之大变局看，稳住农业基本盘、守好"三农"基础是应变局、开新局的"压舱石"。"三农"向好，全局主动。文章指出，要巩固拓展脱贫攻坚成果。全面推进乡村振兴，这是"三农"工作重心的历史性转移。要做好巩固拓展脱贫攻坚成果同乡村振兴有效衔接。脱贫攻坚目标任务完成后，对摆脱贫困的县，从脱贫之日起设立5年过渡期。过渡期内要保持主要帮扶政策总体稳定。文章指出，要牢牢把住粮食安全主动权。粮食多一点少一点是战术问题，粮食安全是战略问题。粮食生产年年要抓紧，面积、产量不能掉下来，供给、市场不能出问题。耕地是粮食生产的命根子，要严防死守18亿亩耕地红线，采取"长牙齿"的硬措施，落实最严格的耕地保护制度。要坚持农业科技自立自强，加快推进农业关键核心技术攻关。调动农民种粮积极性，关键是让农民种粮有钱挣。地方各级党委和政府要扛起粮食安全的政治责任，粮食安全要实行党政同责。文章指出，要全面推进乡村振兴落地见效。全面实施乡村振兴战略的深度、广度、难度都不亚于脱贫攻坚，必须加强顶层设计，以更有力的举措、汇聚更强大的力量来推进。第一，加快发展乡村产业。第二，加强社会主义精神文明建设。第三，加强农村生态文明建设。第四，深化农村改革。第五，实施乡村建设行动。第六，推动城乡融合发展见实效。第七，加强和改进乡村治理。文章指出，要加强党对"三农"工作的全面领导。各级党委要扛起政治责任，落实农业农村优先发展的方针，以更大力度推动乡村振兴。乡村振兴各项政策，最终要靠农村基层党组织来落实。乡村振兴，关键在人、关键在干。必须建设一支政治过硬、本领过硬、作风过硬的乡村振兴干部队伍。要广泛依靠农民、教育引导农民、组织带动农民，激发广大农民群众积极性、主动性、创造性，投身乡村振兴，建设美好家园。

4月8日

北京冬奥会、冬残奥会总结表彰大会在人民大会堂隆重举行。中共中央总书记、国家主席、中央军委主席习近平出席大会并发表重要讲话。习近平强调，伟大的事业孕育伟大的精神，伟大的精神推进伟大的事业。北京冬奥会、冬残奥会广大参与者珍惜伟大时代赋予的机遇，在冬奥申办、筹办、举办的过程中，共同创造了北京冬奥精神。北京冬奥精神就是胸怀大局、自信开放、迎难而上、追求卓越、共创未来。我们要大力弘扬北京冬奥精神，以更加坚定的自信、更加坚决的勇气，向着实现第二个百年奋斗目标奋勇前进，向着实现中华民族伟大复兴的中国梦奋勇前进。李克强主持大会，栗战书、汪洋、王沪宁、赵乐际、王岐山出席，韩正宣读表彰决定。

同日

中国社会科学院2022年定点帮扶工作领导小组会议在北京举行。会议传达学习习近平总书记关于"三农"工作和定点帮扶工作的重要讲话精神。院长、党组书记、院定点帮扶工作领导小组组长谢伏瞻出席会议并讲话。副院长、党组成员、当代中国研究所所长、院定点帮扶工作领导小组副组长姜辉主持会议。秘书长、党组成员、院定点帮扶工作领导小组副组长赵奇出席会议。会议总结了中国社会科学院2021年定点帮扶工作情况，并部署2022年定点帮扶工作。院定点帮扶工作领导小组成员及相关人员出席会议。

4月12日

从伟大建党精神看中国共产党的特质研讨会在线举行。本次研讨会由复旦大学党委宣传部、马克思主义学院主办。中共上海市委党校副校长、校务委员会委员、上海行政学院副院长曾峻教授受邀发表题为"从伟大建党精神看中国共产党的特质"的专题讲座。来自复旦大学"形势与政策"课选课学生和教研室成员、马克思主义学院研究生共计400余人在线收看。与会专家学者从伟大建党精神的形成基础、丰富内涵出发，深入剖析中国共产党独特的精神特质。

4月13日

中国社会科学院副院长、党组成员、当代中国研究所所长姜辉出席院党校第46期处室干部进修班和全院处室干部培训班开班式，作动员讲话和题为"马克思主义中国化新的飞跃——深刻领会新思想和新时代"的辅导报告。姜辉指出，培训班要深入学习贯彻习近平新时代中国特色社会主义思想和党的十九届六中全会精神，紧紧围绕迎接、宣传、贯彻党的二十大这条主线，紧密结合思想和工作实际，进一步提高认识、把握方向、明确任务、担当使命，更好为繁荣发展新时代中国特色哲学社会科学提供坚强保证。要学懂弄通做实习近平新时代中国特色社会主义思想，在强化政治机关意识、创建模范机关、筑牢理想信念根基、加快构建中国特色哲学社会科学上作表率，在坚持为人民做学问理念、推动基础理论研究和应用对策研究融合发展、落实管党治党主体责任、服务保障科研工作上积极担当作为。

4月17日

中国共产党的理论创新与实践探索高端学术论坛暨国家重大项目开题报告会在暨南大学召开。会议由暨南大学马克思主义学院、教育部高校思想政治工作创新发展中心主办。来自广东省社科联、北京大学、复旦大学、南京大学、武汉大学、中山大学、吉林大学、南开大学、山东大学、暨南大学等单位的专家、学者50余人以线上线下相结合的形式参加研讨，国内各大高校师生800余人线上参会。本次会议体现了马克思主义学人不忘初心、牢记使命的担当与责任，呈现出中国马克思主义学者回应时代要求与理论联系实际的鲜明特点，对全面回顾中国共产党建党百年来的发展历程，总结党的建设的历史经验，进一步推进新时代党的实践探索、推动党建研究创新和学科发展，具有重要的理论价值和实践意义。

4月20日

全国"北京冬奥精神与中华民族伟大复兴"学术研讨会线上召开。本次研讨会由上海体育学院主办，上海体育学院党委宣传部、马克思主义学院、上海市马克思主义理论智库中国特色社会主义体育强国建设研究中心、上海体育学院体育德育协同创新研究中心联合承办。来自复旦大学、上海交通大学、华东师范大学、上海大学、上海师范大学、武汉工程大学、上海体育学院、首都体育学院、南京体育学院、山东体育学院、上海市梅陇中学、上海市教育科学研究院、江苏省体育科学研究所等高校、科研机构和多家报刊媒体的专家学者就深入学习北京冬奥精神展开深入研讨交流。

4月21—22日

中国共产党广西壮族自治区代表会议在南宁召开，会议选举产生了广西壮族自治区出席党的二十大代表。在广西参选的党中央提名的代表候选人习近平同志，以全票当选党的二十大代表。

4月22日

《百年"三农"：中国共产党解决"三农"问题的战略维度和实现路径》出版座谈会在中国社会科学院当代中国研究所召开。此次会议由当代中国研究所原副所长武力主持。中国人民大学原副校长贺耀敏教授，农业农村部农村经济研究中心原主任宋洪远研究员，国务院发展研究中心农村部原部长徐小青研究员，中共中央党校研究室巡视员曾业松研究员，中国经济史学会名誉会长、中国社会科学院经济研究所董志凯研究员，中国宏观经济研究院产业经济与技术经济研究所副所长姜长云研究员，中国农业大学经济管理学院冯开文教授，中国农业博物馆当代农业研究部主任周晓庆研究员，东方出版社总编辑孙涵等参与讨论。专家学者围绕中国共产党为什么能够领导人民解决好"三农"问题这一重大课题，在《百年"三农"：中国共产党解决"三农"问题的战略维度和实现路径》一书正式出版之际，就如何深刻呈现和阐释中国共产党百年始终坚守为农民谋幸福的初心使命，如何全面系统反映中国共产党解决"三农"问题的百年奋斗历程、伟大成就和宝贵经验开展讨论。专家学者评价该书对中国共产党解决"三农"问题的百年历程作出了创新研究。本书作者为中国社会科学院当代中国研究所经济史研究室主任郑有贵。

4月25日

在五四青年节即将到来之际，中共中央总书记、国家主席、中央军委主席习近平来到中国人民大学考察调研。习近平代表党中央，向全国各族青年致以节日的祝贺，向中国人民大学全体师生员工、向全国广大教育工作者和青年工作者致以诚挚的问候。习近平希望全国广大青年牢记党的教诲，立志民族复兴，不负韶华，不负时代，不负人民，在青春的赛道上奋力奔跑，争取跑出当代青年的最好成绩！习近平强调，"为谁培养人、培养什么人、怎样培养人"始终是教育的根本问题。要坚持党的领导，坚持马克思主义指导地位，坚持为党和人民事业服务，落实立德树人根本任务，传承红色基因，扎根中国大地办大学，走出一条建设中国特色、世界一流大学的新路。广大青年要做社会主义核心价值观的坚定信仰者、积极传播者、模范践行者，向英雄学习、向前辈学习、向榜样学习，争做堪当民族复兴重任的时代新人，在实现中华民族伟大复兴的时代洪流中踔厉奋发、勇毅前进。

4月29日

学习弘扬李大钊、毛泽东等建党先驱伟大精神与当代青年的使命奋斗学术研讨会在湘潭召开。本次研讨会由中国李大钊研究会、湖南省委党史研究院、湘潭大学联合主办。来自中国人民大学、北京师范大学等高校和研究机构的近百名国内外知名专家学者围绕"李大钊毛泽东等建党先驱的'初心''使命'思想研究"主题，以线下线上相结合方式深入交流。会议期间，中国李大钊研究会为湘潭大学中国李大钊研究会教研基地成立揭牌。

5月10日

庆祝中国共产主义青年团成立100周年大会在北京人民大会堂隆重举行。中共中央总书记、国家主席、中央军委主席习近平在会上发表重要讲话强调，青春孕育无限希望，青年创造美好明天。新时代的中国青年，生逢其时、重任在肩，施展才干的舞台无比广阔，实现梦想的前景无比光明。实现中国梦是一场历史接力赛，当代青年要在实现民族复兴的赛道上奋勇争先。共青团要牢牢把握培养社会主义建设者和接班人的根本任务，坚持为党育人、自觉担当尽责、心系广大青年、勇于自我革命，团结带领广大团员青年成长为有理想、敢担当、能吃苦、肯奋斗的新时代好青年，用青春的能动力和创造力激荡起民族复兴的澎湃春潮，用青春的智慧和汗水打拼出一个更加美好的中国。

5月11日

由中央宣传部理论局组织撰写的2022年通俗理论读物《百年大党面对面》，由学习出版社、人民出版社联合出版。"理论热点面对面"通俗理论读物从2003年开始编写，每年推出一本，《百年大党面对面》是第二十本。该书以习近平新时代中国特色社会主义思想为指导，以《中共中央关于党的百年奋斗重大成就和历史经验的决议》为遵循，梳理出为什么建党百年之际我们党要作出第三个历史决议、为什么说"两个确立"具有决定性意义、为什么说习近平新时代中国特色社会主义思想实现了马克思主义中国化新的飞跃等13个重大问题。该书秉承"理论热点面对面"通俗理论读物一贯特点和风格，在理论阐释、问题意识、新闻视角、文学语言上下足了功夫，又结合百年党史主题作了特别的呈现，进一步突出政治高度、思想深度、历史厚度、情感浓度，集政治性、理论性、知识性、可读性于一体，深入浅出、通俗易懂、夹叙夹议、娓娓道来，专家学者不觉得浅，普通群众不觉得深，可作为广大干部群众、青年学生学习党的历史和开展思想政治教育的重要辅助读物。

5月14日

在全球叙事中传播伟大建党精神学术研讨会在上海外国语大学召开。本次研讨会由上海外国语大学主办，上海外国语大学马克思主义学院、高校中国共产党伟大建党精神研究中心上海外国语大学分中心承办。来自中国社会科学院、西南大学、重庆大学、云南大学、上海交通大学、华东师范大学、同济大学、华东政法大学、上海体育学院、上海对外经贸大学等高校和科研院所的专家学者及同学参与了线上会议研讨。与会专家学者围绕伟大建党精神的科学内涵、赓续发展、话语建构、战略策略问题发表了自身见解。

5月18日

坚持党的全面领导：坚持和发展中国特色社会主义的必由之路理论研讨会在广州市委党

校举行。本次研讨会由广州市委宣传部、广州市委党校、广州市社科联主办。广州高端智库课题组、广州党建研究基地重点课题研究团队及广州市委党校教研人员近50名专家学者参加会议。与会专家学者一致认为，中国共产党是中国特色社会主义事业的领导核心，党是最高政治领导力量，党的领导是我们的最大制度优势。党的领导是全面的、系统的、整体的，要不断完善党的领导制度体系，通过提高党的政治领导力、思想引领力、群众组织力和社会号召力来坚持党的全面领导。新征程上，坚持党的全面领导，首要的是坚持党中央权威和集中统一领导，增强"四个意识"，坚定"四个自信"，做到"两个维护"，自觉在思想上政治上行动上同党中央保持高度一致。

5月21日

首届中国共产党与中国之治高端论坛在成都举行。本次论坛的主题是"伟大建党精神与新时代新征程"，由四川大学中共党史党建研究院、四川大学马克思主义学院主办，四川省社会科学重点研究基地"建党精神研究中心"、教育部重大课题攻关项目"中国特色社会主义制度自信教育贯穿高校思政课教学全过程研究"课题组承办。来自全国高校、党校等有关单位专家学者参加了会议。与会专家认为，此次论坛的顺利召开，对于深入学习贯彻习近平新时代中国特色社会主义思想，深化"中国共产党与中国之治"研究等具有重要意义。

5月24日

经党中央批准，中共中央党史和文献研究院编写的《马克思主义中国化一百年大事记（1921—2021年）》，由中央文献出版社出版发行。《大事记》采用编年体形式，以翔实的文献资料，全面记述以毛泽东同志为主要代表的中国共产党人，创造性运用和发展马克思列宁主义，创立毛泽东思想，实现马克思主义中国化第一次历史性飞跃的历史进程和理论贡献；全面记述以邓小平同志为主要代表的中国共产党人、以江泽民同志为主要代表的中国共产党人、以胡锦涛同志为主要代表的中国共产党人，从新的实践和时代特征出发坚持和发展马克思主义，形成中国特色社会主义理论体系，实现马克思主义中国化新的飞跃的历史进程和理论贡献；重点反映党的十八大以来，以习近平同志为主要代表的中国共产党人，深刻总结并充分运用党成立以来的历史经验，从新的实际出发，创立习近平新时代中国特色社会主义思想，实现马克思主义中国化新的飞跃的历史进程和理论贡献。该书全面反映了马克思主义中国化既一脉相承又与时俱进的理论品质和宝贵经验。

6月6日

中共中央党史和文献研究院编辑的习近平同志《论"三农"工作》一书，由中央文献出版社出版，在全国发行。这部专题文集，收入习近平同志关于"三农"工作的重要文稿61篇。其中部分文稿是首次公开发表。农业农村农民问题是关系国计民生的根本性问题。党的十八大以来，以习近平同志为核心的党中央坚持把解决好"三农"问题作为全党工作的重中之重，打赢脱贫攻坚战，历史性地解决了绝对贫困问题，实施乡村振兴战略，推动农业农村取得历史性成就、发生历史性变革。农业综合生产能力上了大台阶，农民收入持续增长，农村民生显著改善，乡村面貌焕然一新，为党和国家事业全面开创新局面提供了重要支撑。习近平同志坚持用大历史观来看待农业农村农民问题并发表一系列重要论述，科学回答了"三农"工作的一系列重大理论和实践问题，为做好新时代"三农"工作提供了行动纲领和根本遵循。习近平同志关于"三农"工作的重要论述，是习近平新时代中国特色社会主义思想的重要组成部分，对于推动全党充分认识新发展阶段做好"三农"工作的重要性和紧迫性，举全党全社会之力全面推进乡村振兴，加快农业农村现代化，全面建成社会主义现代化强国、实现中华民族伟大复兴的中国梦，具有十分重要的指导意义。

6月8日

继承优良传统，赓续红色血脉，向世界讲好中国共产党故事学术研讨会在西安外国语大学举行，塔里木大学设分会场。本次会议以线上线下并行的方式进行，来自国内高校、纪念馆的近百名专家学者和师生，认真学习贯彻习近平总书记在中国人民大学考察时的重要讲话精神，聚焦探寻讲好中国共产党故事的有效途径，深入探讨向世界讲好中国共产党故事的理论与实践问题。

6月10日

学习宣传贯彻习近平新时代中国特色社会主义思想研讨会在江西井冈山举行。中共中央政治局委员、中宣部部长黄坤明出席并讲话，强调要增强政治自觉和理论自觉，深刻认识习近平新时代中国特色社会主义思想实现了马克思主义中国化新的飞跃，坚定不移高举思想之旗、精神之旗，持之以恒用新时代党的创新理论武装全党、教育人民，为党的二十大胜利召开营造良好思想理论氛围。黄坤明指出，习近平新时代中国特色社会主义思想立足中国实践、扎根中国大地，提出一系列具有标志性的新思想新观点新论断，引领党和国家事业取得历史性成就和历史性变革，以重大原创性贡献、丰富理论内涵、高度文化自信、强大实践伟力、鲜明理论特质推动实现了马克思主义中国化新的飞跃，成为坚持"两个结合"的光辉典范。要始终怀着一颗珍视之心、责任之心，自觉肩负起学习贯彻习近平新时代中国特色社会主义思想的重大政治任务，扎实做好理论学习研究宣传各项工作，激励广大干部群众在新时代伟大奋斗中展现新担当新作为。

6月12日

中共党史党建学科建设学术研讨会以线上会议形式在大连理工大学召开。本次研讨会由大连理工大学马克思主义学院主办。来自北京大学、北京师范大学、北京市委党校等多所高校、党校专家学者以及全国各高校共1000余名师生参加。研讨会围绕中共党史党建学科建设重点难点，聚焦学界前沿问题，对党的百年光辉历程和中共党史党建学科的建设思路、建设任务、建设目标等问题展开充分研讨，对于加快构建中共党史党建学的学科体系、学术体系、话语体系，提升中共党史党建学科人才培养质量等具有重要作用。

6月18日

伟大建党精神的普及传播：理论·方法·路径学术研讨会在线上举行。本次研讨会由教育部高校中国共产党伟大建党精神研究中心华东政法大学分中心主办，华东政法大学马克思主义学院承办。来自中国社会科学院、中国人民大学、复旦大学、上海交通大学、同济大学、山东大学、华中科技大学、中央财经大学等10余所高校和研究机构的多位专家学者参会。与会专家认为，普及传播是伟大建党精神传承赓续的重要路径，要加强传播手段和话语方式创新，拓展创新弘扬伟大建党精神的育人途径，深入开展传承伟大建党精神的教育实践，让党的创新理论"飞入寻常百姓家"。高校马克思主义学院要充分发挥理论研究优势，利用好思政课堂阵地，加强党史学习教育，充分挖掘和利用各种红色文化资源，讲好中国共产党的故事，不断创新普及传播的方式方法，激活伟大建党精神蕴藏的强大精神动力。

同日

山东大学马克思主义学院"中共党史文化研究中心"成立仪式暨中共党史文化研究的理论与方法研讨会在线上举行。来自山东大学、山东省社会科学院、聊城大学、山东农业大学、延安大学等高校、研究机构的学者、师生百余人参会。会议第一阶段为成立仪式，第二阶段为中共党史文化研究的理论与方法高端论坛。专家学者围绕会议主题进行交流分享。大家一致认为，研究中心成立后将对推动中共党史文化研究产生积极的作用。

6月20日

为深入学习贯彻习近平新时代中国特色社会主义思想特别是习近平经济思想，中央宣传部、国家发展改革委组织编写《习近平经济思想学习纲要》一书，由人民出版社、学习出版社联合出版,在全国发行。《纲要》共15章、58目、146条,10万字。全书系统阐释了习近平经济思想的核心要义、精神实质、丰富内涵、实践要求,全面反映习近平新时代中国特色社会主义思想在经济领域的原创性贡献。《纲要》内容丰富、结构严谨,忠实原文原著、文风生动朴实,是广大干部群众深刻领会习近平经济思想的重要辅助读物。中央宣传部发出通知,要求各级党委(党组)把《纲要》纳入学习计划,全面系统学、及时跟进学、深入思考学、联系实际学,坚持不懈用习近平新时代中国特色社会主义思想武装头脑、指导实践、推动工作,更加自觉用习近平经济思想指导解决实际问题,不断提高把握新发展阶段、贯彻新发展理念、构建新发展格局的能力和水平,切实把学习成效转化为推动高质量发展的生动实践,为全面建设社会主义现代化国家、夺取新时代中国特色社会主义伟大胜利、实现中华民族伟大复兴的中国梦不懈奋斗。

同日

中国共产党人精神谱系陕西元素理论研讨会以线上线下相结合的方式在西安邮电大学举办。本次研讨会由中共陕西省委党史研究室与省社科联、省中共党史学会、省中共党史人物研究会、陕甘宁革命根据地史研究会共同主办,西安邮电大学马克思主义学院、陕西党史与红色文化研究中心承办。与会专家学者紧紧围绕伟大建党精神、延安精神、照金精神、南泥湾精神、张思德精神、西迁精神的历史背景、形成过程、经验启示等方面开展了充分的研讨交流,阐释了相关精神的历史价值与时代价值,为深化研究奠定坚实基础。

6月21日

中共中央党史和文献研究院编辑的习近平同志《论党的青年工作》,由中央文献出版社出版,在全国发行。这部专题文集,收入习近平同志关于党的青年工作的重要文稿60篇,其中部分文稿是首次公开发表。青年是祖国的未来、民族的希望,也是党的未来和希望。代表广大青年、赢得广大青年、依靠广大青年,是我们党不断从胜利走向胜利的重要保证。党的十八大以来,以习近平同志为核心的党中央从确保党的事业薪火相传和中华民族永续发展的战略高度,深刻把握新时代中国青年运动规律,加强党对青年工作的领导,召开党的历史上第一次中央党的群团工作会议,出台新中国历史上第一个青年发展规划,印发党的历史上第一个以党中央名义发布的少先队工作文件,部署共青团改革,推动青年工作取得历史性成就。习近平同志围绕党的青年工作发表的一系列重要论述,深刻阐明了党的青年工作的地位作用、目标任务、职责使命、实践要求,深刻回答了新时代培养什么样的青年、怎样培养青年、建设什么样的共青团、怎样建设共青团等方向性、全局性、战略性重大课题,把我们党对青年工作的规律性认识提升到了新的高度，为做好新时代党的青年工作指明了前进方向、提供了根本遵循，对于更好团结、组织、动员广大青年为实现第二个百年奋斗目标、实现中华民族伟大复兴的中国梦而奋斗，具有十分重要的指导意义。

6月25日

第四届中国红色文化传承与创新发展全国学术研讨会在平顶山学院召开。本次研讨会由河南省社会科学界联合会、平顶山学院联合主办，武汉理工大学、井冈山大学、三明学院共同协办。来自全国高校、党校和研究机构的近百名专家学者参加。会上，河南省社会科学界联合会党组书记、主席李庚香作了首场专题报告，从文化的浸润、价值观自信、精神的支撑等三个方面，深入浅出地讲述了"红色文化为什么这样红"。在报告环节，来自吉林大学、井冈山大学、哈尔滨师范大学、浙江大学的专家教授，分别以"新时代青年坚持胸怀天下的道德视域""中国的红色政权能够长期存在的基本条件""邓小平、刘伯承、陈毅与中原解放战争""红色文化资源融入大中小一体化建设路径思考""优化红色文化的育人机制"为题进行了演讲。下午的研讨会上，来自国内高校和优秀学术期刊的专家、学者，围绕全面建设社会主义现代化国家新征程中的红色文化及理论创新研究和红色文化与党建思想、育人机制、思政课一体化教学等主题，从不同角度阐释了对红色文化传承与创新的理论思考。

6月25—26日

第二届红色文化论坛暨大别山精神研讨会在金寨县举行。本次研讨会由中共中央党史和文献研究院第七研究部、中共安徽省委宣传部、中共安徽省委党史研究院联合主办。会议围绕深入学习贯彻党的十九届六中全会精神和习近平总书记关于用好红色资源、传承红色基因的重要论述，以"弘扬红色文化、传承大别山精神"为主题开展了深入研讨。中共中央党史和文献研究院第七研究部，湖北、河南、安徽三省党史和地方史志部门等单位负责同志和专家共16位同志作交流发言，共有来自全国各地的60篇论文被评为优秀论文。与会同志认为，要从伟大建党精神与大别山精神的关系角度，进一步推动大别山精神研究阐释宣传，大力弘扬大别山精神，进一步推动革命老区经济社会发展。

6月27日

经中共中央批准，由中共中央党史和文献研究院编写的《中国共产党的一百年》出版发行。全书分为"新民主主义革命时期""社会主义革命和建设时期""改革开放和社会主义现代化建设新时期""中国特色社会主义新时代"4卷，共86万字，图片455幅。历史认知是历史自信的重要基础。党的十八大以来，以习近平同志为核心的党中央坚持唯物史观、正确党史观，高度重视对中国共产党历史的学习和运用。党的十九届六中全会站在新的时代高度，郑重、全面、权威地对党的历史作出科学总结，推动全党更好认识和把握党的百年奋斗重大成就和历史经验，更好增长智慧、增进团结、增加信心、增强斗志。实践证明，持之以恒推进党史总结、学习、教育、宣传，让正确党史观更深入、更广泛地树立起来，让正史成为全党全社会的共识，是教育广大党员、干部和全体人民特别是广大青年坚定历史自信、筑牢历史记忆，满怀信心向前进的重要基础。《中国共产党的一百年》坚持以习近平新时代中国特色社会主义思想为指导，深入贯彻落实习近平总书记关于中国共产党历史的重要论述以及关于党史和文献工作的重要讲话和指示批示精神，坚持唯物史观和正确党史观，坚持解放思想、实事求是，坚持党性原则和科学精神相统一，集政治性、思想性、权威性、学术性、可读性于一体，是全国迄今为止公开出版的读物中，全面系统反映中国共产党历史时间跨度最长、内容最系统最完整的一部党史正史著作。《中国共产党的一百年》的出版发行，为全党全社会学习党的历史提供了权威教材，为建立党史学习教育常态化长效化制度机制提供了重要基础，也为全党全国各族人民奋进新征程、建功新时代，以实际行动迎接党的二十大胜利召开，营造了良好氛围。

6月30日

《当代中国史研究》编辑部召开述评写作座谈会。中国社会科学院当代中国研究所副所长、《当代中国史研究》主编李正华，第四研究室主任李文，《当代中国史研究》编辑部主任郑珺以及所内部分青年研究人员、编辑部全体成员出席座谈会。李正华指出，学科述评对于新中国史学科建设非常重要，好的学科述评文章在学界具有非常重要的引领性作用。李文作了题为《如何撰写学术综述》的专题报告。会上，《当代中国史研究》编辑部成员就述评文章审稿、编辑加工中存在的问题作了交流汇报，并就如何写好述评文章提出了相应建议，与会青年学人就述评文章写作中遇到的问题交流了意见。

7月1日

2022年第13期《求是》杂志发表中共中央总书记、国家主席、中央军委主席习近平在省部级主要领导干部学习贯彻党的十九届六中全会精神专题研讨班上的重要讲话《更好把握和运用党的百年奋斗历史经验》。讲话指出，要推进马克思主义中国化时代化。我们要准确把握时代大势，勇于站在人类发展前沿，聆听人民心声，回应现实需要，坚持解放思想、实事求是、守正创新，更好把坚持马克思主义和发展马克思主义统一起来，坚持用马克思主义之"矢"去射新时代中国之"的",继续推进马克思主义基本原理同中国具体实际相结合、同中华优秀传统文化相结合,使马克思主义呈现出更多中国特色、中国风格、中国气派,续写马克思主义中国化时代化新篇章。讲话指出,要正确把握社会主要矛盾和中心任务。党的十八大以来,经过科学分析,党认识到我国社会主要矛盾已转化为人民日益增长的美好生活需要和不平衡不充分的发展之间的矛盾。这是党根据我国社会主义初级阶段不断变化的新特点作出的重大战略判断。我们要有全局观,对各种矛盾做到了然于胸,同时又要紧紧围绕主要矛盾和中心任务,优先解决主要矛盾和矛盾的主要方面,以此带动其他矛盾的解决,在整体推进中实现重点突破,以重点突破带动经济社会发展水平整体跃升,朝着全面建成社会主义现代化强国的奋斗目标不断前进。讲话指出,要重视战略策略问题。战略问题是一个政党、一个国家的根本性问题。我们是一个大党,领导的是一个大国,进行的是伟大的事业,绝不能犯战略性错误。领导干部要善于进行战略思维,善于从战略上看问题、想问题。讲话指出,要永葆党的马克思主义政党本色。中国共产党从来不代表任何利益集团、任何权势团体、任何特权阶层的利益。在为谁执政、为谁用权、为谁谋利这个根本问题上,我们的头脑要特别清醒、立场要特别坚定。全党同志都要明大德、守公德、严私德,清清白白做人、干干净净做事,做到克己奉公、以俭修身,永葆清正廉洁的政治本色。自我革命关键要有正视问题的自觉和刀刃向内的勇气。要以抓铁有痕、踏石留印的坚韧和执着,继续打好党风廉政建设和反腐败斗争这场攻坚战、持久战。讲话指出,要推进党史学习教育常态化长效化。这次全会决议,强调全党要坚持唯物史观和正确党史观,从党的百年奋斗中看清楚过去我们为什么能够成功、弄明白未来我们怎样才能继续成功,从而更加坚定、更加自觉地践行初心使命,在新时代更好坚持和发展中国特色社会主义。这是六中全会提出的一项重要政治任务,我们要继续抓好落实。推动全党学好党史、用好党史,靠一次集中学习教育是不够的,必须把党史学习教育融入日常、抓在经常。全党要以学习贯彻党的十九届六中全会精神为重点,深入推进党史学习教育,进一步做到学史明理、学史增信、学史崇德、学史力行,教育引导全党同志学党史、悟思想、办实事、开新局,更好用党的创新理论把全党武装起来,把党中央决策部署的各项任务落实下去。

同日

首届北大红楼与伟大建党精神学术研讨会以线上线下相结合的方式在北大红楼召开。本次研讨会在中共中央党史和文献研究院、国家文物局的指导下,由北京市委宣传部、北京市委党史研究室、中国李大钊研究会、北京市社会科学界联合会主办。研讨会收到来自20个省份100余位专家学者撰写的学术论文,围绕"北大红楼与伟大建党精神研究""北大红楼与马克思主义在中国早期传播研究""北大红楼与中国共产党的孕育研究""新文化运动、五四运动相关事件与历史人物研究""革命文物与纪念馆研究"等多个专题展开。

研讨会主会场设在具有百余年历史的北大红楼原北大教室，分会场设在中国共产党早期北京革命活动相关旧址。此次论坛汇集了多个学科领域的领军者，从历史内涵、实践意义和现实启迪上，全方位、多角度、多层次剖析了北大红楼与伟大建党精神的内在联系，提出了很多值得深思借鉴的学术观点。

7月2日

中共创建与伟大建党精神学术研讨会在嘉兴召开。本次研讨会由中共浙江省委党史和文献研究室、嘉兴学院联合举办。来自清华大学、中国人民大学、浙江大学、华中师范大学等20余所高校，中共上海虹口区委党校、中共浙江省台州市委党校等相关科研机构和杭州市委党史研究室、嘉兴市党史研究室等党史研究部门的专家学者近百人通过线上或线下方式参加会议。与会专家学者围绕"伟大建党精神""红船精神与伟大建党精神的关系""中国共产党精神谱系""中共创建与党建研究"等主题展开学术交流。

7月3日

伟大建党精神及其同中国共产党精神谱系关系研究学术研讨会以线上形式召开。本次研讨会由北京师范大学马克思主义学院、中共党史党建研究院举办。来自教育部高等学校科学研究发展中心、清华大学、北京大学、中国人民大学、武汉大学、华东师范大学、北京交通大学、华南师范大学、北京师范大学的专家学者，子课题负责人及课题组成员共80多名专家学者参加了研讨会。研讨会深入学习和研讨伟大建党精神的理论内涵、生成逻辑、弘扬路径等重大理论和现实问题。研讨会后，中共党史党建研究院举行了2021年国家社科基金重大项目"伟大建党精神及其同中国共产党精神谱系关系研究"开题报告会。

同日

毛泽东与中国共产党的伟大精神学术研讨会暨毛泽东哲学思想研究会第29次年会在延安大学召开。本次研讨会由毛泽东哲学思想研究会和延安大学主办，延安大学政法与公共管理学院承办。来自中共中央党史和文献研究院、中共中央党校、中国社会科学院、中山大学、陕西师范大学、山东师范大学等科研机构和高校的100余名专家通过线上线下结合的方式参会。专家学者围绕毛泽东与中国共产党人精神谱系、毛泽东哲学思想的新时代价值、毛泽东经典著作的版本流传与考据、毛泽东思想与中华传统文化的结合、延安时期毛泽东哲学思想的中国实践、中国共产党人精神谱系的重大意义等议题展开研讨。

7月9日—10日

中国共产党百年奋斗基本经验、基本理论与自我革命暨中共党史党建学科体系、学术体系、理论体系建设学术研讨会在复旦大学召开。本次研讨会由国家社科重大专项课题"新时代中国特色党史党建学科基本理论问题研究"课题组、国家社科重大招标课题"推进全面从严治党重大理论和实践问题研究"课题组、高校中国共产党伟大建党精神研究中心复旦大学分中心、复旦大学党的建设研究院、复旦大学党内法规研究中心、复旦大学马克思主义学院联合主办。来自清华大学、北京大学、中国人民大学、北京师范大学、武汉大学、吉林大学、南京大学、复旦大学、中国浦东干部学院等全国高校的20余位知名专家作主题发言,20余位优秀论文作者与青年学者作专题发言,对党史党建学科建设的指导思想、学科体系、学术体系、话语体系、知识体系、理论体系、课程体系、教材体系、人才培养体系等进行了系统而深入的研讨。

7月10日

第五届中共党史研究青年学者论坛召开。本次论坛由《中共党史研究》编辑部和清华大学马克思主义学院共同主办、清华大学马克思主义学院承办。会议采取线上方式举行。来自清华大学、北京大学、中国人民大学、北京师范大学、复旦大学、南京大学、南开大学、华东师范大学等高校、科研院所的专家学者,以及《中共党史研究》《党的文献》《历史研究》《近代史研究》《当代中国史研究》《抗日战争研究》《史林》《党史研究与教学》等多家编辑部的学术编辑共50余人参加会议。本届论坛13篇入选论文覆盖五四运动、中国共产党成立、大革命时期、土地革命战争时期、抗日战争时期、新中国成立初期及改革开放新时期等党史上的多个重大事件、多个重要时段,涉及党的思想理论、党的建设、政治团体及人物、经济制度及经济体制改革、社会治理、军事、外交及对外关系等多个方面。评议专家普遍肯定了这些论文的质量及各位作者的研究能力,也恰当、中肯地指出了文章存在的不足和问题,提出许多具有可操作性的修改意见。在点评过程中,与会专家学者就治学经验、学界前沿、写作规范等给予青年学者悉心指导。在与会专家学者的热烈讨论和积极带动下,本届论坛营造出浓厚的学术氛围,青年学者得到了很多启发和激励。

7月12日

在香港回归祖国25周年之际,中共中央总书记、国家主席、中央军委主席习近平出席了庆祝香港回归祖国25周年大会暨香港特别行政区第六届政府就职典礼并发表重要讲话。

为深入学习习近平主席的重要讲话精神，推进"一国两制"史研究工作，中国社会科学院当代中国研究所第五研究室、"一国两制"史研究中心召开学术座谈会。座谈会邀请中国人民大学国际关系学院政治学教授、中国人民大学两岸关系研究中心主任、中国人民大学台港澳研究中心副主任王英津作《香港未来发展的机遇与挑战》主旨报告。当代中国研究所第五研究室主任王巧荣主持会议，当代中国研究所原副所长、"一国两制"史研究中心主任张星星致辞，当代中国研究所外交史与港澳台史研究室、《当代中国史研究》编辑部的专家学者以及当代中国研究所博士后10余人与会。

7月12—15日

中共中央总书记、国家主席、中央军委主席习近平在新疆考察，先后到乌鲁木齐、石河子、吐鲁番等地，深入学校、国际陆港区、社区、博物馆、农村和新疆生产建设兵团等进行调研。习近平强调，要坚决贯彻党中央决策部署，完整准确贯彻新时代党的治疆方略，牢牢扭住社会稳定和长治久安总目标，坚持稳中求进工作总基调，全面深化改革开放，推动高质量发展，统筹疫情防控和经济社会发展，统筹发展和安全，在新时代新征程上奋力建设团结和谐、繁荣富裕、文明进步、安居乐业、生态良好的美好新疆。

7月13日

"两个确立"与坚持和发展新时代中国特色社会主义学术研讨会暨《世界社会主义黄皮书》（2021—2022）发布会在北京召开。本次研讨会由中国社会科学院世界社会主义研究中心、马克思主义研究院和习近平新时代中国特色社会主义思想研究中心共同主办，当代中国出版社协办。中国社会科学院副院长、党组副书记，中国历史研究院院长、党委书记高翔出席会议并致辞，中国社会科学院副院长、党组成员甄占民出席会议，中国社会科学院原副院长、世界社会主义研究中心主任李慎明作大会主旨报告，中共中央党校（国家行政学院）副校（院）长李毅，中共中央党史和文献研究院学术和编审委员会原主任、中国中共文献研究会副会长陈理，国防大学原政委、上将赵可铭，中信改革发展研究基金会理事长、中国中信集团公司原董事长孔丹参会并作大会发言。大会由中国社会科学院马克思主义研究院党委书记、副院长辛向阳主持。《世界社会主义黄皮书：世界社会主义跟踪研究报告——且听低谷新潮声》（2021—2022）为中国社会科学院世界社会主义研究中心《世界社会主义黄皮书》系列之十八，已连续出版了18年。《世界社会主义黄皮书》（2021—2022）由当代中国出版社出版，李慎明、姜辉主编。本书围绕"全面学习、深刻领会习近平新时代中国特色社会主义思想""完整、准确评价中国共产党百年历史，树立正确党史观""国外共产党、左翼发展新态势"等方面，进行了多视角、深层次、全方位的研究和探讨。中国社会科学院当代中国研究所副所长李正华参加会议。

7月15日

"弘扬伟大建党精神 奋进新时代新征程"学术研讨会在上海中共一大纪念馆召开。本次研讨会由中共上海市委宣传部指导，上海市中国共产党伟大建党精神研究中心、中共上海市委党史研究室、中共上海市委党校、中共一大纪念馆主办。来自全国各地的70余位专家学者通过线上线下相结合的方式参与本次研讨活动。专家学者一致认为，伟大建党精神是建党先驱们在上海创建中国共产党的斗争实践中形成的，上海成为中国共产党的诞生地、共产党人初心始发地和伟大建党精神的孕育地，是历史合力的必然结果。伟大建党精神蕴含中国共产党成功的密钥，是党团结带领中国人民进行一切奋斗、一切创造的精神动力。弘扬伟大建党精神，在新时代新征程上踔厉奋发、笃行不怠，是当代学者义不容辞的责任。

7月16日

坚持和加强党的全面领导理论与实践研讨会在中国浦东干部学院召开。本次研讨会由中国浦东干部学院中国特色社会主义研究院、华东师范大学马克思主义学院、华东师范大学—中国浦东干部学院中共党史党建研究院联合主办，上海市习近平新时代中国特色社会主义思想研究基地、上海市党的建设理论研究基地和国家社科基金重课题"党的十八大以来坚持和加强党的全面领导的实践和经验研究"项目组协办。本次会议为"强党论坛"系列的首场研讨会，采用线下和线上相结合方式召开。来自全国各地的专家学者和国家社科基金重大专项课题"党的十八大以来坚持和加强党的全面领导的实践和经验研究"项目组全体成员现场和线上共140余人参会。与会学者围绕坚持和加强党的全面领导极端重要性、科学内涵、理论创新、实践要求等进行了热烈深入研讨。

7月21日

第六届"中国共产党的创建与上海"学术研讨会在中共一大纪念馆召开。本次研讨会由上海市委宣传部、市委党史研究室主办，上海市中共党史学会、中共一大纪念馆承办。

上海市委党史研究室主任严爱云主持开幕式。上海市委宣传部副部长徐炯在研讨会上致辞。华东师范大学终身教授齐卫平、中共二大纪念馆副馆长尤玮、中共四大纪念馆馆长童科、中共上海市委党史研究室征编处副处长贾彦、上海市中共党史学会副会长徐光寿、虹口区委党史办主任王佩军、杨浦区委党史研究室主任黄伟、上海师范大学特聘教授邵雍、中共一大纪念馆陈列研究部主任张玉菡、上海市委党校副教授徐学通等专家学者围绕建党先驱在建党时期体现出来的伟大建党精神，中共一大、中共二大的历史贡献等主题进行了深入探讨。

同日

上海市纪念首部党章通过100周年座谈会举行。本次座谈会由中共上海市委、中共中央党史和文献研究院联合举办。来自全国各地的专家学者以线上线下相结合的形式开展学术交流。与会专家学者表示，党章是一面公开树立起来的旗帜，指引广大党员为实现中华民族伟大复兴的中国梦而不断披荆斩棘、奋勇向前。上海是党的诞生地、初心始发地和伟大建党精神孕育地，也是首部党章诞生地，要更加自觉地学党章、用党章，做学习贯彻党章的忠实践行者，更深刻地认识以伟大建党精神为源头的党的精神谱系，更深刻地认识我们党走过百年而风华正茂的精神密码，从中汲取走好新的赶考之路的强大动力。

7月22日

由中国社会科学院主办的"中国共产党巡视理论研究中心第二届巡视理论与实践研讨会"在京举行。本次研讨会由中国社会科学院主办，中国共产党巡视理论研究中心、中国社会科学院新时代党建研究中心、中国社会科学院机关党委承办。会议主题为"深化政治巡视　推进自我革命"。中国社会科学院院长、党组书记石泰峰出席会议，中国社会科学院副院长、党组副书记高翔出席会议并致辞，中央纪委国家监委驻中国社会科学院纪检监察组组长、中国社会科学院党组成员杭元祥出席会议。来自中央巡视办、中共中央党校（国家行政学院）、北京大学、中国人民大学、中国社会科学院等单位的领导和专家以及中心理事共80余人参加会议。中国社会科学院当代中国研究所副所长李正华参加会议。

同日

第十一届中国政党研究论坛暨国外政党治国理政的理论与实践学术研讨会以线上线下相结合的方式在济南召开。本次研讨会由山东大学马克思主义学院、北京大学政党研究中心、武汉大学政党研究所、山东大学世界政党研究中心、山东大学当代社会主义研究所、《马克思主义研究》编辑部、《世界社会主义研究》编辑部、《山东大学学报（哲学社会科学版）》编辑部联合举办。本次政党论坛由四场主旨报告和三场专题论坛组成，涵盖了"中国共产党百年奋斗的重大成就与历史经验研究""马克思主义政党长期执政的重大理论与实践问题研究""党的全面领导和全面从严治党问题研究""中国共产党与中国式现代化研究""百年变局和世纪疫情交织下的中国共产党国际形象研究""百年未有之大变局与世界政党责任研究""世界政党视野下党的执政能力建设研究""世界政党政治发展的新挑战与新前景研究"等议题。来自北京大学、中国人民大学、北京师范大学、中国社会科学院、中共中央党校、复旦大学、武汉大学、南开大学、兰州大学、南京大学、吉林大学、东北师范大学、华东师范大学、华南师范大学、山东大学等高校、研究机构的60余位知名学者围绕大会主题发言。

7月23日

"百年辅德里　奋进新时代"——纪念中国共产党首部党章通过100周年学术研讨会在上海举办。本次研讨会由中共中央党史和文献研究院第七研究部、上海市委宣传部、上海市委党史研究室、上海市静安区委指导，上海市中国共产党伟大建党精神研究中心，中共一、二、四大场馆管理委员会，上海市静安区委宣传部主办。研讨会共收到来自北京、上海、浙江、辽宁、云南、湖北等地的党史研究机构、高校以及红色场馆的同志投稿78篇，涉及中共二大与首部党章的产生、中共首部党章内容剖析与研究、首部党章与党的自身建设、中共首部党章的时代价值与现实意义、中共首部党章与党的制度建设等论题。在主题演讲和学术交流环节，来自全国各地的近50位专家学者围绕研讨主题，以线上线下相结合的形式开展学术交流，重温在中共二大上通过的首部党章，共同探讨中共二大在党的创建史中的重要地位以及对党的建设的深远影响。

7月23—24日

"2022年当代中国史研究京师论坛——当代中国民生建设的历史与经验"通过线下与线上相结合的方式举行。本次论坛由《当代中国史研究》编辑部、北京师范大学历史学院、北京师范大学当代中国历史与文献研究中心、中国现代史学会联合举办。来自中共中央党校（国家行政学院）、中共中央党史和文献研究院、中国社会科学院、当代中国研究所、北京师范大学等30余所高校、科研机构的数十名专家学者参加。中国社会科学院当代中国研究所副所长、《当代中国史研究》主编李正华从新中国史研究的指导思想和目标任务、机构和队伍建设、文献资料、学术成果等多个方面，介绍了40余年来新中国史研究的成就和特点，重点分析了新中国史研究队伍的状况和新中国史学科体系建设问题，强调了新中国史的学科化发展趋势。他指出，构建符合新时代发展需要的新中国史的学科体系、学术体系、话语体系。认真设计学科的科学类研究内容、构建学科的逻辑体，加强学科建设，充分发挥其应有的学理功能、常识功能、实践功能、服务功能是一个重大问题，需要学界结合理论与实践进一步深入研究。

7月25日

第十七届河北省社会科学学术年会"赓续红色血脉与传承中国共产党精神谱系"研讨会在承德召开。本次研讨会由河北省社会科学院、河北省社会科学界联合会主办，承德医学院承办。来自河北省内外的专家代表、高校学者近50人参加会议，近200名专家学者通过线上方式参与会议直播。开幕式上，河北省社会科学院党组成员、副院长、河北省社科联副主席焦新旗以《肩负起赓续红色血脉与传承中国共产党人精神谱系的历史使命》为题作致辞发言。专家报告阶段，来自中国医科大学、南京师范大学、河北省社会科学院、塞罕坝机械林场、河北师范大学等单位的9名专家学者重点围绕深刻认识和准确把握中国共产党人精神谱系的来源与生成、精髓与实质、构筑与赓续，深入挖掘和科学探析中国共产党人精神谱系的理论与实践、传承与弘扬、方法与路径，深刻彰显赓续红色血脉和传承中国共产党人精神谱系的当代价值开展学术研讨。

7月26日—27日

省部级主要领导干部"学习习近平总书记重要讲话精神，迎接党的二十大"专题研讨班在京举行。中共中央总书记、国家主席、中央军委主席习近平发表重要讲话强调，在全面建设社会主义现代化国家、向第二个百年奋斗目标进军的新征程上，全党必须高举中国特色社会主义伟大旗帜，坚持以马克思主义中国化时代化最新成果为指导，坚定中国特色社会主义道路自信、理论自信、制度自信、文化自信，坚定不移推进中华民族伟大复兴历史进程。我们要牢牢把握新时代新征程党的中心任务，提出新的思路、新的战略、新的举措，继续统筹推进"五位一体"总体布局、协调推进"四个全面"战略布局，踔厉奋发、勇毅前行、团结奋斗，奋力谱写全面建设社会主义现代化国家崭新篇章。

7月28日

传承红色基因理论研讨会暨山东红色文化研究院揭牌仪式举行。本次研讨会由山东社会科学院主办。来自中国社会科学院、北京师范大学、山东省委政策研究室等高校、研究机构的专家学者出席会议。在主旨报告环节，北京师范大学中共党史党建研究院院长王炳林教授，围绕"文化"的概念界定、红色文化的发展形态、红色文化应如何传承等问题作报告。中国社会科学院哲学研究所副所长冯颜利研究员从强化理想信念、建设文化强省等方面分析了红色基因、红色文化助推现代化强省建设的逻辑与思路。在研讨交流环节，与会者围绕红色基因传承、革命文物保护、红色文化研究、红色文化发展等进行交流发言。

7月30日

以"中共党史党建学科的新定位和建设进路"为主题的第二届中共党史党建学科建设高层论坛在中国人民大学举行。本届论坛由中国人民大学主办，中国人民大学马克思主义学院和中共党史党建研究院承办。来自北京大学、清华大学、中国人民大学、北京师范大学、中国科学院大学、复旦大学、吉林大学、武汉大学、华南师范大学、天津师范大学、湖南师范大学、新疆师范大学、湘潭大学、延安大学、井冈山大学等80多所高校、科研院所、相关期刊媒体的150多位专家学者和50多位研究生以线上线下相结合的形式参会。在主论坛研讨环节，专家学者围绕学科建设的主题，从中共党史党建学科的学科定位、学科设置、学术研究、教育教学、人才培养、课程建设等方面发表一些观点和见解，表达了建强建优中共党史党建学科、发挥存史资政育人学科功能、更好服务党和国家工作大局的共同愿望。在分论坛上，与会专家学者围绕"习近平总书记关于中国共产党历史与全面从严治党的重要论述研究""加快构建以知识体系为核心的中共党史党建学科体系、学术体系、话语体系建设""面向新时代的中共党史党建研究创新""中共党史党建学科与高校'大思政'课程建设""中共党史党建专业人才培养与师资队伍建设"等五项议题进行分组研讨。基于加快高质量专业人才培养的新形势，本届论坛增设研究生分论坛，来自北京大学、清华大学、北京师范大学、中国人民大学等23所高校的49位博士生参加研讨，分享了学习研究党史党建问题的成长经历和心得体会。

8月5—7日

党报党刊与中国共产党百年奋斗历程学术研讨会在浙江杭州举行。本次研讨会由中国近现代史史料学学会主办，杭州师范大学、中国计量大学、中共杭州市临安区委党史研究室、中共杭州市临安区委党校承办，并获国家社会科学基金社科社团主题活动立项资助。来自中共中央党史和文献研究院、北京大学、南开大学、安徽大学、鲁东大学及光明日报社、东岳论丛杂志社、浙江学刊杂志社等高校、科研机构、报刊社的70多位专家学者参加了研讨会。与会专家学者以报刊史为研讨对象，立足百年来我们党办报办刊的基本史料，分享最新成果，感悟奋进力量。同时，研讨会围绕"党史资料征集整理与中共党史党建一级学科建设""中国近现代史史料学学会三十周年回顾与展望"等话题，进行分组讨论，展开深入交流。

8月8日

由中共中央党史和文献研究院、中央档案馆合作编辑的《中国共产党重要文献汇编》

首批文献集，由人民出版社出版发行。《中国共产党重要文献汇编》是一套学习研究党的历史的权威文献资料集。这次出版的首批文献集主要包括1921年至1927年期间党的重要文献，共12卷，430余万字，建党以前形成的部分重要文献以"附编"收入第1卷中。首批出版的这些重要文献，全面系统反映了马克思主义传入中国后对中国社会产生的巨大影响；反映了先进的中国人选择科学理论、确立马克思主义信仰的思想脉络；反映了早期共产党人在马克思列宁主义指导下，对中国革命基本问题的创造性探索，以及为实现民族复兴所进行的英勇斗争。这些重要文献，清晰地记录了中国共产党筹建和创立的艰辛路程，记录了马克思主义中国化历程中与各种错误思潮进行的尖锐交锋，记录了中国共产党人确立初心、担当使命的光辉历程，记录了中国共产党不断以伟大自我革命引领伟大社会革命的壮阔历史，同时也呈现了中国共产党逐步形成并坚定践行的伟大建党精神。《中国共产党重要文献汇编》的编辑出版，将有助于深化拓展党史学习教育，有助于广大党员、干部、群众从党的历史中汲取力量、坚定信心，更加紧密地团结在以习近平同志为核心的党中央周围，高举中国特色社会主义伟大旗帜，坚持以习近平新时代中国特色社会主义思想为指导，奋力谱写全面建设社会主义现代化国家崭新篇章。

8月13—14日

以"新时代十年国史理论的创新与发展"为主题的第八届马克思主义当代中国史理论论坛在山西长治举行。本次论坛由中国社会科学院当代中国研究所、中华人民共和国国史学会学术委员会和长治学院联合举办。论坛获得中国社会科学院马克思主义理论学科建设与理论研究工程的支持，由当代中国研究所新中国历史经验研究中心、长治学院马克思主义学院承办。开幕式上，中国社会科学院原副院长、中华人民共和国国史学会会长朱佳木作了题为《社会主义的初级阶段与初级阶段的社会主义》的主旨报告。长治学院校长曹景川、当代中国研究所副所长宋月红、山西省委宣传部理论处处长刘晓哲分别致辞。开幕式由长治学院副校长王志军主持。来自中国社会科学院、国务院发展研究中心、华东师范大学、山西师范大学、江苏大学、长治学院等单位的30位专家学者与会。专家学者围绕新时代的历史地位和重大意义、新中国探索共同富裕的理论和实践、新中国史研究的理论与方法等问题进行了热烈讨论。

8月15—17日

中国共产党与百年中国学术研讨会暨2021年中国现代史学会年会在济南举行。本次研讨会由中国现代史学会、山东大学主办，山东大学历史文化学院承办。来自中共中央党校

（国家行政学院）、中国社会科学院、北京大学、复旦大学、南开大学、四川大学、厦门大学、山东大学等高等院校和科研机构的130余位学者参加会议。研讨会分为开幕式、主题报告、分组讨论和闭幕式四个环节。与会专家学者就100年来中国共产党探索中国式现代化新道路的历史进程和实践经验展开学术研讨。

8月16—17日

中共中央总书记、国家主席、中央军委主席习近平在辽宁考察，先后来到锦州、沈阳等地，深入革命纪念馆、河湖治理工程、企业、社区等进行调研。习近平在辽宁省锦州市考察辽沈战役纪念馆时指出，辽沈战役的胜利，充分体现了毛泽东同志等老一辈革命家高超的战略眼光和战略谋划。解放战争时期我们党同国民党的大决战，既是兵力火力之战，更是民心向背之争。辽沈战役胜利是东北人民全力支援拼出来的，淮海战役胜利是老百姓用小车推出来的，渡江战役胜利是老百姓用小船划出来的。民心是最大的政治，决定事业兴衰成败。只要我们党始终保持同人民群众的血肉联系，始终与人民同呼吸、共命运、心连心，就能拥有战胜一切艰难险阻的强大力量。习近平强调，学习党史是每一位党员的义务。要推动党史学习教育常态化长效化，引导广大党员、干部把学习党史作为必修课和常修课。习近平在会见老战士老同志和革命烈士亲属代表时指出，东北人民不仅为辽沈战役胜利和东北解放付出了巨大牺牲，也为新中国建设和抗美援朝战争胜利作出了巨大贡献，党和人民永远不会忘记。我们的红色江山是千千万万革命烈士用鲜血和生命换来的。江山就是人民，人民就是江山。我们决不允许江山变色，人民也绝不答应。吃水不忘挖井人。新中国成立70多年来，经过一代又一代人艰苦奋斗，我们的国家发生了翻天覆地的变化，人民过上了全面小康生活，中华民族屹立于世界民族之林。我们要继续向前走，努力实现中华民族伟大复兴，以告慰革命先辈和先烈。各级党委和政府要关心老战士老同志和革命烈士亲属，让老战士老同志享有幸福晚年，让烈士亲属体会到党的关怀和温暖。红色江山来之不易，守好江山责任重大。要讲好党的故事、革命的故事、英雄的故事，把红色基因传承下去，确保红色江山后继有人、代代相传。

8月23日

"初心启航地　奋进新时代——首届长三角党史论坛"在上海举行。上海市委副书记诸葛宇杰致辞，中央党史和文献研究院学术和编审委员会主任王均伟作视频致辞。论坛上，各地党史专家积极为推动长三角党史工作高质量一体化发展建言献策。大家表示，长三角是一片有着光荣革命传统的红色土地，是我国经济发展最活跃、开放程度最高、创新能力最强的区域之一。三省一市党史工作部门要深入学习贯彻习近平总书记关于长三角一体化发展的重要讲话和指示批示精神，坚持共商共建共享理念，建立健全长效合作机制，进一步记载好、研究好、宣传好长三角一体化发展的实践进程，深入挖掘党的光辉历程、伟大成就、宝贵经验、奋斗精神在长三角的生动实践，更好服务长三角一体化发展国家战略，共绘红色图谱，共筑红色记忆，让初心薪火相传，把使命永担在肩。论坛签署了《长三角区域党史工作一体化合作机制协议》，启动了"红色江南"长三角党史纪念地巡礼展览，并发布首批长三角区域党史精选书目80本。

8月25日

山东社科论坛2022·中华优秀传统文化"两创"的理论探索与山东实践研讨会在济宁召开。中国社会科学院当代中国研究所副所长兼当代中国出版社社长李正华、当代中国研究所文化史研究室主任欧阳雪梅出席研讨会。本次会议由山东省社科联主办。来自中共中央党校（国家行政学院）、中国社会科学院、华中科技大学、中国人民大学、山东大学等高校和科研机构的16位知名学者作主旨报告和专题发言，近100人现场参加会议，7000余人通过线上参加会议。与会学者围绕会议主题，聚焦文化"两创"理论创新与实践探索两个维度，从"文明与文化""新文明形态构建视域中的中华优秀传统文化创造性转化与创新性发展"等多个议题展开深入交流研讨。

8月26日

以"大变局中的文明：中国与世界"为主题的"学术中国·2022"国际高峰论坛在北京开幕。中共中央政治局委员、中宣部部长黄坤明出席论坛开幕式并发表主旨演讲。黄坤明指出，当前，百年变局和世纪疫情交织叠加，国际格局深刻复杂演变，人类发展面临的机遇和挑战并存。抓住发展机遇、应对共同挑战，迫切要求推动文明交流互鉴，深化文明相处之道。要坚持平等相待、彼此尊重，加强互学互鉴、交流交融，倡导开放包容、美美与共，促进和平共处、和谐共生，以文明交流超越文明隔阂、以文明互鉴超越文明冲突、以文明共存超越文明优越。要高扬人类命运共同体理念，大力弘扬和平、发展、公平、正义、民主、自由的全人类共同价值，充分挖掘各种文明在解决现实问题上的有益成果，以文明之光照亮世界和平发展之路，推动建设一个更加多彩、更有活力的大美世界。黄坤明表示，希望各位专家学者充分运用"学术中国"这个中外哲学社会科学交流的重要平台，围绕年度主题深入讨论，碰撞思想火花、提出真知灼见，为中国和世界的发展贡献智慧力量。本次论坛由中国社会科学院主办，以线上线下相结合方式举行，来自中国和15个其他国家的100多名学者参加。中国社会科学院当代中国研究所副所长李正华出席会议。

8月27日

在天津滨海新区举行的中华思想史第八届高峰论坛期间,《中华思想通史资料长编》（电子书）作为《中华思想通史》重要成果在滨海新区发布。全国政协常委、民族和宗教委员会主任,中国社会科学院原院长、《中华思想通史》编委会主任王伟光作主题宣讲。中国社会科学出版社社长、党委书记赵剑英,南开大学党委常委、副校长王新生出席。滨海新区区委常委、宣传部部长徐恒参加。《中华思想通史资料长编》各编主编倾情分享编写体会,全面展现了这套总计2.1亿字的皇皇巨著的丰富内涵与鲜明特点。来自中国社会科学院和全国多所知名高校的70余位专家学者参加了成果发布会。《中华思想通史资料长编》分为七编,总主编由王伟光教授担任,编委会20余人,由中国社会科学院考古研究所、历史研究所、近代史研究所、当代中国研究所、马克思主义研究院、世界宗教研究所、文学研究所、外国文学研究所等科研机构的所领导和学部委员担任编委（或顾问）。

9月1日

2022年出版的第17期《求是》杂志发表中共中央总书记、国家主席、中共中央军委主席习近平在党的十九届五中全会第二次全体会议上的重要讲话《新发展阶段贯彻新发展理念必然要求构建新发展格局》。讲话指出,要正确认识国际国内形势。当前和今后一个时期,我国发展仍然处于重要战略机遇期,但机遇和挑战都有新的发展变化。讲话指出,要全面把握新发展阶段。新发展阶段就是全面建设社会主义现代化国家、向第二个百年奋斗目标进军的阶段。进入新发展阶段,是中华民族伟大复兴历史进程的大跨越。从第一个五年计划到第十四个五年规划,一以贯之的主题是把我国建设成为社会主义现代化国家。如期全面建成小康社会、打赢脱贫攻坚战,使中华民族伟大复兴向前迈出新的一大步,实现了从大幅落后于时代到大踏步赶上时代的新跨越。讲话指出,我国建设社会主义现代化具有许多重要特征。世界上既不存在定于一尊的现代化模式,也不存在放之四海而皆准的现代化标准。我们所推进的现代化,既有各国现代化的共同特征,更有基于国情的中国特色。要坚定不移推进中国式现代化,以中国式现代化推进中华民族伟大复兴,不断为人类作出新的更大贡献。讲话指出,要从全局和战略的高度准确把握加快构建新发展格局的战略构想。构建新发展格局是事关全局的系统性、深层次变革,是立足当前、着眼长远的战略谋划,是适应我国发展新阶段要求、塑造国际合作和竞争新优势的必然选择。构建新发展格局必须坚定不移贯彻新发展理念。讲话指出,构建新发展格局要把握好几个重要着力点。一是要加快培育完整内需体系。二是要加快科技自立自强。三是要推动产业链供应链优化升级。四是要推进农业农村现代化。五是要提高人民生活品质。六是要牢牢守住安全发展这条底线。讲话指出，要提高党领导贯彻新发展理念、构建新发展格局的能力和水平。坚持贯彻以人民为中心的发展思想，坚持人民主体地位。全面建设社会主义现代化国家，必须有一支政治过硬、具备领导现代化建设能力的干部队伍。要把防范化解重大风险作为一项极其重要的工作，不能有丝毫懈怠。

同日

中共中央党校（国家行政学院）举行2022年秋季学期开学典礼，中共中央政治局委员、中央党校（国家行政学院）校长（院长）陈希出席并讲话，强调要深入学习贯彻习近平总书记在省部级主要领导干部专题研讨班上的重要讲话精神，深刻领悟"两个确立"的决定性意义，增强"四个意识"、坚定"四个自信"、做到"两个维护"，锐意进取、埋头苦干，以实际行动迎接党的二十大胜利召开。陈希强调，"两个确立"是党在新时代取得的最重大的政治成果、最重要的历史经验，是实现新时代新征程各项目标任务的根本保证。领导干部要从马克思主义理论渊源中，从党百年奋斗历程中，从新时代取得的历史性成就和历史性变革中，深刻把握"两个确立"的理论逻辑、历史逻辑、实践逻辑。要把坚定拥护"两个确立"、坚决做到"两个维护"作为最高政治原则和根本政治责任，落实到实际工作中、体现到一言一行上，坚定不移维护党中央权威和集中统一领导，进一步学懂弄通做实习近平新时代中国特色社会主义思想，不断提高政治判断力、政治领悟力、政治执行力，大力发扬担当和斗争精神，为全面建设社会主义现代化国家作出新的更大贡献。

9月8日

中国社会科学院当代中国研究所举办第一届新中国史研究青年论坛。本次论坛由当代中国研究所副所长李正华、宋月红分别主持，当代中国研究所副所长寇伟出席。来自中国社会科学院和各高校院所的众多专家学者通过线上线下相结合的方式参加会议。与会专家学者就深刻领会党的第三个历史决议精神、充分认识新时代十年伟大变革的里程碑意义展开深入研讨。论坛入选青年科研人员论文27篇，涉及政治、经济、文化、社会、外交、生态文明以及国史研究理论等新中国史学科多个领域。

9月14日

中宣部2022年主题出版重点出版物《新时代这十年》丛书即日起由当代中国出版社、重庆出版集团正式出版发行。由当代中国研究所组织编写的《新时代这十年》丛书，以习近平新时代中国特色社会主义思想为指导，全面展现了党的十八大以来党领导人民开创、坚持和发展中国特色社会主义的伟大实践及重大成果，记述了新时代十年间中国在政治、经济、社会、外交等领域，以及在全面依法治国、生态文明建设等各方面取得的历史性成就、发生的历史性变革，系统阐述了习近平新时代中国特色社会主义思想的成功实践。《新时代这十年》丛书的出版，对于推进社会各界深入学习贯彻习近平新时代中国特色社会主义思想和党的十九届六中全会精神，迎接党的二十大胜利召开，具有重要意义。

9月16日

2022年出版的第18期《求是》杂志发表中共中央总书记、国家主席、中央军委主席习近平的重要文章《坚持和发展中国特色社会主义要一以贯之》。文章强调，新时代中国特色社会主义是我们党领导人民进行伟大社会革命的成果，也是我们党领导人民进行伟大社会革命的继续，必须一以贯之进行下去。文章指出，中国特色社会主义在中国取得巨大成功表明，社会主义没有灭亡，也不会灭亡，而且焕发出蓬勃生机活力。科学社会主义在中国的成功，对马克思主义、科学社会主义的意义，对世界社会主义的意义，是十分重大的。文章指出，党的十九大作出中国特色社会主义进入新时代这个重大政治论断，我们必须认识到，这个新时代是中国特色社会主义新时代，而不是别的什么新时代。党要在新的历史方位上实现新时代党的历史使命，最根本的就是要高举中国特色社会主义伟大旗帜。中国特色社会主义正成为21世纪科学社会主义发展的旗帜，成为振兴世界社会主义的中流砥柱，我们党有责任、有信心、有能力为科学社会主义新发展作出更大历史贡献。文章指出，不忘初心，牢记使命，就不要忘记我们是共产党人，我们是革命者，不要丧失了革命精神。文章强调，昨天的成功并不代表着今后能够永远成功，过去的辉煌并不意味着未来可以永远辉煌。要实现党和国家兴旺发达、长治久安，全党同志必须保持革命精神、革命斗志，努力使中国特色社会主义展现更加强大、更有说服力的真理力量。

9月19日

中国社会科学院当代中国研究所副所长、当代中国出版社社长李正华线上为湖南中医药大学马克思主义学院师生作题为《中国政治体制改革和政治精神文明建设》的讲座。李正华将中国政治体制改革和政治精神文明建设分成四个历史阶段进行讲述：新中国政治体制的构建（1949—1978年）；政治体制改革的提出并在探索中初步改革（1978—1992年）；中国政治体制改革的进一步发展与政治文明的提出（1992—2012年）；政治体制改革全面深化（党的十八大后）。李正华还与线下师生进行了亲切互动，为师生释疑解惑。

9月20日

中共中央党史和文献研究院编辑的《习近平关于社会主义精神文明建设论述摘编》一书由中央文献出版社出版，在全国发行。习近平同志关于社会主义精神文明建设的重要论述，是习近平新时代中国特色社会主义思想的重要组成部分，对于加强理想信念教育、培育和践行社会主义核心价值观，推进文明实践、文明培育、文明创建，提高全社会文明程度、促进人民精神生活共同富裕，为奋进新征程、建功新时代提供坚强思想保证、强大精神动力、丰润道德滋养、良好文化条件，具有十分重要的指导意义。《论述摘编》分10个专题，共计512段论述，摘自习近平同志2012年11月17日至2022年6月8日期间的报告、讲话、说明、演讲、谈话、贺信、指示、批示等240篇重要文献。其中部分论述是第一次公开发表。

同日

新时代加强"四史"教育重大理论与现实问题研究全国学术研讨会在中共上海市委党校召开。会议由中共上海市委党校主办。来自中共中央组织部、中共中央党史和文献研究院、中国社会科学院、中共中央党校（国家行政学院）、国防大学、中国人民大学、武汉大学、北京师范大学、华南师范大学等全国各地的近200位专家学者，通过线上线下相结合的方式参与研讨。专家学者从不同角度深刻论述了以党史为重点的"四史"教育的重大理论和现实问题，强调"四史"的学习，必须在把握党在领导人民所取得伟大成就的基础上坚定历史自信，在加深对党的十八大以来党和国家事业取得的历史性飞跃、发生历史性变革的认识中坚定"两个维护"，在总结历史经验、历史规律中形成开拓历史新进程的历史主动和历史自觉。研讨会上，中国社会科学院当代中国研究所副所长宋月红表示，我们要认识正确党史观所蕴含的基本理论和方法，旗帜鲜明反对历史虚无主义，同时还要确立正确党史观，为新时代坚持和发展中国特色社会主义提供更加广泛而深厚的思想基础和历史依据。

9月23日

中共中央党史和文献研究院编写的《中国共产党的一百年》一书出版座谈会在北京举行。座谈会上，中共中央党史和文献研究院有关负责同志介绍了该书编写情况、内容特点和出版意义等。《中国共产党的一百年》坚持以习近平新时代中国特色社会主义思想为指导，深入贯彻落实习近平总书记关于中国共产党历史的重要论述以及关于党史和文献工作的重要讲话和指示批示精神，坚持唯物史观和正确党史观，坚持解放思想、实事求是，坚持党性原则和科学精神相统一，集政治性、思想性、权威性、学术性、可读性于一体，是全国迄今为止公开出版的读物中，全面系统反映中国共产党历史时间跨度最长、内容最系统最完整的一部党史正史著作。来自中共中央党史和文献研究院有关负责同志，中央宣传部、中共中央党校（国家行政学院）、中国社会科学院、中国人民解放军军事科学院、中国人民大学、北京师范大学等单位的代表和专家以及本书编写组代表出席会议。与会专家学者从各自专业领域和研究角度谈了本书的研读体会。大家表示，党的历史是最生动、最有说服力的教科书，《中国共产党的一百年》导向正确、史实准确、可信生动，为全党全社会学习党的历史提供了权威教材，为建立党史学习教育常态化长效化制度机制提供了重要基础。中国社会科学院当代中国研究所副所长李正华出席会议。

同日

《新时代这十年》丛书出版座谈会暨首发式在北京召开。本次座谈会由中国社会科学院当代中国研究所主办，当代中国出版社、重庆出版集团承办。中国社会科学院副院长、党组成员甄占民，中共中央党校（国家行政学院）副校长（副院长）李毅，中共中央党史和文献研究院学术和编审委员会主任王均伟分别致辞。中共中央党史和文献研究院对外合作交流局局长杨明伟，中共中央党校（国家行政学院）党史教研部副主任李庆刚，中国社会科学院法学研究所所长莫纪宏，中国社会科学院马克思主义研究院副院长龚云，中国人民大学习近平新时代中国特色社会主义思想研究院院长秦宣，北京大学马克思主义学院教授仝华，北京发行集团党委书记郭小明等，就新时代十年的伟大变革和丛书编写出版的价值意义进行了深入交流研讨。会议由当代中国研究所副所长兼当代中国出版社社长李正华主持。座谈会上，隆重举行了丛书首发式。甄占民、李毅、王均伟，以及中宣部出版局图书处处长王为衡为丛书揭幕。当代中国研究所副所长宋月红、寇伟以及来自马克思主义理论研究、党史国史研究的科研机构和北京大学、中国人民大学等高校的代表，《人民日报》、《光明日报》、"学习强国"、《中国社会科学报》等中央新闻媒体，丛书编委会成员、作者和当代中国研究所相关部门负责人参加了会议。

9月25日

第一届中共党报党刊研究学术研讨会以线上线下相结合的形式举行。本次研讨会由北京大学马克思主义学院、国家社会科学基金重大项目"百年中共党报党刊史（多卷本）"课题组、北京市哲学社会科学中国化马克思主义发展研究基地联合举办。来自中国社会科学院、中共中央党史和文献研究院、中共中央党校（国家行政学院）、北京大学、清华大学、中国人民大学、北京师范大学、南开大学、山东大学等单位的 50 余位专家、学者、编辑及博士生参会。11 位专家作大会主题报告，14 位学者和 12 位博士生分享了各自对党报党刊研究的最新成果，涉及《新青年》《共产党》《向导》《广东群报》《火线》《红星》《红色中华》《群众》《新华日报》《边区群众报》《解放日报》和《参考消息》等，议题集中于党报党刊的历史沿革、制度演变、功能作用、出版发行、报人活动和报刊思想。专家学者及学术期刊的主编编辑对论文予以评议，并提出修改完善的建议。

9 月 26 日

中共中央总书记、国家主席、中央军委主席习近平为即将出版发行的《复兴文库》作题为《在复兴之路上坚定前行》的序言。习近平指出，修史立典，存史启智，以文化人，这是中华民族延续几千年的一个传统。编纂《复兴文库》，是党中央批准实施的重大文化工程。在我们党带领人民迈上全面建设社会主义现代化国家新征程之际，这部典籍的出版，对于我们坚定历史自信、把握时代大势、走好中国道路，以中国式现代化推进中华民族伟大复兴具有十分重要的意义。习近平强调，中华民族是世界上伟大的民族，为人类文明进步作出了不可磨灭的贡献。近代以后，中华民族遭受了前所未有的劫难。从那时起，实现中华民族伟大复兴就成为中国人民和中华民族最伟大的梦想。历史已经证明并将继续证明，在中国共产党坚强领导下，坚持科学理论指导和正确道路指引，凝聚亿万人民团结奋斗的磅礴力量，中国人民就能把中国发展进步的命运牢牢掌握在自己手中！习近平指出，在实现伟大复兴的历史进程中，一代代中华民族的先进分子和优秀儿女探索、奋斗、牺牲、创造，留下了大量具有重要历史价值和时代意义的珍贵文献。编纂出版《复兴文库》大型历史文献丛书，就是要通过对近代以来重要思想文献的选编，述录先人的开拓，启迪来者的奋斗。当前，世界百年未有之大变局加速演进，中华民族伟大复兴进入关键时期，我们更需要以史为鉴、察往知来。要在学好党史的基础上，学好中国近代史，学好中国历史。要坚定文化自信、增强文化自觉，传承革命文化、发展社会主义先进文化，推动中华优秀传统文化创造性转化、创新性发展，构筑中华民族共有精神家园。要萃取历史精华，推动理论创新，更好繁荣中国学术、发展中国理论、传播中国思想，不断推进马克思主义中国化时代化。要坚定理想信念，凝聚精神力量，在新时代更好坚持和发展中国特色社会主义，为实现中华民族伟大复兴的中国梦贡献我们这一代人的智慧和力量，创造属于我们这一代人的业绩和荣光。

9 月 27 日

中共中央总书记、国家主席、中央军委主席习近平前往北京展览馆，参观"奋进新时代"主题成就展。他强调,党的十八大以来,党中央团结带领全党全国各族人民,攻克了许多长期没有解决的难题,办成了许多事关长远的大事要事,经受住了来自政治、经济、意识形态、自然界等方面的风险挑战考验,党和国家事业取得历史性成就、发生历史性变革,为实现中华民族伟大复兴提供了更为完善的制度保证、更为坚实的物质基础、更为主动的精神力量。要广泛宣传10年来的战略性举措、变革性实践、突破性进展、标志性成果,宣传10年来的伟大变革在党史、新中国史、改革开放史、社会主义发展史、中华民族发展史上具有的里程碑意义,激励全党全国各族人民坚定历史自信、增强历史主动,踔厉奋发、勇毅前行、团结奋斗,谱写全面建设社会主义现代化国家新篇章,夺取中国特色社会主义新胜利。

9月28日

以"中国式现代化道路与新时代国史研究"为主题的第二十二届国史学术年会以线上线下相结合的方式举行。本次会议由中国社会科学院当代中国研究所、新疆大学、中华人民共和国国史学会主办。中国社会科学院副院长、党组成员甄占民出席会议并致辞。中国社会科学院原副院长、当代中国研究所原所长、中华人民共和国国史学会会长朱佳木作题为"中国式现代化道路的本质是社会主义基础上的现代化"的主旨发言。经过公开征文、专家评审,本届年会共入选论文85篇。来自中国社会科学院、新疆大学、中国科学院大学、清华大学、南京大学等科研院所和高校的专家学者参加会议,并分享论文观点,展示最新研究成果。

同日

中国共产党创办新型正规高等教育的历史经验高端论坛在中国人民大学开幕。多所"延河联盟"成员高校的负责人、各相关学科领域专家学者、中国人民大学校友代表、师生代表、媒体代表参与会议。"延河联盟"是由中国人民大学、北京理工大学、中国农业大学、北京外国语大学、中央音乐学院、中央戏剧学院、中央美术学院、中央民族大学、延安大学9所诞生于延安的高校自愿组成的联合组织,致力于传承红色基因,继承和发扬党在延安时期立德树人和创办新型高等教育的理念,共同提升人才培养的能力和水平,推动"四史"教育,推进"三全育人"综合改革,培养德智体美劳全面发展的社会主义建设者和接班人。与会专家表示,要总结党创办新型正规高等教育的历史经验,推动新型高等教育的高质量发展。

9月29日

由中国社会科学院当代中国研究所组织编写的《新时代这十年》丛书之《新时代的中国外交》《新时代的经济建设》在京发布。当代中国研究所副所长兼当代中国出版社社长李正华、副所长宋月红分别出席会议并致辞。《新时代的经济建设》主编郑有贵、《新时代的中国外交》主编王巧荣分别介绍了图书的写作缘起、主要内容与研究体会。

9月30日

烈士纪念日向人民英雄敬献花篮仪式在北京天安门广场隆重举行。党和国家领导人习近平、李克强、栗战书、汪洋、王沪宁、赵乐际、韩正、王岐山等，同各界代表一起出席仪式。

同日

《习近平讲故事》（第二辑）一书，由人民出版社出版发行。习近平总书记在讲话、演讲、文章中，通过一个个生动精彩的故事，把抽象的理论通俗化，让深奥的道理浅显表达，既有强大的思想说服力，又有强烈的文化感染力。2017年6月《习近平讲故事》一书出版发行后，受到广大读者的欢迎。《习近平讲故事》（第二辑）沿用原有体例，精选了2017年以来习近平总书记讲述的105则故事，分为"管党治党故事""国家治理故事""社会发展故事""文化自信故事""道德品格故事""命运与共故事"6个部分，帮助读者学习领会习近平总书记的治国理政之道、改革发展之道、大国外交之道、修身为人之道。

10月1日

2022年第19期《求是》杂志发表中共中央总书记、国家主席、中央军委主席习近平的重要文章《新时代中国共产党的历史使命》。文章强调，实现中华民族伟大复兴是近代以来中华民族最伟大的梦想。中国共产党一经成立，就把实现共产主义作为党的最高理想和最终目标，义无反顾肩负起实现中华民族伟大复兴的历史使命，团结带领人民进行了艰苦卓绝的斗争，谱写了气吞山河的壮丽史诗。文章指出，今天，我们比历史上任何时期都更接近、更有信心和能力实现中华民族伟大复兴的目标。行百里者半九十。中华民族伟大复兴，绝不是轻轻松松、敲锣打鼓就能实现的。全党必须准备付出更为艰巨、更为艰苦的努力。文章指出，实现伟大梦想，必须进行伟大斗争。我们党要团结带领人民有效应对重大挑战、抵御重大风险、克服重大阻力、解决重大矛盾，必须进行具有许多新的历史特点的伟大斗争。文章指出，实现伟大梦想，必须建设伟大工程。这个伟大工程就是我们党正在深入推进的党的建设新的伟大工程。文章指出，实现伟大梦想，必须推进伟大事业。中国特色社会主义是改革开放以来党的全部理论和实践的主题，是党和人民历尽千辛万苦、付出巨大代价取得的根本成就。全党要更加自觉地增强道路自信、理论自信、制度自信、文化自信，既不走封闭僵化的老路，也不走改旗易帜的邪路，保持政治定力，坚持实干兴邦，始终坚持和发展中国特色社会主义。文章指出，伟大斗争，伟大工程，伟大事业，伟大梦想，紧密联系、相互贯通、相互作用，其中起决定性作用的是党的建设新的伟大工程。

10月7日

中共中央党史和文献研究院编辑的《习近平关于依规治党论述摘编》一书，由中央文献出版社出版，在全国发行。习近平同志围绕依规治党发表的一系列重要论述，立意高远，内涵丰富，思想深刻，对于我们增强依规治党的自觉性和坚定性，更好发挥党内法规在维护党中央集中统一领导、保障党长期执政和国家长治久安方面的重大作用，在推进新时代党的建设新的伟大工程、落实全面从严治党方面的重大作用，确保党在坚持和发展中国特色社会主义的历史进程中始终成为坚强领导核心，为全面建设社会主义现代化国家、全面推进中华民族伟大复兴提供坚强政治保证，具有十分重要的意义。《论述摘编》分10个专题，共计400段论述，摘自习近平同志2012年11月15日至2022年6月17日期间的报告、讲话、文章、指示、批示等180多篇重要文献。其中部分论述是第一次公开发表。

10月8日

以"百年党史、百年教育"为主题的中国共产党创办高等教育100年学术研讨会在线上举行。本次研讨会由北京大学、清华大学、中国人民大学、天津大学、华东师范大学、上海大学联合主办，上海大学承办。上午大会报告会围绕中国共产党百年高等教育、延安时期的高等教育模式和上海大学红色校史等议题展开。下午的大会报告，专家学者分别围绕党领导高等教育的历史经验、党的教育公平思想的百年演进和上海大学学生培养教育的特色等议题作报告。此次研讨会，另设两个平行论坛，数十位专家学者发言研讨交流，从不同角度对中国共产党创办高等教育的历史进行深入研讨，追溯中国共产党领导高等教育的发展历程，进一步挖掘革命先辈与上海大学、北京大学、中国人民大学等红色学府的历史关系，对深化高等教育改革，建立高等教育发展的中国特色之路具有重要意义。

10月9日

由当代中国出版社主办的"新时代十年全面依法治国专家研讨会暨《新时代的全面依

法治国》出版座谈会"在北京召开。来自中国社会科学院、北京大学、清华大学、中国人民大学、中国政法大学、中国社会科学院大学、西南政法大学、澳门科技大学等科研机构和高校的专家学者，《新时代的全面依法治国》的作者以及当代中国出版社的编辑出版人员，通过线下线上两种方式参加会议。《新时代的全面依法治国》主编、当代中国出版社总编辑冀祥德研究员主持开幕式及第一单元研讨。中国社会科学院当代中国研究所党组成员、副所长（主持工作）李正华研究员代表"新时代这十年"丛书编委会介绍丛书的编写情况。为了全面总结新时代这十年的伟大变革，当代中国研究所和当代中国出版社精心策划了"新时代这十年"丛书。《新时代的全面依法治国》是这套丛书中启动最晚、推进最顺利、出版发行最早的一卷。全面依法治国是"四个全面"战略布局里的重要一环，新时代这十年法治建设有太多值得记录总结的宝贵经验。《新时代的全面依法治国》是对新时代这十年全面依法治国研究的阶段性成果，我们将以此为起点继续深入推进对法治中国建设的研究。

同日

"四史"教育教学研讨会以线上线下相结合的形式举行。本次研讨会由北京师范大学马克思主义学院、中共党史党建研究院、高校思想政治理论课"手拉手"集体备课中心（北京师范大学—青海省）联合举办。研讨会第一阶段由北京师范大学马克思主义学院院长张润枝教授主持。王炳林教授从三个方面介绍《"四史"教学用书》的编纂情况。第二阶段由北京师范大学马克思主义学院副院长刘洪森副教授主持。来自清华大学、中国人民大学、东北师范大学、"'四史'教育思想政治理论课"分教学指导委员会、山东师范大学、首都师范大学、中国农业大学、北京交通大学、北京工业大学等专家学者，围绕《"四史"教学用书》的框架、内容等方面进行了深入交流，高度评价了《"四史"教学用书》的理论和现实意义，提出了进一步完善书稿的意见和建议，并就各学校"四史"教育教学经验进行了分享交流。

10月9—12日

中国共产党第十九届中央委员会第七次全体会议在北京举行。全会由中央政治局主持。中央委员会总书记习近平作了重要讲话。全会决定，中国共产党第二十次全国代表大会于2022年10月16日在北京召开。全会听取和讨论了习近平受中央政治局委托作的工作报告。全会讨论并通过了党的十九届中央委员会向中国共产党第二十次全国代表大会的报告，讨论并通过了党的十九届中央纪律检查委员会向中国共产党第二十次全国代表大会的工作报告，讨论并通过了《中国共产党章程（修正案）》，决定将这3份文件提请中国共产党第二十次全国代表大会审查和审议。习近平就党的十九届中央委员会向中国共产党第二十次全国代表大会的报告讨论稿向全会作了说明，王沪宁就《中国共产党章程（修正案）》讨论稿向全会作了说明。

10月10日

《中华人民共和国史小丛书》编委会工作会议召开。中国社会科学院原副院长、当代中国研究所原所长、中华人民共和国国史学会会长及丛书编委会主任、主编朱佳木，北京出版集团党委委员、董事、总编辑李清霞，当代中国研究所副所长、编委会副主任李正华，当代中国研究所副所长、编委会常务副主任、执行主编宋月红，本套丛书编辑部主任王爱云等编委出席会议。会议由宋月红主持。丛书由当代中国研究所、北京出版集团共同策划，以新中国重要典章制度、共和国标志、重要事件、重要领域、重大工程、时代人物、行业历史、社会变迁八大系列专题为内容，以广大群众特别是青少年为读者对象。丛书旨在立体反映新中国的历史和成就，深刻揭示国史主题主线、主流本质，更好发挥国史研究存史、资政、育人、护国的作用。

10月15日

党的第三个历史决议与当代中国政治发展学术研讨会暨第三届中国当代政治史研究述评会以线上线下相结合的方式举行。本次研讨会由中国社会科学院当代中国研究所、沈阳药科大学主办，当代中国研究所政治史研究室、沈阳药科大学马克思主义学院、当代中国研究所《当代中国史研究》编辑部、当代中国研究所政治与行政制度史研究中心承办。当代中国研究所党组成员、副所长（主持工作）李正华和沈阳药科大学党委书记徐凤翔教授在开幕式上代表主办方致辞。开幕式由当代中国研究所党组成员、副所长宋月红主持。开幕式上举行了《中国当代政治史研究撷英》（第一辑）首发式。来自中国社会科学院、中共中央党校（国家行政学院）、中共中央党史和文献研究院、中国人民大学、南开大学、辽宁大学、东北大学、沈阳药科大学、北京交通大学、南京航空航天大学、山东师范大学、山东财经大学、湖南师范大学、湖南省社会科学院等高等学校、科研院所的专家学者参加了会议。会上，25位专家学者围绕从党的三个历史决议看中国共产党的历史自觉、论党的第三个历史决议的显著特色、"两个确立"的历史依据和决定性意义、党的自我革命的学理探析、伟大社会革命与当代中国政治发展等问题进行了深入研讨交流，展现了学界关于党的第三个历史决议与当代中国政治发展的研究前沿，体现了中国当代政治史研究重点与热点的有机结合，推进了中国当代政治史学科体系、学术体系与话语体系的建设。

10月16日

中国共产党第二十次全国代表大会在京开幕。习近平代表第十九届中央委员会向大会作了题为《高举中国特色社会主义伟大旗帜　为全面建设社会主义现代化国家而团结奋斗》的报告。习近平指出，从现在起，中国共产党的中心任务就是团结带领全国各族人民全面建成社会主义现代化强国、实现第二个百年奋斗目标，以中国式现代化全面推进中华民族伟大复兴。前进道路上，必须牢牢把握重大原则：坚持和加强党的全面领导，坚持中国特色社会主义道路，坚持以人民为中心的发展思想，坚持深化改革开放，坚持发扬斗争精神。大会的主题是：高举中国特色社会主义伟大旗帜，全面贯彻新时代中国特色社会主义思想，弘扬伟大建党精神，自信自强、守正创新、踔厉奋发、勇毅前行，为全面建设社会主义现代化国家、全面推进中华民族伟大复兴而团结奋斗。李克强主持大会，2340名代表和特邀代表出席大会。

同日

2022年出版的第20期《求是》杂志发表中共中央总书记、国家主席、中央军委主席习近平的重要文章《坚持人民至上》。文章强调，中国共产党根基在人民、血脉在人民。坚持以人民为中心的发展思想，体现了党的理想信念、性质宗旨、初心使命，也是对党的奋斗历程和实践经验的深刻总结。文章指出，我们党没有自己特殊的利益，党在任何时候都把群众利益放在第一位。这是我们党作为马克思主义政党区别于其他政党的显著标志。在重大疫情面前，我们一开始就鲜明提出把人民生命安全和身体健康放在第一位。人民至上、生命至上，保护人民生命安全和身体健康可以不惜一切代价。文章强调，人民是我们党执政的最大底气。做好统筹疫情防控和经济社会发展工作，要紧紧依靠人民，积极主动作为，在应对危机中掌握工作主动权、打好发展主动仗。文章强调，我们推动经济社会发展，归根到底是为了不断满足人民群众对美好生活的需要。要始终把人民安居乐业、安危冷暖放在心上，用心用情用力解决群众关心的就业、教育、社保、医疗、住房、养老、食品安全、社会治安等实际问题，一件一件抓落实，一年接着一年干，努力让群众看到变化、得到实惠。文章指出，我们党要做到长期执政，就必须永远保持同人民群众的血肉联系，始终同人民群众想在一起、干在一起、风雨同舟、同甘共苦。党的十八大以来，我们一以贯之全面从严治党，坚定不移反对和惩治腐败，坚持不懈整治"四风"，进行党的群众路线教育实践活动、"不忘初心、牢记使命"主题教育，就是要教育引导广大党员干部始终同人民群众同呼吸、共命运、心连心。

10月17日

习近平同志在参加党的二十大广西代表团讨论时强调,党的二十大报告进一步指明了党和国家事业的前进方向,是我们党团结带领全国各族人民在新时代新征程坚持和发展中国特色社会主义的政治宣言和行动纲领。学习贯彻党的二十大精神,要牢牢把握过去5年工作和新时代10年伟大变革的重大意义,牢牢把握新时代中国特色社会主义思想的世界观和方法论,牢牢把握以中国式现代化推进中华民族伟大复兴的使命任务,牢牢把握以伟大自我革命引领伟大社会革命的重要要求,牢牢把握团结奋斗的时代要求。全党全国各族人民要在党的旗帜下团结成"一块坚硬的钢铁",心往一处想、劲往一处使,推动中华民族伟大复兴号巨轮乘风破浪、扬帆远航。

10月22日

中国共产党第二十次全国代表大会在京闭幕。大会选举产生新一届中央委员会和中央纪律检查委员会,通过关于十九届中央委员会报告的决议、关于十九届中央纪律检查委员会工作报告的决议、关于《中国共产党章程(修正案)》的决议。习近平主持大会并发表重要讲话。习近平强调,中国共产党走过了百年奋斗历程,又踏上了新的赶考之路。一百年来,党团结带领全国各族人民取得了新民主主义革命、社会主义革命和建设、改革开放和社会主义现代化建设的伟大胜利,开创了中国特色社会主义新时代。百年成就无比辉煌,百年大党风华正茂。我们完全有信心有能力在新时代新征程创造令世人刮目相看的新的更大奇迹。全党要紧密团结在党中央周围,高举中国特色社会主义伟大旗帜,坚定历史自信,增强历史主动,敢于斗争、敢于胜利,埋头苦干、锐意进取,团结带领全国各族人民为实现党的二十大确定的目标任务而奋斗。

10月23日

学习贯彻党的二十大精神专题学术研讨会召开。本次研讨会由南京信息工程大学社会科学处牵头举办,江苏省习近平新时代中国特色社会主义思想研究中心南信大基地、江苏省中国特色社会主义理论体系研究基地、《阅江学刊》编辑部、气候与环境治理研究院、气候经济与低碳产业研究院等单位承办。研讨会设一个主会场,三个分会场,来自中共中央党校(国家行政学院)、清华大学、北京师范大学、中国社会科学院、南开大学、中山大学、南京大学、南京师范大学、东北师范大学、湘潭大学等高校、科研院所的马克思主义理论学界、经济学界的十位知名专家作主旨演讲,围绕习近平新时代中国特色社会主义思想的世界观和方法论、中国式现代化、"六个坚持"、教育新图景、中华优秀传统文化等关键词展开深入研讨交流。三个分会场的学者围绕"习近平新时代中国特色社会主义思想与马克思主义中国化时代化新境界""中国式现代化与中国特色政治制度"及"'双碳'目标与经济社会高质量发展"等主题进行了广泛研讨。与会学者一致认为,党的二十大报告通篇闪耀着马克思主义真理的光辉,充分反映了全党意志和人民心声,充分彰显了强烈的历史担当、深厚的人民情怀和伟大的自我革命精神,是全面建设社会主义现代化国家、全面推进中华民族伟大复兴的宣言书、动员令和行动指南,是指导全党全国各族人民高举中国特色社会主义伟大旗帜,谱写新时代中国特色社会主义新篇章的纲领性文件,必将激励全党全国各族人民为全面建设社会主义现代化国家,为推进中华民族伟大复兴而不懈奋斗。

10月25日

二十届中共中央政治局就学习贯彻党的二十大精神进行第一次集体学习。中共中央总书记习近平在主持学习时强调,党的二十大在政治上、理论上、实践上取得了一系列重大成果,就新时代新征程党和国家事业发展制定了大政方针和战略部署,是我们党团结带领人民全面建设社会主义现代化国家、全面推进中华民族伟大复兴的政治宣言和行动纲领。全党要在全面学习、全面把握、全面落实上下功夫,坚定不移把党的二十大提出的目标任务落到实处,奋力夺取全面建设社会主义现代化国家新胜利。李强、赵乐际、王沪宁、蔡奇、丁薛祥、李希就深刻领会和贯彻落实党的二十大精神谈了体会。

10月26日

"伟大建党精神研究"上海高校论坛第二期召开。本次论坛由高校中国共产党伟大建党精神研究中心、上海大学主办,高校中国共产党伟大建党精神研究中心上海大学分中心、上海大学马克思主义学院承办,采取线上线下相结合的方式进行。来自国内知名高校的300多位学者与会。专家学者围绕"伟大建党精神与红色文化资源挖掘新视野"这一主题进行深入研讨。专家学者紧扣伟大建党精神研究的核心问题,发言站位高、立意深、视野宽、观点新,具有很好的启发意义。专家学者们提出的新问题,研究的新视野、新角度对伟大建党精神的研究具有重要指导意义。

10月26—28日

中共中央总书记、国家主席、中央军委主席习近平在陕西省延安市、河南省安阳市考察,深入农村、学校、红色教育基地、文物保护单位等进行调研。习近平强调,全面建设社会主义现代化国家，最艰巨最繁重的任务仍然在农村。要全面学习贯彻党的二十大精神，坚持农业农村优先发展，发扬延安精神和红旗渠精神，巩固拓展脱贫攻坚成果，全面推进乡村振兴，为实现农业农村现代化而不懈奋斗。

10月27日

党的二十大闭幕不到一周，中共中央总书记、国家主席、中央军委主席习近平带领中共中央政治局常委李强、赵乐际、王沪宁、蔡奇、丁薛祥、李希，专程从北京前往陕西延安，瞻仰延安革命纪念地，重温革命战争时期党中央在延安的峥嵘岁月，缅怀老一辈革命家的丰功伟绩，宣示新一届中央领导集体赓续红色血脉、传承奋斗精神，在新的赶考之路上向历史和人民交出新的优异答卷的坚定信念。习近平强调，要弘扬伟大建党精神，弘扬延安精神，坚定历史自信，增强历史主动，发扬斗争精神，为实现党的二十大提出的目标任务而团结奋斗。

10月28日

学习贯彻党的二十大精神专题理论研讨会在上海社会科学院举办。本次研讨会由上海市习近平新时代中国特色社会主义思想研究中心、上海市中国共产党伟大建党精神研究中心、上海社会科学院主办，上海市习近平新时代中国特色社会主义思想研究中心上海社会科学院研究基地、上海社会科学院马克思主义学院、上海社会科学杂志社、《毛泽东邓小平理论研究》编辑部承办。研讨会的主题为"推进马克思主义中国化时代化与全面建设社会主义现代化国家"，旨在系统学习党的二十大报告精神，深入领会这份马克思主义纲领性文献的核心要义、精神实质和时代意义。来自复旦大学、华东师范大学、中国浦东干部学院、上海市委党校、同济大学、东华大学和上海社会科学院的10余位专家作专题发言，进行研讨交流。

10月29日

中国共产党领导力论坛（2022）举行。本次论坛由中国领导科学研究会、中共中央党校（国家行政学院）党的建设教研部、江西省委党校（江西行政学院）共同举办。论坛以深入学习贯彻党的二十大精神为宗旨，以"中国式现代化与中国共产党领导力"为主题，重点研讨中国共产党如何领导社会主义现代化事业、如何成功推进和拓展中国式现代化，以及百年大党精神谱系对中国式现代化的作用。本次论坛设北京、南昌两个主会场，采用线上、线下相结合的方式举行。来自党校（行政学院）、高校、社科院、军队院校的专家学者参加了论坛。与会人员一致认为，本届论坛深化了对中国式现代化与党的领导力关系的认识，对学深悟透党的二十大精神，深刻把握中国式现代化的内涵特征和本质要求起到了积极作用。

同日

首届强国时代党史党建学研究高端论坛暨党的二十大精神与党史党建学学科建设研讨会以腾讯会议的方式举行。本次论坛由上海师范大学马克思主义学院、陕西科技大学马克思主义学院共同主办，高校中国共产党伟大建党精神研究中心上海师范大学分中心、上海市习近平新时代中国特色社会主义思想研究中心上海师范大学基地、陕西农村基层党组织建设研究中心共同协办。来自北京大学、南京大学、复旦大学、山东大学、武汉大学、四川大学、南开大学、南京师范大学、华中师范大学、上海交通大学、中山大学、华东师范大学、电子科技大学、华南师范大学、贵州师范大学、井冈山大学、延安大学、安徽师范大学、陕西师范大学、上海师范大学、陕西科技大学等全国40余所高校和报刊媒体机构的专家学者参会。专家学者围绕党的二十大的新阐述、党的二十大报告与党史党建学学科建设的关系、新时代党史党建研究的重心以及党史党建学学科融合发展等主题进行了系统而深入的研讨。

10月30日

中华人民共和国国史学会召开学习贯彻党的二十大精神座谈会。国史学会副会长、原中央文献研究室常务副主任杨胜群、军事科学院原副院长曲爱国、北京师范大学党史党建研究院院长王炳林，国史学会秘书长、中国社会科学院当代中国研究所原副所长张星星，国史学会常务理事、当代中国研究所副所长李正华、宋月红，世界历史研究所党委书记罗文东等学会常务理事、理事和分会负责人出席了会议。会议由中国社会科学院原副院长、国史学会会长朱佳木主持。大家一致认为，党的二十大是在全党全国各族人民迈上全面建设社会主义现代化国家新征程，向第二个百年奋斗目标进军的关键时刻召开的一次十分重要的大会；习近平总书记的报告，进一步指明了党和国家事业的前进方向，是我们党团结带领全国各族人民在新时代新征程坚持中国特色社会主义的政治宣言和行动纲领；会议选举产生的新的中央领导集体，体现了全党全国各族人民的共同心声。

同日

第二届全国党建高端论坛"党的自我革命理论与实践"召开。本次论坛由中共中央党校（国家行政学院）党的建设教研部与北京市委党校（北京行政学院）联合举办。中共中央党校（国家行政学院）分管日常工作的副校（院）长谢春涛出席开幕式并讲话。北京市委副书记、代市长，市委党校（北京行政学院）校（院）长殷勇出席开幕式并致辞。在专家发言环节，来自中央纪委国家监委机关、中央组织部、中共中央党校（国家行政学院）、中央党史和文献研究院、中国社会科学院、北京大学、清华大学、中国人民大学和北京市委党校（北京行政学院）的9位专家学者从党的自我革命永远在路上的理论渊源、内涵本质、知行关系、动力机制、制度支撑、政党优势、反腐败斗争、首都实践以及自我革命与人民民主新路有机结合等多个角度，进行了深入研讨。大家一致认为，勇于自我革命，阐释了百年大党恰是风华正茂的基因密码，揭示了党始终掌握历史主动的深刻动因。以伟大自我革命引领伟大社会革命，是习近平新时代中国特色社会主义思想的重要内容，是构建中国化的马克思主义党建理论体系的最新成果，是新时代深入推进党的建设新的伟大工程的根本遵循，也为进一步推进党的建设教学研究工作提供了指南。

10月31日

中央宣传部、中央和国家机关工委、教育部、中央军委政治工作部、中共北京市委在中国共产党历史展览馆举办学习贯彻党的二十大精神中央宣讲团首场报告会。中央宣讲团成员、中共中央政治局委员、中宣部部长李书磊作报告。李书磊在报告中阐述了党的二十大的重大意义，讲解了过去五年工作和新时代十年的伟大变革，阐释了习近平新时代中国特色社会主义思想的世界观方法论和新时代新征程党的使命任务，解读了全面建设社会主义现代化国家的目标任务和以自我革命引领社会革命的重要要求。他指出，要紧密结合新时代的伟大变革，深刻领悟"两个确立"的决定性意义，增强"四个意识"、坚定"四个自信"、做到"两个维护"，以团结奋进的精神状态投身全面建设社会主义现代化国家、全面推进中华民族伟大复兴的历史进程。报告用摆事实、讲道理的方式帮助听众深化了对大会精神的理解。大家表示，要按照党中央要求，在全面学习把握落实上下功夫，以实际行动把大会提出的目标任务落到实处。报告会由中央和国家机关工委分管日常工作的副书记吴汉圣主持。在京党政军机关干部、中央企业和高校负责人、理论工作者和各界群众代表，约800人参加。

同日

第二届全国"四史"教育研讨会在沈阳航空航天大学召开。本次研讨会由沈阳航空航天大学、辽宁省"四史"教育学习研究中心、辽宁省思政课名师工作室共同主办。来自国内多所高校的专家学者与业界精英汇聚云端，共同深刻领会党的二十大精神，充分发挥"四史"教育的凝心聚力和铸魂育人作用，呈现了一场视野广、理论深、情感浓的"四史"教育研讨会。研讨会分为主题报告和专题交流两个环节。中国人民大学马克思主义学院博士生导师杨凤城教授，复旦大学马克思主义学院博士生导师刘红凛教授，教育部思政课分教指委委员、天津师范大学马克思主义学院副院长李朝阳教授分别进行主题报告，从不同角度深刻论述了以党史为重点的"四史"教育的重大理论和现实问题。在专题交流环节，中共中央党校（国家行政学院）文史部文学教研室副主任、硕士生导师林雅华副教授和沈阳航空航天大学马克思主义学院副院长、硕士生导师齐艳霞副教授聚焦时代、重点突出、观照现实、展望未来，为与会者提供了思想启迪和理论借鉴。

11月2日

"红厅论坛：读懂中国共产党二十大"主题研讨会在中国共产党历史展览馆红色大厅举行。本次研讨会由中共中央党史和文献研究院、新华通讯社联合主办，采取线上线下相结合的方式举行。来自近80个国家的驻华使节代表、智库专家、媒体记者等围绕党的二十大精神展开研讨交流。本次研讨会分为"关键在党""中国式现代化""中华优秀传统文化"三个议题，来自国内外的17名专家学者、媒体记者代表作了发言并同与会者交流。大家认为，中国共产党是全面推进中华民族伟大复兴的坚强领导力量，亿万人民的衷心爱戴和支持是中国共产党长期执政的最大底气；中国式现代化彰显了中国特色社会主义的巨大优越性，将不断增进人民福祉、为他国发展提供借鉴；中华优秀传统文化是中华民族在世界文化激荡中站稳脚跟的基石，可以与世界各种文化交流互鉴、取长补短、共同发展。

同日

中国企业文化促进会在中国企业文化促进会党史学习教育基地，采取线上线下相结合的形式举办学习贯彻党的二十大精神专题讲座。中国社会科学院当代中国研究所文化史研究室主任、文化领域专家欧阳雪梅以"铸就社会主义文化新辉煌进程中企业文化的使命"为题对党的二十大报告关于文化建设的论述进行了深入辅导。欧阳雪梅系统梳理了党的二十大报告关于文化建设方面内容，结合党的二十大报告回顾了过去五年和新时代十年文化工作取得的成就，对如何充分认识文化建设对新时代社会发展的意义、目标和要求等问题进行了深入讲解。

11月5日

"深入学习贯彻党的二十大精神"学术研讨会暨中国科学社会主义学会2022年年会在中共中央党校（国家行政学院）举行。本次研讨会由中国科学社会主义学会、中共中央党校（国家行政学院）科学社会主义教研部、华中师范大学政治学部联合主办，华中师范大学设分会场。会议采取线上线下相结合的方式进行。来自全国党校（行政学院）、中国社会科学院、高等院校等单位的400余名专家学者参会。专家学者围绕会议主题开展了深入研讨交流，就新时代十年伟大变革及其里程碑意义、开辟马克思主义中国化时代化新境界、习近平新时代中国特色社会主义思想的世界观和方法论、以中国式现代化全面推进中华民族伟大复兴等重大论题发表了学习心得和研究成果。大家一致认为，党的二十大精神博大精深，学习宣传贯彻党的二十大精神是科学社会主义学界的重要职责和任务，科学社会主义理论工作者要把研究马克思主义中国化时代化的最新成果作为崇高使命，发挥科学社会主义研究的理论优势，为全面建设社会主义现代化国家贡献智慧力量。

同日

"学习贯彻党的二十大精神：延安'窑洞对'与党的自我革命专题研讨会"在上海社会科学会堂召开。本次研讨会由中国延安精神研究会、上海市社会科学界联合会指导，复旦大学望道研究院、复旦大学马克思主义学院、上海市延安精神研究会、教育部人文社科重点研究基地复旦大学中国共产党革命精神与文化资源研究中心主办。来自上海市延安精神研究会理事单位代表和上海市部分高校师生代表参会。与会专家学者以线上线下相结合的方式，共话伟大建党精神和延安精神，分享学习心得体会，交流学术研究成果。

同日

"新时代与新青年：上海红色基因传承学术研讨会"暨2022年度上海市社联"学术活动月·青年论坛"在中共四大纪念馆举办。本次研讨会由上海市中共党史学会、上海市社会科学界联合会及上海市高校思政课协作组联合主办，中国共产党第四次全国代表大会纪念馆、上海交通大学马克思主义学院、华东师范大学马克思主义学院及上海中医药大学马克思主义学院联合承办。来自全国各地的中青年学者围绕中国共产党历史、红色文化与红色基因、中国共产党精神谱系等议题，以线上线下联动的形式展开了深入研讨和交流。

与会者指出，党的二十大报告将教育、科技、人才提高到显著的地位，明确要求建设高质量教育体系，深化教育领域综合改革等。当代中国青年生逢其时，施展才干的舞台无比广阔，实现梦想的前景无比光明。要深入学习贯彻党的二十大精神，传承红色基因，让更多青年从党史中汲取前行智慧和力量。

同日

"吉林大学中共党史党建研究院揭牌仪式"暨"第一届党史党建学长白山高端论坛"在

吉林大学中心校区举行。本次论坛由吉林大学社会科学研究院、吉林大学中共党史党建研究院、吉林大学马克思主义学院共同主办。来自杨靖宇干部学院、吉林大学相关职能部门主要负责同志，马克思主义学院师生代表等现场参加会议。全国各高校、研究机构党史党建学科相关专家学者200余人线上参加会议。在论坛主题发言和专家代表发言环节，来自北京师范大学、中国人民大学、清华大学、北京大学、中共中央党校（国家行政学院）、东北师范大学、湘潭大学、山东师范大学、武汉大学、华南师范大学、复旦大学、中国社会科学院等30多所高校、科研院所的党史党建学科领域专家学者结合各自研究领域作主题发言，交流党的二十大精神学习体会，围绕开创党史党建研究新局面深入研讨。论坛期间，吉林大学中共党史党建研究院正式揭牌。

11月11日

以党的自我革命引领社会革命暨学习贯彻党的二十大精神研讨会在四川大学以线上形式举行。本次研讨会由四川大学中共党史党建研究院、四川大学马克思主义学院主办，四川省社会科学重点研究基地"建党精神研究中心"、马克思主义理论研究和建设工程重大项目暨国家社科基金重大项目"中国共产党以伟大自我革命引领伟大社会革命研究"课题组承办。大会主题发言分为两个阶段。第一阶段，原中共中央党史研究室主任、中共党史学会原会长欧阳淞教授，北京师范大学中共党史党建研究院院长王炳林教授，经济日报社原副总编辑、马克思主义理论研究和建设工程重大项目首席专家张磊教授，国家万人计划教学名师、武汉大学二级教授、珞珈学者丁俊萍教授，分别以"习近平总书记关于党的自我革命战略思想的原创性贡献""保持解决大党独有难题的清醒和坚定""论党的自我革命引领社会革命的理论依据和实践意义""'三个务必'的逻辑结构及其进路"为主题作了大会发言。第二阶段，四川大学党委常务副书记兼马克思主义学院院长、四川大学中共党史党建研究院院长曹萍教授，山东大学马克思主义学院院长张士海教授，复旦大学马克思主义学院杨德山教授，中共中央党校（国家行政学院）党的建设教研部世界政党比较教研室主任赵绪生教授，分别以"'以党的自我革命引领社会革命'的思想蕴涵""以伟大自我革命引领伟大社会革命的几点思考""两个'答案'之比较——兼谈第二个'答案'的重大意义""党的自我革命：话语溯源与概念辨析"为主题作了大会发言。

同日

陕西党史界学习贯彻党的二十大精神暨百年党史与党的建设理论研讨会采取线上线下相结合方式在西安邮电大学召开。本次研讨会由陕西省委党史研究室和陕西省中共党史学会联合主办，西安邮电大学马克思主义学院、西安邮电大学陕西党史与红色文化研究院承办。各级党史部门、相关院校专家学者共100余人参加会议。会上，全省党史界专家、教授及青年党史工作者从不同方面交流了党的二十大精神学习体会，研讨了百年党史与党的建设。大家一致认为，本次研讨会举行得很及时，给我们打开了学习贯彻党的二十大精神和党史研究宣传的广阔视野，为党的二十大精神学习宣讲、党的理论研究提供了有力借鉴。

11月11—12日

学习贯彻党的二十大精神，深入推进新时代党的建设研讨会在四川眉山召开。本次研讨会由四川省委组织部、红旗文稿杂志社共同主办。来自中央单位的领导和专家，北京大学、天津大学等高校院所的四川省委组织部特邀研究员，以及四川各市（州）党委组织部负责同志和基层一线代表参加会议。与会专家学者研讨认为，中国特色社会主义最本质的特征是坚持党的领导，决定了中国式现代化最首位要求也是坚持党的领导。"两个确立"是核心的政治原则与科学的政党理论的高度统一，是确保党的领导坚强有力、全党团结统一的根本保证。党的自我革命是有方向、有立场的，是全面的、系统的，是自觉的、主动的，必须以自我革命精神把党建设好建设强。基层治理是国家治理基石，必须增强基层党组织政治功能和组织功能，以党的基层组织体系引领保障基层治理现代化。高质量发展是新思想引领、新理念导航的发展，关键是建设政治过硬、适应新时代要求、具备领导现代化建设能力的高素质干部队伍。创新驱动实质上是人才驱动，重中之重是建设战略人才力量、形成人才雁阵布局、走好自主培养之路，共同塑造发展新动能、新优势。

11月12日

党的自我革命永远在路上——党的二十大精神学习研讨会举行。本次研讨会由中国人民大学当代政党研究平台、中国人民大学马克思主义学院、北京高校思想政治理论课高精尖创新中心联合主办。来自中国社会科学院、高等教育出版社、北京大学、中国人民大学、北京交通大学、中国政法大学、清华大学、首都师范大学的专家学者围绕会议主题，从不同学科视角对党的自我革命的时代背景、重大成就、理论内涵、未来推进等作了报告，开阔了研究思路、丰富了研究视域。

同日

学习研究阐释党的二十大精神学术研讨会召开。本次研讨会由中华人民共和国国史学会高校教学与研究专业委员会主办，江苏省习近平新时代中国特色社会主义思想研究中心南京师范大学研究基地、南京师范大学马克思主义学院承办。来自清华大学、武汉大学、中国人民大学、中国社会科学院大学、复旦大学、华东师范大学、南京大学、南开大学、中山大学、山东大学、西安交通大学、兰州大学、东北师范大学等全国多所高校的知名学者参加会议。在开幕式阶段，南京师范大学党委副书记孙友莲重点介绍了学校的发展历史，以及近年来马克思主义理论学科的建设和发展情况。中华人民共和国国史学会副会长、北京师范大学王炳林教授致辞并围绕"新时代十年的伟大变革"作大会发言。在大会主题发言阶段，22位专家学者先后围绕"党的二十大精神"从不同视角进行了理论阐释。

11月13日

学习贯彻党的二十大精神：以党的自我革命引领社会革命研讨会线上举行。本次研讨会由上海师范大学马克思主义学院、上海对外经贸大学马克思主义学院和上海市延安精神研究会联合主办，高校中国共产党伟大建党精神研究中心上海师范大学分中心、上海师范大学21世纪马克思主义研究中心共同协办。来自中共中央党校（国家行政学院）、中国人民大学、东北师范大学、安徽师范大学、河南理工大学、复旦大学、上海交通大学、上海大学、上海师范大学、上海海洋大学、上海中医药大学、上海对外经贸大学、上海政法学院、上海立信会计金融学院以及上海市延安精神研究会、中央党史和文献研究院等全国40余家高校、学术机构和报刊机构的专家学者与线上200多位观众围绕党的二十大报告新阐述、党的二十大报告精神引领党的自我革命、以自我革命引领社会革命等主题进行了系统而深入的研讨。

11月19日

"全面贯彻党的二十大精神　加强党史党建研究学术高端论坛"在吉林长春举行。本次论坛由东北师范大学马克思主义学部、吉林大学马克思主义学院、中共吉林省委党史研究室、吉林大学中共党史党建研究院、吉林大学东北抗联研究中心、吉林省东北抗联研究会、吉林省中国共产党党史和文献研究会联合主办。百余名专家学者以线上线下相结合方式参加了论坛。与会专家学者表示，从党的百年历史中汲取继续前进的智慧和力量，是历史的呼唤，也是现实的需要。深入开展党史党建研究，推动中共党史党建学加快构建学科体系、学术体系和话语体系，是中国哲学社会科学工作者所担负的时代使命。

11月19—20日

香港亚洲青年协会协助有关单位举办了"香港青年及专业人士国情班"，邀请到内地及香港学者专家、本港青年杰出代表等知名人士：中国社会科学院当代中国研究所副所长宋月红、中银香港经济与政策研究主管王春新，思考香港执行总编辑李剑诸，中国社会科学院大学马克思主义学院执行院长李楠，十大杰出青年兼世界武术冠军郑家豪以及「思法．青见」主席李健豪进行分享。专家及杰出青年代表通过线上和线下相结合的形式，与学员分享交流国家宏观视野、青年如何融入祖国建设等课题，增进了香港青年对国家发展与国际形势的认知。本次国情班学员有40余人，参加者主要为香港社会各界的青年。课程内容包含党的二十大与香港未来的发展机遇、后疫情时代的国家经济发展机遇与前瞻、大国博弈下的两岸关系、互联网治理的中国经验等课题。学员们表示，本次课程为香港青年深入认识国家发展和国际局势提供了难得的学习机会，感谢主办方邀请到如此优秀的师资分享最新资讯。香港青年应该好好把握机遇，了解香港的优势并发挥其所长，为国家贡献自己的力量。

11月20日

第二届中共党史高端论坛——新时代十年的伟大变革理论研讨会举行。本次研讨会由中共中央党校（国家行政学院）中共党史教研部、中国现代史学会主办。来自全国政协机关、中共中央党校（国家行政学院）、中国社会科学院、中国纪检监察学院、北京大学、中国人民大学等单位的专家学者，从经济建设、社会建设、生态文明建设、"一国两制"、大国外交、全面从严治党等多个角度，进一步对新时代十年的历史性成就和历史性变革进行了深入交流研讨。大家一致认为，新时代十年来，以习近平同志为核心的党中央团结带领全党全国各族人民，攻克了许多长期没有解决的难题，办成了许多事关长远的大事要事，经受住了来自各个领域的风险挑战考验，推动我国迈上全面建设社会主义现代化国家新征程。之所以能够取得这一系列成就，根本就在于习近平总书记的领航掌舵，在于习近平新时代中国特色社会主义思想的科学指引。中国社会科学院当代中国研究所副所长李正华出席会议。

11月23日

学习习近平总书记《序言》暨《复兴文库》第一至三编出版座谈会在北京召开。中共中央政治局委员、中宣部部长李书磊出席并讲话，强调要深入学习领会习近平总书记为《复兴文库》所作《序言》的重要精神，坚定历史自信、把握时代大势，以史为鉴、察往知来，增强实现中华民族伟大复兴的精神力量。与会代表表示，编纂《复兴文库》，是以习近平同志为核心的党中央批准实施的重大文化工程。习近平总书记所作的《序言》，以历史与现实相贯通的宏阔视野，深刻阐述了中华民族伟大复兴的历史进程、主题主线、光明前景，精辟论述了编纂出版《复兴文库》的重要意义、丰富内涵和时代价值，是一篇思想深邃、鼓舞人心、催人奋进的重要文献。会议强调，党的二十大擘画了以中国式现代化全面推进中华民族伟大复兴的宏伟蓝图。要把学习习近平总书记《序言》的重要精神同学习宣传贯彻党的二十大精神有机结合起来，学好用好《复兴文库》，始终把握推进民族复兴伟业的历史主动，不断推进马克思主义中国化时代化，着力构筑中华民族共有精神家园，广泛凝聚实现中华民族伟大复兴中国梦的磅礴力量，鼓舞全社会以奋发有为的精神状态，为全面建设社会主义现代化国家、全面推进中华民族伟大复兴而团结奋斗。

同日

深入学习贯彻党的二十大精神理论研讨会在江苏省南京市召开。本次研讨会由中共江苏省委与求是杂志社共同举办。会议深入学习贯彻党的二十大精神，深刻学习领会习近平新时代中国特色社会主义思想，围绕党的二十大提出的新思想新观点、作出的新部署新要求，在历史与现实相贯通、理论和实践相结合中深入交流，从道理、学理、哲理上进行深入阐释。来自全国各地的100余位专家学者及有关部门负责同志参加会议。中国社会科学院副院长高培勇，中央党史和文献研究院学术和编审委员会主任王均伟，全国人大常委会委员、全国人大教科文卫委员会委员左中一，江苏省人大常委会原副主任、南京师范大学中国法治现代化研究院院长公丕祥，南京大学原党委书记洪银兴，东南大学原党委书记郭广银，天津大学马克思主义学院院长颜晓峰等作了交流发言。

11月25日

中国共产党与中国式现代化学术研讨会在线上举行。本次研讨会由中国农业大学马克思主义学院主办。全国高校马克思主义学院师生共计4000余人观看直播。主旨报告环节，来自中共中央党校（国家行政学院）、中国社会科学院、武汉大学、吉林大学、中国人民大学、浙江大学、华南师范大学、江西师范大学、北京师范大学、山东大学、清华大学的专家学者，结合党的二十大报告，围绕"中国共产党与中国式现代化"，从不同角度进行了全面深刻的学理阐释，对于深入理解和把握中国式现代化这一课题，进一步研究阐释和宣传好党的二十大精神具有重要的价值和意义。

11月26日

党领导中国青年运动的百年历程和基本经验论坛以线上会议形式举行。本次论坛由共青团中央中国特色社会主义理论体系研究中心、共青团与青年工作高端智库、中央团校主办。来自中共党史、中国青年运动史、党的青年工作领域的10位专家学者作了主旨发言，相关领域的专家学者、基层团干部和高校师生300多人线上参会。中国社会科学院当代中国研究所党组成员、副所长李正华以《具有里程碑意义的新时代十年》为题发言，指出新时代十年的伟大变革是党继取得新民主主义革命，社会主义革命和建设，改革开放历史性胜利之后，取得的又一次历史性胜利。新时代伟大十年取得了"两个确立"这一重大的政治成果，如期实现第一个百年奋斗目标，党在革命性锻造中更加坚强，在党的历史上树立起了又一座里程碑。新时代伟大十年中国综合国力实现了历史性跃升，凝聚起了全体中国人民团结奋进的力量，创造了人类文明的新形态，开启了从富国到强国的新征程。新时代伟大十年党明确提出全面深化改革的总目标，不断完善国家治理体系和提升治理能力的现代化水平，不断完善和发展中国特色社会主义制度，书写了经济快速发展、社会长期稳定的奇迹。新时代伟大十年形成了21世纪的马克思主义科学理论形态，赋予科学社会主义崭新的内涵，在社会主义发展史上书写了坚持和发展中国特色社会主义新篇章。新时代伟大十年中华民族迎来了从站起来、富起来到强起来的伟大飞跃，中华民族伟大复兴进入了不可逆转的历史进程。

同日

第六届渔阳里论坛暨从渔阳里到上海大学学术研讨会召开。本届论坛在中共上海市委党史研究室指导下，由上海大学、中共上海市委党校、上海市中共党史学会、中国社会科学院—上海市人民政府上海研究院主办，上海市中共党史学会渔阳里研究专委会、上海大学马克思主义学院、上海大学直属单位党委、中国社会主义青年团机关旧址纪念馆承办，复旦大学望道研究院、华东师范大学俞秀松研究中心、中共虹口区委党史办公室、上海市高校思政课改革协作组、上海大学"开天辟地"课题组协办。近百名党史研究专家学者、红色纪念场馆负责同志、各级共青团干部以线上线下相结合的形式参与本次论坛。研讨会上20余位专家学者聚焦"从渔阳里到上海大学"这一主题，分别从伟大建党精神的丰富内涵和历史地位、中国共产党和中国共青团的早期创建史、中国共产党早期人物的思想与生平、海外中国共产党档案史料搜集整理、上海大学百年红色校史、渔阳里红色资源保护利用等议题展开深入研究和探讨。与会学者认为，渔阳里是中国共产党早期创建的重要活动区域，也是许多重要党史人物的聚合点和重大历史事件的发生地、见证地。上海大学作为中国共产党实际领导的第一个高等学府，是传播马克思主义、酝酿反帝爱国运动的堡垒。从渔阳里到上海大学，两者在时间衔接、人员构成、精神特质和实践层面都有着紧密联系和深厚渊源，体现了伟大建党精神的传承和延续，彰显了在中共党史所发挥出的极为重要的历史作用。

同日

中国共产党人精神谱系安徽元素理论研讨会在小岗干部学院召开。本次研讨会由安徽科技学院、安徽日报社、安徽小岗干部学院联合主办，安徽科技学院马克思主义学院、安徽小岗干部学院小岗精神研究院、中共凤阳县小岗村委员会承办。会议在线上线下同步进行，来自相关政府部门、企事业单位、高校院所、智库机构等社会各界上百名专家学者和相关代表参会。与会专家学者从不同角度阐述了传承红色基因、赓续精神血脉、汲取奋进力量的重要意义，深入阐释了蕴含其中的科学内涵、历史背景和时代要求，对进一步把握我们党的精神发展规律、不断推动党的精神谱系研究健康深入发展，提出了殷切期望和指导性建议。

11月28日

南湖红船与伟大建党精神学术研讨会在嘉兴召开。本次研讨会由浙江省博物馆学会纪念馆专业委员会、浙江省革命纪念馆联盟、嘉兴市党史学会、南湖革命纪念馆联合举办。研讨会采用线下和线上相结合形式举行。来自全国各地的专家学者围绕研讨会"南湖红船与伟大建党精神"这一主题进行了交流发言，专家、学者们分别从百年党章映照百年伟大建党精神、红船精神与"有关浙江的中国共产党革命精神"探析、南湖红船与中国共产党的创建等不同角度阐述了南湖红船与伟大建党精神的关系，进一步深化了对伟大建党精神的学术研究。

11月29日

学习贯彻党的二十大精神·首届中华民族伟大复兴青年学者高端论坛以线上方式在湖北省武汉市召开。会议由湖北省社会科学界联合会、中国共产主义青年团湖北省委员会、华中科技大学主办，华中科技大学马克思主义学院、湖北省高校青年工作研究会承办。来自中国社会科学院、湖北省社科联、北京师范大学、中南大学、北京航空航天大学、华南理工大学、华中师范大学、南京师范大学、安徽大学等科研院所及高校的专家学者参加会议，围绕"中华民族伟大复兴"这一主题进行研讨交流，研究阐释以中国式现代化全面推进中华民族伟大复兴的理论逻辑、历史逻辑和实践逻辑，以实际行动学习贯彻落实党的二十大精神。

12月1日

2022年第23期《求是》杂志发表中共中央总书记、国家主席、中央军委主席习近平的重要文章《在党的十九届七中全会第二次全体会议上的讲话》。讲话指出，党的二十大报告高举中国特色社会主义伟大旗帜，分析了国际国内形势，提出了党的二十大主题，回顾总结了过去5年的工作和新时代10年的伟大变革，阐述了开辟马克思主义中国化时代化新境界、中国式现代化的中国特色和本质要求等重大问题，对全面建设社会主义现代化国家、全面推进中华民族伟大复兴进行了战略谋划，对统筹推进"五位一体"总体布局、协调推进"四个全面"战略布局作出了全面部署，为新时代新征程党和国家事业发展、实现第二个百年奋斗目标指明了前进方向、确立了行动指南。讲话指出，党的十九届中央纪律检查委员会工作报告稿总结了党的十九大以来在党中央坚强领导下，各级纪律检查委员会推进全面从严治党的实践探索和重要成效，宣示了党以永远在路上的清醒和坚定推进党风廉政建设和反腐败斗争的坚强决心，揭示了以党的自我革命引领社会革命的重大意义。讲话指出，党章修正案稿体现了全党意志，体现了党的十九大以来党的理论创新、实践创新、制度创新成果。把党的二十大报告提出的一些重要思想、重要观点、重大战略、重大举措适当体现到党章修正案中，努力使修改后的党章适应新形势新任务对党的工作和党的建设提出的新要求。讲话指出，选出一个好的中央领导集体，对党团结带领全国各族人民统筹中华民族伟大复兴战略全局和世界百年未有之大变局，科学有效地应变局、育新机、开新局，夺取中国特色社会主义新胜利至关重要。讲话强调，必须坚持党的全面领导特别是党中央集中统一领导，确保党始终总揽全局、协调各方。讲话强调，所有共产党员都要牢记"国之大者"，都要坚定中国特色社会主义道路自信、理论自信、制度自信、文化自信，都要增强党员意识，都要保持战略清醒，为党和人民事业奋斗不止。

同日

深入学习贯彻党的二十大精神高端学术论坛举行。本次论坛由中国社会科学院马克思主义研究院与江南大学联合主办，中国社会科学院马克思主义研究院马克思主义中国化研究部、江苏省习近平新时代中国特色社会主义思想研究中心江南大学理论研究基地、江南大学马克思主义学院联合承办，《马克思主义研究》编辑部、《世界社会主义研究》编辑部协办。本次论坛邀请到近100名专家学者作大会发言，专家学者们聚焦于中国式现代化、习近平新时代中国特色社会主义思想的世界观和方法论、全面从严治党、教育和人才培养、伟大斗争精神、全过程人民民主等，直面问题并提出解决问题的答案。中国社会科学院当代中国研究所副所长李正华以《具有里程碑意义的新时代十年》为题作了主题报告。

12月7日

纪念南昌起义军余部"赣南三整"95周年理论研讨会以线上线下相结合的方式举行。本次研讨会由中央党史和文献研究院第七研究部、中国中共文献研究会朱德思想生平研究分会、军事科学院军队政治工作研究院解放军党史军史研究中心、全国红色基因传承研究中心、中共江西省委党史研究室等单位共同举办。研讨会以"坚定执着追理想、革命到底志不移"为主题，深入学习贯彻党的二十大精神和习近平总书记关于推进红色基因传承的重要要求，激励广大干部群众奋进新征程、建功新时代，书写红土圣地新的时代荣光。来自相关部门负责人、革命先辈后代、有关专家学者及论文作者代表等人员到现场参会，或通过视频、书面形式致辞、发言。会议期间共收到论文90余篇，与会人员围绕深入推进"赣南三整"历史研究进行了学术交流。

12月8日

在中华人民共和国国史学会成立30周年之际，中共中央总书记、国家主席、中央军委主席习近平发来贺信，向学会全体同志、向全国广大国史研究工作者致以热烈祝贺和诚挚问候。习近平在贺信中指出，国史学会成立30年来，为推动新中国史研究、宣传和教育事业发展作出了积极贡献。习近平希望国史学会深入学习贯彻党的二十大精神，坚持正确政治方向，坚持历史唯物主义，以马克思主义中国化时代化最新成果为指导，进一步团结全国广大国史研究工作者，牢牢把握国史的主题主线、主流本质，不断提高研究水平，创新宣传方式，加强教育引导，激励人们坚定历史自信、增强历史主动，更好凝聚团结奋斗的精神力量，为全面建设社会主义现代化国家、全面推进中华民族伟大复兴作出新贡献。

8日上午，推动新中国史研究事业繁荣发展暨庆祝中华人民共和国国史学会成立30周年大会在京举行。中共中央政治局委员、中宣部部长李书磊在会上宣读习近平的贺信并讲话。他说，要认真学习贯彻习近平总书记重要指示精神，坚持用习近平新时代中国特色社会主义思想统领新中国史研究，把唯物史观贯穿研究工作全过程，继承发扬中国源远流长的史学传统，重视学术学科建设与人才培养，推动新中国史研究事业繁荣发展，更好服务新时代党和国家工作大局。中国社会科学院、当代中国研究所、国史学会负责同志在会上发言。

同日

中国社会科学院党组召开会议，学习贯彻习近平总书记致中华人民共和国国史学会成立30周年贺信精神。院长、党组书记石泰峰主持会议并讲话。副院长、党组副书记高翔，副院长、党组成员甄占民，中央纪委国家监委驻中国社会科学院纪检监察组组长、党组成员杭元祥，副院长、党组成员高培勇，秘书长、党组成员赵奇出席会议。会议认为，习近平总书记的贺信立意高远、思想深邃、内涵丰富，站在全面建设社会主义现代化国家、全面推进中华民族伟大复兴的高度，充分肯定了国史学会成立30年来取得的成绩，对新时代新征程接续推进国史学会建设和新中国史研究事业提出了明确要求。贺信具有很强的思想性、指导性、针对性，充分体现了总书记对国史研究的高度重视，对国史研究工作者的殷切期望和重托，是指导新中国史研究事业繁荣发展的行动指南，为构建新中国史学科体系、学术体系、话语体系，进一步加快构建中国特色哲学社会科学指明了方向，提供了根本遵循。会议强调，要切实把思想和行动统一到习近平总书记贺信精神上来，加强组织领导、统筹规划和顶层设计，提高研究水平，不断开创新中国史研究事业繁荣发展的新局面。要坚持以习近平新时代中国特色社会主义思想为指导，准确把握新中国史主题主线、主流本质，坚持唯物史观和正确的政治方向、学术导向、价值取向，不断创新宣传方式，加强教育引导，提升新中国史研究资政育人的作用，为坚定历史自信、增强历史主动，更好凝聚团结奋斗的精神力量作出积极贡献。中国社会科学院副秘书长及院属相关单位主要负责同志参加会议。

同日

中华人民共和国国史学会召开常务理事会，深入学习习近平总书记致国史学会成立30周年贺信精神。学会会长、中国社会科学院原副院长朱佳木主持会议。学会副会长、原中央文献研究室常务副主任杨胜群，副会长、北京师范大学中共党史党建研究院院长王炳林，秘书长、中国社会科学院当代中国研究所原副所长张星星以及近20位常务理事出席会议。会上，大家首先围绕习近平总书记贺信的重要意义进行了热烈讨论。大家还围绕学会如何提高研究水平、创新宣传方式、加强教育引导进行了深入讨论。大家一致认为，在我们党和国家历史上，从来没有像新时代十年这样重视新中国史的研究、宣传和教育工作，这样强调对新中国史经验的总结，这样突出坚定新中国史自信的重要意义，这样旗帜鲜明地批判新中国史领域的历史虚无主义思潮，这样悉心地对解决新中国史一系列重大理论问题给予指导。国史学会作为学术性社会组织和党的意识形态阵地，要以实际行动贯彻落实习近平总书记贺信精神，进一步团结广大国史工作者，努力推动新中国史研究、宣传和教育事业繁荣发展，更好服务党和国家工作大局，为引导人民知史爱党、知史爱国、坚定中国特色社会主义"四个自信"，为增强中华民族伟大复兴的精神力量作出新的贡献。

同日

为深入学习贯彻习近平总书记致国史学会成立30周年贺信精神，认真学习领会石泰峰同志和院党组部署，中国社会科学院当代中国研究所召开党组会议，传达学习习近平总书记致国史学会成立30周年贺信精神和院党组部署要求，研究了学习贯彻落实举措。所党组成员、副所长李正华（主持工作）主持，副所长宋月红、寇伟参加并谈了学习体会。会议认为，习近平总书记的贺信高瞻远瞩、思想深刻、内涵丰富，充分肯定了国史学会作出的积极贡献，充分体现了习近平总书记对新中国史研究的高度重视，为新时代新征程新中国史研究事业发展和国史学会建设提供了根本遵循。会议指出，要坚定不移用习近平新时代中国特色社会主义思想武装头脑、指导实践、推动工作，切实将其体现到新中国史研究、宣传和教育全领域各环节，贯穿于新中国史学术研究、学科建设、人才培养、教材编写、课堂教学、著作出版、成果转化等全过程各方面。会议强调，要以高度的政治责任感和使命感，把学习贯彻习近平总书记贺信与学习贯彻党的二十大精神结合起来，深刻领会新中国史事业的重要地位和作用，深刻领会新中国史研究工作的责任担当，从政治上、思想上和学理上正确认识和把握新中国史中的重大历史问题、理论问题、实践问题，准确把握新中国史主题主线、主流本质，创新宣传方式，加强教育引导，提升新中国史研究资政育人的作用，加快构建新中国史学科体系、学术体系、话语体系，为坚定历史自信、增强历史主动，更好凝聚团结奋斗的精神力量作出积极贡献。

同日

中国式现代化与社会主义文化强国建设——学习贯彻党的二十大精神学术研讨会以线上形式举办。本次研讨会由中国社会科学院当代中国研究所文化史研究室主办、当代中国文化建设与发展史研究中心承办。会议由当代中国文化建设与发展史研究中心主任欧阳雪梅主持。来自中共中央党史和文献研究院、中央文化和旅游管理干部学院、北京理工大学马克思主义学院、当代中国研究所的近20位学者以及中国社会科学院大学党史和国史专业的部分研究生参加会议。与会学者围绕会议主题发言讨论，主要涉及准确理解党的二十大报告关于文化建设的阐述、充分利用文化资本发展文化产业促进社会主义文化强国建设、邓小平与中国式现代化话语体系的建构、"第二个结合"的时代意义、新时代中国哲学社会科学发展的几个重要特点、十年来"一带一路"文化品牌的拓展与内涵研究、中国式现代化的文化基点等具体论题。研讨过程中，学者们深入学习领会党的二十大报告关于中国式现代化的阐述和建设社会主义文化强国的部署，从不同角度总结新时代十年文化建设成就，探究中国式现代化的文化基因及其话语构建、阐述人类文明新形态对于增强中华文明传播力和影响力所具有的重要价值。

12月9日

首届红色基因传承高端论坛在南昌市举行。本次论坛由中共江西省委宣传部、全国红色基因传承研究中心主办,江西省社会科学界联合会、江西省社会科学院承办。来自全国各地的 100 余名专家学者线上线下与会,开展研讨交流。论坛以"弘扬伟大建党精神 全面推进中华民族伟大复兴"为主题,旨在深入学习宣传贯彻党的二十大精神,持续弘扬以伟大建党精神为源头的中国共产党人精神谱系。论坛共收到论文 439 篇,王伟光、陈晋、冯俊、颜晓峰等知名专家围绕"运用习近平新时代中国特色社会主义思想的世界观和方法论把握中国共产党人精神谱系""建党精神:何以伟大 何以永远""党的自我革命永远在路上"等作了视频主旨发言。

12 月 13 日

纪念闽浙赣革命根据地创建暨闽浙赣省苏维埃政府成立 90 周年座谈会在横峰召开。本次座谈会由全国红色基因传承研究中心、中共江西省委党史研究室、江西省社会科学院、中共上饶市委、上饶市人民政府共同主办,江西省党史综合服务中心、江西省社会科学院历史研究所、中共上饶市委宣传部、中共上饶市委党史党建研究室、中共横峰县委、横峰县人民政府、上饶师范学院方志敏研究中心等联合承办。江西省委领导、省直部门、省内外专家学者代表、上饶市委、市政府、闽浙皖赣四省 14 市及 56 县部分党史部门负责同志、革命先辈后代代表、上饶市直有关部门负责同志、横峰县有关领导、论文作者代表 100 余人参会。与会专家学者围绕"深入传承红色基因,再创第一等工作"主题,就闽浙赣革命根据地在中国革命史上的重要地位,根据地产生的革命精神和重要党史人物的历史贡献,以及现实启示作了主旨发言和交流研讨。

12 月 15 日

中共党史党建学科建设研讨会暨国家社科基金重大项目"中国化马克思主义党的建设理论体系研究"开题论证会召开。此次会议由甘肃省委宣传部、甘肃省委教育工委、兰州大学党委指导,兰州大学社会科学处主办,兰州大学马克思主义学院承办。来自北京大学、复旦大学、中国人民大学等高校的专家学者,以及全国马克思主义理论专业、中共党史党建专业的学生代表等参加会议。在主旨报告阶段,参会专家围绕"中共党史党建学科的发展""中共党史党建学科的发展建设史以及学科建设方向""中共党史研究的三种范式""中共党史党建的学科定位、学科交融与学科视野"等问题展开深入解读。

12 月 16 日

2022 年第 24 期《求是》杂志发表中共中央总书记、国家主席、中央军委主席习近平的重要文章《继承和发扬党的优良革命传统和作风，弘扬延安精神》。文章强调，党的七大在党的历史上具有重要里程碑意义，标志着我们党在政治上思想上组织上走向了成熟，为党后来不断从胜利走向胜利指明了正确方向、开辟了正确道路。延安革命旧址见证了我们党在延安时期领导中国革命、探索马克思主义中国化时代化的光辉历程，是一本永远读不完的书。要结合现实讲好杨家岭的故事、讲好党的七大的故事。文章指出，延安是中国革命的圣地、新中国的摇篮。从1935年到1948年，党中央和毛泽东等老一辈革命家在延安生活和战斗了13年，领导中国革命事业从低潮走向高潮、实现历史性转折，扭转了中国前途命运。这次和中央政治局常委同志一起来，就是要宣示新一届中央领导集体将继承和发扬延安时期党形成的优良革命传统和作风，弘扬延安精神。文章强调，党的二十大制定了当前和今后一个时期党和国家的大政方针，描绘了以中国式现代化全面推进中华民族伟大复兴的宏伟蓝图。让我们踏上新征程，向着新的奋斗目标，出发！

同日

"弘扬伟大建党精神，青年正出发——弘扬伟大建党精神青年论坛"在中共一大纪念馆举行。本次论坛由中共上海市委宣传部、中共上海市委党史研究室、中共上海市委党校指导，上海市中国共产党伟大建党精神研究中心、上海市社会科学界联合会、中共一大纪念馆主办。来自中共北京市委党史研究室、中国共产党早期北京革命活动纪念馆（北大红楼）、湖南党史陈列馆、瑞金中央革命根据地纪念馆、孔繁森同志纪念馆、乌鲁木齐市博物馆、天津师范大学、中共上海市委党史研究室、中共上海市委党校、上海社会科学院历史研究所、上海市档案馆、复旦大学、华东师范大学、上海大学、上海师范大学、中共一大纪念馆、中共二大会址纪念馆、中共四大纪念馆、团中央机关旧址纪念馆等单位学者以线上线下相结合的方式，进行发言交流。会上，与会领导为中共一大纪念馆出版的新书《初心照耀——中共一大纪念馆建馆70周年图录》揭幕。

12月17日

"中国共产党与中国之治"第二届高端论坛"党的二十大与21世纪马克思主义理论创新"学术研讨会举行。本次研讨会由中央党史和文献研究院"社会主义发展史与新时代中国特色社会主义研究基地"和四川大学中共党史党建研究院共同主办，《马克思主义与现实》编辑部和四川大学马克思主义学院承办，《四川大学学报（哲社版）》编辑部协办。来自北京大学、中国人民大学、南开大学、复旦大学、中共四川省委党校等单位的200余位专家学者与会。主旨发言和论坛讨论中，与会专家围绕"党的二十大与党建理论创新""党的二十大与中国式现代化""党的二十大与马克思主义中国化时代化""21 世纪马克思主义的新视野"等议题展开了深入研讨。

12 月 18 日

新时代新征程中国共产党的使命任务——学习党的二十大精神学术研讨会以线上形式召开。本次研讨会由大连理工大学马克思主义学院联合辽宁省社会科学学术活动基地"马克思主义理论与中国道路"学术活动基地，辽宁省新型重点智库、辽宁省高校新型智库"高校网络意识形态安全建设与评价研究中心"共同举办。来自中国社会科学院、中共中央党史和文献研究院、北京大学、清华大学、北京师范大学、南开大学、山东大学、吉林大学、东北师范大学等多所知名高校的专家学者以及全国各高校的共 1000 余名师生参加研讨会。会议紧紧围绕"新时代新征程中国共产党的使命任务"这一主题，深入贯彻落实党的二十大精神、深刻领会习近平新时代中国特色社会主义思想、深化马克思主义理论研究的同时，力求进一步提升广大师生对党的二十大精神的理论学习水平和科研创造能力，对于学界深入学习研究阐释党的二十大精神具有重要引领作用。

12 月 20 日

以"讲好中国共产党奋进新征程的故事"为主题的中国共产党国际形象传播创新论坛（2022）在北京和线上会场举办。本次论坛由中国外文局、中国浦东干部学院主办，中国对外书刊出版发行中心（国际传播发展中心）、中共中央对外联络部信息传播局、中共中央党校（国家行政学院）国际合作部、中国浦东干部学院领导与传播研究中心承办。来自相关智库、研究机构及高校知名专家学者、主流媒体记者等百余人线上参会。本次论坛设有四个平行专题分论坛，近 70 位来自相关高校、智库、研究单位和媒体的嘉宾，就"中国共产党国际形象的多维度构建"、"对外话语创新与中国共产党国际形象传播"、"中国共产党国际形象传播中的影像表达"、"Z 世代与中国共产党国际形象传播"等议题进行了深入交流。

12 月 22 日

学习贯彻党的二十大精神暨《新时代"三农"发展的全面转型》出版座谈会在线上召开。本次会议由中国社会科学院当代中国研究所经济史研究室、中国人民大学中国经济史研究中心、中国合作经济学会联合主办。原农业部总农艺师、中国合作经济学会会长孙中华，原国务院扶贫开发领导小组办公室副主任、中国乡村发展基金会理事长郑文凯出席会议并讲话。中国人民大学原副校长贺耀敏教授、当代中国研究所原副所长武力研究员主持会议。国务院发展研究中心、中国社会科学院、中国农村杂志社、农民日报社、中国人民大学、中国农业大学、辽宁大学、东方出版社、《产业与科技》编辑部等单位的20余位专家学者参加会议。《新时代"三农"发展的全面转型》作者、当代中国研究所经济史研究室主任郑有贵介绍了该书写作情况。来自国家发改委习近平经济思想研究中心、辽宁大学、当代中国研究所、中国社会科学院大学的青年研究学者踊跃发言，认为《新时代"三农"发展的全面转型》弥补了新时代"三农"问题研究的空白。

同日

新时代新征程大力弘扬红旗渠精神研讨会在河南郑州召开。本次研讨会由中共河南省委宣传部、河南省社会科学院、中共安阳市委主办，红旗渠干部学院、中共林州市委承办。会议以线上和线下相结合的方式举行。来自中共中央党校、中国社会科学院、陕西省社会科学院、河南省社科联、河南省委党校、河南省社会科学院、红旗渠干部学院等单位的11位专家学者进行了主题发言。与会专家一致表示，此次研讨会是学习贯彻习近平总书记视察陕西延安和河南安阳重要讲话精神的实际行动，是传承弘扬红旗渠精神的重要平台，具有重要的理论和现实意义。要深刻把握红旗渠精神的丰富内涵，一步一步把党的二十大描绘的宏伟蓝图变为现实。要深入发掘红旗渠精神的时代价值，结合传承弘扬中华优秀传统文化深化研究阐释，结合学习贯彻党的二十大精神深化研究阐释，推出一批有价值、有影响、有深度的成果。要持续强化红旗渠精神教化育人作用，广泛开展红旗渠精神主题宣传活动，努力把红旗渠精神讲清楚、讲明白、讲透彻、讲鲜活。要贯穿融入现代化河南建设伟大实践，不断从红旗渠精神中汲取坚定历史自信、把握历史定力的强大精神力量，积极围绕科技创新、产业升级、民生保障等方面建言献策，为锚定"两个确保"、实施"十大战略"贡献智慧和力量。

12月29日

中国共产党统一战线百年历史与经验学术会议在中央社会主义学院以现场会议和视频会议相结合的方式举行。本次会议由中国经济社会理事会主办、中央社会主义学院承办。中央社会主义学院党组书记、第一副院长、中国经济社会理事会副主席吉林，全国政协委员、教科卫体委员会副主任、中国经济社会理事会副主席常荣军分别在开幕式上致辞。全国工商联原党组副书记、副主席、中国经济社会理事会常务理事樊友山，中央统战部原副秘书长张献生等17位发言嘉宾围绕会议主题从不同角度进行了深入探讨交流。来自全国政协、民主党派中央、全国工商联、地方社科院、有关高校等单位的专家学者,中央社会主义学院教职工等近100人在线上参加会议,与会专家学者就"中国共产党百年统一战线工作的思想探析""大变局中百年统一战线的发展"等议题作了发言。

(供稿:吴文红)

附 录

一、研究机构和学会

当代中国研究所

一、基本情况

1990年6月,中共中央批准成立当代中国研究所。当代中国研究所的主要任务是研究、编纂和出版新中国史,搜集和编辑有关新中国史资料,参与新中国史宣传教育,联系与协调各地区、各部门的新中国史研究工作。当代中国研究所成立之初,由中央党史领导小组负责政治上指导,行政上由中国社会科学院代管。

1993年春,原中央顾问委员会秘书长李力安同志担任当代中国研究所所长。2001年1月,朱佳木同志被任命为中国社会科学院党组成员、副院长兼当代中国研究所所长。2003年10月,中央明确由刘云山同志代表中央书记处负责联系当代中国研究所。2011年5月12日,当代中国研究所变更隶属关系,成为中国社会科学院直接管理的研究所。2012年4月,李捷同志被任命为中国社会科学院党组成员、副院长,当代中国研究所所长。2014年5月,荆惠民同志被任命为中国社会科学院党组成员、当代中国研究所所长。2018年12月,姜辉同志被任命为中国社会科学院党组成员、当代中国研究所所长;2021年7月,姜辉同志被任命为中国社会科学院副院长。

联系地址:北京市地安门西大街旌勇里8号,网址:http://www.iccs.cn.

二、2022年主要工作

(一)坚持以习近平新时代中国特色社会主义思想为指导,牢牢把握正确政治方向和学术导向

所党组把学习习近平新时代中国特色社会主义思想作为首要政治任务,自觉增强"四个意识"、坚定"四个自信"、做到"两个维护"。组织了6次集体学习,重点学习习近平总书记在党的十九届六中全会所作《中共中央关于党的百年奋斗重大成就和历史经验的决议》的说明、在党的二十大所作报告、在省部级主要领导干部专题研讨班上的重要讲话精神和致国史学会成立30周年贺信精神,读原著、学原文、悟原理,引导和带动全所职工把思想统一到习近平总书记重要指示精神和党中央决策部署上来,增强守初心、担使命的思想自觉和行动自觉。所党组成员以习近平新时代中国特色社会主义思想研究中心名义在"三报一刊"发表文章8篇。

所党组第一时间传达学习习近平总书记贺信精神，研究制定贯彻落实方案，指出要以高度的政治责任感和使命感，把学习贯彻习近平总书记贺信与学习贯彻党的二十大精神结合起来，深刻领会新中国史事业的重要地位和作用，深刻领会新中国史研究工作的责任担当。组织梳理汇总中央领导、院领导讲话的具体要求，编印习近平总书记贺信和李书磊、高翔、朱佳木、李正华等同志在国史学会成立30周年大会上的讲话。所党组学习贯彻贺信精神阶段性情况，形成《关于学习贯彻习近平总书记贺信的报告》上报院党组，获院党组高度肯定，高翔院长批示"要加大对党史、国史研究的支持、督导力度"。副所长李正华、宋月红围绕学习贯彻贺信精神在《光明日报》、中国社会科学网发表题为《守正创新踔厉奋发推动新中国史研究再上新台阶》《新中国史研究要为时代凝心聚力铸魂》等理论文章。

（二）坚决贯彻落实党中央和院党组决策部署，服务党和国家工作大局

1. 成功举办庆祝国史学会成立30周年大会。在中宣部指导和院党组领导下，举办推动新中国史研究事业繁荣发展暨庆祝中华人民共和国国史学会成立30周年大会。新华社播发通稿《习近平致信祝贺国史学会成立30周年强调坚定历史自信增强历史主动更好凝聚团结奋斗的精神力量》，央视新闻联播作了详细报道。

2. 高质量完成党的二十大预研任务。深入宣传研究阐释习近平新时代中国特色社会主义思想，扎实推进马克思主义中国化最新理论成果研究，深刻总结十年来党和国家事业取得的历史性成就、发生的历史性变革和积累的新鲜经验，编写出版十卷本《新时代这十年》丛书，并召开出版座谈会暨首发式，受到与会专家好评。该丛书入选中国社会科学院创新工程2022年度专著类重大科研成果。

3. 完成新时代中国学建设研究创新基地筹建工作。为深入贯彻习近平总书记"5·17"重要讲话精神，按照我院"三个定位"的总体要求和"三大体系"建设的基本任务，推动新时代中国学学科体系、学术体系、话语体系建设，撰写《中国学手册·新时代中国卷》，作为唯一一部工具书入选中国社会科学院创新工程2022年度重大科研成果。

4. 强化意识形态引领。旗帜鲜明讲政治，加强新中国史宣传思想战线党的领导和党的建设，推进意识形态工作常态化制度化，压紧压实意识形态工作责任制。推进"国史研究中的历史虚无主义问题及对策建议"课题研究，发表《党的第三个历史决议的正确党史观和理论品质》等理论文章60余篇。《当代中国史研究》、国史网刊发"马克思主义"理论文章547篇、"批判错误思潮"文章116篇，有力发挥了当代中国研究所意识形态阵地的作用。

5. 完成中央有关部门交办审读任务。完成《复兴文库》第四编第九卷《社会主义精神文明和文化建设》6册、第八卷《社会主义民主政治建设》8册审读任务。

（三）融合基础理论研究和应用对策研究，助力推进新中国史研究高质量发展

1. 稳步推进《中华人民共和国史》多卷本编写工作。学习贯彻党的十九届六中全会精神和党的二十大精神，扎实推进相关卷目研究和撰写，增加《中华人民共和国史》总论卷，整合形成《新时代十年的伟大变革》（2012—2022年）卷。

2. 有序开展《（新编）中国通史》（中华人民共和国卷）。扎实推进书稿撰写，完成30万字，在充分吸收专家审读意见的基础上有序推进修改和完善。

3. 高效推进《中华人民共和国史编年》项目。完成2010年卷送审稿编撰工作，约100万字；完善和修订1981年卷初稿，约100万字；1977年、1978年卷在出版程序中；有序推进1979年卷和1980年卷的统稿定稿工作。

4. 扎实推进《中华思想通史》编写工作。完成第15卷资料整理，出版约600万字的资料长编电子版。基本完成第16卷的初稿撰写和资料长编的修订。

5. 积极推进《当代中国》丛书续编工作。按照院"十四五"发展规划安排，积极续编《当代中国》丛书，与中国科普研究所共同推进《当代中国的科普》编写工作。

6. 圆满完成《中国经济这十年（2012—2022）》《中华文明史简明读本》《中国民主实践的光辉成就和伟大历程》书稿撰写工作。《中国经济这十年（2012—2022）》一书列入习近平总书记书架，并入选中宣部2022年重点主题出版物。完成《中华文明史简明读本》第十三、十四、十五章和结语撰写，合计10万字。完成30万字《中国民主实践的光辉成就和伟大历程》书稿撰写。

7. 国史研究取得丰硕成果。出版专著22部、译著9部、论文集1部、教材3部；发表学术论文119篇、"三报一刊"理论文章17篇、一般文章35篇。报送信息稿件104篇，刊发62篇。

（四）组织好科教管理和学术交流活动，推动新中国史"三大体系"建设

1. 全力保障课题申报和立项工作。组织申报课题10大类46项，立项16项，结项7项。其中，国家社科基金重大项目、一般项目、后期资助各1项。中国社会科学院国情调研重大项目、马工程重大招标项目、习近平新时代中国特色社会主义思想研究中心重点项目各1项。

2. 成立当代中国研究所上海大学研究基地。2023年1月17日，与上海大学签约共建当代中国研究所上海大学研究基地，确定基地主任、执行主任、基地秘书处负责人、联络员人选，建立日常联络机制。

3. 完成《当代中国史研究年鉴》年度项目。2022年卷撰写成稿约120万字。

4. 完成《中国大百科全书（第三版）》国史词条撰写，编撰完成1197条，约106万字。

5. 加大国史资料搜集和整理力度。开展国史数据库的平台整改和数据梳理检查，进一步提高数据质量，完善检索功能，稳步推进新中国史资料库、国史研究数据库建设。继续对

海外资料进行收集、整理、开发利用。

6. 做好国史系教学教育工作。向中国社会科学院大学推荐1名博士生指导教师。国史系招收硕士研究生6人，博士研究生9人，6名硕士研究生和4名博士研究生顺利毕业并取得学位。

7. 抓好《当代中国史研究》期刊建设。开设"迎接党的二十大"专栏，刊登《具有里程碑意义的新时代十年》《新时代中国经济发展的历史性成就与规律性认识》等学习贯彻党的二十大精神笔谈文章，围绕深刻领会党的第三个历史决议精神刊发《党的第三个历史决议的正确党史观和理论品质》等理论文章。《奋斗与辉煌：从站起来、富起来到强起来》一文入选中宣部主办的"第六届期刊主题宣传好文章"。17篇文章被《新华文摘》《中国社会科学文摘》等转载。

8. 围绕重大主题举办学术会议。以"中国式现代化道路与新时代国史研究"为主题，举办第二十二届国史学术年会。围绕学习和贯彻党的十九届六中全会精神，举办主题为"党的第三个历史决议与当代中国政治发展"的第三届中国当代政治史研究述评会。围绕学习贯彻党的二十大精神举办"中国式现代化与社会主义文化强国建设"学术研讨会。以"新时代十年国史理论的创新与发展"为主题，举办第八届马克思主义当代中国史理论论坛。

（五）坚持依法依规管所治所，强化管理和服务保障能力

1. 加强党组班子建设，发挥领导核心作用。贯彻落实党组领导下的所长负责制，党组成员坚持民主集中制，自觉维护班子团结，互相通气、互相配合、互相支持，扎实推进工作落实。荣获中国社会科学院2021年度"优秀所局领导班子"。

2. 认真做好办文、办会、办事。精心做好石泰峰同志来所调研的讲话材料、情况汇报、调研视察活动。协调落实并复函院办公厅督查督办任务。修订规章制度。按照院史研究室关于《中国社会科学院大事记》内部征求意见的要求，补充完善371条、3万余字。

3. 做好干部队伍建设。做好人才引进工作，调整人才队伍结构。引进专业技术人员、管理人员各1名。加强青年人才培养，举办第一届新中国史研究青年论坛。

4. 做好财务保障工作。彻底解决历史遗留问题。认真落实"放管服"政策，研究制定科研人员课题经费报销规定。按财政部统一部署，完成财政预算管理一体化工作。

5. 精心做好老干部保障工作。

6. 筑牢安全防线。时刻牢记"安全保密责任大于天"，统筹抓好国家安全、保密安全、档案安全、消防安全、交通安全、生产安全和疫情防控安全。持续实时跟踪互联网安全态势，进行重大安全预警。

7. 完成基础设施改造升级。

8. 优化后勤服务保障。

9. 落实疫情防控责任。

（六）全力抓好党的建设和精神文明建设，积极营造良好所风

1. 认真履行"一岗双责"，推进党建工作标准化规范化。研究室第三支部获评中央和国家机关"四强"党支部。

2. 认真开展"学查改"工作。对标对表"六对照六看六查"，逐条分析原因，在广泛听取意见的基础上制定整改方案，整改到人到事，确保件件有落实，事事有回音。

3. 加强和改进党群工作。所党组认真贯彻落实《中国共产党统一战线工作条例》，注重做好与民主党派干部和党外人士的沟通交流，关心和支持参政议政、建言献策工作，得到全国政协委员好评。支持工会、团委和妇工委开展具有特色和符合自身特点的活动，充分发挥党群组织密切联系群众的桥梁纽带作用。工会圆满举办第四届职工趣味运动会，推广"全民健身"理念。

4. 贯彻落实中央"八项规定"精神，持续整治"四风"。及时传达纪律教育、警示教育有关情况，节假日前均召开综合治理会，对廉洁、安全等提出要求。努力加强监督执纪问责工作，着力推进党风廉政建设和反腐败工作。

三、下设机构

当代中国研究所下设办公室、科研办公室和政治史研究室、经济史研究室、文化史研究室、社会史研究室、外交史与港澳台史研究室、理论研究室。主办《当代中国史研究》（双月刊）（网址：http://ddzgs.ajcass.org）、中华人民共和国国史网（网址：www.hprc.org.cn）、中华人民共和国国史学会（网址：www.hprc.org.cn/gsyj/yjjg/zggsyjxh/）；主管当代中国出版社（网址：www.ddzg.net）；在中国社会科学院大学设有中华人民共和国国史系和中共党史系。所内设有学术委员会和高级专业技术资格评审委员会，以及政治与行政制度史研究中心、文化建设与发展史研究中心、"一国两制"史研究中心、新中国历史经验研究中心、中国社会科学院属"陈云与当代中国"研究中心等5个非实体研究中心。

《当代中国史研究》杂志

2022年，该刊重点开展了对党的二十大的学习研究宣传阐释，第4期、第5期均开设了"迎接党的二十大"专栏，共刊发了7篇文章，从意识形态、政治、经济、社会、外交、军队建设等方面系统总结了党的十八大以来各个领域发生的历史性变革、取得的历史性成就。第6期开设了"学习贯彻党的二十大精神笔谈"专栏，约请4位专家学者对党的二十大提出的新思想新论断、作出的新部署新要求进行了深入阐述。

为了深刻领会党的第三个历史决议精神、更好地推进新中国史研究，第1期开设了"学

习贯彻党的十九届六中全会精神笔谈"专栏，第 4 期组织策划了"第三个历史决议与新中国史研究笔谈"专栏，丰富和拓展了新中国史研究的内容，推进了国史学科"三大体系"建设。

该刊注意批驳历史虚无主义错误思潮，刊发了《新时代十年意识形态建设的成就和经验》《海外学者对中国小康社会的认知与评价》《2012—2022 年海外学者关于中国共产党研究的现状评析》《从制造大国到创新大国——海外学者对新中国科技事业发展史的认知与评析》等文章，以扎实严谨的学术研究，引导读者对党的历史发展和国家建设与发展的正确认知及高度认同，牢牢掌握意识形态工作的主导权和话语权，同时批驳了一些偏见和误解，塑造了正面、积极的中国形象。

党的二十大报告明确提出以中国式现代化全面推进中华民族伟大复兴的中心任务，该刊第 2 期、第 5 期分别刊发了《中国式现代化的历史逻辑探析》《中国式现代化道路的时代价值与世界历史意义》等文章，刊出后得到了专家学者、读者的好评，产生了广泛的学术影响。

2022 年，与相关单位联合举办了"当代中国民生建设的历史与经验"和"党的第三个历史决议与当代中国政治发展学术研讨会暨第三届中国当代政治史研究述评会"两次学术会议。此外，编辑部还举办了述评写作座谈会、期刊评价座谈会，助力青年学者尽快成长，推动刊物高质量发展。

该刊 2021 年第 6 期刊发的《奋斗与辉煌：从站起来、富起来到强起来》一文被中宣部出版局评为"第六届期刊主题宣传好文章"。2022 年第 2 期刊发的《"外汇券"与中国的外汇管理工作》一文被评为"2022 年全国马克思主义理论学科研究生优秀论文奖"二等奖。2022 年共有 17 篇（次）文章被《新华文摘》《中国社会科学文摘》《人大复印报刊资料》《高校社会科学文摘》《社会科学文摘》等转载。该刊被国家哲学社会科学文献中心评为"2016—2021 年最受欢迎期刊"和"2021 年度最受欢迎期刊"。

当代中国出版社

一、基本情况

当代中国出版社隶属于中国社会科学院当代中国研究所，是全国唯一新中国史专业出版机构，成立于 1991 年，主要出版中华人民共和国史研究系列成果，以及反映当代中国政治、经济、法治、文化、社会和生态文明建设等领域成就的图书和音像电子读物。

自成立以来，当代中国出版社出版了《当代中国》丛书、《中华人民共和国史稿》、《新中国 70 年》、《中华人民共和国史编年》、《中华人民共和国简史》、"中华人民共和国史研究丛书"、"当代中国历史经验研究丛书"、"新时代这十年"丛书等一批中宣部主题出版重点图书、"十四五"规划重点图书、国家出版基金项目。这些图书从多个方面反映了新中国的发展历程和面貌，是国内外读者和当代中国史研究者不可或缺的重要史料，为党员、干部、群众学习党史、国史提供了权威读本，同时也树立了当代中国出版社"权威国史出版机构"的优质品牌。

2021年10月，当代中国出版社调整领导班子，提出"政治建社、团结立社、依法治社、人才强社、效益兴社"工作方针，制定《当代中国出版社发展规划（2021—2025年）》，确立"快速壮大发展"新目标，全力打造全国最顶尖、最系统、最具影响力的国史专业出版阵地。

二、2022年主要工作

1. 2022年国史研究系列图书出版情况

2022年，当代中国出版社坚持积极传播国史文化和当代中国发展成就，推出一批奠基性、思想性、传承性、可读性俱佳的优秀出版物。主要如下。

中宣部2022年主题出版重点出版物"新时代这十年"系列研究丛书：为深入研究总结新时代十年党和国家事业取得的历史性成就、发生的历史性变革和积累的新鲜经验，当代中国研究所以开创中国特色社会主义新时代和新时代的党的建设、经济建设、全面深化改革开放、政治建设、全面依法治国、文化建设、社会建设、生态文明建设和中国外交为题，组织编写了《新时代这十年》丛书，为国家写史，为人民立传，为时代明德。丛书设《开创中国特色社会主义新时代》《新时代的党的建设》《新时代的经济建设》《新时代的全面深化改革开放》《新时代的政治建设》《新时代的全面依法治国》《新时代的文化建设》《新时代的社会建设》《新时代的生态文明建设》《新时代的中国外交》十卷，以习近平新时代中国特色社会主义思想为指导，全面展现了党的十八大以来党领导人民开创、坚持和发展中国特色社会主义的伟大实践及重大成果，记述了新时代十年间中国在政治、经济、社会、外交等领域，以及在全面依法治国、生态文明建设等各方面取得的历史性成就、发生的历史性变革，系统阐述了习近平新时代中国特色社会主义思想的成功实践。

国家"十四五"项目"世界马克思主义与左翼研究论丛"：丛书从马克思主义基本理论、现实社会主义国家发展、发达国家与发展中国家的马克思主义和社会主义、国外左翼政党和社会运动、世界马克思主义流派和思潮等方面展开研究，旨在从整体上把握世界马克思主义发展趋势，关注世界马克思主义研究的重大理论和现实问题，加强对当代世界前所未有之大变局的研究，加强对当代世界社会主义新情况、新特点的研究，加强对当代资本主义新变化、新趋势的深入研究，加强对当代中国马克思主义、21世纪马克思主义的研究，为在新时代发展马克思主义作出原创性贡献。2022年度，该丛书共出版7种分册，分别为《新唯物主义：阿尔都塞、巴迪欧、齐泽克》《为列宁而辩：最新研究与争论》《西方马克思主义重构：诞生、死亡与重生》《批判与建构：南茜·弗雷泽反常规正义理论研究》《全球化时代的新帝国主义批判》《帝国与空间：大卫·哈维"新帝国主义"批判思想研究》《汉斯·莫德罗回忆录》。

国家出版基金项目《中华人民共和国史编年》（2011年卷）：《中华人民共和国史编年》是以编年体形式全面反映中华人民共和国各个领域重大史事的资料书，旨在为研究中华人民共和国史提供翔实可靠的史料。《中华人民共和国史编年》（2011年卷），起止时间为2011年1月1日至12月31日。全面反映了2011年中华人民共和国在政治、经济、文化、科技、教育、卫生、体育、社会、民族、宗教、国防、外交等各个领域的历史面貌，涉及重大历史事件、重要变化以及国际社会对中国的反应等重要内容。本卷充分体现出权威性、创新性、科学性等熔于一炉的特色，同时又具有丰富的资料性和较强的实用性，可以作为2011年度当代中国史研究不可或缺的工具书。

国家社科基金特别委托项目《世界社会主义跟踪研究报告（2021—2022）》：由李慎明和姜辉主编，选取了2021年至2022年世界社会主义研究中心有权威性、前沿性和代表性的研究成果结集而成，围绕"全面学习、深刻领会习近平新时代中国特色社会主义思想""完整、准确评价中国共产党百年历史，树立正确党史观""国外共产党、左翼发展新态势"等方面，推出了一批具有权威性、前沿性、代表性的研究成果，推进了世界社会主义理论的探索和实践。

中国社会科学院马克思主义理论学科建设与理论研究工程资助项目"居安思危·世界社会主义小丛书"：丛书以马克思主义思想为指导，是一套介绍世界社会主义，包括中国特色社会主义和习近平新时代中国特色社会主义思想的理论与实践、历史与现实等前沿问题的研究性普及读物。丛书选题视野开阔，主题鲜明。2022年度，出版4种分册，即《列宁对伯恩施坦主义批判的政治学思考》《美国帝国主义是资本主义的没落阶段》《共产党人的信仰坚守和顽强斗争》《从五条脉络看百年党史》。

《中华人民共和国史研究文库》：为进一步落实中央赋予当代中国研究所"存史、资政、育人、护国"的神圣职责，特设立《中华人民共和国史研究文库》，为当代中国研究所以及国内外从事新中国史研究的专家学者提供一个发表学术成果的平台。《文库》以为国家写史、为人民立传为宗旨，以毛泽东思想、邓小平理论、"三个代表"重要思想、科学发展观和习近平新时代中国特色社会主义思想为指导，坚持辩证唯物主义和历史唯物主义的立场、观点、方法，坚持实事求是、论从史出的原则，书写和记录中国共产党领导中国人民进行的理论创新和伟大实践，总结历史经验。2022年度，出版了《新中国史研究拾萃》《新中国外交战略与实践研究》。

此外，还编辑出版了《控辩平等论（第三版）》《当代中国民法典编纂研究》《当代西方社会思潮批判与大学生价值观建设》《华侨华人与中华民族伟大复兴》等学术精品著作。

2. 2022 年其他重要立项及获奖

《中华人民共和国史编年》(2011、2018、2019 年) 入选 2022 年度国家出版基金项目；

《中华人民共和国简史》列入国家出版基金 2022 年专项主题出版项目；

"新时代这十年"丛书入选中国社会科学院创新工程 2022 年度重大科研成果；

《新中国 70 年》《改革开放 40 年：历程与经验》入选 2022 年度国家社科基金中华学术外译项目推荐书目。

中华人民共和国国史系

中华人民共和国国史系（简称国史系）以中国社会科学院当代中国研究所为依托，成立于 2001 年。2022 年，在中国社会科学院大学深化大学科教融合改革中，划入历史学院，成为历史学院下设教学系。

国史系一直以培养中华人民共和国史领域一流的研究型和管理型人才为核心任务。目前，设有中国当代史专业的博士学位授予点和硕士学位授予点，博士生导师 8 人，硕士生导师 17 人。

国史系设有中国当代政治史、经济史、文化史、社会史、外交史、史学理论等研究方向；开设中国当代史研究、中国特色社会主义理论发展史、中国当代史史料学等专业理论必修课，文献查阅和理论宣传的认识与实践必修课，中国当代政治史、经济史、文化史、社会史、外交史和当代史史学概论等专业选修课。

现任系主任为当代中国研究所副所长、当代中国出版社社长、《当代中国史研究》主编李正华研究员。

中共党史系

中共党史系以中国社会科学院当代中国研究所为依托，旨在培养中共党史党建领域一流的研究型和管理型人才。2022 年，中国社会科学院大学深化大学科教融合改革，将中华人民共和国国史系中共党史学位授予点单独划入政府管理学院，成为政府管理学院下设教学系。目前，设有中共党史专业的博士学位授予点和硕士学位授予点，博士生导师 4 人，硕士生导师 10 人。

中共党史系设有中国共产党政治建设方略、中国共产党经济建设方略、中国共产党文化建设方略、中国共产党社会建设方略、中国共产党外交建设方略和中国共产党执政方略等研究方向；开设中共党史专题研究、中国特色社会主义理论发展史、中共党史史料学等专业理论必修课，文献查阅和理论宣传的认识与实践必修课，中国共产党政治建设方略、中国共产党经济建设方略、中国共产党文化建设方略、中国共产党社会建设方略、中国共产党外交建设方略和中共党史学概论等专业选修课。

现任系主任为当代中国研究所副所长、当代中国出版社社长、《当代中国史研究》主编李正华研究员。

非实体研究中心

当代中国政治与行政制度史研究中心成立于2010年，行政上隶属当代中国研究所。中心主任为当代中国研究所副所长李正华研究员，副主任兼秘书长为政治史研究室主任张金才研究员。中心日常工作依托当代所政治史研究室组织和开展，现有成员11人。中心以习近平新时代中国特色社会主义思想为指导，以组织协调所内外研究力量推进当代中国政治与行政制度史研究，开展相关学术交流与合作为宗旨。中心2022年参与举办了"党的第三个历史决议与当代中国政治发展"学术研讨会暨第三届中国当代政治史研究述评会。

2022年，当代中国文化建设与发展史研究中心，对中心副主任人选进行了调整，中心副主任现由刘仓研究员担任。中心全体成员认真学习党的十九届六中全会通过的《中共中央关于党的百年奋斗重大成就和历史经验的决议》和党的二十大报告及习近平总书记致国史学会成立30周年贺信精神，以此为指导积极宣传阐释党的创新理论，在《人民日报》发表《用根本制度保障文化建设》，接受《解放军报》访谈《让中华民族精神的大厦巍然耸立》；接受《中国社会科学报》采访《在回应时代中奋力走好新赶考路》。2022年12月9日，以中心名义举办"中国式现代化与社会主义文化强国建设——学习贯彻党的二十大精神"学术研讨会，来自中共中央党史和文献研究院、中央文化和旅游管理干部学院、北京理工大学马克思主义研究院、中国社会科学院大学、当代中国研究所经济史研究室、理论研究室的27名专家学者与会，取得良好社会效果，以《中国式现代化与社会主义文化强国建设——学习贯彻党的二十大精神学术研讨会综述》为题的学术动态发布在当代中国研究所官网（2022年12月10日）、国史网（http：//hprc.cssn.cn/gsyj/yjdt/tbtj/202212/t20221211_5570005.html）转载。中心负责人欧阳雪梅于8月16日在长治学院参加第八届马克思主义当代中国史理论论坛；于8月25日在山东省社会科学界联合会主办、济宁学院承办的山东社科论坛中华优秀传统文化"两创"的理论探索与山东实践研讨会作主旨报告；11月2日，应中国企业文化促进会邀请，以"铸就社会主义文化新辉煌进程中企业文化的使命"为题，作学习党的二十大精神专题辅导报告。中心完成中宣部宣传教育局交办的"中国共产党精神谱系"之"遵义会议精神""照金精神""张思德精神"基本内涵表述方案意见的论证稿审读，提交审读意见；完成《复兴文库》第四编第九卷《社会主义精神文明和文化建设》6

册、第八卷《社会主义民主政治建设》8 册审读任务，提交审读意见；完成空军政治部交办的"空军博物馆建设方案"修改稿审稿任务。完成文化和旅游部委托的起草第十三届艺术节主题性美术创作选题方案，并参与摄影、书法作品的甄选工作。参加中国社会科学院国际合作局的《中国式现代化道路》白皮书写作工作。以中心名义公开发表学术论文 3 篇：《习近平总书记关于赓续红色血脉的重要论述探析》（1.1 万字），《中国井冈山干部学院学报》2022 年第 2 期；《社会主义革命和建设时期党的人才工作思想及实践》（1.3 万字），《中国井冈山干部学院学报》2022 年第 3 期；《"863"计划与实施》（0.5 万字），《中国人才》2022 年第 11 期。以中心成员为主体，完成所重大项目《新时代这十年》丛书之《新时代的文化建设》（26 万字）写作任务，当代中国出版社 2022 年 8 月出版，入选中国社会科学院创新工程 2022 年度重大科研成果。中心负责人欧阳雪梅、刘仓合著的《中国特色社会主义文化制度建设》（41.8 万字）一书，入选 2022 年度国家出版基金资助项目、"十四五"时期国家重点出版物出版专项规划项目，河北人民出版社 2022 年 5 月版。

"一国两制"史研究中心是当代中国研究所所级研究中心，目前中心成员 12 人，中心主任为张星星研究员、副主任为王巧荣研究员，秘书长为孙翠萍副研究员。中心以马克思列宁主义、毛泽东思想、邓小平理论、"三个代表"重要思想、科学发展观和习近平新时代中国特色社会主义思想为指导，组织协调所内外力量推进"一国两制"史研究、开展相关学术交流与合作。2022 年中心主要工作情况为：在科研成绩方面，2022 年度以中心名义发表学术理论文章 3 篇，分别为罗燕明：《新中国成立后的港澳工作》，《上海市社会主义学院学报》2022 年第 2 期；罗燕明：《中国共产党与香港澳门（1921—1950）》，《上海市社会主义学院学报》2022 年第 4 期；孙翠萍：《实现中华民族伟大复兴的历史性选择》，《团结报》2022 年 11 月 29 日。在中心年度工作推进方面，一是推进台港澳思想史研究，该项目为院重大课题中华思想通史社会主义社会（初级阶段）编的子课题。写作组在完成台港澳思想史研究初稿基础上完成了初稿修改工作。二是推进"一国两制"史研究工作，以当代中国研究所"一国两制"史研究中心名义承担中国社会科学院马工程智库建设课题：祖国统一理论与实践研究（2021—2024）课题。在以中心名义开展学术交流方面，2022 年度以中心名义举办学术座谈会两次，分别为：7 月 12 日，以当代中国研究所"一国两制"史研究中心名义在北京召开学习习近平在庆祝香港回归祖国 25 周年大会上的讲话精神学术座谈会；12 月 28 日，以当代中国研究所"一国两制"史研究中心名义在北京召开学习党的二十大精神："一国两制"专题学术座谈会。

新中国历史经验研究中心，当代中国研究所副所长宋月红研究员担任中心理事长，当代中国研究所理论研究室副主任王爱云研究员担任秘书长，当代中国研究所经济史研究室王瑞芳研究员、当代中国研究所社会史研究室姚力研究员担任副主任。中心坚持以马克思列宁主义、毛泽东思想、邓小平理论、"三个代表"重要思想、科学发展观、习近平新时代中国特色社会主义思想为指导，贯彻落实习近平系列重要讲话和党中央精神，加强国史研究对新中国历史经验及其相关课题的研究，科学总结中国共产党领导中国特色社会主义现代化建设事业的历史经验，为探索共产党执政规律和社会主义建设规律，为建设社会主义核心价值体系，提供历史依据与智力支持；同时，发挥研究内涵与特点，推动国史理论研究，培养中青年马克思主义国史研究工作者，繁荣发展国史研究事业。2022年8月13日至14日，新中国历史经验研究中心、长治学院马克思主义学院共同承办在山西长治学院召开的第八届马克思主义当代中国史理论论坛，主题为"新时代十年国史理论的创新与发展"。来自中国社会科学院、国务院发展研究中心、华东师范大学、山西师范大学、江苏大学、长治学院等单位的30位专家学者与会。论坛开幕式上，中国社会科学院原副院长、中华人民共和国国史学会会长朱佳木作了题为《社会主义的初级阶段与初级阶段的社会主义》的主旨报告。2022年，宋月红理事长以"当代中国研究所新中国历史经验研究中心"的名义在《当代中国史研究》2022年第6期发表《中国式现代化道路与新时代国史研究——第二十二届国史学术年会述评》。

中国社会科学院"陈云与当代中国"研究中心为中国社会科学院属非实体中心，成立于2015年4月，由当代中国研究所主管。中心现任领导有：理事长朱佳木、秘书长张星星、主任武力；副主任宋月红、副理事长董志凯、副主任陈东林、副秘书长于俊霄。中心人数为16人，其中当代中国研究所6人，外聘10人。中心主要宗旨为：以当代中国研究所为基础，组织协调所内外力量推进陈云在新中国的实践与思想研究，开展相关学术交流与合作；在全国范围内征集论文，不定期召开"陈云与当代中国"研讨会；在条件成熟时，评选优秀论文，结集出版；搜集和整理陈云在新中国的实践与思想的史料，建立相关数据库；在国内外有关科研机构、高等院校之间开展学术交流；编印陈云研究通讯；主办"陈云研究网"。2022年中心主要活动有：7月9日至10日，中心邀集当代中国研究所、中华人民共和国国史学会、中国社会科学院、上海陈云纪念馆、湖南工业大学等单位专家，在北京郊区召开研讨会应征论文评审会。经过认真和反复审议，从来自全国范围的103篇应征论文中选出58篇入选论文，同时精选出13篇水平较高、有代表性的论文作为大会发言。这些论文不仅反映了陈云研究的创新和深入，而且结合学习习近平新时代中国特色社会主义思想，迎接党的二十大召开，进行了新的拓展。其后，由于疫情尚未缓解，决定研讨会推迟到2023年5月举行。2022年中心出版的主要学术成果有："陈云与当代中国"研究中心编，朱佳木主编，陈东林、邱霞副主编的《陈云与当代中国》论文集第三辑，由当代中国出版社2022年12月出版。论文集从第八至第十三届（2014—2019）"陈云与当代中国"研讨会400余篇入选论文中，收录了陈元、张全景、朱佳木等领导同志讲话和特邀论文 13 篇，经过认真评审的优秀入选论文 49 篇，共 65 万字。论文集从执政党建设、经济运筹、思想方法、理论学习、文化、外交等方面，全面地反映了陈云领导新中国革命与建设中的实践与思想，是陈云研究新的阶段性成果。此外，中心还组织研究人员撰写发表了 20 余篇陈云研究论文，如朱佳木《邓小平、陈云与第二个历史决议的制定》，董志凯《审时度势、统筹协调——陈云与中国经济调整的历史经验》，陈东林《陈云对古籍整理工作的推动和贡献》，尤丽娟、王晓慧《陈云与第二个〈历史决议〉》等。中心还编印了《陈云研究简报》1 期（总第 63 期），作为内部交流。"陈云研究网"也发表了多篇陈云研究新学术成果和研究动态报道。

（供稿：当代中国研究所）

北京大学中华人民共和国史研究中心

一、基本情况

北京大学中华人民共和国史研究中心（简称"北大国史中心"）成立于 2020 年 10 月，是北京大学深化共和国史研究、践行"四史"教育国家战略而设立的实体学术机构。

当代中国处于信息媒介多元化发展的时代，其时代特色的鲜明，更是前所未有。相较其他历史时期，文物文献的数量更为浩繁，类型更加丰富。无论革命还是建设，均累积了极为纷繁丰厚的历史资源，值得深入记述、探讨与总结。然因民间史料保存意识淡漠，且随着历史亲历者的逝去，当代中国的史料文献散佚、历史记忆消失相当严重。北大国史中心致力于当代史料文献的征集、典藏与共享，搭建国史研究文献数据交流平台。

北大国史中心是北京大学为推动共和国史的跨学科交叉研究而建立的实体学术机构。中心旨在从全球视野、文明传统、学科交叉等多个维度为共和国史研究提供一个跨学科合作与成果互鉴的学术中心，依托并深度整合北大相关学术资源，凝聚、延揽、培育国史研究高端人才，努力打造具有国际一流水平和鲜明北大特色的国史研究重镇。

北大国史中心成立以来，组建了国际评鉴委员会、学术委员会及行政团队，聘请当代中国历史研究领域的资深学者担任中心研究员。2021 年中心设立当代中国史料馆。北大国史中心位于北京大学燕园校区内，联系电话：62750045；中心邮箱：ggszxbgs@pku.edu.cn。

二、2022 年主要工作

在学校领导与各部门的大力支持下，本年度是国史中心建设规划逐步完善、各项工作步入常规化的关键一年。

2022 年 6 月 23 日，校长龚旗煌院士率队调研历史学系，对国史中心工作和国史馆的建设规划给予高度评价。9 月，由北大国史中心牵头（联合单位为中国社会科学院近代史研究所、中共北京市委党校党史党建教研部）申报北京高校哲学社会科学创新中心。该申报项目获学校评审组专家一致肯定，并推荐至北京市参评。

中心在"践行'四史'教育国家战略的标杆"的基本定位、"打造具有国际一流水平和鲜明北大特色的国史研究重镇"的发展目标之下，确定未来五年发展规划，明确存史（以建设中华人民共和国史文献数据平台为工作中心）、著史（以出版"当代民间史料丛刊"、"《改革开放史研究》"、"中华人民共和国史研究丛书"为工作中心）、讲史（以筹建北京大学国史博物馆为工作中心）三大工作方向。资料建设是中心的基础性工作，本年度资料征集数量呈高速增长态势。

启动"共和国时期地方史及企业史资料调查与研究项目"，并取得重大进展。

（一）科研成果

1. 北大国史中心黄道炫教授参与编纂《复兴文库》，负责编纂第2编第3卷、第11卷，共400余万字。《复兴文库》由习近平总书记作序，中华书局2022年出版。

2. 北大国史中心牛大勇教授专著《二十世纪中外互动史》由亚洲人文出版社正式出版。

3. 北大国史中心张静教授：《1949—1966年外国专家工作回顾》，《专家工作通讯》2022年4月，第18—23页。

4. Zhang Jing, Foreign experts in the People's Republic of China: an historical review from the perspectives of modernization and globalization (1949–1966), *Journal of Modern Chinese History*, 2021, Vol. 15, No. 2, pp. 195–213.

5. 北大国史中心黄江军助理教授专著《经典的诞生：〈毛泽东选集〉的编辑出版》获"北京大学史学丛书"资助，即将由社会科学文献出版社出版。

6. 中心全职研究人员及博士后论文发表于 *Modern China*、香港《二十一世纪》等海内外知名刊物。

7. 编辑出版"当代民间史料丛刊"，首批《王林日记（1946—1952）》已进入编校阶段。

（二）人才培养

1. 开设本科生课程：王奇生教授《中国现代史》《中国现代史练习》，黄道炫教授《中共党史专题》《历史论文写作》，张静教授《中美关系史》。

2. 开设研究生课程：黄道炫教授《中国现代史研究》、张静教授《中国现代史专题研究》。

3. 王奇生、黄道炫、张静3位教师指导中华人民共和国史研究方向本、硕、博学生数十名，其中本年毕业学生本科生9名、硕士生3名、博士生3名。

4. 面向硕士生、博士生开办"新编地方志读书会"、"三家村读书会"，研读共和国时期新编地方志与国史相关论著。

（三）学术活动

1. 中英人文对话系列活动（Sino-British Dialogue series）：本活动由北大国史中心与英国剑桥大学、埃克塞特大学（University of Exeter）、曼彻斯特大学中国研究院（Manchester China Institute）共同举办，旨在为中英两国的人文学者，特别是"起步段学者（ECR，Early Career Researchers）"，提供新的学术交流平台，不仅推动两国青年学者之间的互动与切磋，还为青年学者创造与国际资深学者直接交流、深入对话的学习机会。首次活动于7月14日至15日线上举办，主题是"20世纪中国革命"。

2. 举办或联合举办学术会议3场。10月29、30日，与北京大学研究生院等单位联合举办北京大学第六届"历史与社会"工作坊；11月5、6日，举办"共和国史跨学科论坛"，并颁发首届"国史研究新人奖"；10月16日，与上海交通大学共同举办当代中国科技外交史论坛，受北京大学人文学部"北大人文论坛"的资助。

3. 10月10日，与华东师范大学当代文献史料中心举办"国史资料整理与文献数据平台建设工作会"，在了解当代中国资料整理概况的基础上，制定各类资料整理规范。

4. 本年度举办党史国史名家讲座6讲。分别由美国亚利桑那州立大学陈怀宇教授、俄罗斯国立社会政治历史档案馆泽列诺夫教授、复旦大学金光耀教授、中国社会科学院当代中国研究所武力研究员、美国斯坦福大学魏昂德教授主讲。

（四）资料建设

1. 启动"共和国时期地方史及企业史资料调查与研究项目"，并取得重大进展。中心与北京七星华电科技集团有限责任公司、昌平区十三陵镇、四川省甘孜藏族自治州炉霍县等达成合作意向，整理新中国电子工业、当代水利建设、当代少数民族等重大领域的历史资料，并撰写相关议题史志、筹建专题博物馆。

2. 在河南省清丰县档案馆建立教学实践基地，就档案的复制、整理与出版将进一步开展合作。

3. 接收资料捐赠30余批次，包括当代地方内部资料、文革小报、军史与教育文化资料，其中有邓广铭先生讲义手稿、邓可茵女士工作笔记、北京大学援鄂抗疫国家医疗队资料等珍稀文献文物。

4. 自河南省汝州市档案馆（人民法院、卫健委）、清丰县档案馆、湖南省水口山有色金属集团有限公司、攸县档案馆复制各类地方档案25万页。其中，有此前较少为学界所利用的新中国司法档案、卫健委档案、矿业档案与系统的干部人事档案。

（供稿：张静）

上海市地方志办公室当代上海研究所

一、基本情况

当代上海研究所前身为《当代中国·上海卷》编辑部，1986年成立，为财政全额拨款事业单位，隶属上海市委宣传部直接管辖。1992年，转由上海市地方志办公室代管，1997年8月，更名为当代上海研究所。

2011年3月上海市人力资源和社会保障局复函确定当代上海研究所是以专业技术岗位为主的事业单位，设置岗位总量10个，其中，管理岗位3个，专业技术岗位7个。2011年12月市机构编制委员会同意当代上海研究所整建制划归上海市地方志办公室管理。现在编6人，单位级别为正处级，系公益一类事业单位。

当代上海研究所主要承担编写当代上海和长三角地区历史文献资料、书籍，组织研究当代上海和长三角地区政治、经济、文化和社会发展重大问题，举办国际、国内学术交流活动等职能，联系方式为021—64181098，电子邮箱 ddshyjs@ shtong. gov. cn。

二、2022年主要工作

2022年，当代上海研究所继续致力于推进对长江三角洲地区当代史的研究工作，以所传统研究项目《长江三角洲发展报告》工作为主，另一方面积极开拓新的研究领域，推进"长三角城市宜居指数报告""上海历史形态研究""徐学研究"等项目的开展。

一如既往地推进《长江三角洲发展报告》的撰写和出版工作。《长江三角洲发展报告》是当代上海研究所长期以来坚持的方向，自2007年出版了首本《长江三角洲发展报告2005：经济增长与城市化进程》后，坚持以一年一版的出版频率，对长江三角洲地区的经济、科创、文化等各方面展开研究，尤其在长三角一体化成为国家战略后，《长江三角洲发展报告》的撰写工作意义高度体现。近年来，发展报告实现了由硬到软的变迁，侧重于软文化领域的研究。2022年，经过不懈的努力，在多次实地调研和大量资料收集后，当代上海研究所研究人员反复修改了文稿，最终成功将《2021长江三角洲发展报告·传统村落的空间与保护》文稿交付上海辞书出版社，于3月按期出版面世。与上海文广集团合作的《2022长江三角洲发展报告·媒体合作研究》完成初稿撰写，10月20日召开结项评审会，得到了与会专家的一致好评，顺利结项，目前文稿已交付出版社进入准备出版阶段。《2023长江三角洲发展报告·文娱产业研究》开题评审会召开，所拟选题顺利通过评审，进入初稿撰写阶段，目前正处于资料收集和开篇阶段，进展顺利。同时当代上海研究所积极为未来工作努力，已与上海体育学院相关研究人员进行接洽，拟展开《2024长江三角洲发展报告·体育旅游产业》相关项目，具体事宜待进一步商榷相关细节后实质性推进。

一如既往地推进"徐学研究中心（基地）"相关资料收集和"长三角城市宜居指数研究"撰写。《长江三角洲城市宜居指数研究》课题开展在缺少人力、物力和经费的背景下艰难开展，与上海外国语大学相关学者达成合作协议，在经费缺乏的情况下，通过当代科技手段，将大范围居民调研工作从线下转到线上，成功降低了成本，实现了这一关键数据的收集。2022年10月，项目完成初稿撰写，目前正进行进一步的细节完善和研究推进，拟于2023年完成此新项目。

经过多次沟通和洽谈，与上海师范大学钟翀课题组达成新合作课题，《上海老城厢历史形态研究》，此项目将作为"上海历史形态研究"的一部分，聚焦于上海各区域的前世今生。当代上海研究所内部通过会议讨论，拟将对衡复风貌区展开研究，未来进一步将这一研究对象推广至上海其余代表性地区，从而细化深入研究上海史，做到"存史资政育人"，希望在未来接替"21世纪上海纪事"项目，成为当代上海研究所又一拳头产品。

此外，《21世纪上海纪事2019—2020》完成编写工作，与广东花城出版社达成合作意向，文稿已交付出版社，有望于2023年出版。

由于防疫工作影响，2022年度当代上海研究所在与国内其他单位的外联工作上有所减少，但所里仍坚持与上海市内相关单位加强合作。12月，与上海市地方志办公室、复旦大学等单位协办"2022年地方志理论研讨会"。遗憾的是，由于12月上海市新冠肺炎疫情暴发，原定于当月进行的金山区乡村建设调研工作被迫推迟至2023年。

（供稿：张莉）

当代安徽研究所

一、基本情况

当代安徽研究所前身为1985年设立的《当代中国》丛书安徽卷编辑部。1992年，经安徽省编委批准成立当代安徽研究所，为安徽省社会科学院直属研究所之一。当代安徽研究所历任所长朱文根研究员、朱来常研究员、沈葵研究员，历任副所长胡卫星研究员、徐本纯副研究员。现任当代安徽研究所所长、党支部书记邢军研究员，副所长赵胜研究员。全所现有科研人员8人，其中研究员2人，副研究员3人，助理研究员2人，研究实习员1人。

当代安徽研究所成立以来，主持完成国家社会科学基金项目重大项目《农民工与城市公共文化服务体系研究》1项、国家社会科学基金项目《中国社会阶层结构变迁研究》《扩大中等收入者比重研究》《中国百县市经济社会跟踪调查—马鞍山卷》《村委会"组合竞选法"的经验研究》《农业生产合作社制度与农村社会变迁研究》《10—19世纪浙南滨海平原的水利建设与环境变迁研究》等6项、安徽省哲学社会科学重大规划项目2项、重点项目6

项、一般项目 8 项，安徽省软科学项目 3 项，安徽省领导圈定课题 6 项，安徽省社会科学创新课题 3 项，安徽省社会科学院青年课题 6 项，主持完成国家、省、市、县（市、区）各级组织及企事业单位招标或委托课题 50 余项，先后编纂出版学术著作 60 余部，发表学术论文 300 余篇，完成研究报告 60 余篇。

当代安徽研究所建所以来，主编和参编代表性著作有：《当代安徽纪年》《中国发展全书·安徽卷》《当代安徽简史》《安徽历史名人词典》《安徽通史·新中国卷（1949—1952）》《当代安徽概览》《安徽六十年》《起点——中国农村改革发端纪实》《皖江开发史》《安徽农村税费改革：实践与探索》《皖台交往史略》《改革开放的"安徽样板"》《中国改革开放全景录·安徽卷》《安徽文化发展报告》《安徽城市发展报告》《安徽信用发展报告》《安徽文化年鉴》《安徽省开发区年鉴》《城市社区建设研究》《走进徽商》《工业文化纵论》《全民创业读本》《安徽历史》《安徽民俗》《安徽诗歌》《与高尚同行——中国青年志愿者行动纪实》《中国中部省会城市社会结构变迁——合肥市社会阶层分析》《大社区治理的合肥模式》《合肥通史》《新中国的福利房制度》《技术创新与工业结构升级——基于安徽的实证研究》《我的庐剧人生——丁玉兰口述史》《宋代地方势力与基层社会秩序研究》《温州沿海平原的变迁与水利建设》《新中国 70 年文化建设成就与经验研究》《影像中国 70 年·安徽卷》《安徽 70 年》《合肥文化转型升级研究》《农民工城市公共文化服务体系重组与优化》《江淮大地的小康之路》《安徽特色小镇模式优化研究》《全面建成小康社会·安徽变迁志》《全面建成小康社会·安徽小康史》等。

当代安徽研究所建所以来，研究人员先后发表代表性的学术论文有：《近代中国乡绅阶层及其地位》《安徽六十年代初期的工业调整述论》《税费改革后乡村社会治理的新探索：谯城模式——亳州市谯城区为民服务全程代理制的调查》《积极搭建农民工城市融入的文化平台》《自由职业者的生存镜像与阶层培育》《中国城市公共文化领域的历史形态及其演变》《城市化背景下农民工参与城市文化生态构建的路径选择》《当代中国文化转型的内在逻辑与路径选择》《推进文化创意产业与相关产业融合发展研究》《推进长三角地区文化市场一体化》《1953—1960 年安徽农业"三改"研究》《上海城市私房的社会主义改造》《新中国"以租养房"政策困境化的历史考察》《新中国的"除四害"运动》《揩油：农业合作化时期农村生产资料的公有化》《1955—1956 年人民司法对农业合作化运动的保障》《危机与调适：农业集体化时期的耕畜问题》《从紧张到融合：改革开放初期海南农村土地纠纷的化解》《新中国的农村扶贫开发》《轮船招商局人才策略的转变》《品牌营销：房地产营销新境界》《新型农业经营体系建设中存在的问题及发展路径研究》《在高质量发展中实现共同富裕》《三上三下：新中国天然橡胶业的发展历程》《宋代浙南滨海地区的环境变迁》《南京国民政府对招商局的改制与官商博弈》《促进安徽实现共同富裕的重点难点和路径选择》

《建党百年安徽文化发展高峰及历史启示》等。

当代安徽研究所建所以来，有多项研究成果获得省级以上奖项。其中，《安徽历史名人词典》获安徽省社会科学奖一等奖；《当代安徽简史》《技术创新与工业结构升级——基于安徽的实证研究》《安徽70年》获安徽省社会科学奖二等奖；《企业软管理》《中国中部省会城市社会结构变迁——合肥市社会阶层分析》《全民创业读本》《合肥通史》获安徽省社会科学奖三等奖；《起点——中国农村改革发端纪实》获中国第十一届图书奖和中宣部第七届"五个一工程"图书奖；《邓小平的现代化理论研究》获国家图书奖和安徽省第七届"五个一工程"奖；《与高尚同行——中国青年志愿者行动纪实》获安徽省第九届"五个一工程"奖；《安徽文化年鉴（2012）》获中国出版协会年鉴质量特等奖；《安徽文化年鉴（2017）》获中国出版协会优秀年鉴一等奖。

当代安徽研究所坚持开门办所，加强对外学术交流，先后与当代中国研究所、安徽大学、合肥学院、安徽省情研究会等单位建立学术研究合作关系，先后主办或承办了"中华人民共和国地方史学术研讨会""民营文化企业发展高端论坛""特色小镇高质量发展论坛""安徽文化论坛""新时代大运河文化发展高端论坛""新中国成立70年文化建设成就与经验高端论坛"等学术活动。先后参与组织成立安徽省炎黄文化研究会、当代安徽研究会、安徽文化产业发展研究会、安徽信用研究中心等一批社会组织和机构，协调全省当代史研究多方力量，为当代安徽科学发展提供理论支撑、智力支持和决策咨询。

二、2022年主要工作

2022年，当代安徽研究所坚持以习近平新时代中国特色社会主义思想为指导，全面学习贯彻党的十九届六中全会和党的二十大精神，紧紧围绕安徽省委、省政府中心工作，统筹党的建设、科研工作和新冠肺炎疫情防控，科研项目、科研成果、社会影响、人才培养等再上新台阶。

1. 加强党的建设，促进科研与党建互促互融。坚持以党建带科研，以科研促党建，全年组织科研人员集中学习15次，安排党课4次，培养1名入党积极分子，看望困难党员职工3次。组织党员撰写学习党的二十大精神理论文章12篇。1人入选安徽省社科党委专家宣讲团成员。全所党员在安徽省的企业、党校、事业单位、研究会学会理论宣讲8人次。1人被评为院级优秀党员。全所党员完成慈善一日捐1200元捐款。全所党员积极参加新冠感染防控工作，认真落实党中央国务院、安徽省委省政府关于新冠防控政策。当代所党支部全面落实党风廉政建设责任制和意识形态工作责任制，积极做好信访维稳工作。

2. 积极申报各级各类课题，全年全所申报立项安徽省社会科学创新发展重大项目1项、安徽省委宣传部重大主题出版项目2项、安徽省政协重大招标课题1项、合肥市社会科学规划项目2项、安徽省社会科学院青年课题1项、横向招标课题3项，立项课题数量创新高。

3. 加强基础理论研究，出版发行《江淮大地的小康之路》《安徽特色小镇模式优化研究》《全面建成小康社会·安徽变迁志》《全面建成小康社会·安徽小康史》《农民工城市公共文化服务体系重组与优化》等学术著作5部。在《安徽史学》《形象史学》《安徽农业大学学报》《合肥师范学院学报》《安徽行政学院学报》等学术期刊上发表各类学术文章18篇，其中C刊3篇、SSCI 5篇。舆情信息《我省乡村治理面临的问题及对策建议》被中宣部采用。全所科研人员科研工作量考核平均成绩在全院名列前茅。

4. 展现新型智库特色，全所科研人员撰写研究报告6篇，获得安徽省领导肯定性批示5次，其中首次获得安徽省委、安徽省政协主要领导批示，时任安徽省委书记郑栅洁肯定性批示2次、省政协主席唐良智肯定性批示1次。

5. 加强学术交流，推进开门办所，全年全所科研人员参加省内外的线下、线上学术会议12人次。先后主办、承办、协办了5次省级专业学术活动。组织科研人员外出学习6次。

6. 加强人才培养，优化科研团队。2022年，当代安徽研究所有3位同志晋升职称职级。1人被聘为安徽省市域社会治理理论研究专家库专家。1人被推荐为安徽省人社厅第四届专家咨询委员会委员。2022年9月，当代安徽研究所所长被聘为安徽省社会科学院博士后科研工作站博士后导师，首次招收1名博士后研究生。10月至12月，指导该学生先后在SSCI上发表多篇学术论文。

7. 科研成果社会影响扩大，当代安徽研究所组织编著的学术著作《安徽70年》斩获2019—2020年度安徽省社会科学奖优秀成果二等奖，科研人员发表的论文《我国渐进式改革推进策略的落地与空间展开》和《安徽县域经济转型发展问题研究》分别获得2019—2020年度安徽省社会科学奖优秀成果三等奖。《农民工城市公共文化服务体系重组与优化》获安徽省社会科学2022年"皖版好书"和安徽省社会科学院科研精品图书。

（供稿：邢军）

西藏社会科学院当代西藏研究所

2022年主要工作情况如下：

一、学术活动

（一）参加审稿情况

1. 参与《西藏自治区志·社科志》终审稿修改工作；
2. 参加西藏社会科学院"铸牢中华民族共同体意识"学术论坛筹备审稿等相关工作；
3. 对西藏自治区相关单位征求意见稿，如《自治区文化旅游产业专项组工作职责和议事规则》、《西藏自治区文化旅游产业专项组 2022 年工作计划》（征求意见稿）、《西藏自治区关于深化生态保护补偿制度改革的实施意见》、《西藏自治区关于深化生态保护补偿制度改革的实施意见分工方案》等进行研读，并通过复函形式予以反馈。

（二）开展或参加学术讲座情况

1. 前往西藏日报社开展"'农奴'主题的新闻报道采写及创新"讲座；

2. 完成 2022 年西藏社会科学院"高原高端社科论坛"学术讲座准备工作，撰写讲稿《话语焦虑与想象自反：西方媒体涉藏话语研究评析》；

3. 在那曲党校开展学术座谈会，以《生态搬迁与搬迁群众的生产生活的转型》为题发言；

4. 投稿《党的民族区域自治政策及其保证各民族共同当家作主的历史考察与经验启示》，以文参会的形式线上参加北方民族大学组织的推进中华民族共同体建设理论与实践研讨会；

5. 作为中国国际共产主义运动史学会第十届理事，参加该学会 2022 年年会（线上）。

（三）开展调研情况

赴那曲、山南调研，行程 5000 余公里，完成 6 万余字的调研记录。

（四）参加评审情况

1. 参加西藏社会科学院 2022 年度院级课题立项初审工作；

2. 参加西藏自治区党委政法委委托、区发改委召集的《新建铁路波密至然乌线社会稳定风险分析及评估报告》专家评审会（线上）；

3. 参加西藏自治区党委政法委委托、区发改委召集的《藏东南至粤港澳大湾区 ±800 千伏特高压直流输电工程（西藏段）社会稳定风险评估报告》专家评审会；

4. 担任西藏自治区第八届"成才杯"大学生创业大赛决赛评委。

（五）接受采访情况

接受《西藏日报》关于解读《西藏自治区人民政府关于深入打好污染防治攻坚战的实施意见》的采访。

（六）其他学术活动

1. 参加自治区网信办组织的专家网评员培训，为期一周，并作为小组代表作交流发言；

2. 参加第一期全区县处级领导干部学习贯彻习近平总书记视察下重要讲话精神和中央第七次西藏工作座谈会精神（生态保护主题）专题研讨班；

3. 参加西藏自治区委党校第二期乡科级中青年干部培训班；

4. 参与撰写西藏自治区党办信息处约稿，如西藏各界专家对党的二十大的期盼和建议的征求意见、收看收听习近平总书记在党的二十大上所作报告并撰写相关即时感受和认识等。

二、科研成果

（一）出版著作情况

1. 郑丽梅：《西藏和平解放 70 年光辉成就·生态文明建设篇》，编著（主编），西藏藏文古籍出版社，2022 年 7 月；

2. 廖云路：《全面建成小康社会西藏大事记》，合编（第一编写者），西藏人民出版社，2022 年 9 月；

3. 廖云路：《县级融媒体嵌入治边稳藏体系的路径选择》，专著（独著），上海三联书店（待出版）。

（二）发表论文情况

1. 达瓦次仁：《西藏地方政府与洛门塘、久姆拉的历史关系研究》，《西藏研究》藏文版，2021 年第 4 期；

2. 达瓦次仁：《尼泊尔玛朗地区历史研究》，学术论文（第一作者），《西藏研究》汉文版，2022 年第 2 期；

3. 达瓦次仁：《洛门塘、久姆拉与中国西藏地方政府的历史》（汉文），《西藏档案》，（总 34 期）上；

4. 达瓦次仁：《羌塘——人类的生存与野生动物的生境》，收录于《意树心花：文化学者的高原故事》，杨晓纯，宋颖主编，中国藏学出版社 2022 年版；

5. 郑丽梅：《建成生态文明高地谱写实现人与自然和谐共生的现代化篇章》，《西藏日报》（待发表）；

6. 廖云路：《"四个一批"激活西藏县级融媒体中心人才资源》，理论文章（独作），《西藏日报》理论版，2022 年 3 月 14 日；

7. 廖云路：《媒介技术嵌入西藏社会治理的多维赋能——以西藏县级融媒体中心为例》，学术论文（独作），《西藏研究》汉文版，2022 年第 3 期；

8. 廖云路：《媒介平台与治理平台的关系耦合——对县级融媒体中心治理功能的思考》，学术论文（独作），《新闻潮》2022 年第 9 期；

9. 廖云路：《西藏地方性人物新闻报道及其话语创新——基于对"农奴"群体报道的思考》，学术论文（独作），《新闻论坛》2022 年第 5 期；

10. 余志坤：《我国民族区域自治制度的"共同性"属性、趋势与进路探析》，《西藏研究》汉文版，2022 年第 5 期；

11. 陈锋：《西藏曲松下洛国家湿地公园短尾高原鳅的体长体重关系和性腺相关特征》（二作），《高原科学研究》2021 年第 4 期；

12. 陈锋：《2 种规格弧唇裂腹鱼幼鱼形态性状对体质量的相关性及通径分析》（二作），《安徽农学通报》2022 年第 6 期。

三、科研项目

（一）课题完成方面

1. 廖云路：申报的 2022 年国家社科基金《铸牢中华民族共同体意识视域下民族新闻话语体系研究》获批重点项目，项目号：22AXW010。该项目为西藏自治区新闻传播学首个重点项目，也是继 2018 年后西藏社会科学院再次获批的重点项目，标志着西藏社科院在该学科领域取得重要突破。

2. 郑丽梅：参与西藏社会科学院宗教所承担的西藏自治区社科基金重点项目《藏传佛教中国化知识读本》的课题设计、改稿和审稿。

3. 顿珠旦增：主持院课题《森布日区情调研基地专项课题》之《那曲极高海拔生态搬迁跟踪调研》，完成调研报告《森布日极高海拔迁出地调研和下一步工作思路》。

4. 更藏卓玛：主持并完成院级课题《明朝时期祖国内地与西藏地方的交流、交往、交融》。

5. 拉巴卓嘎：主持并完成院级一般课题《西藏基层社会治理法治化研究》。

6. 余志坤：主持并完成国家社科基金青年项目《各民族人民当家作主与民族区域自治制度研究》研究报告（14 万字）；参与并完成国家社科基金重点项目《西藏地区开展党史、新中国史、改革开放史、社会主义发展史教育研究》第五部分写作任务（2 万字）。

7. 弓进梅：主持国家社科基金 2021 年度青年项目《青藏高原地区新型城镇化与乡村振兴融合发展研究》。

8. 陈锋：主持并完成院级青年课题《生物多样性保护与监管研究》。

另，廖云路，于 2022 年入选中宣部宣传思想文化青年英才。

（供稿：郑丽梅）

中华人民共和国国史学会

一、基本情况

中华人民共和国国史学会（简称国史学会），是经中共中央和国务院批准，于 1992 年 12 月在民政部注册成立的全国学术性社会组织。学会宗旨是团结从事国史研究的专家、学者和热心国史工作的人士，共同推进国史研究、宣传和教育事业。学会业务主管单位是中国社会科学院，主办单位是当代中国研究所。学会第一届理事会名誉会长是王震，会长是邓力群；第二届理事会名誉会长是邓力群、会长是袁木，第三届、第四届理事会会长是陈奎元，常务副会长是朱佳木;第五届理事会会长是朱佳木。

2020年12月19日,国史学会召开第六次会员代表大会,选举产生了第六届理事会的理事、常务理事和领导机构。第六届理事会会长仍为中国社会科学院原副院长、当代中国研究所原所长朱佳木,第一副会长为时任中国社会科学院党组成员、当代中国研究所所长的姜辉,副会长为原中共中央文献研究室常务副主任杨胜群、军事科学院副院长曲爱国、中央档案馆副馆长和国家档案局副局长魏洪涛、时任教育部高等学校社会科学发展研究中心主任的王炳林,秘书长为当代中国研究所原副所长张星星。

国史学会内设办公室和学术委员会、宣传教育中心、"陈云与当代中国"研究中心;下设一个直属机构当代中国电视艺术制作中心,以及7个分支机构,分别为:高等院校教学与研究专业委员会、"两弹一星"历史研究分会、农垦史研究分会、"三线"建设研究分会、当代科技史研究分会、"两弹一星"历史研究专项基金管理委员会、中国当代史研究专项基金管理委员会;另外办有两个互联网网站,分别为:中华人民共和国国史网和陈云研究网,两个微信公众号,分别为:国史研究和唯实网,以及一个内部交流刊物《国史参阅》。

国史学会于2010年2月被民政部授予"全国先进社会组织"称号,在民政部2011年开展的首次全国性学术类社团组织评估活动中被评为4A等级。

二、2022年主要工作

(一)2022年会议举办情况

8月13日至14日,学会学术委员会与当代中国研究所、长治学院在山西长治联合举办了主题为"新时代十年国史理论的创新与发展"的第八届马克思主义当代中国史理论论坛。

9月28日,学会与当代中国研究所、新疆大学政治与公共管理学院等单位以线上线下相结合方式,联合举办了主题为"中国式现代化道路与新时代国史研究"第二十二届国史学术年会。

10月30日,学会召开了学习贯彻党的二十大精神座谈会。

12月8日上午,在中华人民共和国国史学会成立30周年之际,中共中央总书记、国家主席、中央军委主席习近平发来贺信,向学会全体同志、向全国广大国史研究工作者致以热烈祝贺和诚挚问候。为庆祝国史学会成立30周年举办"推动新中国史研究事业繁荣发展暨庆祝中华人民共和国国史学会成立30周年大会"。中共中央政治局委员、中宣部部长李书磊在会上宣读习近平的贺信并讲话。

12月8日下午,学会召开常务理事会,深入学习习近平总书记致国史学会成立30周年贺信精神。学会会长、中国社会科学院原副院长朱佳木主持会议。学会副会长、原中央文献研究室常务副主任杨胜群,副会长、北京师范大学中共党史党建研究院院长王炳林,秘书长、中国社会科学院当代中国研究所原副所长张星星以及近20位常务理事出席会议。

（二）2022年对外合作开展的各类项目

1. 与中央电视台合作，在央视网开办"影像国史"专题；

2. 与新华社中国图片社和中宣部五洲传播中心合作，举办以"我们这十年·奋进新征程"为主题的第六届中国图片大赛；

3. 与人民日报华闻影视中心合作，启动国史影像数字工程，完成并推出融媒体文创产品《共和国日志》；

4. 与国家开放大学合作，启动了"国史进校园"系列活动。与北京师范大学合作，筹备"国史影像研究中心"；

5. 与中宣部五洲传播中心合作，编辑审定并推出《百度百科》国史类词条；

6. 与中共中央党校（国家行政学院）报刊社合作，启动"以弘扬英烈精神"为主题的融媒体系列项目《红色丰碑》；

7. 与中国广播电视联合会和中国文联电视艺术家协会等单位合作，策划筹备"红色经典影视作品推选"系列活动；

8. 与中国档案学会、中国高等教育学会和研究出版社等单位合作，启动实施"与新中国同行"系列文化项目；

9. 与中国邮政集团和中共中央党校出版社等单位合作，组织了"学国史、感党恩，寄语新时代"征文活动；

10. 与广东广播电视台合作，在广东卫视推出了百集国史微纪录片《为人民谋幸福》；完成了六集文献纪录片《广交天下》的摄制；

11. 与中共中央党校（国家行政学院）网络信息中心合作，拍摄百集专题片《信仰》，已完成并播出前30集。

（三）2022年媒体宣传工作

截至目前，该会开设的两个网站、两个公众号上传文章70余篇；在学习强国、《人民日报》、新华网、中国网等主流媒体和新浪、今日头条、新浪微博、搜狐、腾讯等多家媒体平台，发布学会信息及学会领导同志的文章30余篇。

（四）2022年学会办公室工作和党支部活动

1. 截至10月底，共印发学会常务理事会会议纪要3期，学会简报8期，学会《国史研究内参》1期，完成文件传阅102件；

2. 7月28日，学会党支部根据上级党委要求，开展"走好第一方阵，我为二十大做贡献"主题党日活动，组织党员前往中国共产党历史展览馆参观学习；

3. 8月30日，学会党支部组织党课活动，由当代中国研究所原副所长武力同志就

《习近平经济思想学习纲要》及目前我国经济发展趋势和国际形势作辅导报告。

（供稿：尤利娟）

中国现代史学会

一、基本情况

中国现代史学会成立于1980年，是经民政部批准的国家一级学会，成立初期联络单位先为郑州大学，后为中国革命博物馆，现业务主管单位为中共中央党校（国家行政学院）。本会是由热爱和从事中国现代史研究和教学的工作人员自愿结成的全国性、学术性、非营利性社会组织。目前本会的业务范围主要包括理论研究、学术交流、专业展览、国际合作、学术前沿报告、咨询服务等。

中国现代史学会会员分单位会员和个人会员。申请加入本会的会员，除遵纪守法并拥护本会的章程、有加入本会参加活动的意愿之外，还必须在中国现代史的业务领域有一定的影响。目前，学会汇集了高校系统、党校系统、社科院系统的一批知名专家学者，相关学者在中国现代史研究领域、中共党史研究领域颇具声望。学会目前共有个人会员800多人。

中国现代史学会注重及时吸纳在学界具有影响力的专家学者、定期召开中国现代史学会年会暨学术研讨会、与相关学术机构联合举办学术会议，力争成为一个重要的学术交流平台。

中国现代史学会暂无分支机构，暂无网站和微信公众号。

二、2022年主要工作

2022年，中国现代史学会主要围绕党的创新理论学习、国家社科基金申报、联合相关单位举办学术会议、新增学会（常务）理事及完成与民政部对接的业务展开工作，具体内容如下。

第一，党的创新理论学习。中国现代史学会始终重视推动对习近平新时代中国特色社会主义思想的学习。学会会员深入学习领会习近平总书记关于党的历史重要论述、《中共中央关于党的百年奋斗重大成就和历史经验的决议》，并就党的二十大报告展开深入研讨，将理论学习和政治学习作为提高思想政治水平与业务能力的重要内容。2022年11月19日，中国现代史学会在中共中央党校（国家行政学院）举办"深入学习贯彻党的二十大精神"座谈会。中共中央党校（国家行政学院）分管日常工作的副校（院）长、中国现代史学会会长谢春涛出席并致辞。中共中央党校（国家行政学院）中共党史教研部主任罗平汉主持会议。中国社会科学院近代史所党委书记金民卿，北京师范大学历史学院院长张皓，中国人民大学特聘教授王续添、中国国家博物馆研究员白云涛，中国社会科学院近代史所研究员杜继东、北京邮电大学教授方明东、中国政法大学马克思主义学院教授孔祥宇、中共中央党校（国家行政学院）教授柳建辉、中共中央党校（国家行政学院）中共党史教研部副主任张太原、中共党史教研部教授王毅，结合党的二十大报告，就如何展开中国现代史、中共党史的相关研究，作了主题发言，并展开热烈讨论。中共中央党校（国家行政学院）中共党史教研部的部分教师也出席了会议。《光明日报》《学习时报》对座谈会进行了报道。

第二，申报并获国家社会科学基金资助。2022年6月28日，学会获得国家社科基金主题学术活动（学术研究类）立项，项目名称为《中国共产党执政的历史经验研究》，中国现代史学会顾问柳建辉教授担任课题组负责人。该课题旨在总结中国共产党的执政经验，从党的历史中汲取继续前进的智慧，并为新时代如何更好地坚持和发展中国特色社会主义提供历史参考。与此同时，学会获得国家社科基金对学术会议的资助，会议名称为"区域发展与20世纪中国"学术研讨会暨2022年中国现代史学会年会，资助金额20万元。该会原定2022年9月召开，因为新冠肺炎疫情原因，延期至2023年7月。

第三，联合相关单位举办学术会议。2022年6月，中国现代史学会与河南大学历史文化学院、中国社会科学院近代史研究所革命史研究室、《史学月刊》编辑部联合主办"从清末省制新政到中共省委制建构的历史与逻辑——近代中国省制变革·社会变迁·治道开新·民族复兴"学术研讨会。来自中共中央党史和文献研究院、中共中央党校（国家行政学院）、中国社会科学院、北京大学、中国人民大学、北京师范大学、复旦大学等高校和《历史研究》《光明日报》《中共党史研究》等科研机构、高校、学术期刊的70余位专家学者与会。

2022年7月，中国现代史学会与北京师范大学历史学院、《当代中国史研究》编辑部在北京师范大学召开主题为"当代中国民生建设的历史成就与经验总结"的学术研讨会。来自中共中央党校（国家行政学院）、中共中央党史和文献研究院、中国历史研究院、当代中国研究所、《中共党史研究》编辑部、北京市社会科学院、北京大学、清华大学、中国人民大学等高校和科研机构的60余位专家学者分别采取线上线下相结合的方式积极参会，围绕新中国成立以来的民生建设历史，尤其是社会保障、劳动和就业分配、教育和科技事业、社会治理体系等与人民生活休戚相关的议题进行了卓有成效的探讨与交流。

2022年8月16日至17日，中国现代史学会与山东大学联合主办了"中国共产党与百年中国"学术研讨会暨2021年中国现代史学会年会。来自国内高校、科研院所的百余位专家学者与会。与会学者从不同维度回顾并总结了中国共产党百年来探索中国式现代化道路的历史进程和实践经验，新见迭出、成果颇丰。会议引起了学界广泛关注，《光明日报》《中国社会科学报》均予以报道。

第四，召开常务理事会扩大会议。2022年8月16日。学会在济南召开常务理事会扩大会议。副会长张太原、江沛、王续添、金民卿、成功伟，常务理事周棉、杨瑞、俞祖华，常务理事候选人彭南生、参会，理事李金铮、王毅，理事候选人陈雁、瞿骏出席会议。会议通报了2021年6月以来学会工作进展情况，主要是与高校、社会科学院系统、杂志编辑部筹办多次学术会议以及获得国家社科基金资助的情况；与会者针对学会的理事、会员名单提出了建议；会议通过了拟新增的学会副会长、常务理事、理事的名单。

第五，学会成员科研成果丰硕。2022年，学会成员的代表性成果如下：谢春涛：《不断开辟马克思主义中国化时代化新境界》，《光明日报》2022年11月16日；谢春涛：《中国共产党如何建设社会主义现代化强国》，《光明日报》2022年1月19日；张太原：《从长时段看马克思主义基本原理同中华优秀传统文化相结合》，《历史研究》2022年第6期；张太原：《学术演进和时代变迁视野下的革命史研究——从"新革命史"的提出和讨论谈起》，《近代史研究》2022年第3期；张太原：《中国革命史研究的取向与趋向——从"新革命史"研究谈起》，《史学理论研究》2022年第6期；金民卿：《"两个结合"的思想渊源和原创性理论贡献》，《历史研究》2022年第6期；金民卿：《中国共产党历史自信的深厚基础》，《马克思主义研究》2022年第10期；王毅：《主义、组织与群众：中国共产党成立初期的特质》，《历史研究》2022年第4期；黄兴涛：《清末"国语"的概念转换与国家通用语的最初构建》，《近代史研究》2022年第6期；李金铮：《什么是"大党史"》，《中共党史研究》2022年第3期；李金铮：《内与外：华北根据地、解放区之间的商贸往来》，《中国经济史研究》2022年第5期；潘洵：《一九三〇年日本政府对中国南方地区共产主义运动的实地调查》，《中共党史研究》2022年第5期；瞿骏：《释读吴宓的"学衡"之外——以〈新文化运动之反应〉为中心》，《学术月刊》2022年第3期；姜良芹：《哈佛燕京图书馆藏费吴生夫妇档案的结构、形成与学术价值》，《史学月刊》2022年第9期；翁有为：《试论李大钊的"中心势力"思想》，《中共党史研究》2022年第3期；臧运祜：《抗战严重困难时期敌后根据地的军事建设》，《北京大学学报（哲学社会科学版）》2022年第4期；江沛、薛云：《艺术源于生活：延安时期秧歌改造者的心路探析》，《安徽史学》2022年第2期；黄正林：《中共党史研究的史料与史学》，《党史研究与教学》2022年第5期。

（供稿：王毅）

二、期刊

2022 年中国人文社会科学期刊评价结果（历史学与马克思主义理论）

2018 年 11 月 16 日，中国社会科学院中国社会科学评价研究院在第五届全国人文社会科学评价高峰论坛暨期刊评价峰会上发布《中国人文社会科学期刊 AMI 综合评价报告（2018 年）》。

历史学

在该报告中，历史学学科共收录 44 种期刊，其中：顶级期刊 1 种，权威期刊 2 种，核心期刊 18 种，扩展期刊 23 种。同等级内期刊按照期刊名称的音序排列。

表1　　　　　　　　　　　历史学学科收录期刊

序号	刊名	主办单位	等级
1	历史研究	中国社会科学院	顶级
2	近代史研究	中国社会科学院近代史研究所	权威
3	中国史研究	中国社会科学院历史研究所	权威
4	安徽史学	安徽省社会科学院	核心
5	当代中国史研究	中国社会科学院当代中国研究所	核心
6	华侨华人历史研究	中国华侨华人研究所	核心
7	抗日战争研究	中国社会科学院近代史研究所；中国抗日战争史学会	核心
8	历史档案	中国第一历史档案馆	核心
9	民国档案	中国第二历史档案馆	核心
10	清史研究	中国人民大学	核心
11	史学集刊	吉林大学	核心
12	史学理论研究	中国社会科学院世界历史研究所	核心
13	史学史研究	北京师范大学	核心
14	史学月刊	河南大学；河南省历史学会	核心
15	世界历史	中国社会科学院世界历史研究所	核心
16	文献	国家图书馆	核心

续表

序号	刊名	主办单位	等级
17	中国边疆史地研究	中国社会科学院中国边疆史地研究中心	核心
18	中国经济史研究	中国社会科学院经济研究所	核心
19	中国农史	中国农业历史学会；中国农业科学院；南京农业大学；中国农业遗产研究室	核心
20	中国社会经济史研究	厦门大学历史研究所	核心
21	中国史研究动态	中国社会科学院历史研究所	核心
22	党史研究与教学	中共福建省委党校	扩展
23	福建史志	福建省地方志编纂委员会；福建省地方志学会	扩展
24	古代文明	东北师范大学世界古典文明研究所；东北师范大学亚洲文明研究院；东北师范大学世界文明史研究中心；东北师范大学出版社	扩展
25	古籍整理研究学刊	东北师范大学文学院古籍整理研究所	扩展
26	古今农业	全国农业展览馆	扩展
27	贵州文史丛刊	贵州省文史研究馆	扩展
28	海交史研究	中国海外交通史研究会；泉州海外交通史博物馆	扩展
29	军事历史	军事医学科学院军队政治工作研究院	扩展
30	军事历史研究（暂时停刊）	解放军南京政治学院	扩展
31	历史教学	历史教学社（天津）有限公司	扩展
32	历史教学问题	华东师范大学	扩展
33	史林	上海社会科学院历史研究所	扩展
34	文史	中华书局有限公司	扩展
35	文史杂志	四川省人民政府文史研究馆；四川省人民政府参事室	扩展
36	西夏研究	宁夏社会科学院	扩展
37	西域研究	新疆社会科学院	扩展
38	盐业史研究	自贡市盐业历史博物馆；中国盐业协会	扩展
39	中共党史研究	中共中央党史和文献研究院	扩展
40	中国地方志	中国地方志指导小组办公室	扩展
41	中国典籍与文化	全国高院校古籍整理研究工作委员会	扩展
42	中国科技史杂志	中国科学技术史学会；中国科学院自然科学史研究所	扩展
43	中国历史地理论丛	陕西师范大学	扩展
44	中华文史论丛	上海古籍出版社有限公司	扩展

马克思主义理论

在该报告中，马克思主义理论学科共收录21种期刊，其中：顶级期刊1种，权威期刊

2 种，核心期刊 10 种，扩展期刊 8 种。该学科类中包括学术期刊（如《马克思主义研究》）和时政理论期刊（如《求是》）。同等级内期刊按照期刊名称的音序排列。

表 2　　　　　　　　　　　马克思主义理论学科收录期刊

序号	刊名	主办单位	等级
1	求是	中国共产党中央委员会	顶级
2	马克思主义研究	中国社会科学院马克思主义研究院	权威
3	中国特色社会主义研究	北京市社会科学界联合会；北京市中国特色社会主义理论体系研究中心；北京市科学社会主义学会	权威
4	当代世界与社会主义	中共中央党史和文献研究院；中国国际共运史学会	核心
5	党的文献	中共中央党史和文献研究院；中央档案馆	核心
6	红旗文稿	求是杂志社	核心
7	教学与研究	中国人民大学	核心
8	理论视野	中国马克思主义研究基金会	核心
9	马克思主义与现实	中共中央党史和文献研究院	核心
10	毛泽东邓小平理论研究	上海市社会科学院	核心
11	社会主义研究	华中师范大学	核心
12	思想理论教育	上海市高等学校思想理论教育研究会；上海市教育科学研究院	核心
13	思想理论教育导刊	高等教育出版社	核心
14	当代世界社会主义问题	山东大学当代社会主义研究所	扩展
15	党建	中共中央宣传部	扩展
16	国外理论动态	中共中央编译局	扩展
17	科学社会主义	中国科学社会主义学会	扩展
18	毛泽东思想研究	四川省社会科学院；四川省社会科学界联合会等	扩展
19	南京政治学院学报	解放军南京政治学院	扩展
20	思想教育研究	中国高等教育学会；思想政治教育分会；北京科技大学	扩展
21	思想政治教育研究	哈尔滨理工大学	扩展

http：//casses.cssn.cn/kycg/201904/t20190419_4866728.shtml.

2021—2022 中文社会科学引文索引（CSSCI）来源期刊目录（历史学与马克思主义理论）

2021 年 4 月 26 日，南京大学中国社会科学研究评价中心正式发布 2021—2022 年度的 CSSCI 来源期刊目录。其中，历史学学科来源期刊共 30 种，马克思主义理论学科来源期刊共 21 种。

表3　　　　　　　　　　历史学学科来源期刊

序号	期刊名称	CN 号/ISSN
1	安徽史学	34 – 1008/K
2	当代中国史研究	11 – 3200/K
3	东南文化	32 – 1096/K
4	古代文明	22 – 1213/K
5	华侨华人历史研究	11 – 1158/K
6	近代史研究	11 – 1215/K
7	经济社会史评论	12 – 1443/K
8	抗日战争研究	11 – 2890/K
9	历史档案	11 – 1265/G2
10	历史研究	11 – 1213/K
11	历史语言研究所集刊	1012 – 4195
12	民国档案	32 – 1012/G2
13	清史研究	11 – 2765/K
14	史林	31 – 1105/K
15	史学集刊	22 – 1064/K
16	史学理论研究	11 – 2934/K
17	史学史研究	11 – 1667/K
18	史学月刊	41 – 1016/K
19	世界历史	11 – 1046/K
20	台大历史学报	1012 – 8514
21	文史	11 – 1678/K
22	文献	11 – 1588/G2
23	西域研究	65 – 1121/C
24	中国经济史研究	11 – 1082/F
25	中国农史	32 – 1061/S
26	中国社会经济史研究	35 – 1023/F
27	中国史研究	11 – 1039/K
28	中国史研究动态	11 – 1040/K
29	中华文史论丛	31 – 1984/K
30	自然科学史研究	11 – 1810/N

表 4　　　　　　　　　　马克思主义理论学科来源期刊

序号	期刊名称	CN 号/ISSN
1	中共党史研究	11-1675/D
2	中国特色社会主义研究	11-3527/D
3	当代世界社会主义问题	37-1065/D
4	当代世界与社会主义	11-3404/D
5	党的文献	11-1359/D
6	党建	11-1612/D
7	党史研究与教学	35-1059/A
8	国外理论动态	11-4507/D
9	红旗文稿	11-4904/D
10	教学与研究	11-1454/G4
11	科学社会主义	11-2797/D
12	理论视野	11-3953/A
13	马克思主义理论学科研究	10-1351/A
14	马克思主义研究	11-3591/A
15	马克思主义与现实	11-3040/A
16	毛泽东邓小平理论研究	31-1672/A
17	求是	11-1000/D
18	社会主义研究	42-1093/D
19	思想教育研究	11-2549/D
20	思想理论教育	31-1220/G4
21	思想理论教育导刊	11-4062/G4

https：//cssrac. nju. edu. cn/cpzx/zwshkxywsy/20210425/i198393. html.

（供稿：吴秀云）

三、高校"中国史"学科建设

第二轮"双一流"建设高校及学科名单（中国史）

2022年2月9日，教育部、财政部、国家发展改革委联合下发《教育部财政部国家发展改革委关于公布第二轮"双一流"建设高校及建设学科名单的通知》（教研函〔2022〕1号），指出：根据国务院《统筹推进世界一流大学和一流学科建设总体方案》，以及教育部、财政部、国家发展改革委《关于深入推进世界一流大学和一流学科建设的若干意见》和《统筹推进世界一流大学和一流学科建设实施办法（暂行）》，经专家委员会认定，教育部等三部委研究并报国务院批准，现公布第二轮"双一流"建设高校及建设学科名单和给予公开警示（含撤销）的首轮建设学科名单。

北京大学、清华大学在第二轮"双一流"建设中自主确定建设学科并自行公布。

其中，在《第二轮"双一流"建设高校及建设学科名单》中，"中国史"学科有以下三所学校入选：

（按学校代码排序）
中国人民大学
北京师范大学
复旦大学

http：//www.moe.gov.cn/srcsite/A22/s7065/202202/t20220211_598710.html.

（供稿：吴秀云）

四、海外当代中国学研究

2021年海外中国学研究综述

2021年，海外中国学①及其研究继续呈甚为活跃的态势，国内外学者出版发表了一系列的学术成果。本文将从海外中国学研究的理论方法探讨与学术反思、国外中国学著述、国内关于海外中国学的具体研究、海外中国学译著四个方面进行概括论述，并对关于海外中国历史研究的代表性论著进行重点介绍。

一、理论探讨与反思

近年来，随着海外中国学研究内容的深入，海外中国学研究对研究内核与理论方法的探讨日趋增多。王战、褚艳红的《世界中国学概论》②中第一章即为"世界中国学的若干基本理论问题"，尝试对"世界中国学"重新定义，提出世界中国学中七大具有全局性的"中国问题"：解释中国的话语权问题、中华文明传承问题、历史大分流问题、康德拉季耶夫长周期律问题、社会主义制度及其未来前景问题、中国道路问题、丝绸之路传承与当代发展问题。目前国内从事海外中国学研究的学者大多是外语专业背景，欠缺历史学功底，张西平提出"历史学是从事海外汉学研究的基础"，他呼吁国内海外汉学研究者必须加强历史学训练。③ 在《对"欧美汉学通史"的一种追求》④ 一文中，他指出西方汉学研究领域目前仍处于国别汉学史和汉学家个案研究的阶段，缺乏一部具有总结性质的西方汉学通史性著作。

2021年，国内学者从研究视角、研究主题与研究方法等角度对海外中国学（汉学）的相关研究进行了学术反思，集中在美国中国学研究范式问题与海外汉学期刊创办思路两方

---

① "中国学"与海外学术界"Sinology"、"Chinese Studies"和"China Studies"三个词密切联系。"Sinology"一般翻译成"汉学"，指海外学者对中国传统学术的研究。"中国学"（China Studies）的研究范围比"中文/华文研究"（Chinese Studies）、"汉学"更为广泛，举凡与中国有关的课题，都属于中国学研究。目前学界对海外中国学与海外汉学的界定较为模糊，有时经常混用。为叙述方便，本文统一使用"海外中国学"的概念，但对原文使用"汉学"概念的则保持原貌。
② 王战、褚艳红：《世界中国学概论》，上海社会科学院出版社2021年版。
③ 张西平：《历史学是从事海外汉学研究的基础》，《国际汉学》2021年第4期。
④ 张西平：《对"欧美汉学通史"的一种追求》，《寻根》2021年第3期。

面。侯且岸、杨华、任增强等对美国汉学史、美国的中国学研究进行了学术总结与理论反思。侯且岸的《美国汉学史研究之反思》①基于其本人对汉学的动态认识和美国汉学发展的学术史，对美国汉学的演变过程、主要特点和学科变化进行了反思，包括对"汉学"（Sinology）的认知、对学术史研究与学术范式的转换，进而提出"汉学研究的深入，必须回到中国学术的传统，坚持'修学好古''实事求是'，坚持'理在事中''原始察终'"的认识论和方法论。杨华的《改革开放40年来国内美国中国学的研究历程》②从时间和问题争论两方面对改革开放40年来国内美国中国学研究进行了总结，她认为，从美国中国学研究的萌芽与初具规模阶段（1978—1995）到美国中国学研究趋向专业化阶段（1995—2019），国内学界就汉学与中国学、汉学主义、新清史研究等的争论为美国中国学的未来发展提供了启示与反思，提出以从容的心态和多元的文化视角、以学术平等交流与深入对话、以跨文化的国际视野与跨学科的研究方法推动国内美国中国学研究的发展。任增强的《在"美国中国学"之外：再论海外中国学的范式问题》③提出应该突破"美国中国学"的中心主义，将"海外中国学与传统汉学的发展置于长时段、世界多国度与多元文化的坐标系下"，考察美国中国学的范式特点、嬗变动因与发展方向。黄涛的《美国中国学研究的真相探索与现实关怀：以费正清为中心的考察》④以费正清为中心，探讨美国中国学研究的历史真相，探索其成果与美国中国学研究的现实关怀与基本实现路径，进而指出，美国中国学研究在对"中国历史的真相探索"与"文化的现实关怀"方面都有时代的局限性。李松等人从视角、主题与方法对海外汉学期刊的创办、发展、内容等进行了系统的总结与深刻的反思，指出海外汉学期刊需要"超越内容概述，发掘核心问题"，"弥合期刊与学术论题研究的裂隙"，"克服自我他者化的汉学主义心态"。⑤

2021年海外中国学的研究路径——文献学、目录学得到了不断推进。陈肃、杨慧玲等的《海外中国研究现状与趋势（2006—2016）》⑥利用欧美学术图书馆采购平台数据库的数据首次提供了2006—2016年海外中国研究的数据总目。管永前主编的《当代西方中国学研

---

① 侯且岸：《美国汉学史研究之反思》，《国际汉学》2021年第3期。
② 杨华：《改革开放40年来国内美国中国学的研究历程》，《国际汉学》2021年第2期。
③ 任增强：《在"美国中国学"之外：再论海外中国学的范式问题》，《济南大学学报（社会科学版）》2021年第3期。
④ 黄涛：《美国中国学研究的真相探索与现实关怀：以费正清为中心的考察》，《国外社会科学前沿》2021年第6期。
⑤ 李松、吴冰霞：《视角、主题与方法：海外汉学期刊研究的回顾与反思》，《南京理工大学学报（社会科学版）》2021年第5期；李松、韩彩琼、田璐：《海外英文汉学期刊的创办历史与现状》，《南京理工大学学报（社会科学版）》2021年第1期。
⑥ ［美］陈肃、杨慧玲等：《海外中国研究现状与趋势（2006—2016）》，学苑出版社2021年版。

究英文书目选粹（1949—2019）》① 对 70 年来西方中国学的英文书目进行了简要介绍，是一部比较好的海外中国学研究工具书。谢辉的《明清之际西学汉籍序跋目录集》② 系统整理法国国家图书馆、俄罗斯国家图书馆、梵蒂冈图书馆、德国巴伐利亚图书馆等馆藏《绝徼同文纪》《天学集解》《天主圣教书目》等西学序跋集，为学界研究中西文化交流史提供参考。张西平、李真的《西方早期汉语研究文献目录》③ 全面梳理了法国汉学家考狄（Henry Cordier，1849—1925）编纂的《西人论中国书目》中有关中国语言研究的文献，并进行学术导读。这是国内学术界第一次对考狄的汉学书目进行较为深入的专题整理、编译。对海外中国学书目的收集与目录整理是海外中国学研究的基础性工作，也是中国学研究进入学术史脉络的重要体现。

2021 年国内海外中国学研究的理论探索有四个趋向：其一，从长时段关注全局性的中国问题，将中国问题与历史问题、世界问题进行相互观照，将中国学研究内涵由知识性问题拓展至全球性问题。海外中国学的研究对象虽然是中国，但背后的问题却是全球的。其二，文献学、目录学路径下的海外中国学研究在国内日渐开展，从学术史路径进入海外中国学研究，张西平就曾撰文呼吁加强国内海外汉学目录学的研究，提倡建立海外汉学文献学。④ 其三，逐渐打破学科壁垒，学术边界扩大，产生了新视角。对海外中国学理论方法的讨论在以往的历史学、语文学等传统学科基础上，又逐渐拓展至社会学、人类学、政治学等学科。其四，深研美国中国学研究范式，并以此为出发点，逐渐破除海外中国学研究中的"西方中心论"和近年来矫枉过正的"中国中心论"的认知迷思，从学理上和话语上重塑世界的中国观，重构世界的中国形象，努力提高中国学术的国际地位，争取中国的学术话语权。

二、国外著述

2021 年，海外学者在中国上古史、边疆史、帝国史等研究领域产出了大量成果。本文论述以著作为主，兼及少量重要期刊论文。

"哈佛燕京学社专著系列"（Harvard-Yenching Institute Monograph Series）本年出版了三部著作，分别为：美国杨百翰大学（Brigham Young University）历史系助理教授戴卫·乔纳森·费尔特（David Jonathan Felt）的《地球的结构：上古中国的元地理学》⑤、美国弗吉尼

---

① 管永前主编：《当代西方中国学研究英文书目选粹（1949—2019）》，学苑出版社 2021 年版。
② 谢辉整理：《明清之际西学汉籍序跋目录集》，上海古籍出版社 2021 年版。
③ 张西平、李真：《西方早期汉语研究文献目录》，商务印书馆 2021 年版。
④ 张西平：《加强海外汉学目录学的研究》，《国际汉学》2019 年增刊。
⑤ David Jonathan Felt, *Structures of the Earth*: *Metageographies of Early Medieval China*. Reprint, Cambridge, Massachusetts: Harvard University Asia Center, 2021.

亚大学（University of Virginia）中国文学教授陈威（Jack W. Chen）的《轶事、网络、八卦、表演：〈世说新语〉论述》①、美国科罗拉多大学博尔德分校（University of Colorado Boulder）东亚语言与文明系教授特里·弗·克里曼（Terry F. Kleeman）的《天师：早期道家团体的历史与仪式》②。这三部著作分别关注了古代中国的空间与思想、宗教。其中第一部著作以元地理学构建秦汉帝国建立时期和帝国分裂时期的空间复杂性与中国世界观的形成，这本书的核心观念是秦汉帝国有意掩盖空间单位和结构，认为后帝国元地理学揭示了多中心世界中的多中心中国。从时间理论和空间理论、从元地理学探讨中国古代帝国秩序和政治、文化中心的形成，是近年来西方史学进入海外中国学研究的一个重要路径。此外，美国历史学家米丹尼（Daniel Mark McMahon）出版了《清时期的中国边疆：帝国边疆考察的视角与方法（1644—1912）》③，探讨了北美学界对中国清朝边疆史的解释模式和视角。挪威历史学家文安立（Odd Arne Westad）出版了《帝国与仁义之国：600年的中韩关系》④，概述过去600年来中国与韩国之间的文化和政治关系，为当今理解东亚地缘政治提供参考。

华盛顿大学出版社2021年出版了多本中国史研究的书，包括哥伦比亚大学巴纳德学院（Barnard College of Columbia University）历史系教授高彦颐（Dorothy Y. Ko）的《砚台的社会百态：清初的工匠与士人》⑤，以紫禁城的御作坊、广东的采石场、苏州的商业作坊、福建的收藏者之家为例，追溯砚台在宫廷与社会之间的流通，展现工匠与学者之间的合作如何创造一种新的社会秩序。首尔国立大学中国语言文学系教授奥利维亚·米尔本（Olivia Milburn）的《椒房皇后：历史与小说中的赵飞燕》⑥作为海外研究赵飞燕及其文学遗产的第一部专著，利用历史文献重构了赵飞燕故事的演变，在大历史背景下阐明女性的宫廷生活以及小说的社会影响。宾夕法尼亚大学（University of Pennsylvania）语言与文明系程晓文副教授

---

① Jcak W. Chen, Anecedote, Network, *Gossip*, *Performance*: *Essays on the Shishuo Xinyu. Reprint*, Cambridge, Massachusetts: Harvard University Asia Center, 2021.

② Terry F. Kleeman, *Celestial Masters*: *History and Ritual in Early Daoist Communities. Reprint*, Cambridge, Massachusetts: Harvard University Asia Center, 2021.

③ Daniel Mark McMahon, *China's Borderlands Under the Qing*, *1644 – 1912*, *Perspectives and Approaches in the Investigation of Imperial Boundary Regions.* NewYork: Routledge, 2021.

④ Odd Arne Westad, *Empire and Righteous Nation*: *600 Years of China-Korea Relations.* Belknap Press: An Imprint of Harvard University Press, 2021.

⑤ Dorothy Y. Ko, *The Social Life of Inkstones*: *Artisans and Scholars in Early Qing China.* Seattle: University of Washington Press, 2021.

⑥ Olivia Milburn, *The Empress in the Pepper Chamber*: *Zhao Feiyan in History and Fiction.* Seattle: University of Washington Press, 2021.

的著作《神明、邪祟与失序：宋代不婚女性》①从医疗史、宗教史、文学史角度对六朝至元朝的不婚女性进行研究，试图对性别、性与身体史的研究提出新课题。加州大学圣迭戈分校（University of California，San Diego）历史学系副教授卢苇菁的《安排的伴侣：清代中国的婚姻与亲密关系》②根据书信、回忆录、传记等材料，以编年形式呈现17世纪中叶至19世纪中叶清代中国的婚姻关系与社会变化。肯塔基大学（University of Kentucky）历史系助理教授墨安芳（Emily Mokros）的《〈京报〉在晚期帝制中国：国家新闻与政治权威》③根据数国所藏档案，对《京报》两个多世纪的发展进行了深入研究，从《京报》的阅读群体以及他们如何使用《京报》中的信息资源与中国政府进行互动入手，探讨媒体、信息和国家权力之间的关系。纽约州立大学布法罗分校（State University of New York at Buffalo）历史系助理教授刘炎的《以毒为药：中古中国的毒药》④探讨了自六朝到唐中期的六百年间，医生、道士、政府官员以及庶民是如何使用毒药治疗疾病与修仙的。范德堡大学（Vanderbilt University）历史系助理教授张萌的《清代的木材与林业：市场的可持续化》⑤立足中国经济史和环境史，以环境与市场的可持续性为主题，追踪连接长江中下游经济中心与西南边疆木材供应的贸易渠道，探讨资源的开发与利用、近代早期的商业化与可持续发展等问题。加利福尼亚大学圣塔芭芭拉分校（University of California，Santa Barbara）历史系教授李安敦（Anthony J. Barbieri-Low）的《中国早期的工匠》⑥将历史、碑文和考古分析结合起来，以中国的私人作坊、市场、宫殿、寺庙和陵墓为出发点，探讨中国早期工匠的生活和工作条件，阐述他们在早期中国社会和经济中的作用。亨廷顿图书馆、艺术收藏馆和植物园（The Huntington Library，Art Collections and Botanical Gardens）助理研究员孟泽思（Nicholas K. Menzies）的《万物知序：中国传统知识的植物科学转向》⑦探讨了中国传统植物知识在19世纪中叶至20世纪中叶转向植物科学的进程与社会价值。

① Hsiao-wen Cheng, *Divine, Demonic, and Disordered：Women without Men in Song Dynasty China*. Seattle：University of Washington Press，2021.
② Weijing Lu, *Arranged Companions：Marriage and Intimacy in Qing China*. Seattle：University of Washington Press，2021.
③ Emily Mokros, *The Peking Gazette in Late Imperial China：State News and Political Authority*. Seattle：University of Washington Press，2021.
④ Yan Liu, *Healing with Poisons：Potent Medicines in Medieval China*. Seattle：University of Washington Press，2021.
⑤ Meng Zhang, *Timber and Forestry in Qing China：Sustaining the Market*. Seattle：University of Washington Press，2021.
⑥ Anthony J. Barbieri-Low, *Artisans in Early Imperial China*. Seattle：University of Washington Press，2021.
⑦ Nicholas K. Menzies, *Ordering the Myriad Things：From Traditional Knowledge to Scientific Botany in China*. Seattle：University of Washington Press，2021.

除了上述专著以外,美国清史研究会的期刊《清史问题》(Late Imperial China) 2021 年出版了第 42 卷 2 期。总体来看,较之 2020 年,2021 年美国中国学研究在数量上显著增加,呈现三个特点:第一,重视中国帝国时期的社会与文化研究,从性别史、妇女史角度,关注中国古代妇女、家庭与婚姻史;从艺术史角度,关注中国古代匠人、古代建筑;从医疗史角度,关注中国古代的医学知识与医疗水平。第二,重视"历史时间"与"历史空间"的经纬视野,以大历史观探讨中国古代的时空变化。第三,研究呈现碎片化趋向,内容比较分散,且多为个案研究。

英国"牛津早期帝国研究系列"(Oxford Studies in Early Empires Series)出版了斯坦福大学(Stanford University)古代史教授沃尔特·沙德尔(Walter Scheidel)主编的《古代中国和罗马的国家权力》[1],该书将古代世界最大的政治实体秦汉和罗马帝国进行平行比较,从统治者与精英群体之间的关系、官僚机构的兴起、城市发展的决定因素等方面探讨古代世界政府与权力的关系及社会演变的独特性。牛津大学(University of Oxford)东方学系教授沈艾娣(Henrietta Harrison)的《危言大"译":英国与大清帝国两位通事的不凡人生》[2]以李自标与小斯当东(George Thomas Staunton,1781—1859)两位通事的生平为切入点,认为在 1793 年导致马戛尔尼与乾隆皇帝龃龉的英国出使中国的历史中,清廷因压制翻译的声音而错失了洞悉大英帝国扩张政策和回避文化冲突的机会。剑桥大学出版社出版了由莱顿大学(Leiden University)中国法律与治理专业助理教授罗日耶·克里莫斯(Rogier Creemers)和格里菲斯大学(Griffith University)中国研究教授苏珊·特拉夫斯科斯(Susan Trevaskes)主编的《中国的法律与政党:意识形态与组织结构》[3],该书认为,中国的法律制度需要从中国内部视角进行研究,探讨中国共产党如何看待法律的本质及其在中国政策中的地位,以及中国法律的适用和在中国改革中的体现。伦敦大学亚非学院(SOAS University of London)主编的《中国季刊》(The China Quarterly)2021 年也由剑桥大学出版社出版了 4 期(第 234—248 卷)。其中,第 248 卷增刊《100 年的中国共产党:中国共产党的新长征》探讨中国共产党的百年历史经验及成就。

德国"柏林中国研究"(Berliner China Studies)出版了第 57 卷和第 58 卷。其中第 57 卷是德国柏林自由大学(The Free University of Berlin)罗梅君教授(Mechthild Leutner)与阿根

---

[1] Walter Scheidel, *State Power in Ancient China and Rome* (*Oxford Studies in Early Empires Series*). Oxford: Oxford University Press, 2021.

[2] Henrietta Harrison, *The Perils of Interpreting: The Extraordinary Lives of Two Translators between Qing China and the British Empire*. New Jersey: Princeton University Press, 2021.

[3] Rogier Creemers, Susan Trevaskes, eds., *Law and the Party in China: Ideology and Organization*. Cambridge: Cambridge University Press, 2021.

廷汉学家李乐伯（Roberto Liebenthal）的《中国佛教的发现——李华德（1886—1982）：流亡研究者的生活》[1]；第 58 卷是康拉德·赫尔曼（Konrad Hermann）的《从水泥厂、造船和汽车建造到技术转让：论东德对中国工业化的贡献》[2]。前者对德国汉学家李华德的中国佛教研究做出了系统梳理和高度评价；后者系统梳理了东德对中国工业化道路的贡献。

法国中国问题研究重镇——近现代中国研究中心（Centre d'études sur la Chine moderne et contemporaine）出版了法国汉学家程艾兰（Anne Cheng）主编的《在中国思考中国》[3]，该书从思想史角度搜集了中法学者对中国思想史的最新研究成果，提出应当在中国思考中国，在中国倾听中国的声音。法国历史学家玛丽·法弗罗（Marie Favereau）于 2021 年出版了《汗国：蒙古人如何改变了世界》[4]，并获得了 2021 年麦吉尔大学坎迪尔历史奖（The Cundill History Prize of McGill）。

俄罗斯中国研究重镇俄罗斯科学院东方学研究所 2021 年成果丰硕，圣彼得堡分所联合喀山、圣彼得堡、克拉斯诺尔亚斯克、符拉迪沃斯托克和哈尔滨的学者编撰出版了《院士和东方学家瓦西里耶夫：喀山—北京—圣彼得堡》[5]，该书在俄罗斯学术背景下考察了俄罗斯东方学里程碑式汉学家、佛教学家、梵语学家、圣彼得堡科学院和帝国科学院院士瓦西里耶夫的生平及学术成就，也是俄罗斯学界首次尝试系统地介绍其佛教思想史。圣彼得堡分所也是俄罗斯藏学研究重镇，2021 年出版了由俄罗斯藏学学者亚历山大·佐林（А. В. Зорин）担任执行编委的论文集《圣彼得堡的藏学》[6]，核心内容为"藏学和佛教的源头：17 世纪和 18 世纪的卫拉特历史遗产"。佐林 2021 年还在法国的重要藏学研究期刊《藏学杂志》（Revue d'Etudes Tibétaines）上发表了《在圣彼得堡新发现第六世达赖喇嘛道歌集手稿：文本》[7]一文，该文向世界首次展示了保存在俄罗斯科学院东方学研究所（又称东方手稿部，IOM-RAS）编号为 Tib. 1000 的手稿全文，向世界展示了不为人知的属于六世达赖喇嘛仓央嘉措

---

[1] Mechthild Leutner, Roberto Liebenthal, *Die Entdeckung des chinesischen Buddhismus-Walter Liebenthal (1886 – 1982)：Ein Forscherleben im Exil*. Münster：Lit Verlag, 2021.

[2] Konrad Hermann, Von Zementafabriken, *Schiffs-und Waggonbau zum Technologietransfer：Über den Beitrag der DDR zur Industrialisierung Chinas*. Münster：Lit Verlag, 2021.

[3] Anne Cheng, *Penser en Chine*. London：Folio, 2021.

[4] Marie Favereau, *The Horde：How the Mongols Changed the World*. Belknap Press：An Imprint of Harvard Press, 2021.

[5] Р. М. Валеев, И. В. Кульганек（ред.），*Академик-востоковед В. П. Васильев：Казань-Пекин-Санкт-Петербург*. Казань：Петербургское Востоковедение, 2021.

[6] Б. Б. Бадмаеви, А. В. Зорин（ред.），*Тибетология в Санкт-Петербурге：сборник статей*. Выпуск 2. СПб.：Петербургское Востоковедение, 2021.

[7] A. Zorin, "The Newly Identified Saint Petersburg Manuscript of the Collection of Songs by the 6th Dalai Lama：The Text," *Revue d'Etudes Tibétaines*, No. 61, 2021, pp. 232 – 275.

的道歌集，体现了俄罗斯藏学研究的新成果、新突破。

日本历来是海外中国学研究的重镇，2021年也有多部著作出版，皆延续了日本汉学传统，运用丰富的史料，提出了一些新见解。如日本岩波书店出版了三本专著：金子修一的《中国古代皇帝祭祀的研究》① 从礼制研究中国古代帝制的特点，阐明汉唐皇帝礼制和运作的实际情况。岸本美绪的《明末清初的中国与近世东亚》② 以明清史为研究领域，考察作为东亚共时性的"近世"。滨田麻矢的《少女中国：作为被书写对象和书写主体的女学生的百年》③ 以梁启超的《少年中国说》为研究缘起，探讨20世纪中国女性象征意义的演变。汲古书院本年度也出版了若干中国历史研究专著：大古敏夫的《清代政治思想史研究》④、伊东贵之的《东亚的王权与秩序：以思想、宗教和礼仪为中心》⑤；"汲古丛书"系列出版了平田阳一郎的《隋唐帝国形成时期的军事和外交》⑥、古畑徹的《渤海国与东亚》⑦。京都大学"东方学丛书"出版了宫宅洁的《某个地方官吏的一生：从木简看中国古代人的日常生活》⑧。

尼日利亚中国研究中心主任查尔斯·奥努奈居（Charles Onunaiju）的《中国共产党的100年：为什么非洲应该借鉴其经验》⑨ 从中国共产党成立壮大历程、中国现代化建设、中国改革开放、中国国家治理经验、习近平新时代中国特色社会主义思想、人类命运共同体等方面，向非洲展示了全面真实的中国共产党形象。

综观2021年海外中国学著述，呈现三大特点：第一，在研究进路上，除了传统语文学研究，海外对中国历史的研究热情高涨，历史学成为海外中国学研究进路之一。美国、日本、英国、德国、法国、俄罗斯等国家都有一定的成果。令人欣喜的是，拉丁美洲、非洲一些新兴的中国学研究机构和中国学家开始关注并研究中国。第二，在研究内容上，国外对清史的关注热度逐渐退却，更多地转向"内亚"框架下的宋史和明史研究，将传统中国与当代中国割裂的情况十分明显。第三，在研究方法上，打破单一的研究视角，结合医疗史、性别史、宗教史、文化史、妇女史等多种研究方法，研究的深度和广度较之以前有了显著的

---

① 金子修一：『中国古代皇帝祭祀の研究』、东京：岩波书店2021年版。
② 岸本美绪：『明末清初中国と東アジア近世』、东京：岩波书店2021年版。
③ 滨田麻矢：『少女中国：書かれた女学生と書く女学生の百年』、东京：岩波书店2021年版。
④ 大古敏夫：『清代政治思想史研究』、东京：汲古书院2021年版。
⑤ 伊东贵之：『東アジアの王権と秩序：思想・宗教・儀礼を中心として』、东京：汲古书院2021年版。
⑥ 平田阳一郎：『汲古叢書165・隋唐帝国形成期における軍事と外交』、东京：汲古书院2021年版。
⑦ 古畑徹：『汲古叢書166・渤海国と東アジア』、东京：汲古书院2021年版。
⑧ 宫宅洁：『ある地方官吏の生涯：木簡が語る中国古代人の日常生活』、东京：临川书店2021年版。
⑨ Charles Onunaiju, *A Century of the Communist Party of China：Why Africa Should Engage in Experience.* Abuja：Center for China Studies，2021.

三、国内研究

2021 年，国内学界对海外中国史和海外中国共产党研究关注较多，从不同方面进行了梳理。

在古代史研究上，汤开建的《法国耶稣会士聂仲迁在华传教活动考述——兼论〈鞑靼统治下的中国历史〉一书的史料价值》[1] 结合东西方史料，钩沉考述聂仲迁（Adrien Greslon，1618—1696）在中国南方的传教活动，高度肯定其著作《鞑靼统治下的中国历史》(*Histoire de la Chine sous la domination des Tartares*) 在中西文化交流史、中国基督教史上的史料价值。谢泽颖的《马伯乐之中国早期文明研究》[2] 结合中法文献史料，探讨 19 世纪末 20 世纪初以马伯乐（Henri Maspero，1883—1945）为代表的法国汉学家对中国早期文明特征的分析，他指出："法国汉学家马伯乐立足于中国传统文献，以法国社会科学的整体视野为导向，在其系列研究中完成了驳斥人种西来说，辨明夷夏之别的根源所在以及概括早期中国文明特征的三重任务。"魏京翔的《〈中华帝国历史、政治、伦理与宗教论集〉文献来源初考》[3] 以 17 世纪下半叶来华多明我会士闵明我（Domingo Fernández Navarrete，1610—1689）的七卷本《中华帝国历史、政治、伦理与宗教论集》(*Tratados históricos, políticos, éticos y religiosos de la monarquía de China*) 为基础，并结合其他来华传教士的一手文献，剖析考订《论集》的中外文献出处。吕超的《宫崎市定中国史研究中的"二元对立论"》[4] 通过梳理宫崎市定著述中的"素朴民族"和"文明社会"二元对立框架，认为宫崎市定的学说源于伊斯兰历史学家伊本·赫勒敦（Abū Khaldūn，1322—1406）的论著，指出"该学说在学术外衣下隐藏着合理化侵略战争的思想实质"。中国人民大学出版社 2021 年推出的胡祥雨等著的《百年清史研究史·海外研究卷》则汇集了美国、日本、韩国、英国、法国、意大利、俄罗斯、比利时等国学者撰写的相关国家的清史研究状况。

在近代史研究上，李雷、沈弘的《从谭卫道看近代法兰西博物学知识的形成》[5] 将法国遣使会传教士谭卫道（Jean Pierre Armand David，1826—1900）在华的三次田野科考的传教背景与博物学考察活动结合，梳理了谭卫道考察活动以及译介中西博物学的缘起，得出

---

[1] 汤开建：《法国耶稣会士聂仲迁在华传教活动考述——兼论〈鞑靼统治下的中国历史〉一书的史料价值》，《国际汉学》2021 年第 2 期。
[2] 谢泽颖：《马伯乐之中国早期文明研究》，《国际汉学》2021 年第 3 期。
[3] 魏京翔：《〈中华帝国历史、政治、伦理与宗教论集〉文献来源初考》，《国际汉学》2021 年第 3 期。
[4] 吕超：《宫崎市定中国史研究中的"二元对立论"》，《国际汉学》2021 年第 1 期。
[5] 李雷、沈弘：《从谭卫道看近代法兰西博物学知识的形成》，《国际汉学》2021 年第 1 期。

"法国有关中国博物学知识的建构，是在19世纪欧洲列强对华的侵略性扩张的背景下形成的"结论。李洋的《〈中国评论〉所载英国汉学家哲美森译〈大清律例〉篇章述评》[1]着重考察了19世纪末期中西文化交流史上的重要刊物《中国评论》所刊载的来华英人哲美森（George Jamieson，1843—1920）所译《大清律例》之部分篇章，该文关注了19世纪末西方视野中的中国法研究，中国法在海外的研究与影响是近年来海外中国学研究中的一个重要方向。黄东兰的《内在视角与外在标准——内藤湖南的同时代中国叙述》[2]认为，内藤湖南的中国研究使用了基于中国历史内在脉络的"内在理解"方法，"从'内在视角'揭示了中国社会中长期存在的上下悬隔、官民疏离等问题"，她指出，内藤湖南超越民族国家的"东洋"视角实则为日本在华利益扩张背书，"这种基于'外在标准'的中国研究不能称之为'内在理解'"。张德明的《他者的观察：外国人笔下的辛亥革命亲历记》[3]考察了澳大利亚记者莫理循（George Ernest Morrison，1862—1920）、英国记者埃德温·丁格尔（Edwin J. Dingle，1881—1972）、美国传教士阿瑟·布朗（Arthur Judson Brown，1856—1963）等在华外国人眼中亲历的辛亥革命的复杂面相。

在民国史研究上，武占江、王保超的《论传教士与五四激烈反传统思潮的关系》[4]论述近代西方来华基督教传教士全盘否定中国传统文化影响并提出的"三伦观"和"文明论"对五四新文化运动时期中国知识分子的影响。目前学界对在华传教士与五四激烈反传统思潮的关系梳理、分析得很少，这篇文章为近代中西伦理思想的交流与冲突研究提供了观照。吴原元的《民国史家著述在美国汉学界的境遇及其启示》[5]选取了八位来过中国的美国汉学家的八部汉学著作，考察其对民国史家著述之观点或史料的引用情况，探讨民国史家著述在美国汉学界的接受及影响状况。

在专题史上，任大援的《〈华裔学志〉研究》[6]全面介绍了《华裔学志》（Monumenta Serica）的创办历史和学术成果、中国学者对《华裔学志》的影响，以及《华裔学志》研究对西方汉学的贡献，该书的三个附录，将《华裔学志》60余年来发表的论文目录、"华裔学志丛书"69卷的目录、"华裔选集"24卷的目录迻译为中文，书后还附有《人名译名对照表》，对于研究20世纪欧洲汉学史有重要的学术价值。薛维华的《边缘风景：汉学期刊研究视域中的〈教务杂志〉》[7]梳理了近代汉学知识传播过程中《教务杂志》（The Chinese

---

[1] 李洋：《〈中国评论〉所载英国汉学家哲美森译〈大清律例〉篇章述评》，《国际汉学》2021年第1期。
[2] 黄东兰：《内在视角与外在标准——内藤湖南的同时代中国叙述》，《史学理论研究》2021年第4期。
[3] 张德明：《他者的观察：外国人笔下的辛亥革命亲历记》，《人民政协报》2021年10月21日。
[4] 武占江、王保超：《论传教士与五四激烈反传统思潮的关系》，《国际汉学》2021年第1期。
[5] 吴原元：《民国史家著述在美国汉学界的境遇及其启示》，《国际汉学》2021年第4期。
[6] 任大援：《〈华裔学志〉研究》，商务印书馆2021年版。
[7] 薛维华：《边缘风景：汉学期刊研究视域中的〈教务杂志〉》，中国社会科学出版社2021年版。

Recorder and Missionary Journal）的办刊历程，展现了汉学期刊在中西文化交流中的价值。李鑫妍的《罗兹·墨菲和他的亚洲研究》[1]对美国中国学家墨菲（Rhoads Murphey，1919—2012）以上海为研究出发点进而拓展至亚洲港口城市的研究进行梳理，重估墨菲从上海出发寻找近代中国的学术史价值，检视在西方理论冲击下的亚洲区域研究的学术意义。韩琦的《康熙时代的江南天主教徒与"礼仪之争"》[2]以欧洲所藏档案为基础，探讨江南天主教徒活动，分析他们在1700—1702年"礼仪之争"中扮演的角色和与耶稣会士的关系，揭示康熙时代天主教传播的关系网络。裴梦苏的《谱系与环流：〈康熙字典〉东亚传播考论》[3]围绕《康熙字典》在朝鲜、日本、越南三国的传播情况，从东亚各国《康熙字典》辞书谱系的分类、接受的共性条件、发展的差异特征三方面探讨《康熙字典》对东亚的影响。陈喆的《从东方学到汉学：19世纪的比较语言学与艾约瑟的汉语研究》[4]以艾约瑟（Joseph Edkins，1823—1905）的汉语研究为中心，展现19世纪后半期西方学界对汉语以及中国文明的认识情况，及背后所体现的欧洲学术的东方学到汉学的转向。此外，杨慧玲主编的《文明互鉴——世界著名汉学家访谈录》[5]共汇集了《国际汉学》上刊发的海外汉学家的31篇访谈稿，涉及欧洲、亚洲、北美洲、大洋洲汉学家。海外汉学家的访谈录是了解他们学术人生的捷径，访谈者以自己的方式在有限的文字中记录了汉学家的人生。

在文化史、艺术史、环境史上，谭树林的《英华书院研究：1818—1873》[6]从文化交流史视角对来华基督教新教传教士创办的基督教教会学校英华书院进行了全景式、全时段研究，肯定其在西方汉学史和中西文化交流史上的重要地位。徐静波的《同域与异乡：近代日本作家笔下的中国图像》[7]选取了七位在20世纪前半叶访问中国的日本作家，介绍并梳理了这些作家笔下的中国形象，深度剖析大正中后期到昭和前期日本知识人群体对中国的认知变化和对中日关系的思考。顾年茂的《德国迈森瓷器与中国文化》[8]通过对德国迈森瓷器的诞生历史及特点进行研究，指出16—18世纪大量流入欧洲的中国瓷器是一种典型的"东物西渐"与全球化现象，"东物西渐"对西方社会构建中国形象、传播中国文化产生了重要的影响。张传玮的《20世纪齐白石艺术在捷克斯洛伐克的传播》[9]梳理20世纪齐白石艺术

---

[1] 李鑫妍：《罗兹·墨菲和他的亚洲研究》，《国外社会科学》2021年第4期。
[2] 韩琦：《康熙时代的江南天主教徒与"礼仪之争"》，《国际汉学》2021年第3期。
[3] 裴梦苏：《谱系与环流：〈康熙字典〉东亚传播考论》，《国际汉学》2021年第3期。
[4] 陈喆：《从东方学到汉学：19世纪的比较语言学与艾约瑟的汉语研究》，中华书局2021年版。
[5] 杨慧玲主编：《文明互鉴——世界著名汉学家访谈录》，大象出版社2021年版。
[6] 谭树林：《英华书院研究：1818—1873》，凤凰出版社2021年版。
[7] 徐静波：《同域与异乡：近代日本作家笔下的中国图像》，社会科学文献出版社2021年版。
[8] 顾年茂：《德国迈森瓷器与中国文化》，《国际汉学》2021年第3期。
[9] 张传玮：《20世纪齐白石艺术在捷克斯洛伐克的传播》，《国际汉学》2021年第3期。

在捷克斯洛伐克传播的历史，分析齐白石艺术在捷克斯洛伐克备受推崇的原因，探讨其背后的捷克斯洛伐克汉学研究的历史因素。丁红卫的《日本的当代中国环境问题研究》①通过梳理日本社会科学领域对中国环境政策的研究，从全球环境治理体系角度出发，提倡贡献中国智慧。马学良的《哈佛燕京学社汉学引得丛刊研究》②对哈佛燕京学社引得编纂处所编64种汉学引得进行了比较深入的研究与评价，介绍了引得丛刊的产生、体例、价值、影响以及引得编纂处的重要人物。

2021年是中国共产党成立100周年，海外关于党史、新中国史、改革开放史和社会主义发展史的"四史"研究文章颇多，国内学界对海外"四史"研究进行了细致爬梳、分析和研究。梁怡的《百年国外中国共产党党史研究与"四史"教育》③一文指出国外"四史"研究对于国内"四史"学习教育的意义，可以拓展国内研究视角，扩大研究范围。李媛的《基于开源情报的海外中国共产党研究的文献计量学分析》④使用科学计量分析工具CiteSpace5.6R4对"Web of Science核心合集"的海外中国共产党研究的文献数据进行挖掘和分析，总结海外中国共产党研究的类型和研究范式。近年来，计量学工具和社会学方法逐步进入海外中国学研究中，为海外中国学研究的定量分析，提供了一种重要的方法启示。戢炳惠的《俄罗斯各界对百年中国共产党成功之道的解读》⑤梳理了2021年上半年以来俄罗斯政治家、专家学者、媒体人士等从多方面对中国共产党的深入解读。王峰的《国际视野下中共党史研究的三重维度》⑥指出需要从史实、史料和史著三个维度拓宽和深化中共党史研究的广度和深度。唐磊的《中国新时代与海外当代中国研究的新变》⑦指出新时代以来中国的国家治理经验、中国发展的新动向，使得海外中国研究"从视角上出现'重新发现政党'的新趋势"。还有学者对来华外国人眼中的中国共产党形象进行了专门考察，如赵兴胜在《广东社会科学》2021年第4期上发表的《如何认识中共的先进性？——抗战时期西方观察家的思想、实践与经验》、赵小琪等在《中国高校社会科学》2021年第6期上发表的《抗战时期来华西方左翼作家笔下的中国共产党形象》等代表文章。特别是黄静的《美国左翼作家笔下的"红色中国"》⑧借助大量中外文献资料，全面讨论了以埃德加·斯诺（Edgar

---

① 丁红卫：《日本的当代中国环境问题研究》，《国外社会科学》2021年第4期。
② 马学良：《哈佛燕京学社汉学引得丛刊研究》，北京联合出版社2021年版。
③ 梁怡：《百年国外中国共产党党史研究与"四史"教育》，《世界社会主义研究》2021年第6期。
④ 李媛：《基于开源情报的海外中国共产党研究的文献计量学分析》，《国外社会科学前沿》2021年第5期。
⑤ 戢炳惠：《俄罗斯各界对百年中国共产党成功之道的解读》，《国外理论动态》2021年第4期。
⑥ 王峰：《国际视野下中共党史研究的三重维度》，《中国高校社会科学》2021年第1期。
⑦ 唐磊：《中国新时代与海外当代中国研究的新变》，《国外社会科学》2021年第6期。
⑧ 黄静：《美国左翼作家笔下的"红色中国"》，九州出版社2021年版。

Parks Snow,1905—1972)、安娜·路易斯·斯特朗（Anna Louise Strong,1885—1970)、艾格尼丝·史沫特莱（Agnes Smedley,1892—1950)等为代表的美国左翼作家们如何发现"红色中国"。陈媛的《荷兰智库的"一带一路"观——海外话语实践建构》① 梳理以荷兰国际关系研究所为代表的荷兰智库的"一带一路"知识形成过程，分析影响荷兰智库"一带一路"观的因素，反思"一带一路"海外传播的话语实践。

此外，多个学术期刊开辟海外中国共产党研究专栏文章。如《国外社会科学》2021年第2期特辟建党一百周年专栏"海外中国共产党研究的回望与前瞻"，发表了韩强、田兆臣、管永前、刘佳、周文华、高晓林等人的6篇文章，从海外党史研究的性质、缘起、价值、研究范式、理论方法、前沿等角度全面把握了海外中国共产党研究的精髓。《国外社会科学》第3期特辟"中外学者看中国共产党百年"专栏，翻译了英国伦敦经济与商业政策署前署长罗思义（John Ross）的《中国共产党的政策对中国乃至全人类都至关重要》、俄中友好和平与发展委员会专家委员会主席尤里·塔夫罗夫斯基（Юрий Вадимович Тавровский）的《伟大征程，伟大斗争——百年中国共产党仍然在路上》、世界银行前高级经济学家彼得·科尼格（Peter Koenig）的《中国共产党百年成就及未来愿景》、尼泊尔总理卡德加·普拉萨德·夏尔马·奥利（Khadga Prasad Sharma Oli）的《中国共产党百年与世界社会主义运动的意义》等国外重要政治、经济、外交人物关于中国共产党百年历史及成就的论述。

在国别中国学上，国内学者对美国、法国、日本、阿拉伯国家、加拿大、罗马尼亚、哥伦比亚、西班牙、墨西哥、荷兰等国的中国学家和中国学研究成果进行了总结梳理。代表性著述有：姬艳芳的《法国汉学家戴遂良对道家典籍的译介传播》、陈妙丹的《波多野太郎及其汉学研究》、肖娟娟的《汉学家加法尔和他的丝路史学研究》、丁超的《罗马尼亚汉学家萨安娜对中国历史文化的研究》、郭存海与张静亭的《19世纪哥伦比亚汉学家唐可·阿尔梅罗笔下的中国》、王晓阳的《西班牙多明我会传教士闵明我的中国之行与中国认识》以及龙宇飞与甘露合著的《加拿大传教士汉学的启蒙和发展》等。关于国别中国学的整体性研究2021年有三部书和一篇文章值得一提：张冠梓主编的三卷本《哈佛中国学》② 从"政治与历史""经济与社会""文化与学术"角度对哈佛大学中国问题研究专家进行了系列专访，哈佛中国学家的观点和思考可以作为中国了解美国的重要参考。王晓玲等所著的《1840年以前的西方汉学》③ 论述了1840年以前的意大利、葡萄牙、西班牙、荷兰、比利时、波兰、法国、俄罗斯、瑞典、英国、美国的汉学发展情况。这部著述虽在材料、内容和方法上略显

---

① 陈媛：《荷兰智库的"一带一路"观——海外话语实践建构》，《国外社会科学》2021年第1期。
② 张冠梓主编：《哈佛中国学》（全三册），中国社会科学出版社2021年版。
③ 王晓玲、张雨芹、王祝兵、曹正勇：《1840年以前的西方汉学》，四川大学出版社2021年版。

陈旧，但却是近年来较为少见的关于西方汉学通史性著作的尝试。上海社会科学院世界中国学研究所组织翻译了荷兰汉学家伊维德（Wilt L. Idema）主编的《荷兰的中国研究：过去、现在与未来》①，该书对了解荷兰中国研究的重要人物和重要论述有一定的参考意义。李兴华的《墨西哥汉学研究：历史与现状》② 基于西班牙语文献与墨西哥汉学研究机构的数据，总结墨西哥汉学研究成果、发展趋势及所面临的问题，这也体现了近年来中国学者对拉丁美洲地区汉学的关注。

在学术会议方面，2021年9月27日由国务院新闻办公室主办、中国外文局当代中国与世界研究院承办的第七届全国对外传播理论研讨会在天津召开，此次会议设有"习近平新时代中国特色社会主义思想的世界意义与国际传播""地方形象国际传播""对外话语体系创新研究"等8个分论坛，提出讲好中国故事，传播好中国声音，需要构建中国话语体系。2021年10月18—19日在上海召开了第九届世界中国学论坛，设有"中国的现代化道路""中国实践与全球治理""中国'十四五'规划与世界经济复苏""多彩的文明、共同的命运""共同未来与青年作为"5个分论坛，经过近20年的发展，世界中国学论坛已经成为中国研究以及中外文明交流互鉴的平台。2021年10月30—31日，"中华文明的世界意义：中国比较文学学会海外汉学研究分会2021年年会暨国际汉学高级研修班"在镇江举行，与会学者总结了百年来海外汉学与中国学研究的成果，反思理论方法的不足。

2021年，国内海外中国学研究硕果累累，不仅集中在对欧美国家中国学成果进行研究，也对拉美有所关注，但关于非洲的研究成果不多。研究成果多为对古代中国历史的研究，更关注传统汉学研究，对当代中国的研究显得较为薄弱。从研究内容上看，2021年海外党史研究是海外中国学的研究热点之一。但存在一些问题：第一，过于碎片化，缺少海外中国学通史性著作。自20世纪30年代国内开始关注海外汉学起，已有将近100年的时间了，而海外中国学通史性著作却屈指可数。当前，亟须从学术史全面细致梳理、深入总结各国中国学研究成果，形成通史性著作。第二，当前的研究仍以译介为主，少量文章有精彩论述，客观地、批判地看待海外中国学成果仍需学者们共同努力。第三，海外中国学学科边界模糊，涉及历史学、语言学、宗教学、人类学等多个学科，如何打破学科壁垒展开跨学科的综合性研究是当前展开研究的难点。

四、海外中国学译著

2021年，海外中国学译著数量颇丰，内容涉及中国的历史、宗教、文化、文学等方面，

---

① ［荷］伊维德编，耿勇、刘晶、侯喆译：《荷兰的中国研究：过去、现在与未来》，上海社会科学院出版社2021年版。

② 李兴华：《墨西哥汉学研究：历史与现状》，《国际汉学》2021年第1期。

各出版社逐渐形成了有一定影响力的学术译丛,为国内海外中国学研究提供了重要参考。

近年来,受影像史学的影响,加之西方人眼中的近代中国史料被不断挖掘,外国人拍摄的中国图片受到更多学者的关注。如"西洋镜"系列2021年出版了德国学者恩斯特·伯施曼(Ernst Boerschmann,1873—1949)的《中国的宝塔》(全两册)和《中国建筑陶艺》、德国学者爱德华·福克斯(Edward Fuchs,1870—1940)的《五脊六兽》。"遗失在西方的中国史"系列出版了《中国十八省府1910》《扬子江上的美国人1903》《中国五岳1924》《20世纪初的中国铁路旧影》《一个法国记者的大清帝国观察手记》《苏州园林》《中国瓷器史》《1908:甘博兄弟发现的彩色中国》等,具有一定的史料价值。

江苏人民出版社凤凰文库的"海外中国研究丛书"2021年出版了比利时汉学家魏希德(Hilde De Weerdt)的《宋帝国的危机与维系:信息、领土与人际网络》、美国汉学家萧邦奇(Robert Keith Schoppa)的《中国精英与政治变迁:20世纪初的浙江》等中译本。后浪"汗青堂丛书"推出了英国历史学家弗兰克·麦克林(Frank McLynn)的《成吉思汗:征战、帝国及其遗产》、英国汉学家魏泓(Susan Whitfield)的《十件古物中的丝路文明史》、英国霍普柯克(Peter Stuart Hopkirk,1930—2014)的《劫掠丝绸之路:从斯文·赫定到斯坦因的中国寻宝历程》、美国窦德士(John Wolfe Dardess,1937—2020)的《嘉靖帝的四季:皇帝与首辅》、美国何肯(Charles Holcombe)的《东亚的诞生:从秦汉到隋唐》、美国汉学家付罗文(Rowan K. Flad)的《古代中国内陆:景观考古视角下的古代四川盆地、三峡和长江中游》、美国学者龙沛(Peter Lorge)的《重归一统:宋初的战与和》等,从不同研究视角展现了西方中国史研究的代表性成果。

社会科学文献出版社"启微丛书"出版了前泰国外交官的吴汉泉(Sarasin Virphol)的《朝贡与利润:1652—1853年的中暹贸易》、德国汉学家白莎(Elisabeth Kaske)的《"俾斯麦的使团":德国军事教官在中国(1884—1890)》、美国威廉姆斯学院(Williams College)历史学教授罗安妮(Anne Reinhardt)的《大船航向:近代中国的航运、主权和民族建构(1860—1937)》、日本汉学家滨下武志的《资本的旅行:华侨、侨汇与中华网》、美国达特茅斯学院(Dartmouth College)程麟苏教授的《近代中国的银行业》,集中关注了海外的中国近代史研究。社会科学文献出版社"甲骨文丛书"出版了美籍华裔历史学家韩清安的《横滨中华街(1894—1972):一个华人社区的兴起》、英国学者威廉·达尔林普尔(William Dalrymple)的《仙那度:追寻马可·波罗的脚步》和美国汉学家丁爱博(Albert E. Dien)的《六朝文明》等中译本。

除了系列丛书外,2021年国内还出版了一批高质量的海外中国学译著。如:上海人民出版社出版了美国汉学家包筠雅(Cynthia Joanne Brokaw)的《功过格:明清时期的社会变迁与道德秩序》、比利时汉学家钟鸣旦(Nicolas Standaert)的《礼仪之争中的中国声音》;

广西师范大学出版社推出了美国学者白瑞德（Bradly W. Reed）的《爪牙：清代县衙的书吏与差役》；商务印书馆推出了法国皮埃尔·辛加拉维鲁（Pierre Singaravélou）的《万国天津——全球化历史的另类视角》；上海三联书店推出了英国学者乔纳森·芬比（Jonathan Fenby）等所著的《企鹅一战中国史》。这些译著选题视角新颖，利用了大量的档案史料，推动了清史及民国史的研究。浙江人民出版社则出版了美国历史学家柯博文（Parks M. Coble）的《走向"最后关头"：日本侵略下的中国（1931—1937）》的中译本，该书对日本侵华时中国国内各种政治势力如何应对进行了细致独到的分析，该书原著出版于1991年，时隔30年推出中译本，可见此书的影响力。

2021年国内出版社还推出了多部有关中共党史的译著。如北京大学出版社推出了日本学者石川祯浩的《"红星"——世界是如何知道毛泽东的？》，该书致力于复原《红星照耀中国》的诞生过程与版本流变，详细梳理了它在中国、苏联、日本等地的历史命运，澄清了后世对于这一名著的诸多误解与不实指控。人民文学出版社则推出了托马森·亚瑟·毕森（Thomas Arthur Bisson，1900—1979）的《1937，延安对话》，该书以笔记的形式记录了美国学者毕森一行人于1937年6月到访延安的真实境况，记录了在延安采访中共领导人的情况，具有重要的史料价值。

中国港澳台地区2021年也有相关成果，台湾联经出版社组织翻译了"岩波新书·中国的历史"五卷本，分别是：渡边信一郎的《中华的成立》、丸桥充拓的《江南的发展》、古松崇志的《草原的称霸》、檀上宽的《陆海的交会》、冈本隆史的《中国的形成》。这套书2020年才问世，能在短时间内迅速组织翻译并出版，可见国内学界对海外中国学研究的关注之敏锐。香港中文大学出版社出版了美国汉学家周锡瑞（Joseph W. Esherick）的《意外的圣地：陕甘革命的起源》。暨南大学澳门研究院和澳门文化公所出版了德国传教士郭实猎（Karl Friedrich August Gützlaff，1803—1851）的《已故中国皇帝道光传及清廷回忆录：含中华帝国近50年大事记》。

2021年，海外中国学译著数量颇丰，涉及主题广泛，内容涵盖历史、文化、文学等方面。呈现三个特点：一是国内海外中国学译著已经形成学术译丛和学术品牌意识。二是从时间段上来看，关注传统中国与20世纪的中国。这些译著为国内人文社会科学研究提供了国际学术参考，在学界产生了一定影响。三是从历史叙事与研究内容来看，多为宏观历史概述，关注中国的政治、经济、社会结构。但也暴露出三个问题：第一，选取译介的对象大多都是第三代、第四代中国学家的重要著作，对青年中国学家的最新成果关注不够。目前，西方中国学界处在代际转换阶段，而我们与第五代青年中国学家的交流明显不充分。第二，有些著述的学术价值和学术影响并不大，研究深度和力度均不够，适合作科普读物。第三，选择翻译的著作大多都是以个案研究、实证研究为主，对海外中国学研究的前沿理论和最新成果关注不够。

五、结语

2021 年，海外中国学界痛失重要学者，包括：致力于中国古代社会制度和中国思想史研究的法国汉学家汪德迈（Léon Vandermeersch，1928—2021），中国语言文字研究专家瑞典汉学家林西莉（Cecilia Lindqvist，1932—2021），为中国道教在国际学界正名的荷兰汉学家施舟人（Kristofer Marinus Schipper，1934—2021），让西方学者理解中国历史境遇的美国汉学家史景迁（Jonathan Dermot Spence，1936—2021），以及俄罗斯汉学家阿尔捷米·米哈伊诺维奇·卡拉佩季扬茨（Артемий Михайлович Карапетьянц，1943—2021）和俄罗斯汉学家欧福钦（Всеволод Владимирович Овчинников，1926—2021）。他们扎实的学科理论基础，对中国材料的灵活运用，对西方学界了解中国文化和中国历史产生了深远的影响。他们的殒殁使得海外中国学在一些重要领域丧失灵魂带头人物，他们的陨落也使得一些国家面临着海外中国学研究者的代际转换问题，中国学界需要关注一些年轻学者的最新成果。

总的来看，2021 年海外中国学著述、译著和研究成果较之 2020 年数量有所增加，研究队伍学科背景趋向多元。国内学者针对国外著述进行了大量的译介和个案研究工作，推进研究深度和广度的同时，着力探索海外中国学的研究理论与研究方法，加强与海外学者的对话与交流。从未来发展来看，海外中国学研究可以从以下四个方面努力：第一，重视目前海外中国学研究的碎片化问题，加强海外中国学通史编纂工作。第二，客观理性地看待海外中国学家的成果、贡献与学术价值。当前对海外中国学家及成果的关注过于集中，呈现扎堆式研究学术生态。第三，国内学者应与海外中国学家展开基于学术的平等对话。第四，加快国内复合型人才的培养，海外中国学研究不仅需要多语种的外语功底，也需要扎实的历史学、政治学、经济学等学科背景。

作者：黄畅，原载于《国际汉学》2022 年第 2 期

海外中国学期刊研究的回顾、反思与展望

引言

西方学者对中国的关注由来已久，19 世纪初以利玛窦等人为代表的西方传教士开始对神秘的东方古国进行研究，这些研究以古代中国历史、语言、文学、艺术等传统人文学科为中心，通常被称为汉学（Sinology）。[1] 随着游记汉学、传教士汉学、专业汉学的日渐学术化

与专业化，关于中国的研究成果更具有深刻性、严肃性与目的性。汉学期刊以其特有的前沿性与时效性，不仅成为海外汉学研究交流学术进展、获取研究反馈的桥梁，也为后来的学者提供了剖析汉学学术史的重要史料。[2]二战后，世界局势急剧变化，新中国政治、经济、军事实力迅速发展，过去侧重于对中国历史、人文等传统学科的汉学研究也向区域研究转向，从而满足西方国家在政治、经济、军事、外交等方面了解中国的现实性需求。在费正清（John King Fairbank）等学者的带领下，以近现代中国的政治、外交、社会等领域为主要研究对象的美国中国学（Chinese Studies）迅速发展。中国学研究在学术重心、学科特征、研究方法上都与汉学研究具有明显的差异性。中国学研究的兴起促进了中国学期刊的创办，据李松、田璐《海外英文中国学期刊的创办历史与现状》一文的梳理与介绍，目前海外以英语为主的中国学期刊已达57种。根据《中国图书馆图书分类法·期刊分类表：第三版》的期刊分类标准，现有的海外中国学期刊可以分为11个大类、18个小类[3]，本文对相关期刊的介绍与译名主要参考了该文。

海外学者对中国的研究也引起了国内学界的关注，尤其是改革开放后，国内对海外汉学和中国学的研究取得长足发展，不仅译介了大量学术成果，也在研究和反思海外研究的过程中逐渐建立起中国学者在汉学和中国学领域的主体性①。开展海外中国学的研究对中国学术界具有重要意义：一方面，"他山之石，可以攻玉"，考察来自不同文化背景的学者研究，有助于发现自身熟视无睹的盲点；另一方面，通过与海外中国学学者的对话使我们对世界视野中的中国形象有更全面深入的认识。中国学期刊既是海外中国学研究者发表前沿成果的主要阵地，也是他们交流思想的重要平台。对中国学期刊的考察是拓展海外中国学研究的视角、方法及学术思路的重要途径之一。笔者基于中国知网数据库（截至2021年11月9日），以目前已整理的57种海外中国学期刊刊名、"中国学研究""中国学期刊"等作为关键词进行检索。在筛选检索成果之后对国内学者的相关研究成果进行了统计和梳理。目前国内学界主要对9种海外中国学刊物进行了专门研究，约发表了40篇论文（含学位论文），这些成果既包括对海外中国学期刊总体的介绍与摸底，也不乏具有问题意识与批判性反思的深度研究。海外中国研究的期刊包括东方学、汉学、中国学与亚洲学等研究方向。本文在此需要对本文中的中国学期刊这一概念进行明确的定义，海外中国学期刊是指以中国作为唯一研究对象的专业性学术期刊，汉学期刊中的

---

① 相关研究成果参见吴原元《改革开放以来中国的海外中国学研究》，《国际社会科学杂志（中文版）》2009年第2期，第30—32页；张西平《改革开放以来中国海外汉学（中国学）研究的进展与展望（1978—2019）》，《国外社会科学》2020年第1期，第60—71页；杨华《改革开放40年来国内美国中国学的研究历程》，《国际汉学》2021年第2期，第184—191、207页。

《中国文学》等包括中国学成果①，东方学期刊《美国东方学学会会刊》以及亚洲学期刊《哈佛亚洲研究》《亚洲研究杂志》等也包含大量中国研究的文献资料和研究成果，但是这些刊物及其文章各有归属，因而并不在本文的考察之列。本文按照中国学期刊的主题，将已有研究成果的9种期刊大略分为四类：综合类期刊4种（《中国季刊》《近代中国》《中国研究》《当代中国》）、政治类期刊1种（《中国研究学刊》）、文学类期刊3种（《现代中国文学与文化》《中国现代小说》《今日中国文学》）、艺术类期刊1种（《华语电影杂志》）。"在国外中国学不断发展的同时，我国学术界也对国外中国学本身进行研究。这一研究可以让我们知道国外学者究竟是如何看待中国的，为我们深入认识我国自身问题提供一个多向度的观察视角。"[4]笔者也认为有必要对现阶段国内学者的海外中国学期刊研究成果进行系统梳理，试图在对这些期刊进行简要介绍的基础上，对相关研究进行陈述和分析，回顾这些学术成果的考察视角、研究方法以及对话意义，并以学术史为分析维度反思海外中国学期刊研究存在的问题，对其未来的发展提出建设性的展望。

一、海外中国学期刊研究的回顾

国内学者对海外中国学期刊的关注开始于20世纪90年代，早期的研究方法相对单一，主要是对相关刊物进行翻译与介绍，涉及的刊物也较少。进入21世纪后，相关学术成果日渐增加，作为研究对象的刊物范围也逐渐扩大，目前的中国学期刊已涵盖政治、社会、经济、法律等多个学术领域，这些成果体现了国内学者各具特色的研究视角与学术风格。当前的中国学期刊研究方兴未艾，许多学者对这一冷门领域的发掘，为中国学研究国际对话平台的构建打下了基础。

1. 综合类期刊

本文分类的刊物涉及当代中国社会、经济、历史、文化等领域的跨学科综合性期刊，包括《当代中国》《中国季刊》《近代中国》等。分类标准如下：其一，关于期刊背景的介绍，梳理其创办历史与研究主题，分析其学术价值。其二，选取期刊中的某一研究主题，围绕这一主题展开对话，分析国内外学者对这一问题的观点异同及其背后体现的文化背景、方法与视角差异。其三，以期刊为史料进行人物传记或历史研究、对多本同类型期刊展开比较研究等。总体而言，综合类期刊的创办体现了中国学研究跨学科、跨文化的特点，具有较大的挖掘潜力和丰富的学术资源。

---

① 参见如下成果：李松、韩彩琼、田璐《海外英文汉学期刊的创办历史与现状》，《南京理工大学学报（社会科学版）》2021年第1期，第1—12页；李松、田璐《海外英文中国学期刊的创办历史与现状》，《云梦学刊》2021年第6期，第26—41页；李松、吴冰霞《视角、主题与方法：海外汉学期刊研究的回顾与反思》，《南京理工大学学报（社会科学版）》2021年第5期，第1—11页。

（1）《中国季刊》

《中国季刊》（China Quarterly）于1960年在英国创办，关注当代中国的政治、经济、文化等学科，为西方最具代表性的中国学期刊之一，也被国内学者重点关注，目前已有20篇相关研究论文。与其他期刊相比国内学者对《中国季刊》的研究成果最多、内容最丰富、涵盖领域最全面。1）整体性考察。在对期刊历史溯源的基础上，对已发表的学术成果进行归纳与概括，并分析其研究特点或特定历史时期的动态变化。陈燕对《中国季刊》关注较早，从传播学与海外传媒的角度分析20世纪90年代以来该期刊研究方向的转变，包括作者队伍、读者群体等问题，并结合中国社会的发展现实分析变化的原因。[5]研究者并未停留于期刊本身的内容，而是通过学术个案分析整个西方中国学研究的动态迭代，并与中国的现实背景结合，这一具有现实关怀的视角可为后来者对特定时代的学术发展提供剖面性的认识。管永前与孙雪梅关注《中国季刊》主要创办者麦克法夸尔的学术道路与他对中国学研究的学术贡献。[6]他们不仅为读者提供了解期刊创办背景的独特角度，还鸟瞰美国中国学研究的发展历程。寻找以《中国季刊》为代表的期刊在中国学研究领域中的历史定位，有助于进一步明晰中国学研究的学科发展脉络。管永前将《中国季刊》置于20世纪60年代的中国学研究背景，回顾该期刊十年间的学术热点、作者视域以及成文情况，提出《中国季刊》的出现是20世纪60年代海外中国学研究兴盛的具体体现，所载学术成果也为我们研究中国现实问题提供了"局外人"的参考视角。[7]管永前并未将关注点停留于期刊本身，而是通过《中国季刊》这一学术个案以小见大，还原了20世纪60年代海外中国学研究全貌，他的研究有力地证明了中国学期刊在学术发展史中具有记录特定时期知识轨迹的独特价值。总体上看，围绕海外中国学期刊展开研究综述有多重学术意义。目前中国学期刊对于国内学界来说仍是较为陌生的研究对象，而此类整体性考察的文章从一定程度上填补了这一研究领域的空白，将过去尚未被国内学者注意的中国学期刊引入到研究视野。对期刊创办背景、趋势变化等问题的历史性梳理阐明了中国学期刊本身的研究价值。海外中国学期刊凝聚了某一时代学者的思想精华，是考察某一研究领域不可替代的重要文献。这类整体性考察的成果最大的价值就在于它们为其他学者开展后续研究工作进行了先导式的开拓。2）社会问题研究。改革开放后中国的城乡发展、基础设施建设、市场经济建设等较为实际性的制度问题成了《中国季刊》作者群体关注的重心。与海外学者比较而言，国内学者对中国的社会现实更有感性的认识，由此也可以区分海外相关研究与本土研究在视角、方法、关注重心上的异同。这类研究大多聚焦于某一具体的社会问题，对海外现有的研究成果进行述评，并从多维度进行中西比较，探讨海外研究的积极意义与可商榷之处。薛念文的两篇论文分别考察《中国季刊》中的中国农村建设问题和环境治理问题。《新中国成立以来的中国农村建设成就——基于〈中国季刊〉的考察》将新中国成立后农村建设的不同阶段特点与《中国季刊》学者相关研究结合起来,分析这些研究与现实情况的弥合与差异。[8]《西方学者对中国环境问题研究分析——以〈中国季刊〉(1978—2011年)为例》以改革开放后《中国季刊》上西方学者对中国环境治理方面的政策的分析为研究对象,这些西方学者认为环境恶化的主要原因是中国政府治理不力,薛念文分析了这一观点出现的原因,并提出要采取"他山之石,可以攻玉"的方法,从西方学者的角度分析我国的社会现实问题,从而为相关政策与措施的执行寻找新思路。[9]除了这两个现实问题的研究外,薛念文的《近30年来〈中国季刊〉关于中国改革开放的研究》梳理了改革开放后30年的相关论文,认为这些成果具有关心中国社会与民生、关心中国特色社会主义创新性的特点,在西方中国学研究领域树立了新的研究典范[10]。他的这篇文章研究内容很宽泛,将杂志内容与社会历史结合,旨在肯定相关研究者在中西学术交流中的积极作用。付正也从政治和经济角度对《中国季刊》进行研究,他的《〈中国季刊〉视域下的中国经济改革与发展(1978—2002年)》[11]与《海外学者论改革开放以来中国政治的发展——基于〈中国季刊〉的考察》[12],论述该刊对当代中国政治、经济领域的研究,提出要辩证看待西方学者的中国学研究,既要吸收其中可以参考、借鉴的部分,也要注意到他们因为意识形态或者其他原因产生的误区与偏差。此外,叶娟丽、王亚茹分析2012年中国共产党的十八大召开后《中国季刊》对中国乡村治理、城市治理以及社会组织的相关研究,从研究队伍、研究论题、研究方法三个角度分析了这些成果带给我们的启示及其存在的局限性。[13] 3)共和国史、外交史研究。有的学者以新中国成立以来的期刊内容为史料,开展历史性与政治性结合的史料研究。这类成果包括巫云仙对期刊中国历史研究的考察,以及孙帅、冯鲁华对20世纪五六十年代中国外交史的考察。巫云仙分析西方学者关于我国新中国成立后历史研究中存在的问题,认为这一时期的研究具有方法多样、重视实证的特点,但受到意识形态的影响,有的海外学者用西方理论生搬硬套来研究中国问题,导致结果出现偏差。[14]这篇文章通过图表与数据对《中国季刊》发文情况进行直观展示,客观评价《中国季刊》在历史研究领域的贡献与不足。中国与其他国家的外交,尤其是20世纪五六十年代与东欧国家的外交深受以美国为首的西方国家关注。现有的两篇论文,一篇关注中苏关系破裂问题,另一篇关注中国20世纪50年代与东欧的外交关系。孙帅比较了西方学者和国内学者在研究中苏关系破裂这一外交史实的不同视角,国内学者认为中苏关系破裂的根本原因是意识形态差异,西方学者认为是国家利益冲突,而这些差异背后则包含冷战思维、社会形态差异、文明隔阂等更为复杂的因素。[15]冯鲁华以20世纪60年代《中国季刊》刊载的中国—东欧外交论文为对象,认为这些作者对当时中国与以苏联为首的社会主义同盟国家关系的变化具有前瞻目光与敏锐的洞察力,并比较中国与东欧国家之间过去和现在的不同关系。[16]这两篇文章通过比较中西学者的不同研究成果,分析西方尤其是欧美学者在中国学研究中如何受到冷战思维的影响,可见这种冷战思维不仅无形地融入西方学者特定历史时期的研究，也可能贯穿于其他的中国学成果。4）毛泽东及其思想研究。这一部分论文的论述对象均为《中国季刊》所载的毛泽东思想研究。从研究规模看，《中国季刊》可以说是国外学者进行毛泽东思想研究的重镇。相关学术成果包括李静、孙帅、闫笑岩、管永前和刘汉峰的文章。这4篇文章有相似之处，比如对《中国季刊》进行介绍之后，对该刊中毛泽东思想相关研究成果进行述评，分析西方研究者研究特点及研究方法，总结其研究成就与问题，但是其侧重点各有不同，对研究文本的选取与分析方式也有所差别。李静将《中国季刊》对毛泽东思想的研究作为研究文本，侧重分析西方学者不同历史时期研究毛泽东思想的不同特点[17]，这一研究结合现实背景，有很强的动态性。孙帅关注《中国季刊》的四个研究重点（毛泽东思想的独创性、辩证法思想、政治思想、外交思想），从横向分析研究者的关注原因与隐藏在文本背后的意识形态色彩[18]。闫笑岩则更偏重对杂志内容的细读，强调站在客观立场如何把握西方学者的研究视角和研究方法[19]；管永前与刘汉峰侧重于相关研究的特点成因分析，认为西方学者受到冷战思维的影响，存在忽视客观现实的问题[20]。中西学者对毛泽东及其思想的关注往往表现出两种截然不同的评判标准，其背后隐藏着研究者本身的意识形态与文化差异等因素。

（2）《近代中国》

1975年，历史学家黄宗智（Philip C. C. Huang）在美国创办了《近代中国》（*Modern China*），该刊物研究领域涵盖近现代中国的政治、历史、教育、性别等，刊载与中国有关的各学术领域具有前沿性的研究成果，在论文质量、学术深度等方面具有较高成就，是一本具有代表性的区域研究刊物。目前国内学界对《近代中国》的关注并不多，仅有1篇相关论文。唐嘉蔓、李松将杂志的创办者黄宗智与《近代中国》及美国中国学学科作为三位一体的研究对象，探讨《近代中国》创办者黄宗智的中国学研究思想、《近代中国》不同于其他西方中国学刊物的办刊理念，以及该刊物在学科发展新时代对中国学学科进行的自我反思[21]。该文的重点并非单纯介绍刊物发展史及内容，而是探讨《近代中国》独特的学术理念与研究方法，从而肯定《近代中国》在中国学研究现代性转变中的独特地位。

（3）《中国研究》

《中国研究》（*The China Journal*，1979）由澳大利亚创办，刊登的文章内容涵盖当代中国的政治、经济、建筑、文学、艺术等领域。学界现有关于这本期刊的研究成果2篇，均为整体的综合研究。薛念文从《中国研究》中选取西方学者关于中国改革开放后的城乡经济、体制改革政治制度变化的学术研究进行分析，认为这些海外研究者能站在相对客观的角度上看待中国改革开放后的变化，且大多对改革开放采取积极肯定的态度[22]。这篇文章重在联系学术研究与社会实际，主要是对西方学者研究成果的梳理，有助于其他学者对西方的改革开放相关研究现状进行总体性的把握。尹丽从跨学科的视角对《中国研究》的内容进行述评，介绍该期刊的研究历史,包括杂志作者、相关主题、研究特点、研究局限性等。该文还对澳洲本土相关中国学研究发展的历史进行了梳理与分析,肯定《中国研究》在澳洲中国学研究领域的开拓性功绩。[23]这两篇文章都为学界了解澳大利亚本土的中国学研究奠定了良好基础。

（4）《当代中国》

《当代中国》（Journal of Contemporary China，1992）为美国创办的跨学科综合类杂志,其内容以中国的社会研究为主,横贯中国社会、历史、经济、国际外交等多个领域,在国际学界具有一定学术影响力。余倩虹聚焦《当代中国》1997—2016年间的中美关系,对相关论文的研究主题进行归类与浅析。[24]这篇文章对这一重要刊物的创办背景、作者群体进行细致详尽的考察,为国内学者就该期刊展开研究奠定了必要的基础,且研究者对美国中国学的发展历史有较为深入的了解,也为其他中国学期刊研究提供了优秀范例。遗憾的是,限于篇幅,这篇论文并未对文献资料进行更深入的剖析,仅停留在对期刊中涉及中美关系这一议题的学术成果的梳理与介绍,《当代中国》中仍然有大量学术资源有待发掘。

除了以上关于特定期刊的研究外,另有毕大博的《西方如何看待中国外交——以1990年以来的〈中国季刊〉〈中国研究〉和〈当代中国〉杂志为例》,从国际政治的学科视角出发,通过对三本杂志的比较分析中国外交情况与外交政策相关议题,一方面考察这些海外学者的研究方法、治学态度,另一方面探讨为何这些刊物的论文会出现西方学者对中国的误解。[25]作者对中西学者所处的立场差异有较为明确的认识,冷静客观地剖析西方学者在对我国外交进行研究时可能存在的偏见与误解,从意识形态冲突、文化差异等角度更进一步思考双方异质性的深层影响因素。总之,关于综合类海外期刊的研究较为深入,不少论文体现了国内学者良好的专业背景与科研素质,其内容不局限于对期刊本身的讨论,而是通过期刊成果进行时效性的横向扩展与历史性的纵向扩展,从而锚定中国学期刊在整个中国学学术史脉络中的坐标,并借助这一对话窗口分析世界学术视野中的中国形象。

2. 政治类期刊

中国的政治制度与改革一直是海外中国学学者关注的重心,但大部分成果发表于综合类期刊,学科意义上的纯政治期刊相对较少,国内对此类期刊的研究也相对较少,目前仅有《中国政治学刊》相关论文2篇。《中国政治学刊》（Journal of Chinese Political Science，1995）在美国创办,主要研究对象为中国政治理论与政策,包括中国在政治经济方面的政策、改革开放、外交关系等问题,这是美国政治领域的重要期刊。2014年,《中国政治学刊》曾经推出过主题为"中国梦：寻找未来"的特刊,刊中包括5篇研究中国梦的论文,陶季邑对特刊内容进行了介绍[26]；2015年,《中国政治学刊》再次发表5篇"中国梦"相关论文,陶季邑也对新专号进行了评述。陶季邑并未过多评价专刊论文的观点,而是积极肯定这些成果的学术价值与现实意义，试图通过这些成果还原西方学者对中国梦的认识，从中汲取对构建中国梦有利的探讨。[27]

3. 文学类期刊

文学类学术成果相关的期刊有《今日中国文学》《现代中国文学与文化》《中国现代小说》，因刊物讨论的问题为中国现当代文学，与当代中国文化息息相关，与传统汉学研究中的古代文学有较明确的区分，因此纳入中国学研究探讨范围内。

《现代中国文学与文化》（Modern Chinese Literature and Culture）于1975年在美国创刊，曾名为《现代中国文学通讯》《现代中国文学》。该刊着重研究中国现当代文学与文化，涉及文学、电影、表演等多个人文学科。该期刊涉及对现当代文学的研究，现有研究论文5篇。已有研究可以分为两类，一类是以个案研究的形式进行文学批评；另一类是宏观研究。（1）个案研究。张晓帆分析了《中国现代文学与文化》上刊载的诗歌文化及其批评，在肯定杂志选材、学者秉持多元化与国际化视角的同时，调查杂志作者的身份背景，分析华裔作者与西方作者之间视角的异同，在明确现代性与中国学两个概念的基础上进行糅合研究。文章提出，当下海外中国学研究期刊没有得到国内学界应有的重视，这些海外期刊本应成为中国现代诗学展现自我的世界舞台，同时也是国内从事中国诗学研究的学者得到新思路、踏入新领域的重要渠道。[28]秦烨指出中国小说创作与西方学者研究之间的对应性，认为这些杂志作者体现了对中国当代文化极高的参与度，力图通过对文学虚拟世界的解析达到对现实世界的干预与思考。[29]这篇文章深刻分析了期刊作者的主体参与性与研究动因，肯定《现代中国文学与文化》在英语世界中国文学研究领域的学术价值。李松与李佳涵以《现代中国文学与文化》杂志2000年第12卷第2期设立的视觉文化的特刊"现代中国的视觉文化与记忆"为中心，开展了7篇论文的视觉文化个案研究。以此特刊为研究对象，从美国学界的中国视觉文化研究谱系、中国视觉现代性的起源、视觉文化文本解读、视觉文化受众解码、视觉文化传播研究五个方面梳理所载论文的思路与方法，对海外视觉文化的现有研究范式进行反思，对于现代中国文学和文化研究具有对话互鉴的意义和价值。（2）宏观研究。郭恋东通过研究《现代中国文学与文化》18期特刊的不同主题、研究内容、客座学者，分析海外学界的研究趋势，认为这些成果加强了中国现当代文学与视觉文化之间的联系、体现了多学科研究方法在文学研究方面的优势，可以为相关研究提供有益参考。[30]陈杨子、李松关注《现代中国文学与文化》几次转型背后体现的美国学者对现代中国文学研究思路、范围、研究中心的变化，并关注近年来杂志内容的几大焦点（性别诗学研究、后殖民主义等）。[31]文章联系历史演变与社会现实、文化研究与文学批评，以小中见大的方式对美国中国学研究的发展历程进行深入分析，并延展到更广阔的跨文化、跨地域、跨民族视角。他们进一步考察了《现代中国文学与文化》几次研究趋向变化、方法论转向及其转型的背景，将杂志的重大转型置于冷战这一特殊的历史时期,关注杂志上不同领域文章的研究重点如何转移、各学科学者如何自我反思与改变研究思路、如何用多元化的视角打破中国文学研究的壁垒等。[32]文章内容并非停留于介绍该杂志的转型,而是从这一话题延展讨论这一时期西方学术领域的学科建制、文化研究趋向等话题,进一步展现20世纪70年代至90年代的中西学术交流概况。

1987年,都立大学的几位日本学者创办了《中国现代小说》季刊,这是日本唯一一本译介中国新时期文学的杂志,在日本的中国文学研究领域具有举足轻重的地位。作为一本日本刊物,其创刊背景、研究视角都与西方的中国学期刊呈现出鲜明区别。国内相关的成果包括孙若圣对《中国现代小说》创刊历史的回溯与张鹏飞对刊物研究现状的综述。孙若圣对《中国现代小说》的关注源于竹内好与刊物之间的联系。二战后日本文学面临重构现代性的危机,包括竹内好在内的部分日本学者将目光转向同时期的中国文学,试图从中寻找解决国民精神危机的渠道。《中国现代小说》的第一期编辑大都师承竹内好,其办刊理念与竹内好的学术思想之间也有复杂的联系。孙若圣认为,该刊的价值在于其客观公正的学术立场与信达雅的翻译让当时的日本民众得以通过中国新时期的文学了解当代中国的真实样貌,为中国文学在日本传播作出重要贡献。[33]孙若圣并未用太多笔墨介绍杂志本身,而是深度剖析刊物的精神价值,试图为日本的当代中国文学研究建立完整的思想链条。张鹏飞的学位论文则对《中国现代小说》的创刊历史、研究现状与传播效应做了更全面的介绍,认为该杂志最大的特点在于刻意回避政治立场,关怀中国人的生活与精神世界,因而能在学术研究中保持相对客观中立的态度,而期刊本身对译介对象的选择、翻译都保持着较高标准,使得刊物保持严谨纯粹的学术性。[34]两篇文章都由人及己,通过考察《中国现代小说》外译与传播的成功经验,为我国文学的推广提出了具参考性的建议。

《今日中国文学》(*Chinese Literature Today*,2010)由美国奥科拉荷马大学和北京师范大学人文学院联合创办,杂志内容主要译介中国当代文学与文化,并刊载西方学者对当代中国文学、文化的理论批评。国内学者对该期刊现有4篇研究论文,大致可以分为两类,一类是对期刊内容的研究,另一类是对期刊编辑、发行方式的出版学研究。(1)期刊内容研究。蒋书丽主要关注杂志的研究对象,兼论期刊的栏目与专题设置特点。该刊物对女性文学、海派文学、台湾文学、当代诗歌等新文学的译评,不仅为西方读者打开了解中国当代文学的大门,也体现了中国新文学本身正在走向世界。[35]可惜的是,文章在分析期刊作者选取作品的意图时,仍是从这些作品在国内文学界的地位出发,并未从期刊作者的角度做更深入的分析。(2)杂志传播研究。在海外中国学期刊研究中,少有研究期刊出版和传播的成果,而吴艳婷、刘毅和张佐堂都从这一角度研究了《今日中国文学》在海外的接受问题,三篇论文的主题概述如下:吴艳婷主要分析《今日中国文学》等刊物在海外传播效应不佳的原因;

刘毅和张佐堂则从《今日中国文学》的发行历程透视中国当代文学在海外的译介出版模式。具体而言，三篇论文的讨论重心各有侧重。吴艳婷将包括《今日中国文学》在内的三本文学类海外中国学期刊作为研究对象，分析这些期刊呈现的中国当代文学译介效果不佳的原因。传统中国文学越来越受到国外学者的重视，然而中国现当代文学对于海外读者来说却相对陌生。吴艳婷分析了形成这一现象的原因：一方面，国内政府、出版社限制了现当代文学的海外传播；另一方面，因为出版社不熟悉国际出版规则、翻译质量不佳等文化冲突原因也影响了这些期刊的销量。[36]这篇文章采用文献计量法，从出版的角度分析接受问题，对《今日中国文学》的发行特色、出版方式、受众群体进行分析，讨论该杂志如何通过建设完善的发行渠道和传播机制吸引读者，从而提升中国文学在国际上的影响力。[37]综合以上对文学类中国学期刊的研究文章，不难看出文学类期刊往往面临文学本位与意识形态等要素之间的纠葛，这一矛盾在中国学研究中尤为明显。从研究对象上看，中国当代文学往往凝聚了现代中国的政治文化与社会意识，在探讨这一对象时很难忽视其背后的生成背景与历史渊源；而对海外研究者来说，研究者的主体性往往无形隐藏于研究对象的选择或对文学本体的批评。在目前成果中，国内学者试图针对这一矛盾关系进行对话：或还原期刊研究本身所处的文化、政治语境并揭示期刊作者的主体立场，或借助对期刊的研究反思当代文学的理论研究与传播。

4. 艺术类期刊

《华语电影期刊》(*Journal of Chinese Cinemas*)于2006年在英国创办，主要研究华语电影相关问题，包括华语电影的发展、电影主题、导演研究等，是目前西方唯一关注华语电影的英语期刊。国内学者对艺术领域的中国学期刊关注相对较少。范梦栩最先对该刊进行了宏观介绍，她通过词云、图表等方式提取《华语电影期刊》十多年来文章内容中出现的高频关键词并进行分析，从中提取学者关注的电影题材、研究理论与现实原型，并对刊物本身和特刊的主题进行了梳理。范梦栩认为，该期刊一方面促进了华语电影与其他学科的对话，另一方面又受到西方学者的意识形态影响，应该辩证对待。同时，文章也提醒研究者需要警惕期刊作者出于主观性或非主观性渗透在学术研究中的意识形态。[38]这篇文章的纵向梳理工作，有利于后来的研究者对内容有更清晰的把握。李松与潘子君关注《华语电影杂志》中对"十七年"时期电影的多元化研究，包括"十七年"电影的历史生成语境、与现实之间的弥合、生成机制以及本土传播考察。文章认为，《华语电影杂志》相关研究的多元化受到后现代主义历史观思潮、学术群体身份认同与大陆及港澳台地区不同文化及群体之间话语权的博弈等因素影响。[39]这篇文章就"十七年"电影展开理论性解读，强调期刊文章的多元化实践与环环相扣的理论链条，不仅将相关研究置于中国电影的整体发展史中定位，也将其纳入跨文化交流与传播视野中进行了更全面的探讨。

二、海外中国学期刊研究的反思

进入 21 世纪以来,国内对海外中国学期刊的关注与日俱增。回顾现有的研究成果,可以从以下三个视角进行反思。

1. 有待于提炼具有学术深度的思想议题

从 1997 年第一篇相关文章(陈燕《〈中国季刊〉与外国的对华研究》)发表到现在历经二十多年,中国学期刊的研究成果并不算丰富,而且大多局限于对研究期刊的介绍或是对期刊内容的综述。对期刊的介绍或文献综述固然有奠基性意义,但这种浅尝辄止也导致学者尚未充分挖掘期刊研究这一宝库,发挥其应有的学术价值。形成这种现状的主要原因是,国内对海外中国学期刊较为陌生,而要翻译、细读文本又需要耗费大量时间,语言的隔阂不仅为更多研究者的加入设置了门槛,也影响现有研究向更专业化的方向深入发展。要解决这一局限,必然要求研究者开拓视野,将更多元化的研究方法引入到中国学期刊的研究实践。目前的研究中,最常见的是对文献资料的综述与细读,其他研究方法包括文献计量、定量研究、访谈法等。如吴艳婷的英语硕士学位论文《中国当代文学译介特点》结合文本细读、定量研究与质性研究等研究方法,建构中国学期刊对中国当代文学的不同译介模式,并通过搜集大量数据呈现这些译介模式的接受度与传播效应,得出当前的文学类中国学期刊传播力度还有待提升的结论。多样化的研究方式不仅能为呈现论点的信度与效度提供更有力的佐证,也是开阔研究视野的重要工具。从自身的学科专业出发,就某一具体议题与中国学期刊进行对话同样也是可取的方向。秦烨对《现代中国文学与文化》的考察就是一个很好的例子,其他文章如几位学者对《今日中国文学》译介和出版的研究等,都是优秀的专题研究。这类研究大多具有明确的问题意识,能够从具体的议题出发,对中国学期刊进行微观层面的深入挖掘。而这一类研究面临的最大挑战是如何最大限度地挖掘期刊的学术性价值,摆脱为了期刊研究而进行期刊研究的碎片化倾向,作出真正有学术创新性、独特性的研究。现有的研究成果中也不乏这一层面的学术实践,但总体上仍囿于如何突破学术载体桎梏、建立具有突破性的专题研究模式的困境。

2. 有待于构建现代中国的历史性

学科意义上的美国中国学研究呈现出与过去的中国研究截然相反的特点,其一大特征是中国学研究关注的对象是现代中国,而在划分这一对象时,海外学者基于主观或客观的原因将历史中国与现代中国彻底分离,在研究实践中忽视现代中国本身的历史性,将其视为一个孤立的、平面化的研究对象。中国学研究近年来由宏观研究转向地区或省份研究、由宏观研究转向碎片化研究的整体趋势也反映了这一局限。张耀铭曾经指出,在中国发生巨大转型的大背景下,中国学研究一味求精、求窄的方向已经无法理解和诠释当代中国的真实样貌。[40]这并非否认基于某一议题或某一时期深入挖掘的方向,而是要求国内学者在进行本土研究时正确把握历史方向，建立宏观的历史视野。针对期刊研究这一话题，要求研究者跳脱出期刊本身承载的内容，将议题还原到中国的历史与现实语境中，从空间上和时间上进行双重挖掘。张柱洪认为海外中国学研究应该拓宽历史视野。"拓宽状况考察。这有利于我们从广阔的视野观察问题。在纵向上，不能仅限于近现代史而要上溯历史渊源、下及最新发展。过去有的国外学者研究我国以古'观'今，认为新中国成立仅是改朝换代，这当然是错误的；现在有的国外学者是'观'今轻古，不顾及我国历史条件，割断历史，也难以正确认识今天的中国。"[41]笔者认为，建构现代中国的历史性的前提是，必须对西方学者的历史观有更清晰的认识。西方学者对中国历史和现代中国认识之间的错位，本质上仍旧源于其根深蒂固的西方中心论，否认中国本身的思想文化溯源，而将现代中国的政治、社会制度归于受西方政治革命影响的成果。在对其研究进行剖析时，我们更应该警惕这种隐形的西方中心主义，将中国研究还原到真正的中国历史语境中。

从付正对《中国季刊》改革开放议题的研究中，我们可以看到有的作者对部分中国学研究缺乏历史视野现象的反思。《中国季刊》创办时间较长，具有重要的史料价值，因此学者在对其进行研究时，往往并非以期刊文章本身为关注中心，而是将这些文章作为折射特定时代社会问题的视点，比较西方学者的研究与中国现实之间的罅隙与弥合，为研究中国历史提供更立体、更全面的把握。付正不仅考察了《中国季刊》在中国经济、政治、社会民生等领域开展研究的价值，也分析期刊所载论文通过中观与微观研究中国改革开放后的历史所存在的不足。他认为，尽管个案研究能够从多个角度帮助我们理解中国复杂的现实情况，但该杂志对实地调研、个案研究的偏好也导致在相关领域的宏观性、系统性研究逐渐减少，学者既要思考如何通过"走入个案"把握中国转型变迁的复杂图景，也要"跳出个案"从宏观上把握整体发展趋势。[42]研究期刊作者的学术成果，有必要了解其学术背景和研究动机，辨析他们的理论框架、观察方式、研究方法与研究诉求，哪些具有一定的西方特色，哪些具有普遍的适用性，从跨文化的角度去理解学术观点的建构缘由。

3. 有待于进行开放而平等的文明对话

周宁[43]、顾明栋[44]提出汉学主义这一概念，指出西方学者的汉学研究存在知识性误读与错误的中国形象建构等问题。对中国学期刊的研究同样需要避免陷入汉学主义的思维陷阱，尤其是在必然涉及意识形态的社会科学研究中，既要坚持学者客观中立的学术立场，尽量避免作为研究主体的中国学者自身受到惯性思维影响，也要时刻警惕可能无形渗透在西方学者笔下的偏见与误导。

回顾现有的中国学期刊研究，大多数学者会将基于同一话题的中西研究进行比较，重视中西对话中的差异性，对西方学者研究立场的解读也分为不同的观点，一类承认西方学者作为旁观者的立场，认为他们的研究能够跳出中国学者已有的思维框架，从更客观冷静的角度

"旁观"中国研究中出现的学术问题，或许具有更纯粹的学术价值；而更多的学者则注意到了这些西方学者本身的主体性，中国学研究中的中国仍然是被主体研究的"他者"，西方学者的解读也无法完全做到不偏不倚，尤其是在作出价值判断时，往往会受到西方中心论的思维干扰。譬如管永前在对《中国季刊》中的中苏关系史进行考察时，注意到以西方为模板的根深蒂固的思维如何在无形中影响西方学者的思路，在分析中苏关系的变化时，这些学者也许会忽略中国党政发展的历史特殊性，而将资本主义国家的发展模式套用于中国的外交政策上，导致对中苏关系的变化因素产生了错误定位。即便是那些看似与政治关系较少的研究，也可能在无形之间包含学者本人的偏见，范梦栩在研究《华语电影期刊》时指出，一些电影研究者为了论文能更容易发表，往往选择一些包含让人对中国产生负面印象的题材，甚至会在文中加入对中国审查制度和社会体制等的批判[38]，这些误读或曲解已经脱离了学术研究本身应有的客观中立，这是西方学者局限性的体现。在对海外中国学期刊进行学术定位时，需要同时考虑其创新性与局限性，对期刊本身的立场与价值倾向有更准确的把握。

在警惕西方中心论、汉学主义等倾向的同时，也要谨防走向另一个极端，即以自身为唯一尺度的中国中心论。中国学研究本质上是一种跨文化、跨学科的研究，应该将自我与他者（研究对象）共同纳入跨文化的视野，如果将中国作为孤立的学术研究对象，难免产生盲人摸象的错误。在当前的全球化大背景下，必须注意到中国文化在世界这一紧密相连的动态系统中如何与其他文化产生磨合与冲突，又如何在此过程中实现兼收并蓄、取长补短。在现有的中国学期刊研究中，我们不难看到国内研究者们为寻求中外学者平等对话作出的努力，比如理性肯定海外中国学学者的研究成果，积极发掘开放的学术观念，体现了跨文化交流本身的积极意义：不仅能丰富自身文化的内涵，提升中华文化的包容力与多样性，更能超越学科背景与意识形态的限制，寻找在世界知识之林中的坐标，促进与世界范围内学者的良性互动。

三、海外中国学期刊研究的展望

海外中国学期刊研究的未来是值得期待的，可以预计这一领域未来会出现更多具有价值的思想成果。在此，笔者对未来的中国学期刊研究的可能性提出一些浅见。

1. 走向整体性与系统性研究

根据李松、田璐对海外英语世界中国学期刊现状的整理，仅以英语为主的中国学期刊就多达 57 种[3]，相关成果非常丰富。可惜的是国内学者关注的期刊种类并不多，其中大多数都为跨学科的综合性刊物，其他刊物尤其是单一学科的刊物，尽管也有部分涉猎，但因为语言障碍等现实原因，对国内学者来说可能较陌生，许多在西方学术界较主流的中国学刊物，如《二十世纪中国》（*Twentieth-Century China*）、《近代中国》（*Modern China*）等尚未得到充分译介，也没能获得国内研究者广泛重视。而部分领域，如当代中国的艺术、地理等，西方期刊本身数量较少，国内学者也未将其作为主要研究对象。

现有的学术成果也存在缺乏系统性、研究范围狭窄的问题。所有海外中国学期刊的研究中，综合类期刊占比最大，而对单一学科期刊的研究相对较少；在综合类期刊中，对《中国季刊》的研究最多，对其他期刊的关注度相对较低。这种现象出现的一部分原因是《中国季刊》本身的特殊性。《中国季刊》作为西方中国学研究界的权威杂志，具有学科范围广、学术成果丰富、作者群体水平高等优点，代表了西方同类刊物在中国学的前沿水平。因此，国内学者将其视为西方中国学的重要阵地，对该刊内容的翻译介绍较多，对其熟悉度也较高，薛念文、管永前等人更是长期将其作为研究对象。因此，针对现有研究规模小、研究零散的问题，有待未来更多学者参与到这一领域，以形成更全面、更具有整体性的研究体系。海外中国学者对当代中国问题的关注受到实用性的影响，往往集中于中国的政治、体制、经济等问题，而国内学者对这些主题的关注也体现了我们自身的战略需求。然而，这种偏好也影响了现有研究向更多元的方向发展，期待未来有来自不同学科、不同专业的研究者能加入到对中国学期刊的研究中，了解海外学者眼中的中国当代艺术、文学、语言等领域，共同构筑更全面的海外中国学研究体系。

同时，笔者也希望未来国内学者能发掘以其他语言创办的中国学期刊，除了英美国家，欧洲、东亚等地区也有许多重要的中国学期刊尚未被我们了解，虽然这些国家或地区并未形成英美那样成规模的中国研究体系，但他们基于各自学术传统与研究范式的中国学研究也有其不可替代的特征，了解他们的动向与现状，能为我们更全面地建构世界视野中的中国形象添砖加瓦。当然，无论是对期刊进行翻译还是更深入展开研究，都需要有更多具备专业素养的学者乃至于研究团队参与到这一领域。同时，也要求国内的研究者们增强彼此互动，建立互惠互利的协作关系。

2. 确立中国学研究的主体间性

尽管有的学者注意到国外中国学期刊背后的文化交流问题，比如中国学者无法与海外学者充分对话争取话语权的问题，但现有成果大多停留在对西方学者研究成果的述评，没有对两者进行更系统、更全面的比较。这些成果中同样有可取的比较研究，比如冯鲁华、孙帅各自就中西方学者的20世纪60年代中国与东欧国家外交问题研究差异进行深刻的比较分析，但这种针对特定主题的比较研究只是极少数，而且这些比较双方异同的研究还停留在单方面对西方学者研究成果进行批评和吸收，缺乏与这些学者平等交流的渠道。如何在对中国学期刊的研究中建立这一循环也是未来应思考的问题。尽管有的学者已经注意到中西双方在各自的研究中并无研究水平的明显差异，但双方的对话依然呈现出错位的现象，对彼此的误读、偏见依然存在，遑论建立平等的对话平台。究其原因，注意到并重视这一交流渠道的学者太少，交流过程还处于双方的磨合阶段。希望随着未来中国学期刊研究向更深、更广的方向发展，我们能够逐渐克服语言和文化的隔阂，实现真正的跨文化知识生产和互动。

中国学研究本身的特殊性，注定它无论作为一门学科还是一门研究，在国内的学术体系中都居于一个特别的位置。国内的学者在对海外中国学进行研究时，也常常面对这样的悖论：如果认同中国学研究的结构，将自己视为被研究的客体，那就很容易陷入自我他者化的汉学主义陷阱中；故而许多学者也提出要增强自身在中国学研究的主体性与话语权，建立属于中国自己的中国学研究，但笔者认为这种倾向也存在不合理性，中国学的建立是地区研究发展的结果，它与东亚研究、欧洲研究等并列，是一门具有学科属性的研究。如果在中国学研究中强调中国本身的主体性，实际上就是将自身特殊化，容易走向文化民族主义的极端。乐黛云认为："自经济、科技全球化时代提出文化多元化问题以来，如何推进不同文化间的宽容和理解成为学术界十分关注的热点问题。以'互为主观''互为语境''互相参照''互相照亮'为核心，重视从'他者'反观自身的理论逐渐为理论界所接受，并为多元文化的发展奠定了重要的基础。"[45]因此，笔者认为未来的中国学研究之研究应走向建立主体间性理论，也就是说，从近代的主体性哲学（主客二元对立）走向认识论和本体论（存在论、解释学）意义上的主体间性（主客不分、物我一体）。神学家马丁·布伯认为存在是关系而非实体，而作为存在的关系本质上是一种"我—你"关系，而不是"我—他"关系，包括人与自然的关系、人与人的关系以及人与神的关系；我—他关系是主客关系，是非本真的关系，而我—你关系是本源性的关系，是超越因果必然性的自由领域。在"我—你"关系中，体现了纯净的、万有一体之情怀，"人通过'你'而成为'我'"。[46]异己化的客体世界通过有生命的、自我主体平等的主体世界之间的交往、对话、理解与同情而融合为一体，成为自由的、超越的存在，从而本真的、自由的存在通过"我—他"关系变为"我—你"关系。通过自我与他者之间的充分交流、互相同情达到真正的理解，不是自我支配对方，也不是对方征服自我，而是自我主体与世界主体之间的互相尊重、和谐共生。可见主体间性理论对自我与他者关系的探讨可以为未来建立平等包容的学术关系提供参考，真正的国际视野绝非是二元对立的"西方中心"或是"中国中心"，而是要求来自不同背景的学者能够互为主体，构建主体与主体之间的平等关系，通过互相阐释建立有活力的阐释循环。

结语

尽管当前的中国学期刊研究仍存在不少问题，但也不应忽视近年来中国学期刊研究领域发生的积极变化。和21世纪初单纯进行文本分析的研究相比，近十年的学术成果展现了学者们的多样学科研究方法，研究内容也更专业。同时，随着学者们对这些期刊的了解越来越深入，部分研究已经不再停留于过去单纯地介绍这些期刊的文章，而是借助中国学期刊这一平台进行学术上的交流。由此看来，未来这一领域会更受到学者们的重视，必然也会出现更多具有价值的可喜成果。

如果将中国学期刊比作沟通交流的窗口，那么其视角必然是双向的。对于海外学者来说，中国学期刊是记录他们的前沿思想与学术成果的重要平台，而对国内学者来说，研究中国学期刊对我们把握海外中国学学者的思想动态、促进双方对话交流具有重要意义。本文对国内现有的中国学期刊研究成果进行了梳理，发现现有研究成果为海外中国学期刊研究奠定了良好的开端，很多学者对期刊作了重要的介绍和梳理工作，也有不少学者将更丰富的研究方法运用于中国学期刊研究。尽管对中国学期刊的研究总体还处于起步阶段，语言、意识形态、文化等各个方面的差异会让平等对话需要漫长的过程，但笔者相信，随着未来学术交流的增加以及出于文化、政治、经济等各个方面的需要，对西方中国学研究的再研究会逐渐成为学术研究的热点，作为西方中国学研究重要阵地的中国学期刊也会受到越来越多学者的关注。因此，本文也期待未来国内学者能在更多领域有丰富深入的研究，也期待学者将许多现在未得到译介和关注的中国学期刊作为新的研究对象，产出更多兼具高学术价值和国际学术视野的优秀成果，让中外学术交流不再是自说自话，而是形成良性的互动与回响，共同推进人类学术事业的进步。

参考文献

[1] 李松，韩彩琼，田璐. 海外英文汉学期刊的创办历史与现状［J］. 南京理工大学学报（社会科学版），2021（1）：1—12.

[2] 李松，吴冰霞. 视角、主题与方法：海外汉学期刊研究的回顾与反思［J］. 南京理工大学学报（社会科学版），2021（5）：1—11.

[3] 李松，田璐. 海外英文中国学期刊的创办历史与现状［J］. 云梦学刊，2021（6）：26—41.

[4] 张注洪. 中国学术界对国外中国学的研究［J］. 当代中国史研究，2013（1）：1.

[5] 陈燕. 《中国季刊》与外国的对华研究［J］. 对外大传播，1997（11）：51—52.

[6] 管永前，孙雪梅. 麦克法夸尔与《中国季刊》的创立［J］. 北京行政学院学报，2009（2）：107—112.

[7] 管永前. 文献计量学视角下的西方当代中国研究——以《中国季刊》（1960—1969）为个案［J］. 北京行政学院学报，2012（6）：113—120.

[8] 薛念文. 新中国成立以来的中国农村建设成就——基于《中国季刊》的考察［J］. 国外社会科学，2019（3）：31—38.

[9] 薛念文，刘雪利. 西方学者对中国环境问题研究分析——以《中国季刊》（1978—2011年）为例［J］. 知与行，2017（8）：36—40.

[10] 薛念文. 近30年来《中国季刊》关于中国改革开放的研究［J］. 国外社会科学，2012（2）：10—16.

［11］付正.《中国季刊》视域下的中国经济改革与发展（1978—2002 年）［J］.当代中国史研究，2018（5）：106—117，128.

［12］付正.海外学者论改革开放以来中国政治的发展——基于《中国季刊》的考察［J］.当代世界与社会主义，2020（3）：198—206.

［13］叶娟丽，王亚茹.海外中国基层治理研究之述评——以十八大以来《中国季刊》的文献为样本［J］.江苏社会科学，2019（6）：88—100，258—259.

［14］巫云仙.从《中国季刊》看西方学者对中华人民共和国史的研究［J］.中共党史研究，2008（1）：105—111.

［15］孙帅.西方视野下的中苏关系破裂原因探析——以《中国季刊》为研究视角［J］.当代中国史研究，2014（5）：109—115，128.

［16］冯鲁华.20 世纪 50 年代中国与东欧社会主义国家关系研究——以 1960 年《中国季刊》为视角［C］//2016 年度文献研究个人课题成果集：上，2018：113—123.

［17］李静.《中国季刊》与国外毛泽东研究的历史逻辑［D］.南京：南京大学，2018：11—46.

［18］孙帅.《中国季刊》与毛泽东思想研究［J］.国外理论动态，2014（8）：72—78.

［19］闫笑岩.《中国季刊》关于毛泽东研究的几个问题［C］//中共中央文献研究室个人课题成果集 2015 年：上，2016：174—184.

［20］管永前，刘汉峰.《中国季刊》视角下的西方毛泽东研究（1960—2014）［J］.领导之友，2016（7）：64—73.

［21］唐嘉蔓，李松.黄宗智与《近代中国》的中国研究［J］.北部湾大学学报，2020（12）：76—83.

［22］薛念文.西方学者眼中的中国改革开放——以澳大利亚《中国研究》为例［J］.史林，2010（4）：157—162，191.

［23］尹丽.《中国研究》（The China Journal）之述评（1979—2018）［D］.北京外国语大学，2019：46.

［24］余倩虹.《当代中国》与美国中国学的发展（1997—2016）［D］.北京外国语大学，2017：24—47.

［25］毕大博.西方如何看待中国外交——以 1990 年以来的《中国季刊》《中国研究》和《当代中国》杂志为例［D］.沈阳：辽宁大学，2016：63—64.

［26］陶季邑.从美国《中国政治学刊》看西方中国梦研究［J］.武汉科技大学学报（社会科学版），2014（4）：363—366.

［27］陶季邑.美国《中国政治学刊》2015 年中国梦研究专号介评［J］.武汉科技大学学报（社会科学版），2015（5）：502—506.

［28］张晓帆.国际化、多元化、本土性视域下的中国现代诗歌研究——美国英文学术期刊《中国现代文学与文化》及其中国现代诗歌研究［J］.科教导刊（中旬刊），2013（8）：161—165.

［29］秦烨.虚构与真实——论《现代中国文学与文化》中的当代小说研究［J］.南方文坛，2016

(2)：69—75.

[30] 郭恋东. 基于英文学术期刊的中国现当代文学与文化研究——以 Modern Chinese Literature and Culture 的 18 个特刊为例 [J]. 当代作家评论，2017（6）：185—198.

[31] 李松，陈杨子. 美国《现代中国文学与文化》杂志的研究转型及其主要趋向 [J]. 台北大学中文学报，2021（29）：159—189.

[32] 陈杨子，李松. 美国《现代中国文学与文化》杂志的文化转型及其成因分析 [J]. 学术评论，2020（3）：38—43.

[33] 孙若圣.《季刊中国现代小说》的创刊与竹内好的思想遗产 [J]. 中国现代文学研究丛刊，2019（6）：234—246.

[34] 张鹏飞. 中国当代小说在日本的译介 [D]. 华东师范大学，2019：34—40.

[35] 蒋书丽.《今日中国文学》在美国 [J]. 书屋，2014（12）：50—55.

[36] 吴艳婷. 中国当代文学译介特点——以《中华人文》《今日中国文学》《路灯》为例 [D]. 广东外语外贸大学，2017：45—48.

[37] 刘毅，张佐堂.《今日中国文学》对中国当代文学的译介出版模式研究 [J]. 出版发行研究，2019（10）：63—67.

[38] 范梦栩. 透视英语世界的华语电影研究——以 Journal of Chinese Cinemas 为例 [J]. 电影评介，2019（Z1）：100—105.

[39] 李松，潘子君.《英国〈华语电影杂志〉与"十七年电影"研究的多元化建构》[J]. 批评理论，2021（4）：50—66.

[40] 张耀铭. 中国崛起与"中国学"的本土化 [J]. 四川大学学报（哲学社会科学版），2013（3）：5—12.

[41] 张注洪. 中国学术界对国外中国学的研究 [J]. 当代中国史研究，2013（1）：119.

[42] 付正.《中国季刊》视域下的中国经济改革与发展（1978—2002 年）[J]. 当代中国史研究，2018（5）：106—117，128.

[43] 周宁. 汉学或"汉学主义"[J]. 厦门大学学报（哲学社会科学版），2004（1）：5—13.

[44] 顾明栋，钱春霞. 汉学与汉学主义：中国研究之批判 [J]. 南京大学学报（哲学·人文科学·社会科学版），2010（1）：79—96，160.

[45] 乐黛云. 国际汉学研究的新发展与比较文学的前景 [J]. 四川外语学院学报，2001（1）：1—2.

[46] 马丁·布伯：《我与你》，陈维纲译，生活·读书·新知三联书店 1986 年版，第 44 页。

作者：李松，杨炜竹，原载于《南京理工大学学报（社会科学版）》2022 年第 3 期

百年来中国学人的美国中国学研究进路及其反思

早在清末民初，中国的报刊上开始出现介绍美国中国学动态的文章。比如，1903 年 2

月 12 日的《湖北学报》即刊有《美国哥伦波大学设中国学部》。自此始至今，中国学人对美国中国学的关注与研究已有百余年的历史。对于百年来的美国中国学研究，学界已有所梳理。① 然而，已有研究多是就某一特定阶段作概况式介绍，或从整体性视角就百年来海外中国学研究进行梳理，多没有涉及研究进路。事实上，受学术思潮、学术演进及中美关系等影响，中国学人对于美国中国学的研究取向和进路具有随时代变迁而不断嬗变之特点。基于此，本文拟以进路嬗变为视角，对百年来中国学人的美国中国学研究进行系统而全面的梳理与探讨，不当之处，还请方家批评指正。

一、民国时期：基于学术角胜的动态追踪与尖锐评论

清末民初之际，正是美国中国学由传教士汉学转向学院化汉学之际。彼时，耶鲁大学、哈佛大学、加利福尼亚大学、哥伦比亚大学等美国高校相继设立了汉文讲座。对于美国中国学的这一动态，中国报刊先后刊发了《译篇：美国增设汉学科》（《教育世界》第 49 号，1903 年 5 月）、《国外纪闻：美国讲求汉学》（《教育周报》（杭州）第 69 期，1905 年 1 月 12 日）等多篇文章予以介绍。与此同时，中国报刊上亦不时刊有《美人关心吾国国粹》（《教育周报》（杭州）第 57 期，1914 年 10 月 18 日）、《美人请保存中国古物》（《宗圣汇志》第 13 号，1915 年 3 月）等介绍美国重视中国古物的报道。除满足好奇心外，国内刊物热衷报道此类消息更多的是受保存国粹、复兴古学之社会风潮的影响，用意在于彰显中国学问之价值，引为保存国粹之依据。正如国粹学派代表性人物邓实所言，"外人之所以勤求吾学者，何其至也。夫经欧美之藏书楼，无不广贮汉文之典册；入东瀛之书肆，则研究周秦诸子之书，触目而有。乃他人之宝贵吾学如是，而吾乃等之瓦鼎康瓠，任其沉埋于尘埃粪土之中，视若无睹。家有至宝，而遗于路人，岂不惜哉！"[1]

中国学人开始从学术视角对美国中国学予以关注，则始于 1920 年代之后。众所周知，20 世纪 20 年代后，域外汉学发展迅猛，已呈"登堂入室"之势，正如时人所慨叹的那样，"外人之致力汉学，为期虽短，而进步惊人。即如欧美汉学家能以科学方法处理史料，其研究之精细，立论之精辟，多为国人所不及；又如日本学者之研究中国学术，其精密处虽不如西人，然取材之赅博，刻苦不苟之精神，殊足供国人所借镜。"[2] 在"他人入室"的冲击之下，中国学人激发出强烈的争胜之心。孟宪承在讲演"欧洲之汉学"时便道，"为什么我国的学术要外国人来代我们研究？为什么我要外国人寻出路来我们去跟着它走？耻辱，这是我

---

① 学界梳理总结国内海外中国学研究的文章主要有：朱政惠先生的《中国学者对海外中国学研究的百年回顾——进程、特点和若干问题的思考》（《甘肃社会科学》2013 年第 5 期）、李孝迁的《域外汉学与中国现代史学》（上海古籍出版社 2014 年版）一书之第八章"民国学界汉学史介研"、张西平先生的《改革开放以来中国海外汉学（中国学）研究的进展与展望（1978—2019）》（《国外社会科学》2020 年第 1 期）等。

们极大的耻辱！"[3]陈训慈在译介美国中国学家赖德烈（Kenneth. S. Latourette，1884—1968）的《中国史：一个研究领域》时，特撰《译余赘言》并指出，"西人研究史学，无往不入，德法史家已多有考求吾史者，今美人亦继起自勖"，并言"要知本国之史不修，留待外国学者，为吾所应为之事，实为人世之大羞。"[4]

受中外学术争胜思潮之影响，加之留美学者颇多，美国中国学开始进入民国学人的学术关注视野，对其动态的反应颇为迅速。赖德烈的《中国史：一个研究领域》甫一发表，陈训慈旋即译介；1929 年，美国国会图书馆的恒慕义（Arthur W. Hummel，1884—1975）在《美国历史评论》上刊发《中国的历史学家是如何对待其历史》一文，王师韫在当年 10 月即将此文译出，以《中国史学家研究中国古史的成绩》为题刊于《国立中山大学语言历史学研究所周刊》①；嘉德纳（Charles S. Gardner，1900—1966）的《中国旧史学》一书出版于 1938 年，同年底朱士嘉就在《史学年报》上发表了关于此书的书评。②

不唯如此，燕京大学历史系专门组织各国文字翻译组，以集体方式翻译各国研究汉学之著述，其首先介绍各国研究中国之机关、文献及趋势，继将译专门研究之精选论文，次第发表。[5]后因译事繁重，多次扩充翻译组人员。[6]在北平图书馆馆长袁同礼的主持下，《北平图书馆馆刊》几乎每期都有汉学资讯，或汉学家，或汉学著作，或汉学刊物，或汉学书籍入藏记录等，而该刊"新书介绍"栏目则常向读者介绍最新出版的汉学著作。《图书季刊》从 1939 年 9 月第 1 卷第 3 期至 1941 年 6 月第 3 卷第 1、2 合刊，特设"专介绍西人关于汉学之著述"的附录，每期介绍汉学著作少则十种，多则十九种，其中美国中国学家的著述即有卡特（Thomas Francis Carter，1882—1925）的《中国印刷术源流史》、卜德（Derk Bodde，1909—2003）的《李斯传》等。③《史地学报》《食货》《燕京学报》《史学年报》《东方杂志》《清华学报》等亦多刊有介绍美国中国学动态的著述或译文。

与此同时，民国刊物还刊载了不少日本人介绍欧美汉学研究动态之译文。例如，赵亦民刊于《新生命》（第 2 卷第 12 号，1929 年 12 月）的《最近十年关于中国英美俄德文献》，系译自日本杂志《思想》1929 年 7 月号特辑"支那号"。樊哲民刊于《行健月刊》（第 6 卷第 4 期，1935 年 4 月）的《欧美研究中国学术之杂志》、李承萌等刊于《史学消息》（第 1 卷第 6、7 期，1937 年）的《欧美汉学研究之现况》、汪馥泉刊于《学术》（第 1 期，1940

---

① Arthur W. Hummel. What Chinese Historians are Doing in Their Own History，*The American Historical Review*，Vol. 34，No. 4，（Jul.，1929）. 译文见 ArthurW. Hummel 著，王师韫译《国立中山大学语言历史学研究所周刊》第 9 卷第 101 期，1929 年 10 月。

② Charles S. Gardner，*Chinese Traditional Historiography*.，Cambridge：Harvard University Press，1938. 关于此书的书评见朱士嘉《中国旧史学》，《史学年报》第 2 卷第 5 期，1938 年。

③ 分别刊于《图书季刊》第 1 卷第 2 期（1939 年 6 月），第 3 卷第 1、2 期合刊（1941 年 7 月）。

年2月)的《中国研究在欧美》、唐敬杲刊于《学术界》(第1卷第5期,1943年)的《欧美关系中国学的诸杂志》,皆系编译自石田干之助的《欧人之汉学研究》及其《欧美的中国研究》两书。1937年《史学消息》所刊《欧美汉学研究文献目录》及唐敬杲刊于《东方文化》(第1卷第2期,1944年)的《近世纪以来西洋人之中国学研究》,系编译青木富太朗的《东洋学之成立及其发展》;杨慕冯刊于《民族月刊》(第1卷第3期)的《欧美人士对中国学术的研究》及《大学》(第2卷第10期,1943年)的《欧美人研究中国学的概要》,实为日人近藤本一的《支那学艺大辞汇》之编译。[7]

值得注意的是,美国中国学家每有新著出版,民国学人即撰写书评予以评介。20世纪30年代以来,美国出版的汉学著作主要有盖尔的(Esson M. Gale, 1884—1964)的《〈盐铁论〉译注》(1931)、魏楷(James R. Ware, 1901—1977)的《〈魏书·释老志〉译注》(1933)、孙念礼(Nancy Lee Swann, 1881—1966)的《班昭传》(1932)、赖德烈的《中国史与文化》(1934)、富路德(L. C. Goodrich, 1894—1986)的《乾隆禁书考》(1935)、顾立雅(H. G. Creel, 1905—1994)的《中国之诞生》(1936)、卜德的《李斯传》(1938)、德效骞(Homer H. Dubs, 1892—1969)的《前汉书译注》(1938)、嘉德纳的《中国旧史学》(1938)、拉铁摩尔(Owen Lattimore, 1900—1989)的《中国的亚洲内陆边疆》(1940)、宾板桥(Woodbridge Bingham, 1901—1986)的《唐代的建立》(1941)、韦慕庭(C. Martin Wilbur, 1907—1997)的《前汉奴隶制度》(1943)、恒慕义主编的《清代名人传记》(1943)等。这些著作出版后,民国学人多撰有书评。富路德的《乾隆禁书考》甫一出版,洪煨莲、雷海宗、郭佳斌即撰写书评予以评述;① 杨联陞、陈受颐、聂崇岐先后就韦慕庭的《前汉奴隶制度》撰写了书评②;雷海宗、陈恭禄等人为赖德烈的《中国史与文化》撰有书评;③ 王伊同则就德效骞的《前汉书译注》和卜德的《李斯传》各撰长篇书评。④ 盖尔、顾立雅、孙念礼、魏楷、嘉德纳、拉铁摩尔、恒慕义之著,亦同样有萧公权、雷海宗、

---

① 洪煨莲:《评古得林著乾隆书考》,《史学消息》第1卷第6期,1937年5月;雷海宗:《书评:The Literary Inquisition of Ch'ien-Lung, Luther Carrington Goodrich》,《清华学报》1935年第10卷第4期;郭斌佳:《书评:乾隆之禁书运动》,《国立武汉大学文哲季刊》第5卷第3期,1936年。

② 杨联陞:《评韦尔柏〈前汉奴隶制度〉(书评)》,《思想与时代月刊》第28期,1943年11月;Ch'en Shou-yi. Review Slavery in China During the Former Han Dynasty, 206 B. C-A. D25. byC. Martin Wilbur. Pacific Historical Review, Vol. 14, No. 1 (Mar., 1945);聂崇岐:《书评. Slavery in china during the former Han dynasty, 206 B. C-A. D25》,《燕京学报》第31期,1946年。

③ 雷海宗:《The Chinese, Their History and Culture》,《清华学报》第10卷第2期,1935年4月;陈恭禄:《评莱道内德(K. S. Latourette)著〈中国史与文化〉》,《武大文哲季刊》第3卷第2期,1934年。

④ 分别刊于《史学年报》第2卷第5期(1938年)和第3卷第1期(1939年)。

齐思和、周一良、朱士嘉、张煜全、王重民为之撰写书评。①

饶有意味的是，民国学人在书评中对美国汉学著作的评论甚是尖锐。例如，德效骞的《前汉书译注》被美国汉学界评为"经典之著"，[8]然王伊同认为该译注虽"其功不朽"，其翻译却"或出入原恉，且译工未细，或伤文气"，并批评"其注释之部，多所剽夺，以为发明，尤失史家公正之态度"。[9]韦慕庭的《前汉奴隶制度》，虽入选美国汉学界组织评选的"最具价值的著作"之列，[8]但杨联陞认为"东周以后，在中国从没有以奴隶为生产中心的社会，已经是一般史家所公认的事"，故其著"不过从各方面作详实的分析，使这个论断更加有力"，且其"时代断限，未免太浅，后汉初的材料，很多没有用。"[10]富路德的《乾隆禁书考》，有美国汉学家称赞其"证据充分详实"，"为汉学研究确立了一个非常高的标准。"[11]然在雷海宗看来，其上半部不过是"综合整理近年来各方面研究的结果，无许多新的贡献"，由于"Goodrich 先生读中文的能力太差"，以致"占本书四分之三篇幅的下部全不可用。中国人无需去用，不识中文的西洋人若去应用就要吃大亏"。[12]戴闻达（J. J. L. Duyvendak，1889—1954）认为嘉德纳的《中国旧史学》是一部"精彩之著"，[13]但朱士嘉称其除"精神固自可钦"外，几无可取之处，不仅"中国典籍徵引较少"，且著者"仅就校勘学分类法等问题略加论列，似属舍本逐末，隔靴搔痒"。[14]民国学人所以持如此尖锐之批评，系将书评视为捍卫学术自尊的一种场域和方式，通过书评使外人认识到，治中国学问，端有赖于中国学人之研究。正如梁容若所说，"研究中国历史文化的学术，如果脱离中国人的阅读批评，自成一个世界，实在是最畸形的事！"[15]

就美国中国学的学术史研究而言，则彼时尚未开始。莫东寅的《汉学发达史》和梁绳祎的《外国汉学研究概观》虽对美国中国学史有所介绍，但仅是就著名汉学家及研究中国的机构与杂志加以简略介绍，且多参译日本人的论著。②然而，由于与美国中国学界有较为密切的接触，中国学人已开始对美国中国学史有所观察与思考。例如，1936 年齐思和在评述《哈佛亚洲学报》时即指出哈佛大学与哥伦比亚大学的中国研究之不同，"二校学术风气本彼此不同，今两校之汉学家亦各树一帜，互相抗衡。哥伦比亚以戴闻达、韩慕义（指恒

---

① K. C. Hsiao, "Discourse on Saltand Iron", The Chinese Social and Political Science Review, Vol. XV. No. 4 (Jan., 1932); H. T. Lei, "Book Review: The Birth of China. by H. G. Creel." The Chinese Social and Political Science Review, Vol. XXI, No. 2 (Jul. 1932); 齐思和：《班昭传》，《燕京学报》第 22 期，1937 年；周一良：《评魏楷英译魏书释老志》，《史学年报》第 2 卷第 4 期，1937 年；朱士嘉：《中国旧史学》，《史学年报》第 3 卷第 5 期，1938 年；Yu-chuan Chang. "Book Re-view: Inner Asian Frontiers of China. by Owen Latimore"., The Chinese social and political science review, Vol. XXI, No. 3 (Oct. – Dec., .1940); 王重民：《书评：清代史人》，《图书季刊》第 5 卷第 1 期，1944 年。

② 梁绳祎：《外国汉学研究概观》，《国学丛刊》第 1、2 期（1941 年 12 月和 1942 年 1 月），莫东寅：《汉学发达史》，文化出版社 1949 年版。

慕义）为柱石，古得利、皮克（Peake）为中坚，诸氏皆居中国甚久，为学主采撷吾人研究成绩，树立美国汉学；哈佛则以伊里英夫（指叶理绥）为柱石，以魏鲁男、加丁诺（指嘉德纳）为后劲。诸氏皆旅法有年，为学笃法国汉学家言，思将法国汉学大师之学说方法，移植于美土。两派取径不同，相持不下，局外人甚难论其短长。"[16]陈梦家则不乏洞见地指出，美国有将 Chinese Studies 指称中国研究，而将 Sinology 限于中国语文研究之趋势。在他看来，这"代表近代美国人对治理中国学问的一种态度，即是不再追步欧洲学者迂阔而不切实际的读中国古书的办法，而变为美国人实利主义的以治中国学为用的目标。此点由美国注重中国近代史的研究，可以表达其意趣。"[17]简言之，彼时中国学人还只限于对美国中国学之观察，尚未将其作为一种学问加以研究，但其个人识见不乏深刻性。

二、中美对峙时期：服务现实需要的有限了解与揭露批判

1949 年后，伴随着东西方冷战的开启和朝鲜战争的爆发，中美因意识形态的不同和战略利益的冲突而进入隔绝对峙时期。受意识形态斗争影响，这一时期的中国学人对包括美国中国学在内的域外汉学多持批判态度。周一良在《西洋汉学与胡适》一文中即尖锐地批评道："一般地讲，'在资产阶级东方学家的最早的著作中，就已经表现出对东方各民族的侮蔑态度和力求从思想上给在东方各国进行殖民地扩张找根据'的特征。"鸦片战争以来，有些西洋汉学家"直接替侵略者和殖民者服务"；有的汉学家著作"故意歪曲历史，为西方国家的侵略扩张寻找根据"；即使是"抱着'猎奇'、个人爱好等不同的态度来研究中国文化、研究中国历史的"，虽然采用"所谓的科学方法和考订学"，并就"一些孤立的、狭隘的，常常是不关重要的问题"展开研究，但由于"脱离时代的背景和社会经济结构去研究"，"这样的研究只是停留在表面"，这"就替对于精神实质的曲解留下了空隙可乘，有可能根据这种从表面考订出来的结果，作出反动的，错误的理论上的解释"，因此这种研究"不可避免地要对帝国主义侵略中国提供某些可资利用的资料，起着间接为侵略服务的作用"[18]。对于美国中国学，韩振华更是宣称其"宣扬了美国的殖民主义、反映了美国的世界主义、歌颂了美国的种族主义；而美国的汉学家，是对中国进行间谍活动的文化特务，是破坏抢劫中国文化艺术的强盗"[19]。

这一时期的中国学人虽然将美国中国学视为主要是"为帝国主义侵略服务"，但仍对其研究动态予以有限度的介绍。创刊于 1958 年的《现代外国哲学社会科学文摘》（以下简称《文摘》），即对美国中国学界的重要活动及研究动态进行了追踪与介绍。美国政治和社会科学学会会刊于 1959 年 1 月出版了题为《现代中国与中国人》的专辑，《文摘》在当年的第 7 期上刊发了由定扬摘译的介绍此专辑的文章；① 美国亚洲研究会于 1964 年 3 月 22 日在华盛顿举行的第十六届年会上举办了"中国研究与社会科学关系"的主题讨论会，《文摘》在

---

① 刊于《现代外国哲学社会科学文摘》1959 年第 7 期。

1965年第5期上专门刊发了耿淡如摘译的题为《中国研究（汉学）与社会科学关系的讨论》的介绍文章。① 20世纪五六十年代，美国中国学界出版了列文森（Joseph R. Levenson，1920—1969）的《儒教中国及其近代的命运》、芮玛丽（Mary C. Wright，1917—1970）的《中国保守主义的堡垒——同治中兴》、费维恺（Albert Feuerwerker，1927—2013）的《中国早期工业化》、费正清（John King Fairbank，1907—1991）主编的《中国的思想与制度》、尼维森（David S. Nivison，1923—2014）和芮沃寿（Arthur F. Wright，1913—1976）编的《行动中的儒教》等在国际学界颇有影响的著作。对于这些著作，《文摘》都曾以摘编的形式在其所设"书刊简讯"栏目加以简要介绍。②

1949年后的中国学界，还选译部分美国中国学著作。根据《中华书局图书目录：1949—1991》《商务印书馆图书目录：1949—1980》《生活·读书·新知三联书店图书总目：1932—2007》《上海古籍出版社五十年图书总目：1956—2006》《全国内部发行图书总目：1949—1986》等进行调查，结果显示这一时期翻译的域外中国学著作不少于百部，其中即有马士（Hosea Ballou Morse，1855—1933）的《中华帝国对外关系史》（1957）、卡特的《中国印刷术的发明及其西传》（1957）、威罗贝（Westel W. Willoughby）的《外人在华特权和利益》（1957）、里默（C. F. Remer）的《中国对外贸易》（1958）、费正清的《美国与中国》（1958）、泰勒·丹涅特（Tyler Dennett，1883—1949）的《美国人在东亚》（1959）、赖德烈的《早期中美关系》（1963）和《现代中国史》（1963）、劳费（Berthold Laufer，1874—1935）的《中国伊朗编》（1964）、夏德（Friedrich Hirth，1845—1927）的《大秦国全录》（1964）、斐尔德（Frederick V. Field）的《美国参加中国银行团的经过》（1965）等30部美国中国学家的著作。③

---

① 在该篇摘译文章中，耿淡如主要摘译了施坚雅（G. William Skinner）和弗里德曼（Maurice Freedman）的两篇论文及杜德桥（D. Twitchett）的讨论意见。详见耿淡如：《中国研究（汉学）与社会科学关系的讨论》，《现代外国哲学社会科学文摘》1965年第5期。
② 关于这些著作的介绍，具体可见《现代外国哲学社会科学文摘》1959—1966年各期的书刊简讯。
③ ［美］马士著，张汇文等译：《中华帝国对外关系史》，生活·读书·新知三联书店1957年版；［美］卡特著，吴泽炎译：《中国印刷术的发明和它的西传》，商务印书馆1957年版；［美］威罗贝著，王纺坊译：《外人在华特权和利益》，生活·读书·新知三联书店1957年版；［美］西·甫·里默著，卿汝楫译：《中国对外贸易》，生活·读书·新知三联书店1958年版；［美］费正清著，孙瑞芹、陈泽宪译：《美国与中国》，商务印书馆1958年版；［美］泰勒·丹涅特著，姚曾廙译：《美国人在东亚：十九世纪美国对中国、日本和朝鲜政策的批判的研究》，商务印书馆1959年版；［美］赖德烈著，陈郁译：《早期中美关系史》，商务印书馆1963年版；［美］赖德烈著，吕浦、孙瑞芹译：《现代中国史》（内部读物），商务印书馆1963年版；［美］劳费尔著，林筠因译：《中国伊朗编》，商务印书馆1964年版；（德）夏德著，朱杰勤译：《大秦国全录》，商务印书馆1964年版；［美］斐尔德著，吕浦译：《美国参加中国银行团的经过》，商务印书馆1965年版等。

此时的中国学界之所以仍对美国中国学动态进行有限度的了解，并选译部分美国中国学家的著作，主要目的还是服务于对资产阶级学术的批判。《现代外国哲学社会科学文摘》就其任务明确说明："它的任务主要是介绍现代各资本主义国家的资产阶级唯心论哲学、伪社会科学的现状和趋向，并及时反映当前突出的资本主义和修正主义的反动思潮，为了解和批判资产阶级的伪社会科学和现代修正主义提供材料。"[20]中国科学院近代史研究所资料编译组曾编译《外国资产阶级是怎样看待中国历史的》和《外国资产阶级对于中国现代史的看法》。两书选译了英、美、法、德、日等国数十位资产阶级学者对上至鸦片战争下迄中华人民共和国成立以来有关中国近代社会的性质、经济、文化等各方面有代表性的论述。在"序言"中，选编者对编译的目的如是申明道："我们选译这些资料，即是为了了解敌情和提供反面教材进行兴无灭资的斗争。我们从这些资料里可以进一步认清学术思想领域内，外国资产阶级学者的真面目，认识帝国主义通过文化侵略毒化中国人民的罪恶活动，借以激发我们民族自尊心和爱国主义思想，积极参加反对帝国主义和现代修正主义的斗争，并且从斗争中清除资产阶级历史学在中国史学界的流毒和影响，壮大历史科学队伍，团结一切爱国的历史科学工作者，共同建设社会主义和共产主义的新文化。"[21]

正基于此，这一时期的中国学人在译介时就美国中国学家著述的观点、立场及方法论等展开了揭露和批判。例如，耿淡如在摘译拉铁摩尔的《历史上的边疆问题》这篇论文时，即以"编者按"的形式指出，"本文作者以研究边疆史为幌子，对中国历史大肆歪曲，并进而提出所谓'排他性'边疆和'包括性'边疆的谬论，胡说什么由于近代工业交通的发展，排他性边疆逐渐转化为包括性边疆，边疆已不复是固定的，而是越来越多地向外扩大"，认为其实质不过是美国边疆史学派特纳之流所提"边疆移动论"的翻版，"妄图为现代新殖民主义提供论据。"[22]邵循正在评述劳费尔的《中国伊朗编》时，认为"这本书本身只是一种资料性的汇篇，他也没有企图在这些资料上提出一套完整的理论"，并认为"本书突出的一个缺点是在于过分依靠语言学作为解决问题的工具，古代语言资料的研究是重要的，……问题就在于这几十年欧美最流行的东方学往往满足于一些较零碎的语言材料的研究，甚至缺乏根据的虚构而引申出一个牵涉范围很广的结论。这样的结论实际上不可能是确当的。因此，这部书只可以说是作了文献资料的初步整理工作。"[23]

在揭露与批判的同时，中国学界仍认为美国中国学具有一定的价值。正如周一良所说，"西洋汉学基本上是为帝国主义服务"，但"我们不否认，西洋汉学的某些方面也有它值得我们注意和利用的地方。"[20]在此时的中国学界看来，美国中国学所具有的价值在于两个方面：一是为批判资产阶级学术思想和观点提供了素材。邵循正在《中华帝国对外关系史》的"中译本序言"指出，之所以翻译此书是因为它"一向被中外资产阶级学者奉为圭臬之作"，"在殖民主义理论的作品中，这部书是占着非常重要的地位的，因而也就是反对殖民主义者所应该注意阅读的东西"。[24]《远东国际关系史》中译本的"出版说明"直言不讳地言道,"马士和宓亨利都是所谓'中国问题专家。他们所写的许多关于中国的著作在西方资产阶级国家中有一定的影响。在西方国家中,至今还有一些人用他们的观点来看待中国和远东。……为了揭露帝国主义的侵略本性,进一步批判殖民主义帝国主义'理论',并提供一些帝国主义国家侵略我国、朝鲜等国的史实,我们特将其翻译出版,供外事部门、国际关系研究单位和史学界批判参考。'"[25]二是"无意"中披露了帝国主义侵华史实。泰勒·丹涅特的《美国人在东亚》之所以在译者看来"有现实意义",因为其"引证了这个时期中美关系的一些原始材料",这些材料"既说明了清代反动王朝的腐朽愚昧,也暴露出帝国主义者的狰狞面目"。[26] 威罗贝的《外人在华特权和利益》,"大量摘引中外条约和协定、各国官方文件、各种专著论文,使本书在很大程度上成为一种资料性的读物",在译者看来"它对研究中国近代史、中国外交史和国际法的人们来说有参考价值,因为这里系统地和集中地提供了一些有关帝国主义在华特权和利益的资料。"[27] 斐尔德的《美国参加中国银行团的经过》,"参考了有关的各项协定和合同、各种官方文件、银行团的会议录及其他内部文件、有关的各种专著和论文,系统地提供了有关银行团的资料",故译者认为"有一定的参考价值"。[28]

  如上所述,此时中国学人在开展域外汉学研究时,特别强调"以我为主",有着鲜明的价值主体性,这是值得肯定的。正如萨义德在《东方学》一书中所说,东方学是为西方政治服务的学术,是"某些政治力量和政治活动的产物",受"意识形态偏见的支配",有着浓厚的西方意识形态色彩。[29] 汉学作为东方学的一支,它在知识的表达和文化立场上必然受到汉学家所在国的意识形态的影响,体现一定的权利意志,具有意识形态之特点。因此,在译介和研究时,必须站在自我的价值立场上,对其进行批判。然而,由于忽视域外汉学还同时具有知识性的一面,且错误地将作为个体学术研究中的意识形态痕迹与为公共的或集体的意识形态服务完全等同,以致把几乎所有的学术问题都看作政治问题,对域外汉学进行了过度批判,这是其错误所在,亦是我们需要警醒之处。

三、改革开放后:以学术为旨趣的著述介译与学术史探研

  伴随着改革开放的开启和中美关系的改善,学术研究开始从意识形态的笼罩下解脱出来。由此,国内学界开始对美国中国学投以学术关注。彼时的中国学人,所主要展开的是以了解美国中国学为旨趣的"情报型学术"。[30]《国外近代史研究》的编者在创刊号中即以"编者的话"为题这样写道,"近年来,在中国近代史这个学术领域内,国外的研究工作发展较快","一些我们还未涉及的问题,国外也有了较深入的研究","国外还不时对我国近代史研究上的某些观点提出不同意见,进行商榷或争论。凡此种种,都需要我们及时了解",其主要目的就是"改变闭目塞听的状况,活跃学术空气,促进研究工作的发展"。[31]

此时学术界主要是围绕以下几个方面展开工作。

其一，致力于探明动态及基本概况。开风气之先的是孙越生主导下的中国社会科学院情报研究部门。早在1977年4月至6月，为了解国外研究我国的情况，他即编辑出版了3卷以介绍国外有关"中国学"的背景材料如研究机构、学术队伍、会议、论著、基本概况和动向等为重点的内部资料——《国外中国研究》，其中第一卷以介绍美国的中国研究动向为主，主要内容为"美国研究中国的主要机构和人物概述""美国学术界强调研究中国""美国中国学中的'新左派'""书讯：美国出版中国人名辞典""人物介绍：费正清"及费正清所撰《七十年代的任务》之译文。[32] 为更好地介绍国外中国研究的状况，他于1978年推出《外国研究中国》，该刊的第一辑由已出版的《国外中国研究》3卷合并而成，至1980年所出版的另外三辑收录有"最近五年美国研究中国的会议""林德贝克谈美国如何发展中国学""美国华盛顿大学的中国研究近况"等介绍美国中国学动态的文章。与此相呼应，北京大学的古典文献专业于1977年起开始编辑《国外中国古文化研究》，这一刊物的主要内容是刊载译自日文刊物和英文刊物中有关中国古文研究的学术消息。是时，中国社会科学院历史研究所的《中国史通讯》同样注意刊登域外汉学动态和消息。笔者曾以《中国人民大学报刊资料目录索引》和《全国报刊资料目录索引》为蓝本，就海外中国研究动态及基本概况之论文进行统计，结果显示20世纪70年代末至80年代末有达240篇之多，有关美国中国学的有近60篇。

其二，致力于编撰工具书。20世纪70年代末，在孙越生的主导下，中国社会科学院先后编撰出版了《美国的中国学家》（1977）、《国外西藏研究概述》（1979）、《日本的中国学家》（1980）、《美国中国学手册》（1981）、《国外研究中国问题书目索引（1977—1978）》（1981）、《俄苏中国学手册》（1983）等工具书，其中的《美国中国学手册》分为美国的中国学家、美籍华裔中国学家、美国研究中国的机构、美国资助中国研究的基金会、美国收藏中文资料的图书馆、在美出版的中国学书目、美国经常发表研究中国问题文章的期刊、美国中国学大事记（1776—1979）等八个部分，为学术界全面了解美国中国学提供了基础资料。有感于"国际汉学的发展状况，大家是相当不了解"[33]，李学勤组织编撰了《国际汉学著作提要》一书，这本提要收录了世界100余名汉学家的113部著作，提要钩玄，使中文读者对世界各国的汉学名著有一总体把握。类似的还有杨诗浩与韩荣芳编撰的《国外出版中国近现代史书目（1949—1978）》（1980）、冯蒸主编的《近三十年国外"中国学"工具书简介》（1981）等。

其三，致力于论著的译介。自1979年起，《中国史研究动态》每期都有介绍海外中国研究之论文，尤其是域外学者研究中国史的译文。笔者曾就《中国史研究动态》在1979年至1990年期间所刊载的域外中国史研究之译文进行统计，在此期间共刊载了170多篇译文，美国学者的中国史研究之译文有近40篇。1980年，中国社会科学院近代史所创办了旨在"了解外国研究中国近代史之动态"的《国外中国近代史研究》，从创刊至1995年停刊共刊载文章400多篇，内容以论文译文和专著选译（选译其中有重要意义的文章、节或部分内容）为主。1990年，中共中央党史研究室创办《国外中共党史研究动态》，所刊亦主要是国外学者研究中共党史之论著的译文，至1996年停刊刊载了近300篇译文。《太平天国史译丛》《简牍研究译丛》《民族译丛》《史学选译》《哲学译丛》等刊物也都刊载了大量域外学者研究中国之论著的译文。笔者粗略统计，至2000年国内刊物所刊载的域外中国研究论著之译文有近两千篇之多，其中近三分之一为美国学人的论著。

更为引人注目的是，自1986年青海人民出版社率先推出由李范文主编的"国外中国学研究译丛"以来，众多出版社都相继推出主题不一的各类海外中国研究著作译丛，如中国社会科学出版社的"中国近代史研究译丛"、江苏人民出版社的"海外中国研究丛书"、上海古籍出版社的"海外汉学丛书"、中华书局的"中外关系史名著译丛"、商务印书馆的"海外汉学研究丛书"等。由此，大量域外中国研究著作被引入，仅刘东主编的"海外中国研究丛书"即达200种之多，其他各类译丛所译著作加起来已不下近千种。其中，以美国的居多，以致有学人慨叹，"美国的中国学研究著作几乎可以做到当年在美国出版英文版，第二年就在中国出版中译本，其出版速度之快令人感叹。"[34]

20世纪90年代末以来，学界在资料工具书编撰和著述翻译方面仍有所致力。资料性工具书有孙越生主编的《世界中国学家名录》（1994）、安平秋主编的《北美汉学家词典》（2001）、马钊主编的《1971—2006年美国清史论著目录》（2007）、张西平主编的《〈中国丛报〉篇名目录及分类索引》（2008）、朱政惠主编的《美国学者论美国中国学》（2009）等。著述翻译方面，除刘东主编的"海外中国研究丛书"等译丛仍在继续外，相继推出了新的主题译丛。比如，熊月之主编的"上海史研究译丛"、黄兴涛与杨念群主编的"西方视野里的中国形象丛书"、季进主编的"海外中国现代文学译丛"等。然而，在动态追踪及论文译介方面则远不如此前。笔者曾就国内刊物所刊域外中国学之动态及研究论文之译文进行过粗略调查，除《国际汉学》《中国史研究动态》等刊物有所刊发外，其他刊物虽偶有刊载，但数量极为有限，根据笔者的约略统计不过200篇左右。

事实上，20世纪90年代末以来的美国中国学研究之重心已转向学术史探研。1995年，李学勤提出，"研究国际汉学，应当采用学术史研究的理论和方法，最重要的是将汉学的递嬗演变放在社会与思想的历史背景中去考察。"[34]此后，严绍璗、葛兆光、朱政惠、张西平等先生基于各自学科，强调用学术史方法对海外中国学展开研究。比如，严绍璗基于比较文学之视角，强调要关注海外中国学研究的"文化语境"、树立"学术史"观念，重视研究文本的原典性问题。[35]葛兆光从思想史的进路，认为应将"海外中国学"还原到它自己的语

— 1016 —

境里去,"把它看成该国的学术史、政治史、思想史的一个部分"。[36]朱政惠先生从史学史研究的进路,认为对海外中国学的研究就是用学术史研究的理论和方法,分析诸如魏斐德、孔飞力等重要中国学家的学术成果,提炼归纳评析他们的历史观点、研究方法、史学思想等。[37]在他们的倡导与推动之下,学界开始注重对美国中国学展开学术史的梳理。就已有研究成果而言,主要集中在以下几个方面:一是美国中国学发展演变史的梳理,如侯且岸的《当代美国的显学:美国当代中国学研究》(1996)、朱政惠的《美国中国学发展史》(2014)、吴原元的《隔绝对峙时期的美国中国学:1949—1972》(2008)、仇华飞的《美国的中国学研究》(2011)、熊文华的《美国汉学史》(2015)、张扬的《冷战与学术:美国的中国学(1949—1972)》(2019);二是重要中国学家的个案研究,如龚咏梅的《孔飞力中国学研究》(2008)、顾钧的《卫三畏与美国早期汉学》(2009)、张施娟的《裨治文与早期中美文化交流》(2010)、傅元德的《丁韪良与近代中西文化交流》(2013)、李增田的《鲍大可及其中国研究》(2014)等;三是以专题形式对美国中国学某一领域的梳理,如陈君静的《大洋彼岸的回声:美国中国史研究历史考察》(2003)、姜智芹的《美国的中国形象》(2010)、褚艳红的《变动的视角:20世纪60年代以来美国的中国妇女史研究》(2015)等;四是以学案形式对与美国中国学有重要关联之社会团体、机构及期刊进行探讨,如韩铁的《福特基金会与美国的中国学:1950—1979年》(2004)、薛龙的《哈佛大学费正清中心50年史》(2012)等。五是就美国中国学与中国学人及学术间的交流互动进行梳理,如桑兵的《国学与汉学——近代中外学界交往录》(2009)、李孝迁的《域外汉学与中国现代史学》(2014)、顾钧的《美国第一批留学生在北京》(2015)、吴原元的《客居美国的民国史家与美国汉学》(2019)等;六是梳理中国文化典籍在美国的译介传播,如谭晓丽的《和而不同:安乐哲儒学典籍英译研究》(2012)、刘丽丽的《美国汉学家海陶玮对陶渊明的研究和接受》(2020)等。

遥想民国时期,除莫东寅的《汉学发达史》简略提及外,没有一部美国中国学史论著,可以说全无书写美国中国学史之概念。今天,美国中国学研究已然成为一门学问,甚至是颇受关注与重视的"显学"。然而,在看到巨大成绩的同时,我们不能忽视已有研究存在的问题与局限。比如,改革开放之初曾对美国中国学研究动态展开了密切的追踪,但这一良好做法受学术评价机制等因素的影响而被中断,以致今天我们对域外研究动态缺乏必要而有效的了解。又如,在就重要中国学家进行个案研究时,由于缺乏必要的专业知识与素养,在评价研究对象的中国研究时多有拔高甚至是美化之倾向,无法展开专业性的对话与批评。再如,我们对美国中国学所进行的学术史梳理,不乏佳作精品,但更多的是"鸟瞰式"梳理,抑或是以数"人头式"和"专题式"进行"平面化"的条陈式梳理。因此,有学人不无讥讽地将国内海外中国学研究视为不过是"学术情报"而已。

四、余论：新时代海外中国学研究的进路

进入新时代的今天，无论是域外的中国研究还是国内对于海外中国学研究的期望与要求都发生了巨大变化。伴随着中国日益向世界舞台中央迈进，中国已成为世界所无法忽视的巨大存在。在这样的背景之下，世界比以往任何时候都更加关注中国。有学者就2006年至2016年欧美所出版的中国研究专著进行调查，结果显示，这十年间在中国以外国家和地区所出版的英文专著有9867种之多。其中，美国出版的中国研究专著则为4407种。[38]与此同时，基于推进中国声音的全球化表达，增进世界对中国的了解与认同，海外中国学研究得到了前所未有的关注与重视。2016年5月，习近平总书记在全国哲学社会科学工作座谈会上发表重要讲话，号召"支持和鼓励建立海外中国学术研究中心，……推动海外中国学研究"。[39]讲好中国道理，提升中国的国际话语权和影响力，成为海外中国学研究的新使命。面对新趋向与新使命，海外中国学研究之进路，笔者以为有以下几点值得注意和思考。

其一，加强海外中国学的动态追踪。当今时代是一个高度信息化、数据化的时代，海外中国学研究信息的获取已非难事。之所以仍强调需加强对海外中国学研究动态的追踪，原因有三：首先，受语言和技术能力的限制，要对正迅猛发展的域外中国研究作及时而全面的了解，对于学者个人而言具有相当之难度，并不现实，恐难企及；其次，学人对海外中国研究动态的了解大多是基于其个人的兴趣及自身研究之所需，故他们所了解的动态是碎片化的，仅限于其所从事的研究领域，无法呈现海外中国研究动态之全貌，更无法梳理出海外中国研究方面的新思潮、新特点与新趋向；最后，更为重要的是，当前对中国的关注已成全球现象，中国现象、中国问题、中国实践被引入各学科，这为学术界提供了有关中国的样本与角度，在丰富对中国的认识之同时，亦将中国话语引入并应用于学术研究。无论是基于学术研究本身还是中国话语体系的建构，事实上我们都有必要加强对海外中国学动态之了解。

至于如何加强对海外中国学动态的追踪了解，笔者以为，民国时期燕京大学史学系的做法可资借鉴，即我们需要打破现有的学术评价机制，组建专门的机构或团队，组织各国文字翻译组，以集体的方式翻译介绍各国研究中国之机构、文献及趋势，尤其是需要对各国新近刊出的中国学论文作摘要式翻译介绍；与此同时，设立专门的刊物或专栏，以刊载各国中国学新刊书目、中国学论文举要、中国学著述之书评介绍以及专门研究之精选论文译文。如此，我们方可谓"知己知彼"，这不仅为海外中国学史的书写提供了基础性资料，亦为准确理解域外究竟是如何认知与解读中国提供有价值的参考依据。

其二，对海外中国学作立体式的学术史剖析。龚自珍在《尊史》中说："尊之之所归宿如何？曰：乃又有所大出入焉。何者大出入？曰：出乎史，入乎道，欲知大道，必先为史。"[40] 龚自珍的"大出入"理论，在笔者看来道出了学术史之真正意涵。有意义的学术史，既需要"入"，即进入学术发展演变的内部，曲尽它的一切事实，了解其历史起伏和发展演变的大致脉络和轮廓；同时，又需要能"出"，即置身其外，观其大体，了解其意义，细味其大势。如此，方能避免于空洞的泛泛而谈，亦避免沉醉于琐碎之细节中。葛兆光亦曾就学术史如是指出，有意义的学术史所关注的应是：学术的转型及其背景和动力，学术研究的趋向、理论、方法，尤其是其主流与潜流及二者关系。在他看来，"只有这样，学术史才能够给今天的学者指明，过去如何变成现在，现在又应当如何变成未来！"[41]

基于对学术史内涵的这一理解，笔者以为在以学术史进路对海外中国学展开研究时，我们应该从学术发展演变脉络的视角厘清某一国别或区域的中国学演进史，将中国研究的转型作为关注重点，考察转型的背景、动力及推动转型的机构制度，并厘清一个时代中国研究的趋向、理论和方法，什么是重要的，什么是改变的，什么是显著的主流，什么是被压抑的潜流。与此同时，在对域外中国学之文献、重要人物、机构及期刊进行深入系统梳理的基础之上，还需将海外中国学置于中外文化互动交流的视阈下，厘清域外汉学家及其著述对本国社会与学术之影响、中国学人及其著述对域外汉学之影响、域外汉学家与中国学人的交往史，并深入到域外中国知识生产的内部，探明其生产的内在机制，尤其是国家意志与中国知识生产之间的关系。如此，方能建构出更为立体的海外中国学之学术史图景。

其三，以平等的姿态展开对话和批评。我们必须清醒地意识到，海外中国学本质上是"外国学"，其问题意识、研究思路及方法与其本国的学术脉络、政治背景、观察立场密切相关。[42] 正因为如此，海外中国学家在研究中无法抛却已有的意识、视角、立场，加之对中国社会和文化缺乏真切的感受与深入的认知，故此他们对中国的研究存有不可避免的偏颇、误解、歪曲乃至意识形态之偏见等局限与不足。汪荣祖先生即曾从个案出发，犀利指陈海外中国史研究中存在"离谱的误读""严重的曲解""荒唐的扭曲""不自觉的偏差""颠倒黑白的传记""居心叵测的翻案"六大问题。[43] 更为重要的是，海外中国学家在研究时多习惯于将西方的理论与话语植入中国研究。例如，海外运用于中国边疆史研究的边地研究、族群研究和全球史等理论，都是建构在以美国及西方世界为核心的历史经验之上，其理论背后传达的是美国所构建的普世话语。缘于此，我们在开展海外中国学研究时必须以平等的姿态展开对话与批评。如果还是"仰头看西方"，仅限于介绍海外中国学走马灯似的各类新理论、新方法，那我们只能是西方学术的"传声器"，沦为西方的东方主义的一个陪衬，失去了自己的话语和反思的能力。同时，由于放弃了学术应有的主体性和批判性，亦不可能同国际中国学界展开真正的对话，在国际中国研究场域中便只能成为失语者。更深层的原因还在于，开展海外中国学研究的主要目的是我们自身学术和文化的变革与发展。如何立足中国本土的学问，在借鉴域外中国学的成果上，从我们悠久的文化传统中创造出新的理论和方法，这才是我们真正的追求所在。

当然，亦需要注意的是，我们对海外中国学展开对话与批评，不能陷入为批评而批评，不能因其有不同观点就否定其研究价值，似乎"中国的问题只有中国学人自己最有发言权，最能深刻而准确地理解和阐述"，更不能因其不同看法而扣上诸如帝国主义、殖民主义等帽子，而应始终秉持客观的立场展开讨论。与此同时，我们在对话与批评时亦不能简单地以中国视角和中国话语阐述中国的立场与论述。要知，这种单向度的自我论述，将不可避免地陷入中国中心主义，导向中西间的二元对立，从而失去文明互鉴之本真追求。简而言之，我们倡导批判，并非走向另一种极端，陷入自我论述的迷思之中，而是在对海外中国学及其问题意识、论证逻辑和学术话语等有深入而全面的理解之基础上，以客观的学术态度回应其关于中国的论述，肯定其所值得肯定之处，指摘批判其在材料、方法、观点及逻辑上所存在的错讹乃至曲解。在这种深入的学术史考辨与对话批评中，挽回对中国的解释权，达到让世界了解中国，乃至尊重与认同中国之目的，并进而建构出以中国经验为基础且能为世界所理解的话语体系，从而真正提升中国的国际话语权和影响力。

参考文献

[1] 邓实：《古学复兴论》，《国粹学报》1905年第9期，第12—13页。

[2] 编者：《本刊下年度编辑计划》，《史学消息》1937年第8期，第74页。

[3] 孟宪承、虞斌麟：《欧洲之汉学》，《国学界》1937（创刊号），第7—8页。

[4] 陈训慈：《美人研究中国史之倡导·译余赘言》，《史地学报》1922年第3期，第3页。

[5] 本系消息：《史学消息编辑近况》，《史学消息》1936年第2期，第34页。

[6] 本系消息：《史学消息社充实翻译组人材》，《史学消息》1937年第5期，第44页。

[7] 李孝迁：《域外汉学与中国现代史学》，上海古籍出版社2014年版，第391页。

[8] Meribeth E. Cameron, Outstanding Recent Bookson the Far East [J]. *The Far Eastern Quarterly*, 1945 (4): 367 – 369.

[9] 王伊同：《德氏前汉书译注订正》，《史学年报》1938年第5期，第519页。

[10] 杨联陞：《评韦尔柏"前汉奴隶制度"》，《思想与时代月刊》1943年第28期，第50页。

[11] Carroll B. Malone. Review The Literary Inquisition of Ch'ien-Lung by Luther Carrington Goodrich [J]. *Journal of the American Oriental Society*, 1935 (4): 477 – 479.

[12] 雷海宗：《书评：The Literary Inquisition of Ch''ien-Lung, Luther Carrington Goodrich》，《清华学报》1935年第4期，第954页。

[13] J. J. L. D. Review Chinese Traditional Historiography by Charles. S. Gardner [J]. *T'oungPao*, 1938 (3): 238 – 239.

[14] 朱士嘉：《中国旧史学》，《史学年报》1938年第5期，第542页。

[15] 梁容若：《中日文化交流史论》，商务印书馆1985年版，第85页。

[16] 齐思和：《哈佛大学亚洲学报》，《大公报（上海）》1936年8月14日第11版。

[17] 陈梦家：《美国的汉学研究》，《周论》1948 年第 10 期，第 10 页。

[18] 周一良：《西洋汉学与胡适》，《历史研究》1955 年第 2 期，第 7—10 页。

[19] 韩振华：《为扩张主义服务的美国"汉学"》，《厦门大学学报（社会科学版）》1956 年第 1 期，第 59 页。

[20] 本刊编辑部：《一年的回顾》，《现代外国哲学社会科学文摘》1959 年第 8 期，第 1 页。

[21] 中国科学院近代史研究所资料编译组：《外国资产阶级是怎样看待中国历史的——资本主义国家反动学者研究中国近代历史的论著选译：第 1 卷》，商务印书馆 1961 年版，第 10—14 页。

[22] 拉铁摩尔、耿淡如：《历史上的边疆问题》，《现代外国哲学社会科学文摘》1965 年第 1 期，第 1—7 页。

[23] 邵循正．中译本序//劳费尔：《中国伊朗编》，林筠因译，商务印书馆 1964 年版，第 1—2 页。

[24] 邵循正．中译本序言//马士：《中华帝国对外关系史》，张汇文、杨志信、姚曾廙等合译，生活·读书·新知三联书店 1957 年版，第 2 页。

[25] 马士、宓亨利：《远东国际关系史》，姚曾廙等译，商务印书馆 1975 年版，出版说明。

[26] 泰勒·丹涅特：《美国人在东亚》，姚曾廙译，商务印书馆 1959 年版，出版说明。

[27] 威罗贝：《外人在华特权和利益》，王绍坊译，生活·读书·新知三联书店 1959 年版，译者前言。

[28] 弗雷德里克·V. 斐尔德：《美国参加中国银行团的经过》，吕浦译，商务印书馆 1965 年版，前言。

[29] 萨义德：《东方学》，王宇根译，生活·读书·新知三联书店 1999 年版，第 257—259 页。

[30] 严绍璗：《我对国际 Sinology 的理解和思考》，《国际汉学》2006 年第 5 期。

[31] 中国社会科学院近代史研究所《国外中国近代史研究》编辑部：《国外中国近代史研究：第 1 辑》，中国社会科学出版社 1980 年版，编者的话。

[32] 何培忠：《"国外中国学研究"学科创立初期回顾》，《国外社会科学》2013 年第 4 期，第 96 页。

[33] 李学勤：《国际汉学著作提要》，江西教育出版社 1996 年版，序言。

[34] 张西平：《改革开放以来中国海外汉学（中国学）研究的进展与展望（1978—2019）》，《国外社会科学》2020 年第 1 期，第 64 页。

[35] 严绍璗：《对海外中国学研究的反思》，《探索与争鸣》2007 年第 2 期，第 33—36 页。

[36] 葛兆光、盛韵：《海外中国学本质上是"外国学"》，《文汇报》2008 年 10 月 5 日第 6 版。

[37] 朱政惠、刘莉：《柳暗花明又一村——关于海外中国学研究与史学研究的对话》，《史学月刊》2013 年第 4 期，第 111 页。

[38] 陈肃：《基于三大数据库对海外中国研究专著的调查与分析（2006—2016）》，《国际汉学》2020 年第 3 期，第 61—62 页。

[39] 习近平：《习近平谈治国理政》，外文出版社 2017 年版，第 346 页。

[40] 龚自珍：《龚自珍全集》，上海人民出版社 1975 年版，第 7 页。

[41] 葛兆光、余音：《学术史随笔选》，广西师范大学出版社 2016 年版，序言。

[42] 葛兆光、盛韵：《海外中国学本质上是"外国学"》，《文汇报》2008 年 10 月 5 日第 6 版。

[43] 汪荣祖：《海外中国史研究值得警惕的六大问题》，《国际汉学》2020年第2期，第5—20页。

作者：吴原元，原载于《南京理工大学学报（社会科学版）》2022年第3期

（供稿：吴秀云）

索 引

索　引

18亿亩耕地红线　406，878

"156项"重点建设项目　71，80，81

"156项工程"　44，45，706

"694项目"　88

"爱国者治澳"　15

"爱国者治港"　15，730

"八八战略"　772

"八个能否"　327

"八项规定"　943

"八字宪法"　407

"百花齐放、百家争鸣"　435，449，453，462，752

"不忘初心、牢记使命"主题教育　302，480，912

"长期打算、充分利用"　565

"赤脚医生"　548，549

"打造周边命运共同体"　691

"大国小农"　74

"大仁政"　244

"大市场、小政府"　303

"大思政课"　20，478

"大卫生、大健康"　124

"大小仁政"　244，245

"大跃进"　292，391，403，526，527，530，531，532，534，536，539，626，686，688

"第二个结合"　91，92，95，112，852，853，930

"调整、巩固、充实、提高"八字方针　391

"二为"方向　8，436

"反霸条款"　574

"房子是用来住的，而不是用来炒的"　498

"告别革命论"　156

"工业七十条"　392

"供给侧"改革　380

"古为今用，洋为中用"　440

"和平共处、世代友好、互利合作、共同发展"　582

"和平统一、一国两制"　235，822，832

"和平演变"　437

"黑天鹅"　13

"红厅论坛"　849，850

"湖北保卫战"　516

"灰犀牛"　13

"技术下乡"　681

"价格闯关"　393

"假裁军、真扩军"　593

"艰苦创业、无私奉献、团结协作、勇于创新"　777，778

"健康中国2030"规划纲要　504，515

"教育革命" 439

"紧急规训国家" 542

"九二共识" 15

"克洛马事件" 45,141,601,604,606,610,611,617

"冷战" 692

"两岸三通" 235

"两大阶级一大阶层" 436

"两弹一星" 558,962

"两个大局" 226,234,413,826

"两个结合" 32,71,91-95,190,197,682,853,854,875-877,884,966

"两个确立" 5,17,30,31,71,101,157,160,168,180,186,219,222,223,225,226,251,307,343,724,725,741,813,814,816,824,867,868,871,873,874,882,892,902,911,917,921,925

"两个维护" 5,8,17,30,33,160,222,223,225,251,318,337,343,480,678,794,813,816,864,867,868,873,883,902,904,917,939

"两个一百年"奋斗目标 404,451,504,719,820

"两个中国" 39,144,692

"两个中间地带"理论 823

"两学一做"学习教育 302

"六个坚持" 825,826,914

"米袋子"省长负责制 395

"面向工农兵,预防为主,团结中西医。" 487

"民间先行、以民促官" 561

"摸着石头过河" 443

"睦邻、安邻、富邻" 220,691,693

"内部积累、自我循环" 74

"内卷化" 86

"农业六十条" 392

"普世价值" 272,299

"七一"重要讲话 751,757

"旗县并存、蒙汉分治" 58

"千岛湖事件" 235

"亲、诚、惠、容" 220,260,485

"全国一盘棋" 77,399

"人口城镇化" 74

"日台和约" 692

"软着陆" 395

"三步走"发展战略 279,280,404

"三大体系"建设 27,47,49,92,107,115,119,721-723,729,734,823,944

"三个代表"重要思想 10,278,321,640,798,946,949,950

"三个面向" 47,154,167

"三个世界"划分 690

"三农" 38,70,72,73,75,78-80,82,237-245,396,407,408,410,412,727,804,806-808,856-860,878-881,883,884,933,934

"三期叠加" 296,396

"三权分置" 204,239,241

"三全"绩效管理体系 388

"三严三实"专题教育 302

"十个坚持" 298,866,870

"十个明确" 13,167,725

索 引

"十年规划" 562
"十七年"时期 998
"十三个方面成就" 13
"十四个坚持" 13
"十一个坚持" 325
"守望相助、深度融通、开拓创新、普惠共赢" 132
"双百"方针 8，435，436，449
"双循环"新发展格局 139
"双一流"建设 972
"丝绸之路经济带" 470，693
"思想下乡" 125，681
"死定量、活供应" 538
"四个全面"战略布局 10，17，219，226，319，322，404，649，812，820，896，910，927
"四个现代化" 164，276－279，725，754
"四个要看、四个更要看" 327
"四个意识" 8，17，30，251，480，678，813，864，868，883，902，917，939
"四个自信" 8，17，30，251，305，463，465，480，678，813，864，868，876，883，902，917，929，939
"四化"同步发展论 77－78
"四千四万精神" 81
"四三方案" 422，562
"四史" 42－44，70，103，115，127，159，169，300，481，641，720，739，746，780，845，904，907，910，917，918，951，984
"四位一体"的政府预算体系 376，378
"台独" 39，138，282，581

"外汇券" 41，83
"文化大革命" 278，292，294，312，344，346，347，349，350，353，354，403，436，440，548，554，555，559，562，570，626，630
"无产阶级专政下继续革命" 292
"五个认同" 831，832
"五位一体"总体布局 10，17，219，226，319，322，404，812，896，927
"武汉保卫战" 516
"习马会" 235
"乡村工业化" 74
"小病不出村、常见病不出镇、大病不出县" 498
"小病拖、大病扛" 496
"新革命史" 966
"一边倒" 138，633，690
"一带一路" 92，134，141，147，150，192，236，237，258，263，264，271，288，396，425，467，469，470，484－486，692，730，832，852，854，930，985
"一府两院" 334，341，368，371－372
"一府一委两院" 334
"一竿子插到底" 399
"一个中国" 133，207，581
"一国两制" 14，194，222，223，226，282，291，310，335，482，679，680，690，730，731，822，832，892，923，943，949
"一条线"的战略设想 559
"一中一台" 692
"以工立国" 273

"以阶级斗争为纲" 297，443

"有法不依、执法不严" 361

"与邻为善、以邻为伴" 220，691

"真、实、亲、诚" 220

"中国+中亚五国"合作机制 693

"中国特别清单" 560

"中国威胁论" 484，581

"中间地带"理论 136

"中日友好" 573，574，577

"中学为体，西学为用" 273

"自力更生为主，力争外援为辅" 538

"自由邦" 605，606，610，611，618

"自由化"思潮 440

"左"倾教条主义 292，626

《在哲学社会科学工作座谈会上的讲话》
    1

习近平"七一"重要讲话 751，757

习近平法治思想 188，200，325，326，342

习近平经济思想 71-73，78，161，187，190，246，247，737，813，859，860，885，886，934

习近平强军思想 14，32，162

习近平生态文明思想 187，199，869

习近平外交思想 35，131，134，135，137，151，162，221，467，690，737，829

习近平新时代中国特色社会主义思想 3-8，10-13，15，17，19，20，31，33，34，91-95，98，99，101，104，134，135，154，157，160，161，163，186，190，196，208，219，223-226，228，231，232，235，251，252，259，269，270，282，284，288，291，308，313，314，321，325，326，333，337，342，430，463，465，475，511，641，642，648，676，678，679，719-721，724-726，732，734，744，745，750，757，772，798-804，809，811-813，816，819，823-826，838，842-844，846，852，854，865，867-869，871，873-877，879，882-886，888，892，893，898，903-905，913-917，921，923，924，927-931，933，939-941，945，946，949，950，957，964，980，986

习近平总书记致国史学会成立30周年贺信
    49，746，929，948，962

爱国统一战线 14，285，328，748，775

爱国卫生运动 63，504，541，544-547

爱国主义教育 21，62，250，259，822

安徽小三线 784

澳门回归 40，143

百年未有之大变局 17，113，136，140，145，146，166，219，222，234，265，268，270，312，323，325，396，412，417，424，430，437，470，485，572，586，623，643，737，748，769，792，812，814，825，827，829，859，878，895，906，927

摆脱贫困 199，238，310，492，623，878

半殖民地半封建社会 236，274，292，484，761

保持党的先进性 790

保持同人民群众的血肉联系 18，220，758，899，912

索 引

保值储蓄　681，810

北京冬奥会、冬残奥会总结表彰大会　878

不结盟运动　146，148

财税体制改革　380，384，389，680

藏粮于技　407

长江"十年禁渔"　416

长江经济带　396，415，416

长三角一体化　187，900，954

长征精神　815

朝鲜战争　45，544，1011

撤县设区　211

成渝地区双城经济圈　779，780

城市接管　51，61，125，126

城市人民公社　86

城乡"两条腿"工业化　81

城乡户籍一元化　497

城乡居民基本医疗保险制度　508

城乡融合发展　188，199，204，240，241，407，412，807，808，857，860，878

城乡一体化　121，129，193，239，252，411

赤脚医生制度　46，489，541

传染病防治　46，124，211

传统与现代　105，433，442，484

创新、协调、绿色、开放、共享　32，72，245，380

创新驱动　14，33，72，73，109，161，247，262，396，420，424，686，821，921

村民理事会　52，233

村民自治　233，240，262，807

大国外交　35，131，132，134，135，137，150，162，163，220，221，223，260，283，693，826，827，908，923

大历史观　32，38，47，57，67，68，70，79，89，94，113，155，156，158，159，167-169，180，196，237，239，242-244，267，268，290，291，309，484，619-621，643，644，676，719，722，727，734，735，805，811，856，859，884，978

大平正芳　279，564，573，585

大气层核试验　591，596

党的创新理论　4，8，17，19，92，107，321，480，757，813，871，884，885，889，948，964

党的建设新的伟大工程　15，161，202，316，638，720，749，846，867，909，917

党的七大　630，638，932

党的全面领导　5，8，10，13，15，23，30，54，56，100，160，161，165，191，219，222，284，291，310，314，316-318，320，322，333，337，446，641，643，749，813，844，865，873，882，883，893，894，912，927

党的群众路线　5，56，201，302，328，480，758，776，873，912

党的十八大　3，5，12，13，15，27，29，32-34，37，38，69，71，73，74，76，81，84，91，98，101-104，107-109，116，123，124，157，161-164，169，173，192-194，219，220，222，223，225-227，232，237，240，241，245，247，251，255，260，266，281，284，289，290，293-295，297，299，300，

302，305，309，314，315，318－323，334，337，374，375，377－380，385，390，406，408，410，412，415，417，424，437，441，442，444，447，451，455，456，463，465，466，470，472，476，480，483，485，486，497，499，501，505，506，510，514，517，623，625，642，677－679，682－687，689，690，719，725，737，746，748，788，791，797，798，809，812，815，817，818，820，840，845，846，857，859，863，869，883，884，886，888，889，893，903，904，907，912，943，945，993

党的十二大　279，638，677

党的十九大　10－12，15，64，73，106，135，289，297，316，328，331，379，380，399，404，407，408，412，470，481，486，504，788，805，837，844，867，903，927

党的十九届六中全会　3，30，71，77，93，168，179，185，190，225，227，235，241，251，269，289，307，326，417，447，470，472，481，619，629，630，639，676，719，720，722，724，737，788，797，800，801，803，809，812，813，863，865，866，870，872，874－876，879，887－889，903，939，941，942，944，948，957

党的十六大　280，370，395，411，414，444，450，495

党的十七大　280，399，415，437，441

党的十五大　280，366，395，399，414，428

党的十一届三中全会　2，57，252，297，308，310，347－349，360，362，392，403，422，428，492，623，630，677，689

党的先进性　299，641，758，790，874

党的治疆方略　37，188，206，892

党的自我革命　6，11，15，55，67，160，165，186，215，316，322，483，642，791，828，911，916，917，919－922，927，931

党风廉政建设　846，889，927，943，957

党管媒体　300，479

党管人才　9，110

党管意识形态　445，472，479

党和国家机构改革　316，453

党建理论体系　43，638－640，643，917

党内政治生活　5，6，319，346，678，788，791，792，794，795

党内政治文化　5，191，678，791

党史学习教育动员大会　308，624，643

党校姓党　477

党性原则　156，228，476，477，888，904

党要管党　317

党政军民学，东西南北中，党是领导一切的　316，641

党中央集中统一领导　5，15，316，319，337，828，909，927

党中央重大决策落实机制　295，319，320

道路自信、理论自信、制度自信、文化自信　11，236，282，465，677，896，909，

927

德智体美劳全面发展　478，907

邓小平访问日本　564

邓小平理论　10，278，291，321，428，631，640，798，804，805，845，846，915，946，949，950，969，971

邓小平南方谈话　45，60，263，394，677，817，845，846

地方政府发债机制　74，386

地缘政治　45，138，149，556，569，976

第二个百年奋斗目标　10，13，27，28，70，71，76，135，222，224，234，247，249，251，273，288，307，310，313，343，631，676，677，726，734，741，743，751，752，755，757，809，816，824，847，863，865，868，869，871，874，879，887，896，901，912，916，927

第二个历史决议　65，166，289，290，292，293，629，630，759，801，951

第三个历史决议　3，31，52，53，64，65，72，91，93，115，128，153，154，156－158，168，179，180，269，289－294，297，305，307，309－313，619－621，623－626，628－631，634，636，741，801，802，809，818，852，871，882，902，911，940，942－944，948

第三世界　132，149，260，280，559，599，690

第十四个五年规划　504，901

第五届"阿拉伯艺术节"　92

第一个百年奋斗目标　12，222，226，232，245，281，288，310，503，515，676，809，925

第一个五年计划　248，249，520，901

钓鱼岛问题　580，586

调整、改革、整顿、提高　392

东海问题　583，584

东江—深圳供水工程　40

东盟六国　560

东欧改革　41

东欧剧变　264，269，578，621

冬奥精神　110，189，879，880

对党忠诚　5，6，17，758，863，869，870，873

对华关系　39，141，144，147

对华战略　138，141，558

对口帮扶　516

对口支援　682

对外传播　29－31，48，231，252，986

多边外交　131，221，560

俄乌冲突　150，587，693

二元户籍制度　119，411

发展中国家外交史　134，148，150，151

法治保障　14，195，215，338，339，687

法治中国建设　14，161，342，910

反帝反封建　292，434，439，462，649，757

反对历史虚无主义　168，291，308，309，747，904

反腐败斗争　6，15，223，224，483，641，889，917，927

非公有制经济　303，305，427，687

非物质文化遗产　254

— 1031 —

菲律宾政府　604，606，610，611，618
分税制改革　383，387，389，680
扶贫开发　246，414，856，857，933，956
妇女解放　51，63，66，69
改革开放史　4，12，29，40－43，48，56，57，67，68，116，123，127，154，163，166，169，173，219，222，231，247，283，360，481，556，640，646，734，746，749，784，812，824，907，952，961，984
干部南下　61
高水平对外开放　14，199，285
高质量发展　5，6，9，13，14，18，33，35，71，72，77，81，83，99，108，111－113，123，188，191，192，200，211，213，246，247，256，258，271，282－284，288，296，320，398，399，410，415－417，424，425，505，511，735，737，740，749，802，824，828，831，832，834－836，846，849，873，876，886，892，907，914，921，940，944，956，957
革命理想高于天　480，790
革命文化　20，98，434，435，464，481，620，650，838，906
工业反哺农业　239，240，243，244，405，406
公共财政　371，375－378，388，680
公共服务均等化　76，123，129，385，503，680
公共文化服务　96，108，111，444，445，450，481，955，956，958

供给侧结构性改革　33，72，73，161，192，282，381，396，399，408，409，424
古田会议　753
关键核心技术　45，109，199，878
关键环节"卡脖子"风险　420
关停并转　391，393
官僚资本主义　274，310，402
官厅水库　688
管党治党　33，56，222，283，295，316，317，322，641，791，880，908
光华寮事件　585
国防工业　259，277，421，422，779
国际核不扩散机制　589，590，593，595，596，599，600
国际话语权　103，136，198，210，483，843，1018，1020
国家粮食安全　194，396
国家认同　62，110，199，833，835
国家荣誉称号　336，481
国家文化安全　102，111，112，198，200，460，837
国家文化公园　111，757
国家文化数字化战略　111
国家勋章　336，481
国家治理体系和治理能力现代化　9，101，160，182，187，232，282，286，303，314，316，317，319，325，330，332，374，387，389，400，428，451，640，641，741，864
国内国际双循环　285，396
国企改革　304，623
国庆纪念　62

国史分期　823

国税地税合一　387

国外共产党　892，946

国有资本　303，376－378，426

国有资本经营预算　376－378

国之大者　5，825，826，927

过渡时期总路线　86，277，752

海防斗争　60

海河流域治理　688

海外中共学　229

海外中国学　973－976，980，982，984，986－992，995－1004，1007，1016－1020

海湾危机　597

海洋强国　149，200，258，586，821

航天强国　259，408

合作医疗制度　488，496，553

和平、发展、合作、共赢　162，220，271，287

和平发展道路　13，235，283，287，469，581，679，819

和平共处五项原则　15，135，137，570，574，811

和平利用核能　149，589，596－599

和平与发展　150，570，572，578，595，657，692，845，985

核霸权　595

核武器国家　591，593，596，597

核殖民主义　593

红船精神　842，890，926

红旗渠精神　203，915，934

红色经典　107

红色文化　93，200，764，765，821，837，841，842，853，872，885－887，896，897，914，919，921

红色政权　402，752，887

后小三线建设　88，89

户籍制度　119，244，411

华侨引种　82

淮河流域　202

黄河流域生态保护　83，199，415

黄河治理　83，84

混合所有制　423

伙伴关系外交　35，135，822

货币政策　396，410

基本医保跨省异地就医费用直接结算　509

基层群众自治制度　34，52，59，328

基层医疗卫生服务体系　504

集体化时期　82，207，213，635，688，956

集体记忆　107，127，196，778，823，835

集中力量办大事　87，110，806

计划经济体制　79，86，354，394，401，403，436，443

纪念陈云同志诞辰110周年座谈会　301

家庭联产承包责任制　75，351，623，649

价格"双轨制"　393

坚持"一国两制"　223，291，310，822，832

坚持四项基本原则　159，302，303，345，436，677

坚持以人民为中心　13，28，30，76，78，80，101，123，160，165，220，284，329，453，468，475－477，481，504，768，835，844，854，912

减租减息运动　241

建党精神　5，11，100，101，190，251，641，650，741，750，751，753，757，771，774，775，815－817，841，842，865，867，872，874，877，879，882，883，885－887，889－891，893－895，898，912，914－916，919，920，922，925，926，931，932

建设创新型国家　109，396

健康扶贫工程　515

健康中国行动　505，512，513

江山就是人民，人民就是江山　899

讲好中国故事　47，104，113，167，180，184，236，237，252，483，747，769，813，819，823，840，850，851，986

郊区行政区划　121，518，533，538－540

教育强国　14，285，470，686，835

教育优先发展　14，285，771

解放思想　4，228，251，279，302，313，348，413，414，463，470，631，798，888，904

解放西藏　138

京津冀协同发展　396

经济高质量发展　77，108，191，200，211

经济全球化　221，268，424，560，569，578，579，581，644，769

经济社会协调发展　76，401，402，404，416，502，504，807

经济特区　236，414，565，623，845

荆江分洪工程　84

精准扶贫　37，120，515，795

精准脱贫　37，240，246，515，795

井冈山精神　751

举国体制　59，87，109，110，209，686，822

绝对贫困　33，36，73，160，161，223，237，239，245，487，499，515，569，727，768，884

卡介苗接种　552

看病难、看病贵　498，502，503，505

抗美援朝　60，62，191，481，751，815，899

科技创新　14，34，109－111，186，202，396，428，686，821，822，934

科技体制改革　45，109，686，821

科技自立自强　14，109，192，199，285，407，720，810，873，878，902

科学发展观　10，262，278，291，321，333，640，798，946，949，950

拉丁美洲无核区　593，594

澜湄合作　150，261，692

澜湄水资源合作　150，692

劳动教育　20，23，253

老工业基地振兴　396，415

雷锋精神　751

冷战思维　484，693，993，994

历史决议　3，31，52，53，64，65，72，91，93，115，128，153，154，156－158，166，168，179，180，201，210，251，269，289－294，297，305，307，309－313，619－621，623－626，628－631，634，636，676，719，741，753，759，799－802，809，817，818，823，852，863，871，882，902，911，940，942－944，948，951

历史虚无主义　156，168，210，291，296，

299，308，309，336，482，677，678，719，735，747，775，904，929，940，944

历史终结论　197，269，474

历史周期率　6，160，283，641，828，863，866

历史主动　3，6，29，70，77，80，116，153，169，170，173，174，184，201，220，251，267，281，644，742，745，747，757，816，865，868，904，907，913，915，917，924，928－930，940

历史自信　3，4，29，70，77，91，116，153，156，169，173，174，180，184，227，228，281，305，308，481，646，722，741，742，745，816，819，835，836，863，865，866，871，874，876，888，904，906，907，913，915，923，928－930，934，940

联邦德国　142，557，559，566，568，591

联合国合法席位　39，144，148，811，823

联合国中国代表权问题　39，144

粮食统购统销　525

两岸关系和平发展　15，235

两个历史时期　127，155，290，293，624，625，739

两个一百年　169，234，301，336，404，451，503，504，719，772，790，793，820

辽宁拉票贿选案　335

烈士纪念日　300，480，908

刘少奇湖南农村调查　754，755

庐山会议　406

绿水青山就是金山银山　35，282，285，869

马克思主义唯物史观　154，155，225，619，643

马克思主义文艺理论　208，743，744

马克思主义信仰　300，840，870，898

马克思主义学习型政党　6，17，191

马克思主义政党理论　43，639－641，646，657

马克思主义中国化理论　313，676，841

马克思主义中国化时代化　4，8，10－13，15，29－31，89，91，92，95，100，116，156，159，223，224，270，311，463，470，725，732，745，813，853，867，875，877，888，889，896，906，914，915，919，924，926，928，932，933，966

毛泽东的历史地位　292，308

毛泽东思想　10，57，65，191，201，291－293，308，312，313，321，435，448，463，475，633，640，751，759，775，776，798，800，821，845，883，890，946，949，950，969，994

毛泽东外交思想　136

毛泽东哲学思想　890

美国第七舰队　617，618

美国政府　39，138，617，618

美丽中国　14，223，822，869

民粹主义　149

民生保障　122，246，509，934

民生建设　116－118，122，895，944，965

民主集中制　54，80，317－320，322，328－330，755，790，791，942

民主政治　34，161，192，285，326，327，329-331，342，363，402，665，775，788，820，940，949

民族地区教育　832，834-836

民族工作　59，69，212，213，481，781，831，832

民族交往交流交融　206，214，781

民族区域自治制度　52，57，58，67-69，328，832

民族认同　207，441，833

闽浙赣革命根据地　931

南海问题　45，587，601，691

南海争端　200，610，691

南湖红船　926

南京路上好八连　877

南太平洋　143，147，151

南下干部　61，126

南越当局　606，610，614，616-618

尼克松访华　557

农产品统派购　240，243，244

农村包围城市　238，240，242，279，312，752，795

农村城镇化　411

农村工业化　75，239，411

农村合作医疗制度　496

农村集体土地　75，239

农民问题　74，242，884

农业合作化　262，956

农业机械化　125，187，249，350，407，566，681

农业集体化　407，956

农业农村现代化　192，239，242，246，407，408，412，805，856，859，878，884，902，915

农业强国　240，408，858，859

农业社会主义改造　238，240，244

农业现代化　74，79，204，239，277，287，401，406，407，411，806

攀枝花钢铁生产基地　87

炮击金门　235

批评和自我批评　6，295，753

平安中国　285

浦东现代化建设引领区　802

七千人大会　353

企业和政府优势互补模式　82

强军思想　14，32，162，282，813

亲清政商关系　191，303

清费立税、从价计征　380

庆祝改革开放40周年大会　303

庆祝全国人民代表大会成立60周年大会　327，328，330

区域协调发展战略　35，192，396，415

区域重大战略　35，282，415

去产能、去库存、去杠杆、降成本、补短板　396

全方位对外开放　436

全国"四史"教育研讨会　917

全过程人民民主　13，14，33，34，52-54，59，187，192，198，201-205，210，213，215，223，226，282，283，285，326-329，338，339，343，402，720，741，809，828，927

全面从严治党　11，13，15，17，33，160，191，222，262，283，291，295，298，

索　引

310，314，316，317，320，321，323，483，638，641，648，749，791，793，864，866，867，873，891，894，897，909，912，923，927

全面建成小康社会　12，27，32，36－38，72，76，123，162，187，222，226，232，240，281，282，289，301，312，399，407，412，452，497，500，502，503，514，516，517，678，790，814，819，828，845，901，956，958

全面建设小康社会　37，77，280，281，411，450，495－497，502，679

全面深化改革开放　30，72，160，219，226，286，310，720，813，820，892，945

全面推进依法治国　316，328

全面小康　28，37，122，124，239，241，243，284，404，412，482，483，495，497，499，500，503，513，515，859，899

全面依法治国　14，30，192，219，226，232，285，291，310，315，321，329，331，332，334，343，813，827，903，909，910，945

全球伙伴关系　35，135，162，467，810

全球竞争和分工体系　81，422，423

全球治理体系改革和建设　15，35，135，163，220，283，810

全人类共同价值　15，134，186，194，287，288，469，485，767，769，829，900

全体人民共同富裕　13，14，28，75，76，96，191，226，283，289，304，305，410，412，679，819，873

全心全意为人民服务　17，301，328，476，810

人才强国　14，110，191，285

人才强军　689，690

人的全面发展　97，109，129，402－404，469，773，835

人的现代化　76，96，165，284，402－404，416，834

人工智能　196，424，499

人类命运共同体　14，15，35，132，134－136，145，162－164，167，197，210，226，236，264，270，271，282，283，287，288，291，443，467，469，475，485，574，587，690，693，722，767－769，810，822，829，832，843，845，900，980

人类文明新形态　14，30，32，37，75，94，134，160，164，165，186，190，198，201，219，223，224，226，232，265，270，272，283，461，468，469，471，486，678，679，741，767－769，799，813，814，819，824，826－829，852，853，876，930

人民当家作主　14，161，285，325－331，341－343，376，402，453，483，961

人民至上　13，54，101，190，198，222，224，241，298，313，453，506，516，634，684，687，758，771，792，799，802，826，865，912

人与自然和谐共生　13，14，109，283，469，679，819，828，868，869

日美"以台制华"　692

日美安保体制　39，692
日美军事合作　39，692
儒家思想　768，770
塞罕坝精神　858
三大体系建设　154，155，165，168，169
三个世界　136，690
三年自然灾害　535
三线工业遗产　44，117，159，779，780
三线建设　44，49，70，80，87-89，117，125-127，129，159，206，412，421，777-787，821
三线精神　127，777，778，782，786，787，821
三线企业　89，127，778-782，784，786
三线遗产　127
扫盲运动　685
上合组织　131，260，261
上山下乡　349，350，635，636，783
社会保障体系　14，239，257，285
社会主义发展史　4，12，29，42，116，154，159，166，169，173，219，222，225，226，231，247，265，268，283，309，481，622，639，640，643，677，734，749，798，812，819，824，907，925，932，984
社会主义改造　118，236，238，240，242，244，276，293，407，627，649，752，956
社会主义工业化　78，277，422
社会主义公有制　54，78，426，632，806
社会主义核心价值观　6，14，19，20，92，96，102，103，183，282，285，333，336，437，446，451，455，459，465，466，475，481，767，769，774，881，904
社会主义精神文明　91，462，465，878，903，904，940，948
社会主义文化强国　14，91，97-99，101，104，453，465，470，471，821，838，852-854，930，942，948
社会主义先进文化　20，96，98，100，162，237，251，252，451，459，464，481，650，838，906
社会主义现代化强国　13，27，54，94，96，135，161，163，166，226，251，266，271，273，283，284，288，289，308，312，324，463，475，625，626，676，677，679，743，768，789，808，814，819，846，854，868，871，884，889，912，966
社会主义新农村　239-241，411，623，755
社会主义意识形态　14，99-102，193，196，285，437，438，473，474，477，486，675，775，821，837，838，840-843
深化医改　505，506
深圳先行示范区　802
生命至上　222，506，516，687，912
生态保护补偿制度　959
生态环境保护　223，282，319，380，416，869
生态文明　14，20，30，35，72，84，180，187，194，196，199，203，210，219，223，226，232，257，285，291，310，

319，340，380，416，461，475，620，624，771，773，804，809-811，813，814，819，822，868，869，878，902，903，923，944，945，960

十大关系 312，353，355，403，405，412，752

十年内乱 278，292，344，392

十月革命 270，271，286，290，292，621，644，798

世界百年未有之大变局 17，113，145，219，234，268，270，312，325，412，424，430，586，623，643，737，748，769，792，812，814，825，878，906，927

世界大变局 265，268，271

世界第二大经济体 224，425，437，484，586

世界反法西斯战争 481

世界贸易组织 236，395，399，450，482

世界社会主义发展史 225，265，268，309，643

世界社会主义运动 269，621，868

世界卫生组织 502，514，548，549

市场化改革 213，239，427，436，570

事权和支出责任划分 384，385，680

数字经济 191，192，194，203，204

数字中国 74，408

水利建设 84，202，207，356，689，953，955，956

水域政区 121

税费制度改革 388

税收征管体制 74，387

税制改革 74，379-381，384，387，389，680

司法监督 364，367，374

四个现代化 164，276-279，557，563，725，754，828

四个政治文件 144，572，575-579，581-587

四项基本原则 159，302，303，345，436，677

苏联解体 269，578，621

苏联模式 290，776

台湾问题 15，38-40，234，235，559，575，580，581，585，587，598，692，822，832

碳达峰 14，194，285，846

碳达峰碳中和 14，194，285

体育外交 110

天花灭绝 547，549

统筹发展和安全 17，194，419，460，687，892

统购统销政策 86

突发公共卫生事件应急管理体系 683，684

土地革命战争 673，752，755，796，891

土地问题 74，241，275，672-674

土地制度改革 74，807

脱贫攻坚精神 193，815，822

脱贫攻坚战 160，222-224，239，245，256，483，515，794，795，813，857，860，884，901

外交战略 132，946

外交总体布局 221，283，690

万隆会议 132，260

网络强国 408

网络意识形态　473，479，933

为国家立心、为民族立魂　100，297，466，472

为人民服务　17，166，301，328，347，453，462，476，758，810，841

为人民执政、靠人民执政　314，322，641

卫生防疫　123，488，541，542，822

伟大建党精神　5，11，100，101，190，251，641，650，741，751，753，757，774，816，817，865，867，872，874，877，879，882，883，885－887，889－891，893－895，898，912，914－916，919，922，925，926，931，932

文化传承　37，111，112，458，466，833

文化多样性　454，830

文化强国　14，91，97－99，101，104，113，162，252，453，465，467，470，471，734，821，838，852－854，930，942，948

文化去殖民化运动　132，260

文化软实力　92，99，441，462，463，471，724，830，838

文化体制改革　437，444，450，452，459

文化遗产保护　99，193，466

文化自觉　34，94，100，104，453，461－463，465，906

文化自信　11，14，34，92，94，98，99，101，104，223，232，236，282，285，297，442，453，460，461，463－468，470，472，480，483－485，677，767，768，821，853，855，884，896，906，908，909，927

文明冲突论　484，772

文明对话　103，471，576，772，1000

文明多样性　468

文明交流互鉴　92，104，210，469，484－486，821，900，986

我为群众办实事　5

无核国家　589，592－594，599

五四精神　439

五四新文化运动　433，438，439，982

五四运动　347，890，891

五育并举　834

西柏坡精神　751

西部大开发　84，126，247，396，414，415，423

西部地区　213，247，398，412－415，497，509，555，858

西藏和平解放　138，689

西方式现代化　75，768，851，853

西方中心主义　830，1000

西南铁路大会战　44，88，778

西迁精神　886

西沙群岛　603，604，606－608，610，611，615，616，618

现代化经济体系　232，247，391，396，398，399，404，408

现代化模式　98，283，287，468，768，901

乡村全面振兴　73，239，408，859

乡村社区治理　258

乡村文明　252

乡村振兴战略　75，119，239，241，396，407，408，412，780，805，808，832，857，860，878，884

索 引

乡村治理　252，258，262，804，805，807，857，860，878，958，993
乡风文明　407，412
香港回归祖国　730，736，891，949
香港特别行政区行政长官普选问题　335
香港问题　731
襄渝铁路　782，783
向党中央请示报告制度　295，319
小康社会　12，27，32，36－38，72，76，77，117，123，125，162，187，222，226，232，237，240，241，245，280－282，289，301，312，399，407，411，412，450，452，487，495－497，499，500，502，503，514－517，625，678，679，727，734，790，814，819，828，845，901，956，958
小康之家　279
小三线建设　49，87－89，117，127，777，783－786
新帝国主义　180，946
新发展阶段　32，33，191，194，203，204，246，247，399，412，688，720，734，868，878，884，886，901
新发展理念　13，14，32，33，72，80，83，102，191，226，245－247，282，285，296，333，396，399，401，402，415，720，873，886，901，902
新疆生产建设兵团　19，36，38，60，188，213，237，892
新理念新思想新战略　283，475，737，801，846
新民主主义革命　28，65，78，79，83，164，165，191，227，229，241，242，244，254，275，276，290，292，310，312，313，402，462，468，619，621，626，657，662，676，678，752，761，795，801，887，913，925
新民主主义革命时期　28，78，79，83，164，165，191，227，229，244，254，275，310，462，657，761，795，887
新时代中国经济　71－73，179
新时代中国外交　131，134，220－222，737
新型城镇化　72，79，192，213，250，415，961
新型大国关系　211，220
新型工农城乡关系　239，807
新型工业化　77，351，395，398，401，408，678
新型工业化战略　395，398
新型国际关系　132，135，271，288，484，690，693
新型举国体制　109，110，686，822
新型农村合作医疗制度　496
新型农业经营体系　240，241，956
新型突发公共卫生事件应急管理体制　684
新型政党制度　34，640
新一轮科技革命和产业变革　396，399
新中国成立70周年　70，480，481
胸怀天下　13，54，136，190，224，311，313，454，486，799，826，866，887
虚拟经济　76，404，408，409，416
学科体系、学术体系、话语体系　1，2，8，89，130，231，442，478，645，650，747，750，816，854，867，885，891，

— 1041 —

895，897，929，930，940
学史明理、学史增信、学史崇德、学史力行　3，641，754，864，876，889
巡回医疗　488，508
亚非合作　132，260
亚太经合组织　579
亚洲文明　968
延安精神　751，886，915，919，922，932
延安文艺座谈会　453
延安整风　624，637
央地支出责任　74，383
养老、孝老、敬老　504
养老保险　257，384，498，810
一个中国原则　15，39，575，811，823
一国两制　14，194，222，223，226，235，282，291，310，335，679，680，690，730，731，822，832，892，923，943，949
一切为了人民、一切依靠人民　18
医疗保障制度改革　510
医疗救助补助资金　509
医疗救助制度　509
医药卫生体制改革　502，504－506，515，684
依法行政　14，296，322
依法执政　296，316，317，322，332
依法治国　14，30，51，52，54，192，219，226，232，285，291，296，310，315，316，321，322，325，328－334，342，343，366，402，813，827，828，903，909，910，945
以经济建设为中心　303，360，595，655，677，755，846
以联合国为核心的国际体系　220
以人民为中心的发展思想　5，54，224，282，328，499，682，902
以苏为鉴　78
以文化人　91，467，906
以药养医　504
异地就医结算　509
意识形态安全　202，300，437，460，478，837，841，843
因病致贫、返贫贫困户　515
英国政府　39，141，603，607，608，610，612
拥核国家　589
舆论斗争　299，300，481，482
粤港澳大湾区　82，415，416，730，736
折实储蓄　122，250
浙江共同富裕示范区　802
真理标准问题　52，57，211，348，443
振兴东北老工业基地　423
整风运动　55，56，448
政治安全　142，196，459，460，843
政治规矩　6，17，678，790，795
政治建军　753，796
政治经济学教科书　59
政治体制改革　334，359，362，363，370，374，903
知识分子　126，354，433，435，438，440，448，456，633，635，762－764，776，982
知识分子思想改造运动　435
知识体系　1，2，5，7，92，107，113，

116，119，128，130，167，188，215，442，478，648，743，744，750，826，854，891，897

知史爱党、知史爱国　4，42，173，929

治理黄河　83

中德关系　142

中俄关系　132

中俄合作　206

中俄经贸关系　139

中法建交　45，142

中共党史党建话语体系　648，649

中共党史党建学科体系　637，645，646，890，897

中共党史党建学术体系　647，648

中共十八大　61，64，678，877

中关村"飞地"模式　82

中国—东盟关系　145

中国—东盟命运共同体　145

中国—中亚命运共同体　693

中国传统文化　438－442，762，827，849，982

中国对外投资　681，682

中国工业化道路　78，89，90，276，277，349，350，979

中国共产党成立100周年　70，77，232，245，309，310，320，321，328，461，487，515，634，751，755，757，758，775，777，788，844，846，876，984

中国共产党第二十次全国代表大会　10，116，824，910，911，913

中国共产党国际形象传播　933

中国共产党精神谱系　751，752，777，815，890，896，919，948

中国共产党领导的多党合作和政治协商制度　52，57，58，328，640

中国共产党人精神谱系　6，92，100，101，107，197，641，751，821，886，890，896，925，931

中国化的马克思主义党建理论体系　638，640，643，917

中国化马克思主义　43，197，639，640，646，743，905，931

中国马克思主义史学　155，156，675，761

中国南海主权争端问题　604

中国农村改革　351，804，956，957

中国人权　118，194，821

中国式的四个现代化　164，278，279

中国式工业化　74，75

中国式现代化　4，10，11，13，15，27，28，30－32，37，48，51－55，67，70，71，74－78，89－93，96－98，100，102，112，116－118，134，135，153－155，160，163－165，167，168，180，181，186，190，191，198，199，201，203，210，219，223，224，226，232，238，265，270，272－284，286－288，312，401，402，404，410，412，416，417，461，486，676－679，725，741－743，754，767－769，773，798，811，813，814，818－824，826－828，831，834－836，844，845，848－854，856，858，859，894，899，901，906，907，912－916，918，919，921，923，924，926，927，930，932，933，942，944，948－950，962，

— 1043 —

965

中国特色大国外交 35，131，132，134，135，137，150，162，163，220，221，223，283，693，826，827

中国特色对口支援 682

中国特色社会主义道路 11，13，31，49，54，135，160，266，284，288，301，311-313，384，467-469，500，622，623，625，629，677，758，841，845，848，873，896，912，927

中国特色社会主义法律体系 14，192，296，331，334，338，340

中国特色社会主义法治道路 14，285，329

中国特色社会主义法治体系 14，34，161，285，316，329，342，827

中国特色社会主义理论 56，183，301，313，463，475，676，677，758，800，824，826，841，883，913，924，947，969

中国特色社会主义理论体系 56，301，313，463，475，676，677，758，800，824，826，841，883，913，924，969

中国特色社会主义文化 48，91，98，105，251，285，433，463，464，743，744，767，769，838，949

中国特色社会主义文艺 743，744

中国特色社会主义政治发展道路 282，285，327，330，339，342，788，810

中国特色社会主义政治制度 192，223，302

中国特色社会主义制度 56，100，220，269，270，282，284，286，301，303，314-318，322，325，329-332，384，445，446，476，632，641，772，820，845，883，925

中国特色哲学社会科学 1-5，7，8，167，168，188，478，637，638，647，648，675，864，879，880，929

中国载人深潜精神 46

中国哲学社会科学 1，3，4，215，477，643，647，852，854，922，930

中国周边公共外交 149

中国自主知识体系 2，5，7，92，107，167，826，854

中华儿女大团结 11，748

中华民族发展史 159，219，222，225，226，231，247，265，309，643，644

中华民族共同体 20，37，40，58，69，188，200，203，206，213，215，481，769，831-836，958，959，961

中华民族伟大复兴中国梦 225，226，265，289，815，869，924

中华文明史 158，267

中华文明探源工程 92，111

中华优秀传统文化 4，20，37，93-95，97，103，107，111，167，190，193，197，201，223，236，237，269，270，291，430，441，455，462-464，466，467，470，474，475，481，620，644，650，676，678，725，735，742，753，768，769，800，802，821，826，829，836，838，848，850，853，854，876，889，900，906，914，918，934，948，966

中美"上海公报" 557

索引

中美关系　38，132，133，137，138，264，548，557－561，569，571，573，575，587，593，597，995，1007，1014

中美关系史　137

中美关系正常化　137，138，559

中美和解　138，558，559，570

中美建交　39，138，559，563，568，569

中美经贸关系　564

中美贸易摩擦　399

中美三个联合公报　39

中蒙外交关系　144，145

中欧关系　140

中欧经贸关系　140，141

中日邦交正常化　39，143，144，151，572－575，577，584－587，692

中日关系　133，143，144，167，572－582，584－588，692，983

中日美关系　578

中苏边界武装冲突　558

中苏关系　139，561，571，993，1001

中苏贸易　561

中西部三线地区　421

中西医结合　262，542

中亚国家　146，261，692，693，823

中央财政转移支付　371

中央第七次西藏工作座谈会　959

中央和地方财政关系　385

中央全面管治权　14，730

中央与地方财政关系　85，249，250

中央与地方共同财政事权　384，385

中医药事业　34，162，200，201，504，505，510－512

中印边界　146，206

中印关系　45，133，137，146

重大文化产业项目带动战略　853

重工业优先发展战略　82，421

重特大疾病医疗救助　509

周边命运共同体　194，220，691

主权归属问题　603

住房制度改革　683

铸牢中华民族共同体意识　20，58，69，188，200，203，206，213，481，831－836，958，961

资产阶级自由化　294，297，299，440，472

自力更生　109，313，403，526，538，591

自我革命　6，11，15，28，54，55，67，136，160，165，167，186，190，215，224，226，283，298，299，307，310，311，313，316，322，483，639，641，642，649，758，788，791，792，794，795，799，815，828，863，864，866，874，877，882，889，890，894，898，911，913，914，916，917，919－922，927，931

自主创新　109，423，424，429，686

宗教工作　809

总体国家安全观　14，112，194，223，234，282，285，397，821

祖国和平统一　15，235

祖国统一　27，38，40，194，222，223，226，291，310，313，819，949

遵义会议精神　948